“十三五”国家重点图书出版规划项目

中国近现代稀见史料丛刊【第五辑】

有泰日记（上）

张剑 徐雁平 彭国忠 主编

有泰 著

康欣平 整理

本辑执行主编 徐雁平

凤凰出版社

图书在版编目（CIP）数据

有泰日记 / 有泰著 ; 康欣平整理. -- 南京 : 凤凰出版社, 2018.6
（中国近现代稀见史料丛刊. 第五辑）
ISBN 978-7-5506-2794-9

Ⅰ. ①有… Ⅱ. ①有… ②康… Ⅲ. ①有泰—日记 Ⅳ. ①K827=52

中国版本图书馆CIP数据核字(2018)第125037号

书　　名	有泰日记
著　　者	有泰 著　康欣平 整理
责任编辑	韩凤冉
装帧设计	姜 嵩
出版发行	凤凰出版社(原江苏古籍出版社) 发行部电话025-83223462
出版社地址	南京市中央路165号,邮编:210009
出版社网址	http://www.fhcbs.com
照　　排	南京凯建图文制作有限公司
印　　刷	南通印刷总厂有限公司 南通市通州经济开发区朝霞路180号,邮编:226300
开　　本	880×1230毫米　1/32
印　　张	27.25
字　　数	708千字
版　　次	2018年6月第1版　2018年6月第1次印刷
标准书号	ISBN 978-7-5506-2794-9
定　　价	150.00元(全二册)

(本书凡印装错误可向承印厂调换,电话:0513-80237871)

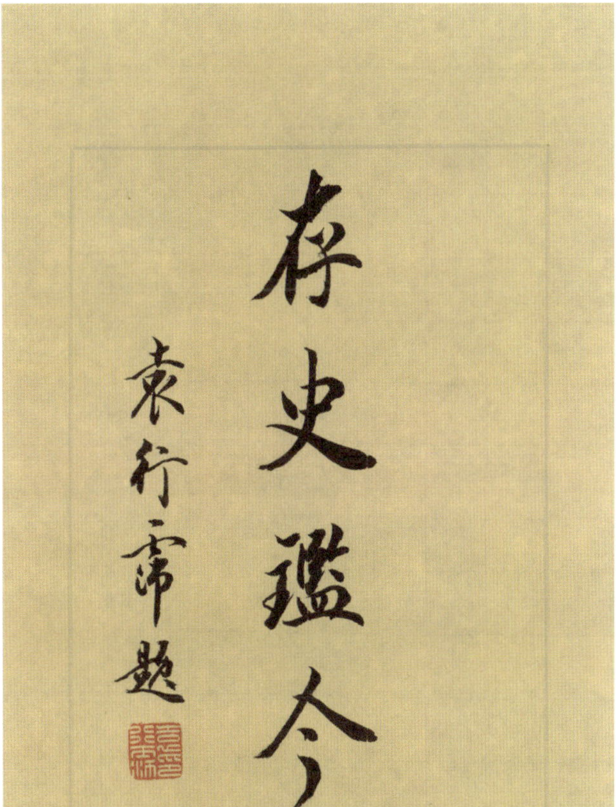

袁行霈先生题辞

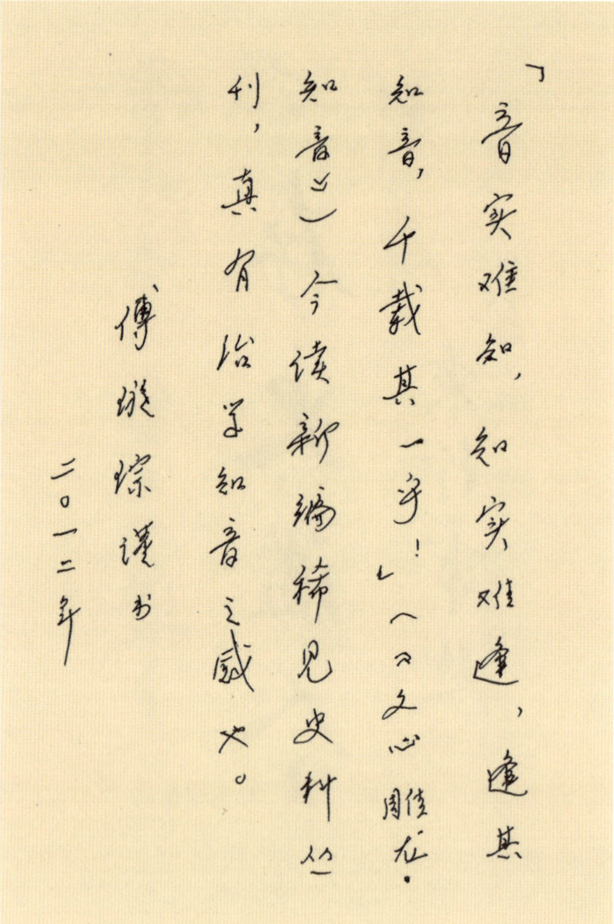
「音实难知，知实难逢，逢其知音，千载其一乎！」（文心雕龙·知音）今读新编稀见史料丛刊，真有治学知音之感矣。

傅璇琮谨书

二〇一二年

傅璇琮先生题辞

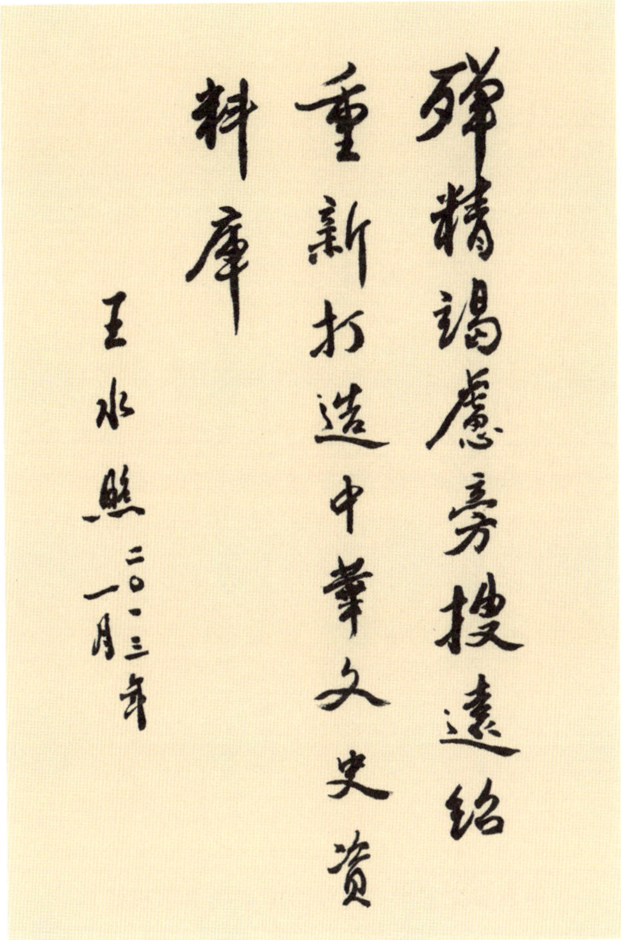

王水照先生题辞

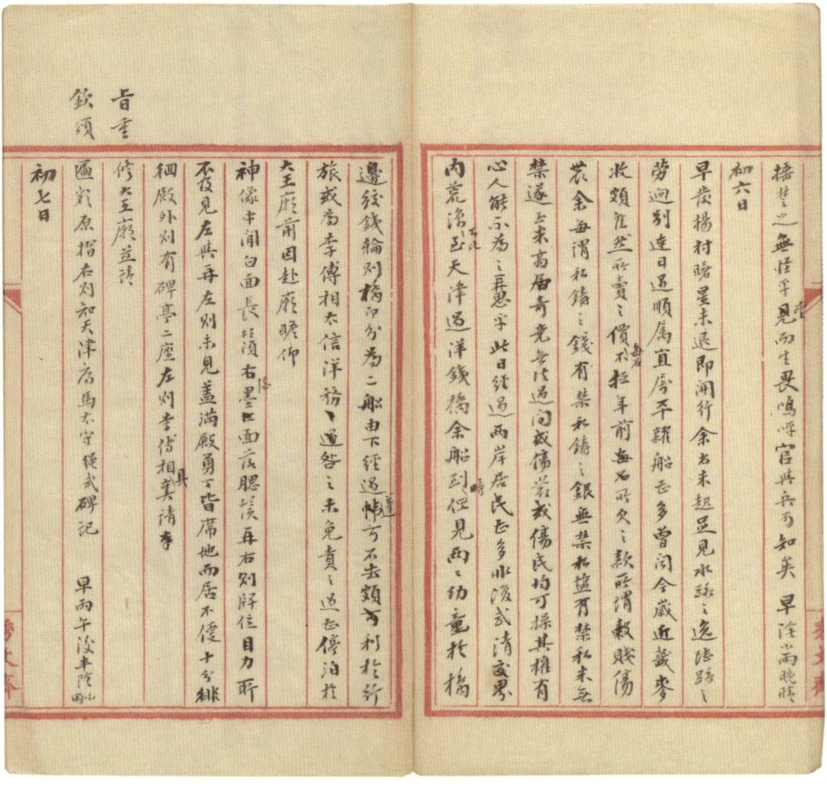

有泰日记书影一（中国国家图书馆藏品）

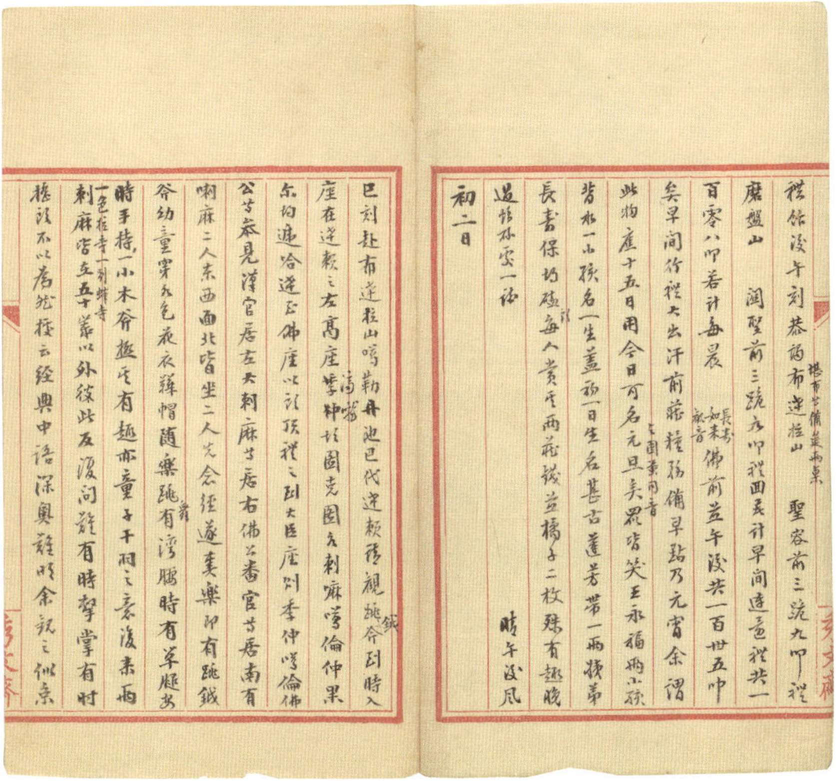

有泰日记书影二（中国国家图书馆藏品）

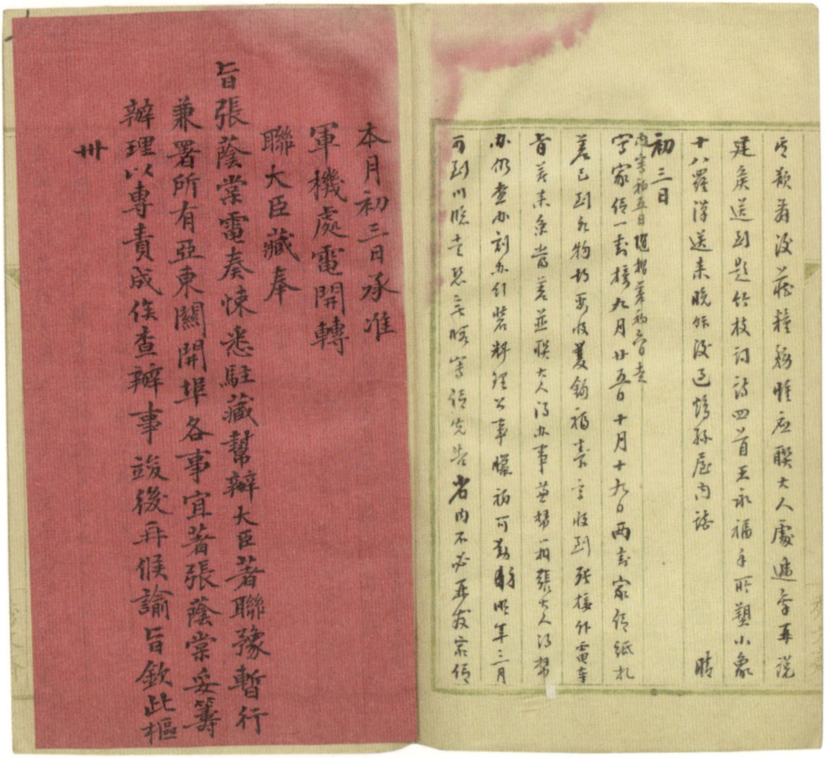
本月初三日承准
軍機處電開轉
聯大臣藏奉
旨張蔭棠電奏悚悉駐藏幫辦大臣著聯豫暫行
兼署所有亞東關開埠各事宜著張蔭棠妥籌
辦理以專責成俟查辦事竣後再候諭旨欽此樞
卅

有泰日记书影三（中国国家图书馆藏品）

《中国近现代稀见史料丛刊》总序

在世界所有的文明中，中华文明也许可说是“唯一从古代存留至今的文明”（罗素《中国问题》）。她绵延不绝、永葆生机的秘诀何在？袁行霈先生做过很好的总结：“和平、和谐、包容、开明、革新、开放，就是回顾中华文明史所得到的主要启示。凡是大体上处于这种状况的时候，文明就繁荣发展，而当与之背离的时候，文明就会减慢发展的速度甚至停滞不前。”（《中华文明的历史启示》，《北京大学学报》2007年第1期）

但我们也要清醒看到，数千年的中华文明带给我们的并不全是积极遗产，其长时段积累而成的生活方式与价值观具有强大的稳定性，使她在应对挑战时所做的必要革新与转变，相比他者往往显得迟缓和沉重。即使是面对佛教这种柔性的文化进入，也是历经数百年之久才使之彻底完成中国化，成为中华文明的一部分；更不用说遭逢“数千年来未有之变局”、“数千年未有之强敌”（李鸿章《筹议海防折》），“数千年未有之巨劫奇变”（陈寅恪《王观堂先生挽词序》）的中国近现代。晚清至今虽历一百六十余年，但是，足以应对当今世界全方位挑战的新型中华文明还没能最终形成，变动和融合仍在进行。1998年6月17日，美国三位前总统（布什、卡特、福特）和二十四位前国务卿、前财政部长、前国防部长、前国家安全顾问致信国会称：“中国注定要在21世纪中成为一个伟大的经济和政治强国。”（徐中约著《中国近代史》上册第六版英文版序，香港中文大学2002年版）即便如此，我们也不能盲目乐观，认为中华文明已经转型成功，相反，中华文明今天面对的挑战更为复杂和严峻。新型的中华文明到底会怎样呈现，又怎样具体表现或作用于政治、经济、文化等层面，人们还在不断探索。这个问题，我们这一代恐怕无法给出答案。但我们坚信，在历史上曾经灿烂辉煌的中华文明必将凤凰浴火，涅槃重生。这既是数千年已经存在的中华文明发展史告诉我们的经验事实，也是所有为中国文化所化之人应有的信念和责任。

不过，对于近现代这一涉及当代中国合法性的重要历史阶段，我们了解得还过于粗线条。她所遗存下来的史料范围广阔，内容复杂，且有数量庞大且富有价值的稀见史料未被发掘和利用，这不仅会影响到我们对这段历史的全面了解和规律性认识，也会影响到今天中国新型文明和现代化建设对它的科学借鉴。有一则印度谚语如是说："骑在树枝上锯树枝的时候，千万不要锯自己骑着的那一根。"那么，就让我们用自己的专业知识与能力，为承载和养育我们的中华文明做一点有益的事情——这是我们编纂这套《中国近现代稀见史料丛刊》的初衷。

书名中的"近现代"，主要指1840—1949年这一时段，但上限并非以一标志性的事件一刀切割，可以适当向前延展，然与所指较为宽泛的包含整个清朝的"近代中国"、"晚期中华帝国"又有所区分。将近现代连为一体，并有意淡化起始的界限，是想表达一种历史的整体观。我们观看社会发展变革的波澜，当然要回看波澜如何生，风从何处来；也要看波澜如何扩散，或为涟漪，或为浪涛。个人的生活记录，与大历史相比，更多地显现出生活的连续。变局中的个体，经历的可能是渐变。《丛刊》期望通过整合多种稀见史料，以个体陈述的方式，从生活、文化、风习、人情等多个层面，重现具有连续性的近现代中国社会。

书名中的"稀见"，只是相对而言。因为随着时代与科技的进步，越来越多的珍本秘籍经影印或数字化方式处理后，真身虽仍"稀见"，化身却成为"可见"。但是，高昂的定价、难辨的字迹、未经标点的文本，仍使其处于专业研究的小众阅读状态。况且尚有大量未被影印或数字化的文献，或流传较少，或未被整合，也造成阅读和利用的不便。因此，《丛刊》侧重选择未被纳入电子数据库的文献，尤欢迎整理那些辨识困难、断句费力、裒合不易或是其他具有难度和挑战性的文献，也欢迎整理那些确有价值但被人们习见思维与眼光所遮蔽的文献，在我们看来，这些文献都可属于“稀见”。

书名中的“史料”，不局限于严格意义上的历史学范畴，举凡日记、书信、奏牍、笔记、诗文集、诗话、词话乃至序跋汇编等，只要是某方面能够反映时代政治、经济、文化特色以及人物生平、思想、性情的文献，都在考虑之列。我们的目的，是想以切实的工作，促进处于秘藏、边缘、零散等状态的史料转化为新型的文献，通过一辑、二辑、三辑……这样的累积性整理，自然地呈现出一种规模与气象，与其他已经整理出版的文献相互关联，形成一个丰茂的文献群，从而揭示在宏大的中国近现代叙事背后，还有很多未被打量过的局部、日常与细节；在主流周边或更远处，还有富于变化的细小溪流；甚至在主流中，还有漩涡，在边缘，还有静止之水。近现代中国是大变革、大痛苦的时代，身处变局中的个体接物处事的伸屈、所思所想的起落，藉纸墨得以留存，这是一个时代的个人记录。此中有文学、文化、生活；也时有动乱、战争、革命。我们整理史料，是提供一种俯首细看的方式，或者一种贴近近现代社会和文化的文本。当然，对这些个人印记明显的史料，也要客观地看待其价值，需要与其他史料联系和比照阅读，减少因个人视角、立场或叙述体裁带来的偏差。

知识皆有其价值和魅力，知识分子也应具有价值关怀和理想追求。清人舒位诗云“名士十年无赖贼”（《金谷园故址》），我们警惕袖手空谈，傲慢指点江山；鲁迅先生诗云“我以我血荐轩辕”（《自题小像》），我们愿意埋头苦干，逐步趋近理想。我们没有奢望这套《丛刊》产生宏大的效果，只是盼望所做的一切，能融合于前贤时彦所做的贡献之中，共同为中华文明的成功转型，适当“缩短和减轻分娩的痛苦”

(马克思《资本论》第一卷第一版序言)。

《丛刊》的编纂,得到了诸多前辈、时贤和出版社的大力扶植。袁行霈先生、傅璇琮先生、王水照先生题辞勖勉,周勋初先生来信鼓励,凤凰出版社姜小青总编辑赋予信任,刘跃进先生还慷慨同意将其列入"中华文学史史料学会"重大规划项目,学界其他友好也多有不同形式的帮助……这些,都增添了我们做好这套《丛刊》的信心。必须一提的是,《丛刊》原拟主编四人(张剑、张晖、徐雁平、彭国忠),每位主编负责一辑,周而复始,滚动发展,原计划由张晖负责第四辑,但他尚未正式投入工作即于2013年3月15日赍志而殁,令人抱恨终天,我们将以兢兢业业的工作表达对他的怀念。

《丛刊》的基本整理方式为简体横排和标点(鼓励必要的校释),以期更广泛地传播知识、更好地服务社会。希望我们的工作,得到更多朋友的理解和支持。

2013年4月15日

目　录

前言

一

有泰(1844—1910),字梦琴,卓特氏,蒙古正黄旗人。同治四年(1865)三月,考取额外蒙古协修官。同治五年(1866)八月,有泰掣签户部。同年十二月,文宗皇帝《实录》修成,受记录两次奖励。同治六年(1867)二月,实录馆保举其为户部额外主事,同治八年(1869)三月补缺。光绪九年(1883)七月,有泰随额勒和布赴陕西查办案件,充随员。光绪十二年(1886)八月,选补为兵部武库司员外郎。光绪二十一年(1895)五月,外放任江苏常州府知府。光绪二十四年(1898)十月,端郡王载漪奏请有泰回京,充任虎神营右军统领。光绪二十六年(1900)三月初四日,任鸿胪寺少卿。

光绪二十八年十一月初三日(1902 年 12 月 2 日),有泰在日记中道:"内阁奉上谕:有泰着赏给副都统衔,作为驻藏办事大臣。"光绪三十二年十月二十三日(1906 年 12 月 8 日),清廷下旨:"命驻藏办事大臣有泰来京当差,以帮办大臣联豫为办事大臣。赏候补五品京堂张荫棠副都统衔,作为驻藏帮办大臣。"[1]光绪三十二年十一月十

① 《清实录·德宗景皇帝实录(八)》卷 565"光绪三十二年十月癸未"条,北京:中华书局,1987 年,第 483 页。另见吴丰培辑:《清代藏事奏牍·张荫棠驻藏奏稿》,北京:中国藏学出版社,1994 年,第 1317 页。

八日(1907年1月2日),张荫棠致电外务部,由其代奏朝廷,参劾有泰。同年十一月二十五日(1月9日),清廷下旨:“张荫棠电悉,据陈藏中吏治之污,鱼肉藏民,侵蚀饷项,种种弊端,深堪痛恨。……有泰庸懦昏愦,贻误事机,并有浮冒报销情弊。著先行革职,不准回京,听候归案查办。仍著张荫棠严切彻查,据实具奏。”①光绪三十三年二月三日(1907年3月16日),清廷就有泰案再发谕旨:“张荫棠电奏悉,据称查明各员亏空情形各节。……有泰身为大臣,未能洁己率属,实属辜恩,所请议罚,不足蔽辜,著改为发往军台效力赎罪。”②光绪三十三年三月六日(1907年4月18日),有泰自拉萨开始返回北京,翌年二月九日(1908年3月11日)抵京。光绪三十四年三月四日(1908年4月4日),有泰前往发配地张家口。宣统二年(1910),有泰死于张家口。

有泰最早的日记,记载于同治五年(1866)的《时宪书》之“正月”页上,内容为“考中廿六名额外蒙古协修官,同治四年三月廿五日”③。此则日记应为补记。有泰自同治五年(1866)正月开始写日记,至宣统元年二月十五日(1909年3月16日)止,前后长达44年。自同治五年(1866)三月至光绪二十一年(1895),此三十年的有泰日记,均用小楷记载在大清《时宪书》上,不过记载太过于简略,如标明某位清朝皇帝、皇后、太后的祭日及寿日,以及官场应酬、人际交往、家庭生活琐事等等,未形成完整记述,为备忘录性质。而光绪二十一年七月初二日(1895年8月21日)之后的日记,有泰用“秀文斋”红

---

① 《清实录·德宗景皇帝实录(八)》卷567“光绪三十二年十一月戊午”条,第505页。

② 《清实录·德宗景皇帝实录(八)》卷570“光绪三十三年二月甲子”条,第537页。

③ 《稿本有泰文集》第1册,北京:全国图书馆文献缩微复制中心,2005年,第325页。

格稿纸专门书写，较之前所记大为不同，形成完整记述。此次整理的日记即从光绪二十一年七月初二日（1895 年 8 月 21 日）始，终于宣统元年二月十五日（1909 年 3 月 16 日），时间跨度约十四年，定名“有泰日记”。

本次整理选取的底本为 2005 年全国图书馆文献缩微复制中心影印出版的《稿本有泰文集》，该稿本收录了有泰的全部日记。需要说明的是，著名藏学专家吴丰培先生整理过《有泰驻藏日记》（中国藏学出版社 1988 年出版），内容为光绪二十八年十一月三日（1902 年 12 月 2 日）至光绪三十四年三月二十九日（1908 年 4 月 29 日）的近六年有泰日记。不过，稍有遗憾的是，吴丰培先生整理的《有泰驻藏日记》为毛笔抄录，没有标点，且有少许抄录错误①。本次整理的有泰日记覆盖吴丰培整理本的全部内容，参酌前贤自然难免，谨致谢意。

二

“有泰日记”时间跨度较大，内容丰富，可信度颇高，具有珍贵的研究价值。

其一，有泰任驻藏办事大臣时期日记，是目前所知清代一百多位驻藏大臣中所留下来的惟一日记，内容涉及晚清西藏政治、社会、历史、文化、风俗、外交、地理等方面，弥足珍贵。

有泰任驻藏办事大臣时，经历英国第二次侵略西藏、驻藏帮办大

① 尽管如此，吴丰培整理的《有泰驻藏日记》史料价值颇高：将吴丰培整理《有泰驻藏日记》与影印出版的《稿本有泰文集》相关部分相比，吴先生当时在整理时将夹在日记中的信函底稿以及所抄录的诗文录入日记相应位置，而影印出版的《稿本有泰文集》日记部分却没有此内容。这些内容为研究有泰的重要史料。

臣凤全在巴塘遇难、九世班禅被英人诱导赴印度等一系列晚清西藏史上的重大事件。在藏期间，有泰还经历自己被查办藏事大臣张荫棠参劾；他目睹、听闻驻藏办事大臣联豫和张荫棠在西藏倡办新政，等等。以上种种有泰在日记中均有详细的记载，为了解清末西藏政治演变的一手材料。虽然有泰的记载难免受个人立场、喜恶等因素影响，但从整体上来说，他对基本事实的记载可信度很高。他的日记可以帮助厘清西藏近代政治史的错讹说法，试举一例：

藏学界、史学界关于光绪三十年七月二十八日(1904 年 9 月 7 日)签订的《拉萨条约》有一个流行的说法：时任驻藏办事大臣有泰准备在其上画押，被文案何光燮劝阻"弗画"，有泰才没有画押。此说最早见于何藻翔宣统二年(1910)所著《藏语》一书：

> (光绪三十年)六月二十二日夜，达赖由色拉寺逾岭北走青海。英官与藏官在布达拉山，拟约十条，交有泰画押，有泰不敢枝梧，迳欲画押。文案何光燮，以未奉外部之命，劝阻弗画。英官诱有泰，以外务部如不允照行，此约亦可作废。有泰游移欲画，何曰："与其后日废约，何如俟外务部电覆，然后画押。万一钦差画押后，外务部不照准，英人又不肯废，将如之何?"有泰乃以约稿电外部。旋奉外部诘责："何以任令英、藏官擅行议约?"禁勿画押。①

1925 年朱绣所著《西藏六十年大事记》中亦持何光燮劝阻有泰弗画押藏约观点：

> (光绪三十年六月)二十二日，英军入拉萨，兵数四千人，大炮十二门。英人径与藏官开议，在布达拉山定约十条，交有泰画

① 何藻翔：《藏语》，上海：广智书局，清宣统二年(1910)，第 78 页。

押。有泰不敢抗议，竟欲画押。文案何光燮以未奉外部之命，劝阻弗画。英官言："外务部如果不允，此约亦可作废。"有泰游移欲画。何曰："与其后日废约，莫若俟外部复电，万一画押后，外部不照准，英又不肯废，将如之何？"有泰始以约稿电外部。旋奉外部诘责："何以任令英、藏官擅行议约？"禁勿画押。①

著名藏学学者牙含章依据朱绣所记，在其影响广泛的《达赖喇嘛传》一书持何光燮劝阻有泰弗画押藏约说。此说在藏学界、史学界十分流行，几为定论。然而，只要仔细比照当事人有泰的日记、奏折中相关记载，以及其他有关史料，不难发现上述说法存在不少漏洞，甚至虚假成分。阅读"有泰日记"相关内容可知：何光燮为前任驻藏办事大臣裕钢的亲信，驻藏大臣的文案通常由自己的亲信充任，何光燮不是有泰的文案，有泰文案另有其人；有泰一到藏就对何光燮不满，对何光燮进行当面申饬，二人关系疏远，以致《拉萨条约》签订时何光燮未在现场。光绪三十年七月二十七日（1904 年 9 月 6 日），有泰在日记中道：

早九句钟至拉鲁洋营，同恩惠臣、范湘梅、余鹤孙、江少韩、刘化臣会荣赫鹏、惠德、韦礼敦、卧克纳并洋武官十余员，及噶勒丹池巴、四噶布伦、大堪布、大中译等，因条款番边已允从，拟明日下午三句钟到布达拉山画押。始则番边不允，继而洋人非至此不可。因两句钟遣恩惠臣、刘化臣、李福林会同洋人往看，已定画押之处。江少韩带笔贴式斌泰、字识马永太在彼写条约汉字，至灯后方回。晚饭前至马号看猴子，到洋务局与湘梅、少嵩、

① 朱绣《西藏六十年大事记》最早出版于 1925 年，由京报社印行。此处据朱绣编著，吴均校注：《西藏六十年大事记》，西宁：青海人民出版社出版，1996 年，第 19 页。

惠臣、竹君谈，饭后找鹤孙谈，小瑾忽来，北山大雪。

次日，即七月二十八日(9月7日)，有泰在日记中云：

早找鹤孙谈。下午三句钟赴布达拉山，先恭谒圣容，遂至达赖喇嘛正殿，有穆宗御赐"振锡绥疆"匾。聚集洋番官并竹巴娃噶必丹等画押，惟英番其印以荣大臣英字、噶勒丹池巴番字前后用之，噶勒丹池巴用达赖喇嘛之印画讫。荣大臣告番官一片言语，不过和好之意。荣大臣带有二千洋兵以示威武而已。番边盖印前，先将番文朗诵一通，其人为惠大臣。闳喜乃哲孟雄人，其装束与汉人无异，缎袷袄，缎坎肩，靴子，小帽，不过满留头，有耳环，闻哲孟雄自归洋人保护，皆改此装束，亦奇已哉。余告以现已电奏，俟奉有旨意，再行补画，洋官允之。回署已掌灯矣。晚饭后，小瑾送公事略谈，鹤孙来长谈。

此二则日记详细记载了《拉萨条约》签订时有泰的活动，如签约过程、所见何人，甚至连签约会场哲孟雄人的装束都没有遗漏。在记载这么多人当中，并未提及何光燮。此外，何藻翔所著的《藏语》中说，在何光燮提醒下，"有泰乃以约稿电外部"。实际上，有泰光绪三十年七月二十八日签约当日日记"余告以现已电奏"为事实，因为在此之前的七月二十三日，有泰已致电外务部，将英国所送条约十章全部发往，并请求外务部代奏朝廷[①]。总括起来讲，何光燮不是驻藏办事大臣有泰的文案；有泰对何光燮十分不满，二人关系疏远，有泰的日记丝毫未提及何光燮签约时在场；有泰在签约之前已向清廷汇报约章，并非在何光燮提醒之下才做。因此可以断定，何光燮劝阻有泰

① 吴丰培辑：《清代藏事奏牍·有泰驻藏奏稿》，北京：中国藏学出版社，1994年，第1190—1192页。

弗画押藏约说不能成立[①]。

有泰驻藏日记亦对西藏历史、宗教、文化等有珍贵记载。例如，光绪三十年九月初二日（1904 年 10 月 10 日），有泰与其随员考察了大昭寺，当日日记记载：

内有观音像，珠宝已不计其数，顶有白金刚石一（棵）[颗]，有栗子较大。如来佛铜像，乃唐朝铸，西北朝佛者，即朝此尊也，年年贴金，并未见厚，前有酥灯碗，皆系金造，竟有十数具佛冠，均系珠宝，用金打造。闻系贡克扎拉参北路喇嘛，后封活佛。所进，背后有矮如来佛，传闻曾与汉人说话。两廊各佛罗汉像甚多，有石上现形文殊佛，并有莲花佛，欢喜佛，俗呼阴阳佛。护法宗喀佛，各辈达赖。登楼有白喇嘛像，乃女身，其珠宝缨络甚多，最奇前后左右均有老鼠绕行，并不怕人，或吃酥油或吃糌粑，屡屡而行，闻死鼠有蒙古来买者，竟值十两银一枚。闻韦礼敦领事云，此喇嘛曾至英朝皇帝。再上楼一层，为白喇嘛生母之像，其丑如恶鬼，不似白喇嘛像体面，旁有墙，上一洞，其臭不可闻，传言圈鬼之处。余谓必为耗子窝，内有多年死耗子，以致如此之臭，鹤孙颇以为然。又一殿在右墙下，自来生石羊一只，如玉米大，已露半身，或云已四十余年，年年长，又云如全出，则藏地难保矣。其在极顶处看瓦椽，均系金铸，如来佛门旁竟有用金叶裹者，可谓极富丽矣。庙坐东，向西北面夹道有赞普像、唐公主像，及送公主老使臣像、有长须，不知何人。公主娃娃像，又有赞普之妾别蚌子女像。唐公主像并不美，其余尚好。山门内有五辈达赖貌尚好。与哲布尊丹巴谈道画像。哲普有须，貌甚丑，似蒙古人也。缘朔日每行香，未得细瞻仰，故今日有此行。庙旁又有观音佛殿，内缘像亦

---

① 详证请参阅拙作《何光燮劝阻有泰弗画押藏约说之考辨》，四川大学藏学研究所编：《藏学学刊》第 12 辑，北京：中国藏学出版社，2015 年。

有老鼠来往者，外壁厢国朝平廓尔喀纪功碑，外有唐碑在庙前，已为风雨并酥油所污，均剥落矣。

关于大昭寺，成书于乾隆末的《西藏志》有如下记述：

大召，在拉萨内，名曰老木郎。建自唐时，坐东向西，楼高四层，上有金殿五座，阑干殿宇皆系铜底溜金，宏敞壮丽，焕然夺目，宝珍奇玩，毕聚于内。中殿供大佛名觉释伽摩尼，云自中土侍随唐公主至藏，年甫一十二岁，成圣西域；或云自中国铸请来者。左廊有唐公主暨土蕃赞普，并白布国王女塑像祀之，其内神佛万计，皆用大铜缸贮酥油点灯为供，惟唐公主前不点酥油灯。楼顶东南隅金殿内有百喇末殿，神名百喇末，云系唐公主威圣神灵显赫，人民敬畏之，汉人有称骡子天王者。内藏尚古军器，其剑长五六尺，鸟枪有八九尺一丈长者，形与今之五子炮同。弓靫箭袋亦甚大，其箭有四五尺长者，殊为异观。大殿内，有明万历时太监杨英所立碑一通。殿门外前廊壁上，绘有唐三藏师徒四众像。昔唐公主晚年好佛，皈依释教，故西向其门。门外唐番和盟碑，高约一丈五尺，宽约四尺，厚约三尺，两旁刊有大臣、太宰、尚书等字迹，并牛僧孺姓名，但年远模糊，不能悉读，仅录其略，载于后编。碑旁有唐植古柳二株，老干盘屈，若龙虬然。①

比对有泰记述的大昭寺与《西藏志》所记述的大昭寺，在全面性、准确性方面有不及后者之处，如对军器、碑的记述。但有泰的记述不似志书般正式，带有强烈个人感受，忌讳较少，含有一定历史信息。譬如，有泰对蒙古人以十两银子买白喇嘛像旁的一只死鼠表现出惊

① 《西藏研究》编辑部：《西藏志　卫藏通志》，拉萨：西藏人民出版社，1982年，第14页。

讶。有泰还记载了英国人韦礼敦的说法,即白喇嘛曾至英国拜见国王。有泰的这些记述已成为了解清末大昭寺情形的珍贵资料。

其二,除了驻藏部分日记,“有泰日记”的其他内容亦具有重要的史料价值。光绪二十一年(1895)有泰被外放江苏常州府知府,光绪二十四年(1898)十月他被端郡王载漪奏请回京,他在常州知府任上计三年之久,其间经历多在他的日记中有反映,且许多涉及当时常州政治、经济、文教、治安等方面的内容,颇具史料价值。

作为地方官,有泰经常参加常州祭祀活动,他在日记中颇多此方面的记载。例如,光绪二十一年十二月二十一日(1896年2月4日),有泰日记云:

> 午时迎春,朝服至玄妙观东郊公所会各同寅,至芒神前行一跪三叩礼,并进香进爵,以酒浇牛,来去均用亮轿,武进一阳湖二总捕三,督粮因病未到。芒神在前,牛在后,余则牛后,殊为可笑。用全仪仗对马,家人均翻穿衣褂,顶马则顶翎,前趋锣鼓音乐,由东门至西门,复至东门过迎春桥,进署,合城士女无不往观,轿上非常之晒,又渴又饿,其窘万状,到署即更衣蟒袍补褂。复出至芒神前一揖,两县递酒,大堂筵宴,春酒,有戏,一老者一少年一老旦,不知何戏,曲未终则抢宴者至矣,藉此溜入衙内。未刻鞭春,蟒袍补褂,芒神前三进香进爵,一跪三叩礼在大堂左,牛在大堂右,礼房递春鞭,至牛前围绕三匝,鞭数下,则抢牛者亦至矣,礼成。众寅友来贺,晚请众幕酒。

此则日记详细描述了当时常州祭拜芒神的过程,对了解晚清时期芒神祭祀文化颇有助益。又如,光绪二十二年二月初二日(1896年3月15日),这一天有泰主持了常州府文庙丁祭,他在日记中道:

> 寅初朝服谒文庙丁祭,文武齐集官厅,读祝生揖请祝文佥

名，引赞生揖请盥洗起鼓，由东庑上殿至至圣位、四配位、十哲位，东西庑各视陈设毕，至东戟门立候，赞各官就位，次承祭官就位，跪行灌鬯礼，进瘴池三灌酒，即三举，撤瘴池，瘗毛血，俟瘴池上殿行三叩首礼，下殿，赞迎神各就位，西向跪迎过，同复位，参神行三跪礼，行初献礼，升坛，由东阶上，诣香案，跪，三上香，三拱手，叩，同诣酒尊所，举幂酌酒。诣神位前跪，奠帛，一拱首，初献爵，一拱首，叩，同诣香案，俟分献官行礼，下殿复位，跪宣读祝文，读毕，三叩，同复位，行亚献礼，升坛，诣酒尊所，举幂酌酒。诣神位前跪，启献爵，一拱手，叩，同复位，俟分献官行礼，行终献礼，升坛，诣酒尊所，举幂酌酒。诣神位前跪，终献爵，一拱手，叩，同诣香案前，跪，福酒一拱手，福胙一拱手，三叩，同下殿复位，亦由东阶下。赞送神行二跪礼，赴大成门恭立，焚祝帛望燎礼毕，复位，赞退班，至官厅更衣，回署已天明，大约初礼至终礼总在一时余，不能不通身透汗矣。

如此详细的常州府“二月二”文庙丁祭仪式记载，有助于了解晚清时期的祭孔文化。

有泰任常州知府时，经常主持府属各县文童考试，他在日记中有许多此方面的详细记载。譬如，光绪二十二年四月十二日(1896年5月24日)有泰日记云：

丑正升参炮，众官聚齐，遂升堂，武进县参堂后即赴龙门入座，俟点名毕，除留场委员，众官退，封门，入内。出已冠首题：所谓诚其意者，毋自欺也。未冠首题：不以其道得之不处也。通场次题：友其德也，不可以有挟也。诗题：欲语羞雷同，得同字五言六韵。恭默圣谕“士习端而后乡党视为仪型”，至“如是斯可以为士”。午初令教官打戳，酉正起放头二三牌。因将卷分七分，郁宪辰先生少分，总校，以“平地丹梯甲乙高士”字分之。其余王皆吉先生、李子康先生、蒋季和先生、鲍勉甫先生、何笙甫先生、汪慎之先生皆同，并将牌次用暗记。

隔天即四月十四日(5月26日)，他在日记中道：

丑初升三炮，礼如前，封门后，考阳湖。出已冠首题：孝者所以事君也。未冠首题：弟者所以事长也。通场次题：其为人也孝弟。诗题：孝弟为人瑞，得人字五言六韵。恭默圣谕“夫十年以长则兄事之”，至“政自离于人伦之外”。打戳放牌，与武进相同。

有泰日记将当时考试过程及试题内容等记载下来，对了解晚清科举制中的府试情形颇有帮助。

有泰日记中有大量的有关当时常州经济、物价等方面内容。例如，光绪二十二年四月十九日(1896年5月31日)：“会紫璈明府，据云茧子大不好，大约业此者恐赔本也。然业此者大半富绅，竟于月前顾洋人作护府，由总署行文至江浙，令地方官弹压茧贩，意在薄价强买，不意上天不佑，连阴加以天寒雨，叶于茧已大无益，再加以雷声大震，蚕正吐丝之际，经震后，皆头下垂丝不吐，于是茧大昂且无好者，可不知戒乎！”又如，光绪二十三年八月初一日(1897年8月28日)，“约督粮代理，刻闻市间米价各县月报未必尽实。每斗合十四斤，石合一百四十斤。九八钱尚有行用九五。三百七十文，新米三百廿文，再次三百文，从前至贵涨至四百五十文，县即出示禁止再涨，至贱二百七八十文。今年涨至极处，合四百三十文，小民困苦谋食，殊非易易，米粮贵则无物不贵，食为民天不外乎此”。再如，光绪二十四年二月二十五日(1898年3月17日)，“会钱子明，因工程开呈给两县文书底，并清单一件，谈及茧行，今岁未免格外难办，游匪甚多，且外国虽有明文不得干预茧事，然暗中托庇于洋人者正复不少，惟恐其藉此寻衅，将奈何。米捐一事亦于地方有碍，目下米之昂贵大半由此”。

这些记载可以成为研究近代常州乃至江南经济史的材料。

光绪二十四年(1898)五月,常州发生抢米事件,有泰在日记中对此有详细记述。五月初九日(6月27日),“晚间晤子才先生,接抄街匿名帖,谓米价昂贵,皆因乡绅刘葆良所请前次积谷平价,以致刻下应用不能放给贫民,惟有约人抢其家食其肉。鄙俚不通,大半系此处流氓所为。惟米尚未到,因赶紧致电锡、金,转达陶绅,于明后运到方妥”。此则日记说明有泰对企图引发抢米行为的匿名帖十分不满。五月十一日(6月29日),“晚接陶绅来信,已由无锡回,闻办米二千石,实不易之。盛京卿米尚未到,各处禁米出境,颇觉掣肘”。盛京卿指盛宣怀,为常州府江阴县人。由此则日记可知,盛宣怀对该年家乡的米荒颇为关注。五月十六日(7月4日),“因诸绅请糶米,平价设三四厂,两县至彼弹压,不意来二三千游民,将米抢掠,并用砖将伯含头打着,幸未伤。总所阳色庙诸绅来约,当即前往,闻东西门仍聚不散情形,太可恶。余因告两县并约游府,即往打散,格杀勿论,事遂安静。拿到抢米犯人廿四名,当时在庙设立公案,讯后即责藤条,均钉铐,分交两邑监禁,回署已亥正余矣”。有泰对抢米“游民”进行了残酷镇压。五月十七日(7月5日),“街市甚觉安静,巳正赴保甲局,晤各图董,传地保。谕以昨日抢米诸人,刻下如能将米交于图董,转呈两县可以不问姓名网开一面;如不交待,经查出自严办不贷。周少怀、武润芝两绅来,谈及常郡米店,仅有十日粮,恐后难为继,因致信于恽莘耘观察,前盛杏荪京卿已运至镇江米七千石,不可退回,仍济吾常为是”。此则日记记述了有泰如何善后抢米事件。有泰这些日记记载未必就真实客观,但是毫无疑问提供了一种视角。

光绪二十四年(1898)十月,有泰被端郡王载漪奏请回京,后充任虎神营右军统领。光绪二十六年(1900)三月,有泰任鸿胪寺少卿。在北京任官的有泰,不但耳闻目睹了光绪二十六年(1900)年的义和团运动、八国联军入侵北京等一系列事件,而且参加了清朝统治者应对义和团、八国联军入侵北京等事件的一些行动,是毫无疑问的庚子事变的亲历者与行动者。因而，此时期的有泰日记，具有较高的研究价值。例如，光绪二十六年四月初六日（1900年5月4日），“辰刻赴营，堂期。邱帅、斋帅挑补官缺，邱帅交义和拳须访闻如何办法，然此乃邪术，似无如何也”。四月初十日（5月8日），“在家，约在京各队管带等，严饬各兵丁不得学习义和拳”。五月初二日（5月29日），“丑刻接端邱来信，即时赴府，因义和团有拆毁铁路等事，派兵颐和园再加守卫，赶外营安置兵丁，各队厂内聚集，听候调遣。午后复至府内，面议各事，又至营安插一切，灯后方回家”。五月初三日（5月30日），“辰刻赴营，阿介臣、文子芝业于今日起赴卢沟桥住扎，闻义和团皆系花巾包头，腰系红黄带，执红旗，书坎字，其为八卦教匪无疑。戌末见红灯照由西南到东北，渐渐而灭，诚怪事也”。五月十六日（6月12日），“辰刻进署，今永定门外有某国兵官，为董星五营系所杀，名曰祭旗，甚猛也，然亦大不得了也”。

自五月十七日（6月13日）至闰八月十日（10月3日），有泰未记日记，闰八月十一日（10月4日），他补记了这段时间日记：

> 自五月十八日即到营，侍端邱保守西三座门。彼时西什教堂义和团即往攻之，然从未得手，后乃庄亲王统带，或至本营要枪要炮无虚日，然总未与之。盖彼之扰乱实难言状，后有拿问立预甫尚书，亦义和团前往。遂闻其有报私仇妄杀无辜者，然亦无法阻止，皆以阿克达春为戒，盖阿为本营统领，均以二毛子呼之，以至杀身。立预甫山后正法，并正法徐小云用仪，许行贫景澄，袁爽秋昶，联湘蘅沅。后与庄亲王言明，凡义和团进兵，本营停止，本营进兵则团内停止，不然更无分别，以至胡哄，万不成官事，内又有神机营派到官兵，武卫军派到官兵，或彼进攻或彼不进攻，或用炮或不用炮，或令打或不令打，毫无章法，无定局也，直至七月廿二日。于前日闻圣驾西巡，则人心瓦解，是日巳午间外面地安门已破，教堂亦均攻出，乃实无法为力，乃致前后受敌，将官兵撤

下，幸未大伤人，余求死不得求生无谓，此真无以上对国家，下对旗民，堪为痛哭流涕者也。……

此则补记日记，出自庚子年保卫京城、攻打西什教堂等事件的亲历者有泰之手，具有珍贵的史料价值。

三

此次整理的"有泰日记"体例如下：

一、在原年、月、日后加公元纪年，以圆括号括注其后。

二、需要辨义处及其他特殊情形除外，所有文字（包括人名、地名）等尽量改用简化字。

三、天头文字皆移入正文相应位置。

四、原稿确定误字者，以圆括号"（）"括出，后继以方括号"[]"括出改字；原稿有脱字者，所补字用方括号"[]"括出；不能辨认之字用方框符号"□"。

五、正文标点与夹注标点各自独立，正文用五号字体，夹注用小五字体单行排印，夹注中之注用六号字体。

此次整理之所以能够出版，缘于华南师范大学王建平教授的引荐，得于中国社会科学院文学研究所张剑研究员的抬爱。凤凰出版社的韩凤冉先生在编校本书时细心严谨，谨致谢忱。近些年来，整理者一直从事驻藏大臣有泰及晚清西藏史研究，虽然对有泰日记驻藏部分有仔细研读，但是一涉足整体"有泰日记"的整理，学养的粗疏浅陋立刻呈现。聊可自慰的是，整理时态度尚能端正，以勤补拙。自知整理中的差讹错漏难免，敬请方家不吝批评指正。

康欣平于西藏民族大学南区 2016 年 5 月 26 日

1895年

光绪乙未秋七月初二日(1895年8月21日) 以前部属卅年,凡日记皆于时宪书内登记,今岁行年正五十矣。余自简放后,日日忙迫,众亲友皆以为八月方能动身,余颇惮于酬应,仅于至亲至交处趋辞,泛交皆未往。遂于午刻乘驼轿出朝阳门,道甚泥淖,至慈云寺出城曾骑马,至此方乘轿。方易于行走,至八里桥又复难行,盖伏雨无定,如此到通州恒通店住宿。店主姓王,此为锡菊泉太守、隆湛园阁读学昆仲所荐,雇脚雇轿以及船雇德州皆其经理,价共二百余金。晴。

初三日(8月22日) 由通乘船,二号太平船一只,黄跨船一只,行李分装两船内,太平船主万姓,母子一妹一女,业此已七代,所载大半官宦,颇知礼。申刻方开行,因行李尚有未到,是以迟迟。沿路有搁浅处,灯后至张家湾停泊。离镇甚远,水路难以计程,惟听船家所云,不准,因不记。晴,甚热,夜雨凉。

初四日(8月23日) 由张家湾启船,沿路道甚纡折,两岸秋田葱蔚,可望丰收。余曾以连年歉收,今岁可卜丰年为可喜,谈于高西亭编修席中,客中有谓丰收非一岁所能补救,必须三年后方可少缓,或仅有盖藏,细思之,诚哉是言,叹余究属纨绔,实可愧也。至张家庄属香河县。停泊。此非正停泊处,因此处有大村庄,人烟尚不甚稀,复小雨。早风雨,午后阴。

初五日(8月24日) 早发张家庄,过河,西务河道较直,水亦深,不复似前纡折并搁浅矣。至色营下游过李傅相船,前有小火轮拖带,中则幕府,后有八卦炮船,其威严自不凡。若遇热鬼必谓,大丈夫不应如是乎，其毁谤不难生矣。过后正逢厂地堆大粪，正夥，其臭万分，皆以为轮船所遗，何其谑也。惟见其后随各船亦有轮船拖带，所用尖旗绘墨龙向日，或系斗牛，远望不甚真耶，殊不可解。至杨村停泊，此处甚丰阜，两岸均系铺户，闻诸物皆有，不亚于通州。刻下猪肉不卖，盖因各处勇丁强买不给钱之过。曾忆岑云阶京卿少仆。云，凡路上买鱼须托船户，我辈买之则见而远飏。曾有买者不止不给钱，且捶楚之，无怪乎望而生畏，呜呼，官与兵可知矣。早阴，小雨，晚晴。

初六日(8月25日) 早发杨村，曙星未退即开行，余尚未起，足见水路之逸、陆路之劳迥别。连日遇顺属直属平糶船甚多，曾闻今岁近畿麦收颇佳，然所卖之价每石不抵年前所欠之款，所谓谷贱伤农，余每谓私铸之钱有禁，私铸之银无禁，私盐有禁，私米无禁，遂至米商奇竞，无法过问，或伤农或伤民，均可操其权，有心人能不为之再思乎。此日经过两岸居民甚多，非复武清交界内荒凉可比，天津过洋铁桥，余船到时，但见两两幼童于桥边绞铁轮，则桥即分为二，船由下经过，帏蓬可不去，颇利于行旅，或为李傅相太信洋务，咎之未免责之过甚。停泊于大王庙前，因赴庙瞻仰神像，中间白面长须，右淡墨面落腮须，再右则牌位，目力所不及见，左与再左则未见，盖满殿勇丁皆席地而居，不便十分，徘徊殿外则有碑亭二座，左则李傅相具奏请旨重修大王庙，盖请钦颁匾额原折，右则知天津府马太守绳武。碑记。早雨，午后半阴，小雨。

初七日(8月26日) 早至铃铛阁街，拜王云舫先生，先生前奉旨赴津，会同曹军门克忠。办理练军，刻下将招募营勇已遣散，均在八月初间，可以赴京覆命。余来津惟到此处，凡历官场相识者均未拜，因云舫先生系兵部左堂，曾保京察一等故也。酉刻方开行，停泊北极寺，离大王庙不远，本拟午前开行，因江北漕船有十八起之多，并坐船约在千只，连樯而来，无隙前进。半阴晴。

初八日(8月27日) 早发北极寺，沿路漕船尚未行动，过天津关后便易行，至冲南洼，烟水茫茫，一望无际，据船家云已被淹十数年，宽阔二百里，从前均是民居民田，虽景致不无可观，此方生计竟不可问矣。至杨柳青暂停，新口停泊，申酉间见火轮船一只，托带座船一只，旗帜为北洋与济宁会办公务，最怪火轮船内有带小草帽窄衣袴，颇似洋人，询之乃副将某，总司此船事宜者，想内地衣冠有不便于机器耶。晴，晚阴。

初九日(8月28日) 晓发新口，沿途乞人甚多，至独流暂停，仆人病者颇有，重则延医此处，多因食水不均着寒所致，都下暑气瘟疫盛行，询之沿路亦然，今之大疫大半去岁今春兵戈后流行也。晚至双塘停泊，东岸一望均系农田，秋稼茂盛，西岸大不过数十丈，为居民住房，再西则积水无际，船家谓之一边天堂一边地狱，亦可谓善于比拟矣。沿途乞人与昨日停泊处皆不少，盖水患也。晴，微风。

初十日(8月29日) 晚发双塘，沿路水甚旺，无搁浅处，至人和镇，又名马厂，所筑围堡比静海县城尚觉严整，围外有濠，濠外柳树成行，勇丁来往传递，筹支蝉联不绝，纪律甚肃，惟诸人装束与洋人无少异，只多发辫而已，围内所演号筒亦系洋器，呜呜之声幽咽异常，真无分中外矣。入青县界，沿河多柽柳，又名观音柳，粉花绿叶扶疏水园，与野菊红蓼相掩映，已略有南来景相。至二十里铺停泊。非正停泊处，仅有村落，不甚荒凉，卖柴者颇多。晴，风，晚间月色甚佳。

十一日(8月30日) 早发二十里铺，夜间蚊子甚多，昼则蝇子甚多，殊觉可厌。过青县，见有似塔非塔似亭非亭，询系魁星楼，历过各处若此者颇夥，想读书者多，故敢乞灵于魁星耶。见老妇少女皆手掐麦辫，云外国需此，甚贵重之，作帽戴之可避瘟邪，此亦中土之一利也。沿堤卖草帽，有极细者，小儿所戴，以五色麻染穗檐前多。晚停泊史家楼，亦非正停泊处，此处柳树甚多。晴，风，月色佳。

十二日(8月31日) 晚发史家楼，有风，水流甚急，大约北运河水浅流缓，所以多淤，南运河水深溜急，不至搁浅，两岸农田北则场茂，南则少次，然南来大半麦后晚田能再见收获，亦可谓有秋矣。过沧州略停，河颇曲折，据船家云：九望沧州，乃每转一次即可望见州城，惜乎未经深考果九曲否？不知也。晚停泊兴隆镇，询之土人，云本名绝店，因高宗南巡更此名，人家亦不甚多。晴，晚阴，云。

十三日(9月1日)　晓发兴隆镇，午前过一村落，不知何名。土房数十间，堤外高阜苫盖，下临深塘，见白莲花数顷，即引堤水灌溉，此时花仍旺未凋，掩映青杨绿苇之中，极好一幅画。各路遇有办丧事者，有槓罩音乐等，在乡间亦颇讲究伴宿，即发引日稍异，惟吊者不论亲疏，女人白布条围头，男人则用四方白布叠进四角蒙首，大似城内孝常之流。晚停泊尹家圈，河流甚急，无风作响，可知矣。沿路系交河属，对岸则南皮属，亦有交错。阴。

十四日(9月2日)　由尹家圈，晓发过龙头镇，东岸南皮县、西岸交河县，有搭綵棚锣鼓齐鸣，询之乃念经放河灯者。晚停泊油房口，小有村落，询之土人，凡河淹之地，应仍纳钱粮，河闪余地则丈量加倍纳钱粮，是两岸钱粮，河每转徙则加之不已，系由河厅征收，每闪余地则委户工房办理，其中实难核实，不过近岸居民苦而已矣。停泊处晚间大看放河灯，满河星火，亦颇有趣，询诸沿河一带，每于十四至十六三日均有放河灯者，余谓此推广盂兰会也，一笑。船内每多黑虫，名樟木虫，不伤之亦不伤人。停泊东光属。晴，月色佳。

十五日(9月3日)　早发油房口，午前遇东光码头，甚热闹，有茶馆一处，不过小草棚一间，以麦泥苫盖。贺开张对联甚多，颇可解颐。茶幌则无茶不有，其实专买茶末而已。至大连湾暂停，看运豆饼肩担船载而东，询之，本地即用之肥地，菜园尤在必需，询处，为东岸对岸即有作此饼发卖者，闻南省肥地更离此不得。曾忆十数年前，闻有以此征税入条陈者，每饼重廿斤，其色淡黄间以豆皮黑色，今始目睹。曾过连镇，即僧忠亲王战发逆得手处，刻下亦颇丰阜，属景州管。晚泊野地，因村落镇口皆远，且船夫有病者不能前进，祇得作此放胆之事，将两船缆至一处，撑至河心，此无处停泊之一法。水深处至岸有两丈余，月色亦佳，船头本有家人值夜，复添船中人看缆，故无意外之虞，并闻鼓钹之声甚近，想青苗之外必有村庄，然非时非地，究不足为训。晴。

十六日(9月4日) 曙即拔锚而走，过安陵镇，镇有三百余户，出镇有义渡，碣石西北属景州，东南属吴桥县。因步行二三里，遇一僧于柳荫下，立谈询知，此地不信僧，非凶死未有念经者，僧乃三官庙内住，以种地为生活，庙中竟有地一顷五十亩，亦可谓温饱矣。离此上游三里许，即入山东境，沿路垂柳甚多，连日如此，大半垂于河中，水不缺之故，间以红蓼花、水桂花、野棉花，颇饶野趣。今日并见有割谷收高粱者，秋稼已登场。已晚停泊桑园，此处有归直隶有归山东处，盖犬牙相错之地。晚遇放河灯两处，镇内镇外皆有，且炉炮斋鸣，又有放阳灯，随火而起，至半空渺若微星，且用两船相连，上盖席棚，来往大唱秦腔，内有以管代唱，如要傀儡子，五小儿打老虎，办法亦别开生面。不知与盂兰会本意何取，此不过敛钱渔利而已。晴，风，月色佳。

十七日(9月5日) 早发桑园，水势甚急，至地山村土音，不知地山抑系第三，如果地山，则谦卦，想傲慢所致，一笑。大开口门，水由西南奔景州大道而去，闻系上月廿二日所开，则旱路皆满水难引矣，并闻淹没乡村且有被伤人口甚多，闻上游油房亦有开口之说。据云此村人性甚恶，皆以为报应，可畏哉。停泊德州，此处据云轿、驮轿皆无帏，有二套车，俟明日探听如何。晴，风，月色佳。

十八日(9月6日) 仍停泊德州，州城西关离城尚有二三里，此系新河道，傍城低洼处，据云系旧河道，有回龙壩改道已百年外矣。本拟由此处起旱，探听沿路多水，因与两船商酌，令其远至临清州，再作水旱行程打算。晴，大风，月佳。

十九日(9月7日) 早发德州，河流甚急，询之土人，上游如不开口，则两岸农田更难免受灾，即此沿岸近处已被水无收，上游来之水其旺可知。至西屯暂泊，下岸菜园一看，其紫茄比京内稍长，大有南茄形象。至四女寺，见前面打鱼者，询之，乃从油房口开溜而来，至此归入河身，已淹百里外矣。自过天津后沿河松柏树甚少，入山东境，茔地有松柏兼有杨树作外围，大有顺属规模，妇女亦多粗鄙，不似天津装束，其南皮一带操作服劳，亦非不耽安逸气象，颇觉粗野，无怪乎看京内跑旱船皆认为绝色，乡风厚朴如此。晚停泊故城县南关。归河间府属，则又直隶属矣。对岸据云山东。晴，微云，月色佳。

二十日(9月8日) 早发故城县，沿堤被淹田禾不少，闻东西两岸共开口门四个，傍河居究不便也。余昨日觉两肩并头皆作痛，浑身均为不适，盖因前夜月色甚佳，登岸纳凉，见水光月色青碧田禾遥望无际，觉少凉即服棉衣，不觉已中风寒，河风之尖利可想而知。晚停泊郑家口，又名郑口。下岸一游，有长街一道，售卖各货竟无一不有，惟门面不认识，须处处询，询人颇谦，此处房间盖法与经过各路不同，虽土房前后坡一样，如半月形，门楼亦然，窗棂有作各形，如甲文夸月，看其作法必当坚固且不俗。此处两岸即分直隶山东，停泊北岸属临清。晴，有风。

二十一日(9月9日) 晚发郑口，风甚大，颇凉，行不多路即暂停千户营避风，询诸乡人，此处原有千家，因乾隆四十年被水冲开，伤人甚多，目今不过六十余家。傍岸有大王庙，因往瞻仰，不过高宽三尺上下，神像少年，冠王冠，手持宝剑，左立判官，右立鬼卒，询之，金龙四大王法像也。据船家云，黄河以及各河皆供大王将军，海则供娘娘，想系风后。江则供奶奶，未曾深考。不同也。晚停泊甲马营，归武城县属，内有大王庙，后殿奉观音大士，大王像与小庙相同。甚威严，非村头小庙可比，殿两层有碑，天晚未看，出。晴，大风。

二十二日(9月10日) 由甲马营早发，复遇风，连日自德州启程，水道甚曲折，东西南北路无不走到，如旱路离岸，可以停泊处不过一二里或二三里，可以一径直去。水路则七八里，十数里不等，方可到。船家云，去德州不远有九望德州之说，盖“九望”二字乃船户之谰语也。殊可胡卢。至谭庄停泊避风，因离庄不远开口，田禾俱被淹，积水在田，尚未消退，电线杆多在水内，风仍不止，因移泊村前，内眷因下岸至彼处一看，土房内除坑席无别物，人甚朴诚，因给其儿女点心，仍将原匣送回，装枣数枚，似京内回合之意，礼失而求诸野，信然。告以并匣子送给，因而垂形于色。见村头有小庙，趋往瞻仰，大王像金面儒者装束，有长髯，与天津大王像相同，前有牌位，敬书金龙四大王，与连日所看持剑之像不同，持剑之神像系何位？俟考。此处武城县所属。晴，大风。

二十三日(9 月 11 日) 早发谭庄，风微止，至武城县北关暂停，至大王庙瞻仰，神像长髯，手持宝剑，有小神像无髯，在前供奉，再前有牌，敬书金龙四大王，旁有杨四将军、九龙将军、漳王，临清专有庙。张将军、某将军，金字看不出。左龛供少年神像，右龛供淡墨色面神像，与津郡无异。晚停泊渡口驿，夏津县属，岸旁有似塔，四方三层，甚怪，因往看，下层供观音，对河，背面土地老夫妇第一第二，不似有神像者，上有木匾一，无字，询之土人，谓之阁儿，殊不可解。半阴，风晚止。

廿四日(9 月 12 日) 鸡鸣即发渡口驿，沿堤淹没处甚多，网鱼者两岸皆有，连日颇得鲜鱼吃，亦一乐也，至塔湾暂停，下岸一看，乃舍利宝塔一，工程甚大，修于明万历间，有碑，塔内因黑看不出，有石阶级，亦因黑未敢上，旁有古庙一所，破烂非常，前殿系接引佛，旁有碑碣，刻观音像一，苏老泉题，张仙像一，在庙旁白灰屋。因倩税局赶紧搨之，晚间局内即遣人送到观音像二张，张仙像二张，不过搨得甚模糊，自负为能搨，可笑也。晚停泊临清州，忽然腥气，船家云，系将军过，非水长即下雨，果然。阴，早风，日落大雨。

廿五日(9 月 13 日) 仍停临清州，因遣仆人询问前途水陆何项易行，问于州署差门，据云聊城县无水，舟不可行，须由陆路行走，复遣其商酌车轿等项，舟中无事，率领僮等赴大王庙瞻仰，因登观化亭俯视，内外两河头闸二闸及一切沿河住户铺面俱在眼底，惟漕河对面土山临清州南关可与此亭上下，塔湾舍利宝塔觉比此亭稍高，亦此州之胜景也。且于癸巳重修油饰，尚不甚旧。下亭后至大王殿，见一老僧已具香烛，据云金龙大王化身，于前两日已到，余登亭时，适朱大王亦到，令余拈香，余问可否恭瞻，僧云此系奇遇，既过便可恭瞻，因捧至供桌前一玻璃匣内金龙四大王在匣左。见余，似首颔再四，朱大王在匣右。尚未安坐，寻行匣内顾余者再，因即令捧奉供桌上，谨礼拜之。此余昨晚与眷属谈及，不识有缘得睹大王化身否？皆云，异日焉。见不为河工官，到彼自可见矣。姑漫应之，不意今日即得瞻仰，此真万分显应，殊为凛然。特记。连日考据各庙大王像，有有髯，有无髯，此处大王像无髯，有微髯并有漳王庙两处，均御赐匾额甚多，眷属亦往观，俱得见。阴，微晴。

二十六日(9月14日) 仍停泊临清州，午后登岸一游，见有碧霞宫，土人呼为奶奶庙，方言如此，可以知奶奶者即碧霞玄君也。晚间忽来一船，停于邻近，旗上系二品衔花翎记名简放道，仆人往询之，乃天津上船赴河南省，称为黄大人，始则船上弦子响，想系自善于此。继乃来男女瞎子三人，随令其在岸上弦歌齐奏，此君可谓好音乐矣。阴，小雨。

二十七日(9月15日) 仍停临清州，到岸，在碧霞宫旁有花厅一所，公然兰桂一切皆有，竟至多种不认识，北方不多睹也。问其生意，不见大兴旺，必须遇有寻者方售卖，无有以此作节礼者。晴。

二十八日(9月16日) 仍泊临清州，因极大风未敢下船，桌上浮土甚厚，方知河南省与黄河相近，每遇大风日则屋内土可寸厚，信然。昨日河内水颇落，今日以岸旁水际算之，竟长至尺余，虽申酉间有微雨，云布处似不远，恐无大雨处，据船户云河水长落实不关乎落雨，有大雨后水较浅，乃系常事，闻漕船江北头帮回空，不日可到。此乃神灵默佑之耳，其然乎否乎，真不可思议。大风，半阴，小雨。

二十九日(9月17日) 仍停临清州，发家信一封，交四弟处，信由临清二闸口德和信局发。晴，微风。

三十日(9月18日) 仍停临清州，午后见对岸有持鞭沿河声喊者，乃见河内群猪浮渡，二人于水内驱逐之，渡后则见此岸有猪如彼岸之数，迟迟日将落，赶猪者始则或怒或笑，继则诟谇之声大作，因下岸往询之，见彼岸此岸均有人与猪，据云此岸之猪欲渡，猪仍折回，因用渡船上而复下，彼此商酌，实无善法，彼处已渡者不能回此处，未渡者不能去，故议论纷纷，不免焦躁而争。余曰有渡船在勿争，问有绳否？曰有，然无多。余曰不妨，数岸上猪，十四头，令其缅头一渡，七次尽矣，始而色喜，继而摇首，曰如此则猪受委曲矣，余一笑而罢。然推此不忍之心，牧民者不应效是乎！或曰其所以惜之者，恐减膘不值钱，非真爱猪也。余曰，留我，民膘上下皆爱之，以为常久值钱计，不亦善乎。一笑。晴。

八月初一日（9 月 19 日） 仍停泊临清州，下岸至碧霞宫花厂一游。寻其木槿一朵，采得兰花一朵，此处树柚皆可结果，不过在盆内养活而已。宫内配殿见有碑记，系奉前知州彭虞孙定章，本处善举，施舍棺木、敬惜字纸两事，棺木则有厚薄之分，厚者四千余，薄者二千余，合工本万买不出，其所以定价，或防转卖之弊。字纸则纸篓损坏，可送至庙内再行修理，与京中善举不同。棺木贵者，以为贫而少有力及从前有礼面之家用之，贱者与倒卧监中死囚无主者用之，亦有条不紊也。晴。

初二日（9 月 20 日） 仍泊临清州，本拟今日登陆，因大车未齐，是以又迟一日。午后至大宁寺一游，街道买卖应有者尽有，庙内供佛祖，座旁左边碑一，刻黄山谷所书“宝藏”二大字，右边碑一，刻方叔晦所书“第一山”三大字，庙已不整，是日为灶君演戏，其行头甚可笑。台下数百人仰而望之，似觉大有滋味者，且有估衣摊、破玉器摊、书摊，大约此地即为大热闹处也。回时至一茶店，此处竟有薰茶叶，每两价值八百文，一斤则十二千余，合银可至四两余，亦未免太好喝茶叶矣，大为怪事，或见余头脑露怯，以此朦朦亦未可定。晴。

初三日（9 月 21 日） 卯刻由临清州河路登陆，卅五里至仓上村茶尖，又卅五里新集镇尖，泰和店。又五十里高唐州东关外双盛店住宿。是日新集镇镇期，买卖甚多，见牛车有用四轮者，颇矮，似为收田稼所用，亦有人乘坐者，沿途种棉花甚多，目下已见收拾。村落树荫中每见纺车，田中荷锄带笠者亦复不少，男耕女织，乡风深存古意，非惰民也。果木树亦多，梨与桃大者曾用秫节挺之，盖太大恐风坠也。曾买食，美极。果林中已见红黄叶，大有秋意，惟果林大半种于坟地内，似乎别致，似不如松柏为宜。晴，午后阴。

初四日(9月22日) 由高唐州，因夜雨天明未晴，辰初启行，四十里新寨朝阳居茶尖，无食物可买，仅有韭菜粉条馅包子，葱花油盐面甚好，奈面颇辣，胡椒之过也。又卅里至伦镇住宿，齐河县属，村头有桥，曾往观之，镇内大新店住宿，沿路见黑高粱，并有似刺梅花，叶无刺，不知何名，杜梨树甚多，道旁小树如酸枣树之多，并见有土阜高低，围田而起，据轿夫云，明朝旧高唐州城基，未知果否？俟考。阴，早微雨。

初五日(9月23日) 寅刻由伦镇行五十里渡黄河，穿齐河县西关至东关外义盛店尖，渡玉符河。此乃沿堤，过此渡车仍由正路行走，据云到住宿处卅五里，此乃便路难计也。渡船内云，此水系由泰山泉所出，沿途被淹处甚多，大堤一旁系黄河并大清河漫溢及雨水浑而为一，冲塌庙一，在齐河县城外一旁系田地被淹，风景大似稻田，远望群山，隐约中极高者即泰山也。至杜家庙万顺店住宿。此方归大道，系尖站也。自玉符河至杜家庙，小堤上搭盖河棚，男女在内棲止，皆因田房淹没之过，殊堪悯恻。晴。

初六日(9月24日) 卯刻由杜家庙行廿里至开山，系入山道之始，又十里至崓山，上有玉皇庙，柏树甚多，皆生于石上，各树形势均可入画，山在村背村前，即玉符河围绕，水清见底，不愧在山本色。对面则层山居人，在绿荫之内，水中石子大小五色具备，水边即沙滩一片，因停此少为徘徊，真似在画图中也。并买得柿子数枚，色如胭脂，甚甜。山多半石半土，石有略具太湖之意，玉符水沿山回绕数里，便有小石桥可以渡人，车可由水内行走，深处不过二尺。又廿五里至张夏庙子店尖，尖后所走之路颇似获鹿山内星星滩，其路中石子大小亦颇似。庙子店内买得木瓜五枚，雅似金丝木瓜，少大，都下不易见也。又五十里至垫台大公馆住宿。晴。

初七日(9月25日) 昨晚因行李车未到尖站，即为泥路所污，不能行，等至日出，仍未到，因在原处坐尖，巳正动身，行卅里至廿里铺茶尖，此处过后即可望见泰山，又廿里至泰安府南关连升店住宿，本拟登泰山，因家人多病者，灯后行李车未到，自己亦觉无味，尝有闻景强似看景之说，因果决不往。回忆陕西曾望华山，仅到玉泉院一游，然东西岳皆望见，于愿已足矣。至黄河则于今三渡：少时侍先严、先慈赴夔州府任，由孟津一渡；随觉尔察相国赴陕查办事件，充当随员，由风陵渡一渡；此次宦游由齐河县一渡。少时虽不甚记忆，总觉不过尔尔。连日看村落皆用石子盖砌房，墙上苫谷草，颇不俗，惟房顶较尖，且前廊等多用石柱，颇觉坚固。今日要小钱者多，闻有终岁以此为生，盖因赴泰山烧香者多愿与之，并遇小车于路不绝，大半盐包靛车居其十分之七。店内后院主人最讲种花木，见其盆养小马尾松，不过尺高，甚有趣。询之已十数年，并云大凡松树皆喜铁石二物，养之须合土，栽成可奈久不凋也。晴，风。

初八日（9 月 26 日） 因昨晚行李车未到，后又在原处坐尖，行李车至天将明方到，前昨两日翻车屡屡，幸未伤人，道路之难行异乎寻常，皆由山水之过也。行廿五里至邱家店茶尖，店外玉符河横路有石桥，水颇清洁，过此沿史家庄外即有沙滩一大片，在河外滩外村落，松杨树皆有，村外即山，大具画意。又五里过瀼河，又似汶河，土音不清，小妻询其土人，谓井河，然井字音坦，无翁文等音，河水甚清，可见底白沙，底不到三尺深，用船渡车轿，然篙橹皆不用，人即推船而行，亦甚便也。又廿里过白石岭，岭前土石色具备。惟形势甚陡，上下皆不易。岭上有碧霞元君庙，工程甚坚固，有豫东屏先生对联，锡菊泉碑记。匾亦不少，特至庙敬谒，见一道士，甚简朴，养盆花颇多，松柏、桂花、黄杨、杜鹃、盆葡萄，均有意味，本山产石黄白色，大有太湖之意。道士持一石见赠，玲珑之至，甚为可爱。又五里至茌家庄高升店住宿。晴。

初九日（9 月 27 日） 仍住茌家庄，因行李车未到，未刻方来，其势不便再往下站。此次出都水旱均属累赘，船行之滞已觉可厌，且与船户讨气。今登陆，又与车夫讨气。路经大雨后，实在难行，而家人不病者无几，可谓一路灾星。余本京员卅年，不意中为外官，照命，大凡顿扬者未有不以为从此可作一番事业，甚而颂及发财，尤为可笑。曾记外舅鹤汀先生有言，人尝谓外官应比京官不窘，不知窘不窘系于人，不系于官也。实为名论。如此外官事未必能作财，更不能发，此行罢官丧命却可操券，不劳费力也。呵呵。彼时大为牢骚，斐然一笑。丙申六月初六日偶阅记。半阴晴。

初十日(9月28日) 由在家庄行，廿五里至关桥茶尖，见路旁有卖大块豆腐，浇以盐汁等物，因砌三文钱食之，其辣万分，实不能食，尽看车轿夫食之，颇觉得味，可发一笑。又十五里至阳流店新店尖，村头有晋太傅羊叔子故里碑，尖后道旁有羊叔子墓，陆鸿渐碑记，碑尚有数座，惜轿快未得看真。又廿五里四槐树茶尖，折得野桑椹一枝，其形似椹而大，颇红，味亦甜，据云不可多食，动火之过也。叶亦可以养蚕，究竟本名为何物，俟考。又十五里翟家庄二公馆住宿，因天尚早，至庄内一游，见一家后墙临水种一断绿叶黄果，不知何物，往寻之，竟见赠四枝，询其名，云似“楸奇”二字，味清香，不过杏子大，似香橼之流，名俟考。连日所见山花野草，半不知名，北方不多睹也。晴。

十一日(9月29日) 寅初由瞿家庄行，四十里至嶅阳悦来店尖，又廿里西住佛茶尖，又卅里至龚家城义和店住宿，午前穿新泰县城过，午后穿蒙阴县城过，两城相比，似蒙阴强于新泰，且蒙城居山之上，四面高山环绕，似得势有可守处，所过小河甚多，皆无桥，车可过，人须背，临河所居均以为利，然背一人不过一文钱而已。半阴晴。

十二日(9月30日) 寅初由龚家城行，六十里至垛庄晋升店。又廿五里至双猴集茶尖，是日集期，卖月饼者甚多，并有煮熟芋头，不过八文钱一斤，都下无此贱价也。又廿里至青驼寺庄家店住宿，今日尖后所行之路，遇有砂滩水沟皆不需人背矣。询之舆夫，据云此路有九岭十八河七十二道小泥沟之称，究于何处起至何处止，亦说不出也，大约山路不过由杜家庙至伴城止，无多也。住宿之青驼寺询之土人，云离村有二里余，山下生成青石驼二，余恐为古墓像生，惜天晚未能往看所以然，寺乃在明日所行之大道旁，寺因地得名也。询之今年年分如何，土人云可至八分光景，彼处亩数合二百四十步，每亩大麦二秋皆二百斤，惟晚豆稍差，六月大雨之过也。今日径过，沿途山石大有太湖之意，所欠者玲珑，然各块俱有画意。晴。

十三日(10 月 1 日)　由青驼寺行四十五里，看上山下山之路不止，付城义和店尖，又不计里数，松林少歇，过沂水，用船渡车，由水中行，水深，浅，船用人推，两岸砂甚深。穿沂州府城，过宿南关孙家店，又名大公馆，府城颇整齐，城内买卖亦多。锡菊泉太守托寄曹协台正榜信，遣人送往，闻已撤任到省。进城时见有王羲之故里、诸葛武侯故里、王祥故里三碑，外有文质夫长虎臣德政碑。路中见本地妇人首戴酱棚，在地作苦，小妻询之，名曰蓆架，遮日防雨之物，足下鞋外加一草鞋，颇浅，亦汉装中不多睹也。想因俭省所致，其朴厚可风。晚间买得螃蟹数斤，大嚼，途中不易遇。晴。

十四日(10 月 2 日)　由沂州府早发，行卅里唐崖茶尖，沿路已有种秋麦者，叱犊之声不绝，所见栖杞篱落中颇多，白果树颇多，大约以此杂粮食食之，十五里至沂河，水不浅，作绿色，来时沿堤而行，水中时露沙石，每有作滩声处者，家人误以为风浪，殊可笑。李家庄二公馆尖，渡河处即名李家渡口，离庄不远，此水即通运河，小船亦有竖帏在此候客者来，岸并树林甚密，柿树、山楂树及各种树扶摇于秋风内，略具画意，不过非沂水春风，想光景另有一番气象，因行李大车甚累，乃住原处。晴。

十五日(10 月 3 日)　寅刻发李家庄，卅五里草村茶尖，又卅五里十里铺吕家店尖，又卅五里店子茶尖，围村外有河，询之村人，谓之毛子河，将至宿处，系沿河而走，再询之，仍云毛子河，不知果有此名否？又卅五里至红花埠谢家店宿。晴，月色甚佳。

十六日(10 月 4 日)　卯初红花埠处，行四十里至龙泉沟茶尖，据土人云，系高宗南巡赐名。又廿五里峒峿大公馆尖，又四十里老营口茶尖，询之乡农，云此地田亩非大雨不收，所收每亩不过四五斗。盖土下皆石，验之果然，较山东每亩可收二百斤大相悬殊，然弓数如何，询之皆不了了，山东店内问之，尚有以二百四十弓为一亩对，是否？不能细考也。又十二里过六塘，河水又八尺深，用船摆渡，到河时月已东升。又八里顺河集张家大公馆住宿，店甚大，屋甚高，尚有海道未通从前丰阜景像，沿路所见树木飞鸟，多不知名，土音与山东不同，有江北之意。盖此点由红花埠即入江苏境矣，今日有漕標马游府遣勇沿途护送，人壮马肥，衣装齐正，不过马用骡马，恐临阵上不去也，一笑。山东亦有护送之勇，皆沿途应候官差，道路颇觉安静，连日所遇妇女皆以青布帕蒙首，不知何意？回忆赴陕时见平阳府南妇女，均以白布帕蒙首，董醖卿夫子所著《度陇记》亦载此节，究不知何所命意？大概不过盖发易于苦作。然一入数术家论之，必以东方尚青西方尚白，借之以捣鬼也。沿途护送堆拨，较山东似多整齐。大风，晴，月亦佳。

十七日(10月5日)　卯刻由顺河集行廿五里，至伊家庄茶尖，又廿九里过乾浆河，询之土人，据云此水由运河所发，时有时无，刻下有三四丈宽，深有丈余，故用摆渡，又六里至仰化集刘家店尖，又廿五里至崔正茶尖，此地名甚奇，因土音听不真，旁有学生，令其写出方知崔正二字，并不成村落，不过沿运河外堤三五家一联，共有二百余家，所种树内有练树，本地呼为练枣子树，曾结子似小海棠果，叶似小槐叶，本灰红色白点，甚细，闻紫花颇香，子乃甚臭。又十七里过老黄河，两岸黄沙已作腴田，种落花生者甚多，中间一泓清水，荇草芦荻颇多，沿河尚有残荷，小渔船一，河身不过丈余宽，比较齐河县一望无际之黄水，真有沧桑之感，前由郑州决口，本拟仍复旧道，因踏勘不便而止，看其光景，以日下论之，新黄河尚有堤岸可恃，此处一片平壤，恐复旧，不知又出如何大事，似仍以山东入海为是。又八里众兴太平店住宿，连日见小车与北方大异，轮较小，车身较长，前所见小车载人，一边行李一边坐人，此如都中羊肉车可以将铺盖垫平，人则面向路正行，又别开生面，车轮每见用稻草编在外边一道，虽过石路可不作响，或即古人蒲轮之遗制耶。午尖处尚是徐州府属宿迁县管，出集后即归淮安府桃源县所属，口音已有淮扬之意。半阴晴，午后大风。

十八日(10月6日) 卯刻由众兴行，卅五里至水性湖茶尖。又十五里鱼沟王家店尖，又廿八里过盐河，此处有水无水不定，过河用摆渡，过后口音直头江南，房屋用整苇子辫成，表面抹土，墙则用苇辫，并有上边花墙颇有趣。又二里过老黄河，用船，浮桥堤上茶尖。又十里至清江浦，登舟顾南湾子，二只一大一小，大船佘姓，小船居姓，此次并未落店，甚为省事，细思由通州启程，亦可如此办理，落店徒多一番周折也。晴，微阴，极大风。

十九日(10月7日) 仍停清江浦，行李将天明方到，且等船上旗灯，是以迟一日，此处菜蔬甚全，一切应用之物不缺，原漕帅驻此自然较丰，非复十八站旱路可比矣。晴，风。

二十日(10月8日) 天明启船，过淮关，即板闸，十五里。停船，拜谒文搢卿榷使，绅。相待甚优，旋来候，并选食物，因路上恐旅费不足，曾托温寿臣兄，托其照应，携来信件面交，旅费尚可敷用，故未通挪。又四十里平桥镇，又四十里宝应县停泊，船户云江南漕粮至此装载，江北漕粮由范水镇装载，船户开来路程单不知确否？此行下水所过里数能否如此之速，难深考，姑记之。晴，风。

二十一日(10月9日) 由宝应早发，所谓宝应湖离堤甚远，昨日登东南堤一望，均系芦柴，稻田亦不多，西北两堤尚有干土，东南两堤则一片汪洋，俱是低洼之地，沿堤有住户，看其生计多苦，不过割卖芦草以为生活，比直隶山东两岸居民多，堤亦较高，不能野望，大约二三里未有不见草房者。四十里范水镇暂停，点心无不江米矣。又廿里至界首镇，登东堤一望，乃里下河，均系民居水田，将船渡至西堤闸口，内一看乃高邮湖，水平而阔，惟远见帆影，略有小树如荠，据云树外仍系水也。又六十里高邮县停泊。晴，小风。

二十二日(10月10日) 早发高邮州，西堤湖面少狭，闻至邵伯镇止矣。连日见男女工作甚劳,清江浦以后口音便不清楚,然江北呼江南为蛮音,想语言更不通,奈何。沿岸居民女人多不缠足,大有古风,船户系邵伯人,母子,夫妇两子,并有长媳,以船为家,其母媳长妇皆不缠足,操作与男人无异,竟可上岸拉纤,盖男人十里女人十里彼此分劳,不似直隶山东船户,男人操作,女人仅烧火作饭也。行卅三里至露筋祠,匾对甚多,如张船山诸人均有联,内绍葛民兄联甚佳,乃右僧焚修,并送给红布小帽三,以为得子,令其佩之,殊可笑,土人呼娘娘庙,亦系保障沿河之正神也。又行卅里至邵伯镇,上游离镇不远,入湖内,邵伯湖盖洪泽湖下一片大水,皆相连。各处以县以镇名之而已。湖内甚宽阔,草滩颇多,不明水道未敢走也。湖内陈家沟暂停,据船户云,凡南湾船皆由此处制造,十数里便归外河正道。又四十里扬州府停泊,由北关至南关,竟有十二里船只,络绎不绝,大半盐船居多,围城多系铺户,茶馆亦复不少,真名不虚传。晴,微风。

二十三日(10月11日) 日出发扬州,见古塔一,连日所不见也。据船户云:下游庙多塔亦多。足见南人好佛。行廿里至扬子桥,过三义河一,来路一往南京一往苏州,遇厘卡巡船,不过家人欲上船查看,为船户所骂,竟摇橹而去,昨日所遇亦如此办法,伊亦无如何。盖为诈钱而来,行旅稍弱不免为其所患,似崇文门巡役,无处不生事也。又廿里瓜州口出,新开路比瓜州口渡江略近。又十五里过江停镇江府北关,过江时微有风,并无大浪,船便不易行。晚七点钟即赴趸船候轮船,赴南京趸船,惟招商局有洋船矣。半阴晴,微雨。

二十四日(10月12日) 夜两点钟登江孚轮船,惟上下船甚乱,且多扒手,得住房舱,乃多承总办朱照亭同知应寿。格外照应。开行,船内微有颠簸,询之同舱张小甫庶常,鹤龄。常州人,壬辰科,因丁忧尚未散馆。据云此船曾经修理,为入江轮船之始,已廿余年,机器未免过老,不似刻下入江彼三船,行亦较迟,行一百八十里九钟三刻到江宁省,登趸船。雇小划子一,行十五里进水西门。据船户云:金陵城周围九十里,水旱十三门,水门只有此。然颇隘,仅容小船一只,篙橹无所施,船家以手上扪石洞而行，石已磨亮。进城后回望，见门两旁均有石洞，不外通，门上亦然，不知何所取意？惟供叫化子住宿而已。城墙随山砌成，高有丈余并二三丈不等，水门内外水作黑色，因染丝所致，闻秦淮河加以臭味，画舫笙楼从可知矣。下划后，乘二人肩舆至绒庄街古钵营凌云客栈住宿，本由张小甫兄致恽心耘观察书，代筹逆旅，因此栈有客夥，接至趸船照应，行李代觅船只，不得不就此栈住宿，信尚未曾面考。栈内饭食甚可吃。半阴晴。

二十五日(10月13日) 午后至首府，李攸轩太守，廷箫。见。恽心耘观察，祖祁。未见。将张小甫兄信交执帖，翁大令笠渔，延年。未见，江宁县穆少若观察，克登布。见，厘捐总署盐巡道桂薌亭，嵩庆。未见。瑞茀侯方伯，璋。未见。各处街内繁富，板鸭子甚贱，六文钱一两，京内未有如此便宜处，其各样物件皆有，惟拜客未有相近处，少若观察谓之大而无当，可笑。夜小雨，半阴晴。

二十六日(10月14日) 辰初二刻上院，未初承张湘帅传见，仍记赴陕时曾经见面，谈及阎文介公乃赞不绝口，谓度支非仅撙节，是务必须实知各省情形，外官易作亦难作，易则凡事可以见实效，难则乃刻下洋务，如无此事地方公事不难办也，并云可惜放府，如放道则理财之事大可有为，通省知理财者道员中无人也。余实愧之。曾闻湘帅禀见甚难，不意初次即见，且临行时尚有得暇再见之语，或云运气好，可谓善于嘲笑矣。下院拜上元，未见朱玉年大令，湘。回寓。饭后至藩署，因方伯未销假，未见。拜懋健庵观察，绩。未见。沿路裱画铺甚多，不过如廊房头条胡同，然雅致多矣。晴。

二十七日(10月15日) 辰正上院未传见，赴丰汉文将军绅。府谒见，人甚爽直，惟耳稍聋了，必须大声急呼，谈时颇闹热也，自叹老矣。初打军需时系随耆侯，起于扬州，盖江苏乃将军久历之地，并云浙江司有土匪滋事，离常属甚近，如有警，可来信，余便携兵前往，替你打，勇哉军将，可感之至。旗营本地呼为紫禁城，曾进一破瓮城，里面荒凉之至，群房皆欠修理，空地甚多，旗人尚有旧规矩，男则窄袖大衣，上套小马褂小坎肩之类，女人则大不可解，与陕西住防不同，头梳一正髻，耳边有钳无环坠，穿衣无论穷富，鞋之新旧亦不论，均不提，多半薄底，偶有厚底，亦不提，曾闻盛京亦如此，乡风未改也。至瑞亭都护、麟。未见。常尚衣、山。未见。罗劭吉太守，章。得晤。太守乃张花农总镇所托，代为照应一切。此地房间屋瓦均浮摆，房山高出房脊一二尺不等。盖各所隔开，防火之意也。人物衣服颇类京样，妇女缠足不缠足者皆有，骡马驴亦有，且有妇女能骑驴者，大似北风。拜客，跟轿从人竟可策蹇相随，俱不以为怪，亦一奇也。晴，微阴。

二十八日(10 月 16 日) 卯初上院，未传见，回寓。饭后至藩署，未传见。拜恽心耘观察，得晤，痛谈，年约六旬，精神圆满，时务透徹，原系常州人，因湘帅留办防务、局务，屡辞不获已，甚觉为难，实系有用人，惜乎地方事究难放手襄办。试用府经厅张心培兄国英。来寓，旋回拜德兄，润。所托两信均面交，秦兄宗沆行五。来拜，伊兄宗藩曾在恭勤公幕中，即东城人也。终日雨，忽大忽小。

二十九日(10 月 17 日) 辰初上院，藩署、将军、穆观察、李首台、桂观察禀辞之行。未刻罗劭吉太守约公馆饭，座中晤袁爽秋观察，面告湘帅寻苏省米竹石观察所刻《会昌一品集》，命晤面一催，何太守、德璞。唐太守、光照。邓太守，心茂。均同席，并承恽心耘观察遣人、张华农总镇遣弁代订明日洋船官舱，可感之至，现在惟有早赴镇江为是，日久恐酬应如麻而起矣。早微雨，午后半阴晴。

九月初一日(10 月 18 日) 辰正，由凌云客栈雇小划子一只，出水西门，莫愁湖即在邻近，未能看，仅望清凉山，山上有亭，相传为徐中山所盖，过石头城，至江边萧家店便饭。仍赴趸船。申正登江孚轮船，开行，戌正至镇江趸船，即赴江边六吉园客栈南楼东间住宿，此栈临江，北窗望江，东窗望河，甚有趣，不过码头太近，不免人声嘈杂，不见安静。回忆江省湘帅用人颇有道理，此照例事也，然亦有用家人再传者。不用执帖，即令文武巡捕传语。文巡捕黄介夫兄，在福。人甚朴诚，并谆嘱湘帅巡捕向无酬应，恐有托名诈钱者，切不可信，然别有宪台，竟有人至公馆索取多费者，余一时无知，竟至得罪，贤不肖可知矣。微风，晴。

初二日(10月19日) 仍住六吉园，天明见东窗外，近为甘露寺，远为焦山，焦山西有小山二三，内有小山头甚白，询，据土人云，系雀粪所堆，亦怪事。早晤张化农总镇，大承关照，殊令人不安，往拜趸船朱总办、招商局委员周兄，赴吕镜宇观察署禀见，彦詠之太守秀。谒见，吉晋轩都护正任丹徒，调署上元，王伯芳大令芝兰。代理丹徒，刘藜阁大令，照青。海防同知锡禹言，昌。通判饶子敬，应祎。均未见。申刻吕镜宇观察传饭，道署花园颇曲折，花木亦多，且有小池，非南省不易有也。晚间亥初回寓。晴，晚风。

初三日(10月20日) 仍住六吉园，吕观察午初刻惠顾，适张华农总镇约午饭，并邀观察同饮，因谈及金焦名胜，观察因天气不早，金山似不可往，约同乘坐大划子一只，前往焦山，此山在江心，南系象山，北有小山二，工程颇坚整，和尚能诗能画者甚多，有十五龄童子书大字，魄力甚大。高宗御书匾对碑记，皆恭存。盖发逆之乱曾住镇江，山有老僧与贼同乡，往哀求之，山竟保全。有焦公祠，白面长髯，乃三召不起，飘然有神仙之概。有彭刚直公祠，供有牌位。缘山均有台阶，颇陡，一面山石一面临江，座落十三处，无处不得妙景，惟有数处将石土被雨冲落，刻下方兴修，然石下究为危境，山下东向有炮台，湘帅拟在山顶再修炮台，看所议修处，均系浆石合土，恐不便也。登至绝顶，方下到思退斋，僧出杨椒山先生真迹手卷二题跋并题名记月日者，半系国朝名大家，洵可宝也。复出明朝杨文襄公一清。玉带，外有漆合，为梁芷林先生影刻，可与金山苏公玉常并称千古矣。并看大字《瘗鹤铭》，相传为王书，曾在水底，刻已廂于亭下，已驳蚀不整，所存无多字，并有画像赞石刻，廊间石上皆有题刻，惜乎时促未能细看，出山，乘至象山脚下而行，秋花秋草生于土石之间，薜荔已红，叶盘绕树本，石缝乃野生，非人力也。本拟至甘露寺，因到彼已上灯，观察约后日再游，恐公忙，总镇亦欲回防营，余亦急欲赴苏，因辞之。晴。

初四日(10月21日) 早晨张总镇幕府黄介石来谈,午后至常镇道署刘绍卿信面交。禀辞。镇江太守彦詠之兄秀蒙观察赠《焦山志》八本,可破沿途寂寞。约午饭,席中托刘藜阁大令为下游打听,接差务乞莫告实言,告以乘江轮赴上海以免彼此酬应,船由内河行,旗灯锣皆不用,并谕船家如有人询问,告以不知为要,盖接差有落江佐班兵勇家人等,层见叠出,皆近年事也,余深畏之。早雾,阴,雨。

初五日(10月22日) 辰刻由六吉园登南湾一只,顺江进丹徒口将发,吕观察往送,竟未能再泊拜别,实觉歉然。行四十五里至新平镇,又四十五里至丹阳下游,本任赵明府亲身来接,遣家人沿岸大号,因饬船户告以不是,家人喃喃而去,殊堪笑人。又四十五里至吕城镇住宿,下岸一游,南北民田均割晚稻,然此地各田皆种,棉花、荞麦皆种,大有北方情形,惟语言实在难通,闻丹阳一县四门四种声音,亦奇矣哉。晴,顺风。

初六日(10月23日) 早发吕城镇,由昨日即见小船可载五六人,往下游而去者甚多,询之,名曰冒船,以稻草编成茅衣垂于船头船尾,均从里下河一带而来,男女皆有,船中并无货物,仅有鸡鸭数只而已。盖本处稻田已收,乃往江南舂米,并与人服役,终岁勤劳,无时偷惰,亦可谓极良之民。行二十里至奔牛镇,此常镇交界。少停,镇内北岸义河,通江镇外,谓之小河口。南岸小河,据云通宜兴,电线杆沿河北岸林立。又五里至五里闸,在北岸,亦通江,从此下游小闸甚多,有通船处,有不通船惟灌田处。又十五里至常州府西关,铺户船只均不少,颇丰阜。有接差者,均告以不是,阳湖县亲身来接,亦未招呼。接官厅升炮一声,鼓乐齐奏,因告以非是而止,人皆相视以目而笑之,可见密访一说真鼓儿词之作为也。又四十五里横林镇,自此下游水皆清,通江潮处少矣。又廿五里过惠泉山,惠泉水所出之处,河心有名小金山者,即黄阜墩,后知之。乃大亭一座,四面皆水,曾经兵燹,现已修复旧观。又五里至无锡县,有接差者,仍告以不是,南关停泊。

晴，风。

初七日(10 月 24 日)　早发无锡县，昨夜停泊处笑语喧哗，船声来往不绝，两岸铺面河房林立，洵为花天酒地，所闻不虚。连日见桑树不少，均系七八尺高，无大者，然叶甚肥。稻田一片黄云，尚未收割，盖江北八月可收齐，江南须十月收齐也。岸上有草如浦叶，船户呼为霸王草，本地呼为羊芎。青时缘叶多刺，无敢动者，黄时收割，不过充紫草而已。水边如蓼花，短枝花繁，呼为水海棠，名亦奇。两岸河中石桥甚多，明万历时修造，至今完固，石甚薄，如秀绮桥形者居多，南无车马，不必如北方笨厚也。两岸水口极多，有通舟楫者，有仅能灌田而已，行廿里至新安镇，镇甚小，遇浙行苏盐只，橹在后柁，颇便利。又十五里至北望亭，又五里至南望亭。又廿里遇浒墅关，颇丰盛。又卅里至苏州省城，乘船进娄门，未初至八旗奉直会馆，离馆不远停泊，行李仍用挑夫。连日顺风，共二天半日。晴，风。

初八日(10 月 25 日)　住八旗奉直会馆，规模甚大，前门有石狮，前奉关帝，二层奉先乡宦，江苏省者六人，并有将军督抚至州县题名碑，八旗奉直鼎甲会元匾，三层会客厅，东有戏台，大罩棚，棚内有井，后乃张明府，因回避侨寓于此。余于再往东住，花园内东为拙政园，乃苏省花园之冠，厅台楼阁无一不得景，太湖石、荷花池、土石山，无美不备，树木亦多，枇杷梧桐数十棵，荷花未将叶子生完，并有一树，谓之十大功劳，更奇，其叶有刺，可以治疮痍。余所住即在园侧，至园顺廊而下，雨不用伞也，园中匾对亦多，大半旗人直隶人所书。晴。

初九日(10 月 26 日)　仍住八旗会馆，辰刻上院赵大人舒翘。见，藩宪邓大人华照。见，臬宪胡大人署。未见，粮道陆大人元鼎。见，首府桐太守泽。见。牙厘总局朱观察，壬榛，号竹石。统领海靖营兼海防营务处韩观察，庆云。苏总捕刘困马，锡庚。吴县凌明府，焯。候补吴太守，道中。发审局稽核代理吴县傅明府，经祚。均未见。海防营务处文案张明府，枢。见。同寓八旗奉直会馆，为湘帅令侄，因回避尚未离省。半阴晴。

初十日(10月27日) 辰刻上院，藩署臬署道署拜。荣榷宪，科。沈观察，玉麒。朱观察，福清。方观察，鸿。丁观察，兆基。万观察，福康。常参府，福。现照管八旗奉直会馆曾参府，毓衔。叶大令，怀善。林太守，文炳。高司马，五云。恒司马，坦。郑通判，廷沛。毓通判，锦。李大令，汾。松大令，年。范大令，一福。王大令，培钧。均未见。晚由藩院报知，已挂牌，饬赴新任，众皆以为未有如此之速者。晴。

十一日(10月28日) 辰刻赴院藩臬道三宪署拜。罗少耕观察，嘉杰。松观察，麟。至广源号少坐，乡绅盛大人，康。任大人，道镕。费大人，学曾。费少大人，念慈。恽大人，炳孙。王大令，树棻。马太守，玉田。王太守，毓萃。舒太守，礼元。范大令，树恒。赖大令，丰照。杜大令，仁干。均未见。晚奉藩台饬知，专家丁送到，随将部照送，桐太守代为禀缴抚宪禀，一叙履历三代及沿途风雨患病，并缴照，藩宪禀一同，仅无缴照字样。方伯可感，闻中丞亦催，均为感激也。阴，雨。

十二日(10月29日) 是日看操。巳刻赴院，藩署道署谢饬封。廉访传本署午饭，因拜胡念芝刑名老夫子，见，为胡廉访芸台堂弟，在坐为荣畅铨榷使，罗少耕、蔡仲然、陆春江三观察，杨编修，崇伊。并拜蔡观察。国熊，仲然。回馆，略在日落时酒席，均佳，乃廉访家乡厨役。阴，雨。

十三日(10月30日) 是日看操。辰刻上院，藩臬道署均挂号。拜钱谷吴子才老夫子，见桐太守荐并书启汪慎之，见王仲光，见周观察、莲，升兴泉永道。罗太守、道源。潘太守、兆芬。莫司马、葆辰。莫大令、镇疆。陈大令。香祖。早阴，午晴。

十四日(10月31日) 辰刻上院，中丞沧浪亭请客，未见，藩臬道均挂号。拜殷菊岩武部、崔太守、绳祖。王司马、用龢。萧大令、启英。德大令、祥。刘大令、坦。徐大令、景寅。陆大令、嘉縠。吴大令。照。申刻常介芝参府、桐子霱首台约府署晚饭，在座为周子迪、松晴川两观察，王大令。晴。

十五日(11月1日) 在会馆，此地亦有菊花，为园丁所种，街上亦有卖者，花朵与京大小相似，花棵较高，总因种植头棵时不得法也。市间生意兴隆，各铺内大半有家眷，男女分劳，如铁铺女人亦能打铁，首饰铺女人亦能钳钻，最奇者字画铺，女人亦能镶表，其苦作则担水卖菜亦有女人，然每担重物则必声喊嗳嘎，女人则小声呼之，未免可笑。阴，晚雨。

十六日(11月2日) 冬月十三日接四弟来函，知文义山三弟于是日辰刻病故。未刻长洲王芸庄大令、树棻。元和叶润斋大令、怀善。折家具千元，面交票一张。吴县凌镜之大令焯。公约怡园，园内点缀比八旗会馆齐整，池塘座落相等，太湖石较优，陈设亦多而雅，惟树木不如八旗会馆之大且古，盖此园修葺在后。雨雪中有小冰凌，甚奇。阴，雨，雪，甚冷。

十七日(11月3日) 在会馆，除会客无他事。甚冷，晴。

十八日(11月4日) 在会馆，夜间腹痛，出十数次恭，皆系渣滞热沫。早饭未用，午后略好。晴，大风，凉极。

十九日(11月5日) 在会馆，仍未大佥。晴。

二十日(11月6日) 在会馆，仍觉不适，两胁自前日晚作痛，想水饮气聚所致。王仲光幕友来访，留共晚饭，略见汗。晴。

二十一日(11月7日) 在会馆，略减轻减，午后同眷属登园中东北隅畅观楼眺远，看稻田中收稻、菜田中灌菜，颇饶野趣。晚间似少好，然胸间气闷仍未开舒也。晴，觉热。

二十二日(11月8日) 在会馆，仍觉胸间气闷。晴。

二十三日(11月9日) 在会馆，夜间肝疾大作，左胁下疼不可忍，并干呕，因令买逍遥丸，天尚未明。晴。

二十四日(11月10日) 在会馆，早晚服药，昏睡一日。晴。

二十五日(11月11日) 在会馆，承桐子霑太守及诸同乡约本会馆晚饭，力疾，敬陪吃喝，皆难下咽，未免有负诸同乡盛意，无如何也。将仆人李钟逐去，沿途账目大有不实不尽，仍敢大言不惭，以为主人苛求，真奇事也。晴。

二十六日(11月12日) 力疾，上院禀辞，见，臬道宪见，藩宪未见，并拜客，回馆已三钟余矣，方吃饭。饭后上灯时，至管千甫老伯处，并见管三妹并外甥及李念椿。宗淦。晴。

二十七日(11月13日) 午后赴同寅处，辞行。由栾子明处借漕平足纹一百两，即遣丁铎送给管千甫老伯，以为葬费。晴，风。

二十八日(11月14日) 午后赴藩署再辞，见，并拜客。给任小园中丞谢步，未遇，回馆后得晤栾子明。晴。

二十九日(11月15日) 申正后由会馆东街上船，南湾三只，二大一小，出娄门，灯后四摆渡停泊。晴。

三十日(11月16日) 早发四摆渡，沿途稻田均已收割，来时草木皆青，此时岸草已黄，树木青、黄、红、淡红，四色具备，北方应木叶脱尽，万无此种景象，每见著色山水，以为点缀画景，今则恍然，乃实有之事，所谓南派不与北派同也。晚停泊无锡，接官厅升炮作乐，闹一阵忙，排场而已。晴。

十月初一日(11月17日) 早发无锡县，仍放炮作乐，午后则送差接差络绎于道，殊觉无味。五钟后停泊常州府东关，曾有绿兵一百余名皆往接，放联环三阵，此礼殊怪，然古今礼均所不载，有之，自目下军营始。停船后，下顾之客甚多，灯后方回。早雾，晴。

初二日(11月18日) 早进常州府，拜署任，谭少柳兄、两厅、两县并游府。晴。

初三日(11月19日) 所遣即桐子霱首台。泽。寅正由船登舆至龙城书院，延陵书院附。卯初刻请印，跪迎大堂东阶下，卯正西北隅望阙谢恩，行三跪九叩礼，向堂正中拜印，行三跪九叩礼，更朝服升公座，各员役参见，其升炮响鼓作乐尚在情理之中，惟喊堂细听之，有字有句，似是吉语，殊为可笑。退堂后少歇，至灶君前行一跪三叩礼，大仙楼行一跪三叩礼。升炮登舆拜客，自此日至初五日三日内，全分执事前导，尚可说也。内有锁拿二，忽吹忽止，大有京内所谓赶夥轿子神气，并有笛二，似吹昆曲以接锁拿，则更可笑矣。沿街众人仰而望之，大窘。晴。

初四日(11月20日) 拜客，晚至游府李兰阁处，约饭，灯后回。晴。

初五日(11月21日) 辰刻恭谒花衣。文庙，九叩。文昌殿，九叩。武庙，九叩。郡庙火神、吕祖，九叩。雷神，六叩。风神，六叩。城隍，六叩。礼毕，赴城南小南门登楼阅城，照例之事也。回至署常府，送行。小雨，晚晴。

初六日(11月22日) 早至西门官厅，给前署任常州府谭少柳泰来。送行，此君七十余，可不带眼镜书四十股女扇，目力不多见也，且看尚不过五十许人也。回时拜客，饭后拜金匮署令葛藩甫。考代书二名，题为严禁赌博以为风化示。晴。

初七日(11月23日) 在书院中会客办公而已。晴。

初八日(11月24日) 放告，无告，出西门回拜查保甲委员陆兄。昀。晴。

初九日(11月25日) 在书院会客办事。晴。

初十日(11月26日) 寅刻恭谒朝服。万寿宫，行九叩礼，在东门外天宁寺，自兵燹后尚未恭修，刻下已修佛殿，俟工竣后方可恭议兴修也。晴。

十一日(11月27日) 辰刻搬入署内，此署为武进署，府衙因经兵燹毁无存，目下已开工修复，大约须俟后年方能齐，全眷亦于是日进署。晴。

十二日(11月28日) 至各城回拜，道喜各客。午前书吏点卯。晴。

十三日(11月29日) 午前早役等点卯。回拜宜兴万大令。晴。

十四日(11月30日) 提解军犯过堂，会客。晴。

十五日(12月1日) 辰刻谒营田庙，祀后稷大帝，朝服行三跪礼,由礼生上香,寸半长檀香放至香炉内而已。三进爵,三随读疏文,不跪,读疏文者乃和尚跪读,甚怪。读毕后复行三跪礼,起立回看焚疏,复至拜垫前一点,赞礼成,询诸两县,云非礼部祀典。《潞河作》:宦游随所遇,无处不家乡。一水客南北,扁舟路短长。橹声摇午梦,帆影动斜阳。自此吴江去,前途任渺茫。所有乃民间立庙,官为祭之,其礼节为前某县令所定,实属不经,只有随乡入乡以行之。《新口夜泊》:迷离月影逐波浮,烟柳渔灯望眼收。两岸蛩声声不断,旅思况复到新秋。上轿后有戏台,由下经过,上边已跳加官上场矣,众官谒。须赏钱二百文,吝矣哉。武庙行礼,三跪。城隍庙行礼,二跪。署内灶神一跪,大仙一跪,此朔望常礼,初一日乃文庙。晴。

十六日(12月2日) 在署,夜两钟后至练勇各局一查,五钟回署。阴,小雨。

十七日(12月3日) 在署。阴。

十八日(12月4日) 在署,晚间署前木匠与巡勇斗殴,即时坐堂审理。阴。

十九日(12月5日) 在署,会客,回拜刘谦山大令。阴,小雨。

二十日(12月6日) 在署,会乡绅钱子明兄,痛谈。阴,午晴。

廿一日(12月7日) 赴工程局,约史绅、佳若。钱绅、子明。吴令、耀堂。李硕甫同看新修府署,不过方清地基,规模甚大,闻有百亩余,传言为周俞帅府,直望南门,从前未遭兵燹时正门永不开,盖形家言气无收束故也。阴,小雨。

廿二日(12月8日) 在署。阴,小雨,昨夜雨。

廿三日(12月9日) 在署,天气颇凉,成冰,屋内炭盆手脚炉皆用。半阴晴。

廿四日(12月10日) 在署,仍觉寒冷并冰,天时与北边无异。晴。

廿五日(12月11日) 在署会客,仍冰,然青草满地仍未凋。风,晴。

廿六日(12 月 12 日)　在署会客，竟穿大毛衣服，帐席硃墨刘子澂谈。风，晴。

廿七日(12 月 13 日)　在署，与钱谷老夫子、吴子才谈。晴。

廿八日(12 月 14 日)　在署，李紫璈大令来，并会水师游府。晴。

廿九日(12 月 15 日)　在署，胡念芝刑名。老夫子由省来。晴。

十一月初一日(12 月 16 日)　辰刻谒文庙，三跪。文昌庙，三跪。郡庙。二跪。晴。

初二日(12 月 17 日)　约李兰阁游府、朱德轩守府、李硕甫通判、吴耀堂大令、李紫璈大令晚饭。晴。

初三日(12 月 18 日)　標行改满，牙戳改公生明，前学其事，因小不用。回拜水师游府，访钱子明、遇谈。恽孟乐、未遇。史世兄。晴。

初四日(12 月 19 日)　昨日本府考延陵书院，生监题：节用而爱人使民以时。诗：耕桑弥野岁常丰，得丰字八韵。童生题：岁寒。诗：松柏有心，得心字六韵。回拜傅永辅大令，署金匮。恽崧耘方伯在署，会恽孟乐编修，痛谈。晴。

初五日(12 月 20 日)　在署，约各位老夫子公服，晚饭。晴。

初六日(12 月 21 日)　在署，约两县到署，面商公务。晴。

初七日(12 月 22 日)　冬至卯刻恭谒天宁寺万寿宫，行礼。三叩。便服约诸位老夫子晚饭。会阳湖县。晴。

初八日(12 月 23 日)　本府考龙城书院，生监题：知者勤四句。诗：火炉头上话年丰，得年字八韵。童生题：乐仁者寿。诗：劝农力本，得农字六韵。本署见客，昨日盛旭人封翁来，即回拜，今日已回上海矣。晴。

初九日(12 月 24 日)　署内无多事，会武进县。半阴晴。

初十日(12 月 25 日)　在署会客，晚诸位老夫子约饭。半阴晴。

十一日(12 月 26 日)　会李紫璈大令，提纪承谟过堂，遂出府拜客。半阴晴。

十二日(12 月 27 日)　会刘绅、叔农。李绅，谷宜。即回拜。半阴晴。

十三日(12月28日) 会沈编修,友卿,同声。李紫璈大令来,商禁赌事。晚坐堂收呈。晴。

十四日(12月29日) 会客。晴。

十五日(12月30日) 掌灯后,下微雪。辰刻恭谒武庙、郡庙,接收郡庙道士递呈,告庙内有人聚赌,请出示。晴。

十六日(12月31日) 会阳湖大令李紫璈兄,花厅问请。留常殷心如大令,过黄小田一案。晴。

1896 年

(光绪二十一年)十一月十七日(1896 年 1 月 1 日)　在署,以余五十初度,幕中友人制屏,寅友制屏相祝,实未敢当,无如已制之物,不得不领,寅友中所送贵重之物,如朝珠、袍料、如意等,皆未敢领,实觉惭愧,或以为揣摩声气咎之,余不顾也。晴。

十八日(1 月 2 日)　诸客来皆挡驾,晚约幕中各友,痛饮尽醉,亦足乐也,然与昨日两天内各处送礼等,已扰之难过,何苦乃尔。晴。

十九日(1 月 3 日)　昨日收呈二,今日过堂并过黄小田一案,早辰谢寿,未刻约李硕甫、吴耀堂、李紫璈、殷心如晚饭。晴。

二十日(1 月 4 日)　早吊阳湖绅士朱朗山大令。给李紫璈兄祝五十正寿,比余迟生两日,相识中颇难得也,并拜客。较□阳湖、武进漕斛。传纪德新过堂,会钱子明,恽悔庵用康。为竹坡先生之子。微阴,晴。

光绪乙未冬月廿一日(1 月 5 日)　早谒恽廉访,祖翼。未遇。谢客,晚在署,约各学学官厅官留常委员酒饭,因前日皆来拜寿,故补请。半阴晴。

廿二日(1 月 6 日)　会韩莀之晋昌。总镇,福山镇,为韩古农观察令弟。即回拜,午后会恽菘耘廉访,祖翼。皆痛谈,甚快。晚请阳湖令商酌公事。晴。

廿三日(1 月 7 日)　赴大教场看操。火枪队洋枪队杂技甚好。未刻方回。送守府宋廷果、马藩臣,巴总因打枪中靶,针鬻二匣,勇赏卅千。申刻坐堂收呈。晴。

廿四日(1月8日) 恽绅孟乐来,痛谈。会阳湖令,有公务商。申初至新府看工程,晚约武进县,有公事交。夜,微雨,晴。

廿五日(1月9日) 未刻验斛,锡金荆宜江五县漕。阳湖令来,交其逆书一本,令访拿。晴。

廿六日(1月10日) 在署,少暇,写家信。半阴晴。

廿七日(1月11日) 会李紫璈铁路委员、沈大令,笛伊,名翊清。即回拜。半阴晴。

廿八日(1月12日) 会武、阳两县,因无雪由两县默祷自今日始,申刻坐堂收呈一纸。晴,晚阴雨。

廿九日(1月13日) 在署,未经会客。阴,雨。

三十日(1月14日) 申刻会阳湖县。阴。

十二月初一日(1月15日) 文庙行香,郡庙行香,有拦舆二呈,无关紧要,掷还,旋会客,晚会钱绅子明。阴。

初二日(1月16日) 会委员沙田候补知县徐瀛舫大令。景寅。阴小雨,略见微雪。

初三日(1月17日) 会胡欣甫巡检、荣棠。李硕甫总捕。如九婿日本国差,因病请假。由上海来此住。阴,雨。

初四日(1月18日) 早至郡庙求雪,午至郡庙求雪。阴,微雨,霰。

初五日(1月19日) 早至郡庙求雪,午后至郡庙求雪。半阴晴。

初六日(1月20日) 早至郡庙求雪,午后至郡庙求雪。半阴晴。

初七日(1月21日) 会本任无锡县吴子培大令、李紫璈大令,升堂勘转命案一起,早间刘子澂约吃烤肉。半阴晴。

初八日(1月22日) 辰初恭谒营田庙,祭刘猛将军,回拜吴子培大令,会傅永辅大令,二人为前后交代而来,大约不易算也。晴。

初九日(1月23日) 在署,钱谷吴子才老夫子宝眷到账席,王仲光夫子进省。半阴晴。

初十日(1 月 24 日) 在署,马山汛叶首府凯廷。来会。李总捕、李大令来会。半阴晴。

十一日(1 月 25 日) 在署,未见客。半阴晴。

十二日(1 月 26 日) 晚间李紫璈大令来,因禁落钱价两县出示,误将钱价不准缩短叙入,致令地方众人纷纷当庄入当,以备二日短价取赎当,令出简明示谕挽回。雨。

十三日(1 月 27 日) 无锡傅永辅,前无锡吴子培两大令,为交代而来,其中颇费周折,乃外官之锢习也。半阴晴。

十四日(1 月 28 日) 午时头门西边油酒店失慎,亲往弹压,幸各处水龙来,即时救灭。晚约李游府、叶把总、如九婿饭,仍谢寿之举。半晴。

十五日(1 月 29 日) 谒郡庙武庙,行香,会佐贰留常诸君,请本署各老夫子、如九婿晚饭,即时胡念芝先生下船到省。夜三更后下雪二寸余。

十六日(1 月 30 日) 吴耀堂大令沙田回来,见。钱子明、恽孟乐来会,托向钱庄到省运小洋来常,以补现钱之不足,兼可平洋价。李紫璈大令会吴子才老夫子,约晚饭。早雪,半阴晴。

十七日(1 月 31 日) 阳湖李令来,发审殷心如大令来,均会。半阴晴。

十八日(2 月 1 日) 巳初赴郡庙谢降,恽孟乐来会,为湘帅准常绅在龙城书院开办致用、经古两精舍,面商一切,晚坐堂收呈。四更后又雪。

十九日(2 月 2 日) 午时封印,一跪三叩礼,升堂用印,参堂排衙如到任礼。即时赴各老夫子处行道帮理,乏。申刻赴府工程处,大堂上梁,一跪二叩礼,请诸幕晚饭。雨。

二十日(2 月 3 日) 何梅孙、刘葆良两绅来,会,为精舍事宜。李大令会。雨。

廿一日(2 月 4 日) 午时迎春,朝服至玄妙观东郊公所会各同寅,至芒神前行一跪三叩礼,并进香进爵,以酒浇牛,来去均用亮轿,此地谓为显轿。武进一阳湖二总捕三,督粮因病未到。芒神在前,牛在后,余则牛后,殊为可笑。所谓宁为鸡口,勿为牛后,真可笑人。用全仪仗对马,家人均翻穿衣褂,顶马则顶翎,前趋锣鼓音乐,由东门至西门,复至东门过迎春桥,进署,合城士女无不往观,轿上非常之晒,又渴又饿,其窘万状,到署即更衣蟒袍补褂。复出至芒神前一揖,两县递酒,大堂筵宴,春酒,有戏,一老者一少年一老旦,不知何戏,曲未终则抢宴者至矣,藉此溜入衙内。未刻鞭春,蟒袍补褂,芒神前三进香进爵,一跪三叩礼在大堂左,牛在大堂右,礼房递春鞭,至牛前围绕三匝,鞭数下,则抢牛者亦至矣,礼成。众寅友来贺,晚请众幕酒。晴。

廿二日(2 月 5 日) 出署,至各绅处,回拜。武进县来,会。殷发审至署,闻无锡盗案四起,均画供无说。晴。

廿三日(2 月 6 日) 刘蔚臣绅士来,会,并会总捕。晚祀灶神,补礼一跪三叩,送神有小轿一顶,从乡俗也。半阴晴。

廿四日(2 月 7 日) 在署,会李紫璈大令,谈及团勇事宜。半阴,小雨。

廿五日(2 月 8 日) 午后同如九婿至门房一看,竟有挂画挂字之举,且摆兰花,可谓冒充风雅,亦足征南地兰花之贱,京内虽老爷欲摆而不可得,并见一大糖人,给其画须,省以作陈设,此又非门房不能有此举动也,呵呵。晚便服会李总捕。阴,雨。

廿六日(2 月 9 日) 会钱子明太守,商工程。半阴晴。

廿七日(2 月 10 日) 吴耀堂大令会商案件。午后拜刘绅蔚臣、李绅泽之、恽绅季生,皆约管两精舍。晴。

廿八日(2 月 11 日) 在署,会李紫璈大令。半阴晴。

廿九日(2 月 12 日) 常属各员辞岁,未见。李总捕来,因团勇赏耗未赏西营。绅士等来道是非,特告以平静处之。半阴晴。

丙申新正月初一日(2 月 13 日) 恭谒万寿宫朝贺,至郡庙各神前行礼，文昌、武昌庙行礼，众属贺见，晚约众幕饭，并拜客。晴。

初二日(2 月 14 日)　出署拜客。晴。

初三日(2 月 15 日)　在署。晴。

初四日(2 月 16 日)　出署拜客，刘子诚请，如九婿作陪。阴。

初五日(2 月 17 日)　在署，会客。

初六日(2 月 18 日)　辰正出东门，同如九婿，乘差船进省，外有轿船一只，因纤路泥淖，颇艰于行，亥正方至无锡。阴，小雨。

初七日(2 月 19 日)　卯正开船，遇顺风扬帆前进，行至留园，天时尚早，同如九婿到彼一游，园中房间甚多，有山有池，比八旗奉直会馆规模较大，为盛杏荪观察旭人封翁所主，本名刘园，因易刘为留，从随园老人例。此时游人无多，询于园役，据云夏日士女甚多，茶钱每日可至二百块洋，亦兴利之一大法也。晚至胥门码头，停泊。晴。

初八日(2 月 20 日)　赴抚宪院，禀见，痛谈各属人才，中丞谈及洋务颇恨恨，辞出，仍谈，则送处竟过向来送府厅处也。并拜客。晴。

初九日(2 月 21 日)　拜客，见藩台，未多谈，至八旗会馆团拜，服花衣先至武帝前行三跪礼，先贤祠一跪礼，团拜于大厅，更衣至戏楼听戏，为常中军提调，惟有京调而已。晚饭后回船。晴。

初十日(2 月 23 日)　拜客，见臬台，因病，会签押房，痛谈各案并论才，并询及文山上公，乃乙丑同年。回船，饭后至胡念芝刑名老夫子处。晚饭，回船，复与如九婿痛谈，于丑正伊方过船。盖雇小船发上海，候轮船开行，欲进京也。晤栾子明，交借款五百元。阴，小雨。

十一日(2 月 24 日)　早发胥门码头，过阊门，此处亦有码头，奈妓船甚多，实难停泊，人声日夜噪杂也。十一点钟始抵无锡，与无锡署任傅永辅大令、金匮王少苦大令痛谈，旋两令送柬，邀游惠山黄阜墩等，因未开霁，不便，辞之。阴，雨。

十二日(2 月 25 日)　早发无锡，沿途麦苗青葱，得此雨更可望加收，惟水浅，询之船户谈姓，据云每岁永如此，去岁后半较旱之过。

船家有女六岁大，似北方男孩，肥而笨，名常州子，其名甚有趣也。六点钟东关外停泊，李紫璈大令来接，少谈，同进城，到署已灯后矣。晚微晴，早阴，小雨。

十三日(2月26日) 清晨祀刘猛将军，神像少年，未深考，盖虫神也。花衣行二跪礼，上香进爵，复行二跪礼。晴。

十四日(2月27日) 绅士刘检讨、树屏。恽庶常毓嘉。来会，谈致用、经古两精舍甄别事宜，定于二月初九日在龙城书院考试。李紫璈大令来，未见。晴。

十五日(2月28日) 清晨花衣祀武庙，郡庙前礼房递礼节单，与元旦无异，据云元宵节亦应如此，今询之亦有如此行礼，按照常仪也。午后傅永辅大令来见，禀公事，无理取闹而已。镇江巡宪派委武进催款县丞陆甄卿兄长葆。来会。晚小雨。

十六日(2月29日) 阳湖李明府来见，商酌公事。夜丑正初刻八分月蚀初亏，竟服行三跪礼，寅初二刻六分蚀尽，素服行三跪礼，卯初二刻五分补服行三跪礼，算十七日。半阴晴。

十七日(3月1日) 会奔牛司厘局赵司马伯章，人甚精明。武进吴令会，因下乡验尸，竟被该处民人所窘，盖江北之民寄屎此地，江北之风，向以搅闹尸场为常事也。晴。

十八日(3月2日) 会钱子明、恽孟乐，议撤勇、工程、精舍等事，庆二尹少甫来，会汉军同乡张水师游戎，总捕李钟彦来会，总捕所谈，皆糊涂之极，撤勇之事也。半阴晴。

十九日(3月3日) 辰时开印大吉，刘叔培太守度。来会。雨。

二十日(3月4日) 阳湖县来会。半阴晴。

廿一日(3月5日) 在署。半阴晴。

廿二日(3月6日) 武进县送耍狮子，灯下看颇有趣，耍狮子人并能唱昆曲，惜无白，恐常州音为人所笑也。晴。

廿三日(3月7日) 阳湖县来会。晴。

廿四日(3月8日) 何颂眉主政来会，为雨人太夫子之曾孙，本住南京,刻住常州,现在盛杏(孙)[荪]观察处襄办笔墨,家亦中落矣。武、阳两县来会。半阴晴。

廿五日(3月9日) 在署,会紫璈大令。午后回拜何颂眉诸位,给钱谷吴子才先生拜寿,正四十,书启汪慎之先生补祝,应十七日亦四十正寿。晴。

廿六日(3月10日) 在署,会紫璈大令,议撤团勇,甚有规模。半阴晴,晚小雨。

廿七日(3月11日) 在署,会刘葆良检讨,为精舍事。吴耀堂大令,为撤团勇事。半阴晴,晚小雨。

廿八日(3月12日) 在署。半阴晴。

廿九日(3月13日) 武、阳两县来会。半阴晴。

三十日[①],因总捕李硕甫昨日缴团勇军械,今日缴火药,拟欲送府,因请武、阳两明府商酌,将火药归两县分储,总捕不敢自来,殊为可笑。晚叶缉甫约饭。欲赴荆溪上馆。晴。

二月初一日(3月14日) 辰正赴文庙郡庙,回。李咏裳、葆恩。刘琴舫、轶群。何春海、承霖。章杏初光第。四司铎,痛谈致用、经古两精舍事宜,众皆以为不然。盖八股之入人深矣,且有隐情,未免洋语中有利权之一说,不无因之有碍也,可发一笑。并会佐班,并留常诸君,胡念翁由苏回。阴。

初二日(3月15日) 寅初朝服谒文庙丁祭,文武齐集官厅,读祝生揖请祝文佥名,引赞生揖请盥洗起鼓,由东庑上殿至至圣位、四配位、十哲位,东西庑各视陈设毕,至东戟门立候,赞各官就位,次承祭官就位,跪行灌鬯礼,进瘗池三灌酒,即三举,撤瘗池,瘗毛血,俟瘗池上殿行三叩首礼,下殿,赞迎神各就位,西向跪迎过,兴,复位,参神行三跪礼,行初献礼,升坛,由东阶上,均由东阶下,同。诣香案,跪,三上香,三拱手,叩,兴,诣酒尊所,举幂酌酒。诣神位前跪,奠帛,一拱

---

① 光绪二十二年正月无三十日,有泰此处记载日期有误。

首，初献爵，一拱首，叩，兴，诣香案，俟分献官行礼，下殿复位，跪宣读祝文，读毕，三叩，兴，复位，行亚献礼，升坛，诣酒尊所，举幂酌酒。诣神位前跪，启献爵，一拱手，叩，兴，复位，下殿。俟分献官行礼，行终献礼，升坛，诣酒尊所，举幂酌酒。诣神位前跪，终献爵，一拱手，叩，兴诣香案前，跪，福酒一拱手，福胙一拱手，三叩，兴，下殿复位，均由东阶上，同。亦由东阶下。赞送神行二跪礼，赴大成门恭立，焚祝帛，望燎礼毕，复位，赞退班，至官厅更衣，回署已天明，大约初礼至终礼总在一时余，不能不通身透汗矣。午前会刘葆良庶常，午后会刘蔚臣农部，本在精舍监院，现赴任小园河帅幕府。晚约众幕。晴。

初三日(3月16日) 寅正朝服谒文昌庙，礼生引盥洗，至拜位三跪礼，上殿案前三上香，奠帛初献爵，五拱一叩，读祝毕，一叩，复拜位，亚献、三献如初献，饮福酒受福胙，二拱一叩，复拜位，三跪礼，望燎，礼成。出北门至清宁观，朝服致祭社稷坛、神祇坛，礼生盥洗，至拜位三跪礼，左案前三上香，奠帛初献爵，一叩，右案如之，复位，读祝毕，一叩，复左右行亚献、终献，如初献仪，复位，饮福受福，一叩，兴，再行三跪礼，望燎，礼成。更衣回署，已辰正矣。发审殷心如大令赴省并南京禀辞。赴龙城书院，拜华若溪院长，实有儒者气象，学问极博。并刘葆良、刘蔚臣谢步。阴，小雨。

初四日(3月17日) 卯正朝服谒郡庙、吕祖祠，礼生赞，盥洗，就位行跪，三上香，众官兴，跪，三跪礼，奠帛三献爵，众官跪，读祝文，一叩，兴，复行三跪礼，望燎，回署。同日昭忠祠委府教授行礼。晚约华院长，若溪。学极博，算学舆地古文，无一不讲求，岸然儒者，绝不腐。刘蔚臣农部、刘葆良检讨、恽孟乐庶常、恽季生内翰、李泽之孝廉均到，痛谈，何梅生太守因走路气促，未到，席间谈甚乐。半阴晴。

初五日(3月18日) 在署，会广东运同金贵生，江阴人，因解饷过此。何梅生太守、李紫璈大令来会。半阴晴，晚大雨，闻雷。

初六日(3月19日) 雷后雪，东北省以为大奇，此地谓之雷赶雪，常事。拜客至龙城书院，恽孟乐，季生，刘蔚臣，刘葆良，何梅生，五监院，李泽之院董，约同两县，陪院长华若溪先生午饭。阴，昨夜小雨。

初七日(3月20日) 在署，未会客，大毛衣服，尚须炭盆。阴，极冷。

初八日(3月21日) 刘葆良来会。晴。

初九日(3月22日) 卯初赴龙城书院，甄别经古、致用两精舍考生四百余人，扃门考之。自谭旭初中丞去后，向未扃门，此次公然行之，亦无他言，点名出题后，至酉正放头排，灯后放二排，二鼓后放三排，随用饭歇息，天明人尚未尽出，尚有六本未齐，由院董持卷盖图章回署，并告以未有图章者皆不收也。阴，灯后小雨。

初十日(3月23日) 回署后，本拟少歇，吴耀堂大令来会，办理公事后用饭，即请华院长到署阅卷，即住署内，申正紫翱大令来会。阴。

十一日(3月24日) 在署，未会客。半阴晴。

十二日(3月25日) 卯正恭谒文昌庙，三跪礼，上香等仪与初三同。至恽孟乐宅贺喜，菘耘廉访公子续弦。胡委员、荣堂。李紫翱大令来会。半阴晴。

十三日(3月26日) 在署，李紫翱大令来会，因法国教士彭安多以教民捕渔互斗，特面商之。阴。

十四日(3月27日) 至守府朱兄处吊，因夫人故。李泽之孝廉来，谈精舍事。阴。

十五日(3月28日) 卯正恭谒武庙郡庙，行香，见学官并常委。李总捕来，将团勇所办牒文账目面交，并沙钱等款目，未知底蕴，且倩幕友核之，未敢即为定案也。午后饬差蒋滌、姚锦，传郡庙道士欧文钰，讯其究留赌棍，因押解指传二人，交武进县惩办。钱子明绅士来，谈府署工程事。晴。

十六日(3月29日) 卯正出署，恭谒武庙，致祭行三跪礼，由东转至殿，上香等仪，复位，行三跪礼，更衣，回署。广东候补知县伍润之明府学纯，常州人。来会，人甚爽朗，有用之才也，痛谈。申初至府署工程，阅大堂后楼台，吏房已有规模，皆钱子明先生之力，并到府直南第一楼一观。晴，微阴。

十七日(3月30日) 会两县，武进辞到苏省，阳湖欲明日送行，因辞之。晚间胡念芝、刘子诚两幕友约饭，华院长即辞赴荡口，朱季香刑名弟子。赴苏小考，亦辞。阴，雨。

十八日(3月31日) 卯正出东门，上船走无锡路，晚宿高桥，本应出小河口，离桥约三里住宿泊，因前路无人烟，不便。离常四十里即可到江，闻彼处河水甚浅，只得由江阴绕路，总多走二百余里。阴，雨。

十九日(4月1日) 早发高桥，过北塘圩，由湖水贯入一片清波，远岸麦苗颇旺，沿途竹木甚多，渡圩后河道暂窄，过大青杨镇，颇丰阜，抵江阴县城南门外停泊，亦闹热，大码头也。适谦山刘明府公出，仅见二尹。等灯后赴学院，谒龙大宗师，因病未见，县城虽不甚大，街道丰盛，与常郡无异，学院规模亦壮观瞻，惜天晚未能细看，谦山晚间赶到晤谈。半阴晴。

二十日(4月2日) 由江阴南门过西门，转至北门，本由县预备义渡船拖带，因风不顺，义渡亦须遵不行，与差船无别也。刻下统领淮军余耀庭军门光德，安徽人。有小轮一只，因往借之，军门即时来拜，晤谈，往拜，又谈许久，乃淮军中宿将也。其驻扎在江南金山，离炮台不远，江南四营、江北三营均为军门所统，江靖各有炮台，实海口入江之门户，最要之处也。小火轮借得，因天时已晚，将船乘至江口，团勇诸管带来，未得见。晚间谦山大令亦欲来，因挡驾，靖江二尹等来会。晴。

二十一日(4月3日) 辰刻将船发至江边，用追云小轮船拖带，管带为龚月亭千戎，正明。沿江无风，颇平稳，大江中多水□，夹江则无须用水探，到金山下申正余，曾过龟山、焦山、象山，均有炮台，并升炮致敬，轮船以放气答之，此中土未有之礼也。停泊后至金山一游，比焦山略小，座落亦不甚多，相传法海洞，甚无谓，与山顶御书“江山一览”亭相近，因在彼少憩，登留玉楼，有苏文忠公、佛印禅师同龛像，僧隐儒方丈，号秋崖。出苏文忠玉带，即留玉常镇山门原物，据云曾遭火，已失玉四块，蒙圣祖仁皇帝收入大内，迨高宗纯皇帝初次南巡，因镇金山之宝，仍赐还，并补所失四玉，各题诗。且装硬木雕盒，内外前后二诗。均蒙题诗，尚引其“肚皮不合时宜”语，颇可为名山生色，并至妙高台一看，实不见高妙。闻中冷泉在山南里许，曾经王可庄太守修葺，因登降气促，未曾经往看郭璞墓，闻亦在彼处。据僧云衣黄衣者，问其号，仍忘之。金山本命浮玉，因蟒蛇至彼，某禅师询其来意，据云山中有金，因得之进于上，仍发还修山，故名金山，未识有无志书曾否详载，俟考。山下停泊时，闻钟声颇静。晴。

二十二日(4月4日) 辰正由金山启行，过黄天荡燕子矶，实为险要，北东西皆可用兵得手，此古人之所必争者，江南之要道也。燕子矶为宁省外城保障，然宁省必若大之城，殊不可解。或云发逆盘踞其中十数年，迨天兵归定，其在城中荒野之处，民人茫然未知，其大可想，其事亦殊可笑。晚停泊水西门，到时酉初余。因至岸一踏，无甚可观，仅见制宪有施种牛痘之举，惟不用还浆一说，曾闻人云牛痘不还浆，恐在内聚集余毒，虽不还浆，届时亦须挑破，未审孰是，须再讨论之。所带轮船停于下关，龚千戎人甚谦，仍欲送回，据云奉总统之命，殊可感也。晴。

二十三日(4月5日) 辰刻步踏，赴三山门即水西门。外莫愁湖一望，仆人皆以轿马劝驾，余谓，此非官礼乃官态也。妙。离舟不远，不过二里余，何苦作此，张盖游山之丑状。惟顺街路，颇滑，回时沿河路而走，尚便也。湖之览胜惟华严荠。据志书所载，为寿安上人请修，余见小道士一人，由盛京锦州来，避乱即日本之乱。至此，遂投师出家，仅师徒二人，无僧也，不知何故？登胜棋楼，因明太祖与徐中山赌棋于此，因胜之，以此湖为汤沐，有中山王大幅像悬挂楼中。至郁金堂，有卢莫愁小像，即梁武帝“洛阳女儿名莫愁”，并“十五嫁作卢家妇”。唐沈佺期“卢家少妇郁金堂”，皆咏其事。到湖心亭，在郁金堂左，荷花胜时，此为第一得景处。湖周十余里尚徐氏子孙收租，闻相士兄为中山王之后，不知谱牒与南省仍能相序否？荞中售《莫愁湖志》二本，《楹联便览》一本，莫愁石刻小像一幅，均购归。据志有曾文正像，有屋锁门，外帖施救君生烟处。想公之像即在屋内，询之，钥匙为老道士带去，并闻有左文襄像，想误传也。未睹到，华严荞不数武有牌坊一，前题“莫愁湖”，后题“曾徐千秋”，此必收拾胜境，特建此坊。内建有曾公阁，亦无像。晴，午后小雨。

二十四日(4月6日) 舟中无聊，雨落不止，因闲弄笔墨，得诗四首，向不善此，不过雪泥鸿爪云尔。《游莫愁湖》：漫谈兴废几沧桑，且博诗狂与酒狂。或羡英雄或儿女，胜棋楼伴郁金堂。夫妇双栖顾仅酬，君臣一局事空留。算来乐土应何处，那有闲情问莫愁。时事如此，感慨系之。《华严荞即事》：石城一角映朝露，桃柳迎风径半斜。最是楼头凭远眺，江帆山影未全遮。《望中赊》：名湖收入梵王宫，不意僧荞住道童。华严庵为道士住持，不可解。手掇茗杯堪自笑，佛门仙侣杂冬烘。昨雨一夜，阴雨。

二十五日(4月7日) 今日天气甚热，登岸时灰鼠黑袖，旋换白袖，午后换棉袍褂，回船时汗气如蒸，即饬童买扇一，日中回时具备。呵呵。进城上院，因拜客，制宪未见，至军宪府，传见，痛谈，因及恭勤公并文诚公，将军三叹之，都护处未见。赴张华秾处早饭，拜瑞方伯，云午觉，未见。盐道胡芸台观察处痛谈，织造并穆、懋、松三观察处，均未请见。晴。

二十六日(4月8日) 进三山门，拜，至中正街，张华秾总镇约晚饭，亥初出三山门，省中城门为将军管理，进城时即须留门，不然突矣，约亥正方闭，号房等尚可进城不误也。晴，甚热。

二十七日(4月9日) 寒暑度至八十五，已可观，至一百零五，则人多病矣。辰刻赴督署，进旱西门，制宪传见，即面辞，仅问常属雨水、地方平静，因将案略回，将军署禀辞，传见，藩盐宪处禀辞，至华秾处早饭。晚约华秾在船晚饭，据云寒暑表至八十五度。承送碧纱厨一个，鲊鱼皮二张，宁蒙水十瓶，可谓费心矣，甚热。晴。

二十八日(4月10日) 辰刻发南京，仍用小轮拖带，申刻抵镇江，因时尚早，至巡道谒见，痛谈，欲留明日吃饭，因县考在迩，须回府照应一切，面辞。旋至副都护镇江府面见，并拜两厅一县。天气非常炎热，单袍褂袷衬衣布汗褂，汗流浃背，回船时裹衣尽湿，头痛晕口苦，如夏日中暑状，袷衣未带，因不审南来忽冷忽热之故也。午前船中无事，追录十九日过北塘圩小诗一首：一片碧波纹，清风送两雨。岸犊涉平沙，渔舟打轻桨。晴，热极。

二十九日(4月11日) 卯刻发轮，未初余至江阴，本拟进小河口，因水浅难走，仍由故道而回，船中见客，后月城桥停泊。晚见天津道，由上路而来，将拖带小火轮搁浅，大费力，以人拉之，喊声一片，机器竟难施用，殊为可笑。忆来时曾在江阴得句，因足成之，《江阴道中》：残云犹恋雨余天，无限春光客舫前。断续竹林千顷碧，参差荇叶一溪烟。菜花吐艳窥篱落，麦陇翻青近水田。惭对清时双鬓改，那堪芳草绿年年。热极，晚风，阴。

卅日(4月12日) 卯刻发月城桥，高桥晤傅永辅大令，即时开船，遇顺风，酉正余即抵常，武、阳两县来接，略谈，即弃舟登陆，到署，已上灯矣。微热，阴，晚大雨。

三月初一日(4月13日) 在署，行香，已请总捕，因连日受热气熏染，颇不适，回时江行得五律一首：一水空无际，江天入望迷。舟速疑岸转，树远向人低。有愧逢烟垒，休忘勤鼓鼙。焦山、龟山、江阴均有炮垒，舟过，升炮致敬。何时烽火净，沙渚草凄凄。阴。

初二日(4月14日) 在署。半阴晴。

初三日(4月15日) 过案一起，东吴氏因拐幼女，绞监候。给两县谢步，并拜客。晚见刘葆良庶常。半阴晴。

初四日(4月16日) 巳刻赴小南门外崇胜寺，略坐，赴寺东北神农坛，行耕耤礼，分班行三跪礼，朝服献爵献帛，上香如仪，饮福受胙后，复班，行三跪礼，更花衣，斜挂朝珠，左上右下，坛前后数武地转周，布蓆九推九返，礼成，换朝服，再行三跪礼。即花衣不换，朝服亦有。回署后，晤张春舫，克暄。为金镜蓉督粮令亲，名曰知县，尚未过班，拟到此谋发审，又欲留常，又欲谋派缉捕差，颇为可笑，乃乱七糟八，毫无章法之人，当面谢绝之。阴，午后微雨。

初五日(4月17日) 在署。阴。

初六(日)(4月18日) 在署，紫翱大令来谈。阴。

初七日(4月19日) 在署，吴耀堂大令晤谈。阴。

初八日(4月20日) 午前晤紫翱大令，因昨日委验武进监犯病毙，委因病身死。午后过宜兴绞犯夏得林供，未肯画，还禁。拜精舍新充监院陶铨生观察，锡祺。未遇。回拜刘树屏检讨，痛谈。半阴晴。

初九日(4月21日) 在署。阴，小雨，昨夜天明均雨。

初十日(4月22日) 在署。阴，小雨。

十一日(4月23日) 午前会陶铨生观察，锡祺。现约精舍监院，人甚爽朗，曾任山东临清直隶州知州，因李鉴帅劾之，又拟为开复，然不愿再出山，如出，亦拟过道班矣。晴。

十二日(4月24日) 午后过宜兴绞犯夏得林供，仍狡执，办理发回覆审。又臬宪交江阴李尧羹控人赖婚一案，因语多闪烁，交阳湖县看管。阴，雨。

十三日(4月25日) 午后覆讯李尧羹一案。晴。

十四日 （缺）

十五日(4月27日) 武庙、郡庙行香，见客，会乌溪关都阃萧碧峰，定拨。李尧羹具结，明日发审。闻学宪昨日赴节，可到无锡，然今日候至一日，无到常之信也。阴，雨。

十六日(4月28日) 午后出东门，乘船接学宪，于前日江阴起马，面谒，痛谈，仍为书生本色，无大老气习，深可敬也。晚间子才夫人三十正寿，约饭，皆痛饮而醉。早间拜寿，亦与幕中诸兄不约而至。阴，雨。

十七日(4月29日) 在署,本拟提案,因县署考试,未能。阴,雨。

十八日(4月30日) 午后花厅问案。阴,雨。

十九日(5月1日) 午前给刘葆良检讨贺娶弟媳,乃弟号铨生。夜雨,半阴晴。

二十日(5月2日) 会刘葆良检讨。连夜雨,阴。

廿一日(5月3日) 换戴凉帽。内二十二日省十七日。连夜雨,阴。

廿二日(5月4日) 陶铨生拜会。坐堂过贼犯二起,一军一流。晴。

廿三日(5月5日) 在署,写京内亲友信。半阴晴。

二十四日(5月6日) 午后阳湖李令来,晚刑钱帐各席约饭。半阴。

二十五日(5月7日) 午后见锡金厘局委员程福五大令,南金。并会子明、铨生两观察,孟乐、葆良两太史,拟立商务局。晚约各席老夫子饭,念芝进苏省拟回萧山本籍,子诚因加捐通判,进京引见,同于今晚下船。晴。

二十六日(5月8日) 在署。晴。

二十七日(5月9日) 午后赴府署工程处一看。晴。

二十八日(5月10日) 在署。半阴晴,风。

二十九日(5月11日) 午后坐花厅,问李尧羹一案,系自行具呈,讯结,洋印当面交领,登时释放。晴。

三十日(5月12日) 李子璥午前来会。因冯姬将腿闪失,请伤科林素云来看,甚见效。病已多日。半阴晴。

四月初一日(5月13日) 卯刻恭谒文庙、郡庙,行香。拜商务公所,刘葆贞编修,可毅。刘静之鹾尹,绪景。陆敬轩司训,景兴。三君商务,内并钱子明观察,共四位。回署会总捕、发审、学官、厅官、留常等。阴。

初二日(5月14日) 巳刻新设商务公所约早饭,仅府县三人而已,公所在阳湖县城隍庙内,席间有青梅,其酸无比,虽十万秀才不得与之争衡,并有鲥鱼一盘,主人因其去鳞蒸之,谓之外行。余谓孟乐庶常,此因客有外行者,故庖人去鳞而蒸之,恐客并鳞而咽也。合座粲然。阴,申后小雨。

初三日(5月15日) 昨日晚间王仲光来,因留其便饭,痛谈。今日紫璈来,面谈,县境内有命案一起,下乡相验。念芝学生王亮臣广照。由苏来会,约殷心如大令来署,即札往江阴县查办教案,面云明日大早即起身前往。晴。

初四日(5月16日) 紫璈大令来禀下乡相验情形。绅士袁子庚学灏。大令来会,系在河南多年候补,乃翁丁未进士,因发逆殉难,紫璈与其相熟,云人甚妥当也。晴。

初五日(5月17日) 奉昨日抚宪批,密陈属员考语,禀折均悉,仰即知照另单,具见察吏恳切,事事整躬表率,自有效验,该守才足有为,勉之。折存等因。赴大北门外,辰刻。到清宁观,俗名天地庙。行常雩礼。大祀天于圜丘,朝服行三跪礼,初献三上香,奠帛献爵,一叩,就读祝位,跪读毕,一叩,亚献、三献如初献,饮福受胙,一叩,复拜位,再行三跪礼,望燎,礼毕。会陆敬轩司训。晴。

初六日(5月18日) 盛旭人廉访来会,痛谈。刘葆良检讨来会。旋拜旭人先生,明日即回苏省矣。晴。

初七日(5月19日) 紫璈明府来,拟欲赴各茧行查看一切。叶润斋大令来,怀善,本任阳湖,现署元和。因抚宪派令常水师炮船、抚标弁兵稽查弹压锡、金、武、阳各茧,拟住横林镇,四县适中之地也。即出西门回拜。蒋季和炳章。请看府考卷,今日到。晴。

初八日(5月20日) 午后会史佳若观察,因修武庙工程,府捐洋百元,于明日付。晴。

初九日(5月21日) 紫璈大令来,前无锡县县丞庆少甫多会。现遇知县班,赴省候补,仍留苏。并会上海道,黄观[察]所荐看卷老夫子,渠姨甥,王老夫子名劳谦,号皆吉,卢陵人。晴。

初十日(5 月 22 日) 武进文童取齐。殷心如大令由江阴查教案回,因民人桓启佑商同兴彼医院,海、李二教士常走动之,蒋旭初唤同陈生郎将左近袁张氏尸身挖出,埋于医院后院西北,借此希图为伪诈教士,以致聚人过众,将医院窗户板壁砸毁,现经讯明不讳,系于上月二十七日将其偷挖尸身,由医院后西隔壁吴寡妇家进内偷埋。此事一出,则彼族更有藉口教案,从此更难办矣。愚民无知,殊恨恨。晴。

十一日(5 月 23 日) 会紫璈明府看卷,郁宪辰到,请为总校。酉正全执事赴龙城书院考棚住宿,查看各号。半阴晴。

十二日(5 月 24 日) 阳湖文童取齐。丑正升参炮,众官聚齐,遂升堂,武进县参堂后即赴龙门入座,俟点名毕,除留场委员,众官退,封门,入内。出已冠首题:所谓诚其意者,毋自欺也。未冠首题:不以其道得之不处也。通场次题:友其德也,不可以有挟也。诗题:欲语羞雷同,得同字五言六韵。恭默圣谕"士习端而后乡党视为仪型",至"如是斯可以为士"。午初令教官打戳,酉正起放头二三牌。因将卷分七分,郁宪辰先生少分,总校,以"平地丹梯甲乙高士"字分之。其余王皆吉先生、李子康先生、蒋季和先生、鲍勉甫先生、何笙甫先生、汪慎之先生皆同,并将牌次用暗记。半阴晴。

十三日(5 月 25 日) 天明出院,入署,酉正余复入院。半阴晴。

十四日(5 月 26 日) 锡、金文童取齐。丑初升三炮,礼如前,封门后,考阳湖。出已冠首题:孝者所以事君也。未冠首题:弟者所以事长也。通场次题:其为人也孝弟。诗题:孝弟为人瑞,得人字五言六韵。恭默圣谕"夫十年以长则兄事之",至"政自离于人伦之外"。打戳放牌,与武进时相同。半阴晴,热。

十五日(5 月 27 日) 王襄卿司铎,闻先与陆凤石齐名,有"王襄陆凤"之称。然一遇一不遇,其命也。夫人亦强干,年已六旬上下,谓非淹没而何。天明出院,入署。会无锡詹教谕。嗣勋,号仲铭。会金匮王训导有赞,号襄卿。半阴晴。

十六日(5月28日) 昨日出武进正案。会阳湖章教官,酉正余进院。大雷大雨。

十七日(5月29日) 宜、荆文童取齐。丑正放牌,因国忌素服,惟升号炮,不作乐,援松江府例也。无锡已冠首题:南方之强与。未冠首题:群居终日。金匮已冠首题:北方之强与。未冠首题:饱食终日。通场次题:如耻之莫如为仁。诗题:各勉日新志,得新字五言六韵。恭默圣谕"汉儒有曰",至"莫善于礼"。余事同。晚,微晴。

十八日(5月30日) 今日出阳湖正案。天明出院入署,会张教谕。应曦,号晓鳌。会宋训导。文蔚,人甚精明,号澄之。半阴晴。

十九日(5月31日) 紫璈系昨日会,误记。会紫璈明府,据云茧子大不好,大约业此者恐赔本也。然业此者大半富绅,竟于月前顾义国洋人作护府,由总署行文至江浙,令地方官弹压茧贩,意在薄价强买,不意上天不佑,连阴加以天寒雨,叶于茧已大无益,再加以雷声大震,蚕正吐丝之际,经震后,皆头下垂丝不吐,于是茧大昂且无好者,可不知戒乎!今日酉正余进院。昨夜大雨,早大雨。

二十日(6月1日) 江阴文童取齐。丑正点名,宜已冠首题:在止于至善。未冠首题:择其善者而从之。荆已冠:得一善则拳拳服膺。未冠:乐取于人以为善。通场次题:孟子道性善。诗题:为善日不足,得为字五言六韵。恭默圣谕"然学校之隆",至"所以顾不重哉"。余事同。早阴,晚晴。

二十一日(6月2日) 出锡、金正案。天明出院入署,会江阴教谕秦芍舲,毓麒。训导秦幹臣,赞尧。幹臣曾蒙前学宪保举,人甚老成。阴,半晴。

二十二日(6月3日) 戌初赴院,闻茧行由廿六元收茧,现长至四十余元,较比去岁每湿茧三担折干茧一担,可赚至五十金,今则不过廿金。天意,非人力所能为也。阴。

二十三日(6月4日) 三炮,封门,唤父兄而不应。一题:列手叹祖宗之无灵。靖江文童取齐。丑正点名,考江阴。已冠首题:宗族称孝焉。

未冠首题:乡党称弟焉。通场次题:故人乐有贤父兄也。诗题:兰鲍在所化,得兰字五言六韵。恭默圣谕"大凡子弟之率不谨",至"而干纪犯分之咎自鲜矣"。余事同。此处童生任意在墙壁乱写,历任如此,甚为可恶。此次尚无别语,惟在门后一联,实堪喷饭。记于日字下。半阴晴。

二十四日(6月5日) 并会靖江教谕倪小香、恩荣。训导朱怡云。培源。天明回署,午后会恽莘耘观察,痛谈。出宜、荆正案。昨护逾墙窥伺人犯一名,交武进县,即行枷号,押至书院门外示众,俟场竣再行惩办。半阴晴。

二十五日(6月6日) 戌初刻进院,郁宪辰大令因世兄病笃,即告以买舟速下,不必拘之在此看文也。半阴,晚晴。

二十六日(6月7日) 寅初点名,考靖江。已冠首题:富而好礼者也。未冠首题:约我以礼。通场次题:仁义礼智非由外铄我也。诗题:温克富诗礼,得诗字五言六韵。恭默圣谕"诚能和以处众",至"共归长厚"。放牌头次,竟至亥正,两教官皆无用也。昨夜雨,复大雨。

二十七日(6月8日) 天明回署,出江阴正案。半阴晴。

二十八日(6月9日) 戌刻进院。半阴晴。

二十九日(6月10日) 寅初刻点名,照例素服,考上四县,并补考,武:齐景公问于晏子曰。阳:成眮谓齐景公曰。锡:弥子谓子路曰。金:孟季子问公都子曰。通场经题:如金如锡如圭如璧。诗题:数家芳屋临江水,得江字五言六韵。补首题:立贤无方。次题为:机变之巧者。诗题:大江流日夜,得流字五言六韵。恭默圣谕"书曰功崇惟志",至"而业遂以废矣"。余事同。小雨,半阴晴。

五月初一日(6月11日) 天明回署,午后会李紫璈大令,因昨日院中诸童生将衙中散役扭诉,为传递,因交阳湖审问,盖诸童因其稽查严,故有此举也,可发一笑。出靖江正案。半阴晴。

初二日(6月12日) 会吴耀堂大令,东门外因刃伤两命,毫无头绪,其地保竟赴上海,将此案凶手破获,甚可嘉也。大令重赏之,甚是也。戌刻进院。半阴晴。

初三日(6月13日) 寅初点名,照例素服。考下四县,并补考。宜:季氏仗闵子骞为费宰。荆:子路仗子羔为费宰。江:子游为武城宰。靖:子忧为莒父宰。通场经题:如山如阜如冈如陵。诗题:五月江深草阁寒,得江字五言六韵。补首题:小人之过也,必文。次题:君子之过也,如日月之食焉。诗题:江流宿雾中,得流字五言六韵。恭默圣谕"因而朋比协谋",至"尤可痛恨也"。余事同。晴。

初四日(6月14日) 出武、阳、锡、金上四县初覆案,天明回署。雨。

初五日(6月15日) 祭祀后,众官拜节,均未会,诸幕客彼此持帖道喜,亦未会。晚间约诸幕并看卷,及幕中弟子共两桌,颇闹热也。晴。

初六日(6月16日) 在署,连日在院,晚间不得睡,少觉疲败也。晴,甚热。

初七日(6月17日) 吴耀堂大令来会,免穿外褂。出宜、荆、江、靖初覆案,谓之下四县,乃本地自来以上下分之。晚雨。

初八日(6月18日) 在署,天气又较凉,此即黄梅候矣。雨,晚晴。

初九日(6月19日) 戌初赴书院。半阴晴。

初十日(6月20日) 寅初点名,考八县二覆,并补八县四书题:《楚书》曰:楚国无以为宝,惟善以为宝。舅犯曰:亡人无以为宝,仁亲以为宝。《秦誓》曰:若有一(个)[介]臣。性理题:必有耻则可教,闻过则可贤。论赋题:石勒听读汉书,赋以题为韵,不作者听。诗题:王杨卢骆当时体,得时字五言六韵。补考首题:绘事后素。次题:乐则韶舞。诗题:秀语夺山绿,得语字五言六韵。恭默圣谕"谨身率教",至"亦可以观厥成矣"。余事同前。半阴晴。

十一日(6月21日) 卯正余由院回署,会耀堂大令,面交就地惩办案禀一件,送刑席暂存。覆京电一件,因大嫂病。阴。

十二日(6月22日) 会紫璈大令,痛谈。晴。

十三日(6 月 23 日) 寅刻朝服恭谒武庙，盥洗，行三跪礼，初二三上香，初献礼献帛献，行一叩礼，就读祝，一叩，行亚、三献，如初饮福酒受胙，一叩礼，复位，三跪礼，礼成，换服脱礼。申刻后出二覆案。半阴晴。

十四日(6 月 24 日) 在署，会耀堂明府。晴。

十五日(6 月 25 日) 卯刻恭谒武庙、郡庙，行香。会发审殷心如大令，商酌案件。戌刻赴院。晚雨，阴。

十六日(6 月 26 日) 寅初点名，考八县三覆，并补考八县。四书题:《诗》云:“鸢飞戾天，鱼跃于渊。”言其上下察也。《孝经》题:居家里，故治可移于官。诗题:二三豪俊为时出，得时字五言八韵。七律不限韵，不作者听，择作亦可，周侯古祠，任公钓台，东坡别业，云林故居。补首题:孔子曰:君子有三戒。次题:孔子曰:君子有九思。诗题:鸿毛遇顺风，得风字五言六韵。恭默圣谕“勿惰而嬉”，至“莫踰于此”。二覆与诸童点心，系粽子四枚糕四块，取其高中之意，归礼房办，已觉可笑。此三覆乃备酒席，本欲摆齐后前往周旋，据学官云此处诸童向来嬉戏，似不便，因未前往，然席未摆得，已入座，喧嚷要吃，既摆则彼此纷争，将水果抢掠一空，所备酒席尚无别说，未有不将其吃尽者，且有已吃不将饭票缴还，再吃一桌者，可谓有兼人之量，一笑。交卷尚早。阴，雨。

十七日(6 月 27 日) 王皆吉今日回苏。卯刻由院进署，紫璈大令来，痛谈。约殷心如大令到署，问武进两起盗案。挂八县提覆前廿名牌。极大雨。

十八日(6 月 28 日) 卯刻在署，提覆武、阳、锡、金童生前二十名。四书题:四起讲:恂恂如也，侃侃如也，訚訚如也，踧踖如也。未刻散净。半阴晴。

十九日(6 月 29 日) 卯刻在署，提覆宜、荆、江、靖文童前廿名。四书题:四起讲曰:独乐乐，与人乐乐，与少乐乐，与众乐乐。未刻散净。晚约李子康、蒋季和、鲍勉甫，并汪春之、何笙甫诸阅卷老夫子，并胡念芝、吴子才作陪，晚饭天甚热，未敢痛饮。晴。

二十日(6月30日) 在署，蒋季和来谈，为拙安故友令侄孙，从先苏省八旗奉直会馆系渠族高祖旧居，刻下蒋氏亦式微矣。晚间拜李子康，持片辞行，因遣持帖往送，二君拟乘小火轮东去，此项内河小火轮系绅士新造，专行苏、常，不过午前八点钟开行，灯后九十点钟便可抵苏。半阴晴，落小雨。

廿一日(7月1日) 在署，过武进姚直宝、徐学赓两案，共盗犯七名，情节甚重，均已画供。理提覆八县卷廿本，其次已饬承缮写。半阴晴，大雨。

廿二日(7月2日) 在署，会耀堂大令。巳刻出正案榜，委知厅送榜，前有鼓乐，榜则承以破綵亭，殊觉可笑。由四月十二日起至今日四十天矣。造孽多端，怪从此绝。购得白瓷苍蒲盆一枚，价三元，甚有趣。晴。

廿三日(7月3日) 在署，宜兴夏得林过堂，供复狡展，武进过两盗犯，应发遣，已画供。晴。

廿四日(7月4日) 在署，李总捕来会，谈及无锡傅令应付经费，拟由府催之，似不能办理也，面辞。阴雨，晚大雷。

廿五日(7月5日) 在署，天气湿热，非北方可比，地砖无故出水。阴。

廿六日(7月6日) 在署，系明日早晨，今日天气仍炎热。子才先生拿玉器若干件，均难买。晴。

廿七日(7月7日) 在署，约心如，过夏得林一案，已画供。出府拜客，至恽孟乐处，痛谈，甚畅。阴，细雨。

廿八日(7月8日) 晨刻花衣赴郡庙，城隍尊神圣诞，率属就位，三上香，行三跪礼，三献爵，立候，读祝文，行二跪礼，望燎，礼毕。此地陈设，院内搭各色油棚，神位夫妇分左右坐，案前各排供献食物，鑪台等中悬，红泥寿幛案两边，侍从则老男女像各一，少男女像各一。阴，雨。

廿九日(7月9日) 在署。夏季延陵大课,生监题曰:管仲以其君霸,晏子以其君显。管仲、晏子犹不足为与?曰:以齐王,由反手也。童生题:曰:姑舍是。曰:伯夷、伊尹何如?诗题:此邦宜署玉堂仙,得仙五言八韵、五言六韵。阴,雨。

三十日(7月10日) 在署,约殷心如,过阳湖县盗案。辰刻寿安堂绅董开设医局于育婴堂,请医圣先师前拈香,未去。前询两县,大约府不去者多,县或偶去。晴。

六月初一日(7月11日) 卯刻恭谒文庙、郡庙,行礼,回署,收呈,会客。晴,有浮云。

初二日(7月12日) 早过阳湖盗案王万菖等二名。午后会李谷宜观察,宝章。约耀堂,明日有面告要事,并连日阴雨,苏宁两省均祈晴,本府亦拟祈晴。闻金龙四大王,又闻栗大王,俱有到苏省之语。询之谷宜观察,道光廿八、廿九年,曾有四大王来苏之语,是年乃极大水,睹此情形,殊觉惕厉。阴,大雨。

初三日(7月13日) 会刘葆良检讨、紫璈大令,今日两县至郡庙默祷,因雨低田被淹,闻苏至常两岸纤路已过人腰,驿马断难行,以船投递公文,奈何。阴,雨。

初四日(7月14日) 在署,周堃由镇江回,水甚大,大船过桥虽躺桅,亦须去。晴。

初五日(7月15日) 午后给李谷宜观察谢步,访刘葆良检讨,痛谈。接臬宪钉封姚宜宝、徐学赓盗犯七名,就地正法,即将原文封送武进县,告明札文随后再补。晴。

初六日(7月16日) 武进县于卯刻押犯至府署大堂,上绑押至鼓楼前会,武营将七名盗犯均斩首枭示犯事地方。午后会恽孟乐传胪,至龙城书院看工,天气甚热。早晴,酉后大雨。

初七日(7月17日) 在署,会耀堂、紫璈两大令。半阴晴。

初八日(7月18日) 在署。半阴晴。

初九日(7月19日) 会江阴刘谦山大令。午后谢步,会心如大令，审强盗彭胡子一案，已画供。阴，雨。

初十日(7月20日) 复审彭胡子一案，宜兴窃贼二名，均画供。晴。

十一日(7月21日) 在署，天甚凉爽。晴。

十二日(7月22日) 在署，天仍凉，闻徐州府有会匪大乱之说，未知确否？半阴晴。

十三日(7月23日) 在署，见《申报》，徐州会匪尚不至大有妨碍。半阴晴。

十四日(7月24日) 在署，明日刑席赴苏。半阴晴。

十五日(7月25日) 卯刻恭谒武庙、郡庙，行香，回署会两县学官。半阴晴。

十六日(7月26日) 午后赴府署工程，阅看，现有规模，已将上房，后楼中路均已齐全，不过装修漆饰，东西两路尚待立架者。回署，李总捕来会，陶铨生、李谷宜，刘葆良、恽孟乐来会，因米价过昂，拟将善堂积谷出粜。晴，晚雨。

十七日(7月27日) 在署。半阴晴，晚雨。

十八日(7月28日) 在署，戌刻奉臬宪札钉封，盗犯王万菖二名，即行就地正法，即将原文送至阳湖县遵办。阴，酉刻大雨。

十九日(7月29日) 早间会金镜蓉督粮世兄、禄泉贰尹。午后会靖江马醴泉明府，霍恩。紫璈明府即出署，至禄泉贰尹、醴泉明府处谢步。晴。

二十日(7月30日) 在署，其热非常。晴。

廿一日(7月31日) 在署，晚刑名胡念芝先生由省回。少有风。晴。

廿二日(8月1日) 在署，天甚热。少有风。晴。

廿三日(8月2日) 卯初刻朝服赴郡庙，火神诞辰，行三跪礼，上香，奠帛献帛如仪，再行三跪礼，更衣回署。晴。

廿四日(8月3日) 午前会史佳若先生、刘葆良、恽孟乐，为平糶事。午后会殷心如大令，因审耿文涛一案，心如已补溧水，拟赴南京，须下月初方走。晴，微阴。

廿五日(8 月 4 日)　约府学两教官，议下月初一日将书院至圣四配十哲牌位请入文庙尊经阁供奉，以免亵渎。令其办，抬如有龛，更妙。晴。

廿六日(8 月 5 日)　应廿八日正日，奉太后懿旨改于是日，仍以廿八日前三后三，花衣，此处以后三连廿八日，算礼房□矣。寅刻朝服恭谒天宁寺、万寿宫，排班三跪九叩礼，更花衣，回署，有戏一台，须赏加官二百文，未免太吝，外省礼也。晴。

廿七日(8 月 6 日)　在署，刘子诚别驾由京来会。晴，微风。

廿八日(8 月 7 日)　龙城书院华若溪院长来会。天气晚来秋。晴，晚阴，似别处有雨，见雷电。

廿九日(8 月 8 日)　赴龙城书院回拜华院长，府前街回刘子诚别驾。会刘葆良检讨为书院地基并平糶事，马菊莽照厅，时昌。沈倖生三尹，余庆。亦因平糶事而回，大概乡绅意见不同，殊觉非是。晴。

七月初一日(8 月 9 日)　吴耀堂、李咏裳谈及道光癸卯七月初一日日食曾见星斗，食甚后鸡犬皆叫跳，与夜间不同也。会湖北长乐县巢孟芝明府，序镛。武进绅士。午正一刻八分日食，青褂雨缨帽，三跪礼，未初二刻四分，青褂雨缨帽，三跪，未正二刻十分，花衣补褂，因万寿，平日常服。三跪礼，礼成。晴，风。

初二日(8 月 10 日)　卯刻赴龙城书院考试，驻院放头排，即回署，饬家人王炳在彼伺候。奉臬宪钉封，武进县徐学庚案内彭胡子于明日就地正法。晴。

初三日(8 月 11 日)　在署，传委员从九沈金声，面交札文，赴江阴密查寿兴沙团绅互诘一案。风，晴。

初四日(8 月 12 日)　清晨耀堂大令来会，稽查小押房委员来，未晤，灯时紫璈大令来，荐堂稟家人姜升一名。风晴。

初五日(8 月 13 日)　在署，过武进、荆溪军徒人犯二名。晴。

初六日(8月14日) 会派委稽谷局马照厅、沈三尹，为谷局糶米事即出告示暂停，须赴无锡耆米。晴，午后阴，微雨。

初七日(8月15日) 今日并会工程局吴静甫司马，懋时。人已暮气矣。未刻至府署工程处一看，已大有规模，出西门，回拜巢孟芝明府，小妻回拜刘子诚太太，既铟且褂，殊属大热，多事也，一笑。半阴晴。

初八日(8月16日) 午前恽孟乐、刘葆良两绅为平糶事来晤。殷心如明府来辞，欲赴南京。晚间接龙城书院来函，院绅刘葆良、院董李泽之因面试住院，粘匿名讦帖肆行辱骂，足见此地士习之坏，真堪痛恨，亦可浩叹。晴。

初九日(8月17日) 在署，刘子诚来谈。晴。

初十日(8月18日) 刘子诚约内眷至公馆午饭，两妾均辞，小妻、二妞妞去，座中有吴子才令阃，子诚夫人甚直爽，带前妻子女相得，恐不免暗开罪于子才夫人也。接小婿如九来信，现已知县，拟投机器局至上海，此举大为失算也。晴。

光绪丙申秋七月十一日(8月19日) 早间赴恽孟乐处，至花园一游，布置不俗，中堆石山，乃南田老人与石谷子手笔，不过粗方石，其安置有似倪高士画意，南行绕河尽，曲折廊榭数十间，东有船屋，左右石屋及太湖石畔均种五色牡丹，再北则或厅或楼。楼前堂左有水一泓，围以太湖石，据云下已有泉，虽深冬不涸，堂前池颇阔，内有小船一只，盖主人放舟于此，可绕山而行，山与廊隔，东西各有桥一，西桥以石凿成，颇与大桥形似，甚有趣也。堂前各种盆花，遥映对山老树，中隔一水，山之北崖有石屋临河，皆就石或门或窗，颇具古意。堂右临河高亭一，除山上之亭，以此为最高，乃赏月之处也。主人为常郡世家，收藏甚多，其各处悬壁之物尚非其尤者，于世廛已不多见矣。并拜李大令、正光。谢大令、钟英。恽龇尹，用康。约其办理平糶事宜。半阴晴。

十二日(8月20日) 会吴耀堂、李紫璈两大令，过江阴绞犯薛福康一起，沈倅生三尹调吴县，因经手有工程事件，给桐太守致函暂缓前往，沈从九金声。委查江阴寿兴沙，来见销差。半晴。

十三日(8月21日) 卯初出东门，登舟赴江阴，路遇吴子才、汪眘之、何笙甫三幕宾赴苏，乘小火轮拖带船只，开过余船如飞而去，甚有趣。过高桥，晤王少苦大令，因天时尚早，催船往大青杨镇停泊。灯后赴岸一看，沿途均有路灯，为中元节而设，足征常州人好佛。至李姓棉花店略坐，询其生意，据云为洋纱局生意夺去多少，比从先大差矣。镇内无官，有绅董经理一切，颇觉安静。此处买卖丰阜，尚无盗贼，实可欣慰。月色忽有忽无，因云影浓淡相间所致。回船后在船头多时，觉夜气少凉，方睡。阴，微雨。

十四日(8月22日) 卯正起赴船头闲眺，两岸竹木甚多，大半以竹为田野，花皆不知名，近水次者甚多。古云“如入山阴道中，目不暇给”，余谓江阴道中，亦可以此语相赠矣。巳刻抵江阴，进南门，至保婴局。又名保节局，又惜谷局，又乡约总局。船上会刘令、秦教官、孙二尹，本府所委吴巡捕崇文到公馆，众客纷至，有见有挡驾。申初上院，禀见学院，谈良久，面呈札委，靖江县范景贤控耿继昌诬赖因丧搬运财帛等情一案节略，仍札靖江新任马令办理，盖引见证人多，不便纷纷提府也。回拜刘谦山明府，此局尚齐整，惟屋内东间临稻田颇得景，惜乎太空旷，不便住，此次带印而来，为官所构，只得住西间，东间反令童等居住，然窗外纺织娘甚多，亦觉吵人。阴，甚热。

十五日(8月23日) 会各学，晤刘谦山大令，拜余统领、刘雨江大令雨霖。缉私委员，南京人，均晤，痛谈。刘大令在此办理多年公务，情形熟悉，因亲老八十余，久未至河南候补，然江阴之地，实不可少之人也。晚间凭东窗闲眺，见老少男女多至稻田水次焚楮，或修好，或从前在此有家口死难者，不甚可解。今日午前拜客，正遇城隍神出巡，沿途铺户，误以余轿为神，将香燃焚起，待过时，小儿女细看，大嚷不是，殊可笑人。盖中元厉坛从民俗也。半阴晴，微雨。

十六日(8月24日) 午初刻服花衣，谒学院禀安。旋至文庙，会同各官站班，迎学院到官厅，行府礼，递茶，亦有由县递茶。平坐须让学院，必令乃可。学院更朝冠时，与县在大成门略站，即赴明伦堂，中供圣谕桌、东讲桌，学院到，略迎站，学院赴圣谕，行三跪礼，东设坐褥在学院之次，入坐后，听东讲桌宣讲，讲毕，学院更衣入正座，朝上打三恭，听八县诸生宣讲四子书，讲毕，朝上打三恭，即出，在轿旁站，学院打恭，还恭送，以上谓之拜庙礼。复至学院署，在官厅候，三鼓在暖阁前侍班，俟学院升暖阁，赞提调官谒见，朝上打三恭，俟放告牌。出学院，起立，朝上打三恭，退回公馆，此为放告礼。戌初院发头炮，戌正发二炮，赴外官厅，借舍人厅。俟发三炮赴院门，开门，直入至仪门，学宪升座，打三恭，免外褂，未入院，巡捕传信如此。因明日忌辰故也。本应服花衣，现服常服，俟考经古生员点名毕，再打三恭，退回公馆，此外点名由教官，不由提调。晴，微阴，夜内大雨两时。

十七日（8月25日） 在公馆，无事，惟看字画玉器而已。半阴晴。

十八日（8月26日） 在公馆，仍看骨董，可发一笑。戌初头炮，戌正二炮，赴院外官厅，三炮到院门，开门后进至仪门，朝暖阁内学宪前打三恭，即赴院东门，点正场九学生员，进毕，仍进门，候学宪放卷完，朝上打三恭，回公馆，已交子初矣。此次学宪考试，第二日场总于第一日前晚点名。晴。

十九日（8月27日） 在公馆，晚间奉学宪札，荆溪童生徐翰琛因卷未完，并有请托之语，令提调将正场名扣除，年幼姑从宽办，当即办理禀复及札县并学稿，即可送到，俟明日用印封发。半阴晴，有微雨。

二十日（8月28日） 在公馆，晚间会巡捕吴吉其，奉学宪谕，恐常州府公务多，可便中回署，甚为可感。半阴，微雨。

二十一日（8月29日） 收丁文衡呈一纸，即札江阴县。本拟午前拜客，因执事头勒肯两次，小孩付不多钱，以致无人敢来，其情殊为可恶，因交县将其枷责。午后方谢步，并辞行。戌初发头炮，戌正发二炮，赴外官厅，三炮后到院门，又三炮开门，学宪前三揖，出院门，东首点名讫，后到学宪前三揖，学宪以府内事为要，下暖（开）[阁]面令回任，因当面请安，禀辞，出门后复六炮，封门，回公馆安顿行李一切。半阴。

二十二日(8月30日) 卯刻出北门，上船，本县即各属往送，均挡驾，至大青杨，刘谦山大令送此处，因晤话别，至高桥，傅永辅、王少苦两大令接差，晤谈良久，两令仍欲下送，因令人阻之。晚停泊洛社镇北岸，至岸一游，到镇里开利禅寺，见僧人一谈，路遇开赌摊者，即时藏避，殊可笑人，僧云此寺即王羲之故宅所改，后有洗墨池，询其地，据云已在荒烟蔓草之中，天晚不便看也。回船后，本镇叶雨亭额外来见，南京人，由行伍出身，甚明白。早雨，微云，晴。

二十三日(8月31日) 由洛社未明开船，午初抵常郡武、阳两县，往接天宁寺码头，晤谈，即下船回署。何笙甫、汪慎之已回。半阴晴。

二十四日(9月1日) 早晤李子璥大令。午刘子诚刺史世兄拜何笙甫为业师，请陪饭，痛饮。阴，晚大雨。

二十五日(9月2日) 在署，李小轩太守升任安庐道。阴，小雨。

二十六日(9月3日) 过江阴县斩候犯顾六即顾长民一案。晚小雨，半阴晴。

二十七日(9月4日) 在署，刑名送禁赌稿，会留常委员吴燧臣，尔炑。并会阳令。半阴晴。

廿八日(9月5日) 在署。晴。

二十九日(9月6日) 刘葆良检讨来会，见荆溪主簿李渭生，智植。人甚老成精干。钱谷吴子才由苏回，灯后到。晴。

八月初一日(9月7日) 卯刻谒文庙、郡庙，回署，会实任佐班、留常委员，并会谢钟英孝廉，孝廉人品甚高，某大寮聘之不就，即教馆自避，无号，以名为号。晴。

初二日(9月8日) 在署,刘子诚刺史来,辞行赴苏。晴。

初三日(9月9日) 寅正朝服恭谒文昌庙致祭,如春祭礼。晴。

初四日(9月10日) 吴耀堂明府会,因丁教官竟无一人由江阴来者。(下缺)

初五日 (缺)

初六日(9月12日) (上缺)卯正出署,朝服恭谒北门外清宁观,祭社稷礼、神祇礼,如春季仪,回署。即会李紫璈大令,面谈查荒办理细号册,旋将册式送来,即饬赶札六县照办。晴。

初七日(9月13日) 申刻至刘葆良检讨处,送给照会,勿得即辞龙城书院,不妨时来信件商办也,痛谈本地事。晴。

初八日(9月14日) 卯刻朝服恭谒郡庙,西首吕祖宫行礼,与春祭仪同,回署,耀堂、紫璈两大令会,因工程加钱款事宜面商,紫璈因叶润斋撤任,回元和本任。署阳湖为张子密大令,枢。尚无来常消息。会水师张游府藩臣,名宝源。申刻府外西南茆棚内失慎,幸即时救灭,水会不管,未免太分贫富,非瓦房不管,因斥之。晴。

初九日(9月15日) 会宜兴新取生员冯炳甲。午前会李念椿先生。宗诠。晴。

初十日(9月16日) 会刘绅、葆良。恽绅,伯方。办理平粜事竣。半阴晴。

十一日(9月17日) 在署,给栩士、莲士、觐宸、牧山、仲路各信,托葆带京。半阴晴。

十二日(9月18日) 卯刻朝服恭谒武庙,行礼,与春间仪同。巳初赴龙城书院,祭有功于书院前明及国朝数太守,并以前贤山长三位,各龛位各行三叩礼,献帛献爵,复行三叩礼,院长绅董行礼,诸生行礼。至大堂西首给院长二叩礼,到东首院长还二叩礼,诸生堂檐下,院长东首,诸生行二叩礼,院长还揖,余至东首,诸生行二叩礼,余还揖,礼成。赴花厅用点心,给葆良检讨送行。回拜张藩臣游府,住西门外,甚远。半阴晴。

十三日(9 月 19 日) 紫璥明府来会，适接张子密省电，有令其赶紧到省接元和印，以便被参之叶大令交卸也。半阴晴。

十四日(9 月 20 日) 刑名胡念芝先生到苏省，在署，未会客。晴。

十五日(9 月 21 日) 辰谒武庙郡庙，行香。收呈一纸，诸寅友来，均挡驾，遣人谢步，贺节虚文也，晚约幕宾饭。阴雨，晚晴。

十六日(9 月 22 日) 早间紫璥大令来，辞行赴省，回元和县本任，谈叶润斋大令，因挟妓为人所控，大有不了之局。晚间耀堂大令来谢兼摄阳湖篆，亦谈叶令之事，殊可骇人听闻。文巡捕吴崇文销差，会。晴。

十七日(9 月 23 日) 出署，给紫璥大令送行，耀堂大令贺兼摄阳湖印，喜会新拨阳湖贡生沈季如。维诚。晴。

十八日(9 月 24 日) 在署，张子密大令遣人禀，已由苏动身矣。阴，雨。

十九日(9 月 25 日) 会宜兴守备焦荩臣，安邦。遂遣人回拜。阴，小雨。

二十日(9 月 26 日) 会署阳湖张子密大令，午后发家信一封，今日无打到公文，自到任以来所未有也，后又补到四件，空欢喜。阴，小雨。

廿一日(9 月 27 日) 会张子密，今日接印，午后即往拜会，又谈许久。阴，夜雨。

二十二日(9 月 28 日) 晚会马醴泉大令，因与葛藩甫大令算交代而来。阴，极细雨。

廿三日(9 月 29 日) 在署。阴，小雨。

廿四日(9 月 30 日) 葛藩辅、马醴泉两令会，因交代有争执处，均未得尽其辞，一笑。旋即回拜并拜阳湖刑、账两席。倪稼生、希鲁。耿禹□。鼎。阴，微晴。

二十五日(10 月 1 日) 在署，马、葛二令禀辞，均未见。阴。

二十六日(10月2日) 在署，将二十七日误记在二十五日以前。阴。

廿七日(10月3日) 卯刻蟒服恭谒文庙圣诞，行三跪礼，府教授李咏裳兄行礼，后竟倒仰于拜褥下，不成体统，然先生老矣，且四肢俱带腐气，此项亦曰，官不知何所用也。此礼不似春秋二丁，京中惟义学有之，国子监向不请钦派致祭也。询之张子密大令，外省向致祭，不过礼节与朔望相等了。午后会葆良及门沈子仪副贡，严，辛卯。人颇静，《说文》大有工夫，亦有志之士也。阳湖刑席王纯卿老夫子学海。遣人来，并沈副贡均遣人回拜。灯后忽报打索巷茶楼失慎，即乘二人肩舆前往，迨至火已稍息。回赴一铺内略坐，回署，幸未烧伤人口，天时尚早也。半阴晴。

廿八日(10月4日) 署荆溪湖汉司巡检刘乐村来见。名大铭，闻其会画，因在铺内甚俗。晴。

廿九日(10月5日) 昨接京电，四弟妹于是日病故，即复电，时辰尚未得知，于今过门已卅一年矣，未免神伤。阴。

三十日(10月6日) 早过武进县斩决丁根宝一犯。午后耀堂会。阴，风。

九月初一日(10月7日) 卯刻恭谒文庙、郡庙。至府署看工。赴恽孟乐处道喜，娶儿媳。在渠处早饭。龙城书院七月分经古课超等，奖花红钱二十千文，遣价送往。午后会江阴新取附生沈次青，名樾。为沈葆靖之胞侄。阴，雨。

初二日(10月8日) 早升堂，过江阴拐卖幼孩流犯二名。连日阴，今日雨，甚联绵，询之与稻有碍。无聊留诗一首："苦雨天意虽难测，人心尚可期如何。丰稔岁竟变歉收，时官吏谁知省农。民望欲痴愧余守，期郡默祷不胜悲。"古兴词也，诗云乎哉！雨。

初三日(10月9日) 会武、阳二邑令，拟明日往送，阻之。田兴由京来。阴，雨。

初四日(10月10日) 卯刻出东门乘舟赴靖江，沿途稻田甚佳，一片黄云。过高桥，晤王少苦大令，痛谈，永辅大令未到，因查荒受风寒。本拟赴青阳，因风甚大，恐北塘圩不能一气而过，无处停泊，不便，因稍东泊于龙塘岸，乃中小村落。下岸一游，村内织布者多，惟房间甚矮且无院墙，大半南省村落多如此，房前均有砖砌地一断，比屋皆然，惜无可与谈者，仅妇女幼孩多也。晚见星光，午后略见日影，可望晴也。闻岸内人云稻多生虫，在根壤，无大碍也。风，晴。

初五日(10月11日) 天未明发龙塘岸，路遇接差之刘谦山大令，直至江阴口，晤马醴泉大令并厘局保甲、团练等委员。灯后会江阴水师都司钱霭亭，四和。人颇明晰，由打常州即在水师，亦卅余年宿将也。本拟即过靖江，因风大，未便，接署京电信等件。阴，灯后雨。

初六日(10月12日) 昨晚夜雨无聊，因诌诗一首，《宦海舟》为题："宦海舟，何处收，两岸茫茫无尽头。银涛壁立数千尺，穿之欲过失魂魄。上有神祇之威灵，下有蛟龙之窟宅。告尔惊波骇浪人，须平气息更凝神。要知卤莽求侥幸，恐当此害非一身。一身性命虽如纸，其如同舟命亦委。世人话到尔平生，十目所视十手指。君不见急流勇退早收帆，脱离苦海远人谗。"盖时事中有所指也。今晨用救生红船拖带，过江至靖江县南门外天后宫停泊，会马醴泉大令，诸君旋到城内拜诸客，至靖江县署，略谈，回船，后得晤守府晏甘霖，化雨。江西人，曾任兵部差官，武举。厘捐局樊少墨司马炳煦，浙江人。风，阴，小雨。

初七日(10月13日) 昨夜梆鼓炮声，无美不备，殊觉可厌。卯刻即发船，江阴县新港司县丞典史皆送，并欲送过江，力阻不得，过江时风平浪静，非去时可比。去时虽船家因浪大无不色变，北来之童无不觉晕，余竟欲呕，盖颠簸不惯也。因忆昨诗录之，《风雨渡江》："江水随云没，江风挟雨来。水云风雨里，船向大江开。两岸青山隐，孤帆白浪催。前驱能稳渡，应歉济川才。"时为义渡救生红船拖带，不然不能过也。过江后，谢靖江诸兄，晤江阴诸位，停泊南门外，进城回拜客，江阴署拜会，回船。灯后见西岸有庙，一区笙箫笛管锣鼓铙钹无不有之，盖唪九皇经者，询之土人，苏省每于重阳内九日无有不吃九皇斋，颂九皇经，皇或是黄，未考。其颂声颇似昆曲，且有板，音节铿然，苏人之愚苏人之乐，实非北方所能及。半阴晴。

初八日（10月14日） 早发江阴，谦山大令送至青杨而别，赴无锡，傅永辅、王少苦两大令来接，停泊黄埠墩，因上岸同两令一游，内匾额若干，有重摹圣祖“兰若”二大字，合肥相国恭录高宗诗，墩在水中央，上有四面皆窗转角楼，无他异也。然四围得景，经合肥复修，比从前加高，盖因水患曾上墩尺余，此地又名小金山，俗传水长山亦高，非然也。晴，微风。

初九日（10月15日） 午前进城，回拜两县，并持帖拜各官，旋两县约游惠山，乘游山船，船甚华丽，门簾用湖色单春罗，其余可知矣。先至昭忠祠，淮军。颇壮观瞻，到惠泉，外泉有二尺上下，金鱼游泳其间，内泉则水至清见底，泉上有高宗御书诗碑，座落处甚多。登极高楼伏视，稻田一片黄云，且绿为树白为河，掩映其间，秋景中不易得也。复至紫阳书院，内奉朱子木主，小有景致，有池台亭楼，询之，并未有学生，亦不考课，惟宴会而已，名实太觉不伦。复至李公祠，鹤年。登楼，有池水，亦有座落数处。用早饭，复乘游山船而返黄埠墩，昭忠祠外见李阳冰书“听松”二字，顽石一块，刻于石头。以亭覆之。此行适逢重九，无处桂花不满放，洵至乐也。晚间两大令又约在黄埠墩楼上便饭，辞不获已，只得复往，痛谈。早晴，午阴微雨。

初十日（10月16日） 早发无锡县，至洛社，可往南行至桥下，船高不能过，只好退回，复走向常州一路，过常州府西关，升炮接差，未经停泊。家人来船，询问，署内公私平安。因西行至龙嘴，木排在河，几无船行隙地，皆木行所存，实属可恶。因致信于武进，令其惩办。晚停泊于马公桥茧行前。晴，晚阴，微有月。

十一日（10月17日） 早发马公桥，行至钟溪司巡检，夏少昌文炽。来接，在船略谈。过和桥，此处甚丰阜，不亚江阴青阳镇，钟溪巡检即迁于此处，有练勇十数名，颇齐整，迎送如仪，该司拟再送，因力阻之，升炮三声，始去。盖所乘乃小船也，沿途风景为各县之冠。稻有割有未割者，黄云一望无际，红叶已见，不甚多，水至清，出自太湖，上有苇亭，颇入画。水车多半用牛拉水，牿牛亦多。村内有种桂花者，沿河皆香，曾过十五空桥之外，即阳湖，苇荡一望不尽，洵胜景也。因天晚停泊于西河，沿小村，云去月来，与乡间父老在稻场中一谈，据云此处一亩地不过十数洋元，如丰收一亩可得三四石稻谷，可谓便宜之极，北方不能也。两县来晤，旋令其回署，留练勇四名，支更而已。早阴，晚晴。

十二日(10 月 18 日) 早发西河，沿途中风景甚佳，山络毕见，城墙少破，系兵燹后复砌。将至冒船，不少沿城多草棚，足见客民之多。盖发逆因守县城者施以伏兵，曾受大创，故破城后大肆屠戮。现所存者大概在外省外府复回者，原住未逃者皆无命，亦惨矣哉。停泊东关外菜市码头，客来络绎不绝，饭后始进城拜客，到两县会面，痛谈。县署尚未修复，其余衙署可知矣，两县送书数种，皆宜、荆名手所著，甚可喜。因买宜兴砂器十数件，以便送诸幕友，拜客时见街市甚闹热，过蛟桥，大约周孝侯斩蛟处也。晴，风。

十三日(10 月 19 日) 由宜兴寅正即开船，到和桥见万肖园、薛奎五两明府，钟溪司晤夏巡检，少甚明白，佐班中不易得也。酉初间抵常西关，乘舆归署。由明日习大字起。半阴晴。

十四日(10 月 20 日) 在署，会耀堂、子密两令，并料理数日公牍。晴。

十五日(10 月 21 日) 卯刻恭谒武庙、郡庙，行香，回署。会客，绅士李谷宜由山左来会，世兄处乃交何县到彼一看。刘子诚由苏回。刻下桂花盛开，北方不见与檐齐并过房大树，满院皆香，洵奇观也。晴。

十六日(10 月 22 日) 会汤伯温似瑄。太守，新授湖南常德府，旋回拜，并到李谷宜观察处谢步。晴。

十七日(10 月 23 日) 会武县丞寿辉莽，因办理冬防事宜。吴耀堂大令因督粮请假就医。宋直倅名韵，初号雀午，新派本府帮审，人甚老成，优贡出身，不失书生本色。晴。

十八日(10月24日) 会子密大令，因查办署元和本任阳湖已革知县职叶怀善，镇江冶游被缚，倩人找曹郎中写立字据，应许四千元，核对笔迹，故委员至阳湖提亲笔旧卷。并会新选府知事吴子英。士俊。午前接正乙真人来文，稽查各县道侣不准蒙混金冠法衣等事，送符两道。晴。

十九日(10月25日) 李硕甫总捕来，因谢金镜蓉告病就医府委暂行代理。昨日正乙真人送符，一镇宅，一催生，系白洋布所印。阴，微雨，昨晚极大雨。

二十日(10月26日) 会署无锡刘詠屋大令，树仁。为河南中丞树堂。之胞弟，人甚精明，衣帽皆内城样。传见冬防各委，令以实心办理，今年散勇颇多，须大加留心方免贻误。恽孟乐来，痛谈，午后回拜各客，一日忙乱无暇。晴。

二十一日(10月27日) 会子密明府，拟往无锡接太夫人，不上公事也。晴。

二十二日(10月28日) 会王涘兰，文馨。署知厅，交卸赴省。耀堂大令因盘查义仓禀覆，并无短欠。晴。

廿三日(10月29日) 昨日因刘顺母病告假回京，带出之老张、老梁、老陈三女仆，意欲回家，赏给各盘川银洋廿元，饬即同回。在署，未会客。晴。

廿四日(10月30日) 接升任安庐道李小轩观察来函，路经本属，未能久停，在舟次致信告别，当即前往，已去遥远，未得面诉一切。旋至钱子明处，痛谈，并至小花园一游，地方虽不大，池水及太湖石等皆小有规模，且苏文忠公洗砚池古迹即在其处。晴。

廿五日(10月31日) 在署。晴。

廿六日(11月1日) 巳刻在花厅便服，著靴帽，挑选冬防巡勇，共挑十七名，勇头一名，拟择日再挑二名以符廿名之数。午后赴阳湖，给子密太夫人请安，由苏来任。赴龙城书院，晤华若溪院长。回署后，晤焦荩臣守戎，在宜兴颇资整顿，亦营勇出身，曾历霆字营。晴。

廿七日(11月2日) 会龙城院董李泽之，询问稻，已大半登场。晴。

廿八日(11月3日) 会知厅吴子英，因郡庙行香，拿赌犯三名，令交武进县。子密大令来会。晴。

廿九日(11月4日) 在署，华若溪世芳。来会。晴。

十月初一日(11月5日) 卯刻恭谒文庙、郡庙，行香，回署会客。江阴徐信谟守府成谭。来会，旋令差拜。饭后一点钟，至育婴堂放赏，每年春秋两季由县发给，新府到任须赏一次，去岁因日期已过，今春又值考试，故此次方行办理，本请廿九日，因素服不便，需用捐廉五十四千六百。除堂门妇栅门妇，接婴乳妇共七名，领孩乳妇二百六十六名，每名不过二百文，其中残废者甚多，放赏处所在堂之二门外，南房二门一匾，谓之"此亦人子"四字，不知为何人所书。由堂更花衣赴北门外清宁宫，郡厉坛供奉府县城隍神，盥沐，行二跪礼，三上香，三进爵，两县各就东西位，三上香，三进爵，读祝文毕，复行二跪礼，望燎，礼毕。两县赴忠义塚。晚十点钟赴宅门外库房，会东防总巡段巡各委员，略谈，因初次查夜，聊以应酬而已。晴。

初二日(11月6日) 昨日进北门时，遇都城隍神轿，于道旁略避，此举乃府县书差所办理，亦古傩之遗意也。然看会拥挤非常。晚间进城，一切仪仗变灯会，钱子明、李谷宜两绅晚约华若溪并在署诸位老夫子、宋发审便饭。晴。

初三日(11月7日) 灯后会知厅吴子英，因拿贼，面禀共三名，铁丝巷起获。已送交武县责架矣。吴知厅不使赌钱，其余可概矣。晴。

初四日(11月8日) 会耀堂大令，并约李硕甫总捕，因金镜蓉督粮就医，在船病故，不知已否报官，倩其问信，督粮令坦杜姓，其名不甚记忆。晴。

初五日(11月9日)　接宜荆焦莨臣守府来函,因初二日厘卡委员米捐,以致罢市,经文武各员再四开导,始经了事。惟委员卡局已被拆毁,幸未伤人,当即函覆并札委阳湖县张子密大令前往查访,于四点钟开船前去矣。各卡往往闹事,皆办理失宜也。晴。

初六日(11月10日)　午后拜送李谷宜,闻于初五日已赴浙江,至孟乐处赏菊,座中惟子明兄,痛谈,在彼晚饭,酒既好,菊亦佳。灯后回署,李硕甫总捕来访,为镜蓉病故报呈事。阴,微雨。

初七日(11月11日)　昨日将睡时,宜兴万肖园大令来,面禀厘局闹事情形,并将禀稿阅看,闻该委与肖园同来,尚在船上,真可笑也。今晨萧碧峰都阃来,旋即回拜,并给张藩臣游戎谢步。子密大令来,已查明宜荆厘局之事,与肖园大略相同,委员吴姓,名受颐,号子裕,系一榜,子密云此君书生气过重,官亲与家人用事,以致如此。半阴晴。

初八日(11月12日)　吴耀堂大令会,拟留粮厅寿宗耀,因转禀。半阴晴。

初九日(11月13日)　会张子密大令,晚间钱谷吴子才先生接宜兴万令信,已由省回县,不能再到府面回闹捐之事,搬至签押房住。晴。

初十日(11月14日)　寅初朝服恭谒万寿宫,行礼。午后会史佳若,因育婴堂司帐沈姓管理刘闻沙田租,甚招物议,为恽伯方诸人所禀,到此辩白。瞿希生孝廉、光辅。金炳如二尹文杰。来会,即新引办理刘闻沙二司事。有乙未进士王乐先恕,安徽人。持朱卷而来,未会,旋差拜。晴。

十一日(11月15日)　万肖园大令来,闹捐局一事已安静矣。阴雨,夜起。

十二日(11月16日)　午前会恽孟乐,因松漕帅提亲,送来庚帖,未刻发。挪申正升大堂,花衣期内。府学生员行二跪礼,还揖,生饮酒复揖,还半揖。乘舆送至文庙,更朝衣,率诸生院东蓆棚下,向至圣殿行三跪礼，更衣至明伦堂，应东向先给府学行二跪礼，再西向受诸生二跪礼，竟至礼房赞错，大有《儒林外史》之意，可发一笑。晚间闻胡念芝云，彭刚直公布衣草履往焦山，僧不知也，因陪赏客不之理，迨长江水师营官往谒，始骇然惊立，即延之上座，亟唤泡好茶来，刚直公索纸，遂书一联云：坐，上坐，请上坐；茶，好茶，泡好茶。以赠之，并告以不许不挂，僧大窘，至今传为笑谈。半阴晴，微雨。

十三日(11 月 17 日) 回拜瞿希生、余炳如，会恽孟乐，因松峻峰太夫人亦氏伯禹，特恐有老亲求，致张啸圃处代询。午后坐堂，收呈一张，乃荆溪县因新垦呈报之事，以后此事不免多有。晴。

十四日(11 月 18 日) 将三部书《秦汉印谱》《统汉印谱》《分韵印谱》借给刑席学生王亮臣，以便抚倣刓刻而已。在署，闻上海茧行为洋人所愚弄，银钱大长钱价跌落。晴。

十五日(11 月 19 日) 卯初恭谒武庙、郡庙，行香，营田庙后稷大帝诞辰，如春季仪，回署，见客。午后子密大令便衣靴帽而来，在武进地面拿赌博人犯数名。晴。

十六日(11 月 20 日) 早会署荆溪县郑惠村大令，仲如。福建进士，一望而知，为忠厚长者。午后会子密明府，约宋蕉午发审，过阳湖勘转盗案一起，旋拜惠村大令。晴。

十七日(11 月 21 日) 会宋蕉午发审，巡夜拿获土棍数名，交阳湖县子密大令来关，将枷用完，此次匪徒须另作新枷矣，一笑。晴。

十八日(11 月 22 日) 昨晚胡念芝、何笙甫两席与刘子诚刺史饯行，约陪。子诚于早间乘坐河船赴镇，换轮赴南京，午后传来未到。地保因前传至府，预备冬防，竟置若罔闻，实可恶。升堂，各责二百板。灯后武阳来信，上游差信，署本道曾经郛观察由镇赴苏，小轮拖带，即赴码头往接，闻上游五里外停泊，因回。阴，雾。

十九日(11 月 23 日) 在署，晚间胡念芝、汪香之两幕约饭，因念芝侄女许脊之世兄，喜酒也。半阴晴。

二十日(11 月 24 日) 会宋蕉午发审，因委查木簰，皆江西商人，所为实属无理，民怨官嗔绅恨，无以躲避。晴。

廿一日(11月25日) 在署。阴，雨。

二十二日(11月26日) 会奔牛厘委赵伯章司马，曦昊。因运河失修，丹阳现拟举办，找耀堂大令，传藩臬局三宪谕令：武进禀明，同时举办。大令不以为然，故到此云云。阴，雨。

二十三日(11月27日) 早会查善堂、沙田征租委员严子珊从九，熹镛。并会何玉琴少尹，为笙甫胞兄。约在署诸幕晚饭。晴。

二十四日(11月28日) 会泽之孝廉，谈及书院肄业诸少就范围。宋蕉午仍为木簰事面禀一切。半阴晴。

二十五日(11月29日) 在署，接刘葆良检讨来函，《课子随笔节钞》寄到。半阴晴。

二十六日(11月30日) 早间王仲光孝廉来，略谈。午后会何益三守府，清辉。因查艒船筹款而来。阴，微晴。

二十七日(12月1日) 早会从九桐以清，彬。系沧州驻防蒙古，因解武进首级来常。午后会叶辑甫钱席，由荆溪来。半阴晴。

二十八日(12月2日) 在署，晚间与妾曹氏吵嘴，种种无理。晴。

廿九日(12月3日) 在署，有客来，挡驾。晚间本道过，亦未往接，仍与曹氏吵闹，竟为其辱骂痛毁之，凡人但有子，切不可置妾，实无子有胞侄，亦足以承祭祀，除胞侄及无可继者不得不然，亦人生大不幸也。盖此辈人多有出于无德之家，非有先恭人之淑德，究出于大家，是不同也。悔当时因两女无倚，不得不托寄此人续弦，又不知为何如人，故出此下策，此真天人共愤，九州之铁难铸此错，特告后世以我为戒，万不可筹画少差，自贻后悔，和泪以志吾过。如此若先大夫及伯叔一辈均系庶出，然庶祖母中亦贤愚不等也。晴。

三十日(12月4日) 在署，漕帅托张啸圃翰林求亲，即以书答之，明日发。半阴晴。

冬月初一日(12月5日) 在署，将庚帖寄与张啸圃矣。恽孟乐、钱子明来,均经挡驾。晴。

初二日(12月6日) 在署,未经会客。晴。

初三日(12月7日) 在署,未经会客,胡念芝由苏省回。晴。

初四日(12月8日) 午后过宜兴送到闹局犯二名,询未得实。晚会宋蕉午发审,奉札赴宜催局委员吴子禄大令交司巡印,辞。晴。

初五日(12月9日) 午后复过闹局案,仍未实。见何笙甫,闻吴局委到此求欲不交人,可笑之至。并将龙城理学课批发。晴。

初六日(12月10日) 午后赴张子密处谢步。访钱子明,谢步,晤谈。晴。

初七日(12月11日) 延陵课题,生监:子路宿于石门全章。赋得:返照入江翻石壁,得江字八韵。童生题:是知其不可而为之者与。赋得:众壑生寒早,得寒字六韵。会张藩臣游府、宜兴万令、武进阳湖二令。晴。

初八日(12月12日) 卯正余出西门登舟,沿途木牌不断,幸水大,尚无大碍。至奔牛镇,晤蒋文卿巡检,略谈。麦田尚青葱,稻田则一望无际,均收割,袛家家堆积柴草,烧窑处甚多,草亦堆积颇厚。至丹阳停泊,北门外晤赵伯含明府,为仲和殿撰令兄,人明白识大礼,痛谈,明府名以焕,殿撰名以炯,贵州人。阴,晚雨。

初九日(12月13日) 早发丹阳,两岸土冈皆昔时挑河所积,目下闻有挑河之说。过丹阳,接丹阳则河道较窄。晚停泊镇江西门外,系由南门转到。阴,微雨。

初十日(12月14日) 巳刻早饭后进西门,拜谒常镇道副都统,镇江府、丹徒县同知通判观察见,太守本拟见,未在署,来时又值余未回,竟相左。出北门至甘露寺,路在高冈上,其势甚险,回时走城外,平平荡荡矣。寺在山,无处不得江景,始在其大庭,菊花甚好,均系矮本,花甚大,常州不能比也。至楼上远眺,楼连下三层,大江,金山、焦山在其左右,俯视七濠樯桅并江北一带,俱在眼底,其小船如水上浮鸭,洋洋乎大观矣。并谒彭公杨公祠及魁公祠,魁公玉。荆州驻防,曾任江宁将军,当发逆犯顺,有功于镇,故庙祀之。东北一亭,西南一亭，北可看江，南可看城，并菜田稻田，亭上视山脚下有石数块，僧指两小者，即孙权试剑石也，似难据为典要。庙内廊下有二尺余石刻，为狠石，作羊形，盖取羊性最狠之意。僧云系武侯遗迹，不知如何，有无所本，俟考。余谓焦山风景为第一，此寺为第二，金山殊无谓。回船时申初，即开行，晚停泊丹徒镇南，即丹徒口，通江。早阴晚晴。

十一日(12 月 15 日) 早发丹徒镇，过清风后，岸南有石柱四架，以横石似亭基，对岸有翁仲二，已没于草莱中，惟头外露，据船户云：石架乃武帝卖豆腐架，石人乃夫妇偷豆腐浆，为武帝以掌击之，故于对岸对立。无稽之谈，令人笑倒。而船户则津津言之，此船户之所以为船户也。过丹阳，晤赵伯含明府，送到开河办法册，并绘河道图各一，足征实心为民不分畛域，深可佩服。晚停泊灵口镇，夜间梆声竹筒声炮船鼓声火枪声络绎不绝，然始作之时犬吠不绝。盖素日闻所未闻也，一笑。

十二日(12 月 16 日) 早发灵口镇，过廿里吕城镇，镇东有武进、丹阳分界碑，又廿里过奔牛镇，蒋巡检来见，面递设立孟河里口牐板略节一件，至此以下木排在彼卸于两岸，看其意不过虚应官事而已。酉刻抵常州，两县发审均来接，在船略谈，进城到署。晚饮醉，座中小女阿兰阿长殊可笑人。特记，醉笔。晴。

十三日(12 月 17 日) 会张子密、宋蕉午。阴，风，夜雨。

十四日(12 月 18 日) 亥初钱怡甫观察船抵码头，因往接见，谈挖运河，晋省面禀抚宪，然今冬未必能办，俟明岁总可，同丹阳一并办理。阴，雨。

十五日(12 月 19 日) 恭谒武庙、郡庙，回署后会客，午后钱子明来。阴，雨。

十六日(12 月 20 日) 会换委接吴子禄任。宜荆厘局委员施润斋大令，沛霖，厢黄旗，汉军人，现袭施侯之父。接下印，用。因谈刻目下整顿情形，颇得要领，不愧为读书人。午后给孟乐传胪谢步，会谈。回拜出使余易斋观察，思诒。为本府乡绅，现已派往差委，本随杨子通京卿。闻已调俄国矣。至府署看工程。阴，雨。

十七日(12月21日) 卯初恭谒万寿宫，贺长至节，回署后，诸同寅来贺，均挡驾。晚约幕中诸友便饭。阴，大风，甚冷。

十八日(12月22日) 会汪咏斋寿年。大令，因查各县积谷而来。晚间约幕中诸友饭，酒席乃诸幕所赠，主宾谁是乎，祗有不分而已。呵呵。半阴晴。

十九日(12月23日) 早会子密大令，拟赴省见聂方伯，并觅人买漕米，今届米价大昂，市中至三元一角，连运费至三元五六，闻官价约定二千五百元光景，各县皆难措手也。昨日来祝者，均挡驾，礼物亦均璧回。今午后至各处谢寿，晚约众幕便饭。给胡念芝补祝，渠昨日寿辰也。晴，微风。

二十日(12月24日) 早会发审庆少甫大令，多。汉军同乡，询及河内行船，因结冰，小船行者多，大船大半停泊，不敢行走，恐冰稜损船故也。午后曹氏赴刘子诚尊府谢寿。在家写对联一付，十九言。晴。

廿一日(12月25日) 在署，廿三日因福桥失慎亲往，火已息矣，时在巳刻。晴。

廿二日(12月26日) 晚约诸幕友饭，胡念芝因肝疾未到。晴。

廿三日(12月27日) 给诸幕谢步，会荆溪宋澄之训导，由浙江省亲回，送雪帆侍郎《水流云在馆奏议诗钞》各二本，澄之为侍郎胞侄，侍郎胞弟叔元观察公子也。侍郎任户部时正先兄恭勤公在部，曾亲侍论政，于今已卅余年矣。晴。

廿四日(12月28日) 访闻西门码头有屎渣等，在茶社讹诈，当即传到地保并闹事者，交发审宋蕉午责枷。绅陶铨生送到黄花鱼，甚佳，惟厨艺不高，以致作法不佳。晴。

二十五日(12月29日) 会吴耀堂大令，约钱子明、陶铨生、恽孟乐并幕中诸友便饭，备烤羊肉，大嚼，惟孟乐吃甚勇，究竟北方生长，曾入顺天籍，非南方生人可比也。半阴晴。

二十六日(12 月 30 日) 在署,昨日食羊肉过多,颇觉喉痛,殊可笑。晴,甚冷。

二十七日(12 月 31 日) 午前赴本地袁厚安观察懋绩。处吊,夫妇合葬,观察为丁未榜眼,因殉难,赠骑都尉世职。回拜庆少甫发审,饭后较武、阳二邑漕斛,会宋蕉午发审,于明日赴苏催吴子禄大令司巡。早于袁观察处晤孟乐传胪,谈及开吊日,此处总以日出后至午时为止,不似京中由早至午必须整日陪吊,实有古风。半阴晴。

1897年

（光绪二十二年十一月）二十八日（1897年1月1日） 在署，会庆少甫大令，委讯两县马快讨限破获窃案，盖窃案层见叠出，从未见破获也。阴，酉刻霰后变雨。

二十九日（1月2日） 会钱子明、恽孟乐两绅，因本城窃案甚多，特来商办。午后传地保，令查哥老会安清道友本地屎渣。较无锡等县漕斛。刘子诚夫人寿，内眷去。阴，雨。

十二月初一日（1月3日） 辰正今日应阳湖请，盖分朔望为两县，子密大令未在，故迟。恭谒文庙、郡庙，回署会客。旋华若溪院长来，因今日封馆，拟后日回金邑，明年二月初一日方开馆。李泽之来，商酌设立小斋规模。张子密大令来，由省并到上海买漕米回。午后见武、阳两邑马快，奖给每月卅千文，五日一领。令其奋勇拿案，从钱子明、恽孟乐两绅意也。早雾，阴，雨。

初二日（1月4日） 午后赴龙城书院，给华院长送行。雾，阴，雨。

初三日（1月5日） 在署，批发龙城书院理学课，竟有一二颇知用心。半阴晴。

初四日（1月6日） 在署，会何益三守府，因明岁大阅，拟借库存洋枪应用，现存不过廿余只，然已锈损，或磨洗尚可应用，绿营中诸官弁可谓实作临阵磨枪矣，一笑。阴，小雨，晚较大。

初五日（1月7日） 在署。阴，夜霰，雪，雨。

初六日（1月8日） 在署，留常候补教官来，因忌辰未便见。

阴，雨。

初七日（1月9日）　午前会恽菘耘方伯、沈莼舫候补训导，光济。旋即回拜。午后审宜兴闹厘局各犯，会催漕委员周蘧夫景瑗。大令，旋回拜。并访钱子明兄，一谈。晴，微阴。

初八日（1月10日）　在署，今冬雨甚勤，偶雪，又变雨，切恐无雪有蝗，奈何。阴，雪，雨。

初九日（1月11日）　给恽菘方伯送行，并送给一品锅点心，聊以报乃弟莘云观察之礼。赴孟乐处谈，闻有书院因新署搬入后拟送匾额之说，询之果然，因力辞之。阴，雨。

初十日（1月12日）　午前会袁步庄相士，系候选同知，号玉亭，此君为桐子霑太尊所荐，满口江湖，殊为可笑。午后会庆少甫发审，传宜兴闹局案，讯供多有未符，仍发该县覆审。雨。

十一日（1月13日）　在署，雨不止，虽无大碍，究不如雪可慰农心，且天暖恐有春瘟，奈何。雨。

十二日（1月14日）　会宋蕉午发审，由苏省提案，未能办竣暂回。子密大令因赌棍枷限将满，请释放。雨。

十三日（1月15日）　会署督粮李子服司马，福冕。今日到任。阴，微晴。

十四日（1月16日）　冬至后第三戌致祭刘猛将军，蟒服，行二跪礼。给李子服督粮道贺。会李硕甫总捕，因交卸署督粮任。晴，晚阴。

十五日（1月17日）　卯刻恭谒武庙、郡庙，行香，回署后会客。何笙甫由苏省回。阴，微雪，风。

十六日（1月18日）　在署。晴。

十七日（1月19日）　在署，阅差条，督抚宪有参劾，督并有举。系十二三日奉旨。晴。

十八日（1月20日）　在署，袁步庄又来，告以无暇而去，曾批全相一本，种种胡云，实堪喷饭，因碍于首台情面，赠以二十元，闻武进令赠以八十元，更觉无谓之极矣。半阴晴。

十九日(1月21日) 在署，吴耀堂大令来会。晴。

二十日(1月22日) 在署，会恽孟乐，便衣会发审庆大令。晴。

二十一日(1月23日) 在署，会张小甫庶常。午刻封印拜印，补礼，排衙貂礼，外间无一定服色，礼成，后至各幕拜谢，晚间约各幕饭。晴。

二十二日(1月24日) 午前至沈品莲方伯处，夫人故，吊祭。给张肖浦庶常谢步，将漕帅所寄八字帖送交。午后张子密大令来，谈公务。晚宋蕉午发[审]因往苏州，辞刑席。周子相锡钰。由荆溪来，闻郑惠村大令在彼甚能振作，可喜也。晴。

二十三日(1月25日) 本地俗谓祀灶日，有官三民四之称。在署，江阴刘谦山大令来会。晚间祀灶神。晴。

二十四日(1月26日) 回拜刘谦山大令，至旧署，现已大有规模，木竹皆种齐，池已砌阑，井水甚佳，可引入池。子明观察且制一龙头流水，亦署中点缀也。晴。

二十五日(1月27日) 寅正余，本城西营子蜡铺失慎，得信后即往阅看，幸水会齐集，登时扑灭，此处铺户林立，仅烧一处，房间已十余数矣。署武进县丞寿辉庵名宗耀。因查夜未回，得晤，甚为可取。晚间释放枷犯高荣安，因讹诈滋事，并地保一名，在二堂升座。晴。

二十六日(1月28日) 在署，会张子密大令。午后过宜兴顾沅，已画供。晴。

二十七日(1月29日) 在署，会李子服督粮，无事闲谈。水师张游戎来，因谈及水师有裁撤之说，然遍地伏莽，未将铁路开通，若水陆各军纷纷遣去，一旦有事，虽有洋枪，惜乎未成，即以成军而论，无铁路则调遣亦非易易，可奈何，弗思。并闻游戎云，此举皆出自盛杏荪京卿，未知确否？殊抱杞忧。阴，雨。

二十八日(1月30日) 在署，会吴耀堂大令，因王耘庄、李紫璈两大令信，有中峰听武进有讳盗之说，耀堂大为难过，意在明春告假，殊觉可笑。恽孟乐传胪来，因书院信成子典捐款，今岁实有未追，拟明春捐起，听之而已。阴，雨。

二十九日（1月31日） 会管理刘闻沙绅董，瞿希生、余炳如两君面递手折一分，收项甚好，颇可嘉许。阴，雨。

三十日（2月1日） 在署，无多事，料理公务而已。戌刻花衣恭祭祠位，外省向不如京内闹热，然可不拜年，不过一日半足可竣事，亦大幸事也。所谓寂寞无聊，亦觉索然，且讨气时多，更觉无谓之极。未识明岁又当如何也，噫！阴，雨，晚风。

丁酉正月初一日（2月2日） 卯刻恭谒万寿宫、文庙、武庙、郡庙，行香，回署。寅好来拜，幕友来拜，不令挡驾，只好请见，余具挡驾。午后赴各处谢步，拜年尚未拜竣。晴，风。

初二日（2月3日） 午正余乘暖轿，至东门外元妙观东郊公所，朝服谒芒神前，行礼，坐显轿，由官道折千秋坊绕迎春桥进府，头门下轿换花衣，至芒神前一揖，升大堂，筵宴春酒，演戏即回内宅，戌刻花衣谒芒神前，一跪礼，鞭春讫，礼毕，约幕中诸友晚饭。半阴晴。

初三日（2月4日） 晚约诸幕饭，吴子才因病未到，阿长、阿兰两孩来，[阿]长竟饮醉。半阴晴。

初四日（2月5日） 午后出署，补拜年，会奔牛蒋巡检。晴。

初五日（2月6日） 会无锡刘咏台、金匮吴次竹、宜兴万肖园、武进吴耀堂、阳湖张子密五大令。午后回拜三外县，并补拜年。今日得萧尺木山水一帧，三元。年前并得沈石田山水一大帧，五元。蓝田叔山水一帧，六元。新罗山人山水一帧，六元。张南华山水一帧，八元。假唐伯虎集锦一帧，二元。并八大山人手卷一件，八元。大半皆苏州片，因搬新署，不得不少为点缀，故买许多名大家墨宝，殊为可笑。晴。

初六日（2月7日） 靖江马醴泉大令来会，谈及地方安静，上接案均有头绪，公务实属留意。午后回拜，并回拜王仲光先生，此君由苏来,未得见面,不识作何消遣也。阴,微雪。

初七日(2月8日) 在署,胸腹甚不适,晚间少用烧酒,似好,想寒也。自立春后,反其道而行之,比冬令尤寒,南省天气实令人难测也,或系地方官不能尽于民事所致。阴,晴。

初八日(2月9日) 会小河司蔡巡检。午后钱子明、恽孟乐两兄来,因留炮船已招呼张统带矣,颇与地方有益,奉访史佳若观察,未遇,并拜客。阴。

初九日(2月10日) 会育婴堂董杨桂墅司马,敏。此为盛旭人方伯、费幼亭廉访所保,人甚明白,曾在西路多年,先在左营后在刘营,皆老湘军也。恭勤公伊亦知之,本处乡绅少知之,盖闭门永不外出也。史佳若观察来访,痛谈。午后约朱子寅名兆纶。来看病,缘数日来心腹胀满,饮食亦少进,且有时作痛,连腿膀皆串到,据云肝气加以风湿,尚无大碍也,立方一,且试之。半阴晴,微雪。

初十日(2月11日) 会奔牛厘局委员周弼臣大令,相辅。人甚明白,苏省多年情形熟习,年已七十余矣,望之如六十许,旋即回拜,已开行矣。回拜杨桂墅堂董,住东城隅,地方甚荒凉,颇似城外。晚间吴大令来辞行,欲明日赴苏省。晴。

十一日(2月12日) 会武邑吴典文,因前日有营兵犯夜,责之不服,遂送信何守府。灯后守府到,该兵曾提灯笼,吴典史未经送营惩办,似不甚合也,因告以严肃兵丁以后不得再犯,竟了其事。晴。

十二日(2月13日) 赴刘申孙太守处,因延陵书院掌教恽伯方先生因目疾辞退,本地诸绅以太守为道光已酉科班,系科分在先,且品学兼优,因说之,谦让非常,故自往敦请之,乃承挽就,太守名怿。晴。

十三日(2月14日) 今日大犯肝疾,始请朱子英由初十日一方,即不妥协,温散药害之也,满腹作痛,上通肩背下至两腿皆有,时串痛,且大便不利,湿热过重,因改请金惠生来视,方药亦不过尔尔。阴。

十四日(2 月 15 日) 病大作,烦闷非常,仍请金惠生来看,此次略用降药,然左文右吾未敢放手,此南医之所以为南医也。如此,因买洋泻叶服之,并将萝莱黎等大嚼,方觉少为清楚,所下之物白黑相兼,白者似痰,黑者积滞也,其久在腹中,万无不作祟之理。阴。

十五日(2 月 16 日) 并十三日祭刘猛将军,均请督粮李子服代行,仍腹寒凉之物。阴。

十六日(2 月 17 日) 病仍未大退,大便仍滞。阴。

十七日(2 月 18 日) 汪眘之寿送席,未能陪。仍病,晚间见大便,然气逆非常,夜间腹大作响,似有开通之意,自病后时作乱呕,今似轻减。夜,雪,三寸余。

十八日(2 月 19 日) 会耀堂明府,因病请至签押房,新由苏省回,痛谈省内事,乃愈出愈奇,大半宦场中笑话。明府通医道,并请其诊视,所说俱有道理,非朱金之辈可同日而语也。立方一,即令其买来,晚间煎服。晴。

十九日(2 月 20 日) 病见轻减,惟气促,尚未充畅。午刻开印,向来开,有因病内开者,余谓但可支持,仍以升大堂为是,所以按照常行礼节,惟礼成后气喘而已。晚约各幕,未陪。晴。

二十日(2 月 21 日) 病仍未大愈,两发审有面商公事,因便衣小花厅见之。膏子药今日煎药,仍以从前逍遥散再增以别药。半阴晴。

二十一日(2 月 22 日) 在署,食欲少增,仍觉气不通畅。晴。

二十二日(2 月 23 日) 龙城书甄别,约李子服司马,延陵书院约吴耀堂大令代劳。李总捕来,未能接晤,仍觉胸腹膨闷。晴。

二十三日(2 月 24 日) 张子密大令来会,因略谈,今日觉两胁胀满,气仍未纾所致,总因肝木不为肺金所制故也。晴,晚阴。

二十四日(2 月 25 日) 在署,仍觉气不充畅。晴,晚风。

二十五日(2 月 26 日) 古云:明窗净几,笔研精良,自是人生一乐。近于书架上陈置绿萼梅一盆,春兰一盆,水仙一盆,腊梅一瓶,北方不易兼而有之,水养雨花台五色石子,并白石岭小盆山一具,杂置其间,颇有幽趣。每欲各拈一韵以寄闲情,惜乎案牍频来,时为催租人阻兴,俗吏之俗,无法摆脱也,噫!又觉肝气充动,左胁作痛,此症真无法令其脱,然齿越长则气分越差,其病终为所累而已。近日幸公务不甚忙迫,连日武进沙滩之案约两发审询问,尚可得暇。晴。

二十六日(2 月 27 日) 今日气滞略好,昨日以四物汤加减服之,似少可,今仍服之,未识果有效否?气乃上下皆串,饮食均为不适。午后接张华农总镇来信,船为河道所阻,即饬河快前往打路,此河每河至水涸,实不便于行旅,现已禀明各宪,因无款可筹,不知丹阳与武阳有何善法处之也,应俟机会再行举动可也。晴。

二十七日(2 月 28 日) 仍服四物汤加减,似觉轻减,然气分仍滞。午后约姚生至署,此人能画人物,笔墨虽未能尽善,时年不过廿五岁,亦读书家子弟,因访亲不遇流落于此,乃浙江湖州人也。余因冬防五日循环,客寓薄内见其人物,饬家人往访之,竟惠然肯来,拟画数张,可藉此周济之,亦大妙事也。灯后张华农夫妇均到,由南京赴自强军吴淞口,因华农为帮总,接眷前往,由此迳过,故特来枉顾,留便饭而去。半阴晴,晚下冰霰。

二十八日(3 月 1 日) 早约张华农总镇来署,同诸幕宾午饭,内约张夫人并其子女早饭,晚间吴子才先生约饭,痛饮,肝疾似觉畅适,想系积气所致,得此两饭,痛故不少,差众人将饭用完时,胡念芝先生始由苏回,略在账房闲谈,在内安歇。昨日因张夫人谈至许久,已交子正,实不能支,因在签押房住。晴。

廿九日(3 月 2 日) 早至胡念芝房内,衣冠拜年。旋念翁即来,午看姚生画佛像,晚间约众幕宾饭,略饮,觉困甚,因至签押歇宿。晴。

光绪丁酉春二月初一日(3 月 3 日) 文庙、郡庙请督粮总捕代行,众客来,均挡驾,署无锡劳二尹椿号芝莹。来,亦挡驾。病少减,然胸间气滞,仍有时作痛,未能十分爽利。晴。

初二日(3月4日) 在署,仍觉胸间痞闷,两胁胀满,因查《医林改错》内血府,逐淤汤似和合,晚间服之,仍住签押房。晴,晚风。

初三日(3月5日) 在署,忽报东门失畲,即赶饬僮往看,火已熄,仅烧去城楼。盖绿营所管,平日漫不应心,以致乞丐所据,其失畲所由来也。看姚生所绘济佛,因参赞之,此为仆人李兴倩其所画。晚间与小妻谈及伊昨夜梦为恶僧所化,颇惧之,待看其像与夜间所梦无异,诚怪事也。据李仆云,济佛曾有春间常州之行,至此验矣,可不儆哉!晚间风兼雨。晴,晚风。

初四日(3月6日) 在署,病少愈,因服木香顺气丸汤,似有益。看姚生吉甫书画,可作消遣,亦无聊之甚也。昨夜雨,寅刻闻雷声甚大,早间又有雷声,初三日系惊蛰,雷应发声矣。雨。

初五日(3月7日) 在署,病少减,仍觉胃口差,未能照常嚼咀也。李游、何守来,因东门失畲,求阳湖预为之计,能以早为修理为是。因致信于张子密兄,旋接回函,商于绅衿,多谓方向不宜,似不便动工为辞,舆情如此,不便相强也。子密有公事到署,且已通禀,祗有候信而已。早间五点钟大雷声,(丙)[雨],阴。

初六日(3月8日) 昨日系记昨日事。因连日在署烦闷无聊,未记日记,数日回记未免不真切。今日在署,晚念芝、笙甫两幕约晚饭,醉而归。由昨日小妻劝进内歇宿,因从之,仍服药。阴,雷雨。

初七日(3月9日) 在署,见好,仍服木香顺气汤。李泽之孝廉来,在签押房见,问及书院,近日颇觉安静。阴,雨。

初八日(3月10日) 寅初刻朝服恭谒文庙丁祭,因去太早,后殿礼未竣,候至半时余,方上祭,因连日阴雨,走两廊尚觉便当,礼成日初矣。晴。

初九日(3月11日) 辰刻朝服谒清宁观,恭祀社稷神祇,现已修盖大殿,庙中规模甚大,老道住持。阴,晚雨。

初十日(3月12日) 辰刻恭谒郡庙,朝服,祀吕祖庙,在西边第一进。今日又觉气逆,天甚寒,灯时竟有微雪,俗云春寒多雨,信然。

阴，雨，微雪。

十一日(3 月 13 日) 会江阴仉翼南游府，志鹏。天津人，甚雄壮，甲戌联捷，以侍卫用，部选此缺，刻因大阅江阴营应在常州合操，向章也。吴耀堂大令来，为其门人孙先生名祝耆，号叔九。托掌蒙泉义学之教，因令去找史绅商酌可也。阴。

十二日(3 月 14 日) 复病，仍腹中半痛，延请周少怀大令以恩。看视，本地绅士，曾在山左服官多年。阴。

十三日(3 月 15 日) 仍病。阴，雨。

十四日(3 月 16 日) 仍病。阴，雨。

十五日(3 月 17 日) 仍病。阴，雨。

十六日(3 月 18 日) 略见好。阴，雨。

十七日(3 月 19 日) 仍病，气痛非常。阴，雨。

十八日(3 月 20 日) 仍病。阴。

十九日(3 月 21 日) 病不见减。阴，雨。

二十日(3 月 22 日) 病少好。阴，雨。

廿一日(3 月 23 日) 病少减。阴。

廿二日(3 月 24 日) 少见轻，病后不思饮食，至此稍思饮食。阴，雨。

廿三日(3 月 25 日) 少好。阴，雨。

廿四日(3 月 26 日) 见好，略进食饮。阴，雨。

廿五日(3 月 27 日) 见好。阴，雨。

廿六日(3 月 28 日) 抚台赵展帅大阅，已由福山镇启程，据报晚间可到。酉初扶病下船，出东门接，至离门约四里余，火轮四号陆续均到，未见，转至南门码头，与两县同见，回船后已丑正矣。阴，微雨。

二十七日(3 月 29 日) 昨日素服，今日花衣。昨夜竟未睡，卯初即起，赴教场，先见随员杜、钱两观察，略谈。卯正余展帅即到，率属站班，旋往递茶，展帅因台座万不可让，同坐，因外间须参堂，辞之。由营禀请升公座，率属参堂，打三恭，自游府以下员弁皆盔甲，常州游府用黄甲，江阴游府用绛甲，盔缨有用貂尾，有用乌翎，询之，无定准甲之颜色，盔则似有品级，想乱用也，其守府等有用蓝色者，千把皆黑色，初次看见亦颇有威风也。不过接差参堂皆跪，背履历，实不足以壮观瞻，定例如此，亦可消其骄矜之气。巳初阅完阵图员弁弓箭，展帅即回船，旋至船禀见，独请本府，因痛谈，送出后，即开船前行矣。未经前送，免虚文也。回船，候至未初，两观察将兵丁箭枪看完，亦即开船，未见，在船用饭，后下岸回拜。各营官并送行，进南门，回署。展帅此次无处不从俭，虽地方一碗面皆未扰，随来官员家丁无不谨慎，皆云大阅未有如此简便者，前次则所费不资，且诸处讨气，真天渊之别也。阴，雨。

廿八日(3月30日) 在署，昨日劳动，竟未复病，万幸。晚间吴子才由苏回。阴，雨。

廿九日(3月31日) 回拜，因病来看督粮诸位。阴，雨。

三十日(4月1日) 回拜两县各绅，刻下阴雨连绵，恐与豆麦田有碍，已由两县赴郡庙默祷。阴，小雨。

三月初一日(4月2日) 恭谒文庙、郡庙，行香，回署见客。午后武仁趾表侄麟。来，因痛谈。李泽之会，旋赴西门码头，回拜仁趾。半阴晴。

初二日(4月3日) 午后武仁趾表侄来辞行，已将船放至东门，再三拦阻免送，因差家丁送之。会陶铨生绅士，天觉少暖。晴，微风。

初三日(4月4日) 早会恽孟乐，旋会季生，闻中书已到班，可以望补，明日即赴京城。盛旭人方伯因祭归来常，至府署拜会，精神圆满，步履并不迟滞，年已八旬有四矣，为杏孙京卿太翁，庚子乡榜，重赴鹿鸣，不甚远矣，何福泽乃尔。午后北门厉坛，后至季生处送行，旭翁处谢步。晴，微风，阴。

初四日(4月5日) 武、阳两县禀今日谢。晴。工程局来信，移署之日拟于月之廿八日。晴。

初五日(4月6日) 在署,又觉肚中不适,且咳嗽。晴。

初六日(4月7日) 在署,约金惠生先生看病,不甚见效。阴,微雨。

初七日(4月8日) 请周少怀兄来看,开方,吃两贴。阴。

初八日(4月9日) 仍病不减,满腹作痛,肝气作祟也。晴。

初九日(4月10日) 请周少怀,方更动,少有降药。晴。

初十日(4月11日) 请周少怀,又立方,有泄肝龙胆草。自初六日至今饮食不进,火练大,外不通。晴。

十一日(4月12日) 仍请少怀,用通气之药,似少好,命僮作山楂汤,食饮之,觉胃口略开。晴,风。

十二日(4月13日) 仍病,曹氏因大嘲,极力拦阻以全体面,竟无如之何,因其凶焰过甚,带女妾等签押房避之,一夜竟如逃难,然曾于年前十月廿八日吵嘴,直至如今,无安静之日,亦可叹矣。夜,大雨,雷。

十三日(4月14日) 申刻曹氏竟持刀袖灰寻至签押房,先将北门锁住,来自屏门后以闯前,幸妾王氏、冯氏告余莫出,伊等先迎之将手封住,余即将其撂倒于地,随叫家人、王妾与田兴夺其刀,并带灰包抢得。盖用灰欲迷余目,余随将搭布绸之,因欲即行勒死,众人求之,喝令奴子羊儿、庞谦、刘顺加绳绸之,并武健抬至后楼下,因饬令绸于地板上,将其刀灰另包记明年月,以待如何。微雨。

十四日(4月15日) 仍住签押房,今日亦签押房,此真是气极泪干,则精神亦觉疲惫矣,命矣夫。晴。

十五日(4月16日) 昨日何笙甫、吴子才即有信来,令放曹氏,未经晤面,今日又约面谈,并有汪眘之在内,碍情不过因释之,于未刻竟于腰间搜出薙头刀一把,实出人意想之外,亦收入另存包内。子才再四说之,府署工竣,伊眷属已搬入内,请即送入署内,暂在伊家居住,俟刘子诚夫人搬入,再将其另房间锁锢之,于子刻送入署内。余均允之,然不能安静,必在意中,彼时应再办之。胡念芝由省回,送到团折扇各一柄。前因吐血，甚可危，亦肝气所致也。阴。

十六日(4月17日) 晤胡念芝，痛谈。闻方伯给太夫人办寿，唱戏数日，乃因中丞不在省，所以如此。此亦南人口吻刻薄之语，其实方伯与太夫人办寿，正礼也。阴。

十七日(4月18日) 在署，与何笙甫议移署各事。晴。

十八日(4月19日) 在署，与子才、笙甫一谈，天始觉热。晴。

十九日(4月20日) 在署，念芝、笙甫来谈，并承四县贺，给鞭炮等件，从此未免多事矣。晴。

二十日(4月21日) 在署，会张子密大令，念芝来谈。晴。

二十一日(4月22日) 在署，晤笙甫，议移署并收礼各事。晴。

二十二日(4月23日) 在署，绅士堂董即有送贺礼而来，奈何。半阴晴。

二十三日(4月24日) 申初至府署一看，已将桌椅等陈设，大具观瞻，大半出于钱子明先生调度，可感也。阴，雨。

二十四日(4月25日) 在署，因嗽请周少怀大令来看，拟方服之，大约有外感所致。会恽北生。接王少苦大令来信，移署，拟四月十一日辰刻，然事已定矣。早阴，晚晴。

二十五日(4月26日) 寅刻府署修灶，绅董送礼，仍复不少，可璧，璧之，殊为惭感。今日即将粗笨家具陆续搬往，已派江兴、姚林、庞谦、武健、赵兴、田兴至署住宿。半阴晴。

二十六日(4月27日) 在署，新署武进赵伯含大令来会，与胡念芝痛谈，何笙甫已搬入新署矣。阴，雨。

二十七日(4月28日) 会奔牛厘局委员周弼臣大令，家人等两处差遣，家具大概运齐。昨晚曹氏亦搬入六间房，锁锢。特记于武进县署，明日即到府之本署矣。阴。

二十八日(4月29日) 未初刻赴新署，眷属随即到，各炮船统带、哨官皆上岸排队，送入新署，兵则号礼洋枪，官则对马行装前引，其中有保至参游者，竟亮蓝其顶，大花其翎，余则四品，殊觉不伦。到署，先拜仪门，复乘轿至大堂，谢土行礼，再至灵观庙二叩礼，余则一叩，宅门行礼，神仙堂、灶君、家堂各行礼。随见客，始则官，继则绅，竟摆至八桌酒席，亦一时之盛也。且外边看闹热者，合城若狂，晚间至前亭看烟火，墙外人尚未散也，何其高兴如此。晴。

廿九日(4 月 30 日) 在署，颇觉腿痛，想行礼太多之过也。半阴晴。

三十日(5 月 1 日) 午前过荆溪犯人高河冬留养一案。午后至子明、各绅、李督粮、各寅友处，道谢。阴，微雨，晚晴。

四月初一日(5 月 2 日) 卯刻恭谒圣庙、文宣庙并郡庙，回署，见客。午后至水师炮船，张统带等处道谢，今日换戴凉帽。省内前廿五日。晴。

初二日(5 月 3 日) 武进沙田荆溪盗墓二案，约发审宋蕉午、庆少甫过堂，沙田少有头绪，盗墓翻供，须覆审。会龙城书院沈子璿，保枢。应理学课第一人，沉静，象貌(宣)[轩]昂，实为读书本色，甚可嘉许。半阴晴。

初三日(5 月 4 日) 发审委员仍问荆溪案。晴。

初四日(5 月 5 日) 在署，拟欲赴苏，托笙甫至庄汇款，以备苏省应用及京中换账。晚阴，早晴。

初五日(5 月 6 日) 在署，会两发审。阴，雨。

初六日(5 月 7 日) 卯刻朝服恭谒天坛北门外清宁观，回时给陶铨生补祝。昨日六旬正寿。会武、阳二大令两发审，因荆溪盗墓案，遂委庆少甫大令赴该县密察。晴。

初七日(5 月 8 日) 卯刻赴东门外码头登舟，赴苏省，自纤夫着手后即阴雨，至无锡停纤，便见日光，亦可怪也。停泊西门码头，晤两县令两教官两典史。晚间李兰阁游府由苏省回，晤谈，沿途麦苗尚好，低处未免受伤。早晚晴，中雨。

初八日(5 月 9 日) 由无锡启椗，两岸麦子亦佳，不过沿河低处有被淹者。过寒山寺，乃在高埠，经兵燹已破烂不堪矣。因顶风，灯后方至苏省，停胥门，晤紫璈明府。半阴晴，风。

初九日（5月10日） 谒见抚、藩、臬三宪，抚宪、藩宪皆痛谈，回船后因饮白兰地酒，大醉。午后未敢拜客。阴，雨。

初十日（5月11日） 午前至抚院，禀辞，复传见。臬宪禀辞，未见。藩宪昨已面辞，遣人挂号。午后拜客，申刻桐子霑太守约，在座为松江恩诗农太守，元和李紫璈、吴县赖保辰两大令，赖系正黄汉军人，回船已亥初矣。腹内作痛，气滞也。半阴晴。

十一日（5月12日） 由胥门码头开船，路过无锡，晤刘咏台、吴次竹两大令，将抚宪令查明东林书院拟如何办法告知。藩宪令劝江阴刘谦山、葛江村前后交，不得过存私见，俟两令到时告知。因风甚顺，至洛社镇停泊，晚至岸上闲步，病串气。半阴晴，风。

十二日（5月13日） 早发洛社镇，未过午即到。适张子密大令晋省到署，因告以密查事件，并晤吴耀堂大令。阴，雨。

十三日（5月14日） 拜客，晤李兰阁游府。昨日即请朱子英服药，未效。阴，雨。

十四日（5月15日） 会何守府、清辉。张水师游府，宝源。请钱子青诊视，为朱子英弟子，因看念芝老夫子见功，故约之。阴，雨。

十五日（5月16日） 会庆少甫大令，多。由荆溪查案回，自书禀一件呈抚宪，密查之事，掌灯时发。阴，雨。

十六日（5月17日） 会张子密大令，由苏回，请钱子青医士诊视，陶铨生绅士来会。阴，雨。

十七日（5月18日） 昨服钱子青药，大呕泄，想用追风去痰之剂，未是，病仍在气分也，只好暂停。阴，雨。

十八日（5月19日） 阳湖默祷。会赵伯含大令，以焕。吴耀堂明府来，未见，二令一交一卸，旋回拜留常委员。张巡检号诗舲，名廷璪。来会。阴，雨。

十九日（5月20日） 昨约朱子英诊视，今日病略见轻减。早阴，晚晴。

二十日(5月21日) 会孟乐、子密、留常王翰坡巡检。起銮。约朱子英诊视。晴。

廿一日(5月22日) 会李泽之孝廉,据云今岁茧行又恐不能佳妙,比去岁尤为减色也。晴。

廿二日(5月23日) 约武、阳二令,面交密札二件。会分常委员陈少常,时夏。自负为通医学,恐未必佳也。接随大阅杜、钱两观察来函,因武营内费未给,外费有一百四十元。饬杨巡捕即时交出发常州李游府具领,并令出具领结,交两观察转回抚宪,当即送至游府,取有收条。晴。

二十三日(5月24日) 约朱子英诊视,令服九制香附丸并汤药,亦行气分者多,仍饮酒,见少可。会署张渚司巡检汪小善怀,人颇沉潜明晰。晴。

二十四日(5月25日) 仍服昨药,似痛少止。晴。

二十五日(5月26日) 仍服昨,痛仍未减。晴。

廿六日(5月27日) 会史佳若观察、李兰阁游府。晚至西门码头,同两县接吕镜宇观察,旋传见,观察来府会晤,谈及此次奉旨听候任使,必系德国使臣之命。目下外洋交涉种种情形,真代诸使臣扼腕。半阴晴,天明小雨。

廿七日(5月28日) 会赵伯含大令、奔牛厘局。周弼臣大令、李挹清二尹,旋回拜。请朱子英诊视,因每饮酒则觉串通少解,特于药中用白酒露,医者意也,未知能验否?晴。

廿八日(5月29日) 在署,与钱谷吴子才闲谈,病觉少轻。晴。

廿九日(5月30日) 午前过樊会武阳湖因窃拒伤事主之案二名。午后发审过荆溪盗墓案。晴。

五月初一日(5月31日) 卯刻恭谒文庙、郡庙,行香,回署会客。半阴晴。

初二日(6月1日) 会发审,提沙田并盗墓二案。撤任张渚司、于巡检瑞麟。来会,由荆溪来分常委员徐子佩、胪先。张兆梅,廷琛。

会。半阴晴。

初三日(6月2日) 两发审仍讯二案,盗墓案仍无端倪。半阴晴。

初四日(6月3日) 在署。半阴晴。

初五日(6月4日) 会武、阳两令。今日脱外褂。晚约众幕友饭。半阴晴,微雨。

初六日(6月5日) 在署。晴。

初七日(6月6日) 会留常房鋆山,树琼。赵伯含来会,因谈运河工,将去岁冬月龙城书院月课"问常镇开运河议"钞来超等底本,令其携往一阅。晴。

初八日(6月7日) 会陶铨生,痛谈,约两发审斟酌盗墓案,内供词大约与县供大相径庭。晴。

初九日(6月8日) 午后花厅过荆溪详送任河帅家盗墓一案,为首张文英,为从陈麻子,文英义父袁大成,均与县供不符,其眼线刘老小,原拿捕快顾顺讯,亦供词含浑,无从质证,该县如何定案,真出人意想之外。半阴晴。

初十日(6月9日) 仆人钞到本署匾额。恭录道光十二年闰九月廿四日奉上谕:"朕恭阅雍正六年六月十七日皇曾祖世宗宪皇帝实录内载'谕内阁:为政之道,以爱民为本,爱民者必须厚民之生,雨旸时若,百谷顺成,始可登苍生于衽席,感召天和必由于民情之舒畅,而民情舒畅必由于吏治之克修。从来言吏治者不外兴利除弊二大端,夫利之所在,小民自必趋事赴功,不待督率而为者,为上者不过相导之而已。至于除弊则小民所不能为之事,而专赖为上之人时刻留心体察,破积习以厚民风者也。盖地方之害莫大于贪官蠹役之朘削,强绅劣衿之欺凌,地棍土豪之暴横,巨盗积贼之劫夺,此等人不能化导惩戒,则百姓不获安生。假若为大吏有司者图宽大之名,沽安静之誉,于贪官蠹役则庇护之,于强绅劣衿则宽假之,于巨盗积贼则疏纵之,虽在己无残害百姓之实迹,而留此害民之人,令百姓暗中受其荼毒，无可控诉。古人云：养稂莠者害禾稼，惠奸宄者贼良民。如此，则民气何由而舒，天和何由而改乎。天以救民之任授之君臣，而百姓又复敬谨尊奉，胼手砥足竭力输将以事其上。为君臣者当共思之，受天之恩，奉天之命，食民之食，衣民之衣，而乃怠忽优游，不能除奸禁暴，置民间疾苦于度外，上负穹苍，下负百姓，诚天地间大罪人矣。岂但天理有所不容，即清夜扪心当如何愧怍。有牧民之责者各宜抚躬自问，时加警省，慎之勉之。钦此。'圣训煌煌，至为真切。凡有牧民之责者，尤宜敬谨，遵循实力奉行，思所以舒民气而召天和。著自督抚以至州县各衙门，俱恭录一道悬诸大堂，庶可触目警心，随时凛省，倘于四者之中偶犯其一，朕言出法随，必从严惩办，不稍姑容，以期稂莠尽去，嘉禾遂生，民气安怡，天心顺应，共臻郅治。朕实有厚望焉，将此通谕知之。钦此”。光绪廿三年春正月江苏常州府知府有泰恭录。此修署时敬谨悬挂，悬大堂黄匾红字。其余匾额明日再录。今日约两令至署，因恽菘耘方伯家被窃，昨接方伯电音误为是盗，故约来，事历阳湖，惟有令其上紧拿案。午后访恽孟乐，谈保甲一事，拟举办。半阴晴，微雨，凉。

十一日(6月10日) 大堂悬匾：仁风惠露。恭颂仁山扎大公祖大人德政，靖邑士民。湛恩汪秽。恭颂仁山扎大公祖大人德政，同治岁次己巳初夏谷旦孟河绅耆敬立。德被东隅。恭颂仁山扎大公祖大人德政，江阴士民敬立。学道爱人。恭送仁山扎大公祖大人德政，同治辛未仲秋吉旦武阳两邑绅耆士民敬立。二堂悬匾：教思无穷。恭颂仁山扎大公祖大人德政，荆邑东南乡绅耆敬立。以道得民。仁山大公祖大人德政。公于乙丑岁来守吾郡，下车以来百废俱举，尤切于作人，郡中龙城、延陵两书院兵燹后，膏火无出，士业就荒，公乃百计持筹为之兴复，俾生童肄业如常，于今已四岁矣。爰赘数语，以志感戴云尔。同治八年正月吉旦肄业生童敬立。公已入龙城致祭，并记。大堂悬匾：荫留庆舍。恭颂序初谭老公祖大人德政，武邑怀南乡绅耆士民公敬。甘露重凝。恭颂序初谭大公祖大人德政，武阳两邑绅耆士民敬立。恩同膏雨。恭颂伯声钱大公祖督转大人德政，锡邑富安乡敬立。光绪七年岁次辛巳闰七月谷旦。仁民爱物。恭颂子霑桐大公祖大人德政，无锡阳湖江阴县董耆芙蓉圩渔民敬立。光绪岁次癸巳嘉年月谷旦。召堂郇黍。恭颂子霑大公祖大人德政，宜荆两邑绅士敬立。二堂悬匾：惠及士林。恭送政庵吴大公祖大人德政，合郡绅士敬立。光绪岁次甲申孟秋月谷旦。媲美姚齐。恭颂子霑桐大公祖大人德政，武邑怀南西仓西宜三图绅士商民敬立。光绪岁次辛卯仲冬敬立。穿堂悬匾：道德齐礼。恭颂子霑桐大公祖大人德政，治下武进阳湖无锡金匮江阴绅衿耆庶敬立。仁寿阳春。恭颂子霑大公祖大人德政，武阳两邑绅耆商民敬立。悬大堂：敬教劝学。恭送梦琴大公祖大人德政，龙城书院士绅敬立。光绪丁酉孟春。又伞一柄，"嘉惠士林"四字。又牌八面：文翁蜀郡，安定苏湖，体用咸备，富教兼筹，材披东箭，化媲南菁，誉髦有造，教思无穷。以上伞牌上下款：梦琴大公祖大人德政，龙城致用、经古精舍书院士绅恭颂。均与，移署日送到，未免多增惭愧，特记。今日在署。晴，微阴。

十二日(6月11日)　在署，署外悬过匾对，亦经仆人钞呈，系进新署后悬挂。特记。南面：三吴第一楼。光绪丁酉三月恽毓嘉。地控江湖回想延陵古迹，台临城市重恢信国宏模。光绪廿三年岁在丁酉，工程告竣，爰撰斯联，以志时日，锡山钱诵清。北面：忠孝廉节。光绪二十有三年岁在丁酉，阳湖费彝训。楼北为俗呼三牌楼，系四匾，均为恽孟乐传胪所书，南为"蔼吉坊"，东为"中吴要辅"，西为"八邑名都"，北为"延陵旧治"。牌楼北为大观楼，即府署，头门竖匾，为"常州府"三字，并仪门内"公生明"，及"尔俸尔禄，民膏民脂，下民易虐，上天难欺"，均为刻字匠所书。额：大观楼。光绪廿有三年岁在丁酉立，阳湖费彝训书。联：看千里桑麻欢腾八邑，听万家弦诵化洽三吴。梦琴大公祖到任一年，政通民和，百废俱举，各属欣欣，既感贤太守之德，且乐府署之适以告成也。孟乐太史属撰大观楼楹帖，即请书之。光绪丁酉春三月既望锡山钱诵清。讨愧，讨愧。晴，微阴。

十三日(6月12日)　卯刻恭谒武庙，午后恽莘耘方伯处遣家人致候少君毓良，号眉卿，已到家乡，谅因家中前次被窃，误听为盗也。

晴,微阴。

十四日(6月13日) 午前往拜恽眉卿,未遇。至陶铨生处,痛[谈],并晤(侄世)[世侄],因前赠花卉屏八扇,图颇工秀,仿南田老人法也,字亦工整,图章亦系自刻。盖聪明而肯向学之士,刻已进学,嗣后飞腾正未有艾也。早小雨,午后晴。

十五日(6月14日) 卯刻恭谒武庙、郡庙,回署见客。午后赵伯含大令来会,痛谈。晚梆后方回。晴,灯后阴。

十六日(6月15日) 早晤刑名学生冯绳甫,继曾。甚文雅,为苏州府吴县捕厅冯厚之名和根。世兄,会稽县人。午后乡绅屠敬山水部寄。来会,京中晤面已年余,新从黑龙江来,痛谈。半阴晴,午微雨。

十七日(6月16日) 在署,天甚热。半阴晴。

十八日(6月17日) 绅士钱子明、陶铨生、恽孟乐来,因保甲事办理殊多窒碍,旋约两县来商,真作事,亦目下所不易易也。仆人李兴绘济佛像,请题:欢喜慈悲面,潇洒清凉扇。草履破无跟,衲衣缝有线。庄严不庄严,本来如露电。但念世人愚,力挽世人善。具此救世心,余无可恋恋。噫。环顾四海茫茫,惟祈我佛时见,时见时见,众生仰望方便。丁酉仲夏望后三日,峨嵋旧衲妙空稽首敬题。扬州请乩,谓余为峨嵋山僧,名妙空。半阴晴。

十九日(6月18日) 回拜屠敬山水部。午后会陶铨生,痛谈,为保甲事,诸绅颇有不合处。半阴晴,风。

二十日(6月19日) 在署,晚间田兴回。高启、曹三由盐山来,因令其斥逐之。曹氏写字来,连日并大喊大闹不已。半阴晴。

廿一日(6月20日) 宜兴万肖园大令来,旋回拜。曹氏又复大闹大骂,疯病已成不可救药。闻高启、曹三有明日赴湖北之信。阴,半晴,雨。

廿二日(6月21日) 巳刻赴武进署,同赵伯含、张子密两大令,约绅士史佳若、钱子明、杨桂士、陶铨生、恽孟乐、李泽之,午后商酌办理本城事宜，绅士意见不同，与两令大费唇舌方有端倪，举办一事真非易事也。曹氏早间稍好，晚间发疯特甚，喊骂不已。晴。

二十三日(6月22日) 在署，王亮臣商酌保甲事宜。曹氏今日稍觉安静，盖昨夜至五更方住，今日声音已哑矣。晴。

二十四日(6月23日) 会绅士汪作黼，赞纶。曹氏与其仆妇大闹，旋逐之，此妇为吴子才处荐，真大无道理也。晴。

廿五日(6月24日) 午前回拜汪作黼，赞纶。因赴京拟改县班。曹氏今日尚属安静，然诸位师太太均为得罪矣。阴。

廿六日(6月25日) 约武、阳两大令，询问保甲如[何]，因告以拟捐廉二百元，每月再由府署布捐内提捐三四十千上下，倩过绅士谈及，可告之以作首倡。昨接常镇道曾观察来函，劝捐川省水灾，今日复信，自捐五十两。半阴晴。

廿七日(6月26日) 今日《苏报》所载，十八日南京大风雨(炊)[吹]许时，竟将藩署、文庙、贡院旗牌照壁损坏，江船亦有失事者，未知确否？奇事也。会吴耀堂大令，由苏省回，闻访拿盐枭，水师中一味朦混实无胆量缉捕情节，深可痛恨。曾奉中丞札文，如能拿获著名枭匪黑面施老窝子，白面施老窝子已拿获正法。并有著名枭匪二名，各赏银二千元。晚间阅《苏报》，该匪等竟敢致信于上海，如能拿获某大员赏银一万两，某某统领赏银三千、五千两，殊出人意想之外，未免杞人忧天，或天自有安排也。李泽之来，闻挑运河豆行捐款竟有端倪。申刻出西门，迎至大王庙，接学宪龙芝生大宗师，泊西门码头。晴，风。

廿八日(6月27日) 城隍尊神圣诞，花衣行礼。会陶铨生、赵伯含，保甲事略有端倪。半阴晴。

廿九日(6月28日) 连日晚间沉阴，不时便开霁，刻下农田颇为望，雨前接学宪，沿河已有斛水者，惟《苏报》所载十八日南京有暴雨一说。在署，义塾孙先生来辞，系为乡试请代理为张佑生，名龄庆，年卅余。不知何故？与胡念芝商酌保甲事，随致信武进取诸绅前递条款。半阴晴。

三十日(6月29日) 武，阳两县为保甲事来，痛谈。今日开医未去，两县前往神前，行礼。晴，甚凉。

六月初一日(6 月 30 日)　卯刻恭谒文庙、郡庙，回署会客，孟乐太史来谈，因目下农田待雨，甚有可危之势，给两县送信，于明日即恭谒郡庙，默祷。早阴，午后晴。

初二日(7 月 1 日)　何笙甫由省回，伊兄玉卿先生病颇危，只有听命一法，亦可怜矣。保甲稿件申刻送两县，会画。晴。

初三日(7 月 2 日)　在署，会钱谷学生金圭卿，秉璋。帐席何笙甫亲家来，澍膏沛恩。代理帐席。晴。

初四日(7 月 3 日)　会武、阳两县，因求雨祈祷三日，拟明日隔一天，后日府县同祷城隍庙，两县面呈县查祈雨次第，初次设坛郡庙，每日辰申二时行礼各一次，设坛三日，无雨再移至北真武庙，仍前设坛三日，得雨即止。如无，再设白龙庵，仍前设坛三日，得雨即止。如无再设坛，或北郊天地坛，或东郊天宁寺。如断屠，或由府至郡庙，或至真武庙起，均可先断猪羊，再断鱼虾，甚至断葱蒜。今夏早晚俱东南风，盖江南有雨非西北[风]不可。米柴价目下皆涨，奈何。苏省亦有求雨之说也。晴。

初五日(7 月 4 日)　会刘谦山大令，因交卸江阴，尚有征收未经催齐，禀请委县丞代为催征，旋回拜。晚间李泽之送到马迹山杨梅，前数日张子密送到洞庭枇杷，今岁朵颐，颇有福也。午后云布颇浓，旋东南风吹去。奈何。晴。

初六日(7 月 5 日)　辰刻赴郡庙祈雨。午后会李泽之，旋再赴郡庙，均系雨缨素服，早四钟七钟晚五钟，俱得微雨。半阴晴，雨。

初七日(7 月 6 日)　辰刻、申刻赴郡庙行香。夜间有雨，天明微雨，午后晴。阴云忽布忽散，令人焦灼万分，落日前东边见虹，似别处已有雨，此地惟干热而已。惭愧，惭愧。半阴晴。

初八日(7 月 7 日)　辰刻、申刻赴郡庙行香。早晚均有雨，时时霢霂不止，惟天久旱，恐未必能一时深透也。晚晴。阴，雨。

初九日(7 月 8 日)　辰刻升大堂，决科点名。题："君子深造之以道”全章。果然夺得锦标归，得标字五言八韵。其中竟有童生与考，殊为可笑。闻苏州亦然，皆视为照章如此。所谓决科者，原为乡试而设，其奖款一名卅元，至三百名四百文，各有等差，聊以少助川资之意。贡监生员则可不知童生何所取义，异矣。陶铨生来谈，李游府为保甲公事面商，天热，竟于晚间复见雨。天心仁爱，官民应如何寅感耶。阴，雨。

初十日(7月9日) 在署，午后大雨，湿热，想可期有雨。两县请明日谢降。微晴，阴，雨。

十一日(7月10日) 辰刻赴郡庙，同官谢降，会赵伯含大令、管劬安令妹，顾太太由苏省来，因卖地基为中人李念椿等所冤，实无法为力。饭后旋回苏臬宪札，查宜、荆两县赌案并讳盗为窃等语，因札府知事吴子英士俊。赴该两县密查禀复。天甚热。半阴晴。

十二日(7月11日) 赴阳湖县，给子密世兄道喜，新进府院。按首。回拜恽孟乐传胪，在彼处痛谈，保甲局捐廉二百元，今日札县，转给保甲局，于明日开。阴，小雨。

十三日(7月12日) 巳刻赴营田庙新设保甲局，武阳两令、史佳若、钱子明、陶铨生、杨桂士、李泽之均到，恽孟乐未到，因议论捐款纷纷聚讼，殊可笑人。妙在官之捐款尚不至为绅之可笑，亦云幸矣，呵呵。半阴晴。

十四日(7月13日) 在署，何笙甫昨日由省回，赵伯含来，谈及诸绅，殊属可笑。半阴晴。

十五日(7月14日) 卯刻恭谒武庙、郡庙，行香，回署会客。天甚热，寒暑表至九十七八度，或云百度，寻常事也。晴，风、

十六日(7月15日) 在署，分常沈委员县丞班，名肇基，号伯谦。浙江乌程县监生。来会，穿花衣戴雨帽，可谓别开生面。晴，风。

十七日(7月16日) 在署，由前日起，天甚热。晴，风。

十八日(7月17日) 会吴知厅，士俊。由宜荆回访，查讳盗纵赌各事，少有端倪，已具节略存查。天稍凉爽，见数阵雨，闻武进江边有

蝗,想经此可无害矣。阴,雨。

十九日(7月18日) 因奉臬宪访闻赌盗案,今日发宜、荆两县钉验札。张子密大令来会,本拟两县今日祈雨,昨夜已雨,故止,今日复大雨,谅可霑足各属矣。阴,大雨。

二十日(7月19日) 在署,无聊于昨日撇兰,今日吃烧猪,贺雨也。阴,雨。

廿一日(7月20日) 在署,连日阴雨,约稻田可无虞旱矣。阴,雨。

廿二日(7月21日) 传分常委员沈金声、陈时夏、吴嵩年、房树琼、沈肇基来见,缘各县小押房派往稽查,其余委员俱未在常,故未经委派。阴,小雨。夜,大雨。

二十三日(7月22日) 卯刻谒郡庙火祖前,朝服三叩礼,更衣,回署。过江阴盗案,军徒二犯赵连子、陆双林。午后孟乐来谈,保甲业有端倪。阴,雨。

廿四日(7月23日) 雷祖诞辰,遣知厅行礼,循旧也。会恽北生中翰,用康。因沙田拟章程四条查核。武、阳两令来,旋至恽孟乐处,因昨夜被窃,竟失去伊少奶奶首饰金珠等,值银壹千数百金。保甲将成,竟有如此窃案,未免言之可愧。并拜绅士邵县丞晋仁,号嘉松。昨夜雨,晚晴。

二十五日(7月24日) 会李泽之,谈避寒所照会已到,可暂停,勿庸必须说明,以免外人藉口。半阴晴,细雨一阵。

廿六日(7月25日) 寅初刻恭谒东门天宁寺、万寿宫,行礼,本拟修得府署,仍按前府署仪门演戏,复斟酌多年在天宁寺,似不必复行更改,仍在原处为是。阴,午后大雨。

二十七日(7月26日) 至西门码头,接福建试差。正考官为葛振卿太常,宝华,癸未进士,浙江人。旧日户部福建司正稿,多年同寅。副考官为黄叔(痛)[容]编修,绍第,庚寅庶常,浙江人。乃漱兰先生令侄也。半阴晴。

二十八日(7月27日) 在署,闻屠敬山家被窃之说。半阴晴,微雨。

二十九日(7月28日) 在署,前两日闻有盐枭船十数只,停于武进地面,经县欲会营办理,营内力辞,盖畏之如虎,决意不敢前往。幸盐公栈姚老太爷饬人说明,准其贩卖此一次,嗣后不得再行搅扰,枭匪允之,得免民间受害,亦大好事也。近来盐捕营几同虚设,缉私炮船亦有名无实,果仅贩私盐,尚有专责,无奈累及地方平民,能无留意耶。半阴晴。

七月初一日(7月29日) 卯刻恭谒文庙、郡庙,行香,回署会客。阴,大雨。

初二日(7月30日) 在署,闻锡金一带田被水淹甚多,江潮大河水难消故也。胡念芝因逛惠泉山并至苏州,于昨晚回,所云如此。前日曾接无锡来报,驿被水淹,公文顾船接递矣。半阴雨。

初三日(7月31日) 午前会赵伯含大令,至屠敬山水部处,现丁内艰,前被窃,因往看。午后会陶铨生观察。半阴晴。

初四日(8月1日) 午刻补服升大堂,行宾兴礼,武、阳官与生商禀,请至暖阁,下立于筵左,赞诸生行三揖,本应二跪,据学官云,每届应二跪六叩礼,诸生皆不愿来,因改之。礼还三揖。武进递酒,阳湖递箸,遂朝上打恭还揖四,学亦打恭还揖。入座,府县学官诸生共六席,诸生仅六人,武四人,阳二人。赞演戏,对大堂竖一小影壁,转来魁星一个,跳舞,后面代赞吉语,锣鼓齐奏,魁星舞完,即跑而去。到"公生明"站立,先备桥一座,即立桥,上魁星,跑时官即离座,府即嘱四学代送诸生,后之所以然则不知之矣。闻诸生过桥,魁星以笔作势点之,更有穿红袍者在彼伺候,手持桂花一枝,谓之游月宫、过仙酒、折桂枝、出龙门,种种可笑。所谓情理儿,莫能深究也。午前晴,午后阴。

初五日(8月2日) 发审委员来见,因宜兴县送到赌棍,荆溪县送到赌棍,委伊等讯问,各责以数百板,发回枷示。半阴晴。

初六日(8月3日) 会房捕厅,树琼,号鋆山。委代理荆溪县李捕厅智桓，号渭生。之缺，因任宦盗墓之案撤任赴省。赵伯含大令来，因育婴堂杨绅托其打听误用戳记之事。半阴晴。

初七日(8月4日) 早赴恽孟乐处，因华院长有辞经古一席之说，缘本地孟莼荪孝廉、吕幼舲舍人有挟制语也。此地人有文无行者多，殊可笑人也。半阴晴，晚阴雨，昨夜半大雷雨。

初八日(8月5日) 会荆溪郑大令，抚宪委徐令樾、汪令懋琨赴臬辕研审矣。因盗墓案进省，其糊涂有不可思议处。旋升二堂，过军罪盗犯武进县详解黄小田一名。午后拜郑惠村大令，并拜会华若溪院长，因辞经古一席，固挽留之，盖孟、吕两生所致也。半阴晴，晚雨。

初九日(8月6日) 会孟乐传胪，因与营县借兵勇差役，特来商酌。晚见差条，赵中丞升刑左，奎中丞署理。因丁忧百日孝满，尚未满服。半阴晴，数点雨。

初十日(8月7日) 连日溽暑甚热，今日申正初刻八分立秋，晚见凉风，或不至秋后大热，则万幸矣。接首府桐子霈太守来函，以四川赈捐奉藩宪饬知，令各府酌量捐输，可请奖。刑钱两席劝多捐，以便请奖，可谓不肯轻易用钞矣。只得拟捐库本五百两。晴，晚风。

十一日(8月8日) 在署，晚间仪门内放燄口，盖署内公捐归门早办理，自来如此办法，循旧章也。念芝先生送到蟠桃京内呼为扁鐲桃是也。十数枚，似北方蜜桃，水香皆足，并得吃李光桃，似李形，桃核奈辛而苦，索然无(谓)[味]也。晴。

十二日(8月9日) 会李泽之，商保甲事。华院长商经古另请看卷事。晤来澍膏老夫子，托其藩库捐款。晴，风，晚雨。

十三日(8月10日) 在署，接札，抚宪奏枭匪猖獗，缘于安徽巢湖帮多年办理此事，官弁兵丁无一不是帮中人，虽有外来各匪，亦须入帮方能抢劫，乃目下实情也。阴，雨。

十四日(8月11日) 会子密大令，因横林勘劫脚登船案回，因谈及伯含大令此时心绪大恶，其女于今日七点钟病殇，即为子密未过门之媳也。并接京信伊第四弟染症，颇有不妥之信，太夫人已年近七十五岁，今春其第三弟已病故，老年人经此，未免太伤心也。闻之惟唉，奈何而已。阴，雨。

十五日(8月12日)　辰刻恭谒武庙、郡庙，行香，回署会客。子密邑令云，苏州总捕同知刘少峰司马，锡庚。闻将汪柳门先生窃案贼犯已获，阳湖恽菘云方伯窃案亦云其所为。并闻其来往各处均乘坐大船，竟挂翰林院旗灯，使人不觉。计甚狡然，终为人所获，亦何可笑。"天下于今半是君"，可为斯贼咏翰院，剽窃诗文谅不在此君子下也，一笑。申刻厉坛、城隍神前行香，中元例祭也。半阴晴。

十六日(8月13日)　钱子明来会，因保甲局彼此多存意见，意欲缴回照会，因力为挽留，暂作罢论，发审庆委员请假赴苏。晴，微阴。

十七日(8月14日)　会何笙甫，由苏省回，谈及奎中丞，有二十八日请训之说。官场中愁烦者得意者又一翻转局面，真所谓官场如戏场，奈何。外国讪笑所不顾也。晴，微阴。

十八日(8月15日)　来澍膏赴浙乡试，昨日已下船，近闻荆溪案省中派姚委员寿祺。访查，闻与县问相同，未知的确否？晴，午后微阴雨。

十九日(8月16日)　在署，念芝来，欲往苏州，面辞。晴。

二十日(8月17日)　在署，张子密赴省，因刘司马缉到之案，须自行前去帮为审理，以期常州案不至落空也。晴，甚热。

廿一日(8月18日)　天气甚热，晚间落雨，始见凉爽，南方秋后之热不在伏中以下，湿热殊难过耳。晴，晚雨。

廿二日(8月19日)　赵伯含来，谈及运河工程捐款，大有眉目，惟锡、金两县木行捐恐难就，只好听之而已。庆绍甫大令由苏回，并送到洋灯等件。闻荆溪案又添派委员，前后共四人，郑惠村大令亦在内，可谓自投罗网，李渭生捕厅亦在旁边设茶几一椅一，竟在派审之列，刻下尚无端绪，亦可算费事矣。阴，雷雨。

廿三日(8月20日)　在署，约朱子英医家，给冯姬人诊看，因三月未见血分，忽来，少，腹作痛，乃血因寒凝所致。汪春之辞行，赴浙省乡试。连日燥热，颇觉不适。阴，雷雨。

廿四日(8 月 21 日) 胡念芝由省回，汪春之明日启程，赴省乡试，特往送行，并送元敬。升二堂点验乡场，誊录对读两项，书农点名后，以白粉涂臂用府印，罩白薄纸一张，甚无道理，不过暂时用印，随后仍反印纸上。武进送信，明日抚宪赴宁，并浙江主考均在此经过，因即饬预备。半阴晴。

廿五日(8 月 22 日) 卯刻赴东门外东林寺地名三官塘。前候，接抚宪赵展帅，由火轮拖带，苏州亥刻启行，午正始到，蒙传见，谈及荆邑盗墓案，郑惠村到省即派会同复审，经各委员问出实情，与县供相反，郑大令登时手头乱动、口吐血沫，即搭至船上，抚宪云如此，实令人笑倒。张子密大令由苏回，据云不止吐血，并屎溺齐下，官场中谓之臬宪署几乎出人命，殊可笑人。现已具禀请，请帮审施润斋大令沛霖。随即恭送，将船转至西门，在船早饭，候浙江主考，于丹阳卯刻启行，至酉刻始抵西门，亦曾用火轮拖带，盖正副考船既大且多，是以迟迟。正考为徐寿老夫子，树铭。湖南长沙县人，丁未庶常。副考为吴蔚若编修，郁生。江苏元和县人，丁丑庶常。旋送徐老夫子菜点心，蒙赏收。半阴晴，风。

廿六日(8 月 23 日) 在署。晴。

廿七日(8 月 24 日) 会子密大令，由苏回，将前次会同刘少峰司马所拿窃贼姚姓带至阳湖审理，并将其家眷一并提到，闻伊女人系常州所聘，曾在恽宅当过大姐。寒暑表又至一百余度。晴，天气炎热。

廿八日(8 月 25 日) 在署，午后忽胸间滞痛，适王姬请朱子英诊脉，因倩其看视，即服药，晚间少愈。半阴晴，雨。

廿九日(8 月 26 日) 在署，一日不适，夜间服暑药。半阴晴，雨。

三十日(8 月 27 日) 在署，朱子英来复诊，系有停饮。早服平肝药。大雷雨，少凉。

八月初一日(8月28日) 因胸间未见大愈，仍复胀满，行香。约督粮代理，刻闻市间米价各县月报未必尽实。每斗合十四斤，石合一百四十斤。九八钱尚有行用九五。三百七十文，新米三百廿文，再次三百文，从前至贵涨至四百五十文，县即出示禁止再涨，至贱二百七八十文。今年涨至极处，合四百三十文，小民困苦谋食，殊非易易，米粮贵则无物不贵，食为民天不外乎此。奉臬宪密札，准上海道吴藩司聂函，有拖带火药船三只，行往苏河，即饬密札营县并各厘卡严查缉拿。大雷雨。

初二日(8月29日) 会屠敬山水部，因其两本家在善堂互相抵牾，一是一非，祇有见武进县令去其非者。闻武进有拿获贼匪十数名，因在船分赃不均，为勇丁所获。雷，大雨。

初三日(8月30日) 今日灶君诞辰，辰刻至位前补服三叩礼。前会杨桂墅绅，墅本土音，读若士，浒墅关读为许士关，因传纯庙南巡赐此名，乃附会之谈，其实土音也。谈及善堂文案沈云昭种种情形，令人发指，盖无处不存私心，因史佳若一味袒护所致，今与钱席谈此，祇有严查而已。半晴阴。

初四日(8月31日) 在署，疯子晚间大骂，不知作何究竟。阴，雨。

初五日(9月1日) 会荆溪典史李智植，由省回。赵伯含大令来，闻有报盗案处，拟明日往验。徐寿衡夫子授浙江学台，江苏为瞿子久阁学鸿禨，山东为姚炳然，系盐公栈姚老太爷之子。阴，小雨。

初六日(9月2日) 卯刻谒文昌庙，行香，系诞辰。闻寿安堂司事沈云昭已逐去，此人多年盘踞，颇不理于众口，此次不由杨桂墅司马极力摈除，万无可去之理，刻下谅史佳若观察亦难设辞袒护矣，想众绅亦无不闻而乐之。阴，未后极大雨。

初七日(9月3日) 在署，胡念芝送到金生鸿翥。所评《太乙奇门八字》一本。半阴晴。

初八日(9 月 4 日) 回拜吴耀堂大令、钱子明太守,谈工程保甲事。给姚竹庵封翁道喜。姚菊仙炳然。新授山东学台,此其封翁。会张子密大令,谈保甲捐款,拟变月捐改为月赏,其实一而二二而一也,一笑。晴。

初九日(9 月 5 日) 会恽孟乐,谈及保甲局捐项,府中已拨布捐每月四十千,其捐廉二百元万不肯收,并两县各捐四百元。惟催两县议捐,各每月六十千,刻下尚无消息。适赵伯含来,因将前意告之,据云乡绅派官捐,自来未闻此事,无论多寡,由府定之则可,乡绅所派实难从也,此皆意见所致,祗得应其由府转定可矣。晴。

初十日(9 月 6 日) 寅刻恭谒文庙,丁祭礼,礼毕微明。会代理荆溪典史房鋆山,销差。接吕镜宇星使来函,为其侄孙松洲名登瀛。谋账房馆。晴。

十一日(9 月 7 日) 卯刻恭谒北门外社稷坛,适遇忌辰,服常服,换朝衣,再服常服,回署。午后会史佳若绅士,因保甲捐款,其意以府署尚有闲款,拟提用之,并问及两县捐款,告以已有端倪。晴,灯后雨。

十二日(9 月 8 日) 卯刻恭谒武庙,申刻赴武进,赵伯含得子喜。到保甲局晤佳若、孟乐、泽之、司事余鹿苹大令,鼎勋,浙江候补。给杨桂墅谢步,因病未晤。半阴晴,微雨。

十三日(9 月 9 日) 卯刻恭谒吕祖庙,在郡庙之西,火神在东。会吴耀堂大令,因前数日闻病往看。未刻至史佳若处谢步,有花园甚好,桂花已盛开矣。张子密大令处拜寿,年五十正,双寿也。晴。

十四日(9 月 10 日) 会武、阳两大令,谈及保甲捐款略有规模,其中较量殊为可笑。晴。

十五日(9 月 11 日) 今日相约刑席,冯绳甫未到,钱席、全奎卿到。卯刻恭谒武庙、郡庙、灵官庙、大仙堂、灶神,每朔望均如仪。宅内今日吹笛,盖讨节钱而来也。诸客均挡驾,请幕客早饭。半阴晴,小雨。

十六日(9 月 12 日) 会钱子明,署前碑亭现觅得碑文二张,拟重修。沈韵篪捕厅全声。现奉委溧阳典史，禀辞。阴，雨。

十七日(9月13日) 巳初刻赴化龙巷十字街屠敬山水部处吊，本生太夫人病故。晤孟乐、泽之，略谈。阴，雨，甚凉。

十八日(9月14日) 至恽孟乐处，回署，会署武进学沈莼舫广文，光济。因原任何春海广文承霖。委赴南京充乡试稽查，不意路中病故。府县四学中惟此君人甚明白，惜哉！早小雨，半阴晴。

十九日(9月15日) 在署，致苏省广源庄张子卿、栾庚卿信，由常郡蔚丰庄带往。内致温受臣函，内有给铁弟一函，交广源存京平足纹壹万两，每月以五厘行息，其息金付铁弟日用。晴。

二十日(9月16日) 访陶铨生刺史，痛谈保甲事，颇有见地。李兰阁游府来，因荆溪禀守府藏赌棍一事，面商。半阴晴。

廿一日(9月17日) 启席汪奝之由浙省乡试回，并送到藕粉、茶叶、蜜枣、扇子、漱盂等件，贤者多情，殊令人颇抱不安，旋回拜。张子密、赵伯含来会总捕，李硕甫刺史来，于明日拟赴苏州，特告知。宋澄之广文由南京回，销差，晤谈，本科场内尚属安静，惟二场热起，即多病人，浙省亦然，二场不到者竟有一千二三百人。保甲局司事余鹿苹大令鼎勋。来会，陕西候补道姚彦鸿观察岳度。来会，本府人，旋即回拜宋澄之、余鹿苹、姚彦鸿三君。晴。

二十二日(9月18日) 在署，约幕客便饭，为汪慎之乡试回预贺也。冯绳甫、全圭卿均能饮，冯尤强。阴，小雨。

二十三日(9月19日) 会李泽之邑侯，拟将蒙泉义塾归入龙城书院，盖义塾为钱太尊设立，由府县各每月捐钞十五千文，稽查即由府县随时前往，然日久疏慢，竟至塾师在家，仅遣少爷前往代理，以致学生不遵约束，时常在外闲游，塾师乃绅耆所荐，不容人参赞一辞，如此一归书院则无别说矣。晚接南京电报，抚宪廿八日到境，令武阳预备南湾船八只，当即告知两县矣。江宁太守刘，名誉发。阴，雨。

二十四日(9月20日) 回拜秦芍舲广文，毓麒，江阴学正堂。由江宁来，并送到武进学印，即令送交武县，盖委赵伯含暂行代理。至保甲局,诸绅均在,伯含亦续至。阴,雨。

廿五日(9 月 21 日) 晚间,两县来信,苏省回电,因展帅眷口赴沪,难分船来常,因赶紧给江宁府去电,江宁府鉴:苏船无,仍常备齐,惟无大号名。此事本由宁府来,因告两县,两县因此地无船,因电致苏省代雇,不意苏省因赵抚台宝眷赴沪,以致无从措手,刻下来信,船已此地备。惟抚台大号船只难觅,拟假余差船前往,此事似无不可,然常州之所以为常州,从可知,尚能比拟苏州于万一否?连日阴雨,闻稻田尚无大碍,惟棉花恐受伤。常属花少,苏属花多,若不及时放晴,则种花吃亏不少也。新米业经下市,大半北米,此地不甚乐用,盖江北不如江南米性也。浙江新米下市,价廉,料今岁米不能甚昂,凡我穷民可以易于觅食糊口矣。阴,雨。

二十六日(9 月 22 日) 给沈品莲方伯保靖。拜寿,七旬正,方伯因腿疾未能见客,在彼早饭。回署见宋韵初、庆少甫两发审,因委秋勘,韵初锡、金、靖,少甫宜、荆、江,特来禀谢禀辞,因告以秋灾未必实有,垦荒乃紧要事。今年虽未奉藩宪札催要,不可不由各县尽心办理。曾记到任前谒见赵展帅,谈及秋勘一事报部,时从有逐亩履勘一语,展帅在凤翔府任,每届时皆虚报公出,曾在轿上粘贴八个大字"欺君罔上,劳民伤财",可谓秋勘的确注脚。晚间子诚夫人雇船赴南京,闻子诚病已大愈,此举甚多事也。阴,雨。

二十七日(9 月 23 日) 会赵伯含大令,查各乡保甲回,据云民间尚知尊敬朝廷,非居城者可比。盛旭人先生来,因欲仿苏省设立楼流等所,可谓好善,无怪有杏荪太常之子,以承先志也。宜、荆守府焦荩臣来,因荆邑郑大令禀其藏匿赌棍周姓,特来此辩白,并递用印节略一纸,非官非私,令其找向游府说明,可以转移,再行酌办,因无如之何,只得前往游府请教一切。辰刻恭赴文庙,行三跪九叩礼,盖以前递传为至圣诞辰,故相沿如此,据《时宪书》乃冬月初四日,果否?实难深考也。阴,雨。

二十八日(9 月 24 日) 钱谷吴子才夫人于昨夜四点钟因产而

亡，盖补药为害居多，晤面时颇以为在署病故为歉，此未免拘泥。现将西墙挖门通街以便出入棺木，盖外间官署除本官太夫人、本官及官太太，此外虽太爷即亦不能将棺木出入正路也。会陶铨生来条议等件，为保甲局事居多，渠于山东临清州任，余于前年路过，彼处民间有陶青天之称，循吏也。炮船张藩臣统带来，盖因武、阳两县欲撤炮船，颇不满意于赵伯含酌减款项之故也。阴，小雨。

二十九日（9月25日）　子刻接武、阳两县来信，据丹徒电云：展帅未刻由镇江进丹徒口。遂西门下船，开至奔牛镇始晤两县。午刻始见展帅船来，沿路未经停船，故未谒见。子密大令约至渠船早饭，因痛谈，回舟见稻田颇旺。曾晤奔牛司巡检蒋文卿，据云豆田亦佳，惟连日阴雨，不免花田受伤，常属尚无多田，恐苏属未免吃亏。酉刻至子才老夫子处送殓，入材谓之小殓，下钉谓之大殓，此乃小殓，俟娘家人至方大殓，惟殓时有炮有锣有喝道者，甚奇。盖南省送殓似北方接之俗，送银箔、鹤香等物，到灵前行礼并遣家属吊慰，亦不过到彼行礼，并无举哀之一说。本家哭声振耳，询之，系雇老妈子来哭，本家无与也。在北方则为别开生面，南省习以为常，无有论其非者，可谓无处不空头也，一笑。晴，微风。

光绪丁酉九月朔（9月26日）　卯刻恭谒文庙、郡庙，回署会客。午后会龙城学生沈子泉，保枢。由江宁乡试回，寿省三大令庆慈。奉委稽查渔船差，人甚精明，曾署丹徒县。半阴晴。

初二日（9月27日）　在署，午后会潘樵生司马，家怿，花翎，贵州候补。由贵州来赴引，年卅上下岁，似少阅历，为此处绅士，祇得以绅士待之而已。目下贵州游兵散勇到处滋事，举国若此，奈何。半阴晴。

初三日（9月28日）　会屠敬山水部，拟赴黑龙江，并其令弟同往赴。恽北生处吊竹坡先生及其夫人安葬。晚会伯含明府，欲明日赴省。灯后见差条，奎乐帅拟初六日接印，赵展帅闻交卸后即北上，故明日亦赴省。阴，雨。

初四日(9 月 29 日) 辰刻出东门上船，子密大令赴船晤送，略谈，即开行。抵无锡，无锡县刘詠台明府来接，痛谈。金匮县吴次竹明府亦赴省，因谈及赴省一节，展帅似不可不送，乐帅又碍难不接，无如县内二人全行赴省，似不便，故此次赵伯含同余进省，留子密在郡城，无如何也。适遇风，便即由无锡开船行至浒墅关，已掌灯后，因停船，步至岸上一行，并过桥闲踏。遇唱昆曲者，停步听之，《出塞》一曲可知，其余皆四弦胡琴，京中荡湖船调者居调，盖彼苏谓之小调也。并遇道士念经，其调与昆曲大略相同，闻和尚亦如此，不过为利，不要面孔而已。晴，晚落数点雨。

初五日(9 月 30 日) 由苏关天明启椗，巳初抵留园，因到彼一踏，各处均皆走到，诸景均佳，俱有揽胜之处，其太湖石中有所谓冠云峰者，真平生所未见，洵奇观也。午初抵苏垣胥门码头，饭后上院谒展帅，略谈，勉以居官行政，令极力好自为之，并云京内觅得铁匠胡同住宅，大约英焕章旧居也。拜客晤常介之参戎，余客未见，日落回船。晚饭后赵伯含过船来谈。晴。

初六日(10 月 1 日) 巳刻赵展帅由胥门码头乘船赴上海，北上因无火轮拖带，未克，还送，仅于码头上手本禀安叩送。午后至沧浪亭奎中丞行辕谒贺，拜客未回。因挂号赴藩臬两县谒见，道宪处挂号，因先施天晚，实难前往也。晴。

初七日(10 月 2 日) 上院谒见奎中丞，并见陆春江粮宪、朱竹石观察。晚约赵伯含大令，痛谈。甚热，晴。

初八日(10 月 3 日) 上院谒见奎中丞，痛谈，因令回署，面辞。臬宪、道宪均未见，挂号禀辞。藩宪传同首府捕厅三县令谒见，面辞，因谈及与道宪讨气，众属员皆不敢赞一辞。昨日午后拜客皆未遇，今日偷闲半日在船。晴。

初九日(10 月 4 日) 早会客，补拜客，赴桐子霑泽首台约，在座者为王旭庄、仁东。孙述庭葆珪。两太守，王幼耕司马，用龢。多年海运。孙展云毓骥。司马。徐荫轩相国快婿。回船后晤广源张子卿大老板，遂放舟，过渡僧桥，此处非常狭窄，每遇此皆然，此次尤甚。晚停苏关。晴，晚阴，小雨。

初十日（10月5日） 昨日曾谒常镇道长久山观察，恒。尚未到任，闻拟于本月初六日，因曾经郛观察来省，是以未果，亦奇事也。今日早发苏关，过无锡，过金匮，吴次竹大令熙。约游慧山，因离署日久，辞之。晚停泊洛社镇，上岸一游，看稻田穗已压弯，可望丰稔，何乐如之。早阴，午后晴。

十一日（10月6日） 早由洛社开行，未初抵常州，遂进署。晤张子密大令，略谈。李游府、李总捕过访，闻有京员奏参常州贼盗横行，有新中丞查办之语，余在省毫无所闻，想前次恽毓鼎所参赵中丞纵容盐枭横行涉及常州窃案所致也。晴。

十二日（10月7日） 晤恽孟乐、钱子明，谈保甲各事，孟欲冬月北行，因商酌代其保甲绅士并龙城书院绅士，真难得恰到好处之人。才难，不其然乎？晴。

十三日（10月8日） 子诚夫人由南京回，遣其少爷来看。过金匮军犯一名，江阴绞犯一名，并点充附役一名。晴。

十四日（10月9日） 给钱子明、恽孟乐谢步，晤谈。阴，小雨。

十五日（10月10日） 辰刻恭谒武庙、郡庙，行香，回署会客。李泽之来晤谈，据云经古一席若溪院长极力推辞，精神实有不及也。会新授温处道陈养源观察，允颐。人甚精明，在京多年，由举班历保升阶，至此不易也。阴，雨。

十六日（10月11日） 拜伍润之大令，学纯。照会保甲局，为孟乐庶常所荐，回拜陈养源观察，来去均在大雨中。阴，雨。

十七日（10月12日） 会宜兴县丞李挹清少尹，赴引回，藩宪尚未有札文到府，似回任，必须迟迟也。早微雨，半阴晴。

十八日（10月13日） 会赵伯含大令，亲赴城外查盗案回，李硕甫总捕无非托人情，荆溪张渚司巡检汪小善怀。递该司整顿地方节略一纸，不免有老生常谈，究属留心地方，深堪嘉许。半阴晴。

十九日(10月14日) 会伍润芝绅士,现约保甲局,因谈及彼处之事,颇乐,为人甚朴实。午后赴龙城书院,将府署工程各案封两包送华院长,托其作“重修常州府碑记”,因腿疾,未能晤,因托李院董代求。至保甲局,诸绅均在,因痛谈。阴,雨。

二十日(10月15日) 会薛奎五大令,由苏省来,饬回荆溪县任,因痛谈该县应行整顿各事。张子密由苏省回,系见新任奎中丞。旋回拜薛奎五大令并李挹清少尹。回署后约画师黄勖初本地人。画小像,仅画头面,乃胡念芝刑席所荐,故约其早饭,谈及多年在瑞辅侯方伯幕中,山水花卉人物传无一不精,不日欲赴天津,因方伯宾东多年,不得以现在罢官而情薄也,甚可取。晴。

二十一日(10月16日) 会何益三守府,清辉。交卸。赴提宪处听委,知厅吴子英士俊。谢委稽查六县保甲差。午后给何守府送行,杜泽邦首府大鸿。贺到任喜。阴,雨。

二十二日(10月17日) 会李兰阁游府,因荆溪焦守府与郑大令为赌案大有攻讦之意,郑令竟禀提宪,现札游府查办,到此欲会办,告以郑令并未通禀。制、抚各宪实难应许会办,郑令奇,游府奇。灯后接电报局来信,今日南京放榜,正:府学二,一武一阳。阳湖四,宜兴四。副:武进一。锡、金、江、靖电不由此经过,故未知也。荆溪独无消息,想脱科矣。阴。

二十三日(10月18日) 会钱子明绅士,开来府署工程一切杂款,请酌其中开销,亦有无法之事。晚与子才钱席言及,祇好照办,并书甘棠桥修理捐款。阴,晚晴。

二十四日(10月19日) 在署,连日或阴或雨,询之,尚不至有碍稻田,然收割在迩,总宜放晴方妥。天心如爱,必有一番慈惠以加于吾民也。桂花又放,盖南省地气和暖,竟有开至五次者,在北边则以为奇矣。庞谦拿来绿毛龟一枚,系武进账房某先生所售,此物系常熟所出,大半假者居多,非实在生长绿毛,乃用姜汁所染入水盆内,经夏即长绿毛,龟亦有假,实所未闻,平日须生虾养之,冬日可收藏,恐难养活，还之。晴，晚阴。

二十五日(10月20日) 赴阳湖，张老太太寿辰，往祝，因在彼早饭，同座为李兰阁、张藩臣两游府，史佳若观察，余鹿苹大令陪客，为伯含大令与子密儿女姻亲也，座中痛谈。回署后会荆溪县湖汉司巡检邹甸侯，恩浩。新补此任，系江西奉新县乡下人，颇朴实。阴，细雨。

二十六日(10月21日) 会孟乐庶常，因三河工程并沙田各案，素未深悉，故辞之，不愿徒列虚名，衹得将呈词標收。至东花厅挑选冬防府勇，留廿余名以备明日复挑。阴，雨。

二十七日(10月22日) 会杜守府、大鸿。赵大令、以焕。吴大令，炳。辞行，赴省自交卸，后在此居住，多病，故移苏。灯时在吏房拿住偷窃小贼一个，交发审责枷。晴，微阴。

廿八日(10月23日) 辰刻花衣谒灵观庙，又作官。行三叩礼，进爵，三叩礼，惟两分府知照厅随同行礼，俗谓之府中家庙，今瞻正位并左右各一位，因悟乃衙神历来如此陈设，必左右各有，衙神合祀于此，询之两县，亦各有灵观庙可证也。旋赴吴耀堂处，送行，传留常委员，因冬防在迩故也。今年皮衣大为虫吃，因过目检点，竟费一日工夫。庙中今日有戏，以昭恭敬。沿旧例也。晴。

廿九日(10月24日) 审曹朱氏谋害亲夫曹洪林一案，该犯妇业已画供，奸夫曹金山供多狡展，拟明日再讯。会赵伯含大令，因三处难民到境，约有二三千人，当经会同游府阳湖遣散弹压，派吕炳前往探询，幸无大事。晴。

三十日(10月25日) 武、阳两令来，面禀昨日遣散难民，幸未滋事，然江南如此风气，恐日久必有胁众闹事，地方官以致束手无策之时，令人殊抱杞忧，奈何。申刻过曹金山，尚未十分累赘，已画供，俟与曹朱氏一同详解。晴，晚阴。

十月初一日(10月26日) 辰初刻恭谒文庙、郡庙，回署会客，并会宜兴县丞、李挹清二尹。湘。申正余恭赴郡厉坛，夜亥正余会总散巡，各委开办冬防。晴，晚阴。

初二日(10月27日) 闻昨晚武进自新所有犯人逃跑之说，旋经武进赵伯含大令面谈，系逃跑十一人，当时拿获三人，实跑八人。午后会陶铨生，痛谈，日落始回。晴。

初三日(10月28日) 午后赴史佳若处，未遇。至保甲局与诸绅痛谈。面交帐席来澍膏京纹二千五百两，汇京转寄钟叔佩太守，托生息，以二千作寿昌日用。晴。

初四日(10月29日) 郑惠村大令来，挡驾而已，新选无锡孙襄臣大令到，明日来，忽来生监陈士林、方启鸿二人，因工程局恭刊上谕内有错字，应俟知照工程局修理。晴。

初五日(10月30日) 会交卸荆溪郑惠村大令，见面别无话说，只有求恩而已，殊觉可笑。赵伯含大令因前次廿八日。自新所不慎跑人，内有因病徒犯一名，一并逸去。孙襄臣大令拟初八日到无锡任，因将吕镜宇星使函托吕松洲登瀛。代说征收席已经应允，将联条收去。新授总宪徐寿衡夫子到西门码头，即往痛谈，因及难民纷至沓来，承老夫子致奎中丞信件代为一说，总须在江北来处设法，能令不至江南方妙，与两令感激之至。阴，雨。

初六日(10月31日) 会孙襄臣大令，谈及驿路多被水冲，令其设法修理，即辞赴任。过宜兴打死夫兄俞虎昌犯妇余福昌之妻余成氏一案，狡不画供，俟再讯。徐总宪致中丞函，落日后封发，并附禀一件。大堂匾额已经修改。阴，小雨。

初七日(11月1日) 会阳湖张子密大令，因高令有初八日接任之说，刻下又改于十四日，总因钱起见，可乐人也，哀哉！半阴晴。

初八日(11月2日) 会赵伯含，至城外勘案，因航船两撞，将船头睡歇人为铁锚擢入脑内，登时气绝，亦惨矣。李泽之来谈，蒙泉义塾归入龙城书院章程。晴，甚热。

初九日(11月3日) 午刻赴龙城书院，监院诸君约，因专厅修成，规模甚宽敞，且借菊花陈设，在座为两县陪客、钱子明，主人仅到三人：陶铨生、恽孟乐、李泽之，痛饮，醉归，晚饭竟未吃，谈笑甚快也。晴。

初十日(11月4日) 寅正余恭赴万寿宫行礼，回署尚未天明。午后会庆少甫大令，由宜、荆、江三县秋勘回，江邑尚好，宜、荆被水，颇觉办理棘手。晴。

十一日(11月5日) 会新选阳湖高亮畴大令，由省来接任知厅，吴查保甲回，宜兴万筱园大令赴省路过，旋回拜。阴，细雨。

十二日(11月6日) 会高亮臣、赵伯含两大令，赵以新获盗匪因供未符，请宽展限期。旋赴前武进学何春海处吊，不意因考试差次病故，惜哉！晴。

十三日(11月7日) 在署。晴。

十四日(11月8日) 赴阳湖贺高亮畴到任，会吕松洲茂才，荐无锡孙襄臣大令处征收馆。子密大令、子服督粮来谈。午后过宜兴犯妇俞成氏，业已画供。晴。

十五日(11月9日) 辰初赴营田庙，上祭后赴武庙、郡庙，回署会客。守府来，新由荆溪回查理案件，略将文武情节面告，皆郑惠村大令所为也。晴。

十六日(11月10日) 昨日灯后至西门码头，接瞿子久大宗师，鸿禨。传见痛谈，同徐栩士兄甚相得也。今日午后会李挹清少尹，已奉藩宪札文，应即饬赴宜兴本任。曹氏复又大闹，令将其圈入六间房北三间，锁锢，真可恨，亦余之无德也。晴。

十七日(11月11日) 酉刻赴西门码头，接福建学台戴少怀大宗师。鸿慈。癸酉解元，丙子翰林，广东南海人。官厅晤武、阳两令，因奉札办理捐解漕丁。拟致桐子霑太守函。晤子才，明日尚须商酌。晴。

十八日(11月12日) 会赵伯含大令，斟酌致函首府。李游府因贫而来，不免又托人情。庆少甫大令由苏回，催其应过之案，不可耽延。晴。

十九日(11月13日) 会委署武进教官陈子棠，旋赴西门码头，接丁经笙观察，兆基。因徐州难民散之四方，现承中丞札委抚恤，拟到扬州候遣各府难民，随员熊熙人司马良瑞。亦来拜会。赵伯含大令亦为难民，并查交案件禀复。杜泽邦守府欲赴松江，来辞。史佳若为保甲局公务面商。一日之间未克了理公事，至灯后始了清楚。晴。

二十日、二十一日日记 （缺）

二十二日(11月16日) （上缺)是请也。午刻约张子密、因交卸阳湖任。赵伯含、高亮畴、庆少甫四大令，宋蕉午直倅，在署便饭。阴，雨。

二十三日(11月17日) 会三李、游府、总捕，大半为托，不尽人情之人情，一笑置之。泽之因蒙泉斋甄别学生而来，拟于二十七日考试，询问，延请掌教姚安甫先生，祖泰。阳湖廪生住处据云在城外郑六桥乡间，自应俟到馆再行往拜。灯后晤阳邑高亮畴大令。阴。

二十四日(11月18日) 今日庆令、宋直倅应过二案，沙田未了，赌棍已枷责。会恽北生，用康。因沙田事特来商酌，昨日刑席由苏回，痛谈。晚亥刻奉臬宪来函，因山东兖州府教案，目下各国调到兵船，进口即须严。密函交各县妥为保护，勿得疏虞，正是一遇交涉无处不能不防范也。半阴晴。

二十五日(11月19日) 赵伯含大令因乃弟四先生病故，请期服假。会房钧山委员，夜间拿案一起，解赴阳湖县。午后至保甲局，与诸绅痛谈，遇高亮畴大令，因夜间案内牵涉府差，回署后，已经解往。王锡昌，又名浩之，子王顺海。庆大令来，为此案特禀明。晴。

二十六日(11月20日) 会炮船统带张藩臣。刑席胡念芝先生因四川捐款拟上方伯请奖花翎禀一件，甚无谓也，今日发。晴。

廿七日(11月21日) 考蒙泉斋应课小学生，题由府出。时文：行有余力，则以学文；孝子爱日论。诗题：初冬五律，不限韵。会亮畴大令，谈公事，颇明晰，似可成就之材。孟乐来，下月欲赴京，将龙城书院保甲局照会二分缴销，因暂留之。晴。

二十八日(11月22日) 会撤任荆溪张渚司巡检于瑞麟，号石卿，由宁省来。刘子诚有信来，即托其带交也。发审过沙田案。半阴晴，昨夜小雨。

廿九日(11月23日) 赴孟乐处，因进京缴照会，前于刘葆良检讨曾复照会，挽留，今亦如之，在彼处痛谈，天甚凉。晴。

十一月初一日(11月24日) 辰刻恭谒文庙，行香。回署后会客，李泽之大令来，因取蒙泉斋额商酌，正取四名，附取廿六名，嗣后如有读书大可造就者，不妨提入正取。钱子明观察午后来，因仪门碑文觅得，搨二通，因暂存，俟再议。晴。

初二日(11月25日) 会省委稽保甲陈仲陶司马，镐。旋赴西门回拜。余鹿苹大令来，谈各乡董事跋扈，非严办不可。吴钱席、何帐席由苏省浙省回。晚接保甲局来函，刻下米价大涨，因有出洋并有囤积者，然出洋非府县所可为力，奈何。晴。

初三日(11月26日) 在署，晚间接电报局来信，昨据山东胶州口来电，上月廿六日德国兵船占踞胶州口，上岸持洋枪寻觅局中司事领生，并有陆续来兵之说。晴。

初四日(11月27日) 会郁宪辰大令，保章。由江宁来，刻下因起服到省，前因府考曾约其看卷。来澍膏先生欲回萧山原籍，特与笙甫来辞。晴。

初五日(11月28日) 会钟文叔别驾，寿康。往镇江稽查保甲差，与胡念芝刑席亲戚，乃祖曾任云南观察，同恭勤公旧寅友也。约高亮畴大令，有面告事件。新贵，华梓敬、张馥荪。两孝廉同揆、宝廉。来拜。晴。

初六日(11月29日) 会丁经笙观察，由扬回苏，所遣难民已无多矣，旋回拜，并拜随员熊别驾、良瑞。孙大令。宝谷。给华张两孝廉谢步。至华院长处贺喜娶儿媳。晴。

初七日(11月30日) 会委署金匮县胡萼辉大令，保联。高亮畴大令来，拟赴镇江，旋拜胡萼辉，访陶铨生，未遇。晴。

初八日(12月1日) 会胡萼辉大令，人颇阅历，拟于明日到任，即令其辞去。晴。

初九日(12 月 2 日) 在署,高亮畴辞行,赴镇江。晴。

初十日(12 月 3 日) 陈仲陶别驾来,现拟回苏,询及,为河南商邱人,刻下宋牧仲先生后人惟有两孝廉,现又故去一人,伊与侯壮悔乃旧亲,其族亦显读书者,陈乃宜兴籍,此次查保甲,至其先少保祠行礼。亦佳语也。晴。

十一日(12 月 4 日) 会史佳若观察,因孟乐庶常北上请照会,乃弟叔伦大令。毓善,行三。到保甲局襄理一切。杜守府来,为城边割收民间所种之草,前经府中照会,拟便中复回,大半为李游击之意也。晴。

十二日(12 月 5 日) 赴恽孟乐处,晤叔伦,人颇庄重,不失为大家风范。晚接电报局来信,胶州已为德国所踞,将章军门逼上船,并有德兵上岸驱逐电报局人员,且有据山施炮放排枪。余以为此虚声恫吓,与大局无碍,惟有坚定,自得各国评理。阴,半晴。

十三日(12 月 6 日) 会李兰阁游府,为保甲局,因其收割民间所种草蔬,实觉无理取闹。钱席、叶绩甫由荆溪来,在刑席处痛谈。半阴晴。

十四日(12 月 7 日) 会恽孟乐庶常,于十六日启行晋京,托其带往军机处兵部常郡各信并漕纹四百两,军机满汉各百,两兵部常郡各百两。以作团拜费。濮紫泉信一件,即托军机兵部三封转致。刘葆良检讨信一件,漕纹百两,托其购《课子随笔节钞》并还前账,《弟子规》百本一并带来。李游府忽携到弓箭,命仆人不必告知主人,因作为不知,闻射廿余箭只中两枝,悻悻而去。署中西箭厅余射鹄处,今日得武进士枉临,幸也。晴。

十五日(12 月 8 日) 会恽叔伦大令,照会为保甲局绅董。钱子明来为米捐,有条陈二事,特将底子送到。刘子诚令亲祝二先生来,初次晤面,向作生意,人颇朴诚。今日因天宁寺修大雄殿,高于大成殿二丈余,为举人秀才约有三千余人,两分。递公禀告讦,和尚亦递禀辩白，和尚秀才各为老师打架一场，真成《儒林外史》续编矣，殊可笑人。今日辰刻武庙等庙行香，回署会客，均照常。晴。

十六日(12月9日) 赴庆少甫汉军。大令处，给太夫人拜寿。时年八十一。在彼早饭，遇施润斋汉军。大令，沛霖。由宜荆来。旋至敬节堂，因钱席吴子才夫人故，在此开吊。回署后，即差拜施大令，何益三守府清辉。因委署宜荆守府。李泽之来，为秀才和尚事，又有递呈者，委帮阳湖保甲。陈少尉来，号云卿，名步青。李游府来，在箭亭射箭，着靶者甚稀也，一笑。晴，晚风。

十七日(12月10日) 会赵伯含大令，因期服销假。周弼臣大令奔牛来，武仁趾苏州来，均拜寿，其余诸君言明无公务专为拜寿而来，均挡驾。半阴晴，风冷。

十八日(12月11日) 诸官诸绅来祝者，均挡驾。晚间约诸位幕友并表侄武仁趾，便饭。天冷，晴。

十九日(12月12日) 会刘谦山大令，有光。由江阴来，因催前欠，不意后任置若罔闻。子诚别驾宝眷由府署启行赴江宁。午后各处谢寿。晴。

二十日(12月13日) 天甚寒，夜间盆水竟冻至寸余。午后至刑席，遇启帐席均在彼，痛谈半日。阴，雪。

廿一日(12月14日) 午后赴保甲局，晤史佳若、余鹿苹。上灯时李泽之来，所谈数事。晴。

廿二日(12月15日) 会武阳两令，闻赵伯含云胶州之事，非割地赔款所能了事，竟不知作何究竟，实切杞忧。江西亦有法国要挟之事，真有群起环攻之势，可奈何。晴。

廿三日(12月16日) 会王翰坡巡检，起銮。本委冬防二段，因稽查客寓徐子佩胪先。病假，代其差委，昨拿窃贼一名，并销赃店家一并获住，交武进县办理，甚可嘉许。陶铨生为保甲城门关闭甚晚，请知照武营并县。晴。

廿四日(12月17日) 落日后，浙江学台陈桂生少司农，学棻。

湖北安陆县人，壬戌翰林，经内河行走，因至西门码头接见，余蒙恩简放时正值司农署理兵左，因谈及胶州，闻有退出消息，现由俄国调处，谅有息兵端倪。惟此次皇太后万寿恭办綵殿二座，每座竟用至卅万两之数，经言官奏参，恐七十至百年万寿竟照如此开销，后难为继。礼亲王传旨虽百年亦照此办理。噫！徒饱经手私囊，此中恭办之人当此民穷财尽之时，竟无一分天良，亦云怪矣。晴，晚阴，半晴。

二十五日（12 月 18 日） 刑席胡念芝拟明日赴省，因郁宪辰现委昭文县缺，代谋馆地。夜二钟后查夜，路中遇雨，仅到西门而回。半阴晴，夜雨。

二十六日（12 月 19 日） 会李泽之大令，因运河捐款豆行应集千文，善堂所管义塾，定于下月初七日早八点钟在署考塾师。半阴晴。

二十七日（12 月 20 日） 会赵伯含大令，谈及今岁米价大涨，办漕人人观望，大概由于外洋购买所致，奈何。半阴晴。

二十八日（12 月 21 日） 寅初恭谒天宁寺、万寿宫，行礼。回署诸客来贺者，均挡驾。晚在东花厅约刑席学生王亮臣，朱季香，钱席学生陈祝久，启席汪昚之，帐席何笙甫，晚饭，刑钱本席均到苏未回。晴。

二十九日（12 月 22 日） 在署，过午觉不适，游府李并金戈戈来，未见。半阴晴。

三十日（12 月 23 日） 午前会刘宝珍编修，可毅。午后会张小浦庶常，鹤龄。均由京回，二君之所以大半为天宁寺造殿一事，因详言之，自无可说。论到要政各有意见，部中满汉分党，前后分党，胶州事尚无定议，大约肯重任者无人也，可为痛哭流涕之事。半阴晴。

十二月初一日（12 月 24 日） 卯刻恭谒文庙，行香。回署会客，接龙城书院来函，荐保沈文明变嘉，候选刑导。为监院。午后校锡、金、宜、荆、江阴五县斛口，均无舛错，遂回。拜张小浦庶常、刘宝珍编修，并交寄盛杏荪少常宣怀。覆信一件。晴。

初二日(12月25日) 会杨桂墅，因育婴堂事烦，面缴龙城书院监院照会，惟有听之而已。荐恽叔伦自代，业已令办照会矣，奴子庞谦因杨绅缴到照会一时在怀失落，竟敢藏于箱后，殊属胆大妄为，拟交阳湖县惩办，众家人恳求，遂从宽，即时逐去。吴钱席已于昨日回署。晴。

初三日(12月26日) 午后至沈文明监院、恽季生内翰、钱子明观察三处，晤子明，痛谈，在彼略用点心。午前会分常委员沈鹭乡巡检，斯湛。五旬余，略尚应酬。晴。

初四日(12月27日) 午后较武、阳两县漕斛，会沈文明司铎、赵伯含大令，谈及时事，真无善法以调停也。晴。

初五日(12月28日) 会房鋆山巡检，树琼。因沙田局绅禀请，弹压委员拟于后日即同局绅恽北生前，面告其诸事留心为要。晴。

初六日(12月29日) 在署，因钱子明观察荐玉贾二人，昨将所看之货定价，翎管，红绿水猴别子，手镯。等竟买得，乃余父女之物居多，可谓一时高兴，葵妞甚乐之，亦大好也。晴。

初七日(12月30日) 巳刻升二堂，点善堂六义塾塾师，共到十五人。题，时文：温故而知新论；蒙以养正论。试帖：江路野梅香，得香字八韵七律；岁寒松，不限韵。午后备馒首汤面，本定申刻交，卷迟至亥刻始交完，此处愿晚不愿早，习俗使然，无如何也。午后至西门码头，接浙江学台升任安徽徐季和大理，致祥。在船传见，即时催武进赵大令赶将水脚开发，并备纤夫，拟登时开行，可为爽快之至。宗师为本省嘉定县人，庚申会元，套香帅解元文所中，人皆非笑之，然学问并不坏，且胆量甚大，作事勇往直前，小节不拘也。阴小雨，晚大雾。

初八日(12月31日) 令发审问沙田等案，午后会记名副都统瑞幼泉大哥，征，为姑舅姨母胞侄，恭仰泉观察之子也。并赠其路费廿元。拟赴苏见中丞，并求致首府中军各函，求照应。旋赴西门谢步。恽季申来，痛谈。阴，雾。

1898 年

(光绪二十三年十二月)初九日(1898 年 1 月 1 日) 会分常胡雁宾主簿,其溶。人甚文气,盖由附监捐纳,与此班不相称也。李泽之来,为商务局、保甲局、龙城书院各事。午刻约瑞幼泉都护,征。赵伯含大令便饭。阴,微雨。

初十日(1 月 2 日) 会分常俞揆伯典史,尊度。人是老当差者,油滑声调,未免练之过熟。赵伯含来谈,闻山东挖榆树皮者纷纷南下,闻有数百人在乡村搅扰情形,殊觉可恶。阴。

十一日(1 月 3 日) 会华梓敬孝廉,同揆。并接若溪院长来,代给孝廉吹嘘,送到朱卷十数本,盖同族也。晚又接院长来信,以重修府署碑记须大手笔方敢着手,逊谢不敏,拟托缪筱珊编修。盖明岁亦在院长之列,故可推托也。阴,雨。

十二日(1 月 4 日) 在署,拟将分常委员凡分府不禀到及禀到私自远离,均请藩宪记过撤差。禀底办就,请刑席复加斟酌。早晴,晚阴。

十三日(1 月 5 日) 张华秾总镇由苏州来此看望,谈及自强军德人教习不过洋阵数十样,现已学成,实无可再用,且有中国应习之技,彼族万不能教。该兵等戏谓德人云:与贵国交仗,尔等不至看我等服色帮同尔国打我。则兵心之向可知。恐于临阵时彼未动手,我已先伤其教习,大为不妙。明岁德人限满,三月内。总以辞之为是。其一班德教习等数十人,每年所费约在十数万金,果将此项腾出,于原有二千余人又可练二千五百人之谱。其总办乃沈仲礼观察,为宁波人，曾当细崽，为宦场中所不耻，每月薪水约在千金，在营中毫无所事，华秾则每月百金，一日三操同德人一同骑马入队，何相去天渊。因借余二百元，登时付给。闻其前在通州腾字营，民间送给牌伞，刻下自强军驻吴淞口，民间又送其牌伞。盖营兵不扰民间，近日不多睹，故民之感激自不待言矣。会发审宋蕉午、庆少甫，派其过案，面回大略情形。雨雪交加。

十四日(1月6日) 晚间交笙甫给念芝寄信，并寄老人和还款，丽青阁款亦交笙甫寄还。晴。

十五日(1月7日) 辰刻恭谒武庙、郡庙，行香。回署会客，分常委员高保斋巡检尔镛。来见，说四川话，人颇精明，旋派其冬防，同胡雁宾其溶。五六断。收呈一纸札，荆溪县接抚宪幕承志来函，代荐仁堂屠沛勋，说向屠，递呈一纸，批驳之，承公为何如人，不记忆也。晴。

十六日(1月8日) 会杨雪岩、殿玉。沈子仪严。两孝廉，皆新贵也。奉藩宪批，请捐川赈核奖花翎，云据送履历并解饭照等费银二十七两三钱，已分别兑收存，候汇案请奖矣。兹填实收一张，随批饬发，仰即查收执守此缴，初七日实收，内载一万壹千玖百叁拾贰号，有外加红印戳。查翎枝一项，现已奏请加成，收捐相应加戳、登注等语。又有呈交正项银玖百两，其实交五百两。核与报捐花翎相符等语，系四川藩台印，前衔为筹办四川赈捐布政使司。旋由胡念芝由苏购到翠翎管一枝，前次自买皮玉翎管一枝，从此虽无车马之音，却有羽旄之美，何能逃有识者笑乎！早间并至陶铨生观察处，吊其令弟七先生。晴。

十七日(1月9日) 会乌溪关水师许定臣都戎，国祥。人甚儒雅，无纠纠气象，地方情形亦颇熟悉，历任抚宪均为赏识，真名下无虚矣。孙襄臣、刘詠台两大令来，因无锡前后任交代也。旋回拜许都戎，已开行，并给杨、沈两孝廉谢步。赵伯含晚会，亦因芜阳交代监盘为修衙摊款，说不清也。晴。

十八日(1月10日) 会刘詠台、孙襄臣两大令，交代已有规模，不至初限不结此事，实为刘令厚让孙令，不甚了了也。贺吉人未入天相来，因分常禀谒未入，曾经分常，去岁五月满，今复来也。半阴晴。

十九日(1月11日) 在署。早霜，雪后，午晴。

二十日(1月12日) 辰刻朝服恭谒，大堂暖阁西面北望阙，因戴花翎，恭谢天恩，转正暖阁前面，北拜印封印，均三跪礼，旋进内，更花衣升堂排衙，俟各役参谒后退堂，至各幕均未见，在东花厅约各幕早饭。晴。

二十一日(1月13日) 杜守府来，未见，大约又为钱想法。前仉游府来信，因刘令玉霖欠款，请府文催，已将原文送回。现接刘令来函，乃讹诈也。大约武途科甲多半不知羞耻为何物，设科之意全然泯灭，仅止讹人索诈，甚或贻害民间，尚不如行伍勇营两项出身略知轻重也。噫。半阴晴。

二十二日(1月14日) 会房鋆山委员，树琼。由沙田回，所禀颇得要领，因奖励之，甚为高兴。阴，微雨。

二十三日(1月15日) 会伯含大令，因其三弟夫人于二十日过门守节，请假二日，按此事吊贺皆难，兹晤面略为周旋，家中不幸中亦大幸，比二先生得殿撰同为不易得之事也。晚饭后补服，恭祀灶神，此处鞭炮外有高升起花，殊可笑。阴，雨。

二十四日(1月16日) 会分常委员吴吉其，崇文。今年五月间由常销差，刻下复分来此，与贺天相无异也。阴，雨。

二十五日(1月17日) 会瞿孝廉，光黼。由刘闻沙回。阴，微晴。

二十六日(1月18日) 会分常孙有亭，沣兰。人甚精明，相亦不俗，惟左目少斜。高亮畴大令销假，因误服此地医药，几乎丧命，苏省名医以常州为第一，不过如此，幸约其家乡人王吉人来治，大见功效，不过两三剂药也。此君亦是异人，身不满三尺，两目似失明，不意其有绝大本领。两钟后回拜瞿兄，并至保甲局晤佳若、桂墅、泽之、叔伦、鹿苹。半阴晴，晚阴。

廿七日(1月19日) 会恽次远侍郎,彦彬,工右。由广东学政回,现请假两月,为阳湖籍,辛未传胪,人品学问均可钦佩,大约拟不出山,此君如在家乡,未尝不可转移风气,为常郡之福也。旋回拜。赵伯含来,略谈,议元旦日蚀因作如何服色,并行礼时刻尚未说定也。陶铨生来,痛谈时事并天宁寺工程,尚未有如何定议。晚间送到铜火炉一架,与去岁所送相仿,架雕花较细,此事面告,因阳湖县打听有府中甚爱此炉,欲向其价买之语,故尔送来,当面力辞,竟不获已,甚奇也。半阴晴。

二十八日(1月20日) 约诸幕在东花厅吃烤羊肉。会伯含大令,议定元旦子时天宁寺各庙即挨次行礼,不到天明便可拜讫,彼此不往贺,诸绅行礼拟另作一班。晴。

二十九日(1月21日) 诸寅友辞岁,均挡驾。午刻约诸幕,在东花厅便饭。晴。

光绪戊戌元旦(1月22日) 子初恭谒天宁寺、万寿宫,行礼,在籍工部侍郎恽次远先生随同行礼,在各官拜位之后,有议其应在前者,而先生不敢,甚是也。即谒文庙、武庙、郡庙、灵观庙、大仙堂、灶神前,礼毕后丑正矣。每岁元旦拜牌行香,约在寅卯之间,今逢日蚀故赶前,天明似不便花衣,因皇上有不朝贺之谕,在署未经拜年,申刻常服向系素服。行初亏礼,常服行食甚礼,所以用常服亦本明谕,花衣行复圆礼,酉初余矣。早微晴,午后阴,微风雨。

初二日(1月23日) 卯刻花衣恭谒营田庙刘猛将军前,同官致祭,礼毕,拜客。回署与幕友在大花厅彼此一拜,饭后复拜客。阴。

初三日(1月24日) 昨接首府来信,勿庸进省拜年,并会馆亦未定团拜,今日在署。半阴晴。

初四日(1月25日) 会万筱园大令,面递禀一件,因宜兴典史马长康私放在押人犯郑琢如,郑系浙江仁和籍,伊岳母家产尽为所有。伊岳母故时复甦言:阴司为其本夫及夫兄弟所告,不应将家产尽复该女之手,将其承继之嗣孙并儿媳逐去,即令其婿赶即交出契据等项，不然阴司不汝容也。言毕气绝。万大令言之凿凿，余因阅呈交此案全卷后批有：免致阎罗王面前再添罪案等语。以为怪诞不经，似公事不常见之语，因询之，乃知有此一断因果。回拜时万大令在船上，如此云云，并云宜、荆两县已传遍矣，报应之说可补圣经贤传之缺，洵不诬也。如此恶人马典史竟敢私放，亦殊难容。晴。

初五日（1 月 26 日）　会史佳若观察，为天宁寺而来。奔牛司巡检蒋文卿端。来，武进曾提及于地方甚留心，因面奖之。晴。

初六日（1 月 27 日）　会赵伯含大令，痛谈天下大局，太翁系阵亡，其忠义之气不泯，颇可用也。风，晴。

初七日（1 月 28 日）　会李泽之大令，因蒙泉斋开馆，商酌府县是否前往，因思既归龙城书院，即按书院章程办理，似官勿庸前往，可少一番周折也。晚间因作札致之，以便从此立案。晴，风。

初八日（1 月 29 日）　会小河司蔡子靖巡检，痛谈时事，多为之浩叹。王翰坡巡检起銮。谢委宜兴县典史，伊初任署缺切属其诸事，谨慎为居官之要著。晴，风。

初九日（1 月 30 日）　在署，内眷赴吴子才、汪春之两幕友处拜年谢步。闻北门外有因奸将本夫两目挖瞎之案。晴。

初十日（1 月 31 日）　会高亮畴大令，面禀迎春后拟欲进省，盖欲藉此赴瓜州，亦人情之常也。半阴晴。

十一日（2 月 1 日）　会杜泽邦守府，痛谈，因各城门渠竟无法办理，盖谓李游府一味私心也。知厅面禀拿赌棍五人，即令其交县惩办。伯含大令来，谈及时事，可为浩叹，刻下胶澳暂可无事，然不足恃也。噫。半阴晴。

十二日（2 月 2 日）　会周弼臣、相辅，奔牛厘捐局。周彬甫思懋，宜兴厘捐局。两大令，谈及厘局与各县必须互相照应，方于大局无碍，往往彼此歧视，小人因而生心，以致衅起不可收拾，应彼此均须认咎，两令颇以为然。何益三守戎清辉，现署宜荆。来，拟由此到松江见提台。绅士陆彦秀佑德。由湖北来，据云系候补知府，因见其戴水晶顶，面询之，乃保知府未经引见者也，满面烟气，不知为谁家子也。半阴晴。

十三日(2月3日) 辰刻恭谒刘猛将军前，祭祀，回署。午正余东郊迎春，因落雨未乘显轿，沿路看闹热者皆持雨伞，可谓好事矣。回署后，俟三梆后乘轿至仪门鞭春，因明日国忌故改于今日，恐服色不便也。立春系十四日丑正一刻十五分，顺天府系丑正一刻二分。晚间约幕友在东花厅酒饭。阴，尽日雨。

十四日(2月4日) 今日少觉凉，自到任后，每遇春后雪，今岁不知如何，然麦田望雪甚殷，如无雪，雨亦甚佳。昨日东郊玄妙观待乘舆，本观道士来周旋，系山东人，言迎春落雨系丰年之兆，不知然否？阴，小雨。

十五日(2月5日) 辰刻恭谒武庙、郡庙、灵观庙，因节未见客，均挡驾。晚间约诸幕友在东花厅晚饭，内石友竟大醉。微晴，晚阴。

十六日(2月6日) 会葛江村大令，谈及英国，闻有欲据长江并两湖之意，法国欲据琼州，大约此说亦不甚虚，目下百孔千疮，真无如之何矣。吕松洲茂才由无锡来，略谈，旋回拜两处。晴。

十七日(2月7日) 会李泽之，商酌龙城书院蒙泉各事宜。晚会李硕甫别驾，为王重光假。桐太尊来信，以招呼各县帮其会试盘费堂启。汪春之寿，在彼晚饭。晴。

十八日(2月8日) 早会施润斋大令，晋省过此，谈时事颇中肯，不愧为世家子弟。大令为襄壮公琅之后人，历汉军籍，现承袭侯爵三等靖海侯。某之父也。旋回拜。到龙城书院，拜蒙泉老夫子姚安甫祖泰。茂才，陶铨生、史佳若两处痛谈，回署时已未正矣。晴。

十九日(2月9日) 午刻朝服拜印开印，进署更衣排衙等毕，复进署至各幕处，均未见。晚约东花厅酒，内眷约师太太并小孩等晚饭。晴，风。

二十日(2月10日) 早会陶铨生，痛谈。午后回拜王重光孝廉、李兰阁游府，新由宁回。晴，风。

廿一日(2月11日) 早辰给王重光送元卷十元，会伍澜芝绅士，赵伯含大令来谈。晴。

廿二日(2 月 12 日) 昨日龙城书院李泽之送到捕经正堂匾额跋语。一纸来信云，业已上漆，不日告成矣。今日询问，廿五日甄别，须在封院住宿，大约此届有千余本卷，五六百人，因经古有兼算学者，一府中亦可谓盛矣。高令来，由省回，郡省中均安静也。晴。

二十三日(2 月 13 日) 在署，晚间接家信即复。

二十四日(2 月 14 日) 会新选武进金倬云广文，汉章。淮安盐城人，年岁不到三十，人甚老成，未知会试如何？仍来此处否？华若溪院长由家乡来，因明日甄别，闻瞿大宗师亦请其在江阴看书院算学课，真名下无虚矣。阴，微晴。

二十五日(2 月 15 日) 辰初刻赴龙城书院，甄别舆地天算经古词章，各生点名后，两县辞出，遂扃门录题后，回拜华院长。早晚饭同院长并院董李泽之、沈文明，在经正堂用，放头排升堂，二三排委各教官前往。晚即在经正堂东间下榻，屋内收拾甚洁净。阴，一日雨。

二十六日(2 月 16 日) 由龙城书院用早点后回署，尚有二生未完卷，只好不阅，白天不过彼此喧笑，目下着急已晚，且先交卷者亦有狗屁不通，谁谓江南尽才子也，一笑。午后会无锡汤梅荪二尹，毓懋。在苏知厅多年，相太尊曾有信来，人尚老成。庆少甫大令来，交到宜兴万小园大令拟筹乡会试盘费□稿，洵留心寒暖，可嘉许也。遣人送李泽之孝廉元卷四十千，书院可筹三月束脩六十千，可无虞不能北上矣。然书院中孝廉独任其劳，且精细非常，洵不易得之才也，惟家内甚寒，奈何。阴，雨。

二十七日(2 月 17 日) 在署。阴，雨。

二十八日(2 月 18 日) 会陈子棠，广文。禀辞，因本任金倬云本有晋京会试一说，忽然犹豫不定，恐留子棠在署，署缺未必作得到也。新贵刘述文孝廉毅。来谒，因办公未暇见，旋差拜，送给贺敬六元。此次新赏均以贺敬六元了之，诸幕之斟酌未免太少，哈哈。阴，雨。

二十九日(2 月 19 日) 会陶铨生，面交数件地方公事，均札县办理，赵伯含因后日县考，面谈一切。阴，雨。

三十日(2月20日) 回拜陈子棠、金倬云两广文，高亮畴大令亦因县考而来，借龙城书院，武进借江西会馆，均于初一日开考。高令谈及蒙泉捐款，甚是也，然须缓商，渠亦领会此意。阴，雨。

二月初一日(2月21日) 辰刻恭谒文庙，行香，会客，收呈词一纸。亥刻接到铁弟电音：惊悉大嫂恭勤夫人于昨日仙逝，时刻未经叙及。呜呼。恭勤公于十九岁迎娶夫人，廿一岁于归，于今年屈指计之四十三年，年六十三岁矣，事先慈以孝，闻于里党，余与铁弟皆承抚养，因疯疾屡治未愈，竟尔仍由此病长逝，一生未经安享平福，始遭困穷，继缠疾病，其命也。夫姓布尔察氏，幸有孤侄寿昌，系庶产，亦可聊慰泉下而已。阴，雨。

初二日(2月22日) 忽来举人汤瘦霞，振鹏。为癸巳科，得意受知，师内将贱名列入，太觉不经，各举人来辞行，均未得晤。常家信一封。阴，微雨。

初三日(2月23日) 寅刻恭谒文庙丁祭，自寅正余签名至礼成在前后一时余。谒文昌宫致祭，后回署，已辰初矣。会经古精舍院长缪小山编修，荃孙。本属江阴人，丙子科庶常，现充江宁钟山书院山长，古学为当代驰名，人亦纯净，询年五十四，长余一岁。李泽之为书院甄别卷，有三本迟交与其司事某，必令其代交，因而口角，特将其原卷携来，遂每卷批迟交不送阅印条，料此怪可绝。晴，微阴。

初四日(2月24日) 会费幼亭廉访，学曾。先服官直隶，早归林下，有同寓苏州，刻因归墓来常，人亦谦和，尚有老辈风度，为屺怀编修念慈。太翁，吴中世家也。伯含大令来，谈及书院并科岁考，除龙城书院有考场，延陵并岁科考均无考棚，疑欲商之八县，由积谷转习内划分办理，未识能办成否？姑晤诸绅商之再定。惟此地举一事，于筹款万分为难，大半能说不能行也。早辰刻恭谒社稷坛、神祇坛，回署即接告靖江白禀一件，乃无理取闹也。甚凉，晴。

初五日(2月25日) 胡念芝由省回，不意两月矣，承送黑白带座石一块，大约系太湖石，乃本地风光，且物以人重，甚足珍也。因谈及臬宪所荐黄次云茂才，来常阅卷，因系亲戚不便向府明言，并转托武进代言之，托念芝代达此意，遂致函于武进，俟关书备齐即交，转聘可也。风，晴。

初六日(2月26日) 午刻约院长缪筱珊、监院陶铨生、沈文明、李泽之、李系院董。恽北生、恽叔伦诸君，便饭。监院恽季生因看茔地，未到座中，谈及院长拟取二艺经古、词章。方为合式，刻下已过甄别，似不便明定，留以有待，并拟另建考棚于八邑，积谷转息下动用，如不足再由官绅酌捐，诸君颇以为然。早阴，午晴。

初七日(2月27日) 在署。阴，微雨。

初八日(2月28日) 卯刻恭谒吕祖宫，礼成，回署。刘耀卿由南京来，子诚刺史世兄。笙甫赠俞曲园先生八言对一副，甚可宝也。约胡念芝并诸幕在东花厅晚饭。阴。

初九日(3月1日) 在署。阅差条，抚宪、藩宪于初八日晚由苏赴沪，想德藩抵沪之信已确，不知办理胶事如何也。风，阴。

初十日(3月2日) 午后至北门外青山桥西屠印开启绥。家。拜龙城书院监院兼院董恽仲山。直州判振珂、发审宋蕉午、庆少甫过靖江县盗案，事主刘珍内牵涉伊侄刘大，是否属实，应详细推求也。夜大雪，午阴，晚落冰霰。询及本地人，于麦无伤，去岁冬腊月两雪尚无此大，若在北方甚以为怪，南方不足奇也。

十一日(3月3日) 会恽仲山监院，人尚结实，昨会高令，因盗勘案回。今据赵令禀赴乡勘盗案，何盗案之多，其中闻有不实不尽，然官自有信其实，不规避而已。昨日并会两发审，亦因规避以成不得了之案，可不慎诸！龙城书院送到舆地算学两项卷，每项拟加奖二十元。雨雪霰三交加。

十二日(3月4日) 会两发审，仍询靖江案，前经藩宪札，已于初八日下船赴沪，今又接札，接沪电，勿庸赴沪，暂回辕，其中消息令人难测所以。阴，雨。

十三日(3月5日)　辰初恭谒文昌庙，行礼，回署。高令来，未见。在署连日办理抚宪札，开各属密考，今午始令李兴缮单。会赵令，赴孟河城勘案回，发审覆靖江案。半阴晴。

十四日(3月6日)　会杨少临孝廉，长春。系北闱，旋回拜并赴保甲局，回署李兴缮就抚宪密禀，封妥，于明日发递。早晴，午阴并微雪。

十五日(3月7日)　卯刻恭谒武庙春祭，礼成，后复行望日礼，谒城隍、灵观庙，回署会客。连日巡道排单，为筹款各事，颇不易办也。阴。

十六日(3月8日)　会两县，近因府考在即，踏看应办各事，恐府署新修一切展布不开也。阴。

十七日(3月9日)　在署。昨夜大雪，阴，晚晴。

十八日(3月10日)　会李泽之孝廉，拟北上会试，将书院事宜册一本并信一件交到，以便移知后来院董，事务办理甚细，实可佩服，当批附卷以便日后考查。吴子才由常熟回，昭信票告示由抚宪发到。晴。

十九日(3月11日)　至泽之处送行，拜钱子明，为府署工程事，并谈拟修延陵书院事，渠颇以为然。闻无锡乡间有挖树皮食用者，未审是否谣言。阴，晚雪。

二十日(3月12日)　在署，今日复雪，天气亦寒。询之此地人，恐麦苗有碍，怕冻，又云冬雪苦春雪甜，恐有蝗虫。总之，无好消息。惟祈昊天慈佑以保斯民，真有人力无如之何之处。以《时务报》论各雪自佳，如春雪随下随化，尚无大碍，然未敢遽信也。阴，雪。

二十一日(3月13日)　在署，与刑席商酌宜兴典史马长康以贿放看管人犯，为万大令通禀，奉抚宪扎提府审讯，甚棘手也。天恩放晴，民心似可安定，寅感之至。半阴晴。

二十二日(3月14日)　在署，连日接札，饬府亲提各案，刑钱席均不得免也。半阴晴。

二十三日(3月15日) 在署,连日似无事,不知连日接牌单,今日接抚宪马封,系转致恽司空移文,大约为续假事也。早阴,午晴。

二十四日(3月16日) 在署,同何笙甫至大堂外看考试抬凳,并议府考用款。晴,晚大风,阴。

二十五日(3月17日) 厨子逐去,其糊涂万分,惟恐场内办不妥协,闻武进竟有童生因席上肉不熟,持向本官看者,殊为可笑。会钱子明,因工程开呈给两县文书底并清单一件,谈及茧行,今岁未免格外难办,游匪甚多,且外国虽有明文不得干预茧事,然暗中托庇于洋人者正复不少,惟恐其藉此寻衅,将奈何。米捐一事亦于地方有碍,目下米之昂贵大半由此。连日阴雪,少晴,复阴,麦棉虫皆恐有妨,如年成差,则不堪问矣。阴,雪,霰。

廿六日(3月18日) 会吕松洲世兄,现承孙襄臣大令荐与锡金厘局,到此告明,颇觉得意。赵伯含来,因昭信票并回明府署考试棚场抬凳。发审委员面回,靖江解到差役所供,恐有不实,须再添人证方可。审讯数日雪,讯结,伯含大令似无大妨碍,惟恐推算少差,以致往下推去,似亦有理。昨夜大雪,今日阴晴。

廿七日(3月19日) 早赴恽伯方太守处吊。午后会高亮畴大令、史佳若观察,谈及工程昭信票等,官绅均有为难处也。时事如此,惟有得尽一番心,且尽一番心而已。晴。

廿八日(3月20日) 会金倬云司铎,汉章。因办场面禀各事。赵伯含大令来,因监犯病故请阳湖相验,恐天时不正罪犯有染病之虞,当告以勿庸候札,即转告阳湖相验,不必拘泥也。黄次云老夫子,慈寿。为臬宪、伯含、念芝荐看卷,浙江钱塘庠生。半阴晴,风。

廿九日(3月21日) 会看卷兼总看瞿萝庄老夫子,庆元。浙江萧山廪贡,为何笙甫表弟,随约在署,诸位幕友午饭。陶铨生来,因前谈龙城书院已改课,经古、致用两精舍为武、阳二县所独占,其八县肄业之延陵书院未曾兴修,未免向隅,拟令八邑筹捐动工,今特由旧基推广绘图来商,应俟考场后再为酌办也。伯含、亮畴约到署,面告地方上大宜留心，刻因考场闻有土棍等颇为滋事，须严查拿也。半阴晴。

三月初一日(3月22日)　岁考前月廿八日取齐，是日丑初三炮升暖阁，两首县领名册头门点名，各童至仪门交签，多年不用签，因新署初次考，仍按旧规，点名讫，俟封门进内宅出题。已冠首题：财者末也。未冠首题：见义不为无勇也。通场次题：未有义而后其君者也。诗题：赋得欲人心致太平，得心字五言六韵。恭默圣谕"然学校之隆"，至"所系顾不重哉"。亥初放头排起，至子正三排放讫。阴，夜雨。

初二日(3月23日)　将考卷收齐，分交书房作四束，何笙甫"正"，黄次云"大"，汪春之"光"，瞿萝庄"明"，以便各看各束，均以图章为记，免致看错有所推诿。约知照二厅吴子英、士俊。马菊荞，时昌。令其在府墙外照料一切，严嘱其随时稽查，万不准其有人传递。今日阅武进考卷，因无由传递，与县考迥乎不同，挑一本整齐卷竟不可得，江苏文风已可知也。今与诸幕谈及，或若辈入学后才用工耶，皆大笑。阴。

初三日(3月24日)　丑正三炮考阳湖。已冠首题：选于众举皋阳。未冠首题：选于众选伊尹。通场次题：管子晏子之功可复许乎！诗题：赋得只在忠臣翊圣朝，得臣字五言六韵。八钟头挑起子正三挑止。恭默圣谕"大凡子弟之率不谨"，至"而干纪犯分之咎自鲜矣"。此次似觉安静，不似在龙城书院时不守规矩也。晴。

初四日(3月25日)　会吴知厅，拾得墙外字条四纸，皆系约传递速来，其急万分，殊觉可笑。午后出武进正榜五图，余锡、金学报到。半阴晴，夜雷雨。

初五日(3月26日)　会詹仲铭、嗣勋。王襄卿有赞。两教官。留常高保斋委员云：李总捕处颇不严密。伯含、亮畴两大令来，亦为场内事。半阴晴。

初六日(3月27日)　丑正升炮，考无锡，已冠首题：是故君子无所不用其极。未冠首题：见小利则大事不成。［考］金匮，已冠首题：此之谓絜矩之道。未冠首题：贤者识其大者，不贤者识其小者。通场次题：民之秉夷也，故好是懿德。诗题：赋得逢时吐气思经纶，得时字五言六韵。恭默圣谕"谨身率教"，至"亦可以观厥成矣"。不意锡、金两县文童大不安静，反不如上届，放二排已子正余矣。晴。

初七日(3月28日) 会宜兴张晓鳌广文，应曦。因荆溪宋澄之司铎文蔚。丁忧并兼署，看光景未必有何振作，未免平庸一路也。约锡、金两教官，因昨晚放排少迟各童即毁锁乱嚷，令其严饬禀保，如在不知守法，即将教官揭参，查出不知安分者，并禀保一并惩处。并札饬各学，即出示晓谕，五点钟出阳湖五图并扣考告示一张。晴，甚热。

初八日(3月29日) 会武进署县丞张子来二尹，庶康。人甚精明，在省多年矣，并带到彦詠之太守一函、保地山世兄谦。一函，地山为舒春舫令郎，闻刻下已晋京矣。阴，雨。

初九日(3月30日) 丑正升三炮，考宜兴、荆溪。宜：已冠首题：发而皆中节。未冠首题：载华岳而不重。荆：已冠首题：自诚明谓之性。未冠首题：振河海而不洩。通场次题：日行吾学，故谓之内也。诗题：赋得丈夫何事空啸傲，得空字五言六韵。恭默圣谕"汉儒有曰"，至"莫善于礼"。场内甚觉安静，每放排童生尚知起立，且真草俱备，询之教官，备草二字虽苏州府不谈此调久矣，别县亦然。放二排即交学官委员照料。阴，雨。

初十日(3月31日) 会金匮训导王襄卿，因童生钱大江将金匮县正场仅写题目印卷一本交堂上，并有该县印戳记一个，在无字处印之。有本府题目并写一行乱字，一行作一此字，混出府内，印卷则已携去无踪，要此印卷不知何所取意。该县短去一本印卷，仍将其名册未经开除，同为怪事也。即令襄卿传该廪保询明，该生府印卷即时取回。该县印卷应如之何，再行办理。午后出锡、金图案。因国忌素服，不作乐不升炮。阴，雨。

十一日(4月1日) 今日无事，因令刘顺找得洋板书，酌购之。会江阴秦芍舲、毓麒。秦幹臣赞尧。两广文,询其江阴地,因会匪游勇甚多,大多驻扎营头所旧识也。晴。

十二日(4月2日) 丑正升三炮,考江阴。正场已冠首题:人莫知其子之恶。未冠首题:人之患在好为人师。通场次题:此岂山之性也哉。诗题:赋得雨露施恩无厚薄,得恩字五言六韵。恭默圣谕"士习端而后乡党视为仪型",至"如是期可以为士"。各童进场后有吹哨者,盖洋船所用之物也,即令教官查之,竟不知隐于何处,殊觉洋气太重,待进宅时竟有童生因争抬凳,彼此辱骂纠扭,实不成体统,当饬教官查之。噫,士习可知矣。阴,雨。

十三日(4月3日) 日出后始净场,仅能叫嚷,诗文并不会作也。所谓人文渊薮,未免齿冷。昨令教官查明纠扭者何人,到底查不出,因将其教谕、训导均记大过一次,会靖江教谕倪小香、恩荣。训导朱怡云,培源。严嘱其饬知廪保,不可再令该童等不守场规以全其体面。李总捕由苏回靖江,马醴泉大令来,谈及各案、地方各项公事,无不棘手,时势使然也,可奈何。半阴晴。

十四日(4月4日) 会伯含、亮畴两大令,因昭信票意欲云云,因告以凑借两项,余已办齐六千两,不过明后日即可交藩库矣。惟借不能不行利,此亦当然之事也。两令亦无可如何,只得纳头办理而已。章杏初广文扶病来,将药方面验,似觉拘泥,然此届颇为安静,皆由事前布置得宜,深堪嘉许,因安慰之。房鋆山廉捕代王襄卿广文求将江阴两学记过案撤销,盖秦芍舲教谕深知愧悔,务求恩免等语。余告以无所谓之恩亦不敢谓之恩,只求诸同寅知朝廷功令实事求(事)[是],余又有何多求,即将稿撤销。晴。

十五日(4月5日) 丑正升三炮,考靖江。已冠首题:食之者寡。未冠首题:行之以忠。通场次题:土地人民政事。诗题:赋得欲济苍生未应晚,得生字五言六韵。恭默圣谕"诚能和以处众",至"共归长厚"。此县人多寒苦,大半如乡间来者,不似武、阳、锡、金"金玉其外,粪土其中"者,人亦安静。亥初放头挑,大约不似江阴,天明尚有未完卷者。看来风气越富越坏,教之可不讲哉。晴,微阴。

十六日(4月6日) 早会赵伯含大令,仍以昭信票拟赴省面禀各宪,只得听之而已。今日将六千款交蔚丰号起解赴藩宪署投递矣。午刻赴南门外先农坛行耕藉礼,穿银鼠袍褂仍热,前数天穿黑袖尚须中毛,天时不正也。出江阴正案。半阴晴。

十七日(4月7日) 在署,未会客。闻学台有闰十五日考常州之说,因赶令兵房备稿札饬各县提前初六日齐集,初八日开考,尚可来得及也。半阴晴。

十八日(4月8日) 丑正升三炮,武、阳、锡、金四县初覆前十名,调至东花厅,备馒首、面,以免出外买吃食也。四书题:权然后知轻重,度然后知长短。经题:德无常师,主善为师。诗题:赋得千林嫩叶始藏莺,得莺字五言六韵。外场十一名以下。四书题:行而世为天下法。经题:儒有今人与居,古人与稽。诗题:赋得一半春消风雨天,得天字五言六韵。补考。四书首题:人不知而不愠。次题:再斯可矣。诗题:赋得翠柳逐风斜,得斜字五言六韵。[恭默]圣谕"夫十年以长",至"致自离于人伦之外"。巳刻自赴花厅盖戳,因当面奖励教导各数语。晚间放二排,进内提堂卷写作,均有可观。阴,雨。

十九日(4月9日) 在署,阅靖江卷,无甚出色。半阴晴。

二十日(4月10日) 钱席由苏回,闻德藩有二十二日到沪之信。抚藩宪又须前往迎接也,可奈何。午后出靖邑,正案连日,尚有少间之时。晴。

二十一日(4月11日) 会伯含大令,拟数日内晋省,仍为昭信票之意,不知其如何措词也。晴。

二十二日(4月12日) 丑正升三炮,宜、荆、江、靖初覆前十名,均照前。四书题:春省耕而补不足。经题:春日迟迟,采蘩祁祁。诗题:赋得更逢晴日柳含烟,得烟字五言六韵。十一名以下:[四书题]:己欲立而立人,己欲达而达人。经题:君子豹变,其文蔚也。诗题:吴中山水要清诗,得诗字五言六韵。补考:四书题:默而识之。次题:学如不及。诗题：赋得桃李自成(阴)[荫]，得(阴)[荫]字五言六韵。恭默圣谕“书曰功崇惟志”，至“而业遂以废矣”。晚间放两排进内，场内颇觉安静。晴。

二十三日(4月13日) 午后放武、锡、阳、金四县初覆案。赵含兄晋省，发苏州府元和县两处信。晴。

二十四日(4月14日) 在署。

二十五日(4月15日) 会庆少甫大令，过宜兴典史家人差役一案，并托其复浙江穆诗樵司马提亲一事，将首府开到名条交其致信婉辞。高亮畴大令为昭信股票来，拟欲各县同禀请分摊，令其自酌度而已。晴。

二十六日(4月16日) 午前过马长康一案，家丁、差役及该典史并未贿从，应令其听候详办。午后出宜、江、荆、靖初覆案。晚间在大花厅约合署幕友便饭，里边备办四样北菜，大家吃喝甚适意，因看卷连次辛苦，藉以酬劳也。晴。

二十七日(4月17日) 会李总捕，因靖江文童寓所失去物件，竟将失单开出，许多挟带，殊觉可笑。同至总捕处，令其找还，此君大不得主意。余告以给县送信，令学老师弹压。阴，雷，雨。

二十八日(4月18日) 丑正升三炮，考八邑二覆。廿名以前，提穿堂官厅发审房内。四书题：子曰衣敝缊袍全章。廿一名以下，穿堂门外。四书题：子张问行全章。内外性理论题：太极本无极也。论赋题：望杏瞻蒲，赋以“望杏敦耕瞻蒲劝穑”为韵。诗题：赋得李白桃红杨柳绿，得红字五言六韵。补考：四书首题：君子坦荡荡。次题：及其使人也，器之。诗题：池竹开新笥，得池字五言六韵。恭默圣谕“查昔人御盗之法”，至“先事而为之备”。放二排进内，内外尚称安静。今日各生给糕粽。阴，雨。

二十九日(4月19日) 会阳湖主簿恩秋岩，长。询之，为旧户部同寅，恩锡之太守纶。令弟。署督粮孙铨百司马，凤钧。丁卯副车，曾在兵部武库司充当主事。早晴，晚阴，雨。

三十日(4月20日) 会李子服司马,福宪。卸任辞行,旋回拜送行。并会孙铨百别驾,到任贺喜,前金匮吴次竹大令熙,行三。因交代算清,特面禀一切,痛谈时事,甚有识见。约汤善甫给王姬人看病,此君为伯温太守族弟。半阴晴。

闰三月初一日(4月21日) 辰初恭谒文庙等处,回署,未见客拦舆,收呈四件。午后放八县二覆图,因礼房并套卷,以致出图甚晚。半阴晴。

初二日(4月22日) 在署,叶绩甫由荆溪来,明日即回。半阴晴。

初三日(4月23日) 丑正升三炮,八邑三覆仍按二覆,两廊不坐人。内四书题:千乘之国,至且知方也。外四书题:书曰:天降下民,至此武王之勇也。孝经论题:敬一人而千万人悦论。诗题:赋得壮心直气未全销,得心字五言八韵。散体,诗题不拘格不限韵,全作择作均听,不作亦听。咏古、感时、遣怀、书志,竟有作七古,颇多感慨。补考:首题:虽违众,吾从下。次题:我待贾者也。诗题:赋得春日为人迟,得迟字五言六韵。[恭默]圣谕"因而朋比协谋",至"尤可痛恨也"。将上灯时,放头排,随放二排,进内,内外尤为安静。半晴,晚阴,小雨。

初四日(4月24日) 会赵伯含大令,由苏省回,抚宪、藩宪皆未得见,赴沪接德藩亨利,闻此次称其为亲王,自称名,两宪十分难为情,然京内拟令如此,亦无法也。半阴晴,细雨。

初五日(4月25日) 昨日刑席赴昭文,大约须月底回苏,再回常。今日午后悬牌,提覆各县文童前廿名。阴,微雨。

初六日(4月26日) 辰刻点八县文童,在穿堂提覆《四书》四起讲:言寡尤,行寡悔,色思温,貌思恭。未刻交卷,内无出入,惟不到者置之廿名末。晚间约幕中诸友在大花厅小酌,因大醉,盖明日无甚事也。早午小雨,半阴,晚晴。

初七日(4月27日) 约看卷两幕,午前瞿萝庄老夫子庆元。回杭州，黄次云老夫子慈寿。回武进署。午后会高亮畴大令，因团练事颇在意。赵伯含大令因金教官修衙借款，颇费踌躇，目下麦苗大约七成可望也。半阴晴。

初八日(4月28日) 辰刻升炮作乐，乘舆至南门外教场，考八县武童马射，三攒箭无地毯。午刻将船拨置临近河内，同李兰阁游府在船用早饭，看至申刻竣事，以靖江为第一，其余不过虚应故事而已，武、阳两县尤为可笑，文既不备武亦不备，奈何，哈哈。晴。

初九日(4月29日) 在署，会同李游府考八县武童，由辰刻至酉刻，看到荆溪止，用双垛，因各童射箭过慢也。退堂后，会詹仲铭。王襄卿因文童不遵约束，现经严饬廪保极意整顿，只可从宽，札知既往不论以看将来。阴，雨。

初十日(4月30日) 会同游府考武童步射，辰刻入座，除用饭时，申刻看完。仍立双垛，一边鸣金，一边击鼓，尚不慢也。此乃询之学官有如此办法，免左右相混也。阴，细雨。

十一日(5月1日) 会亮畴大令，因勘盗案回，自新所有逃犯尚未大碍。赵伯章司马由省委理铺捐烟捐，刻下尚无章法，再须向两县商之。赵仲滢殿撰来，晤谈，因省亲到乃兄伯含大令署内。午后出正案，委知厅送榜。阴，雨。

十二日(5月2日) 会同李游府校阅武童技勇，看至靖江四十名止，合八邑而论，惟靖江人数较七邑尚多，大江之限如此。早阴，晚晴。

十三日(5月3日) 辰刻在署，同李游府看武童技勇，至申正竣事，并默写武经“是故不知诸侯之谋者”，至“其国可隳”。武考均完，人颇觉乏，大约久坐伤肝之故也。晴。

十四日(5月4日) 会发审，令提靖江解到刘珍，案内巡勇讯究仍无头绪，祇得定日覆讯。午后回拜赵仲瀛殿撰、赵伯章司马、恩秋岩主簿，惟殿撰处得晤，颇觉头晕，湿烝所致。晴。

十五日(5月5日) 应行香，请督粮恭代，仍觉头晕，料湿热无疑。靖江刘珍案,奉抚宪札提交省局讯办,自不难水落石出矣。晴。

十六日(5月6日) 因补送臬宪各属密考,奉批查阅禀折,考核平允,激扬处均确有见地,绝无瞻徇敷衍,非泄沓从事者所能望其项背。欣慰良深,仰仍随时考察,如有不能胜任之员,即行据实禀撤,望之勉之。此缴折存。闰三月十三日。实增汗愧,奈何。会武、阳两令,因团练平糶铺捐挑河,茧行似均有端倪。申刻出武童正榜,委照厅往送。晴。

十七日(5月7日) 在署,与诸幕痛谈。阴,大雨。

十八日(5月8日) 会赵伯含大令、赵伯章司马,均为铺捐等项而来。孙铨伯督粮为托人情,不甚了了也。午后至史佳若观察处道喜,名阶云。世兄中试进士。刘葆良检讨处,未晤。晴。

十九日(5月9日) 会树屏检讨,近见洋报有恭邸薨逝之说,询之,渠未出京时,闻恭邸病时,因德占胶澳,十分着急,于府内在屋中间踱,忽然唱起,唱之不已,登时气闭后仰,不知人事,盖用心太过,似患怔忡,或因此不起,薨逝之说,尚未见明文,如此形景,得不谓之贤王哉!噫!伯含大令来,拟欲动积谷存款,汇到上海、两湖买米,亦诸绅之意也。晴,半阴。

二十日(5月10日) 在署,发审过武进邹煜明、邹郑氏一案,因庆发审一人,未经提讯。写家信一封寄京。晴。

二十一日(5月11日) 会赵伯含,渠意亦拟晋省,仍以辞任为词。刘子诚别驾由南京来,旋往拜之,在账房住,差使不见佳,大有不了之局。约葆良检讨,竟未到,约明日。阴,小雨。

二十二日(5月12日) 早约刘葆良检讨,廿六日即赴京。便饭。高亮畴大令平价事略有端倪。晚约刘子诚别驾并诸幕饭,大醉,子正余方歇。阴,雨。

二十三日(5月13日) 会赵伯含大令,勘命案回。钱子明为盛京卿拟上海凑集款项,赴湖北买米,商酌动款,借可办理府署平糶。恽仲山来,书院开课,将缪筱山院长题目交给。半阴晴。

二十四日(5月14日) 辰刻赴东门码头，乘舟赴省，送者赵伯含、高亮畴、庆少甫三大令，遇顶风船，甚难行。灯后过高桥，无锡孙襄臣、赞元。金匮胡萼辉保联。来晤，因痛谈。幸茧行事胡令略有准备，似不至大棘手矣。晚即停泊黄阜墩对岸，船中无事，因仆人李兴携《坐花志果》八卷，因阅之，乃近人所作，因果书，尚于警善惩恶之意不谬。后附遇风出险七字咒语，逢阳干甲丙等日，诵阳干。奉请魁罡暄善萨，逢阴干乙丁等日，诵阴干。奉请魁罡晬善萨，暄音宣，晬音率，于行船有益也。晴。

二十五日(5月15日) 黎明由无锡开船，行六七里见稻糠船，被风所吹，倒于河内。又行二三里，风更大，纤夫不能前进反后退，因停泊野田边，风不止，河内波浪大作。饭后开行，风略小，雨至矣。三九里至新安镇停泊，仍无锡所辖地也，雨仍未止。阴，风，雨。

二十六日(5月16日) 由新安镇天未明开船，雨止风亦小。路过浒墅关，遇自强军马队赴江阴，服色颇类洋人，仅多一发辫，马尚膘壮，人亦无老无少，均系中年者多。询张华秾总镇，闻于二十四日乘船前往矣。过枫桥，询知寒山寺即在镇内，因拨转镇东到彼一游，方知索然无谓。庙门三小间，东房数间，已破烂不堪。有一千总在此驻扎。有一老僧引至后院，一片荒芜，大殿全无，石础尚在，前有石柱四根，三柱满缠茑萝似绿柱，惟一根独无，此寒山寺之一景。即下船，顺此路可通胥门，过石灰桥可免走渡僧桥。申正余抵胥门码头，紫璈大令来，未遇。晤葆臣大令，痛谈。令号房先为报到，明日再上岸。晚接抚台排单、谕函一件。晴，风。

二十七日(5月17日) 谒见抚、藩、臬三大宪，将公务回明，顺拜客，回船用饭。见客后进城拜客，晤刑席胡念芝、首府桐子霑，回船已不早矣。一日并未多拜，应俟明日。昨夜大雷雨。阴，雨。

二十八日(5月18日) 赴院，传见，藩宪、臬宪未见。拜客至牙厘局，朱竹翁面见，将各项公事回明，并见杜云秋观察。至沈旭初观察处，因令叔老大人沈意文方伯寿榕。曾与恭勤公至好，以世叔称之，辞不敢当，然亦无可不敢当，外官派也。午后进城，回时尚早，因乘轿船到盘门外青阳地，据云不过上海十分之一，然已不可问矣。洋楼重重，妓船甚夥。有戏园，有马路，有酒楼，最著者为松鹤楼，其繁华景象，一极俗二字匾该之矣。男女混杂，更不可说，耻之一字丧尽。阴，午后大雨两阵，凉。

二十九日(5月19日) 进城回拜抚、藩、臬三宪，均传见，回船后，沈旭初观察送到意文方伯《玉笙楼诗录》六本，因即时开船，恐有客下顾，实不能再登岸往谒矣。又遇逆风，来回俱逆风，亦奇矣哉。晚停泊浒墅关西挡中，因风不顺，又兼雨，殊难前进。风，雨，阴，偶微晴。

四月初一日(5月20日) 由浒墅关开船，天未明，又遇逆风，且雨路中暂停两次。过无锡，晤孙令略谈，胡令痛谈。移舟至黄阜墩西野田外停泊，因人烟聚处，未免噪杂过甚。阴，风，雨。

初二日(5月21日) 由无锡开船，仍逆风中，申正抵常州东关，未到二三里，即承伯含、亮畴、少甫三大令迎接，因船中收拾行李，未得接见。抵码时才得晤谈数语，即进城到署。晴。

初三日(5月22日) 辰刻赴北郊常雩大祀。会赵伯含，谈及省内诸事，承抚宪奖励，于明日拟即赴省。昨日与各幕夜谈多时。赵伯章司马因撤销捐业，已赴省。阴，雨。

初四日(5月23日) 会高亮畴大令，闻茧行团防略有规模，甚可喜。连日公牍堆积，从辰至晚料理一日，尚未完也。天颇较寒，恐于茧子不宜，麦苗亦恐受伤，实令人焦灼，奈何。阴，大雨。

初五日(5月24日) 会史佳若观察，谈及铺捐等，已奉部文停止，民心大悦。惟途来阴雨连绵，不免麦苗受伤，茧行亦大为减色，米价又复加涨，真令人无可如何。阴，雨。

初六日(5月25日) 会交卸代理江阴县陈介卿大令，其寿。所辖地方又有闹教之事。徐信朴首府诚檀。由宜兴来，弹压客民抢米，现已安静。二君旋即回拜。亮畴大令拟明日赴各处弹压茧行，令其晚间仍要回城。不然，余赴江阴，伯含赴省未回，正印三人皆去，似无是理也。晚间吴子才、汪春之两幕结亲，吴男家汪女家，约吃喜酒。并到钱子明处，疯子晚间令红儿送信一封，仍前糊涂，毫无悔悟，可谓恶极。阴。

初七日(5月26日) 在署，料理积压八天公事，并预备明日走后公事，未能一切完竣，留空白九套。某书所载，谓外官是不办事以为无事，真办事实有事也。信然。阴，小雨。

初八日(5月27日) 辰刻赴东门码头，晤庆大令，相送，遂开船。麦已有满黄色者，如不雨可收割收矣。过横林，遇钱子明观察，赴无锡经理茧行事。到船略谈，即为小火轮拖之而去，阔哉！过高桥孙襄臣大令来接，晤谈，不失为北方人面目，全无索解处。胡、高二令今日皆查茧事，高路遇，皆未得见也。直过北塘圩，泊西岸杨家圩观音堂东墙外。阴，雨，晚少晴，见月。

初九日(5月28日) 由杨家圩过大青杨，遇小雨，南闸又遇小雨。大麦已有收割者，蚕已上山不少，沿途小火轮及插洋旗内地船不一而足，皆系贩茧渔利者。江阴道中得五律一首，聊以塞责此行而已：久雨涨痕侵，行舟绿水深。竹新才解箨，楼小乱鸣禽。正值蚕丝候，遥看涨麦参。农桑勤苦在，应有自强心。茧已为洋人奏利，今岁粮米亦有贩出洋者，可奈何。东岸又于水次见鲜红小豆，疑系花苞，令舟人采之，询其名，谓之水菇菇，究不知其何物也。漫吟五绝一首：薜荔多缘墙，杨梅不傍水。何物敢效颦，奏得燕支美。三钟抵江阴码头见客，遂行装上岸，赴公馆复见，客仍寓保婴局中。更花衣赴学院，蒙瞿子玖大宗师传见。阴，甚热，夜大雷雨。

初十日(5月29日) 恭忠亲王于是日薨逝。辰刻，紫璈大令来痛谈，旋赴院禀安。补服。赴紫璈处谢步，复谈。还公馆，会教官，各学都到。靖江马醴泉大令晋省回任，到此谒见，谈及提省刘珍一案，伊此时才觉得受幕中所愚，悔之晚矣。早大雨，午后阴，晚晴。

十一日(5月30日) 昨日补考童，发给题目。四书首题：游必有方。次题：归与归与。诗题：赋得日长如小年，得年字五言六韵。恭默圣谕：古者天子亲耕后亲桑，至其理然也。今日辰刻，因县禀请赴院禀安，为时太早，穿蟒服赴文庙官厅坐。学台到，至门内站班，不复到官厅，即赴明伦堂，俟学宪行礼，大成殿。至堂外站班，俟学宪行礼，圣谕牌。后席地坐，面少西南，圣谕讲毕站立。学宪升讲席，打三恭，诸生讲四书讫，再打三恭，堂外站班，即上轿赴院，在含人厅暂坐，俟学宪回辕，进至仪门内，巡捕传谕、放告，应参堂著免，因而回公馆。饭后至各处谢步往拜，晤江阴营仉翼南游府，痛谈。半阴晴。

十二日(5 月 31 日)　辰刻出北门，至君山北，禀谒江南提台李寿亭军门，占椿。现统带自强军驻扎江阴，谈及游兵散勇甚多，现令营兵拿获盗窃各犯数人，交县审讯，以后如有拿获，拟不在营中之匪类由地方官请就地正法，如在营中者即按军法从事。军门此法小民蒙福不浅，地方受益多多矣。赴合字营，章紫春协戎其浚。营内未见，此君颇不理于众口，不及寿亭军门远矣。在军门处并晤张华秾总镇，遇李紫璈大令，因痛谈。进东门回公馆。来往约有廿余里。午后晤本局绅士封职钱槐卿先生，荫生，六旬余近七矣，精神颇强。晴。

十三日(6 月 1 日)　辰正出北门，回拜刘雨江大令、程厘委，南金。及拜别客。路遇张华秾总镇，两次约其到公馆见面，交给洋一百元。旋刘雨江来，意欲辞义渡局差，其中种种为难情形，反复讨论，彼亦无词。紫璈大令来江阴，与合字营未能浃洽，已密禀抚宪，谅无大妨碍，目下业归寿亭军门节制，其部下或可不致仍前无忌惮矣。晚房巡捕树琼。来，略谈。晴。

十四日(6 月 2 日)　丑初余，二炮，花衣赴舍人厅候。三炮，开门至公案前三恭。至头门点名，府学乱极，竟示候挨点，门斗将签窃去放给各生，学官毫无知识，外巡捕又未仪门扎住，殊为可恨。武进四县以次却挨次而行，点竣，复至公案前三恭，随禀辞。巳刻江阴南关开船，先在公馆收乡董请上忙缓至下忙，并微禀一件，其实万不可行。至大青旸，遇江阴孙子明粮厅，谈及已革举人孙毓林在此颇搅茧行，真无耻之尤者。因顶风，酉正余即停四河口。又名四河镇。因下船一游，见蚕事已毕，此处有茧行分局，到彼看其所收鲜茧，亮者为优，暗者为劣，价值始则四十余元，近日略低，亦在四十以内。并至各田一踏，稻秧已有二三寸上下，尚须半月余方能插秧。观姚忠毅公祠，公为宋人，守常州死难者，祠已朽坏矣。半阴晴，晚大风。

十五日(6月3日) 由四河口起椗，顶风过北塘圩，风略定，至高桥晤孙、胡两令，时逢大雨，询问茧行，一切平安，再过数日可竣。昨闻过大青旸镇，晤江阴县丞孙子明，谈及蚕事，有已革举人孙毓林在此地颇为搅扰，刻已赴小青旸，一路留意，并未见其船只，不知开往何处，其种种不安本分者，大半学校中人，以致各行约来洋人照料，则不敢十分强横，言之甚可丑也。亥刻抵常州东门，赵、庆两令来接，过船晤谈，进署子初矣。缘雨后渡高桥后，不意东南风转为西风，又系顶风，因思进省来去皆系顶风，此行亦复如此，殊不可解，想天垂佑示以逆来顺受之意耶，无处不应警惕者此也。早阴，午后晚晴。

十六日(6月4日) 早至各幕处周旋，伯含大令来谈。晚至笙甫账席处送行，明日拟回其家乡萧山。晴。

十七日(6月5日) 会高亮畴大令，巡查茧行回，现已竣事。惟今岁洋人甚多，谅以后必仍加增，行情极好，到四十二元。晚间勘铁路工程潘观察学祖。到，赴西门往接，未遇。晴。

十八日(6月6日) 会潘芸孙观察，学祖。为芸阁相国文孙，人甚精明，在山东多年，旋以府班发江苏，以道员现发浙江，勘路由此达江宁，或舟或陆，甚觉辛苦，即回拜，承送《会通机器图说》一本，盖观察独出心裁，舍洋法自创一格，洋人亦颇佩服，何谓中国无人也。并拜其随来测量之英国工程司玛礼孙，未晤。回署，晤李兰阁游府。晴。

十九日(6月7日) 会宋蕉午，委赴荆溪查案回。伯含大令来，交其寿亭军门搜出安清道友折二件，所录皆其入会情节，鄙俚可笑。晴，晚少阴。

二十日(6月8日) 早访陶铨生观察，痛谈。午后回拜省委提武阳杂款谢香圃大令，兰轩。忽有赵光直先生良诒。转由华院长送到书六本，题签为“家集”，两册，检其书，《皇朝武功纪盛》二本，《汉西域图考》四本，《纪盛》乃瓯北先生所著，此君为其后人无疑，图考乃广东人李恢垣光廷。所撰，与此君无干，何以竟书“家集”？询之，乃素患痴痰，则无怪其然矣。新科进士赵椿年系其世兄，则瓯北尚有后人，读书亦云幸矣。晴，颇热，灯后小雨。

二十一日(6月9日) 会朱峒仙照磨，炳辰。为前守府朱君之子，拟欲由常禀请作为留常差遣，此举向无如此办法，辞之。看其光景，乃少不更事，神情仍似额外外委之流，谦不中礼，殊为可笑。接李兰阁游府来帖，约明日午饭，辞之。半阴晴，小雨。

二十二日(6月10日) 会钱子明观察，由无锡办茧回。据云行情始卅余元，继四十元，至四十二元止。各行统计共办有一百四十余万元，亦可谓大生意矣。因天甚热，头颇晕，晚饭未吃。半阴晴。

二十三日(6月11日) 会高亮畴大令，因茧行安定，拟明日进省回禀一切。赵伯含大令因命案尸亲不将棺木领埋，其中有讼棍在内，即令其严缉惩办。晴，晚阴。

二十四日(6月12日) 连日藩、臬、道三宪排札，以扬州沈守禀称，各教堂目下大约会匪中人在教堂门首粘贴示谕，大概谓各鬼专挖小儿心肝眼目，狗官并护教害民，现在大学士侯将军等奉其旨杀鬼等语，后有大明元治年号。其悖逆自不待言，惟严饬各属极力防范，祇有此一法也。阴，小雨。

廿五日(6月13日) 赴保甲局，晤恽叔伦、余鹿苹，近日地方尚属安谧，闻华院长已搬至此处新宅，往拜，未遇。晴。

廿六日(6月14日) 致史佳若、杨桂士两乡绅，以京中寄到《小学韵语》《弟子规》各六十本。令义塾各生读之。致恽仲山《大学衍义辑要》二部，《小学韵语》《弟子规》各卅本，为蒙尔义塾小学生补读。阴，大雨。

廿七日(6月15日) 接紫璈大令来函,江阴赴考文童武进刘唐宴颇不安分,即致信于赵大令饬拿。半阴晴。

廿八日(6月16日) 赵伯含大令来,因病未见,大约风邪所感。半阴晴。

廿九日(6月17日) 头仍晕,身酸痛略减,早晚服粥,用瘟疫三方第二。羊儿逐去,实属不安本分,可恶之极。晴。

三十日(6月18日) 仍病,伯含大令亦病,家人病者亦多,所病头晕腹泄大半相同,想系时令如此。晴。

五月初一日(6月19日) 仍未愈,夜间竟赴两次,仍泄。行香,请督粮代。晴。

初二日(6月20日) 病似少减,惟饮食未能照常,时作干渴,小外黄色,似湿热所致也。早晚仍服粥。闻刻下又盼雨,为新苗也。晴。

初三日(6月21日) 会宜兴新生任伯粹茂才,凤祥。年约廿余,已四次小考。陶铨生观察因平糶事即将札县,并浙江买米去信覆信,均令其阅看,再商办法。晴。

初四日(6月22日) 会亮畴大令,因米价昂贵与绅相商,并出示。吕松洲世兄、李泽之大令分发湖南,由京来,月内即赴省矣。新生刘咸熙,际昌。乃武进世家也。晴。

初五日(6月23日) 巳刻恭祭祠位,后在大花厅约幕友早饭。午后陶铨生观察来,因给盛杏荪京卿发电,同回电送到。买米平糶事可有感,请勿庸惦念,殊属可感之至。今日雨,稻田值插秧,甚有益也。阴,雨。

初六日(6月24日) 会亮畴大令,购米平糶一事,大令独任一万元,其意实堪嘉许。伯含大令又转假三日,闻已转疟疾,平糶筹款尚未有端倪也。致锡、金买米一事信,今日发。阴,雨。

初七日(6月25日) 会镇江府知事梁蔚生,文炳。赴李泽之大令处道喜。史佳老、陶铨生均晤谈良久,因平价米已议有端倪。明日铨生观察前赴锡邑，携护照即可办运转常，大约可安抚众心矣。阴。

初八日（6月26日） 会新生张仲芳，专勋。并华院长搬至新居也。晴。

初九日（6月27日） 晚间晤子才先生，接抄街匿名帖，谓米价昂贵，皆因乡绅刘葆良所请前次积谷平价，以致刻下应用不能放给贫民，惟有约人抢其家食其肉。鄙俚不通，大半系此处流氓所为。惟米尚未到，因赶紧致电锡、金，转达陶绅，于明后运到方妥。阴，雨。

初十日（6月28日） 巳刻出西门，赴官厅，略坐。随上船，接瞿子玖学宪，未停码头，因并船谒见，痛谈，天极热，回署饭后。伯含大令病大愈，因平粜米特来商议，已有端倪。晚间大雷雨。

十一日（6月29日） 会新生瞿管豹，葆刚。遇汉秋。镜函。晚接陶绅来信，已由无锡回，闻办米二千石，实不易易。盛京卿米尚未到，各处禁米出境，颇觉掣肘。半阴晴。

十二日（6月30日） 会陶铨生、恽莘耘两观察，伯含、亮畴两大令，皆因平粜米而来。今岁各处米粮告匮，实令人焦灼，奈何，奈何。亮畴大令发电至瓜州，回电江北亦禁出境。半阴晴。

十三日（7月1日） 卯刻恭谒武庙，礼成，后赴陶铨生观察处晤谈，恽莘云观察、季生中翰贤竹林未晤，即回署。晚间制宪札崇明，请开各处米禁。晴。

十四日（7月2日） 会伯含大令，定于十六日设局卖米。半阴晴。

十五日（7月3日） 辰刻恭谒武庙等庙，行香。回署后会客，接收呈二张，亦有靖邑告米事，私查，外洋仍未禁住也。微雨。

十六日（7月4日） 因诸绅请粜米，平价设立四厂，两县至彼弹压，不意来二三千游民，将米抢掠，并用砖将伯含头打着，幸未伤。总所阳邑庙诸绅来约，当即前往，闻东西门仍聚不散情形，太可恶。余因告两县并约游府，即往打散，格杀勿论，事遂安静。拿到抢米犯人廿四名，当时在庙设立公案，讯后即责藤条，均钉镣，分交两邑监禁，回署已亥正余矣。天甚热，加以三件衣服颇不适。旋至钱席处，会两邑老夫子商酌禀稿示稿，此事未免为诸绅行善事者寒心，大半江北并本地屎渣所为，实堪痛恨也。半阴晴。

十七日（7月5日） 街市甚觉安静，巳正赴保甲局，晤各图董，传地保。谕以昨日抢米诸人，刻下如能将米交于图董，转呈两县，可以不问姓名网开一面；如不交待，经查出自严办不贷。周少怀、武润芝两绅来，谈及常郡米店，仅有十日粮，恐后难为继，因致信于恽莘耘观察，前盛杏荪京卿已运至镇江米七千石，不可退回，仍济吾常为是。半阴晴。

十八日（7月6日） 丑时，四弟得子，乳名三蓉，大名葆性。会两县，恽仲山来，以孟河需米，前已由总所应许，刻下当为之何？告以赴两县斟酌。旋赴莘耘观察处，因拟留盛京卿之在镇江七千石，商而未准，特致信于两县。武进特将昨日闹剩余米呈验，发块等等，不一而足，以此等米定价四十八文，未免为数太大矣。半阴晴。

十九日（7月7日） 接莘耘观察来函，盛京卿来电，询在镇江运米，常郡是否留用？应由官作主，当约两县，详为商。旋陶绅以武进查回米石有霉烂成块者，拟往天宁寺一查余存，即可知其是否。因彼此争论，至未正余只好约三君在此吃面，议妥后寺已不能前往矣，可发一笑。会靖江马醴泉大令，因提省案卷大约不便求给，桐子霑太守改候照应，亦属可笑。何今日之多奇也。晚发盛京堂留米公电。半阴晴，晚大雨。

二十日（7月8日） 辰正赴东门天宁寺，晤两县。陶铨生因伯含搜出有发块米，故到此，与所购无锡米相较，实在发块非无锡运米。铨生大为不怿，此未免赵大令荒乎其唐矣。在庙晤冶开上人，清镕。甚明晰，为扬州人，强于本地绅矜远矣。晚接莘耘观察来函并两电，即发公电。道宪请饬送四千包，并拨炮船保护。原七千，镇江已留三千矣。阴，大雨。

廿一日（7月9日） 本拟访恽莘耘观察，适今日放西仓积谷，因作札告之。旋方筠山典史由苏来,晤谈良久。两县赴仓回,据云均属安静,随莘云观察来函,接盛京卿来电,当交两令拟底议覆。晴。

廿二日(7月10日) 会太湖水师统领李湘帆军门,奉中丞命带炮船到东门,以示弹压之意。旋赴天宁寺回拜,痛谈,人甚爽朗,湖南人,久历戎行。晴。

廿三日(7月11日) 晚间接信,杨宪到常,即往西门迎,旋报马已停东门,即赴东门,直至小火轮码头,方得谒见,为抢米事也。会武、阳两令,为米事。午刻李兰阁游府约天宁寺,陪湘帆军门吃素斋。回时赴陶铨生处一谈。晴,甚热。

廿四日(7月12日) 会李寿亭提宪,在花厅痛谈。巳刻约李湘帆统领、李兰阁游府、武阳两令便饭。恽莘耘观察来,仍为米事,并荐王、庄两绅可以了理平粜事。灯后接信,学宪经过,即往西门迎接,小轮拖带不停码头,已开行矣。晴,甚热,九十四度。

二十五日(7月13日) 会赵伯含,因抢米事见新闻报,此事实难为典要,似不必放在心头也。午刻赴阳湖署,两令约饭,回时拜庄。晴,午热。

二十六日(7月14日) 会吴次竹大令,因省委查新闻报有怨,赵伯含、陶铨生以为虐民,真正乱谈。似彼处劣绅所为,实属可恶。因告其原委,并令会同阳湖县,将拿获匪徒审讯。晚接盛京卿来电,米已到常,即札两县经理,到原办平价诸绅处,请再办理平粜。并看伯含大令病。晴,风。

二十七日(7月15日) 会亮畴大令,夜间丑刻赵仲瀛殿撰因伯含大令于子刻病故,大令兄弟四人,只剩殿撰一人,上有老亲,已经似疯疾,欲给大令鸣冤,深恨新闻报馆,大令生前已有通禀求各宪代其剖白,并治报馆罪名。报馆固属可恶,然无可如何也。惟安慰之,症系因署热所致,夏日亦可危矣。卯刻恭谒城隍神尊前上祭,回署。晴。

廿八日(7月16日) 会吴次竹大令,照。即委其代理武进县。

赵次凝捕廉，重。武进人，奉盛京卿委押镇江米石到常，令其到东门卸载。即会吴崇文、房树琼两留常，至彼监收。汪子渊编修洵。由上海、盛京处来，并请其襄理米事。晴。

廿九日(7月17日) 会程蔚堂，福海。前云南阿迷州，痛谈，旋送土宜，即以菜点报之，人甚精明。高亮畴大令因议平粜各事，诸绅到东花厅酌拟条款，系县中事，未往招呼。何笙甫由家乡来。晴。

三十日(7月18日) 会李湘帆统领，意欲回苏，极力挽留之。吴次竹谢委，因痛谈。晴，连日极热。

六月初一日(7月19日) 卯刻恭谒文庙并各庙，回署后见客。因天太热，后至者均未见。晴，热。

初二日(7月20日) 赴天宁寺晤李湘帆军门，因乐帅升川督，意欲回川，当即赴省面求，惟不知岘帅准否？军门因奏留两江，深为抑郁，时以此地无处作事为憾。拜客到孟乐编修处，道喜，痛谈。程蔚堂未晤，渠与孟乐系至亲，晚恽两辈。回署后便衣见两县诸绅，查验米石委员灯后方完。晴，热。

初三日(7月21日) 晚间钱席来，闻平价一事已办至如此，目下办理平粜诸绅仍复纷纷，所谓议论多而成功少，真正不值一笑。夜间使女春杏手足麻木抽搐，人中俱冷，即用万应如意油屈臣氏所售。痛擦，立见大验。惜赵伯含大令致命之症，与此无二，不意耽延，竟而不起，其命也夫。两县赴郡庙祈雨，自今日始。晴，少爽。

初四日(7月22日) 午后云雷密布，殷殷过时，竟未下，实深焦盼。会李硕甫总捕、庆少甫发审，皆因平粜公所襄理派委等事，下邾司蔡鸿宾巡检恩锡。张渚司高幼渠巡检朗。二人相比，蔡君人精明。晴，热，一百度矣。

初五日(7月23日) 会赵次凝廉捕，重。米交完即赴镇江。汪涵右编修意欲至盛杏孙京卿处，尚在两可。恽孟乐编修、孙铨伯司马一留馆一委办开米厂，照料事宜。阴，午后大雨。

初六日(7月24日) 会武、阳二令，商酌给盛京堂复电，仍新采买米石接济。恽北生因办理总公所账务，拟条款数则，甚详尽，托其商酌两县。刻闻江北宝应米价尚廉，可以办理。因告以盛京堂如办不出，再作商量。阴，雨。

初七日(7月25日) 会武、阳两令。晚间传四路稽查户口，实任四人，吴士俊、恩长、吴祖荫、陆鉴等，告以赶紧速查，并须任劳任怨，于事方克有济。阴。

初八日(7月26日) 会武、阳两令，省派苏防两哨官杨明峰德保。守备、葛云河清山。千总，令其暂驻东仓，所带十朋，共九十余人。阴。

初九日(7月27日) 会李兰阁游府，因抢米为首顾洪顺乃该营看教场兵丁，前致函赶拿，今特回复。阴。

初十日(7月28日) 会吴次竹大令，因各乡董领钱，须早预备，命其商量高亮畴大令办理。阴。

十一日(7月29日) 查户口委员因一律查齐，均销差。会署金匮胡萼辉大令，因平糶锡、金均属安静，特回明。旋回拜并拜苏防哨官杨、葛两君。高亮畴大令来，为米开局略有头绪。赵仲滢殿撰以乃兄伯含大令题主叩求，再再辞不获已，只得允其前往。半阴晴。

十二日(7月30日) 会吴次竹、胡萼辉两大令。徐千总来，名祥仁，号荫生，本地人。因拿案至此回明。见差信，吴广莽廉访升福建藩司，陆春江观察升苏臬司，桐子霑太守升苏粮道。昨夜小雨，半阴晴。

十三日(7月31日) 胡萼辉大令辞，回任。吴、高两令来，面告今日开平糶局八处均皆平安。赵次凝由镇江又运米二千石，令其仍收天宁寺内，即电覆盛京堂。晴。

十四日(8月1日) 会高亮畴大令，拟今午即赴省，闻其太翁由此路过到省，令其同往叩送奎制军。晴。

十五日(8月2日) 卯刻恭谒武庙、郡庙，回署会客，便衣见。庆少甫大令俟收米后赴江阴会审，就地惩办两案。晴。

十六日(8月3日) 辰时寿昌侄得女，乳名二庄儿。在署，晚接龙城书院送到乱写卷三本。晴。

十七日(8月4日) 会署武进郭子华大令，重光。由省来。午前赴武署吊赵伯含大令，午后赴武进，题主花衣全执事，孝子迎于大门，三茶后两襄题府学两教李詠裳、刘琴舫广文。前引至柩前，北面孝子出帏奉主谒座前，襄题启椟，先以墨笔题内函，朱笔题外内函，再墨笔题外函，此礼系苏礼，或云贵州礼，余不以为然，乡风，只好随之。与京礼不同。题毕，贺主三上香三晋爵三叩首，退出，孝子复谢，并送至大门。礼成回署，旋送席收送礼，璧谢。晴。

十八日(8月5日) 会葛千总，系苏防前营，向驻枫桥，管带，为候选府。朱上洲太守，登瀛。曾缉获施老窝子，即此君也。因兵丁饽饽钱，特来请示，殊为可笑。赵次凝因三批糴米收讫，即赴镇办四批。晴。

十九日(8月6日) 赴武署，回拜郭子华大令，并拜吴次竹大令，晤面痛谈。子华赴镇江来辞，并赵仲莹殿撰携乃侄来道谢，均挡驾。午后至账，晤阳钱席叶豫恭略谈。晴，片云，微雨。

二十日(8月7日) 会赵仲莹殿撰，明日即下船赴苏州，庆少甫大令由江阴回李硕甫总捕，因拿案商酌一切。晴，片云即雨。

廿一日(8月8日) 赴西门码头送仲莹，太夫人到苏州未上船。即回署，会吴次竹大令。阴，数阵小雨。

廿二日(8月9日) 访闻土棍沙芝滩，即饬差往拿，发给朱单一道。阴，雨。

廿三日(8月10日) 会姚安甫，因托人情，面驳之。庆少甫大令约其问沙芝滩一案，所供数人，亦即下朱单往拿。阴，雨。昨夜大雨。

廿四日(8月11日) 赵次重来，四批二千米已到。吴次竹辞行回苏，申刻即下船，因差送，未亲往。恽仲山因龙城精舍事来约。庆少甫过案，又出朱单拿人。晴。

廿五日(8月12日) 会郭子华大令，于昨日申刻已接武进县署任。午后胡念芝刑席送来阳湖高大令处借到留声机器，能唱各戏，亦奇物也。旋送回。晴,片云,阵雨。

廿六日(8月13日) 寅初刻恭谒东门外天宁寺万寿宫,行礼后,回署天未明。午会房鋆山,因东门外平糶,地保竟有向人讹钱之说,惟重惩以警将来,在奔牛厘局,闻洋人有改税务司经理,现已派洋人查明何日更改,尚无日期。当饬其转告两县。晚会周弼臣大令,旋赴西门外码头回拜,并到武进县给郭子华大令道喜。晴,微阴。

二十七日(8月14日) 会庆少甫大令、郭子华大令,皆因收米事,颇有水湿前有攙入石块,殊觉可恶。半阴晴。

廿八日(8月15日) 会恽北生,为平糶事。赵次凝为米船事,人颇油滑。半阴晴。

廿九日(8月16日) 会李硕甫总捕,谈各局夫马费。见《苏报》文仲恭侍御奏参工部主事康有为,原折痛快淋漓,颇中时弊。虽奉旨回原衙门行走,固由其自取,然胆量实可多也。半阴晴。

七月初一日(8月17日) 常郡贾人携铜铸如来佛像一尊求售,见其书法画法均极古拙,且铜色斓斑,断非近人所能伪作,因以微资购之,考其时天和六年岁辛卯六月丁丑朔日丙戌,乃北周年份,至今已一千四百年矣。卯刻恭谒文庙、郡庙,回署会客。晚间至刑席处买玉器,未免可笑之至,尚有如此闲情。晴,甚热,小风。

初二日(8月18日) 会武、阳两令,因酌度省派兵弁安置。半阴晴,甚热。

初三日(8月19日) 在署,昨日阿兰九岁生日,今日补给作生。阴,大雨。昨夜大雨。

初四日(8月20日) 会汪子涵太史,为米事。徐信谟守戎,诚檀。由荆溪来,刻下尚称安静。郭子华大令来。半阴晴,雨。

初五日(8月21日) 在家,今日记昨日事,应改。阴,雨。

初六日(8月22日) 在家,□□□□□武进刑钱席,回拜。晴。

初七日(8月23日) 会游府、发审庆令。接四弟来函,因三月内翻车,将膝以下脚以上骨磕碎,并将肋条磕折一条,真是九死一生。

刻下已过百日，尚未大愈。所以养牲畜必大宜留神，万不可听御夫等乱说，以致误事。五月十八日四弟得一子，名葆性。六月十六日，寿昌侄得一女，名二庄。晴。

初八日(8 月 24 日) 在署，写家信一封，给四弟寄去洋二百元，以作医药等项之用。晴，片云，小雨。

初九日(8 月 25 日) 今日托蔚丰将家信洋款寄去。会许筱庵参戎，和生。赴宜兴一带分巡，系丹阳人，颇精明。见差信，镇江府彦詠之太守调署苏州，阳湖高亮畴大令调省。半阴，微雨。

初十日(8 月 26 日) 高亮畴以撤任而来，未免相对索然。郭子华面禀交审案件，李总捕与孙管粮因事抵牾，徒资笑柄而已。金教官由淮安来送张太守殡而回，恐灵柩未必能回甘肃，亦可叹矣。晴。

十一日(8 月 27 日) 赴武进，郭大令太夫人由省来。至陶铨生观察处，因昨日失慎延烧楼房，住房所有精华，尽付一炬。晤恽次远侍郎痛谈，回署即会郭大令。恽北生早间会高亮畴，皆为留亮畴起见，恐能说不能行也。晴。

十二日(8 月 28 日) 会新署靖江任周彬甫大令，恩懋。旋到东门码头回拜。约高亮畴大令来，告以现经撤任似不便到省，伊未能领会，衹得听听而已。半阴晴，阵雨。

十三日(8 月 29 日) 会方玉棠哨官，耀宗。接朱登瀛太守上洲，时为统领。来函，因葛清山哨官有来常索费之说，盖蜚语也，特以方代之，因赶致函于太守剖白之，谅可无碍也。闻奎制军即赴川住，不北上，德中丞即可到苏。半阴晴。

十四日(8 月 30 日) 会恽孟乐编修，拟十六日北上，力阻不得，送行，因依之，以免虚文。赴西门码头，前武进吴耀堂大令灵柩回，江西籍，路过往吊，世兄名礼芳。拦下轿。晴。

十五日(8 月 31 日) 卯刻恭谒武庙、郡庙，行香，回署见客。午后清宁观、厉坛、城隍神前行礼，更衣回署。晚步月到仪门前，遇刑席，约至花厅前茶话，颇有秋意。晴。

十六日(9月1日) 会庆少甫大令,因沙芝滩发落,架责了事。家信送回,因洋钱带往不便也。晴。

十七日(9月2日) 会郭子华,将绅请赵故令入祀名宦祠及宣史官详文送到,即转详。高亮畴大令由省来,陶铨生赴山东,辞行,因家乡冤枉话多,藉此避之。适接赵仲瀛殿撰由省来函,因武进交代派阳湖监盘,大不以为然,真书生之见,不值一笑。在署,病痢。晴。

十八日(9月3日) 在署,痢疾始白继红,因查《医方易简新编》有治痢之方,晚间服之稍可。晴。

十九日(9月4日) 仍病,痢少愈,肚腹隐痛少,腹尤甚。晴。

二十日(9月5日) 仍病,痢少愈,腹隐痛少可。晴。

廿一日(9月6日) 痢已愈,惟小解未畅,且色黄,热湿滞也。半阴晴。

廿二日(9月7日) 今见大愈,早晚皆饮酒,腹内觉畅适矣。晴。

廿三日(9月8日) 会郭子华大令,言赵殿撰因交代马匹来信,痛责之,均属无理取闹。蔡二源汇沧。由通判署阳湖县事,定于明日接印。盖别驾已保至盐运使衔花翎,以知府用,年五十余,上有萱堂,其福甚大,兼能通洋语洋文,可谓多才多艺。然吏治如何,应拭目俟之。晴。

廿四日(9月9日) 会高亮畴大令,禀知交卸省中,尚未找得寓所,大约须延数日。蔡二源闻今日接印,借住江西会馆。阅日报,礼部各堂表弟溥仲路在内为右堂。因司员条陈未经奏明,奉旨均行革职,主事王照以四品京堂候补并加三品衔,乃天威震怒,皆系断自宸衷,想中外蒙蔽之风可稍息也。晴。

二十五日(9月10日) 晚便衣会房鋆山捕廉,米石平糶大约尚有余米。首府彦詠之太守闻日内赴苏,经由此过,遣人往接,未遇,想已过境矣。晴。

二十六日(9月11日) 会许定臣参戎,国祥。因水师巡缉到此,午后回拜。给阳湖署任蔡二源道喜。访恽北生,因米将告竣,新米业已上市,平糶之事可以停止。赴恽叔伦处,前接业师来谕,送给联名,系浙江处州府青田县知县张印,尊三。并节略,内叙明竹楼夫子现实年六十七岁,由举人补青田县,前将家产变卖,补填任所,刻下赔累不堪,原籍直隶阜平县,今新方伯能调济,将素累了清即可告归田里,实系重以师命,敢冒昧直陈,至外人向未代托人情,望谅之。回署会武阳两[令],亦因平糶事。晴。

廿七日(9月12日) 在署,昨晚觉头痛,今辰仍觉不适,盖积热又连日较热所致,湿气并重也。半阴晴,晚雨。

廿八日(9月13日) 会恽叔伦,痛谈,前托竹师调缺事已带去家信矣。前阳湖高亮畴大令来,因曾垫平糶一万元,今已撤任,拟归入交代核算,姑应之,俟将来会算时再作道理。阴,雨。微凉。

廿九日(9月14日) 会华若溪院长,因重修府署碑记,托其撰拟,先生谦之再三,今始转缪小珊院长拟得,文章甚干净,自无可说。本拟写碑约恽孟乐编修,刻下已晋京,惟有托汪子涵编修书之,不知可否?此地人议论过多,不知若何?前曾有非武阳人不得干预府署事,似于理亦不通也。阴。

卅日(9月15日) 会史佳若观察,因平糶各局停止,特商垫款赔偿办法,妙在刻下绅士均不出头矣,殊属令人笑倒。幸有观察,不然竟无人过问矣。郭武进来回明,旧案了理将竣。盖每日坐大堂聚听者数千人。早晚得暇,尚便衣访拿赌棍。拟明日起赴郡庙宣讲圣训,询之故老,地方久无此举矣。武进学官为金倬云司铎,人亦少年肯任事者。想从此武邑民风大有向善转机,亦地方之福也。晴。

业师张竹楼夫子,印,尊三。直隶阜平县举人,实年六十七岁,现任浙江处州府青田县知县。近接来函,以本缺异常清苦,前已折卖家产以济任所应用,目下万难支持,素债累累,赔垫不堪,且年近七旬,前途有限,惟有仰求宪恩栽培,调任优缺,但将素债清完即可告归田里。此系重以师命,故敢冒昧直陈,务祈府报中一叙,是所叩祷,铭感无既。

八月初一日(9月16日) 卯正恭谒文庙、郡庙，回署会客，武进因约同金倬云司铎在郡庙宣讲圣训，未到署，询之府县学官，宣讲多年不举行，讲亦无人恭听。然此事未免因陋就简，殊属非是。不过讲生须县中格外津贴，以致无人过问，反不如外国尚有讲堂也，真可浩叹。午后至阳湖署，给高亮畴大令送行，准明日回苏。晴。

初二日(9月17日) 会汪子涵编修，谈及平耀赔款，大约诸绅皆诿卸不前，纷纷离此地，借可躲去，殊为可笑。渠以史佳老为不然，亦属实情，此老乡评，原难听也。近阅日报礼部主事王照因其条陈时事，将部堂均被革职，渠所条陈者乃请皇上、皇后至日本国，并改衣冠，效法洋人，甚至立十字架礼拜天主耶稣，真可谓瘈犬吠狂，令人发指，不知其果否出此，抑报馆有意揶揄之。晴。

初三日(9月18日) 郭大令来，闻赵仲瀛在省，颇进谗言，于薇垣有撤任之说，未免无理取闹。推其所以，因驿站交代，乃不顾多年与其令兄至好也。晴。

初四日(9月19日) 昨日卯初祭文昌庙。今日卯正祭吕祖宫。午后并会荆溪教官顾石公，云。阳湖沈芷畦、严。华志敬同揆。两孝廉。阳湖陈劭英佩实。贡生来会，面递呈词欲请府示，设立中西学堂，并将应购书籍请札八县。洵属有志之士，然究竟如何，俟将来再占效验。半阴晴。

初五日(9月20日) 会江阴绅士金淮生运同，武祥。因积谷在城乡南，郡城相仿，必须分至各乡，若古之社仓，方是办法。俟其禀呈公文，再札八邑照办可也。半阴晴，风。

初六日(9月21日) 寅刻恭谒文庙丁祭，礼毕卯正回署。闻广西土匪起事，有窜至广东省城被围之说，不知是否谣言？实切杞忧。郭子华大令进省，用小火轮拖带，料今晚即可抵省。闻赵殿撰广进谗言，特去剖白一二。晴。

初七日(9月22日) 卯刻恭谒清宁宫、社稷坛，行香。回署后接阳湖来信，德静帅有卯刻进丹徒口之信，上站已经备差。会庆发审，过宜兴岳郑氏一案。申正西门乘船至奔牛镇，已起更时停泊，两县督粮总捕发审均到。阴，小雨。

初八日(9月23日) 巳正静帅船用火轮拖带过奔牛，未停，至常州西门码头接见，中丞甚谦，后即开行。日落后，西门接浙江学台唐春卿宗师，景崇，广西罗易县人，乙丑。礼右。接见后闻抚宪船至南门搁浅，拖至东门码头停泊，因与两县即往东门，未传见，明日早辰即开行矣。阴，灯后细雨。

初九日(9月24日) 两县送信，抚宪船仍停东门，火轮难拖带，令备纤夫前往，即往东门禀见，未经传见。遇李兰阁游府亦往看，询问两县，均赴南门，因宪太太船亦搁浅，恐拖带甚难，船身太大之过，两县拟借余公食船，告以未尝不可也。外官之酬应，真堪发噱。阴，小雨。

初十日(9月25日) 会无锡朱念椿司铎，凤衔，丙子孝廉。率伊子炳麟号岐卿。孝廉，人生明爽，伊子新进学，特拜谒老师，并送礼物，皆璧谢。岐卿身体高大，颇雄伟。约庆少甫发审，仍询郑岳氏一案。晴。

十一日(9月26日) 会恽仲山，特来询新政如何书院改学堂，拟欲商酌办理，因告以此事如何办理尚无实在端倪，料难由常郡发端，惟有候省中准信，必不能落后也。庆大令仍询郑岳氏案。晴。

十二日(9月27日) 《中外日报》中有圣躬病势甚重，群臣失措，并工部主事康有为革职严拿治罪等语，实令人心忐忑，未审的确否？果尔则京师不知如何乱法，真不堪设想也。早至，李总捕给老太太拜寿，七十九，未设寿堂。回拜朱念椿司铎。补服。申刻升大堂，文武府学诸生谒见，饮酒后送至学宫处，朝服率诸生重游泮宫，刘申孙观察怿。随同行礼，明伦堂礼阻未去，观察为道光己酉顺天举人。至圣前三跪礼，更衣补服，至明伦堂，诸生行谢劳礼。半阴晴，小雨。

十三日(9月28日) 卯刻恭谒武庙，行香。阅差信，初十日奉上谕："因四月以来，圣躬每觉不适，令有通医理者送京等因。钦此。"从此谣言可息矣。午后给刘申孙观察道喜，痛谈。会恽北生，因米平糶事竣，拟开明报销清单，甚合式也。半阴晴。

十四日(9月29日) 会李兰阁游府，因办理平糶事竣，意欲将弹压兵弁向糶米总局多邀奖赏，意在言外，自己亦略有沾润方妥。因以大义告之，不知其果真明白与否？绿营之为绿营，从可知矣。刘申孙观察来谢步，因询其此地医生，大半有名无实，然亦不自今日始，素写某某赫赫扁卢，虚声而已，此真不愧苏省之行事也。噫！阴，雨。

十五日(9月30日) 恭谒或问此系中秋节，何不花衣，因告以是日并未有大祭，故无服礼服之礼，不过俗在，宦场道贺而已矣。武庙、郡庙，回署祭祠位，各寅僚来，俱挡驾，约诸幕大花厅早饭，并饮杨梅烧，乃前数月何笙甫所送，亦不见如何出奇名目，仅好听而已。昨夜大雨，今日阴雨。

十六日(10月1日) 会武、阳两令，武昨日由省回阳，明日拟赴省去，并须到上海一行。闻近日赵仲莹殿撰颇在苏州吃花酒，郭子华云省中老成人大不以为然。金倬云为送学事，闻诸生有至学宪前具禀，因府与阳湖均办理，惟武进迟迟，因告以此非有何定准事，告必不准，无须著忙也。然内里如何则不知之矣。张巡检廷璪。因省委别差，特辞。庆令多。因秋勘拟于十八日启程，先赴宜、荆。风，阴。

十七日(10月2日) 在署，因延陵书院改章课士，其论不过尔尔，策问常种植以何项利民，大半以稻桑茶三项者多，其有以棉有洋棉。豆麻皆宜，更有以樟樟树只有一处现有者，未知果否？加非并何首乌半夏桖树等亦相宜者，尚须待访。阴，雨。

十八日(10月3日) 会郭子华大令，因勘盗案回。灯后接电令，即时到省，并未提明何处电，发有缉字，谅系藩宪。半阴晴。

十九日(10月4日) 昨晚询电局，即问苏省，果系藩宪发，当往定，小火轮船名登瀛。价需廿元，今日辰初刻赴东门码头登舟，立开行，至东缺门，应作东阙，因重大内名书缺。会郭子华大令已正候生意船，至方展轮。余座船第一，余轿船第二，生意船第三，申初抵无锡略停。借此会金匮胡萼辉大令，谈二刻余。孙襄臣大令因告以不停，伊亦遂去。亥初余抵上津桥，火轮泊此，篙乘至胥门码头，已子初二刻矣。阴，雨。

二十日（10月5日） 进城谒藩宪，官厅遇彦咏之首府，因派伴送陈郎中名秉钧，号莲舫。晋京，所遗代理，拟余充数，细思公谊私情皆为不便，藩宪前力辞之，并求于抚宪前代辞，蒙允。赴粮道桐子霑观察署，未见。谒抚宪面陈，亦承俯允，特派王鹿峰太守毓萃。代理，回船。饭后拜客，到署臬宪朱竹石观察牙厘局辕，未传见。会胡念芝。饭后即掌灯。藩官厅遇彦詠芝首台，已将苏州府印带往，令即接收。余告以不能私相授受。微阴，晴。

二十一日（10月6日） 省中已换暖帽。辰刻复到朱观察牙厘局，从刑名老夫子胡念芝之议，据云观察专讲酬应，似未见于公事无益，然不知确否？询之，已早出门。遇金坛郑印钟祥大令，谈及，为故友凌韵士之婿。旋回船，船已至阊门码头，会施润斋沛霖。大令。本任武进，现署元和。即开船，遇顶风，至新安镇停泊，属无锡。至岸一踏，约有百余家，店铺居多，且大半杂货，无大生意也。风，晴。

二十二日（10月7日） 鸡鸣由新安镇开行，日出过无锡，会孙、胡两令，及县丞汤梅荪、毓懋。程桂山晋。巡检等，沿途稻已有收割者，然黄云遍野，未收尚多。亥初抵东门码头，会郭子华大令，旋下船进署。晴。

二十三日（10月8日） 早间，此次晋省情形与诸幕谈，无不称彦咏之太守可笑，得辞脱可贺，不然则离乱无章矣。午得会子华大令，灯后会李游府。晴。

二十四日（10月9日） 在署，昨日李游府因裁缺赴江阴，合营全往，当饬武进须格外留意，回信已派巡勇严密防范矣。江兴由江阴回，李紫璈大令太夫人九十正寿礼全收。晴。

二十五日（10月10日） 挂牌今日换暖帽，会费屺怀编修，念慈，为徐颂阁尚书令坦,盛杏荪表弟。由苏省来,询,伊太翁幼庭廉访拟十月间安葬,采地在常熟县虞山,取其山地干燥,且常州府祖茔无地。因谈葬地,刻下风水之外尚须留神有矿无矿,是否冲当铁路,此亦新花样也。旋回拜。晴。

二十六日(10月11日) 在署,恭阅邸钞,文仲恭以知府候补。康有为已缉捕无着,将其弟六人均斩之,人心大快。晴。

二十七日(10月12日) 卯刻花衣恭谒文庙,诞辰行礼。询问督粮武进,各省不同,是有行礼,亦有不行礼,盖诞辰所谓康子考据,难准,不知雍正年间曾经奉有谕旨各省学宫行礼,不致祭也。午前到武进,给郭子华道喜,娶儿媳,新亲为四川人,亦苏省同寅。县班。午后会周弼臣大令,奔牛厘局来,旋差拜。晴。

廿八日(10月13日) 在署。近因朝政维新,不意一班新进浮嚣之徒,竟作外国奸细,丧心病狂,若忘其祖父食践二百余年,实可寒心。大约八旗人甚少,数日来外省藩臬奉旨以旗员补授者多,可以想见矣。

二十九日(10月14日) 会郭子华大令,谈及保甲,乡间现已试办,大约贫者出力尚易,富者出资甚难,恐制宪札内所谕劝导贫富之意,殊难符合。午后会英国商人殷格能,年已六旬余,系因病各处游玩,送到地球历代开创图四幅,江苏全省图一幅,询之,皆殷先生自造,外戒鸦片烟膏二瓶,当酬给洋十六元,其迹似专为抽风而来,殊可笑人也。晴。

九月初一日(10月15日) 卯刻恭谒文庙、文昌宫、郡庙、灵官庙,进署,大仙堂、灶王前行香,每朔如此,总未详记,且多收呈日,亦未记。会客后,宜兴万小园大令来,意晋省,略谈,地方安静,秋收亦在上等,欣慰之至。高亮畴大令由省来,因办米赔款,特与常绅商酌。盛旭老由无锡来,拟将赔米款二万三千余金,除由积谷项下动用外,尚欠一万五千元,分作三股,官一绅一商一,各五千,官赔前本任,阳湖高令二千,现居阳湖蔡令、武进郭令各一千,常州府一千,绅商再由旭老诸君酌度，似亦公允也。旋回拜旭老。高令即赴西门码头，接撤任浙江学台户右堂陈桂生侍郎。回署已灯后矣。晴。

初二日(10月16日) 会庆令，多。由宜、荆秋勘回，兼至宜兴访郑岳氏案，似少得端倪。宜、荆田稼大好，闻前数日雨，恐与收割有碍，询之，并无妨，却与晚稻大有益处也。深慰。晴。

初三日(10月17日) 会郑子华大令，赴乡劝办保甲，据云各乡尚无阻拦不遵情形，或可得见功效，未可定也。因将盛旭老所议平粜赔款告之，因谈及赵仲莹殿撰大有借乃兄伯含大令尸身讹诈之意，殊为齿冷。晴。

初四日(10月18日) 会亮畴大令，因平粜捐款分入武、阳，两县同人，交代分摊此事未免太驵，恐其回任略有碍，渠云当卖均无，自好听其自便也。晚间胡念芝由昭文馆回署。早微阴，晴。

初五日(10月19日) 在署，闻蔡二源在上海有丁内艰之说，未知确否？半阴晴，微雨。

初六日(10月20日) 会靖江典史高介臣捕廉，彦龢。为何笙甫老夫子令亲，乃翁为乙丑房考崇文山老师也，人甚呆气，此缺不定能否了理。晴。

初七日(10月21日) 在署，近多日总觉心神难定，不知如何，或朝政更新又复旧以致之耶，殊不可解。半阴晴。

初八日(10月22日) 在署，昨日下帖约初十日巳刻，盛旭老诸位均可得闲。询蔡二源太守，尚未能回署。太守乃拓林通判过班，已升知府，现委署阳湖报馆，颇为揶揄之。晴。

初九日(10月23日) 会子华大令，因整顿马号不利于小人，外闻谣言蜂起，告以作一事问心无愧，何恐小人摇惑，惟坚定以力持之，自能顿息谣啄无虑也。少甫约，闻宜兴案郑琢如竟自投到，则此案更觉棘手矣。苏省花糕，今日始见，乃大黏面饼，三次重九皆未能偷闲也。晴。

初十日(10月24日) 在署，盛旭老、史佳翁、督粮总捕、武进发审因议平粜赔款，绅无定局，殊觉可笑。约诸君便饭。晴。

十一日(10月25日) 会薛奎五大令,进省,地方均属安谧,询其年分,惟有数处高田受伤,余均妥善。署武进县丞马茂斋同乡,永钊。拟明日到任。恽莘耘观察新简福建兴泉永道,由京回乡,谈及平粜款,又有许多主意,大约不可行。便衣会庆少甫,审郑岳氏一案略讯情形面回。晴。

十二日(10月26日) 早间访盛旭老,住房甚宽敞,因商酌积谷提款,史佳老处均晤谈。给恽莘耘观察道喜,未遇,回署。饭后,会蔡二源大令,由上海回,因太夫人病,所以迟。便衣会房鋆山典史,伊代访闻省中有本府不能了事之语,实觉惭恧,因委沙田催租差,意欲冬防,仍请派差,热中之过也。半阴晴,风。

十三日(10月27日) 会代理宜兴典史高余镛、靖江典史王起銮,均缺,卸任回。便衣会庆令多,仍郑岳氏案。晴。

十四日(10月28日) 会汪子涵太史,由上海盛杏荪京堂处来,平价粜两款,约其料理。闻绅委两项无人肯出头,大为作难,常州人无义,可见一斑矣。风,晴。

十五日(10月29日) 辰刻恭谒武庙、郡庙、灵官庙,进署,宅内大仙堂、灶君行香,每望均如此,以后可不详记。会客,进内阅收呈。饭后会恽仲山大令,因书院拟改章,令其斟酌章程底再议。史季超仪部佳若先生世兄悠瑞。由京来,闻皇上欠安稍好,乃虚弱症。康有为钦犯,其党欲改变外洋服色,幸败露早,不然不可问矣。斩首六人,死有余辜。刻下仅于各报馆乱说,大约皆康党所为,殊堪发指。严鉴人司马恭寿。奉委抽查武、阳、锡、金保甲差,前因吴广庵已故。方伯在廉访任内以常郡发审宋蕉午病故,拟派陆大令,清臣。目下朱竹石廉访拟派鉴人司马,府中颇为作难。然司马谒见时,面告之语,通省均知,亦祇好有负广庵方伯,以鉴人司马来常为是。噫,宦场中冷暖,不过如斯而已。阴,微雨。

十六日(10月30日) 会子华大令,保甲欲加整顿,甚是。水陆均拟请房树琼,可谓知人善任矣。亮畴大令由省来,欲往瓜州,给太翁拜寿，兼到此了理平糶之款。黄少海湖南人。都阃家宾。由宜荆查哨来，现管带太湖水师中营，年岁四十上下，颇稳练，为黄海楼观察立鳌。之子。旋回拜黄少海、高亮畴、汪子渊、严鉴人。以上未会。华若溪院长会晤。因学宪瞿保送经济科，现在奉旨停止，询其世论政事如何，大约康有为诸乱党仍盼死灰复燃，真可慨矣，更可恨矣。早阴，午晴。

十七日(10月31日) 严鉴人司马来辞，赴宜荆即回省，因告以请其来常，充发审，禀已于昨晚发省矣。会梁伯元孝廉，鸿葆，丁酉。福建长乐县人，为芷林中丞曾孙，旧户部同寅，少岚即佟年。之子，刻下镇道宪幕幼岚乃叔之侄，即伟年。旧户部同寅杨心觃廷传。之内侄。葛振卿宝华。宗丞之高足，亦系户部旧寅友，特有信来托照应，谋书启馆，不意世家亦式微矣。孝廉玉立亭亭，文温而雅，甚可教也，俟有机缘自应为力。风，晴。

十八日(11月1日) 会瞿赓甫廉访，廷韶，现湖北臬台。由京来，各报馆所云朝政兴，在内毫无影响，甚觉安静，大半皆康党诬造，无一事足凭也，深为可恶。因看署中规模，尚系四十年前小考时景象。旋回拜。至恽莘耘观察处，夫人并少淑人开吊。遇周少怀、钱子明略谈。回拜梁伯元孝廉，早间送到朱卷，因贺以洋八元。半阴晴。

十九日(11月2日) 会武、阳二县，因冬防特来商酌，武进赴乡办保甲，禀辞。午后亲审宜兴郑模，断令其收岳蒋氏钱二百千文，始不承认，继因重办罪名，乃无辞以对，方俯首，然狡猾非常，甚可恶也。半阴晴。

二十日(11月3日) 至史佳若处，给世兄季超道喜，因中会开贺。遇盛旭老、蔡二源略谈。今冬保甲必须官绅格外留意，目下游兵散勇红粮帮江北难民，遍地皆是，真令人凛凛。会庆少甫，又将郑模案略问，令其遵结，大令明日即赴锡、金、江、靖秋勘，并面辞。晴。

廿一日(11月4日) 在署，诸幕至灵官庙看戏，闻署外东门有，此处每年皆如是，甚无谓也。晴。

廿二日(11月5日) 在署，近日或阴或晴，询之，稻已登场，惟盼雨播种，麦田但能仰沐天恩立沛甘霖，则明岁又可春苗有年矣。晴。

廿三日(11月6日) 在署，批定郑模控争房屋一案判语。早间仍晴，落日后云起，大有欲雨之意，天气较热，竟换袷衣，明日即立冬矣。幕友何笙甫、吴子才、汪春之因擎兰并赏菊花，约晚饭。晴，晚阴。

廿四日(11月7日) 午刻盛旭人廉访，史佳若、恽莘耘两观察，约天宁寺煮面。因办理大殿工程科第学宫，诸君子均允修改，比原筐尺寸小短，将丈尺作得三根，一根存官，并令僧人具结改作，从此和尚秀才永断葛藤，亦大快事。此件已将及一年矣，可笑。阴。

廿五日(11月8日) 会盛旭老，昨日庙工据云多承莘耘先生大为调处，始克就绪，其中作梗不免有，张小圃农部鹤龄。殊为可笑。旭老族中并本处各绅递公呈，欲办棲流所，洵善举也，即饬赶速主稿。昨夜微雨，今晴风。

廿六日(11月9日) 午后挑选冬防勇丁，在东花厅，除勇头共余十六名，报名者八十余名，大半一人报数名，殊觉可笑。未免入选者皆各有来历，总不离乎人情二字。明岁大可先约总捕、知厅选后，再复选可也。晴。

廿七日(11月10日) 在署，午刻奉端王爷电谕:常州府知府有鉴，现奏调阁下来营帮办搒勘。以上二字不可解，重问因须特电，恐迟。九月廿日奏疑奉字。廿八日重电“搒勘”乃“操务”二字，旨依议。特问载漪其原委究竟如何，实在茫然，只有静听。晴。

廿八日(11月11日) 早谒灵官庙，行香。会马醴泉大令，由省来到靖江，算交代。郭子华大令至各乡劝办保甲，兼讲圣训，民间非常爱听，伊颇乐。午刻史佳老约午饭，肴馔深好，皆其自己调度，可谓费心矣。半阴晴。

廿九日(11月12日) 在署，因有北去之信，刑钱两席皆托辞于新任松江府濮梓泉太守处，即自行修函交两席寄往。惟奉旨有派庆亲王南洋阅操，如是此事则宾东瞎捣乱矣。哈哈。后阅别项报章，并无庆王南洋阅操之信，尚非不经之事。惟恐梓泉太守已有人矣。半阴晴。

卅日(11月13日) 会庆少甫大令，秋勘无锡等县回郡，拟明日即进省，约需数日方回。令其过一案，钱席吴子才于今辰乘轮进省，拟再托桐子霑储宪加函，深恐梓泉太守不肯应承，乃急急若此也。阴，小雨。

十月初一日(11月14日) 辰刻行香。回署会客，阅收呈。史佳若先生来，闻电报特道喜，不过有晋京之一说，究竟如何，尚无准信。惟安慰如须一人晋京，家眷不能携往，请留常，可照应一切，实属可感。平粜之捐洋一千元，拦阻勿庸交出，则力辞，盖不能失信于百姓。申刻赴北门外清宁观，祭郡厉坛，甚热，服棉袍往，竟大出汗，回署挥扇，见有蚊子飞出，立冬后，非南省天时不能如此也。亥刻至官厅，会在郡诸属员，开办冬防。阴，小雨。

初二日(11月15日) 会武进郭子华大令，公务余痛谈。接溥倬云参议来函，九月二十日邸帅具奏，以"精明干练才识过人"八字考语调武胜新队，仰蒙谕允，实令感激下怀，未可言喻。惟封河在迩，北路甚属难行，即修禀致子霑储宪转达抚、藩，能于明春北上方妥。究竟部文如何，未可预料也。回忆乙未十月初二日到任，至今日整三年，毫无报称，咎实难辞。然外省一大人情世界，即如县班所属不过八邑，竟于三年内换至二十余任：武进、吴耀堂炳，赵伯含以焕，郭子华重光。阳湖、李紫璈超琼，张子密枢，高亮畴承惠，蔡二源汇沧。阳湖高亮畴复回任。无锡、傅永辅经祚，刘詠屋树仁，孙襄臣赞元。金匮、王少苦念祖，吴次竹熙，胡蓴辉保联。金匮叶缦卿意深署理，现换宜兴徐小斋锡祉署理。宜兴、万筱园立钧。荆溪、薛奎五星辉，郑惠郇仲和，薛奎五复任。江阴、刘谦山有光，葛江村培义，陈介卿其寿，李紫璈超琼。靖江，葛藩甫绳孝，马醴泉霍恩，周彬甫恩懋。焉望其有所设施，仅宜兴一县尚称熟悉，然人之行为亦不过尔尔。幸缺分与荆溪同为苦字，得占便宜，不然早为更调，亦不能再回任矣。晴,风。

初三日(11月16日) 会龙城院董恽仲山,送华、缪、姚三院长明岁弈书来,即定准,由院分送可也。阴,微风。

初四日(11月17日) 在署,大花厅东首小院蕉花大开,北人所未见,本地人云如乡间此花开时,群以为祥瑞,尚欲唱戏庆贺,亦可谓好事矣。阴,微雨。

初五日(11月18日) 在署,连日阅报,有董军董福祥。驻在直隶各图,均以为非是。然则董军为各国所畏,已可概见。此时若不由其挟制,似未尝不有转机。又有论重用旗人为不是,然叛逆如康党,在旗人竟无一名,想此中立说,难免仍有康党在内鼓舌,实可恨恨。晴。

初六日(11月19日) 在署,连日宾东皆盼奏调回京原折,尚无信息。在刑席处闲坐,有苏州画贾携到字画数件,念芝留假石庵相国单条一帧,余留明文待诏高弟居商苦节画,归去来辞,内"三径就荒,松菊犹存,携幼入室,有酒盈樽"小条一帧,颇与余刻下情景相同。因与诸幕曰:陶靖节虽贫,尚有径有松有菊有幼有室,余则仅有酒有樽而已。众人为之大笑。晴。

初七日(11月20日) 在署,省中尚未有消息,惟以后封河则北上难矣。忆余出京宜在路六十余天,北路赴都人到河已开,奈何。晴,晚风。

初八日(11月21日) 会恽莘耘观察,道喜,因有调京之信,未免惭愧。约郭子华、蔡二源两大令来商酌一切公务。目下米又昂贵,或云出口或云因办各处积谷所致。总之食为民天,地方官不宜大意,奸商坏人不可不妨也。半阴晴,大风。

初九日(11月22日) 钱席吴子才由省回,奏调部文仍未到,苏府调补常州尚议论盈耳,宦场殊为可笑。晴,风。

初十日(11月23日) 夜间甚冷,河内见冰,回拜和甫大令,冰尚有未化者,不过薄耳。惟河水甚浅,系干旱所致。寅正二刻恭谒万寿宫,行礼。

午后会臬宪委员，稽查驿站倪和甫大令，曾鉴。浙江人，颇精明，乃有用之才也。旋回拜。晴，风，极冷。

十一日(11月24日)　赴恽次远侍郎处道喜，娶次孙媳。回拜恽莘耘、史佳若两观察。午后郭子华大令来，面回保甲团防，大有端倪，怀北乡有武孝廉赵白云、诏。吴乡董野堂。二人，颇为出力，以后别乡或可推广办理。何笙甫账席处接到巡捕恩朴山兄来信，武胜新队奏调文已到省，钞录送至，拟明日进省。晴。

十二日(11月25日)　辰初赴东门，至缺门上船，因水路甚浅，久旱故也。武进郭子华、发审严鉴人来送。至无锡，孙襄臣、胡萼辉两大令来接，在船谈片刻，未停，因风顺至枫桥才停泊，时已子初余矣。半阴晴，风。

十三日(11月26日)　早发枫桥，巳正抵胥门码头。午后至藩辕，在官厅候多时，回辕传见，面谕奏调之说已向中丞谈及。北路淮徐水灾，饥民纷纷南下，山东黄水漫溢，万不便于行旅。海道现已封冻，只有明春北去，方为妥协。拟咨武胜新队，即可藉辞暂缓，此系的确情形，甚为可感。晤代理苏府王鹿峰太守，亦拦阻北上。至抚辕，未传见。臬辕传见，亦不以即时北上为然。均恐海路不行，陆路太险。晴，大风。

十四日(11月27日)　赴院，同海州刘司马等同见，问及赴京，因拟开春前往，抚宪欲奏覆回明。昨见藩宪已请可以咨覆，抚宪颇以为然，即禀辞。赴藩辕复见，将各情面禀，亦辞，回船。饭后赴储宪处，病将愈，仍未大好。至臬宪处禀辞，并拜客元和县施润斋大令。约晚饭，在座王鹿峰太守、毓萃，湖北人。朱文川大令，秉成，浙江人。回船亥正矣。由抚院至藩辕路间将左轿杆折，轿头竟不知换，仅用带子裹裹，几乎又断，借得二人肩舆回，大可笑。晴，风。

十五日(11月28日)　早赴侍其巷拜松江濮紫泉太守，子潼。并拜客。船令开至阊门即回，船开行遇顺风，由午正至酉正余新安镇停泊，下岸一游，有铺家因失慎烧死母子二人，甚惨，然幸已棺敛矣。遇茶舍说书者，手舞足蹈，与京内无异，惜语音听不真也。晴，风。

十六日(11月29日) 黎明由新安镇开行，过无锡，会孙襄臣、胡萼辉两大令。遇顺风，申正抵缺门码头，会蔡二源大令，即回署，会郭子华大令。晚饭后至刑席，约各幕，将省中情形面告一切。晚风，晚起云。

十七日(11月30日) 会两发审、署小河司巡检魏莲裳，程先。两县禀请苏防营百人，经哨官洪树堂、连胜。王积臣友华。禀见，业已到常，令其到两县斟酌，或在一处扎队或两处扎队，俱可。晴。

十八日(12月1日) 在署。阴，雨。

十九日(12月2日) 会恽莘耘观察，因高亮畴捐款，催其赶紧来常。欧阳春孙元章。由苏来，因木行捐款已筹二万串，何时用何时呈交，不至开河无著也。此君虽系生意人，颇知急公好义，现已保至知府，世兄已中孝廉，正方兴未艾也。旋回拜，并回拜严鉴人。风，半阴晴。

廿日(12月3日) 会郭子华大令，以交代算结，特禀覆。晴。

廿一日(12月4日) 平粜捐款一千元今午备文送至平粜局，恽北生绅士处收有回条。接端邸来电，已奉旨着开缺，以道员候补，旋覆电并声明经手有未完事件，恐年前未克北上。致倬云参议一函，并邸帅及刘良翁、敬斋翁禀各一，新附呈。晴。

二十二日(12月5日) 会武、阳两县，皆花衣道喜，未免酬应备至，殊增惶愧，其余诸寅友均挡驾，未敢请见。昨日幕中均来，因写信未能谢步，今午往谢。晴。

二十三日(12月6日) 官绅来贺，俱未见。阅《新闻报》及差信，有十九日奉上谕："江苏常州知府员缺，著德元补授。"钦此。查德君有二：一系内阁侍读，一系太仆寺员外。想必是内阁，太仆寺放外任者，罕见也。晴。

二十四日(12月7日) 会恽次远侍郎，因前办喜事，特道谢并道喜，因谈及时事，为之慨然。问贩米出洋有周姓者不知为何如人，所谓吃洋饭者之尤也。晴。

二十五日(12月8日) 会郭子华大令，恽莘耘观察辞行，武仁趾表侄来，仍未有头绪，仅乱找门路而已。两发审因靖江案讯之，仍无端倪。晴。

二十六日(12月9日) 约武仁趾表侄并诸幕友早饭。托何笙甫至庆少甫处晚饭，带洋百元给仁趾。少甫作仁趾居停。闻其近况，甚难，缺非一时得有端倪，困守不知何日也。晴。

二十七日(12月10日) 武仁趾来，拟明日仍回苏州，因在省补缺，后丁内艰，以礼去官服阕，来省竟二年不得望补，亦闷气非常，且前任阜宁县政声颇著，未免向隅矣。郭子华大令查木牌，回河水颇浅，竟不能行船，空小船拖泥亦不易动，乃近年所未有。刻下南京屡次求雨，请龙神五位，竟无验。闻神蛇身，与河神相似也。幸郡属麦苗有十分之八出齐，似可无大碍也。半阴晴。

二十八日(12月11日) 早间回拜，武仁趾已行，各官绅处谢步，俱未见，并恽莘耘观察处送行，已赴乡。午后高亮畴大令来，因交代禀明，到常尚有耽延也。阴，微晴。

廿九日(12月12日) 在署，何笙甫廿七日回杭。阴，微雨。

十一月初一日(12月13日) 辰刻行香，回署会客，恽莘耘观察来，谈及平粜捐款，已大有端倪，可放心矣。晴，大风。

初二日(12月14日) 会赵春木太守，椿年，分发江西。瓯北先生后人。由京来畿辅练兵，乃慈圣以为当今要务莫甚于此，非有别故，迫不及待也。少甫大令来，交武仁趾履历，并会同鉴人司马讯靖江案，仍无头绪。据春木云，本省丁兰荪观察葆元。召见时，询以练兵，本欲亲临阅看等语。晴，风。

初三日(12月15日) 会小河司巡检蔡子靖，延照。因交卸赴省。郭子华大令来，因难民络绎而来，皆奉有上站锡、金咨文，目下河水过浅，实无法，资遣求府札饬锡、金，由江阴饬令过江却是办法，不过江阴能否过江，恐河道亦有不通处，当奈何。姑札饬之，以看将来。

旋回拜恽次远侍郎、赵春木太守、高亮畴大令。晴,风。

初四日(12月16日) 约严鉴人司马,交札文令赴宜兴提案并访查事件,高亮畴、蔡二源两大令因交代轇轕,特面禀一切,委提各县昭信股票。沈藻卿大令翰。来令,人颇清楚,伊兄弟六人皆出仕矣,浙江秀水县人。晴。

初五日(12月17日) 会严鉴人司马,闻宜兴徐小斋大令并人犯均到郡,即遣役询问,实无其事。忽闻西营里有失慎之信,即前往,幸已扑灭,盖天燥所致。河水虽浅,担水尚不绝,若北方则不可问矣。回拜沈藻卿大令。会子华大令,因属地有命案相验,特禀情形。晴。

初六日(12月18日) 会华若溪山长,道喜兼托马封二件。万小园大令因被参撤任事件,大半子虚,大约劣绅生监所为也。京内参人大半十事九虚,亦可叹也。晴。

初七日(12月19日) 会盛旭老,由苏州来,交到办理善堂告示底,名楼流所戒烟医病先办,读书习艺,俟充足再办,额设二百名。当即交房立稿。原郡内敦仁堂有庇寒所,可并行。晴。

初八日(12月20日) 回拜盛旭老、华若溪,顺道至保甲局,因城中水甚浅滞,闻已禀两县设法办理矣。阴。

初九日(12月21日) 接奉制军来札,因十月二十七日钦奉慈禧端佑康颐昭豫庄诚寿恭钦献崇熙皇太后懿旨,如此次江西杨恭宸谋逆一事,举发者即出自教堂,可见秉正嫉邪,人同此心,心同此理,朝廷即将教士刘在铎破格加恩,以示大公无私,深宫胞与为怀,不惜开诚宣示。将此由四百里各谕令知之等因。钦此。奉令各府转札各州县张贴告示,实力奉行。如以康有为等实不如该教士刘在铎居心中正,宜令读书者短气矣。会两发审,靖江周正标落水逃走一案,仍无端倪。阴,雨。

初十日(12月22日) 寅刻恭谒万寿宫,行礼。回署,约诸幕早饭,天甚寒,已升炭火,屋内尚不十分暖。访闻阳湖署任蔡汇沧二源,此君英法等语皆能说,大才也。赴省求交卸。盖下忙已到手,计算漕项须赔，故有此举，真可谓利心太重矣。然府中禀知下乡劝办保甲，只好听之而已。阴。

十一日（12 月 23 日） 巳刻赴西门外，盛旭老、史佳老约，武阳棲流所早饭，房间为盛家捐置，除正厅在两进门内，东为厨房并住所，贫人打饭房后有三进，分前后中三所，每所房六间，每间七铺，外有茅厕房并浴房。冬月每月浴二次，夏月每月浴六次。正所外路南有外所一区，房四间，规模与正所同，惟少窄，乃养病之处也。此种善举实有益于贫人，非徒博善堂之虚名，甚可佩服。晴。

十二日（12 月 24 日） 在署，闻蔡二源仍求交卸，殊笑人。晴。

十三日（12 月 25 日） 在署，接庆少甫大令来函，省垣寄信。经端邸保奏，奉旨暂调武胜新队，部议实缺人员，例应开去底缺，差竣，由王大臣奏明给咨回任。奉旨著开缺以道员候补，钦此。半阴晴。

十四日（12 月 26 日） 过靖江落水犯人周正标一案，仍初供，只得禀请臬宪批示。会郭子华大令，由勘丈沙田回。昨晚今晚两接蔡汇沧来函，均为德国商人海利销售货物而来，其余公务向未其如此留心，目下通晓洋务者大半如此，深可慨也。晴。

十五日（12 月 27 日） 行香，会客，阅呈。约蔡二源，因洋人在此作生意，令其设法可以劝其无甚买卖，少此逗留。盖城中少所见多所怪，恐有不便处，伊则推托万分，甚为可叹而又可笑也。盛旭老来辞，回苏州。郭子华勘案回，痛谈。晴。

十六日（12 月 28 日） 卯辰间月蚀，三礼后，天已大明亮，将出日矣。午刻赴发审庆少甫大令公馆，给太夫人拜寿。会水师许都阃，鼎臣，名国祥。旋回拜，特来拜贺，殊不敢当也。半阴晴。

十七日（12 月 29 日） 会周弼臣老哥，以道喜拜寿，必欲见之，实不敢当也。宜兴署任徐筱斋大令锡祉。初次见，人甚阅历，盖多年在福建，因回避到省，不意其大病。遂便服见之，劝其速为回任，不必拘常礼也。其余诸客送礼者，或领账字，或不领，均未延见。阴，雪，惜雪不大，晚晴。

十八日(12月30日) 同寅中均到署来祝，约游守府两分府各县发审在大花厅、教佐诸君在东花厅早饭，晚间约各幕友在东花厅酒饭，困于酒食，甚不适也。半阴晴。

十九日(12月31日) 会何仲眉司马，荫枏。由刑部改同知，分发浙江，人甚明白，恪慎公有后矣。饭后至同城官绅处，谢寿一日之长，业已拜竣。半阴晴。

1899年

(光绪二十四年十一月)二十日(1899年1月1日) 会郭子华大令,因买米到无锡,刻下难民来路甚多,前令无锡截留令往江阴,仍往武、阳遣发,特委其至彼,一查河道并难民多寡。半阴晴。

廿一日(1月2日) 在署,奉藩宪冬月十九日札,奉抚宪十一月十二日札,准武胜新队,十月十八日咨省,九月二十日具奏,暂调来营等语一折。特记。连日大有雪意,尚未昊霈甘霙,实深寅盼。阴。

二十二日(1月3日) 接刘子诚来函,给账房寄归款三百九十二两,当交胡念芝手。会江防同知恩子文司马,彦,行九。为阳湖主薄恩秋岩行八,均系恩锡芝太守令弟。令弟,因乃兄病重,特来望看,旋回拜。恽北生来,送到各平价平粜等册。李湘帆统领因查哨路过,特来晤谈,已灯后矣。说明未曾往拜,差送而已。晴。

廿三日(1月4日) 会庆少甫,因恩秋岩已于早间病故,衣衾棺木皆无赙,敬其百元,若再由其令弟子文司马讣告,或不至灵柩不能回旗矣,旗籍人就小外官如此者甚多,亦可叹惜。钱子明观察来,因府署尚有未竟之事,特面商。晴。

廿四日(1月5日) 会无锡孙襄臣大令,因命案为朱竹石廉访所驳,且提省并记大过一次。前托郭子华大令赴无锡稽查难民之便,如晤面,劝其诸事仍须尽心办理,不可因申饬后草率从事,是为至要。特因此来谢,可谓多礼矣。晴。

廿五日(1月6日) 会恽仲山,因茧行、书院捐款,拟将延不缴捐四行由府派差提催,无如此事向归县中办理,仍以札县,会同书院差人前往上海县，并札该县一并严催为是。蔡二源来，因欲交卸本任，高亮畴大令拟初三日接印矣。半阴，微晴。

廿六日(1月7日) 会严鉴人、郭子华，由无锡回，稽查难民，借此定买漕米，每石合四元五分，以后贵贱尚属难知。藩宪札知每石定价公费在外，一千折实三千一百五十文，各县所赔不至大悬殊也。晴。

二十七日(1月8日) 会分常委员候补巡检李泽民，善邦。系安徽人，为总捕李别驾远本，于公程颇为熟悉。半阴，略晴。

廿八日(1月9日) 会日本国商人加藤助三郎、不通中华语。金指德次郎，通宁波语并云通广东语。持有上海照会并储宪信件，拟赴宜兴看沙器，共来中华二十二人，皆为振兴商务，由府饬县，即雇船送往，并宜兴致函，临行给家人洋一元，力辞之，始收回。阴，微雨。

廿九日(1月10日) 在署。半晴，微阴。

三十日(1月11日) 过江阴谋死僧人慧根徒财害命一案，首从均画供。荆邑顾宣大船支被盗，将伊婿周能大刃伤落河身死一案，犯人高川二、沈川大均翻供，应饬发审再讯。阴，微雨。

十二月初一日(1月12日) 夜四点余钟忽报两营里失慎，即往弹压，见火势甚盛，询之，由洋铁铺煤油灯所致，烧去四十余家店铺，武营亦往，曾令其旁屋即折以过火势，不肯也，且无钩子等件，只有听诸天命，殊非善法。回署，更衣，行香。复回署会客，据留常委员吴吉其云，煤油桶内每桶可放食盐三钱，如有失慎，油可不上延，未知验否？然盐乃海水所成，有下降之意，且询之其与点灯并无碍也。午后较七县斛。除靖江无漕。阴，微雨。

初二日(1月13日) 会郭子华，谈及赵伯含大令交代，至今殿撰未解藩库，现已奉札责令府县催该家属勿得扶同徇隐，因赶紧致信次竹吴令转催其即速解交，曾闻有初三日可交之信，未知确否？阳湖县禀知新旧任，业已接交今日午刻。晴，风，落日后冷。

初三日(1月14日) 蔡君乃实任拓林通判，请开缺归府班，经部驳仍须补通判，刻下来署知县交卸后到青阳地当协办，府班差使也。送行。会蔡二源，别驾、太守、大令。已交卸阳湖，辞行，旋赴县署，回拜，并给亮畴大令贺喜。发审严司马、庆大令因过荆溪盗案，内有疑异，反复讨论，不意竟尔画供，尚有抢米数起，自无可说，业已画供矣。晴，甚冷。

初四日(1月15日) 会伍润芝乡绅，闲谈署金匮叶缦卿大令，意深。人甚明白，可与无锡孙襄臣大令彼此相得矣。旋赴东门外回拜，并至前阳湖主薄恩秋岩公馆吊，本明日开吊，因顺道，免明日再往矣。庆发审来，询其昨日荆溪案是否用刑承招，抑系自行承招，据云并未用刑即画供，如此可无疑矣。阴。

初五日(1月16日) 在署，收拾旧信等件，包好。夜雪，日间雨。

初六日(1月17日) 会郭子华大令，因将江阴来函，因营勇并自强军纠人盗案，且会匪竟有抄出飘布者，乃大发其牢骚，真正无如之何也。雪已足，亦大可喜事，明春可无忧矣。阴，日夜雪。

初七日(1月18日) 辰刻恭谒营田庙猛将军，前行香。会严鉴人。戊戌翰林袁理生庶常励准。由福建来，乃翁为福建知县。昨给紫璈大令一书，痛论营混子、吃洋饭者，甚为可恶。微晴，阴。

初八日(1月19日) 会郭子华，因盗案不实特回明，并闻有女婿踢死丈人一案，竟出自乡绅人家，凶手已逃，死者尚有小功名在身。余谓官之教化不行，固可自愧，然书香之家父兄之失教，以良可慨矣。高亮畴大令因勘案而来，闻七八人闯门入室，且手持洋枪。惟今日奉臬宪札督批，嗣后凡就地正法非聚众土匪抢劫，不得援引寻常盗案，虽有洋枪，亦照常办理也。半阴晴。

初九日(1月20日) 在署，晚间胡念芝老夫子约晚饭，即时下船，胡已赴苏州，大醉而归，与吴子才较量酒所致。半阴晴。

初十日(1月21日) 在署，连日左膀酸痛，通左项，大约是风气，令薙发匠捶之，仍未见如何。半阴晴。

十一日(1月22日) 在署，会郭子华大令，勘案回，并送到前托其省城代钞吏部行文具奏应否开缺。奉旨:著开缺,以道员候补。钦此。等因原文。仰蒙深恩,何以报称抚躬,汗颜而已。注大计册一日。半阴晴。

十二日(1 月 23 日) 会高亮畴大令,因南运河工大约为恽北生所惑,其中亦难免有王重光孝廉,皆欲图利,而南京差信有孙毓麟为常州河工到宪之说,亦大不安分之人,即前次苏省闹河工之人,后复搅虿行者。半阴晴。

十三日(1 月 24 日) 赴恽伯方观察处,家奠行礼。后顺道拜袁理生庶常。李兴云,前由拆字摊问余明年进京如何,拆得钰秽二字,又有请乩者批:庾信园中春信暖。五字不可解,付之捣鬼而已,姑漫记之。晴。

十四日(1 月 25 日) 赴武进给子华太夫人拜寿,在彼早面。晴。

十五日(1 月 26 日) 辰刻行香,阅收呈,会客,各处凉棚架皆备,上房院已立木搭盖矣,大堂外并种树四十余株。晴。

十六日(1 月 27 日) 在署,数日左膀作痛,连脖筋,今日忽眼耳作痛,膀见好,不知何理,想系湿热所致。半阴晴。

十七日(1 月 28 日) 会郭子华大令,因谢寿,并云省内常中军、刘司马会合到圩塘即藻巷。拿案,大约总为盐捕营之事。闻省内已获盗案,即有盐枭在内,此处为盐枭聚集出没之所,然营与匪串通一气,实亦无法办理。惟在省宪,或雷厉风行,谅可挽回一二,若但凭地方州县,无济也。因要夫马,是以武邑劫之。晚间闻得获三人,并有拒捕情事。晴。

十八日(1 月 29 日) 由胡念芝在苏州托定苏挂钟一架,送到,价十二元,并不在洋钟以下,足见机器非内地不能学也。给前府学教授李詠裳葆恩。吊纸,署中规模甚轩敞,询知院有狐仙,又不利人口,大约妖由人兴,加以运衰,再遇坏风,故如此。陪吊诸君谈之,津津有味。回署,武进、江阴二案,江阴因供有舛错,武进竟翻供,须俟令发审再过。如何。晴。

十九日(1月30日) 会房鋆山廉捕，送到沙田地图两幅，大幅由镇江至常州，小副丹阳武进，大幅沙田略，小副详。此君颇能用心，甚堪嘉尚。约发审过武进、江阴二案，均已画供。严鉴人司马来见，于明日赴省，特辞。晴。

二十日(1月31日) 午刻封印大吉，拜印排衙后，接见诸僚属，拜署中诸位老夫子，晚间约饭东花厅。晴。

二十一日(2月1日) 给新任守府道喜，旧任守府送行。何笙甫账席由家乡回，刘子诚别驾妻舅祝佑之二哥，向作首饰行人，颇诚笃。从南京接耀卿刘世兄，并带箱只来，特约三位便饭。晴。

二十二日(2月2日) 在署，刘耀卿来辞行，明日赴南京。晴。

二十三日(2月3日) 午初刻赴东门外迎春，回署，春宴已未正矣，来回皆乘暖轿。由昨日伤风咳嗽，难免有积热在内，适今日风颇寒凉。晚饭后祀灶神。晴，风，微云。

二十四日(2月4日) 辰刻与寅属鞭春，至仪门外，芒神面西，牛立阶下，首北在东。进署，会郭子华，别位俱挡驾，约幕友在东花厅早饭。风，晴。

二十五日(2月5日) 在署，连日伤风咳嗽，今日少愈，惟串气大作，右臂作痛，竟通脖筋，且喉间疼痛，以为火热，不意亦串气所致，真觉可怪也。晴。

廿六日(2月6日) 在署，与笙甫先生议论行路川资等事。晴。

廿七日(2月7日) 在署，叶缦卿大令送到京山苹果若干枚，食之，似北边脆苹果，色香俱不如，然南省所未见也。后询之僮仆，均云京山乃外洋非内地，未知信然否？姑记之。午间晤钱账席，闻伯含大令交代，内有昭信股票等款，至今该家属未解，欲报家产尽绝，乃出自仲蝁殿撰之意，可谓荒谬，与前请入循吏传未免大相反也，噫！晴。

廿八日(2月8日) 会郭子华大令，因赌案回明，竟有差役在内，在郡庙开场，已责至二三千板，殊属可恶。渠亦谈及仲[莹]殿撰报家产尽绝，闻其三四万金，未免认钱不认人矣。目下读书人大概如此,可慨也。晴,热。

廿九日(2 月 9 日) 在署,诸寅友纷纷拜年,均挡驾,光阴迅速又一年矣。明岁拟开印,即请交卸,大约须二月初方有交卸之信,然晋京时总在二三月光景矣。早阴,晚晴。

光绪己亥正月元旦(2 月 10 日) 卯初刻恭谒万寿宫、文武庙、城隍神庙、灵官庙,回署,大仙堂、灶神前行礼毕,寅友均至大花厅行礼,接幕友亦行礼,热极,实天燥又加衣服暖也。饭后出署,各处拜年,将棉衬衣脱去方合式。阴,微晴,落小雨。

初二日(2 月 11 日) 在署,因落雨未拜客,过年此为第一乐事也。阴,雨。

初三日(2 月 12 日) 昨日会郭子华大令,今日晋省,来辞。前宜兴万小园大令闻参案,业已覆奏,余无实据,惟幕中用本地人,不知避嫌,交部议处,约奉准部覆后拟归知府班矣。因其来时水浅停船,在廿里外,未亲拜亦未差人。晴。

初四日(2 月 13 日) 会王襄卿广文,因保卓异来谢,此君不但常属教官中无出其右者,合苏省而论,人品学问亦不居人下也,少年文字有王襄陆凤润庠,殿撰。之称,不意一榜竟未得,人之有遇有不遇,可为慨叹矣。孙襄臣大令有数案面回,奔牛司巡检蒋文卿名端。来,伊在东三省,多年颇知练兵战阵事,可惜保卓异而未得。因河水浅,均停泊,离城远,差拜,旋补拜年,回署五钟矣。半阴晴。

初五日(2 月 14 日) 在署,闻郡庙有活穿山甲,二只形相同。因令人觅之,到署一看,其形甚恶,如大壁虎,通身鳞甲,卧于木盆,以草承以棉衣覆盖,冬令畏冷,且不食,须清明后以鱼食之,盖鳞介之属,亦入蛰也。看毕,赏而去。昨夜雪,阴。

初六日(2 月 15 日) 会史佳若观察,谈及工程,均拟由府作主,开销各处,可谓滑矣。阴,雨。

初七日(2 月 16 日) 会高亮畴大令,拟于初十日前后晋省,内眷请师奶奶早饭。阴,雨。

初八日(2月17日) 约诸幕宾在东花厅早饭,因谈及穿山甲,乃鲤鱼所变,上岸多藏树内,得之不为奇也。何笙甫曾食其肉,甚肥美。吴子才谓黑鱼头朝下入泥,养之三年后亦可成此物。总言之,前此所看,赏其一元钱,冤而已矣。会金匮叶缦卿大令,意深。因停泊远,差拜。阴,小雨。

初九日(2月18日) 钟溪司现驻和桥镇,乾隆年间改。巡检夏少昌,文炽。因密保卓异未得来谢,殊令人惭耎,然限于额无如何也。此君于地方颇留心绅民交感,殊不易得。阴,未雨。

初十日(2月19日) 在署,阳湖高大令于今日赴省,禀辞。接新授常州府知府德乾一兄元。来函,钱席吴子才已应允,托代延订乾翁为内阁侍读,京察简放。晴。

十一日(2月20日) 会庄凤梧、际泰。伍润芝学纯。两乡绅,因有木行欠各钱庄款项,意欲吞噬情形,本属可恶,即饬武捕厅速为看管,庄为蔚丰东,伍为钜昌和东,本府此等事,时难自提问也。阴,雨。

十二日(2月21日) 会盛旭老,由上海来,因杏荪京堂今岁在上海过年,故就养,父子同处过年不易得也,闻年八十六,耳稍聋,步履略滞,然行礼起跪并不迟缓,明年应赴鹿鸣宴。郭子华由省回,谈及抚则花园修齐高乐,藩则牢骚如故,臬则骄溢非常,真可谓极一时之盛。阴,雨。

十三日(2月22日) 辰刻赴营田庙猛将前,行香。回署,会庆少甫大令,因江阴来函,常阴沙现已布置周妥,实深欣慰。午后拜盛旭老,未遇。接蔡二源太守来函,上海客寓,询访两处可以安顿,感谢,感谢。河水似少涨。阴。

十四日(2月23日) 会周弼臣老哥,自省回,谈及从前人物,真无奇不有。自咸丰三年到省,屡见缺而未得,均为八行书所挤,奈何。刻下已另派厘局,有人目前将交卸矣,力阻不得,谢步,只好差拜。晴。

十五日(2月24日) 辰刻行香。回署,诸寅僚来,俱挡驾,恐贺喜行礼。恽仲山来,因龙城书院甄别荒定于廿八日,因去岁监院俱未到,盖欲脱离烦扰,不知此事,院董少无能,仅官而无监院,实不成局面。因令其与恽北生、恽叔伦、沈文明商酌,是日如俱到,官必前往,如不到,只有派员散卷出题,定日交卷而已。晚约众幕宾东花厅饭,闻李兰阁游府已撤省,因抢米营兵顾洪薤久未拿获之故也。督辕牌示以补用,参将张本生委署又改,记名提督朱连胜。晴。

十六日(2月25日) 会靖江新港司巡检孙载之,逢阳。四川郫县人,由本任来,所辖之汛尚称安谧。午后盛旭老、史佳老、瞿光辅、恽叔伦、吴懋时,外有杨桂墅、任润芝,名到人未到。同至二堂,设香案,礼生赞,打恭,一跪二叩礼,此礼向未见。又打恭,皆北面,余则西南面,礼如之。遂至花厅献茶,不肯用饭。礼成,此绅士送匾之仪注也。匾"八邑蒙庥",上款梦琴大公祖大人德政,下款武阳两邑绅士敬献。下用伞覆庇群伦牌:仁浆万灶,广厦千间,剔弊除利,除暴安良。对之殊觉汗颜,所谓恭维太过即是骂,于此得之矣。忽阴,晴。

十七日(2月26日) 至盛旭老诸处谢步,均未见。约午后,因旭老接电信,须即返苏州,俱辞,惟恐费事之意。汪眘之寿在彼晚饭。汇京款于今日交蔚丰,转发苏广源。落微雪,半阴晴。

十八日(2月27日) 在署,检点行李。高亮畴由省回。阴。

十九日(2月28日) 午刻开印,午饭内约师太太等,晚约师老爷于东花厅,子才醉矣。阴,雨。

二十日(3月1日) 会李游府,因撤任牢骚非常,带到赵仲莹殿撰来函并札文,函内乃责其不缉顾洪薤必不干休,因疑制、提宪皆为殿撰所嘱,究竟是否,惟有付之一笑。前派署理系张君本生,刻下改派朱君连胜,似此名,系记名提督,必军务出身。尚无接印日期。阴,雨。

二十一日(3月2日) 在署,检点行李。昨日已将请交卸,并给咨北上出详矣。晴。

二十二日(3月3日) 汪慎之幕友送到山水小幅,题款瀚云汪梅鼎,询之,乃其上辈为安徽籍,写画俱佳,洵可宝也。柳门侍郎乃慎之令侄,浙江籍。

会武、阳两令，皆因团练一节，所谓能团不能练也。江南之人其软弱，大半奋发忠义之气少，奈何。晴。

二十三日(3月4日) 昨日灯后李紫璈大令由江阴来，面递《敦厚约》一册，闻已发刻，实目下江阴必须整顿之大端。前曾送来江阴记事文四首，亦有关世道人心之作也。今日约紫璈、少甫两大令便饭，痛谈，颇为快乐。然遍地会匪与水陆各营勾结，竟难料其必无举动，可奈何。晴。

二十四日(3月5日) 并会李总捕。会代理宜兴郭南云大令，曾程。为阁读郭春揄曾炘。令弟乃翁，曾任浙江台州府，现已过道班，与恭勤公同寅，彼时正陈臬浙省也，乃祖远堂先生柏荫。为道光壬辰庶常，为文诚公门下士，种种世谊，谈之甚乐。小雨。

二十五日(3月6日) 回拜郭南云大令，给史佳老拜寿，正八十，在彼素面，盖主人以己生日为众生死日，不愿也。会少甫大令，面送朱子墨迹，后有鲜于伯机跋语长卷，以为饯。再四辞之，彼以为行将入都，非有干求，似无嫌可避，且系同乡，只得赧颜受之，终觉自愧也。晚至吴子才幕友处晚饭，四十三岁生辰也。早间妞等奉扰之。阴，雨。

二十八日(3月7日) 遣奴子田兴晋京，并寄四弟、溥倬云、溥仲路信各一封。会郭子华大令，闻守府占居江西会馆，县考竟不让出，须用公事给游府或可迁移，赳赳武夫理路太不清楚矣。昨日见差信，常州委王鹿峰毓萃。太守署理武进。晚间来信，接省电，有下月初二日到任之说，此君为现任贵抚王鲁香中丞毓藻。令弟，人甚爽直。半阴晴，早雨。

二十七日(3月8日) 会严鉴人司马，由省回。送到俞曲园七言对一付，陈辰田屏四扇，均真迹。俞已七十九岁，陈已七十八矣，二君书法应在必传，洵可宝也。收拾行李。晴。

廿八日(3月9日) 辰刻赴龙城书院，甄别四项，竟有一千一百余卷，此次甚觉安静，颇为可喜。放头牌即交，两教官放二三排。监院沈文明、恽北生，院董恽仲山，均到。竟日与华院长周旋，畅谈甚乐。晚间住经正堂。雨。

廿九日(3月10日) 辰刻由龙城书院回署，午后会高亮畴大令，团练各乡颇有眉目。雨。

三十日(3月11日) 会郭子华大令，痛谈，即拟赴码头，接新任王鹿峰太尊，于初二日接任，公馆已备齐矣。恽北生来，送沙田各册，具东约龙城书院，因辞之，缘辞行恐无暇。各寅友亦约此处，同在初三日，只得均辞之。华若溪山长送到《毘陵春饯图》，横幅一纸，诗画字无一不佳，洵可宝也。并托寄仲华相国书二本。晚间胡念芝刑席由省回。早雨，午后晴。

二月初一日(3月12日) 辰刻行香，回署，会客。王鹿峰太尊昨日未到，询两县，今日尚未过无锡，或晚间可抵常郡。余鹿苹乡绅、何世兄荫南。来，均送行。郭子华大令送自画中堂团扇，万肖园大令送饯行诗、自书中堂，皆极精湛，甚可宝也，得无愧乎！严鉴人、万肖园均会。晴。

初二日(3月13日) 会万肖园二哥，旋即回拜。在西门码头，午刻，孟德澡三河挂匾一方：仰泽怀风。牌八面：泽流夏甸，廛受周原，万流仰镜，一视同仁，贻民乐利，殖我田畴，麦穗双岐，恩波万顷。伞一：爱民如子。上款：梦琴大公祖大人德政。下款：孟德澡三河董耆士民恭颂。又龙城书院送牌八面：精庐倡学，讲舍流型，表章景业，陶冶群伦，万流仰镜，庶士倾心，设训垂范，崇化励贤。伞一：储广才学。上款如前，下款龙城书院致用、经古舍士敬献。会各处绅耆并诸舍士人甚多，未能备载。伞上有平金名字，可查。惟让至花厅一茶，只有志愧而已。张华秾由江阴来送，留其晚饭，痛谈。晴。

初三日(3月14日) 卯初谒昌宫，行礼。约张华秾，同诸幕午饭，会武、阳二县，闻署任王鹿峰太尊已至公馆，定于初五日巳刻接印，前有初二日之说，因藩宪将六门厘局委札忘记，是以彼处未能交卸，此处未能接印，初五日乃藩宪代选也，一笑。半阴晴。

初四日(3月15日) 辰刻谒吕祖宫,行香。会王鹿峰太守,旋回拜。幕友中惟钱席吴子才、启席汪眘之、账席晋都同行,刑席则让陈子和矣。至乡绅处辞,钱子明兄诵清。送瑶华道人山水一帧,并螺甸匣洋烟二瓶,万不容辞。且问路中盘费京内日用如何,告以皆足,当云如有难措手处,只管写信来,不可拘泥,其情甚可感也。阴,雨。

初五日(3月16日) 巳正王鹿峰太守到署接印,进内至花厅一谈,将自捐家具面告已造册移交矣,渠甚乐之,以为仅见。旋往贺,并拜各家绅士及寅友,惟华山长处晤面。昨日晚间曹氏令其登船,今日午后令女并两妾上船,在东门暂候,明日早辰停于同仁堂门外河下。半阴晴。

初六日(3月17日) 辰正由署用全幅执事,似迎春出东门,到同仁堂,众绅皆在此候设席,晋爵三二揖二叩礼,殊为可笑。旋即上船,众人来,均挡驾,路间又会数起客,晚停泊洛社镇。晴。

初七日(3月18日) 由洛社天明启椗,过无锡,孙襄臣大令、孙展云别驾、王襄卿广文并粮捕各厅来接,均长谈。严鉴人司马、郭子华大令、高亮畴大令,均由常来送,亦长谈。晚停泊南望亭。晴,风。

初八日(3月19日) 由望亭天明启椗,午刻抵胥门码,胡萼辉、武仁趾来晤谈,何笙甫至城内打听文书等件,因闲半日。晴,风,热。

初九日(3月20日) 谒抚宪,未传。见聂方伯,痛谈。饭后至各处礼拜,朱廉访有院中钱席韩在座,未见。晴。

初十日(3月21日) 谒抚宪,同丁兰生观察,传见。拜客,晤彦詠芝太守、常介芝参戎、李湘帆军门,余均投帖。阴,细雨。

十一日(3月22日) 午初刻,胡念芝国学乘双开门小船至码头,同何笙甫孝廉、庆少甫大令过七里山塘,名七里不足七里。至虎阜停泊,山门外船上所备点心可称第一。遂上岸到厅为朱修亭观察所葺,匾额对联甚多。上饮茶,俯视田间,颇饶野趣,梅正胜开时矣。遂偕三君至憨憨泉,过真娘墓,少甫大令因喘回船高卧矣,可笑。复偕二君到千人石上看生公讲台,顽石尚在,乃大石在水中,小石擎其上,恐亦后人点缀耳。旁有剑池、虎邱两碑，每碑二大字。看剑池，不过山壁下一泓绿水，闻甚深，虽久旱不涸。二仙亭乃吕祖、陈希夷画像，两碑并立。遂下山，乞人甚多，路旁有鸳鸯坟，不知何故。乘船至吉勇烈公尔杭阿。祠，亦小有景致，夏间落花甚好，为成月坪观察复修。回船用晚饭，菜亦甚佳，苏省谓之船菜，似别有风味也。阴，早雨。

十二日(3月23日) 早间拜客，至桐子霑泽观察处吊，在粮道署，世兄甚幼，启菊朋为其胞侄，未能出都，盖詹事府不能告假之故也。到怡园，吴次竹、胡萼辉两大令约此园，曾到因天晚未克遍游，今则各处往看，规模不甚大，布置颇佳，盖以游廊为胜，乃顾姓为主人。饭后复拜客。到沧浪亭，汪瑶廷、施润斋、赖葆臣三首县约此，固有名之地，园外胜于园内，园外围以河道，夏日满种荷花，颇饶佳趣，园内仅数处厅馆，前石洞乃堆成，素称仙人洞，毫无道理。五百名贤祠因天晚未去，闻名贤不过半截石刻像，亦无大出奇也。半阴晴，小雨。

十三日(3月24日) 早至抚宪德中丞，寿。聂方伯，缉槼。朱廉访，之榛，候补道署。本任陆春江，元鼎。及胡念芝刑席、武仁趾表侄各处，辞行。下船已未正余矣，即令座船等由胥门开至阊门码头下停泊，自带一女两妾，乘前日所定念芝国学小船，游留园，先在船用点心，游园后复至船，到座船处，仍在小船用晚饭，乃三年间无此乐境也。晚复会笙甫、仁趾、少甫，报启程，即以是日。半阴晴。

十四日(3月25日) 早发阊门赴崑山，一路至上海，非小火轮正路，盖小火轮拖船往往失事，此不过多走一日，可避险也。过崑山乃大土阜，上有庙宇，远望之不了了。晚停泊陆家滨，甚荒凉，因风顺已行百余里矣。阴，雨。

十五日(3月26日) 早发陆家滨，过黄渡，因风甚大，暂停此处，乃江水顶冲，凡出口须俟潮退方可随渡，不然篙橹皆难施矣。晚停泊上海大王庙码头，有两码头，一中一洋，船略前即有洋人阻之，此疆彼界非可少为假借也。晴，风。

十六日(3月27日) 由码头乘四轿，城内外拜客。晚至四马路吉陞客栈，此栈为蔡二源太守代定，规模甚小，然排场甚大，殊可笑。同笙甫到天津馆用饭，谓之京菜，其实京中无此，难吃之物也。旋踏至荣华富贵楼饮茶，雇东洋车而回，有生未知此味也。晴。

十七日(3月28日)　早会顾缉亭观察，谈及招商船，非十九日不能开轮。约笙甫乘马车至愚园，此园以幽邃胜，内有猫儿戏，即都中女戏，然比之下贱矣。至静安寺，毫无意味，惟下车看一方池水，泉往上直冒，石刻为"第六泉"，小字，看不出矣。至张园，此园以宽敞胜，两处均有弹子房，往看不知其所以然。惟洋人蜡人房乃见所未见，有一人头可摇，一人肚腹出入气，直似活人，盖以蜡为面，内藏活机，是以如此，其面儿五官细看，直欲活，然亦颇可怕也。只有一屋不准妇女幼孩进内，盖为学医而设。遂跑黄浦滩，至一徽州馆吃饭，似稍佳。饭后，天仙园观剧，回寓已子正矣。大乐一日，近三年所未有也。晴。

十八日(3月29日)　乘马车，大半租界拜客皆如此，乃会办正办为林稚楼观察。午后赴机器局，晤张元敞太守，湖南人，为周杏翁、徐寿翁令甥，人甚老练，因带往各处一看，并将快枪一试，无烟火药已造成，并面试，与自强军所载无二。略用汤面，主人情甚厚也。适约陈荇香大令、笙甫孝廉来，辞主人后天尚早，特至张园一游，已无游客，邀二君到一品香，晚间同二君一踏。早晚走路甚多，腿觉痛，可发一笑。阴，灯后小雨。

十九日(3月30日)　因雨在客栈一日，戌刻同笙甫至黄浦江，顾缉亭观察代定招商局江永轮船二房间，笙甫回栈后，约子刻即开船矣。此船乃新修，比前乘之江孚稳多矣。江孚机器在外，此在内，不易看。半阴晴。

二十日(3月31日)　沿路如常熟、通州、江阴均略停，不过上下客无码头，摇船而势甚危，波浪之中不便也。亥刻抵镇江码头，人声嘈杂，上下货上下客嚷成一片，子丑之间又开轮矣。晴。

二十一日(4月1日)　巳刻抵江宁码头，将行李搬入趸船，随乘马车此地车乃上海所弃者，东洋车亦然。晋仪凤门，顺马路两旁皆种柳树，城内如乡间，麦绿盈畴，间以桃花胜开，城市山林非此地无此景也。抵北新街名利栈住宿，刘子诚别驾来晤。晴。

二十二日(4月2日) 回沪后知疯妾于是日夜子时，十一多点钟。在吉陞栈病故。谒制军刘岘帅，提及副都统萨五楼昌。曾赴外洋，已保有功名，尚充外国兵丁，乃有志之士也。拜客，晤穆少若、唐子明两观察，恩子文司马。胡云台方伯约午饭，刘子诚别驾约晚饭，回寓亥正矣。早雨，晚风。

二十三日(4月3日) 疯妾子时，十二点钟。入殓。拜客，丰汉文将军府吊，将军为吉林双城堡人，灵柩须航海至营口，陆路千余里方到籍。晤缪小山太史，钟山书院院长旋送书并路菜，临别大有恋恋之意。回寓饭后，赴南门外，即聚宝门，自来城门之乱无出其右者，行人稠密，询之，终年如此，此亦一奇也。离门里许即机器局，总办郭月楼观察，会办松晴川观察，器械大半小件，非上海可比，当放快炮格林炮，洵利器也，后膛抬枪亦精，惟局内规矩与上海太差，总办不得其人。复拜客，晤粮道吴仲颐，重憙。山东人，谈及时事，竟为之落泪。灯后刘自诚来，谈并交寄京信件。阴，小雨。

二十四日(4月4日) 并昨日念经二日。拜客，晤刘嘉澍太守，现任江宁府，十年旧交，约明日午饭，因早间开行当面缴帖，辞之，旋送到书籍、路菜等。谒制宪，传见，略谈，回寓。晤松晴川观察，戴子和大令光。现补上元县，刻署江宁县人甚老练，识见亦正，四川人。陈伯雅大令壥。来，未晤，此君为缪小山太史令亲，寄籍四川，人是精明一路。阴雨，晚晴。

廿五日(4月5日) 午前十点钟，送至招商局，暂停，俟定有轮船，再行北上。早会刘子诚别驾，遂乘马车出仪凤门，至惠民桥河下，有筹防局唐子明观察提调为汪栋臣刺史，来时同乘江永轮。派来崇安小火轮。内会客，房间给家人住，只有小房一间独榻，且有蚊帐，甚适意，备晚饭亦可吃。管带为刘明仙守戎，五品顶翎，询之，已保游击矣。午刻开行，因风甚大，黄天荡不易过，停于笆斗山下，有断岸处避风。晴，大风。

廿六日(4月6日) 天明由笆斗山开轮，午刻抵镇江，火轮须停江心，上下甚不便，因到码头，住六吉园。向丹徒县王伯方芝兰。大令借轿一马一伞一，遂饭后拜客，道府都统均见，此处皆蒙古旗人，尚觉朴实，晚间方回寓。早小雨，晴。

廿七日(4月7日) 早至象山，离住寓约十里，先走田间，麦绿桃红，三围山色，一面江波，左顾右盼，正是江南好风景时也。缘堤行，过甘露寺脚下，沿江土堤一道，两边皆夹种柳树，想必借重勇营之力。至炮台，会陈宇山军门，基湘。郧阳镇实任，奏调办理炮台，为舫仙方伯堂弟，承送图一张说一折，因登极顶，有二百五十磅炮一尊，洋将一人照料，下有大炮四尊，小炮数尊，皆洋式。对江为焦山，亦有炮台，上为都天庙，下乃龟山，均有炮台，以形势论，似三江营斜对龟山。不可废也，军门颇以为然，本拟施放，炮位一出，因江上船太多，似不便，遂辞回寓，军门遣八兵相送，并须给礼物，情甚厚也。早间会都统吉陞，谈及两世兄，一在工部一在刑部，均当笔贴式，旋亦送到礼物。午后至洋场一游，凡洋楼皆靠山临江者多，真得景真得乐也，呵呵。半阴晴。

廿八日(4月8日) 早间由六吉园附趸船，过崇安，轮船遂东下，未刻到江阴码头。紫璈大令遣人来接，花秾总戎遣人来接，此次为看操，辞李就张，即在其营盘住下，提宪李寿亭，占椿。派勇作前引，自强军派勇作前引，辞不获已，未免多事，可愧。自强军张帮统花秾、章鼎臣高元、黄营务松泉、合字统领章子春，均至码头来接，略谈，遂登山，各营皆在山地。花秾约晚饭，与鼎臣总镇较酒，竟将花秾文案杨老夫子用椅搭去，可为一笑。刘阆仙送到自书扇一柄，武员如此亦可喜，遂送礼并赏水手。晴，风。

廿九日(4月9日) 辰刻赴大教场，去回均拜客。离营十里弱，阅自强军，合操步队马队炮队均齐整，惟面子如此，究竟战阵是否可靠，各提镇亦不敢说。晋城谒瞿子玖学宪，痛谈，旋来营回拜，并送到《四书汇编》四部，系刻于扬州，书甚好，可感之至。赴紫璥大令署，约早饭，内惟花稌，席设小花园，规模不大，粗粗点缀，颇佳，难得在小河池外面引入河水也。晚至合字大营提宪所驻，因在南京尚未回，甚宽敞，章鼎臣、章子春、张花稌、黄松泉所约。晚回营用提台灯笼相送，不典之至，只好随其所为，武员赳赳以此为敬，真不值一笑也。晴，风。

三月初一日(4月10日) 巳刻至炮台，形势甚佳，惟对岸靖江颇平衍，仅有江湾似可靠，遂放二百四十磅大炮四出，内有洋教习二，一德一英，在彼照料，皆未中靶，洋人大窘，且后一炮出门便炸，大似开花，尤不成局面，奈何。放五出格林炮，亦未见江水略动，旋至营务管带处用便饭。申刻同花稌登江阴所备红船，子春诸君复至码头相送，遂叩辞。连日各营官队官皆谒见，甚至哨长均以一见为荣。至此时方算了结，无益之酬应也。船至十濠口停泊，夜子正登洋杙子，江内又大风。花稌必欲送至上海，竟不能相阻，只好同登江裕轮船，幸有官舱，略可停息。晴，大风。

初二日(4月11日) 午初抵上海，因轮船久不拢岸，仍用找子到码头。至吉陞栈，晚约花稌、戴斐君先生、何笙甫吃一品香，到虹口看马戏，连日辛苦，竟酣眠一夜未醒。晴，风。

初三日(4月12日) 胡萼辉公子菊孙来，拜门，甚好，诚佳子弟。在栈一日，因连日辛苦，未免觉乏，给四弟发信一封。阴，雨。

初四日(4月13日) 会张华稌总戎在栈，未出门，闻新裕海轮须十一日发，又云十四日。阴，雨。

初五日(4月14日) 会张花稌总戎、汪剑星直刺，痛谈。同笙甫看相，至广东饭馆，饭后天仙观剧。晴。

初六日(4月15日) 同笙甫、陈履平、康瀛。何世兄仲禹。至各洋行，买礼物，状元馆约诸位饭。晚间沈仲礼观察敦和。约一品香，并陈荇香大令邀饮。张华稌总戎今日下船回江阴矣。晴。

初七日(4月16日) 胡菊孙来,即令其回省,勿庸候选。吴淞炮台班福斋统领来会。英国洋人金先生会,以设学教养中国贫家幼童,因助其洋十元。晚拜沈观察、班统领,至新太和饭馆,班统领约桂仙园观剧。阴,雨。

初八日(4月17日) 会陈荇香,同乘轿赴顾缉庭邀饮,闻新裕轮船初十或十一日可到,座中晤钱晋甫,为子密先生胞侄,饮大醉。阴,雨。

初九日(4月18日) 卯刻赴天后宫。轮车码头会班复斋统领,乘火车一等,八点半开轮,路中停两次,到吴淞看炮台,到营用洋乐相接,炮台即在营旁,有千里镜房,大炮中炮数尊而已。宝山县沈期仲大令来会,同在营用早饭,因赶紧赴车栈,一点半开轮,路中仍停两次,至寓两点余钟矣。阴。

初十日(4月19日) 便衣拜客,晤潘芸孙观察,晚约饮,同笙甫至桂仙园,遂登新裕海轮并家眷,留大餐间三处,房间三处,房舱一处,因有送行人迟至三点钟方睡。本约笙甫,即发京电,据云明日午刻开轮,似勿庸匆忙,不意睡梦间五点钟上下已开行,大为可笑。晴。

十一日(4月20日) 由上海开轮,早晚均用洋菜,亦颇有趣。船主洋人白姓,人甚谦,午前风船颇摇动,家眷呕吐者多,余则幸免,饭后风少息,亦即安静已。微雨,风。

十二日(4月21日) 轮船日夜不停,已抵黑水洋,幸无大风浪,颇稳,惟一望无际黑水,其宾水甚深,绿色变成,非真黑也。晴。

十三日(4月22日) 出黑水洋抵烟台,停轮下货,此处在海湾内,仍须倒出,近午开轮北去。晴。

十四日(4月23日) 巳刻到大沽,午刻到塘沽德元栈来接,方打电到家,然已迟矣。眷口行李用小船拔岸到栈之内,草房居多,只得暂住一宵。晴,风。

十五日(4月24日) 由栈登火车,系二等,因头等路中须换坐,只好将就,然座中太乱,远不如吴淞,且非气褥气靠背,甚不干净。午后三钟到永定门马家堡停轮，德元栈有人随下，行李交其照料，同眷口乘车到萧山会馆，因家人未到，不知新居在何处，故同笙甫到其会馆，此署亦颇可奇。家人续到。晴，风。

十六日(4月25日) 早辰由萧山馆至新居西安门内小马子圈，房甚整，每月须廿五两房金，可谓阔矣。四弟两侄皆来晚饭。荩臣诸君来谈。晴。

十七日(4月26日) 等行李，未到，盖由栈雇不出车之故，梠士昆仲、仲路叔侄、诸位皆来，晚间行李方到。晴。

十八日(4月27日) 妾曹氏柩今日才到，即命姜六儿送到六道口营地暂停。午后恭谒端邸，传见，痛谈。至刚相宅，未见。晴，微风。

十九日(4月28日) 长季超诸君来谈，四钟后至刚良翁相国，传见，痛谈。风，晴。

二十日(4月29日) 至荣中堂、敬斋翁宅，均未遇。苦水井小石桥祠堂行礼。到端王府。晴。

二十一日(4月30日) 至荣相宅，少候，晤面，痛谈，已午正余矣。觅孚璞孙参议，未遇。至端王府，街上干土呛人，难过。晴。

二十二日(5月1日) 孚璞孙通政来，因托其办理谢恩折，明日即可有。莲士来，晚饭痛谈。晴，风。

二十三日(5月2日) 伦贝子来，与溥荩臣痛谈。在院内，忽闻香气，盖由常带到兰花，竟开两枝。晴，风。

廿四日(5月3日) 会溥仲路诸君，四弟来，石子丹欲借广源存银二千，已应之。晴，风。

廿五日(5月4日) 在家，梠士兄来，长谈。接溥倬云信，大约营内有事，须下月初二日具奏，等语。晴，风。

廿六日(5月5日) 昨日所记今日事。晴，风。

廿七日(5月6日) 温受臣来，谈及延瑾臣事，真可谓糟不可解。崇仲蟾、增九先生会，多年旧雨，未免有情。晴。

廿八日(5月7日)　在家,阿甥来,因常州竹林出画眉,家人带到数只,必欲要之,只得赠之,六十六老头尚有童心,真难得也。贻蔼人学生来,痛谈,见识究竟不凡。晴。

廿九日(5月8日)　会寿益卿,由虎神营来,今日祗领印信,卯刻启用,溥倬云约万福楼午饭,全营为万仲安福,明鉴斋志。晴,风。

三十日(5月9日)　赴端王府道启用印信喜,痛谈,颇以宋祝三、董星五两军门为然,大约袁慰庭侍郎所练各洋操未能必得力也。晴,风。

四月初一日(5月10日)　昨日记今日事。昨日在家,仅会文琴孙世兄。晴,风。

初二日(5月11日)　本营奏报到京,自行具折叩谢。天恩折汉文一,皇太后满文一,皇上膳牌一,履历一。卯刻到西苑门见军机,六项公所候旨,著明日呈递膳牌,发下汉折一。午刻至万福楼,延子澂、恩骏叔、信怀民、寿益卿约。晴,风。

初三日(5月12日)　卯刻至西苑门,借坐奏事处,巳刻传至听起小屋,内极热,头起为宝鹤年学士,丰。余二起,军机三起,召见勤政殿东暖阁,皇太后前奏满语,谢恩。皇上前奏清语,谢恩。仰承温谕,实深寅感。回家换衣,至高庙会中,诸兄约。晚至端邸,传饭,大醉,头作痛,盖小屋之热所致也。晴,风。

初四日(5月13日)　至东城拜客,赴溥小峰倬云约,本宅。阴,雨。

初五日(5月14日)　至西城拜客,文山处晚饭,大谈。晴。

初六日(5月15日)　巳刻至虎神营,与寅友相见,均请安,实不得了。约倬云诸君到万福楼,回家复拜客,赴那琴轩约。晴。

初七日(5月16日)　拜客,荩臣、仲路约早饭,在本宅,等恩益堂,三点钟方到,已授江宁方伯,散将落日,到荫轩世伯处。晴,午后雷,小雨。

初八日(5月17日)　在家,因尾骨忽痛,似欲生瘈,因歇一日。

虎神营荣委员来会,有领交片之说。晴。

初九日(5月18日) 东城拜客。徐荫翁八旬晋一寿辰,往拜寿。晴。

初十日(5月19日) 在家会崇雨人、寿益卿,痛谈。营中章法尚未敢云就绪,奈何。半阴晴。

十一日(5月20日) 至庆邸西北拜客。晚至小石桥四弟处饭,约阿甥一谈。晴。

十二日(5月21日) 前于初九日在荫翁世伯处枬士昆仲提及,闻乔茂轩比部谈及,陈又铭中丞宝箴。曾保人材,以杨刘逆党并余暨一四川某太守,系旗人,此外尚有一汉人,共登荐牍。此事颇奇,陈则未谋一面,未通一信,幸平素不讲求外洋之学,人所共知,不然皆目为康党矣,可发一笑。在家,如榘庵侍御来谈,头痛非常,总由寒热不时所致。半阴晴。

十三日(5月22日) 西北城拜客,晚承端邸传便饭,丑初回家。午后枬兄在座,时正下雨雹。阴,雨,雹。

十四日(5月23日) 仓格下月廿四日来,说及此次挑缺,伊妻舅名孙锡卿,无意中竟挑补之,乃正蓝旗汉军人。辰刻至两黄旗教场挑补,各项长兵外火,竟有十五六岁兵丁马枪甚好。风,晴。

十五日(5月24日) 西城拜客,晤张畹九侍卫,痛谈,其同乡皆以刘岘庄制军为不然,然所论大半皮毛,其实似有不尽然者。晴。

十六日(5月25日) 东南城拜客,至康家胡同,表姐痛谈。晴。

十七日(5月26日) 东北城拜客,至马家厂崇仲蟾新修花园,内同人雅集。晚同恩骏叔到恩益堂方伯处,痛谈,回家已子初矣。端邸送到海骝马一匹。晴。

十八日(5月27日) 至高庙,恩骏叔约巳刻,至四点钟客才到齐,此京中目下恶习,三年前尚不至此也。晴。

十九日(5月28日) 至斌小川处道喜,娶儿媳。溥倬云处早饭,东北城拜客。端邸谢赐马,未禀见。兵部选司约,辞。早雨,午晴。

廿日(5月29日) 至徐相国世伯府,桐士少司寇令媛出聘,新亲为禧公府。东南城拜客,回家后雨,幸未路中遇大雨。早风,晚雨。

廿一日(5月30日) 奏请添派各军统领,余忝领右军。奉旨依议,钦此。仲路来,同倬云在此点心,大不成朴。会倬云至端王府回事,约其至万福楼便饭,不意遇台介臣相约,同席竟为介臣先生会账,乃素无来往者,可愧之至。阴,雨。

廿二日(5月31日) 昨日酒,大不佳妙,胸中作恶一日,未免难过。晴。

廿三日(6月1日) 至营堂期,溥倬云约万福楼。晴,风。

廿四日(6月2日) 兵部武库司约,辞。至(甘)[干]面胡同,晤牧山、鹤卿两表弟,牧山已策杖而行。聚丰堂,寿子年、庚老二同约,晚间回家已子初余矣。明日呈递代虎神营官兵谢恩赏银两,用白折,特送阅。晴,风。

廿五日(6月3日) 至虎神营,因候端邱信,勿庸亲往,谢银率同营务翼长查海,墙西面拟安朱车。晴,大风。

廿六日(6月4日) 未刻虎神营堂期,过军器库一看。旋赴台介臣大理处拜会,未在家。昨日恩益堂方伯来,晚饭市远,备食物甚难。晴,风。

廿七日(6月5日) 至小石桥,会同四弟到极乐林,迁大舅百日念经送库,因去稍晚,业经焚送。到端王府传饭,同倬云喝大醉,回家已丑正矣。晴,午后雷,雨,风。

廿八日(6月6日) 拜客,赴什锦花园,溥玉岑、溥小峰、溥倬云三昆仲,约晚饭,同座均属熟人,回家已丑初矣。晴,风。

廿九日(6月7日) 在家休息一日,打点送人礼物。半阴晴,风。

五月初一日(6月8日) 在家,营内并倬云来信,奉上谕:"虎神营择优保奖一折,端郡王载、协办大学士刚、户部尚书敬交宗人府从优议叙，交部议叙得力人员，着酌保。等因。钦此。”遂拟折恭谢皇太后天恩、汉文。皇上天恩。满汉合璧。晴。

初二日(6 月 9 日) 午前至圆广寺，桐子霈观察开吊，供饭。晴。

初三日(6 月 10 日) 在家。晴。

初四日(6 月 11 日) 午前给端邱、敬大司农道喜。晴，干燥极。

初五日(6 月 12 日) 午前恭谒三处祠堂，行礼，苦水井二妞亦去。晴。

初六日(6 月 13 日) 未刻赴虎神营堂期。晴。

初七日(6 月 14 日) 至太仆寺，街官马号验收炮车，只有一车厂承造尚堪使用，其余均约阿侍卫令其罚银。回家后，闻石碑胡同神机营枪炮厂失慎，端邱到营，传赴营。奉懿旨凡皇城内火药均行移出，因约倬云到家商酌。晴。

初八日(6 月 15 日) 约倬云辰刻到营，候端邱来，云庆亲王现奉旨稽查附近有无火药，令在营等候，直至七点钟尚无消息，只得同倬云散值矣。晴，甚热。

初九日(6 月 16 日) 至振利神威右翼炮队，振耀振勇振胜各队稽查火药，东城系倬云偏劳，到营会齐。晴，干热。

初十日(6 月 17 日) 在家，天甚热，无处不飞尘，殊难过也。晴。

十一日(6 月 18 日) 卯末刻到营，端邱堂期，拣选官缺散署。后约倬云、骏叔、益卿、怀民饭。半阴晴，落数点雨。

十二日(6 月 19 日) 出西直门，至阅武楼，会同倬云点马。到巴沟桥，那琴轩约早饭。饭后赴卧佛寺，屋甚热，不似山间矣，在彼素斋，同倬云、恩骏叔即此下榻，寿益卿饭后回营内学堂。早微雨，午晴。

十三日(6 月 20 日) 早赴教场点马，到学堂早饭，适静宜园打扫，随学堂厨役，乃弟为园役。前往瞻仰一切，规模非常阔大，昔庚申为土匪所毁，大半残缺，殊令人恼闷。即由此乘车走，玉泉山后土颇大，不如走前面也，路间歇骡马，到万寿寺遇慧上人，略谈，回家已点灯大后矣。一日之间，早凉午热，晚又凉，大不适意。午后风，晴。

十四日(6月21日) 会郑睿庭，主政文钦，为庚寅庶常，现在户部广东司，与四弟同司人，甚老练。早雨，半晴。

十五日(6月22日) 今年夏至辛酉，钦天监联云：夏至酉逢三伏热，重阳戊遇一冬晴。谚云：夏至有风，重阳无雨。乃讹传也，非是。会崇雨人，痛谈。神机营一切差委，均归全营明惠，颇招物议，旗兵亦不服，奈何。半阴晴，雨。

十六日(6月23日) 未刻赴营堂期，倬云赴王府。夜月蚀。晴。

十七日(6月24日) 在家，晚间效先来，晚饭，痛谈。晴。

十八日(6月25日) 卯刻至德胜门外，两黄旗教场会同，明全营挑选各队长兵，后回家。克懋先内侄来。晴。

十九日(6月26日) 卯刻赴德胜门外教场，会同明全营挑缺。巳初回京。晴。

廿日(6月27日) 在家，久旱今日始见透雨，何乐如之，幸前三日挑补兵缺，如在教场，则大费周折矣。阴，大雨。

廿一日(6月28日) 在家。阴，雨。

二十二日(6月29日) 在家，都老大来。晴，甚热。

二十三日(6月30日) 昨晚头痛，亥正即就枕，不意两点余钟似欲吐泻，类干霍乱，令人大刮并吃暑药，方见好。然惫不能支，即遣郭什哈至营堂期，不能到矣。阴，雨，热。

廿四日(7月1日) 在家，苍格来，问其旧日邻居，大半皆非故主。半阴晴。

廿五日(7月2日) 恩骏叔来，痛谈。晴。

廿六日(7月3日) 荩臣、仲路、侗五弟来谈。晴，夜雨。

廿七日(7月4日) 至虎神营堂期。阿统领送到东洋战备等，无深意可求，恐实在兵法未必令外人效也。阴。

廿八日(7月5日)　二妞至方家胡同，送三奎老二夫人故。在家，璞格来，总算明白大约蒙文或可成也。晴。

廿九日(7月6日)　至营堂期，到福全馆，倬云、骏叔、子澄、怀民约饭。后隆福寺一游，市面萧条，诸物昂贵，三年来略见一斑矣。昨日因右军立公所在旃檀寺，前觅一所，共七间，每月房金四两，今日令委员覆看，如合用即定。晴。

卅日(7月7日)　会荣委员，斌桢。世书手，与将房看准，即照此办理，遂托其置买家具等件。晴，午后大雨，有雹。

六月初一日(7月8日)　在家，公所今日立券。半阴晴，雨。

初二日(7月9日)　方家胡同供饭，令二妞去。阴，雨。

初三日(7月10日)　辰刻至虎神营，堂期。酉刻端邱传饭，座中倬云、荩臣、瀛四爷，丑刻大醉而归。早雨，午后晴。

初四日(7月11日)　在家。晴，晚数点雨。

初五日(7月12日)　卯刻赴营，敬大人挑选营总，端王爷因病未到，同倬云散值后到府问候，据回事处面回，因吐泻未能到营，想系暑气。早雨，午晴。

初六日(7月13日)　在家，遣家人给福文慎公送奠分银二百两，盖文脊公相待甚优，聊表寸心而已。送倬云蒲草二盆，回函乐极。晴。

初七日(7月14日)　辰刻至营，考取左军书手，共取十名，连前调拨文案营务两处，统十二名。倬云请假十日。半阴晴，小雨。

初八日(7月15日)　辰刻约五队管带帮带到公所，委员、书手均到，由此分班，俟关防颁下，即一切公务俱归本军酌奏。阴，晴，小雨。

初九日(7月16日)　辰刻虎神营堂期，寿益卿亦病。晴。

初十日(7月17日)　在家，今日甚热，夜间有雷，康格落草，随雷而下。半阴晴，晚雨。

十一日(7月18日) 子正二刻,命名康格一女,母女均好,姬人王氏借此大可陈病消除,亦大幸事,昌格、蓉格来道喜。晴。

十二日(7月19日) 寅刻出西直门,顺河堤行至半路,到蓝靛厂路甚难走,遂乘骑五里方至红山头,军械所验收北洋解到小式洋抬枪,在彼早饭,未正即回,路间热极,在海甸街裕胜轩用冰水服万应锭,少觉心定,进西直门到家已七点余钟矣。四弟已在家候道喜。半阴晴。

十三日(7月20日) 辰刻赴营堂期,回家后约笙甫便饭,小石桥两宅女眷来,康格洗三,极热。半阴晴。

十四日(7月21日) 早辰看倬云,已大愈,星源将军未在家,到长少谷,伊夫妇均在家,儿女亦出来相见,合家均好,少苦已补缺,询之在部,已廿余年矣。晴。

十五日(7月22日) 钟叔佩约同人雨香楼公局,因天热,措辞未到,然诸君除晋臣三哥,无一不往,可谓真不怕热,且有闲暇矣。接管劬莽来信,送到扇子、西瓜,余尚未能往候,殊觉愧恧之至。晴。

十六日(7月23日) 辰初至营堂期,溥倬云已销假。晴。

十七日(7月24日) 本拟饭后约笙甫至护国寺一游,适万肖园便衣来晤,渠竟欲廿一日回南,痛[谈]中外各事,实令人扼腕。大令走后,联星桥廉访魁。来,兵部多年旧雨,谈及甘省各事,回匪之乱已至文武争功置大局而不问,真令人为之浩叹。渠赴安徽或可得手措施,留其吃烧羊肉拌面而去,仍数年前同寅形景也。晴。

十八日(7月25日) 阿实亭甥来早饭,三四年来未在家,合族大变,均不受久规,可为浩叹。晴。

十九日(7月26日) 辰刻到营,堂期,因振孚队队长至邱求免革,乃挟制上官,传营训饬具结,内有队长志奎竟敢哓哓置辩,不遂,谕画结当责廿七鞭,即禀邱帅斥革以儆效尤。至万福楼,恩骏叔约。晴。

廿日(7月27日) 访贻蔼人讲学,遇徐莲士太守,大谈。赴福全馆，倬云弟约，饭后同至洋货店一看，可发一笑。阴，雨。

二十一日(7 月 28 日) 振豫管带帮带来，因明日有挑队官队长缺。晴。

廿二日(7 月 29 日) 辰刻赴右军公所，挑试署振豫队友队长缺，共有廿余名，其中骄悍难训者甚多，大半吃仓者，管帮带既不得人，兵亦难以约束，奈何。晴。

廿三日(7 月 30 日) 双委员来，凡有堂交之件，准会全营，其余皆由统领自行禀问，此谕殊觉可怪，其原委无他，必有管带进谗也。寿益卿来，谈及从前笑谈，不一而足，大半倬云也。总之，兵练年久，未有不出种种流弊。晴。

廿四日(7 月 31 日) 恭阅邸钞，胡家桢因监务派其两世兄交部议处，沈效和因营私发往军台效力，皆为刚相所劾，此乃江苏旧雨两人，素日声名本不佳妙，果然难逃公道矣。且临别时但见其自满非常，人可不知警惕乎。晴。

廿五日(8 月 1 日) 演练，行营此事甚难，因令右军委员各抒己见，据荣桢所拟颇有见的，荣斌爱身，所拟亦有可采，俟暇日再细斟酌。笙甫因会典馆保案到馆，商议大有端倪，刻下所赁之房颇不平安，医药总未离门，拟西城觅房数十间，移开为是，今日始有此议也。阴，晚小雨。

廿六日(8 月 2 日) 前在福全馆，倬云有今日高庙之约，幸遣价询之，并无其事，殊可笑。四妞回家，因昌格又吐血。阴，半晴，晚雨。

廿七日(8 月 3 日) 徐莲士、伦贝子来早饭，痛饮，主客俱大醉，或笑或哭皆为大局起见，竟不知其所以然，可为一笑。旋至福全馆，延子澄水部约。阴，雨。

廿八日(8 月 4 日) 如九婿来，饭后惠树滋来，均痛谈。晚间回拜松晴涛京尹。至庆和堂，即京尹约，并带其二侄同往，回家亥正矣。笙甫提及当日刚良翁抚苏时曾保办理河工四员，有人集联，颇可解颐：周莲仁有言分人以财谓之惠荣；沈同号期仲。问曰求善价而沽诸可宝。半阴晴。

廿九日(8月5日) 赴营,堂期,五军关防均已刊成,拟初三日开用,然营中章法无一不乱,尚须竭力为之,惟人心不齐,似难一律整顿也。花衣仅倬云、余二人而已。晴,甚热。

光绪己亥七月初一日(8月6日) 在家,溥晋臣来,晚间痛饮而醉,亦因时事使然,细思均属可怜人。晴,甚热。

初二日(8月7日) 在家。晴,甚热。

初三日(8月8日) 辰刻至公所,开用右军关防,各管带营总俱到,天甚热,未经脱外褂即散,阿统领来询是否到端邸,因复询左军不去,作为罢议。半阴晴,晚雨。

初四日(8月9日) 卯刻赴营,邱帅、斋帅拣选官缺,承面谕,以倬云并余两人总理营务处,前日各军所置家具等件令在库支领,勿庸捐办,每军心红等项每月加至八十金,似大可敷用矣,甚热。早雨,半阴晴。

初五日(8月10日) 辰刻赴公所,振旅营总堂期,均到。半阴,小雨。

初六日(8月11日) 辰刻赴营,堂期。蓉格来,因其生日有服未克行礼,到此禀明。晴。

初七日(8月12日) 约瑞春山,忠。给冯姬人看病,此君为蒙古大夫,在僧忠亲王军营多年,世袭轻车都尉兼佐领,加二品顶戴,年约六十余,其世兄随来开方。申刻至倬云处拜寿,筱峰初六七,倬云初七八,乃归并一天,唱女戏,子初回家。晚间雷声隆隆,未经降雨,幸也。半阴晴。

初八日(8月13日) 辰刻赴公所,振豫营总考勤,均到。阴,雨。

初九日(8月14日) 辰刻赴营,堂期。阴,雨。

初十日(8月15日) 在家,约瑞春山看病,亲友来贺者,均挡驾。晴。

十一日(8 月 16 日) 康格今朝满月，各亲友处均未送信，因约何笙甫至万福楼便饭，阜成园观剧，可谓无聊之极，不意在园遇大雨，大为可笑。家内仍不免送礼者、枉贺者，真正长安居大不易，不止米珠薪桂，即酬应一节亦烦难无比也。半阴晴，大雨。

十二日(8 月 17 日) 辰刻赴公所，振耀画到，并看三队演练快枪。晚间阿介臣统领来谈。晴。

十三日(8 月 18 日) 辰刻赴营，堂期。倬云约万福楼，未去。晴。

十四日(8 月 19 日) 早间徐柙士、徐莲士昆仲来，在此饭，散后赴端王府，传饭，座中溥倬云、溥荩臣，痛谈痛饮，大醉而归。晚，微雨，晴。

十五日(8 月 20 日) 赴小茶叶胡同兵马司，胡同西斜街看房，俱未妥，非大即小不合式也。半阴晴，雨。

十六日(8 月 21 日) 辰刻赴帅府胡同，会同翼长并风水先生到衙署地基查看，并到商人李文志住房，应归署内房间，系由官房租库钞来成案，按檩发价，旋到营。甚热，半阴晴。

十七日(8 月 22 日) 至溥倬云处，吊少岑夫人故。拜客晚至(甘)[干]面胡同，溥荩臣、仲路约。晴。

十八日(8 月 23 日) 辰刻赴公所，各队管带帮带堂期。晴。

十九日(8 月 24 日) 卯刻赴德胜门外两黄旗教场，本营合操，遇神机营十处八骁，均有操演，此时军容之胜应无出其右者，安怕外侮哉。可笑，可笑。半阴晴。

二十日(8 月 25 日) 卯刻赴两黄旗教场，挑补各队兵缺，内有本旗咨送，亦有各队投效者。阴，小雨。

廿一日(8 月 26 日) 至翠花街看房，为恭将军寿。住房，现租住乃本旗夸阑达恒兄。顺。晴。

廿二日(8 月 27 日) 辰刻至公所，振丰骙武营总画到，并演振耀、振旅、振豫快枪及验马。邻居有一疯男人大闹大叫大笑。阴，雨。

廿三日(8月28日) 赴溥玉岑处吊。拜客到徐栩士、徐莲士处。晚饭,出羊肉胡同,至江米巷,沿途收拾道路,殊觉洋气满街,可叹。晴。

廿四日(8月29日) 在家。晴。

廿五日(8月30日) 辰刻至公所,振旅、振豫令队官考勤。晚四弟来,晚饭。晴。

廿六日(8月31日) 辰刻赴营,堂期。申刻至端王府,邱帅千秋,昨日送尺头针线席酒,官礼而已。晴。

廿七日(9月1日) 在家,懋先内侄来,新咨调虎神营,询其所以,乃邱帅知其医道,并闻其能作洋枪上什物,故有此举,可谓多才多艺矣。晴。

廿八日(9月2日) 辰刻赴公所,振耀振丰扑武二骑令队官考勤,徐栩士兄适到家,散值后即留其早饭,饭毕刘葆良检讨来,复留其早饭,痛谈,两客散后,懋先侄来,未走,恒继和为本旗。参领来,为房间事,俟客散已掌灯矣。晴。

廿九日(9月3日) 赴营,堂期,辰刻到署,懋先侄即于今日带见,已请邱帅派往何项差委。晴。

卅日(9月4日) 辰刻到四牌北西城水会局,验收英翼长禄。成作各军号旗号坎,所作三分余银,比军需库差一半。回时路遇邱帅,在西安门内。晴。

八月初一日(9月5日) 辰刻率二妞、王姬人冯姬人因病未愈,未去。恭谒四处先茔黄寺。王五女人已七十余,王二之子大强儿在羊肉铺内帮人满井,王四女人已故,王四之子元儿已娶妻生女。鹰房张贞夫妇已六十余,伊子寿儿竟至四十光景,牙已半落,甚可笑,然子女已四五人矣。六道口白顿媳妇已五十余,伊子二柳娶妻,生子女各一,前三处赏给银二两,后一处赏给银四两,带厨役在六道口早饭。路途较早,早间颇觉受伤,动身回四钟,回家将落日。晴。

初二日(9月6日) 辰刻赴公所,会晤管帮带诸君,并演快枪。

饭后至伦叙斋贝子处，道乏兼看病，因湿热所致，请陆竹君诊视。到倬云处赴约，晋臣已到，端邸后来，痛谈痛饮，不觉至丑正，回家寅初矣。半阴晴。

初三日（9月7日）　巳刻赴营，堂期，将《圣谕愆说》分送各营友，本军前已送过此书，本拟致常郡，因离任恐后任未必著实经理，不如送营为俞也。晚晤双喆轩，将前垫公款一百零三两交还。晴。

初四日（9月8日）　巳刻到公署，王爷、大人放队官各缺。午后刘葆良检讨到家，约栒士、莲士以作移尊之举，可谓贤者多情。寿子年来，让至宅内坐。葆效先来信，小茶叶胡同房间曾经看过，未合式也。晴。

初五日（9月9日）　温受臣来，公所堂期，未去。四弟来，三侄婿来，今日本拟稍歇，竟未能。阴，申小雨。

初六日（9月10日）　辰刻赴西三座门灰厂西安门外高明殿四处，朱车看工，到营，堂期。晴。

初七日（9月11日）　巳刻赴崇文山内兄处，道喜。紫岩方家胡同福四□之子。令嫒出阁，回路拜客，到旧刑部街西北看房，内有槐树四大棵，可遮前后院，甚妙，惜房老不能用。晴。

初八日（9月12日）　辰刻赴公所，振豫营总考勤。饭后东北城拜客，至斌小川处送库，老太太故。晴。

初九日（9月13日）　卯刻出西直门赴红山头，官学二年大考，令学生二十名算法并测量山之远近高低，及绘直隶山海关至固关一带地图，颇有成效，即驻本学堂。晴。

初十日（9月14日）　辰刻赴阅武楼教场，看学生步箭马，三箭马三枪，演德国洋操步法，指绘玉泉山一带图，回学堂饭，后至拦箭沟看学生演快枪火枪，准头颇有可观，多中靶者，左军曾令挑选技艺兵演放抬枪快枪，大不如学生，甚为可笑。晴。

十一日（9月15日）　早赴太常寺看房一所，规模甚小，然木料尚属坚固。晚间阿统领来谈。二妞令其至亲戚处道乏。晴。

十二日(9月16日) 辰刻两黄旗教场挑缺。申刻到(甘)[干]面胡同,溥晋臣、溥仲路约,端邸、倬云并余三客,两主大醉。在路间看代奏谢恩折,官兵应得节赏也。半阴晴,甚热。

十三日(9月17日) 巳刻营内堂期,连日颇乏。半阴晴,数点小雨。

十四日(9月18日) 在家。晴。

十五日(9月19日) 至小石桥小方家胡同苦水井两处祠堂行礼,小石桥并到东院大侄处。晴。

十六日(9月20日) 在家,在营请[假]十日,因犯肝疾,端邸标准。晚间端邸送青马一匹,恩骏叔约本宅,贵哲生约庆和堂,均辞。晴。

十七日(9月21日) 在家,自前日服舒肝丸。端邸两黄旗教场看操。晴。

十八日(9月22日) 昨日敬斋翁传晚饭,在本宅,因病谨辞。今日在家,福全馆因会中人约,伯衡太守未能到。晴,风。

十九日(9月23日) 在家,恩骏叔、延子澄、信怀民约福全馆晚饭,辞。溥晋臣、伦叙斋来,会。徐莲士来,未会。晴。

二十日(9月24日) 在家,虎神营移驻南苑,送到津贴加款银六十两,车脚钱廿吊文,当以是否能赴苑未可定,仍令其带回回明,三全营便劳为要。雨人内弟来会。端邸送点心。晴。

廿一日(9月25日) 端邸遣偎将军来会,溥晋臣、溥仲路昆仲来,晚饭痛饮。半阴晴。

廿二日(9月26日) 在家,给端邸竹器花盆数件,王顺送之。晴,大风。

廿三日(9月27日) 在家,与笙甫痛谈,将昭信股票六千两收执并花翎正实收,交其托刘子誉在部办理一切。晴,风。

廿四日(9月28日) 在家,将厨子逐去,皆家人等按外官排场,一年所费不资,无此进款也。那琴轩约,辞。晴。

廿五日(9 月 29 日) 在家,四弟荐厨役一枚,又请假十日。晴,大风。

廿六日(9 月 30 日) 在家,觅房总无成,诸事无一顺,噫。晴,风。

廿七日(10 月 1 日) 在家,锡余九约福全馆,辞。四妹三周年。晴。

廿八日(10 月 2 日) 四弟来谈,单车赴兵马司西隍城根看房。晴。

廿九日(10 月 3 日) 在家,端邱亲身来看,挡驾。姬人冯氏服鳜鱼肝油,颇见功效。晴。

三十日(10 月 4 日) 在家,克懋先来谈,闻都伦又得一子。晴。

九月初一日(10 月 5 日) 在家。晴。

初二日(10 月 6 日) 在家,给都大爷遣人送礼。晚间营内又将前项六十金廿千,并京苑饷百一十金同送到,仍却之。半阴晴,酉刻小雨。

初三日(10 月 7 日) 在家,敬大司农娶孙媳,与绍葛民处结亲。晴。

初四日(10 月 8 日) 在家,诚果权夫人开吊。昨日铁牌请到。晴。

初五日(10 月 9 日) 在家,西隍城根房交吴四放定银一百两。溥倬云来看,痛谈。长季超来谈。晴。

初六日(10 月 10 日) 在家,付永兴木厂百金。晴。

初七日(10 月 11 日) 在家,钟叔佩来,送到刘幼甫代存广通当银二千两,此款乃出京所存,其利为昌侄日用,刻下不得不提回为买房用,无法事也。晴。

初八日(10 月 12 日) 在家,拟今日上手房主黄宅书字,因彼处供奉铁牌有要差请应,修理不必拘泥,俟缓再写。晴,风。

初九日(10 月 13 日) 在家,寿益卿来会,崇雨人来会,因借款未能应命也。益卿则因直隶候补，舍己耘人，亦欲辞营差也。晴，大风。

初十日(10月14日)　在家，长婿如九来，痛谈。晴，大风。

十一日(10月15日)　至西隍城根，申刻开工。癸山丁向上端邱书，辞差。晴，大风。

十二日(10月16日)　在家，端邱请假五日。晴。

十三日(10月17日)　阿实亭、葆效先来，令抱康格见之，乃白须老兄一、黑须老兄一，殊笑人。晴。

十四日(10月18日)　午后至端王府，未经传见。约何笙甫到庆和堂，与黄蕴山立西安门外住房字据，黄在内务府充当糖务差使，为宛平县人，此席有保人等，其乱非常，殊觉可笑。前后房价银一千四百五十两。晴。

十五日(10月19日)　晋臣兄来，在里院吃羊肉火锅，下杂面，大饱。渠由此到端邱。晚间赴卓在泉上公约，出西安门由予新居过，拟欲下车一看，阻之，无人相陪也。晚间闻究竟，过此遣健手招呼，实可感也。又付永兴木厂银二百两。晴。

十六日(10月20日)　在家，奉天府尹补玉恒，正黄旗蒙古人也，一笑。晴。

十七日(10月21日)　在家，晋臣来，与四弟并约何笙甫晚饭，痛谈。晋臣并将前呈端邱辞差及手版公牍送回，意在不欲辞，却仍留原营也。风，晴。

十八日(10月22日)　在家，又付木厂银二百两。晴，风，早阴。

十九日(10月23日)　恭谒端邱，蒙传见，总以国事并素日相知为重，万不容辞，只得少觉病痊即须销假，细思命运多舛，无一日安闲，不在愁闷烦冗之中，真不可测。晴，微风。

廿日(10月24日)　在家，明日崇仲蟾、福诚之约，辞。温寿臣喜事，亦遣人送礼。又付永兴木厂银三百两正。晴。

廿一日(10月25日)　在家，由总理营务处具呈销假，王爷标。晴。

廿二日(10 月 26 日) 赴聂仲方方伯处，敬斋翁处，均未遇到。荩臣、仲路处晚饭，仲路得正红蒙副都统，闻此旗甚好，无种种恶习，颇妙。晴。

廿三日(10 月 27 日) 在家，遣人给聂方伯送四菜四点，派王顺、曹熙至南苑候，倬云何时来京，据云余到时即可回家矣。拟后日前往接廖仲山、徐颂阁、陆凤石、张畹九，两尚书，一祭酒，一侍御，约初三日湖广馆，谅不能一时回京，拟辞。晴。

廿四日(10 月 28 日) 在家，刘子誉送到余捐三品升衔、四弟花翎、三蓉监生三照，皆由常郡昭信股票六千银所请也。接长季萃信，其大侄十九岁，因娶亲后忽出天花，于今日六钟病故，数房只此一子，深为悼惜之至，奈何。晴。

廿五日(10 月 29 日) 卯刻出西安门，正阳门进，南苑大红门。至虎神营，倬云、益卿、骏叔同饭，饭后至德寿寺，谒见端邸，痛谈，回营住西房，乃借神机营营盘也。益卿回京。晴。

廿六日(10 月 30 日) 请令字丑。辰刻至教场，端邸看炮队工程队，各有赏耗。旋回京，倬云亦回京。约骏叔在营早晚饭。口号廉字。半阴晴。

廿七日(10 月 31 日) 请令寅卯。系忌辰，不看操。辰刻至中军，众管帮带以次画考勤，营中看蹭跤，竟有四十余对，均奖赏其胜者。午后端邸由京送到食物果品等类，回拜。明全营口号洁字。此处颇可赋闲，早五钟放亮炮，三号齐队，至教场看操，午后走队，晚间七钟二刻更炮，请令十钟查各营，毕，交令即可安眠矣。晴。

廿八日(11 月 1 日) 请令辰巳。辰刻调振勇、振耀二骑赴教场，演练枪阵，口号力字，未末申初大雷大雨，杂有如黄豆大冰雹，铅丸演放，未能走队。阴，雨。

廿九日(11 月 2 日) 请令午未。忌辰。辰刻在营，管帮带等画考勤，看各营步下刀(茅)[矛]及拳，内炮队技艺为第一，以队官教习出众。午后至营外一周闲步。口号行字。半阴晴。

十月初一日(11月3日) 请令申酉。辰刻调振勇、振兴、骙武二骑看操。饬田兴晋京。口号捷字。风,甚凉,晴。

初二日(11月4日) 请令戌亥。辰刻调振耀、骧武二骑备操,因昨日感冒未能前往,在营看振耀快枪,监放各队饷项。延子澄兄由京来,约其晚饭。田兴回,家内均属平安。口号和字。晴。

初三日(11月5日) 请令子丑。辰刻振勇振兴、骙武二骑备操,未前往,仍明鉴兄偏劳。午后至延子澄处,痛谈。倬云遣人送到烧鸭一只,甚多情也。口号密字。晴。

初四日(11月6日) 请令寅卯。辰刻赴教场,调振勇、振兴、骧武二骑备操,会溥管带等,因本队令官施宝珍教令无章,责之。午后同延子澄至新营盘踏看工程,业有十分之七,本苑丞张文铨引看西北,在槐房东河跑一处,内有芦苇,以后营盘引河即需此。口号众字。晴。

初五日(11月7日) 请令辰巳。辰刻调振勇、振耀、骙武二骑教场备操。午后会振勇管帮带,因邱帅看操,曾记大过一次,教以用心训练,限十日后查看如何,然今日仍未见佳妙也。口号恭字。借延子澄携来朱竹垞先生《日下旧闻》,内载积庆坊四铺,有红罗厂、战车厂、太平仓、惜薪司、嘉兴寺、半藏寺、兴化寺,五城坊巷。《胡同集》。海月庵在皇墙之西吴文定宽之居。《春明梦余录》。吴匏庵园居有海月庵、玉延亭、春草池、醉眠桥、冷澹泉、养鹤阑,今访其遗迹,已不可得。《析津日记》。吴匏庵《海月庵冬日赏菊园序》略。弘治二年十月廿八日,翰林诸公会予园居,赏菊,既各有诗,宜有图真,其首乃请乡人杜谦写之,大率写其意不求甚似,至于衣冠古雅,亦不必似今人,而况草木之产乎!同集者谢鸣治、李宾之、陈玉汝、林亨大、李世贤、陆廉伯,王济之儿奭捧卷而进,亦与焉。《匏翁家藏集》。现觅新居,似在积庆坊左右,故录之。明全营送鱼酒,阿统领送鱼。晴。

初六日(11月8日) 请令午未。辰刻调振兴、骧武二骑备操。

吴四来，新居工程业经过半，家内均属平安，颇慰。给阿统领还礼。口号谋字。晴。

初七日（11月9日） 请令申酉。花衣内不看操。辰刻赴中营大堂，众管带等画考勤，吴店庙后看骧武马上技艺。午后到成翼长处一谈。口号勤字。半阴晴。

初八日（11月10日） 请令戌亥。辰刻赴庑间，后看骙武二骑马上技艺，在营画考勤。借延子澄兄《顺天府志》，西安门外北夹道，迤北井一。大小拐棒胡同，大胡同井一。公仪胡同，井儿胡同，井一。大小塘坊胡同，西拐棒胡同，小旃檀寺胡同，旃檀寺明嘉靖时建，有万历间御史苏维霖碑。大小红罗厂，井二，宛平王志有真武庙，坊巷胡同集，积庆坊四铺，有红罗厂、战车厂、太平仓、惜薪司、嘉兴寺、半藏寺、兴化寺。案战车厂、惜薪司无考，余俱见后。口袋胡同太平仓，井一，明太平仓遗址在详西城。《啸亭续录》泽亲王府在太平仓。谨案，王讳硕塞，太宗五子，以功封世袭，进谥裕，子博果铎袭封，后改号庄，薨，无嗣。圣祖以十六字庄恪亲王允禄为后，《宸垣识略》三等诚毅伯，在太平仓胡同。案乾隆时大学士伍弥泰袭诚毅伯。宛平王志，崇善寺在太平仓大街。前毛家湾，井一。中毛家湾，后毛家湾，井一，桥一。枪厂，井一。铁匠厂，井一。再查旧居，大石桥，井一，有双寺，东曰嘉慈，西曰广济，明成化时建。小石桥，南有碧峰寺，详寺观万历沈志，寺在日中坊，有勅建碑。再查大小方家胡同，大胡同井二，小胡同井一，东方家园井一，有火神庙。《析津日记》。东院之东旧有方家园，园废，建净业庵于其址，殿左庑有镇阳林潮书，许鲁斋先生演千字文，字以万历十一年八月刻石，刊于壁。案庵今废，丹书亦无考。苦水井，井一，有官房大院。现赁居小马圈。井二，芜史金海桥之北河之西岸向南曰玉熙宫，神庙于此选近侍三百余员学宫戏，《金鳌退食笔记》。玉熙宫在西安里门街北，金鳌玉蝀桥之西，康熙卅年五月于此设席，殿停仁孝皇后梓宫，集百官举哀，今改为内厩豢养御马。案今小马圈即明玉熙宫遗址。详《宫禁》。口号道字。晴。

初九日（11月11日） 请令子丑。辰刻赴中营，管带等画考勤，至庑间阅骧武技艺，马道不甚坚实，落马者两人。口号亮字。晴，风。

初十日（11月12日） 请令寅卯。辰刻率同管带等官由中营聚齐,恭谒旧行宫,全营大宫门内翼长等,大宫门外营总等,丹墀下行三跪九叩礼,恭祝万寿,此从先未经遇过也。晚间约延子澄、行大。成受行六,此君在旗务,人甚老实,为乐威毅公善之子,伊侄锡振已升将军,东路练兵。二君便饭,痛谈,因喜庆日并与子澄略饮。口号威字。晴。

十一日(11月13日) 请令辰巳。辰刻管带以次画考勤,庑衙看骙武二骑马上技艺,因肚腹不好,请明全营偏劳。口号查字。半阴晴。

十二日(11月14日) 午束令。辰刻在营,管带等画考勤,调各队步下技艺,其中惟神威炮队技艺官为出众。口号志字。半阴晴,风。

十三日(11月15日) 请令申酉。辰刻管带等画考勤,遂看马步各队兵丁蹟跤。午后明全营领兵走队,颇为辛苦。口号制字。晴,风。

十四日(11月16日) 请令戌亥。辰刻教场调振勇、骙武备操,明全营偏劳。午刻倬云来,因约明鉴兄、延澄兄午饭。口号言字。晴。

十五日(11月17日) 请令子丑。辰刻赴教场,调振扬、振勇、振耀、骧武、骙武合操,均有可观。口号公字。晴。

十六日(11月18日) 请令寅卯。辰刻赴教场,调振耀、骧武备操。延子澄兄于前日进京,今日回,阿介臣则行踪无定,殊可笑人。口号正字。微阴,晴。

十七日(11月19日) 请令辰巳。辰刻赴教场,调振兴、骙武备操。午后中营外看振耀新演阵式,颇为齐整,不过教练才三次耳。端邱遗官送点心等物,并有快利枪一支,令试演远近,当交英翼长禄。试演,先二粒持平放,远四里之外,又演十三粒,内中牌二粒,取准三百弓。口号强字。半阴晴。

十八日(11月20日) 请令午未。辰刻赴教场,调振兴、振勇、振耀、骧骙马队炮四十尊合操,并赴教场西看炮队合操,共七百六十尊,遂赏各队每兵钱一吊。午后本拟再赴教场，看马队十八阵，因大风停止。邱帅所试演枪支，饬戈什哈柏铭。送府。闻刚相国已于昨日到京，尚未跪安。口号祥字。晴，大风。

十九日(11月21日)　辰刻，教场调骧骒两骑演十八阵，明全营往看。午后倬云来，住西房，晚约其痛饮，座中延子澄、阿介臣皆喝搭矣，可发一笑。口号全字。晴。

二十日(11月22日)　卯刻，请印请令拜纛，全营在前，余在后，行三叩礼。遂起队与倬云渠乘骑，余乘车。出大红门，渠亦等车上车矣。进永定门正阳门东洞，走西路，至刚中堂、端王爷两处，均未下朝，回寓。午后隍城根新居一看，乃大有规模矣。先支木厂四十两，今日支八十两，油作四十两。晴。

二十一日(11月23日)　午后至敬斋翁宅请安，给荩臣、仲路道喜，回拜那琴轩，未遇。晴。

二十二日(11月24日)　至右军公所，伦叙斋、长季超、徐栒士、徐莲士道乏，在栒兄处晚饭。闻苏元春为法国所劫，未知的确否？晴。

廿三日(11月25日)　巳刻赴营，堂期。倬云约，辞。又付木油两项百金。晴。

廿四日(11月26日)　步踏至新房看工，大有规模，莫非天恩也。回时车接，修灶定于廿九日卯刻。仲路来，会四弟来，晚饭。晴，风。

廿五日(11月27日)　早间伦叙斋来，痛谈，留其午饭。本军堂期，未能前去。晚端邸本府传饭。晴。

廿六日(11月28日)　巳刻至营，堂期。半阴晴。

廿七日(11月29日)　晚间端邸传饭，座中溥晋臣、溥仲路、溥倬云，皆大醉。晴。

廿八日(11月30日)　辰刻到两黄旗教场，挑各队兵缺，在会诸君子福全馆雅集，未去。昨日恩骏叔约福全馆，辞，少有感冒也。半阴晴，少冷。

廿九日(12月1日) 回拜岳柱臣京卿,至福全馆。信怀民约,座中大半本营。晴。

卅日(12月2日) 在家,笙甫回,会典馆有信,列保矣。晴。

十一月初一日(12月3日) 虎神营堂期,未去。徐柑士、徐莲士兄弟约晚饭,有琴轩,新补阁学,在座,众以新贵呼之。盖倬云同日均补阁学,人才济济,不其然乎。晴,微热。

初二日(12月4日) 昨日记今日事,昨日在家。晴,颇热。

初三日(12月5日) 辰刻出阜成门,至景王坟正红旗教场,右军合操,惟振丰稍差,乃新队也。晴。

初四日(12月6日) 辰刻赴营,端王爷、刚中堂、敬大人均到营,拣放官缺,刚相到甚迟,散已午正余矣。会温受臣兄,送到提款二千金,并折色一百五十金。晴,大风。

初五日(12月7日) 是日大雪,系申正三刻余,刻前仍以十月用。子刻迁移西安门外井儿胡同口外,先请灶君并平安吉庆回,家眷于午刻到宅,工尚未竣,自得从容料理可也。微风,晴。

初六日(12月8日) 在家。崇雨人来道喜,四弟来晚饭,然耽延多少事,大可笑也。晴。

初七日(12月9日) 英菊侪侍郎、端邸约看新署地基,倬云前往,未去。午后同笙甫至护国寺一游,协胜木器铺买家具,并红罗厂刀铺定腰刀一把。晴。

初八日(12月10日) 在家,全振兴所荐什物派人运回,尚未运回二只,内有马掌踶胸等件一箱,并非所存,应令便中运回。石豫圃世兄来会,山大舅来。晴。

初九日(12月11日) 午后同笙甫步踏至西四牌楼羊市一游,买木器。到同福馆晚饭,步踏回家,不远也。晴。

初十日(12月12日) 午后谒端邸府,谢步,给琴轩、倬云道喜,晋臣、仲路谢步,山大舅处谢步,至贻蔼人处,约晚饭。晴。

十一日(12月13日) 会英统领,因快利枪演放时,竟至伤兵,足见外省公事，可为浩叹。到福全馆，同人公局。晴。

十二日(12 月 14 日) 在家，会徐榯士、岳柱臣。半阴晴。

十三日(12 月 15 日) 巳刻赴营，堂期。晚至福全馆，骏叔、怀民、益卿约，大醉而归。晴。

十四日(12 月 16 日) 明鉴斋、延子澄、溥倬云、信怀民、寿益卿同来，早饭，会议营内保奖事，委员六人亦在此早饭。晴。

十五日(12 月 17 日) 至贤良寺，福文慎公三周年，供饭聚丰堂，贵哲生约晚饭。晴。

十六日(12 月 18 日) 会长季超，痛谈。申刻赴营，堂期，同倬云、骏叔恭谒端王府，赏饭，大醉而归。晴。

十七日(12 月 19 日) 在家。晴。

十八日(12 月 20 日) 在家，何笙甫、溥荩臣、溥倬云、伦叙斋、徐莲士、溥仲路、增幼亭、寿益卿、四弟等来祝，晚饭。恩骏叔、存老二、招老大来拜寿，未晚饭而去。晴。

十九日(12 月 21 日) 端邸赐寿，信怀民、甘石桥二爷补祝，至裕寿田尚书德。宅回拜。恩骏叔、那琴轩到伦贝子府，约早饭，回拜长季超。溥玉岑、溥小峰、溥倬云裕寿田尚书附入主人之列。约晚饭，倬云因在伦叙斋处大病，竟未出陪客，时令不正，人易受病也。半阴晴。

二十日(12 月 22 日) 恭谒端邸，谢寿，传见，痛谈。府门外遇信怀民，已简放广东雷琼道遗缺矣。到那琴轩处，约晚饭。阴，大雪。

廿一日(12 月 23 日) 在家，咳嗽非常。延大儒约福全馆，辞。晴。

廿二日(12 月 24 日) 在家。会溥倬云、崇仲蟾，仲路来，因相离在迩，托付荩臣一切，均为照应，当面行其大礼，磕一头，随大哭，手足之情令人佩服无已。晴。

廿三日(12 月 25 日) 午刻进署，堂期。同倬云赴端王府。半阴晴，夜雪。

廿四日(12 月 26 日) 至徐榯士、徐莲士处，道乏。一道喜，一祝寿。赴(甘)[干]面胡同给仲路弟送行,明日辰刻启行。晴。

廿五日(12月27日) 至天福堂,那琴轩约,同荩臣、叙斋早饭,饭后到泰昌等洋货店一游,荩臣有地面之责,未准前往,余三人已入醉乡矣,可发一笑。晴,风。

廿六日(12月28日) 辰刻赴营,堂期。灯后至那琴轩阁学处,给太夫人拜寿,今为正日,九月乃改期豫祝也,有荩臣诸君在座,大醉而归。雪。

廿七日(12月29日) 在家,略病,康格亦觉有病。雪。

廿八日(12月30日) 午刻赴营,中堂、王爷、大人定保案圈点,同溥全营至王爷府,一狗。晴,风。

廿九日(12月31日) 至中堂、大人处,一狗。晚至福和楼,同人消寒局,回时甚凉,雪未消化故也。并至如九、文山处,均下车。晴,风。

1900年

(光绪二十五年)腊月初一日(1900年1月1日) 辰刻赴两黄旗教场,左军合操,尚属整齐。会寿益卿,为保奖大发牢骚,可一笑。晴。

初二日(1月2日) 赴本军,堂期。晴。

初三日(1月3日) 赴本营,堂期。晴。

初四日(1月4日) 王爷大人堂期,赴本营定保案册。晴。

初五日(1月5日) 在家。晴。

初六日(1月6日) 未刻赴营,堂期。晴。

初七日(1月7日) 巳刻赴两黄旗教场,右军合操,请溥倬云、明鉴斋两全营阅看兵丁等,均禀邱帅,赏钱每人一吊文,加赏外营赴教场钱一吊文,例也。晴。

初八日(1月8日) 在家。晴。

初九日(1月9日) 未刻虎神营堂期,至同和楼,同倬云诸君约信怀民观察。晴。

初十日(1月10日) 在家,康格于酉刻病殇,甚可惜也。晴。

十一日(1月11日) 在家,倬云来商酌保奖各册。半阴晴,晚雪。

十二日(1月12日) 至端王爷府,同倬云回本营,保案册留于邱。遂同倬云赴敬子斋大司农处,晚饭,饭后听其尊纪弹琴,蜀派也,然在青衣中已难得矣。晴。

十三日(1月13日) 未刻赴本营,堂期。散后到东城拜客,至晋臣表兄处晚饭。晴。

十四日(1月14日) 卯刻赴阅武楼,王爷、大人看新陈各队兵丁操演。至御前大臣公所,王爷赏饭,同倬云、骏叔。晴。

十五日(1月15日) 在家。晴。

十六日(1月16日) 未刻虎神营堂期,散时已掌灯矣。因王爷看保奖折,恐有更改,以致迟迟。晴。

十七日(1月17日) 虎神营保奖,奉上谕:"候补道有泰加恩,著以四五品京堂候补等因,钦此。"圣恩高厚,报称愈难,惟有竭尽血诚,以自策励。未刻到营,商酌谢恩折,同倬云阁学到端王府,因出门,未传见。晴,晚阴。

十八日(1月18日) 卯刻赴西苑,恭谒天恩,在六项公所坐,同倬云。散后,东城拜客。晋臣处早饭。西城复拜客。谕折系满汉合璧,本营文案处缮。晴。

十九日(1月19日) 未刻赴营,堂期,虽止因吏部要保奖各员履历,是以到营催办。散后到端府磕头,痛谈。晋臣来,晚饭。晴。

二十日(1月20日) 午刻赴营,代老帅封印,回家。饭后伦贝子来谈,竟日将客均耽延矣,不知何日拜结。端邸遣人来,明日之局因腿疾特辞。晴。

二十一日(1月21日) 午后约晋臣、倬云便饭,大醉。找主厨来,菜甚新奇,可谓名下无虚矣,呵呵。微雪,阴。

廿二日(1月22日) 午后至庆、那王府,北城拜客,苦水井小石桥三处祠堂行礼。枏士、莲士昆仲约晚饭,座中晤毓佐臣贤。中丞,人甚朴诚。阴,微雪。

二十三日(1月23日) 东北城回拜客。钟叔佩兄处早饭。恭读上谕,明日召见近支王贝勒并御前等大臣。晴。

二十四日(1月24日) 日落后,端邸遣人找,赴府第,因二爷溥儁,印右人左。硃旨封为皇太子,商酌是否用谢折,因措辞甚难,只好销假后慈圣前磞头,方为合礼。晴。

二十五日(1月25日) 在家,觉身体不适。晴。

二十六日(1月26日) 在家,牙齿大为疼痛。营内堂期,未到。晴。

廿七日(1月27日) 在家,牙齿仍未大愈,抽薪饮服之。晴。

廿八日(1月28日) 在家,病略愈,会克懋先,令其开药方,仍系肝热所致。史世兄悠瑞。新由常州接佳老函,尚念念也。晴。

廿九日(1月29日) 在家,僎将军来,王爷转交本府修工天丰、天和、天泉、广盛四厂银:工程六百五十两正,油饰壹百七十两正。盖恐虎神营衙署营房有此四厂,以为浑入,不得自明也。晚间传到四厂,面交之。晴。

卅日(1月30日) 恭谒小石桥两处祠堂行礼,东城各处辞岁。晴。

光绪庚子正月初一日(1月31日) 赴西城拜年,文山处遇棡士、荩臣兄,略谈,闻有康党布散谣言,谓皇子之立,须与康有为商酌方妥,真可谓不畏王法矣,可笑。晴。

初二日(2月1日) 在家,觉拜年二日,甚劳乏。半阴晴。

初三日(2月2日) 在家。晴,风。

初四日(2月3日) 东城拜年。晴。

初五日(2月4日) 东城拜年。晴,大风。

初六日(2月5日) 西城南城外拜年,朱寿笙、何笙甫两处略歇,回家已上灯矣。晴。

初七日(2月6日) 赴松大司空处吊夫人故,便中拜客。晴。

初八日(2月7日) 东城拜年,到管劬安处略歇。晴。

初九日(2月8日) 本营堂期定午刻,早辰起即觉浑身骨痛,饭时饮黄酒一杯,以为可驱风寒,不意忽然头晕,遂卧倒昏迷,醒后复睡,睡复醒,竟难支持,营中自不能去,家人皆以为有痰,疑似中风痰火之流,幸未服驱风逐痰之剂,稍醒即用瘟疫三方,第一方两剂,复用菉豆单节发汗,夜间略见轻减。端邸遣人来看,倬云来看。晴。

初十日(2月9日)　仍病,约克懋先来看,据云瘟邪大受风寒所致,服银翘饮加减。端邱遣僎大爷来看,晋臣遣毓老大来看,皆以为猛然患症,不知其所以然也。晴。

十一日(2月10日)　仍病,加以咳嗽吐咸痰,仍约克懋先来看,惟以清肝肺邪热为主,如见功可效不更方也。端邱送食物。晴。

十二日(2月11日)　仍病,服前方咳嗽大作,不见功效,改服瘟疫第二方,似少可。荩臣来看。晴。

十三日(2月12日)　仍病,早饭舒肝丸,略好。崇文山来,痛谈。裕老三、溥倬云来会,长季超约本宅,钟叔佩约福全,均辞。晴。

十四日(2月13日)　病少愈,管劬安约本宅,辞。夫人来看,并寄赠自刻宜兴砚壶一具,甚雅,可谓贤者多情矣。晴。

十五日(2月14日)　病已减,惟饮食尚胁满,服舒肝丸。接吴子才来函,有彦詠之因漕务与上游龃龉,欲赴引不准,欲告病未能,正在危急之间,适升清河道,乃兄颖之尚书之力也。然上宪有留其漕务办竣,再行赴任之奏,恐强项督抚竟不畏枢密,当如何慎始图终作事,不可不慎也。噫。早阴,雪,晚晴。

十六日(2月15日)　仍服舒肝丸。晋臣处闰姑娘来,颇精明,已许字大公主府,福命不弱也。晴。

十七日(2月16日)　在家,端邱派员来看,大约后日可以到营,惟胃脘似尚未清,于饮食仍未复元也。灯后雪,半阴晴。

十八日(2月17日)　在家,系今日端邱遣人来看。晴。

十九日(2月18日)　巳刻到营,开印大吉,奉刚良帅谕,届时到营。因连日未曾召见,闻皇上有欠安之信,今日有军机召对之说,想报大安矣。午后至端王府道谢,给僎将军道乏,未遇,旋拜客。病似少愈,惟吃饭尚未爽快也。晴。

二十日(2月19日)　在家,二蓉等来,昌格亦来。晚饭有钟叔佩少君及别位欲投效虎神营者三人,将投呈面交富勒赫总办带营。延子澄兄约福全馆,辞。晴。

廿一日(2月20日) 午后至东南城拜客,给晋臣谢步,东安门内拜客,回家已上灯后矣。晴。

二十二日(2月21日) 未刻赴本军,堂期。回家晤晋臣,痛谈。端邱赏饭,座中喀拉沁王、扎三爷、为阿拉善王之弟。晋臣、倬云并余,主客六人。闻端邱云:今日那公等病痊请安,副都统全福等谢恩,请安者在前,谢恩者在后,不意那公在前起立时将全福所摘之帽踏扁,已觉可笑,随后两腿向前竟坐在全君头上,全君两手爬地而声嘶,那公则坐而难以起立,但见笑容可掬以对宝座,盖渠之所笑乃一半著忙,一半大窘,自谢恩以来未有如此出丑者。聆毕,阖席皆为之鼓掌,因记。晴。

二十三日(2月22日) 未刻赴营,堂期。回拜台介臣京卿并玉老三,给常少渔太夫人送库。晴。

二十四日(2月23日) 晚约何笙甫大令、如九婿同福馆饭,踏去踏回,颇觉热,大约走则气血活之故也。板厂胡同三姑太太来,住一夜,明日饭后去。晴。

二十五日(2月24日) 在家,克公爷同来会。晴。

廿六日(2月25日) 巳刻赴营,堂期。尚纷纷报效,现已有百余员矣。至徐荫相宅道喜,娶曾孙媳,目下似此福寿真不易得,年已八十二岁矣。遇赵展如尚书,略谈,尚约过访,然无暇也。全振兴约惠丰堂早饭,辞。阴,晚雪,雨。

二十七日(2月26日) 在家,齿浮肿,左齿尤痛,似是风火,老态侵入,毫无意味,可奈何。风,晴。

二十八日(2月27日) 在家,齿仍浮肿。晴。

廿九日(2月28日) 在家,齿少愈。阴,雪。

光绪庚子二月初一日(3月1日) 至端王爷府,命购《戊戌政变记》,由上海寄到,特送往,此书贰逆非常,然当日叛党大约均在其中,亦可按名查考,日久不能隐其恶,亦天道也。晴。

初二日(3月2日) 本军未刻堂期。至如九婿处送行,赴黑龙江到伊兄萨济亭统制署，因致屠敬山现在将军幕府。主政信，托其照应，初四日启程，回拜小善老大。晴。

初三日(3月3日) 未刻在营，堂期。回拜客。晚至福全馆，恩骏叔约，回家已子正余。晴。

初四日(3月4日) 至溥倬云府上，约晚饭，座中扎三爷、端邱、瀛将军、溥莼臣，回家丑初矣。晴。

初五日(3月5日) 在家，阿子祥太守来。晴，晚大风。

初六日(3月6日) 请端王爷、溥倬云、溥莼臣，在家晚饭。端邱三点钟即到，散时夜间三点矣，不觉大醉。晴。

初七日(3月7日) 至聚宝堂，陈筱石读学、许种云戎部、周敬兴水部约早饭，饭后至琉璃厂，同寿益卿、信怀民一游。晴。

初八日(3月8日) 在家。晴。

初九日(3月9日) 回拜那琴轩阁学、荣伯衡廉访，莼臣处约晚饭，座中端邱、倬云，散已丑正矣。晴。

初十日(3月10日) 本拟拜客，因枬士兄来，痛谈。倬云约福全，遣人辞之。半阴晴，早雪。

十一日(3月11日) 回拜喀拉沁王，业已回籍，同莼臣奉扰管劬庵，晚饭大半苏州作法。晴。

十二日(3月12日) 谒端王府，道喜，授右宗正，传见，谈及那贝勒夫人因热症请洋医调治以致丧命，盖彼医皆不晓脉理，故有此失，夫人为瑞敏郡王之格格。回拜阿子祥太守，四川潼川府，卓异，到京。晴。

十三日(3月13日) 未刻赴营，堂期。福全馆钟叔佩、贵哲生、福诚斋约晚饭。阴，雪。

十四日(3月14日) 便衣至广兴店破票，到小石桥。晴，风。

十五日(3月15日) 辰刻赴两黄旗教场看本营后军合操，尚属齐整。午后倬云、文山来痛谈，志老二琮来，会客正一日，觉谈之气促矣。晴。

十六日(3 月 16 日) 至邱帅、良帅、斋帅三处请安,禀明赴苑。荩臣处吊十六太太之故。桐士兄处早饭。溥小峰昆仲约晤,倬云辞之。葛振卿侍郎约城外十七日饭,敬斋帅、寿子年昆仲、荩臣、叙斋约柏林寺十九日,均顺路辞之,实无暇酬应也。半阴晴,晚雪。

十七日(3 月 17 日) 请令子丑。卯初由家赴南苑,沿途各队尚属整齐,辰正至中营,巳初余拜纛,上檀香,行三跪九叩礼,至营外看队,三炮后撤队,进堂标告示,退卧室。晚约寿益卿饭,因谈及日本文法,真堪喷饭,有说书者,招牌谓之官许盖各商有税者呼为官许,无税者呼为免许。吾妻乃县名说书者称最。能言第一也。狂言,即说书者文且酸也。匪夷所思,串读之尤,妙不可言。昨大雪,早晴,午后大风。

十八日(3 月 18 日) 请令寅卯。辰刻赴吴甸看各队合操,因腿疾乘车前往,午后明全营带走队。吴甸,又作庑间,即太监发遣处也。晴,大风。

十九日(3 月 19 日) 请令辰巳。辰初刻调队仍乘车前往,明全营走队。晴,午后风。

二十日(3 月 20 日) 请令午未,忌辰。辰刻至大堂,管帮带各委员画考勤。昨日奉邱帅谕,因长兵赴苑行雪中奖励,代具禀陈谢。富全营带队至曼子地走队,明全营回京有差,寿益卿亦进城,有酬应。晴,风不甚大。

廿一日(3 月 21 日) 请令申酉。辰刻赴庑甸看操。午后走队,富全营今日骙武头骑枪阵甚好,振丰虽属新队,亦可观。端邱遣人送到酱肉等件,并婆梨点心。午后风,晴。

二十二日(3 月 22 日) 请令戌亥。借寿益卿《史记菁华录》六卷,于昨日晚灯下阅讫。题辞康熙辛丑营田氏,即此君节录,不见甚佳。不知何如人,待查。书板系朱批,套印甚工,乃道光甲申八月吴兴姚氏校刊于扶荔山房。辰刻庑甸看操,午后至新营看工,略有规模,惟三盖厂料物未齐,颇棘手,回拜富、胜、阿三翼长,沿路见走队,在槐房。晴。

二十三日(3月23日)　请令子丑。辰刻赴庑间，看各队合操，甚为齐整。午后溥管带量。请看工程队合操，亦甚有起色，口号步伐尚属纯悫，惟衣履不能十分完整，德国不如此办理也，奈何。寿益卿回营，约其晚饭，痛谈。晴，晚阴，微雨。

二十四日(3月24日)　请令寅卯。在营，本拟看神机营枪炮队如何精练，适遇大风，并未开操。晚约寿益卿痛谈。晴，大风。

二十五日(3月25日)　请令辰巳。在营，同益卿在东南墙内看神机营操演，势尚联络，与虎神营大同小异。遣王顺回京，因为冯姬人病甚重，乃医生误之也。半阴晴，早小雨。

廿六日(3月26日)　请令午未，忌辰。辰刻至大堂，管带等画考勤。午间因大风未能走队。倬云来信于廿九日可到苑。屋内土积甚厚。晴，极大风。

廿七日(3月27日)　请令申正。辰刻赴庑甸看操，外营马步回本营，备差。晚奉邱帅谕令，明日到京，有饬商事件。溥全营须月初来，营中军护令派富全营暂办，寿益卿亦令进城，有折奏应办。晴，午后风，比昨日小。

廿八日(3月28日)　卯刻由营同寿益卿进城，先到公所，乃传闻慈圣于初七日临幸颐和园之说，因时尚早，同赴万福楼吃饭。适大蓉侄接余，亦到此用饭，殊有趣，饭后同益卿至端王府，传见，闻溥倬云诸君已赴颐和园踏堪堆拨等处，拟本营派兵一千二百名，同神机营数目上下也。晴，灯后起风。

廿九日(3月29日)　未刻赴虎神，堂期。同倬云商酌奏底，闻颐和园有停止之说，会同倬云至端府回事，俟到家已掌灯后矣。晴。

三十日(3月30日)　未刻赴营，会同倬云益卿酌改奏底。旋谒端邱，面回照准，拟初二日同神机营呈递。晴。

三月初一日(3月31日)　在家，冯姬人病甚加重，因请西安门内莫医诊视，究属如何，实无把握。晴，灯后风。

初二日(4月1日)　拜客至榯士兄处，晚饭与榯士、莲士痛谈。

接本旗片，传吏部于初四日带引鸿少。晴。

初三日(4月2日) 未刻赴营，堂期。颐和园闻有初七日备差之信，惟未见明文，只好静听。晴。

初四日(4月3日) 卯刻赴西苑，由吏部带领引见，奉旨：鸿胪寺少卿员缺，著有泰补授，钦此。今日系圈出，明日吏部述旨，后日方具折谢恩，折件已由虎神营办理，鸿胪寺厅官来会，拟于十二日辰刻到任。晡时倬云来，奉廷寄令神机、虎神两营随护并查各路口。晴，晚风。

初五日(4月4日) 卯刻进福华门，回端邸事。至虎神营，老帅堂期。到万福楼，约倬云、益卿、骏叔、立斋饭，复回营料理随护圣驾并稽查各路口事宜。晴。

初六日(4月5日) 卯刻恭赴西苑门，谢恩在六项公所，听宣，未叫鸿胪寺，适值日递无事片，拜客，午后复拜客。至营，因等派员弁兵丁随护，稽查清单，灯后方散。半阴晴，晚小雨，灯后起风。

初七日(4月6日) 卯刻廷立斋来会，同出阜成门至大器营，南门外茶馆，晤恩骏叔，用茶点，同至北门外恭候。花衣佩刀。皇太后御座船到在河岸，跪迎，随驻扎兵一千二百名，乘马至扇子河兵部公所，同倬云诸君住宿。早微雨，晚晴。

初八日(4月7日) 同倬云诸君辰刻赴东宫门，呈回邱帅、相帅公务。复回兵部公所换衣服晋城，因冯姬人病重，至西安门外路南德升厂槓房定材槓。晴。

初九日(4月8日) 寅刻，冯姬人病故，时年二十三岁，侍余数年，毫无失德，不意修短限于数，不禁黯然神伤，奈何。午后至军械所验收川省解到青刚木杆，乃大木所劈，万难适用，绝非白蜡杆可比。到营，堂期。半阴，落小雨。

初十日(4月9日) 在家，闻三蓉病甚危，实深焦灼。晴。

十一日(4月10日) 在家，三蓉病仍未见愈，四妞、大蓉并伊娘来，冯姬人接三，并放焰口，乃少旃檀寺和尚。阴，灯后雨。

十二日(4月11日) 辰刻赴鸿胪寺，到任，朝服拜印，并拜土地祠。未刻堂期，系值日。前二日到署，乃新章也。因天早拜客，到小石桥祠堂行礼。阴。

十三日(4月12日) 寅刻赴颐和园，因皇上三旬万寿，文武百官加一级，谢恩进园碰头，仁寿殿前，到步军统领衙门公所，崇受翁、英菊侪、溥莛臣约早饭，遂到兵部公所，同恩骏叔复扰莛臣晚饭。夜宿兵部公所。晴。

十四日(4月13日) 辰初刻赴东官门，本鸿胪寺值日，因洋人窥伺，园内虎神营兵丁驱逐，惟恐闹事。奉邱帅谕告明，步军统领当找莛臣告明，即遣中营副将鲍泽川。涌尔。晋城回，崇受翁因在彼，早饭。方晋城，北宅来信，三蓉因喉症病殇，实属痛心。晴。

十五日(4月14日) 在家，盛杏荪参平来，痛谈，并接营内来信，十七日邱帅赴苑。大蓉来，因家内均害喉症。半阴晴。

十六日(4月15日) 未刻赴南苑，即住中营。倬云在彼作居停，商酌拿获私造臂牌人犯二名，先行交提督衙门，即由营拟文书交炮队发行。晴。

十七日(4月16日) 巳刻邱帅到营，全营均佩刀迎接，中军少坐，即赴德寿寺驻扎，明日拟演振丰工程等队，本应至寺请安，因邱帅再三挥阻。午后即晋城，旋承赐给食物，由苑寄家，特具帖叩谢。会文子植翼长议演练旗图，并将修建守卫兵房，严催各厂，作速盖造。何笙甫大令今晨带引，因送贺礼四色。晴。

十八日(4月17日) 在家数日奔驰，颇觉困乏，遣王姬人至小石桥看病。修颐和园守卫兵房厂商来见，催其速为修建。晴。

十九日(4月18日) 未刻虎神营堂期。出南城拜裴韵山维侒。鸿少，晤面，给余石孙太守送行，谢步，闻已出京，到葆效先处晤谈。晴。

廿日(4月19日) 未刻进署，堂期。至伦贝子等处道乏，回拜盛杏荪，住东长安街银行，乃洋房，拜者群疑为拜洋鬼，可发一笑。晚同贻霭人、徐莲士至福全馆,莲士约。晴。

廿一日(4月20日) 未刻赴颐和园兵部公所。饭后至松梼畦,查守卫各队,到工部公所晤延子澂,痛谈,回寓已亥正矣。晴,大风。

廿二日(4月21日) 辰刻赴东宫门,到鸿胪寺同寅坐落处正堂。溥雨楼升理少,谒端邸,回公务并谈。会同伦叙斋找晋臣,公所告以仲路夫人病故,劝其勿庸惦念,仲路饭后旋回兵部公所,更衣进城。天气亢旱非常。晴。

廿三日(4月22日) 午后倬云来会。未刻赴营,堂期。到端王府谢步,奉谕倬云及余拟奏留营,遂传知营务处。晴。

廿四日(4月23日) 在家,觉火气甚重,闻瘟疫过重,李兴夫妇皆病,均属瘟邪,李兴亥刻病故。晴。

廿五日(4月24日) 在家,饬田兴给李兴买棺材装裹,未刻殓之,于明日抬埋黄寺地边,以便其子宝子日后搬回南省,思之黯然。晴,大风。

廿六日(4月25日) 未刻赴营,堂期。回拜瑞吉人,征。给立豫甫道喜,户部尚书,由左侍郎升。晴,大风。

廿七日(4月26日) 早至东北城拜客,荩臣处早饭,晤徐相士、伦叙斋,痛谈,回时街土甚大,干旱非常。晴。

廿八日(4月27日) 早辰,内眷至小石桥给四弟拜寿。未刻至鸿胪寺,堂期,并用印。雨楼升任,将印钥移来。各省官谢恩,回家晤荩臣。晚端邸传饭,赶紧由小石桥叫车候,至起更方到府,在座乃倬云、荩臣,散时丑初矣。留营折今日具奏,奉旨依议,钦此。今日直奔一天,骡子病矣。晴。

廿九日(4月28日) 未刻赴兵部公所住宿,同廷总司立斋夔。痛谈,少年甚谙事。甚热,棉衣不能穿。晴。

四月初一日(4月29日) 辰刻赴东宫门,同倬云恭谢留营天恩。慈圣懿旨知道了,圣旨知道了。遂赴工部公所,因李荫墀殿林侍郎为倬云约早饭,旋回家,甚热。半阴晴,数点雨。

初二日(4月30日) 在家,新调本营文星垣、福。有云五发。来会,晚留信怀民观察便饭,痛谈。半阴晴。

初三日(5月1日) 未刻赴营,堂期,散后至如九处道乏。西北城拜客,给阿子祥送行,已出都矣。半阴晴。

初四日(5月2日) 在家,毓老大奉晋哥命而来,因给仲路信,恐有未合,略改数处,已可行矣。半阴晴,风,土。

初五日(5月3日) 在家,天时亢旱异常,屡经派员祈雨,仍未渥沛甘霖,闻天津安宿等县已见透雨,近畿乃如此,实令人焦灼。城内颇兴义和拳,小儿到处为之,是为邪术,有地方之责者能不为严禁耶。晴。

初六日(5月4日) 辰刻赴营,堂期。邱帅、斋帅挑补官缺,邱帅交义和拳须访闻如何办法,然此乃邪术,似无如何也。晴。

初七日(5月5日) 未刻进署,堂期。至(甘)[干]面胡同晤荩臣,交寄仲路信一封。谈及义和拳事,渠亦无法。板厂胡同看崇寿岩夫人,到喆生、宝臣等处谢步。阴,数点雨。

初八日(5月6日) 未刻赴园,到工部公所住宿,本拟访高西亭,因起大风而止。晚寿益卿同在公所,约饭。晴,大风。

初九日(5月7日) 辰刻赴东宫门,正班,本寺奏事。谒端邱,同伦叙斋到海甸万源店吃早饭,叙斋约饭,后顺石路回。昨日住公所,东房住,后墙即临稻田,夜两点钟风极大,雨亦随来,将窗纸湿破,风雨声甚大,天明风略小,回路约四钟前后,雨内加雪,风雨雪同作,天则甚冷。惟昨日立夏,辰正四刻。似时令不无太差。阴,风大,加雨雪。

初十日(5月8日) 在家,约在京各队管带等,严饬各兵丁不得学习义和拳。荩臣来,痛谈。晴,风不甚大。

十一日(5月9日) 在家,寿益卿由颐和园奉邱帅命而来,因留其晚饭,并赏字画,甚乐。晴。

十二日(5月10日) 午前寿益卿来,传各队管帮带及营总,有面交事件。午后赴邱帅府，闻义和拳有旨，严为禁止。晴，晚阴。

十三日(5月11日) 未刻赴营，堂期。访豫甫大司农未遇，因高姓地基邱帅有令其拆房之一说也。阴，微雨。

十四日(5月12日) 在家。半阴晴，大风小雨。

十五日(5月13日) 未刻进署，堂期。拜客，在枏士兄处晚饭。晴，早风。

十六日(5月14日) 未刻赴端王府，痛谈。遂出西直门，到步军统领衙门公所，晋臣兄约晚饭，饭后赴振靖、振旅、振兴三队，稽查并看工程，到工部公所住宿，彼递折老爷直喧哗一夜，两钟方安静，余谓小心谨慎乃联贯语，不谓工部递折笔政诸君乃小心有余，恐误折也。谨慎则不足，喧哗一夜。闻者莫不绝倒。晴，微风。

十七日(5月15日) 上门谒端邱，到晋臣公所，因一夜未安静睡觉，乃回家，又复乾土满道。晴，晚阴。

十八日(5月16日) 午后莲士弟来，略谈。至溥倬云处谈。回拜敦礼臣。晴。

十九日(5月17日) 未刻到营，堂期。晴，半阴，甚热。

二十日(5月18日) 酉刻溥倬云、延子澄约聚寿堂便饭，给锡兴九谢步，信怀民送行，并送给搬指舅玉镯各一，准于廿三日南下矣。晴。

廿一日(5月19日) 在家，将目下房间契税清单一纸，原卖字一纸，随红契二套白字二张，均交维二哥松办理。现充右翼奏委。晴。

二十二日(5月20日) 未刻到营，堂期。鸿胪寺卿以容君惠补授，乃泽园令弟也。半阴晴，微雨。

廿三日(5月21日) 未刻进署，堂期。回拜江苏通判德君，山。晚间送到条陈并代递秀昌条陈，此君为密云练军为马政皆不可行，且别字联联，真无出息者。枏兄来，痛谈，因痛饮而醉。晴。

廿四日(5月22日) 未刻赴颐和园，因荩臣大病，系痰症，先往步军统领公所看视，已进城矣。到工部公所住宿，晚与松寿泉尚书、广厚田都统、英菊侪侍郎闲谈。晴。

廿五日(5月23日) 本署正班，朝房晤正堂。荣君惠。晋谒端邸，议公事后即赴官学考健锐营学生。振靖队附。晚同益卿一踏。晴。

廿六日(5月24日) 仍住红山头，官学考圆明园学生。遣马差看荩臣兄。晴。

廿七日(5月25日) 仍住红山头，官学考火器营学生。振旅队附。晚雷，微雨。

廿八日(5月26日) 覆考，各项学生取正额八十名，备补四十名，记名十三名。午后回家，路过三啸庵，为轮船公所。因往停留，遇一程姓者，以画虎自誉，因赐教，乃类狗耳，可发一笑。晴，风。

廿九日(5月27日) 未刻赴营，堂期。到溥荩兄处看视，病少减，然神识支离，痰所致也。回家已灯后矣。半阴晴。

五月初一日(5月28日) 在家，复将应税契送至维荫堂处。阴，小雨，有雷。

初二日(5月29日) 丑刻接端邸来信，即时赴府，因义和团有拆毁铁路等事，派兵颐和园再加守卫，赶赴营安置兵丁，各队厂内聚集，听候调遣。午后复至府内，面议各事，又至营安插一切，灯后方回家。大雨，雹，半阴晴。

初三日(5月30日) 辰刻赴营，阿介臣、文子芝业于今日起赴卢沟桥住扎，闻义和团皆系花巾包头，腰系红黄带，执红旗，书坎字，其为八卦教匪无疑。戌末见红灯照由西南到东北，渐渐而灭，诚怪事也。传闻红灯照乃女子所练，后打听乃人所放，真可笑也。晴。

初四日(5月31日) 寅刻即起赴颐和园，至文山公寓，未晤见。存老二晋城到端府，闻倬云已赴营，当即到营，晚间德翼长由辛店回，面访侦探一切事宜。晴。

初五日(6月1日) 恭谒小石桥祠堂，行礼，回家祭祠堂。虎神营来信，有紧要奏折，即赴营会倬云诸君子，同倬云到府，同端邸酌改奏底。晚饭后，崇世兄惠。由长新店报军情来。晴，甚燥。

初六日(6月2日) 维萨堂兄遣人送到税约契纸一套，殊可感也。辰刻赴营，堂期。梣士兄处早饭，看贻霭人少詹，系风痰症，莀臣处病少见好，神识未能骤清，尚服李鹏程药，比前已大效矣。灯后下黄沙，落数点雨。晴，半阴，热。

初七日(6月3日) 在家，因连日辛苦，觉困乏非常，直睡半日。半阴晴，早雨。

初八日(6月4日) 在家，梣士兄来，痛谈多半日。晴。

初九日(6月5日) 辰刻赴营，堂期。回拜容兄、惠。早东俟，闻义和团已据涿州至保定府，路已不通，所仇者洋人，所恨庆亲王及各勇营，畏服者端郡王、董星五军门两处，目下真无妥当办法也。晴，风。

初十日(6月6日) 会阿介臣，早午晚三次，倬云、张文全均因义和团之事，徐莲士来，午后谒邱帅，亦系团匪事，刚良帅前往保府。晴。

十一日(6月7日) 辰刻到营，堂期。午后端邱谕复到营，会同倬云至端王府，奉谕十三日回銮，即约倬云至家议，京中安置各队事宜，并商随扈各执事。阴，微雨，

十二日(6月8日) 卯刻赴颐和园，本寺正班，谒庆邱、端邱，交谕，会同神机营议分各队，在城走队巡逻，饭后到营，约苏秀峰都护来营妥议，因倬云已去，未经议成，回家已日落矣。半阴晴。

十三日(6月9日) 辰刻赴颐和园，大阿哥午初由园还海。皇上午初二刻皇太后午正还海，均于道旁跪送，皇后仅兵丁站班，大阿哥并未站班。同恩骏叔至兵部公所少歇，俟关防过后，本营随扈兵丁均按队前行，始晋城到公所，与倬云分布各队。早饭竟未吃，幸有带得火烧，略为充饥。晴。

十四日(6月10日) 巳刻到营，端王爷、敬大人有面商布置京内各队。晚间僎将军来，因端王奉旨管理总理各国事务衙门，拟具折

密陈，恐肝疾耽延公事，因传营内写折，至丑正方齐。晴。

十五日(6月11日) 申刻赴端王府，遇斋老痛谈，庙堂之上衮衮诸君但有善凶而已，可叹也。晴。

十六日(6月12日) 辰刻进署，今永定门外有某国兵官，为董星五营系所杀，名曰祭旗，甚猛也，然亦大不得了也。晴，风，月色甚昏。

十七日(6月13日) 七月间尚派出总理军务处提调，同贻蔼人诸君子。①

闰八月十一日(10月4日) 自五月十八日即到营，侍端邸保守西三座门。彼时西什教堂义和团即往攻之，然从未得手，后乃庄亲王统带，或至本营要枪要炮无虚日，然总未与之。盖彼之扰乱实难言状，后有拿问立预甫尚书，亦义和团前往。遂闻其有报私仇妄杀无辜者，然亦无法阻止，皆以阿克达春为戒，盖阿为本营统领，均以二毛子呼之，以至杀身。立预甫山后正法，并正法徐小云用仪，许行贺景澄，袁爽秋昶，联湘蘅沅。后与庄亲王言明，凡义和团进兵，本营停止，本营进兵则团内停止，不然更无分别，以至胡哄，万不成官事，内又有神机营派到官兵，武卫军派到官兵，或彼进攻或彼不进攻，或用炮或不用炮，或令打或不令打，毫无章法，无定局也，直至七月廿二日。于前一日闻圣驾西巡，则人心瓦解，是日巳午间外面地安门已破，教堂亦均攻出，乃实无法为力，乃致前后受敌，将官兵撤下，幸未大伤人，余求死不得求生无谓，此真无以上对国家，下对旗民，堪为痛哭流涕者也。西城隍城根住房已为俄法两国所占，小石桥四弟搬至城外唐子头，只得奔赴干面胡同，依表兄莀臣居住，幸家眷早挪至此处，人口无恙，然亦危险极矣。洋人遂至各家查攫什物，莀臣及余处均为其所掠，系在仲路院内借住，以致彼之所存之物亦被劫。八月初五日拟就折底，托敬子斋夫子代递，复于十二日送还，因自派城守事宜，彼处未能深悉折内

---

① 此句应为补记，以小字写于“十七日”下。

未便列衔。探听大街小巷均拿人作活，自未便出门，城内亦堵截，后有过往者均须搜查。拟具禀将情节寄端邸代奏，奈无人敢出门，且不知由何处寄往。忽于闰八月初四日接英子受禄。统领来函，初三日发，想未晋城。彼于大同回，八月初八日奉札，将札文寄到一看，有并调全营翼长有泰速赴行在之语，当复回信，如具禀或回大同，将被抢情形禀明。邸帅刻下无衣无食无盘费，何以西行，只有再行酌度可也。因莶臣兄吏部请示应议处分，闰月初二日奉上谕："端郡王载从宽，撤去一切差使，交宗人府严加议处，并著停俸等因。钦此。"盖为安抚洋人之意，然谋事诸臣用心亦良苦矣。刻下授全权大臣主议者为庆邸、荣相、后闻洋人不接待荣相。李相，庆邸已来京，早为等候，荣、李闻一在保定一在天津府，尚未来京之信。圣驾由廿一日至南口出到大同府，现已驻跸山西省城。此劫死者如徐荫轩相国、崇文山尚书，不知若干人被拿，如怡亲王、延寿峰观察，均作苦工，又不知几千，所知者另有清单存记。此诚一大变局，特略记之，其中有回忆而得，应于每日再记。今日无事，在借寓。阴，小雨。

十二日(10 月 5 日) 在寓，与莶臣、同人闲谈。晴。

十三日(10 月 6 日) 同人又号复斋，名溥侗。表弟赴海甸，步行而去。晴。

十四日(10 月 7 日) 接同人来信，路间购得马麟、郑板桥画两轴，倩余断之，然画并未随信来，料必假古董。午后洋人至莶臣处，内院拿去松灰灰鼠，举家惶惶，乃素已破胆矣。阴，微雨。

十五日(10 月 8 日) 在寓，遇毓星池营总，略谈。阴，雨。

十六日(10 月 9 日) 在寓，读牧山弟早间书诗稿，题赠："不见黄叔度，于今竟五季。白头系汝老，青眼更谁怜。诗法承家学，书传赖子贤。稿为两侄所录，曾准。自惭仍俗吏，残梦尚流连。早识无尘念，超然仙骨身。杜陵今老健，开府自清新。官去因病多，学深每乐贫。感时不禁泪，同作乱离人。时困守都门。"余不善作诗，非读其稿无以发其狂也。录后即面交之，略谈，并吃其窝窝头一个。晴。

十七日(10月10日) 在寓，荩臣兄来，闻合肥相国已到，未审确否？晴。

十八日(10月11日) 曾闻长季超表弟在顺义县东少偏南河南村住，四弟曾遣人询之，尚在高丽营东，今日在寓。晴。

十九日(10月12日) 同人弟送到洛中所购马麟画一轴，乃真迹。似蓝田叔笔。惜御笔所影挖去，不知何所？郑板桥画不见精神，前曾以董文敏小楷《月赋》示余，后跋三则已载入画，禅随笔二则，乃诒晋斋给南韵斋荣郡王之故物，洵可宝藏，难觅之件，特借来案头展玩数日，又见其收存诒晋斋书韩柳欧苏四家文行楷字，用竹板作帖面，俗呼为竹板帖，其精湛非常，乃得意之笔也。在寓，李合肥相国于昨日已的确来京矣。晴。

二十日(10月13日) 至牧山表弟，一谈，文管带衡，振豫。由山西来，会合营总毓星池，谈及沿途官兵之苦，不堪言状。幸圣驾抵太原，并随住王大臣均好，究竟回京抑西去？尚在未定。刻下德国换管东城，则谣言蜂起，翘首西望，能不为浩叹涕泪乎！晴。

廿一日(10月14日) 晤荩臣，闻圣驾有回京之说，恐谣传也。秋儿回，由武清到此，沿路竟无人迹，彼处各村庄皆为洋人并土匪所搅扰，刻下妇女率老幼孩皆于禾田密处藏之，寻死者不知几千，奈何。昨夜雨，晴。

廿二日(10月15日) 荩臣表兄来，以收仲路信，命覆之。四弟遣人来，以合肥到京必有好消息，告曰未也。寿益卿遣人回密云，无信可带，覆之闻有回京之说也。晴。

廿三日(10月16日) 余到此已两月矣，光阴迅速，可叹可怜如此。闻合肥有获拿保定府义和拳之举，甚善也。晴，风。

廿四日(10月17日) 午后同荩臣兄带毓嶟、毓嵰两表侄到四牌楼南一游，甚热，晚间给荫浦希大哥写信一封，打听荩兄左翼更换人。晴。

廿五日(10月18日) 早寻荩臣，晚荩臣来，拟欲一踏，因雨未敢也。阴，小雨。

廿六日(10月19日) 早间并同荩臣兄到小街一游。溥同人表弟由北回，晚间荩臣兄约吃羊肉火锅。晴，半阴。

廿七日(10月20日) 会福熊伯，据云今日拟开议，因德国阻止未成，不知其意如何？并闻荣相授全权大臣，各国不接待，须庆邸、李相会议方可。总署现移至亮公厂。昨夜大风小雨。今日风雪。

廿八日(10月21日) 荩臣兄约街上一游，因牧山弟来谈，罢议。晴。

廿九日(10月22日) 牧山来，携到宋任子明画骡，神采炳耀，顾盼生姿，洵非凡笔。然古人画马者多此，别开生面。据《书画谱》云，任君以画骡名。并诒晋斋册页及先母舅瑟庵公画蛱蝶册页，均暂留看。同人携来王雅宜、董文敏、文衡山、诒晋斋各册，并诒晋单条，均属真迹，眼福也。四弟派二格来，因宝湘石放川东道，探听缺分，写信催其来京。晴。

九月初一日(10月23日) 同人所存，有崇祯年间绣佛斋顾寿潜跋其夫人韩希孟绣册八页，为董香光题，概不多见，世称顾绣，即其夫妇也。会鸿胪寺司员，印已封存在额老爷处，痛看同人字画，美不可以言传，半皆不易得之物也。晚间同荩臣、牧山扰同人羊肉火锅。晴。

初二日(10月24日) 薙头。在寓，蓉侄生母来，因无饭吃相寻，奈何。半晴。

初三日(10月25日) 午饭同荩臣至四牌楼北一游，热闹非凡，不敢再往北去，人甚稠密也。午前营内官学提调恩兄纶。来，并姜六打发人来看，闻清河办防以备各旗营人打抢也。奈何。晴。

初四日(10月26日) 钟叔佩、延子澂来，鸿胪寺锡兄兴、巴兄彦达拉来。鸿胪寺恩兄来，与骏叔本家，会蔼人令侄钟老二，四弟由乡间来，晚并荩臣、逡斋同饭。晴。

初五日(10月27日) 同荩兄访钟老二，未遇。阴，细雨。

初六日(10月28日) 会鸿胪寺荣兄惠树滋兄。晚间咩爷来，同四弟、荩臣、同人诸君吃煮饽饽。晴。

初七日(10月29日) 牧山来谈,荩臣、同人晚间在四弟屋痛谈。晴。

初八日(10月30日) 会额兄,闻容兄欲告假,商酌俟启行有日,并以知照留京诸君子不迟。晚间荩臣约吃火锅,与同人痛谈。半阴晴,微风。

初九日(10月31日) 早间约荩臣、牧山、逡斋、咩爷同四弟吃煰羊肉,甚饱。晚间喝粥而已。会鸿胪寺荣兄,安。钟叔佩给琴轩写信,二少爷请留礼部。同荩兄。晴。

初十日(11月1日) 会清虎臣,钞上谕一道,未能一时回銮。德国兵三人至两宅一看,不知其意何居?并晤咩爷,今日回家矣,郭什哈俱来看。晴。

十一日(11月2日) 同荩臣至西口外一游,接署内额兄图敦,鸣赞。知会,商酌备安折。朔望期呈递。晴。

十二日(11月3日) 会钟书桥,言北路颇有行人,闻德国有占据房屋之说。晴。

十三日(11月4日) 会钟老二,拟赴行在,商酌办理,额兄商递安折。晴。

十四日(11月5日) 与荩臣、伯郇痛谈。闻今日开议,又作罢论。昨夜极大风,晴,风。

十五日(11月6日) 偕五弟约吃烧鸭。至全振兴晤石岱臣,以欠款折货物,辞之,告以致信石子丹,不在一时也。沿途卖物件甚多,大半抢掠而来,士大夫尚欲购买便宜,真无心之极矣,可为浩叹。余存全振兴之皮衣,仅伤去三件,亦可谓幸矣。晴。

十六日(11月7日) 早访钟志谨世兄,因车夫须另觅妥人,改于十九日启程西去。钟叔佩来,闻有十月初一日回銮之说。作札询琴轩,无此说。晴。

十七日(11月8日) 至牧山处,辞荩臣约午饭。咩爷来,并闻得谣言甚多，询之钟志谨，无此事也。石岱臣来，交信一封。侗将军赠诗，岱臣赠茶叶。晴。

十八日(11月9日) 至钟志谨处，询问沿途情形。晚间渠来，道途尚为安静，后日可启程矣。阴。

十九日(11月10日) 接钟志谨来函，蔚州已有洋兵到境，宣化府不能前往矣，并闻盛京消息不好，且洋兵有赴长安之信，真令人无可奈何。半阴晴，昨夜起大风。

二十日(11月11日) 至牧山处一谈，致琴轩侍郎信，洋兵西去，早为之计。晴，风。

廿一日(11月12日) 会荃老四，同荩臣、侗老五看尧臣，病已略减。晴，小风。

廿二日(11月13日) 午后同荩臣小街北一游，到绍越千处。据云，闻洋人将解陕饷银截至汉口，不准前进。又闻如不回銮，拟办法三：一、将中国瓜分。一、公举中国一人，各国中推一人办理。一、另举一人以为中国主。如回銮，礼节仍照前，不能差也。李相、贺德[①]为此事已去多次请电，无信也，并有张燕谋给李总管信，恐谣言也。鸿胪寺来，闻下月安折仍照常。晴。

廿三日(11月14日) 咩爷来，同人移至西厅，赠其旧玉一方。晴，风。

廿四日(11月15日) 在荩臣处，会敬斋老，纷纷谣传，德国有打保府之说。晴。

廿五日(11月16日) 回拜敬斋翁，便衣往，同荩臣会绍越千，闻外间消息不见佳妙，南去有救急，会合肥所办，然廿七日截止，难去矣。晴。

廿六日(11月17日) 会鸿胪寺两司员，正卿容兄惠。于十九日业经病故，将钥匙交来，克懋先晤谈。晚代荩臣给仲路写信。晴。

---

① 贺德即赫德。

廿七日(11月18日) 与荩臣、同人谈,因长菊岩即咩爷无棉裤,作与之,世交也,然亦可怜矣。狗儿来天津,至京路仍不通,可奈何。阴,半晴。

廿八日(11月19日) 在寓。与荩臣、咩爷谈竟日。晴。

廿九日(11月20日) 并会虎神营差,委荣立銮仪卫差,欲赴行在。与荩臣、同人、菊岩、四弟闲谈,将《雅宜山人册》①钞讫,还同人。晴,大风。

三十日(11月21日) 午后同荩臣、菊岩至四牌楼南一游。晴,微风。

十月初一日(11月22日) 奉上谕:"工部右侍郎溥兴,著会同敬信管理虎神营事务。钦此。"在寓。恭读邸钞,溥倬云会同敬斋翁管理虎神营事务。晴。

初二日(11月23日) 鸿胪寺收堂印,送封。同菊岩、荩臣至牌楼南一游,广泰轩喝茶,大为可笑。微阴,晴。

初三日(11月24日) 鸿胪寺行片,户部拟商经费,致那琴轩侍郎信。晴。

初四日(11月25日) 接那琴轩侍郎信,以各署经费须向总署商之,闻明日有开议之说。晴。

初五日(11月26日) 和议之事,尚无不兮。晴。

初六日(11月27日) 在寓。晴。

初七日(11月28日) 在寓,给倬云侍郎写信一日。荣差委来,因路票未齐,拟十二日可启程。鸿胪寺司员来,已找妥公所。晴。

初八日(11月29日) 会文致斋、寿益卿,由密云来。晴。

初九日(11月30日) 在寓,闻各国有专纸牌祝万寿者,中国留京五大臣竟未知照于何处行礼。晴,晚阴。

初十日(12月1日) 在寓,闻留京大臣在柏林寺行礼,留署大

---

① 明人王宠撰有《雅宜山人集》,此处《雅宜山人册》记载似为笔误。

臣皆未知照。晴。

十一日(12 月 2 日) 同莀臣、四弟至广泰喝茶。晴。

十二日(12 月 3 日) 同莀臣及四弟至天和听双厚平《济公传》,终日悠优。曾奉上谕王贝勒有圈禁,大臣有发往,合议尚无消息也。晴。

十三日(12 月 4 日) 同莀臣小街一游,同访寿益卿,未遇。接钟志谨来信,由宣化发彼处,尚为安静。半阴晴。

十四日(12 月 5 日) 会营差委荣立,仍欲往西去,恐内阁未必发给执照。半阴晴。

十五日(12 月 6 日) 在寓,薙头。晚与咩爷痛谈。昨晚雪,今日晴,风。

十六日(12 月 7 日) 致钟志谨信,今日取去。天甚寒。晴,大风。

十七日(12 月 8 日) 天颇寒,恩姻伯母故,伴宿。张茂胡同。会多孚臣。晴,风,晚住。

十八日(12 月 9 日) 闻不出此月有和议之说。晴。

十九日(12 月 10 日) 莀臣约吃早饭,大醉,咩爷亦醉。寿益卿来,未会。晴。

二十日(12 月 11 日) 昨日记今日事。昨日在寓,无事,薞姑奶奶来。晴。

廿一日(12 月 12 日) 会钟叔佩兄,托其通挪款项。晴。

廿二日(12 月 13 日) 长季超来,痛谈。晴,晚阴。

廿三日(12 月 14 日) 叔佩处老大来,送到卅金以作日用,姜玉所措之款,恐未可多得,真困于危城,无法能施矣。德宽来,闻西城房二毛欲拆毁,告其听之而已。吏部咨寺有内阁学士等缺,咨取堂衔,覆以并无事故。晴,大风。

廿四日(12 月 15 日) 润姑娘来,因写字拜老师,旋至莀臣处,辞不敢当也。会葵二弟。晴。

廿五日(12 月 16 日) 访寿挹青太守,痛谈,借其《读杜心解》

《宋稗类钞》。晴。

廿六日(12月17日) 在寓，闻明日有学议之说，未知然否？晴。

廿七日(12月18日) 奉敬斋翁来信，因接陕省倬帅来函，拟撤虎神营，约寿挹青，明日面商一切。六儿来，送到银八两。晴。

廿八日(12月19日) 挹青来，早饭将斋老覆倬帅信交其拟之。晴。

廿九日(12月20日) 赴斋老老宅，面呈覆倬帅函，命代书之。半阴晴。

三十日(12月21日) 自致倬云信一封，代斋老拟信一封，同送往。二庆来。风，半阴。

冬月初一日(12月22日) 晤崇文山门生保谷田兄。善，盛京厢红满人，住方巾巷。据云葆效先全家十三口殉难，现纠合同人装殓，因家人赵兴彼时略知情形，托为找到，初四日准至板厂胡同。晚晤多孚臣。晴。

初二日(12月23日) 克懋先来，闻三姑太太已于闰八月病故，痛谈，保谷田甚可感。晴。

初三日(12月24日) 钟志谨由宣化来会。晴。

初四日(12月25日) 在寓，与同人、咩爷等谈。晴。

初五日(12月26日) 在寓，四弟赴北城，荩臣携闰妞来。晴。

初六日(12月27日) 闰妞来，大小字皆摹仿，令其对对。晴。

初七日(12月28日) 回拜钟志谨，未遇，踏至隆福寺，访寿挹青，亦未遇，天甚暖。晴。

初八日(12月29日) 至荩臣处，陪萧医生。晴，夜阴。

初九日(12月30日) 在寓，闻今明日乃各国过年之期。赵兴来，闻葆效先灵柩均已办妥，送至茔地，乃奉教之力。晴。

初十日(12月31日) 郭什哈明安闻已来京，乃倬云遣接玉岑，玉岑竟无下落。晴。

1901 年

(光绪二十六年十一月)十一日(1901 年 1 月 1 日) 代荩臣写致仲路信。晴。

十二日(1 月 2 日) 蔚霞屏五格格同闫妞来,仲路信交荩臣兄。阴,昨夜微雪。

十三日(1 月 3 日) 闻前次(抢)[枪]毙德国使臣,乃神机营霆字队某官,后闻名。刻已自投,愿报各国,争照像留之,俾寄回存之,此亦人杰也。至荩臣处,因早饭约吃素菜,未往,面谢。连日不类深冬,气候温暖,今日大雪尚不至十分冷也。鸿胪寺堂期,诸司员画到,未去。阴,大雪。

十四日(1 月 4 日) 借寿益卿《宋稗类钞》读讫,其中文章有可采者。闻街上甚泥淖,无风雪可入地矣。家内薙发。半阴晴。

十五日(1 月 5 日) 因同人病,在彼谈医,并代其定罗盘,昆仲两夫人暂厝。晴。

十六日(1 月 6 日) 寿挹青来,痛谈,并约斋来,估去兽罏图墨一块,然未必得价,菊岩送寿礼,殊不安也。晴。

十七日(1 月 7 日) 闻城外洋兵颇有抢掠事,大约为土匪所愚弄,实在中国之人可怜可叹。京内十一二日为外国过年。亦有搅扰,大半人之自取妇女尤甚,奈何,奈何。半阴晴,早微雪。

十八日(1 月 8 日) 因贱辰,早间借同人屋,内约菊岩、荩臣、鹤卿、同人并四弟吃面,竟有面吃,已觉可笑,思之黯然。接挹青来信,所卖各物闻外人攫去,托其代售之件只好缓送。灯后见雪,晴。

十九日(1月9日) 至荩臣各处谢寿。访牧山,闲谈。风,晴。

二十日(1月10日) 同人由天津寄买银鱼,补祝,可谓贤者多情,因约荩臣、菊岩并四弟,借其屋,内吃银鱼火锅,亦一乐事也。接如九婿来信,渠已由黑龙江逃至沈阳,仲路弟到边外,闻有信拟到省垣,谅不至有何不了之局矣,然亦危哉!晴。

二十一日(1月11日) 无事找同人、菊岩,乱谈,借鹤卿《翼驷稗编》一函消闷,似因果书也。灯下看书,忽右边尽后槽牙落一枚。晴。

二十二日(1月12日) 在寓,闻放京内饷银,由廿一日起四日,户部公所,本部司员监放,初六日、初七日再放俸银,究竟下月饷银有无著落,未曾计及,大约所余京饷解往西安矣。天甚寒。晴。

二十三日(1月13日) 闰妞来,小楷见长,对子出四五言可对,今年才十一岁,不为不聪明矣。闻洋人有廿六日交明地面之说,未知然否?大约回銮须明春,接收地面究能否安静,尚在两可。晴。

二十四日(1月14日) 在寓,连日同人约闲谈,毫无所事也。晴。

二十五日(1月15日) 闻玉岑总宪有在苏州之信,东甫侍郎闻洋人向其要银,刻已出告示,凡洋人前次所要之钱,经合肥与德使瓦得说明,须仍退回,大约东甫之说恐传闻也。晴。

廿六日(1月16日) 读《翼驷稗编》,为宛平汤用中芷卿著,武进徐廷华子楞评,汤为雨生先生族侄,盖皆常郡人也。所记郡事颇多,虽属稗史,无大深义,然各处村镇强半知之,亦可于离任年余,藉此如温旧典,亦可乐也。本寺汉俸定于下月初一日至公所开放。灯后在同人处,洋人进院大声呼点灯笼,颇能通中国语,一笑。晴。

廿七日(1月17日) 午后同四弟看牧山,近日甚见好,前数日乃冬至节所致,非有大碍。荩臣处,萧孝廉来,又立方,近亦见效,孝廉为江西世家,以医传同人,始服华药,继服洋医药,后又服华医,不过温邪停滞,毫无大碍,不意其有病乱投医如此,可发一笑。晴。

廿八日(1月18日) 莯臣处送到委员马京融来禀，于昨日各国将初次之约画押，款项待盛京堂来协议，恐非年前能办，其电奏十二款已蒙俞允，并闻各国愿将公所府第交出，未审是否谣言？昌侄来送俸银卅二两，系由户部知照本旗开支，五品应按五成，四弟按五成卅两，昌侄按四成廿二两，均出自天恩，暂时可不至冻饿矣。各旗兵丁及一切钱粮均按对成开支，街市或可见从容也。晴。

廿九日(1月19日) 闻俄国兵已令退，其要挟之举亦无谓，不过严惩拳匪保护使馆，与政府无干，虽首祸亦勿庸办理，各国不以为然，俄国只好听其办理而已。莯臣来谈，闰妞同五妞在此，闰妞字、对子俱见长，《大学》不过十天可读竣矣。晴。

庚子十二月初一日(1月20日) 雇车赴宝禅寺胡同正觉寺，鸿胪寺新觅公所，监放汉俸。到铁宝臣处吊太夫人故，徐栩士处候，荫轩相国故后初次去。阴，雪。

初二日(1月21日) 四弟昨日已回小石桥旧寓，咩爷亦去。将厨房火熄，搬至上房煮饭，似稍省费。鸿胪寺笔贴式双兄来晤。晴。

初三日(1月22日) 晚同逡斋谈，渠赴海甸将伦贝子夫人并其夫人暂地厝。晴。

初四日(1月23日) 卯刻寿昌得一子，侄媳孙氏生，起名熙焜，因五行缺火也。昨晤清虎臣，闻前数日有白虹贯日之说。在寓，与同人谈，交照会各国条款覆议。二格来，代二庆索赐长儿银两。晴，大风。

初五日(1月24日) 徐莲士、萧小余、名允文。寿益卿、长菊岩来谈。萧为江西人，曾官浙江知府，与恭勤公同事，以观察被议。晴。

初六日(1月25日) 栩士来，未晤。因莯臣访萧小余，未遇，见其侄新之孝廉。世兄，复同车至管劬安处，合家无恙，艺花作画，仍照常也。闻上海等处有同文会，并日本在内。晴。

初七日(1月26日) 会温寿臣、钟志谨，均痛谈。晚晤同人，谈及明日为德皇寿辰，令各铺户结綵，并午初放一百余声炮。晴。

初八日(1月27日) 代荩臣如嫂拟致伊瑶山夫人信，致如九婿信，交钟志谨转寄。午后同菊岩、荩臣到广泰轩喝茶，会双哲轩参领，旧居有土匪欲拆毁，托斋老交地面看守，不知能否办理也。晴。

初九日(1月28日) 闻枏士、莲士均被洋人拿往顺天府，究属因何故不知也，即作札致钟志谨、寿挹青询之。荩臣来，亦因此大为着急。昌侄来，因得子磕头，活十二日病殇，可惜也。晴。

初十日(1月29日) 枏士昆仲传闻乃为洋人四眼放走，徐相国为众洋人挑死，现在伊家属控告，四眼为某国商人也。萧小余来，同荩臣晤之，痛谈。同人买洋火罏一个，点煤油用，初次见也。阴，小雪。

十一日(1月30日) 会钟志谨，已到顺天府看枏士昆仲，均好，乃为义和团事。伊故茔据云曾经练过，未知然否？并闻东三省有俄国欲占之意，日、英各国不容也。晴，风。

十二日(1月31日) 会寿挹青，枏士之被困，无如何也，且听其事之重轻再说，闻赴德国亲王本拟肃邸，后改醇邸，彼国又嫌醇邸年青，尚不知彼欲何人前往。俄国有侵东三省之权，闻英、美、日三国不容，意欲代中国开仗。此事须大费唇舌不得了也。早微雪，旋晴。

十三日(2月1日) 善将军联。故于任，设位，送纸锞，未去。同人来，今迁至甜水井，实翰林处，住至咩爷书房。晴，风，甚冷。

十四日(2月2日) 会钟志谨，打听枏士信。闻系八国照会，因攻打使馆，谓其主谋，究竟尚未知，似在日本处，比别国差强。并谓其杀袁爽秋及许竹筠，皆其监斩，此则非其得已，尚易办也。日后奉旨斩决即为此种种也。晴，风，仍冷。

十五日(2月3日) 午前同荩臣访萧小余，倩其占周易，问大局如何？得大有九四，遇其彭无咎，大局似无碍。闻十七日有二次开议之说。晴，微风。

十六日(2月4日) 接志谨信，枏兄事甚危，奈何。晋臣亦着急，无法也。闰妞送“立春大吉”数条，自书也，甚可喜。晴。

十七日(2月5日) 送往寿挹青处砚石二十三块,托其出售,不审能得价否?晚同人来,复同至伊屋内,闲谈。晴。

十八日(2月6日) 接萧小余观察来函,有各国议祸首之信,甚急。风,晴。

十九日(2月7日) 同菊岩、荩臣到牧山处一谈。接溥倬云信一函。晴。

二十日(2月8日) 寺内送到帮贴银十五两。致书于那琴轩侍郎,因倬云侍郎来函可以通融,回函以渠处同病,无法设措也。晚至荩臣处谈。晴,风。

廿一日(2月9日) 午刻封印大吉。因公所太远,且须请印往返,所以在家拜印恭封,司员诸人均阻之,刻下借局无闲房。一年竟至此时矣。回銮不知何时?思之黯然。卖银器数件,以当日用。晴,风。

廿二日(2月10日) 午后至斋老处,询致倬云覆函,并托西城照应房间事。晴,风。

廿三日(2月11日) 在寓,温寿臣遣人送到五十金,可感也。晴,极大风。

廿四日(2月12日) 昨日祀灶王于堂屋,因无厨房也。会钟志谨,闻枏士诸人之信,大为不妥。晚找荩臣闲谈。晴,大风。

廿五日(2月13日) 令王顺持札石岱臣,通挪竟无法,拟商之将所存暂送质库可也。恭读十二月初十日上谕,有会议变法之说。晴,风,晚少住。

廿六日(2月14日) 接仲路来函,刻下回省城矣。晴,风。

廿七日(2月15日) 至荩臣处,代覆仲路信,遇惠树滋、瑞裕如,略谈。晴,风。

廿八日(2月16日) 四弟来,同至牧山处。晚到荩臣处,与咩爷等谈。晴,微风。

廿九日(2月17日) 会寿挹青,闻洋人欲至各家查积土,此又扰事之一端也。李傅相现在过午则诸事不甚了了,可奈何。逡斋亦来会。晴。

卅日(2月18日)　会萧小余，言和议事大有不了之局。今日到傅相处，回时来字，事可转圜，亦云老矣。晴。

光绪二十有七年岁在辛丑元旦(2月19日)　申初余雨水。在寓，不拜年，卅余年未经如此清闲安适也。晴，风。

初二日(2月20日)　方朔占书，一鸡二狗三豕四羊五牛六马七人八谷。昨晚灯下戏题《如意》二首："人生想如意，如意竟难求。若要如意时，如意须回头。""直头无如意，如意要回看。悟徹如意理，如意永平安。"一笑。至荩臣处，祠堂行礼，彼此言明不拜年，旋荩臣来，同人菊岩来。晴，风。

初三日(2月21日)　四弟来，同至荩臣处。晚复同菊岩、荩臣闲谈。恭阅上谕，鸿胪寺正卿为岳梁补授，为荣少甫之缺。妙在柱臣熟人也。甚可喜。晴

初四日(2月22日)　闻北城明伙甚多，松晴涛、椿寿农处皆被抢。晴。

初五日(2月23日)　同菊岩奉扰荩臣。晚饭因有人送酥鱼数事，未知此味矣。阴。

初六日(2月24日)　会岳柱臣，闻有严旨，端邸、澜公发新疆，圈禁庄邸，启颖之、赵展如两尚书，英菊侪、徐楫士两侍郎，毓佐臣中丞，均定死罪，并有惩办卅余人，又云百数多人，未得其详也。晴，大风。

初七日(2月25日)　会萧小余，始在荩臣处谈，继遇西苑，又痛谈。至牧山处，斋老来，闲谈。钟志谨送启、徐二君明日过刑部矣，令人未免难堪，然国法所在，尚复何矣。晚同菊岩扰荩臣银鱼。晴。

初八日(2月26日)　在家。启颖之、徐楫士临刑，闻楫士大乐，夫人在家殉节矣。后闻得救。晴，大风。

初九日(2月27日)　至菊岩书房，闰妞蔚霞屏处，五姑娘及伦叙斋处，嶟格、嵲格同受业焉。会挹青，托其买砚，交来卅元。晴，风。

初十日(2月28日) 早会多辅臣。午后回拜敬斋老、增幼亭、寿益卿、萧小余,均未遇。岳柱臣处,晤乃弟三先生,痛谈。晴,风。

十一日(3月1日) 同菊岩步踏至清虎臣处,访侗逡斋未晤,晚间逡斋来。午后荩臣约看仲路来信,借荩臣《鸿雪因缘》读讫。并兑洋十元。晴,风。

十二日(3月2日) 同菊岩、荩臣至四牌楼找单贴七行格,顺到广泰喝茶,开年未有之乐。晴,风。

十三日(3月3日) 有日本人进门,将荩臣厅房画搞去,大小女眷颇惊恐。晴。

十四日(3月4日) 步踏至衡芝圃处,晤谈。那琴轩处,未遇。路遇诚裕如。至恒盖纸店,遇多孚臣,在柜房痛谈。晴,月下雾。

十五日(3月5日) 荩臣约同菊岩至四牌楼一游,始至大顺,继至广泰喝茶,因荩臣已挪移艰难,甚可笑也。晴。

十六日(3月6日) 未正余惊蛰。延寿峰观察来谈,闻枬嫂因殉而得救,莲士不知去向。晴。

十七日(3月7日) 至东院,顺姑奶奶来看牧山、荩臣两表弟。晴。

十八日(3月8日) 会衡芝圃,晚间荩臣约给仲路写信。晴,夜风。

十九日(3月9日) 巳刻开印大吉,前将印欲送至岳柱臣正卿处,彼因拘正五九不接印之说,须至二月方肯收也。可发一笑。晴,大风。

二十日(3月10日) 会双哲轩,闻彼处为美国所管,称安静也。晴,风。

廿一日(3月11日) 在寓,写信寄陕。晴,大风。

廿二日(3月12日) 步踏至长季超、溥同人两处,略坐。访延寿峰未遇。晴,风。

廿三日(3月13日) 在寓,寄西路信书就。午后薙头。荩臣、乔梓来，仲路有信。晴。

廿四日(3 月 14 日)　西路信送志谨处，已赴沈阳，乃翁晋芍航都护唤去，会荣仲蟾兄，茷臣、菊岩约喝茶，未去。并会多孚臣。四弟来。晴，午风。

廿五日(3 月 15 日)　问询侗五弟有处往西路带信覆信。不能会衡芝圃，同咩爷晚扰茷哥，自蒸馒头。晴。

廿六日(3 月 16 日)　晚至茷臣处，同鹤卿找菊岩痛谈。晴。

廿七日(3 月 17 日)　会侗同人，将寄贻蔼人信托其转，托赴先询其无处寄，后乃闻有人写行在，寄信甚难。行在达君，赉，乃幼岩之子，茷臣门簿见之，那幼农本家。带往，并云明日动身。晴。

廿八日(3 月 18 日)　在寓，会葵公爷。晚至小书房，与菊岩、茷臣、鹤卿痛谈。晴。

廿九日(3 月 19 日)　会本寺恩、长、余三位司员，如九婿由黑龙江来，沿途甚乱。晚晤菊岩诸君，谈昨夜万佛楼火。晴，大风沙。

二月初一日(3 月 20 日)　过茷臣处，学生即在彼讲堂。晚聚谈。晴，风。

初二日(3 月 21 日)　申初转春分。四弟来，因福承斋代问崇仲蟾花园，拟约往住，告以且候。晴。

初三日(3 月 22 日)　茷臣约给仲路覆信，即同菊岩在彼吃汤面角，闰妞初学作五言诗。早会福承斋。晴。

初四日(3 月 23 日)　会本寺长、余二司员。英臣约东院晤芝圃，谈左翼事。晚约两女学生两男学生吃薄饼。晴。

初五日(3 月 24 日)　茷臣约同菊岩晚饭。饭后找牧山略谈。晴，已热。

初六日(3 月 25 日)　早至崇仲蟾兄处，会福承斋，看其南花园，房间可敷用，不过残缺太甚，须大加修葺，应俟仲路是否回京再商。仲蟾兄即约吃薄饼，到小石桥来回，半路雇车，大有前卅余年当笔贴式风味也。回寓后，斋老面晤，现赴行在，令开虎神营兵单。晴。

初七日(3月26日) 在小书房遇倜逡斋。晚同荩臣、鹤卿谈换棉衣,尚热。晴。

初八日(3月27日) 柱臣云,正卿为裴韵珊,维侒。少卿为陈梦郛。钟信。会岳柱臣。午大后同荩臣、菊岩至西口外买手摺折。晴。

初九日(3月28日) 本寺长兄等来,未会。找荩臣、菊岩闲谈。晴。

初十日(3月29日) 同荩臣、菊岩带四学生至西院、后院一看。在荩臣处会衡芝圃。晴。

十一日(3月30日) 同荩臣、菊岩复带四学生至后院,会钟义斋,随来凤辉堂少爷、崇三爷亦让进喝茶。晴。

十二日(3月31日) 写单并信上斋老。晚荩臣约饭,已自食过,未顾。晴,晚风。

十三日(4月1日) 至敬斋老宅面谒,将清单、密信交收。至多孚臣,未遇,来去步踏,甚热。晚找荩臣、菊岩、鹤卿闲谈。晴,早黄霾。

十四日(4月2日) 因大风将大市街南牌楼刮下,并将莺雁刮落,及洋人打落不少,曾有人送到雁翎管。荩臣来,略谈,大风黄沙满案,东口外绒线铺定印。报每月大钱七百文,可谓价廉矣。不过草篇有时有,有时无。荩兄处送到衡芝圃交《日日新闻》洋报,内有二月初六日载励志文社二名宣遹声,周虽旧邦,其命维新。论稿甚佳,不似吃洋饭口吻也。阴,大风。

十五日(4月3日) 午后至牧山处谈。风少息。晴,风,晚住。

十六日(4月4日) 晤寿子年,同荩臣约其吃早饭。菊岩约,同荩臣、鹤卿至广泰吃晚饭,回家已掌灯矣。晴,微风。

十七日(4月5日) 戌初余清明。晚晤荩臣、菊岩、鹤卿,闲谈。晴,风,灯后阴。

十八日(4月6日) 敬斋老于今日动身赴陕省,见邓小赤中丞,有采进方物折。晚同荩兄、菊弟闲谈。晴,晚雾。

十九日(4月7日) 晚晤荩臣、菊岩、鹤卿,闲谈。晴,风。

二十日(4月8日) 鹤卿处借来《客窗闲话》一函,为吴芗岸炽昌著。阅讫送还,笔下小有意味。荩臣约同菊岩吃青蛤,晚痛谈。将寺印封妥,明日岳柱臣正卿、陈梦郛少卿同到任。晴,风。

二十一日(4月9日) 岳柱臣午刻到任,将印送公所后复送回,因其家时有洋人前往,未敢存。约菊岩、荩臣、鹤卿吃青蛤,痛谈。晴,晚风。

二十二日(4月10日) 晚同荩哥等闲谈,荩哥送来榆钱糕,数年未知此味矣。晴,风。

二十三日(4月11日) 晚晤荩臣诸君谈,下黄沙一日,小余送到刀鱼。半阴,风,霾。

廿四日(4月12日) 同荩臣访萧小余叔侄,均晤。晚荩臣送黄花鱼,找诸君谈,巳时地动,连响二声,或曰三声。后访知非地动,乃神机营厂内将地内火药燃着,为洋人所燃。阴,小风。

廿五日(4月13日) 晚同诸君谈,灯后密布浓云,并闻水鸟声。阴。

廿六日(4月14日) 同荩臣、菊岩至广泰喝茶。昨夜微落数点雨。晴。

廿七日(4月15日) 借鹤卿《夜谭随录》,不全,强读之,聊以解闷。霁园主人闲斋氏著,葵园主人荣岩氏评。似在旗所著,乃出于乾隆间。寿挹青来晤,由密云回。晚晤菊岩,谈。晴,风。

廿八日(4月16日) 午后至演乐胡同兴隆寺,鸿胪寺新租公所,岳柱臣前往,补礼而去,乃给庆邸作寿也。会衡芝圃,在荩臣处。晴,晚风。

廿九日(4月17日) 夜十一点钟,南海火起,不知被焚何处,后闻为仪銮殿,烧死德国提督一员。盛京差官刘文通来见,由仲路处,前寄信来,人甚精明。半晴,晚阴。

三十日(4月18日) 在荩臣处,得晤毓蔼九,乃福纶庭世兄,甚好。莐臣约给仲路写家信。晚同咩爷在彼吃饭，致仲路信附寄。晴。

三月初一日（4月19日） 会萧小余，接朱兄彭寿。信，探听是否在干面胡同仍旧居，有无赴陕西，并家口平安，不知何故。晚同菊岩扰莐臣。晴，晚阴。

初二日（4月20日） 午后日本国布衣陶景乃官医。同一武员来访，余书字二张赠之。陶景赠余一纸，乃“精神一到，何事不成”八字，此即主人家惺惺否之意也。环顾时事，能无汗愧否？晚同菊岩扰闰妞黄花鱼。晴，晚阴。

初三日（4月21日） 寅初余谷雨。晚找莐臣诸君谈，闻夜间紫微放光，旋收。晴，早数点雨。

初四日（4月22日） 午后访牧山一谈。接萧小虞来函，洋款须赔四十五万万。晴。

初五日（4月23日） 德国令住户悬白绿綵。延忠恪公茂。并其夫人李氏开吊。其令嫂李夫人，令弟鲁山弟妇唐孺人，董宜人，李安人，陈宜人，侄女四人。盖于去岁七月廿二日同时殉节，公子名肇鸿。至鹤卿处看其所种花木，甚繁。晚同诸君闲谈。晴。

初六日（4月24日） 会萧小虞。北府四弟晚找诸君谈。半阴晴，晚雨。

初七日（4月25日） 托带信达公爷赍到行在。同莐臣、菊岩带学生至后院一游，晚到书房谈。半阴晴。

初八日（4月26日） 同菊岩步踏至长聚馆，赴莐臣约，乘借车至公所，堂期。晚谈。晴。

初九日（4月27日） 同菊岩到莐臣处早饭。饭后与莐臣乘车到管劬安处，托其写扇，大谈，晚同诸君谈。晴。

初十日（4月28日） 晚与莐臣、诸君谈，菊岩谈及从前诗会有《铜雀屋》一题，因漫赋之：“漳水东流白浪翻，邺城那复有屋存。祇看枯草连天色，回忆飞云剩土痕。卖履分香遗妇女，尊王称帝望儿孙。西陵老骨今安在，笑付渔樵细讨论。”午前有德国洋人进两院。晴。

十一日(4月29日) 晚找菊岩等谈。午前本寺恩、长、余三兄来。晴,晚雾。

十二日(4月30日) 本寺少卿陈孟孚钟信。未刻到任,将印请去,印交岳柱臣处收贮。陕西营务文案两处,送到沿路用款销数。晴,风,晚浑。

十三日(5月1日) 会岳柱臣兄。晚到荩臣处谈。晴,晚清。

十四日(5月2日) 晚同鹤卿诸君谈,闻斋帅于是日到行在。晴。

十五日(5月3日) 晚与荩臣诸君闲谈。早,阴晴。

十六日(5月4日) 在荩臣处,会衡芝圃。晚与菊岩诸君谈。晴,灯后雨。

十七日(5月5日) 衡芝圃与荩臣同来。接到溥倬云来信,为营内事,晚聚谈。阴,小雨。

十八日(5月6日) 未初余立夏。萧小虞约食南菜,因如君病未果。早会清秋浦侍郎,锐。荩臣约晚饭,并约写家信。半阴晴。

十九日(5月7日) 午后至公所,晤柱臣正卿。到荩臣处,会常少渔,现移老君堂住。访牧山一谈,晚聚谈。阴,小雨。

二十日(5月8日) 荩臣约晚饭。伯郇找瞎子,一英姓,满洲。一文姓,汉军。均系旗人。文姓用三弦能弹整出二黄戏,文场科白俱有,真绝技也。阴,雨。

二十一日(5月9日) 晚间聚谈。晴,风。

廿二日(5月10日) 晚聚谈。晴,风。

廿三日(5月11日) 会寿挹青,晚聚谈。晴。

廿四日(5月12日) 本寺送到贵尚书、恒。张大理亨嘉。来函,拟六部九卿各堂连衔吁恳回銮,是否开送堂衔,于三日内送秦老胡同以便缮折,当批开送。晚扰荩臣,并谈读彭文敬公蕴章。年谱一通。晴。

廿五日(5月13日) 给溥倬云侍郎致信,送小峰侍郎处。晚聚谈。晴。

廿六日(5月14日) 荩臣将会请回銮折稿交下,乃为贵坞桥尚书、恒。张协钧大理亨嘉。定稿。晚聚谈。晴。

廿七日(5月15日) 昨夜微雨,管劬安托荩臣兄带到折扇一柄,以米襄阳法著色,甚佳。晚聚谈,四弟来。晴,晚阴,雷。

廿八日(5月16日) 王姬人生辰,三姑娘,五姑娘,荩臣并其如君儿子儿媳,闰姑娘,均来。因约荩臣、菊岩早饭,午后荩臣约闰姑娘之婿,荣寿公主子麟觐轩上公。光。午饭因将弹弦子瞎先生找来,颇可笑。晚又奉扰。晴,昨夜极大雷雨。

廿九日(5月17日) 赴长聚馆,朱子修有德,东永兴钱店东掌。约,座中延寿峰、李少、为锡介眉祉少君。荩臣、菊岩,寿峰谈吐四字成语最多,已堪笑,不意少尤多,真不能不绝倒矣,况二君已入醉乡乎!晚聚谈。晴。

四月初一日(5月18日) 荩臣约菊岩陪衡芝圃早饭,办理左翼奏稿并交代稿。晚聚谈。晴,夜阴。

初二日(5月19日) 晚间聚谈。闻葵公爷借车,因板厂胡同树枝落在骡子头上,遂惊,幸未有事,然亦危矣。阴,雨。

初三日(5月20日) 荩臣在马市翻车,闻所套仍是昨日黑骡,亦可谓胆大矣,所伤只眉角一块,亦云幸之。晚聚谈。晴。

初四日(5月21日) 车夫王四来,因营内饭银并什物交之,迨去岁七月失散,目下始晋城,只剩鼻烟壶一个,银八十两,其余衣服皆失,银在百数余,伊已用尽,且遭明伙,亦可叹矣。侗逡斋来,晚聚谈。晴。

初五日(5月22日) 寅初余小满。常少渔来,闻高西亭由陕西来,因病请假,目下已旋其宁河故里矣。晚聚谈。晴。

初六日(5月23日) 早会增幼亭,已题员外,来磕头。晚聚谈。晴。

初七日(5月24日) 早至长季超处,现已革职,如释重负,在彼吃饭，痛谈。访侗逡斋，略谈，承送《官商快览》，天津寄来，大本，甚好。晚聚谈。晴。

初八日（5月25日） 午后至公所，荩臣约晚饭，饭后聚谈。昨日温受臣送到百金，今日赎当，剩七十一两，写一票。晴。

初九日（5月26日） 秋儿来，因穷而去，目下无食，又找，真无耻。晚聚谈。晴。

初十日（5月27日） 昨晚半夜大出汗，并欲吐泻，服紫金定方愈。营总连陞来，拟赴陕西，请致倬帅信。晚聚谈。晴。

十一日（5月28日） 连陞于五月初三日来，因其母病，未得前往，将原信送回。荩臣处早饭，庆然上人来，痛谈。堂房会衡芝圃，前拟底交代未用，仍以堂吏之言宜听，复拟交代底，将羊行大毁，无如之何也。晚聚谈。半阴晴，风。

十二日（5月29日） 给倬云写信，交连陞，竟未来。晚聚谈。晴。

十三日（5月30日） 与荩臣同车访徐莲士，十一条胡同借寓，徐二嫂诸人已赴白阳，此处庄田如收拾得法，尚可足一家衣食。借寓中惟枏嫂与莲士一房，刻下皆未安葬，不得不暂在城内也。惟陕西寄来之不足千金，竟为钟岳乾没，殊可恨恨。晚聚谈。晚落小雨。晴。

十四日（5月31日） 荩臣约晚饭，与诸君聚谈。有人送比目鱼于荩臣，转送到姬人，却之，其状颇丑，恐不可食也。闰姑娘等连日来饭，颇闹热。玉姑娘欲不上学，忽又要上学，殊可笑人。早落小雨，晴，晚阴。

十五日（6月1日） 昨日灯后大雷雨。管劬安约，因雨辞，旋将菜送到，荩臣处约菊岩同享，适逡斋来，并食之。晚聚谈。阴雨，晚雷。

十六日（6月2日） 借荩臣《随园诗话》两函，极甚劣，昨日灯下读讫。恭邱来，名溥伟，号绍源，为忠亲王之孙。约往荩臣处一谈，人甚精明。晚聚谈。阴，夜雨。

十七日(6月3日) 晚聚谈,荩臣未见,明日巳刻到公所,似到任非到任也。一日雨。

十八日(6月4日) 在荩臣处,会北府老四,已满服。萨简斋侍郎令郎成建平名勋,工部笔政。来访,特会谈。晚间西南火光,不知何处失慎,惟雨中太怪。阴,一日大雨。

十九日(6月5日) 昨日火光,访闻系武英殿,幸各国人未进内,为日本兵所阻。昨日牧山送到《辛丑春口感怀》诗一章:难息年来万事乖,悄然屏踪隐蒿莱。豺狼在邑飞尘满,城阙逢春画角哀。忧国杜陵余老泪,和戎魏绛是天才。秦云西望伤心极,何日銮舆出狩回。因步其原韵:天人漫说两相乖,谁忍金城付草莱。轻战平原终莫解,残年江左那胜哀。秦闻雨雪悲宸驾,燕垒风云走将才。多少离奇多少恨,不堪流涕首重回。此不过打油句也。晚聚谈。阴,一日雨。

廿日(6月6日) 酉正余芒种。昨因感冒,公所堂期未去。寿挹青来痛谈。晚聚谈。晴。

廿一日(6月7日) 接仲路来函,寺内恩、长、余三兄来,未见。晴。

廿二日(6月8日) 荣少农兄来,名善,盛京知县。给荩臣代拟增瑞堂将军、萨简斋侍郎两信底。晚在荩臣处饭。晴。

廿三日(6月9日) 内阁钞出,由吏部给荩臣知会,皇太后、皇上七月十九日由河南、直隶回京。晚聚谈。晴。

廿四日(6月10日) 接斋帅信。晚聚谈。明日给仲路写信。晴,夜阴雨。

廿五日(6月11日) 在荩臣处会清秋浦,彝姑奶奶来,荩臣处晚饭。晴,灯后雷电雨。

廿六日(6月12日) 荩臣约写家信,在彼早饭,那锡侯来信,逃至山东而回。晴。

廿七日(6月13日) 寿昌来。午刻到公所,陈孟孚少卿亦到,初次见面,甚觉精明。四弟来,约荩臣来,给琴轩写回字。晚聚谈。晴。

廿八日(6月14日)　晚聚谈。昨因雇补人员奉旨赏俸半季，本寺送出四汉员。晴。

廿九日(6月15日)　薅姑娘娘来。晚聚谈。晴。

五月初一日(6月16日)　清秋浦来信，询荩臣是否到崑相处，前剿办拳匪折已奉谕旨否？因荩臣尚未去，作札覆之。晚聚谈。晴。

初二日(6月17日)　侗逡斋来，荩臣约写家信，因沽黄酒到渠处，饮之，晚痛谈，然已有醉意。借季超《智囊补》读讫。明古吴冯梦龙重辑，乃原辑《智囊推广》。晴，早微雨。

初三日(6月18日)　上街薙头，闻琴轩有赏头品顶戴，授左翼总兵之说。晚聚谈。晴。

初四日(6月19日)　给秋浦侍郎覆函，其剿办拳匪尚未回折到留京办事大臣处。侗逡斋来，在荩臣处得晤。晚聚谈，因腹痛早回。晴，晚阴，夜雨。

初五日(6月20日)　接荩臣处崑相来信，前秋浦奏剿办拳匪，奉回一正折、两安折。正折奉旨："知道了。钦此。"当即拟致秋浦信，明日送。晚聚谈。阴，雨。

初六日(6月21日)　连日精神疲败，大约因寒暑不时所致。午后大雷雨，晚风大有秋意，时令不正也。晚聚谈。早晚晴。

初七日(6月22日)　午初余夏正。长光甫来，同在荩臣处早饭，找牧山谈。晚聚谈。晴，风，落微雨。

初八日(6月23日)　辰刻到公所，堂期，拣选满缺二、汉缺一，均系鸣赞。闻陈孟孚云，见洋报有斋老服毒身死之说，想系谣言。毓霭如善。来，未见。给荩臣代拟依将军夫人覆函。晚聚谈。晴。

初九日(6月24日)　代拟荩臣如夫人给尧山夫人信底。会清秋浦、荣少农，将剿办拳匪折，由秋浦交少农带往沈阳。晚聚谈，打听斋帅并无此事。想系得罪吃洋饭者。晴。

初十日(6月25日)　午前给荩臣写家信，在彼饭，晚聚谈。营内德复来,未见。晴。

十一日(6月26日) 在东院见彝姑奶奶。半晴,阴热。

十二日(6月27日) 闰妞作四韵诗。晚聚谈。招大爷生日。晴。

十三日(6月28日) 会恒二哥,顺,本旗大参领,营中粮饷总办。议论接驾事宜,然尚早也。莐臣处约安太医,令陪其如何。渠以凉膈散主之,未审如何?晚聚谈。晴,晚雨。

十四日(6月29日) 会侗逡斋。晚聚谈。半阴晴,微雨。

十五日(6月30日) 溥筱峰侍郎来,在莐臣处会,并会徐莲士太守,作竟日谈。渠家属已搬至易州南白杨多半矣。早阴雨,半阴晴。

十六日(7月1日) 莐臣请安,医治亦未见效。晚聚谈。昨与莲士商,意欲在上白杨置产,伊已应许,占易经节之三爻。晴。

十七日(7月2日) 侗逡斋来,晚莐臣约喝黄酒,并聚谈。晴。

十八日(7月3日) 姜玉送来捻捻转、烧酒,将捻捻转转送莐臣、菊岩,皆爱吃。后闻得城外方近未有作此物者,乃姜玉家特种芒大麦,以为宅内。半阴晴。

十九日(7月4日) 辰刻赴公所,柱臣、孟孚皆早到。晚聚谈。晴,风,较旱。

二十日(7月5日) 莐臣约汪萧九,韶年,杭州人,官农部主事,为汪子常世兄。转约朱雪莽,淑程,分发滦州县令,永平府人。看病,同菊岩奉陪。晚聚谈。借季超文章游戏,读讫。半阴晴,雨。

廿一日(7月6日) 会萧小虞,拟往北城移。阴,雨。

廿二日(7月7日) 会萧吉云直刺,唐增为常州武进县人,庆元乃其令弟,由苏来。持吴子才弟钟秀。惠函,面交之,并有所赠,受之,愧不可矣。晚聚谈。半阴晴,晚大雷雨。

二十三日(7月8日) 卯初余小暑。过莐臣处,陪朱雪菴在彼处吃烧猪,伯郇请。晚聚谈。半阴晴。

二十四日(7月9日) 在余处同莐臣会萧小虞。晚聚谈。昨夜极大雷雨。今晴，晦阴。

二十五日(7月10日) 晚聚谈。午间岔气，痛不可解。得见崔卿，携来陈修园《三字经》《蒙养针度》，一看。阴，微雨。

二十六日(7月11日) 蔚霞屏三姑娘生日，王姬人往祝。闻盛京东七厉有马贼占据之说，想兴京陵寝必有不保之虞，奈何。晚聚谈。晴。

廿七日(7月12日) 至荩臣处便饭。晚聚谈。晴。

廿八日(7月13日) 早辰出崇文门，至三里河访温寿臣，痛谈。南横街回拜萧吉云直刺，未遇。将致吴子才幕友信交给骡马市大街路北宝兴隆银号，管事袁保三。将子才寄到帮款壹百元取回。进正阳门，自去岁夏间即未出前三门，看之实伤心惨目，如梅市大栅栏皆一片瓦砾，正阳门门楼及荷包巷俱毁，乃拳匪所为也。崇文门南开一门，东开一门，似欲修铁道。东单牌楼路西亦拆卸木料，铺住户俱无。銮驾库对面黄墙多挖门，不知何意。晚聚谈。半阴晴。

廿九日(7月14日) 同菊岩看海，李三大人处崇二奶奶殡竟有洋人护送，陪朱雪莽，给荩臣看病，似略见功效。晚聚谈，闻西南鞭炮不绝，不知何故。晴。

卅日(7月15日) 昨日试作鳜鱼，送荩臣、菊岩，今日内眷约闰格娘等吃鱼。同荩臣至那琴轩处，遇荣华卿痛谈，在荩臣处饭。晚聚谈。晴，甚热。

六月初一日(7月16日) 天甚热，借季超书送还。晚聚谈。微阴，晴。

初二日(7月17日) 荩臣约，晚间写家信，热极，并聚谈。微阴晴。

初三日(7月18日) 荩臣约，同管劬安长聚馆早饭。晚聚谈。夜雨不大，半阴晴，热。

初四日(7月19日) 初九日，奉上谕，庆王奕劻接外务部总理，王文韶会办，瞿鸿禨尚书兼会办，徐寿鹏、联芳左右侍郎，司员定额缺，外务部在六部之前，兼行大臣撤差。寿挹青来，据云奉李傅相札饬赴绥远城，随信立民将军办理教案。并云徐进斋寿鹏。颇明公法，人系深沉一路，联春卿芳。熟悉交涉，以安贫守廉自励，皆为外国人信服，特记之。挹青并全眷同于后日启程西去。莀臣约陪朱雪莽。晚聚谈。早雨，随晴，风。

初五日(7月20日) 徐莲士来，早饭，畅谈一日。侗逡斋日落来，略谈，极热。灯下沐浴。晴。

初六日(7月21日) 初伏，庚子。刘子诚司马由江宁来，并送鲜荔枝、普洱茶，乃渠寄信数封，均未接到。蓉侄来，因命其号稚珊，闰姑娘带芝圃两小妞来。晚聚谈。将荔枝送与莀臣、牧山，并命蓉格给四弟带十二枚去。晴，甚热。

初七日(7月22日) 接溥倬云来信，天甚热，申刻雨。半阴晴，申雨。

初八日(7月23日) 亥正余大暑。由寅卯刻即大雨，至午未刻方小，恐永定河下游变成泽国矣。公所遣役来，岳柱臣、余老兄已到，其配殿进水，不便前往，因止。晚聚谈。代莀臣作札与惠树滋。明日不克到署，改十七日午刻。阴雨，晚晴。

初九日(7月24日) 莀臣处约陪朱雪莽。早刘子诚来，拟数日内即回宁省。半阴晴。

初十日(7月25日) 访牧山，闲谈，嶟、嵰两侄来。晚聚谈。晴。

十一日(7月26日) 莀臣托给大蓉填照，送琴轩、莀臣，闻如夫人亦来，痛谈。晚与菊岩到马圈一看。晴，少凉。

十二日(7月27日) 午后，莀臣来，欲往琴轩处送照并还所垫饭银。晚聚谈。张文全来，未见。晴。

十三日(7月28日) 仲路来信，与莀臣商酌，内有六号未到，遣人问信局，必不至失。晚聚谈。晴。

十四日(7月29日) 丑正即起，起水洪。莀臣约写家信，未得去。伯郇陪衡芝圃来，打听点主礼节。晚聚谈。半阴晴，早落微雨。

十五日(7月30日)　辰刻回，苕臣同车至长聚馆，约管劬安，其价甚昂，会军械所帮带、乌侍卫柱、喜春并克懋先。微阴晴。

十六日(7月31日)　闻雪荞云，现设警务处已私刻印信，尚未奏明。苕臣约，陪朱雪菴，早写家信，在彼早饭。半阴晴，晚大雨，午时亦雨。

十七日(8月1日)　延大哥来信，找人参，均皆失去，无以应之。晚聚谈。早小雨，湿阴，微晴。

十八日(8月2日)　盛格、豹格两内侄来，询其家中，惠王福晋并大姑奶奶皆在彼居住，一时尚未能搬。晚聚谈。阴。

十九日(8月3日)　辰刻赴公所，柱臣、孟孚均到。柱臣云，由道员得京卿者，有人集一对云："道不远人人远道，卿须怜我我怜卿。"巧不伤雅，殊可笑人。余与柱臣皆由道员得京卿也。晚聚谈。阴，晚风。

二十日(8月4日)　至东院给闰姑娘娘恭祝，在彼早晚饭。午后菊岩约听猫儿戏，晚东院叫三先生弹唱，略酬应，即回。阴，晚小雨。

廿一日(8月5日)　福余庵点主，苕臣约往襄题，整日雨，大难过。晚聚谈。阴，雨。

廿二日(8月6日)　借季超《说铃》二函，阅讫。仲路来家信，苕臣送看，并约东院陪朱雪庵找药，内应用络石，不易得也。晚聚谈。早雾，旋晴。

廿三日(8月7日)　会多孚臣，因琴轩以户部三汉缺，已经查核吏部照准，何以缺单，又开送。因代苕臣作札，询小峰、树滋。晚略谈。阴，微雨。

廿四日(8月8日)　申初余立秋。闰妞连日未上学，今日赴恭王府给四侧福晋拜寿。晚聚谈，阴，雨。

廿五日(8月9日)　倜逡斋来，同过东院略谈。户部三缺，询明吏部，并未议缺，乃报房刻错，无选之说也。阴，雨。

廿六日(8 月 10 日) 辰刻赴公所,花衣恭谒。内阁知照,六部在柏林寺,九卿竟未知照,无处行礼,是以本寺有此举。万岁牌前行礼,孟孚因病未到。荩臣来,给看仲路信,并面托代覆耆语堂先生信。晚聚谈。半阴晴。

廿七日(8 月 11 日) 天气甚热,的是伏内。晚聚谈。

廿八日(8 月 12 日) 给荩臣写家信,在彼早饭,彝姑奶奶来,因仲路提亲事,旋又陪朱雪莽大令,伯郇未在家,代送之。极热,晚有风,晴,仍极热。

廿九日(8 月 13 日) 早至东院,到仲路家停,回来即未出屋一日。极大雨,晚住,仍阴。

七月初一日(8 月 14 日) 伯郇来,为器械事,荩臣来,因写信道乏。晚聚谈。早雨,午后阴,由夜间大雨。

初二日(8 月 15 日) 晚聚谈。天热因雨多,的系溽暑。子时后雨,午晴。

初三日(8 月 16 日) 隆侍卫顺。来,因神机营全营翼长祥竹友麟。传庆邱谕,找商虎神营,欲商整队伍等语。晚聚谈。晴。

初四日(8 月 17 日) 徐莲士来,并约荩臣在西院早饭,会耆世兄龄,果泉之世兄。及崇二爷,佑之,海赞庭少爷。并保大爷,议小锣会捐款每月捐十五千文。并器械,大昌侄送恩俸四十两。格外加给。晚聚谈,大醉而归。晴。

初五日(8 月 18 日) 给王顺银拾两。会隆侍卫、顺。祥竹友,麟。约初九日早至庆邱,陪雪莽。晚聚谈。晴。

初六日(8 月 19 日) 将庭房收拾出。晚聚谈。晴。

初七日(8 月 20 日) 会李紫璈大令,由苏省来,侗逡斋来,同到荩臣、牧山两处,会恒季和总办、顺。双哲轩总办,湲。晚与菊岩谈。半阴,晚大雨。

初八日(8 月 21 日) 恒继和、双哲轩约委员、书手二人,开呈各工厂单。晚聚谈。阴。

初九日(8月22日) 至小绒线胡同，访祥竹友，麟。商虎神营，查核各厂。旋至庆王府，传见，将各处所清单呈阅，谕以交步军统领衙门，查明再议。并痛论端邸之冤，然臣子被读书明理之人，皆知其冤，议罪名时，庆邸、李相亦费唇舌，此事非百年后无定评也。君父之难，冤又如之何。闻神机、虎神两营兵丁，将回承谕，俟回时令呈明酌核办理。恒继和、双哲轩来，面告一并详查各处。侗逡斋来，约到菊岩书房。荩臣灯后来谈。阴，微雨。

初十日(8月23日) 侗逡斋约本寓早饭，因雨未赴。管劬庵送到蕙兰二枝，白桃十二枝，送葵妞单双玉簪花数朵，可谓雅人深微。晚晤菊岩一谈。阴，雨。

十一日(8月24日) 卯初余处暑，连日小锣会将两宅井内枪支掏讫。午后同菊岩至四牌楼一游，广泰喝茶。晚聚谈。半阴晴。

十二日(8月25日) 闰妞生日，荩臣约至书房吃早饭。午后至四牌楼一游，到东永兴略坐。灯市口薙头铺找长菊岩，在彼薙头，同回寓。复至书房，晚饭，八角鼓磨儿成子在彼痛谈。半阴晴。

十三日(8月26日) 带保子至四牌楼买洋金面，和顺喝茶。牧山送到双玉簪花数朵。会世再春荣兄，王萧九来，未得晤。晴。

十四日(8月27日) 借鹤卿《啸亭杂录》，荩臣《审音鉴古录》，看讫，送还。会隆侍卫，顺。送奏底并清单。东院陪朱雪庵，晚聚谈。晴。

十五日(8月28日) 胜格来，询定格过继子，名法亮。到荩臣处，看蒿子灯，大可笑。并聚谈。晴。

十六日(8月29日) 约乔茂轩、李紫璈、徐莲士、溥荩臣，在东院早饭，营内巴哈布等三员为学堂事，隆顺等为南北马号事，均未见，俱有禀。晚聚谈。晴。

十七日(8月30日) 虎神营恒双总办并委员来议各处清单，荩臣约吃蟹。晚聚谈。晴。

十八日(8月31日) 会房绳武、克懋先、徐莲士，营内诸君所查各处未甚明晰，仍令复查。懋先托其给王姬人诊视。晴。

十九日(9月1日) 会克懋先，为军械所房间，偘逡斋由马兰峪回，送来馕饼、海棠、木瓜。辰刻到公所，岳柱臣先走，给联春卿、塔木安送匾，可发一笑。晚聚谈，半阴晴。

二十日(9月2日) 同菊岩、荩臣至逡斋处，早饭，菜甚佳，同席晤宝瑞臣，熙。侍讲翰林院，或系侍读，人颇精明，看旧玉，因讨论之，出其待购徐天池花卉手卷，为翁覃溪跋，甚可宝也。并高西园、新罗山人两山水，以高为优，后斋出董文敏《谿山清樾图》，仿北苑大幅，真不易得之物，惜为冷金地少伤，有陈眉公跋语，亦佳。晚聚谈。阴，小雨。

二十一日(9月3日) 东院约陪朱雪莽，并同菊岩陪吃早饭。伯郇提及小锣会，应给每月钱廿五千文。晚聚谈。晴。

廿二日(9月4日) 晚聚谈。昨夜雨，阴雨。

廿三日(9月5日) 至东院约撇兰，并眷属皆在内，不意大头为荩臣，白吃为霞屏三姑娘，大为可笑。吃烤羊肉后，晚聚谈。白吃者呼三瞎子，来亦别开生面也。阴，雨。

廿四日(9月6日) 至口外买封夸，并薙头。晚聚谈。阴，小雨，晴。

廿五日(9月7日) 萧小虞来，后日即搬至西斜街。留其早饭，偘逡斋来，同续食之，同逡斋至东永兴看字画，回时会恒、双二总办。晚聚谈。晴。

廿六日(9月8日) 酉初余白露。会营内喜、志二君。给荩臣代草萨简斋侍郎、朱珊刺史两信稿，偘逡斋来，又至东院。晚聚谈。晴。

廿七日(9月9日) 约菊岩至单牌楼西同兴居早饭，因其明日寿辰，不便在书房举动也。至东洋村上铺内买烟卷，福音堂买书，大为可笑。晚聚谈。并由街回时，会管带等。仲路寄赠小洋廿元。晴。

廿八日(9月10日) 会营中管带等，招大奶奶生日，命二妞前往。晚与菊弟、鹤弟谈。晴。

廿九日(9月11日) 借宝瑞臣《履园丛话》，看讫。招大爷来给二妞道乏。晚聚谈。明日王顺回去。晴。

三十日(9月12日) 银元奉旨搭收放三成,新政也,前有漕折并外务部改定官制俸银。近闻文试改章,武试停止,似新政渐有头绪,企予望之。会荣小华管带,朱雪莽到东院,至则行矣。在彼早饭,温大哥来,将存款由八月起改为二厘利。溥玉岑总宪来,未会。晚聚谈。晴。

八月初一日(9月13日) 会倜逡斋,吃点心而去。岳柱臣商酌本寺公事,且闻其已升通副矣。世老大来,并会本寺长、恩两兄,营内人未见。晚聚谈。晴。

初二日(9月14日) 延寿峰来,在荩臣处会蓉格,并拉来旧书。二蓉来。晚聚谈。晴。

初三日(9月15日) 带蓉格至牧山处,托启大爷带往各处。令其写字温书对对,找荩臣。晚聚谈。晴,微阴。

初四日(9月16日) 会左军委员韩恩荣诸君。晚聚谈。晴。

初五日(9月17日) 会恒、双总办,早会隆顺,令二妞弟、三姑娘婆婆、郭络罗、张太夫人。晚聚谈。晴。

初六日(9月18日) 荩臣来,闲谈,收拾书,晚聚谈。昨日全权大臣接收大内,各洋人于午门前交。晴,晚阴。

初七日(9月19日) 菊岩约在荩臣处,今日始进班武职。叫户部福建司。厨子吃早饭,家眷亦去。午后菊岩又约,同伯郇听猫儿戏,从此各处禁止矣。晴。

初八日(9月20日) 辰刻到公所,回拜耆世兄、溥玉岑总宪,俱未遇。荩臣约吃蟹。晚聚谈。晴。

初九日(9月21日) 仲路来信,代荩臣致悦陶函,询奉天开议如何?晚聚谈。晴,颇热。

初十日(9月22日) 徐莲士来,早饭,作竟日谈。薤姑奶奶来,未得见。早会保谷田兄。善。晴。

十一日(9月23日) 会徐悦陶弟,痛谈。给荩臣写家信。晚聚谈。阴,雨。

十二日(9月24日) 寅初余秋分。会双、恒二总,办理回庆邸公事。荩臣处家信写齐。阴,雨。

十三日(9月25日) 至庆王府,回虎神营看守各公所饭银,奉批准,未请见。回家饭,及给斋、倬帅写信,并具公牍寄西省。晚聚谈。半阴晴,雷,小雨。

十四日(9月26日) 署内知会内阁片,交朔望拜发。行在安折照旧章,内阁大堂跪安。晚聚谈。晴。

十五日(9月27日) 辰刻赴内阁大堂,进东华门补服跪进门有门照,系内阁留京办事处发,官员一员,跟役一名,印板久字所执系整字号。回銮销。安,庆邸领衔跪,两起,崑相等有后到者,复跪,两起。午后带荣格至四牌楼一游,买茶、酒壶等件,供月后晚饭。早雾,晴。

十六日(9月28日) 岳柱臣升任通副,将印移来。蓉柳认荩臣作干考,亦奇事也。晚聚谈。王顺回,二蓉来。晴。

十七日(9月29日) 阅《池北偶谈》,陈其年维崧。以诸生应博学宏词,荐授翰林院检讨,时五十六岁。余比之可谓躁进矣。会学堂差委祥安,并会侗逡斋,十二爷大格格来。为成郡王孙女。晚聚谈。荩臣进班。晴。

十八日(9月30日) 蓉格生母来,将破书又带至一包袱,竟有可补前缺者。荩臣、乔梓俱来,约朱雪莽,晚聚谈。半阴晴。

十九日(10月1日) 午后到公所,堂期至。荩臣处托催吏部公事。闻陈孟孚已升通参。晚聚谈。晴,夜将天明雨。

二十日(10月2日) 换戴暖帽。遵行在谕旨。借宝瑞臣侍讲《池北偶谈》,于昨日灯下读讫。早荩臣约,仲路来信,代其致惠树滋函。午后侗逡斋来,同至东永兴,复至管劬安处,痛看所艺各花,回时承蒙其赠兰两枝,并赤色是否此二字?数枝。半阴晴,晚雷雨。

二十一日(10月3日) 早至长季超处,未遇,见三表姐,将借书交还,又拿回书一函。到侗逡斋处,同宝瑞臣至致美斋,逡斋约同至琉璃厂一踏,回寓掌灯后矣。晚聚谈。半阴晴,午后大晴。

二十二日(10月4日) 在寓,行在营知照健锐营文一角,送错,令其拿回。晚与菊弟、鹤弟谈。荩班。晴。

二十三日(10月5日) 昨日借瑞臣书送还,将《玉纪》借钞,季超书由逡斋处取回。今日荩臣约早饭,吃火锅似太早。晚聚谈。写致笙甫信。晴。

二十四日(10月6日) 早至高井邮政局发致何笙甫信,因礼拜日无人,过四点钟,复遣田德去送寄,不过京蚨二百文,打听如带什物每十二两京蚨一吊文。荩臣于辰刻安院,内影壁,往看。到牧山处一谈,会长季超、世再春。晚聚谈。晴。

二十五日(10月7日) 借季超《补天石传奇》看完,此周文泉明府所著。宴金屋为荆轲灭秦,武侯灭魏为定中原,共八册八种。碎金牌忠武平金,沈如鼓伯道有儿,皆莫须有之事,然词曲甚妙,别开生面也。恒、双总办来神机营,帮贴本营看守公所练厂官兵饭银一百五十两,已领讫,在此平兑,交两总办带去交放。因彼处不收白文,幸有本寺乌喜峰兄、勒恭额作保,方交支领。可发一笑。晚聚谈。阴,灯后雨。

二十六日(10月8日) 给荩臣作寿,烧猪、寿桃。约到彼吃早饭。午后贵哲生故,开吊。并至三姑奶奶、葵老二、钟叔佩、未遇。徐莲士各处,回寓日落矣。晚聚谈。晴。

二十七日(10月9日) 巳初余寒露。侗逡斋来,痛谈,嵊格、嶟格来,闻二十四日已启銮。昨日已至临潼。晚谈,荩臣进班。晴。

二十八日(10月10日) 会德管带,楞额。闻有神机、虎神两营约有官兵三千之数于九月初六日可以到京。并闻色普征额官副都统,系火器营人,于去岁守前门坐而不动,并郭什哈被炮阵亡。至今未曾奏明,不可解也。至东院,见彝姑奶奶。晚聚谈。荩臣因舌本强涩、步履艰难,欲请假再请开缺。昨日伊管家陈福因看其主人如此病,拟请代致信荣相,言其病状,或有别法可想。半阴晴。

二十九日(10月11日) 早辰给荩臣拜寿,早晚皆在彼处用饭。奉旨仲路得署盛京礼部侍郎,并牛马税差,即往彼处拟电报底,大约须明日发往,交长光甫带去。晴。

辛亥九月初一日(10月12日) 辰刻赴内阁跪安,闻六部各院寺拟欲归并由政务处主持也。给岳柱臣道喜,授通副。晚聚谈。敬斋老、那琴轩到京。半阴晴。

初二日(10月13日) 遣僮至斋老处看,因病未能见客。四弟来给荩臣写信,并给仲路带信。晚聚谈。晴,大风。

初三日(10月14日) 豹格来,因胜格故送纸锞道谢,至牧山处,因长二表侄娶亲送贺敬八两,并看尧臣。晚聚谈。荩臣进班。晴。

初四日(10月15日) 侗逡斋来闲谈,仲路来信,已定毓太太之侄女那拉氏为夫人,在荩臣处谈。菊岩未回书房,未谈。连日甚凉,晴。

初五日(10月16日) 早至敬斋老宅,未得见,晤墨润溪谈,收所有公事交之,代回,旋承送至福寿字朱榻并米襄阳墨榻。到那琴轩处,未遇。会朱雪庵,在荩臣处早饭。清虎臣来,保知府衔直隶州,磕头。晚聚谈。明日荩臣约陪推拿医家邹百川,源海。山东登州府人。晴。

初六日(10月17日) 会双、恒两总办,均到。斋老处朱崧生梁济。观察来,赴行在,为鸿胪寺谢恩。侗逡斋来,晚聚谈。晴。

初七日(10月18日) 会荃老四,来道乏。晚聚谈。晴。

初八日(10月19日) 午后赴公所谢恩人员甚多。至清虎臣处道喜,同菊岩灯后到牧山处,已睡,病甚重,未得见。道喜长老二完姻。晚谈。荩班。晴。

初九日(10月20日) 会清虎臣,交来倬帅致斋帅令英禄在花之寺照应一切寄信一纸,并云芬余亭、车。苏秀峰鲁岱。系管理神机营而非虎神营,前乃邸钞刻错。午后同菊岩至隆福寺一游,公然有菊花。约菊岩至同和馆晚饭,痛饮。晚聚谈。晴。

初十日(10月21日) 会李紫璈,当当四十五两在庆丰。晚聚谈。晴。

十一日(10月22日) 会振利管带玉星垣,衡。由陕西回,将队伍带到器械处外火器营,令其找德翼长,商酌以解军械所为是。晚聚谈。早雨,午后晴,风。

十二日(10月23日) 昨晚牧山夫人带长老二夫妇磕头,今日因荩臣至那琴轩处,将仲路寄来因大万捐款内百金,面交琴轩。遇寿田尚书在座,痛谈。世老七荣,号耀在。来叩辞,赴日本学生。会九江瑞心如观察,澂。拟廿六七日启程。至荩臣处。晚晤菊弟、鹤弟谈。晴。

十三日(10月24日) 午刻至隆福寺天源恒田二掌柜处,福全馆钟叔佩、崇仲蟾,福诚斋承宽甫公局,闲踏花厂书铺。回寓后,二妞三十岁,东院皆来。晚听瞎子,并购万年书二本。晴。

十四日(10月25日) 昨日遇舒春舫,系新授阁读学,乃满缺,近时汉军人得满缺,少见也。营内来员,将应领看厂官兵饭银支讫。世再春、倜逡斋来,因昨日二妞卅岁,东院皆来,今日往看,菊、鹤谈。半阴晴。

十五日(10月26日) 辰刻赴内阁跪安,到瑞心如观察处晤谈,并晤朱雪庵。午后德翼长来,至牧山处看,会宝瑞臣,恭阅邸钞九月十四日,第十二。九月初九日电:銮舆回京,王公百官均在永定门内天桥迤南一带跪迎。钦此。晚至荩臣处,略谈,又到书房谈。晴。

十六日(10月27日) 未起,即接管劬庵来信,内叙有逆事,须面决。因赶紧至渠处,询之,乃为房产,现有原业姨太太二少爷讹诈,因劝之莫急,缓办为是,在彼早饭。回家,会汪箫九营员祥明。晚给荩臣写家信,咳嗽作烧伤风齐作,连日风寒也。晴。

十七日(10月28日) 在寓,未出屋。荩臣来看,仍作烧伤风咳嗽。晴。

十八日(10月29日) 午刻赴公所,堂期。至庆邸叩送,明日午刻启程赴行在,那锡侯处送行,廿一日启程出仗德国。今日稍减。晴。

十九日(10 月 30 日) 昨日记今日事。昨日在寓,鹤卿来看,仍未愈。今日晴风,甚冷。

廿日(10 月 31 日) 邹百川夫妇移至借寓,后罩房。在寓避风,大见好。侗逡斋来,北宅送信,昨日午刻四弟得一子。寿蓉母子俱回小石桥。晴,风。

廿一日(11 月 1 日) 王姬人至小石桥,小孩三天,葵公爷来,请下月初九日喜事,送妆。早菊岩、莀臣、百川来,晚聚谈,蓉格回。晴。

廿二日(11 月 2 日) 昨服百川药,反咳嗽大作,在寓。晚聚谈。午后会哲轩。晴。

廿三日(11 月 3 日) 在寓,病已见好。侗逡斋来。晚谈。莀进班。晴。

廿四日(11 月 4 日) 至邹百川处。晚聚谈。晴。

廿五日(11 月 5 日) 给莀臣写家信。到牧山处看。晚聚谈。晴。

廿六日(11 月 6 日) 早至天源恒交验学徒,搬指八个,烟壶八个,田二掌柜未在铺内。到福全馆,与钟叔佩诸君公聚兴源。买裌小帽。晚与菊岩、鹤卿谈。晴。

廿七日(11 月 7 日) 会瀛四爷,痛谈。钟叔佩来,未得见,《皇朝舆地略》二本带赠。李傅相于午刻仙逝。晚聚谈。晴。

廿八日(11 月 8 日) 午后访瀛四爷,春园。进班未遇,至钟叔佩处略谈。晚给莀哥写信,并致仲路信,找菊鹤弟谈。莀班。晴。

廿九日(11 月 9 日) 徐莲士来,在莀臣处早饭。作竟日谈。会双哲轩。晚聚谈。晴,晚风。

卅日(11 月 10 日) 钟乂斋来,痛谈,署内来信,新任本寺汉少堂黄大人即均隆,号册庵,湖南湘潭人,丙子甲科,初八日奉朱笔圈出。现在随扈,并未在京。晚聚谈。邹百川到本屋,因韩达卿用药,恐受过。晴。

十月初一日(11月11日) 因感冒未得赴内阁跪安。午后萣臣来谈。晚与菊鹤弟谈。邹百川亦到书房，将昨日所谈韩达卿之语、今见萣臣及其如夫人必请百川诊视之意告明，因释然。晴。

初二日(11月12日) 圣驾报河南开封。长季超表弟约午饭，座中有瀛春园将军，主客三人，不意春园将军大醉呕吐而已，大为可笑。灯后方回寓。阴，初雪。

初三日(11月13日) 在寓，天气始凉，管劬莽来，作竟日之谈。晚晤菊岩。昨因雪阻公所，萣臣进班。昨一夜并今日大雪。

初四日(11月14日) 昨日雪深足尺余，于麦苗大有益，可谓瑞雪兆丰年。大兵之后，天意垂怜也。至邹百川处看，给萣臣推拿。晚聚谈。闻葵公爷来，喜事在迩，尚无章法也。晴。

初五日(11月15日) 管劬安约午饭，菊花甚好，萣臣到，逡斋未到，辞也。至息园，或云赴天津去矣。雪尚未消。晴。

初六日(11月16日) 在寓，购皮领两条，旧领俱被虫蚀。晚聚谈。晴。

初七日(11月17日) 在寓，晚聚谈。晚阴晴。

初八日(11月18日) 午刻至公所，堂期，户部给公费仅一年二百两，实在不敷用，拟片再商之。侗逡斋来，未见。晚谈。萣班。晴，大风。

初九日(11月19日) 至方家胡同，大妹妹出阁，新郎为弼泽卿。良。道甚难走，因积雪未消。晚聚谈。昨夜大风，今晴。

初十日(11月20日) 辰刻赴内阁行礼，恭遥祝花衣均由内阁传。皇太后万寿。同萣臣到后斋处吃羊肉锅子，座有瑞臣侍讲。步踏回寓，天甚热，雪化极难走，几乎滑倒。晚聚谈。晴。

十一日(11月21日) 伯郇来，因病往看，道乏。晚聚谈。晴。

十二日(11月22日) 会张北堂世兄、青麓，正定府阜平县人，为竹楼夫子之大世兄。耆语堂姨丈石子丹世兄，复斋表弟。早给萣臣写家信。晚聚谈。晴。

十三日(11月23日) 霖鹤孙内侄由平泉州任内告假,因文山灵柩拟搬回,先到保定府,特此来看。晚谈。莀班。晴。

十四日(11月24日) 双哲轩来会,菊岩赠马蓝肉,未曾吃过,城外带来者。晚聚谈。领俸米七石八斗。晴。

十五日(11月25日) 辰刻赴内阁跪安,出宣武门至四眼井,给葛振卿尚书谢步道喜,道甚泥淖难行,会葵公爷,号简廷。荃四爷,询之号翌宸。晚聚谈。并给莀臣写家信。晴。

十六日(11月26日) 在寓,晚聚谈,并同邹百川谈相。晴。

十七日(11月27日) 会重旸吾太守。在莀臣处早饭,会营员荣喜,四弟来。旋同菊岩同至四牌楼,与菊岩到广泰喝茶。晚聚谈。晴。

十八日(11月28日) 在寓,代莀臣拟致堃紫岩总镇信函。晚谈。莀班。晴,晚微阴。

十九日(11月29日) 二妞、蓉格至小石桥,给四蓉作满月。午刻至公所,堂期。给语堂姨丈谢步。到庆邸,由行在回,午刻进京。晚聚谈。莀臣处借《新政真铨》,读讫。晴。

二十日(11月30日) 奉上谕:"恭奉懿旨,载漪实为祸首,得罪列祖、列宗,溥儁著撤去大阿哥名号,赏给入八分公衔俸,毋庸当差等因。钦此。"钟叔佩诸君新开余园,公聚,未去。四弟送到猪肉等件,饮良乡酒销之。至斋老处,七旬大寿,往祝。晚聚谈。阴,灯后微雪。

二十一日(12月1日) 会徐莲士,因葬事来,请营员崇志来会,因兵丁马乾请示,实无款可筹也。晚聚谈。晴,大风。

二十二日(12月2日) 令保子学习英文。接仲路来函,并送旧玉似马尾柄一件,夫人送姬人尺头,二妞子针黹一匣、手绢二块。晚到莀臣处看信,并聚谈。晴,大风。

二十三日(12月3日) 在寓,晚谈。莀臣进班,给其写家信。晴,风。

二十四日(12月4日) 二妞等由小石桥回。步踏四牌楼南,雇车鼓楼前，踏至小石桥，遇陈蔚朴，再踏至全振兴给子丹谢步。在安定门大街雇车至灯市口东头，又踏进史家胡同，到寓，人不觉累，脚觉微痛，乃不常走之过也。晚聚谈。晴。

二十五日(12月5日) 晚至荩臣处谈，复至书房谈。蓉格同保子学英字。晴，晚大风。

二十六日(12月6日) 《郎潜纪闻》初二章读讫。晚聚谈。晴。

二十七日(12月7日) 午后找牧山痛谈。晚聚谈。邹百川晚间来，送药酒一瓶，可治血经症。会笙甫令兄五先生，闻子澄刘松年。已故。晴。

二十八日(12月8日) 会逡斋，因小有感冒，未到书房。廿八日，钦奉慈懿端佑康颐昭豫庄诚寿恭钦献崇熙皇太后懿旨："奕劻、李鸿章会同妥议和局，转危为安，荣禄保护使馆、力主剿匪，后能随时赞襄、匡扶大局等因，均应懋赏。"阴，冷。

二十九日(12月9日) 会余、恩、长寺内三兄并逡斋。晚聚谈。晴。

三十日(12月10日) 在寓，午后因衣服薄，感冒，未到书房。阴，冷。

十一月初一日(12月11日) 因腹泄未得赴内阁跪安。午后略轻，出正阳门至龙爪槐，徐梠士兄开吊。到广源晤温寿臣，打磨厂韩家回拜，何五先生闻已出京，未知确否？进崇文门，到寓上灯矣。晚聚谈。阴。

初二日(12月12日) 找荩臣略谈，复至书房谈。阴，霰。

初三日(12月13日) 在寓，晚谈，荩臣进班。鹤卿送给毛皮烟，前包有趣。阴。

初四日(12月14日) 萧小虞约明日午饭，因接家眷须赴塘沽，来信辞诸客。荩如嫂来谈。晚聚谈。晴。

初五日(12月15日) 蓉格生母来，复寻得书一箱寄到，其中有与前书失落本内求得之，诚为万幸，然已破烂者甚多，其整函遗失者无从再觅矣，惜哉！因头少晕，未过东院，连日早辰或雪或霰，午后乃晴。晴。

初六日(12月16日) 午后出朝阳门，至东直门外西中街延寿寺，荫轩世伯念经，于初九日发引在彼哭奠。天甚冷，河中已有冰床。晚聚谈。晴，风。

初七日(12月17日) 在寓，晚聚谈。鹤卿未到书房。购大靴一双。阴，雪。

初八日(12月18日) 陈孟孚参议约聚宝堂，辞。午后会健锐营伊铿额委员，由行在来，接溥管营及富全营等信，旋至公所堂期。晚至书房。咩爷未回。阴。

初九日(12月19日) 闻英绩臣有得鸿正之说，未知确否？于初十日见邸钞已确。并恭闻圣驾廿八日可以到京。晚聚谈。昨夜大风，晴。

初十日(12月20日) 闻本寺续请办公银二百两，户部已照准。致书于恩、长、余三兄信，咩爷未回。晚未到书房，昌格生日来磕头。如九婿来，由知县已抬省河南。半阴晴，微风。

十一日(12月21日) 寺中来用印。晚谈，并晤百川。晴。

十二日(12月22日) 菊岩、荩臣约余园，以为预祝，座中有鹤卿并四弟，邻屋有歌者唱《八仙庆寿》，众人皆以为奇殊，可笑也。一去一回，皆至灯市口亭达利买烟卷盒、洋字白小本各一，小本给寿蓉。半阴晴。

十三日(12月23日) 在寓，昨日圣驾磁州驻跸，未到书房，三姑爷来谢吊。阴，冷。

十四日(12月24日) 会志惠臣太守，元。为荣伯衡世兄，已分发江苏。赴西斜街萧小虞约，午饭座中喀拉沁王、荩臣，主客四人，回时已灯后矣。让座时，不意荩臣仰倒，幸未伤着，然甚惊。晴，早小风。

十五日(12月25日) 因作烧咳嗽未赴内阁跪安，给倬云、虎帅写复信。长菊岩约蓉格到余园。早饭，有闰姑娘等。晚聚谈。会荃翌宸。晴，早风。

十六日(12月26日) 会克懋先，将小洋枪二杆一匣收拾送来。晚聚谈。晴。

十七日(12月27日) 会双、恒二总办。蓉格娘、五妞来住，昌格亦来拜寿，五格格、闰姑娘、嵘嶟两侄均送寿礼，此时此际尤为胡闹，然拦不住也，可奈何。晴，晚风。

十八日(12月28日) 会英绩臣，因得鸿胪寺正卿，磕头。四弟大女婿、菊岩、鹤卿均来拜寿，并找牧山一谈。晴，风，甚冷。

十九日(12月29日) 午刻至公所，回拜英绩臣鸿正、志惠臣太守、喀拉沁王。晚约荩臣、菊岩、鹤卿饭，散已亥刻矣。晴，冷。

二十日(12月30日) 昨日会给荩臣看病刘雅轩，白云。候选大令，山西人，今日将方子来看，如黄芪用至三两，后黄芪用至八两，实不知其所以然。会新授本寺少卿黄册菴。均隆。晚谈，荩臣未到。晴。

二十一日(12月31日) 会刘雅轩，据云此次在固安县曾看凌迟拳匪，尸身五脏不知真否？汪萧九来痛谈，并晤荩兄。晚与菊鹤弟谈。晴。

1902年

(光绪二十七年十一月)二十二日(1902年1月1日)　山大舅处正表弟娶亲，未去，出其分金四千。给仲路写信，苳臣为公主税契事，其如君为百川事，均为可笑。晚聚谈。晴。

二十三日(1月2日)　会英绩臣，苳如嫂来，痛谈，苳兄病暂时可不告假，乃有所恃而不恐也。晚谈，苳班，招爷亦在书房。晴。

二十四日(1月3日)　给苳臣写家信。闻回銮日期廿八日未刻。晚菊弟谈。晴。

二十五日(1月4日)　至余园还账，隆福寺找天源恒田掌柜，找东承兴朱掌柜。至苳臣处交代书写信。晚聚谈，菊鹤、伯郇。晴。

廿六日(1月5日)　会徐莲士，留其早饭，遂至菊岩书房，同苳臣又谈，并会延寿峰，本寺长兄龄。半阴晴，微雪。

廿七日(1月6日)　在寓，买飘带荷包一对，以备后日用。阴，午后微晴，复阴。

廿八日(1月7日)　巳刻赴永定门内天桥南甬路西，会同英绩臣黄册庵及本寺满汉各员，于未刻跪迎账房内长季超、定振平，皆找去痛谈。皇太后、各勇马步队均在前列，亦有后扈诸相臣随后，去而复来矣。惟尘埃太重，不甚(变)[辨]别谁何耳！皇上圣驾。回寓时申初矣。晴，极大风。

廿九日(1月8日)　卯刻进内，由内阁会衔跪请圣安，巳刻召见诸臣，递膳牌者在乾清宫，仰蒙皇太后、在九卿房陈玉苍大京兆特晤余，痛谈，初见面即知其非凡品也。钟鲁瞻将军、裕泽生中丞、廷用宾方伯皆有安折。

皇上谕以此行无以对诸臣，众人无不痛苦流涕，伏承两宫亦大哭，真令盈廷诸臣无以自容，回忆拳匪内讧，即蒙召见，于仪銮殿二次，此为第三次，无一次不披泪满面，能不痛心疾首，自咎之不暇哉！至荩臣处，仲路来信。遇邹百川，鹤卿、菊岩折班。晴。

卅日(1月9日) 伦叙斋来，荩臣、菊岩亦来谈，荃翊宸并来道喜，然三表妹喜事聘裕寿田本家，不甚知其详。尚未道喜。晴。

十二月初一日(1月10日) 此次信复四十号，前复卅七八九号。至东院书房，聚谈。适刘雅轩来陪，给荩臣写家信，会长兄龄。天暖，晴。

初二日(1月11日) 至东书房，先同逡斋至荩臣处。午后到荣仲老、瞿玖老、鹿泽老处回拜。伦叙斋给侗逡斋道乏，并拜宝瑞臣、叙斋，晤谈。至季超府上，约便饭，座有澧寿伯，镶黄汉。徐姓，年已七旬，痛谈。回寓已亥正矣。晴。

初三日(1月12日) 午后赴公所，绩臣、册庵俱到，回拜溥倬帅，本拟到北城，竟未果，回寓掌灯矣。晚谈。荩班。晴。

初四日(1月13日) 卯刻进内，本寺值日，接季超信，约陪岑云阶中丞，辞。接倬云信，令拟奏底。酉刻，颇为闲乐，觉病肝骤畅。晴。

初五日(1月14日) 拟裁撤虎神营奏底，送给倬帅阅看，覆信以为甚妥，令给斋老阅看。晚找荩臣、菊岩谈。晴。

初六日(1月15日) 步踏至斋老宅，将奏底面呈留看，拟欲先见庆邱一谈，与斋老痛谈时事，为之泪下。灯后会恒、双二总办。晴。

初七日(1月16日) 至四牌楼一游，买洋铁锅碗。晚聚谈。荩臣连日未到书房，天气甚暖，街上已化冻。晴。

初八日(1月17日) 仲路处遣刘栓子回，伊兄元儿所送人参，令其拿回，殊无用也。常老二夫妇来借衣服，因与常二痛谈。会松鹤龄中丞，已乘大轿，新花样也。荩臣过此，与鹤龄谈，竟大晕，即遣蓉格往看。午后暖晴。

初九日(1 月 18 日) 晚间会伦叙斋,在东院书房。晴。

初十日(1 月 19 日) 同菊岩步踏访伦叙斋,看其带到金石内有经幢一,足三四百斤重,在彼早饭,痛谈。晴。

十一日(1 月 20 日) 会贻蔼人侍郎,同至莐臣处,晚饭。晴。

十二日(1 月 21 日) 午刻赴公所,堂期,出朝阳门,元老胡同东岳庙荣仲华相国夫人少爷开吊,与相国谈文山事甚详。晚晤莐兄谈,至书房,又与菊鹤弟谈。早,微雪,午后晴。

十三日(1 月 22 日) 辰刻进内,本寺值日,回拜贻蔼人,本寺长老爷未会,因回迎驾册未便题奏也。会刘葆良观察,树屏分发安徽试用。给莐臣写家信,晚聚谈。夜雪,早晴,甚寒。

十四日(1 月 23 日) 早晤何五先生。菱埏,成甫为笙甫令兄。午后徐莲士来,午饭,痛谈。晚间伦叙斋来,略谈。晴。

十五日(1 月 24 日) 会荣华甫,将斋老所酌裁撤虎神营折底取回,交给白倬云商办,并将铁保臣来信请卹,由留京办事处原函交给,接何成甫来信,即时覆之。晚会倜逡斋,留其晚饭。找菊鹤两弟谈。晴。

十六日(1 月 25 日) 会钟叔佩太守,因寿蓉当行存款,现尚未有头绪,据云尚不至落空也。接胡萼辉大令,保联。并其世兄菊孙北甲。两函,并有所赠。晚至莐臣处一谈。晴。

十七日(1 月 26 日) 四弟来早饭,饭后过东院找莐、菊二先生谈,即去,余则醉卧,醒后颇不适。晴。

十八日(1 月 27 日) 会双喆轩,酌办撤营事宜。给胡萼辉写复信。晚伯郇来,托写家信。晴。

十九日(1 月 28 日) 早辰斋老找,遂至宅,回寓给荣华甫致信催撤虎神营奏折。饭后出城回拜清秋浦侍郎、刘葆良观察、黄册庵鸿胪,访陈孟孚通参、乔茂轩比部、李紫璈大令,皆未遇。至煤市街兴隆店源丰润,取漕平足银三百两,即胡萼辉、乔梓赠款,特记之,永矢勿忘。晚至莐臣处。晴。

二十日(1月29日) 给寿挹青太守写覆信。荩臣处约陪刘雅轩,因其法则不深知,故未去。阴,细雨,灯后雪。

廿一日(1月30日) 在寓,命王顺赎当一票,且有皮衣穿矣,何乐如之。阴,风。

廿二日(1月31日) 午后回拜荣华甫枢部,松鹤龄中丞吊崇文节公,回拜张少玉副宪,并道喜署兵部,问候松公爷,崇文节承继曾孙法亮甚好。晚找荩臣一谈。闻老莲吐血,询之鹤卿,尚无大碍。半阴晴,大风,甚冷。

廿三日(2月1日) 给荩臣写家信,会本寺恩、长、郭三兄,因各官前在永定门跪迎,联名拟知照政务处,因令其回。至满堂、汉少堂,敬斋老将虎神营印钥送来。今日具虎神营并请将公所练厂器械应交何处接收一折,奉旨:"著交神机营,钦此。"甚冷,晴,风。

廿四日(2月2日) 会双哲轩,将斋老处交来木质行在关防、钥匙交给斟酌。午后带蓉格、保子至四牌楼,给闰妞买玩意,并给买《列女传》一部,余买《李氏五种》一部,蓉格买《西学大成》并《四书五经义式》。晴,大风。

廿五日(2月3日) 午后至敬斋老宅,因奏折行文,拟先知照神机营,因得痛谈时事,未免楚囚对泣,亦可叹也。四弟遣人送洋板字典一部。蓉格娘来。晴,微风。

廿六日(2月4日) 在寓,陈茀回,接仲路信,并赠银卅两。晚晤荩臣谈,又到小书房谈。蓉格同其母回家。王顺回家。晴。

廿七日(2月5日) 晚至荩臣处一谈,又到书房一谈。给叙斋作札,明日交陈福送往,因福文慎等处利银事。晴。

廿八日(2月6日) 会克懋先、都老大,懋先给姬人诊视,因三月未曾行经,据云恐非喜脉,是淤血也。晚间姬人竟小产,淤血甚多,大半肝热所致,下紫黑血不少,可惜男胎也。晴。

廿九日(2月7日) 午后踏至西口薙头。公然拜年辞岁者不少。晴。

壬寅二十八年正月元旦(2月8日) 因腹泄未得进内。午后至莪臣昆仲处,并到霞屏三、五姑娘处。晴,风。

初二日(2月9日) 在寓,少愈,看书一日。晴,暖。

初三日(2月10日) 在寓,外孙景格来,已于去岁分工部学习笔贴式。早阴雪,午晴。

初四日(2月11日) 在寓,伦叙斋来,约到莪臣处晚饭。晴。

初五日(2月12日) 在寓,双哲轩来,为行文事,未会。晴,大风。

初六日(2月13日) 在寓,菊岩来,旋带蓉格至书房,给其拜年。晴。

初七日(2月14日) 在寓,晚至莪臣处,看摇滩,甚闹热,初次见也。晴。

初八日(2月15日) 同莪臣、菊岩带蓉格至广泰听双厚坪《隋唐》,甚可笑。晴。

初九日(2月16日) 晚找牧山闲谈。晴。

初十日(2月17日) 午后至莪臣处略谈。晴。

十一日(2月18日) 在寓,无事看书而已。晴。

十二日(2月19日) 偶题《如意》:世情萦绕总无休,每道平生愿未酬。君且凝神细参想,万般如意是回头。如意作回头形,可以思之矣。崇雨人舅弟来,乱谈一气而去。晴。

十三日(2月20日) 至牧山处,约看房后西北方欲开一门通街,以罗盘格之,非三煞即太岁,万不可动也。到莪臣处,遇刘雅轩谈医,究不知其用法也。晴。

十四日(2月21日) 在寓看书,蓉格同伊母回小石桥。晴。

十五日(2月22日) 在寓,姬人购一鱼一鸡,余父如食之,佐以黄刀,甚乐也。晚至大门外看仁兄等,去睄九莲灯。晴。

十六日(2月23日) 在寓,季超来痛谈,莪臣令二妞过彼处吃饭。晚去逛灯,先生亦同往,可谓无聊矣。找菊岩闲谈,给宝子、红儿合婚，颇吉。晴。

十七日(2月24日)　在寓，侗同人来痛谈。给荩臣写家信。晚至荩臣处，聚谈，又至书房略谈。阴，晚晴。

十八日(2月25日)　在寓，会恒、双二总办，给仲路写信。晴。

十九日(2月26日)　巳刻赴公所，开印大吉，回拜年家，嵩八舅处下车。午后，步至宝书堂，与赵掌柜商酌换书，蓉格回。晴。

二十日(2月27日)　在寓，叔佩大少爷来晤谈。雪，半阴晴。

廿一日(2月28日)　会延寿峰、恒季和、双哲轩，在寓，检点换来书籍，似有可用有不可留者。半阴晴。

廿二日(3月1日)　在寓，本拟拜客，适荩臣并闰妞母女同来，菊岩叫来变戏法三人，三格格亦来，殊为可笑，赏其八千文而去。晴。

廿三日(3月2日)　在寓，收拾不全书，拟交宝书堂。阴，晚雪。

廿四日(3月3日)　在寓，宝书堂老赵来取书。晚至荩臣处谈，后至书房谈。闻莲格吐血症，甚重。半阴晴，风甚大。

廿五日(3月4日)　午后至公所，并拜客。荩臣约晚饭，有伦叙斋。晴。

廿六日(3月5日)　昨闻黄册賛云，据烂面胡同湖南会馆长班云，有美国住会馆戴丽生者，因启颖之、徐相士正法日，伊回馆大为不平，谓徐为中国铮铮者，不知日德二国必要其命，与各国有何好处，与中国何相干处，随击桌大喊，盖出自公愤云。今日辰刻进内值日。十一舅太太、金姑娘来痛谈。晚至瀛春园将军处，约晚饭，座中有克懋先，主客三人。晴。

廿七日(3月6日)　在寓，荩臣同闰妞到此处后院闲踏，并简斋世兄。建平笔政来，代荩臣一晤。姬人晚间血来甚多。王顺由家回。晴。

廿八日(3月7日)　在寓，东院荐刘雅轩给姬人诊看。晚荩臣约贻蔼人，渠于下月初八日即赴山西查办地亩。书房与菊岩、伯郇谈。晴。

廿九日(3月8日) 在寓,东院复遣刘雅轩来,欲弥其治荩臣见效之意,女子、小人之用心真难矣。晤恒、双二总办。晴,大风。

三十日(3月9日) 在寓,姬人肝疾,万非刘雅轩可以乱治,已遣人至小石桥打听前次医家矣。晴,风。

二月初一日(3月10日) 会溥倬云,谈营内事,可以交清矣。张少玉因崇文节公葬事,同年中皆欲凑款拟葬盘山,并托其世兄附生张玮、侄世兄张瓒由直隶学政咨送鸿胪寺序班文书二件。晴。

初二日(3月11日) 本拟赴北城拜客,适徐莲士来,约赴长聚馆便饭,步踏去,复回到荩臣小书房,晤菊岩又痛谈,盖畅谈一日甚快也,大半提白杨村居事。晴。

初三日(3月12日) 在寓,约任聘卿来,给姬人诊看。晚找菊弟、鹤弟谈。晴,风。

初四日(3月13日) 午后赴公所,堂期,将张少玉副宪所托伊世兄等序班文书交投,外费四十金,亦交明至扶三舅兄处,因少玉欲给文节公建祠,盖同年诸人之意也。然非迁葬盘山不可,如在其旧茔皆非所愿,以后恐镶黄满与正蓝蒙必不能埋在一处也。渠则执意不愿,盖与乃兄有旧仇也,禽兽哉!半阴晴。

初五日(3月14日) 四蓉母子来,闰妞来,闻荩臣自赴土地庙求仙丹,服后吐,汗下,无美不备,下则有稠痰一块,然亦危矣。会张少玉,将扶三之丑态丑语皆告之。晚至荩臣处一看,小书房与菊岩谈,适启侄借衣,遂回。半阴晴。

初六日(3月15日) 葛振卿尚书聘女,往道喜,西南城拜客回家,已上灯矣。适逡斋在此,约往菊弟书房内,谈。晴,已热。

初七日(3月16日) 会钟叔佩,至瀛春园将军府,闲谈,留晚饭。令奉送回。晴。

初八日(3月17日) 将所换书籍挑其不必留者,令宝书堂取回。晴。

初九日(3月18日) 在寓,会敬斋老,因撤营特来致谢笔墨。

晤克懋先,痛谈。朱掌柜东承兴。来,未得见。半晴阴。

初十日(3月19日) 在寓,田德回家,无事看书。午找菊岩一谈。阴,雨。

十一日(3月20日) 在寓,收拾并装订书籍。阴。

十二日(3月21日) 在寓,因大雪看外院白桃花,一株正值(胜)[盛]开,老干柔枝,鲜花嫩叶,皆托重雪,大似南方梅花。大雪。

十三日(3月22日) 在寓,给荩臣写家信,因感冒未到公所。晴。

十四日(3月23日) 在寓,荩臣来,托拟复王乃赓信稿,旋送往,现改朱先生药成先生火缄。甚冷,晴。

十五日(3月24日) 在寓,会侗逡斋,痛谈,到菊岩书房。晴。

十六日(3月25日) 午后至逡斋处,约徐莲士,同宝二爷作陪。宝瑞臣车送回。晴。

十七日(3月26日) 至荩臣处,道喜,祭天,夜间大放鞭炮,甚似汉人,可发一笑。晚饭复吃面,会双哲轩。晴。

十八日(3月27日) 会恒、双二总办。午后至特侍郎图慎、徐莲士处,晤茂轩员外,痛谈,到钟叔佩处,未见着。至福文慎夫人府上,得见,因年后大人来,未曾敬谒也。晴。

十九日(3月28日) 会寿老二,因补盛京刑部黑主事到都,在东治门居住,小地名,万不肯说,恐往谢步也。阴,微雨。

廿日(3月29日) 任聘卿、荩臣约看扎针。会裴韵珊,由广东试差回,痛谈。晚后斋来,到菊岩书[房],并鹤卿谈。风,半阴晴。

廿一日(3月30日) 至东院,伯郇祭天,请吃肉,亦复鞭炮齐作。萧小虞来,在此早饭。荩臣处帮给菜蔬,殊可笑。至灯市口德昌洋货店一看,买洋书洋笔等。晚过东院,彝姑奶奶来。晴。

廿二日(3月31日) 午后至公所拜客,至迁大舅母府,吃晚饭。晴。

廿三日(4月1日) 辰刻进内值日,册庵感冒未到。英绩臣蒙召见，在九卿房候着，十一钟方散。荃翌宸来，晚饭大谈。晴。

廿四日(4月2日) 任聘卿给莀臣扎针，并给使女春杏扎针。会伦叙斋，到书房与菊岩、鹤卿略谈。昨夜极大风，午后乃止。

廿五日(4月3日) 约菊岩至上房霞屏处，三格格祭天吃肉，晚未去，至牧山处一谈。晴，风，晚住。

廿六日(4月4日) 同菊岩至伦叙斋府，因与逡斋分产，并约同肃邸公论之。早晚在彼饭，痛饮香槟酒，灯后车送回。晴。

廿七日(4月5日) 至小石桥，会同四弟，恭谒四处先茔，昌格后到，蓉格娘、五妞亦去，回时至帽铺。穆图布娶媳送分金，未去。半阴晴。

廿八日(4月6日) 带蓉格、保子至宝书堂换书，并到钟表铺收拾马表，闲踏各铺。至莀臣处，灯后会哲轩。昨夜雨，半阴晴，晚风。

廿九日(4月7日) 莀臣并学生等至后院土山。会荃翌宸，颇看《呻吟语》。晴。

三月初一日(4月8日) 午后到书房，找菊岩一谈。闻莀臣找峻姓旗人，以镜子裹红绸用炭炙之，遂罩病处，据云一二次可即愈，未知验否？半阴晴。

初二日(4月9日) 赴公所，东北城拜客，至全振兴，并到广庆取纱小帽。晴，风。

初三日(4月10日) 辰刻进内值日，恭逢皇上祭先农坛行耕藉礼，还宫，与副都统秀公吉在九卿朝房外待班，散值后西北城拜客。如九婿来辞行。十三日启程赴河南。晴。

初四日(4月11日) 会石子丹，议论款项之事，应在廿日可有眉目，逡斋来，并送玉兰。余昨夜梦有人送玉兰，亦奇已哉！并梦写三字“泰去来”。晴，风。

初五日(4月12日) 会徐朗秋世兄、李紫璈大令，给莀臣写家信，两人夫人来到小书房。访菊岩未在。晚间腿忽抽筋，不可解。微风，晴。

初六日(4 月 13 日) 同莐臣、菊岩至广泰喝茶,旋同菊岩到隆福寺,并米局及果店。旋至薙头铺,菊岩薙头。(打)[大]醉。晴。

初七日(4 月 14 日) 晚将衣包网篮送至侗逡斋处,到莐臣书房,同菊鹤弟至书房,拟明日极早走。晴。

初八日(4 月 15 日) 天将明,同菊岩到后斋处,会同至大车栈,七点半开车,午后定兴县华英栈早饭,店主张静波张罗一切,并雇车到易州庆丰店住宿。晴。

初九日(4 月 16 日) 巳刻到南白杨,晤徐莲士并其子侄等,饭后至龙泉寺,看水山洞中,后斋、雪航弈棋,旋至桃园流水,品茶。晴。

初十日(4 月 17 日) 早看东白杨张姓房未成,到冷艳山庄,在梨花下饮酒早餐,到山后流涧水处卧谈。后斋欲至马头寨,半路回。晴。

十一日(4 月 18 日) 看上白杨山地未成,到桃园品茶,晤社书崔聘卿,所谈甚可笑,众人皆以崔老爷呼之,盖戏剧中《连升三级》。有此丑角也。后斋将钥匙失去,隔夜复觅得,足见少行人。晴。

十二日(4 月 19 日) 菊岩、后斋先回京,在彼休息一日,诸人觉乏矣。晴。

十三日(4 月 20 日) 同莲士并童生李月江,到真武庙看卢姓地一段,树株甚多,山绕四围,清水即在西,复绕而南,佳境也。因商酌购之,又到桃园,童子五六人,或捉虾于流水,并采野薄荷。晴。

十四日(4 月 21 日) 月江同童生赵艺圃、地方赵文耀来,将卢姓地购妥立券,数在七百千,佟地三亩多余,盖出产获利多也。晴。

十五日(4 月 22 日) 卯初余带莲士管家老潘拜辞主人,就道至高里早餐,华英栈候,买票即托张静波。三点钟火车到,即上车,至正阳门六钟余,应雇马车一乘,到寓将点灯,然甚备焉。半阴晴。

十六日(4 月 23 日) 在寓,找莐臣、菊岩闲谈。阴,小雨。

十七日(4 月 24 日) 在寓,伯郇来,据云沿路随扈,风甚大。夜雨,半阴晴。

十八日(4月25日) 伯郃送来小酥饽饽等,荩臣来,晚复找谈,并找菊岩谈。晴。

十九日(4月26日) 会徐朗秋,据云厚臣于廿五日准上白杨。午后至公所,堂期。晚至书房,荩、菊、鹤闲谈。晴。

廿日(4月27日) 至小书房,晤菊岩,会石子丹,所欠之款给半了之。强如无。晴。

廿一日(4月28日) 在团河本署值日,因感冒未能到班。在寓,荃翊宸来谈,叙斋续弦,未得往贺。阴,雨,晚清风。

廿二日(4月29日) 皇太后、皇上还宫。早晨至广源,晤温寿臣,将金首饰廿余两卖给,后日可以付款。晚找荩、菊,在书房闲谈。晴。

廿三日(4月30日) 会宝瑞臣,给莲士妹侄写信。振卿断弦未去吊,遣人送分子。半阴晴。

廿四日(5月1日) 会温寿臣,送到金换银八百余两。午后至徐朗秋处,将京足八百两寄白杨,并寄《全唐诗》一部,《地理五诀》《阳宅三要》一部,《诹吉便览》一部,玻黎尺寸。晚晤菊弟,一谈。晴,午后阴,灯后小雨。

廿五日(5月2日) 石鼎臣送到子丹,还全振兴所欠,对折京足银每千五百两。薙姑奶奶来,痛谈。午后至叙斋、后斋府道喜。廿一日,叙斋续弦,因病,今日始去。给宝瑞臣谢步。半阴晴。

廿六日(5月3日) 与荩臣同车至管劬莽府上,晚饭座中有侗逡斋,无外人,赏牡丹,兰花亦开。晴。

廿七日(5月4日) 四弟来磕头。晚会恒季和、双哲轩,蓉格回家。给四弟拜寿。晴。

廿八日(5月5日) 早晨薙头,后至逡斋处,晤瑞臣、月华,后斋、月华到丰屋,瑞臣赴余园,自踏至万福居,复到琉璃厂茹古斋,又到秀文斋买砚台、墨盒、颜色等件。晚回家内觅唱曲四人,姬人辰也。阴。

廿九日(5月6日) 伦叙斋道乏,夫人来磕头,并送开箱礼。午后到公所，英济臣、黄册庵到拣选满鸣赞缺。阴。

卅日(5月7日) 卯刻进内，本寺值日，韵珊未到。午后给荩臣写家信，会宝二先生瑞臣。闻四蓉病殇，殊难过。半阴晴，大风。

四月初一日(5月8日) 岳柱臣弟妇故，开吊，送祭席，未去。田少掌柜来，伯郇持荩臣请开缺奏折来看，明日递。晴，大风，晚住。

初二日(5月9日) 荩臣来，因病奏请开缺，奉旨允准。晚间至彼处一谈。赵兴来此，暂令当差。晴。

初三日(5月10日) 公所加堂期，未去。晚至书房，找菊鹤弟谈。晴。

初四日(5月11日) 步踏至英济臣处，痛谈，回时带宝子奶茶铺内吃酪，接莲士信，找菊岩、田掌柜来，将玉器卖卅五金。晴，风。

初五日(5月12日) 荩臣父子来，荃老四来，给莲士写回信。晚找菊弟谈，新居定壬山丙向，准于初七日午时开工。晴，风。

初六日(5月13日) 给荩臣家信，中续普康招爷舅子。托照应。晴，夜风。

初七日(5月14日) 温寿臣来，将前售尺头价交来，除找回片金、青褂面及小礼绸四匹，共售京足三百零五两。申初余，忽然天色黄黑，西北尤甚，屋内须点灯，旋下雨发雷始亮。晚会双哲轩，因马匹并阵亡官兵名册咨神机营。阴，风，雨。

初八日(5月15日) 全振兴送来银一百两，会岳老爷，龄。看明日注写。今日堂期未去。晚至牧山处一谈。晴，风。

初九日(5月16日) 令王顺将屡次质库物赎回，用款将及二百金。双哲轩来，未见，大约呈斋老应行神机片已画。晴。

初十日(5月17日) 本日岳老爷阅折。晚找菊岩谈。晴。

十一日(5月18日) 请感冒假十日，系满汉折，见邸钞有奉请假十日。裴韵珊功服兄故锡老大暇锡暇之子名椿懋。令弟锡老二祜娶亲。送分子，未去。晴。

十二日(5月19日) 在寓，伯郇来磕头，得委署主事。春杏姐姐来，即景茀亭如夫人也，并送礼至。晴，灯后大风。

十三日(5月20日) 在寓，查应售各衣裳单。晚伯郇来看荩臣，专折谢伊补委署主事恩。晴。

十四日(5月21日) 四弟来，新保四品衔。吏部于昨日议奏核准，会江苏府经历屠小渔，仁溥。持有胡菊孙信，屠为菊孙母舅。并火腿、茶叶、胡笔、牋纸等件。命大蓉、宝子开衣单。半阴晴，晚风。

十五日(5月22日) 大蓉、宝子仍开衣单，会英济臣，定鸿胪寺满汉保举。晤荩臣、鹤卿，未得长谈。王顺由北城又送到残书多本。半阴晴。

十六日(5月23日) 会徐垓甫，痛谈。晚至东院书房，会伦叙斋。晴。

十七日(5月24日) 将寄易州京足八百两，令王顺持信送往十一条胡同徐宅，廿九日徐二嫂回山带去，前后已千六百两整，大约敷用矣。午后带大蓉、宝子至隆福寺宝书堂，回时遇钟叔珮，在铺垫铺借座一谈。阴，落数点雨。

十八日(5月25日) 具奏本寺请奖折，闻奉旨该部议奏，会长老爷，龄。斟酌请假折。当铺来，将衣服看过，明日定价。给荩臣写家信，并自致信。晚至书房晤菊、荩、鹤，一谈。晴。

十九日(5月26日) 据垓甫来信，真武村西房已起，今日正房上梁。侗逡斋来，因得副都统，夸官。晚至书房，同菊岩又痛谈。全振兴约人来衣服。昨夜雨，晴，风。

二十日(5月27日) 岳兄龄来看折。晚找菊、鹤谈。半阴晴，小雨。

二十一日(5月28日) 石子丹来，约各行，将内女衣及自衣皮单袷棉纱皆有售于德兴厚，京足银一千零七十两。岳兄将请假十日，原折交来，奉旨允准，阁钞有奉，续假十日。晴，风。

廿二日(5月29日) 在寓，晚找菊、鹤闲谈。晴。

廿三日(5月30日) 会长季超，痛谈。晚找荩、菊、鹤闲谈。景弗亭六小姐回家，全振兴送到足京银四百两，前已送一百两。告折银一千两。晴。

廿四日(5月31日) 姬人带寿蓉至小石桥，因蓉格生母病，在彼住。伯郇来谓，玉牒馆被人参奏，提调经文奉公并有所用之，牟先生者大不得了。敬斋翁、松寿翁俱遣人来看。晴。

廿五日(6月1日) 姬人带蓉格回，袁槐儿送话匣子来，有十八出戏曲，因找东西两屋皆来听。晚至菊岩书房，略坐。闻溥老四荃。来，奉舅母命至茔地看风水，明后日去。晴。

廿六日(6月2日) 在寓，收拾书籍。晚找菊、鹤谈。半阴晴，雷，未雨。

廿七日(6月3日) 寿昌因射中五条箭，得七甲喇第七佐领，询之，正黄本旗六甲喇廿四佐领，七甲喇亦如之。本佐领谓之佐领中，公中佐领系第五。惟六为佛蒙古、七为伊车蒙古，所得者为公中，拣选时不分甲喇，皆可互相补授。此次拣选为溥玉岑总宪，时为本旗都统，于昨日带领引见，今日述旨，是以各处磕头。予将清辑庭观察所赠旧玉“际会风云”搬指赏之，旋吃饭而去。会石子丹，约来其亲戚陈姓，玉器行者，将各玉器估价而去，盖因各玉器皆不甚高妙，不愿自己留也。晚找菊、鹤谈。半阴晴，闷热。

廿八日(6月4日) 连日洋界内失慎，盖因天禀元旱所致，遂又出许多谣言，殊可恨也。先法国后奥国，闻有疑义和拳又起之语。早晨，迁大舅父健斋上公府命到府，舅母命必要去。同翌臣表弟先谈，简廷上公表弟因病续出，同翌臣坐车至前门外琉璃厂秀文斋，买罗盘，同出西便门外核桃园外曾王父绵贝子讳懿。园寝，恭阅乃西山卯向兼庚甲，水由亥方长生入首，丁未方消水砂岸，不甚明晰，龙脉发于乾亥，无处不合。回时请示舅母，闻系当日呈请将花厂地换得之，无处不妥协也。前后吃其三顿饭，未免太饱。照喝酒，复大喝酸梅汤。翌臣弟送给琴一张，携回至寓。后知管劬安送来奶卷等件，蓉格娘送来大理石小屏等件，杨坤进桦木碗、酒盅等件，闰格送来饽饽、梨，如莜嫂送来小钜一车。此日颇得物件，亦可笑也。晴，四时风，落数点雨，非常热。

廿九日(6月5日) 仲路遣小顺儿来。在寓，苊臣来令写家信，并接仲路来信，且赠节敬廿两，甚可笑。晚找菊岩谈，仲路给伊信，打听予之请假，已料其有退志，聪明哉！王顺明日回家。晴，热。

壬寅五月初一日(6月6日) 在寓，葵简庭遣人来约，因候阅折，实无暇，岳老爷来，将折阅妥。小石桥蓉格处送到大理石破屏，命赵兴拆下以备另为收拾，可作山斋清供也。灯后，小顺儿送票银廿两。仲路赠。晴。

初二日(6月7日) 岳老爷来，请假折已递矣。溥倬云送白菜数棵，乃上赏之物，特赠。那琴轩遣人来看，因数请假也。前本署奏保留京各员，吏部于前月廿八日覆奏，奉旨依议，钦此。晴。

初三日(6月8日) 徐悦陶遣人问仲路处京节信是否办理？因告之办理。葵公荃将军送到酱肘子、花卷，甚以为奇，随又送枇杷一碟，方知有因也，可发一笑。蓉格母子回家。阴，小雨。

初四日(6月9日) 徐莲士来，在此早饭后，菊岩过来，一同至东院小书房，同苊臣又复痛谈。予真武庙村房间已有十之七八，大约六七月必可完工矣，皆承莲士叔侄办理一切也。半阴晴。

初五日(6月10日) 昨日莲士谈，伊舅兄广郅堂隆。拟月底欲赴白杨，今日在寓，上祭后早饭，饮大醉，痛睡，此亦过节之一法也。找菊岩谈，渠与苊臣出城听戏。早间会何成甫大令。半阴晴。

初六日(6月11日) 寿昌来，于初二日亥时生第三女，乳名大重。松晴涛三兄林。在船板胡同内本宅衣冠招魂，开吊兼祧子名福荃，此君乃守城时在城被枪阵亡，亦可谓千古矣。惜尸首未能觅着，哀哉！给雪航致信一件，交莲士处。半阴晴。

初七日(6月12日) 约莲士、菊岩、苊臣早饭，痛饮黄酒。与莲士大谈真武庙新居，带来蕨菜用作汤，其味甚鲜，盖出自山内。据菊岩说，此物能作粉，可蒸食。苐亭处姑娘来，未住，仍回。接华稌信，剿办景逆廷宾事。阴，雨。

初八日(6月13日) 昨夜大雨，天时较旱，此天恩也。晚找菊岩、荩臣、鹤卿谈，菊岩至交民巷，为人挤倒，将肘脚被伤，言之殊笑人。阴，微晴，夜雨。

初九日(6月14日) 午后至隆福寺，庙内定筷子，洋货店买匙子、洋刀，庙内买钳子、刻图书刀，至景泰园观剧，保盛和班，至福全馆晚饭。荩臣约带伯郇去，座中惟菊岩，戏园中遇钟叔佩、崇仲蟾，饭馆中弼泽卿、瑞毓如昆仲，皆痛谈。荩臣先回家，同菊岩、伯郇步踏回。晴。

初十日(6月15日) 会张子密观察，由江苏来赴引，乃余守常郡时正署阳湖县，即为湘涛制军胞侄，回避分苏后补江北某县，因赈经李文忠公保奏过班今职。晚晤菊、荩、鹤谈。晴。

十一日(6月16日) 会桂文圃都护，斌。痛谈，留其早饭，刻下已告病家居，以商吃饭，亦可怜矣。刘子诚夫人来，带到皮表一架，乃何笙甫前托其换来。吴子才托寄夏布一匹，丝布二匹，竹布二匹，土布二匹，并信一件。故人情重使我欣然。不意阿兰姑已故，其未聘媳汪氏亦故。四弟来，正申正间，天黄黑又似前月景象，屋内须点灯，随大雨。四弟晚饭，幸有诚嫂送来烧鸭子等，可引烧刀矣。崇文节公夫人、葆公夫妇、定格夫妇在领马并坟地开吊，遣人送祭席二桌。阴，大雨。

十二日(6月17日) 会刘子誉叔侄，大谈，各科房之事仍是面子，变手书其实底缺照旧，可笑人也。伯郇表侄生日来行礼，并请早晚饭，皆未去，遣蓉格前往，聊尽酬应之礼也。晴。

十三日(6月18日) 嵩八舅父来，近由军机处奏派伊犁粮饷章京，因曾经带引奉旨记名，是以得膺此缺，惟万里遥遥，年已五十八，未免可怜，乃因穷困趋人，实亦无法。徐莲士来，晚饭痛谈，拟于二十四回易州。晴。

十四日(6月19日) 同蓉格装书箱，会孙展云太守，为莲塘少宰葆元文孙。由江苏来，从前署金匮县，旧同寅也，此次过班赴引，敬斋来看,痛谈。余将穷病不能当差之处告禀,亦不能再为之计矣。荃翌宸灯后来,奉舅母命给语堂先生复信,即拟得带去。晴,阴,雷。

十五日(6月20日) 至长季超表弟处,约早饭,座中惟常少渔昆仲,有荣华卿未到,散后顺路至伦叙斋表弟处,将福文慎公夫人利息话带到,尚无章法也。去时雇车,回时步踏,甚热,蓉格等至东岳庙。晴。

十六日(6月21日) 会侗逡斋,闻一王二贝勒皆由近支酌量奏明,承袭奉祀,大概载字辈有两人,尚须溥字辈拣一人,大约难免如此荣耀也,一笑。晚至小书房,找菊、鹤闲谈。晴,晚半阴。

十七日(6月22日) 令蓉格等装书箱,天气甚凉,奏闻天津瘟疫大作,中外各国均有故去者,将轮车已停三礼拜,时令殊不正矣。阴,午后雷,小雨。

十八日(6月23日) 晚至书房,菊鹤弟谈,署内知会带引鸣赞二缺,奉朱笔圈"荣安乌尔恭额,钦此"。晴。

十九日(6月24日) 晚陈福来,将福大嫂处问伦贝子利银事告之,以便转禀箴嫂,恐一时未能给也。春杏赴景茀亭家看其出天花小孩,老八。晴。

二十日(6月25日) 袁顺又将话匣携来一听,令田德换洋钱,京平实银至七钱三分,闻天津更贵,此何理也。续假折早间恭阅。晴。

廿一日(6月26日) 袁顺又来,将话匣带到一听,并买其洋钜等件。昨日系霖鹤孙第三孙满月,今日遣人送活计。晴。

廿二日(6月27日) 吁恳天恩续假一个月,早辰至金源坊,东四牌东边路南。菊岩约,座中莲士、荩臣,无外客也,本坊烧鸭子甚好。步踏来去。晴。

廿三日(6月28日) 莲士处遣管家来,明日可会同到白杨,即将书箱三只打妥,并收拾衣包带往,京足银三百两,外洋元卅枚。半阴晴,晚微雨。

廿四日(6月29日) 会荃翌宸，午后到火车栈得晤石老三，旋同广郅堂、隆，为英续村督转令侄，汉军旗人。徐莲士，于未刻开车赴定兴县，店内住，甚热且多蚊，带去书箱三只，交雪航手。晴。

廿五日(6月30日) 由定兴黑早起身，至易州早尖。午后到南白杨莲士家，天热，晚间亦燥。晴。

廿六日(7月1日) 与郅堂、莲士午后至西白杨，看英续翁督转新居，尚须添盖房间，遂到李月江令弟三先生处场院看山景，招凫岭即在面前，甚为开阔。晴。

廿七日(7月2日) 与郅堂、莲士并其令侄诸人至真武庙村，到赵艺圃家，并到新居，工程已到八分矣，极其讲究，然须大筹款项，不免又为难受，华丽之害也。至龙泉寺早饭，痛喝，先黄后白，转时渴甚，大饮泉水，晚间肚腹不大好，龙泉寺为贺公府重修。晴。

廿八日(7月3日) 赵艺圃、李月江来算账，莲士因其办理工程，款项太多，未免浮费，饭间大为乱说，余与郅堂痛笑，适食薄饼，同谓饼不易吃也，一笑。晚间至南园地一看。晴。

廿九日(7月4日) 赵、李复将前账算清，尚须筹七百余金，一切油饰裱糊在外，非再力筹不可。晴。

六月初一日(7月5日) 同郅堂、徐雪航早五点钟在白杨发车，十一点钟至定兴车栈，早饭后三钟火车到即上车，六钟余至正阳门，遂分手回家。晴。

初二日(7月6日) 昨日坐敞车，甚觉颠簸，今日浑身尚不适。晚间找荩、菊、鹤闲谈。晴。

初三日(7月7日) 在寓，天甚热，病痢。晴。

初四日(7月8日) 将老六干姑娘送回，因其迳喝水吃咸菜，恐其病也。在寓，病痢少好。晚干姑娘送来西瓜，甚妙，热如昨日。晴，数点雨。

初五日(7月9日) 黑早，雷雨不时即住，比前昨两日干热略减，病痢少好，然大小便总觉气滞，热太甚，徐雪航来，饭后同过荩兄处。晴。

初六日(7月10日) 晚间荃翌宸来,痛谈,将应带山中铁活计并木器单函交徐雪航。今日大高殿亲谒求雨。晴。

初七日(7月11日) 会长老兄,龄。将请开缺并恩折两底拟妥,于廿一日即可呈递,恐廿三日在花衣期内,恩折亦不便递矣。致徐雪航一信,回时盘费送去四元,托其转致广郅堂。晴,热,风。

初八日(7月12日) 荃翊宸来,拟答耆语翁信带去,蒙送达摩像一帧,为吴斌画。自书对联一付、扇子一把,自来形木把棕绳一柄,此物甚古朴,山中可用也。晚间闻尧臣暑病,甚重。晴,午后雨。

初九日(7月13日) 尧臣于卯刻病故,时令太不正,因之死人颇多,洋界内但有病者,即不准行走,其怕比中国为尤甚。午至小书房议尧臣白事,晚同菊鹤弟将此事方告知荩臣,恐其太难过也。在彼晚饭,忽觉天气乍凉,两件单衣始合式。阴,雨。

初十日(7月14日) 小田掌柜送到玛瑙烟壶一个,作工甚佳,因前次托其售之件有失去者,特以此赔补也。晚至荩臣处,复至小书房,与菊岩又谈天,颇凉爽,大有秋意。早雨,晚晴。

十一日(7月15日) 尧臣接三,遣蓉格往送,因病少好,与荩臣皆未敢过去,恐哭泣不便也。午后姬人等往,送折祭八两。荩臣约吃晚饭,天甚凉爽,乃有秋意。晴,晚半阴。

十二日(7月16日) 晚至菊岩书房谈,适十五弟来,言及伊内侄二佩为内务府,(梅)[没]家人,故于此处束手无策,幸亲戚并学生凑得数十千,然抬埋尚欠卅千左右,因与菊岩各帮其十五千,明日即可殡矣,似亦爽快事也。阴,雨。

十三日(7月17日) 在寓,田兴来,因询其乡间各事。早雨,晴。

十四日(7月18日) 会徐雪航,明日回山,伦叙斋为请老夫子,大约菊岩不请,衡芝圃由义国回,徐朗秋、荃翊宸皆来闲看,直见一日客,内来薅姑奶奶,尧臣今日伴宿。半阴晴。

十五日(7月19日) 尧臣出殡，遣蓉格送至安定门外，闻浮厝沙河茔地围墙西，其夫妇并厝于此，因议安葬何处？尚未有定所也。伯郇送蓉格来，略谈。雨，晚晴。

十六日(7月20日) 会钟和甫，惛。为广郅堂世兄，在兵部职方司，颇精明。晚至莑臣处，润妞病已见好。张云龙医家痛谈，复至菊岩书房谈，云龙今日搬至东院西书房住。半阴晴。

十七日(7月21日) 会溥倬云，特来闲看，桂表妹来道乏，因养赡欲求向牧山说之，甚难也。晚找菊岩、莑臣谈，荃翊宸送到金线索鞋一双，未免太阔。午后雨，半阴晴。

十八日(7月22日) 会何成甫，因钟文叔而来，英济臣来闲看。晚至莑臣院闲谈，复至菊岩书房，同张云龙复痛谈。长老爷来送阅请开缺折。早雨晚阴。

十九日(7月23日) 四弟来看，晚间双哲轩来看，痛谈，因告以所居之地，伊甚乐之。师心竹生母杨太恭人开吊，遣人送供席，此时嘉二兄、佑三兄尚在，均嫡出。晚辈孙行增煦、杰瑞、慧瑞。晴。

二十日(7月24日) 早至东院，莑臣如夫人生日，同菊岩拜寿，早晚饭皆在彼用，内有张云龙亦妙也。半阴晴，风。

二十一日(7月25日) 会鸣赞长老爷，奏请开缺折今日呈递，奉上谕：有泰着赏假一个月，毋庸开缺。钦此。幸将谢恩折已办齐，当即恭阅。半阴晴，雨。

二十二日(7月26日) 谢恩折今日呈递，奉旨：知道了。钦此。伯郇约来，略谈，给仲路写信。阴雨，晚晴。

二十三日(7月27日) 给莲士写信，交朗秋寄，未刻莑臣得一孙女，同菊岩往道喜，至书房，给补其家信两纸。阴，大雨。

二十四日(7月28日) 晚找菊岩、莑臣闲谈，大雨，忽凉。鹤卿如君大病，请张云龙诊视，据云暑中阴症，闻有传方以细盐放脐内，用姜一片盖之，再艾绒灸九次，则治之可愈。阴，大雨。

二十五日(7月29日) 莑臣孙女余代起乳名定格，后改名银锭儿。今日三朝，姬人等往添盆。晚晤菊岩，闲谈。阴雨，晚晴。

二十六日(7 月 30 日) 会前署顺德府革任河间府，为鹤侪弟，痛谈。四弟来，同遇荩臣处，道喜，接张花秾世兄名天锡。信，伊父于二十四日下午四点钟疫故，复接刘夫人电信，亦为此。晴。

廿七日(7 月 31 日) 荃翊宸来看，启正斋来看，皆以余未能奏请开缺为何？所从而适，大约假满销假告之。阴。

廿八日(8 月 1 日) 阿实亭甥来看，晚至荩臣处，看闰妞因腹泄已见好。同云龙伊为顺德府邢台县人。谈广宗县事，大名镇竟杀民间三千人，为鹤侪太守据，民间俱颂功德。半阴晴。

廿九日(8 月 2 日) 钟文叔贤友寿康。来，本与恭勤公伊上辈有旧交，又拜余门下，江苏旧识也，为绍兴府人，送来提盒裹绸并食物，外银四十两，刻下候选知县，大约年前总可望选也。晚看闰格，复找菊岩诸位谈。晴。

三十日(8 月 3 日) 那琴轩为鹤侪、汪箫九来，皆未见。午后饮醉矣。东院约姬人等听大鼓书，可发一笑。晚找菊、鹤闲谈。晴。

七月初一日(8 月 4 日) 姬人至小石桥，蓉格前两日至小石桥，因伊母并伊生日也。会葵简庭来看。晴。

初二日(8 月 5 日) 会荃翊宸，晚找菊鹤弟谈。晴。

初三日(8 月 6 日) 早闻何成甫来，未见闰学生，连日在此玩耍。晚至荩臣处闲谈，复同至张云龙屋内。半阴晴。

初四日(8 月 7 日) 会徐君，特拟不过初十日回易州，接其令叔来函，已将房间大有规模，惜乎不能前往。伯郇来，托伦叙斋打听未准开缺究竟奉何天语于荣相，候听信。姬人回。晴。

初五日(8 月 8 日) 会萧小虞，痛谈，渠大作其生意，亦末路，无之何事也。至荩臣处，与菊岩、鹤卿、云龙谈，至牧山处谈，将莲士词并答其一词，皆袖往一看，有手卷一件，乃皇五子哈密瓜诗赝本也，为伦叙斋之物，人所赠。阴，雨。

初六日(8 月 9 日) 给徐莲士叔侄写信，令田德将裕源庄银取回，明日再将银信交给徐宅，因莲士有《贺新郎》词一阕寄来，特填《临江仙》一阕答之，各言其志也。令妞妞至板厂胡同，给其十五舅崇雨生供饭，于上月廿九日病故，四十三岁，与先淑人平辈，尽剩挠三矣。都伦又一子名法芬。晴。

初七日(8月10日)　遣田德送交徐君特致莲士信一件，内有雪航信一件，外京足银三百两整。会僩逡斋，伯郇同来。晴。

初八日(8月11日)　在寓。晴。

初九日(8月12日)　荃翊宸来，因法国武官请其吃饭，详看兵队，大为赞叹，盖初次所见故震而警之，久在都下，亦可怜矣。晴。

初十日(8月13日)　钟文叔来，未能见。初次沐浴，以前较凉也。半阴晴。

十一日(8月14日)　会铁宝臣阁学，痛谈，刻下尚在政务处，时事仍为棘手，不知终何了局也。晚微雨，风，半阴晴。

十二日(8月15日)　在寓，闰妞生日，内眷皆往而大嚼，可发一笑，且有八角鼓可听，然尧臣之服则忘之矣。晴。

十三日(8月16日)　前莲士太守所填《贺新郎》词录此，《归隐》："我岂忘欣世？衹生平家仇国耻，无从湔洗。蛋雨蛮烟何时了，不必高谈经济。省落得几多流弊，一代兴亡谁作主？任鲸鲵翻倒沧溟底。孰认得，肝肠志。　　兴王佐命知谁是？仅遗留骚人逸客，牧奴樵子。指点白杨山不远，即在白云深处，况添个同心旧侣。得有山人。治乱何消由我问？待西风且把田园理。早梦醒，黄粱矣。"余填《临江仙》一阕答之，各言其志而已："阅尽兴亡亡何处，究中党祸非轻。反教无地可安全。邯郸重入梦，傀儡又纵横。　北山移文文莫作，漫劳旧侣关情。子规声罢鹧鸪声。白云应自在，明月可双清。"会何诚甫，钟文叔来看，闲谈。会鸿署长老兄，问廿一日应递安折式样。又接莲士信。晴。

十四日(8月17日)　伯郇来谈。会刘老大，欲给笙甫带信，并有银款，拟在邮政局寄往，问可靠否？余未曾寄过，实不知也。晚找菊鹤弟谈，伯郇亦在座。阴，雨。

十五日(8月18日) 午饭后至菊岩处一谈。闰妞来请看蒿子灯，未过去，因去年嚷闹，太无谓也。晴。

十六日(8月19日) 四弟来，同过荩臣处，并菊岩、鹤卿一谈，复进内，又到书房一谈。闻东直门于初九日有抢钱铺一说，系袁军，登时有拿获者，似应严惩也。半阴晴。

十七日(8月20日) 苇亭如夫人带老七老八来，老七甚好，大有乃翁神气，英发则过之。会东乔侍郎故，送祭，席未得去。少爷蓉濬、蓉润。晴。

十八日(8月21日) 晚至张云龙屋内一谈，复至菊岩处，并鹤卿谈。大似深秋。大风，晴。

十九日(8月22日) 至荩臣院，晤溥小峰侍郎。晚徐莲士来，并送到山蘑菇，在寓晚饭，荩臣、菊岩亦来痛谈。晴。

二十日(8月23日) 安折长老兄送来恭阅。会铁宝臣，前由荣相处来，伦叙斋竟未来，长季超约晚饭，辞。恩达泉处聘女，未去，送分金。王顺由家回，闻有蝗灾之处，路劫亦各处甚夥。晴，风。

廿一日(8月24日) 辰刻进内，因病痊请安，蒙恩召见慰问，出自逾格，天语且仰承皇太后以服四君子汤加西党以人参改。为妥善，感激之深，岂终身敢忘，不觉为之流涕也。徐莲士叔侄来，饭。午后至荣、瞿两枢府，至铁宝臣处，晤立民通侯，旋来家，至溥小峰处一谈。晴。

廿二日(8月25日) 辰刻赴公所，堂期，至王、鹿两枢府。鹿泽翁行五。见，此为乔生太守瀛理。胞叔。伊太翁行二。到荩臣处略谈。晚荃老四来谈，颇与法国带兵官交往，有意知其所以然也。晴。

廿三日(8月26日) 辰刻进内，本寺值日，散值后至长季超表弟处，未在家，见表姐，到松鹤龄都护处。由工侍署热河都统。到贤良寺，荩臣孙女银格满月，在此躲避一日，约菊岩、莲士吃斋清谈，并呼去曹□生，盘桓半日，亦有趣。本寺方丈为法安，俗不可奈，用车送回。阴，雨。

廿四日(8月27日)　四弟来，并会早东侯，名全，外甥女所生。于八月廿日娶儿媳。晚至荩臣处，同鹤卿到菊岩处一谈。荩臣、伯郇皆来道乏。荣月帆令侄故，未去送分。晴。

廿五日(8月28日)　至莲士府上，未遇，送给莲士、滋蕙堂二函，明甕果碟一个。雪航、天香楼二函，宜兴果碟一。李月江、折扇一，湖笔一，丝布一，土布一。赵艺圃，折扇一，洋表一，丝布一，土布一。均交其管家，以作盖房酬谢。晚到小书房，菊、荩、鹤谈。伯郇请客。晴。

廿六日(8月29日)　过荩臣处，看银格，甚有意思，才过满月，已能笑矣。与荩臣、鹤卿谈，徐莲士来，交给京纹票五百两整，以为真武庙工程之款。荩臣来，留其吃饭，未得暇。晴。

廿七日(8月30日)　会徐雪航，携来账目亦交回。将工程零尾十五两交给，应一千一百廿三吊一百文，以二吊二百，合银共五百一十两五钱一分。同雪航至金元坊，莲士约有荩臣并朗秋，饭后同莲士访广郅堂，痛谈，携回英续村先生《葆愚轩诗文集》二本。晴。

廿八日(8月31日)　东院大奶奶生日，遣二妞、蓉格前往。雪航回山。晴，灯后风雨。

廿九日(9月1日)　伯郇来，晚找菊、荩、鹤谈，惟荩臣之症约张云龙看，一日用半夏，一日用乌头，且凉热药相间，真正可怕，然本人非常信服，难以下一语也。晴。

八月初一日(9月2日)　步踏至金源给长菊岩补祝，应前月廿八日。约荩臣、鹤卿作陪，荩臣因身软未去，饭后三人至隆福寺一游。晴。

初二日(9月3日)　辰刻赴公所，至嵩八舅府上，因授伊犁粮饷章京，拟于月内动身。到广郅堂处，约早饭，有徐莲士并其世兄、号和甫。侄世兄，饭后大谈。回拜信立民将军，未遇。晴，日落大风雨。

初三日(9月4日)　赴西苑值日，回拜汪萧九、伦叙斋、侗逡斋、英济臣，俱未见。晚至荩臣处谈，复至书房，与菊、鹤谈。晴。

初四日(9月5日) 午后至如鹤侪处一谈，到灯市口洋行买洋面盆、酒盅、洋烟等物。四弟处送到俸银，内有铜洋一百九十二枚，不知如何核计也。铜洋搭放乃初次，故记之。晚到荩臣处，又换刘先生乃张怀志亲戚。药，不知以后如何。晤菊岩谈。莲士回山。微风，晴。

初五日(9月6日) 在寓，秋月来，伊女新出嫁，两亲家母初见即拌嘴，伊女公公将其婆婆打大嘴巴一个，合家闻之无不绝倒。盖小户人家夫妇口角乃其常事，不意初见新亲竟乱纲如此，殊可笑也。晴，日落雷雨。

初六日(9月7日) 北城王顺来，善水井房每月租银二两，今日立折。在寓，前日定王府井德侍御房间，忽将茶房银退回，因有洋人在彼欲买此房，据云已有成说，未免家人作祟，侍御无如何也。晚找荩臣谈，并至书房，菊、鹤谈。早微雨，午晴。

初七日(9月8日) 会徐厚臣，留其早饭。晚晤菊岩，昨送余广东铜圆，东四旗。今送其江苏铜圆，西四旗。因放俸银分两省也。送鹤卿江苏铜圆，渠送福建铜圆，未曾见过也。晴。

初八日(9月9日) 会钟叔佩，因蓉格存钱仍无章法。嵩八舅来，于十二日启程赴伊犁。晚荩臣约吃锅子，彝姑奶奶送。在院内闻蝉声，看新月挥折扇，此自来吃锅子未尝有也。张云龙在座，亦为之一笑。晴。

初九日(9月10日) 寿昌侄来，因与其四妹提亲，特到此间询溥倬云，送礼收之，前曾送蒜苗一合。送马辞之。管劬莽送礼，每相扰，愧未能报也。晚至小书房，同菊、鹤谈，荩臣病，仍旧张云龙，乃吃呆子者。去庙取鼻烟签。晴。

初十日(9月11日) 在寓，管劬安所送烧鸭，因沽来黄酒，大享之醉矣，亦大可笑，此境不易得也。晚晤菊、鹤一谈，伯郇曾来。阴，雨。

十一日(9月12日) 辰刻至西交民巷直西半壁街吕祖阁，本寺公所堂期，因演乐忙，同于城外诸君不便。庙甚宽阔，有老道数人。回头到嵩八舅处送行。看敬斋老，由马兰镇查办事件回。会甘石桥二爷，总未见。闻外孙景格已定亲矣。早雨，午晴。

十二日(9月13日) 卯刻赴西苑值日，蟒袍补褂，皇太后、皇上驻跸颐和园，诸臣均未传，跪送。晚至莯臣处，遇张云龙谈，并书房与菊、鹤弟谈。晴，午后阴。

十三日(9月14日) 如鹤侪太守将广宗县钞案送来阅看，皆县中办理不得宜，以致派兵剿办，伤民命多人，真可凄惨。晚至莯臣处，并至书房一谈，月色甚佳。晴。

十四日(9月15日) 晚至书房，与菊、鹤闲谈。晴。

十五日(9月16日) 早祭祠后，午初余带蓉格、宝子至四牌楼一游，给闰格买围头箍等，并买海棠、小茶壶一，甚有趣，遂买吃食回家，以备过节，两季未有之事也。昌格来略谈，晚至菊岩处谈，已大醉矣，至子正方睡。晴，晚阴，夜半不见月。

十六日(9月17日) 莯臣到后院，坐树下看两院小孩打枣，甚有趣。启正斋来道乏，因谈及师心竹，给其本府办地，竟得银至六十万两上下，已存至华俄银行，其克质圃上公终日车卸大栅栏，从此荒唐不问可知，所谓黑而多财，则盖其过，岂不信然。晚至莯臣处，并找菊、鹤谈。半阴晴。

十七日(9月18日) 午后至四牌楼一游，因买洋丈绳，乃现审处张先生所卖，其艰窘万状，曾在河工已补从未之流，因丁忧，家已被抢，无力起服，只得寻此生意以作糊口之计，并遇摆卦摊某为营中旧侣，颇为周旋，亦觉可笑。黄米胡同二立来，师心竹来，皆未见着。莯臣灯后约看仲路来信。晴。

十八日(9月19日) 找小郭裁缝来裁衣，此又在城内，无如之何之事，若居山又何必如此。晚找莯臣，复至书房，同菊、鹤谈。晴。

十九日(9月20日) 午刻，赴公所堂期，散值即下雨，到寓，微住，复又下。仲路送京平松银廿两，愧无以报也。早东侯娶媳，明日事，今送其果席。阴，雨。

二十日(9 月 21 日) 昨日长季超过访,痛谈,今日徐朗秋来,由易州莲士交来账目,尚欠京足银四十两,其柿子、核桃、山里红共卖一十二吊文。午至荩臣处,并书房略谈。海老爷年。续弦,送席一桌,未得去。半阴晴。

廿一日(9 月 22 日) 寅初二刻上车,英济臣留署。因道路泥淖,是以早发赴颐和园,本署值日辰初。到外务部借办公之处,辰正回。午初二刻余报家,城内道难行,城外石道尚易走。会徐垕臣、侗逡斋,荩臣来谈。晚饭后至荩臣处,看小孩儿捉迷藏。旋至书房菊、鹤谈。东院大门闩失去,亦奇也。晴,晚大风。

廿二日(9 月 23 日) 步踏至十一条胡同,徐厚臣明日回易州,到钟叔佩三哥处。晚找菊、鹤谈。昨晚并有雨,不甚大。闻前门一带雨甚大。晴,大风。

廿三日(9 月 24 日) 在寓,如鹤侪太守来,闲谈,天甚凉,风之过也。晴,大风。

廿四日(9 月 25 日) 荩臣来,托写家信,晚到彼一谈。复晤菊鹤一谈,前拟荩臣处覆啍信底交孙先生,不意其失去,殊可笑。风,晴。

廿五日(9 月 26 日) 给仲路写信,干姑娘老六来,孙先生送手卷来看,乃郭璞书,有王右军跋,赤松子观,真奇怪之至,大可喷饭,而先生以为至宝,索价万金。晴。

廿六日(9 月 27 日) 荃翊宸来,留其晚饭,将治晋斋帖四本送给,钱梅溪所刻十六集。代给仲路写信,拟底一件。晚与荩臣、菊岩、鹤卿、张云龙谈。晴。

廿七日(9 月 28 日) 给荩臣写家信,晚送往,遇张云龙,吃饭,因谈医,曹先生在彼,令其说西韵书《藏舟》一断,久不闻此调矣。至书房鹤卿、菊岩谈。晴。

廿八日(9 月 29 日) 请帖,八月二十九日小女于归,廿八日恭请送妆,荣禄再拜,东安门外东厂胡同。领贴,领席酒谢,荣禄再拜力□。饭后至东厂胡同，给荣相道聘女喜，男家为醇亲王，皇太后指婚也。前闻洋报有谓余为荣相襟兄弟，殊为可笑。特将其请帖、领贴录存此页中，可以见非属姻亲，以破此疑案。至长季超表弟处一谈，赴公所堂期。晚至莼臣处，约吃烧猪，且姑奶奶送来黄酒，仍福裕畚旧存也。晴。

廿九日(9月30日) 清晨具衣冠，给莼臣拜寿，遂便衣至福寿堂，同菊岩约莼臣祝之。并约鹤卿、长光甫、长叔明、溥倬云，携带曹先生。曹先生说东韵《托孤》一阕甚好。饭后到贤良寺，莼臣还席。晚回寓，已亥初余矣。晴。

卅日(10月1日) 寅刻由家出西直门赴颐和园，本署值日，裴韵珊留署，与英济臣在外务部公所坐，旗营副都统亦在此借坐。辰正余回，到寓午出二刻余矣。伦叙斋来，同遇莼臣，院晚间有影戏，昨日亦有，天甚热。晴。

九月初一日(10月2日) 早间钟文叔来，已选四川什邡县。代莼臣拟朱少爷唁函，故者为延庆州知州朱渊。交孙先生。晚间双哲轩来，看携来赵文敏书《参同契》真迹末本，共三本，上两本未经携来，是其泰山蒋姓萧山人得，耆介春通侯家故物，真稀世之珍，东洋已给价五千元，华人有递价一千五百两者为多，恐为洋人终得去也，且留看亦可称眼福。倜逡斋来。晴。

初二日(10月3日) 荃翌宸遣人将贴取去。晚至东院，又连日影戏，略听，即至小书房，与菊、鹤闲谈。晴，晚风。

初三日(10月4日) 连日找房，总未成就，因给福诚斋作札询之，其房已破坏，须大加收拾，不便也。适十一条胡同有房，令王顺覆看，大约可成。晴。

初四日(10月5日) 晚至莼臣处，并到牧山处望看，见其病甚重，盖气血极其亏损，幸声音未败，或可望愈。莼并莼如嫂皆来道乏也。晴。

初五日(10月6日) 伦叙斋在东院，约吃晚饭，大醉而归。将赵文敏《参同契》逡斋携去，并阅其带来董字，有极佳者，为翁覃溪所题后，题者亦多人。微雨，半阴晴。

初六日（10 月 7 日）　荃老四来谈。遣蓉格、春杏到小石桥，商酌房间，因租房实不易，故暂有此举也。晚晤菊岩、鹤卿、伯郇谈。晴。

初七日（10 月 8 日）　昨日向鹤卿打听，十五弟号景如，名灏。莲侄号尧民，名雍。启侄号勗之，名安。长侄号仲翔。名□。午后赴公所，堂期，已准写留署。给早东候道喜，到姑爷家一看，亲家太太讲《鉴书》，甚有卓识，诚愧须眉者。晚菊、荩、鹤一谈。逡斋将《参同契》晚送回。晴。

初八日（10 月 9 日）　晚至书房，与荩臣谈，因余要移往北城，到内里为之大哭，病之故也。又与菊岩、鹤卿谈。晴。

初九日（10 月 10 日）　巳刻到荃翊宸处，饭后赴雍和宫登大佛楼，各处一游，看熊样二、虎样四并人皮嗰子，复至柏林寺，和尚昆峰痛谈，复至翌宸处。晚饭回寓，牧山夫人荩如嫂来，送至书房，晤菊岩、鹤卿并勗之侄。早微雨，午晴。

初十日（10 月 11 日）　辰刻带保子到小石桥，家眷借得倬云骡子夸自车，同赴小石桥旧寓，即住上房，蓉格母子搬至东厢房居住。早晚饭，皆四弟处预备。晴。

十一日（10 月 12 日）　会阿实亭、钟乂斋，旋赴楼前买布及果子，带蓉格、保子去，不意遇雨，即买伞一把，盖携伞二把，不敷用也，可发一笑。阴，雨。

十二日（10 月 13 日）　午后会元伯征，瑞。由奉天回，仲路有带面谈语，因痛谈，伯征在理藩院当差，与仲路夫人为表兄妹，人甚精明，且通达世路，院中不易得之才也。晴，风。

十三日（10 月 14 日）　会双哲轩，送移居贺礼，谨璧谢。将赵文敏《参同契》带回。伯郇表侄来，晚饭钟乂斋夫人来。晴。

十四日（10 月 15 日）　饭后至钟乂斋府上，见其夫人，并看老七由东洋带来各像片，因与老八等大谈。至楼前路遇丰寿伯都护，街上共踏闲谈，到天锡行买布。晴。

十五日(10月16日) 至阿实亭处痛谈,带保子到西河沿一踏,远山近水,颇饶佳趣。广化寺前数行秋柳,尤觉清凉,遂转至楼东,在通泰茶社略歇,回时到昌侄处一看。晴。

十六日(10月17日) 午刻赴公所,堂期。到干面胡同,与荩臣大谈,同鹤卿在彼吃羊肉锅子,伯郇来见,并给其写家信,余信亦交其带往。遂套车,遇张云龙并菊岩,已入醉乡。在门外抽糖葫芦,赢得一只相赠,殊为可笑。晴。

十七日(10月18日) 在家,申末酉初尚未到,忽天上由西至东如燕形,一寸余,似不止此,盖飞得甚高,其形应大也。或云沙鸡,因西山有雪,赴暖处,或云燕子,其翅飕飕有声,几十万不止,街市均为罕然。然诸侄女侄儿问余,余亦未经此异也。晴。

十八日(10月19日) 寅刻赴颐和园值日,出西直门,月色甚佳,辰正三刻奏折下,进德胜门,由土道到家,去走十一刻,回走九刻,比东城近多矣。钟文叔来,留别敬四十金,即写信致穷独山人,以了山中砌墙所垫之款,即交徐朗秋处,以便寄交其令叔。晴。

十九日(10月20日) 在家会衡芝圃太守,询之,尚未请分发,或可望选,不知然否?因谈及山中所筑草舍,渠亦有羡慕之意,不愧为倭文端公文孙,尚不至十分利欲熏心也。晴。

二十日(10月21日) 在家,会何诚甫大令。分发山西教习班。庆埏、荃翊宸来,外孙景格来,询其,名耆年号康侯。早辰在四弟处吃羊肉火锅,甚饱。晴。

廿一日(10月22日) 代荩臣拟信底,命蓉格写清。晚间阿甥来谈。阴,雨。

廿二日(10月23日) 午后至板厂胡同,自崇雨人故后头一次去,斌小川处未遇,干面胡同给牧山道喜,娶启老大媳妇,前已交四弟活计补子作贺,堂子胡同给衡芝圃谢步,并彝姑奶奶俱见到。甜水井伦叙斋贝子约晚饭,座中信立民通侯,时放江宁将军,斌小川、瑞裕如、清阶平三户部,瑞鹤庄工部,溥倬云侍郎,散后到家已子正三刻矣。晴。

廿三日(10月24日) 在家代钟文叔大令致岑炯堂制军、长少白将军两函,会早东侯,将觉罗英鍼职名交给,为广郅堂所托。晴。

廿四日(10月25日) 会钟文叔,将各信交给,闻岑云阶有面递信件即行撤差之说,亦甚是也。豹格来。管劬安送来菊花盆,破院太难,且邻人有鸡猪。晴。

廿五日(10月26日) 午刻至公所堂期,因万寿在排云殿受贺,特演鸣赞派八员,两照料,四唱赞,二备赞。出正阳门,大耳胡同给何诚甫道喜,观音寺给钟文叔送行,进宣武门,到家已上灯矣。晴。

廿六日(10月27日) 在家。早阴,午晴。

廿七日(10月28日) 寅正赴颐和园值日,巳正回家。午后至楼前一游,到河沿钟表铺,将舒春舫读学前所赠表配弦,并同四弟听书。在借公所遇孚朴孙侍郎,旋来拜,前在东城已来看病,今复枉顾,俟得暇须谢。晴。

廿八日(10月29日) 在家,豹格来,携黄山谷墨迹册页一本,云系外舅鹤汀先生之遗物,托转售于人,以为薪米之资,亦可怜矣。然余观之,恐为赝本。外有钱茶山岁朝图,乃于耐圃所题,又于书苏东坡春帖子词两件,俱系藏金牋纸底,洵真迹也。因无售处,令其携回。风,晴。

廿九日(10月30日) 接署内知会,军机处咨查四五品京堂事故请批示,当批覆,正黄旗蒙古恩杰佐领下人,现年五十七岁,祖父母、父母俱殁,并未赴过新疆,亦无升迁出差告假等项事故。午后至楼前,并同四弟听书,买《小学》一部并洋枕一个。回时去秩,子特同行。晴。

十月初一日(10月31日) 日蚀。王顺买得枕箱、小铜盆等件。同四弟带昌侄、蓉侄恭谒四处先茔,五妞亦去。饭后到马□陈妈坟一看,现仍戴姓看管,因到彼屋一坐,彼即泡茶相待,不失旧邻之意也。早东侯、荃翊宸来,均失迎。闻铁宝臣亦今日上坟,未遇。半阴晴。

初二日(11月1日) 同四弟听书回,与子特兄楼前闲踏至天锡行买布,找烤肉铁支子,竟无有。阿甥来谈。半阴晴。

初三日(11月2日) 买牛羊肉,与四弟、蓉格吃烤牛肉,合家吃炮羊肉,烤肉支子乃四弟自出,德胜门买得,可发一笑。饭后同四弟听书,回时仍与子特兄同踏。半阴晴。

初四日(11月3日) 溥雨楼镧,现官阁学。太夫人停灵,出分金四吊,交四弟带往。明日如鹤侪太守分金,系聘女,出分金四吊送往。接仲路来函,管劬安约定于十二日巳刻,已由荩臣处给其送信矣。晴,大风。

初五日(11月4日) 午刻赴公所,堂期,已于初七日奏事,往留署。到扁担胡同给孚朴孙侍郎谢步。徐家来人,不知某位并牛爷来,俱未迎候也。晴。

初六日(11月5日) 午后步踏,半路雇车至十一条胡同。昨日山中来者,乃徐君,特询之,未在家,朗秋亦未在家。至后门桥下车,到书馆同四弟听书,延老二来,景格廿九日娶亲来请。晴。

初七日(11月6日) 同四弟听书,管劬安来信,询问赏菊日期,曾经与荩臣订十二日,今改十五日,不知荩臣忘否?可笑。晴。

初八日(11月7日) 同四弟至马家楼早饭,此处牛肉甚好,书馆听书。早闻何诚甫来,连日午甚热,早晚凉。晴。

初九日(11月8日) 在家,查汲古阁十三经一部,并《皇清经解》,未查完。荃翊宸来会。邸钞。已换灰鼠袍褂,为明日万寿典礼也,然午间恐穿不住。晴。

初十日(11月9日) 丑刻起,寅正具朝服,由家出西直门,恭赴颐和园,慈禧端佑康顺昭豫庄诚寿恭钦献崇熙皇太后六十八万寿,在排云殿受贺,三品以下官在排云殿门外行礼。约在辰初。惟由东宫门入,过仁寿殿各处南行,顺游廊沿湖岸西行,道路甚远,然沿路均有灯烛并电气灯,颇亮,待日出,则山光湖影掩(应)[映]于崇楼峻殿、金碧辉煌中,真不啻蓬瀛琼岛,的系仙境也。回至外务部借住公所,换蟒服，辰正进德胜门，由土道行走，到家已正余矣。饭后大睡，醒后日转西方矣。去灰鼠褂棉袍，回时换棉褂，尚合式，不热。晴。

十一日(11月10日) 饭后听书，路遇延寿峰观察。连日灯后即有臭雾。晴。

十二日(11月11日) 同四弟至河沿听书。名通河轩，说书者为玉崑兰，说《济公传》。晴。

十三日(11月12日) 同四弟听书，到天锡行。晴。

十四日(11月13日) 在家，蓉格借其八表兄《地理问答》二本，看讫，乃今年始出之书，较《瀛寰志略》简明，惟内奉教语颇多，殊为可笑。只有分别观之，取其所长而已。半阴晴，大风。

十五日(11月14日) 巳刻赴管劬安处，约赏菊，早饭，座中荩臣、逡斋表兄弟，无外人，临走赠白酸石榴一枚，其酸未曾有也。回看牛爷，未遇。到季超处略谈，承赠新顺天闱墨一本。昨夜王姬人小产，男胎已成形矣，惜哉！天忽然一冷，因风所致，非皮裘不可，早辰未穿，似感冒不适也。晴，大风，甚冷，晚住。

十六日(11月15日) 同四弟听书。晚间徐莲士来，留其晚饭，同四弟痛饮，将荃翊宸所赠琴，倩莲士弹《平沙落雁》指法，甚佳，惜琴不好。晴，大风。

十七日(11月16日) 覆仲路信。午后至公所，堂期，到干面[胡同]。晚饭晤长菊岩，寻其大明宝钞一张。晴。

十八日(11月17日) 午后至书馆听书，何诚甫未会，廿三日赴山西。晴。

十九日(11月18日) 寅刻赴颐和园，本寺值日，英济臣留署，辰刻接事，巳刻三到家。稻田有上冻处，活水仍流。午后会江苏海运委员同知衔知县用候补县丞赵卓人，云倬。从先旧雨也。遣春杏至干面胡同。晴。

二十日(11月19日) 会徐朗秋，将雪航丁忧期满报户部，文一件，图片一件，托求四弟代投，当交部所有回投。午后赴河沿听书，至天锡行、广庆号。阴，晚小雨。

廿一日(11月20日) 午后到天锡行，遂雇车至莲士处。将回投面交。遇崇仁山，宽寿。为先淑人之内弟，痛谈，雇车回家已上灯矣。携来南白杨图，为雪航所绘。晴，大风。

廿二日(11月21日) 在家会华若溪院长世兄友廉明府，蔺。分发广东，到京赴引，颇精明可喜。阴。

廿三日(11月22日) 至通河轩听书，并元成换银回，遇老朴、老正两内侄，布面小毛皮袄作得。半阴微晴。

廿四日(11月23日) 巳刻至金源坊，约广郅堂、徐莲士、管劬安，郅堂未到。饭后同莲士至劬安府上，听两君弹琴，可谓尽一日之欢矣。劬安亦欲在易州觅地，有同心也。晴。

廿五日(11月24日) 同四弟会雪航，现已承重，忧起服拟过数日，再到署，乃余哀未尽之意也。晴。

廿六日(11月25日) 早间华友廉世兄送到尺头四卷，茶叶八瓶，火腿二只，因交谊不便辞。午刻至公所，济臣未到，堂期，谢恩人员甚多。出城到后孙公园锡金会馆，回拜华世兄，回家已掌灯后矣。晴。

廿七日(11月26日) 遣田德给华世兄送果席，未收，外官派也。给亲家太太送礼。景柳外孙娶亲，廿九日正日也。会春龄，为前佐领定海之孙全爷之子，不甚了了，乱抓而已。同四弟听书，至天锡行并烟铺买物。阴微雪。

廿八日(11月27日) 寅刻赴颐和园，本寺值日，天已凉，河水尚未冰，换白风毛褂矣。午初回家，韵珊留署。与济臣遇副都统承君全，内府人也，痛谈。饭后会广郅堂。晴。

廿九日(11月28日) 同四弟听书，无书乃听书者多，鉴堂说《济公传》两回，同子特副宪至桥南一踏。晴。

卅日(11月29日) 会徐莲士，在小书房同四弟早饭，荃翌宸来谈竟日。闻莲士云，伊令亲钟湘帆约初三日在福全馆饭，并无认识，欲交往也。晴。

冬月初一日(11 月 30 日) 至楼前东路一游,买女帽,到书馆听书,换刘逢元说《聊斋》,回时路遇福子绶。文。晴。

初二日(12 月 1 日) 同四弟书馆听书,到天锡买獾儿皮一块,遇文瑞图。晚间钟乂斋来,在四弟处痛谈。阿甥午后来。晴。

初三日(12 月 2 日) 内阁奉上谕:"有泰著赏给副都统衔,作为驻藏办事大臣,照例驰驿前往。裕(纲)[钢]着俟有泰到任后,再行来京。钦此。"赴荣华甫处,未遇,至福全馆,钟湘帆约即在彼处,给鸿胪寺送信,请恩、长老爷代办满汉谢折,座中徐莲士、管劬安、徐雪航、朗秋昆仲,痛饮,回家子刻矣。阴,雪。

初四日(12 月 3 日) 鸿胪寺锡老爷来送阅谢折,座即请缮递,勿庸再恭阅,因道远难往返也。遣蓉柳至荩臣处借貂褂,会溥小峰侍郎。晚阿甥并乂斋来谈。晴,夜风。

初五日(12 月 4 日) 寅刻赴颐和园,恭谢天恩,仰蒙召见,温谕叠加。并优承皇太后恩谕:"知汝甚苦,汝即叩领,赏汝盘川。"遂赏银三千两,即时亲赴李总管[1]处支领,盖蒙恩谕毋庸具折奏谢。到外务部公所与周敬兴儒臣。痛谈,托荣华甫办理一切应用开销,在外务部早饭。旋至那琴轩金吾公所大谈,其银款即派琴轩营兵兵丁同家人押车先回,因又痛谈。三钟始进城,到家掌灯。阴,大雪。

初六日(12 月 5 日) 至瀛贝勒等处,赴福全馆徐莲士约,回家已丑初矣。早会溥倬云,其华友廉、温受臣、都大爷来,皆未约见。倬云已应借马,未审如何?早接那琴轩信,庆邱欲见,未果。晴。

初七日(12 月 6 日) 至海淀裕盛轩早饭。到荣仲华相国、王夔石相国,瞿子玖、鹿滋轩两尚书,皆未遇。庆邱适会外务部诸君,无暇约见,回家已日没矣。晴。

初八日(12 月 7 日) 在家,徐莲士来甚早,尚未起,留吃早饭,

---

① 李总管即李莲英。

痛谈，明日即回山矣。景柳妹侄来，世老大兴。来敬老师，送贺礼。果席，绍酒。晴。

初九日(12月8日)　借溥倬云黑马，令车夫唐儿雇白骡一头，将车成全矣。拜那王、肃王。到徐悦陶处，交其管家致周敬兴信，拟十一日赴外部看公事并拜客，回家上灯。晴。

初十日(12月9日)　会三姑爷。午后拜客，至庆亲王等处，回家上灯。半阴晴。

十一日(12月10日)　拜客，午后到外务部晤侍郎联春卿、芳。瑞左丞鼎臣，良。公务须十四日方得捡齐。复拜客，回家灯后矣。晴。

十二日(12月11日)　在家，会双哲轩，料理衣服等物。景茀亭处如嫂、两亲家太太，均送贺礼。晴。

十三日(12月12日)　阿甥六十九，送其祝银二两。景柳媳妇□朗送针黹、首饰。午后出城拜会乔茂轩、裴韵珊并别位客，回家掌灯大后矣。钟叔佩、早东侯来候，未晤，道甚泥淖难行。晴。

十四日(12月13日)　至外务部携来《西藏通商册档》六函，共卅本。到衡芝圃处，回时到天锡行。晴。

十五日(12月14日)　在家看册档，然竟无瑕会清秋浦、乔茂轩、徐悦陶、长季超，至三点余钟方吃早饭。晚复见阿实亭谈，钟义斋处老九来，未往闲谈。晴。

十六日(12月15日)　在家会长少谷、溥鹤卿、前菊岩来，未晤。毓伯郇、钟叔佩少少、曾启老大，竟一日未闲。姬人赴干面胡同并景茀亭处。晴。

十七日(12月16日)　在家，有客皆未见，乾如老六来，诸人行礼，后将八仙桌两张并起，合家大吃火锅，亦乐事也。晴。

十八日(12月17日)　景柳来拜寿，询其二妹，名延增，号竹南，渠名耆年，号康侯。阿实亭父子来，茀亭如夫人带老八名恩溎。来，伯郇兄妹来，均祝寿，竟一日未得闲。晴，大风，昨夜大风。

十九日(12月18日) 早聚,合家在上房早饭。姬人赴阿实亭处道乏,并至钟乂斋处闲看。晴,微风。

二十日(12月19日) 在家看外务部携来清档,连日咳嗽伤风并喉痛,遂服温疫第三方。晴

廿一日(12月20日) 在家看清档,病少愈,荃老四送到飘带,荷色,甚佳。晴

廿二日(12月21日) 在家看清档,其中可叹可气可恨事,不一而足。其负国恩之夫己氏,真不知其当如何严惩也。晴。

廿三日(12月22日) 回拜肇彦笙观察,鸿。为延忠恪公子。午后拜客,至外务部,将携来清档,面交庶务司存菊庄善,晤绍任庭昌,略谈。晴。

廿四日(12月23日) 南城外拜客,晤清秋浦侍郎。西城拜客,晤讷子襄都护,皆痛谈。晴。

廿五日(12月24日) 卯刻进内谒,皇极门外皇上率王大臣二品以上在此,三品下在午门。恭叩贺皇太后冬至令节,礼时辰初二刻,待辰正二刻,皇上御太和殿,王公百官叩庆贺礼。夜间起风,礼成后回时,极大风,对面不得看人。晴,大风。

廿六日(12月25日) 至东城拜客,给琴轩太夫人拜寿,听夜戏,回家已丑初余矣。闻荣相云,帮办已简放讷钦,授三品衔。晴,大风晚住。

廿七日(12月26日) 内侄朴格来,会乔茂轩,马溆午中翰濬年。四川成都县人,颇留心藏务点点,痛谈。二妞赴干面胡同,给牧山贺得孙女喜,老长所生,今日满月。晴。

廿八日(12月27日) 至东城拜客,到荣相宅,因病未遇。季超表弟处晚饭,大饮黄酒,回时在天锡洋行买物。晴。

廿九日(12月28日) 早闻军机处咨,内赏驻藏大臣有泰:福字一张,蓝辫大荷包一对,小荷包二对,银钱二个,银锞四个,半分之半藕粉三斤半,白莲子三斤半,百合粉一斤半,南枣三斤半,荔枝一斤

半，奶饼五斤，挂面十把。以上食物装皮包二个。敬谨叩领。谢恩折已承荣华甫代备，即拟明日叩谢。会乔茂萲，痛谈。姬人至东城拜客。致总署信，拟初七日往拜英俄钦使并总税务司。晴，晚风。

三十日(12月29日) 卯刻，进内恭谢天恩。在九卿房坐，遇马军门、玉昆，安徽人。姜军门，桂题，安徽人。亦得赏，具折叩谢。夜丑刻，在正院向空以全羊不用祭祀拿羊。祀神，缘兵燹之际，阖家未伤人口，因之家人敬许报谢，是有此举。晴，晚阴。

十二月初一日(12月30日) 与四弟带昌柳并合家在上房吃羊肉，连家人等六十余斤肉，立时□尽，可以豪矣，一笑。莐臣遣陈福来荐差官刘文通，告以俟面谈。晴，晚风。

初二日(12月31日) 至庆和堂，张少玉约，座中台介臣，多节之英，约及毓少岑。午饭之后给肃邸道喜，娶儿媳。东城拜客，莐□处晚饭，仲路来信带回。晴。

1903 年

(光绪二十八年十二月)初三日(1903 年 1 月 1 日) 接绍任庭来信,初七日拜馆,接英俄国四函,是日可往。晴,大风。

初四日(1 月 2 日) 牧山表弟于亥刻病故,年五十五岁。早赴宣武门外球芝巷,乔茂萲约,座中清秋浦侍郎、马溆午中翰,无外客也,痛谈。遂至琉璃厂秀文斋等处,匆匆晋城,已上灯大后矣。晴,极大风。

初五日(1 月 3 日) 滋翁所著《筹瞻疏稿》二本,由茂轩处送到阅讫。至鹿滋翁处,未遇。赴庆王府,适无事,痛谈藏务,于大局甚得要领。回拜桂文圃,未遇。晴,甚冷。

初六日(1 月 4 日) 本拟至鹿滋翁处,适徐雪航来,谈甚久,因令王顺至璃琉厂送博文斋书目。晴,甚冷。

初七日(1 月 5 日) 午后,至外务部会同英俄两繙绎[①],英翻全森,号子良,候选直隶州,汉军人。俄翻萨荫图,号季骞,户部郎中,蒙古人。并派差官三点钟起先引至英国馆,晤署钦差焘纳理,座有彼处两翻译。又至俄国馆,晤署钦差柏兰荪,座亦有两翻译。英国喝酒一大口,俄国喝酒一杯,且备点心,略用数块。遂至总税务司赫德馆内,闻赫德云,赫政于前三日接电已故矣。不用翻译,则有盖碗茶,公然中国景[瓷]矣。回家上灯后。晴,大风。

初八日(1 月 6 日) 午后东城拜客,到鹿滋翁处痛谈。早晤萨得谦郎中。晴。

---

① “繙绎”即“翻译”,此后日记中直接改为“翻译”。

初九日(1月7日) 二妞至干面胡同,给牧山吊祭,分八两祭席一,纸锞二。接萨季骞来函,系柏署使十四日回拜。晴。

初十日(1月8日) 昨日觉感冒,今日仍未大好。接外务部顾康民、绍任庭来信,俄使回拜之,季骞信同。适柏署使亦来函,回复外务部函,请代酌应否回复柏署使函。晴,极大风。

十一日(1月9日) 东城拜客,至萨季骞、全子良两翻译处,访温受臣,未遇,哭牧山,并看荩臣,似少好。晴,大风。

十二日(1月10日) 在家,姬人为景茀亭侍郎如君约往余园照像,谅不止照像,必尽意大嚼也,一笑。恭阅邸钞,毓月华朗将军补余所遗鸿少缺。晴。

十三日(1月11日) 至西城访松寿泉尚书,未遇。到讷子襄钦驻藏帮办赏三品衔。处,看其光景,未必能前往,盖喘症仍未愈也。徐莲士将山上所存应用书籍交来。晴。

十四日(1月12日) 午后至外务部候,三点钟俄国使臣柏兰荪回拜,备茶点待之,同翻译二位,萨季骞亦到,痛谈。至徐莲士处,未遇,见雪航、朗秋。晴。

十五日(1月13日) 绍越千英送来一只锅并点心两盘。午后至天锡行还账百余金,至琉璃厂买书、定纸张,在秀文斋遇徐莲士。回家后接外务部来函,十八日三点半钟英焘署使拟回拜,即致信于瑞鼎臣,周敬兴兄后函,是日在外务部拱候。接胡萼辉函并送炭仪三百金。晴。

十六日(1月14日) 恭阅邸钞,于十五日十四日引见。奉旨:保送知州户部主事随奉,着交部记名,以直隶州知州用。徐莲士来,早饭,谈之不已,复晚饭,可谓畅矣。大舅母来为盛京租项事,欲成讼,因奉告给仲路写信,再作商酌。管劬安送来菜二碗。半阴晴。

十七日(1月15日) 在家。昨日早晚喝酒,竟不识火气上延,颇不适也,可笑。会启正之、衡芝圃,晚见世老八。半阴晴。

十八日(1月16日) 早会荃翊宸表弟,交其与仲路信底。午后，到外务部，三点半钟会晤英署使，亦备酒点，泰纳理亦带二翻译，俄翻译为全子良，森。因痛谈。适琴轩在署，得晤。存菊庄交给所钞藏内公事，回家已上灯矣。闻何光荣已经启行。晴。

十九日(1月17日) 皇城内拜客，并至荣仲翁、瞿玖翁两枢密处，皆未遇。到三条胡同给英续村拜寿，回家子初矣。晴。

二十日(1月18日) 早会毓月华鸿胪，名朗，定府王孙，由镇国将军因保案授鸿胪少堂。即得余升缺。询寺中事宜颇细，亦办理新政列名之人也。天晚，未经斟酌应买书籍，秀文斋送到裱福字及纸张。晴。

廿一日(1月19日) 会长少谷，至西城拜客，晤毓月华京卿、早东侯侍郎，回家又上灯矣。晴。

廿二日(1月20日) 午后带大蓉、二蓉、春杏、桂子、宝子步踏至天锡行，买物后，同大蓉楼前一游。晚饭后，钟乂斋、阿实亭来谈。晴。

廿三日(1月21日) 约钟乂斋、阿实亭早饭，四弟、蓉柳传在座，痛饮，幸无醉者。刘元儿来，得见。晴

廿四日(1月22日) 在家，本无客来，惟文奎堂送书来看，洵乐境也。晴。

二十五日(1月23日) 外务部绍任庭、周敬兴来函，送到分界图一件，立关图一件，均给裱成，殊可感也。酉刻赴荣相宅，面见，痛谈藏事，妙在皆未有真正办法。大雾后细雨。

廿六日(1月24日) 在家，文奎堂又送书来看。晴，大风。

二十七日(1月25日) 在家，饮而大醉，带二妞、桂子等至西院小门买糖，颇可笑人。半晴，阴。

廿八日(1月26日) 早至乔茂萲处，早饭。拟欲约马溆午入藏，未审如何？进崇文门，沿路拜涂兄国盛、王君育梁，到斌小川处，约晚饭，座中伦叙斋，寿子年昆仲，瑞裕如昆仲，文鉴斋、镇。奎叙五隆。两农部，叙斋大醉。晴，风。

廿九日(1月27日) 在家,王顺昨日回,晚间钟乂斋来,痛谈。晴,风,甚冷。

卅日(1月28日) 在家,晚间祭祠堂。晴,甚冷。

光绪廿九年岁癸卯正月初一日(1月29日) 丑刻接神,拟进内,因朝衣未借着,此貂鼠朝衣不易易也。饭后东西城拜年。晴。

初二日(1月30日) 在家,毓伯郇、斌小川诸君来,皆见。晴。

初三日(1月31日) 在家,四弟用束拜年,会钟叔佩诸君。晴。

初四日(2月1日) 早晤荃翊宸表弟,大谈性理,殊聪明过人。年后至东城拜年,拣下车处先去。晴。

初五日(2月2日) 景福亭姨太太荐家人杨顺,自辞去崇仲蟾,荐家人计泉来。会长少谷诸君,至东城伦叙斋诸处。晴。

初六日(2月3日) 至西城南城外拜年,亲家太太荐家人杨顺,又名三音,江西人,在四川省城小十字街三圣祠对过,此人在伊宅多年,家属到川可令其代觅公馆也。晴。

初七日(2月4日) 约乔茂轩早饭,与四弟车陪,本欲约其门人。马溆午中翰回教人。因有老亲在堂,不愿往,只得罢议。二妞至方家胡同、二条胡同、板厂胡同三处,伊十五,舅母留饭。晴。

初八日(2月5日) 赴恭王府谢步,前日忽承下顾,殊不可解。至奎二嫂处,为先母亲内侄媳,多年未经来往,曾于前数日在季超处,遇文济臣,治,为奎二嫂第六子,现候选通判。因其来,故往拜二嫂,已六十九岁矣,并到达通轩夫人处。晴。

初九日(2月6日) 在家,大感冒伤风咳嗽清涕。三女婿来四弟处,留饭。半阴晴,灯后风。

初十日(2月7日) 巳刻至福全馆,钟叔佩、杨仲蟾福诚斋约饭,后本拟逛庙,因风而止,到各铺户闲坐。晴,大风。

十一日(2月8日) 在家,伤风仍未大好。二妞、大蓉皆至干面胡同,接学生来信,留其住下。晚会钟乂斋。晴。

十二日(2月9日) 管劬庵夫人来,送到图章二方、印色面一瓶、小手卷一匣，皆劬安手制，外折扇二柄，亦其所画，送姬人同二妞妞。雇得白骡忽病，因向杨仲蟾借一黑骡，赴金鱼胡同，外务部那琴轩大弟、桐。联春卿二哥、芳，右侍。瑞鼎臣大哥、良，左丞。陈梦陶三哥、名侃，右丞。顾康民三哥、肇新，左参。绍任庭三哥，昌，右参。约晚饭，座中惟伦叙斋出仗美国，四表弟因之大谈，复有闯筵者为陶星南日本翻译。观察大钧。回家已子正矣。蔚霞屏之格格来。晴。

十三日(2月10日) 赴致美斋，同钟叔佩、杨仲禅福诚斋早饭。公局饭后，同仲禅逛厂甸，到博文秀文将帐弄清。晴。

十四日(2月11日) 在家。姬人赴管劬安等处。午后荃翌宸表弟来，痛谈，留其晚饭。晴。

十五日(2月12日) 赴管劬庵府上，约晚饭，座中无外客也。晴。

十六日(2月13日) 至福全馆，荃翊宸约晚饭，之后至楼前逛灯，到天锡洋行，遇福子受并四弟，因大谈。晴。

十七日(2月14日) 会长允升表弟，约廿六日申刻在伊宅晚饭。午后克懋先内侄来，因谈其查旗处毫无章法，殊可笑人。晴。

十八日(2月15日) 在家，内侄老虎来，晚会钟乂斋。晴。

十九日(2月16日) 在家。绍任庭兄来函：英国署使焘纳理两译员，一名戈颁，一名梅尔思。俄国署使柏兰荪两译员，一名罗达臣，一名贝勒成阔。并商报一本，洪字密本二本。并接如九婿来信。晴。

二十日(2月17日) 在家。斌小川开来清单，查驻藏大臣系属差缺，每月由任所应领口粮银一百六十八两，每年加增银五百两，其俸银俸米养廉，系按副都统由京支领，并无移任案据，再出京时，由该旗出具文领，由部发给皮衣驮马银卅六两。穷独山人来函，约往纡道真武庙其官站，不能即时覆之。并给荣华甫观察去函，托备折。风，晴。

廿一日(2月18日) 会荣华甫观察，据内外奏事等应一百廿八两，缮折谢银卅两，苏拉八两。晚间请训安折两分，皇太后满汉合璧，皇上单行满文。膳牌一分，送阅。晴。

二十二日(2月19日) 卯刻赴西苑请训，蒙恩召见，谕以实心办事，任劳任怨，并承皇太后天恩，赏给福寿字各一张，勿庸具折，即叩谢，且谕以愿汝福寿平安。伏闻之下，感激涕零，不知当如何报称也。并谕："晤岑春(暄)[煊]，问其好，实深惦念，外人总谓偏待他，不知我母子被难时，竟安置某城外，多亏其保护，且办事时不避劳怨，如何说朝廷多待他好。钦此。"晴。

二十三日(2月20日) 杨苏拉来，给伊四两，其应发各项银廿两，钱一百廿二吊，均交领。至绍任庭兄处，将外务部钞公牍供事及马差苏拉人等廿两，函交。晤鹿滋翁尚书，据云四川熟悉番务，有孝廉方正知县乔震生，河南人。苇亭如嫂带老八来住。晴，大风。

廿四日(2月21日) 早彝姑奶奶来，不意芝圃所指知府竟收花样，未经注册，以致前月选班空遇，涕请想法，真无法也。东城拜客辞行，至伦叙斋贝子府晚饭，座中仍前外部诸君。晴，微风。

廿五日(2月22日) 至西城辞行，晤恭邸，痛谈，见有成哲亲王汉字联、篆字联各一，皆极精神。荃翌宸送到腰刀一把，外高王父循郡王"蕙畮"二大字，溥小峰、玉岑、倬云送到活计，八匣酱菜、老米、茶叶，世伯轩尚书送茶叶、点心，松寿泉尚书送京酱、老米。前日钟世兄崙。送菜点六盒，天锡送果席二桌。晴，风。

廿六日(2月23日) 钟叔佩送到玫瑰、佛手酒、冬菜、松花、干芥、黄酱，广郅堂送四点四菜，嵩八舅赐茶叶、点心，庆王爷赐点心捌匣，恭王爷赐忠亲王墨刻并诗文集若干本。至东城辞行，长季超表弟约饭，座中松鹤龄侍郎，伊亲家一，季超谓其亲家云，今日无外客，惟一琴一鹤耳，殊有趣。门生一。晴。

廿七日(2月24日) 早会恭王爷，痛谈。午后西城辞行，到松寿泉尚书处吃薄饼，大可乐也。遂遣其灯笼送来，毋气哉。晴。

廿八日(2月25日) 昨日，溥莀臣送来茶叶、酱菜四瓶篓，雷芥一匣，老姨太太送槟榔□砂，三格格送茶叶、酱菜四瓶篓。今日，溥鹤卿送两菜两点，恒季和送茶叶、酱菜各四瓶匣，甘石桥亲家太太送茶叶四瓶，点心、酱菜各二匣，斌小川送点心、酱菜各四匣。至驴驹胡同，裴韵珊鸿卿约有沈曾植、号子培。张少玉，其余皆其同年同乡，回时拜客。晴。

廿九日(2月26日) 会葛振卿，继新泉世兄铭。内府郎中。巴师母赐酱菜、点心各四篓匣，长少谷送点心四匣，瑞鹤庄裕如昆仲送四菜两点。午后至东城拜客，晚到方家胡[同]，二、四表弟约晚饭，回家子初矣。风，晴。

二月初一日(2月27日) 福子寿五兄文送茶菜一小箱，温寿臣送茶腿二只，福文慎公夫人送酱菜四篓，针黹一匣。百古花样。景茀亭如夫人送果脯等四匣，酱菜二篓，奎二表嫂送酱芥、点心四匣，十一舅太太送针黹六件，均真正内造，都老大送酱菜二篓，点心四匣，侗逡斋送点心、菜六包。到松鹤龄侍郎处，约早饭，座中长季超、荣华卿、隆七爷。饭后赴总税务司赫德，英国署钦使焘纳理，翻译戈颁、梅尔思，俄国署钦使柏兰荪，翻译罗达臣、贝勒成阔处辞行，并各处辞行。晴。

初二日(2月28日) 在家，十五舅太太送点心、酱菜各两匣，双哲轩送果席各一桌，长菊严、溥鹤卿来早饭，痛饮。晴。

初三日(3月1日) 恭谒四处先茔，回时至阿实亭处辞行。灯下写单条对联付蓉侄，字甚劣，不常写过也。迁大舅母赐茶叶、饽饽各二匣，咸菜、酱各二匣，纸花二盒，全振兴、石登垲送鼻烟一匣，茶叶一匣。晴。

初四日(3月2日) 三侄婿送茶叶、点心各二匣，黄酱、咸菜各二匣。钟乂斋夫人送高酱一包，纸花数十枝，常乐山安。送茶叶、酱各二瓶匣，克懋先内侄送口蘑、虾米、黄酱、冬菜各四匣。会长季超、钟叔佩、温寿臣大哥，据云为路间短少川资，伊致信于天成亨汇号，可以接济。收荃翊宸送行诗，并收到溥仲路来信，实无暇作覆矣，并会长少谷。晴。

初五日(3月3日) 继二哥子受禄送点心八匣，松公爷送茶菜、点心各二匣，黄酱、酱菜各二匣。会克懋先、早东侯、乔茂轩、荃翊宸，震老二令其携满洲书二套，三姑爷锡梦九晚留，钟乂斋、阿实亭、毓伯郇在小书房饭。车与驼轿俱来，长菊严送五香槟榔。阴，微雨如丝。

初六日(3月4日) 午初刻，由家启程，兵部车六辆，马八匹，自坐大轿一乘，驼轿两乘小妾小女坐，轿车三辆仆妇座，共男家人十名，女家人五口，送行者钟乂斋父子三人，阿实亭，豹侄，都侄孙。出阜城门，穿城，过□济城，走卢沟桥，河冰已开，顺流而下，有桌子大小者，至长新店茶尖，内有文仲恭题壁，乃二次太守河南也，诗不全，未录。穿良乡城过，至南关宿。晴，大风。

初七日(3月5日) 因闲踏见北门外一戏台，上场书“来兮”，下场书“归去”，顺读亦可，颇具巧思。至窦店镇尖站，昨日给良乡县差门赏耗，方有车马，然包马仍未有也。县官范大令。学曾。过琉璃河，过河后顺牤牛河行，水甚清，见铁梁保子乃下车摩之，囿于俗论也。涿州北关宿州官为李君，培之，号心泉，壬辰会榜，将欲交卸。公然椅披桌围，可笑。晴，午后风。

初八日(3月6日) 至高碑店尖站，无预备，曾过张桓侯故里，古井尚完整，祠宇已破烂不堪矣。穿定兴县北门，出南门，城内换夫马，回忆去岁两赴易州，皆从此过，前为何事，今为何事，不禁怃然。渡易水有浮桥，三铁轨则高高在上，不可仰攀矣。北河店公馆宿站。属定兴县，县令为黄秦生，大令国瑄，有豫备。晴，午后略风。

初九日(3月7日) 至固城镇尖站，自备，又卅里，或云廿里，安肃县南关宿，此处竟有鼓手、炮手、茶炉等，外官派也，署县令冯君。麟淮，号星潭，河南人，为星严汝骙弟兄。所过麒麟塚上面多坑，不可解。沿大路多水，绕道而行。早阴，午后晴风。

初十日(3月8日) 至保定府西关宿站，或云五十里，又云六十里。早自备，晚县内备，周翰如方伯，浩。杨莲甫廉访，士骧。清河道李少卿观察，树棠。保定府朱经田太守，家宝。清苑县齐震岩明府，耀琳。

守尉同乐亭，和。中协张西园，士翰。参将韩锡三，廷贵。均差拜，当即覆贴回拜，询问铁宝臣侍郎良，已赴天津矣，惜未得晤。晴。

十一日(3月9日) 由保定府至满城县界，陉阳驿换马，又十五里至方顺桥公馆宿站，或云五十五里，或云六十里。忆戊辰正月先兄恭勤公赴山西汾州府任，曾于此处遇张总愚大队，幸马快折回，保定制军为官文恭公，承其照拂多处，然事机亦甚危矣。此处属满城县，县令雷君天衢，号星洲，山西平遥人，辛卯举人。阴微晴，大风。

十二日(3月10日) 自方顺桥至望都县，由东关城外到西关尖站，此本宿站，昨日误为尖站。阎菊农明府骏业，行二，为山西榆次县附贡生。特来枉顾，因略谈。至清风店穿过，离州十五里到带子店。又名褡裢店，生意与前两次过大差矣。又过清水河浮桥至定州，不穿城，西关宿站。本州朱允卿乃恭，行一，锦州人，己未戊辰二科，年岁可观。晴，午后风。

十三日(3月11日) 自定州至明月店穿过，有"中山明月"四字，在店来路寨门上，离新乐十数里，有黄石公修道处，碑在路旁，将至县城有羲皇圣里碑，并有庙，本拟下舆一瞻，未果。由县城东门转南门公馆宿站，公馆南即新乐河，县令为刘星五，行一，明府春奎，山东章邱人，己卯一榜。此君乃易州通判代理，新任明日接印，在南间壁住。半阴晴。

十四日(3月12日) 早过新乐河，道湿尚易行，连日浮沙中，实难行走，到新城铺即伏城驿。尖站，又复沙土，或云四十里，官站云四十五里，正定府城内近南关宿站，大约四十里，亦不到四十五里，询其观音铜像，据土人云，殿顶已塌，像已露天矣。进西门，有汉南粤王赵佗故里碑，尖站。前路遇前天津练军王翼长，义才。由广宗拨队赴天津，令军奏洋乐迎接。到公馆后，正定府并路遇。江兰生太守，槐序，号箓生，原任怀庆府，杭州人，为相识江兄槐亭令兄。清军盐捕水利同知相豫生，寿，镶黄旗满州人，为朴仁山寿令兄。正定县张朗卿，祖咏，浙江人，实任祁州知州，人精明。均来顾，痛谈，旋即差拜。晴，午前大风。

十五日(3月13日) 前三十里,后卅里,或云四十里。自正定府出南关,先有双门,复出南门,乃两层门也。此古之常山,有赵子龙故里。过滹沱河,浮桥尚在,渡过往西,暂入山坡路,至赵陵铺尖站,店家云,铁路由刘伶铺望南,未入山也。甚荒凉,食物自备,仅有素面馒首,亦可吃。出店后一路高上,过大安舍,即望见高山,路旁见有青蛇一条,二妞亦看见,此时何已出蛰?行山沟内忽然开朗,即见山围四绕,获鹿县城在其内,大似南白杨莲士所住之处,进县城东关公馆宿站,且有綵扎辕门,县令谢方塘。鉴礼,行二,四川乙酉拔贡。阴,微风。

十六日(3月14日) 或云此站五十五里,非。自获鹿县四十里山路至滩水镇尖站,自备食物,比昨日少强,有汉淮阴侯背水阵碑,早过东天门有赵守将不知何如人?白面将军碑,尖站后沿途有卖枣木作就各物,大半玩意居多,内眷买小葫芦等。又卅里到井陉县,城外河东坡公馆宿站,县令欧阳泉堂明府。绣之,河南陈州府项城县,丁丑进士。阴,微晴。

十七日(3月15日) 前五十里,或云四十里,又云六十里,后卅里,或云四十里。自井陉县绕水,此处水碾磨甚多,风景好。在山坡行,至山西交界牌,来路不远有所过龙窝寺甚好,对山亦有庙,路旁有龟趺,一车过,每以油抹之,保平安也,一笑。至获鹿县、平定州,各百里,题碑,出北天门甘淘驿换马,至槐树铺尖站,自备,天甚冷,又无吃食,甚苦。尖后,出西天门,自桃园至宿站,道皆石路难行,柏井驿宿站,因有雪山,或出云或铺雪,颇为难得景致也。署平定州本任崞县。王子良刺史,为幹,行一,浙江仁和县人,乙丑一榜。此宿站属州管。阴,雪

十八日(3月16日) 自柏井驿过青玉峡、翠蛟潭,潭有水冰。从前省亲过此,见刻"小心山水"四字,颇有道理,盖稍识字者,即知之,后随额相国至此,则见避险石房,办理甚妥,无如为绍葛民方伯诚刻削散体字为文,虽觉详备,不见人人皆识矣。有卅里路难行,廿里大半土道,至平定州西关外公馆宿站,王子良刺史来见,询之,与濮紫泉廉访旧交也。早阴,午后晴。

十九日(3月17日) 自平定州即沿土坡而行，过南天门，一路石道甚长，均系下坡路，四天门当以此路为最峻，右有树神，土人供之，虽属不典，然此树甚奇，树根横出一条，又生小树数，本槐树中不多见也。至星星滩沿山而行，右边石山一带在土山上，似砌墙，大有易州马朗寨形，绕滩有清浊水各一道，至泽石驿五十五里，宿站。前住窗房，此处仍系窗房，女家人已坐三日驾窝矣。因跟轿李四半路与马夫或云地方相打，当不问是非，令刘外委文通责李四二十马棒，以戒将来。此处属盂县，定州属，县令潘小洲明府松，浙江乌程人。晴。

二十日(3月18日) 自泽石驿缘山坡而行，或高或低或宽或窄不一，山坡下有水，河内有冰雪，前过河皆化，足征此处天寒，或急或徐或深或浅不一，至芹泉驿少平，或行土沟或行平路，路过道左皂役坟，相传某皂役毙于路，行人以其腐臭，因以石掷之，遂成石堆，高过大房，其子孙后大富，至今因其得风水，不敢移也。有路一道，两边皆深涧，记初至河东，以此路甚为危险，然今视之，亦不至如何可危也。至寿阳县东关，似有五十余里，五十里公馆宿站，天甚冷，故因雪，亦此处比获鹿高十数丈故也。县令凤洲明府，祥瑞，行一，镶白满人，由兵部笔帖式选此，旧日同寅也。来晤，大诉苦穷，可笑。阴，雪。

二十一日(3月19日) 因大雪，仍住寿阳县，道路前均胶泥，见有驴驼驼物经公馆前过，皆滑倒成泥驼矣。早晚饭皆自备。三钟后始晴，阴，大雪。

二十二日(3月20日) 驿南道右有石刻“立峰”二字，乃胡县令所书，名已泐。土人云，后有两石与此相伯仲，遂往观之，一大一小，大刻“双士启祥”，小刻“王家柱石”，俗笔也。自寿阳县行土坡土沟中，方到下站，至大树堙穿过。忆昔赴河东宿此，夜内无食物，仅有热水一壶。清平镇后，一水回环，过渡数次，竟有一板桥，作九折之形，只得下舆步过，至榆次县属太安驿五十里，宿站。天甚早，饭后步至圣母宫，内有财神十阎罗王像，并有七十二司像，最奇者小龛中有孙大圣一像，外有张香涛制军纪修获鹿石道禁止沿途留难商旅功德碑，以上公馆北。安定桥北公馆南道，右有韩文公诗亭并祠，昔日过此，见亭甚小，今改建旧亭南，特大。见石刻乃重抚者，原本余曾有之，今失去，非韩公笔也。诗题《夕次寿阳驿》，诗曰：风光欲动别长安，及到边城特地寒。不见园花兼巷柳，马头惟有月圆圆。亭匾乃王可庄太守仁堪。书，复有陶文毅公澍。诗，徐花农阁学、琪。俞逸仙中丞廉三。诗记，并俞联。知定州海上葛直刺士达。有联云："虎窟片言逾九鼎，驿亭一夕竟千秋。"不知葛君为何如人？联可诵，此驿仍属寿阳。晴，午后半阴。

二十三日（3月21日） 早发太安驿，多在山沟内行，间有石路，只亚获鹿山，亦难行也。至什贴镇尖站，自备，四十里，此处应换车轴，亦有不换者，复行山沟，有山产石，大似太湖，亦具瘦透皱之形，惜北人不知采而玩赏，天地生物，并未薄于北厚于南也，一笑。至王胡镇卅里，公馆宿站，昨晚宿太安驿，敬步韩文公诗亭原韵：寿阳地势异长安，复着重裘尚自寒。读罢韩诗意惆怅，天边独有月如团。在什贴有大同镇续备军哨官把总杨光远欲遣兵相送，辞之，此驿属榆次县，署县令刘雯山，光焕，湖北江夏县人，癸酉举人，本任临汾县。主人颇贤。微风，晴。

二十四日（3月22日） 路左见榆次县城，至徐沟县，穿城过。早发王胡镇，豁然开朗，大似直隶未入山之前气象，过郭家圃，见渠水一道，流甚旺，有真武庙之意，惟水稍黄，询之徐沟崔明府，乃引汾河水灌田之需，然水沟越多，待大雨时，行则漫溢，田间多被淹没，所谓水利再未得，水害则实受矣，此种情形，皆在榆次县内，徐沟县水利无多也。至徐沟县西关外六十里宿站，县令崔介福明府来见。名禔，河南省城人，捐班，行四，人明白。驮轿因轿夫乱出主意，胡走路，令刘文通等责之，路间遇一黄狼，牵夫大喊之，往野田而去，忆随筱山相赴陕省查办事件，曾遇狼于此站前后，大约坟间多有砖券，或藏之。阴，风，微雨，晚雨。

二十五日（3月23日） 因崔明府此君甚苦。系代理，夫马颇为迟延。九钟发徐沟县，行十三里至高花村，又七里窑城，又十里罗圈镇，出镇不远，有至徐沟县卅里界牌，又五里左墪村，有祁县马号，又五里贾令镇，从前极热闹，今萧条多多矣，又五里秦村，不入村行，又十五里祁县，不穿城，西关宿站，共六十里，城北有舅犯故里，晋温峤故里碑，公馆相近有汉司徒王允祠，县令张芸斋明府良栌，江苏安县人，行一，附贡生。未来见。阴。

二十六日（3月24日） 早发祁县，路多浮沙，幸有雪，尚易走，惟沿途荒凉，因遭旱连年故也。至平遥城外，过石桥一，上镌各花样石柱，进东门，转南公馆宿站。六十里。城内泥滓，满街气味，大似京都，人密所致，究比别县景象差强。县令朱子钦明府来见，浙江钱（唐）［塘］人，名善元，行一。人稳练，捕厅刘景范号芝楣，江苏人。亦来。阴，午后雨。

二十七日（3月25日） 早发平遥县，因雪不甚大，不意半路大下，舆夫滑倒二次，至四十里张兰镇，原拟尖站，只得改为宿站，自备，因山西有刀削面，家人皆未经食过，要而食之，皆乐不可支，并赏给车轿夫各八百文。由雪之过，浑身全湿矣。然此省连年荒旱，得此祥霙，可以救活万万生民，行路者不敢怨也。见有题壁诗，因庚子之乱，伊彼时官驾部，今改山西，款为王屋山民，不知何许人也："西至联军震上都，中原无计御匈奴。三军乌合原儿戏，一画鸿沟尽鬼区。邪术未闻能破敌，庸臣只可报捐躯。不堪回忆京师地，南内凄凉草木枯。"中多愤懑之词。又有题壁者，末二句："寄语诸公持国柄，目盲休诩阅人多。"亦好，全诗不称，故未全录。大风雪。

二十八日（3月26日） 昨日店房未免太污秽，今晨冒雪而行，沿途大雪加以大风，去冬未曾有也。过汉槐，因轿窗未开，漫过，竟未得见。至介休县，绕城外西关外公馆宿，行四十里或云四十五里，昨日应三十五里。北城外，何其积土甚多？有人家墓碑，不甚旧，竟土埋仅露一顶。来路有武庙，比大道深有丈数，县城亦甚大，绕之颇长，有矮门，以为城外沟渠汾水引入城内，不意行车路也。县令为强子英名鹏飞，陕西人。未来见。阴，风雪。

廿九日(3月27日) 仍寓介休县公馆，自备，闻系少爷管账，虽茶叶、蜡烛皆不支应矣，一笑。因未放晴，道路太滑，幸未雪，明日可遄行矣。阴。

卅日(3月28日) 早间强大令忽来，神气大似旗务中骁骑校，每语必嗽，为牵夫而来，又误于轿夫身上，牵夫至走未有也，询之乃忠烈公克捷曾孙，未免有玷家世矣。俟九钟，余方动身，至华堂镇，入山，至两都镇尖站，自备。四十里过山崖，见十一孔大石桥架汾河上，沿汾河而西行，道右群山环绕，麦田已绿，加以缘田桃树，大有西南白杨珍五妙村景象，可爱也。又卅里或云四十里。至灵石县东关宿站，代理何小农与何君云翥本家。明府来见。名如灏，安徽霍邱县军功，由府经过班，人颇清楚有才。阴，三钟后微雨。

三月初一日(3月29日) 因阻雨仍住灵石县公馆，何小农明府欲备一切，力阻之方罢。厨役作家常饭，觉甚佳。阴雨。

初二日(3月30日) 因阻雨仍住灵石县公馆，闻何小农明府在此官声甚好，驿马亦膘肥，真知爱民，不易得也。自备一切，此处撇拉甚好。阴雨，日落后放晴。

初三日(3月31日) 晤何小农明府，即请其回衙。遂由县行经韩侯岭，道途泥淖难行驼轿，幸派兵护送旋赏之。至韩侯庙，拜瞻，内夏军门毓秀碑匾最多。无款一联：“气盖世力拔山，见公束手；歌大风思猛士，为子伤怀。”曾与阎文介公、先兄恭勤公谈及，皆以此联为最，今睹之挂于戏台前，因告知老道，仍以挪于屋内为是。盖庚子辛丑曾在此设防也，给老道香资，询问，有七岁小僧尚在仁华镇读书，此老道姓王，暂在此照应。下岭过郭家沟，更为难行，牵夫须倒拖，至仁华镇四十里。公馆宿站。此处幸借何大令公馆，向无预备，轿夫、车夫等均按前日赏之，惟李四并加班轿夫未赏，因其路间不听说也。半阴晴。

初四日(4月1日) 早发仁华镇，过逍遥岭，亦如韩侯岭，半路下轿行三里。道内土沟甚多，亦颇难行。将至霍州，过大桥一，询之，为淀水，乃霍山出，即危水，进北门城内七十里宿站。赵城县令代理霍州郑松轩明府来见,名涛,湖南湘乡县人,行三,人有才。尚知恭勤公。光绪七年到省。晴。

初五日(4月2日) 早发霍州,出南门,有土沟有山腰,延而行之,霍山为碎石子所成,行路人每以径寸草茎树枝在山腰支之,谓之支山棍,殊可笑人。前闻支山可保沿途平安,今闻用支山棍治腰痛,更不典矣。至赵城县五十里尖站,乃郑松轩大令本任,尖站,穿北门,出南门外公馆,出公馆后见有苇塘,其中蛙声阁阁,已有苍蝇,过石坡至豫让桥,义士桥。道旁已有杏花吐蕊。至洪洞县北关公馆宿站,署洪洞县、神池县任乾甫大令来见。名秉铨,直隶吴桥县人,癸巳举人,行六,人历练。晴。

初六日(4月3日) 昨于赵城县北门有师旷故里碑,今有宁武子一碑,皆未见,听田德说。早发洪洞县,沿途水沟甚多,盖引汾水灌田,绕道至汾河东岸行,见大雁在沙滩上甚多,颇饶佳趣,过高河桥,已塌去半边矣。行六十里至平阳府,进北门店房作公馆,颇污秽,宿站,大有良乡县意,知府崇云生、名祥,行二,正红满旗人。临汾县周景斋,名炳奎,行九,湖南长沙人。府县俱未见,南门外有汉乡贤张敞故里。半阴晴。

初七日(4月4日) 早发平阳府,过尧庙,已见修整,非复卅年前气象,仍沿汾河而行,时时见之,将到站,有高土坡一道,下为汾河所绕,共行六十里,至史村驿公馆宿站。公馆乃红墙黄顶棚,询之,为庚子圣驾西巡曾作行宫,敬瞻之下,黯然神伤,回忆都下之变,是谁之咎欤!此驿属太平县,离县有四十里之遥,兼理县令鸣凤声明府。名振,镶黄旗汉军人,为年大将军之后,蓝翎同知衔,本任襄陵县,系长少谷外甥女婿。饭后,因至驿后里许,看汾河水不甚大,傍河有三官庙一座,不见齐整,院内有大柏树一株,数百年以外物也,树旁枝左右皆出墙。墙外石台随墙砌成,上有小铁牛一只,铁牛望汾河上游,镇水意也。呼来一僮问之,史姓,史僮云,曾有二只,已走去一只,恐神其说,一笑。并云此处史姓甚多,至今如此,驿站之名所由来也。殿内诸神皆寻常所供,尽未有似龙首一,似牛首一,无身无膊独有一脚。忽来一张姓,问之，曾充马号吏，伊祖之旧差，并有毛姓，系乃祖徒弟，刻下为渠亲眷，询此神，乃夜游神，像甚奇，因谈及西巡旧事，銮舆渠曾跪接，彼时甘军甚好，沿途大有颂声，旗兵并云号褂之字皆不认识，似汉兵。则民间至今恨恨，到处抢掠什物妇女，竟有老妇，伊等捆载而行，殊可深恨，带兵者能辞其罪否？晴。

初八日(4月5日) 早发史村驿，沿途多土沟，有麦道尚易行，车道对面平，甚难开，祭扫者颇多，大约皆在清明前，乡风也，亦有小纸钱并供献，皆排四方盒，或托四方盘，惟放鞭爆，乃直省所未有，似太怪，然皆戴官帽，亦有穿红青袍者。行七十里，至侯马驿公馆宿站，公馆亦备西巡，红墙黄棚如上站，刻下棚已刷白灰水，闻办差家丁云，曾将窗纸亦糊黄纸，后乃连夜更白纸，殊可笑。此驿属曲沃县，县令系署任，为陈卿彤明府。名云，乙亥举人，福建闽侯人，行一。恭读邸钞，今日启銮泰宁镇。风，晴。

初九日(4月6日) 早发侯马驿，沿路过山岭，过铁闸关，入高山站，土沟土坡亦多，浍水桥尚整齐，未大损，亦刻狮子石柱，似卢沟桥，道旁有郭璞读书处碑。离县廿里冯家庄茶尖，极小铺，发卖甬儿洋烟，每甬十二支，并有盆儿城，每盆四十余文五十文，盖粗城，尚须再熬方细，询之，即来路川口村所产，其地大路皆水，两旁平地出城，用缸瓦盛之，不可解。行八十里，闻喜县东关破店内宿站，大公馆为绥远恒介眉将军寿所住，将军旋来枉顾，当即回拜，痛谈。恒介眉将军云，庚子延忠恪公请乩，圣帝降示“外侮无忧，内患可虑”八字，伊亲见之，伏闻凛然。县令崔子陶人老成。明府来见。名铸善，直隶庆云人，知府衔陕西多年，行三。晴，晚风，雾气。

初十日(4月7日) 早发闻喜县，介眉将军遣人送行，亦遣人送之，余走时，将军尚未动身，由城外行，崔子陶明府亲送，沿路尚易行。至涑水镇有桥，水不甚大，闲踏看看，不过沟水而已。尖站，自备，有宋司马温公故里碑。又廿里上下有刘伶故里碑，离尖站不远，至东南陶村，即壬申至河东道路，癸未则行王范，此处正演戏，其前后庙宇茔地柏树甚多，所荫坡上小柏树亦多，仅有可作盆影者，沿土山人家杏花盛开，间以青松绿柳，不禁念念于易州矣。行九十里涑水镇，四十里柏乡镇，五十里大公馆宿站，此镇归为解州属。安邑县属，截取署县令刘雪鸥明府，名彤光，山东钜野人，辛卯乙未两榜，行七。县离此卅里。晴，微阴，风，热。

十一日(4月8日) 连日见麦苗，在辰刻前，每叶皆含露珠一个，甚齐，真天恩雨露无私，又见各村头有立某先生教泽碑，以为教官德政。陕西亦有教泽德教碑。昨尖站往读之，乃门弟子给业师所立，甚有古风。今晨发柏乡镇，道西旁柏树甚多，似居人不甚爱惜者，枣树亦多，闻庚子西巡，皇太后竟发八钱银一斤，民间大获其利，盖此地枣专讲收藏，年多为贵，服之，可补气延年。桃花亦放蕊，见坟墓及土堆上黄花甚多，令舆夫摘来，乃迎春花，据舆夫云野迎春，不然也，惟坟上长迎春，亦别开生面。行六十里上下，在水头村下舆，喝米汤，甚佳，共七十里，樊桥镇公馆宿站，公馆内后面单有小廊，系路南作正，西院有一亭子，可以眺远，颇有趣，此驿属临晋县，署县令陆磐之明府。名叙钊，行六，顺天大兴人，花翎在任直隶州，与陆申甫本家，原浙江籍。天甚热，皮衣皆不能穿。晚间在公馆亭子上远眺，即带小妻小女丫鬟等，在亭上晚饭，月色甚佳，路途中不易得之事也。未落日时，忽见田间有童子三人，皆怀挟书本，自系下晚学者，有一少，大约年七八岁，忽向余一揖一叩首，复一揖，俟走至南土岗，又向一揖三叩首，复一揖即奔而去，或疑仙耶鬼耶，盖公馆无人常住，有误未可定，然亦聪颖可喜之小孩也。晴。

十二日(4月9日) 早发樊桥驿，沿途柿树甚多，棵均矮，不似珍五妙村高大也，路上各村镇皆不甚闹热，惟吕芝镇似少强，行大土沟一段，即到寺坡底公馆宿站，共行七十里，或云八十里，实不到，与昨日相仿。此处系大公馆，尚有二公馆已塌坏矣。癸未随额小珊相国、张幼樵副宪赴陕查办事件，记宿此二公馆，同人王仲仙观察，濮子泉廉访，鹿桥生太守，均欲到普救寺一看，因约副宪，盖常时闲踏，不拘拘也，副宪必不肯去，询之，云敝姓不妥也，同人皆失声大笑，盖曲中有张生莺莺西厢之说云。后至陕省有曾经备此差者，尚恨恨于副宪，盖比冯展云中丞被议，皆为之不平，亦文人之习也。庚子之变，闻驻跸在城内，此处故未修，庄亲王赐自尽，即在蒲州府城内关帝庙，然民间至今惜之。毓中丞贤。正法甘省，至今亦为人痛惜，竟有教花子买数文纸往烧之，民心所向可知，彼时虽朝廷亦无如之何已。申刻后带僮仆到普救寺，远眺黄河，尚可看见，烟雾朦朦不见华岳，其庙破残比前来尤甚，十三层塔尚存。明时修，小儿每以砖石打之，下作蛙声。前托县内所搨元时请住持僧文，石尚在，因有两官印，与所藏元印可校，论其文可喷饭。惜搨本于庚子失之，所藏印仍在保子，所抄张佳胤明时人，即守备，曾修塔。诗复录于此：胜地曾为瓦砾场，浮图今放海珠光。望分条华东南伏，影接星河上下长。莫向空门悲物理，从来吾世有沧桑。酣歌且卧芙蓉级，明月相携照十方。自隋唐来有此庙，屡修屡圮，于此可见。下山坡后，见道旁石碑，有明名臣冢宰杨襄毅公讳博故里，晚得鲫鱼吃，甚美。蒲州府杨太守印枢。内阁出守，贵州人，此属永济县，县令项子林。名则岭，行六，安省太平县人，城离此五里，均未来拜。早阴，午晴，甚热。

十三日(4月10日) 早发寺坡底，沿路有水中生苇处，河沟内有洗衣者，似山中水也。至韩杨镇，宋韩魏公、明杨襄毅有墓，道两旁桃梨花盛开，兼以苍松新柳，苗田菜花田，粉红黄绿白，无美不备，大如白杨村春间景况，惜山仅一面，非如白杨四面皆山也，且无水，与真武庙又差一筹。至□匽镇，觅一胡姓药铺，名兴盛诚，茶尖，本铺大肯沏茶，颇可感也。复行土沟三两处，至风陵渡，有锡润生观察遣试用巡检沈桂樾号嘉荫，广西临桂县人。来迎，北岸只有潼关一处破公馆，暂坐略谈。盖因五妞有人提润生令郎，问放定准否？曾有二月十六日放定之说，彼此皆未见准也。渡黄河，幸遇东风，颇稳妥，船可使半篷，行六十里，进北关公馆宿站，关外小庙，内有调署潼关厅本任佛坪厅唐润吾司马、名沛霖，湖南东安县人，行三，人颇精明，到此卅年。潼关协中军照都阃。名光，号子容，正白(汗)[汉]人，行一。马副爷，名成彪，号文山，武功县人，行一，把总。此君未见。巡检风陵渡黄竹仙，湖北人，名筠，均来接，到庙略谈。至公馆，回拜司马都阃并润生观察，观察亦来拜，曾各出子女相见，余人差拜。协台忠子先寿，正黄旗人，行一。常备新军千总滕文轩，名金榜，湖南人。此君来见。晴，日西极大风。

十四日(4月11日) 早发潼关出西关，夜间极大风，早亦如之，因润生观察今日寿辰，只得赶紧前进，先见黄河，进入土沟一断，复见黄河，过鹏桥并杨震墓碑，有关西夫子碑。即见山水出灌稻田，夏日甚难行，有房间随山而筑，内有竹林，其外边水沟桃柳，大似真武庙村，惟水沟内小白花，乃闸草是否此草？待考。所生，未曾见也。行卅五里，至华阴庙公馆宿站，此处属华阴县，署县本任定边县刘友石大令。名林立，行二，顺天大城县人，癸巳甲午两榜。午饭后携眷属至华阴庙一游，有高老道甘省人，粗通。引看各处，正殿供西岳华山神位牌，岳庙石坊有"少皞之声"四字，高道士云，岳神即少皞帝，读颜鲁公有谒金天王祠，在唐时即有此称，高道云不诬也。铁铸陈希夷小卧像与玉泉院相仿，询之老道，院内无忧树、石坊等皆在，癸未曾往游。盖黄被，西北一处刻两石人，在吕祖殿廊下，左右其形甚丑，据云系蚕姑。其周秦汉柏树甚多，碑亦不少，惟一唐碑极大，乃黄巢反时所毁，底座尚在青牛树，相传老子系青牛处，系柏树已枯，因抚之，并未糟朽，有大皂角树，二人合抱者围绕之，幸不折也。登后楼，惜大风尘埋，华峰不甚看真，前有石碑坊，上有刻岳神夫人小像，侍从甚多，后有明太祖梦游华山画景并记，院内有放生池，系引墙外水，此时仅底水不旺，并有纱帽圆领两石人。回公馆后，高道旋送到华松三小束、贮水可活，然离水不能再活，曾经试之，或云离水可再活，非。岳庙图、西岳图、梵书唵字、陈希夷福寿字陈祖福字，俗谓白鹤卧蓝田，寿字苍龙抱玉柱。并对联各一分，酬其银四两。复买其钱布政仿阮文达四明本西岳华山碑，李卫公布衣时献西岳书，颜鲁公谒金天王神祠题名记，李枢谒岳祠题名记，其篆字颇似邓石如，字甚长，唐时亦有邓派耶，一笑。以上各一分，不过数百文。恭读邸钞，二月廿二日恒顺补镶白旗蒙古副都统。又三月廿七日换戴凉帽。微阴，极大风，复微晴。

十五日(4月12日)　昨日晚间有华山孙道士送来华山松一包，周柏古木一包，可代香焚，味并不佳，华山松子一匣，延年益寿参一匣，系炮制过，色黑，据云性热，止可服二三钱，然某未达，酬银亦四两。早发华阴庙，大风，行不远，继以大雨，华岳诸峰腰、峰头，皆有白云环绕，洵奇景也。至郭汾阳故里，则沿路田间，均有石块。似破坏大花园。南山下桃柳掩映于水渠水田中，一副绝妙村居图，惟道甚滑。将至县太平桥下，新挑引水灌田，可望兴利除害，盖此地及来路皆洼下也，旁有陈希夷坠驴处碑，且有大坑，未免可笑。行七十里至华州东关北门公馆宿站，曾记癸未来此，大厅前有桥有池，今仍在。署州官临潼县本任李云生刺史刺史名嘉绩，行三，直隶通州人，多年在四川，公馆有自撰联，对联隶字，写作俱不敢奉承。接，并来见。闻采香径有西施足迹，甚大，孟嘉登高有落帽迹，美人、名士、神仙皆如此粗鲁，真堪发笑。大风，雨，晴。

十六日(4月13日)　因早微雨，在华州公馆自备早尖。午刻雨住，即发华州，出西关，云生直相送，关外有寇莱公故里。道竟可行，至赤水铺茶尖，出铺西寨门，有五虎祠，询之土人，乃关张赵之祠，似不甚典，然破烂并无神像，忽见西寨门上镌“周处故里”四字，据乡老云，曾经斩蟒杀虎，即在铺南山，亦有除三害之说。其人最孝，与荆溪周孝侯无异，守常郡时，曾因查荒亲往，有斩蛟桥，在县内，不知是一是二，待考。且有渡僧之事，与苏州渡僧桥事相为附会而已，加于孝侯之身，太不经矣。过东来土山脚下，山景甚佳，桃花仍胜开，下坡即见渭水。行沙滩上，即见渭南县东关，行五十里进东关公馆宿站，录用直隶州县令张育生明府相接，并来见。名世英，行一，甘省秦州人，丙子乡榜，庚辰庶常，为任士言其昌门人，讲根底学。闻任士言户部旧寅。已故，其世兄名成允，中会在内阁，现丁外艰，在甘某书院主讲，王文佩亦所识认，亦在陕某书院主讲，两目已失明，大有路(润)[闰]生先生光景。阴。

十七日(4月14日)　连日见寄生甚多，俗呼为冬青，其叶似夹竹桃,结红豆,并无根,如兔丝子之附草。大半附于榆杨树多,闻岳庙高羽士云,此物颇夺本树精气,往往因生此多枯死,今日始见桑榆上有之。试验以口吹之,有灰,并中空方是桑寄。早发渭南县,出西关,张育生明府相送,并赠《大学章句或问》两本一部,共四部,即其所刻,田堉为马所蹄,马甚膘肥,足见喂养真足,且闻明府问案,必坐大堂,民颇颂德,循吏也。走山沟一断,至零口镇,黄云薮明府备尖站,零口即在零水之涘,过新丰镇,适集日,颇闹热,再过山村,有小清水一道,上坡人家桃花盛开,在油菜田中,其形势大似易州原泉。至临潼县,进东关出南关,骊山下华清池公馆宿站,早晚各四十,共八十里,合家皆在此沐浴。记癸未额相国将幼樵副宪,宪至贵妃池,余则宽子泉。余在贵妃池浴,忆前事亦报应也,一笑。黄云薮明府来接,并晤谈,癸未亦曾于事中备差。明府名肇宏,行一,丙子壬午两榜,湖北大冶县人,世兄已中举,现当会试。华清池内生鱼,据云不可吃,仅皮无肉,盖不生小虫,无从得食,其中水草甚多,晚间蛙声阁阁,想亦热水中所习而不死,俗称大眼贼。亦有新开创北房一所,并游廊亦多添,不似旧日规模矣。南山即骊山,上供圣母,有庙,山势耸然。过山头即蓝田县界,其水源在山下,有大洞,内外两池颇旺,悬匾者甚多,皆因病愈所献。有高姓者,榆次人,家称小康,因养骡数头,于八阅月前即令人驼轿往西安,久未见其折回,与此次驼轿夫素识,遂附之而行,因家眷不识山西话,误为其寻老子的,群呼为大孝子,多感叹之,在今日始知之,不觉为之绝倒,八阅月又误为八年,盖骡子与老子,山西语不甚清也。早大雾,午后晴。

十八日(4月15日) 接蓉柳禀,伊额娘于申时病故。仍在临潼县公馆住,自备。黄云薮明府,仍欲周旋,因癸未曾同事也。因合家自出京后,衣服无从浣垢,此处有洗衣者。卅文一件,大小件相同,亦谋食之道也。看池中船房南亦有一小泉,询之听差福娃子,此子甚伶俐,据云亦系热水。其中鱼有大至五斤者,亦有放生者,曾种荷花,亦结莲蓬,究属生水,不系乎寒热也。西南隅有庙堂三间,在大泉上,其中所供神像,俱系泉水有灵应者,大半女像,不可解,亦有圣母在内,统称曰娘娘,匾亦不少，神池门外，镶残石十数块，内有元人正大三年重刊，下款为古斋仆散汝弼良弼，不知何人？《风流子》一阕，甚佳，足征元人尚词曲，宝儿看出，特录于此，词云："三郎年少客，风流梦，绣岭盅瑶环。看浴酒发春，海棠睡暖，笑波生媚，荔子浆寒。况此际，曲江人不见，偃月事无端。羯鼓数声，打开蜀道，霓裳一曲，舞破潼关。 马嵬西去路，愁来无会处，但泪满关山。赖有紫囊来进，锦襪传看。叹玉笛声沉，楼头月下，金钗信杳，天上人间。几度秋风渭水，落叶长安。"又有陕西路按察使移剌霖诗一首："苍苔迳滑明珠殿，落叶林荒羯鼓楼。渭水都来细如线，若为流得许多愁。"写甚佳，格调亦老。有曾充武卫军荣相国派往余旧居照料者胡南宾来见。湖北人，三品顶翎。来花翎游击衔尽先补用都司胡南宾，湖南长沙人，曾在武卫军，于庚子之变荣文忠公派护敝居，因炮伤使女红儿，渠给治好，刻下欲同往藏中，待酌。① 半阴晴。

十九日(4月16日) 早发临潼县，家眷皆恋恋于此处亭台，盖一路未有如此好景，昨有刘慕家眷来拜，竟忘之，刘为本省刑席，本拟早间往候，竟未去，殊可笑。过灞桥，桥有里许，俗传九十六洞，乃各州县一处修一洞，今为沙没，看不出款式矣，未知然否？下桥乃首县备尖站，归咸宁办理，公馆见馆内砖上黄泥甚多，询之，乃灞水所溢，看其河面太宽，皆淤浅无堤可护，以致如此。后见浐桥过之，有土坡一道，越土坡即望见西安省城门楼，进省东门，转至粉行街路南公馆宿站，咸宁刘心斋大令来会，名德全，甲班，湖北人，甚廉。到城时，将军、抚台均遣人持贴来接，共行程灞桥廿五里，到省廿五里，前后五十里。胡南宾复到公馆，路间有护送庆西营游击回差，西院兵丁刘光荣来接，意欲回藏，明日持夏洲轩方伯名片复来，俟见方伯再酌。半阴晴。

二十日(4月17日) 仍住西安府，须四五天方可成行。早会长安曾检斋大令、名士刚，河南人。西安张弼臣。名筠，浙江人，先翰林院。午

---

① 两次出现的胡南宾，按事迹实为一人，籍贯不同不知为何？应为笔误。

后拜常少渔观察，裕，正黄蒙人。病，未能迎送，闻已多日，此时已略轻减。升吉甫中丞，允，厢黄旗人。粮道崇惠亭先刑部。观察，恩，正蓝旗人。长笠农将军，春，正白旗人，四川副都统升。左翼恩寿卿由四川调。副都护，存，正白旗人，系前马兰镇英君瑞之子，人精明。右翼克副都护，名蒙额，号渠莽，正黄旗健锐营人，为前虎神营马队管带德楞额之兄。以上俱会。夏洲轩方伯，旹，湖南人。樊云门廉访，增祥，湖北人。盐道铎棣园观察，洛伦，正白旗人。张弼臣太守，刘心斋大令，曾检斋大令，以上俱未会。东厅闻子牧，昌寿，浙江人。西厅舒锦堂，凌阿，汉军人。以上俱差拜。与中丞大谈时务，可佩服，岑云帅曾冒大雨由西安而行，甚危险，然勇往，非人所及。将军谈及裕子维、(刚)[钢]，驻藏办事。帮办安仁山，成。皆认识二君，皆四川官也。藏中事殊为棘手，洋人已拟川中开矿，岑制军亦甚为难。拜客一日，回公馆已上灯矣。半阴晴。

二十一日(4月18日) 早会将军、抚台、北南二都统，南都统克矩莽送给妞妞点心二匣，乃本地所造，系奶油，足征旗营旧习未改也。饭后会师范学堂总办奏调陕西三品衔特用道毓友松观察。正黄满人，行二，名俊，为毓佐臣中丞贤令弟，始在省城百里外乡居，现得差始进城，上有老亲，人口亦重。晴。

二十二日(4月19日) 由今日起，自备，毓友松送到一品锅薰猪，两点申刻升吉甫中丞约便饭，顺道至友松观察处，未遇，席间得晤，有常少渔观察未去，并无外客，均同乡，回公馆已近九点钟矣。晴。

二十三日(4月20日) 早会曾检斋大令，托其代为张罗盘费，缘京中曾托温寿臣转向天成亨，俟到陕省借千金上下，恐盘费不继不得不预为之计，不意至此，该号总以未接京信为辞，大约因此官不甚可靠，故不敢借也。旋由检斋兄向合盛元汇庄说妥，暂挪八百金，当即立给字据，以八厘行息，三月为满，由四川汇给本利。晴。

二十四日(4月21日) 早间由邮政局给四弟发信一封，取有执据一纸，老钱一百一十文，从前京内发信每封须两千，当十钱。如不要收据,寻常信才十文,可谓廉矣。饭后会岳朝宗兄,名镇海,山西祁县人,行一,年不过卅岁,五品衔,合盛元掌柜,甚精明。合盛元寓,琉璃廊街西头路北,询其京号,系在打磨厂店内,并闻与贻蔼人、溥仲路皆认识,盛京亦有庄也。常少渔观察来函,送到於潜白术三包,甚为可感。曾检斋兄来送,痛谈,与袁慰帅曾有认识。太夫人在堂。合盛元李敬庵思恭,行一。送到现银议平即市平。捌百两,据云川省有某某公汇号老板,系杨姓,与彼联号,徐沟话不甚清楚也。岳朝宗来贴,合盛元送松花一匣,南点心似小八样一匣。闻广督调岑云帅,川督调锡(卿)[清]帅,热河不知为谁?半阴晴,热。

廿五日(4月22日) 早发西安府,自昨日及今日均有持贴送者,今晨复有在城外差送者,西门乃三层门,少见也。将车辆俱变骡驮,共十五只。曾有伺候先嫂由西路回京老钟来,甚尽心。因家人铺盖无处安置,老钟又备一驴,恐非长计也,钱虽省,其如不适用何,一笑。又雇四人轿二乘,三人轿五乘,三人红杠一只。俗名三丁拐轿,轿夫皆用四川人,京内轿夫皆遣回,恐难行山路。廿里至三桥镇,尖站,系长安曾健斋备办,过丰桥,又卅里或云卅七里,其实不足卅里。渡渭河,浊流。似黄河,亦用方船,其笨非常,似此处无须乎,此不似黄河流急也。至咸阳县,县城东即临渭河西岸。进南门公馆宿站,共行程五十里,或云五十七里,县令孙季农明府来见。名云官,行四,山东招远县[人],癸酉拔贡,乙亥一榜,已六十四岁,起跪已不便,恐痰所致,人朴实。风雨一日。

廿六日(4月23日) 早发咸阳县,见一路土阜,皆古帝王名臣陵冢。至马跑泉茶尖,二十里。相传唐太宗因出猎,马渴,随得此泉,道南北各一泉,马蹄迹在北,然甚浊,据云味臭,南则味甘。轿夫至此大嚼,川省轿夫通例,非比北方,半路可换替食物也。至兴平县,进东关远望有双塔,一有顶,一无顶也。公馆宿站,共行五十里,或云五十五里。县令杨吟海明府出接并来会。名宜瀚,行三,辛卯举人,人精明强干,伊兄曾由内阁到刑部,兼充军机章京,四川成都府人,四品顶戴,在任候补直隶州,特授兴平县知县,曾在先兄处当差,据云乔茂轩世兄在陕抚案文处。借明府《时报》,有藏制度议复之一事,谓拉萨府,藏中并无此称,乃英人口吻,此日本之所效也,殊不是,另存一纸。阴,午后晴。

二十七日(4 月 24 日) 昨日至公馆,间壁武庙,其塑像甚庄严,不过不典者多,惟大殿前书声大作,乃一村先生所造人材处,止一读《诗经》者,其余《四书》或有,多半天地元[①]黄喊一声而已,束脩每年两千文,亦可怜矣。办差人云,城中有塔二,一为国朝所建,一为隋朝所建,谓之北寺。昨日在跑马泉,轿夫有钞历代帝王陵一折,特录于此,其中不无舛错,彼谓皇坟,折云:赵太祖、华阴县。皇坟、朝邑县。神农、蒲城县。宓羲、富平县。皇坟宣元、中(陪)[部]县。故姚帝、大塘镇。唐显宗、桥头。汉高祖、草滩子。笔加山李渊、醴泉县。故吴三桂、新街子。周王文王武王康王、廿五里,咸阳县。汉文帝、进东关,外凤凰阶。薛平贵,五家坡。以上俟考,俗传不为无因,姑存之可也。早发兴平县,出西关,杨大令相送,立谈数语。沿路土岭均靠北,尖后,又有靠南者。至杨贵妃墓,带眷属进内一看,有唐诗,后人所录石刻,王文简公诗石刻,据孙介眉明府云,尚有秋文忠诗石刻,惜匆匆未见。毕秋帆诗石刻,题墓为秋帆尚书,“唐元宗贵妃杨氏墓”乃隶书,已房屋破烂无人看守,祠堂三间,供神牌,有吴大澂匾、许振祎对联,且有“有求必应”匾。竟有求神者,香炉亦设在内,相传贵妃坟出粉,见有似白粉者。春杏即拾起包裹细看,即花墙上石灰,复掷之,殊可笑。余则在坟上拣蜗壳二个,亦算古物而已。行四十里,扶风镇,此为东扶风,扶风县为西扶风。尖站或云四十五里。武功县备。又四十里或云四十五里过汉苏子卿墓,即下大土沟,是日正值城外唱戏,闹热非常,过漆水一小桥,进武功县东关公馆宿站,公馆有楼不能上,据云仙人居。共行八十里,或云九十。署县令属乾州。孙介眉明府来接,并晤会。名万春,行一,直隶清苑县人,本任清涧县同知衔,直隶州用。阴,落数点雨。

廿八日(4 月 25 日) 大令曾补直隶同知,丁忧服满,补西安理事,同知

---

① “玄”为康熙帝名玄烨之一字,避讳,改书“元”。

姓巴林。早发武功县，出南门，县四围山绕，似釜底，亦奇观，孙介眉大令相送，托其觅杨妃墓石刻。卅里至杏林铺，停舆待轿夫大嚼，行三畤原，上下甚费夫力，过杏林铺西寨门路左，见有石碑刻某人之元配醋氏，此姓罕见，妇女尤为不便，一笑。保子云，再走里许，有醋某人碑，想其娘家，田德云有三二里碑刻醋三杰，不知何如人？大约在道光年间立。三畤原后路左有班固祠墓，共六十里。至扶风县，凤翔府属，县在半山。进东门，门即在山腰，下有细流，适演木偶戏，红男绿女多多，盖赛神也。县令由同知署理，本县子安司马。名定秦，镶黄蒙人，行一，由笔贴式直隶内院补陕省同知缺。公馆大堂悬一匾，乃圣祖御笔，康熙四十二年十一月十九日，钦赐唐句："秋浦千重岭，水车岭最奇。天倾欲坠石，水拂寄生枝。"扶风县知县毛士储敬摹。晴。

廿九日(4月26日) 巳刻因早雨。发扶风县，出西门即上坡，复走山沟，此日山沟三四处，皆不甚险。卅里至益店镇，西寨门外路右太白山神庙，停舆进内一瞻，塑三像，墙壁画各将军像，不可解。门外太白池碑记石碣，据学生云，离此不远有三池，惜记未读。亦遇教书者先生，不知何之，学生颇知礼，约众生站齐，方与客一揖，内中有品貌甚好者。又廿里过砚瓦沟，因此处居民造砚，故名，停舆暂憩，买一小棱砚，廿文，似是砖作，又似磨刀石作者。一圆角小方砚，五十余文。略大，亦似石非石，皆上五颜六色，至公馆洗之，乃小砚灰白色，大砚黄黑色，据云出北山，乃岐山石也，不甚佳，聊备一格，充粗红砚使可也。又十里至岐山县，进东门转南，北公馆宿站，共行六十里，或云七十里。县令遣家人往迎，因感冒未得晤也，姓崔，号幼玉，名骥远，行一，湖北恩施县人。花翎候补通判署理岐山县。前日孙大令穿白袖头珠毛褂，昨日子安司事则纬帽矣，何两君冷暖不同如此，一笑，今日不知此君冷热如何。阴，早雨，午后小雨。

四月初一日(4月27日) 巳刻因早雨。发岐山，县大令仍假病，差送，其家人皆怨，大约未戒于得，其实不过四十余岁。沿路有土坡，因上坡后妞妞轿前抬杆忽折，幸大惊一次，无别虞，可谓不幸中之幸矣，记癸未到陕，王仲仙轿绊在河滩上忽断，轿竟翻转。所以轿上各件须时常留神，行路者不可不知也。渡红水小河一道，至红水村茶尖，凤翔县备。二十里。尖后，西北岐山即在面前，南太白山为云雾所遮，隐耀露山跟。将至府，路左有凤女碑，并过通济桥，有石路一道，因雨后甚难行。三十里至凤翔府凤翔县，进东门公馆宿站，共行五十里，连日路不易行，雨后之过也。府县县丞均迎接来晤，傅相澂太守，名世纬，行一，四川省城人，与茂轩有亲，乙酉举，丙戌翰林，花翎三品衔，在任候补道，人明白。润泉大令，名记佩，行二，镶黄汉人，姓于，咸丰己未一榜，鹿滋翁同年，花翎同知衔，在任候补直隶州，此调署，本任岐山。县左公惠亭。此姓甚少，名恩传，行二，河南人。此处有东湖，乃宋苏文忠遗迹，询相澂太守，云本可作行馆，因刻下修葺不便也，惜哉！城内公馆正房，系至斯堂，乃前县令侯鸣珂号韵轩，湖南人。所悬，本为盐道署，盐道驻省城，因贡使驻藏等差，皆以考院作行馆不便，因修妥作来往公馆，“至斯”二字，取君子至于斯也之意，颇新颖。全文钞另纸。阴，雨，或住或下或大小不等。

初二日(4 月 28 日) 早发凤翔府，傅太守诸君相送，沿路尚易行，十里过八旗疃，土音未准。廿里至速村，小观音庙内茶尖，凤翔县备，不甚远即走山坡，乃轿子行路甚险，过陈仓河，土音乾阳河。有有桥处，有涉水处，水不深，至底店镇尖站，宝鸡县备，镇内水府神庙赛会，男女甚多。舆夫所云如此，尚两石似龟形，遂谓水府神所治。遂沿北山而行，虽有车路，上下登顿颇费力，道窄坡高觉险，俗云，宁走连云八百栈，不走宝鸡至底店。路站里数又大，南即渭河，坡下无房间，沿北山皆房，过斗鸡台，上有庙，亦在坡。坡下水田种稻者多，风景不恶也。有石像座有碑，仅看得正德二字。至党阁老坟，停轿略歇，复渡河，又沿宝鸡县城外山坡行，亦险，进东门公馆宿站，共七十五里，此官话有云九十里。县令朱右甫、名弼臣，江苏宜兴人，己卯一榜，花翎四品衔，在任直隶州，本任长安，调今缺。常州官声，未免深愧。县丞李立夫、名履泰，河南伊阳人。典史张健堂、名日奂，湖南长沙县人。把总白星阶名榆，长安县人。均迎接，并来晤。偶见壁间挂恭勤公书联，因与朱明府面索，慨然持赠。晚间送到轿杆一分，答以暂借，因轿杆亦有劈者，轿铺太可恨。晴。

初三日(4月29日) 早发宝鸡县，县丞等送城门，出南门，渡渭河，朱右甫大令送过河而别，河有两浮桥，过二道桥后，见渭河内偏南，有清水一道合流，乃山中所出，为汧水，或谓观音堂所出，非。沿途水磨甚多，道既窄，又下临河道，耳目皆另具一断新奇也。过集店甚丰，名阴门阵。在藏与拉里粮务孙玉书谈及阴门阵，乃益门阵所讹。卅里杨家湾，略停轿，内有小庙，所供神像皆未曾见，复过大湾铺，又过二里关，即大散关，上坡后不能停留，复下坡，道峻险，又廿里至观音堂宿站。共行五十里，或云六十里，本尖站至黄牛铺须一百一十里，乍入山恐劳乏人事也。沿路花木，大非渭北，多少不知名者，店在路南不正，南山则树木聚生，亦北方所有，一看水磨、水罗，亦不让外洋机器也。水磨下作轮，边用薄板，以水灌之，自行动，惟下盘活，似少异。水罗下安轮似磨，少小，上有木拐冲动，则左右摇之。晴，晚微阴。

初四日(4月30日) 早发观音堂，十五里至煎茶坪，略停轿，因过下半坡，上半坡不但抬轿者力乏，坐轿者亦力乏。适修关帝庙，有小泥像在外，地保来接，乡保且陈拜垫，知敬官，行礼后上轿，有公鸡一只，在轿杆内满地是血，几乎飞入轿。谨行礼，见山坡上悬钟一架，询之土人，此钟不宜击，击必有雨下。煎茶坪后道路稍平，然仍镶石子，又卅五里至黄牛镇尖站。仍宝鸡县备。尖站后，间有土道，沿河而行，水西南流，即所过东河桥下故道水也。惟沿河山上半腰开道，道观高险，将至宿站，有高柳若干株，下临极清水，如夏日乘凉甚佳处，且四面皆山。又廿五里或云卅里，共行七十五，有八十里。红花铺宿站。属凤县，非宿站，即在店，店尚干净，满壁新画人物，可笑。晴，微阴。

初五日(5月1日) 早发红茶铺，沿河而行，十五里过草凉驿，即上山半腰栈道，路宽有三四尺、五六尺，且有架木处，窄则将可行轿。又廿五里至白家店塘尖站，凤县备。尖后，帮轿夫八名，已逃其七，仅有一名刘易。又过五星台，则栈道更高，至石门关稍低，须入门内穿行，有庙，共行廿余里，又廿余里，似路少低，上下仍不免，又十里至凤县属汉中府。东关店内。宿站，共行九十里，或云八十五里，东关有唐张果[老]棲隐处石碣，北山半有张果老洞亭，内有棋盘。轿夫老容云，曾往偷铁棋子，重七八两，第二日寻之无有，再往原处一看，则仍在彼，未知确否？田德等往洞内一看，果有铁棋亭并有某令作记，其棋子有饭碗大，已短一将，用木刻配之，老容之语，故神其说耳。县令罗西棠名振鹭，行六，同知衔，湖南善化县人。未得接，并未来见，因冬日脚冻未愈也。今日在草凉驿前后见有四川省男女多人，因彼处旱荒，逃往陕省，舆夫皆叹谓其必有陕省亲眷，其有感而言，亦可知其焦灼非常。早微雨，午晴。

初六日(5月2日)　仍住凤县，自宝鸡县起身，早晨觉胸口气滞作痛，第二日尖站后，复如此，昨日晚饭后，又觉前后胸皆不适，今晨四点钟即起，先出恭，则渣滞甚多，前后胸作痛，两胁两膊亦痛，以为串气所致，服舒肝丸，似少减，觉散气，刘差官拿来观音救苦丹服之，四丸一服。出盛京。阴，雨，晚住，夜晴。

初七日(5月3日)　因病仍住凤县，早服四君子丸，连日自备，面每斤十六文，肉每斤五十文，无怪蜀中贫人投此处者多矣。未刻忽落雨，兼有小雹。始闻雷声，晴后至店外一踏，见山上有果老洞。过河窄桥，山路亦陡，未去看麦田，树下活水沟，因思珍五妙村不置。半阴晴。

初八日(5月4日)　病略见好，惟两胁尚有痛时，店房臊臭非常，(自)[只]得早发凤县，进东门，出西门，顺南上山，罗大令遣人来送，实病不能下床已三阅月矣。二十里至烟筒沟，略停轿，又五里过凤岭，有去天尺五石刻，俗名南天门。顺山腰行，回望凤穴，舆夫云，霸王生处有龙生虎养鹏打扇，真不值一笑。忆幼年过此，与奶娘姜姬同轿，诓余云，凤穴有寿星老出现，余注目视之，终未见也。今过此不觉为之一笑，然此语已五十年矣。有云三丈许，似前洞[1]有小树一株，过新红峡，山间柏树甚多，

① “前洞”似应为“洞前”。

不过大者三四尺，据云名千年柏，盖不高长，移下则不然。又十余里至古废邱关，有木桥，上有廊有栏，似福建桥，形亦奇。又十余里，凤县属三岔驿尖站，站后地颇平坦，廿五里至司马桥停舆暂憩，适在垂柳石溪旁，颇凉爽，又十里至留坝厅所属南星塘店房亦狭。宿站，共行八十五里。晴。

初九日(5月5日)　早发南星公馆，过连云寺，连日见高山多石洞，似无路可上，询之舆夫，乃避乱所凿。路左有对面古陈仓道碑，看其山甚多丘壑，过十合铺，其风景颇佳，有稻田、旱田，溪边多杨柳，杨树皆直，绿叶纷披，可入画。杨柳外时露草房，山下亦有田，临溪水极清，山上下皆有桃李花，沿途各花看不尽，盖山外热山内冷，所以次第看之，以上十里。又十里至榆林铺，忽大雷挟雨，停轿苦之，仍恐不妥，冒雨前进。看紫柏山背后，浓云笼罩，真仙境也。幸走未远，略住，又十七里过柴关，上下十里，道甚不好走，石路皆不平也，然不险。又八里至紫柏山留侯庙宿站。本尖站后下雨，只得作宿站。庙内甚佳，有亭有廊，在花园内即住，其花园活水四五池，且有小石桥皆人工所为，正殿在内供留侯，其三清等殿反在外，花园有芍药、竹子、牡丹，皆好。惜未开，有一株极大，乃绿色者，玉兰乃大开，曾入肴馔。且盆花种类亦多，盆花有杜鹃，甚鲜丽。后院有松鼠，时来窥人，尤为有趣。紫柏山留侯庙监院傅宗淮号莱宾。有刻字名片，大得官派，送到留侯世家附素书六章三略，共一焉，鹿寿草一包，且云虽纯阳性质，并非燥热，可服，留侯庙图木板阳文，郭豫轩明府建本。临玉枕兰亭石刻，林念航晋，奎之望之祖。司马紫柏山怀古诗石刻，时帆廉访多钦。紫柏山诗，留侯祠诗石刻，张诗舲祥河。留侯庙及栈中杂诗石刻，施士龙似道士，作霖。画松，又画石石刻明赵文肃。号大洲。道士云，此处自明朝免此地粮廿里，皆文肃公功德，尚有张佳胤石刻未搨，用文肃公原韵，公贞吉、归山诗石刻各一分，复出先兄赠前道士了还联，康游我上乌斯藏，蜀道谁吟白也诗。上了还炼师，正句下□潢升。余因赠傅莱宾道士一联。黄石素书欣再读，乌斯白也感重来。(沿)[研]墨书之，并识敬语于上，先兄恭勤公过此书联，有乌斯白也句，赠了还法师，今尚留存，余癸卯夏初经此路，故书句复赠莱宾炼士，所留鸿迹，以志因缘，并承送素书，即此处所刻者，故及之，汉南朔客有[泰]书句并识，图章汉南朔客乌斯使者。共行五十五里，留坝备。晚间庙内备素面，甚佳。又寻其陶文毅石刻，并录先兄所录旧诗。阴。

初十日(5月6日) 早雨，至三点钟始住，只得仍住留侯庙，其中有极高处一亭，名授书楼，因极高，上至半路，气喘未至。乃塑黄石公像，旁为留侯少年像，惟庙前有进履桥，附会似无理矣。住房旁为拜石亭，又有一亭，似延旭之观察所建，有旭之对联刻石柱，颇富丽。其庙内有窗，可烧造，有石可烧灰，近山廿里皆庙内庄田，不交粮，有木可采，如动工，仅人夫。有本山所出汉白玉所刻桌椅绣垫，觉新奇，花木中紫柏、铁架松、刺松、马尾松、缨络柏皆有，亦有十大功劳、杜鹃、桂花、兰花为本山出。皆好，南北花木似皆长，惟党参叶甚臭。连日扰老道，酬以十六金，并给张小道八钱，服役八钱。昨夜闻有声，姬人疑为梆子声，又疑为狗叫，今晚月夜复闻之，询张小道，据云鸟声，白日不叫，夜间方叫，曾入山看见，毛羽甚好，似喜雀，大名祈谷虫。早雨，晚好月色。

十一日(5月7日) 早发庙台子留侯祠，道士仍欲备饭，辞之。过枣木兰，有道庙，亦留侯祠所分，颇整齐。廿里过乱石铺塘，桥有廊，亦见两处，不为奇。沿路行溪边山腰路，溪水甚响，乃乱石所致，惟石皆汉白玉，山上亦然，无怪祠中多少白石桌椅盆池也。又十里过小留坝，或云此名大留坝，城厅谓小留坝。又十里至留坝厅，汉中府属。进西门出东门，店房宿站，共行四十里，陈述斋司马迎接，身极胖，据云有二百八十斤，由本省来曾压折四付轿杆，可观矣。并来会，闻系循吏。名寿彭，江苏山阳县人，行一，丁卯科一榜，甲戌考取内阁中书，现花翎道员用，在任候补知府。见祠内书法甚秀。早凉不热，晴。

十二日(5月8日) 早发留坝，陈司马相送，数语而别。昨晚店房卧处即离苑厕猪圈不远，其臭非常，梆点即在前窗，逐之，且妞屋多臭虫，一夜未睡好，可笑。过画眉关，陡峻非常，山腰而行，忽上忽下，且有石凿路并泥滑路，山泉所出。所谓廿四砯即在此中也，内倚绝壁，外临江水。

名黑龙江，即乌江，又名黑水，有涛声。四十二里武关塘留坝属。武庙作公馆尖站，武帝前行礼，系白面长髯，不解。尖后过清水一道，石子历历可数，其实不用船亦可涉，然必用船，掌舵者即庙中和尚，或亦生财之道也。仍走山腰各硚，过铁佛殿，此处铺户住户皆不甚破烂，路间有大悬壁，轿由下行，旁有倒挂石人，粘鸡毛甚多，尤不解。挂布匾甚多，舆夫所谈，乃成精未得，将棺木亦化为石，在河内，自以不解解之。至武曲塘略停舆，适在丧者之旁，铙钹之声颇闹热，过樊侯桥即以铁链为之，行之不甚动，盖下有另木支之。至褒城县属马道驿店房宿站，共行九十二里。或云九十里。今日沿途有藤萝、木香并野花颇多，惟闻兰香寻之不得，有小白花似兰味，然薄，后询其名，为木兰花，惜北无有。晚至店房，后门即临乌江，因同眷属至彼一看，颇静，少时男女聚集甚多，且有富户妇女来周旋，足见乡风朴厚。晴，晚微阴。

十三日(5月9日) 早发马道驿，沿黑龙江行，其路仍大小偏硚，比昨日尤有难行。至青桥驿公馆尖站，褒城属。站后其观音崖皆系立石，大难走。未至观音崖，前有对面石崖，一石有纹，作长方形，分为八块，并不偏斜，俗呼为八个碑，其形甚奇，有由石下过者。过褒姒铺停舆，将至七盘山。即鸡头关，有鸡头石在涧内，将军石亦然。惟七盘山以前有新修之路，甚平。复又在将军铺停舆，过七盘山，其险峻有非南天门所及，路过关帝庙，未得停舆。下山至白石土地庙，所立灵应碑甚多。下舆，褒城县陈大令并王文佩兄名渠，前户部。此处迎接，因略谈，又下山，道路稍平。至褒城县，进北门城内公馆店房宿站，共行九十里，本县陈小梁明府来会。名美灏，行二，四川德阳县人，壬午一榜，戊戌大挑，人甚本色，顶戴仍是七品也。王文佩兄约，其便衣到此，晚饭痛谈。刻下掌汉南书院，住本县正南杨寨村，离大道七里。承送黑白米、火腿、点心、《隋苏公碑》、新出土者。《二曲全集》，自作黄酒甚好。晴。

十四日(5月10日) 早发褒城县，出南门至红苗寨，王文佩兄、梁大令俱候于庙内，因大谈，始拜别。过老道寺塘，此西南行，正南离此七里，与杨寨村平列。涉水渡黄沙河沔县属。至黄沙驿公馆店房臭污不堪。尖站，尖后涉水过旧州河，即在河沿柳树下停舆暂憩，旋过旧州堡，先主受汉中王，筑檀即在此。又过何家营，土名菜园子塘。甚丰富，数湾方出街，两旁均系生意，蜀人呼为小四川。至沔县东关外，诸葛忠武祠旁公馆宿站，县署亦在东门外，城内均被焚烧，闯匪之乱也。共行八十五里或云九十里。署本县杨晋三大令迎接，并来会，名恩锡，行一，云南富民县人，丙子补甲子一榜，戊戌大挑一等，本色顶戴，人精明。亲身来候，未得见，乃晚间谓之请晚安，外官派。并送到普洱茶、甘肃烧酒，领之。盖知先兄，并与任用宾兆观认识。至武侯祠一拜，路南与公馆平列。抚石琴即在殿上，后殿供三代并夫人，后有琴台，登之俯视汉水，仰望南定军山，西沔县城，西东马孟起墓在其左右，祠内吕道士据云吕号全性，年甚轻，谓之小当家。送忠武祠墓志一函，共四本，唐时新庙碑记石刻，江朝宗谒武侯诗石刻，张遂宁题诗石刻，樊克已题诗石刻，湘公诗奕湘，果亲王五世孙。石刻，石琴榻本，单条琴吟自叙石刻，张天师镇水符石刻，无谓。黎广昌祭文石刻，无谓。各一张，报以银四两。半阴晴。

十五日(5月11日) 早发沔县，进东关，东关甚闹热，上悬"古阳平关"匾。走东门出西门，城内荒芜，仅有住户数家，文武城隍庙在内。杨晋三邑侯相送。沿路皆靠河山腰而行，路甚窄，幸无石子镶之，易行，所过浕水可步涉，至沮水又名蓝河。以船渡，渡后步行，至沮水铺吃烧饼暂憩。仅有一药铺，二茶铺。又涉水两次，四十五里蔡坝塘沔县属。尖站，尖后过青阳驿，沿路稻田甚多，山田层叠为之，亦有趣。见水车名通车。一具，用细竹编轮，上安竹甬在水沟内，其质甚轻，在水沟以水冲之，其薄木板自能运动，亦巧矣。复由土山腰土沟而行，四十里过金堆铺，停舆暂歇，宁羌州属大安驿店房宿站，共行九十里。昨日沔县一带麦，高可及人肩，罂粟花亦如之，询杨晋三大令，据云近数年亦未曾有也。罂粟花挨大道所种十分之一，将至大安驿，则一片罂粟，大半紫色者多，内深浅红，深浅藕色，白色，红白相兼，皆不佳。询之，乃上等(雅)[鸦]片也，并询得种花后，尚可种稻，著慰人意。已有枇杷树，前见棕树亦多，杆非常坚固，可作马桩。早间，武侯祠道士持片道谢，并送行，名祝玉城，字涵养，号全性，汉中府沔县武侯祠住持云云。晴。

十六日(5月12日) 早发大安驿，臭虫甚多。过汉高祖斩白蛇处，或云有痕迹，未之见也。在五丁峡内看两山壁立，刻有“闲云溪月”四大字，有观音并诸神塑像。中通一线路，紧旁涧水，如不通人行，其阴惨惨之气，不知应藏何物，天日皆不易睹也。过五丁关，上下石路甚长，略小于凤岭、七盘岭，比别关亦不在小，过滴水崖，乃由高岭滴下，一石洼承之，作深碧色，或云无底通海眼，俗传附会之辞。六十里滴水铺宁羌州属。尖站，沿路或行山腰，或行涧底，涧底则来往涉水，即俗传七十二道脚不干也，曾在宽川铺停舆，略歇上路，曾见有人绳拉小鹿一只，头已有角，尚未分歧，索价三千二百文，大约两千余可得也。惜行路难带，据云才得着。足征群山中野兽不少。尖后山腰涉水，仍不离此等路。卅里宁羌州北关店房宿站，本州赵瓛卿刺史迎接，并来会。名章华，行一，湖北黄州府罗田县人，由保举出身，庚子曾随升中丞迎銮，乃面子上人精明。因昨日王顺回，闻有此省奉差某老爷在路，见有行李若干箱用骡驮插驻藏大臣旗一只，余均卷之，颇叱人让路，因托刺史赶写信下站。晴。

十七日(5月13日) 本拟早发宁羌州，因印结未到，且多不通情理语，盖其父遣两兵在彼作幕使然，包杆驮子现追回，州官不敢来见，托雷次元守府、名振亨，行一，同州府大荔县人，汉中镇宁羌营守备，即补都司。人不了了。陈少兰州吏目名席珍，行一，四川巴州人，人明白。来此求情，殊为可笑。缘车价自直隶、山西皆发，陕省改为驮价，沿途应付并无别说，雷、陈二君复来，送到驮价五十金，均未收。晴。

十八日(5月14日) 早发宁羌州，本州已相验下乡。雷、陈二君相送，路过水田一区，舆夫指谓孔明先生七星灯也，视之内七土堆，上生草木，一土台谓之将台，殊为可笑。然诸葛忠武，蜀民甚重，德泽入人深矣。沿路多稻田，行山坡下，幸水浅，勿庸行山腰，窄路卅里，至廻水河尖站，仍宁羌州备，尖后过观音崖庙，乃新修，有尼僧在此化缘，过牢固关，似尚易行。过石峡关，有“西秦第一关”横石刻字，乃秦蜀分界处，踰新开路至七盘关，为蜀之广元县交界，石碣刻之，并有“小心移步”，乃前总督杨馥书碣。沿路山腰并硺石开路，其峻险虽凤岭鸡头关无此危险也。行四十里，教场坝宿站，共行七十里，所过黄坝驿，产香稻米甚佳，沿途产蕙甚多，一文钱可买二三枝，虽馒首铺亦插蕙兰数枝，如在京内言之，人必不肯信也。并磨盘石暂憩，舆夫上树摘其水杏，有小女大怒，因酬以数十文，转而为喜，亦可怜矣，随烧水，意在相谢，辞之，乡风古朴可爱也。此初入蜀界，晚间步至河干乘凉，四面皆山，询之本地人，以包谷为重，麦亦有、不丰，连四年未见春雨，亦有养蚕者，山上有青刚木，不甚大，锯之排于山上，待经雨生木耳，可以卖钱，利亦不见其大也。晴，忽热。

十九日(5月15日) 早发教场坝，天明时大雨一阵，仍阴，似不妥。惟店中臭虫之多，异乎寻常，昨夜实难安睡，且天又燥热，与姬人挪至地下，尚可略睡，家人中竟有一夜未曾合眼者，只得前进。出坝即上木寨，山石颇滑，沿道多如此，幸路中未遇雨，从前度石埡栈逾岭至青树子塘。刻下由转头铺至钟子铺，路平多矣，皆沿山腰，有高有低。至广元属神宣驿，公馆此乃从先驿中正站，应宿后改三日，故有店。即武侯筹笔驿，尖站，尖后循潜水而行，过龙洞，背塘道难行，有松柏各树夹路，尚不觉晕，其左路一山即龙洞，高数十丈，潜水所出，有石燕可焙之，煎水治胸口痛，幼时曾贮于砚水中，水清澈，此真验也。作小白光，来往洞门飞舞，姬人见之，惜余目力不及也。此燕落地即化为石，居人拾此售卖，因购得廿余枚，家人亦有买者，不过一文钱一枚，轿夫竟五六文得十枚，余曾面询一妇人售此者，索价卅文一枚，大为可笑。舆夫老杜曾往洞口捉之，竟得五枚，惜长路无暇得之。登龙门阁为此道绝顶，过此则沿山腰路而行，有至山上，复至山半，陡险非常，幸现任广元李大令，因旱以工代赈，凿石填土，比原路加宽，舆夫皆颂扬赞叹之，其以前之险，更可知矣。行神宣驿四十里，此卅里广元属，朝天镇店房宿站，此汉之葭萌关也，未入镇，有石桥一道，十数孔，修造甚整齐。

沿途大买樱桃，九文钱可半筐，比京内较大，石榴树亦随在有之，似不甚著意，如道旁柳任人攀折不禁也。到店灯前后，有雷声，又雨，并不小，农民云，四年未见雨，得此不胜代感之至。阴，早晚雨。

二十日(5月16日) 昨夜大雨，清晨未住，犹有雷声，因宴起无事，随意看书。闻此地四年未见透雨，前有小雨，已隔三月余，今得此甘霖，镇中居民咸云下黄金，店后即有农田，旋闻叱犊声，不禁为之狂喜。早晚饭仍县备，令其将酒席改为便饭，甚适也，辰后放晴，明日过朝天关，想道可干矣，虽阻雨一日，余合家均感天恩无已。早雨，辰晴，午后风。

廿一日(5月17日) 早发朝天镇，即登山路，过朝天关，上十里，下十里，幸道修宽，尚不难走，惟盘折多层，极峰处俯视众壑，未免险陡非常，下坡不远，即至望云铺塘尖站，尖后沿山腰路而行，忽高忽低，觉登顿难过。至飞仙阁，窄路下临嘉陵江，沿嘉陵江千佛崖前，山石似太湖，后则各色子孙石。其险大似石门关，缘朝天镇至广元县可以在嘉陵江内乘船，因见其船甚破，似可不必，故仍行此险路，不过朝天关有大风，不便而已。过金鳌岭，亦陡，在徐家河略停舆，至千佛崖下舆，步行而过，至中洞佛祖前行礼，见洞内燕窝三四，北方谓拙燕窝，如半碗，形巧，燕窝如花瓶形，此作花瓶形。飞白燕六七个，从前未见，似比翼鸟，色白，嘴爪酒红色。过崖路，左有武庙，因步行，亦行礼，仍走沿江路至广元县，绕城过西门外公馆宿站，共行程八十里，或云九十里。县北门开之，露石狮，人皆不由此出入，甚怪。署广元县李次山行二。明府并参将署广元游击等，皆接，并来会。李明府，名龙彰，直隶平泉州人，花翎同知衔。参将副将衔花翎。裘成全，号玉臣，行一，浙江凉县人。厘局委员知县熊光权，号种青，行一，云南昆明人，癸巳戊戌两榜。署营中军守备补用都司张履和，号质璠，行五，云南厤安县人。典史钮承绪，号缉卿，顺天宛平人。千总阮家棣，号少畴，福建人。把总马标。号春池，达县人。晴。

廿二日(5月18日) 巳刻由广元启程，因道路无多算，坐尖，县内备。出县公馆，即船渡汉寿水，沙岸行，此水归江，遂沿江山腰行，幸路尚不窄，过皂角铺，离城廿里，在窄道皂树下，李明府送至此，立谈数语，长揖而别。沿嘉陵江仍在山腰而行，越两土山，至渡口，昭化县大尹备船，并遣差来接，进东门李次珊遣人送至此。考院公馆宿站，公馆住房左角有池，无水，内有石鱼，乃刨柏树所出，旁有“化龙”二字碑，年分不远。署本县赵笠珊明府名惟新，行一，江西南丰县人，赵惟熙学台令兄，昆仲三人。来见，署典史亦来见。吴德勋，号哲臣，行四，浙江归安县人，已到省卅余年，才委署到班。枇杷已熟，不如江南，核甚大，甘蔗细者佳，谓之白甘蔗，共行五十三里。或云四十五里。半阴晴。

廿三日(5月19日) 早发昭化县，出西门沿山而行，过天雄关，其陡直比别关分外难行，幸石路加宽，路外或树木或田地挨近，尚不觉险，惟大风须扶轿费力，昭化所派帮轿夫，半路皆逃去。询其所以然，发公食不足来去盘费，且大风，吸洋烟者亦不少，殊为可笑。所过阴偏竹垭子塘，皆不易行，远望人头山，在众峰最高处，有庙一区。据云，庙甚大，下以松柏围绕，亦奇观也。昭化县大木树公馆尖站，中间略歇，名牛滚荡。换棉马褂，山风甚劲，右膀颇不适，尖后下坡，深林密菁中而行，复又上坡，下坡间有柏树夹道，停舆略歇。志公寺塘等处亦难行，抵剑门道左，即台城。梁武帝饿死处，俗传如此，不知何以在此，可笑。又进剑门关后，有姜伯约祠墓，剑门沿路柏树杂树亦多，虽当孔道，入关时觉幽静非常。则石山陡峻，蜀中第一关，其雄伟有笔墨未能尽者。因忆过固关时，曾想古句，有“细雨骑驴入剑门”，彼时大雪，因套其句，“大雪乘舆过固关”，则俗不可奈，思之一笑。共行九十七里，或云九十里。剑州界剑门公馆宿站，离此廿余里，本州遣健勇扶轿并舆夫牵夫往接，剑门驿丞兼巡检，徐皋，号鹤笙，行三，浙江归安人。剑关汛外委，何心一，号诚斋，本省巴州人。均往接，并来会。未到公馆，路左有“第一关”三字，据云可避水火，不可解，路右四石，刻“云环耸翠”四大字。晴，风。

二十四日(5月20日) 巳刻发剑门，因道路不远，早间且有两点心食饱，以当坐尖，行青树子塘等处，皆石板路，尚易行，过天生桥，有石牌坊，盖路中忽生此土冈，两行皆种柏树，自此到剑州，皆走树中，亦有间断处。其浓处不但日影不透，若细雨亦可当，路无水。至汉阳铺塘茶尖，州备，人声嚷闹，不如找一柏阴下，反觉安静也。过石碉沟，其道亦难行，幸舆夫等走惯石板路，路左有一大石，颔刻“虾蟆石”三草字，形颇似，过钞手铺，度闻溪大石桥，进剑州保宁府属。东门公馆宿站，共行程六十五里。似不止，有七十里。本州茹蔚廷刺史迎接，并来会，运同衔，六十八岁，名汉章，行四，浙江会稽人，古菜曾孙。试用未入刘子卿名煊。迎接，来会。茹刺史代求欲赴藏。到州时，值民间二贤祠求雨，始问余准否唱夜戏，盖恐嫌闹热，因告以为民求雨，决不以安闲自逸，遂送吉祥戏若干本呈点，因赐其银一两，令其择求雨戏演之，因演水漫金山寺，殊有趣，然不能前往领教也，一笑。戏未完，公然下大雨。阴。早雨微风。

二十五日(5月21日) 早发剑州，出西门，未出城即上山，盖城便在半山上，过普翠山、鹤鸣山，皆难行。至清凉桥，复上梁山，至柳池沟尖站，剑州属。尖后又上山行，即垂泉，山麓颇曲折，下山，复上大湾山，至武连驿有古武连县石坊，仍剑州属。公馆宿站，共行八十里。沿路山虽上下，幸皆石板路，不过有石不全露土处，大柏树间断亦有，其浓处不减昨日。将至武连驿，下五里长山坡，未免觉陡，本驿驿丞迎接，并来会。姓刘，名崇领，号子慎，行五，大兴人，湖南南陵县学籍。阴，路中微雨。

二十六日(5月22日) 早发武连驿，过石桥，一路陡山坡，石板路尚宽，不难走，惟道里不近，未免登顿，至瓦子堙塘，略歇轿，以令舆夫大嚼，过剑州交界，帮轿等得赏而回，即接梓潼县舆夫，尚照常不怪，惟牵夫均戴渔婆帽，穿月白号衣，奇形怪状，万不能不大笑，余谓一雨则旱魃出矣。至上亭铺尖站，此即《长生殿》曲本闻铃之处。有石碣，唐明皇闻铃处。尖后，行二十里，至七曲山，有七曲山九曲水、文昌圣境石牌坊，至文昌庙，县内遣礼房二人在此赞礼，先至武庙行九叩礼，复至帝君前行九叩礼，见观星台等古迹，然有不典之塑像，似不可，左孔子，中如来，右老子。此乃僧庙，故敢如此也。对庙半山有盘陀石晋柏，已枯，曾记朱文正公，有自称盘陀老人，即指此为化身。柏树围满七曲山，亦大观也。僧号本灵，送《帝君圣迹全书》一函，并崇朴山诗石刻一纸，酬以四金，礼房亦赏之。沿路古迹甚多，俗传有不可凭者。过陂去平来平，去陂来石牌坊，路稍平，不依山腰而行，倚田间石路而走，然上下坡仍不免也，共行前后八十里。至梓潼县，绵州直隶州属。进北门，依南门公馆宿站，本县桂梓伯大令迎接，并来会，名梁材，丙子丁丑两榜，云南昆明人，先兄号尚知之也，问时奏是否本家，告以非是。本汛把总刘绍华，号祝三，蒲江人。迎接，并来会。早尚阴，至武连驿口外，地甚湿，询之，乃居民求雨，夜间所泼水也。沿途似下站比上站雨大，询桂梓伯大令，上下站雨均深透，大为之喜。晴。

廿七日(5 月 23 日) 巳刻发梓潼县，因站路无多，县坐尖，过潼水大石桥，一片田地，觉多日未见此景，仍行石板路，上山下山皆谓之土坡，盖曾经沧海难为水矣。卅里石牛铺塘茶尖，盖来路未进，铺前山凹内有天生石牛，现经划去，于出铺路左刻一石牛以为美观，真是规方竹手断，不值一笑。尖后行山坡石板路，罗汉寺在道右，据云有五百阿罗汉，因之得名，似颇幽静，山环水抱，颇饶松竹之趣。过罗汉桥为绵州界，换牵夫，皆将其衣帽乱掷，待所换者，仍与上站无异，亦可笑矣。萱花铺停舆，看舆夫等喂大鱼，其中极大者有四五尺，因水浅未之见，在萱花桥下，盖多年养生池也，俗谓之孤老院。有团鱼三四枚，头不类常鱼，似龙头，亦游泳其间，乃稍红土黄色。又廿里，行稻田中，甚饶佳趣。至绵州魏城驿塘直隶州管五属。公馆宿站，共行六十里，署驿丞、花金和，号翠如，贵州贵筑县人。魏城汛外委徐炤，号琼如，江苏太仓州人。均迎接，并来会。晴，较热。

廿八日(5 月 24 日) 巳刻发魏城驿，因道不甚远，坐尖，此处向无人住，蚊子非常多，所以南省万不可无蚊帐也。沿途多土山，亦有高者，然比来路高峰峻岭则小矣，皆石板路，有沿山腰，有越岭而过，俱不甚险，至抗香铺停舆略歇。养蚕一路颇多，然丝不甚好，已有作茧者，黄白相间，不似南省纯白。亦有三眠者。田中已栽秧，麦多收成，盖晚稻一岁两收，实为乐土，惜地薄下皆石，平地无多，上盖土即可耕种，农工不惰耳。灌田可引山水河水灌之，其次有极大陂塘，多蓄雨水，亦可用也。乘船渡涪江，即进绵州北门公馆宿站，共行六十里，署本州朱月卿直判、名锡莹，行三，浙江会稽人，花翎三品衔，补用同知。曾识先兄，甚精明，戊子乡榜下科进士。都司黎瑞刚，号宝之，行一，广西宣化人，督右守备。均迎接，并来见，绵州营千总傅占奎及收管文牍监茶大使余钊，号鹤笙。来，未见。晚间司马来，又痛谈。晴，晚阴。

廿九日(5月25日) 月卿夫人送小妻小女缎绸二分，绫二匹，粉二小瓶，苹果露二洋瓶，笋蛤蜊四罐，俟到省再答报。昨日天颇热，须找衣服，朱月卿直判又挽留，只得复住一日。早会余鹤孙大使痛谈，为稽雨楼太守令甥，月卿刺史令坦，人颇沈静，意欲赴藏当差，因许之，俟到省再为咨调。晚间月卿移尊来公馆，并约鹤孙同席，大为纵谈，最可笑者莫过刘仲良制军，曾在藩司江西时，为属员所殴，后到川省，又与岐子惠将军打架，其粗心浮气，自古大员中少见也。待参后，离川省时，官民欲在重庆等处待之而甘心，只得由陕西逃遁，殊不成局面矣。半阴晴，夜雨。

三十日(5月26日) 早发绵州，出西门渡一有廊木桥，顺河堤走稻田，所过村屋皆竹木交加，田靠内清水一溪，靠外则有一河，名草石河，野航颇多，其风景甚佳，山虽不高，房屋旱田均有，亦可助远眺，且逢小雨。至皂角铺茶尖始住，仍绵州备，尖后则上山坡，俯视田间亦纵横如罽，过鸡鸣寺，至罗江县交界金山铺塘公馆尖站。茶尖卅里，尖站卅里。尖后仍在田间土坡行，路左有女儿坟，用石砌之，有石碣题诗题联，其所以然，不得而知，俟考，大约节女也。过大石桥至罗江县，进东门公馆宿站，又行卅里，共行九十里，署县颜威三大令仍本色顶戴。来会，并在尖站迎接。名觐宸，行三，甘肃皋兰县人，由乙榜大挑到省，已六十二岁，称余有有三爷之语，盖谓京中无人不晓也。然谈际似有痰，又似颠倒矣。典史、吴景文，号少奎，浙江首府人。千总署外委穆荣，号瑞廷，成都府黄城坝人。均在大石桥迎接,并来会。接钟文叔自什邡县来禀一件,已于正月到任。半阴晴,早小雨。

五月初一日(5月27日) 早发罗江县,出西门过企仙亭,西行至白马关塘,颜威三大令送至此,因在庞靖侯庙,又谓之诸葛武侯庙,话别此君,再三拦之不要远送,必不肯,其呆状有非可以笔墨传者,靖侯爷之墓,即在山半,所谓落凤坡是也。下山至临坎,自宝鸡县入山,经秦蜀一千六百余里,至此方结。至黄许镇有平石桥,镇外连山,多至一百余孔。茶尖,过仙人桥、牛耳铺,一路东山皆红土,甚长,亦别开生面。经三造亭,汉大司农秦宓墓。三造亭在墓前,盖太守优纂,曾三造其门。至德阳县,进北门公馆宿站,茶尖廿七,宿站廿三。共行五十里,署县陈仲钧迎接,并来会,名洪材,广西梧州怀集人,乙未一榜,行一,同知衔,本任灌县实缺。典史周涛,号海峰,浙江归安人。迎接,并来会。会钟文叔,寿康,由本任什邡县来接,县离此六十里,故人情重,并送程仪百两,难却之。晚间复约来,痛谈。昨夜雨,晴,微风。

初二日(5月28日) 早坐尖,遂发德阳县,出南门,沿途皆稻田,山离道远矣。过五里铺、行林铺、大汉镇,遇水皆有大小桥,勿庸涉水。至汉州属小汉镇茶尖,适逢场,即北方赶集。人声嘈杂,万难久停,略坐即行,经和顺桥、金雁桥,此桥有廊,且甚长,工程可观矣。进汉州北门公馆宿站,前卅后廿。共行程五十里,署州崔晓澂刺史、名寅清,行一,河南省城人,癸巳一榜,由记名同知署,人老成不浮,年纪不过卅余,不过少觉沾滞耳。外委黄云鸿,号福堂,湖北人,亦四川人。俱迎接,来会。路遇杨子辉,际春,本汉州人,守备,四品花翎。因罗竹轩镇台平安,给岑云阶及余送马,由甘省而来,遂到公馆一见。晚间将马送到,甚佳,并子辉送到点心四匣、小菜四罐,因二君皆恭勤公门下士,只得收之。昨夜雨,半阴,四钟又雨。

初三日(5月29日) 早坐尖,遂发汉州,过方公湖,至石梯桥避雨,缘早间即有细雨,到此乃大下,不得不少避。至张华镇茶尖,汉州备,过清白江,有长廊桥甚齐整,现有破处已兴工修补,此江因赵清献公涉此，谓“吾志如清江白，虽万类混其中，不少浊也”，因是得名。至唐家寺，又名弥牟镇。此处回民甚多，有清真寺发卖牛肉者不少，新都县备茶尖，大令即在此迎候，过督桥河，有石栏。自入蜀以来，每桥多有龙头朝水上游，北方间或有之，龙尾拖于下游，似数龙驮一桥，北方不多睹也。过牛头镇至新都县，成都属。进北门至桂湖作公馆宿站，共行五十里，或云四十二里。桂湖为明杨庄介公升庵慎。旧宅，有遗像、木阁、水亭数处，河内满种莲花，已浮起青叶。并有对杨公祠为国朝谢忠愍公云舫子澄。祠，天津亦有专祠，为救佟鉴战殁。公亦新都人也，有遗像，靠城墙上土堆，可望城外，沿河皆种桂花，杂树亦有，无桂树多也，水鸟飞鸣上下，或云鸳央[1]，极有趣，其规模大有苏州八旗奉直会馆意思。署县李文泉明府来会。名锦江，行三，由拔贡到川，山东青州府博山县人，官声好。苏秀峰将军因长少白未到任，署理。送到戈什哈等人甚多，碍难记，并有由藏回川又欲到藏官兵，在途迎接亦不少，亦难记其职名，皆交刘文通暂存。汉州有雨，未至新都滴水皆无。阴雨，午后晴热。

初四日(5月30日) 本拟今日进省，昨晤李文泉明府，据云接成、华两首邑来信，眼前端午，备办匆忙，可否过节于初六日进省？余答云，无妨倩其覆信，即改初六日，故仍住桂湖。早晚间玩河内飞鸟，细审即鸳鸯，并有外间飞来一对，亦是树间有极小鸟翱翔，不过麻雀之半，黄顶白黑身，颇有趣，又有两深黄色水鸟，如鹁鸽大，在苇蒲中，均不知名。早细雨，午后半阴晴。

初五日(5月31日) 仍住桂湖，晤李明府谈，昨日今日俱会客，大半谋求入藏，闲时各处闲游，见树木甚多，不知名者不少，盖与北方大不同也。柳树舒枝，垂叶俱有，惟尖叶中忽加宽叶，似杨叶，或古之所谓杨柳耶，不可解。晚间蛙声甚夥，殊觉聒耳也。有老道甚粗鄙，本馆搨得桂湖图及石刻相送。半阴晴。

---

① 之后“鸳央”直接改“鸳鸯”。

初六日(6月1日) 早间雨，在桂湖略用点心，拜别李大令，先遣眷属进省，遂发新都县，出西门，沿河过桥，大半锦水，水甚旺，至天廻镇，成都县备茶尖，辞，因天气不好，赶紧前行，越过土坡一二道，余谓历过山路之余波也。至钦喜庵，入拜阿文成公桂。祠遗像，右为德壮果公楞泰。祠遗像，缘与两家均有世谊也。候许久，始有信，将军制军司道皆到官厅，遂前进，沿途马步华洋各队皆迎接，至官厅，将军以次至道员皆恭请圣安，礼毕至官厅，与诸君略谈，进成都府北门皇华馆住宿，共行程四十三里，旋会首府县，余客挡驾。早雨，午半阴晴，晚复雨。

初七日(6月2日) 早会苏秀峰老哥，午后拜客，得晤陈鹿笙护院璚、马介堂军门维祺、吴蔚如学院郁生、赵樾村廉访藩、苏秀峰将军鲁岱、长如亭观察春，其盐道、各候补道、首府县，俱未见。晴。

初八日(6月3日) 电底。外务部丞参堂鉴：泰五月初六日抵川省，桂霖尚未到，祈转禀邸书达各堂代奏，随后具折奏报，有泰叩齐。在公馆本拟拜客，由早辰即来拜会诸君，由制军、提台、学台，以至候补道、候补县丞，络绎不绝，拜客比行路累，会客比拜客尤累。其中候补道四人各有可取：赵孟云，鹤龄。云南人，由庶常，人甚恬静，同云帅路遇而来；赵永卿，鸿猷。平遥人，乙榜，有才情，大怨云帅；陈俊卿，智伟。甲榜，兵部选驾，两司行走，广西人，趋向颇正，年岁不过卅上下；林和叔，怡游。福建人，出使各国，多年在外，人老成。半阴，有细雨。

初九日(6月4日) 早会罗与三观察，崇龄。现管武备学堂，不过数月，尚未大有成效，广东人，与许稚云认识。向冕卿观察，人冠。湖南人，管机器局兼银元局，枪枝不过造毛瑟，以前所造，皆成废物，真可惜也。刻下经云阶制府整顿以后，或可改观，闻晋勺航世兄在此局，颇可帮忙，银元亦曾办过，刻下银元藏内甚行，好消息也。会周保臣，据云，巴塘有喇嘛与番人开仗之说，商贾已不敢前往，送来全席票一分，收之。午后拜客，皆未遇。晚间，赵樾村来函，送到何守光燮条陈藏务一折，并其先世《居易轩遗稿》及其诗稿《向湖邨舍初集》。晴。

初十日(6月5日) 早晨会客,刘祥甫观察,兆庚。山东人,颇稳练,乃兄江苏候补道。牛太守伊父曾作藩司,恭勤公曾打听数次,颇知感激,且藏中情形亦知之,似吃烟景象,亦曾本省署缺。戴云鹏为戴慎芳令兄,求入藏,仅有五品功牌。张述已保守备,归督标,为张化稌令侄。早辰先骑马,便服到荣伯衡方伯处痛谈,二三侄皆见,并现其孙焉,亦好。未刻,护院陈鹿笙约洋务局,大饮洋酒,不觉大醉,回公馆戌正。晴。

十一日(6月6日) 早会马良成观察,汝骥。在警察局,贵州人,甲榜,人稳练,为云帅所取,此时不甚得意。华建安观察,国英。贵州人,人精明,已六旬,在川卅余年,从前丁文诚公曾伺候过。包曙舫观察年甚轻,浙省宁波人,想家计必好,故捐花翎道员,诸事不了了也。祥大令、泰,号子卿,行三,正黄蒙人,与四弟认识,先在吏部笔政,现解京饷。张大令、其勤,号慎安,乔雨田同居。陈县丞、昌先,据云曾在江苏,不记。李汉卿太守,宗潮,顺天人,似有疯疾。未得见。午后至满城,晤额裕如大哥,已病不可支,乃痨证,恐不久矣。拜五协领,至苏秀峰大哥处,约晚饭,座中制府、学台、提台,无外客也,回公馆九钟余。阴,小雨,半晴。

十二日(6月7日) 早会余大令,宗寿。为余鹤笙令兄,号仁山,曾经恭勤公保奏,福荫五内院,为恩喜而来,因其通晓法文。便衣会荣伯衡,痛谈,热衷仍未退,盖此亦旗人之本色也。午后,马介堂军门约本署,座中苏秀峰署将军、吴蔚如学台、陈鹿笙署制府、黄爱堂署方伯数人,军门华洋各酒皆备,华洋满汉菜亦全,已为盛矣。不意所存百年余米酒,其色似酱油,味则少酸多甜,苦则在内,其醇非可言传,据云非至好不肯出,实将各酒压倒,亦口福也。半阴,小雨。

十三日(6月8日) 早会前彬桂道隆书村观察,文,镶黄蒙人。因发遣到此,盖因拳匪所致,尚有晋芍航都护、荣伯衡方伯,各有各案,皆为义气所动,以此遣戍亦可怜矣。王司马克镛,号序东,已补松潘厅,山东人,此地旗奉直东一会馆,俱论同乡。去年四月奉部覆,刻下尚未到任，旋送地图一纸，非全图，至巴塘止。祥子卿来辞行，解饷进京。午后至龙茂道署，长如亭观察约音尊，盖道内有一闲款，观察不愿私自入囊，遂葺一罩棚戏台，仿照京式，规模少小，两边棚牌亦矮，其热非常。戏中有昆曲，顿(错)[挫]抑(杨)[扬]，尚不失节，惟排场太野，其次梆子腔，亦可听，文场不与北方同，其二簧高腔，则种种可笑，真闻所[未]闻，二簧不过不入调，高腔乃本地风光，帮腔者人甚夥，文场锣钹，尤令人耳聋，不能知其妙在何处。回家已亥初，点戏二，赏洋八，不过如此，大约各大宪皆如此，其次有六有四，视官如何，外省通例也。晴。

十四日(6月9日)　夜内三鼓余即雨，天明则大雨倾盆，雷声大作，幸无客来，可歇一日。然天气骤凉，与昨日大差，盖此地虽伏天亦如之，下雨便凉，放晴便热，不拘拘于时令，伏天果多雨，无有酷热时也。恩大令泽。由京托寄家信一封送到，旋亲来。陈县左昌先。送到烧猪、烧酒、点心，俱壁谢，伊云苏州曾在府当差，实不能记忆也，旋亦亲来。共三客，均未见。前由张述为张化稌之侄。送到虾须帘子等，亦壁谢。阴一日，大雨午后住。

十五日(6月10日)　昨读京电，龙茂道长如亭开缺，送部引见，即其唱戏请客之日，旨意亦十三日所奉，何如此之巧，必有谓其高兴所致也，一笑。早会满营广福田、善，行三，镶黄正白满洲二旗协领，人老成。广心亭、续，行一，正黄正红满洲二旗协领，人平平。桂丹亭、昌，行一，镶白正蓝满洲二旗协领，人平平。文筠安、锦，行三，镶红镶蓝满洲二旗协领，二品衔，人精明，像好。河心源。清，行一，八旗蒙古协领，二品衔，人稳重，营内种桑即其料理。范、余二委员来，因与其痛谈。午后写家信，叙广源难提款，此处亦难张罗，分发须细斟酌，川省宦场难久待，民间匪会甚多，恐难居，此间亲友好。覆叔佩钟[①]三信，昨接信为铁弟分发，告以款项难措，川省亦难久居。寄温寿臣信，此交隆海，令其勿庸告人，以后提款，须凭图章，并询前汇

---

① 笔误，应为钟叔佩。

号,不应借。统由祥子卿大令泰。赴京解饷之便寄往。阴,细雨。

十六日(6月11日) 早会曾柏厚大令、福谦,福建人,甲榜,曾官直隶司刑部同寅,现因欠款来。史幼安大令、亦杰,直隶乐亭人,著全史宫词,乃其令祖,现已另补会馆值年。何县左、树森,为藏中办理交涉,何观察光燮令兄,人甚呆,欲入藏。张泽周巡检,泗,云南人,苏秀峰荐,欲入藏,丽江府有入藏路,人年轻,去年来川。余委员已见方伯禀明随入藏,因痛谈。荣伯衡方伯送到烧羊肉等物,指名给妞妞,只得领之。富娃子来,送到黄酒、本地造,甚甜。酱油,已大高,长成人矣。晴,夜雨。

十七日(6月12日) 会周保臣,送到应领款项单,苏秀峰将军片送派赴藏换班,委笔贴式四人,德音、斌廸岁数稍大,戴福、惠伦似岁数稍小。午后会桂香雨霖,今日始到。帮办大臣,即住西公馆外间,通一角门,旋回拜,即由角门去,免乘轿也,然彼处放炮如故。晚间饭后,香雨便衣过谈。晴阴各半,灯后雨。

十八日(6月13日) 会杨子辉都司、际春。陈星斋千总,金山,为杨亲家。俱四川人,痛谈,武员皆以岑云阶为然,文官虽受恩者,亦有微词,并送到扇子六把、乡酱肉二块及饽饽两匣。荣伯衡来札,荐宝丰银号,亦管汇兑,老板为乔英甫,山西人也。周保臣曾荐日盛昌老板,亦姓乔,山西人也,然驻藏者何能惊动如此阔人,可发一笑。晚将《筹瞻疏稿》送香雨一看。半阴晴。

十九日(6月14日) 会乔英甫。世杰,山西介休人,宝丰银号,原宝兴隆金店分。陈鹿(生)[笙]制府、吴蔚如宗师、黄爱堂方伯皆来谈。因拜香雨未遇,故遇此凤茀堂太守,痛谈,与叙州府文仲云郎舅,现因仲云交锡制府查看,大为扼腕,无如之何也。半阴晴。

二十日(6月15日) 过香雨公馆,会马介堂军门,旋回。解叔平观察,秉和。云南人,初到省,为解煜之子。萧子蕃刺史富谷。曾入藏,乃随桂使臣而来。华阳伍介康大令来会,无事。成都何璞源大令,承道,湖南人,因新到任,徐季桐大令已交卸。秦介人大令。宗藩,先兄门生,人精明,肝疾甚重,难入藏。周锦卿玉标,侯选训导。为保臣令侄,不甚了了，未出书房神气。刘子卿未人，煊。乃剑州茹蔚廷所荐，似亦呆气。乔奉臣名怀玠，山西平遥人，保臣所荐，为日昇昌老板也。人俗，不如乔英甫。找范湘梅、余鹤笙谈。半阴晴。

廿一日(6月16日) 会荣伯衡，便衣而来，留其早饭。苏秀峰将军来，亦痛谈。把总程林，号品成，顺天人，入四川籍，为秦介人亲戚，意欲赴藏，年廿九岁，人尚规矩。杨子辉来送果席，璧(谢)。回来，其令亲欲拜门，即止之。恩禧太太送点心，指明给内眷，且系同乡，不好却，敬领而已。半阴晴。

廿二日(6月17日) 会盐道吴蓉甫观察，因病未愈，今日方销假，山东人，颇明晰，因谈奎乐帅，谓其在此政声甚好，不意为蔑劣绅，以致京员乱说闲话。铁宝珊副戍珍，四川人，行二，五十九岁。曾经随文仲瀛使者进藏，其情形甚熟，亦有见识，西域人，余客未见。倩范湘梅写信致合盛元汇庄岳朝宗，在陕所借议平纹八百两，八厘息。三月期，利十九两二钱，一并归还，及致曾健斋长安县。大令，告明撤券寄川。晴，热。

二十三日(6月18日) 余鹤笙携来第五号《大陆报》一册，内载藏事难办一条："驻藏大臣有梦琴都统，近将赴藏，适接裕大臣函称，藏地时有俄法弁兵游历，近更测绘地图，致藏民多生疑惧，虽经多方劝解，而彼来此往，兼有番苗教民聚杂，其中实难调和"云云。有大臣即面请枢密，指授机宜，以便起程，等语。乃一片无稽之谈，不过吃东洋饭者，代英国极惑声听而已。过桂香雨都护处，闲谈，将外部所绘图二张，刻条约一本，钞电一本，钞案八本，送其阅看。秦介人送来全席，收之。蔡伯坤炳乾，四川人，与杨子辉令亲，贡生。送到自书诗图扇一柄。晴，热。

廿四日(6月19日) 会周保臣，署臬台赵樾村廉访人甚正当，与香雨亦多年认识，颇识大体，找余、范二委员谈。昨夜甚热，今日雨。

廿五日(6月20日) 秦介人为涧泉先生后人，由安徽太平县移居江宁,其无锡秦小岘乃秦桧后人。三哥来谈,其病乃肝疾所致,误服附子、干姜等药,大汗不止,几乎莫救,此南方好用热药与北方好用凉药,同一失也。找范湘梅、余鹤笙谈,将京内购得钟午亭先生所钞《入藏须知》等书,倩其一看。香雨来函,有投禀,意在挟制干求,问如何办理,覆以可束之高阁,似此等无知人,谅后来不少,不能一一驳诘也。阴雨,觉阴凉。

廿六日(6月21日) 早会罗芸生太守,以礼,癸酉乙榜,行二,云南人。现已被议。因马介堂军门在香雨处,谈及此君,人颇直爽,可以约其入藏,面询之,刻在护院处办理文案,且多病,不愿赴藏,只得罢议。晚间香雨来闲谈,打听伊行四电。报局送到邸钞,岑云阶文武川员参去多人。早阴,午后晴。

廿七日(6月22日) 会杨子辉守戎,欲回汉州,即回川省,前罗总镇竹轩送马,即致信谢之,交子辉带往,伊亲家陈金山亦来会,守戎旋送佛手干,金橘干各二包。晋芍航都护来,痛谈,已留长髯,询之,才五十三岁。晚间余鹤笙送菜一桌,并绍酒一坛,甚佳,杨顺送烧羊肉、烧鸭子等,未免外官管家举动矣。半阴晴。

廿八日(6月23日) 早会秦介人,廿四日为岑云阶所参候补县秦宗藩,貌似有才,迹实放利,询之,貌似有才既不敢当,放利二字更不知何从说起?想得罪同寅,事所不免,未知在云帅处作何谰语,以致如此。又直州判范启荣,行为卑鄙,有玷官箴,询之湘梅,据云,护院陈鹿笙第六子,第五子名大浩,第六子名宗浩。将一妾寄于前藩经历署,待其署任,未能将此女逐出,为岑云帅访出,以为伊之迎合,未明其所以然,竟入劾章,然有保案,竟将护院第五六子皆列保,湘梅则真抱不白之冤,甚为可笑。晚回拜客,至吴蔚如学台署赴约,座中桂香雨使臣、陈鹿笙护院、苏秀峰都护、马介堂军门,无外客,回公馆已戌正余也。刘子卿未入,煊。送到尺头食物等件,皆璧谢。半阴晴,夜雨。

廿九日(6月24日) 接马军门、陈护院送到电信,打箭炉报,里塘已有捷音,似可无事。又护院因乔令震生因要差未得进省,旋复之可以不来。晤余鹤孙、范湘梅，痛谈，鹤孙送到乱党所著书并照相，一派胡云，殊堪发指。半阴晴。

闰五月初一日(6月25日)　昨晚香雨送到到川日期折底，今日自拟一折底，大略相同，晚间复函倩香雨删改。夜间四鼓腹泄，早晚七八次，颇惫。香雨欲来，挡驾。接护院陈鹿笙灯后来信，送到巴塘粮务曹铭、都司马云飞来禀，有丁林寺喇嘛因被抢劫，移怨撤去乌拉差站，大道刻下往来文报不通，其中恐有使者，则两藏危矣，令人不得不想鹿滋翁办理瞻对，竟为无知小人所阻也。晴。

初二日(6月26日)　会马竹君府经，名吉符，安徽省城人。为介堂军门荐来，一谈，因询军门时常写字，旋送到《临钱南围中山松醪赋》及《岑公祠记》墨刻各一分。骁骑校江少韩，潮，成都驻防，秦介人介绍而来。为恭勤公旧部，人颇明白，藏内大局，谈之中肯。黄爱堂方伯、赵樾村廉访、吴蓉甫观察约洋务局晚饭，因病未见大愈，敬辞。香雨送回代改奏底，晚间约香雨世兄老二老三及其孙世兄汴生定生，到此一耍。半阴晴，夜雨。

初三日(6月27日)　会周保臣，将其令侄字样拿来，尚不成格架。秦介人来，将恭勤公诗送到。找余、范二委员谈，有委笔帖式斌廸所写奏折样，甚佳。到香雨处一看，伊仍服药，肝疾也，痛谈时事，则大骂不绝。半阴晴，灯后忽大雨。

初四日(6月28日)　会李汉卿太守，宗潮，顺天人，湖北本籍。住京内大耳胡同，为朱崧生观察旧交，乃李伯勋炳麟。令叔，年已六十四岁，尚欲进藏，似非安分人。贵大使善，号葆初，本城驻防，正黄蒙人。乃一榜，曾在文(叔)[淑]南、松寿泉两先生宅住过，似教书本色。找余鹤孙、范湘梅，将奏折令斌笔政廸写，字甚干净，可嘉也。半阴晴，晚雨。

初五日(6月29日)　会河心源协领，将其营内所产丝斤并所制阑干拿来一看，丝内白者少，较细，价亦昂，黄者多，较粗，价低。据云此地产黄者，蚕蛾虽单提下子，白者仍变黄色，且有一种葵色者，地土使然也。晚间约启彬老二兄弟叔侄来耍，各窗课携来一看，老二天资略差，然亦粗通，老三启彰已成规模，汴生宝彝。则大怪，笔下非常老道，胆量亦出寻常童子万万，时年十一岁。晴，微阴。

初六日(6月30日)　会绵州朱月卿直刺史，锡莹。由州因案来省面禀，因痛谈，是非寻常俗吏可比。晚香雨来，将其条陈折底携来一看，议论宏通，深可佩服，盖为粤滇黔三省游匪，须择大员居中控制之意也。晴。

初七日(7月1日)　天时忽凉忽热，总觉不适，盖川省出太阳则热，阴雨则凉，大有广东天气，尚不至若彼省之甚而已。晚到香雨处一谈。半阴晴，似有雾气。

初八日(7月2日)　昨夜忽梦华庄夫子，请问少年等应读何论刻本为是？师云《艺海居》。复问艺字是否六艺之艺否？师云然，并云此中赋亦好，殊不可解，不知论本有此名目否？颇似上海新出名目。早恭阅营内包折，其所用外夹板等件，与出差不同，大约各省亦一处一样，未必同也。会朱月卿三哥，痛谈循吏之选，然赔钱者甚不少，竟有循吏不可为之势。阴雨一日。

初九日(7月3日)　辰初刻在公馆，敬谨拜发折一件，安折二分，此处礼节，设香案一，向东系望阙之意，烛双辉，香炉一尊，焚檀香，礼生赞礼，有吹手衣，淡红衣，捧折乃旗营官，至仪门外马夫跪接，随升炮三声，官道喜，礼生等讨赏，不过六百文。此礼之不可解者，亦从先两次充随员所未见者。香雨亦于是刻拜发，闻有附片二件，一知之，一不知也。备针黹等数色作为姬人送，朱月卿夫人以报前礼，幸全收。阴，雨。

初十日(7月4日)　会朱月卿，痛谈，明日即回绵州，送到两大罐花雕酒，乃丙戌，至今十八年矣。桂香雨来谈，未数语回，学台来拜，遂回，致护院信，与香雨会衔询里巴塘近事。阴。

十一日(7月5日)　会前龙茂道长如亭兄，明日启身进京，系奉旨送部引见，然已六旬，未卜功名如何？吴小谨县丞，崇光，系阳湖县人，因盛侍郎派办电报局，现已撤差，派警察局。意欲赴藏当差，然人多恐无安置处。三钟后给如亭送行，并拜客。晚接陈护院来信，理塘乱事已电达外务部矣，特送信来。晴。

十二日(7月6日) 早会稽芝葆世兄，祖佑，候选，从九。为庚楼太守志文。大令郎，弟兄二人，太恭人在堂，送到藏图一张，地分五色，并有分界红线，甚佳，外注说一本，乃庚楼所著。午后香雨来谈许久，陈护院来谈，遂过香雨公馆。晴。

十三日(7月7日) 会署成都府雷仲宣太守，行二，钟德，陕西人，辛未甲榜。因谈及路闰生先生古文散体诸作，曾经朝邑相国附梓，因庚子先去，旋送到《柽花馆全记》一函。沈端臣司马，继贤，浙江人。为沈观察寿榕。之子，与恭勤兄同官滇省观察能虎。之胞弟。江少韩潮。骁骑校、多县丞福俱来拜，痛谈藏中事。申刻赴贵州馆园亭尚好。尹王祠，毕建安、国英。马良成汝骥。两观察约，备酒为贵州毛台烧酒，好极，亦热极。座中香雨、凤茀堂、全，行五，现护龙茂道直隶州，列旗员中铮铮者。陈俊卿观察，智伟。无外客也。半阴晴。

十四日(7月8日) 会荣伯衡，留其晚饭，谈及张(湘)[香]涛制府有留京之语，未审确否？会范、余二委员，痛谈。阴，雨。

十五日(7月9日) 黄爱堂署方伯。备文送到丰折银，即交宝丰代存。午后同香雨出南门至武侯祠一游，前殿供昭烈帝像及蜀汉诸臣像，有正殿有两廊。后殿供武侯像，有铜鼓等器，对联甚多，祠后谒昭烈帝墓，一瞻，并到其花园一看，殊少佳趣。半阴晴。

十六日(7月10日) 与范、余二委员闲谈，范湘梅赠诗六章，未免誉之太过，实不克当。会乔英甫，立折一件，面收丰折银，即收折内，以需用时支取。晴。

十七日(7月11日) 会署理雅州府杨子庚太守，仪成，江西人。询之六十七岁人，如五十余岁，曾官兵部，到省已卅余年，五十二岁始得子，今已四人。周保臣痛谈，因电杆被水，恐须下游亲往一勘，并送鲜花八盆，不好却之。曾伯厚大令福谦，曾官刑部，同为直隶司寅友。来，未得见，送到《夔门送行诗》两部，盖令奉节时临卸任诸文士赠行去思之意。早雨，午晴。

十八日(7月12日) 凤茀堂、荣伯衡均送到鲜荔枝一盒。会秦介人，仍托人情，盖困穷已有断炊之势，然被议人实力无所施也。沈端臣司马继贤。来，痛谈旧玉，送乃翁名寿榕，号意文。《玉笙楼诗集》并《续集》，与先兄滇省旧同寅也。并携来随园老人小照三张，《归娶图》《六十图》《杖朝图》，各有意味，《归娶图》尤为新颖，题者有五六人，并《随园图》其规模甚大，真享尽人间之福，不多睹也。端臣与彼有亲，故携来一看，实眼福也。晴。

十九日(7月13日) 早香雨过谈，晚间复找其痛谈。会冯梦华廉访，煦，江苏人，丙戌探花，由山西河东道升此。谈京内大学堂学生时常聚众与管学大臣乱閧，并闻东洋诸游历者亦聚众打电谩骂政府及外务部，将成肇乱者之基，可奈何。找范、余二委员谈。晴。

二十日(7月14日) 午后同香雨出南门至少陵草堂一游，内有活水，竹子甚胜，上可干霄，水内有放生鱼，以熟食喂，喂皆上。所祀在后堂，中为杜少陵，左为黄山谷，右为陆放翁，匾对颇多，即有搨而售者，购得郑板桥墨搨。竹方八块，何子贞绿搨对联一付，绛州杨准朱搨篆联一付，少陵草堂图墨搨横披一张。旁有庙，俗僧约往，告以不愿前往，勿庸预备，遂扫兴而去，浣花夫人祠亦未去。回时至二仙庵，祀吕纯阳、韩湘子，故以二仙称，此处花木甚多，有观音莲，又谓之地涌金莲，其叶似美人蕉，花黄色，莲形，有棕竹，一蔬菜似棕叶，下乃竹本，后园有活水，且有莲池亭台，甚幽程。临行道士赠两人莲花各一朵，洋海棠各一枝，亦韵事也。到公馆已掌灯，晚饭起更矣。阴，闷热。

二十一日(7月15日) 在公馆，找范、余二先生，拟欲作轿一乘以入藏，缘京轿太大，恐不适用，箱支亦须改小，殊费事也。阴，闷热。

廿二日(7月16日) 黄爱堂方伯来闲谈，亦叹时半之难为力，范湘梅送到当铺所售书画数十轴，因留得汪文端公字一帧、陈玉方字一帧、罗辰画一帧，不知为何许人？阴，闷热。

廿三日(7 月 17 日) 乔英甫来，未见，将应领津贴交其收付藩库。借湘梅《花月痕》说部一看，为湖南人所作，寓意于郭诚意[①]、左文襄，乃词赋诗骈体作家，亦可传之书也。阴，晚雨。

廿四日(7 月 18 日) 湘梅送花篮、屏四帧，鹤孙送扇子一柄、酒杯八枚，旋赠二君小刀各二把，烟壶各二枚，礼有往来，殊可笑。阴，大雨。

廿五日(7 月 19 日) 会马介堂军门，痛谈。回通西公馆，道上多泥水，碍难过去，只得请军门自行前往。半阴晴。

廿六日(7 月 20 日) 会周保臣，所管电线局内，前有断绝之信，刻下均已收整，并云前求乃侄玉標拟入藏襄办笔墨，不意病故，殊为可惜。午后香雨来，痛谈，游少陵草堂得五古一章见示，旋送到《哀蝉集》，盖悼亡之作，一往情深，令人不忍卒读。阴。

廿七日(7 月 21 日) 连日办理入藏赏耗，真是官事向无肯用中等，视之万难，此次虽不必用上等，然再次太不堪用，必致如蒙古领赏，沿路弃之，亦殊非柔远之道也。湘梅觅得楹联一对，乃随园所书，从来未见过，然不知索价如何？早雨，阴。

廿八日(7 月 22 日) 昨夜极大雨，时甚久，并雷电交作，闻北门外有冲去房间之说，公馆廊下竟成两池，水井亦溢出。据闻地方有求晴之说，未知确否？找范、余二君闲谈。晚饭后到香雨处一谈，闻有藏中英国至干坝议关消息。阴。

廿九日(7 月 23 日) 闻地方官求晴，已禁止屠宰，理应如是也。会盐道吴蓉圃观察，闲谈。接朱月卿来信，送到绵州桃六篓，三百六

---

① 有泰手稿此处为郭诚意，其后皆为郭意诚。郭意诚事迹不详。民国人徐哲身在其小说《大清三杰》中有郭意诚，为湖南地方绅士，是郭嵩焘胞兄，为曾国藩远亲。（参见徐哲身：《大清三杰曾国藩左宗棠彭玉麟》，长春：时代文艺出版社，1994，第 133－151 页。）

十枚，然已多半霉烂，此为川省著名之桃，尚不及董四墓，更无论山东肥城矣。分赠香雨廿余枚，凤观察亦送到数枚，想亦绵送。半阴晴。

六月初一日(7月24日) 昨夜大雷竟震醒四处，三点乃倾盆大雨，间断整一日，西厢屋内挑水数次，或云住房各户无不踏水而行，屋倒墙塌各巷皆然，恐或涝灾，奈何！阴，雨。

初二日(7月25日) 找两委员闲谈，将恭忠亲王墨搨裱得。晚间香雨处三小孩来，拿文本看。晴。

初三日(7月26日) 会凤茀堂观察，拟赴灌口，闻水甚大，欲往祈祷，为地方亦当尽之事，约来闲谈，遂过香雨处，有任玉瑞者不知何许人，据称恭勤兄门生，因张花秾所介绍，报于门下，连日来不识果然否？未见，今忽递一禀，仍欲求见，禀词殊觉不通，闻有四十余岁。晴。

初四日(7月27日) 早往拜黄爱堂方伯，换朝念顶戴，陈鹿笙制军求写匾对，冯梦华廉访未遇，马介堂军门求写一匾，要其朱搨大对联一付，并遇凤茀堂观察略谈，赵樾村观察求写匾对，署雅州府杨子庚太守未遇，回公馆已午初余矣。马军门谈及马竹君府经，吉符。人甚可靠，可约入藏。早阴，午后小雨。

初五日(7月28日) 午后过香雨处闲谈，伊廊下均水，与此公馆相等，惟两石池内各种紫荆一株，刻下胜开，颇饶佳趣。沈端臣送到戴夫人兰英烁灯课子图，为袁氏妇随园老人自题诗，如钱竹汀、阮太傅、余秋宝皆有题诗，乾隆间名人甚多，想亦袁家约来。早雨，午后阴。

初六日(7月29日) 找范、余二君闲谈，备藏内应用各物及移新居，什物前数日长发美绸缎铺老板周姓，为保臣本家。送借几绮，商酌可留用。周保臣问铺垫如何，只好临时再购。阴雨，半晴。

初七日(7月30日) 将洋烟找出品之，入藏或可带往三四瓶。晚间香雨来痛谈，托其品烟，伊云上等之物也，遂取其所存羶味一瓶来，虽干，亦不易得矣。会署建昌镇夔州协英芝圃，秀。俗极。半阴晴，雨。

初八日(7月31日) 找余鹤孙买书，约启仲儒世兄三人午饭，因作得小图章一，小折叠椅四，故有此举。皆喝醉，均是小孩，有在此有回去，都入睡乡矣，有趣。会秦介人，送到恭勤兄白折数开，乃临《褚圣教》，惜不全。晴。

初九日(8月1日) 会冯梦华廉访，略谈。何璞源、伍介康两大令因护院十六日寿辰，凡本城各宪皆送礼，问两驻藏如何？香雨本在此，已回，晚间复找其商酌，只好两人公送一分礼物，以解嘲而已。晴。

初十日(8月2日) 会黄爱堂方伯，因前道喜，特来谢步，痛谈。陈鹿笙制府送自寿诗四首，兴致甚佳，不似七十七岁人，亦见其寿征也。半阴晴。

十一日(8月3日) 午后香雨来，痛谈半日，得红兰主人山水一帧，请其鉴定，据云可存，仿佛在某堂曾见《红兰小传》，香雨云，系出照影雅颂集，待查。晴。

十二日(8月4日) 会周保臣，谢其刻图章一方，因品烟痛谈，余、范两君因看《玉纪》，大讲旧玉，殊可笑。见江少韩骁骑，潮。伊曾入藏，为恭勤兄办折奏，此次亦愿襄理。晴，晚雨。

十三日(8月5日) 余鹤孙、范湘梅衣冠来谢委，未见，饭后往见，约明日早到，多县左福。来见，挡驾，留藏图一纸。晴。

十四日(8月6日) 辰刻出北门，到昭觉寺，便衣赴。周保臣、余鹤孙、范湘梅公约在彼早晚饭，并有午果，老排场也，廊内有藏经阁、如来殿、观音阁，皆甚庄严。省中大□林，田地最胜，府县有案不准再置产业，亦可知其进项矣。岑云帅令其每年捐助赈银千二百两，遇闰加增一百两，所存有黄慎画狮子大条，王守仁行草书大条，皆真迹，王曾钩勒上石，主持中恂亦能书，因虫蛀木搨本，后书之，亦刻石，可另备一格，然无大意味，其竹禅僧画甚多，颇俗。半阴晴，晚微雨，连日甚热，今日热尤甚。

十五日(8月7日) 早辰给陈鹿笙护院拜寿,未得,下舆回拜英芝圃总镇,拜风弗堂观察,得晤,谈,并得晤乡绅陈子钧京卿,名光弼,为前东边道陈观察本植之子,年卅余。午后鹿翁约看戏,辞。周保臣送到皇太后御笔福寿字,裱成并作长匣,皇上御赐福字作长匣,外送到大图章二方。晴,甚热。

十六日(8月8日) 陈护院约音尊本署,因天气甚热,且肚腹不适,辞之。香雨因有家祭,亦未去。买得大理插屏、小铜瓶水池各一枚,均系不高之价,聊为进藏之需可也。昨夜雨,晴。

十七日(8月9日) 会徐松龄照磨,镐,行二,浙江人。由打箭炉来,闻藏中尚安静,曾蒙恭勤公保过,人颇爽朗。赵樾村观察来辞行,赴泸州盐务局。桂香雨来闲谈,据云藏中已有洋人进去之说,未知的确否?何心源协领送到全羊数样,尚有京内旧规矩,想各省驻防仍有入关气象也。晴。

十八日(8月10日) 辰刻给赵樾村送行,未遇,回拜河心源,江少韩投刺而已,拜苏秀峰,大谈,回公馆已午初矣。找范、余委员谈,托裱字画,均送到,买香炉等件,又须安家已,一笑。晴,晚雨。

十九日(8月11日) 会舒绍夔刺史,良辅。云南人,新到省,不过四十岁。沈端臣略谈,并在文案处见三委员,并介人世兄四川补用巡检秦兆奎,卅余岁,人尚精明。奏折已奉批回。晚找香雨谈。早间写《心经》一卷。半阴晴。

二十日(8月12日) 给周保臣札座省办理文电,来谢,未得见。河心源拟约看营中纺织局,刻下尚有水,不便,未得见。姬人特买旧玉钏,价二十金,颇不为昂,有寿命昌宜矦王六字,用之小图章一方,五色俱备,且含水银片。以作余入藏送行之物,盖真古玉可避险,乃素所知也。半晴,早雨。

二十一日(8月13日) 会周保臣,在书房,有范湘梅、余鹤孙、江少韩,痛谈。前驻藏安仁山成。于今日到省,年已七十一岁,闻均平安,因遣差官往迎,伊所遗帮办,即香雨应补之缺。香雨午后来谈,其家事,真有难以言传者。买川椒所治蒲扇数柄,颇适用,及前次草绢长扇,可爱也。晴。

二十二日(8月14日) 会秦(价)[介]人[①],谈及家计吃饭,皆不易,盖人口甚重,谋衣食子弟皆乏人也。安仁山使者来,甲午生人,今年正七十岁,非七十一。湖北驻防,身子甚坚实,看之不过六十余,据云打箭炉给留下帐房等件,殊为可感。晴。

二十三日(8月15日) 会马介堂军门,痛谈。找余、范委员谈,接护院陈鹿笙方伯处送到外务部公信一封。阴,午后雨。

廿四日(8月16日) 辰刻回拜安仁山都护,得晤谈,人甚爽朗,与裕子维大不和协,所谈子维行径,未免笑人,大约皆左右挑拨所致。给舒绍夔刺史谢步,书房见四委员,略谈。半阴晴。

廿五日(8月17日) 会已革知县恩松崖,泽,行二,京旗汉军,松寿泉门生。翻译举人。接长菊岩来函,拟充坐探,无如已有人矣。蔡伯坤优生,炳乾,汉州人。为杨子辉文武同案,人颇精明。找周、范、余委员闲谈。看桂香雨,痛谈。晴。

二十六日(8月18日) 寅刻行装,余暖帽,纱顶纱沿,出都即如此,未换凉帽,香雨亦换暖帽。赴会府即呼会府衙,或朝会之意耶。万寿宫,先便座,礼生报三击鼓,请行礼,分文东武西,将军第一,提台第二,余第三,挨次排班,始则将军提台谦让,告以燕坐则可,此系朝贺,应按品级为是。行九叩礼,礼毕,至门罩下,按文东武西坐班,饮奶茶,无奶茶,以杏仁茶代之。撤班。复便座,外间笙歌高奏矣。略谈,回公馆。去不升炮,回时升炮,外省皆同也。晤余、范、江三委员,田德买抓笔并金斗笔,闻启伯熊由京来,即遣人往看。晴。

廿七日(8月19日) 找四委员闲谈,荣伯衡方伯来,留其早饭。午后启伯熊世兄来,略谈。半阴,晚雨。

廿八日(8月20日) 找委员闲谈。拟看启伯熊,因天热未去。

---

① 之后“秦价人”中“价”直接改“介”。

晴,晚微雨。

廿九日(8月21日) 衣冠至香雨处,给伯熊谢步,会乔英甫痛谈,收折子,交其应入应出者上之。晴,晚微雨。

卅日(8月22日) 会渠县知县业子芳大令,普春,行二,前户部同寅。其累甚重,此外官之无如何事也。马竹君二尹吉符因马军门所荐,欲赴藏当差,祇得归入咨调,人尚安祥,与军门皆回教人,竹君籍安徽怀宁。晴,天凉。

七月初一日(8月23日) 找四委员闲谈,鹤孙送移居贺礼藏铸观音佛一尊,文待诏,无款山水屏十轴,蓝面洋勺洋壶各一件,祇好领谢。马介堂军门约初三日晚饭,因伯衡是日约在先,辞之。香雨来痛谈,其子之未可言传之糊涂,奈何。晴。

初二日(8月24日) 找委员闲谈,湘梅荐一湖南人,买书案一分,书架一分,制造甚精巧,此人并带到《西藏图考》《峨山图说》各一部,均留用,卖木器人忽卖书,亦可怪也。会吴小瑾二尹崇光。来见,情愿入藏,因约之归咨调。小瑾为阳湖人。晴。

初三日(8月25日) 辰刻出东门至望江楼,新作绿泥轿已得,即乘之,京来之轿太笨。荣伯衡、乔英甫约午饭,座中余鹤孙、范湘梅、周保臣,无多客也。座设高台,一面临江,来往风帆大似苏常风景,一面临稻田,黄云无际,绿树成林,远接东山,颇饶佳趣。其楼有极高者,与同人仅至二层,座落甚多,且卖寻常茶饭。锦城外第一佳处,又谓之雷神庙,又谓之薛涛井,井尚存,并离此数武有薛涛墓。涛为唐妓,号洪度,其井即造纸所用水,至今流传,薛涛笺指此也。对联匾额甚多,忆幼年见先荣禄公手录本,有薛涛井一联,不识曾否专刻悬之,觅之无有,然至今已五十余年矣,大半悬刻皆同光年间者多,回馆已申初。由湘梅代购钱文敏公维城山水条幅一帧,此为常州子明兄上辈。晴,微阴。

初四日(8月26日) 找委员等闲谈,题《富贵浮云图》,为黄子厚所绘先影者，为周保臣、余鹤孙、范香楣[①]又买抓笔、京斗笔数支，并大墨两坨。阴，微雨。

初五日(8月27日) 会荣伯衡，送来自薰烟一壶，甚好，不过略湿。找委员等闲[谈]，因居诸位皆帮忙，殊可感。伯衡亦曾前往，文通为大众所愚，呈上洋钟、洋灯，令其顾价，殊可笑。阴。

初六日(8月28日) 辰刻赴昭觉寺，马介堂军门约早饭，座中晋勺航、桂香雨并本寺住持中恂，带去洋酒及泡烧酒，并本寺花雕酒，乱喝一气，不意将中恂灌大醉，竟立脚不住，用两僧扶之，颇可笑人，临走每人送锅巴一包，回公馆已申正矣！在庙阵(两)[雨]。阴，午后雨。

初七日(8月29日) 找委员等闲谈，诸君送到贺帐等件，无法璧回，然太觉费心矣，可发一笑。香雨来痛谈。阴，微雨。

初八日(8月30日) 辰起在外间恭纪皇太后恩赐福寿字，因已裱成，颇不易书，大汗淋漓，许久方得恭书讫，晤各委员，道谢。会张衮甫观察，九章。山西平定州人，与石沓亭有亲，离其家十里，亦乡居，同张石洲先生同姓不宗。闻祁文端公京内四眼井旧居，刻已售于俄国。半阴晴，温热。

初九日(8月31日) 午后至东玉沙街看新居，周保臣、余鹤孙皆在彼帮为料理，殊可感也。晚找香雨痛谈，将公事及外务部信件拿回。半晴，甚热。

初十日(9月1日) 杏妞于卯刻生一子，乃蓉格之后，无如姬人早知，并未告明，以至远路带出，殊可险也，起名炳燊，因五行阙火，合六层火，乃祖恭勤公所荫庇也，然乃父生于蜀地，伊亦生于蜀地，甚奇。乳名为锦柳。取其锦城所生之意也。辰刻至新居，将字画挂起诸处，略为安置。会冯梦华廉访，大以极峰老陈为非，左峰老黄为不然，作赏耗绸缎长发美。五品衔候选知县周华圃芝清。及其少爷少圃钊。送到画

① 范香楣即范湘梅。

对等件。晴。

十一日(9月2日) 辰刻并家眷移于新居,诸委员及乔英甫太守、周少圃均来道喜。委员中,花翎知府用分省补用同知周祖佑,号保臣,四川人。前四川试用直隶州州判范启荣,号湘梅,湖南人。五品衔选用县丞余钊,号鹤孙,浙江人。防御衔尽先即补骁骑校江潮,号少韩,满洲人。四川试用县丞吴崇光,号小瑾,江苏人。四川试用府经历马吉符,号竹君,安徽人。黄爱堂方伯亦来道喜,各处送花,房东送鞭送蜡烛,遵本地规矩,有不应却之势,只得拜领。尚有诸君差道喜、亲道喜,不求见者可谓自扰之,无为何也,且有欲送清音之流,居实不能送命矣,一笑。来时极大雨,轿内衣服皆湿,本地必讲休咎,不知主何吉凶,哈哈。阴,大雨一日。

十二日(9月3日) 在寓,会马良诚观察、汝骥。房东萧禹门,五品顶戴,访之,乃县通判,未知确否?名鼎元,江西人,系药行生意人,甚老成。姬人至皇华馆,锦柳洗之。晴。

十三日(9月4日) 辰刻出公馆谢客,至皇华馆同委员吃饭,看小孩母子,俱佳。过香雨处,谈。得晤安仁山、黄爱堂、冯梦华诸位,饭后又拜客,均未见,回寓已日落矣。晴。

十四日(9月5日) 在寓,早会荣伯衡方伯,旋送来点肴冰糖等件。午后会李慕皋太守,雅州府,名念兹,盐山人,同乡。现已请开缺修墓,陈护院并先送到对屏等件,冯梦华廉访闻钖青璧,后日可报省。阴,小雨。

十五日(9月6日) 昨日下午十点钟电报局送到密码,成都与所带密码不符,因送督署(番)[翻]出:川督、驻藏有大臣奉旨,锡良计已到任,著有泰于晤商一切后,迅即赴藏。钦此。元印。会周保芝,马军门来贺新居。丁忧李岑秋司马,之实,四川新繁县举人,前贵州罗斛同知,丁艰。周颂尧府经,承祝,浙江诸暨县俊秀,后捐监生,曾充刑席。岑秋、颂尧现奉桂帮办,拟奏调札委赴藏。晴。

十六日(9月7日) 昨日并会萧子蕃刺史,富谷,云南人。辞回贵州,系派送,香雨来川。今日辰刻出北门,丞相祠候锡清弼良,八点钟前到，跪请圣安，将军第一，余第二，以次排下，与清弼制军略谈，先让其进城，此省尚有拜城之说，随后众人俱散。回公馆见香雨，痛谈。午后安仁山来，亦痛谈，此君曾在多理堂将军营多年。晴。

十七日(9月8日) 早便重拜荣伯衡方伯，看其条陈时事折，此所祸之所由来。上荣相书颇关系大局，并所存锡清弼制府在晋抚阻各国洋兵书，深可佩服。至皇华馆看小孩。同范湘梅、江少韩早饭，吴小瑾后到，痛谈。晴。

十八日(9月9日) 会周保臣。旋往拜客，萧子蕃、李岑秋、周颂尧谢步。会马介堂军门，用如弟帖，因军门欲换帖，故也。谢步。前到寓枉顾苏秀峰军帅，因到公馆给谢步，痛谈。半阴，晚细雨。

十九日(9月10日) 早会余鹤孙、范湘梅。午后会龙茂道沈幼岚实任，行一。观察，秉堃，湖南善化县人，由东洋赛会回，昨日到任。人甚精明，气象亦大方，本系成都府升任。向冕卿观察人冠，湖南保靖人。来，因机器局有人造无稽之谈，于清帅前特送比较单，机器并银元章程三种，意在令人主持公道。阴有细雨，又有晴时。

二十日(9月11日) 早会余仁山，痛谈。荣伯衡送来跌打药方，据云酌量用之，不可多服，盖药力有身麻之说，究恐气弱者不相宜也。周保臣来，无要事，谈及清帅，均为畏服。阴，小雨。

二十一日(9月12日) 会建昌道冯心兰观察，金鉴，浙江人。在都曾于沈鹿华十兄处见过。锡清弼制军略谈，藏事彼亦未有善办法也。江少韩将藏内官兵数目手折开来，与其微谈。阴，小雨。

廿二日(9月13日) 马介堂军门来，未得见。旋送到藏中来禀：英国带兵官正名荣赫鹏，副名惠德，随从数十名，已于前月抵干坝，称欲朝佛熬茶，当派何光燮并唐古忒戴琫一员阻挡，离干坝三站有洋兵三四千之谱，唐古忒调前后藏番兵二千余，视此情形必动干戈等语。此皆不预为之计，以致追悔莫及矣。灯后便服会伯衡，痛谈，携来字画一看，内英树琴相国一帧，甚佳。锦柳母子由皇华馆带回桂花一大枝，甚佳，姬人亲接，回公馆，锦柳竟大轿内热睡，许久方醒。

阴，小雨。

廿三日（9月14日）　会卸任察木多粮务即用知县刘子林，肇夏，陕西戊子进士。人尚老成，似阅历少欠也。恭阅电钞军机大臣面奉谕旨："各衙门值日次序，另行更定等因。钦此。"外务部、钦天监。商部、銮仪卫。吏部、翰林院。户部、宗人府。礼部、太常寺。兵部、太仆寺。刑部、都察院，大理寺。工部、鸿胪寺。内务府、国子监。理藩院，光禄寺。自此十日一轮，可与各旗十处等，永不参差矣。阴，小雨，微风。

廿四日（9月15日）　早会范湘梅，闻香雨已在皇华馆搬家。午后会晋芍航都护，纵谈时事及其在东三省情形，人颇有胆量，不过卸责心太重，即于事有未当处，然今之一二品中之勇往者概不多睹。余鹤孙夫人来，进内。前有松君太太来，虽属同乡，未敢请见。阴，细雨。

廿五日（9月16日）　连日阴雨，恐稻已熟，待割之时，有生芽之虑，由昨日断屠，夜间反有大雨，且微闻雷声，无处不潮湿，殊觉闷气，且觉两目作痒，乃风所致也。阴，微雨。

廿六日（9月17日）　早会余鹤孙，痛谈。午后给桂香雨道喜，新移丁公祠，买得公馆，有七十余间，价五千六百金，房子尚宽阔大方。回拜马军门，大谈。给锡清弼制军道喜，谈许久，询其藏事，亦无章法，可奈何。以上均见。给沈幼兰观察道喜，陈鹿笙方伯、向冕卿观察谢步，俱未得见，回公馆已日落多时矣。早阴，午晴。

廿七日（9月18日）　会安仁山兄，送到应派各项差务单及来去路程单。沈端臣世兄，闻其家计现在甚窘。凤茀堂观察痛谈，渠谓人生落草即哭，未有笑者，且两目两眉可作草字，头中一鼻两颧骨可作一竖一横，下有一口，宜似苦字，此真未经人道。贡差囊索、罗京彭错、堪布降养森根皆前藏。请见，有事未得见。早晴，午阴。

廿八日（9月19日）　会马介堂军门，因拜法国领事安迪，到此即在斜对门居住，香雨来道乏，皆略谈。业子芳普春，实渠县。至东玉沙街新公所，见马竹君，会乔英甫，痛谈。回公馆见阜和协把总杨凯，左营，四川人。由都下回带有寿蓉禀一件，家内均好，大侄寿昌授甘肃宁夏镇兴武营都司，已于四月十三日启程赴任，钟叔佩五月廿一日病故。晴。

廿九日(9月20日) 昨夜忽觉恶心，当大便两次，似夏日霍乱，因服万应锭五分，十七丸。少见轻减，盖此地潮湿，且忽凉忽热所致，来客均未见。余鹤孙送来洋瓷饭碗，把儿茶杯各一，便于行路也。赵兴买到普洱铜钵乃整铜所凿。一个，价一两六钱。重二斤，然颇适用，可作洗笔可作贮墨，可以养山石，可以种蒲草，甚至冬日可温墨，近火亦无妨，所谓一举而数善备焉。即令其配座，以便带入藏中。闻进藏沿途，万不可用瓷器，到时无一整者。阴。

八月初一日(9月21日) 会余鹤孙、范湘梅、吴小瑾，痛谈，现在县中犹拟预备各委员伙食，询之鹤孙，伊太翁曾充首县，据云自来如此，不便却之。千总陈金山号星斋。由汉州来，询问杨子辉都戎，已回甘肃，并送到酱、小菜、点心等件，告以不可，再送则不受矣。半阴晴。

初二日(9月22日) 会江少韩，因河心源协领遣人拿到本营所织阑干，系自种桑自缫丝自织，皆未出本营，甚佳，名曰织纺局，因留其大中小三种，或三寸或二寸，共十二把，价银八两二分余，真不为贵，不止比都中贱，比此地铺内亦贱。阴，雨。

初三日(9月23日) 沈端臣送旧玉，璕一件，琫一件，小勒二件，肩隔一枚，鸳鸯一枚，巫支期一枚，此物甚古，似猴形，或制此取避尽意耶。早会周保臣、范湘梅、余鹤孙。午后会河心源、桂香雨、荣伯衡。晚会沈端臣，送来旧玉六件，闻其光景甚苦，以后酌量酬价可也。桂香雨云，有重庆领事闻已急赴印度之语，为藏事也。阴，雨。

初四日(9月24日) 会英镇台秀，欲赴建昌镇，特来辞行。余、范委员来，因长发美绸货，与拿来旧样不符，拟令罚价，彼已应承，大难遇之事也。阴，细雨。

初五日(9月25日) 晚会沈端臣世兄，因送其玉价六十金，并痛谈世事，甚有见的。伯衡送来月饼二盘，吴小瑾送来折扇一柄，图章三方已书就刻就，只得拜领。半阴晴。

初六日(9 月 26 日)　在寓，将恭报起程折并奏带委员附片拟得，幸无客来，可以得暇。制军以次入场者已入场，忽然清弼制府遣人道喜，叩其所以，乃今日换带暖帽，外官之喜，恐许子亦有惮烦时矣，一笑。晚会江少韩、余鹤孙。晴。

初七日(9 月 27 日)　早会范湘梅，将执事各单开来。下午接到外务部密电，赶于洪本译出，有须炉厅转藏要件，即送清帅园中，旋接复函，已照发炉厅矣。晚间寿金甫太守廷，询之乃立臣表兄之侄，与益卿太守皆堂弟兄。送来覆电等稿来看，因灯下亦拟复外部电稿，然已头晕眼花，甚为可笑。晴，微阴。

初八日(9 月 28 日)　午后至香雨处，将所拟奏底，托其删定，并电报与复电及清弼所送税司好博逊条陈，皆留与渠处。至警察处，见凤苐堂略谈，其困非常，盖场外巡查一夜未睡也。路遇伯衡，给芍航谢步，未遇。戌刻宝子得一女，从此小孩之声当闹热矣。晴。

初九日(9 月 29 日)　会范、余委员，荣伯衡，长谈。周保臣将所以密电私下已拟出，另本官电，告以除前两字，照码发递。桂香雨将奏底改来，复痛谈。冯梦华来，未得见。晴。

初十日(9 月 30 日)　巳初刻赴英国总领事谢立山处，以戎装带刀接见，乃礼服也。因川省浮言四起，谓驻藏大臣在此练兵，意欲同俄法英开仗等语，殊为无稽可笑，特告明之，虽有练兵之说，亦不过镇慑番民之意，况此节亦属空言，并未开办。旋至孙谷臣大令开甲，浙江山阴县人，川省服宦多年。内，园约乔英甫、周保臣、范湘梅、江少韩、余鹤孙、马竹君、吴小瑾早饭，大令因会馆请客，未入席先走。园内亭屋位置不俗，且花木甚多，荷花已残，木芙蓉开得甚好。盖大令经营此园已过万余金，不吝借人请客，自因喘病告退，藉此调养也。晴。

十一日(10 月 1 日)　会余鹤孙、范湘梅，略谈，给恩惠臣送信一封，拟走后其借支薪水，收公文办出，即交乔英甫收存，以备到川东取，随后赶至炉厅可也。看童儿装书箱。晴。

十二日(10月2日) 十点钟会英国总领事谢立山,谈及中国公事,伊曾见有前十数年墙壁上粘禁止种罂粟告示,对面即种罂粟田一块,殊为可笑。会理塘粮务余聘三、试用通判应诏,陕西人,去年捐纳到川,人甚呆气。华鹤生二尹。恒顺,天籍,原无锡人,由藏内新回,人精明一路。马介堂军门送到洋酒、普洱茶、药物等多件,并遣五品蓝翎尽先补用把总高玉贵,西域人,通教内语言文字。曾在左冠亭军门处当差,与刘文通认识。赴陈鹿笙方伯处,前有留炉厅刘仁斋司马,廷恕。挂牌谓之钦差,咨询之,乃香雨曾致信锡清弼不便称函所致,并未咨也。赴寿金甫表侄处住,制台花园痛谈,适冯梦华廉访亦来,本欲过访,在此得遇,因将致清帅斟酌启程奏底求其带交,信一件。因至伯衡处,约吃羊肉,然菜太多,座中桂香雨、乔英甫、开中军、泰,旭之,京旗(汗)[汉]。凤游府,山,号歧峰,镶白满。吃甚咸,大喝水。钟文叔来信,前送挂面,今又送四十金。半阴晴。

十三日(10月3日) 早会恩惠臣司马,现由京赶到,由绵州乘马,不意坠骑,将右眼(匡)[眶]上磕伤一块,可谓勇往矣。晋芍航来痛谈,贻蔼人弟已升绥远将军,冯梦华廉访送还锡清弼所斟酌启程奏稿,有商改两三处。半阴晴,有细雨。

十四日(10月4日) 会寿金甫,来谢步,询问承静雨,已作古矣。铁宝珊约到,因回差各弁兵颇不安分,乔英甫送到以后家用折,并与余鹤孙所定电报密码本。周保臣面约,因行色匆匆,实无暇辞之,恩惠臣所领借支,恐藩库未必爽利,因告与英甫曾谈及,渠拟先为垫付,俟领款再为扣还,殊可感也。晴。

十五日(10月5日) 会马介堂军门,送到兰谱,盖军门早有此意,择今日以为中秋吉日也,痛谈,凡来叩节诸君皆挡驾。遣人给秦介人送去廿金,多次承送物件,且系恭勤公门人,给多。祝轩送去十金,因送藏图,且系同乡。高姓,为且园先生之后。两君均窘极。闻介人大令一家卅余口,只有渠一床被,祝轩二尹则带令媛住在庙内,守太夫人灵柩,外官候补于兹可见矣。晴。

十六日(10月6日) 连日收拾行李,早会周保臣,将应存长襟衣皮棉袷单,约共三十五件,作一箱开单,印图章方取去。范湘梅,交其各委员各有专司其事以免推诿、以恩司马总司其事一谕。江少韩送到钞折一本,乃系奎任接藏印边务录,是恭勤公旧案,附奎焕奏牍。余鹤孙约其灯后来,交其密码电本,乃乔英甫所定,以备另有用款,凭之可不至两歧也。晴。

十七日(10月7日) 早间乔英甫太守遣其厨役到公馆作刀削面,合家大吃,不亚于在张兰镇阻雨于破店时也,且有菜四五盘,亦山西风味,大尚讲究也。会苏秀峰将军,因有一月腹泻,甚见疲,前晤桂香雨、凤茀堂,据云亦泄多日,余亦如之,然则腹泻亦传染耶,一笑。余仁山大令来,痛谈,其功名之念尚不胡来,川省宦习,言之齿冷。恩、余、范、江、吴、马诸人来,略谈,包折即在公所恭备,周保臣送到礼物饯行,甚阔,辞之。半阴晴。

十八日(10月8日) 午刻赴公所,拜发由川赴藏廿一日启程一折,并奏派委员一片,旋各处辞行,会伯衡方伯、介堂军门,并换帖(孟)[梦]华廉访、郁生学台,痛谈藏内棘手情形,鹿笙方伯,余客,或未拜会,或未让下轿,回时已日落矣。凤茀堂观察送到夫人季云女史画秋葵鹌鹑一帧,甚可宝藏,并点心四样、酱鸡酱肘两包,周保臣送到四菜四点,均领。早夜小雨,今半阴晴。

十九日(10月9日) 早会寿金甫表侄,送到洋刷、洋梳等,一皮筒极好,普洱茶一包,乔英甫送点心、小米、红枣、火腿等件。宝丰银号,京半边街老古巷内。午后拜客辞行,晤香雨、秀峰将军,秀峰诫余毋着急,(芍)[勺]航诫余责人论事之言毋太尽,皆可感也。长发美送来火腿、普洱茶、大头菜、甜酱等,并点心、一品锅。早细雨,阴。

二十日(10月10日) 辰刻访锡制军并晤寿金甫,回拜罗太守,以礼。回公馆有客,无暇见,仅会周保臣、范湘梅、吴小瑾、锡清帅。将奏底、片底、四军机信底交给。申刻赴丁公祠,苏秀峰署将军、锡清弼署制台、吴蔚若学台、马介堂军门、陈鹿笙藩台、冯梦华臬台、黄爱堂监道、沈幼兰龙茂道，公饯客系安仁山、桂香雨，将奏底、片底、四军机信底钞交。并钞给由京兵部勘合底矣，可用也。清帅痛谈，打箭炉厅刘廷恕乃好官也，拟欲保之。细雨，半阴晴。

二十一日(10月11日) 巳刻由公馆出南门至武侯祠，省城文武官在此饯别。进门先叩为之辞，出门复叩为之送。沿路将旗执营兵俱遣回。至笮桥茶尖，成、华两县备，双流备茶尖，未下轿，公馆内世仲儒，彬，香雨二世兄。茶尖，有陈金山、张述、周钊见，双流县亦接至此，并有厘局委员及外委来。过金花桥，水甚旺，沿路竹树交映，秋意满路，至双流县进东门公馆宿站。晚约余仁山、周保臣及各委员晚饭，痛谈。天不甚凉，甚适，共行程四十里，署县系候补知县禄勋。号伯铭，湖北正黄旗人，行一，蓝翎同知衔，年不老。半阴晴。

二十二日(10月12日) 辰巳之间，发双流，与周保臣、余仁山拜别，请其回省。因夫马不齐，颇讨气，沿路竹树甚多，竟有罗汉松在杂树内，似不为稀奇，十五里至黄水河。禄大令送至此，茶尖话别，此君为凤茀堂外甥，年纪青，恐作事始勤终惰。又十里串头铺，新津县界。即有队伍执事等来接，又十里至花桥子，新津县刘大令来接，又四里至新津河，此时水小，乘船六里至新津县，进东门，在县署花厅宿站。委员等亦在署内，盖公馆已塌坏矣。晚间老太太给煮饽饽吃，甚佳。署大令刘辑五，名瑞麟，行一，直省武强县人，同知衔，曾在左忠壮公宝贵营，出其小像，似恭勤兄，上题鸾笔诗，甚佳也。共行程五十里。阴多晴少。

二十三日(10月13日) 卯刻发新津县，出南门，刘大令并滕都阃代茂。相送，三十里至杨家场尖站，路颇难行，落马者甚多，过斜江河，水不甚大，易渡，盖公馆在河之西，今因失修，故改为河东，邛州管。半路将右手桥玻璃墩碎，至廿里高桥店房内略停。又廿里至火烧桥，因道太泥淖，乘马至此，晤顾直刺来接，又廿里路仍难行，至邛州，进东门书院宿站。顾敬轩直判，思礼，云南人，现署任系花翎四品衔，行三，为恭勤公门人，乙榜，子巳庶常。威远左军右营游府朱敬臣名广兴，浙江人。并两教官及吏目小委员均来见，共行程九十里。前卅里，后六十里。见隶字一对，人名丁赉良。数间茆屋闲临水，一枕秋声夜听泉。似与山庄相称。阴，细雨二三阵，或云连雨多日。

廿四日(10月14日)　辰刻自邛州发，出南门二里路上下，顾敬轩直刺并教官诸位相候，下轿略谈。即过邛水大石桥，钟午亭记道光年建，此时不但川南第一桥，石牌坊及高阁均无，且桥之上路尚整，下路竟冲去多半，有木板接渡，其险非常，若不再修，前工均弃矣，恐顾兄非其人也。过大通街，上土坡，从此道路泥淖，如在水田内行，前后约廿二里，卧龙场茶尖，用点心。又十八里，仍似水田内行，轿夫竟不敢迈步，委员中轿子无不放炮者，可发一笑。至大塘堡，本拟尖站，只得改宿站，沿路迟迟，头均痛，此处属蒲江县管，邛州属下。司马馨砚大令来晤，名瀚，湖南澧州人，乙榜，人明白。同知县系署理，乃试用知县。发邛州时，游府朱敬臣带勇自顶马相送，过大通街，即辞之，共行程四十里。夜雨，白天细雨，午晴，灯后又小雨。

廿五日(10月15日)　卯刻发大塘堡，沿路泥淖如昨，十三里至甘济铺，又名乾溪铺，茶尖。又十五里，至黑竹关茶尖，因沿途难走，实不能不令人夫歇息，然半站比整站尤累。过黑竹关间有土路，仍难行，石块路少可，板路则易，盖石板路虽有泥水，底较平，不至甚险，然上坡下坡并水田中路，大须缓缓而行。下山坡过大桥，到百丈塘，店房作公馆宿(路)[站]，路右见宋先儒魏文清公故里，后见路左宋总巡检使曹公故里，共行程四十里。副戎刘海亭名喜一，贵州人，管带靖川右军，督标中营。来见，人明白，据云五十九，看其不过五十一、二岁，外委来见，此处只有此官也，名王荣陞，尚有半路接差刘占春千总。昨夜雨，一日阴，白日亦有细雨。

廿六日(10月16日)　连日见马尾松、刺松，似罗汉松，稍大，及茶花甚多，均作柴火用，如京内则以为太怪，且松树等密杂成林，不怪路劫案甚多，无处不可藏人。水田将正路逼窄，昨日殊难行，名曰大道，其实如行田塍，惟水沟内有葱菇，不过二三寸，放叶开花，加以两三寸红蓼，在绿波内相映于短墙，细竹，矮马尾松，著花之茶花，不过尺余，大似一片盆景，亦奇观也。今日卯刻，发百丈塘，刘海亭副将等皆出来相送，行廿里，至新店子茶尖，路仍难行，幸石板多，田地将大道逼窄，虽两乘小轿亦无法相开，拖泥带水，有山路上下。又廿里至名山县，进东门公馆宿站，共行程四十里。署县周子升大令，名吉云，湖南衡州人，本任万县，人尚老成。试用通判冯汝玖，名叔寅，浙江人，为建昌道心兰世兄，不过廿余岁，精明外露。监生王昌鑫，号子贞，雅安县人，前山阴县王绍廷之子。候选知县王秉鑫，号子庚，庚令弟与保臣认识，年卅一岁，家贫，有母在堂。秉鑫曾经恭勤公保奏，意欲入藏，只好俟至炉厅再酌。早晴，午后阴。

廿七日(10月17日) 卯刻自名山县出西门，冒雨而行，至雅州府仍未住，乱山出云，回望来路，即在云中，盖行路较与云近，故不觉耳。七里鸡鸣桥，名山周子升大令相送，略谈遂别。此为名雅交界处，前后上下坡，并沿江高岸窄路而行，幸石板路尚稳妥，沿路有稻未割，虽晚田，究属天寒，与省城大不相同。山坡地种包谷甚多，野店中卖白米饼甚洁净，亦有油炸青鹅蛋，亦米面所作，以糖裹之，未达，不敢尝之，并卖饼子小米玉米作，大有乡风。又十八里至姚桥茶尖，雅安梅大令来迎，又五里过桐梓林，后蜀汉张桓侯镇守处，右靠山，左临江，似形胜要地。又七里过青衣水，龙溪桥七大涵洞用木板平铺，上有长廊，下桥左转下坡，即渡平羌江，下游不远，即青衣水平羌会合处，又三里至接官厅，阖城文武相迎，略谈。遂进雅州府东门店房，后院有橘一株，青实累累，尚未黄，初次见也。作公馆宿站，共行程四十里，建昌道冯心兰观察，金鉴，行一，浙江人，甲榜。杨子庚署太守，仪成，行一，江西人。雅安县梅子和大令，承祥，陕西人，乙榜，花翎同知衔署任，行六，少年老成，精明。黎雅营游府，名祥堃，号瑞全，行一，京正白汉人，由本旗副参领同缺升。建昌道管带练军前署黎雅营游府曾竹贤，国栋，四川省城人，曾在甘肃边外，在恭勤公手下当过差，与罗竹轩、杨子辉皆认识，似呆气。其余学官委员以至佐理诸君，皆未见，李慕皋太守遣人相候，盖由此欲乘船北回也。阴，小雨晚住。

廿八日(10月18日) 早间回拜冯观察并其世兄叔莹，行九。及杨太守，梅大令，祥、曾两参府。本拟今日遄行，因驮上并红箱及挑夫改背夫，均须捆绑，改为办理，若辈出省，例在此一停，有炉厅未有之物，亦须备办，是以留住一日，且道路泥滑，人夫亦累。询之，此地人八月以来，才见晴天四日，所谓清风雅雨，名不虚传。申刻冯观察约本署，座中祥游府、杨太守、梅大令，主客五人，痛谈书画，心兰曾跋安仁山都护所藏文待诏书《道德经》，不过四指宽小册，每页作十二行，工楷超逸兼备，洵至实也。席中有鲜熊掌一盘，比京内所食熊掌肥嫩，香味不同，乃此处山内由崖上跌死者，观察买得。按闷鳝鱼作法，有蒜瓣，曾食桥尾鹿尾，此亦一奇也，并有大条雅鱼一尾，亦川省有名者，似鲤。回公馆后，冯叔莹来会，心兰送到老米等件，再三让，不得不收，曾参府送礼八色，璧谢，王监生来挡驾，实无可谈也。阴，昨夜雨，日内细雨，灯后大雨。

廿九日(10月19日) 卯刻发雅州府，上石大坡，在城内，出城南门一里余武侯祠，冯观察、祥游府、杨太尊及佐理诸君相送，略谈即拜别。又三里过严道山，并不甚险，所谓对崖亦地名，沿河而行，水声淙淙，石滩也，惟山腰路有山上落石土处两断，甚难行，直无路可循。又廿一里至紫石里，又名四十里。冯叔莹世兄备茶尖，略谈。又十八里至观音铺宿站，店房作公馆。共行程四十里。由发雅府即落雨，午间微晴，忽见日影，旋阴复下，灯后则又大雨。雅安梅大令送至此，荥经宝大令迎至此，内务府人，与溥玉岑有亲，系玉岑两姨甥，鄂礼亭甥。均晤会。忽接邛州顾敬轩来禀，前访拿插驻藏旗号，由水路前进箱支公然缉获，已将夫头扣住，箱支扣留，因批以开箱验明，果系客货，照章罚办，此种事各处皆然，凡有驰驿者，无不借走私货，陕西起启曾访闻，后不知落于何处，未曾拿获。阴，一日雨。

川南风气，男女皆作苦，背负竹篓，身披棕片，大有番子之意。面儿似比省内人端正浑厚，土脉使然，性情强悍，女人裹腿内竟藏短刀。

路劫之案常有，亦偶有明火案，可聚百人以上，站笼[①]无州县衙门无有也。连日道旁花木，不知名者甚多，有似石榴，而小者叶似刺梅，又有红豆如天竹，水中紫花、黄花、似豆花者，亦觉有趣。

光绪廿九年岁次癸卯九月初一日（10月20日） 早发观音铺，冒雨而行，十里至飞龙关，有窄路似栈道，且左右树木聚杂，紧刮轿围，觉险，幸宽路尚多，下坡甚长，过高桥，所谓高桥明月，即在桥之右山石上，未见。询之宝明府，亦未曾见过。十五里至十家硚，又名石家硚。茶尖备，包子、浑饨大嚼，已饱，走小路，因大路水冲。在田埂上至高处，下临七纵河，极险，渡河两次，船不甚大，幸水尚不狂。若走大路，过河一道。又十里至荥经县，进东门，试院作公馆宿站，有邓通铸钱处石碣。共行程四十五里。钟记至荥经县过长廊浮桥，今无，仅有木板浮桥，亦二次渡河所过，离城尚远。会宝启东大令，震，内府正白人，行三，四品衔，本任崇庆州知州。晚间留委员在公馆饭，恩、范、余、马等在教未吃，启东亦来陪，甚热闹也。纪典史、行三，名钜湘，号敬斋，献县人，文达公为其本支太高祖。陈千总友柱均来见。王顺因脖子长胳腱，著风大肿，不便行路，留于此处，给银卅两。阴，雨。

初二日（10月21日） 早发荥经县，出西门，石路尚易行，十里至鹿角坝，有练兵相送，一文生员统带之，连日如此，逢过大镇，均有团练兵迎送，未记，有颛项帝故里牌坊。又五里至羊坝子，此处正路为河水冲断，在半山开一新路，因雨后实属难行，仅能泥滑土内容得一脚，左山右河十数丈高崖，轿夫亦觉凛凛，幸无恙，然背令箭差役竟滚下，为半路泥土所截，未入河，人与羸有无马驿站，只得以骡代之。皆成泥糊矣，现由另路至河洗羸，人则无法，泥人骑净骡而已，一笑。又沿河窄路及沿山涧水而行，其声如雷，至此大瀑布、小瀑布，不一而

---

① 站笼又称立枷，一种酷刑，清季盛行。特制的木笼上端是枷，卡住犯人的脖子，脚下可垫砖若干块，犯人的痛苦和苟延性命的长短，与抽去砖的多少相关。

足，山田稻赖之浇灌，然沿路永无干道。询之宝大令，此处两季收粮，水田胡豆等为小春，晚则稻，旱田早晚包谷，北无(早)[旱]田。至大通桥茶尖，地保备办，赏之，复行高，上下石道止，涧水作声如雷，河水远矣。又十五里至黄泥堡，店房作公馆宿站。此处清溪县管，因大相岭办差太远，故归荥经，始则人情，继变为例。共行程四十里，并昨日均不止四五十里，无可确实考据。委员云，有孝子回车匾，似离九折坂相近故也。昨日尚有蝉声，棉衣已上身，北方未有，此处寒蝉亦作声耶，一笑。地瓜则无，偶亦有之。省城邛州，沿路皆有，蜀中以为美味，其实似嫩白薯。黄泥堡张把总肇全。相迎，并来候，未见。晚间仍约宝启东、恩、范、余委员同饭。昨夜雨，早阴细雨，午后晴热。

初三日(10月22日) 早发黄泥堡，面别宝启东大令，送青马一匹。因此站看其腿不得力，恐途中受累，因送回。出堡即上山，五里至小关山，沿途瀑布甚多，溪声振耳，路窄难行，过悬山下，上面滴水，树石皆长(莓)[霉]苔，石上苔如小松树者，即华庙所得小华山松，此处无人采取而已。走乱石一断，即在溪中，若大雨必阻行旅，真无法可施矣。过两道小铁锁桥，甚有趣。十五里至大关山店房中少歇，喝油茶，又廿里至长老寨冻云庵，早尖，清溪县备。庵内关帝武侯因匆匆来瞻拜。供像，过九折板，乃王阳畏途之处，实难走，九折竟五六尺为一折，肩舆殊难拐，一面山，又一面深涧。又十里盘至大相岭，沿路扁硚数处，在山上以木板渡涧水，又有三大湾，路窄且长，雨雪不易行也。相岭极高处，俗谓喇嘛坟。在道左，纤夫等均不敢高声，若误为高声，则风雨立至，张(湘)[香]涛制军督学川省时，不信，故令纤夫嚷之，果大风。由此下岭路过廿四盘，又名象鼻子。活石太多，轿竟放炮。又十里至盘脚店，又五里至清溪县，北门店房作公馆宿站，共行程六十五里。凡过相岭，非雨即雪，或雾或风。今余过之，天气清朗，群山皆在眼底，涧边房间，均历历可数，不过已走之路，忽然生云，全在脚下，亦奇观也。署县雷质亭大令，因脚伤未接，公馆相见。名橡荣，陕西朝邑县人，恩贡榜，(荣)[雷]棣荣乃其令兄，伊行三，花翎同知衔，本任青神县，人精明，颇善谈。

代理阜和右营都司马虹桥、名绍麟，原汉州府人，现为打箭炉人，世袭云骑尉，本任富林汛把总。任辑五秀才名玉瑞，本清溪县人，行四，恭勤公门下士。送到梨膏椒油及黎椒点心等件，只得收之。本店即其所开，特将先兄对屏挂之。有张朝庯对：羊叔子轻裘缓带，武乡侯羽扇纶巾。写得好。晴，落日，半阴晴。

初四日(10月23日)　接总督来文，奉有电旨，催往前进，旋覆川督，初四日已抵清溪县。早会雷质亭大令，痛谈。因下站太近，系尖站，难改宿站，且昨日行李到甚晚，人马皆乏，只得明日走整站，红箱亦有摔坏者，须收拾。饭后闲踏至委员公馆，相约至校场一踏，并到武庙一瞻，其对联鄙俚不堪。因谈及路过小土地祠，高不及二尺，所刻石对：其神虽在地；而德可配天。恩惠臣所见，有：三才二老者；五行么先生。盖切土地二字，俱堪喷饭矣。晚间，雷质亭大令复来，家常饭数盂，大谈。早间任辑五来看，面告伊家有花园，后询得即在房后，不过半间房地方，可笑。半阴晴。

初五日(10月24日)　早发清溪县，出西门，下极陡坡，过涧沟，双木搭桥，非昔之长廊金定桥，上山坡高处回望县城，乃在平山顶上，四围皆山，无处守险，城如无城。自上山坡后，即顺山腰路而行，或至涧底，乱石里行。因今年雨水大，山半路新开者，未收拾者不计其数，转湾处尤险，轿即悬于涧之空处，且早有小雨，幸未大，不然无法前进也。行卅里至富庄俗名蛮子庄。尖站，又廿里至斑鸠岩茶尖，将至宿站，有五里石板路，轿夫面有喜色，盖一日皆险窄路，至此坦途不绝，为之一快。廿里至泥头驿，店房作公馆宿站，共行程七十里，宿站即在半山，日行群山内，红叶白云，颇饶佳趣。此处梨甚贱，橘子已有一树半黄者，亦平生所未见。电局委办王绍文大令、行一，名镐，江宁六合人，同知衔，分省知县，恩惠臣门生，年青稳练。陈时卿少尉、名思泉，江西新城人，六品衔，清溪分，询其县内监狱，云自典史驻此，本任管。署泰宁营泥头汛外委王国本人甚老成，号在堂，丙子科武举，前兵部差官，蓝翎尽先千总，即清溪本县人，公馆店房，即其所开。均接，并来见。早雨，午后阴。

初六日(10月25日) 早发泥头驿,沿山腰而行,幸临陡涧有隔田地处,不至甚危险。十里至老君涧,又十里至高桥塘,又七里至三角坪,又名小脚坪,店房内公馆尖站,仍为清溪县所属。雷大令因伤足,曾送其三黄宝蜡丸,昨日复要,又送其两付。昨日接见陈少尉,足亦有疾,大似摹仿其堂翁,一笑。尖后,又上大山坡,并过大涧、浮桥数处,甚难行。廿里至伏龙寺,茶尖,复上山行,两旁皆野竹蓁棘,由路上直连高山,竟无隙地,惟露石骨,及瀑布处,亦大观,然气味有奇香,俱云瘴气,非是,乃药味也。十里至飞越岭,极峰处有汛兵叩见,入塘汛出塘汛皆有门,随下岭甚难走,因在云中,脚下石土俱湿,并非落雨,盖湿云所致。又十里至岭脚,岭半即有干路。又三里不止三里,似六七里。缘山行,亦险,至化林坪,都司署作公馆宿站,共行程七十里。存注友都戎、名祥,丙戌进士,圆明园厢蓝满人,竟备饭如州县办差,可感。里塘安插土司汪国珍三品顶戴。均见,千总以下均未见。今日之惫非常,盖一日非上即下,登顿万分所致。昨日闻仆人云,过桥时,桥下有人抱幼孩站立,谓之过官,取其易养也。今日出泥头驿,果桥下有男妇多人,在水石中抱幼孩待过桥者,乡愚,殊可怜也。半阴晴。

初七日(10月26日) 李姓如桂,行三,五品军功。房内有恭勤公四屏,晚间酬谢四金,决意不收,只得以后再作道理。李号子丹,伊父曾进学,现在务农,家有卅余口,并下人有五十余人。早因雨,道路太险,存注友都戎再三挽留,只得早饭后,雨少住即行,出化林坪,下陡坡入深涧,过一木板桥,即上半山坡,宽不过一尺,且活砂朝外流,皆以为不可过,只得下轿,用两人扶掖走过,然已成泥体矣,殊可笑。从此沿山而行,宽则四五尺,窄则二三尺,幸水渍少干,惟内靠山崖树枝,外临山涧河水,高在百尺外,矮亦五六十尺,危险不可言状,竟将轿□回,前沿夫幸未大倒。行十五里,马上坡暂停舆略歇。有小童五六岁,甚好,颇寒苦,给其一二十文,竟来磕头,打问讯,殊有趣。又五里至龙坝铺茶尖,沈边应袭土子余应玺,三品顶翎,十五六岁,道旁叩见,询其读何书,已读《诗经》,甚好。尖后,遂行溪内,渡水渡石多次,复上山,转至佛耳崖,其险非常,复下舆走过，其土黑色，似有煤矿，下活石，路上悬崖亦活石，风雨即坠落，下临泸定河，水亦深且涌，前驻藏安仁山回差，即在此落一差弁，因而丧命。过崖后，下坡路略宽，以上十五里。至冷碛宿站，归余土司所管，借一李姓房住，共行卅五里。早雨，午阴，晚小雨。

初八日(10月27日) 早发冷碛，下坡走田坝上山，山腰路行十三里，至甘露寺停舆，见庙甚新，入山门，到牌楼，看殿在后，不便多延，未往看，复走山腰路十七里，至大坝塘茶尖，仍行山腰，盖下即大渡水，皆绕河而行，是以高陡。又十里至安乐坝，其石路土路皆有活沙，曲折而下，走田坝五里，顺河而行，虽险路不甚高，沿河至泸定桥，巡检署内作公馆，有把总一员，昨日病故，此处归古土司管，土司据云廿余岁，病未来。夫马头人叩见，署巡检李绍衡名瑛，行一，河南祥府人。来见，共行程四十五里。半阴晴。

初九日(10月28日) 昨日戌刻，接炉厅来函，川督转发外务部来电，乃川督密码，未能译，即给炉厅覆信，令其速电换洪字明码。今日大烹坝尖站，午刻复接炉厅来函，已由省译发明码，仍系催速赴藏。今晨早发泸定桥，过桥，桥系九道铁锁，上盖木板，板五六分薄，且露缝，若严紧，恐风鼓，两头皆有牌楼，且有铁锁，作阑两条，竖以铁条，尚不甚险，不过到桥边微动。顺山腰路而行，其窄盈尺，一日之中，此路甚多。尖站前尚有临泸水滩，其余山半路，去河竟有千百丈外者。十五里至咱哩塘土司番地，雅州一带即有木板房顶压以石块，更有以松皮作遮簷，多有绿苔，甚古朴。此处更多，亦有似碉房者，远看小窗甚多。又十里过小烹坝，又十里至大烹坝，店饭自作刀削面，以熬菠菜拌之，甚有味，尖后十里至冷竹关，其下坡陡直，上坡窄险，非可言传，过深涧一长廊桥，然满山皆仙人掌，土人呼观音掌，冷竹兰呼为大悲山。有木本如大碗粗细，上结仙桃，有采而卖者，外亦有刺，红青色，红者好，不过一文钱一枚。俱有味，香甜似香瓜，然水多而嫩似过之。又十五里至瓦司沟，店房作公馆宿站，共行程六十里，房后有水声，似风雨，即瓦司沟水，打箭炉所来也。此处即见番民，满留发，带耳环，穿皮靴，其呆似口外蒙古。晴。

初十日(10月29日)　早发瓦司沟，走大石土路、山腰石土路，沿瓦司沟河，即鱼通河，水不甚深，伏流皆石块，其声聒耳。行五里至头道水，由山下垂瀑布一道，原有公馆，去岁被水冲刷，瓦木无存，人家亦冲去六七家，可惜！前临溪水，后临瀑布，四周皆山，面前平沙一断，并刻下红叶数株，真不易得也。昔年果亲王、和太庵笔刻无存。过二道水、三道水，房间无恙，均相联也。又廿里乱石中行，或高或低山坡，至柳杨塘尖站，明正土司宣慰使甲宜斋叩见。卅余岁，头品顶翎，闻人甚本分。又十五里至沈坑塘，上坡下坡，照前鱼通河，水声如雷，有数处，将山半路皆振动，水作湖色，雪浪飞舞，亦奇观也。又十五里至炉城底塘，又五里至打箭炉城，进北门公馆内宿站，共行六十里。或云六十五里。此处番人奇形怪状，不过各番十分之一，已觉别致。陈治平协台、名均山，湖南衡州人，行一，提督衔，记名总兵，阜和协。刘仁斋司马、打箭炉同知，名廷恕，湖南善化人，行二，道员用，七十余。办炉茶委员萧励恒县令、名家骏，江西萍乡人，人本色老成。白友三游戎，名万镒，阜和营中军都司，副将衔，四川人。均亲接，并来会，千把诸君均未见。住炉法领事倪德隆，电局学生赵家瑞遣帖往迎，俱未见。晚发外务部覆电并锡督电。晴。

十一日(10月30日)　住炉城，会本厅刘司马，痛谈口外情形，颇为熟悉，闻此明正土司已保头品顶戴，每至朝贺日礼毕，伊即升座，带黄帽，插雉尾，似山大王意思，受贺，其头人皆跪禀事件，甚可笑。委员到彼衙门偷看，竟有金顶房及金龙抱柱。阴，小雨。

十二日(10月31日)　给钟乂斋写信。谢物，并蓉格得子，杏作正室。给蓉格谕，如上，附钟信，乔英甫道谢，托寄钟信、周保臣信，托家书并乔信。适大雪，将公馆西间压塌，幸恩惠臣、马竹君未在房内，将床铺均打破，可危之至。灯后由刘仁斋借明正土司署棲止，其宣慰使甲宜斋，系姓甲木参，以一字作姓。人颇恭顺，住其客厅甚干净，且有琦侯对联，钟午亭先生横披，外舅鹤汀先生横披。阴，大雪。

十三日(11月1日)　早辰赴署内，经堂有喇嘛多人在彼唪经，所供观音莲花长寿各佛，皆铜身，并两壁画像，似蒙古举动。甲土司号静亭。旋来请安，回到住房，伊请到渠书房一看，内有书、有枪、有箭，院内活水，三面山围，养各色鸟及麞鹿豹，且有龙睛鱼、菊花，虽属杂乱，然土司能如此，亦可谓雅人矣，又送奶茶等物，难却之。晴。

十四日(11月2日) 早飧同委员诸君子，因马军门前送极好三宾酒，饮之，不意江少韩大醉，上楼后欲骑马下之，乃万无是理也，太可笑人。饭后又到经堂一看，甲静亭又相陪，询其署内，曾经果亲王、松文清公、筠，驻藏。孙文靖公，士毅，平廓尔喀。皆驻过，伊西席候选训导彭明斋来拜。作哲，行四，天全州廪[生]，人颇精明。晚间甲土司送席一桌，未免不安，又不好却之。晴。

十五日(11月3日) 在城诸官均来叩喜，因此未见客。喇嘛之声，通城不绝，盖系望日，信佛非常，边地大概皆然，其愚不可及也。晚接刘仁斋处送到省内廷寄，有人奏欲开垦屯田、开矿等事，叙有余之迟行似未切当。半阴晴。

十六日(11月4日) 早辰，回拜刘仁斋，晤面痛谈，茶关委员萧励恒大令、家骏，江西人。官电委员王绍文大令、镐，江宁人。白友三都阃、万镒，华阳人，在教。法主教倪德隆、训导彭明斋，因协台陈治平均山。已晋省，未回拜。将袍褂料针黹等八包送土司甲宜斋，行三。伊亲身来叩谢，并带伊胞弟甲龙光行四。来叩见叩谢。饭后至其书房看花，马号看马，到安居供巴，喇嘛庙名，在土署旁。此处上供宗喀佛，左为达赖佛，右为班禅佛，盖此处为黄教，以燃灯佛为主，土司奉经为红教，以莲花佛为主，其实皆宗喀所分，无分邪正。彭明斋来，又会谈，方回住房。刘仁斋约委员等饭，因找马竹君一谈。半阴晴，风。

十七日(11月5日) 午饭后至经堂，看其已用泥捏成土司夫妇二人，一补褂顶帽，一头上似钿子，身穿大领蓝衣(卦)[挂]珠，盖番妇服色，询之，以备后日送祟之用。前拜客，遇娶亲者，亦有女人穿大领衣挂珠，头带似朝帽，无顶，其下人亦大领各色衣，亦顶朝帽无顶，男人则本朝衣冠。甲土司兄弟皆来请安，遂至其问案处，甚洁净。彭明斋训导亦来痛谈。晚间给周保臣致信，托其交家信，并乔英甫信，家信中将下月初九日可以动身，又续一篇，大雪搬家亦叙告，明日可发马封寄保臣。晴。

十八日(11月6日) 午后甲土司弟兄来，将其弟甲龙光所生一子一女带来叩见，子年五岁，女年三岁，子秀女厚，生其家亦福分不凡。来柬于廿日晚约饭，书名为明正土司甲木参琼珀，与手本甲宜斋不同，想此为其番名也，并闻有跳锅庄之说，乃番乐，不知其如何。诸委员皆去赴伊席，回时询之，系汉馔，排场亦汉官派，非番人局面也。早落微雨，阴。

十九日(11月7日) 早会刘仁斋司马，痛谈。英国牧师徐丽生同美国地学会学生内克司来，内克司欲随同入藏，告以康钦差格所给尔之护照，系内地游历可保护，如进藏，沿路番民野性难狗，恐伤汝性命，实难认为保护，遂去。饭后看本署喇嘛送祟，头戴黑皮草帽，顶甚高，上有孔雀翎绕一物如扇，身穿宽袖衣，皆绣与绛丝，前襟有枯娄作裙边，后有水乃跳步扎，其余皆带藏帽，鼓乐齐奏，将泥捏纸剪各物，均送至北门外。晚间马竹君备菜同饭。晴，风。

二十日(11月8日) 饭后，刘仁斋送到裕子维钢。给外务部一电，其中所叙，一味腾挪，并催余早到，殊为可笑。甲土司弟兄约看锅庄，所谓锅庄，乃熬茶之处，其男女皆历锅庄，有四十八处，非尊客不跳舞也。甚有意思，男十数人，女十数人，男则头戴似朝帽无顶，身穿各色大领衣，亦有金花者，脚有各色靴，亦有红袜白鞋似靴者，女则梳辮盘于内，后有金圆饼，皆珠宝所镶，据云南山有女神，此神装也。头戴草帽，上安珠翠，身穿綵衣綵裙，脚下花鞋靴均有，挂三二朝珠，皆珊瑚、松石等贵重之物，或云一身可值千金，不诬也。男女皆佩荷包、手巾，男则小刀、火镰之类，女则银针(合)[盒]等物，甚有银匙者，殊可笑。彼此歌舞，男则大跳，女则微跳，其歌总以感戴天恩及钦使升官之词，亦颂扬之意，惜乎不能知其所以然。席亦丰盛，因赏其男女哈达各一方，又加赏茶叶，主人弟兄尚知待谢，带银牌各一块，皆围于项上，更饶妩媚也，一笑。半阴晴。

廿一日(11月9日) 午后甲氏昆仲来，晚间鹤孙、竹君来谈，因提川省从先笑话，不一而足。半阴晴，风。

廿二日(11月10日) 晚间，土司兄弟携其幼子而来，谈及四围之山，各有山神，南山为女神，上有海子，宽广廿里，有海马、犀牛等物，樵采者每遇之，即警入水内，人亦不敢妄自伤之，其来久矣。湘梅诸君谈及省城双孝祠，有许多笑语，皆离奇光怪之事，真堪喷饭。晴，风。

廿三日(11月11日) 昨日亥刻，外务部来电，给裕大臣电，因害印人二名，英欲进兵。今午会土司兄弟，晚赴刘仁斋署，约晚饭，座中茶关大令萧励恒，照磨厅徐兄镐，早来拜，未会。并范湘梅，席中有鱼一断，通身重廿余斤，名虎鱼，本地谓之猫子鱼。味甚佳。半阴晴。

廿四日(11月12日) 辰刻同恩惠臣、余鹤孙、吴小瑾出南门，二十五里或云卅里，或云十数里，皆非。至玉林宫，乃甲木参土司弟兄别墅，在其先茔下也。其茔地以土墙围之，有碑碣，竖以番经布旛，各处皆然。其房间有过厅，正房有楼，东西厢房亦齐整，系其父梦九土司甲木参龄庆汉名延龄。所修，为庐墓而设。正房外悬木刻一匾："'驻节炉关日，频闻边帅贤。承钦周甲子，庐墓又经年。盛世酬庸重，勋藩尽孝传。圣朝多雨露，忠荩荷恩全。'头品顶戴提督衔明正甲梦九宣慰司克尽厥职，事亲至孝，去岁母白太夫人告终，现行庐墓礼，因诗以彰之。大清光绪戊子仲春月钦差乌斯使者察哈尔升书，盖恭勤公笔。"东北隅有温泉流入墙内，并有凉泉，亦入墙内，随便可酌，其凉温兑之，别处未有也。遂结庐作一木池，以备洗浴。饭后，因偕主客至其东猎场，平坝细草如茵，一溪在南围之，水激石声，轻重之音相杂，再南则横山一带，乃折多山，后面树木细竹极盛，尽西则其始祖茔，地势不易得也。北则一带高山，草木亦盛，盖与南山皆禁樵采，山西亦其茔地，别墅即在其下。在草坝看其兄弟演枪，兄则中牌二，弟皆过而未中，小瑾亦打两枪，虽未中，均正路。弟随驰劣马，带其伴当由山下驰于山上，或拾物于地下，或打枪而急驰，甚见其英武。复往东行，有雪山，万年不化者在东北，正东亦有雪山。内有海子，水溢而下，在山沟作转藏经轮数处，水溅石边，皆成冰柱，因敲而食之，凉甚甜甚。步至东南河边，亦有温泉一区，不过轿夫等可往而浴之，有硫磺气，不如墅中无气味也。乃弟养有猎犬廿余，牵来放于北山，然夕阳西坠，不便久留，半日山围中坐石上、立草上，谈时事有之，谈经济亦有之。回墅后，其蛮幕彭明斋亦来，因痛饮，可谓极一日之欢矣。甲氏兄弟，兄系提督衔，明正宣慰使司甲木参琼珀，汉名宜斋，号敬亭，弟系蓝翎五品军功明正土舍甲木参恪旺，汉名龙光，号云亭，其曾祖名甲木参沙克嘉，祖名甲木参多尔济，似蒙古名。黑早，微雪，晴，风。

廿五日(11月13日)　起已辰正余矣，遂至敬亭、云亭屋内喝油茶、奶茶，其弟已放猎犬至南山深林茂草中，忽报犬声大作，盖遇兽即吠，其犬有值廿金者。因往观之，久而又久，犬往西驰，闻有脊子跑下。獐之属，不知是否此脊字。回时尚无消息，恐未必能得也。此山有鹿有獐，豹熊亦偶有之。主人备马数匹，约往老玉林宫，因欲洗脚未去。惠臣、小瑾愿去，因偕云亭前往，回时云，其温泉有三，在河内河边俱有，然皆出于石上，亦奇。石上似凿空而出。饭后，遂至其木池边濯足，因天冷未敢大沐浴也。其水似华清宫，然清而无气味，似差强，濯足后遂回。半路离城不过二里，到其家庙，供莲花佛为尊。工程甚大，乃其先辈所修，四围均有转楼，少为徘徊，进城抵署，已落日矣。晴。

廿六日(11月14日)　会里塘粮务沈云楣大令、希濂，湖州人，脚疾就医。照磨徐松龄。镐，浙江人。刘仁斋司马便衣来，痛谈，夷务甚为熟悉，惜年已七十一，然精神尚强。陈鹿笙方伯因伊子大浩招摇，竟乃父以原品休致，子竟革职，可谓老年倒运，毁于儿子之手，不值也。甲氏昆仲带其幼子来，颇亲近也。晴。

廿七日(11月15日)　午后过主人书房一看，所养豹子二个，将羊牵来，竟上羊身，啣住不放，其恶非常，如人遇之，不可思议矣。并弓箭蛮刀及从前上赏表，并有莲花佛一尊，据云能避刀枪水火，座下用人天灵骨所镶，系护身佛式，皆看过，真外番中世家之物，均不易得也。晴。

廿八日(11月16日) 午后甲氏昆仲来,痛谈,二人皆有血性,可造之才也。会盐茶大使刘云生,名振衡,仁斋之世兄。满面烟气,不甚了了也。晚接周保臣两信,并电京报及《中外日报》。赵兴来禀,家内平安,将外间房屋租与一携眷曾姓裁缝,似得照应也。晴。

廿九日(11月17日) 午后甲氏弟兄来,送到职名收下,据云此处葡萄甚多,因送到黄葡萄干,似京中,紫色者较肥,鹤孙送琐琐[①]亦佳,然皮较厚,惜未能造酒,可与番民兴利也。刘仁斋送来大麯酒等六色礼,只得收之,程仪壹百两璧谢,所送委员等程仪及赏耗,再三不好却也。晚间自到,又痛谈。乔震生大令,乃多事不安分,鹿滋帅所赏识。清帅欲撤其差使,甚是也。晴,风。

三十日(11月18日) 由范湘梅拟底致锡清弼制军,略谓如练兵与其内地,不如土司得用,明正两弟兄甚有血性,不过筹饷备械,以及派将佐土司之不足,尚须筹画,其拟移官设官,亦须相因而至,尤须酌核。甲氏兄弟来,并小孩亦带来,其蛮幕亦到,因其已入醉乡,伊兄弟挡而去之,殊可笑。半阴晴,风。

十月初一日(11月19日) 甲氏兄弟差告,打得盘羊一只,未暇去看。致川督信,今日马递。晚间马竹君过谈,因诸委员为徐照磨约饭,止一人独享全桌,然停滞,仅酒粥而已。早微雪,午晴,晚又雪。

初二日(11月20日) 甲氏兄弟来约,先至其书房略坐,因安居供巴有降神之说,可问休咎,届时与诸位委员同往,在其佛楼,有一廿余岁喇嘛正坐,身穿彩衣,脚皮靴,带弓箭,其降神时,头顶一神帽甚重,有孔雀等毛及绫飘带旗旛等物,手按一刀,众喇嘛奏乐念咒,则神附身大吹气,似义和拳景象。遂下座,持茶一铜盂,先饮之,将盂递余饮之,据云,非钦差达赖才递,余人不能也。又以红绫结江卡儿送余,外哈达一方,余以哈达还之。并有炒青稞一把。旋入座,甲敬亭代问藏事如

---

① 琐琐为水果名。

何？答以番语，大概一路平安到藏，亦无难了之事，惟以赏善罚恶，遵大皇帝谕旨，且令到藏念《观音经》《陀罗经》，自能办理妥当。诸委员问后，便往后仰，乃神去矣，又似师巫之意。稍歇，复又降神如前，其手持铁刀一把，刃甚厚，在肋下一别，则湾转而过。又以哈达、江卡儿哈达围之。送余，因送其银钱五圆作香资。复看其喇嘛所问各事讫，其神去亦如前，因已午后，遂回。闻有一神尚未降，盖每月一次，均初二日，亦神道设教一端也。电报局给诸委员送来一品锅点心，拿来大嚼，刘仁斋来痛谈，并送诗两首，面谢之。明日头拨行李饬发。昨夜雪，今晴。

初三日(11月21日) 昨日降神，经甲敬亭弟兄亲送到夷字一纸，有图章，随红绫一缕，所译汉字一纸，似七古，又似谶语，尚不十分支离，不过劝善惩恶大旨也。早经协戎署送到翅席，协戎赴省，闻系少爷特备送来。与诸委员大嚼。晚间协戎署特请湘梅，乃湖南同乡故也。半阴晴。

初四日(11月22日) 甲氏兄弟来痛谈，刘仁斋司马送和诗、且送席璧谢。萧励恒大令送行诗，皆无暇再步，且武夫不敢与诸文人争为笔墨事矣，一笑。灯后接保臣电，前寄家报及英甫信，已均交收，公馆亦平安，甚慰。河心源来信，并送兰花薰烟两瓶，无暇致函，托少韩代意。半阴晴。

初五日(11月23日) 甲氏兄弟来，遂至其书房院，看其新打盘羊一只，角甚大，豹子见之，极力大咬，性使然也，将山羊牵来，始则因其跑，赶上咬之，山羊反追之，则往后躲避，不敢向前，俗传虎不食醉人，不过此意。惟獐子甚奇，所遗干粪，甲云亭抓来，大众闻之，并无臭味，竟作麝香气，并云山中猎之，其遗粪总在一处，人易寻也。刘仁斋送到蒸小鸡并角子甚佳，刘光荣来，接到宝启东信一封，又任玉瑞信一封，问王顺在荥经县养病，所害实坎头疮症，甚可危也。半阴晴。

初六日(11月24日) 二起驮只，并江少韩、吴小瑾、马竹君及笔贴式四人。午后启程，因沿途牛马不易，是以分三起而行，会管解靖西边饷喇秀珊大令、名世俊，行三，甘肃霍州癸巳举人，同知衔，人稳练，系回教。刘仁斋司马，大谈李莲英，为康党所最恶。晚间恩、余来饭，范为亲戚所约，恩之咸牛肉甚佳。给王顺赏借银廿两，明日托喇大令带往，由恩惠臣给宝启东致信，谢照拂王顺。阴，风。

初七日(11月25日) 午后赴各处辞行，至军粮府辕门外，有毕姓者名映涛，号莲舟，雅州人，在此洋庄生意。请在此略停，于轿内照像，备炉城留此大官威仪，可示万民，其实为阔充其生意。余客皆过拜，协台未在，只好留片辞行。晤刘仁斋观察，大谈毕姓与其相识，因邀入署内，复坐其偏小院内又照一相，或借此多印数张，以备其售卖，只恐无人肯要也，一笑。仁斋兄送到羊肉馒首，晚饭时大嚼，甲氏弟兄来，明日约饭，恩、余、范三君为军粮府所约，回时又复夜谈许久。阴，风，微落雪。

初八日(11月26日) 写家信一封，将收到赵兴禀及闰姑娘出阁并照像，准于明日动身等语。给周保臣写信，托其转交，用马封军粮府饬递。仁斋观察送到香肠、卤牛肉甚佳。甲氏弟兄送到糌粑面，并用绸绫袋盛之，且有匙子，银兮铜兮不解。可谓尽心之至，外有鸡腿、梨、石榴、咸腿、片油，出金川，味极佳。盘羊猪皆有。外青马一匹，独角毛牛一匹，即无角牛，大尾似马。以便沿途过山之用。萧励恒大令又送诗，乃和余赠刘仁斋原韵。晚间甲氏兄弟亲来约饭，同恩惠臣、余鹤孙、范湘梅痛饮酒，主人令小孩六人唱曲，大似锅庄声调。阴，雪。

初九日(11月27日) 会刘仁斋，早来送行，复至城外洋教堂，众官送行。并备早面，早敬亭、云亭俱来，并送至折多山宿站，复来见。午初刻余，由土司公署出炉城南门，即至玉林宫路，看山下左边，前走山下路所过木桥，再往上行，即甲氏先茔。山背后树木丛杂，前后气象均不凡，延至东山上结穴，真佳城也。总沿山路前进，多有林木，下即河水，亦如城内水声，咽石如雷鸣，似太汹猛。然所露石上，盖雪为水所激，尽成冰柱，排比围之，如帐前流疏，北方未曾见也。今日牵夫男女皆有，隋炀帝不能专美于前矣，一笑。且马名粮、步名粮亦男女不分，大有上古之风。出城后，毕先生又在甲氏家庙请停轿，复照一相。行四十里，至折多塘宿站。店房无正面墙，晚用安仁山所送小桌，自作折叠椅，少有佳趣，甲氏兄弟来，带帐房，真有口外意，即扎温泉旁。阴，大雪。

初十日(11月28日) 昨晚饭，在折多塘，乃军粮府备矣，不可吃，黄芽韭尤好。此处亦有黄芽韭，与京同。惟夜间床后院即马栅，马或撞门，或哏窗，或相斗，家人起来数次，天亦将明，殊可笑。早发折多塘，顺山行，雪及山水，沿途难行，惟山中树木颇多，似有可成大材者，惜无人修理，至山顶，路不险，然甚长，下山五里，至热水塘茶尖，酬以柴赀，喇嘛、俗人皆来谢。手打问讯，或竖二大指并脱帽伸舌以为大礼，妇人则来问讯而已，有一小妞颇秀，似江浙人，亦怪矣。至提茹塘，匆匆早食，已四点余钟，赶紧收拾而行，过河左小石桥三，路已不清，土司遣火把来，并点灯前进，天复下雪，白昼夜间共放炮五次，将左玻璃振破，幸落于轿外。至阿娘坝宿站，已二更余矣，共行程九十里，按钟记应一百四十里，待考。沿途看甲氏弟兄一切行李、帐房、猎狗，其跟人有腰间一杆旗者，大似山大王属下。晚间住处，大有行营光景，其来迎接土司，亦背枪，大有会哨情形。早阴，午晴，晚雪。

十一日(11月29日) 昨日头人送礼，茶叶、酥油、马料，或有鸡子，皆不收，土人千百户者亦如此，仅留其小袋马料，赏以哈达、茶叶，俱欣然，尖站赏以洋元，后仿此不记。早发安良坝，又名阿娘坝。昨日所住明正土百户房，即所谓雕房，系三层，下养牲畜，中住人，上堆什物，顶堆粮草，皆以碎片石砌之，沿路房间均如此，其樑木甚坚固，墙上皆有窗，似炮眼，为防贼也。行廿里至营官寨俗谓关帝庙。茶尖，此处只有郭将军庙，乃打箭炉郭将军达之庙。神像甚恶，紫面有牙二露于上唇外，甚奇，座下系一羊，手持似荷花朵，不知何所本。茶尖后，以上均系平草坝，将到宿站又上山。顺河沿行，见有田畴交错处，山上亦多松，或谓口外不能种植，实未深考。又廿里至东俄洛店房宿站，共行程四十里，或云六十里，非是。因本处有关帝庙，遂谒之，庙甚窄，然番地供养不多见。同三委员至店北草坝上，看甲氏弟兄并其少少所住帐房，有中军形、西洋房形、人字形，皆干净，大有行营景况。中军并安布围墙、布影壁，皆彩画之，在彼痛谈，吃果子。不意遇一异人，姓王，其父汉人，当兵。乃转世喇嘛仁尊班又似巴音。敦胡土图，年卅余，静定非常，问余此行如何？据云，路中平安，到藏先难后易，须有四五年躭阁，公馆一切均好，委员皆问休咎，闻鹤孙俱庆，姑漫应之，渠微笑，以为故意考之，其实太夫人已故，太老爷现在，众人为之肃然，劝余多念《陀罗经》《观音经》。甲氏弟兄随后到公馆一谈。晴。

十二日(11 月 30 日) 昨夜大雪，须过高日山，已迷路径，土司半夜来信，派牛前往山路探途，谓之�雪，其实万难前进，只得仍住东俄洛。闲往门外一看，番民番妇喇嘛服色之奇，真有不可思议者，有散发如鬼者，有短发加以牛毛辫者，上有白骨节穿之。均著大领衣、皮靴，此番民也。有大领衣服各色不同，腰间系以红带，上镶铜饰，且有佩带针盒、小刀，若多玩物，头盘发辫，以料扳指为饰，此与上路不同，上路盘辫妇人，不盘辫为女子。或赤足，或著普鲁靴，此番妇也。头顶羊皮帽及狐狸帽，带一后帘，大领服皮靴及普鲁靴，此喇嘛也。姑子亦如之，然皆不穿裤子，如此冷天，可以算得结实之至。甲氏弟兄并小孩皆来，略谈。半阴晴。

十三日(12 月 1 日) 早发东俄洛塘，在山坳行走，因雪难行，廿里至山根子打早尖，不过土房数间而已。尖后随上高日山，宽路牛拉牵，复有番男女帮之，尚易，惟将至山顶一断较陡，过山即平坝，只山水沟甚多，复上山，则古松延涧而生，即靠路边，路为左松右石所碍，虽栈道无此难行，然风景亦各省所未见也。至一流水处，略停舆，下山则杂树林中而行，以上五十里。至卧龙石店房宿站，共行七十里，沿路古松有高数十丈者，大半挂茑萝，北方不易见。据甲氏弟兄云，香獐专食此物。惟山间道上所连根拔倒松树不可以数计，皆可作栋梁材。询之土人，谓之野松，其枝砍之烧柴，本则由其朽于涧水，朽于土石上，殊可惜也。水可兴利，大草坝可种田，自不待言，山中所产更弃之可惜，番人惟知打牲，并负苦力，养牛羊有利不能自兴也。有地方之责者,能不一念之哉。河口汛外委惠富成本姓回,西城人。在路接见,复至公馆叩见,即辞回河口。晴,高日山上雪,乃例雪也。

十四日(12月2日) 夜间两点钟,在卧龙石塘奉到八月十八日拜发奏折附片朱批,委员等来恭阅。后遂发卧龙石塘,沿山腰路而行,道不甚窄,惟有石处觉难走,顺涧边,幸岸不过高,四十五里或云五十里。至八角楼店房尖站,有汛兵。沿途皆有跪接,未记。尖后仍顺涧而行,复在山腰路,比早半日难走,亦有架木为路,不亚云栈,且忽而北岸,忽而南岸,过木桥甚多,沿路松柏桦木遍山俱有,滴水山石数处,一处有梅花片粘石间水上,钟记谓有桃杏梅,桃杏有,梅树未见。见瀑布前小,在山中左边,厓后大已。抵宿站不远,行四十五里或云四十里。至河口,外委惠富成公署宿站,富外委先接后来见,并送鸡子、莱菔等件,只得收之。曾有言,凡送酒席皆却之,李喇嘛忽送哈达、点心,亦送还之。共行九十里。委员来谈,甲氏弟兄来谈。晴。

十五日(12月3日) 换乌拉。晨起至河边看番民所用皮船,以粗荆条竖编七八根,横编六七根,长约八尺,宽约五尺,用生牛皮包之,遮过船沿,形如龟壳,用时放入水内,可坐四五人,在前坐者荡桨而行,不用时将桨别入船内,一人负之可走,其轻捷非常,如用之军中甚便也。遇甲氏弟兄,回到其寓内一坐,算辞行,饭后所用马匹,崇喜土司方来。遂乘轿至河沿,渡雅龙江,又名若水。过河口对岸,又在土百户内略坐,大众分马方行,上山腰,甲氏兄弟叩送,小孩于上船时叩送。仁尊巴敦亦在此送哈达,当即还之。所过之路,亦如云栈,不过加宽。到宿站,前方有平坝,沿途草木除松柏不知名者多,桦皮树木上暴皮如油纸,据云可燃灯用,石路太乱,河声大吼,未免负此山中林下风景。行四十里,麻盖中又名麻盖宗。宿站,人户无多,房已占满,拉纤者男则多带布平帽,似京轿夫雨帽形,女则头顶前二银饼、后一银饼,皆有花镶石,发披于前后,前短后长,据云假发,且有牛毛作者,乃里塘打辫也。晴。

十六日(12月4日) 天未明,掌灯即发麻盖中,顺山路,尚不险，暂行暂雪厚，乃前期多日所下，沿路松柏青刚木甚多，雪上有圆蹄有双尖蹄兽迹，其为虎豹獐鹿所行无疑，近数日祗见随余行者有去人，总未见对路有来人，其荒野可知。行四十里或云卅里，非。剪子湾塘尖站，所过穆里拉山，下坡甚陡，已难行，将到尖站，漫雪坡更滑无比，尖后行波浪工山，皆满雪，用毛牛人夫拉纤颇吃劲，幸上路皆平坝，似十月天气，甚冷。下坡宿站又暖，有云，入藏一日可备四时。下山，有波浪工汛外委刘有福备茶尖，略坐。乃小破屋三间，为外委公署。钟记谓波浪工汛台站在山顶，今非。又过卓烘山，下坡尤陡，且折叠多路，复行靠山临河窄路一断，过小木桥四，行六十里钟记七十里，安仁山单五十里，似皆非。至西俄洛公馆宿站，有公馆，其破万难。共行一百里。里塘土司宣抚使四朗占对、十九岁，像甚好，颇轩昂。副土官朱洛宗吉村皆远接，并来叩见，均跪回话，尚恭顺，皆红顶花翎，帽有花无缨。蟒袍而无褂，耳戴银坠、大珊瑚环，不华不夷，甚可笑。此处妇女头顶三道青宽条绦，尚缀银饰四五，亦有昨日所看三块者，后面作桃形，身背后带若许琉璃五色珠，以线穿之甚长，拖于后，且挂小铃作响，以为美观。晴。

十七日(12月5日)　天将明，即发西俄洛，登俄洛山，在松柏荆棘中行，大挂轿围，山下坡则雪积满路，行五十里或云六十、四十，皆非。至咱吗拉洞蛮房楼上，早尖，人家不过三四，与钟记所说同。尖后登得胜山，破碉房、人头湾、乱石窖、翁哩拉山等处，皆大雪漫漫，路途滑险，然早间山中尚有松柏，午后所过，则皆荒草，偶有松不多，似北路风景。将到宿站，在高山坡，下临河水，肩舆不能行，只得步行，雪冰滑险非常，余又皮靴底，幸刘巡捕、王永福将靴子脱去，穿毛绒袜，扶余而过，可危亦可笑，然月夜雪光灯光下，幸无人看其丑态也，呵呵。行七十里或云六十里，非。火竹卡，把总杨葆琳公署破房数间而已。宿站，共行一百廿里，到宿站已十点钟，既冷且饿，委员等相离住处太远，未见，呵冻书。晴。

十八日(12月6日)　早发火竹卡，昨夜墨合、水烟袋无一不冻，今晨河内仍然活水，日出后挟带断冰，与北方大不同也。沿路雪山比昨日平坝多，较易行，卅里至鲜达，下轿吃点心，在塘兵房外坐石上，并温茶喝，赏以银洋一元，乃夫妇二人，年均六十以外，前数日已为夹坝[1]所抢，正在无食之时，得此甚乐，逢人磕头，并将火枪放一出，以为格外恭敬之意。又卅里，似有四十里。里塘粮务公署宿站，房上墙上均以地内羊皮盖之，可谓起地皮矣，一笑。共行六十里。似有七十里。此处在山怀内，高山上有里寺，甚雄伟，闻有喇嘛三千余众，堪布、昂翁滚噶，因腿疾未到。传号、洛宗旺秀。铁棒向巴松布。等跪接于路，张守府世彦，号子英。跪迎并来见，专汛把总江文荃亦然。正副宣慰土司四朗占兑、朱洛宗吉村来见，并进礼物，再三叩求，只收其豹皮一张，从重赏之可也。瞻对亦来送礼，收其信并哈达一方。加木样呼图克图，甘肃西宁回觉寺喇嘛佛，送哈达并银四两，皆送还。遇江少韩、吴小瑾、马竹君三委员，因夫马未齐，须明日走。晚间军粮府沈芸楣大令因脚疾就医，未在署，世兄送席一桌，因与众委员享之。晴，山上有风。

十九日(12月7日) 今日因夫马未齐，仍住里塘军粮府。里寺堪布送礼，铁棒亦送礼，皆却之。明正回差，皆令其领赏而回。晚间会张子英守戎，托其代催夫马，应之而去，此人为番民所服，颇明白，有才情，武员中不易得也。询其年岁，同年同月，长余一日，陕西富平县人。晴。

二十日(12月8日) 仍住里塘，令土司等至此领赏，复又催其夫马，因大雪应差蛮家，多难赶到，亦实情，拟雇齐，或后日可成行。此地来人多喘，果不虚，皆以为水寒，余以为山中多温泉，且离此七八里，名热水塘，亦温泉，此喘恐肺热所致，非寒逼也。昨晚恩、余、范三君少违和，倩余诊之，均属肺脉独大，亦一验证。余鹤孙至里寺一看，

---

[1] 夹坝，抢劫的意思，此处指以抢劫为生的人，在川藏康区，历史上有此积弊。

其庙占此地居十分之六，所供惟达赖喇嘛，谓初世达赖乃其地所生，最怪者为吴王殿，乃吴三桂也。军粮府甚难做，少不合，僧俗即将公署用石击之，其蛮性如此，喇嘛尤不畏官，殊可恶也。午后至署西一看，正值番民宰杀牛羊发卖，其秽非常，有数小儿手持羊肉食之，询之乃生物也。张子英送来一品锅等，收之，并约刘巡捕等晚饭，自已复亲到，谈及此处田地曾种菜圃，焉有五谷不生之理，此论甚是。前有某太守曾开垦此处田地，走后交庙内经理，后仍作废，闻此地应归庙内经理，不知然否？待考。闻离此不远，在下站，曾将守备剥皮，乃寺中喇嘛所为，后由韩提督来，竟未办出所以然，幸里塘经刘仁斋、张子英将此处堪布因案捉拿正法，则各喇嘛少觉警惕矣。晴。

二十一日(12月9日) 仍住里塘，粮务公署张守戎来，痛谈。将驼只今日先发，为可缓气，明日起程，免得杂乱也。守戎早送豆花两碗，盖自作，有省城风味。夫马仍复不齐，经刘巡捕与其反复说之，明日或可动身矣。盖此事归三大村喇嘛寺所管，非常之混帐，屡次差使，未有不大(废)[费]唇舌者。此地前后多出瓜子金，惟喇嘛番民准雨后拾之，汉人则不准，亦有搭盖牛毛帐房，拾金者须至庙内饮食物，然后拾之以纳税金。商贾无多，仅有陕西人开店在此者。喇嘛亦有被堪布抄者，如欠庙内本银利银，则抄其家，盖堪布三年卸事，必有九百金交代，非取抄产不可，真野蛮办法也。喇嘛均能以石子打人，发无不中，幸胆小，若以火枪震之，均皆逃跑，情形颇可恶也。晴。

二十二日(12月10日) 在里塘早尖，巳初余起身，出塘不远，即有番民番妇于路左设香几椅子各一，番妇手擎托盘，内奶子一碗、白酒二杯，似饯行之意，因令赏之。本处弁兵跪送，里寺喇嘛跪送，廿里外张子英守戎叩送，卅里土司叩送。至大桥过之，桥以木为，每夏令大水竟能冲倒，往往失事。上大坡，在蛮房外茶尖，自未到里塘以前，有土山多且不甚高，中必有平坝，今日所行路均如此，可惜田地竟为废弃。盖喇嘛为政，不愿开垦，恐汉人多，彼则难为所欲为矣。又卅里大半乱石路，至头塘宿站，共行六十里，不过三间破屋，似牛马棚，外竖一小匾，题作头塘行台，殊为可笑。此地平坝甚宽，除行台尚有土屋数间，此外皆牛毛帐房，来人皆住之，幸安仁山都护送给蓝袷帐房一架，甚好，惠臣、鹤孙居之，湘梅则另有帐房矣。晴。

二十三日(12 月 11 日) 未到四点钟即起，天有月尚黑，发头塘，行有十数里方明，雪下冰凌，加以乱石路，颇难走，即望道右有雪山四季不化者，或云三日内皆围此雪山而行，亦奇景也。行五十里安记卅里，非。至干海子茶尖，将帐房搭在蛮房外，略坐，喝油茶，吃点心。又行卅五里安记卅里，非。至拉尔塘早尖，不过极秽，土房内作此一举，尖后则行松柏青刚杨柳树形与北方大不同。内，四面皆山，中央一溪，水声忽壮忽幽，与打箭炉前后风景无殊。又行廿五里，至喇嘛垭宿站，共行一百十里，即住其楼上佛堂旁。惟上楼之梯，乃用中等木一根，将本木不过可容一脚，刻槽为之，殊难登上下也。路中曾遇一马名[负]粮，走至山坡间滚鞍而下，幸无大伤，[役人]身背之物，尚不敢失，且须追马，不过廿旬上下一女子，内地有是理乎。早微风，晴。

二十四日(12 月 12 日) 点灯发喇嘛垭，顺山路，尚不甚难走，行六十里至二头湾塘，早尖，破屋内歇息半时随行，从此行于半山路，夹以石坎、松柏，树内实在难走，中间遇有平草坝，有宽阔者，大半有玛密堆，有石板刻经者，此路甚多，有布幡等类，路中或遇，山顶则无处不然。中路甚渴，在松林不知其名停舆，喝茶，离宿站七八里路即点灯，并有火把来接，又行六十里至三坝塘宿站，共行一百廿里，此归里塘，明日即归巴塘。巴塘土司已遣人来叩迎，据云土司因脚疾未曾赶到，送诸物皆还之。晴。

廿五日(12 月 13 日) 早发三坝塘，走石路、平路皆有，过小雪山、三坝山，在山腰路行至松林口，穿树林，其成材之木，皆委之于途。到草坝上，巴塘宣抚土司罗进宝叩接，蟒袍补褂，红顶花翎，不似里塘打辦，在此备茶尖，余在此即早令厨役备早尖，在帐房内忽然来风，无食不灰尘，可发一笑。据安仁山路程为四十里，似钟记谓七十里，太过略,有五十里。坝左即有砖色石山,迤逦至宿站。或云此山夏日猿猴鹦鹉甚多,冬日则往南行,避冷也。山上似无土,然柏树甚旺,大同荆浩画法,不易得也。尖后,忽行树林内,忽行草坝上,可惜草坝不过摆玛密堆,未有种田者。又行卅里至大朔塘,又名度朔塘,盖指度朔山而言。民房作公馆宿站,共行七十里。似有八十里,钟记九十里,非。罗进宝复挂刀来叩见,因令之坐,谈及彼之田赋竟有稻田。应交打箭炉二千余金,其喇嘛权亦较重,支应夫马,幸皆土司,不似里塘也。午后风,晴。

廿六日(12月14日) 早发大朔塘,即入山沟而行,时已日出,因起身时纤夫要多茶叶,通事饬其无厌,彼则以石块乱掷,巡捕当即捉住二人绑之,怕极,以为必死,余人则逃,后责之,(以)[亦]不敢怨,惟有笑脸媚人求放而已,其糊涂直似八九岁小儿形状。待过大朔山又招之而来,颇为尽心,拉纤并帮轿,其累非常,睄之实可怜,待至山顶,群向轿磕头打问讯,诉许多番语言,其伊等告知大人向来皆送至山顶,不往下送,一直到站,俱无上山路矣。余颔之,随欣欣然而去,复行数里,又向轿前磕头打问讯,余以为来讨赏,又问之,乃其头人以为半路逃跑,令其赶回对证,因告其头人,实系送到山顶,余令其折回,非私逃也,始放之而去,盖半路逃跑亦其惯技也。行四十里至松林口,在轿内饮茶二杯,又二十里至奔察木塘宿站,共八十里,巴塘署都司马云飞来见,即回,浙江嵊县举人,已保游击,号春梅。本拟宿小坝冲,天已申正余,来人均未用早饭,脚力亦不支矣,今日所行之路,大半雪下冰凌,轿夫呼为凌路,即冰。或高山上,或大树下,四五尺石块挡路,四五尺圆径大黄松横路,可作栋梁材,皆披之烧火,大干则弃之,或行偏坡活沙,下临深涧,或行于水石中,无桥梁,觉困顿非常,委员则赶至小坝冲,骑马则快于肩舆矣。自入巴塘境,男番衣服无甚分别,头上则前短发,每两旁留小辫二,女番衣灰色氆氇衣,似小袄,绛色裙,头上梳无数小辫,总结一大辫,下以蓝线接之,有两小穗,皆以铜丝作箍,大似京车夫。晴,午后风。

二十七日(12月15日) 接蓉格来禀,四弟屋内五妞于今日出阁。早发奔察木塘，沿路冰雪、山石路、大树林，其难走与昨日无异，且左临山涧百千丈不等，竟有望不见底者。行四十里钟记四十五里，非。至长坝冲又名小坝冲。尖站，会粮务曹爵申，铭，花翎三品衔，直隶州知州知府用，浙江绍兴府上虞县附生，行五，世交。尖后天早，遂起身，沿途皆矮树，有结红豆、黄豆，如天竹豆大，其小叶树亦有红绿相掩映，有一种矮树，形如刺松，在山坡上多。系粉红色，甚怪，询之，以上各种皆不知名。河岸而行，下边水声，有如雷鸣，岸边有垒石者，有帮木者，大似栈道，只不如栈窄，高险则倍之。有鹦哥嘴者，轿子大难拐，以仗人多，抗之拖之而过，轿之损坏，不能顾也。山中有鸟如鹅，黄白黑三色，据云，番子死后，即以尸肉喂此，真有阴气，非寻常鸟雀可比。又行卅里，钟记五十五里，非。巴塘军粮府作公馆宿站，此地比里塘规模较大，亦少干净，外面山水亦开展，副土司郭世禄花翎，亮蓝顶，短襟马褂。远叩迎，正土司罗进宝近叩迎，本汛千总张绍彬、堪布敖阿仁清皆叩迎，曹粮务、马都司皆来见，粮务送席复送食物，皆收之，都司送食物皆璧之，收鱼一尾而已。晴。

廿八日(12月16日)　仍住巴塘公馆，土司罗进宝、郭世禄来见，因令其赶催夫马，据云调齐非初一日方可全到，万不敢故意迟迟，曹爵申粮务便衣来谈，为恭勤公门下士，并带从前小像而来，此君以特旨直隶州，已过四五缺未补，在此已九年，上有七十余老亲，进退皆难，亦无法可设矣。此处天气甚暖，不过京内九月半光景，满室苍蝇，殊觉可厌。晴。

廿九日(12月17日)　仍住巴塘粮务公廨，将赏耗自土司、堪布以次，均皆发给，并念《陀罗经》《观音经》，发给喇嘛茶叶，回信各念千(编)[遍]。此举因仁尊巴敦所说，可解小人一切恶语，神道设教之意也。回差中协兵江云龙与和尚打架，且闻其素多不安本分事，因责其六十马棒，札军粮厅递解回省，并札中协。恩惠臣三君赴马春梅都阃处约，曹五先生送来一品锅，自享之。致川督信，今午后马递。晴。

三十日(12月18日)　仍住军粮府，发家信一封，寄周保臣转交，叙沿路平安，至里塘、巴塘，并途中大木作弃材，番男女打扮可笑，川省城太乱，惟有闭门过日子等语。昨日接廷寄，并香雨咨文条陈藏内三节折底，今日覆文，并寄其一缄。午后因吃薄饼，不敢久坐，同惠臣、鹤孙至西首丁宁亭旁一看。复至东首关帝庙瞻仰，工程在此处可称宏敞，两层殿相联，内有比干牌位，询之为毛毛匠祖师，不知其何所本，在过厅对其戏台饮茶，庙住带缨帽侍侧，少时用碟子陈黄柑五枚来献。树在其庙内，并折一枝带叶拿回。边外风景，北省不能得也。复至北首，有名桑抱石，为巴塘一景，乃石上生桑，桑甚大，桑在上，石在下，似抱之，石似（哈嘛）[蛤蟆]形，旁刻“蟾影”二大字，嘉庆丁巳袁州辛文彬。边外石刻，只此仅见。回时遇小孩十数，以螺壳、最怪，长甚，正似马蜂儿形。水牛壳加以红豆穿成，套于项上，以作儿戏，足见朴实，别无玩要物也。男女皆来观看，老者尽合掌念经，盖见余以为有福，可除不祥也。晴。

十一月初一日（12 月 19 日） 早发巴塘，路间都司喇嘛千总正土司叩送，先行山路，在金沙江左，并不险，过茶树山，直无路，乱石偏土沟，胡走而已。行四十里，牛古渡民房内尖站，窗外临江，甚得景。曹爵申直刺送此，尖后顺江左路而行，或乱石，或偏坡，或活沙，均在山腰，有如栈道，幸不甚高，亦不如其窄，然左右杂树挂损轿围，竟无处可避，有一种带刺树，小叶与刺梅无异，询之帮轿，有过此路者，据云开黄花，其为刺梅无疑，不免挂衣，为人所骂，未免名花扫地矣。又行五十里，至竹笆笼外委署宿站。名曰署，其实番民楼上。外委徐曜洪来见，副土司郭世禄来见，拟明日再送一站，拦不肯听之而已。路行山腰，见虎爪草甚多，因拾数枚，到宿站，用滚水泡之，果然反青。俗名汤汤青，与北边无异。闲到江边，与惠臣三君坐于沙滩上，适有番民乘皮船，令其背到一看，同河口无异，不过略大，船口镶以木条，前窄后宽，似古之射侯，形较妥也。晴。

初二日（12 月 20 日） 早发竹笆笼，即渡金沙江，上山过一塔门，一门上砌一塔，素未曾见。顺山路而行，左临江，江岸有粉红花，极小，称细弱，叶甚秀，惜不知名。右山崖，皆在刺梅丛树中，仍挂轿围，与昨日无异。过一桥，水归金沙江，徐外委在此跪送。此外委仅管渡船二只，手下一兵无有。沿山以外系大路，内即三岩野番，与外番装束相仿，不务正业，专以劫人为事，曾经夏军门毓秀。剿办，仅与约不在巴塘劫人，其余不管，殊可笑。此番劫去(雅)[鸦]片烟，以为糖，食者无不死之，此时虽酱亦不敢尝矣。行四十里，公拉碉房尖站，复上独木梯，余下梯时谓家人云，如驻藏长久，大可作贼，此与贼之所用蜈蚣梯，不相远也，一笑。尖后顺江上山，窄路极高，与江离，即转右，复行不远至鹦哥嘴，肩舆不能过，众人抬杆方过，又遇大风甚险，达格顶达格番呼核桃。有番房，且种山坡田，在轿内喝茶，忆过巴塘后五六里十数里，或见番房，亦偶有引水田地，盖有人户，便有田亩，即有农具，不止专靠牧放，惜乎以上人户少耳。行空子岭山沟内，中有一水成冰，水仍伏流，两旁极窄。松树、青刚树极多。路忽左忽右，实觉登顿，出岭草坝一断甚宽平，即至宿站。又行四十五里钟记五十里，安记四十里，皆非。空子岭公馆，亦碉房，宿站，共行八十五里，二营官郭世禄来见，明日即回巴塘，殊觉应酬备至。因天早，登其房顶，颇可眺远，有番女送到黑枣，蜀名楢柿子，核甚大，且干，略算果子而已。大嚼，酬以棉线。晴，午山风。

初三日(12月21日) 自早发空子岭，道即不险，草坝山坡，或有窄路，外有(坎)[砍]伐树枝拦阻，下亦不觉陡，惟越走越高，觉凉，地势使然。行卅里至莽里尖站，在碉房楼上，尖后亦草坝多，可惜摆玛密堆甚多，开垦者少，自从巴塘以后，尚有田地，不似里塘归喇嘛，不准种田。又行廿里或云十五里。至巴茅塘茶尖，江卡守备、察木多游击遣官迎接，自备帐房，略坐，有备干杏，食一枚，似藏杏，有硬核，少差。尖后遂上岭，即宁静山，川滇藏分界处也，此处有石碣，现已不清，拟再重镌之，惜界牌早已模糊。江卡守备刘荣魁、把总冯文仲、江卡土司能住、南灯寺喇嘛甲噶卑柱，红教庙有名佛。均叩迎，并到宿站来见。达赖佛遣人送马一匹，留之。茶尖后紫土山甚多，盖以黄色荒草，余谓此喇嘛服色之先声也。山上草坝甚大，亦荒废。又行卅里，或云廿五里。共八十里,或云七十里。至南墩塘公馆年久失修。宿站,守备送来食物,人人均有。呵冻书。晴,山上有风。

初四日(12月22日) 早发南墩塘,过古树山,一路或松柏或青刚,满山皆是,并有草坝,可惜俱弃之,此山在顶上,下行之许久,内有土兵迎接,必焚松枝,仍似古之烟墩之意。闻守备云,此土兵即土司管,每月三钱银,无怪如此。见官伸舌,两膊上下之以为礼,原所以防三崖野番,今则以老弱充数而已。行四十里,在草坝中古树塘公馆尖站,三委员亦在此候,忽来番男女五人,有持鼓者,似番僧念经物,长柄而小。有持铃似铃、似钹非钹者,大跳舞,口作颂词,盖以此为生,讨赏以去,或云沿前路似此者颇多。尖后过普拉山,如早过之山,二山之水均不少,凡边外亦如边内,大半有山必有水,边外皆置之无用,殊可叹也。又五十里安记四十里,是。普拉公馆宿站,共行九十里。八十里是准。此路多日,日换走马,忽来古树番子,未等换,硬牵就走,拦之则拔刀相向,其野非常,因拿四人捆之。晴。

初五日(12月23日) 早发普拉,大半草坝,有数处山腰石路,不甚险,过夹擦顶自支帐篷茶尖,守备在此伺候,且备点心,乃黄糕,作白薯味,大新奇,以上卅里。又廿里至江卡公馆宿站。安记六十里,非。普拉寺堪布喇嘛过硂木叩迎,并来见,送礼再三求收,收其干粉数小束。千总冯文仲送干鱼等,收之。将昨日所拿之人交刘瑞峰守备荣魁,会同江卡土司能住办理,原四人续查二人。旋据古树将闹事番子六人送到,守备即会土司,均为重责,并将为首者割耳示众。割其一耳,钉于番官门上以示众。闻此人素不安分,曾当夹霸[①],亦报应不爽也。卸任土司汪堆洛布亦遣传号送礼,却之,访其素不安分,现在下站办案。此地男番照旧,女番则群辫,且面上皆抹儿茶,加以酥油,有黑,有红且黑者,竟如尉迟公者,或以红黑色满面点之,似麻子。上由顶加珊瑚豆至腰,皆红色豆,一路穿之,大似蜈蚣。见番官女人头戴似鹦哥架极高,

---

① 夹霸即夹坝。

乃后藏打扮，俱难看。晴。

初六日(12月24日)　点灯即发江卡，沿途山水冻冰，虽难走，尚不险，过那拉冈，自下帐房茶尖。六十里至大坝塘尖站，公馆屋甚矮，竟不得抬头而走，刘瑞峰守戎、千总冯文仲同送至此。尖后过梨树山，不险，乱石多难行，且有偏坡不易行，越山至底，自下帐房茶尖，回看山路，在轿旁所来之路有放野火烧山者，因有风，火势颇大，其烟甚高，如此切近看烧山亦从来未有。复行山边路，有在山背冰凝极多，不远即须渡冰，若太晚觉非常难走，梨树外委廖炳堃迎接，并宿站来见，且送食物。又六十里至梨树塘公馆宿站，至公馆，太阳离极高山有尺余，共行一百廿里。晴，山上有风。

初七日(12月25日)　早发梨树塘，过由拉山，道不算难走，惟山沟水多，田地亦多，有山田，有平田，番民平房沿路亦多，房上所晒谷草颇旺，谁谓口外不可耕种，且多醪泥。行四十里，地名高涧槽，自下帐房茶尖。又廿里至阿拉塘又名纳耳塘。公馆早尖，对门有喇嘛寺，比公馆宏阔非常，尖后出门大草坝转(湾)[弯]时，竟有送酥茶、糍粑、锅盔，有古风。且有送酒丫头，盖富家方有此举。又卅里钟记四十里，是。过热长山汤那又作来。山，路甚难行，并有几处窄路，或活沙，或偏土，或乱石，大似云栈，幸不甚长。至石板沟公馆宿站，共行一百里，安记九十里，非。房乃新修，裕子维德政也，梨树外委廖炳堃送至阿拉塘，回石板沟署，把总李永茂迎接，并来见，送核桃等，收之。晴，山风。

初八日(12月26日)　早发石板沟，走昨日来路一断，以下偏坡路甚多，幸无大险处，数日内所见紫石，有细者似可作砚材，惜边外无人识也。行卅里，锡穆拉，自下帐房茶尖。又行廿里扎口隘，自下帐房饭尖，食熬饼，盖中间并无房屋，皆在野地故，委员等人多，不易备宿站，时方食早饭，过阿足山，偏路、石路、冰雪路俱有，若大冰雪似不易行。又行十五里至阿足塘公馆宿站，钟记八十里，安记七十里，似皆非。有关帝庙在公馆内，敬谒，同惠臣三君至门外草坝上闲踏，此处换夫马,故早到,得此闲空也。男番有头上有带红箍者,乃三岸打(办)[扮],女番则前留短发,与上路为稍异耳。阿足外委刘国清、署昂地把总兼乍丫通事刘玉升、乍丫副仓储巴夺吉将存、仲译江巴辞称叩接扎口隘,并宿站来见,刘外委送点心、咸菜等,副仓储巴送释迦佛一尊,收之。回差有箱支被窃,值十四金,令运箱番赔之,并责之。交番官会同外委办理。晴。

初九日(12 月 27 日) 早发阿足塘,道不甚难走,沿肯达河而行,各山水归河,不免凌路太多,过河涉冰,比寻常河面加宽,或云夏日水狂颇难渡,过河即上山,土道不觉高亦不险,下山即夹巴沟,自下帐房早尖,守备李玉亭迎接在此,其应驻乍丫,此处为三岸野番出没,时常劫人,闻本处番子不免勾结,其情深为可恶,以上行五十里。尖后道亦易行,大半草坝,又廿五里至洛加宗公馆宿站,共行七十五里。钟记九十里,非,约八十里为是。乍丫正仓储巴庆饶致美叩迎,并来见,送释迦佛一尊,并柿饼、麻花、似饽饽卓子一席,再三求收,难却。副仓储巴纳汪饶登叩迎,亦来见。李守备送席,收,伊旋回乍丫汛,明日再见也。晴。

初十日(12 月 28 日) 早发洛加宗,沿山路至大浮桥,自下帐房茶尖,近桥有窄路一断,共行卅里强,将半路见白杨树多株水内,山外左一处平番房右一处平番房,且有两层者,如夏日颇得景,睹此未免动我乡思,方识清福非易修到也。尖后来往过河多处,顺山而行,有石壁一处,道不过一尺,下为陡崖,临雅雀沟,河水声淙淙,颇险,复行窄路。又过大浮桥,过麾奔河。远望房间多碉楼,即宿站乍丫,行卅里弱,住守备公署,此处原有公馆少破,李柱臣守戎再三让之,不好却。李柱臣名玉亭,已保游击,伊兄名玉山,已故,亦系游击,伊父曾任温州府,四川人。旋送菜,收之,又送鹦哥一架,猴子一枚,璧谢。乍丫把总苏起良亦叩迎,并来见,正副仓储巴、仲译均来见,又代胡图土送戴冠释迦佛一尊。达赖遣堪布二名至京,均红顶,来叩见。饭后因吃饼同三委员至公馆外闲踏,至布棍寺喇嘛庙一游,烟袋塘名麻棍寺,麻者,母也,布者子也。

赏其洋元一而已，又有求佛施二元了之，惟瞻对有修大庙者，施八元亦不嫌少，边外洋元三钱七分。晴。

十一日（12 月 29 日）　早发乍丫，多在田内行，若春夏则道难走矣。行廿里至粗泥早尖，食熬薄饼，盖昨日所剩，守备、仓储巴送至此。尖后行偏坡路一断，甚险，遂过昂地山，虽不甚峻，然路甚长，有一断山坡路，行之许久，幸宽平，转过山阴，有积雪，颇难行，山顶大风，下时路窄陡非常，且有积雪处，多人扶持，尚不易行。下山复又上山，直头无路，不过牛行小径，其实山下有路，不过多凌而已，较此路易行多多矣，因大骂轿夫后行山崖，无路，逼其下之，亦竟无恙，其习气真可恶万状。又行五十里至大水沟，自下帐房茶尖，署昂地把总刘玉升来谒。又十里至昂地，民房作公馆宿站。此地有行台，因前任驻藏大臣庆宝轩病故此地。公馆未敢备，殊可笑，共行八十里强。钟记九十里，非。刘把总送来羊肉、咸菜等物，却不过，收之。闻延忠恪公茂。过肯达河，时值大水，用蛮民牛四十余只将上游截住，赶紧下游抬轿底过之，其险不可思议，闻安仁山出藏时，有小娃子十二龄上下，遇雪深处落下，于今无着。此路中之险，不可不知。晴，山上大风。

十二日（12 月 30 日）　早发昂地，走平田，过山路，十五里至噶噶佘早尖，不过九点钟，用粥锅盔，在蛮房外自下帐房，尖后过蛮庄数处，皆倚山临水，平田、山田俱有，乐土也。入山口，蛮房有老树靠水，颇得山间雅趣，惜乎居人神头鬼脸，太杀风景，王卡山虽不甚高，偏路、石砂路皆有，不易行，内有两路，委员所走左路内活沙一断，下临深涧，人马均难立足，道且窄，尤险，余行右路差强，下时坡极陡，亦有活沙，幸人多，肩舆为众人抗下，非舆夫之力，过松林山一断，右有蛮庄一处，在山半，颇得景。又四十里至老龙沟，自下帐房茶尖，闻塘兵云，此处黄教喇嘛庙佛像均石长成，因步行往看，系石上略俱形影，仍系镌刻者。行田坝中，至山沟乱石实难走，亦名鹦哥嘴。复上山腰，上有大石下垂，下支木架，盖木板加石片，由中而行，似穿石洞，木架下即温泉所出之水作响，顺深山涧而行，转一塔，又顺山腰路下，即平田平坝，或云开平坝，路不过十数年，钟记山沟高岸，其下一百余丈，涧河乃旧路也。过大浮桥，有蛮庄，两边石路极窄，穿之而过。又十五里至王卡塘公馆宿站，东南有白蛮房一处，即前驻藏大臣文仲瀛海。病故于彼，彼时无公馆。共行七十里强，安记八十里，钟记六十里，非。连日纤夫作蛮歌，有通其语者，非歌，乃念观音经，以明保佑之意。晚时前歌者，今有胡琴，三女二男一小娃，歌而舞，亦有节奏，夜间山间亦有歌者，大小声相续而起，盖本地蛮曲，月下得此，且在边地，另有别味也。晴。

十三日(12月31日) 早发王卡塘，一日均属平路，在王卡河又名巴贡河，番语索屈。左岸而行，十五里至吉利寺，自下帐房茶尖，左旁有喇嘛庙，杨树一片，以墙围之，右岸大山一座，形如灵芝，松树甚多，后有大石，前有土坝，左有山凹，四面群山围绕，形势极好佳城，番民惜无用，沿途所过山庄，靠山临水，加以杨柳，不啻内地极好山居，乃所住者皆囚首垢面之辈，未免为山灵减色。尖后过木浮桥，顺右岸而行，道亦平，又十余里至三道桥，自下帐房茶尖，轿夫喝粥、吃肉、吃锅盔，皆营中所备，多日均如此，循旧例也。自到边外，只分路之左右，实难定四方，如公馆坐西南向东北者居多，亦有相反者，总无正房，此处有新修喇嘛庙，名章巴寺，因往一看，系黄教，供石佛，据云生成，其实亦有雕琢痕，故神其说也。靠河过桥，又在左岸而行，其庙后多杨柳，夏日必好。又行廿五里，至巴贡塘公馆宿站，共行五十里，饭后至惠臣、鹤孙、湘梅所住蛮房一看，复至河沿闲踏，鹤孙、湘梅拣石子为戏，亦一乐也。晚间闻厨房烧煤，盖沿路自昂地煤山甚多，仓储巴禁采，惑于风水之说。察木多遣希本达结达结柱昆，系红顶，人颇谨慎。叩迎，正仓储巴送观音像一尊，收之。晴。

1904年

(光绪二十九年十一月)十四日(1904年1月1日)　早发巴贡塘,顺河而行三四里,即见河由峡出,遂上巴贡山,路虽宽,石多,下山流沙且陡,殊难走。卅五里必喜龙早尖,在山阴,咸菜成冰,幸携烧酒饮之,乃自下帐房,其名为巴贡山,然不止一山。至山半复上山,乃窟窿山,俗名火焰山,附会《西游记》而来,其实石峰万柄朝天,乃形似,然南北山皆见过,实无此奇形怪状,同行人无不赞美之,窟窿二字,系指一山名。二十五里至山中,半路过小溪,已成冰,寻水皆无,自下帐房,益卑长阿茶尖,从此偏沙路多。又廿里仍名窟窿山,盖山根子察木多游击周笃村名占彪,四川岳池人,相雄伟。备帐房茶尖,来叩迎并晤谈,到宿站,复见又谈。自此尖后,山不高则水多,左右过河多次,皆行凌上,太滑。又廿里包墩塘公馆宿站,共行一百里弱。似八十余里,然难行。数日来男妇番僧相随者多,乃入藏朝山者,有女人梳两辫者,乃德格土司来应差,亦有朝山者,本处则双耳环均银砝蓝。极大,套于耳,耳眼不足挂也,男人仍照旧。晴,风。

十五日(1月2日)　早发包墩塘,出公馆即走半山,路高险,幸道宽,卅里至噶西坝茶尖,舆夫杨麻子以为干稀,以山为干,以水为稀,又云,可惜无粥无饼。所误与所盼,殊可笑。尖后复上山,半路有极窄处,有架木处,大似云栈,惟过山有活砂路,甚觉险。又行卅里,至猛卜公馆宿站,馆乃九月间新修得。共行六十里。钟记七十里,非。察木多粮务谢掞庭大令名文藻,阳湖人,直隶州用,为谢仲英堂弟。来见,并送席,收之。今日所行之路均在山沟内,沿山腰过冰水沟亦不少,殊觉闷气。

早饭后至山半惠臣、鹤孙处一谈。湘梅尤在山下另住。回时遇程副巡捕，以呛酒令本地人跳锅庄，与明正土司处大同小异，有拉手时所歌，未悉何词，声音实太平景象，非郑卫之比，因赏以茶二罾。晴。

十六日(1月3日)　早发猛卜，出公馆不远，即上猛卜山，其路乱石，直似无径可寻，不过人多，将肩舆拉上，下坡一断平坝活沙，顺山腰路下岭时，左右倒拐，似相岭廿四盘，不过略短耳。廿五里宜母坝茶尖，察木多祝厘寺备，遣副仓储巴往迎，设立帐房，极整齐，备清茶奶、茶油、茶人参、果饽饽桌四张，殊可笑。略坐即行，又五里至依堆民房内茶尖，千总穆朝德备在楼上，甚洁净，盖房东之经堂，送土(宜)[仪]却之，赏之。复行山路，左临河路行，临河风景绝佳，有一土山，疑立碑多件，近视之，乃自长石壁所成，且有蛮房数处，安置得景，莫(为)[谓]番民无计算也。河中有立石一方，形颇不俗，可谓中流砥柱，转山下后，即望察木多形势甚佳，上层喇嘛庙，中下衙署公馆民房，东为四川河，西为云南河，两水相抱，群山围绕，中出土山，若断若续，即其地也。惟走阎王堀路窄，活沙多，殊为危险，桥在庙后，须大转湾，似太多，事后询知，岳威信公当日所定，盖桥在前面，于风水有碍，当不止仅出喇嘛，不得不然耳，以上行卅里。土城内察木多公馆宿站，共行六十里，以炉厅到藏地，此地才过半。粮务谢掞庭、游府周笃村均来见，送食物、送鼓炮手，均收之。千总穆朝德、把总王定邦、外委徐国奉亦来见，并叩迎，副仓储巴四郎彭错送各物，却之，收马料，正仓储巴格桑云登，恭勤公曾保大喇嘛，现因半身不遂，未来。代送皮草，却之。大呼图未袭遣栽业。送长寿佛，黄马一匹，二呼图锡瓦拉，三呼图嘉拉克，四呼图未袭遣栽业①，总仓储巴达罕达，五呼图甲拉祝暇，送观音三尊，收之，余皆却之。江少韩三君亦在此相遇，晚饭后与惠臣、鹤孙、竹君步月围城一踏，尚不如王府大，不过名为城。晴。

十七日(1月4日)　寄家信一封，交周保臣，略叙路中平安，住

---

① 日记中大呼图与四胡图后均标明“未袭遣栽业”。

牛粪房，天时才换大毛，王顺如回省，不必令其在寓居住。今日适遇生辰，江少韩三君在此小住，亦为此举，六君子、刘巡捕备明日早面，晚饭已难却之，不意军粮府、游府并千把外委皆知之，随后大喇嘛、五胡图土、仓储巴等亦知之。最怪者，陕省客民在此贸易者，一并皆来送寿帐寿礼，有收者，有却者，另记之。真正无理取闹。游府送戏一台，即本处兵丁所凑，不意所凑者并不能唱，坐而歌之则可，登台非所惯，于是回差，诸兵愿效劳，乃勇往直前，或应登场而未登场，或未应登场而已登场，复拉下之，或应左而右，应右而左，或唱至半曲而忘，或开口亦唱不出，真开千古未有之奇，捣六合未见之乱。喇嘛送男女锅庄加于戏内，戏止则锅庄上，男则圆音，女则尖音，可裂金石，诚揭鼓洗秽，灯后即止。约六君子晚饭，将马介堂所送洋酒痛饮，余大醉不醒人事矣。余谓洋酒回差，戏从今不敢领教矣。晴，晚风。

十八日(1月5日) 夜间酒醉，昏不知人，三更后则肝疾大作，呕吐后少清，左胁大痛，可谓自作孽矣。一日未敢出屋，诸君来看，有见有未见者，外间仍唱戏、跳锅庄，午间在外屋遥望锅庄尚可支持，灯后复又作痛，一日不过喝粥一碗，可发一笑。军粮府、游府约来晚饭，亦未见，请诸位委员相陪。晴，晚风。

十九日(1月6日) 少愈，仍两胁作痛，昨服舒肝丸，今服四君子丸。游府、大喇嘛仍欲送锅庄、送戏，力却之。晚约军粮府、游府、千把、外委及仓储巴、喇嘛，并陕西客民等吃饭，颇为喜悦，亦沿途一乐境也。江少韩等三君午后启程前进。晴，晚风，长云因风退。

二十日(1月7日) 本拟今日起身，因病拟歇两日，仍服四君子丸，清减大半，两胁仍胀痛。午饭后出土城，绕北面闲步，其祝厘寺形势非常庄严，昨遣刘巡捕至寺略为周旋，据云大喇嘛所居，其气象可比亲郡王府，复绕至东南面，隔河草坝一片，不小，再东南山上亦有草坝，虽云不大，如屯兵作中军，可与寺踞之山相等，其下众兵驻扎，颇得地势。复至其城隍庙一看，有像与内地无异，其无常鬼塑得有神气，有鸡爪鬼亦有神气。此惟川省有，别省未见。进南门回公馆，寺内前送黄马换青马，复将达赖所送黑马，明正土司所送青马，换其黄马，伊甚乐从，似两匹换一匹，尚不为过也。晴。

二十一日(1月8日) 仍住察木多，将各项赏耗发给。祝厘寺送行，猪羊米面等物，极力却之不行，只好将羊作为长生，回忆余贱辰，诸人杀羊相赠，曾告以念《陀罗》《观音》等经，或有告以并念《长寿经》，一面杀羊，一面念经，已觉可笑，今忽此羊作为长生，何彼羊不幸，而此羊大幸也，可发一笑。午后会谢掞庭粮务、文藻。周笃村游府，占彪。文武所谈，两不相合，各有私见也。代故把总王定国请帮贴，应俟到藏，再为酌核。外间看马，同惠臣、鹤孙出土围，至东南坝上看云南桥，由南转东看河道，至关帝庙瞻谒，工程在边外已甚好，匾额极多，略坐，回时看分马，有驯良，有闹手者，颇有趣。晴。

廿二日(1月9日) 早发察木多，来时沿四川河走四川坝，今越山上由东转北顺西路下，庙之规模甚大，亦齐整，下由云南河右岸而行，对面云南坝极长。行廿里至小恩达茶尖，副仓储巴四郎彭错跪送，并声明正仓储巴未能亲送，敬送观音佛一尊，收之。又十里卧洛桥，自下帐房早尖，路过仓储巴柳林，非常好形势，天下名山僧占多，不独内地为然也。尖后过俄洛桥，四十里浪荡沟公馆宿站，所行之路，总在河边，险处虽有，尚不长，粮务送至此，明日即可回署矣，千总外委送过祝厘寺山上，即回。晴。

廿三日(1月10日) 早发浪荡沟，别粮务，即行入山沟，道不难走，廿里至过脚塘，即在塘兵房内尖站，赏之，因昨晚受炭气，觉头痛，作恶心，仅喝粥而已。尖后，即入树林，山沟松柏桦木极多，巉岩峻岭之下水道甚多，无山不有泉，夏日恐难行走，然田地有土皆开垦，似非惰民，不过少教化耳。越过脚山，山路颇长，幸平路多石路少，惟偏桥、小木桥多，出山时一路活石漫坡，且陡而直下，若遇大雪，实在不易行，茶尖前所出山口及山内所行之路，皆可入画，不意蛮荒有此佳境。出山口时，有瓦色石皆峭立，上长松树，兼以红黄各石，虽古之皴法不能到也。又四十五里乾麻圯，自下帐房茶尖，遂下坡走草坝，山上皆松柏树，又十五里纳贡又名拉贡。塘公馆宿站，共行八十里。钟记一百里，非是。行李到，有番民与扎军功等掷石拔刀打骂，交头人痛责之。晴，午后风。

廿四日(1月11日) 早发纳贡塘，五里上下过大温泉，远望热气如炊烟。如数叠瀑布，其水甚旺，搭浮桥接田坝，外有柏树围绕，树外即河，山上亦多柏树，沿路石皆上水山纹，亦似随柏树形景，过大浮桥，有山半石路上下一断，行廿五里至婆罗坝茶尖，沿途山岭均多松柏，下乃畎畴交错，蛮庄十数处，俱择地得宜。尖后走山冰一大断，即入松林而行，复又走乱石路在山沟内，如遇大雨则无路可行，是以山上有路，闻甚险。又廿五里恩达寨公馆宿站，共行五十里，钟记七十里，安记六十里，皆非。午亭先生所记乃夏日，余所记冬日，行山上山下大相悬殊，故不同也。周游击送至此，明日可以回署，外委周文伟本任，乃随差外委马得功。叩接，并来见，人甚软弱，头人名甲拟白马。又狡滑。夫马灯后尚未齐，巡捕催，游击催，始略有头绪，内五旗胡图土正仓储巴阿布桑诸、副仓储巴策扎八客学哇、胡图土遣差腊加恻忍，均叩接并来见，送如来佛三尊收之，余物赏还，尚有穷布喀鲁拉鲁，亦应支应夫马。内五旗八客学哇穷布喀鲁拉鲁，皆归藏内永安寺管。早饭后，至惠臣诸位番房闲谈，复又同三君回公馆用晚饭。游府送席收之，照素常也。晴，午后风。

廿五日(1月12日) 早发恩达寨，周游击叩送，时寅正，用火把照路行，几断冰凌甚长，实难行。廿里方天明，过恩达塘，上山，有兵丁迎送，外委周文伟亦送至此。天甚冷，重裘并不觉暖。又四十里牛粪沟山涧早尖，喝烧酒三杯始暖过，又廿五里干海子，自下帐房茶尖，路右见一死喇嘛，不过二旬上下，衣服脱落在旁，右膀右胁已为鹏鸦啄去露骨，目睹实为神伤。后询得系尼姑，其愚可怜。有知之者，即随此次头拨进藏朝山之人，因大风所咽而忘。尖后即行五色石土山内，其山形大有势派，平坝亦多，惜无人种。又十里大河坝，又名耗子洞。硕板多千总王占路四川人。备茶尖迎接宿站，亦来见，遂回。尖后见右路一山下河中土多，松树上石四围，中似有灰土。峭壁中一门向外，如盖房则大有意思。沿路石块似太湖，竟有各色者，太湖无有也。群山如在眼底，且对面山亦多大松树，右下即是大河。又廿五里至瓦合塘，敬谒敕封翊化庙、关帝、瓦合将军前行礼，王千总在此伺候，有塘兵，略坐即行，一路均在松柏杂树内而行，下至半山，即用火把。又廿里至瓦合寨，蛮房作公馆宿站，共行程一百四十里，钟安记一百八十里，非。或云如遇雪遇风，虽说二百里亦可，且时常伤人，余此次既无雪，有风亦甚小，上天垂佑，不敢以为易事，仍从寻常里数为是。晴，山上风冷。

廿六日(1月13日) 早发瓦合寨，此处石山土山生树生草，山无美不备，田地亦多开垦，行二里余路过小桥，下即温泉，有热气，遂上山，两边皆松柏，如行园亭内，至山顶，有平坝甚大，无种植者，殊可惜，树木成材者皆弃之，想亦呼为野松，复上山，则子孙石堆起，外面多光平，细审小石中，竟有透亮者，内地不多见。山上路旁，小刺松形如磨盘，松不过尺余，甚有趣。惟玛密堆颇碍正路，殊可厌。路旁洛隆宗番官郎基辞理三品顶戴，蓄发，有长耳坠，大领，红马褂，怪物也。叩迎，并早尖处叩见，共行四十里。麻弥寨自下帐房尖站，早冷午后热，尖后即上麻弥山，均系大小松树围之，下看所行道路一线，幸上看不十分觉之，惟陡处多，窄处亦有，翻山后下坡太直，且有活石砂，兼以山泉泥路，实在难行。轿有抬杆处，直无路可寻。下山后，在出日达山根处停舆歇息，余谓不独轿夫累，坐轿者亦累矣，遂又行山坡路，忽见大河，顺右岸而行，近河沙土作红灰色，盖有铁矿使然，今日山石各色不一，不止五色，亦一奇也。连日番房上绑横竖木，大似阑干，盖为晒草而设，番男女仍上路打扮，黑红面女妆尤多，可笑。过大浮桥，中路摇动，大似铁锁桥，行四十里至嘉玉桥公馆宿站，惟下山难行耳。共行八十里。安记九十里，非是。王占路千总曾随恭勤公当差。来见，系特在此伺候，恐夫马讨气也。晴。

廿七日(1月14日) 早发嘉玉桥，即上毕奔山，一气乱石路，幸道路尚宽，过山头少窄，山边行亦窄，大似云栈，过鹦哥嘴甚险，过山涧，桥亦险，又行山边窄路，复至山顶平坝，停舆烧茶，略用点心，觉险与长，出边后无出其右者，不意从此下山，有甚于上山之路，窄路宽路，非石即砂，竟有陡坡如直崖，并无湾曲，且系活砂，曾未经过，轿子抬杆十数次，人困马乏，可谓极矣。行五十里峡龙沟早尖，因唐儿桥上不用心，且话语支吾，责其马棒二十。尖后行山沟中水边高低宽窄路，路右大石壁一断，刻保泰诗一首。水溢路旁多冰凌，又是难走，另一气象。惟一山在左，有长横水帘一丈余宽，或凝如白玉或如水晶，仍清水下流，颇有趣，帮轿传铭谓能照下方好，俗人亦有此兴会，难得也。到宿站不远，始有平路，四山亦矮矣。又四十里至洛隆宗颇大，有喇嘛庙在山上。公馆宿站，共行九十里。钟记九十五里，安记一百里，非。王千总来见，番官郎基辞理叩迎，亦住山上，与庙皆白墙。复来见，送礼，收马料，赏之。晴。

廿八日(1月15日) 早发洛隆宗，四围矮土山，田地不少，顺坡路田内而行，与昨日大相径庭，大半平坦直路，行廿里致中，自下帐房茶尖。轿夫在此地大嚼，自剪子湾以后，时有塘兵备锅饼、羊肉并粥，循例也。又卅里铁瓦塘早尖，自下帐房，因大风不能坐，对面有破土房一间，移于内吃饭，其冷非常，饭后觉胸腹作痛，似有停滞在内，加以风寒新食，大不适。晚饭后，与惠臣、鹤孙大谈，方见好。又行廿里至紫陀寺喇嘛庙公馆宿站，共行七十里，公馆即在庙内，此庙乃第穆胡图土下院，洛隆宗番官郎基辞理叩送五里而回，硕板多番官夺德罢来此叩迎，本紫陀寺。喇嘛番官差管家勤则洛桑亦叩迎，茶尖早尖两处塘兵送(罗)[萝]卜，收之赏之。晴，大风。

廿九日(1月16日) 早发紫陀寺，路多平坦，田亩开垦，俱傍左右两山，山亦不高，达拉河临右岸而行，待到宿站，名多出河，边外山必临水或出泉，真与川省无异。卅里穿心店另有番名。早尖，在蛮房前，地势甚佳，赏之。尖后总旁河行走，有一断山腰路，颇窄，且多活沙，觉难走。又廿五里或云卅里亦不差。至硕板多，营官另有住房相联，住房临公馆，尚宽阔。共行五十五里。王占路叩迎并见，送到墨骡一匹，再三求收，万难辞却，只得应其借用，俟到藏再还。番官夺德罢亦来见，伊住公馆西北隅。达赖喇嘛差乃心巴扎巴将策来迎，送来书信、哈达、果木、点心、米面并白马一匹，照例收之，乃心巴送小匣点心，亦收之。噶噜大头人丹真汪堆送物退回，收小狐皮一张。晴，大风晚住。

十二月初一日(1月17日) 连日所见男番，皆披发于左右，头前剪发一断，后有小辫，如无辫者，乃般密娃，另一种也。早发硕板多，顺山沟行，道尚宽，上山后，穿松柏而行四十里，此处四山皆松柏。般密喇嘛寺下平坝，自下帐房。早尖，塘兵喇嘛送小菜，收之，余未收，赏之。尖后顺山行，或窄路，或宽路，路甚长，共七个山头，始下山，在松林旁，山溪平坝停舆喝茶，地名扎拉山根，复上乱石路，下去纳拉哈，下帐房备茶尖，未停舆，过山溪，又上山，至山顶，风甚大，下山多平坝大路。又五十里(八)[巴]里郎公馆宿站，共行九十里，钟记一百里，安记一百二十里，非。此处房间无多，前有河桥，四面皆山，形势尚佳。早千总、番官叩送舆旁，千总仍欲送远，力阻之。晴，午后大风。

初二日(1月18日) 早发巴里郎，大半平坡路，沿山柏树多极，高矮不一，其状之古雅，匪可言传，所谓树不中材方入画，信然。过朔马拉山，即俗呼赛瓦合山也。行五十里著马郎早尖，边坝外委马宪章叩迎，旋禀辞。尖后仍行平坡路多，共前后转九个山头，亦有极窄活砂，山坡下面临河，终日沿河行，不过离有远近，在右径一山如床铺，皆倒落之形，甚奇。将至宿站，两极大折叠石山，壁立千仞，中夹一河，幸有冰窄路半土，可通行人，语言问答作甕声，其陡其不宽可见。又行卅里至拉孜塘公馆宿站，馆尚宽，人户无多，共行八十里强。钟记一百一十里，安记亦如之，非。赛瓦合山陡险处虽不多，山势甚长，亦不算小，且遇大风，四川人皆以为难过，其实不过北方之寻常风也。公馆北山即来路所行，左右壁上半悬修一庙，正看无路可上，盖由后山沟上下，大有趣。晴，大风。

初三日(1月19日) 昨日所见番女，均将发辫分为二，后面垂之，又是一种打扮，且手带海螺，披下整圈作镯头，谓死后此物阴间可以照亮，殊为可笑。今晨早发拉孜塘，行上山路不远，平坝当前，下即过河，即是乱石路，上下皆难，名必达拉山，俗呼拉孜山，待似下山，又走山半，石路活沙，窄径陡直，无处不难行，下山平坝不远，共行廿里强。或云卅里不知。瓦石蹊又名大石包。自下帐房，早尖，尖后过平坝，又上乱石路，沿河而行，亦有山半路。又卅里边坝，外委马宪章叩迎并来见，送小鸡等，收之赏之。喇嘛寺铁棒叩迎并来见，一名罗真，一名存迫，旧番官格桑俱来见，赏之，连日云起，有风吹散，深感天恩。宿站公馆院落甚宽阔，又来跳弦子数番民，赏之。共行五十里。钟记六十里，安记七十里，不知前道甚难。晴，大风。

初四日（1月20日） 早发边坝，此处夫马颇讨气，幸有乃先巴外委交其后路催之，喇嘛所占各处，无不山峰得势，田地亦甚多，路在田中，或行石路，过涧桥甚高，河水不冻，似天气矮即暖，行卅七里甲拉喇嘛寺小破屋屋以石砌平顶，呼为钦差大人尖站公馆，其实茅厕耳。尖站，寺以鼓乐相迎送，此察木多第三胡图土下院，大喇嘛教汪益喜、铁棒教汪屈躬皆叩见。尖后行山腰，路甚长，复行偏窄路，突见河内有一碎石山独立，轿下坡，宛转而过，右手即此山，上有一石极大，作葫芦形，下以碎石承之，不定何日坠下，其危万分，过河又走极窄路，帮轿不能扶，不远到宿站。又行廿三里至丹达塘公馆宿站，共行六十里。公馆窄小，破烂非常，未到前先谒丹达神庙，行礼，内供正为莲花佛神位，本朝人，作古衣冠，亦非。居左似不典。丹达头人并叩迎见。晴，微风。

初五日（1月21日） 点火把，即发丹达塘，不远上丹达山，始上坡路，中转角路，继下坡路，过河复上山，有大草坝，有偏坡路，遂至阎王塥，上有积雪，无路可寻，沿山腰而走，雪又甚滑，下即漫坡，临河危险万状，下山后过河，停舆用茶，复上山，偏坡路又至积雪路，乃至铁门坎，第二舆夫滑倒，幸人多扶起，此为丹达极峰，过玛密堆，翻山下坡，乃极陡活沙路甚长，前有坎冰番民在此，赏之，迤逦而下，又行山坡路，共七十里。钟记六十。咱拉松兵房内早尖，与昨日名色相同，比差强。尖后下山走冰路甚多，遂入山峡，涧水极多，沿山腰窄道行走，矮树挂围，且多石桥，其难行不在前半日以下，峡中瀑布极多，竟有如屋大洞瀑布，由内而出，其小者垂数丈数十丈不一，更有石洞，或半山或山底，多有烟薰痕迹，曾有居人在彼，然形势观之，恐野兽在所难免，出山沟，过河上大陡坡，即点火把，又过平坝坡三，共行五十里，至浪吉宗公馆宿站，共行程一百廿里。丹达乃边外名山，载入祀典，是真难行之路，据诸回差云，此次为极顺，虽有风不大，往往不能免大风冰雪，乃四时所不化也。晴，山上有风。

初六日(1 月 22 日)　早发浪吉宗，走平坝路不多，即上山腰路，有比栈路险处，且因早间微雪，滑道尤多，宽窄高矮，虽无翻山之名，却有翻山之实。行卅里卡堆，自下帐房早尖，此处原无尖站，因昨日太累，且今日路难走，不得不少为歇息。尖后复上山，中路或沿边，下即田坝，田内临河，有半山番僧庙甚阔，途中多有蛮栅子，其形以二木架一横，匾木上刻番字，与玛密堆堆、玛密旗旗相等，不过佛号而已，下山有平坝一大断，垦田无多，然可垦者甚广。又行廿里大窝塘公馆宿站，又来打鼓唱曲数人，最怪者有苍发老尼姑率领，身穿氆氇花褂襕，真可笑人。午后至塘前后一游，山上有松树，山头有积雪，下边河水甚清。晴，早微雪。

初七日(1 月 23 日)　早发大窝塘，沿途与昨日无异，顺辖曲河而行，其水甚清，下见石子，溜颇急，行十五里至吉岭，自下帐房早尖，惠臣三君亦赶到，同地坐吃熬饼，来路有喇嘛寺，连日多见蛮房田地，盖土山多之故，此处平坝对面一山松树极盛，乃四面无倚，亦属奇观。尖后行山腰险路，亦有树林或乱石路，树中多桦木，有极粗极高者，所行之路，惟活石砂处太难行，中见平坝，于曲停舆饮茶，山景甚好。轿夫不能立脚，随走随溜，下临高崖，崖下大河未免危险，过大浮桥二，第二过桥即上山，且两桥皆活动。闻从前文都护硕出藏至阿南多，遇河水涨发，住十二日，由第二桥山上开一新路，用人背负而过，行李亦背负而过，其难可知。又行四十五里，至阿南多番房，作公馆宿站，房主人虽不通汉语，人相貌举动皆精明，有一小女十二岁，似京内小孩，亦怪事也。见其以石凿锅，甚可爱，闻炖肉极好，藏中惟达赖有之，用廿藏钱一钱一个。买其大小两个，以备藏用，似达赖不得专美于前矣，一笑。晴。

初八日(1月24日) 早发阿南多，先走平坝入山沟，过桥后，即顺山腰路而行，一日所走之路无美不备，有鹦哥嘴高险非常，其窄路活沙路自不待言，惟穿树林且多乱石，外临深涧，忽高低，忽左右，舆中俯仰斜靠，未免难过觉晕。钟午亭先生谓此站自阿难多至甲贡，实藏中崎岖险恶难走之路，非虚语也。行五十里至窝兰卡，自下帐房早尖，厨役老左备腊八粥，其实枣儿粥而已，殊可笑。又四十里甲贡塘公馆宿站，共行九十里，署拉里汛把总何国泰、新委拉里汛把总马元均叩迎，并来见，即回，以便察看道路。甲贡塘形势颇佳，正北有流沙，成双鱼形，四围皆山，四正俱大，四隅均小，两水会流出巽，似察木多局面，惜公馆坐西北向东南，未得其法。连接藏内信，今接赵潼，公事难。半阴晴，晚雪。

初九日(1月25日) 早发甲贡，道与昨日无异，雪不过寸余，路径与土同化，尚不十分难走。行卅五里仁多坝，自下帐房早尖，饭后即起风，尖后行十余里，又见阵雪，山中出冻云，雪不甚大，从未经此景。又行卅五里多硐公馆宿站，此处久无公馆，乃今年新修，轿夫等仍住牛毛帐房，共行程七十里，或云八十里，非。拉里汛外委吴玉恩叩迎并来见，送到羊一、猪一，乃璧之，再三恳求，且已宰，无法只得收之，曾在恭勤兄手内当差，格外酬应，可发一笑。甲贡公馆，公馆内房上有匾，乃“神护行人”，为崇扶三舅兄所书，系山神庙内之件，此时庙已倒坏，回时已无矣。早晴，午后阴，风雪，晚晴，月。

初十日(1月26日) 早发多硐，即沿活沙坡行，转石路甚长，过弩弓拉山，上下乱石，直谓之无路，且下时加以雪冰，有番民持斧，亦不过徒有其名，实难求其有益，赏之。行海子边，水皆成冰，靠山而走，行五十五里至干海子，自下帐房早尖，可恶帐房扎至如此远路，到时已未初矣。尖后，非乱石路即活沙路，加以冰雪路，一日无正当平坝之地，实属难行，加以寒风，颇觉不适。又行卅五里过河至擦竹卡公馆宿站，共行九十里，钟记八十里，非。此站祇有公馆新修，人户无多，此外皆牛毛帐房，拉里粮务彭子周大令名文翰，行二，献县人，直隶州用，戊戌会榜，人麻木。迎至此，并来见，送菜蔬等物，收之，询藏事，则含浑其辞，盖在裕子维处教读，兼理前藏粮务。晴，午后风。

十一日(1月27日) 早发察竹卡，大半平路多，行三四里，左手山下有红石坡一片，水不凝，且有气，询之，温泉也，无怪饮一带之水，人多喘，惟结冰有甚长处，亦有山泉不大，容易过处，后见平坝一大断，虽有石包，仅堪耕种。行卅里旗子坡，自下帐房早尖，即有三十六族原岳威信公所留番(装)[庄]谓之三六村，通汉语。百户百长叩见。尖后赴旗子坡山，始乱石路继土路，复走平坝，山边沙路颇易行，又在冰上渡多次。又卅里至拉里，军粮府作公馆宿站，共行六十里，粮务彭二先生、文山门生，曾在板厂胡同处馆。把总马元外委吴玉恩、拉里寺在山上。奉京喇嘛罗桑等，均来见，粮务送菜收之，程规却之，三六村送皮张却之，外委送洋梨收之，喇嘛寺内即番官巴搭济现在藏，遣传号因登叩见，此处公馆尚整齐，晚间彭二先生来谈。微晴，阴风。

十二日(1月28日) 早发拉里，过桥上山坡，有石砌门三，无人在其下行走，因土积门已矮下，沿石脚路非常难行，或沿河或山腰皆不易行。廿里至拉里山根子，自下帐房早尖，尖后即上拉里山，始上陡坡继乃漫坡，皆算易上，又上山顶，路陡直非常，加以冰雪，牛马滚下，乃系常事。闻安仁山都护五月过此，山顶冰凌甚厚，铺毯搀扶而下，委员中尚有滚下将脸手摔破，其险可知，过山顶，即活沙窄路，直坡蹚过，均系下坡路，大半偏沙至山底，此危险不让丹达，幸无雪无风，万幸也。又行山沟路一断，共行四十里，倭咱塘公馆宿站，共行程六十里。或云七十里，如有风雪，正不止此数。此站房间无多，好处为番寺所占，喇嘛送礼，皆却之赏之。近站番妇多两辫，头顶红圈，亦有后垂一飘带，均缀珊瑚松石等物，红圈，藏内皆如此打扮。半阴晴。

十三日(1月29日) 早发倭咱塘，番名阿咱塘。下陡坡，过山腰路，过桥，如不过桥，可走山阳，此路差矣。左山右河，山背阴，其冷非常，轿上玻璃皆冻，顺倭咱海子而行，其宽有二三里，长有廿余里，海子冰裂，其音似喇嘛经号箫，大有梵音，亦边外一奇闻，此中有独角兽曾出见。并闻道光年间有赉折某君，或云姓马，夜间奔驰，忽见水上有两灯光甚巨，某君即拜之，后官至军门总镇，跟随马夫则吓死矣。行卅里，海子边盖闻海子通五六站之工布巴桑，曾有人在此失去牛毛毯一块，后于巴桑漾上得之，虽有山隔之，必水深地下通之。茶尖，此后方见太阳。又廿里扎登坝早尖，随起大风，路有石沙，不甚险。又四十里，山湾塘公馆宿站，共行程九十里弱。不过八十五里。此站皆土石墙上盖木板，房屋人户无多，湘梅在公馆右住，惠臣、鹤孙隔河居住，余人仅免牛毛帐房而已。早有寒霜，草木皆缀之，地亦微白，非雪也。早晴，午风，晚阴。

十四日(1月30日) 早发山湾塘，过河不远，即上瓦子山，适夜间有雪，早间未住，上轿后即住，山路因新雪，尚不难走，顺山腰路有乱石处，偏坡处皆不甚险，惟道太长，觉费力，至山顶，见一石如塔形，在路左独立，颇奇。玛密堆旁即翻山，亦名铁门坎，下坡极陡，复走山腰路，又下坡至平坝瓦子山根，自下帐房早尖，江达外委马宗继、番官洛布王机、达赖佛差办理夫马号头丹真彭错在此叩迎。尖后路途较易走，临至宿站，有乱石路一断，又行廿里常多塘公馆宿站，共行程七十里。此站公馆乃新修，从前只有塘房一间，人户无多，如今尚有房棲止，惟轿班住牛毛帐房，字识谭作桢随安大臣五月间出藏，过瓦子山冰雪满道，跌至十三跤，此次一跤未跌，下山后向山三揖，乐甚，此仰承天恩，实深感激，此后惟鹿马岭一山而已。早雪，午微晴复阴，晚又雪。

十五日(1月31日) 早发常多塘，平坝地多树木，石路亦不少，左山上有石蜡一柱，长于山崖，非常形似，众人皆以为奇，盖口外无多景致，可为典要，故惊而神之。行卅里洞古坝，自下帐房早尖，离帐房不远来路右手有一山，不甚大，在群山之中独立成形，上盖番僧庙，殊为可惜。尖后复行松柏中乱石路并冰上及小木桥，过雕房数座，以石砌之，皆齐整，乃多年陈工，已无人居住，询之，为昔年岳威信公所造。沿河名酿鸠河。行山腰，路颇难走，对河平坝一大断，有住户庙宇，与察木多云南坝相似，可惜无人开垦，到住站行平坝一断，有开垦处正无多，不至必不长粮食。又行卅里凝多塘，新修公馆宿站，共行程六十里。因腿痛，踏至惠臣、鹤孙所住蛮房一看，湘梅亦来，遂至各处一踏，前为一带水绕，四围皆山，极好区处。晚间闻各粮纤夫跳锅庄，朦胧月下，真边外悲壮之声，令人兴感。时住时下，微雪，阴一日。

十六日(2月1日) 早发凝多塘，路虽不险，大半穿树林而行，青冈树尤多，桦木亦复不少，沿涧岸而行，有凿山路极窄，幸不长，空坝甚不少，竟无人耕种，仅有破墙，房已无存，在旁开垦地亩。行四十里王坝冲早尖，裕子维遣巡捕二名、戈什哈八名到此来接。尖后仍穿树林，树较少。又十里乾树子停舆饮茶，又廿里江达军粮署作公馆宿站，房甚破，此塘均系板房，近河，夏日街路难行，住户不少。共行程七十里，或云八十里，不到。江少韩三君在此相候。晚间同饭，并至其蛮房一看，彭子周粮务来晤。马宗继外委、江达番官洛布王机、达赖传号辞称垅吗、江达所属觉母番官扎巴运栊、则格署番官金巴登诸、租拉署番官彭错，均来见。风不大，半阴晴。

十七日(2月2日) 发家信一封，略叙沿路平安，山已过，离藏不过七八站，委员已先走，余明日行，并有藏中来禀叙说情形，未必实。总督处亦禀，恐以讹传讹，家中莫信，并众人皆盼家信等语。江少韩三君已行，饭后恩惠臣三君亦行，拟廿三日先到藏，拟廿四日午刻进藏，廿六日辰刻接印。以便找衣服示瓮阔也。彭子周来谈，遂发赏众番官及汤打拉三要等。晴，大风晚住，甚冷。

十八日(2月3日) 早发江达，不上二里即见路右一垂石，下一石洞，不知内何用，想必为喇嘛所占，遂上山腰，路系石崖凿成，仅容一轿，内山石外陡崖，临河拦大木数根，大似行于园亭，石山上加以阑干，甚奇，靠山大石甚多，且有极大不多见者，均刻佛像或阿弥陀佛番字，并以五色描之，入树林路下石块旁青冈树及荆棘，轿围大受伤。行卅里曲厂，自下帐房早尖，四围山皆长青冈木，山景甚佳，尖后沿河沿山亦有平坝路。又卅里至顺达公馆宿站，共行程六十里。无事闲踏，见两小猪，形似老鼠，淡灰色，极可笑。盖口外猪多小耳长毛者，不似猪形也。连日见番男有梳碎辫，有整辫者，番女则双辫加以红圈，上缀珊瑚、松石等物，或中顶又加一小绛色帽，帽形似番僧较小，衣上加以皮袿襕，两腋不缝，中留一大领，由头上套下，前后襟可随便用之，并云下雨雪则毛向外穿之，腰系一带，四围合四块钳花铁板，前如两块扣带，有钻子如马肚带，左右两活板均有铁环，与飘带荷包环无异，后有一铁活板与左右相同，无环，后与左右皆可前可后，此与国朝朝带或相似耶。曾记徐荫老打听朝带，京内竟无知者。晴。

十九日(2月4日) 早发顺达，行二三里即过鹦哥嘴，紧挨河边，幸有木棍作栅，并不觉险，此皆番民之力也。行卅里至雄多，自下帐房早尖，沿路河冰涧冰甚多，屡涉之未已，尖后平坝颇多。又行卅五里峡包，轿内茶尖，因帐房所下甚远，痛骂之，殊无人心也。又行卅五里鹿马岭塘公馆宿站，公馆窄小无比，已东倒西歪，余笑谓：三间东倒西歪屋，一伙前奔后走人。由前日咳嗽尚未见好，署前藏粮务彭子周晚过访，未见。今日山间所见桦木甚多，昨日有卖桦木碗者，不佳，闻藏中有葡萄根者，甚好。公馆后平列三四山，皆黄土色，上长矮树，红黑相间，极有趣，红者似刺松，黑者或云开白花结红豆，似山楂核，其味甜酸，藏中小儿多买食之，想即温桲也。晴，风时不大。

二十日(2月5日) 早发鹿马岭塘，靠山根走，多少平坝俱未开垦。行廿里鹿马岭山根子早尖，自下帐房，因嗽只好吃白粥，所行均系山阴，甚寒，尖后沿山根慢慢上土坡，无高险处，不过沿河间有乱石路，大半宽涧易行。俗传由打箭炉至鹿马岭为七十二座山岭。又廿五里第二玛密堆共三处。旁停舆饮茶，始微雪，继大雪，幸皆下坡路，且平坦。又廿五里堆达山根，亦下帐房。塘兵备茶尖，讨赏而已，舆夫则大嚼。尖后过鸟鼠同穴，鸟则黑灰白三色，形比麻雀，身瘦尾长，鼠则目大而黑，尾短身灰色，比寻常鼠略大且肥。大山甚长，所行平坝上穴亦不少，然出关后所过已有几处，不过无如此之多。又二十里堆达塘，关帝庙厢房作公馆宿站。本有公馆，命塘兵修盖，屋内仅容一床，不能住，历任改于此处，殊为可笑。雪已住，屋内冷，两炭盆无热气，墨盒上冻，盖闻此岭无日不风，今因雪无风，亦幸也。共行程九十里，不差。阴，微晴，雪。

二十一日(2月6日) 早发堆达塘，大半平路。行卅里如陀桥，自下帐房早尖，中军守备马友龙叩迎，尖后仍平路，不过涧水多，凌路长。又行卅里弱，乌斯江公馆茶尖，此处平坝尚有种田者。又廿里大石包，自下帐房茶尖，又廿里强，仁进里公公馆宿站，共行程一百里，或云一百一十里，不到。本正站应乌斯江宿，因赶站，故在此宿，自下帐房茶尖，后路左曾过一山，皆大石，由山壁下，有在河内，有在沿岸，其石在山者，仍有欲坠之势，经其下者，未免太险。乌斯江番官基获因入藏，遣人迎如陀桥，墨竹工番官扎登亲迎，仁进里行馆守备送席，照章收之。晴，午后风。

二十二日(2月7日) 早发仁进里，或顺山边，或遇大坝，均系平路。卅五里吉桑，自下帐房早尖，归番民伺候，赏之，旁有喇嘛庙，前藏中军张杰士游府叩迎，并来公馆谒见。名祥和，副将衔，云南人。尖后，路仍平坦，又十二里坛罐窑，游府备茶尖，因宿站近，未下轿。又十三里墨竹工，番官柳林内公馆宿站，共行程六十里，此处外有围短墙一道，前后多杨树，四面山环之，藏河在其前面，引水墙内过之。晴。

廿三日(2月8日) 早发墨竹工，尚点灯，终日沿藏河顺山边而行，路或高或矮或宽或窄，乱石路无多，不过沙石难行，其余均为平坦。行卅里，自下帐房甲马早尖，甚冷。又卅里拉摩茶尖，在番房旁，房甚整齐，仍自下帐房，离此二里有喇嘛寺，连日见蛮庄颇多，盖土山可以在下耕种所致。又卅里站达茶尖，乃粮务备，夷情亦在此相迎，夷情章京荣百龄郎中，名椿，人甚老成，扎鲁特氏，京旗人，五十五岁。印房笔帖式，汉字房、夷字房书吏亦来见。达赖并派人管夫马相迎，红示亦在此标发，照旧章也。又卅里德庆公馆宿站，共行程一百廿里，其实不过一百一十里。公馆甚宽阔，惟来路有一山独立，上有破房作废，已无人住，询之，乃从前番官住宅，其奇。沿途藏河深可爱，水极清，下为石子底，山乃如北方，大半童山，不生树木矣。晴。

廿四日(2月9日) 点火把由德庆起程，半路火把未有接续者，幸月色甚佳，石子路而行，天气觉冷，遥望布达拉山，即在面前，然尚在六十里外，四围群山，或山或石，皆似山脉独朝布达拉山，亦奇事也。行卅里蔡王早尖，何稚逸太守光夔。等接见。尖后复行平坝及石子路，用皮壳船渡过藏河，有生一来，初次乘坐，然颇稳，轿亦用此渡过。有木船一只，用绠来往，作四方形，其笨非常，渡后步行。在岸路右公爵一为达赖之兄，一为前达赖之侄。均宝石顶，并番官下帐房，备茶尖，略坐。又十五里工布堂驻藏办事大臣裕子维钢。在野地向天跪请圣安，到帐房少坐。裕云，在外舅鹤汀先生处曾读书，见过，余实不记忆。沿途均系递红批并白绸子，廓尔喀等人叩接，遂谒布达拉山正中殿圣容，前行九叩礼，系在布达拉山上，台阶多级，并走油滑石子墁路，颇喘，其庙工程大极，曾过琉璃桥，经叠落墙看下面八功德水亭，并见一四方大石幢。又五里下山回署，在仪门外行三叩礼。晚约委员等饭，粮务备，共行程六十里。自出京至此一万九百余里才完。晴，微风。

廿五日(2月10日) 午后赴西署拜裕子维都护，因忌辰未乘舆，即由仪门外步踏前往，旋承送洋米面二物，比此处米面强多，会署粮务彭子周，过洋务局找惠臣闲谈。晴，午后风。

廿六日(2月11日) 辰刻将印信请至本署，先望阙谢恩行三跪九叩礼，拜印行三跪九叩礼。文武各员朝上三揖，还之，入座。守千把以下及番官行礼，退入宅，各项人等道喜。遂至关帝庙行九叩礼，文昌帝君前行九叩礼，并衙神、龙神、丹达神、瓦合将军前行六叩礼，马神前六叩礼，药王前六叩礼，灶王前行六叩礼。退入，即会裕子维都护，谈公事，谈道承，送《三教同源》二本。荣夷情来开印用印，法颇觉新奇，俟整顿。晚约委员来谈。晴，午风。

廿七日(2月12日) 昨日写家信一封，内叙到藏接印日期，并沿途平安，询问余家朱家有喜身弱用否服药？王顺已回川否？昌格已到都司任等语。午刻谢恩折，川藏沿途、藏印近日情形一折同拜发，家信亦由折差带省，此照向章办理，内地则不应也。午后会赵怡堂县丞潼，因前任派往边地充当文案委员，颁有木质戳记，现因告病来销戳记，现值边方吃紧，如此油滑，殊可恶，痛申饬之，伊亦无辞以对，竟至哭泣，可怜也，乃其师何光夔所害。晴。

廿八日(2月13日) 辰刻赴磨盘山关帝庙、大昭万岁牌、如来佛、三光武侯庙、文昌阁、萧鲁庙行礼，回拜粮厅、游府、前任驻藏，到署巳刻，不算路远。晴。

廿九日(2月14日) 辰刻赴扎什城关帝庙，并风云雷雨神、观音阁、财神庙、自来未入祀典，为民祈福，或亦有说，见有寿泉匾。双忠祠、本朝衣冠。龙王庙、座前有一石龙像。丹达山神庙并孚佑帝君前行礼，回署已巳正矣。接巴税司来函，五百里，廿三日，由亚东关，辰时吉玛塘，未时格林底，未时三刻夺达。廿四日，未时二刻帕底。廿五日，申时堆朗。廿六日，丑时噶拉，午时康玛，戌时奶宜。廿七日，子时江孜，寅时善喜，巳时春堆，申时宜郊，亥时躬卡。廿八日，寅时白地，巳时巴孜，未时曲水，亥时业党。廿九日，丑时西底。以上略记地名。其来函有电码一纸，裕大臣有奉旨，因规避交部议处，并催余到边。何光夔来，亦持此旨相告，因怨裕大臣无才多疑等语，诸委员闻之，皆为不平，公道自在天壤也。喉左忽作痛。晴，风。

三十日(2月15日) 有来辞岁诸客，皆未见。晚间约随来委员在外屋吃饭，因喉痛试饮黄酒，亦不见如何，署内各庙委刘文通巡捕行香。晴。

光绪三十年岁次甲辰正月初一日(2月16日) 卯刻赴扎什城，

早望布达拉山多雾，或云障气。万寿宫、关帝庙、城隍庙、大招如来前行礼，回署。丹达庙未去，路过。关帝、文昌、药王、马王、瓦合神、丹达神、衙神、龙神、灶神前行礼，未走，先在各处送来长寿、如来、观音佛前行礼。回署后，堂前望空给祠堂行六叩礼，先祖前行六叩礼，先严前行三叩礼。约诸随员吃煮饽饽。午后，赴布达拉山圣容前、磨盘山关帝庙，行礼。给夷情、粮厅、游府亲拜年，因子维差贴贺年，亦差贴。晚约众委员饭，痛饮。晴，半阴，夹风雾。

初二日(2 月 17 日) 彼之正朔与内地不同，遇好日则以两日算一日，如遇黑道日，则此日不用，故元旦偶有赶前后，非一定也。今日为番民初一日，过年请布达拉山摆筵，未去，旋送藏香、舣布等，收之，番官皆来行礼，未见。本署汤要皆系番女，有三人，项上均挂哈达一方。手托木碗一，上将糌粑堆起，旁有酥油一片，中插面，捏似长形旗，五色花亦面为之，前后左右插麦穗红、千穗谷，并提酡酒也。一壶，各处送人，以为新年敬人之意，见余磕一头，询之，勿庸备赏，此新年彼处乡风如此也。有小孩或女人，用两人对拉一绳，绳上拴石块、铁片等，上下转之，令小孩在绳当中跃之，谓之跳绳，新年之戏也。闻此处杀猪用狗捉之，捉得必啣其耳，俟倒，人以刀宰之，血即与狗吃，人不食也。半阴晴，小风。

初三日(2 月 18 日) 委员诸人皆乘马赴布达拉山看飞绳，每岁均有此举，据俗论，因修此山殿宇窗棂未合式，值第几辈达赖有道行，早知之，未明言，俟工竣，乃罚工人年年飞绳。何道行，以人命作儿戏，且不早告之，亦阴险非常，恐无稽之谈也。今之充此役者，系后藏人，仍当日工役之后也。适大风，诸人皆策马而回，并未看见，反不如在家之一见。余在楼上用千里镜观之，系在半山房上西南角，拴一牛皮绳，有细看者乃四根。直至半山下，石桩绑之，人在房上，先大声颂祝辞，然后头下脚上用两皮垫于胸腹间，撒手并两腿分开，附于绳上飞下，其形甚玄，仗素日在水上架绳时习之，不然，未敢猛试也。待后看飞绳完，男女皆歌舞而回，已入醉乡矣，殊可笑。晚鹤孙、小瑾来谈。晴，午大风，晚住。

初四日(2月19日) 未刻至罗卜领冈,四围山绕,平坝起修殿宇。拜达赖喇嘛,先至其正殿,在旁高座,自夷情以下上首地座,先用油茶,次用糖饭,再用油炸各物并干果品,复用油茶,起座乘轿至西边小门,进内见有马匹若干及达狗洋狗甚多,上石梯至其便殿,从人皆未随入,祗有罗藏娃安姓导入,达赖座稍高,面东,余面北,均矮座,亦送油茶、糖饭,初见彼此递哈达,坐谈良久,皆边务情形,彼此送鼻烟,前未有。送余如来佛一尊,又哈达一方,并其自食点心,复遣人来谢步,前未有也。其像颇佳,大耳目竖眉带曲,牙白而齐,有须甚黑,有微麻,最怪额有一佛珠,乃生成也。晴,微风。

初五日(2月20日) 午前铁棒喇嘛两正两副,并管柴一人,汤约阿达二人,小娃子喇嘛二十人,皆来参谒,送藏香二束,意在讨赏而已。因今日为攒招安位,每年总在正月,无定日,不过初闻藏内现有二万余喇嘛,达赖派铁棒管束,汉人由夷情、粮务、游府奉扎管束,每年铁棒奉差后,须交达赖五千余金,自去岁达赖捐免此款,从此铁棒可以不去讹诈,善政也。达赖并谕,如有讹诈,即治以穿白衣,盖发遣之意。掌灯,何光燮来,痛谈。晚饭后诸委员来谈。晴,微风。

初六日(2月21日) 巳刻传洋务局汉印房夷字、廓尔喀各房书吏等考试,写圣训一则并履历,尚有能写者,并考一英文字识,即拟定,以备出榜,共有四十余人,取廿余人。掌灯会前任裕大臣,拟后日启程,到洋务局与诸委员闲谈。晴。

初七日(2月22日) 日落前,裕子维都护在西院无事,因往送行,所谈不过回京纳福语,殊可笑。携来内存稿并应缴朱批三件,代印文一件。晴。

初八日(2月23日) 辰刻至工布堂下帐房,送裕子维都护,众委员亦送此,未带代请圣安,因其有规避私罪,交部议处,到京不应具折也。旧委员仍留藏,派洋务局巡检杨桐冈、起凤。生员吴少松祖肃。送蔡里,闻何知府光燮。竟未送。晚至洋务局闲谈。晴,晚雾。

初九日(2月24日) 写家信寄省,略谓过年后上下人口平安,此处年下规矩如送酡之流，并刻下攒招，并见达赖甚相得，并送来各项礼物，已答之。如裕子维到省，可斟酌请见与否。并节赏家人省平银一百两金，王顺卅、赵兴廿五，老李十几、廿几俱可。余下作女家人之赏。闻朱太太已有来往，甚善。等语。午后到洋务局一谈，觉咽喉痛，火之致也。半阴晴，晚阴。

初十日(2月25日) 喉痛未愈，因食肉粥，在屋内未敢出院中，时有气味，盖天旱且街道污秽所致。买湖绉二匹每匹一百卅藏钱。送湘梅江古学。番语太太。盖路中见面行大礼，至此方具贺仪。鹤孙、少韩皆来谈公务，灯后荣兄来用印。晴，申时大风，旋住。

十一日(2月26日) 委恩惠臣代理前藏粮务，来谢，本彭子周代理，渠任拉里又代理此处，相隔甚远，殊不便也。晚至洋务局，与诸君闲谈，闻何守光燮又欲告病回省，真进退无据，实不成宦场中局面矣。众书办叩谢，俱未见。半阴晴，晚风。

十二日(2月27日) 看宝童儿买绛蓝小呢，甚佳，京中多不见此货，此处尚有从前风味。连日仍喉痛，午饭后且倦而欲睡，因至西大院看马，到江少韩屋内闲谈。半阴晴，灯后大风。

十三日(2月28日) 午后至马号一看，遇惠臣，登马棚，看墙外番子有醉而跳者，盖此时已有至柳林耍者，殊可笑。晚饭后到洋务局一谈。晴，亥刻风。

十四日(2月29日) 午后约众委员至后院，将地毯铺于西南隅杨柳树下，此院甚宽大，包过两署后面，北方尚有余地，墙外离琉璃桥不远，可望过往人，柳树亦不少，水泉四，冰已开化。令厨役将鸭十数只趋而浴水，羊数头，亦趋之，因马兰极盛，今食之。诸人一面看远山，一面闲谈。忽有大雁六七落于泉上，真堪入画，此景不易得也，惟乌鸦与鹏鸟无所可取，小鸟鸣于杨柳间，则又饶佳趣。回时闻枪声大作，乃大招送祟并跳步扎于署东平坝上，可谓雅俗共赏矣。半阴晴。

十五日(3月1日) 辰刻恭谒磨盘山关帝庙行香，回署，各庙行香礼毕。武营送禧字一方，上有福禄寿三小字，用鞭点著送于内院，乃循旧规也。赏藏钱一百元,委员巡捕各处皆有,或三四十元,或二十元,大似打抽丰,未免可笑。晚至吴小瑾房内闲谈。晴,晚起云。

十六日(3月2日) 今日为番属灯节,酉正二刻噶厦通事来请,由署乘八人亮轿,轿前后绑莲花灯八盏,夜间坐亮轿已奇,轿上绑灯尤奇。靠背后有寿星灯一大架,外有扇灯及手提红布灯,热闹非常。至大招,围招均有酥油作成似塔,以面以金以绸缎堆之,名画佛,达赖所设,最大虽似塔形,不过一面。或有庙内或有世家,均节节排之,并捏各尊佛像,并有活动者乃如木偶人也,殊近儿戏。其酥油菩萨极白极细,来时蛮丫头呼宝子为酥油菩萨,今始知之。前面点酥[油]灯,设座位,摆点心等物。每至一处,由通事跪报某人请安。仓储巴噶厦等预备。先至番僧番官设立帐房略坐后,至汉官所设帐房略坐,沿巷皆扎,人不准过往,俟余过则不禁矣。其铁棒喇嘛番兵汉兵均在此弹压,戌初二刻余方回署。晴,晚起云。

十七日(3月3日) 余鹤孙送给金刚子朝珠一(卦)[挂]一百枚,京中所见不过荷包豆而已,此处价甚廉。自买回绒,系灰色,可作坎肩,亦京中近日所不见。午到后院一游,见黄鸭一对,极有趣。晴。

十八日(3月4日) 晚间过西院,范湘梅约饭,新觅厨役甚佳,座中恩惠臣、余鹤孙、江少韩、吴小瑾、杨桐冈、吴少嵩,皆洋务局诸君子,吴少嵩因饮马军门所送洋酒大醉,未终席逃去大呕,殊可笑。打箭炉所照小像送到。照像人毕莲洲,名映涛,雅州府雅安县人。湘梅送玻璃印盒一件。晴。

十九日(3月5日) 巳刻开印大吉,其礼节与接印时无异。午后觉甚凉,至后院一看,泉水已发,满地汪洋,细考之,乃墙外流入臭水,殊不雅。然处此地无如何也,幸一对黄鸭未去。晚间因粮务送到例席,约洋务局诸君来同食。晴,风。

二十日(3月6日) 午后至后院一游,复至东院看惠臣所买青马,似西路,不过稍小,价四十四金不为贵,此处猞猁皮、狼皮皆贱,一张仅十八九藏钱,贵者不过廿枚,红木亦贱,兵丁内有手艺者,借此甚可渔利，惜无人讲究，难销售也。晚饭后鹤孙来上房，一谈。晴。

廿一日(3月7日) 有友人问余，此“簿领为乐”图章出于何典，因告以孔帖曰，王播天性勤吏职，每视簿领纷积于前，人所不堪，播反用为乐。见《渊鉴类函·政术部·簿书二》。午后至后院一游，水皆满地，看野鸭家凫如浴，一方羊在岸边食草，甚有趣。诸委员同余登楼眺远。近将北窗东窗安玻璃，南窗亦安之，拟为闲适之所。前日何守光燮来，未见。今日诸委员见，到余鹤孙屋内闲谈，小瑾、竹君亦在座。晴，有云未满。

二十二日(3月8日) 楼上略为收拾，将画挂起，与鹤孙闲谈后，小瑾复至，又谈。午后竟未下楼，俟西院洋操结方下。晚至洋务局，众委员讨论公事。达赖忽来夷文，乃转行三大寺禀，遂令夷字房字识略将其情节说之，待明日再译。晴，午后大风。

二十三日(3月9日) 午后至楼上闲坐，因大风而下，未落日前，番官由布达拉山前绕琉璃桥南，佩弓箭骑马而过，盖点马兼训教番兵而回也。马以彩绸结于头，有一高橛在门鬃上，已可笑，将马尾扎成一团，以彩绸罩之为美观，尤可笑。见署外东南有蛮丫头种地，一人持铁锹起土，一人以绳拴于把上拉之，一铁锹用两人使之，笨极。闻此处男女皆如此用法，真见所未见。买替子，铁打的，只有花纹，可买番字，多作人名，即蛮图章也。一藏钱一枚。并买紫胶。晴，风。

二十四日(3月10日) 午后过洋务局一谈，吴少嵩移于内，恩惠臣已赴前藏粮务新任矣。众人晚间皆往道喜，闻已备席相约，且有影戏，盖营中所送，即各兵丁演唱，希冀颁赏而已。早见马全义都司，扎赴靖西，特传诫之诸事用心。刘巡捕送来洋镜一具，可作帽镜，置之小桌，形甚奇古，座下两屉可装针凿，询其价不过二金余，照价付之。买得水胶二枚，作双鱼形，久不见此物矣。半阴晴，早飞微雪。

廿五日(3月11日) 午后同鹤孙登楼一望，因散招送祟，看其旗旛缓缓而来，不意风起，将臭土刮上，其味万难，鹤孙不禁为之大呕。因下楼至马号，登马棚一看，即在墙外扎草一堆，先来旗旛乃新奠池巴，打黄伞，系为黄教之祖，后又见旗播，有步队马队，皆盔甲弓箭，马亦穿甲，大有古风，红伞下为降神喇嘛，复有马队一千余在后拥护，届时降神者望草堆射箭，遂用火点着，步队左右在署外放枪，似连环而非连环。先在署右安炮四尊，至此则朝牛头山施四炮，皆未打著，黑牛毛帐房盖于山顶略下，曾安此帐房意欲打之，乃三炮皆低，一炮不知归于何处。询其为何单打牛头山？据云：众山皆朝布达拉山，独此不朝，是以击之。人与山呕气，真开千古未有之奇。打完后兵丁散，火堆灭，男女乱跑而去，礼成。晚至鹤孙屋一谈。晴，微风。

廿六日(3 月 12 日)　午后约何太守光燮到署，将其历办各事及种种行为当面痛申饬之，渠竟无辞以对，惟认错而已。晚会诸委，在鹤孙屋内痛谈。半阴晴，微雪，四山远处有雪。

廿七日(3 月 13 日)　饬科房查达赖喇嘛，名阿旺罗布藏吐丹甲错济寨汪曲却勒朗结，十七字。班禅额尔德尼名罗布藏称勒吐布丹曲结宜玛格勒朗结。十六字。早间接来文，由军机处知照，兵部转驿递，仰承恩赏福字一方，蓝辫花大荷包一对，小荷包二对，银钱两个，银锞四个，藕粉七斤，挂面廿把，荔支三斤，南枣七斤，白莲子七斤，奶饼十斤，百合粉三斤，此为半分。帮办大臣桂香雨，吃食相同，帮办蓝辫大荷包一对，小荷包一对，银钱二个，银锞二个，无福字，小荷包银锞均少一对。致达赖喇嘛信件，彼处竟无识汉字者，明日须由夷字房往译之。晚间至鹤孙屋内闲谈，杨桐岗亦在座，闻番子围棋有极好者。半阴晴。

廿八日(3 月 14 日)　昨日今日番官看跑马，不过夷情、粮务、游府去弹压，虽请本大臣，未有去者。午后至洋务局一谈，令程巡捕至罗卜岭冈带夷字房将信译给达赖佛看视。晚至鹤孙处谈，惠臣亦来。半阴晴。

廿九日(3 月 15 日)　午后访江少韩，一谈。马竹君将《颜字帖》拿出一看。杨桐岗送来奶桃二个，其形大茶盏光景，皮似雪苓，内作白色，出哲猛雄[①]，性最热，据云活佛下坐，即食此物，味如人乳，故以奶桃呼之。然日子多则干不能吃，惟以擦须，可令其亮，似可不必也。晚找鹤孙谈，竹君亦在座，落日前闻枪声隆隆，询之，乃小招烧草堆咒洋人，殊为可笑。半阴晴。

卅日(3月16日)　午后过洋务局一谈，何光燮太守禀复，前领病假期内款项，情愿缴还。晚找鹤孙谈，马竹君亦在座，因谈印色有艾绒，有灯草，总以黄色为上，四川麻油与朱标皆为上好的，可用。半阴晴。

二月初一日(3月17日)　辰刻赴大招万岁牌前行礼，如来佛前有行礼有不行礼者，且不行礼者多，因从不行礼。至吕祖庙行礼，遂回拜荣夷情、恩粮务。回署，各神位前行礼。午正一刻二分日蚀初亏，署内大堂外向南行九叩礼，夷情问带翎支否？告以官场中虽无青褂未有摘翎者，可不挂手巾。未初三刻八分蚀甚，复行九叩礼，不挂手巾。申初一刻三分复圆，又行九叩礼，带手巾。然有最怪者，站班诸人皆请安道喜，不知喜从何来，令人发笑，如省内朝贺，必有坐班，此地亦仿而行之，未免不典，应俟一年后一切怪事，均应改革。晴，风。

初二日(3月18日)　晚间至西院，恩惠臣约饭，座中皆同署洋务局诸君子，少嵩、竹君俱醉，惟少韩虽经角酒，并未大醉，尽欢而散。早间买得深香色袍料一件，浅蓝袍料、马褂料各一件，贵者五十元一方，贱者卅元一方，真正小尼有五尺宽并四尺宽者，本处呼为片子，一方即以面宽计算，番民不论尺也。又买珊瑚珠，大小不一，五挂合卅两银，大约在三千粒上下。又买香炉一个，十二藏钱，田德拿来。晴。

初三日(3月19日)　辰刻恭谒文昌宫，春季太牢，其礼节虽读祝，其简略非常。午刻拜发福字银钱食物等件恩赏折，并咨桂大臣荷包食物等件，给那琴轩尚书致信，祈转寄英国署钦差焘纳理，翻译戈

---

① 哲猛雄即哲孟雄。

颁、梅尔思，俄国署钦差柏兰苏，翻译罗达臣、贝勒成阔，总税司赫乐宾宫保德。信函。接李粮务梦弼。送到任礼，洋钟、白面等件，此君著名爱钱，收之。半阴晴。

初四日(3 月 20 日)　田德今日巳刻娶一蛮丫头，其礼节与送亲之可笑，真不可思议。午后写家信一封，略叙署内人口均好。因纸扎差寄往，若等初十日走，写初九日发。并寄去佛三尊，像片二件，小帽一顶作样，要玫瑰、木樨、松子，余物莫带，靴鞋尤不用带，裤袄亦有人作，此处皮货如硝得，准寄往，珊瑚、金子、真珠价太昂，且不易得等语。晚间惠臣来，至鹤孙屋内痛谈，小瑾亦在座。晴。

初五日(3 月 21 日)　午后登楼，看书觉甚静，因风觉凉，至马号看马，到少韩屋内一谈，竹君亦在座。晚饭后到鹤孙屋内闲谈，接巴尔来信，催赴关并替李梦弼说话。晴，风。

初六日(3 月 22 日)　辰刻恭谒文昌庙、萧曹相国祠、在文昌庙内。武侯祠、三光神、武侯祠内。傅拉二公祠，春祭。接李梦弼来禀，叙边务情形，与巴尔信件似是而非，真正小人伎俩，不值一笑。从前裕大臣所用之人实在难，其负天恩一语，恐百喙无辞矣。午后登楼，晚至鹤孙处一谈，因言及自打箭炉以下男女无别，女人更不知耻，实非人之意料所及。晴。

初七日(3 月 23 日)　午后登楼，忽起大风，然天不甚凉。厨役后院种葱，地土颇湿，亦觉怪事。申刻，计泉亦娶一蛮丫头，仍系骑马，前有伞处，乃打一白布帅旗形，上画太极图，乃为避邪而设。俟到时，有念吉祥歌者，大似喇嘛经，送亲皆系女人，到此必要喝呛，喝之不已，则丑态毕露，竟歌舞而去，殊为可笑。且拜堂则丫头一人，向糌粑、酥油、酒、盐等类一托盘磕头，又向其男人磕一头，男人则站而受之。地下坐一日，吃食亦地座，颇似古礼。王永福两小女带来一看，一十岁，一五岁，乃番子打(般)[扮]，竟不通汉语矣。晴，风。

初八日(3 月 24 日)　辰刻恭谒龙神祠、财神庙、观音阁、丹达神、吕祖、丹达庙内。瓦合神丹达庙内。春祭。备函，遣马元赴靖西致巴税司，明日行。马全骥辞行赴后藏，初十日走。喀喇沙尔土尔扈特汉王母氏福晋色哩特伯勒噶丹，此乃手版，所书殊可笑，本藏呼福晋，为青海女王，伊子乃喇嘛，因朝佛到此，施舍甚当。来请马牌回伊犁，验其原牌，系将军所发。此时人数已有先回者，告以届时回，伊必发给马牌，送来海骝马一匹，再三却之，决意不肯拉回，只得赏其来人二金，然马尚大，两肋根根皆见，银案亦打本地，谓之十岁口，真堪大笑。因看马至江少韩屋内一谈，晚饭后到洋务局一谈，小瑾、鹤孙、少嵩、桐冈皆在座，湘梅则收拾公信。晴。

初九日(3月25日)　到吴小瑾屋内，登楼看书，鹤孙到楼一谈。在马圈看洗马，新得马虱子甚多，盖瘦之过也。看硝皮子，其所用之刀刃朝下，甚大，上安木月牙，架于胸前，其笨万状，询之蒋瑞田，据云非此不可，不然无此手劲也。晚饭后至鹤孙处一谈，惠臣、湘梅在座，纸扎差叩辞，明日行。晴。

初十日(3月26日)　辰刻赴扎什城关帝庙太牢，行三献礼，大概与内地同，不过烦文有太过处。观音阁，在关帝庙后殿，惟一怪事，观音头上戴一凤冠，此从来未有者，因告粮厅，即去之。风云雷雨四神。在关帝庙东配殿之南。赴城隍庙，均春祭。午后登楼，会惠臣、鹤孙、桐冈，至马号一看，忽于卫队兵得一小猴，上穿小衣一袭，暂留于号内，俟有人找，或令其牵回，或给其价，均无不可。晚到少韩处一谈。半阴晴。

十一日(3月27日)　午后至少韩处，将外务部钞案并地图，及诸人说帖并批折二分，均交其入内存簿。看(滔)[淘]井，赏其四元藏钱，此井自恭勤公开挖后，至今未动，淤泥迨不可问，从前水甚佳，刻下水苦而涩，虽煮饭皆不可用。晚至鹤孙屋闲谈，小瑾在座，何光夑现卖衣服等件，作招牌也。晴。

十二日(3月28日)　午后登楼，会鹤孙、湘梅、惠臣，皆痛谈。达赖处遣人约通事，因令程林与通事前往，接其覆信一函，内有佩服之词，颇为近理，并令寻茶菊，惜所带茶菊均已霉变，只得包其一包带回，盖其意在亲近也。晚至鹤孙处闲谈，少韩、竹君、小瑾俱在座。半阴晴。

十三日(3 月 29 日)　午后登楼,会鹤孙、惠臣,因廓尔喀汇款,递有禀帖一纸,无处不想周密,廓夷实在有人,唐古忒未免危矣。小瑾、鹤孙遇我闲谈,日落前曾至少韩处谈,并晤竹君。晴。

十四日(3 月 30 日)　至少韩屋内,会恩惠臣,将廓尔喀赏物交粮务寄往。午后登楼,湘梅送奏底阅看。晚至鹤孙屋内闲谈,竹君在座,因品洋烟。晴。

十五日(3 月 31 日)　辰刻磨盘山武庙行香,署内各庙行香,向来朔望有堂期,今日免。午后登楼,湘梅来商酌公事,忽起大风,旋住。晚至少韩处闲谈,竹君在座,天觉热,始换灰鼠一套。昨日十文藏钱买皮子小玉烟壶一枚,可笑。晴,风。

十六日(4 月 1 日)　辰刻磨盘山武庙春祭,诸委员俱到。午后登楼,湘梅商酌公事,深谈,诸位委员亦登楼,因前次买得一羊,忽为水草涨坏,遂宰之,上下大吃全羊,惟马竹君未到,因系回教,非念彼教经杀之,不敢用,亦太滞而无理,询之,鱼虾不念经亦可用也,殊可笑。晴。

十七日(4 月 2 日)　早至鹤孙处闲谈,昨接印督查贺函,并未由税司递来汉英两文,皆明晰得体。午后登楼,晚饭后到竹君屋内闲谈。接达赖来文,据三大寺转禀,尚无违悖字句,令夷字房教习李光宇念其一通,述说一遍,俟明日再行译出汉文办理。令王永福将各院督同乌拉柳树栽种本院,亦在甬路南种得两棵,系属垂杨,盖此处惟杨柳易活,杨树上结之物,似桑椹,不知作何究竟。曾到后园,因菜园放水,又复汪洋一片。前由鹤孙代买倒剩酥茶银镶口铜罐一个,已作红木架,系经刘光荣兵丁手,乃曾习小器作。今移得马兰一墩,舍此并无别花,甚可笑。半阴晴。

十八日(4 月 3 日)　午后登楼,接达赖来函,边事紧急,仍以开仗为事,当即作函复之,力劝其不可轻举妄动。晚间倩少韩书之,明日翻出送往。萨迦佛送到如来佛祖像一尊,并大面珠及丸药片子等件，收之，赏之。《卫藏识略》内载，萨迦寺在后藏，有喇嘛，即元帝师八思巴，后为红帽之宗。其教喇嘛娶妻育子，有后则不进室，始登法座。所送大面珠，名蓉追对籽丸，又名车堆勒布，小珠加堆勒布，极小珠对籽勒布。铜铸系如来佛一尊，面印观音佛二尊，一正像，一变像，又印文殊佛一尊。晚到少韩处，竹君在座，复到鹤孙处，小瑾在座。湘梅来送信底。晴。

十九日(4月4日)　在马棚上看城隍神出巡，由署前过，遣总巡捕恭代行礼，有扮十二属相抗架者，有灵官土地乘马前行者，鼓乐执事全。午后至马号，拟于署东砌两字纸楼。令番匠打垫下面铁条，其笨不可言，传四人来此，一处未完，殊可笑。借到青海王福晋蒙古包一架，欲仿造以备赴边之用，其笨亦与番匠所造心思无二。至少嵩处一谈，湘梅、小瑾在座。登楼后，达赖处送给信件，旋接复信，尚无违理字句。惟一味主战，殊不度德不量力，再三喻解，万不可少悟，真无可如何。接前路来禀，闻番兵已死多人，所谓驱世人而战之，令人万分难安，与义和拳匪无异也。晚饭后，至鹤孙处闲谈，伊由西院来，因所住之藏丫头均入醉乡。伊谓之鸦阵夕阳，甚为雅切，亦何谑也。半阴晴，风，早飞雪，晚浓阴。

二十日(4月5日)　早起地土颇润，盖夜雨，山上见微雪。到鹤孙处谈，小瑾在座。午后登楼大风，四山云起，复下雪，微晴又阴。晚饭后，至少韩处谈，竹君在座。回时雨雪交加，觉天气甚润，乃多日未见雨雪之过。连日闻有炮声，系达赖所演，欲令喇嘛打仗，不知其护法灵否？且令各寺念经咒洋人，直不值一笑。此与庚子义和拳可前后相映。余谓仍有拳匪，加以联军到京，虽令李文忠办理，谅亦束手无策也，奈何。萨迦庙所送三佛，五元钱价买一龛敬贮之，龛系铜镶松石。半阴晴，雨雪。

二十一日(4月6日)　午后登楼，见雪纷纭，忽夹以雷声，在京内必以为奇。以《登楼》为题奏五律一："登楼望原野，雷雪绕诸峰。绿柳垂千缕，白云生万重。人虽辨清浊，天竟浑春冬。借问庞然客，何追莲社踪。"因听西院笑语喧哗，当命童持往请诸君和之，遂笑声顿止。余谓韵颇难押，恐急得要哭矣，诸君皆为之莞尔。晚鹤孙、小谨、湘梅俱到屋内来谈，湘梅、少嵩、竹君并巡捕程林和章均到，自当首推湘梅。阴，微晴，雷，雪。

二十二日(4月7日) 午后登楼，觉天气较热。诸和诗者纷纷投赠，有极可笑，不但无可解处，甚有平仄尚未调者，适鹤孙在楼，大笑而已，今日来者，自以鹤孙为第一。晚至其屋内闲谈，杨桐冈、吴小谨、马竹君均在座，因谈及诗中笑话，有非意料所及者，因大为取笑。晴。

二十三日(4月8日) 巳刻正廓尔喀头目噶巴丹如内地千总。且底巴哈都热，四十三岁。名卡底热且底热，如世家，非世家不应书此六字。的者如字识。玛朗的扒底四十岁。并苏必达热乃管兵者。朴底玛朗他巴，四十七岁。俱来见。其噶巴丹人甚精明，面貌身材皆好。因唐古忒去英国交战，实属无理取闹，请驻藏大臣一切含容，莫要见罪，要极力保护。伊果敢王现有信字到藏，故来回明，因令其译出汉字呈递，伊等遵谕而去。午后登楼，因马元由前路回，接荣英员照会回头。晚间拟得致外务部代奏之电，到少韩处斟酌。明日即可用玛字发至打箭炉，再由电达京都。晴。

廿四日(4月9日) 未刻升大堂，众官参堂三揖，番官喇嘛缺拟正陪，均来验看补放，均以拟正补之，退堂，众官复三揖。登楼，巡捕冯翊通并郭什哈由洋营递照会回，洋官相待甚优，可恶番子喇嘛执迷不悟，殊堪痛恨。晚饭后至少韩处闲谈，竹君在座。接到达赖来文，传译字房译之，不知又有何说，须明日再看。早阴晴。

廿五日(4月10日) 早间因夜雪，四山晶莹，加以浓云未退，遂登楼一望，惟布达拉山为独立最矮者，其山腰黄房以上，殿宇以下，亦有淡云蔚起，不愧为藏中名山，其生气非寻常土阜可比也。达赖昨日转行三大寺来文已译出，至鹤孙屋内一看，话语之间，已觉柔和，比以前之傲睨之气大差，俟缓复之。复登楼，则窗外看猪而已。晚饭后，湘梅、鹤孙俱来谈，程巡捕和湘梅诗，并鹤孙亦拿诗来看，皆略更数字，似可质诸原唱者，然番边武备，汉边文修，亦可笑也。微阴晴。

廿六日(4月11日) 闻达赖令萨迦寺念经送妖，可以咒死洋人。前打仗死伤多人，皆因信降神者垂仲之语，名护法，刻下丧去多人，恨之者谓，护法不知藏于何处？想均藏于夜壶后矣，真正可笑可叹。早至鹤孙屋闲谈，午后登楼，前侦探马元、冯瑜均来谢赏。廓尔喀噶巴丹将其国果敢王致达赖信件译出，于昨日送来，颇有道理，惜达赖不信，实无如何。今日赴噶厦处说之，其办事人亦以达赖为不是，应许必将其言代达，未知肯听与否？因噶巴丹人甚明白且恭顺，赏其银牌、哈达、袍褂料，颇知感激。晚饭后至少韩处一谈，竹君、鹤孙、桐冈俱在座。晴，午后微雪，晚风。

廿七日(4月12日) 早至鹤孙屋内谈。外间皆有不服达赖之语，生意人尤为关切。因找三大寺刺麻[1]谈，其不备夫马，亦所着急，然达赖一人作主，下边绝不敢对彼说之，不过背后非之，此人已成为独夫矣。午后登楼见微雪，旋即见太阳，内地自有夏间雨中有如此景象，雪中未曾见也。晚饭后，小瑾、鹤孙来谈，历来医生、巫家、收生婆，其可恶非常，其种种出丑亦非常，因而大笑。晴，半阴，雪。

廿八日(4月13日) 早晚至鹤孙房内闲谈，因谈及腐气先生，竟有将儿孙害死者，并有所行各事，传为同乡话柄者，不觉大笑，真正读书不通，亦足以害事，非虚语也。午后登楼，练永祥看菜园者，为郭什哈练永祺之弟。送到盆松盆花，赏之。花有金盏，同内地，本地呼为灯盏花，并有月月红，其根叶似蒿艾，花四瓣，朵不大如秋海棠，并有白色，其根叶花瓣亦如之，嗅有微香，甚清，番地得此，亦足称点缀矣。前由署内折得杏花数枝，系东院所种，并有石榴树一株，所谓石榴树，待开花验之，乃花红树，询之永无果。并住房前两株柏树，其形似扫帚菜，亦折一二枝同插瓶内，甚可玩。余鹤孙又觅得桃花数枝插瓶，已有内地风味。今并得此花，余以为花木虽不多种，惜乎种者少，不以为贵，

---

① 之后遇见“刺麻”直接改“喇嘛”。

故不易得也。晴。

廿九日(4月14日) 湘梅接巴塘粮务曹爵申铭。函,有桂都护正月十九日启节之语。接马全骥都司来禀,英人已到江孜,因拟咨达赖,明日即可译交矣。早到后院闲踏,因收拾北墙,因至草坝一看,鹤孙亦随来,同至西边张家菜园,其中养各色花木,并有笼鸟,在番家可谓雅极。回时风霰,仍由墙缺而进。午饭后登楼,至马号棚上看散小招,江构林亦焚草堆,与小招同。记载中有打牛魔王之说,即系今日,后询之,乃赶鲁贡加布,盖此人为藏中地主,曾与某辈达赖斗法,故今时有一扮达赖者,此人必穷无赖然后扮之。一扮鲁贡加布者,在大招前赌,色子用骨为之,极大。达赖所用六面皆红,鲁贡加布所用六面皆黑,达赖自无不胜者,遂因其败,赶出藏河对岸,俟明日挂大佛,则前行过南山住七日而回。盖当日驱逐日,彼不肯骤行,第二日见布达拉山有与山齐大佛,故不敢争而去之,乃此地一掌故也。惟扮鲁贡加布者,沿途皆周恤之,如得铜钱,可作银钱买物,无人敢不售。其形面作半黑半白,翻穿羊皮袄,手持牛尾一、木棒一,如棒打人著身,一年必大丧气,故番子怕极,是舍财者舍财,卖物者卖物,不敢违也。然亦生发之大道,其丧气未必验也。绕草堆射箭念经等事,与大招无异。至少韩处略坐。晚饭后,至洋务局,惠臣、湘梅、鹤孙、少嵩、小瑾均来谈。半阴晴,下霰。

卅日(4月15日) 张家菜园送到花,内有洋扁豆,不足为奇,有抱中花未曾见过,其形叶状似秋海棠,花极碎,中空,外有小花围之,(纷)[粉]色。早间登楼,看达赖晾宝,由大招摆,执事先似幡,后各色伞,前有白牛一只,后有活象一只,有音乐相导,复有执事并纸象数只,又后面执事并四金刚,宝即夹于各项之内。十二小孩花衣随行,众喇嘛、番官亦随行至布达拉山,绕过回大招,将宝仍藏招内,遂在布达拉挂大佛二卷,甚长,所谓宝者,乃御赐各件也。午后,传僧官署噶布伦降巴丹增、俗官署噶布伦策丹汪曲,面谕洋人已到江孜,番兵所伤甚多,刻下或达赖或本大臣到彼,以免前进,并有文书知照达赖,洋人有两礼拜之说,赶紧复回，不容缓也。到洋务局一谈。晚饭后至鹤孙屋内闲谈，小瑾、桐冈在座。昨夜雪，今半阴晴。

光绪三十年岁次甲辰三月初一日(4月16日) 辰刻恭谒大招万岁牌，前行礼，此次在楼上，因下有喇嘛不便。丹达庙、吕祖前行礼，回署各神前行礼。遂有散小招喇嘛铁棒等销差，赏之。登楼，因身体不适，盖因回署后满身皆汗，换衣所致。因步踏至南面柳林，过林即藏河，一看。旋至柴低柳林闲坐，即遣人至署，约湘梅、鹤孙，适惠臣亦来，在彼闲要。有缠头二人在彼下围棋，惜棋不甚高。不令其去，亦可谓格外点缀矣。晚约三君便饭，大醉，与鹤孙痛谈，睡时已子初余矣。半阴晴，落日大风。

初二日(4月17日) 午后至东院看新作蒙古包，以备赴边之用，遂到洋务局略谈。申刻达赖约至罗布岭岗商酌边务，其聪明狡猾，匪可言喻。临行又送吃食并观音佛一尊、大哈达一块。晚饭已七点钟，后约众委员面告，商议一切。晴，风。

初三日(4月18日) 午后登楼，遣冯瑜给荣贺鹏[1]送照会，即行派程林给达赖喇嘛送信。晚饭后到鹤孙处闲谈，惠臣、桐冈、小瑾在座。闻达赖众番皆有怨言，故致信均为道及，亦其自取之也，可奈何。闻大招前必粪溺，如此污秽者，恐如来佛因地净而去，真不值一笑。半阴晴。

初四日(4月19日) 昨日致达赖一信，今日覆函话极宛转，然不认错，亦可谓狡猾矣。接荣英员照会，即行达赖，须俟传大众，方有覆文。午后登楼。晚饭后找江少韩闲谈，竹君、小瑾在座。晴。

初五日(4月20日) 到鹤孙处谈，同赴东院看蒙古包，里外围均作得，支起颇佳，此种生活，番地反不让内地。登楼，李都司送洋毯、大麯酒等物，收之，四川宦习也。张统领送菜数篮，因明日请诸委员，不便前往，故有此举。晚饭后至洋务局闲谈，倩桐冈看平安脉，据云两尺不弱，惟肺脉有浮热，无碍也。大风，晴。

---

① 即荣赫鹏。

初六日(4 月 21 日) 借鹤孙无锡丁福保所纂《卫生学问答》,系去岁新出,重西医轻中医,然皆有所取,似不可偏废。传都司李福林来见。登楼,于昨日即闻四围梵音,询其所以,乃求保佑者,殊为可笑。晚找竹君谈,因合署委员等为张统领祥和所约,待江少韩回询之,吴少嵩已入醉乡矣。天时可穿两棉,早暖,午时晚间稍凉。晴。

初七日(4 月 22 日) 相传布达拉山挂大佛后,万无大风,今日之风比往日更大,不知何解,想平日不过神其说耳。大招前已开沟,臭极。早至鹤孙处谈,湘梅来商议公事。午后登楼,湘梅来,拟就覆荣英员照会,达赖尚无回音。各寺仍唪经送鬼,萨迦庙闻有放妖之说,所谓放妖乃喇嘛所扮,衣黑衣带鬼脸,一扮歪嘴子,一扮公公头,送至草堆处,将草堆焚化,两喇嘛仍回寺,大意妖之魂可至洋营,将洋人魔死。更为不典,其愚蠢不可思议。晚饭后复至鹤孙处闲谈,惠臣、小瑾在座。午后大风,半阴晴。

初八日(4 月 23 日) 番官等今日换季。晚间达赖喇嘛遣人送油茶道喜,赏之,循向章也。连日接班禅额尔德尼来咨,以英人到江孜,请问应如何?前曾覆文,令其自守,不可妄动,想覆文尚未接到耶。早至鹤孙处谈,登楼,惠臣来拟约饭,盖赴边有信,向有此举也。半阴晴,申刻极大风。

初九日(4 月 24 日) 遣人给达赖道换季喜。接打箭炉来函,送到外务部电旨知照,因催桂副印到察木多。并函云,桂尚无启节之信,俄日现在旅顺相持,尚无某败某胜的音。至后院一看,又放进臭水多少。登楼,至马号一看,晚饭后找少韩处闲谈,竹君、桐冈、小瑾在座。闻桐冈云,云南出各色铜,有两铜其色茶葛,未见。多半造观音像,遇雨即生水,天晴则止。银白铜其色真如银,见过,大半器皿。风磨铜其色如金,亦器皿。红铜似胭脂。生铜解京,尚有乌铜、班铜、氽铜,尤奇。鹤孙借来照片,有咯里咯达,惟人物甚好。晴,断续一日风。

初十日(4 月 25 日) 早到鹤孙屋内商酌公事。午后登楼,惠臣来,拟于对署柳林内十三日一聚。范湘梅送油炸桧面,似太死。杨桐冈送奶皮,下楼马号一看。晚饭后又至鹤孙屋内闲谈,惠臣、桐冈在座，饭前曾至小瑾屋略谈。半阴晴。

十一日(4月26日) 接荣英员来文，即知照达赖，并叙及余于十八日赴江孜，据送文程巡捕面回，伊处须传三大寺禀覆，再行复文。登楼并至马号闲踏，晚饭后至少韩处，竹君在座，因谈及初登仕版，诸君子笑话不一而足，其中教官尤为可笑。竹君说，安徽有教官摔茶碗者，二次禀见上司，袖茶碗相赔。余在京听曾怡庄说，四川有教官见制军补褂，乃其儿媳所作，前为三羊阳。开泰，后为六合鹿鹤。同春。少韩说，又有四川人赴别省服官，身为佐杂，至司道官厅遇臬台先问姓氏，后问官阶，知为臬宪，即往外走，正遇藩台，又不知为谁，令其莫进屋，内有大家活在此，盖川省称大官之土语也。晴。

十二日(4月27日) 早传总堪布噶布伦降养丹增、策丹汪曲并商上大中译三大寺堪布等面谕，于十八日预备夫马，究竟如何？令明日具结呈上。登楼，湘梅来谈公事，诸委员谕札赴江孜各差。委员杨恢，伊父聚贤送来绸缎、氆片、茶叶等物，不伦不类，盖皆云南家乡之物，殊为可笑，不好退回，只得以后有以报之而已。晚饭后至鹤孙屋内闲谈，惠臣、湘梅、少韩、少嵩、桐冈均在座。旋据达赖送到覆文甚厚，令译字房教习李光宇明日译出再看。半阴晴。

十三日(4月28日) 接达赖回文，甚不成文，夫马亦未有覆信，真正自寻苦恼，实无法再说，特先令马竹君拿去斟酌，以便挽回一分是一分而已。登楼，湘梅、惠臣皆到，惠臣约对署柳林内晚饭，座中张吉士游府、范湘梅、余鹤孙、江少韩、吴小瑾、杨桐冈、吴少嵩，不意少嵩醉不可解，步踏来往，回时少嵩竟卧道，大为可笑。至署到鹤孙处谈，桐冈、小瑾亦来。阴，晴，风。

十四日(4月29日) 早至鹤孙处，晤湘梅商酌公务，给马全骥都司写信，复达赖知照，复荣英员照会。午后登楼，晚饭后至少韩处闲谈，竹君在座，因紧要公务，令其书写，明日即遣冯瑜往南路去，今日各寺又送鬼，真为可笑。半阴晴。

十五日(4月30日) 辰刻恭谒磨盘山关帝庙，行香，回署，各神位前行香。磨盘山庙内大殿前左右花红、桃树各一株，花盛开，署内花红已谢，恐未必作果，杏树亦然，地气使之也。午后登楼，湘梅回公事，至马号一游。晚找鹤孙闲谈，因谈及各项盗案，真不可思议者。半阴晴。

十六日（5月1日）　接班禅来文，颇明道理，且甚恭顺。达赖仍调募敢死番僧，以备再决一战，真糊涂无比。闻三大寺僧众二万余人，止有十数人应募者，实不值一笑。登楼。早至鹤孙处谈，湘梅、少韩在座。晚至少韩处闲谈，竹君在座，大谈玉器，将都中香竹薰烟并料壶送给湘梅、少韩、鹤孙、竹君各一分，皆甚乐，盖外省未见过此种烟也。阴，三月春阴正养花，惜无花，略晴。

十七日（5月2日）　午后登楼，杨聚贤从九钟杰。送到烧猪、菜蔬等，盖明日约委员诸人吃饭，本外官礼也。闻达赖处，由总堪布降养丹增议论约噶布伦三大寺，须请大臣至江孜方好，不然番兵无有战胜之理，似觉稍明，惟番性无常，未敢深信。湘梅至楼谈公事，因黑教寺公务将署噶布伦等记大过三次。晚至鹤孙处谈，因雨后觉天气甚凉，须棉衣三件方合式。微晴，在未刻以后风雨雷霰齐下。

十八日（5月3日）　午后登楼，又见有焚草堆送鬼，如此执迷不悟，可叹又可恨。遣程林带通事询达赖可否前去先阻洋人，晚间见复文，所说之语，皆隔靴搔痒。至竹君处闲谈，因诸委员为杨聚贤所约，惟竹君在署故也。回房后，约湘梅、鹤孙来，小瑾亦到，拟明日先发外务部一电。半阴晴。

十九日（5月4日）　寄家信一封，由电报差转交打箭炉，寄省交周保臣处改送。内叙家中省中想均好，桂大人尚无起身日期，王顺如大好，可禀明同来。已接去年十二月十九日家书，前次我生日，不收礼甚是。刻下洋人已到江孜，离此七站，想不日到藏，汉官必无事，恐番子僧俗吃亏，万不可听省中谣言等语。早间登楼，饭后复登楼，湘梅来商公事，惠臣来闲谈，少韩、竹君亦为公事而来。发外务部电，拟覆达赖文书。至马号看马，青海女王所送海骝大马，今始备出，走甚快，不在黑马以下。晚饭后，到鹤孙处谈鬼并果报。闻达赖有逃跑之说，不知真假，然来文仍是气象万千。半阴晴。

二十日（5月5日）　早至鹤孙处略谈，看其作粮饷处号衣，用灰色尼片，颇讲究。午后登楼，惠臣来闲谈，代少嵩面约廿四日晚饭，问在何处？告以在洋务局，千万莫备多菜，即湖南家乡菜数簋可已。晚饭后马号一游，至少韩处一谈，竹君在座。冯瑜由南路回，闻事机甚顺，惠臣、湘梅、鹤孙、小瑾均来房内略谈。风，晴。

二十一日（5月6日）　接家书一封，得悉平安，正月因无雨，竟干燥穿至棉袷，俟大风大雨，复又穿皮衣服，并寄蓉格，给其亲娘一封信亦寄来，颇知愧悔，四妞、五妞已出嫁，给与谁家，并未叙明，殊为可笑。四弟于三月间得一女，名双格。小八八照相一纸，同为寄来，甚有趣。午后登楼，落数点雨，起极大风，复见日近山，又有出云处，真口外天时，与内地迥别也。接钟文叔信，至省并到家送银四十两，实为关照，谊不容辞也。半阴晴，小雨极大风。

二十二日（5月7日）　闻达赖今日可有覆文，然候至一日未见也，总堪布传至彼处已两日矣，不知所议何事。午后登楼，听北面梵音与枪声齐奏，询之为萨迦寺放妖，盖以妖可以往治洋人，不过焚草堆，小儿随之大嚷大閧，不知与洋人何干，真可怜可笑以至如此。到马号看马，两猴子相斗，颇有趣。吴少嵩亲身来约明日晚饭。灯后鹤孙过房内闲谈，因及鬼神之事，令人莫测也。半阴晴。

二十三日（5月8日）　早接吏部来文，裕子维议以照规避例革职，系私罪无可再说矣。此君原呆气可哂，然心地较胜于安仁都护，所谓有幸有不幸而已。午后登楼，闻达赖又调八百蛮兵，明日可到，真正冤人不浅。赴洋务局，吴少嵩约晚饭，座中荣夷情、张统领、恩粮务、范湘梅、吴小瑾、江少韩、余鹤孙，因另一席约巡捕等，倩杨桐冈代陪。晴，风。

二十四日（5月9日）　接马全骥都司来禀，番兵在江孜七站。将洋营大劫，番兵三千余人，荣英员未受伤，巴尔税务司所带印兵伤二人。然躰卡子塘书来禀，有洋兵已到，将番兵打败，所住噶布伦及大二番官均逃走等语。躰卡子离此五站，恐小路另有洋兵绕过，并闻驻帕克里洋兵亦有前来之信，则番兵前后受敌，大有不便。且如此作仇，藏内生灵，难免大为吃亏，真令人焦灼万分，或劫数应如此耶，非人力所能挽回耶，文字唇舌，皆达赖置而不理，可奈何。午后登楼，早在鹤孙房内商酌公事，拟派毛腾蛟、冯瑜给李都司送饷二百金，马牌已备，不知山上[①]替子肯打否？盖前路番子已扎住，来往行人不准无山上替子随便行走。晚至少韩处一谈，小瑾、竹君在座。阴，晴，风，过午大风有小雨点。

廿五日(5月10日) 早至鹤孙处谈，小瑾在座。午后登楼，惠臣来，因代理粮员，拟改署理，渠辞之，自不便相强矣。竹君来送公事，略谈下楼。少韩早间送到达赖以次辈分清册，由译字房译出者，颇为可笑，须大收拾方可。晚饭后复找鹤孙谈，提及各处闹鬼，有极奇极可怕之事，真阴阳所界，令人不可思议。半阴晴，风。

廿六日(5月11日) 西菜园来换花，有龙嘴花两盆，系草本未开者，似千叶石榴，已开者似扁豆花，紫红色，其余仍红白，月月红。闻有番官乃印度人，公然将洋营劫取，此人因英国将其全家害死，是以大出力以报仇。刻下达赖派去喇嘛二千余，仍令此人带往，不审果能得力否？午后登楼，忽闻藏河边人声嘈杂，询之，乃番兵拿获奸细四五人，为靖西番子，新随洋人，曾害番官者，且有喇嘛在内。又云系假充者。众丫头皆往看，因唾唾之，并撩衣向其辱之，殊可笑。且闻康有为随洋人来此，不知真否？恐谣传也。少韩云，杨委员曾到独吉岭，见有康对联在广东会馆。此人曾到过藏地，亦未可知。晚饭后，找少韩闲谈，竹君在座。曾闲步科房一看，内有余祖岳景旭庄公辉一匾，因令程林搨之。余鹤孙代予求关帝签是此日，予代达赖占牙牌数亦在此日。半阴

---

① 有泰日记中多次提到“山上”，根据意思判断似应为“商上”。商上为达赖喇嘛办事机构总称，处理财务及行政事务。

晴,风。

廿七日(5月12日) 闻有番兵五百开赴前路,并闻三大寺及各寺喇嘛告奋勇者约有二千人。午后登楼,见柳林中人去者甚多,皆以为番兵得胜高兴闲要者。至马号一游,因昨日有雨,四山均雪,天不甚凉,想高处与低处不同故也。晚饭后,找鹤孙处一谈,小瑾在座。浪卡子塘书回藏,闻洋人有折回之说,然番子逃走不少,家败人亡,不知凡几,劫数应如此耶,可叹。晴,微阴。

廿八日(5月13日) 遣冯瑜、毛腾蛟往南路给马全骥都司送饷银,闻洋人有退去之说,未知确否?午后登楼,柳林中及树下皆有乘凉者,棉衣尚未去身,然天已觉燥,四山雪仍未化。至马号一看,蒋瑞田已将皮子硝出多张,未见如北方者,毛太薄。究竟天时不至极寒。有妇人卖跕牛尾为番家耕牛名。蝇刷,留两把,乃整尾中穿一木棍,内地不多见也。晚饭后约竹君到鹤孙屋内,商酌下月初三日约诸人吃全羊,竹君系教门,非其办理,伊不能吃也。湘梅亦来谈,曾至大招一看,所供佛甚多,似有俗传,难为典要,得诗数首来示,甚清峭,桐冈亦来谈。晴,风不大。

廿九日(5月14日) 早间湘梅来痛谈,午后登楼。萨迦佛寺又大放枪炮,料非送鬼,即是放妖。各柳林中男女仍是嬉戏歌舞,可谓粉饰太平,无忧无虑,殊难得也。闲踏至马号看猴子,回遇吴少嵩。闻外间传言,达赖又派喇嘛兵二千上下,每兵火枪腰刀各一,番银四两,合内地银二两四钱。兵皆辞而不往,不知又作何道理,真令人气闷。晚至鹤孙房间闲谈,提及国事以后如何,殊有智者无从着手处,可奈何。半阴晴,风。

四月初一(5月15日) 辰刻恭谒大招万岁牌,前行礼,丹达庙、吕祖前行礼,回署,各神前行礼,站香班。除地方官,有杨子范恢、赵怡堂潼接马全骥都司来禀,江孜竟有番兵一万余,恐洋人要大吃亏。然番兵虽多,可操必胜之(权)[券],未敢信也。午后登楼,至后院看地势,前院牛耳、大黄甚多,后院少。马兰一片已开花,比北边较大,间以黄花，水中野鸭、黄鸭、家凫游泳其中，边外风景亦可乐矣。可支帐房两架，在柳阴内外，令康尼打扫，谅可不至太污秽足矣。晚找少韩闲谈，竹君在座，闻雷声始回房。半阴晴，风。

初二日(5 月 16 日) 早在鹤孙处，湘梅拿诗来，并吴少嵩亦有诗，然比湘梅诗差，限于天分，不能强也。同鹤孙、湘梅至后院看帐房，余所作蒙古包亦支在内，共三架，登楼并至马号，原请竹君调度一切，伊将阿洪找来宰羊，非此不吃，未免可笑。晚复至鹤孙处谈，小瑾、桐冈在座，闻惠臣大病，乃风温所致。晴，微阴。

初三日(5 月 17 日) 巳刻约荣伯龄、张吉士、恩惠臣、范湘梅、余鹤孙、江少韩、吴小瑾、马竹君、杨桐冈、吴少嵩、杨子范，在后院吃全羊，其武弁诸人，令巡捕刘化臣招呼，约竹君提调一切，教门中均可得食，少嵩大醉，搭而去之。晚间复约鹤孙、湘梅、桐冈、少韩、惠臣、竹君喝粥用点心，余亦略醉。前奏到任日期，并裕大臣奏报交卸各折，晚间恭奉批回，至子初余方睡。晴，风。

初四日(5 月 18 日) 饭后至鹤孙房内谈。午后登楼，惠臣来，听外面传言，有番僧与汉人为难之语，只好听之而已。湘梅亦到楼一谈。起极大风，将尘土刮起，满院皆是，询之本地人，此常事也。晚饭后复至鹤孙处谈，惠臣在座，因及八旗，旧俗仍以乳名呼兄弟，其南省鹤孙云亦然，尚有古意，南北相同也。晴，极大风，亦四围生云。

初五日(5 月 19 日) 早至鹤孙处谈。午后登楼觉热，早晚凉，袷尼衣可穿，不用棉衣似可，然风一大，恐又凉矣。复达赖文，令程林并通事送往，无回信，此次实难与深较，只好敷衍暂作目前之计而已。晚间彼处遣总堪布之弟某赴后藏，特来禀辞，此人亦系世家，二品顶戴，充四品官仓储巴而已。晚至东院一游，灯后忽闻马号有放爆竹之声，询之，乃薙头匠金八儿娶女人之喜也，此人甚呆，必有人在中愚弄之，以为日后笑柄也。晴，风。

初六日(5 月 20 日) 早辰梳辫，问金八，其女人黑早已去，晚间复回，可谓自去自来樑上燕矣，一笑。同鹤孙至马号一游，因指八儿之屋，谓之金屋，可惜无阿娇可贮，不过收一泥蛋而已，鹤孙大笑。午后登楼，从前日起，作大小一二百字，可略熟笔路。晚饭后找少韩闲谈，竹君在座，因及其受姓之始，伊本西域人，原无姓，自唐朝赐之，以其始祖马某，即以马为姓，当时所赐系马达哈萨四字，以外皆后来入教之人，非西域土著者。晴，风，有云。

初七日(5月21日)　借鹤孙曾惠敏公《使西日记》，阅讫，此书颇有见的，当日所论，后皆应验。盖各国交涉，有不得不然之势，达时务者，未尝不可阅历采访得之。惟详细不如薛叔耘星使《出使英法(日)[意]比日记》。饭后到鹤孙屋内，遇桐冈痛谈，云南省收复全赖杨军门宪反正，不然惟岑襄勤亦束手无策，军门为水蟒精，似神其说，然两遇关帝，殊可信也。登楼，下时至马号一游。晚饭后复到鹤孙处闲谈，小瑾在座，谈川省各案，真有奇者。晴，风，昨夜有雪，天气甚凉。

初八日(5月22日)　午后过鹤孙处谈，惠臣亦来。登楼，下时马号内闲踏，看猴子极能喝水，内地以为猴子不令其饮水，乃恐其长大，非不会喝水也。晚饭后找少韩，将满汉谢恩折并在京请病假各折汇录一本，以作记载。竹君在座，谈及遇武弁，其套裤穿两色者，一绛一绿，以为一笑。曾与马介堂军门谈及，军门云：不足奇也。盖云南打杜文秀时，家乡武营均如此装束，且有两色裤子者，为与贼有分别，彼时衣帽大概相同也，此亦一掌故。晴，有云。

初九日(5月23日)　毕蚌寺送来白牡丹四枝，根蒂作黑色，似墨牡丹。分给湘梅、鹤孙各一枝，边外能见此花，觉甚新奇。西菜园送来龙头花，即龙嘴花。竹节花，深红色，小朵，似梅花，瓣五出。宝相花，粉色并深红色，香不甚浓，本地呼为刺梅花，非是。登楼，申正喇嘛送鬼，其旗幡鼓乐，马步兵焚草堆，均照常，惟护法系两人。委员并家人俱往看，一骑马如戏内捉妖王道士打(办)[扮]；一骑象顶盔贯甲，手持弓箭往空射之，不意一幼孩运低，将箭落下中左耳后，不知如何，真开千古未有之奇。烧草堆后，随起风并有雨，可谓天怒天泣矣。

晚饭后找鹤孙闲谈，惠臣亦在座，彼此叹气而已。昨日马都司来禀，洋人断番兵水道，洋人不过五百上下，番人万五千余，相持不能如何。恐洋兵续至，必为大不了之局。晴，阴，风，雨。

初十日(5月24日) 早湘梅来谈，鹤孙亦来。所得牡丹均萎，或瓶新耶，不可解。午后登楼，见山起云。昨夜南山见雪，今昨日俱闻雷声，气候与内地无异也。下楼至马号一看，因微雨而回，晚饭后至鹤孙处闲谈。半阴晴，小雨，晚风。

十一日(5月25日) 早到鹤孙屋内谈，湘梅来，作《青海女王》七古一章，颇有趣。午后登楼，微雨有雹，昨夜大雨有雷，四山见雪。下楼闲踏至东南柳林穿进，到藏河边一望，复回柳林，遇衍跳钺斧者，有鼓有管，其声幽雅，似大乐，又似昆曲，可谓今之乐犹古之乐，礼失而求诸野，乐又何不然哉，一笑。由正南回署。晚饭后复找鹤孙谈，小瑾在座。晴，风，雷，雹，雨。

十二日(5月26日) 早至洋务局，湘梅、少嵩在座。闻达赖所调各番兵，现有在藏驻扎者，皆不许在钦差衙门前后左右行走，尚属知礼。惟街市上已关门闭户掩柴扉，恐其抢掠也，何苦如此，所谓愚人自扰之，可奈何。阖署委员、巡捕及仆人等俱赴前面柳林，为新得额外王永福之约，内有跳弦子之举，皆入醉乡而回，可发一笑。午后登楼，晚间大喝酡，乃永福所送也。饭后接各文，内有军械处夹板木牌皮包各一分，内御笔花押包匣钥匙各八分。晴，风。

十三日(5月27日) 早江少韩来将报匣拿来一看，系皮子所作，有铜洋锁二，钥匙八把，大小不一，盖恐路上开看。随黄绫钥匙袋八个，每匣内黄绸垫两个，其御笔封每匣二条，黄纸上各作一草书"警"字，相传纯庙御笔刻出印朱字。午后登楼，湘梅来商酌公事。下楼，饭后同鹤孙马号一踏，上房看走马者，未得见，已归去矣。到少韩处闲谈，竹君在座，谓其家乡有僧人善艺花木，曾见小盆内有荷花数朵，荷叶数枝，询之，乃用莲子将下面火烧之，将人发塞入数茎，以泥种之，水漫之。惟一盆内种数十粒或十数粒，盖有出有不出者，未知北方能验否也。晴，风，将落日有微雨。

十四日（5月28日） 早至鹤孙处，约湘梅来议公事，惠臣、小瑾亦来。冯瑜、毛腾蛟由南路回，在江孜番兵不下万人，围洋人五百，竟不能下。闻荣赫鹏、韦领事已去，巴尔困在五百人内是否？不敢骤信。盖番子之话多有不实之处。并闻洋人马总兵现大病，项下长疮，未知果否？午后登楼，湘梅来删改公牍，覆达赖尺牍，覆桂香雨。下楼至马号一踏。今日诸委员等皆至西署，乃田德、计泉因娶丫头，诸君均有赐与，故特备一席，请巡捕相陪，叩谢之意也。半阴晴，日落微雨。

十五日（5月29日） 辰刻恭谒磨盘山武圣庙行香，站班除地方各员、杨子笵，到赵怡堂署内上手版，回署，各神庙行香。今日系布达拉山龙王堂点酥灯，沿途去人甚多，署外墙壁上挂佛像者甚多，盖乞钱而设也。闻龙王堂周围皆水，须坐皮船方可到，竟有丫头上船时船已离岸，乃爬在水内，于是大众为之大笑。湘梅因惠臣约策马而往，不意马跑坠骑，将膀臂受伤，亦为所笑，北京所谓起哄者是也。午后登楼，阵雨遂晴，下楼至马号，同鹤孙遇少嵩、小瑾立谈。晚饭后到鹤孙屋内闲谈。半阴晴，雨。

十六日（5月30日） 湘梅早来，幸未落马受伤，仍约往看，此马系银合银鬃尾，于署外并圈内马同试之，乃大差矣。此马项太软，勒如不勒，不可留也。饭后登楼，惠臣来谈，下楼至马号一游，所豢羊（支）[只]均剪毛。闻左厨云，后院水内有野鸭（伏）[孵]窝，竟出小野鸭若干头，亦颇有趣。早至洋务局略谈，晚至吴小瑾稍谈。晚饭后找鹤孙，适桐冈在座。旋收文，接炉厅禀，前二十三日收北京来电，特致闻。并无紧要言语，惟巴尔有，并无商议之权。惠臣昨夜因墙上作响，以为蝎子，此地蝎子甚多。令家人照之未有。俟卧床后，又听作响，自起复照之，仍无有，乃安然高卧矣。似睡非睡之间，忽觉被外有物，极力用手捻之，方知为自己胡子，乃大痛。盖留须未过百日也，竟忘之，无不绝倒此事也。半阴晴，晚风，小雨。

十七日(5月31日) 拉萨索巴乌拉来修里院花台,种桃树一小棵在东。用青草坯由外边起来,周围砌之,草仍活可长,并有小黄花极雅,内地所无,非到关外不易见也。余谓之起地皮。众人皆笑之,其草坯根连甚固,非刀不能割也。外院树亦用此物换之,年例也。赏其廿元,颇乐而去。用陆元钱买土罐二个,外以紫胶罩之,可以贮水,置于新栽柳树旁,颇有小意,所谓聊以自娱而已。早在鹤孙处谈,湘梅、小瑾在座。午后上楼,下楼后同鹤孙、巡捕等南门外一踏,见半天有青气一道,上接白云,由正北到东南,低下似虹形略曲。晚饭后复找鹤孙谈。后院黄鸦(伏)[孵]九只小鸦。老左得之,令其仍放水内。晴,风。

十八日(6月1日) 买得小杏树一棵,廿元,可配小桃树。压马去捞小鱼四头,放入水罐内能否养活,殊难定也。委员等赴西院,为扎军功所请。早湘梅来商公事。午后上楼,鹤孙来比珠子,盖南讲新光,北讲陈光,大不同也。至洋务局,因惠臣买大马一匹,价银八十元,其瘦至极处,然价太廉,比羊价不过多二三十元,暂留于此,如永额仍可送还,真可一笑。晚饭后到后院一看,荣夷情已饬人搭账房,水坑内两黄鸭带九小鸭在内,极为有趣。半阴晴,风。

十九日(6月2日) 色拉寺尼牙来沟,切音。送白芍药四枝,瓣下作紫色,与前牡丹相仿,或边外此种花应如此,抑另有一种,非内地所有耶。午后上楼,晴风,昨夜大雨,今早微雨,旋晴,此处风光也。申刻荣柏龄夷情约晚饭,本拟在后院,因雨草皆湿不得过去,遂在堂屋东间,座中范湘梅、余鹤孙、恩惠臣、吴少嵩、杨桐冈、吴小瑾,有杨子笵因病早去,另找厨役,甚好,亦可吃,散时亥初矣。雨,晴,风。

二十日(6月3日) 早少韩来,送到《藏印来往照会》,订为一本,留存以便翻阅,并找笔贴式惠伦写清字、斌泰写汉字折扇一柄,现已书就,代为送还。午后登楼,马全骥来禀,洋人有添兵之说,番兵虽多,人心涣散,带兵者各怀意见,恐难见功。下楼后至马号一看,似马多得腹痛之病,水土使然也。晚饭后到鹤孙处一谈。晴。

廿一日(6月4日) 给寿昌写回信,两信随廿六日折差带,已同家信面交鹤孙。略叙刻下英番交战情形及其得缺甚喜，令其勤习弓马操守为要，京内房子暂可典去，以后回赎可矣。其四五妹出阁系何人家？其省内托照应，俟打听再说。姨太太有喜，大媳妇孩子们好。给寿蓉写回信，略叙接伊信知后悔甚是，从此要强，旁小人话不必听，四五姐出阁给何家，将一切开来，四叔又得一女名双儿，给道喜问好，姨太太有喜之语。番洋交仗，大似拳匪等语。午后上楼，下楼时至南门外一看，捡白石数块，以备放花盆内。鹤孙、刘化臣为计泉所约对面柳林，原为请江古学之举。晚饭后至鹤孙屋内，找来跳弦子文场三人，一弦子，一胡琴，一二鼓子，后又加一笛，并有一皮串铃，其音靡靡，慢则甚雅，快则无谓，始则一有胡子舞，可大笑，后有汤约喜乐、鬅竹麻跳舞，均赏之。晴，晚风。

廿二日(6月5日) 早晚皆与鹤孙谈，晚遇桐冈。午后登楼，因昨夜今晨皆有雨，夜大晨小，四山皆见雪，布达拉山后云甚浓，颇堪入画。下楼至马号一看，刻下已无干草，惟苇叶铡而喂之，边外食物人已缺，况牲畜乎！楼上曾晤惠臣，谈及营务事，实废驰久矣，非一时所能挽回。早雨，午晴。

二十三日(6月6日) 写家信一封，随廿六日折差带，今日将寿昌等两信皆交鹤孙，致信乔英甫转寄。略叙前月寄家信两封，此处天时甚凉，下雨山上有雪。王顺搬至宅内甚好。寿蓉知后悔。闻锦格已病殇。曾给寿蓉写信，未提此话，省内如写京信，可提可不提。寿昌已给其写回信。四五妞出阁，不知谁家？得双妞，四老爷又添一不了事。刻下洋番交仗之事，多少笑话。等语。午后上楼，早由王星明拉来一黄马，甚有趣，有半小走，因路上一红马一白马，不见甚好，以两匹换其一匹，伊颇愿意。惠臣大马，实难调理，即遣人送还。下楼看之，两青马两黄马，内海骝一，近黄色。一黑马一黑骡，足可敷用矣。晚饭后找少韩一谈，竹君在座，痛说河神，竹君亦曾瞻仰过。晴，微风。

二十四日(6月7日) 早找鹤孙谈。午后同鹤孙策马至腔子岭冈，惠臣约有吴少嵩在座，此为柳林中第一，敞厅甚大，院落亦不小，且有女座。敞厅看房子人，有楼有群房，前厅并有跟役房间。厅前有池，引水入，极清，树株亦多。复至院外，不远即临藏河，水甚涌。因在河岸闲座，忽来载草皮船，二只相连，远映对岸山林，直忘其边外风景。惟河岸边有玛弥堆，前两茎草，各开花一瓣，作葵色。据云毒大极，无人敢动，仅知其闹，人不知其名，或云即野三七。回时折得黄刺梅一枝，系单瓣，据云可结红豆，恐非刺梅，又小蓝花名疵麻，似翠雀。折得一枝，皆插得小瓶内，均系小绿碎叶，甚有趣。晚饭后找鹤孙谈，惠臣在座，谈及川省官场笑话，真令人不能不大乐。晴。

二十五日(6 月 8 日)　早起觉不适，昨日乘骑回，满身汗，想换衣太骤所致。午后上楼，江少韩将奏折包齐送看，复又将报匣装好送看。下楼看后院康尼儿拔草，将所种菜畦，旁有小井，汲水灌之。至马号闲踏。晚饭后找鹤孙一谈，午前并到洋务局晤湘梅商公事，闻番兵又走若干，在江孜番兵到万，洋人不过六百，番子竟逃走伤亡已去三千人矣，真正劫数，奈何。晴。

二十六日(6 月 9 日)　巳刻具衣冠，望阙九叩，拜发万寿贺折此处无贺表。一件，安折二件，正清汉折一件，汉附片一件，系用报匣。此初次由军机处发来恭用也。午后登楼，下楼后至马圈一看，晚饭后到南门一游。遇有汉丁为母病朝后藏焚草香，因告以找医生看，要开单，即在衙内取药，仅烧香无益也。晴，晚微阴。

二十七日(6 月 10 日)　接家信一件，又由李振勋信得家信一件。省内均属平安，明正土司甲氏弟兄到省至公馆并送有物件，当即还礼，甚是也。巳刻杨桐冈约西院，叫来跳弦子文场，仍是前次三人，多一年青缠头，其丫头中降巴卓马，自恭勤公在此，即来侍候过，跳舞为第一，年已四十余。其实卅上下。此不止为第二，仅能与降巴卓马对舞，四朗卓马为第三，年不过廿上下，似比此不止略有本领。后来一云云，后改名为媚柳，为刘巡捕所纳。此地为上等人物，系汉人，伊父本不令其出来，因声望找者甚多，故不得已也。早面后，桐冈、作梅两江古学桐冈江古学本地人，作梅江古学炉厅人，王永福江古学炉厅人，田德、计泉两丫头本地人，均先叩见。前来让酡，不容不喝，喝三口以当三碗，番礼也。晚饭后，少迟即回，赏跳弦者百元。此处柳林不过闲游之地，如京内陶然亭、高庙之流。京内以为荒唐之事，殊可笑。不知跳弦子乃取乐之道，其实亦并非均是歌妓，甚有子弟管斟酒者，未免笑人。大约所谓酡房子者，凡略知体面人不往。女人生大疮，谓之有金子，此地语，非蜀语也。晴。

二十八日(6月11日) 早至鹤孙处谈，杨桐冈来复谈。午后上楼，因夜雨颇润，下楼至马号一看。晚饭仍到鹤孙处谈。昨日江古学、丫头等叩见，各送其洋绉半匹，此边外礼也，殊不可解，在内地恐无是说，随乡入乡而已，一笑。鹤孙代买小洋刀一，水石碗二，甚佳。晴。

二十九日(6月12日) 余鹤孙早来谈，昨日水石碗白色配黄铜托，盖旧玉色配白铜托，盖此地呼为酥茶碗，似不甚俗，住房中可作陈设用。午后上楼，鹤孙来商公事，并买得微圆形名为螺盖，系螺之连肉处，堵头有三寸横径，其螺不为小矣，一面亮如珠，有宝光，一面暗，别无用处，因命刘光荣作桃形木榼盖上，镶此物可装图章，或另有意味，其实种种玩物，乃消遣之一法也。下楼，因作成太平桶二个，后均坏不堪用。有四尺余高，不知桶底取水将何法，可谓笨极。看汤约等背水浇花。晚饭后，找鹤孙谈，此处无论何人，总要加上江古学丫头怪语，风俗使然，“不知耻”三字该之矣。昨夜有雨，半阴晴，午后微雨。

三十日(6月13日) 多日早饭后觉倦欲睡，午后找鹤孙，惠臣亦来闲谈。番地所谓江古学，皆醋海汪洋，如看跳弦子等类，如本夫与其调笑，则第二日即可带领多人至其家摔毁，甚有将人打伤，其恶劣非常，且有代别人犯醋，并非本夫，谓之吃飞醋，尤为可笑。三点钟后上楼，晚饭后复找鹤孙谈，吴小瑾、杨桐冈先后在座。早江少韩来查旧案万寿应进贡品，未见理藩院知照。阴，晴，雷雨。

五月初一日(6月14日) 辰刻恭谒大招万岁牌前行礼，丹达庙、吕祖前行礼，回署，各庙神位前行礼。昨因杨桐冈送烧方，油腻皮坚，实在难吃。因谢其一诗，同人见之，无不笑者：君赐烧方到，无人不喜欢。割来中且正，谁识畏而难。油已全糊口，皮仍任跳丸。恐将教尊齿，渠齿，已豁。从此少平安。午后找鹤孙闲谈，旋上楼。湘梅早间来谈公事，下楼马号一游。晚饭无事。早饭，将李光宇前送熊掌，左厨作得颇得法，白肉红丝，味亦甚佳。落日忽来喜鹊大叫，不常见也。阴，晴，晚风。

初二日(6月15日) 早晤鹤孙谈。刘化臣有纳小星之举，即是云云，鹤孙改其名为媚柳，其中有寓意。姓谢氏，系汉人之女，其所带螺壳，此物幼年所带，非故后焚尸不去，谓阴间照光之具也。闻不欲有之即敲碎，亦有志向上矣，一笑。午后复谈，桐冈在坐，旋上楼，各处节礼照旧章收之。晚饭后马号一看，登马棚，湘梅同少嵩由惠臣处步踏而回，少嵩已入醉乡矣。找少韩谈，竹君在座，谈及瘪罗莎，嚼古钱可愈。竹君曾得此症，始嚼入口即碎，勿庸下咽，顺痰涎吐出，嚼至七八枚，觉嚼不动，则病可无虑；且初嚼觉钱有甜味，盖毒火极盛也。竹君病轻，有重者嚼至百枚，无古钱，康熙等钱亦可。少韩云，此地有说藏丫头两句：夜深小语口脂香，半耳酥油半耳酡。或云恭勤公句，全诗未见也。真令人绝倒。晴。

初三日(6月16日) 午后找鹤孙谈，惠臣小瑾在座，上楼。两园户送来各花，有洋海棠、一粉色，好极。六月菊、蝴蝶花，即江西蜡。又一种洋海棠，乃艳红色，又有细瓣高棵细叶金钱花。下楼马号一游，因踏至南门外一看，土桥下水流甚旺，内有小黑鱼游泳其间，大有趣。与藏河相同，均往西流，有人云，此地人性多谬，水使然也，或有此讲究耶。晚饭后到鹤孙屋，小瑾在座，旋去，复又大谈。半阴晴。

初四日(6月17日) 早晚至鹤孙处谈，晚间小瑾在座，桐冈续来，略坐即回。午后登楼，闻洋人有东南而来之信，未知确否？想西南为其所困，恐此举难免，可奈何。办差者今日来挂红布灯红布綵，并有四大闲来插蒲子，无艾子，所谓四大闲，盖乞人无事者，来此为讨赏，俗以闲贤同音，即谓之四大贤。渠等因来者四人，亦以贤负之，大为可笑。因桐冈前约跳弦子,得七律二首,其中未免讥刺嘲语太多,同人莫不笑之。两园所送花,其金钱花大似虞美人,正黄色,置之楼上,与酒红洋海棠两种,深可赏玩,其竹节花有粉红,亦好。昨夜雨,今雨,午晴有云。

初五日(6月18日) 早起堂屋向北行二叩礼,祠堂二叩礼,先祖前三叩礼,先父前家庙神位前派刘文通恭代。众委员拜节均挡驾,各行官兵、学生、散役等皆来叩节,并领赏。达赖喇嘛遣安罗藏娃送酥茶贺节,旋遣通事回贺并给其祝寿,乃今日生辰,不知其何时也。午饮已醉,至程巡捕房,复至刘巡捕房闲谈,余鹤孙、恩惠臣、吴小瑾均在座,旋上楼,晚饭后在院闲踏,花木、鱼缸、水桶颇闹热也。半阴晴,晚小雨。

初六日(6月19日) 昨夜大雨,天明复雨,觉热气顿减,前两日燥极,甚难过。高玉贵娶江古学,送来羊肉菜数碗,只得笑而纳之。刘文通接其媚柳到西院,可谓喜事重重矣,一笑。午后找鹤孙谈,旋上楼。四山仍浓云未退。下楼至马号,遇少韩、竹君由高玉贵处回头,酡已喝得不少,盖此地有喜事,随来及本家妇女,皆来让酡,不得不喝,以致醉而后归,甚有卧道者,真谬政也。晚饭后复找鹤孙谈,言及川省以前宦况,令人深为浩叹。半阴晴。

初七日(6月20日) 早雨,夜大雨,有存水多处。午饭因达赖送羊肉、点心,约鹤孙来吃羊肉。到程巡捕房看李振勋作诗,回房觉倦小睡。约鹤孙至对面柳林,在藏河边闲坐,河水甚大,有浪。南到山脚下,山已有青色,加以白云,颇堪适意。柳林中送来西瓜子,备小桌厚垫,遂赏之。复往东走,遇番人在柳林射鹄子,知余到,铺垫设好,用毡条铺于脚下,甚知恭敬,令其射之,共四人,似皆有官差,均规矩。惟鹄棚不同内地,后有挡子,前有牛皮一方,画一大光,又前悬一小鹄,不过饭碗大,有三层,悬之甚高。所用弓稍子甚短,前后手拉之不匀,不好使,薄头较大,箭杆如寻常鹏翎,截白翎均有如内地。其射法将箭搭于弓内已奇,扣子在上,两指在下,有一寸余,往往脱扣,更奇。其脚步身胯两膀，全未得法，乱射一阵，殊为可笑。因天气不好，赶紧回署。晚饭时，雷电交作，已大雨。饭后复找鹤孙谈。阴，雷雨。

初八日(6 月 21 日) 早鹤孙来谈，湘梅来商公事。午后惠臣来谈，因田德请诸位委员，署中甚寂。未登楼，至马号闲踏。买一小羊，才四元。节下曾得两大羊，甚肥。见张安、洛松拉木背水已不如少年，到处皆然，人老力差，非关本底可能格外努力也。闻外边人声乱叫，询之，乃番子所调昌都兵，扎于署前平坝。从未见打仗有如此声喊者，真可大笑。晚间因李振勋贺刘化臣纳妾，用其原韵得诗二首，戏笔也。半阴晴，昨夜大雨。

初九日(6 月 22 日) 巳刻，王姬人生一女，名至格，因是日夏至也。早至鹤孙处，湘梅来商公务并谈诗。闻刘巡捕教其江古学认字，乃随认随忘，鹤孙谓之字迹模糊，声音惨楚，余不觉大笑。午后至洋务局谈，惠臣拿来别蚌子画藏丫头、布达拉山，似洋画，小有意味，令其另画各处丫头、喇嘛、番官各打扮，以后可作册页。刘仁斋观察来函，桂香雨星使因目盲，准其开缺，新授为凤茀堂星使，以副都统衔帮办，可仍驻察木多。接马全骥来禀，洋番彼此劫营，各有胜负，洋欲断后藏路，番已打败。晚至鹤孙处，桐冈、小瑾在座。阴，晴，风雨，雹。

初十日(6 月 23 日) 早与鹤孙谈，湘梅来商公事。午后上楼，湘梅拿诗来看，给化臣、鹤孙各一首，心思巧极，然语病不免也。余因毕蚌寺前送白牡丹，补作四首七绝，下楼给鹤孙看，其中寓言甚多。遂至马号闲踏。晚饭后至少韩处谈，竹君在座。马号康尼房内大歌，男女声均有，询之，乃其女日前出嫁，今日回家，男女均入醉乡，是以歌之以作贺，盖蛮戏加蛮曲之音，其新娘子早已归去矣。半阴晴，晚月甚清。

十一日(6 月 24 日) 刻下所来昌都兵，以为大臣早往前路开议，是以毅然而来。今知实打未能抵过洋人，未有不哭者，内有桐冈江古学舅氏亦系番官，见桐冈亦大哭，实属可怜。然僧俗合藏不悟，亦无可奈何。至午后，赴洋务局，找湘梅、少嵩闲谈，桐冈、小瑾、子范亦到。旋上楼，下楼后至马号，马均见瘦，盖吃青苇草所致，此处无干草可觅，无如何也。晚饭后找鹤孙谈。午前高玉贵请吃水角，此不过名目，因前次诸人皆送贺礼，藉以致谢而已，此番地新花样也。晴，有云。

十二日(6月25日) 早找鹤孙，湘梅拿白牡丹贺诗来看，聪明极，并给程林改诗，不意边地如此，亦可乐也。午刻张统领约委员等看戏，均未去，惟小瑾至彼应酬。午后登楼，看原坝兵丁账房，均皆支起，四面透风，此处虽不甚热，然午时，太阳亦甚利害。乃何罪名，以致如此。下楼至马号看猴子要，有趣。晚饭后复找鹤孙谈。半阴晴。

十三日(6月26日) 辰刻赴扎什城磨盘山，遣夷情，照旧章也。关帝前一切礼节与春季同。本庙有戏台，应归张统领办，一切唱戏人即营兵。戏尚整，行头尚可。惟有戏谓之《送加弥》，汉人也。大为可笑。缘有营兵名宋占奎，实有其人。因母老告退回省，先具结在各衙门，皆仿营规，并有使费，已觉可笑。穿号衣带腰刀下台，在各人面前辞行，自余以次均赏之。遂告其丫头并薛大蛮老婆子。二人，无不哭者。即与算帐，总是宋占奎吃亏，丫头云肚中已有孩子，令其多留养赡。宋占奎将所置物一概不要，遂送行至藏河边。小娃子来要钱，薛大蛮斟酡要钱。丫头问起添儿女叫何名？因告以生男名长寿，生女名菊花。待后仍要钱，宋占奎本有廿两二锭银，已先给其一锭，只剩一锭，说无法劈开，丫头随由腰内取出一把斧子，真令人无不绝倒。待宋占奎嘱咐守节等语，自己坐皮船内大哭，随去。丫头回家则找喇嘛、汉人，即前之送行托寄家信者，别蜂子、缠头、番子等，无美不备。丫头、薛大蛮跳起弦子，就要嫁人。宋占奎可巧将文书丢下，回来取文书，见家内如此闹热，气极，将文书要到手，拔腰刀乱追一阵，众人进台，自己将帽子扔于台下说帽子绿矣。众人大笑，此地藏丫头听之，大窘而已。盖此戏多年未唱，因余要听，故特演之。晚觉热极，喇嘛站满院，酥油味尤难闻。步踏至万寿寺一看，牡丹已谢矣。复至庙，晚饭后掌灯方回署。到署后大雷雨，然周旋一日，因热颇不适。

晴，晚雨。

十四日(6 月 27 日) 早晚找鹤孙谈。午后登楼，前调昌都兵今已拔队，仍喊叫不已，并放枪无数，乃兵威也。如遇敌人，则不可问矣，真是活送命，可奈何。今日工部堂降神，粮台尚须弹压，乃一喇嘛一尼姑，尼姑系假的。大众有万人，或有问休咎，则挂哈达，给以酡喝。尼姑已入醉乡，竟有同其玩笑者，殊以神为戏，然神亦会唱，实为可笑。早小雨，午晴，晚又雨。

十五日(6 月 28 日) 辰刻谒磨盘山关帝庙行香，回署，各家庙神位前行香。昨夜雨，见西山后高山上有雪，天时略较凉，若京内五月见雪，则大怪矣。午后登楼，下楼后，鹤孙在院内闲踏，刘巡捕未在，因约鹤孙吃饭。有人送其鲜蘑，作得甚佳。饭后大谈。午前曾到其屋内谈，遇桐冈，十八日拟至柳林备小酌，并跳弦子，恐有江古学者闹醋，皆不约，诸人皆欲前往，盖遣将不如激将也，一笑。半阴晴。

十六日(6 月 29 日) 午后找鹤孙谈，惠臣、桐冈、竹君均在座。旋登楼，下楼至马号看京柴众丫头等，皆狡猾非常，明足数，特偷起一背，俟喊闹，再为补之，所谓坏着，到处皆然。登马棚眺远，因微雨，云影天光，山色有铺青者，颇为可观。晚复找鹤孙谈。晴，半阴微雨。

十七日(6 月 30 日) 午后至鹤孙处谈，桐冈、小瑾在座。桐冈拿翠玉大烟嘴一只，虽不甚好，价尚廉，卅藏钱，合银三两，究与旧有长杆白销子烟嘴强多矣，免致摔磕。登楼，因昨夜大雨，北山见雪，天较凉，尚不大寒。下楼，马号一看。晚饭喝酡，乃田德找人所作，如汤要姿竹马等，即能办理，想番家常用之，如内地满洲自造黄米酒，亦是理也。鹤孙为桐冈约晚饭，回时遇余痛谈。半阴晴。

十八日(7 月 1 日) 巳刻在署略用馄饨，乘骑至酡子岭冈，约委员、统领、夷情、粮台午饭，先说明，凡有江古学者不约，恐其闹醋，至此凡有江古学者未有不到，盖怕日后说笑也。跳弦子科房一班人，生意一班人，科房以布帐围之。有唱无舞，仅跳板子，然乐器全，笛子、洋琴、大小弦子、胡琴等。唱得好生意中，浪皆卓噶、询之五十六岁矣。

降巴卓马卅余岁。二人皆伺候恭勤公过，特令其叩见。其余此不止、四朗卓马前已见过，欢喜丫头此与降巴卓马舞得好。噶吗，闻罗通事要作江古学，人争，共七个。外边男女老幼僧俗皆来看闹热，院内挤满，房上墙上皆有人，或云近廿年未有如此之胜，作小买卖皆来赶集，亦救苦人之一道也。饭时令丫头等斟酒，两旁看得人无不啧啧称羡，以为坐上客皆有恩于人，真正无理之理也。各赏之，仍乘骑而回，换衣后到鹤孙处一谈。最可怪者，廓尔喀噶必丹带往兵丁跟随换汉衣冠来递哈达，在巡捕账房坐吃点心，复递哈达，再三留其吃饭，不肯而去。因赏跳弦子丫头等钱，开从来未有之奇，盖听余有此举，故特意应酬，以见亲近之意，以示意于合藏。半阴晴，午后落小雨。

十九日(7月2日) 鹤孙早来谈。午后上楼，山已有大绿色，乃长草所致，昨日委员等有到河坝上一看，河水甚旺，已与堤平，闻年年总须上岸，其景象不似边外，方信佛地不似别处荒凉也。下楼即吃晚饭，饭后到洋务局找湘梅、少嵩闲谈，惠臣、吉士亦来，桐冈亦在座。吉士谓余，昨日上马，虽卅岁官弁尚无此上下利便，乘骑亦未见如此稳当，想明岁已六旬，或者天假之年，至不能骤殒之兆耶，未免汗愧。同人均有此说，且承面谀而已。半阴晴。

二十日(7月3日) 阅省中差条，新授随印司员四品衔理藩院员外郎金宝廷，垣。行一，蒙古正红旗人，于三月廿一日到省，想可动身来西，闻少韩云，计算此君到藏，恐至年底。荣百龄盼东归，或可如愿矣。早间责家人，并将谭作桢、安文秉逐出署去。至鹤孙房内谈，旋上楼。鹤孙复找来谈，下楼至马号闲踏。晚饭后至江少韩处一谈，小瑾、竹君在座。连日传闻有番兵到，总未见来，想不听调遣矣。半阴晴。

廿一日(7月4日) 午后找鹤孙处谈，旋上楼。今日烧草堆，如前礼节，新添面作洋人，亦烧在内，真令人绝倒。下楼至洋务局谈，湘梅、少嵩、惠臣在座，痛谈而已。晚饭后复至鹤孙处谈，接马全骥来禀，请款并叙及边务。洋营添印度等处前后三千，番兵大战不过，洋人有不忍杀番兵之语，拟欲议和，未审后事如何？并闻明日有乍丫兵到藏之说，达赖已交派铺户须闭，恐其搅扰也。晴，有云。

廿二日(7月5日) 至鹤孙谈，并找刘文通同谈，其中竟有多少波折可笑事。上楼，刘文通又来详谈之，下楼后无事，步踏院中，看汤役浇花。早晚饭皆同鹤孙吃，在鹤孙屋内遇桐冈，面无人色。接家信，因姬人踌躇五月内添小孩，恐一切费用无出，然此时带款，万赶不上矣，想乔英甫或可通融。晴。

廿三日(7月6日) 午后本拟同鹤孙至对面柳林子耍，恩惠臣来回案，缘已革字识谭作桢曾携来打箭炉妓女白牡丹，被已革兵丁张玉贵丫头、杨起凤丫头商酌诈人，情殊可恶，字识、兵丁痛责，并将白牡丹、张家丫头亦责之，杨家丫头传而未到，杨家本在西院住，将杨起凤洋务局差使革去，逐出西院，乃群小与丫头作事徒受官刑，实属自找。至南门外一踏，看小河水甚热。回至洋务局，与湘梅、少嵩、小瑾、惠臣、鹤孙大谈。晚饭后又同鹤孙大谈，草坝中已有账房。闻乍丫所调之兵，明日可到，接达赖喇嘛复文，颇为尽情尽理。半阴晴，晚小雨。

廿四日(7月7日) 早找鹤孙谈，乍丫兵已到，令刘巡捕找来徐羊宗，年十九，四朗拉真来耍，年廿四，因请鹤孙、惠臣同席，至寅初方睡，以志吾过，然小人行径，到此皆破矣，可见用事之难。外边有红登登，刘巡捕亦青天打雷，真不知脾气如何之语。半晴。

廿五日(7月8日) 早登楼，鹤孙来，徐羊宗、四朗拉真亦到，在此盘桓。刘巡捕回公事后下楼，带两人，并鹤孙、惠臣两位早饭。饭后大睡一觉，醒后与刘巡捕、鹤孙痛谈一切世路，二人深以为实在切当。晚复约鹤孙、惠臣吃全羊，两女孩子亦在座痛饮，即令送彼二人到家，缘所扎番兵见首饰等，无一不抢。昨日因姿住麻去买酡，竟将辫后珠子被其抢去，然番官无如何，其纪律亦可概见。三人复谈，皆想起父母，无不哭泣，亦情之所感也。边疆所系，只有如此，怆怀古人之感慨，量无不同耳。半阴晴。

廿六日(7月9日) 早湘梅回公事，鹤孙亦来谈。饭后略睡，到洋务局，湘梅、少嵩、少韩、小瑾、竹君皆来谈，除竹君，诸位俱送给白煮羊肉，均面谢。缘昨日田德面回草料大长，有四羊所费不少，不如杀之，亦可少省，因准之，故有此举。晚饭后找鹤孙谈，刘巡捕面回，乍丫兵到此，无人不抢，署中兵丁及外边营官皆有被抢者，实属可恶。然调兵之番官并未备其口粮，仅付其臭酥油、霉糌粑，且不能饱。向来以抢为得计，每次如此，非始于今日也。若更思之，此行本系送死，可奈何。拟明日且知照达赖看若何。半晴。

廿七日(7月10日) 早训教刘化臣及计泉、田德。午饭与余世兄谈，并劝诫之。化臣带三小丫头来看，桑格十六岁，金女十五岁，长英十四岁，本在楼上看讫，复上楼，鹤孙至彼一谈。先曾至洋务局，与湘梅、少嵩谈，因谭作桢、杨起凤开除，可有余款，给少嵩每月加四两，原八两。因其帮湘梅多劳笔墨。晚饭后，忽听外面枪声，乃乍丫兵来抢看门枪支，因起衅，遂至大放枪，欲扑入署内，约在八百余人，其势汹汹，幸卫队及营兵保住衙署。因彼此痛打，互有伤亡，合署震动。诸委员皆来，调各兵四围防守，刘化臣独劳不辞，喉咙喊哑。汉兵殊不听话，绿营习气所染甚深，真堪痛恨。惠臣由后路翻墙而来，因步踏匆忙，已喘不可解，遂同至洋务局略避，恐其枪子打入，复至里院。余世兄紧握余手，惟恐有失，并将钦差大臣印信，自绑腰内，其用心实为可感。灯后待兵官来，少安静，即漫散到大街上住户、铺户，大肆抢掠，竟有往东而去，其为回乍丫无疑。如此被调之兵，尚望其接仗耶。旋张统领、荣夷情俱来，两噶布伦来，痛加申饬，因达赖所调，令其回明，应如何办理，明日声复。缘日前即有汉人袒护洋人之说，若本处一办必落匪语。两噶布伦留其一人在此，恐有复来之说，不得不令其亲见其事也。半阴晴，围署小雨。

廿八日(7月11日) 早达赖遣噶布伦二人来回话，令其查明启衅缘由并周旋，一切均好，因派刘化臣、范湘梅会同办理。午后过洋务局，少嵩、湘梅、小瑾在座，院外乡约兵皆来。早间会诸委员，三地方官均来看。张统领谈及绿营各兵平常未能操练，因省火药起见，真不值一笑。晚饭后找鹤孙谈，达赖复遣人来回，乍丫各头目俱传往具结，万不敢再行闹事。然拔队尚无日，署内仍派兵围守，因其反复无常，不得不防范，闻其中所调之兵，本家不能来，则雇讨口子，甚有夹坝在内，无怪其然也。大约打仗未必如闹事之勇也，噫。半晴，晚风雨。

廿九日(7月12日) 惠臣、湘梅来谈，因五都可以办团，惟经费无出，就地殊难筹款，如绿营本有盐折，或可由统领严加整顿，似可办理较易，然得人经办亦不易也。晚饭后至鹤孙房内闲谈，小瑾在座，闻此次之乱，其江古学、丫头等有错闻伤亡者，竟大哭，可见人心同然，无分边内外，子女亦然。惟有糊涂者或钻入猪圈，身仍在外，或用手帕握面而涕，以为自己看不见，人亦不见己，甚为可笑。传闻达赖已下山，在大招居住，未知确否？目下番兵已防守乍丫兵，盖其野性实难巽顺，然已归营，并无举动，想已遵其带兵约束矣。半阴，微雨有雷。

光绪三十年岁次甲辰六月初一日(7月13日) 辰刻恭赴大招万岁牌前行礼，丹达庙、孚佑帝君前行礼，回署，各家庙神前行礼。因乍丫兵未拔队，皆凛凛恐其报复。余必欲行香，礼不可废，然亦无事。外边卫队营兵，达赖派来番兵，夷情处所调达木兵，将署仍围住。闻昨夜乍丫营夜间未敢睡，恐汉人劫营，其愚亦何可笑。后闻乍丫兵有在账房吃食物，竟打穿二人，其一人腿上受伤，皆凛凛，谓汉人枪真利害，前扑署有上树瞭望者，见署内外人甚多，灯火亦不少。盖关夫子显圣，有人看见者，蒙神默佑，且仰天威，真感愧无地矣。营务处面回，受伤兵八名，伤亡兵四名，并优赏之。乍丫兵伤亡兵六名，受伤兵七名，彼处约八百余名。署内得力者，不过卅上下人，其力量相较，已可概见。并传闻江孜兵有败下之信，未审确否？午后过少韩处一谈，竹君、小瑾在座。晚饭后找鹤孙闲谈。半晴，晚雷雨。

初二日(7月14日) 早与鹤孙谈。午后睡觉觉凉，换毡袷袄，此处天时非内地可比。晚饭后噶布伦、仔众、大中依[1]等禀见，令其一切回明达赖喇嘛再来回话。旋至鹤孙处约惠臣来谈，下小雨，声音淅沥，颇似秋雨，未免凄恻，又不似关外矣。半晴，晚雨。

初三日(7月15日) 早晚找鹤孙谈。午后睡觉时不大，上房一看，未到楼。连日传言乍丫兵欲报仇，署墙内四围防之，其实汉兵自相矛盾，殊觉可恶。街市上达赖亦令人防之，竟至无处买饮食之物，其兵亦可怜矣。然前数日抢人，实属自找。一班浑人械斗，真无法以理论之。四山有云，东南山虽露石骨，凹处俱翠色，所连之后山满雪，前后白云缭绕，真别开生面，非此处无此景也。忽觉凉，小袷袄、袷毡袄、袷毡长袖马褂、棉毡坎肩方合式。半阴晴，昨一夜雨。

初四日(7月16日) 午后至洋务局一谈，湘梅、少嵩、子范在座。闻江孜有失守之信，洋人又往前进，达赖已遣人至前路骂僧官噶布伦，不知骂之准能胜洋人否？并闻败走番兵，皆由南山外逃跑，大肆抢掠，真是波及无辜，殊堪浩叹。晚饭后至鹤孙处谈，署噶布伦等来，未见。半阴晴。

初五日(7月17日) 午后至洋务局闲谈，湘梅、少嵩在座，惠臣亦来。回房略睡，醒后薙头。闻达赖处接前路信，甚紧，江孜失守，番兵由南路逃去，沿途掳掠。早噶布伦等在罗布岭冈，到公所，复传罗布岭冈，恐未必有何妙策。黎民涂炭，惟有咎心而已。与鹤孙上房一看。晚饭后至其房内谈，小瑾在座。谈及节孝，真有神灵默佑非虚，并出外住店，皆宜谨慎，如贼店、鬼店不一而足。晴。

初六日(7月18日) 借来《西游记》一看，真是无聊之极思。丁总乡约名鸿才。竟因伤病故，殊可惜，此人忠勇可爱，约马竹君、刘化臣前往一看，拟作教门菜数篮祭之，聊尽片心而已。午后同鹤孙至马号一踏。晚饭后到鹤孙处谈，竹君亦来，闻乍丫兵尚无拔队信息，每晚尚跳锅庄取乐，真毫无肺肠也。南路消息甚紧，已有到春堆之信，

---

① 大中依即大中译。

达赖闻有欲跑之信。又闻连日问卜,噶布伦等已两日夜未离罗布岭冈,不知所议何事,令人莫测也。晴。

初七日(7月19日) 早晚与鹤孙谈。午后噶布伦等来见,营务处代乍丫兵求恩,告以果能战得洋人,一切可宽,不但不罪,且兵可赏,官可奖励,如不然不能见本大臣,并达赖亦无面目可见矣。伊等唯唯,带其官来谢罪。旋至内院,到鹤孙屋内大谈边务,虽未明说,因紧急,颇有悔心,似欲余到边一行。然刻下兵多散去,大约大局不支矣,因告以前面如何,俟再议。晚饭后到洋务局略谈,掌灯即回,连日近处犬吠不止,盖乍丫兵口号多招其乱吠。闻藏中有两语:喇嘛丫头狗,酥油糌粑茶。洵纪实也。惠臣云,有在余署后乍丫娃探望后院,被其头人看见,痛责之。何前倨后恭乃尔,可发一笑。晴。

初八日(7月20日) 午后噶布伦大堪布带领乍丫番官来谢恩并叩辞,于明日拔队,内一俗一僧,僧名更登降策,年老。俗名扒拉色,年青。因嘱其前路好自为之,不能得胜,亦难见我矣。将兵丁所抢官器械,均行查还,民间被抢之物,亦有送回者,然不能全,恐彼时乱闹时,本地人亦难免下手,只得恕之,令噶布伦等随后查明再办。噶布伦大堪布等,亦皆谢宽恩。湘梅来,亦皆以如此办法,亦可以示警矣。其实汉人亦不得辞其责,派马委员、刘巡捕往祭丁鸿才。晚饭后,同鹤孙至房上闲看,旋至其屋内闲谈。半阴晴,午后雨。

初九日(7月21日) 早乍丫兵拔队,市间以手加额互相庆贺,怨毒之于人,甚矣哉。然抢之如故,番官大以为辱,捉来痛责之,若等仅护其头,膀臂皆所不顾,乃如一班无知幼孩,想见敌人则不过鼠窜而已,再不然送命可操左券。午后登楼,湘梅、惠臣等议论赏耗,番等已赏之来谢。下楼,晚饭后复上房一看,乍丫兵已走尽,到鹤孙屋内闲谈,金女复来一看,与计泉有亲,尚聪明,拟欲留之。登楼时见东北山上层是雪,中层是云,下层是翠绿色,如绘画,携至内地,必谓自古无此画法,然实有此景,奇哉。昨夜雨,今晴风。

初十日(7月22日) 早至鹤孙处谈,伊将南屋铺地片,以备安置江古学。计泉将金女八字拿来，甚好，姓郑，金女乃其乳名也。午后惠臣来，五都头目并百姓谢赏，及达木八旗协领等并兵丁等来谢赏，与其痛谈。旋登楼，鹤孙来谈，略睡，下楼后用晚饭。复至鹤孙处谈，小瑾在座。湘梅、化臣、李光宇来回话。噶布伦等来，因前路洋兵甚紧，失江孜，已到浪卡子，并有进藏之语，均皆著慌，问昂班[1]有何主意？告以前路情形，许久未见有信，究竟如何，未能深知，只有达赖给公事，再行定奏。若辈全去，俟明日再听如何。江达外委马宗继前路过，因出獐子毛，今送垫子二个，赏之。半阴晴，早微雨，灯后又雷雨。

十一日(7月23日)　早至鹤孙屋内看，业已地板铺平并裱糊讫。午后计泉将郑金澜买字送到，本名金女，因五行缺水改。付其六十金。登楼，惠臣、湘梅、化臣来回公事，前次乍丫兵之乱，皆因署千总恩达外委马得功挟讐所致，殊属可恶，在洋务局责其三百军棍，立时拆印，派马元署理，办理大快人心。闻洋兵已过浪卡子，番僧俗均皆著忙。今日又传，公所工部娃比乍丫娃尤为可恨，路劫人不但剥衣，竟至伤人，实不知王法，派兵原为保民，反以殃民，虽出自达赖喇嘛三大寺，然问心得无咎乎？下楼晚饭后，复到鹤孙处谈。金八儿丫头欲求进内当差，并求余赏一名字，以为可长寿。盖番人视昂班与达赖皆可福人，故有此请，其然岂其然乎，一笑。半阴晴，晚间闻雷。

十二日(7月24日)　早湘梅、惠臣、化臣等来，回本署绿营兵丁分别等差赏之。旋兵丁余丁及书房字识等并轿夫五月廿七日出力者，皆得赏叩谢；其官员等出力，发给款项备席两桌，赏之。午后赴洋务局一谈，进内略睡，湘梅、惠臣、刘巡捕来回马得功事，令其赶回恩达本任，不准逗留，并记责五百军棍。晚饭后，踏至马号看马，均皆膘壮，盖此时青草少干草多矣。到鹤孙屋内谈，小瑾在座。达赖忽来文，已议论三日矣，令李光宇译出，明日再看。半阴晴，日落小雨。

十三日(7月25日)　早同鹤孙谈，洋人已到曲水，止在一过河，

---

[1] 昂班，为西藏地方政府及民众对驻藏大臣的称呼。

则藏内大不得了矣。午后至后院看拔草，内中有小蛙不少，询之此处向无蛙声。晚饭后过少韩处一谈，竹君在座，适谈间，噶布伦等来回公事，因传见，乃请即刻赴曲水，先挡洋人，告以非见实在公事，实在藏内可信之人不能前往，其三大寺喇嘛仍哓哓置辩，因拍桌申饬之，旋令其下去。复找鹤孙来谈，刘巡捕、李光宇来回，仍是求快往，或派人先止住不过河，其心如焚，可谓急时抱佛脚矣，一笑。半阴有雨，灯后雷雨。

十四日(7月26日) 早至鹤孙处谈，午后吴少嵩来，前路吃紧，拟给英大员荣赫鹏照会，遣刘巡捕、吴少嵩前往，湘梅来商公事两次。闻达赖喇嘛午后已回布达拉山，并闻发给三大寺替子。令其专专念经，不准再行胡闹。街市上败兵纷纷回窜，复有抢人之事，番官已扎之半路，然此种兵已三日未曾吃食，亦无怪其然。然不能令其一饱，调兵者亦不能无过也。晚饭后外院一踏，两大小袷袄一棉背心尚偶尔觉凉。在内院台阶上小坐，竟被蚊子所叮，似六月而非六月，亦可怪矣。到鹤孙房谈，达赖有覆文，当饬科房译出，明日再看。晴。

十五日(7月27日) 接刘仁斋观察来函，由省城寄电，五月初九日巳刻，王姬人生一女，起乳名至格，初九日系夏至。大人小孩均好，闻之甚为喜悦。早找鹤孙谈，晚复谈。拟复荣英员文，已写就，刘巡捕于明日带往。复达赖文，明日亦可译出送往番边，大有后悔之意，从此若顺理行之，实仰皇上洪福，余无可说矣。晚饭后至洋务局一谈，湘梅、惠臣、小瑾在座。少嵩明日启程，特送之。今日将过厅后屏风关上，由旁角门出入，似觉中宫不泄气也。李都司倩刘化臣来问候，曾侍先兄，故人情重。晴，风。

十六日(7月28日) 早在鹤孙屋内，少嵩、化臣辞行，随往番官五品硕第巴丹真汪堆，七品仔仲洛桑降曾。冯瑜、马元等亦叩辞。今日可住业党，明日可抵洋营。午饭后至洋务局闲谈，湘梅、小瑾在座，子范已搬入洋务局住宿。闻达赖忽挪此处，忽挪彼处，盖怕洋人，又怕藏中僧俗加害，章法乱矣。到后院一看，各兵下账房以防番兵回窜。晚饭又至小后院一看，因盖茆楼一间，土石匠皆作，虽笨，然结实非常。刻下土王用事，不宜兴工，番地无此说，随乡入乡可也。遂顺路出小门，看达木八旗帐房，围东花厅，东与北驻扎，其协佐等官皆来见。至少韩处一谈，竹君在座，至格八字倩人一看，颇好。晴。

十七日(7月29日)　早至洋务局，湘梅、子范、小瑾在座。午后湘梅、惠臣来。惠臣忽要作江古学，早在洋务局看见此女，系察木多人，不过背水，为极苦人，未刻说定，即送至粮务署，未逾一时，已成江古学矣。金八作丫头尚在三时以内，此未逾时，金八不得专美于前已，一笑。番官、喇嘛来见，各委员所说均害怕语，饰以大道理，其实不通，对付而去。鹤孙由惠臣处吃喜酒来，谈及此事，种种可笑。行礼以两双叉手，大有夜叉国形式，绞脸以炭灰抹之，不过胡捞而已，惠臣谓之掀猪毛，可堪胡卢。午后看砌茆楼，皆告以口渴，遂赏其酡，钱六枚，番男女随作随歌，大有古风。晴。

十八日(7月30日)　早晚与鹤孙谈，午间略睡。此处一燥，人觉困，询之，人人如此。湘梅来，闻杨聚贤有欲立公司之说，大约十万银即可办理，如羊毛、牛尾、麝香、皮货，均可对利，且系大宗。恐洋人如到藏后，此利为其所拘，则边外大吃亏矣。告以集股如有成功者，再行上公事，决不与商人有为难也。然款目恐不易集，再看如何。灯后，噶必丹欲面回公事，问可否传见？告以明日十点钟来见。批噶布伦三大寺公禀已拟得，译出发之，大骂也。晴。

十九日(7月31日)　早惠臣来略谈。噶必丹来禀见，所说无非请余到曲水，可挡住洋人，未免发笑。午后湘梅、惠臣、鹤孙至西屋来谈，书案挪于此间。传噶布伦来，委员见。交派话到外签押房一听，各喇嘛所答之语，皆是不着要语，然比以前软多矣。旋至洋务局一谈，刘、吴委员由曲水回，曾见韦领事、谢老夫子，均讲情理之话，携回照会，洋官兵拟于二十二日进藏，如讲礼，自不动干戈，如讲战，则有兵在，不惧也。晚饭后，过鹤孙处谈，刘巡捕又会噶布伦等，谈到洋人必入藏，彼亦无如之何。俟大众商酌，明日回话。晴。

二十日(8 月 1 日) 刘巡捕会同噶布伦等赴前路迎接洋官兵，大约至聂党为止，明日谅可回头。午刻郑金澜由计泉夫妇送来东院，未刻余鹤孙尊宠徐韵秋来，酉刻李振勋丫头刘莲芳来，不意藏中正在军书旁午之时，作此闲情逸致之事，未免贻笑大方。惠臣、湘梅、子范、少嵩如君名菊英。均来閧喜，不敢当其贺也。晚饭后院中闲踏，遂告鹤孙不令其闲谈，各归洞府可也，未免可笑。前惠臣纳宠名杏云，见人以两肘作十字形跪拜。此与聊斋义枒山洞何异，故笑及之。有洞府称，湘梅尊宠名灵仙，何关外春风度之速也。昨夜大雨，早午晴，晚复阴。

二十一日(8 月 2 日) 早与鹤孙闲谈，午后过洋务局，湘梅、少嵩、惠臣在座，回时至外签押房与小瑾略谈，晚饭后复至鹤孙处。刘巡捕由洋营回，荣大臣、惠大臣、韦领事、谢师爷均见，所说之事，俱在情理之中，其番子僧俗所说，皆系不著要之语，洋人不以为是，明日一准到藏，候申正待其扎营再往见，惟住房现尚未定。半阴晴，午微雨。

二十二日(8 月 3 日) 早至洋务局，湘梅、惠臣、子范在座，回与鹤孙谈，申正赴布达拉山所扎帐房大小不差上下，可谓与士卒同甘苦，将到时有照相，下轿时又有照相。对面，地名花园子，拜总办边务荣钦差赫鹏，统兵官马正太，帮办哲孟雄办事大员惠德，前任重庆领事韦礼敦，通汉语。马正太帮办二员，不知名，办理番边事宜卧克那，通番语。带刘化臣、恩惠臣、张吉士同在座，略将各事一说即散。晚饭后，化臣、惠臣来回事，鹤孙亦来谈。持片拜韦领事幕友谢禹绩，名伟，江苏上元，副生。半阴晴，早雨，晚雷雨。

廿三日(8 月 4 日) 早与鹤孙谈。巳刻本署会荣大臣赫鹏、惠大员德、韦领事礼敦、卧总办克那及营官十二员，余本处委员、地方官、巡捕等皆陪坐，旋传番官交谕各件，遣刘化臣、范湘梅、余鹤孙、恩惠臣至洋营晤韦领事，酌商一切事宜，回时已掌灯矣。晚饭后鹤孙来又谈至许久。早雨，午晴。

廿四日(8 月 5 日) 午后，外签押房会谢禹绩，为江宁人，即住于秦淮河畔，人颇精明老练，不愧为韦领事幕客，早即来在化臣处早饭，现薙头借袍褂，始来会晤。各噶布伦等来回话，因洋人欲占罗布岭冈暂住之语，喇嘛等又讲横话，告以不妨再打，然不敢也。闻彼处亦有送礼之说，盖因余曾送往牛羊米面之举所引动。番边告以可到洋营卖食物，今日竟有人前往，可获三倍利也。吴少嵩申刻纳江古学，众人往贺，留酒席，竟将新郎搭入醉乡，为之笑倒。晚间由英营代发外务部电一件，译得即送去。晚饭后找鹤孙略谈。半阴晴，午后小雨，灯后又雨。

廿五日(8月6日)　早晚与鹤孙谈，湘梅来回公事。遣刘巡捕至洋营，并送荣大臣、马正太、惠德、卧克那、韦礼敦烧猪点心小鸡鸡子等物，番边所备柴草，晚间送到，一切无不饶舌。传见李福林都司，令其着实开导藏内僧俗，然知畏威，不知感恩也。晚饭后到马号睄马，至达木八旗帐房略坐，下雨至少韩、竹君处少谈，雨已大下，即回。半阴晴，晚雨。

廿六日(8月7日)　卯刻赴万寿寺恭谒，万寿牌前行礼，同官皆到。回署后，午初马统兵正太、韦领事礼敦回拜，均会。韦领事面交草条约一函。布鲁克巴噶基乌坚来拜洋人，提及番子，知其狡猾。至今官兵俱无住处，且应用食物草料，均未送到。闻说噶必丹、噶基皆在内作祟，番人又不知轻重，是以隔阂，未曾浃洽。布鲁克巴部长中萨本并噶基乌坚，面呈洋点心、洋酒及片子、风帕等件，收之。俟走辞，再重赏之可也。约众委员来看草条约，晚饭后鹤孙过谈。半阴晴，不时雨。

廿七日(8月8日)　备大绸、氆氇、藏香、麝香，送荣大臣及各英员。遣刘巡捕前往看视，因食物柴草未备，洋员领洋兵至毕蚌寺索取，将其喇嘛捉去四人，想以后略知儆戒，可少改前非矣。传见李福林，闻罗藏娃已出头与议，谅达赖不至终无见面时。昨日曾见一洋官为马正太帮统，名意克籐，据韦领事云，曾经见过恭勤公。早至洋务局晤湘梅、少嵩、小瑾。晚到鹤孙处谈，先曾登楼，韵秋、金澜、莲芳同往。微阴晴。

廿八日(8 月 9 日)　发家信一封，随电报差于明日走。略叙前接两封信，并电信小孩起名至格，又寄赏家人银一百两，由乔英甫拨银二百两以作至格满月等垫款。王顺已托凤大人带来藏内。乍丫娃口角斗殴，互有伤亡。洋人于二十二日到藏，拜往送礼，均讲情理，买卖均安静。等语。午后谢禹绩来，在鹤孙屋内见，江少韩送钞录新草条约并十六年旧条约。晚饭后至马号一看，遇惠臣、湘梅、少嵩由西院来，同至洋务局一谈。晴。

廿九日(8 月 10 日)　早晤惠臣诸委。午后三钟会荣大臣、惠大臣、韦领事、卧克那并营官五六员，洋营因番子无理，如欲打仗，仍可接仗，似不能令其因循也。旋传番官，因大雨未到。半阴晴，晚雨。

七月初一日(8 月 11 日)　早雨，道路泥淖。大招、丹达庙委粮务，家庙委总巡捕。午后会众委员，因草条约，现已禀复，所说不在道理，盖一面之辞，不成人话。达赖亦不知去向，诸人皆未敢应，为办事头人，惟恐躭沉重，令其派准人赴洋营亦不敢，其糊涂未有出其右者。令惠臣、湘梅、鹤孙、化臣到洋营，将所递各草条约复款，并前次以洋人要房要草料为无理两译文，留与谢禹绩转告洋官。晚饭后，安罗藏娃来送公事，因在内传见，开导一切。早夜均雨，北山见雪，午晴晚又雨。

初二日(8 月 12 日)　早至鹤孙屋内，湘梅来回公事，将洋营草条约八条，拟首尾，并致锡清弼制府、风弗堂都护信，均于酉刻发递。申刻赴荣赫鹏处望看，在座惠德、韦礼敦、卧克那，随去委员恩惠臣、范湘梅、余鹤孙、江少韩、刘巡捕，谈许久。至马正太营内，韦领事亦赶到，意克籐并众武员均在座，闻洋营拿去工布番兵六十一人，盖因有器械之过。散后至署已掌灯矣。晚饭后鹤孙又过一谈。早夜雨，晚已晴爽。

初三日(8 月 13 日)　巳刻在洋务局，约英营老夫子谢禹绩，陪客为恩惠臣、范湘梅、余鹤孙、江少韩、吴少嵩、吴小瑾，吴少嵩大醉，用两人搭至西院，因其新纳江古学，且又病，无不嘲笑者，席间所说，难免措辞失于检点处甚多。禹绩素吸洋烟，酒量似不强，亦醉。众人因席散，告余莫周旋。因而进内，禹绩先生已在局内沉酣矣，有趣。此处间有俗语，叫作跑死缠头，坐死别蚌子，笑死丫头，愁死汉人，殊可笑。传噶布伦等，告明洋人于明日欲至大招一看。晚饭后至鹤孙处谈，刘巡捕回甘奠池巴并佛公，欲谒见，传于明日下午四点钟。四山头雪未消，晴。

初四日(8月14日) 早晚与鹤孙谈，遣刘巡捕等陪惠德、韦礼敦并英人兰姓至大招一看。洋人送香赀百枚，送引导喇嘛金钱二枚，出招后忽有番人撇石，虽未伤洋人，恐藉寻衅。番官已饬严查，粮务、统领亦交派妥为防范。下午四点钟，甘奠池巴来见，又名噶勒丹赤巴。命之地坐，此喇嘛为经典中最熟悉者，拔取，非为转世者不知事故也，为现在达赖之师，盖藏中除达赖，其人有黄伞，番人称甘奠佛，年已六十六岁，精神甚好，言颇尽理，因与之痛谈，以后诸事，可以传其商议，免致前来胡搅诸僧俗纷纷质辩，永不能明白也。所谓三大寺：噶勒丹寺、俗呼痄瘴。布赉绷寺、俗呼毕蚌。色拉寺。俗呼色纳，闻此寺有俄罗斯喇嘛讲经，擦坭堪布于三月间看事不妥，已远飏。灯后湘梅来，将番人议复八条驳语来看，当改妥，令竹君复录出，明日再看。余适见甘奠喇嘛，将金澜等驱入鹤孙屋内。盖其无事则三人聚而歌舞，惟金澜尤甚，不得不暂为拘束。鹤孙云，如看着则老实，不然则笑声大作，半日实作开导委员，余不觉大乐，其措词恰合时务也。晴。

初五日(8月15日) 巳初半，惠臣、湘梅、鹤孙、少韩、化臣同到洋营，因昨日番人来，拟将捉两洋人交还哲孟雄纳金地方，是以晤韦领事商酌一切。韦领事未敢公然允许，当找荣赫鹏前来商量，应于明日番人带往再议，将驳出草条约八条，译交噶布伦等详细再议。晚至马号一游，回时约鹤孙过谈。噶必丹忽来，不过请早为议结为是，泛而又泛之语，因未见。并闻昨日因打石头番人，即行查拿，因已有罢市传言，洋人欲毁市面之说，皆系土匪造谣，以备抢掠之计。晴。

初六日(8月16日) 早间番官来回，将前捉哲孟雄两人当面已交洋官，询之本人，番边并未凌虐，洋人将其浑身验之，并无别说。想草约内可去一条，当饬番边即速具禀，以备存案。接荣大臣来函，送到外务部来电，廿二日洋兵到拉萨，英人已电知，令开导藏番，与英国妥善和议。午后至马号一看，遂至洋务局，惠臣、湘梅、少嵩在座。晚饭后过鹤孙处一谈，因请印，番女等将印箱头上一顶，谓可去灾且延寿，亦何可笑如此。半阴晴，灯后雷，小雨。

初七日(8 月 17 日)　下午三点钟，荣大臣、惠大臣、韦领事、卧总办并洋副将某来晤，交到一纸，仍论草约七条，总以番边实在应允为是。晚饭后至马号一游，并登马棚一望。今日番文来四五件，皆赶至一日。谢禹绩来，闻在西院吃饭，并即欲捐官之说，刻下仍犯热，亦可谓志向不凡矣，一笑。半阴晴。

初八日(8 月 18 日)　早间刘巡捕面回，闻洋营有洋人二名，被一喇嘛用刀砍伤，当派员往询。旋准洋官来信，韦领事过署有话面告。据云此喇嘛忽于褊衫内撤刀，将一洋官头上砍伤，复将一洋兵手腕砍伤，此人伤不甚重，先砍之人，医云须看两日，究竟是否有碍再说，洋人曾将喇嘛扎得三刀，并未深入，盖衣内穿铁锁甲，其为有意害人无疑。外人谓其为疯魔，恐非是。韦领事走后，至洋务局商酌公事，噶布伦等亦来回，知此事洋人欲令其赔钱，说明买物偿之，已允行。然此喇嘛为何寺人，究未问出，大众疑为色拉寺人，未审确否？晚饭后找鹤孙谈。晴。

初九日(8 月 19 日)　早至马号一看，遇一别蚌子(至)[自]洋务局出来，乃卖珊瑚珠者，其红如血，价甚昂，询其色淡者，价可省，盖关外皆然，所重者与内地相反也。下午三钟至荣赫鹏处，在座者惠德、韦礼敦、卧克那并副将武官等四人，将番人议复七条钞交之，其中有可照准，尚有应驳者，俟再议。回时走布达拉山东面，西靠山下，活水绕之，东柳林大似颐和园，在松树畸外行走，因想达赖喇嘛福分亦不小，恐无福者难消受也。早间遣吴小瑾、李福林、宋筠至马镇台营内看平安。因昨日有喇嘛杀洋官一洋兵二，闻今日四点钟将喇嘛悬高缢死，乃彼国法也。晚饭后同鹤孙到房上一看，金澜等亦上去，遂拿酕来喝，殊可笑。鹤孙到我屋闲谈。晴。

初十日（8月20日）　早晚与湘梅、鹤孙议公事，惠臣亦因公务来谈，在外签押房同惠臣、鹤孙早饭。下午两点钟，传噶勒丹池巴，名罗布藏坚参，罗藏娃，名罗桑甲错，姓安，达赖兄八分公爵，名顿柱夺吉，行三，并李福林，在内赏矮座开导。七条内赔款设码头等项，不可固执私见，有妨大局。询问达赖喇嘛，据云先在哈拉乌苏，现在又往前行，不知实在去向，或闻意欲去北京等语。旋接夷禀，亦大概如此。刘巡捕由洋营回，闻荣大臣欲明日来署，因荣夷情回省，买噶真缅布等托其寄往，可惜布动噶哩俗名鬼子皮。无好者，其质甚厚。半阴晴。

十一日（8月21日）　早至外院，遇谢禹绩至，过厅一谈。刘巡捕约其便饭，自不必再让。下午三钟，荣大臣、惠帮办、韦领事、卧总办并武员四人来晤，将驳其应议八条，即面交荣赫鹏，痛谈达赖喇嘛之事，因及番子之糊涂异乎寻常。走后参达赖电奏方拟得，即遣刘文通往交韦领事，询之，明日可走。日落到马号一游，看江瑞田打点狐皮，可缝旗袄一件。晚饭后过鹤孙处谈。晴，早有微雨，晚小雷雨。

十二日（8月22日）　早在外签押房会谢禹绩。下午三钟会韦领事，将所驳前议八条，荣钦差遣其来此商酌，当面商量，互有准驳，颇称接洽，又闲谈许久，伊欣然而去。马全骧都司来见，因后藏紧要，令其暂歇，即行前往。旋送到白猿一枚，其形比常猴大，头作白色，略黄，面耳爪皆黑色，身灰色，尾甚长，口眼似人，有谓其似印度人形，盖出南路，似有意思，性颇良善，不似寻常猴子恶劣也，留之赏之；并送玉方盘一、顶珠一，无用之物也。噶勒丹池巴谒见，因洋人欲到布达拉山，请余拦阻。噶布伦二人来，亦为此，未经传见。晚饭后，鹤孙过谈，闻昨电，洋营已代发矣。半阴晴，灯后雷雨。

十三日（8月23日）　因洋官等欲赴布达拉山一看，早遣刘巡捕告明，上有圣容，如去时本大臣亦须前往照料，洋官答云再议，并送第一条先为开议等语。拟两正折两附片，湘梅来谈。晚饭后至洋务局一谈，湘梅、少嵩、小瑾在座。回内，鹤孙来谈，前电请外部川拨四万金，准覆电，奉旨照准。半阴晴，早雨。

十四日(8月24日) 马竹君兼粮饷支发。来，因四万汇款须往南路一行，惟汇丰洋行须先电告，更托韦领事代为说项方妥。吴少嵩来商酌致赫乐宾信底，湘梅来商公事，拟复洋营条款已办得。噶布伦等谒见，询之，乃催洋人办讫公事，即令撤兵，其糊涂难晓以情理之语，令其找噶勒丹池巴再来回话。晚鹤孙过西院，因谢禹绩往晤谈也。半阴晴，晚雷雨。

十五日(8月25日) 磨盘山遣夷情恭代，缘今日城隍出巡，差马忙不过来也，家庙遣巡捕恭代。韵姑娘等皆来求，欲往马号一看，因允之，乐不可支，此处无可避忌也。刘巡捕遣赴洋营送条款，闻韦领事均到营内散给贫番子银钱等项，此亦买好之故也。马竹君来，因往洋营送汇丰电信，湘梅、鹤孙皆来商量公事。接家信一封，晚饭后写回信。半阴晴，晚雨。

十六日(8月26日) 早湘梅来商公事，少嵩来三次商公事，鹤孙亦来商公事，忙极，刘巡捕、李福林去陪韦领事等。至河南看番家机器局，不过如大铁匠铺，韦领事谓如此机器局，可以令我等睡觉，不必躭忧矣，可发一笑。午后会谢禹绩商酌覆洋营信函，随约湘梅赶紧办理，并将开来条款，饬番边议覆。晚饭后鹤孙过谈，丫头等将青稞穗掐来烧吃，即芒大麦也。半阴晴，晚雷，微雨。

十七日(8月27日) 写家信一封，于廿日随折件递往，交乔英甫。略叙王顺随金大人来，甚妥。接来信知铜佛像片已收到。藏中安静，惟达赖不知去向。计泉、田德娶丫头，乃奉明文，生子女可带回，酡房子无人敢去，以后可带若多小孩回去，亦德行事也。等语。忽闻色拉寺有因洋人砍柴几乎闹事，遣李福林、高玉贵往探，与洋人尚无事，竟将前派汉人，用石打伤，殊出情理之外。复遣李福林往见噶勒丹池巴，应俟洋人退兵后，再行惩办。鹤孙、湘梅来商公事数次，少韩将缮就折件来看。上楼远眺，下楼晚饭后与鹤孙谈，过我处。半阴，晚灯后大雷，不大雨。

十八日(8月28日) 午后赴洋务局，湘梅在座，略谈公事。至东花厅，谢禹绩在马竹君屋坐，因痛谈。三钟韦领事来，同一武员，便衣谈，将番边覆禀令其带去。传噶勒丹池巴来，告以公事不应拖泥带水，应直爽禀明，方能了事，不然挨一日须出一日兵费。问及色拉寺何以喇嘛中有如此不通情理者，据云现已暗查，俟得有主名，待洋人兵退，再行办理。敬送哈达及长寿佛一尊，以为赔罪。定于后日同到洋营，一切条款以便面议，晚鹤孙过谈。半阴晴，晚风雷并雨电。

十九日(8月29日) 湘梅来回公事，少韩将折子包妥来请恭阅。午后噶勒丹池巴罗布藏坚参、佛公顿柱夺吉、洛藏娃罗桑甲错均来谒见，所说不过为赔款一节，哓哓置辩，难知其所以然，不过糊涂二字该之矣。将拟带省皮甬、绸布装一木箱，俟荣百龄夷情回去寄往。至马号一游，看马更觉膘肥。晚过鹤孙处闲谈。昨夜雨，今日半阴晴。

二十日(8月30日) 未刻恭设香案，望阙拜发奏折二件，片两件：一件洋人到藏情形，一片未办春操拟改洋队，一件奏参达赖喇嘛不知去向，一片乍丫围署将轰毙官兵请优恤。给军机处一缄，历述藏内情形，有围署搜洋人之事。外务部文一件，赫德总税信一件，因巴尔种种劣迹请总税司外部酌奏，一同发递。并寄省家信一封。遂赴洋公馆，委员文武六人，晤荣大臣、惠大臣、韦领事、卧大人，带去甘淀池巴、三噶布伦同见荣大臣议条款，反复处不知凡几，真正毫无知识，殊可恨恨。回署用饭，已灯后矣。旋到鹤孙屋内闲谈，巳刻曾传噶布伦等，一片犬吠也。半阴晴。

二十一日(8月31日) 早传噶布伦等到署开导，范湘梅、刘化臣见，然所说在情理之外，只好再听如何。巳刻约范湘梅、恩惠臣、江少韩、余鹤孙、吴少嵩诸人，吴小瑾因病未到。洋务局与荣百龄饯行，饮至大醉，所谓离筵，未免感慨系之矣。旋至西苑看少嵩，已入醉乡，高卧难醒，回时同鹤孙用晚饭，仍在醉乡，尚未醒也。半阴晴。

廿二日(9月1日)　昨夜因大醉酒，渴，三钟起来喝茶，登马桶，今日八钟方起。此地燥甚，白酒又热性大，饮之不适也。近日服毡袷袄、棉绸马褂颇合式。然恶蚊子极多，院内不好坐也。下午三钟荣大臣、惠大臣、韦领事、卧总办、武员五位来会，传噶勒丹池巴、噶布伦、大仲依等番僧俗大众及诸位委员，皆见荣大臣。付伊谕旨十款与前八条大略相同，因兵费需七百五十万，罗卜番僧俗大众用比语对洋官云：譬如若等如一驴，须令其驼得动，不然压死而后已。韦领事译出告余，余谓：彼若是好驴，能顺理驼人驼物，未尝不可爱惜，乃又咬人又踢人，的是坏驴，殊可恶。于是英汉人无不大乐。晚饭后到马号一看。早夜雨润，午后晴。

廿三日(9月2日)　早至马号一看，午饭饮黄酒而醉，遂登楼略睡，楼上比楼下热，或因无廊之过耶。刘巡捕由洋营回，将应议公事拿来，复又到洋营，彼有电，闻达赖喇嘛有奉旨暂行革去名号、班禅到藏接掌黄教之语，未知确否？并后日欲演洋队，问可去否？告以可去。晚饭后鹤孙过谈。半阴晴。

廿四日(9月3日)　早间午后噶勒丹池巴并大中译等先后来署，所议条款，忽欲从前八条，又不从十条，反复无常，不知何为是。因湘梅、刘巡捕见之，余未得传见，见之亦不过生气而已。晚饭后至马号一看，并到洋务局见湘梅，告其官事有应斟酌处。至鹤孙处闲谈，接荣大臣来函，明日本营演炮，约三句钟，过拉鲁行营一同前往。晴。

廿五日(9月4日)　早间诸委员来回事，络绎不绝，不意此地公事有如此忙时。午后两句多钟到拉鲁公馆，闻诸洋官已到营盘，因未下轿，亦到其营演炮处，离营盘尚远，在南路对色拉寺下一帐房前向南，由东而西演山炮十四出，山炮演出至排，又开花炮。声甚大，先将两尊用骡子四五头驮，一尊轮子炮身，系两截。药码俱全，现攒一处，可致中里六七里远，灵巧之极。继演快炮，由西而东，又名格林炮。此器曾在上海机器局演过，其快慢相仿，炮身无其精巧，共放七十余出，亦两尊，用骡两头驮一尊，后单驮药箱者多三四头，盖此物用子码最多也。因赠其二千块藏钱，看外国操通例也。来去皆由布达拉山东走，藏河水不甚深。晚饭后鹤孙过谈。阴，午后雹，晚雷雨。

廿六日(9月5日) 早间诸委员回事数起。三句钟韦领事来商公务，便衣见，化臣并见。午前到后院一游，荒烟蔓草，竟无走道，有早经干穗者，疑为夏枯草，未知然否？复至马号一站，晚饭后鹤孙过谈。半阴晴。

廿七日(9月6日) 早九句钟至拉鲁洋营，同恩惠臣、范湘梅、余鹤孙、江少韩、刘化臣会荣赫鹏、惠德、韦礼敦、卧克纳并洋武官十余员，及噶勒丹池巴、四噶布伦、大堪布、大中译等，因条款番边已允从，拟明日下午三句钟到布达拉山画押。始则番边不允，继而洋人非至此不可。因两句钟遣恩惠臣、刘化臣、李福林会同洋人往看，已定画押之处。江少韩带笔贴式斌泰、字识马永太在彼写条约汉字，至灯后方回。晚饭前至马号看猴子，到洋务局与湘梅、少嵩、惠臣、竹君谈，饭后找鹤孙谈，小瑾忽来，北山大雪。早微雨，昨夜大雨，晚雷复有雨。

廿八日(9月7日) 早找鹤孙谈。下午三句钟赴布达拉山，先恭谒圣容，遂至达赖喇嘛正殿，有穆宗御赐“振锡绥疆”匾。聚集洋番官并竹巴娃噶必丹等画押，惟英番其印以荣大臣英字，噶勒丹池巴番字前后用之，噶勒丹池巴用达赖喇嘛之印画讫。荣大臣告番官一片言语，不过和好之意。荣大臣带有二千洋兵以示威武而已。番边盖印前，先将番文朗诵一通，其人为惠大臣。闷喜如字识之流。乃哲孟雄人，其装束与汉人无异，缎袷袄，缎坎肩，靴子，小帽，不过满留头，有耳环，闻哲孟雄自归洋人保护，皆改此装束，亦奇已哉。余告以现已电奏，俟奉有旨意，再行补画，洋官允之，回署已掌灯矣。晚饭后，小瑾送公事略谈，鹤孙来长谈。昨雨今晴，有云。

廿九日(9月8日) 早会何稚逸太守光夔，意欲南路航海回川，乃自觅驼脚，不过官票洋照，可利遄行。午后登楼，给寿昌、寿蓉各写信一封，交鹤孙转交乔英甫，便中寄往。叙得至格须报本旗，并刻下藏中安静，达赖已奉旨暂革名号，此处天时。等语。刘文通遣其洋营二次，一因韦领事约，一因发英番业已画押电报。至马号一看。何太守送一箱鱼肝油，收之，赏之。在楼时，湘梅、少韩、竹君皆回公事，晚饭后鹤孙过谈。昨夜雨，今晴有云。

三十日(9 月 9 日)　早谢禹绩来，约湘梅、鹤孙同在外签押房早饭，商酌覆洋营公事。渠至洋务局打麻雀，又留晚饭，余已面说不往相陪。至马号，因鹤孙、少韩、化臣各买青马一匹，请往看，尚均堪用，乃西宁新来者，惟个子都不大。又往药库一看，找药者尽有，习医道无人，草菅人命而已，可奈何。午后噶勒丹池巴、四噶布伦等皆来谢和约照应之恩，因赏其座，缘在洋人处皆有坐位，不便复闹从前款式。晚饭后至鹤孙处谈。山有雪，半阴晴，微雨风。

八月初一日(9 月 10 日)　辰刻恭谒大招万岁牌，前行礼，丹达庙、吕祖前行礼，回署家庙各神位前行礼。写家信一封，初四日走。略叙给蓉格写信，至格报明本旗。藏中廿八日和约，都安静，此处天时已薄棉袄上身，尚有蚊子，人人觉喘，并火甚大。因荣大人回川，并请军火，高玉贵、扎拉逊同走，寄木箱一只，物件另有清单。等语。行香回，闻马号猴子竟跑至上房书桌上，幸放吃剩两枚饽饽得之，不然笔砚等物不可问矣，人家此物似不宜养之。现有一猿一猴，责令其小心看守，前数日曾死去一小猴，少一为是。至马号一看，登楼。晚饭后鹤孙过谈。早雨，午晴。

初二日(9 月 11 日)　早湘梅来谈，代计泉恳求而已，缘金澜实在不听话，于七月廿三日逐去。因同计泉有亲，其来时，乃其一力成全，故于昨日亦逐之，以警将来之无良心者。少韩来回公事，竹君亦来，为明日赴南路领取汇款，商酌带印文空白，并听韦领事云，可以驻藏大臣写立字据，由汇丰洋行拨给电局亦可，因写就字据，至洋务局将字底附之。面交竹君，藉以送行，改后日走。并与少韩略谈。回内院看安院内东南朝上房北窗木板一通，因其看外院一直甬，太不收气也。晚饭后过鹤孙处闲谈。半阴晴。

初三日(9月12日) 早升大堂，验放噶布伦等缺，退堂后，旋乘轿至前夷情司员荣伯龄郎中处送行，明日起身。何稚逸太守来，亦明日启程，因无暇，差送。午饭后至鹤孙屋内谈，惠臣、少嵩在座。洋官惠大臣、韦领事来照相，余同恩惠臣、范湘梅、余鹤孙、江少韩、马竹君、吴小谨、吴少嵩、刘化臣共照一张，余单照立像一张，又乘马照一张，除少韩诸委员各照一张，李振勋四人共照一张，宋筠等数人共照一张，皆系惠大臣一人办理，乃偏劳之至，复又谈，洋官遂去。到马号一看。用晚饭后，鹤孙来谈。晴。

初四日(9月13日) 辰刻秋祭文昌庙、九叩有文。萧曹庙、同上一庙，六叩有文。武侯祠、六叩有文。三光庙、同上一庙，三叩无文。昭忠祠，六叩有文。回署。马竹君辞赴南路，荣郎中遣人往送，湘梅、惠臣来三次，化臣赴洋营二次，鹤孙、少嵩各来一次，公私各有说也。晚饭后至马号一看，猴子又跑出。接京电二件。鹤孙晚过谈。晴。

初五日(9月14日) 午后至洋公馆，晤荣大臣、惠大臣、韦领事、卧总办并新到一位大臣，痛谈。外务部不令余画押，恐失主权。洋官大不以为然，商酌彼此给北京打电问如之何？回时见有小孩放风筝者，询之，此地是如此，春天风不能放矣，足见阴气之升，亦有不同处。布达拉山后，平坝皆出水，有活泉，惜作(费)[废]地，不然，可作水田也。晚饭后鹤孙过谈。晴。

初六日(9月15日) 诸委员商酌公事，络绎而来。午后湘梅、鹤孙、化臣同至洋公馆，找韦领事商量公务，其中与外务部有牴牾处，然而无法可止。晚间发去两电，实情叙入，看当如之何？晚间至马号闲踏，遇少韩将电中情节略谈，知恭勤公亦与总理衙门亦曾饶舌过也。中国之事，大半如此，将奈何。饭后过鹤孙处一谈，连日觉腹闷不释，有火之过也。晴，风。

初七日(9月16日) 早晤湘梅，来谈公事。午后登楼，惠臣来，因随来营兵傻八儿陶联贵。因账目所逼，竟服鸦片而死，救之不及，祇得由粮务知照本营掩埋后，再行挑补可也。惟数千里外到此竟终于非命，亦可怜矣。伊兄陶联陞因乍丫娃前次闹事亦亡，或其家运所致耶。刘化臣遣其赴洋公馆，因韦领事有由打箭炉回川之说，番边多有碍难，彼自不听，只得办理护照，以听前进。晴。

初八日(9月17日) 湘梅来将韦领事由东路回川办电知照外部，并闻外边风声不顺，欲练兵等语，找化臣来商，恐系汉人谣传之语也。传李福林又询番僧俗各情，亦未见有何议论。少韩来商酌奏折，少嵩来商酌信稿。晚饭后马号一游，登房一看，见男女柳林而回，已入醉乡，殊可笑。到鹤孙屋内谈，痛说上海故事，其乱有甚于蛮地者。晴。

初九日(9月18日) 早赴洋务局，与湘梅、少嵩谈。接京电，闻赫总税司信，廿八日定约，仍令不可画押，想前去之电，尚未收到，祇好再听如何。午后登楼，李福林陪洋人到布达拉照相，番子并无别说，且送酒赀二百元，甚觉安静，有钱自应安静矣，一笑。晚饭后至马号，与鹤孙登房远眺。刘巡捕由韦领事处回，将由藏地至打箭炉护照交给，均无别说。回内院，至鹤孙屋内谈。晴。

初十日(9月19日) 早接家信一封，省内尚称安静，合家平安。振勋接信，双儿病殇，殊可惜。并有寿蓉生母病故之说，闻寿蓉归其四叔之语。午后登楼，刘化臣、李福林来回话，福林所送小桃有甜的，此藏中不易得，大半酸者居多，杨聚贤亦送到桃子、沙果等物，系山南所出。晚到马号一看。饭后鹤孙过谈，在楼，少韩亦来，拟于后日拜折。晴。

十一日(9月20日) 早写家信一封。明日折差走带去，交英甫转交。略叙前随信带木箱一只，并宝丰拨银二百两，可接到，接来信，外荣大人、钟二老爷、什邡县三信，均收到。知至格满月，诸人贺喜，孩子有九斤重，前带番衣帽，俟大时穿带有趣。朱太太欲认作义女，甚可感，从此可称亲家矣。藏中安静，洋人有回国之意。此处小孩放风筝与内地春秋相反。等语。午后惠臣、鹤孙、化臣来，公私各有所说。旋登楼，杨柳均有黄叶，闻九月内树叶均可脱尽，足见天时非内地可比。给洋人送行礼物，绸缎、皮张于昨日定妥，今日收拾完整，俟有准走日再行送往，鹤孙晚过谈。晴，晚风。

十二日(9月21日) 辰刻秋祀扎什城关帝庙，九叩，有文，礼烦。磨盘山关帝庙关庙东殿祀药王不行礼。委夷情、司员，观音殿，同在关庙后殿，三叩无文。风云雷雨庙，同在关庙西殿，六叩有文。城隍庙。六叩有文。回署，申刻望阙行礼，拜发两折两清单，系补后藏噶布伦等。进内换衣至洋务局，晤吴少嵩、小瑾谈，并在此梳辫。晚饭到鹤孙屋内闲谈。化臣由洋营回，后日洋官可行。晴，晚小雷，微雨。

十三日(9月22日) 早十句钟，荣大臣、韦领事、卧总办暂住江孜。来辞行，又一武员据云明日十句钟同马统领诸人均起身，会谢禹绩，亦于明日起身。大吉岭总管瓦里斯系本国吏部尚书。来会，因前次在洋公馆一见，今特来拜，并拟特照相，在暖阁随照一像，座椅设茶几，又到内略谈，遂去。三句钟至洋公馆，给荣赫鹏、韦礼敦、卧克纳送行，痛谈。旋至马正太洋营送行，韦礼敦亦来作通事，遂与马统领、韦领事、洋武官、汉委员等共照一像，又谈，方回署，已落日矣。荣大臣送到大铁盘一，茶壶一，有耳大碗一，大爵一，均系洋铁，共装一箱，金丝缎一匹，金织团蟒大红缎一匹，蓝末本缎一匹，香色末本缎一匹，大小洋枪十杆带码子并铜帽，外赏当差等人藏钱三千元，因赏其来使六十两银。韦领事晚间来信，奉国家命，因未画押，不由打箭炉回川，仍同荣大臣回印度，此诚万幸，可免耽心矣。晚饭后到鹤孙处谈。晴，晚风。

十四日(9月23日) 早遣惠臣、化臣赴洋公馆，给荣大臣等送行，江少韩、余鹤孙赴洋营给马总领送行。闻番官亦搭帐房送行，两处戴黄帽子及贫人皆往要钱，殊无耻衣冠。传(部)[布]鲁克巴中萨本所派哈基，名乌坚，来叩辞，赏其部长中萨本袍料、银牌，乌坚马褂料、银牌，遂辞而去。此种人颇学中国服色，亦戴顶，穿各色花衣服。若见官不敢戴顶，盖私戴以为体面，品级未知也。竟有戴红顶，却光著屁股者骑于马上，露精光两腿，太不足以壮观。洋营所带哲孟雄人，帽前有戴孔雀翎者，红顶花翎靴子，至此扫地矣，一笑。曾蒙恭勤公赏给靴子，不过三日已泥烂矣。午后登楼，拟致外务部一电，鹤孙来商酌。下楼看两菜园送来花木，有菊花、西番莲、大红雀月季、洋海棠，不知名洋花，臭芙蓉甚旺。饭后马号一看，灯后鹤孙过谈。晴。

十五日(9月24日) 辰刻恭谒磨盘山关帝庙行香，回署，各家庙神位前行香，望北祠堂前六叩，先祖父母前六叩，先父前三叩。众委员等拜节，笔帖式拜节，统领等拜节，汉番各官拜节，执事喇嘛等拜节，各汉兵等拜节，各项当差人役拜节，进内换衣。放各项官员兵丁执事人等赏，王永福两小娃子各赏藏钱两枚，月饼一套，吉祥、姿诸麻、喜乐各赏藏钱廿枚，送给湘梅诸位点心，复将达木八旗官兵赏给藏钱、茶叶等物，均欣感无已。向无此说，因刻下保护衙署之故也。午后登楼，因早间合署食全羊，胸前觉涨，不知何故。下楼至马号一踏，回时遇小瑾立谈。晚饭后觉少好，惟作渴，过鹤孙屋内谈，回时见堂屋摆香桌，乃韵姑娘、莲芳拜月，据云汉与番不兴也。晴晚，小雨。

十六日(9月25日) 早刘巡捕来回公事，因外委马元代韦领事取什物，行至江卡为洋兵打死，真奇事也，并打死汉人李姓，即系韦领事跟人，并有三个番人、塘马三匹，未知下落。范委员来回公事。午后登楼，阵雨，喇嘛又有送鬼之举，痛放爆，即土枪，复又放鞭、烧草堆，可谓无耻之极矣。晚饭后鹤孙屋内谈。半阴晴，午后雨。

十七日(9月26日) 辰刻秋祀龙神祠、六叩有文。观音阁、三叩无文。吕祖殿、六叩无文。丹达庙、六叩无文。瓦合祠，三叩无文。丹达、瓦合同一庙内，俗名为丹达庙，财神庙委夷情、司员，向日本大臣自往行礼，惟不入祀典，应委地方官前往为是，如如来观音佛虽不入祀典，到此佛地，自按佛教与满蒙旧俗，亦不背也。回署，会张吉士游击，祥和。辞赴察木多任，据云十九日启程。饭后登楼，晚饭后至头门一踏，回时至鹤孙内谈。昨一雨，山上见雪甚多，今晴。

十八日(9月27日) 午后登楼，下楼后至鹤孙屋内，湘梅回公事，找化臣交给分账。到马号登平台一望。晚饭后鹤孙过谈。昨日同鹤孙、化臣至后院，拟盖数间土房，以备兵丁棲止，并拟东西院在乾方各开一小门，可通后院，并临后街。将旧有门开通，可备寻常闲踏，亦拟盖兵房一间，看门。晴。

十九日（9月28日） 巳刻在署望阙九叩礼，拜发万万寿贺折、随安折二分，用报匣，自来如此，不似各省专丁也。今届圣寿七十，已明奉慈旨，不准进献，是以谨具贺折。午后登楼，觉比楼下热，不适，至外院看，番男女交米，带来两小孩，颇有趣，将点心赏之，遂叩头。至马号一踏。晚饭后找鹤孙谈，后院回东北五鬼门不便，巳刻破土，改乾方，门外拟盖敞厅二间，亦破土。晴。

二十日（9月29日） 昨夜觉甚热，五钟醒后稍凉，复睡至八钟方起，牙痛喉亦痛，服东洋长寿丹，见好。午后登楼，因太阳甚燥，将遮簷挂起，方不觉热，下楼后马号一游。晚饭后，至南门外看水，见讨口子喇嘛已入醉乡，且歌且走，殊堪笑。闻日前振勋出院外未见走回，莲芳说此处有狐鬼，专能变妇人，将人迷去，想振勋必应如此，遂大哭，众人无不笑者。迨其回来，竟握手涕泪不止，所谓其愚不可及也，小夫妇如此怜爱，亦见一斑矣，一笑。晚找鹤孙谈。晴。

廿一日（9月30日） 早接外部电，无甚紧要事，靖西尚安静，任字识已回，此次电乃韩德森税司所寄，有署理税司字样，不知巴尔何去？此人丑事甚多，且无事生事，殊不知耻。午后登楼，先至洋务局略谈，湘梅、少嵩在座。晚饭后马号一看，回时到鹤孙屋内谈。晴。

廿二日（10月1日） 巳刻传甘奠池巴并四噶布伦来署，因递呈代达赖喇嘛邀恩，故传来明以宣示，衹要彼能知悔，以后可为代奏，并批示之，遂去。接班禅佛处来禀，有洋人往见之语，请作主，因批示：恐为谣传，不可尽信。午后登楼，下楼后外院一游。饭后同惠臣、鹤孙至南门外一游，看有数起番男女并缠头等由柳林而回，大有醉意，甚可笑。同惠臣回署，约小瑾同在外签押房痛谈，谈及庚子京内之乱，实属劫数，非人力所能挽回。川省之乱，亦不亚于北方，大约由资阳起首，各处纷纷扰攘，死去不止万人，亦不得不谓之劫数也。晴。

廿三日（10月2日） 早间至马号，见成衣兵丁孙缝衣，将令作鞍罩等件委之蛮缝衣，彼竟置之不理，殊觉可恶，因传至外院，责其四十马棒，以警其余，此处非严，别无办法。午后登楼，稍觉凉爽，因微风之过也。早间五钟即起，肚腹不适，未能痛泄，总由燥之过甚，一日反觉困倦。接乔英甫来函，公费六千两，已于六月廿八日由宝丰号如实代领。昨日接锡清弼制军、许紫莼方伯来文，亦照数发交宝丰号代领，转汇来藏。晚饭后到鹤孙处谈。晴。

廿四日（10月3日） 早间将荣英员所送洋枪子码点明立账，粮饷处收存，其某枪交某人亦注明，有两支无子码可配，并未领子码，均于午后登楼存于西间。惠臣来，闻达木八旗调到兵二百，令其扎于扎什城。俟问明再行验看，街市尚称安静。下楼后到马号一踏。晚饭后到鹤孙处谈。接到外部电，前之德人欲到藏游历，已与使臣言明，业已挡回矣。午间湘梅曾来，为松寿满任后藏粮务，拟知照川督办理。晴。

廿五日（10月4日） 早湘梅来商公事。韩德森来函，由总税务司赫德委其署理亚东税务司，然巴尔开去税司，至今未见明文，殊可怪也。午后登楼，较凉，南山雪，想有夜雨。晚饭后至马号，遇鹤孙、程巡捕等，看猿猴，猿力大，猴力小，每将按倒口啃，颇有趣。猿爱吃柳树叶，大约在深山中以树叶为粮，想果木未必能有许多也，然性善，小狗同其玩耍，猴则抓之，狗必嚎，此知其性不同，且猿有臂有肩，猴有臂无肩。古云猿臂善射，想论肩也，猴则两腮有皮，可存物，猿则无之，又不同也。进内，至鹤孙处闲谈。晴。

廿六日（10月5日） 早湘梅来商公事。午后登楼，接外部电，由荣英员递到，无随函。刘巡捕来，持丁有禄来信，有英员令其送电等语。下楼后至马号一踏，号院久倒枯树，令番人砍作柴用，在本地以为年久有神，实属可笑。王永福另打一汽水锅，系红铜，与内地所带者合样，比照有三分之一，甚灵通，不意番子手艺能如此。院内有菊花，剪其枝叶，无花者入锅蒸之尝之，竟成菊花露矣，遂兑大麯，将其邪味竟稍变。晚饭后至鹤孙处谈。化臣送两丫头来看，一胖一瘦，鹤孙谓胖者硕大无朋。晴。

廿七日(10月6日) 早与鹤孙商公事，照会荣赫鹏，接京电，问其斟酌事宜，即时发递。午后登楼，较上半日稍热，然两棉总要不离身矣。下楼至院内徘(回)[徊]，遂用晚饭，饭后由马号至后院，又至西署后院，现经刘化臣将院内垫满沙土，以备操练洋队，既宽敞复平坦，颇为得宜。院东北有马神庙一座，系前驻藏大臣维桂亭通侯所立，已渗漏不堪，现拟修理，亦化臣所兴办也。适眺望，化臣来，仍由后角门而回，送余至东院，找鹤孙闲谈。午后曾传见达木八旗新调之兵，其协领纳觉，佐领结波，骁骑校噶马顿柱等二人，什家户即拨什户扎喜称勒等八人，将守衙门达木官兵等均令其搬至扎什城，共来兵二百余名，饬其赶紧造册，以备选择。晴。

廿八日(10月7日) 早湘梅来商酌公事，闻达赖仍有进京之说，未知准否？因串气右臂作痛，各处闲踏，饭时大饮黄酒。至鹤孙处谈，遂登楼，伏几略睡，觉串气少好。下楼后，马号看康尼等搓土垫院，随搓随歌。晚饭后至南门外一踏，水已见微，河声远听甚大，盖水小石露矣。平坝中有倒马一匹，群狗食之，询之乃野狗，并非人家所养，甚凶猛，如夜间走在街上，必须有灯，不然险极，然为其所群有一法，作呕吐状，狗则随之以为有可吃者，或不至为其所窘，亦可笑也。灯后找鹤孙谈，前看一小女名娥珠，乃番名，即以名之，问作汉语，系喜神之谓也，为本地番人，年十五岁，无姓，余谓姓唐古特可矣，若汉姓，姓唐亦无不可，甚精明，惟汉语不通，的确番家，尚服番服，令家人找片子现作汉服，殊可笑。询其来由，乃刘巡捕觅得，其貌尚秀，此地颇难得，大半脑满肠肥臃肿不中绳墨者多也。晴。

廿九日(10月8日) 早至洋务局略谈，因第穆庙跳步扎，合藏男女皆往观之，地面须有官弹压。恩惠臣携江古学前往，约湘梅、少嵩江古学同去，因之莲芳必欲求去，询之有好处否？据云：如能看步扎，则死去可不怕鬼。然自己作鬼，不知所怕之鬼又何物也，真不值一笑。饭后到后院一踏，听铙钹之声不绝，复有枪声，乃送鬼也，又有鼓声，乃柳林中跳锅庄、唱蛮戏者，系看步扎后到此闲消遣，不知又有何解。登楼，俟下楼晚饭后，拟至南门外一游，遇少韩、鹤孙、湘梅、少嵩，由惠臣处扰其酒席而回，同鹤孙步至南门外，见对面柳林烧草堆。盖一年买卖完，诸人来此贺之，遂有众番人饮醉而回，竟有一人远远乘马而来，左右大摇，其形太丑，不觉大笑之。复有步踏众番人，且行且歌，舌已短矣，调已岔矣，实不能不大乐。回署，鹤孙复过闲谈。晴。

光绪三十年岁次甲辰九月初一日(10月9日) 辰刻恭谒大招万岁牌，前行礼，丹达庙、吕祖前行礼，回署，家庙神位前行礼。闻是日为吴少嵩生，诸委员皆往祝，已将寿星逼入醉乡，不知终日在彼作何举动，殊可笑。午后登楼，忽不见娥珠，乃化臣带去，改为汉边衣服，系绛片棉袄、绛片棉坎肩，不枉番女，大有喇嘛形景，一笑。晚饭后至马号，上平房一望。灯后鹤孙过谈。晴。

初二日(10月10日) 早湘梅来商公事，至少韩处略谈。午饭后约惠臣、湘梅、鹤孙、少韩、少嵩乘骑至大招，内有观音像，珠宝已不计其数，顶有白金刚石一(棵)[颗]，有栗子较大，如来佛铜像，乃唐朝铸，西北朝佛者，即朝此尊也，年年贴金，并未见厚，前有酥灯碗，皆系金造，竟有十数具佛冠，均系珠宝，用金打造。闻系贡克扎拉参北路喇嘛，后封活佛。所进，背后有矮如来佛，传闻曾与汉人说话。两廊各佛罗汉像甚多，有石上现形文殊佛，并有莲花佛，欢喜佛，俗呼阴阳佛。护法宗喀佛，各辈达赖。登楼有白喇嘛像，乃女身，其珠宝缨络甚多，最奇前后左右均有老鼠绕行，并不怕人，或吃酥油或吃糌粑，屡屡而行，闻死鼠有蒙古来买者，竟值十两银一枚。闻韦礼敦领事云，此喇嘛曾至英朝皇帝。再上楼一层，为白喇嘛生母之像，其丑如恶鬼，不似白喇嘛像体面，旁有墙上一洞，其臭不可闻，传言圈鬼之处。余谓必为耗子窝，内多有多年死耗子，以致如此之臭，鹤孙颇以为然。又一殿在右墙下，自来生石羊一只，如玉米大，已露半身，或云已四十余年，年年长，又云如全出，则藏地难保矣。其在极顶处看瓦椽，均系金铸，如来佛门旁竟有用金叶裹者，可谓极富丽矣。庙坐东，向西北面夹道有赞普像、唐公主像，及送公主老使臣像、有长须，不知何人。公主娃娃像，又有赞普之妾别蚌子女像。唐公主像并不美，其余尚好。山门内有五辈达赖貌尚好。与哲布尊丹巴谈道画像。哲普有须，貌甚丑，似蒙古人也。缘朔日每行香，未得细瞻仰，故今日有此行。庙旁又有观音佛殿，内缘像亦有老鼠来往者，外壁厢国朝平廓尔喀纪功碑，外有唐碑在庙前，已为风雨并酥油所污，均剥落矣。遂乘骑至小招外面看，甚庄严，其实不过殿一层，与大招相去远矣。至长寿寺，不大，供长寿佛，面上金皆参差凸起，据云某年出痘，死人甚多，迨佛出痘乃止，似故神其说了。内亦有观音佛、欢喜佛等像。适李海山都司福林。随侍，其家即在左近，遂往其家喝茶，房间不多，买于蛮家，每年须给地皮钱四十元，盖藏例也，一笑。复往旷野柳林益喜岭冈，惠臣在此下账房并备卤面，甚好，无如甫吃饭，只得强压之，殊难过也。讨口子男女皆来歌舞，甚怪声怪态，主人家送来桃子，乃杏核，颇奇也，然苦万分，恐系柳树所接。遂由此回署，已酉初矣。晚饭后至鹤孙屋内谈，据云此年石榴其子数目即明年若干日，因其中午所结，故有此说，未知验否？晴。

初三日(10月11日)　早传由京回扎萨克衔堪布罗藏顿柱，询之，京内均平安，回话颇得体。永定营千总在藏差遣孟得胜及外委任鹏举并兵丁学生等，由护送廓尔喀穿带差回销差，该国王呈有表文一匣，并送本大臣金丝缎四匹、外文二件，当交廓尔喀房译出，不知作何语，俟译出再说。惠臣、化臣来商看达木兵办法，已定于初七日辰刻校阅。午间无事，仍困略睡。晚饭后找鹤孙谈。接巴尔申呈，已调九龙关税司，将印信交与韩德森接管，韩税司亦有接管申呈。此巴尔真正无耻，(为)[惟]知图利而已，其所用邓姓尤可恶。晴。

初四日(10月12日)　早湘梅来商公事，化臣来给娥珠送袷袄，其棉袄不数日已油污矣，此处小孩不过如此。午后登楼，田德拿小宝石，留蓝色三枚，红色两枚，外有黄色、白色金刚石，拣数枚，看其价如何？再定留与否。粉红纺绸不足一匹，亦留用，此处甚难找也。廓尔喀回差带来洋桃、香水等件，均收，乃照常如此，因赏之。下楼后至马号看康尼，将院内铺平，用沙子垫满一层，颇觉干净，乃化臣之调度也。晚饭后找鹤孙谈。晴。

初五日(10月13日) 早恭绎廓尔喀表文，额尔德尼王表额尔德尼王称小臣，廓尔喀麻哈热杂比日提毕热毕噶尔玛生写曾噶扒哈都热萨哈额尔德尼王。用金丝缎，真金丝缎有值五百银一匹，盖真金之作成也。衬子包裹，押表金丝缎一匹，果敢王果敢王称统领兵马果敢王衔，总噶箕噶免扎热英纳已扒杂拉热纳曾达热生写热曾哈热纳扒哈都热。金丝缎一匹，金丝缎荷包内金钱五枚，外用龙匣，统盛在内。最怪龙匣两头画人面二个，转围极细，似火焰似发，一作红面，一作白面，殊令人不解。湘梅商公事，在鹤孙屋内，少韩商公事。午后仍困倦不支，此处惟燥气难过，刻下虽凉，绝无内地清爽之气。回差等又有送礼，如落花生、葡萄等物，皆为希奇，此地无有也，收之，赏之。接公所来文，极长，不过为达赖邀恩而已，俟批。连日鞭炮之声甚多，总在灯后，询之，乃廓尔喀过年也。晚饭后，过鹤孙处谈。晴。

初六日(10月14日) 早湘梅来商公[事]，找刘巡捕交派公事，与鹤孙略谈。饭后登楼，湘梅复上楼谈公事，鹤孙亦来，均持有果敢王衔廓尔喀总噶箕像，像颇好，留湘梅持来一张。鹤孙送廓尔喀大小钱各一枚，其形似藏钱。下楼后到后院，看砌东西墙一道，作工者后藏人多，本地无夯，惟番丫头幼孩每人持一石，一人喊号，众齐下之，且有时歌。虽本地番人亦不解，以石代夯，其笨万状。至洋务局略谈，惠臣、湘梅、小瑾、少嵩在座。晚饭后找鹤孙谈。晴。

初七日(10月15日) 辰刻赴扎什城教场，调来达木官兵二百余名演看，其协领有七旬光景，弓马皆好，其余尚堪入目。自拨什户以下，则搭箭在弓把内矣，番人法则，殊可笑。兵丁则演三枪，虽排宽，然命中三枪者不少，均按章二枪三枪，赏之以藏钱，一枪者不赏，其协佐以下赏其袍褂料、小帽、佩刀、哈达、银牌等件。其礼节至教场，汉营达木八旗皆跪接，至将台略坐，用茶点，接时升炮，升座复升炮，委员等奉三揖参堂，还之，游击等叩参，达木八旗叩参，洋队教习等叩参，噶布伦等跪参，营官等跪参，或立或坐，或拱手不拱手，各随其宜。阅官员弓马后，升炮退堂。用早饭，饭毕升炮升堂，看兵丁枪支，十人一排，到十一排。委夷情兼粮务恩惠臣代看，升炮退堂，在内稍歇，至十八排复升堂升炮，至十九排八人看完，众官参堂如上，遂升炮升轿，众委员送轿，众营官等跪送如上，回署已申初矣。达木八旗遂递哈达谢操，其日升炮多次，未免不惮烦而又费火药也，一笑。回时遇一乍丫娃已入醉乡，在街抢桃子吃，为卫队大打，此娃竟拔刀，遂擒之，此种无知之物，固属可恶，然有地方官应管。卫队应司何务，亦属多事，即将擒到之人，由巡捕刘化臣交噶伦布惩办。晚饭后至前院一游，找鹤孙闲谈。早凉，浅水有冰，换白袖。晴。

初八日(10月16日) 早同化臣、鹤孙至后院看工程，已刨地基，后墙已有规模。饭后登楼，惠臣送到花糕两盘，乃其点心，王厨所作，边外得此，亦可谓点缀风光矣。下楼至马号一游，化臣拿来娥珠番汉字据一纸，赏其藏钱四百元。其字据番汉合璧，开从来未有之奇。程巡捕请至西院看洋操，化臣同李都司回。抢物之乍丫头娃，已由番边惩办，因告以汉边卫队，亦属多事，亦须惩之，以警将来。晚饭后过鹤孙处谈。晴。

初九日(10月17日) 午饭后上楼少坐，各位江古学由后院而来，旋下楼，皆叩见。所约之惠臣、湘梅、鹤孙、少韩、小瑾、少嵩、化臣等俱到，在内略坐。遂至二堂，因营内兵丁欲进坐打戏并琵琶小曲等，盖(错)[措]辞以洋人来洋人去，皆安静故也，余谓之压惊筵。诸人在外间，中隔以布围，以便歌者坐立方便，江古学在东里间，所唱二簧西皮乃四川调，实难听，小曲尚有听得出者，均荡韵，亦怯。四钟余，令江古学先吃，在内一桌，系牛羊肉排骨等，有菊花锅子，不知如何下咽。田德说鱼翅万不可备，恐诸位扎嗓子，万不敢用，可谓谑而虐矣，吃后又叩谢，遂散。余约诸位在内大嚼菊花锅子，竟如京内菜，亦老左预备，甚可吃。饭后复至二堂，又听戏听曲，至亥正散。晴。

初十日(10 月 18 日) 早，湘梅来商公事，至鹤孙屋内略谈。午饭后登楼，湘梅至楼谈公事毕，给计泉求，余允之。下楼，湘梅、惠臣、鹤孙、化臣带计泉来叩谢，因将金澜立字发还，其身价衣服等项当四人告明一切不要，然不许中人等从中再讨，以作其服侍一月嫁资，仍系女儿身众人皆知，不可作(匪)[蜚]语也。化臣即应传其本家告明，不至有舛错也。复登楼看书，程林带戈什哈两起叩见。田德回，作豹皮褥、小马褥已得。下楼后，由马号转后院一看。晚饭后找鹤孙谈。早阴，午后晴。

十一日(10 月 19 日) 巳刻因噶必丹昨日过年，本应八月，因彼处有闰月，故赶至昨日，然如何计闰，则不知之矣。噶必丹亲来，有比其官小者二名，并带兵官一名，兵丁若干名，各官行礼，以手朝嘴上乱搧。随令端盘者前进，有羊头一枚，上插麦苗，铜盘大铁盘廿上下，内盛春砂仁，肉桂皮，丁香，葡萄，白糖，核桃，奶桃，各种酥油点心，皆摆至脚下，如供佛状，遂声明乃其国王给大人所进。兵丁奏乐如洋乐声，众人皆一臂举上，谓之拜年，当即赏银牌、哈达、褂料、佩刀等件，并赏端盘兵丁等藏钱。遂去。早饭有菊花锅，约鹤孙同吃。登楼，觉楼上较热，早晨因近山见雪，须穿皮衣方合式，下楼至后院看工。晚饭后，同小瑾马号一游，进内找鹤孙谈。晴。

十二日(10 月 20 日) 早化臣回公务，湘梅、少韩来商奏折，因天气较凉，踏至后院看工，借阳光行走稍好。午饭后登楼，又觉热，在房上树阴闲踏，约鹤孙楼上略谈。下楼用晚饭后，出南门外裵回①，又觉凉，比早间稍强，一日之间，四时俱备，然近山雪未消化，无怪如此，回署找鹤孙复谈。晴。

十三日(10 月 21 日) 早化臣来，将灰鼠皮袄可改作，上身用羊

---

① 后文出现“裵回”直接改为“徘徊”。

皮，又可多一件马褂，一笑。接刘仁斋来函，有由南路来唐少川京堂。午饭后，惠臣过访，于未刻乘马赴惠臣署内。科房营兵唱影戏，译字房廓尔喀房唱弦子，其乐器除洋琴与内地一般，蛮弦子六轴六弦，二鼓子一，两弦胡琴二，串铃一。晚饭同湘梅、鹤孙、小瑾、少嵩、少韩、化臣、惠臣用饭后，少韩唱四川二簧，《交印》《刺字》二断，戏曲文甚佳。仍乘马回，月色极好，到署已亥正余矣。晴。

十四日(10月22日) 午后登楼，惠臣来看，痛谈。至马号，冯瑜巡捕在彼谈及《交印》《刺字》，乃恭勤公与庾楼太守所更改，去其俗留其雅，目下仍照改本而歌。遂由杨聚贤处找到黄菊花一盆，不虚秋景，亦一乐也。惜乎无朵不留，竟成满天星。下楼后院看工，将石墙砌起，以上用土坯，亦随竖木架，大约不日成之矣。晚饭后鹤孙过谈。晴。

十五日(10月23日) 辰刻恭谒磨盘山、关帝庙行香，回署照常行香。巳刻刘巡捕、李都司来见，因四噶布伦有代达赖求恩之语，并云番兵自兵燹后，尚未能齐队，请暂缓等语。余遂二堂传见，晓谕各节，并询其打箭炉来信，有地震塌寺院房间，压毙喇嘛二百余名，民间压毙番子二百余名，伊等尚未知有确音。午饭后登楼，觉凉，穿极小毛羊皮袄，片子棉卧龙袋方合式。因湘梅早间商公事，力劝此处非内地，宜暖为是。晚饭后，外院一徘徊。晴，大风。

十六日(10月24日) 早间甚凉，与鹤孙院内闲踏，见浇花两甕水皆凝冰，有二分厚。午后登楼远望，树叶皆黄色，盖已早见霜矣。觉气串不适，多因骤凉所致。下楼后，马号一看，竟凉风袭人，似初冬光景。今日系霜降，营内至扎什城祭神，卯刻由署前兵丁排队进西辕门出东辕门，本大臣无事，仅派游府在辕门一看而已。晚饭后鹤孙过谈，拟万寿节各汉番及铺户皆悬灯结綵，署内亦然，并唱大戏，营兵脚色不全，由游击开单往调。本六旬之案办理，虽奉慈谕，不准进奉，此礼在边外，尤不可不讲求也。晴，风。

十七日(10月25日) 早起，冰更觉厚，夜间将被未盖严，两膀颇痛，命八儿大槌始稍好。早饭鹤孙找粮台厨役老王作浇汤面，甚好，竟用其两碗半。湘梅来商奏底，删改后赴洋务局交少嵩。少韩来，因廓尔喀表文有边皇，然外番文字，竟(赶)[敢]至此，亦无法避也。登楼略睡，觉不适，踏至后院，复踏至墙外菜园，由印房墙外围遭一走而回。晚饭后过鹤孙处闲谈，伊得一套红烟壶相送，旧物也，不过二金，真便宜。晴，风。

十八日(10月26日) 找化臣来，给小孩作衣服，以备十月初十日之用，亦可谓耿耿忠心矣，一笑。午后登楼，惠臣到楼前交谕，汉人、番人、缠头、别琫子等于初十日前后俱要悬灯结綵，比照甲午之办法，均已敬悉。惟甲午系在万寿宫唱戏，并上朝三次，乃遵奎焕大臣之章程，不知上朝所谓朝期坐班，系沿明制，自来并无午门传旨之说，已属具文，川省坐班已觉可笑，至一日三次，则闻所未闻，见所未见，不亦怪哉。下楼后，后院一游，新盖畅厅，已将墙砌起，现填地脚，拟于廿一日辰刻竖柱上梁。晚饭后马号一看，进内鹤孙过谈。晴，风小。

十九日(10月27日) 发家信一封，交鹤孙由打箭炉致省，于廿一日随折差寄。内叙寄银八十两，为中秋家人赏耗，王顺想已动身，闻裕大人有在雅州府落户之意，桂大人有在成都府落户之意。自洋人去后，买卖多半回来，甚安静。卧克纳住江孜，甚与民间相得，照像带往印度，印片且照得甚多。余在此甚好，与余六老爷每晚谈笑。天时已换中毛矣，拟万寿节署内唱大戏。等语。午后登楼，少韩商量奏折两次，少嵩带学生上楼背书，俟再传。下楼后至后院看工。晚饭后到外院闲踏。晴，风小。

二十日(10月28日) 早间竟作干冷，因霜太重之过。至后院看工，到鹤孙处闲谈。午后登楼，奏折已包好，程林送至楼上一看。下楼后，外院闲踏，到小瑾房内，因其送袖头，谢之璧之，其毛黑亮而薄，先生谓之小马皮，余谓为驴皮，众人无不笑之。接凤苇堂都护来文，奏调委员三人，已革四川候补知县秦宗藩，号介人，曾随恭勤公在藏。

四川试用从九品粟兆纯,贵州试用巡检陈式钰,二人素非所知。又见差条,有县丞王宜霖,主薄李赤,均谢扎赴藏。到洋务局略坐,与湘梅稍谈,西屋书声大作,盖少嵩又考学生。晚饭后,在院略徘徊,鹤孙过谈。晴,风。

廿一日(10月29日) 辰刻后院抱厦竖柱上梁放鞭,赏其茶叶、哈达、藏钱等物。巳刻望阙九叩礼,拜发请豁扣洋务局款项一折,谢文藻改奖一片,廓尔喀国王代果敢王衔谢穿戴一折,并译表文一件。午后登楼,东北路查塘并迎凤大人,千总孟德胜辞行,于明日走。下楼外院一看,至后院看工,敞厅已苫背,番女在上踏之,来往行走,口中有各调歌词,颇有趣。本处谓花园园厅为卓冈,此房即以卓冈呼之,并到西院一看,现修看墙,未免太小心矣,一笑。晚饭后,内外院一踏。晴。

廿二日(10月30日) 早鹤孙过谈,因靖西拨卢比事,至东院闲走,遇少嵩、湘梅在厨房门外略谈。饭后登楼,有黑龙江朗廓尔苏佛公未至藏,呼图克图年十四岁,至色拉寺礼佛熬茶,送到哈达,仍送还,外木匣饽饽一匣收之。下楼后至后院看工,晚饭后过鹤孙处谈。晴。

廿三日(10月31日) 早至后院一看,因作工刨土不过二尺即见水,相传土薄,果然,上已有薄冰矣,据云此处十冬月冷,腊月则回暖矣。程巡捕(卖)[买]来假金丝缎,甚薄似片,金蓝绿色,俱好,藕红色不佳,四藏钱一方,每方一尺有余。午后登楼,湘梅来商公事,下楼后复至后院,并至西院看砌看墙。晚饭后到外院一游,与小瑾立谈,灯后过鹤孙屋内谈,薙头,已觉长发作声,燥也。晴。

廿四日(11月1日) 起时甚晚,至后院看西墙,兵房已刨槽,饭后登楼。买戈什哈马代乐小书,如《千字文》等七本,酬其八文藏钱。伊送果丹皮两三张,小孩等皆不认识,以为油纸之流,殊可笑。程巡捕于明日作丫头,必求起名,盖因化臣处媚柳所致,遂起名为春霞。下楼后至南门外闲踏,小桥下水已涸矣,尚有微流,柳林中仍有闲要者，然河边男女洗浴俱断绝，盖已冷矣。接寿挹青来函，有京内铺户愿兑款可交喇嘛，惜乎此处无款可兑也。晚饭后鹤孙过谈，任鹏举又送到奶桃、胡梳，收之，赏之。晴。

廿五日(11月2日) 早外院后院闲踏，湘梅来商公事。午后登楼，化臣来回公私事，下楼后复至后院，看西兵房将墙已拆去，后墙即作房间，后檐外系菜园，踏去一看，见土内倒埋水灌若多，询之，乃养黄芽韮之法，即以寻常韭菜埋之，明春出芽，未见风日，即黄芽韭也。晚饭后院徘徊东院，诸人皆往西院给程林贺喜，吉时为酉正二刻。微风，晴。

廿六日(11月3日) 早至后院一看，惠臣来商案件，鹤孙来商信件。旋登楼，忽长云，觉天时较热，下楼后复到后院一看。惠臣、化臣由西院而来，斟酌西北园墙开一后门，可通街道，从前本有一门，在西院艮方，大非所宜，此在两署乾方，皆无碍矣。约惠臣来用饭，彼不肯，仍回西院，扰化臣去矣。晚饭后找鹤孙闲谈，找来草决明子，拟明年试种。早间程林带春霞来磕头，因送其拜礼藏元百枚。晴，午晚有云。

廿七日(11月4日) 早至后院一看，湘梅来商公事。饭后登楼，听后院作工丫头等在房上来往，用柳棍穿石片如打夯状，皆合声而歌，其音甚凄楚，因欲洗脚，遂下楼，不意东厢房振勋所住之屋门外袷帘燃着，楼上即闻有布燎气，幸者余过，不然连棚顶矣，遂呼其取水浇之。洗脚后复看工，屋内地平，亦如屋上办法，均赤足连踏带夯，大有内地大工童子夯之意，无怪其土地有墁砖之结实，后墙原有门，业已堵好，西兵房已砌下石。晚饭后到厨房闲踏，老左病矣，不见大外火胜故也，因找万应锭与之。内院略徘徊，鹤孙过谈，程林因回门来销假，已喝酡入醉乡矣。晴。

廿八日(11月5日) 早鹤孙来商公事。午后登楼，少嵩考学生又得数人，幸也。俟汇总再亲考，以定优劣。将覆寿挹青太守信写就，交程林转传喇嘛，面交寄京。下楼后至后院看工，因刨土在土内刨出此地呼长寿果者，曾于去岁腊底得之，乃此物晒干，非大礼不送客也，细审之，即内地咸菜中甘露也，即交厨役，以甜酱腌之，未知如何？或云所出叶子与甘露有异，若明春种之，可得其详矣。晚饭后至外院与小瑾立谈。晴。

廿九日(11月6日) 早湘梅来商公事。午后绕东院转后院一游，见作工者将一男娃作丫头装束，梳两辫，带巴珠，众人群笑之，真是天真烂漫，不易得也。登楼较热，下楼后，复至后院一看。晚饭后过鹤孙处谈。晴。

十月初一日(11月7日) 辰刻赴大招万岁牌前行礼，丹达庙、吕祖前行礼，回署各家庙神位前行礼。饭后过后院，将寻得木板比尺寸作匾作联。晚间拟集唐人联一对，系：桥东桥西好杨柳，因墙外即琉璃桥，为刘禹锡句，人可知。山北山南闻鹧鸪。为殷尧藩句，人未知，乃《乐道堂诗集》句，鹧鸪实有之。横匾系：燠馆凉台。并跋：竹珊先兄恭勤公于辛卯岁特建两署后楼，复购此菜园，以为公余游骋地。越十年，癸卯，余亦忝膺斯任，衰草流萤，触目动今昔之感，因鸠工筑此数椽，用裴晋公传语，志寒暑之时宜也，集唐人联句溯向化之本源也。后之来者其鉴余兄弟献曝情殷，时修葺之，不再令其荒芜为幸。乃与鹤孙商酌如此。午后曾登楼，下楼曾至后院，今日半日工，因系番子三十日。明日整日不作工，盖其初一日也，望日亦如此，官工私工通例也。晴。

初二日(11月8日) 早看公事，湘梅来商公务，接家信一封，省内全好，因加众人家公费，或四十元，或三十元，或二十元。午后登楼写联额，劣不成字，殊可笑。下楼后马号外院一游。由小瑾代买小套《子史精华》一部，共四十本，四套，价藏钱四十枚，此处得买此书，甚奇也。因到小瑾屋略谈，晚饭后找鹤孙谈。晴。

初三日(11月9日) 午后登楼，今日作工俱到，凡房顶地平须用三合土，今日驴驮来者甚多，早晚至后院一看，所谓三合土，乃驮来石块。因拣一块置水坑内，方知内地之上水石也，又拣数块泡之，若觅得小盆养之，可作文玩也，一笑。院内所摆粉色洋海棠叶经霜竟成深红色，秋海棠尚未能及也，可爱之至。下楼后至外院一游，踏至西署外看西山有雪，各户各铺皆一律悬綵，究竟向化已久，尚知尊崇一切，可嘉也。晚饭后鹤孙过谈，吉羊买来鲜葡萄，甚酸。晴。

初四日(11 月 10 日) 早湘梅来商公事，刘化臣来行大礼，乃其生日也，因以袍褂料赏之，阖署诸人皆往祝，午饭即其预备。午后登楼与娥珠手谈，盖主奴语言不通，无如之何也。下楼至后院一看，见西房已将顶子铺泥，想可不日成之。晚饭亦系化臣备之，痛饮黄酒，醉矣。遂步至后院，见作工丫头锤石而歌，因令其歌阿那缩，盖此曲似七字一句，末必阿拉缩，即内地太平年之流葩，经既其只且也，颇好，两般人，一班歌之，一班和之，同是一句，颇有古意。遂每人赏其一文藏钱，皆磕头来谢，监工者亦赏之，作饭丫头亦来讨赏，只好赏之，无因也，一笑。风，晴。

初五日(11 月 11 日) 早晚至后院看工，早同鹤孙，晚自去，并到院外一看。午后登楼，薙头，与金八谈，彼处果木园同珍五妙村大约相同，未免动乡思之感。下楼兼到马号看猿猴，天气较寒，地颇冷，似与都下同。惟火盆据云须至冬月，盖燥气与冷气并行，早升火难过也。晚饭后至鹤孙屋内谈，午饭前曾至洋务局晤湘梅、少嵩，一谈。饭后传见后藏(巴)[把]总陈其光，由省来。晴。

初六日(11 月 12 日) 早湘梅来商公事，并痛谈。午后惠臣来亦商公事，亦痛谈。登楼，下楼后，后院一看。晚饭后找鹤孙谈。晴。

初七日(11 月 13 日) 早湘梅来商公事，过后院找化臣来，问届万寿正寿署中唱戏，有噶布伦亦到吃席听戏之说，令赶紧备办，此向章也。午后登楼，少韩来商公事，因谈及裕大人当夷情时，为满洲奏稿约少韩初次在印房笔帖式。到彼，云满折皆错，后细考之，乃大人按汉文读法，自然全不通矣，大为可笑。下楼后至外院一踏，戏台已搭成矣。晚过鹤孙处谈。半阴晴。

初八日(11 月 14 日) 今日忽然别蜂子噶必丹谓其女人亲手所炸各物送来，别物未见好，仍似蜜蕊者好吃，然年已早过。早至后院东北角门，已将墙破开，步向外边一看，回来遇化臣回公事，又遇鹤孙在敞厅前徘徊，因将马扎取至，坐谈良久。吃饭时，见有小碟子小碗，询之，乃湘[梅]生[日]也所送，赶紧送往袍褂料。一句钟后，具衣冠拜寿，彼有女客，必令娥珠前往，回时特遣去拜寿。登楼一看，即下，因今日用灰水洒墙，不过讨赏，向章也，竟洒楼上玻璃将满，须另擦拭，可笑也。晚后湘梅备馔，因明后日备饭，宰极肥一羊，用火锅食之甚美。灯下看书，来一黄狗对书桌而看，遂击桌大声吓之，彼去，则家人群惊，可笑。有云，晴。

初九日(11月15日) 早到后院看工，同化臣出后门一望。午饭后，诸委员外院演戏，人已到齐。天忽变大冷，遂换大毛皮袄，诸江古学亦到，过来见。晚饭令其进内吃，诸委员等在外院二堂吃，灯后唱戏，共演七出。因风大，八点钟正进内。半阴晴，风。

初十日(11月16日) 辰刻恭谒万寿宫，七旬万寿，率文武及番官行礼回署，约众文武及佛公噶布伦等听戏，备早晚饭，番官等晚饭后方散，均为欣然，灯后复与文武仍听至子初方散，进内。晴。

十一日(11月17日) 早会湘梅、鹤孙，据营兵等因多年赏食饷银，意欲略尽片心，再唱戏一日，此举原系万民同乐，不便拦，且万寿寺内已饬喇嘛(讽)[唪]万寿经三日，署内演三日戏，亦官民之所少效微忱。遂午饭后诸委员到即开戏，晚饭同吃，乃恩惠臣厨役所办，匆匆之际，亦难其设法料理也。亥初一刻散戏进内，天较凉。微风，晴。

十二日(11月18日) 早过后院一看，敞厅已安栏干，后门已安门框。午后到洋务局与湘梅、少嵩闲谈，遇杨聚贤来，略谈，登楼。今日本起晚，反觉乏，盖三日戏所致也。早间并升大堂，验放达木八旗骁骑校，由拨什户拔补。晚过鹤孙处谈。晴。

十三日(11月19日) 早晚皆至后院一看，午后到少韩处闲谈，登楼，化臣来回公事。因早饭厨役作烤羊肉，约鹤孙同吃，始则望而生畏，继则大嚼，然饭后作渴，究属天燥之过。下楼后马号一游，晚过鹤孙处谈。万寿寺来四喇嘛，赏。送来长寿果、酥油糌粑所捏，如栗子大，甚难吃。净水。即红花水，甚难喝。午后晴风。

十四日(11月20日) 早间起太晚，无事，午后登楼。李海山都司找来印板《观音经》《金刚经》各一部。闻外间时令大不好，伤风咳嗽者甚多，娥珠、莲芳亦如此，食多之过也。晴。

十五日(11月21日) 辰刻赴磨盘山关帝庙行香，回署，各神庙行香。午饭后出后院门，步至琉璃桥旁一看，折回转菜园，过草叠巴房东，由南绕回，仍进后院门，因天凉，此一走竟微汗，登楼。晚饭后，鹤孙过谈。晴。

十六日(11月22日) 早间到东院，因天凉，屋内阴气过重，见作工丫头均玩要毛箭，用脚踢之，不知是此字否？回即令人买之，此处有现成者，询之何以如此闲暇，乃后院上冻，不能作工，特候领赏，因即赏之。午后过院一看，水池满结冰矣。至马号上房一看，大招白喇嘛出巡，在署左烧草堆，喇嘛甚多，幡鼓、喇叭皆有，亦有护法降神，白喇嘛在后，乃以泥作者，空其中，以一喇嘛钻入腹内，数人扶之而行，白是女身，此举尤为不通。回时登楼，衣服未换中大毛，竟觉感冒，喝大麯酒，吃片儿汤。晚找鹤孙谈，似少好，闻湘梅有弄瓦之喜。晴。

十七日(11月23日) 早湘梅来商公事，找鹤孙闲谈。午后未上楼，因天时甚凉。化臣、海山带商上喇嘛来谢，因后院工程，先赏给百金，俟明春油饰停妥再加赏，晚鹤孙过谈。微落雪，半阴晴。

十八日(11月24日) 早起甚冷，地上似雪似霜，不知何物？总系寒气凝结。午后登楼，化臣回公事，程巡捕回公事。觉凉下楼，马号一踏。晚更凉，内东屋尤甚，因升炭盆，鹤孙过谈。晴，风。

十九日(11月25日) 早起颇凉，身上不适，头左觉闷痛，换大毛皮褉，少好。晚惟喝粥，找鹤孙谈。半阴晴，风。

二十日(11月26日) 今日凉比昨日略轻，身上亦觉少好。令王永福打来灯壶，甚好，以备楼上应用。买一新瓷小碗，竟需四枚钱，未免太贵。湘梅来，买得两枚套蓝烟壶，乃系假货，费百文钱，未免冤哉，俱可笑。晚找鹤孙谈。晴，小风。

二十一日(11月27日) 巳刻赴萧曹庙与萧公补祝，由科房办理大戏，席面归湘梅提调，一切整齐。晚饭回，鹤孙过谈。批折奉回，前七月廿日发。并接家信。蓉哥等信。晴。

廿二日(11月28日) 复巳刻至萧曹庙与曹公豫祀，相传本月廿过后恭办，有所本否？不知也，仍科房办理，湘梅提调，晚饭后散。晴。

廿三日(11月29日) 午后到洋务局，晤湘梅、少嵩、小瑾闲谈，因小瑾前日病，晚找鹤孙谈。晴。

廿四日(11月30日) 早湘梅来商公事。午后化臣来，将改作马褂拿回，外院一游，晚鹤孙过谈。晴。

廿五日(12月1日) 令田德买来木碗，系喇嘛所用，与寻常桦木所作不同。因令王永福与其商酌，照作木碗、木碟，可带往京送人，乃实系藏中土产也。北音宅白，珀巴碗，喇嘛用，珀巴碗，铁巴碟子。天甚冷，四山均有寒气。晚鹤孙过谈。半阴晴。

廿六日(12月2日) 午后惠臣来，南山所住汉人，直不通汉语，拟将四义学挪一学过南山教读，乃从杨聚贤令弟所请，此举甚是也。马全骥送来白铜锅如锡，甚佳。因化臣回事，令其给南路写信，可告代寄白黄红三色铜各二斤，备寄京应用。灯后同鹤孙带江古学等上楼梯一看，北东多西南少，皆点酥灯，山上亦有数处，有数万盏如繁星，盖燃灯古佛诞辰。闻喇嘛满街皆有念经者，番边换季亦今日。下梯后至鹤孙处闲谈，有在藏别号一单，特钞存，一笑。晴。

廿七日(12月3日) 化臣来，带回藏堪布罗藏顿柱来见，提及诸噶伦等公务废弛，不可言喻。午后洋务局，少嵩、小谨一谈，回时王永福、田德找三蓝素缎，玉色。留一身四方，面宽二尺另五分。合藏钱九十六元，每方十二元。晚找鹤孙谈。晴。

廿八日(12月4日) 找化臣来，令其将猞猁腿皮袄成作，并狐脑门长袖马褂换面。天觉凉，惠臣来，让外签押房坐，将分山南义学，商准拨粮务教读者前往。晚找鹤孙谈。晴。

廿九日(12 月 5 日) 化臣、海山来，痛说公务，藏内真无法整顿矣。午后外院一看，天甚凉且燥，屋内有炭火，人觉不适，无炭火冷气逼人。至后院一踏，水内结冰，映阳处复化，北墙下已见青草，杨树微绿，天气令人无法揣摩也。晚饭后鹤孙处谈。半阴晴。

卅日(12 月 6 日) 早湘梅来商公事，午后惠臣来商公事，并拟贱辰送大戏，因万寿唱三日戏，此忽臣下亦唱戏，似无此道理，力阻之。至马号一踏，见猴子满房大跑，人追之则啼，究野性也。晚鹤孙过谈。晴。

十一月初一日(12 月 7 日) 辰刻恭赴大招万岁牌前行礼，适攒招千盏酥灯点起，千众喇嘛念经，其味气难闻，不可思议。吕祖庙行香回署，家庙行礼。饭后甘奠池巴来见，仍给达赖求开复，明言告之非彼处公事，信函到不足为凭。伊送如来小铜像一尊，哈达一件，照章收之。洋务局湘梅、少嵩一谈。笔政斌泰伏案写字，取来一看，乃为余贱辰四六序一篇，未免惭愧，不敢当也。然已办齐，只欠一写，可奈何。千总毛腾蛟或禀辞赴任或叩谢差务。晚至鹤孙处谈，有川省候补同知觉罗成翔，号鹏九。为前夔州府恒荣斋宝。之子，其冤人法术，真有一无二，大堪捧腹。午晤少嵩，因谈达赖，给其改唐诗一绝：柳下问喇嘛，愚师避祸去。只在此山外，布达拉山。云飞不知处。一笑。晴。

初二日(12 月 8 日) 天甚凉，大有雪意。午后东院一游，猿皆云怕冷，然不见如何，尚易养活，猴则闹的非常，一时不能闲也。文通来，适用灰面糖作小炸食，令其携往数十枚，并送鹤孙，乃以酥油所炸，皆云好吃，遵先慈作法也。晚找鹤孙谈，闻鲍忠壮公超。晚年讲吐纳之术，各处羽流皆往依之。忽来一道士，貌既不扬，衣履亦破碎，终日饮酒，谈吐颇似疯颠，日久人皆厌之，未免微辞上达，忠壮亦不甚礼之。一日忽谓同屋所住之道士：吾将去，特备小酌。同屋者以为戏言，姑漫应之。不意于破袱中取钱数百文，约为市飧，伊但豪饮，不觉大醉，回屋后呕吐狼藉，将壁上所挂山水一幅拉下，酒痕汗之，足迹乱踏之，遂大睡。醒后邀同屋道士送之出夔府城外，即临大江，至江边将破鞋一双脱与同屋者曰：从此别矣。赤足踏水而行，待行远，烟雾所遮方不见。合市大哗，以为真仙，把臂失之。赶闻忠壮亲来追之，已无及，回寓将醉踏画背审之，乃数尾鱼，均极生动，并破鞋尚存，忠壮家以为仙踪。此事鹤孙闻忠壮侄某，亦系武员所云。半阴晴。

初三日（12 月 9 日） 班禅额尔德尼遣驻藏摆饶康业，五品，前藏众民头目。管后藏策旺结布禀到，并班禅佛扎萨克及伊呈送长寿佛三尊，班禅扎萨克加送藏香、氆氇，均照章收之，此差或三五年七八年更换不等，此届时也。午后到东院闲踏，见唐儿养黑马一匹，不知若干所买，惟尾子剪齐，乃经洋人所用之物，殊可笑。晚鹤孙过谈。早阴晚晴。

初四日（12 月 10 日） 午后至吴小瑾房内，见其临《褚圣教》，工夫颇进，劝其再多书小楷，则应用处多。化臣、海山面回，十八日据署噶布伦等欲来祝，大约难以阻之，只好备席约其来吃而已。天阴又觉凉，昨日因饮酒，夜间大发燥，今日颇不适，或因多日未饮之过，抑太干之过耶，不可解。早晴，晚阴。

初五日（12 月 11 日） 早湘梅来商公事，与其痛谈。午后化臣来送衣服，天较凉，外院一游。打铜灯壶两把，送鹤孙一把，询其铜器皆可造，无如前藏铜不如后藏，已令其带来再说。并令程巡捕给上路写信买貂皮，惟藏内貂皮较底毦少，且膝不黄，恐作成未必佳也。晚少嵩、鹤孙来谈。半阴晴，阵风。

初六日（12 月 12 日） 写家信一封，写日期本月初九日，实发初十日，随贺元旦折寄。内叙十月初二日接信，知平安，纸扎差可带照相片，甚好。余买小木碗、小铁匙，并给伊母作狐皮袄褂，俟便寄去。其恩太太所（送）西瓜，恐带到俱坏。以后亲友送物，可存公馆。此处裁料仅可用，朱少爷保案，鹤孙早谈到，届时再斟酌。廿一日又接一信，蓉格等信亦收到。此处进款不过二千余，差人饭自用赏耗节用之恐不敷，不如常州府。且近日身子不安，非火非寒，乃明年六十岁所致，非比年青者。唐大人绍仪。之来，因交涉立约，非为藏，谣言不可听。甲大人所送麝香，可布包放皮衣箱内，不易得也。王顺随纸扎差，恐打箭炉有躭延，年内未必到署内。市面均好。等语。外有密信一小封，妇女中须留神也。早湘梅来商公事，化臣送竹君信来阅，竹君亦有信来，因走冰滑将腰搁伤，一时未必就到藏也。午后外院闲踏，唐儿忽来，因前次蒙古王妃所送海骝马倒矣，即令其掩埋，可惜此马样子、本事均可取，唐儿竟为之落泪。倒时放屁流溺，倒后肚腹胀起，恐时令不正，气闭所致。晚找鹤孙谈，痛说刑名人命，不可不慎，真有冤枉者。半阴晴，晚大晴。

初七日(12月13日) 早湘梅来商公事，化臣来送三蓝缎新作皮袄，因说起海骝马倒毙，李海山马亦于前日倒毙，俗谓之收马，或有此说欤。午后甚倦，略睡。晚鹤孙来谈，梓潼县文昌庙有出洞骑，特一像身少偏，乃果亲王行礼时，望右脚比左脚长，亦神矣。鹤孙曾见月华，乃翁曜庭十先生元煜亦见著，五色(爛)[斓](班)[斑]，甚为好看，亦奇事也。昨日家信交鹤孙，总包寄省。晴。

初八日(12月14日) 本拟今日验放番缺，据云初七初八两日为番子忌日，诸事不敢作，只好改在廿日前后，从其俗也。早至东院厨房一看，化臣送雌雄鸭子二只，与所养者皆肥，此地不易得。天觉燥，饭后后院一游，该班两三人皆晒暖，院内较屋内热，此难测之天时。晚月上，四围淡红，云间以黑色，似春天景象。找鹤孙谈。晴。

初九日(12月15日) 早化臣来，送棉鞋而至，惠臣来商公事。午后外院一转，连日吃莱菔甚佳，早晚凉，午燥之过。晚饭因鹤孙送酱油尝之，乃京内糖色酱油，云是洋来者，非然也。令左厨炖羊肉，京味也，遂分鹤孙吃，亦云好，灯后过谈。晴。

初十日(12月16日) 巳刻拜发元旦贺折。午后至江少韩处，甫坐谈，署拉里粮务李小臣梦弼。来谒，于外签押房接见，系山东同乡，由拔贡得知县，人颇明白。至外院一看，晚饭后复至外院，并至头门内，见四处如雾之昏，或云炊烟，余以为旱天，加以山岚之气所结。

灯后过鹤孙处谈。晴。

十一日(12 月 17 日)　午后赴东院闲踏,遇鹤孙冠带至李小臣处谢步,住粮务署,即为恩惠臣所约,想必大嚼也,一笑。署把总王登云等谢札,俱见。李粮务来,外官例三日衙门,向不见也。晴。

十二日(12 月 18 日)　早商上派新罗藏娃潘姓来叩见,面呈哈达一块,长寿佛一尊,法身比常得者大,佛冠系活的,可带可下,旧罗藏娃亦同来。午后到洋务局闲谈,湘梅、少嵩、小瑾在座,杨聚贤亦来,未座。恩惠臣继至复谈,到厨房看老左砌一土笼,在屋内欲养站鸡。回忆常郡时,张子密太守时署阳湖,忽告余彼已喂填鸭,到时相送,过多日未送,再询之,均已填死矣,殊可笑。恐老左终必将鸡站死而后已,盖地土不宜,南北气候殊也。晚过鹤孙处谈,渠闻李小臣说,目下班禅额尔德尼前世,因其母甚不安分,拟不转世,人求之始允,谓来生如转世,其母必系残废人,今世果哑子,其母因打柴来一狼,众人皆避去,伊一人被狼周身嗅之,后又见枯树生桃一枚,摘食之遂有孕。亲晤肖臣所谈不同,因改之。又闻掣瓶后,始找一佛公嫁之,系世家子,又养二子,佛公不安分,远发之,投河死,或云为番官乱棒打死。伊幼时,其母家极寒苦,至山打柴,将其放于石板上,待回时,看石上一脚已踏入六分深矣,至今石板犹存,供于庙内。小臣曾亲见之,的确一只小儿脚印深入石内。又闻此次洋人必欲照像,令照之,并不拒,待得时,左右之人皆有,惟其身一片模糊,洋人无法也。闻达赖竟下山被狗所咬,罚养狗者银数十,在裕子维任内,评其私下山已不可,不知作何事,罚银尤无理也,其与班禅相去天渊,在松寿泉任内凭护法所保,竟未(撤)[掣]瓶,其中难言矣。晴。

十三日(12 月 19 日)　早湘梅、少韩来商公事,午后外院一游,众委员忽来送寿礼十二色,未免太费事,然最奇者,寿桃上插多少签子,头上均有一面团作尖形,谓之鸠,番语即麻雀也,殊不可解。晚鹤孙来谈,谓此地传言系一海子,经佛填满,惟正北小佛公院后未经填满,至今仍人踏之,竟出水,或不无因也。晴。

十四日(12月20日)　午刻噶布伦请到布达拉山，前数日已有信到。恭迎恩赏，即赏瞻对所颁赏物甚多。遂乘轿由后山上，众果儿俗名藏举人，皆系世家读书人，有卅余名。穿花衣，冠白帽，如元宝形，众执事喇嘛皆站班，众委员、佛公、番官亦站班，下舆至其大殿上，因达赖逃去未回，以噶(拉)[勒]丹池巴代，在达赖座左，座竟呼为宝座，可笑。面南在一花缎垫上站，池巴东面跪，后有永安寺胡图克图跪，廊右佛公噶布伦等跪，由南奏乐，一京装喇嘛用黄绫袱捧诏旨进，面西呈递，池巴跪接，伊行三叩礼，将诏旨别有喇嘛接交，印房笔帖式展读，先满文后汉文，读毕，池巴等行九叩礼，亦奏乐，恩赏银壶、盏、绸缎、布匹甚多，盖合藏僧俗各官及历代佛公等，不止达赖一人而已。此原因赏还瞻对，彼进方物，故有此回头赏需也。礼毕在达拉左供酥油灯，并米插香供圣旨桌次摆一高座，左边有梯方上得去，入坐，后面南有桌进酥茶，进白米饭、点心、黑饼糖，桌前摆果桌，饽饽桌，复进酥茶，撤后，送哈达并观音佛一尊、藏香、氆氇、片子等物，外送恩赏，内二蓝缎一匹，照章皆应如此，并池巴亦有雨露，均霑之意也。胡图克图并有执事人来谒见，遂散，上轿，汉番官佛公等仍站班。下山后至粮务署，回拜李肖臣，回署。查南路噶布伦来禀辞，噶尔丹池巴等来请安，道乏，皆未见。三科房卫队等均送寿礼，未免多事矣，然辞之不得。晚找鹤孙谈。晴。

十五日(12月21日)　辰刻恭谒磨盘山关帝庙，惠臣、化臣、肖臣俱站班，回署，家庙行礼，送寿礼者甚多，竟有汤约借得所收桃面来叩送，不过讨赏钱而已，然如此办法，不止汤约，可发一笑。午后至外院一看，寿账高悬。尚有对子未挂者，闻有送木匾者，不知闹到何处，向例如此，或要吃或讨赏，自难拦阻，闻众兵送礼，合一人一文钱，赏则每人二文钱，恭勤公即如此办法。晚找鹤孙谈。早晚冷，晴。

十六日(12月22日)　辰刻恭谒扎什城，冬至令节万寿宫率汉番各官行庆贺礼，三跪九叩毕，坐班，江苏无坐班礼，回署。送寿礼者，又络绎不绝，又有奇怪者，收不得，退又不得，只得以蛮礼目之而已，惟丁乾三送一松盆内种，不能移地，天寒，藏地未有。并一鹤，亦希奇也。李肖臣送后藏所造火盆一具，可见人工，洋椅四把，不知何木，其木即大吉领所出，番子竟不知采，乃为洋人所得，木纹及色甚佳，余亦认不出，真中国人也，一笑。委员等赴粮务署约李肖臣，均未在署。半阴晴，阵风，早午微雪。

十七日（12月23日） 早湘梅、少韩来商公事。午后化臣来，已将跳弦子找到，凡预祝诸君皆挡驾，换便衣二堂坐，备两便饭，与彭子周、江少韩、吴少嵩较酒，大醉，夜内痛呕，盖大麯酒火甚冲。回忆去岁在察木多因洋酒醉得不省人事，今年虽不至如前之甚，然每遇生辰，再不喝酒矣，一笑。晴。

十八日（12月24日） 早委员文武各官及各项执事兵丁等均来祝寿，前数日即送礼物，佛公、噶布伦、堪布、喇嘛及达木八旗协佐，并汉边乡绅均来祝，有送礼物有送铜佛不一，兵丁赏钱，官员留饭，均暂散。午后，将跳弦子叫入内院，众江古学在西廊坐，同惠臣、少韩、少嵩、鹤孙东廊坐。晚间约汉番官在二堂饭，圆桌二，便衣一周旋，进内用饭。灯后，复陪杨聚贤诸位看弦子，亥刻散。晴。

十九日（12月25日） 早吴少嵩过谈，午后著帽穿靴至鹤孙、小瑾、少韩屋内叩谢，到西院，晤化臣揖谢，湘梅、少嵩俱未在，湘梅旋来，面谢而已，谈公事毕，化臣谢步，海山谢酒，众番官武员弁兵丁等谢酒，委员等谢酒，外官派也。到外院一看，悬匾四块，内有极可笑者，马全骥率弁兵一匾，系“金汤万里”，余告以万不准挂，似要造反，因连夜改为“德溥西陲”，现刻字油饰，木匠等竟诈其六金，真可笑，倒运大吉，所谓天下本无事，愚人自扰之，又何说也。晚饭后找鹤孙谈，计十八日外席七桌，银七十两，跳弦赏十两，各项口食赏银四十两，兵丁戈什哈卫队折席或四元或二元。银一百九十九两，共用三百七十四两，内席尚不在内，真可观矣。晚间杨聚贤送来极好麝香三枚，合银廿余两。晴。

二十日（12月26日） 午后出署，各处谢寿，均未见，汉番皆持片，一谢而已。不过围大招一转，见货物摊摆满，然不伦不类，竟有布摊，有菜蔬铜锡摊，有珊瑚松石者，真番地风景也。回署令童仆查收寿礼。晚间鹤孙过谈。晴。

二十一日(12 月 27 日)　巳刻升大堂，验放噶布伦僧俗各一缺，其余四品至七品僧俗各缺，亦同验放，内有拟正未到者，或扣或放，拟陪者因谢恩未具哈达，帽子亦不合式，每磕一头，则帽子吊一次，无不匿笑者，余亦为之欣然。退堂午饭，饭后彭子周粮务文瀚。来痛谈，伊本在京教读，曾在徐荫翁世伯、崇文山舅兄处均曾教过学生，为文山会榜门生，人甚呆气，恐四川当差，亦未必能得意也。或云伊曾得过痰迷病，无怪其如此，系同乡河间府献县人，年已五十余已。晚鹤孙过谈。晴，午后大风一阵。

二十二日(12 月 28 日)　巳刻约彭子周、李肖臣、恩惠臣、余鹤孙、刘化臣在二堂早饭。饭后让诸君到内签押房一坐，遂去看公事，见行奉旨事，竟知照班禅者行之，知照池巴未有，同日之旨，作两截，其中必有情弊，因传张宗淮书吏，责其马棒四十，交恩粮务枷号示众，后将稿程林拿来，故作漏画，因令江委员查明再说。晚饭后鹤孙过谈。早风，午晴。

二十三日(12 月 29 日)　早湘梅来商公事，因大教训之，彼乃浑厚人，不免为人所愚，遂找少韩、化臣并程林，问少韩将漏稿事查明否？渠自唯唯，因问程林何以漏画稿不在当时查出？至外院始行查出，其为隐(漫)[瞒]，尚有何辞，伊不敢再说，惟有跪求，化臣亦跪而代求，暂看化臣饶恕。午后化臣、惠臣、海山俱来，听北边回子有窜入藏境之说，前接风大臣来文，即得此说，告诉文武地方，先须派人侦探，令海山告示番官，亦须预防，然切记两层，不可乱毛，不可大意，海山尚领会，惠臣后去。又谈公事数刻，无事甚困，竟略睡，起来颇不适，饭时因喝黄酒。鹤孙晚过谈，上街拿洋铜盒一枚，狠有趣。半阴晴。

廿四日(12 月 30 日)　早惠臣来说吴祖鼐款，令其到粮饷处商酌。化臣来回公事。午后鹤孙来拿珠子、子母绿来看，其子母绿块不小，未曾见过。丁乾三二尹家内女告番女所用悬胸前。一件，其松石如浅翠色，不怪此处赏之，原无翠羽也。最怪者有似玛瑙，自成黑地白文，作汉文式，式内有小白圈，名曰四，四名作夫音，有儿字在内，记幼时家内念珠曾系此物，颇小，形文似如此，名姿儿。想四字之转音，蒙古亦重此，闻姿儿乃口外所得也，闻此物并能走，先年多以网得之，又一奇也。又闻土内平田山间皆有，然难遇。乃藏中及别处皆有，然不易得，生长土内，老树内亦有刨着，尤怪者，自有一通眼，可穿绳，长如橄榄，形亦有稍圆者。其圈以单数为贵，其中有三圈者，可值银七十文，如至九圈，可值千文矣，如二四六等双圈，则价大减。闻佩之可避邪祟，恐故神其说，然此物甚奇。谕吴小瑾稽查巡捕房文件，程林委其登号簿并应客，李振勋委拿稿件等事，将内巡捕名目裁去。晚鹤孙过谈。晴。

廿五日(12月31日) 与鹤孙商致靖西松粮务一函，叙邓梁材前有公文驱逐，此次吴祖鼐迹近招摇，不可不防，不然公私两不便也。外有收信回票一纸，系上海文报局发信怀民通问两函，倩其将票交韩税务司，并致意少韩拟文底，饬知哈拉乌苏营官，严防北路窜匪，已阅知。晴，晚风旋住。

中国近现代稀见史料丛刊【第五辑】

有泰日记（下）

张剑　徐雁平　彭国忠　主编

有泰　著

康欣平　整理

本辑执行主编　徐雁平

凤凰出版社

1905 年

（光绪三十年十一月）廿六日（1905 年 1 月 1 日） 早小瑾过谈，令其留心公事，不过详细莫草率而已。旋来公事，奏明达赖逃往库伦，并彭子周请回省里禀，批以候咨川督，其后藏拟湘梅代理。无事，午后闲踏，并调鹤，晚鹤孙过谈。晴。

廿七日（1 月 2 日） 早少韩来看奏底，略谈。午后湘梅来商公事，自己所为未免自悔，然能力改前非，尚可造就。旋彭子周、李肖臣、江少韩、余鹤孙同来，在外签押房会，皆冠靴而已，叩其来意，乃为张宗淮讲人情，令其找恩粮务、刘统领商酌办理，若能早驱逐，即可释放，唤刘统领来，派其各处查访，莫为此班小人所愚。江少韩复来商奏底，洋务局令其尽心经理，伊再约鹤孙，恐一人照应难周，甚虚心也。并送来佛龛一座，系本地银匠所造，工尚细，然较大，似作护身佛龛较蠢，然本处每以一龛奉数尊，不同内地只奉一尊也。晚鹤孙过谈。晴。

廿八日（1 月 3 日） 早会鹤孙，将薪水簿发交，内有加给有停止，因湘梅代理后藏粮台，洋务局总办派少韩，鹤孙派洋务局会办，竹君派管公私来往信礼，并派李海山都司为营务处帮办，由洋务处略加津贴，伊与番边颇熟，伊少子即为山南某大寺胡图克图。晚饭时因天阴喝黄酒一杯，过鹤孙处谈，闻吴小瑾已搬至洋务局居住，此举甚妥，如有公务，就便可商，且紧要公事，在彼存储者，亦可放心。半阴晴。

廿九日（1 月 4 日） 午后至洋务局，小瑾搬至东屋，已收拾干净，西屋为众人办公之所，亦略为收拾，尚欲裱糊，甚觉高兴。少韩、鹤孙俱在小瑾屋内坐，痛谈，化臣亦去，未久停，往北路侦探，马朝阳带领本地当差黄帽子叩辞。算计竹君不过下月初十日前可以回藏，遂到后院一游，山上泉水结冰处甚多，进内。王永福拿来四儿三枚，两枚不齐整，只有一枚极小尚整，惟无纹，仅有三圈，作白地淡灰圈，两头亦作淡灰色，中穿眼，细看似玛瑙，又有骨意，真不可解，价六文藏钱，因小或从廉，且不见纹，细纹也。晚鹤孙过谈。晴。

卅日(1月5日) 午后至外院一踏，遇看药房字识王佐，将前交之《药要便蒙》已钞录讫呈上，当将《笔花医镜》在户部裴兄赠。交在药房收存，准钞写，不准将原书失落，《药要便蒙》亦令传写，并小儿读。遂至东院看宰羊二支，遇少韩到洋务局去，进内。王永福拿来铜打碎石戒指一对，用藏钱十二文。又送到假四两枚，颇像，买一枚，殊可验藏番手艺。晚过鹤孙处谈，赠余小四两枚，花作波折纹，一有外箍，一未有，又一格也。晴。

十二月初一日(1月6日) 辰刻恭赴大招万岁牌行礼，吕祖庙行礼，回署，家庙各神前行礼。少韩、鹤孙来回公事，午后子周、肖臣、惠臣、少韩、鹤孙、化臣冠靴来，仍为张宗准事，殊可笑。因谕其释放，然须即逐回籍，皆承当之。晚鹤孙来谈，送余木盖碗一枚，制甚古雅，买得二眼四二枚，徐韵秋女史写得番字观音经全部，因赠其萨迦所送观音护身面佛一尊，铜龛一个，资生丸廿粒。晴。

初二日(1月7日) 早李肖臣来接管拉里粮务印信，彭子周禀知交卸。午后过洋务局一看，诸委员皆与肖臣道喜，少韩旋送到年终应缴朱批折件，可于初十日附差恭斋。王永福来送两枚小四，价廿六文。昨日鹤孙送赠本地所镟木盖碗，有前次所买木碟，令镟成茶盘，应更有趣也。晴。

初三日(1月8日) 早鹤孙来，买得子母绿一块，重川平一钱一分，据丁乾三云，阖藏未见如此分量，余在京亦未曾如此见过。价银肆拾两，扣珠作成豆形，每豆藏钱六文。共四十四枚，合银廿六两四钱。饭时化臣来商公事，闻噶布伦番边深知感激，吴祖鼐欠公款私款不少，大众于洋务局与其商办。马竹君由喀里喀达回,谈及巴尔曾与其大诈,殊可笑人。后与韦礼敦亦有不尽情理话,真岂有此理。晚饭后过东花厅,看竹君并少韩,鹤孙在座,痛谈。晴。

初四日(1月9日) 早化臣来,同李海山都司、字识李光宇,因派其两人详查洋务案卷,已查明尚无遗漏,惟营中报销多年,未经达部,饬科房赶紧清厘。竹君送到英大臣惠德寄来各照像片并竹君购到像片,大众分散之,闻余所照骑马像并同委员共照一像,现在喀里喀答已发卖,价甚昂,殊为可笑。惠德另有来函,询像片已收到否?因拟信覆之。李粮务、恩粮务同来,外签押房会拟以后汇款,欲另立章程,甚有见的,复痛谈。晚鹤孙过谈,因竹君带来一钟系皮套两开门带闩,极精致,不贵也。送看,不过廿余金。晴。

初五日(1月10日) 早化臣来,送到洋刀数把,皆快利锋刃,以备洋操应用,暂存洋务局吴小瑾处,每把价银不过十四两余。竹君送到洋点心、胰子、白面、橘子并洋香色绒钟一架,作腰圆形,打时打刻,带问带闹,据云噶哩噶达祇此一物,比余从前庚子失去之钟较陈重,上好之物也。午后化臣同李海山来,送到返魂香一粒,如酸枣大,乃其子山南夺吉扎喇嘛寺大呼图得之于达赖佛。伊子亦称佛爷,名土颠凿控朗岭夺吉,询之李都司。据云此其次子,伊母为藏内丫头,生时亦无大奇异,惟头上有长发数茎将尺长,以其小儿遂剃之,迨长周岁,即有人来访,问其夫妇年庚皆符,因告以前世此佛圆寂时,曾告其徒生于汉人家,有老喇嘛与此佛相好,夜梦云已转生在何处何门,所向何方,并父母年庚,是以来访,系红教,今年十九岁,黄红教经典皆通。本系打箭炉活佛一世,总须到彼一次,彼处庙比藏内大,有五千徒众,此处不过百数多徒众,此处有地,炉城尚年年接济。恭勤公在日,曾见过三次,谓其像貌不凡。此返魂香,闻恭勤公曾得之于江诸佛,亦系达赖送彼,乃五辈达赖所造,此辈灵迹甚多,故人人宝之,价比黄金之上。晚饭后过鹤孙处谈,彼留小钟一架,亦甚佳。晴,微阴,冷。

初六日(1月11日) 早到洋务局闲谈,少韩有便红症大犯,因热所致。小瑾大买其表,有小表用绿架,大似古铜,可见洋人亦沾染中国所好，殊可笑也。午饭后，忽王永禄来随竹君回。送甘庶等物，因将甘庶命姿祝玛削去皮，以水泡之，不意拿到竟以热水泡之，已可笑。遂令吉祥等尝之，几乎将渣滓俱咽。与鹤孙谈及，不觉大笑。晚鹤孙来，因西院李粮务约，不得久谈，闻竹君剃头，忽以洋药水擦头，大发狂，满口谵语，恐其路上辛苦，加以天时不正所致，赶紧选给红灵丹并薄荷油，令振勋送往。找化臣令其一看，据云，发狂者不止一人，外边此症颇多，总内热外寒如此。早晴午阴，甚冷。

初七日(1月12日) 午后赴洋务局，鹤孙、小谨闲谈，闻竹君、少韩均见好。进内，肖臣江古学来，留其在韵姑娘屋内晚饭。写家信初十日走，信内写初九日，交鹤孙封寄。叙冬月廿四日接家信，钟文叔送节敬，并送动工章程，实无暇回覆，章程以后带来，周太太见时致意，得少爷喜，至格甚有玩意，如能照单像更妙，因折差便，寄去照像四张。一骑马，一正身，一侧身，一同委员同照。现在藏内疯病多。初八日已见雪。生日非常热闹，汉番官兵皆拜寿，约吃面，跳弦子一日。等语。晚找鹤孙谈。半阴晴。

初八日(1月13日) 早将家信封妥，交鹤孙，其照相片即由鹤孙作夹板封之。昨晚鹤孙送石榴一枚，系无核者，得之于竹君，乃得之噶哩噶达，余在川省，闻香雨都护与介堂军门，谈及云南某处无核石榴，恐此物滇省产，非外洋产也。申刻赴洋务局，李肖臣移尊，约余鹤孙、恩惠臣、吴小瑾、刘化臣晚饭，伊所带厨役菜尚可吃。饭后至小瑾屋又谈，亥初方进内。早雪午晴，晚复雪。

初九日(1月14日) 早鹤孙来，送到布达拉山正面照片，前由竹君送到两张，并此而三矣。午间因田德得女，韵姑娘、莲芳皆去挂哈达，余与娥珠在院调鹤，甚有趣。至马号外院一游，见唐儿找来织羊毛毯丫头，看其织得结实，且比买价便宜。晚找鹤孙谈。甚冷，晴。

初十日(1月15日) 早过鹤孙屋内商酌公事。化臣来买得洋枪三杆，作正可以开销，将带来《纲鉴易知录》给与，共二函，洋板，余已目力不佳，不过置之高阁而已。未刻，拜发代奏噶尔丹池巴替达赖谢赏三瞻敕书，绸缎等物进贡满汉合璧一折，达(拉)[赖]行抵库伦已行查一片，奏补噶布伦一折，清单一件。旋至竹君屋中，看少韩、竹君病皆见好，均系热证也。到洋务局，小瑾在屋督催糊窗。晚鹤孙过谈。阴，微晴，甚冷。

十一日(1月16日) 早与鹤孙略谈。午后至洋务局，小瑾、鹤孙、竹君在座，惠臣后到，均痛谈。张天衢由南路，闻卧克纳住江孜，不过相随百余人，大半印度人，皆去帕克里，亦有兵扎住，印度兵亦少。半阴晴，冷。

十二日(1月17日) 早无事，午后赴外院一踏，药房与王佐论药性，颇留心此处产药甚多，惜性不同，内地恐难用之，惟看制法如何方好定准。到马号。至洋务局，鹤孙、小瑾、竹君谈，竹君谓柠檬乃橘子之属，形不大，可作水饮之，却暑之药，噶哩噶达苹果似烟台，尚好，长白葡萄极佳，皆价值甚贵，且不易带，均怕冻。晚饭后，鹤孙过谈。晴，冷。

十三日(1月18日) 连日看《锦里新编》，一函内有雍正五年赏给达赖地土，遣员至察木多勒石等语，已致信粮务或搨或钞送藏。《西招图略》一函，松文清公著，所论不外“忠信笃敬”之意，二堂悬匾，即此四字。其著重在廓尔喀等外部，此时披楞已入藏地，则他族尚在后矣。钞本奏疏二函，不知何任所留，自乾隆年至道光年年分，前后倒置，或有奏疏无谕旨，或有谕旨无奏疏，然紧要之事，略有头绪可循，大有用也。午后化臣来商公事，竹君来商公事，将一切取到及路用划拨各款造册呈交，两人皆痛谈。鹤孙来谈，旋赴粮台李肖臣约。晴。

十四日(1月19日) 午后由东院转至后院闲踏，新盖敞厅柱子竟下二寸光景，大约冬月开工不足靠，恐明春开化许再往下(陈)[沉]。回时至洋务局闲谈，鹤孙、小瑾在座，进内姿竹麻拿一小海螺，二文钱，留之，此处以大海螺将顶上数圈去之，女子将此物如镯带于右手，番名谓之洞果，一生不摘下，然皆十二三岁带上，俟长大虽欲摘而不能，如嫁汉人遂砸之，以为笃于情，询其带此何意，据云，死后阴间无亮，带此则不至走黑道路，其愚大可笑。此小海螺携入内地，虽不如洞果之大，亦可略见一斑矣，其镯头有铜有银，皆极笨，难留，实无用。晚鹤孙过谈。晴，微风，甚冷。

十五日(1月20日) 辰刻恭赴磨盘山关圣庙行香，回署，家庙各神位前行香。昨得小海螺，询之莲芳，此地转郭拉所用，每一叩将海螺在头上一拦，叩其上，转郭拉有大小之分，大郭拉大招布达拉山皆转，小郭拉惟大招而已，所谓郭拉如北地拜香之意，然亦有不拜者，仅手持玛密转走，闻文淑南世叔在任时，亦常转郭拉。余谓已现宰官身，应以世法论，似不必多此一举也。午后竹君来送信稿，略谈。惠臣、化臣来，销监放番官济贫青稞差，每年皆于是日办理。晚过鹤孙处谈。王永福拿四二枚，六十文得之。半阴晴，极冷。

十六日(1月21日) 昨夜大为伤风咳嗽，盖因天凉。晚饭少饮黄酒，遂内热外寒所致，今日尤冷，将红狐皮袄换上，仍嗽不止，此处天时实难定准，忽凉忽热，加以干燥，内地无是理也。午后至洋务局谈，小瑾、鹤孙、竹君在座，竹君将印度带来彼处谓之沙谷，即其地所产，汉人加一米字呼之，其形比菉豆稍小，又有小于此者三分，盖两种皆系白色，以开水熬之，得时则透白色稍灰，其味似荸荠粉，兑糖食之，据云滋阴清补之品也。旋即送来两种，共一小袋，并洋奶子四罐。晚鹤孙过商公事，并闲谈。晴，干冷。

十七日(1月22日) 咳嗽仍未见好，乃积热所致。早晚饮粥，略食馒首，大荤则停之。晚间水泻两次，似少好。午后化臣来回公事，谈及各台，其习气之坏，匪可言喻，裕子维、何光燮不能辞其责也。鹤孙来商公事，因后藏都司马全骥有新故外委，有一子，现该弁病故，将所遗之物开单呈阅，并恳恩将所遗各物赏给伊子，此因藏内故丁存款无亲属者，暂为存官，俟有人领，寄川所误，因拟批大骂之，伊既有子，何必存官，真成笑柄矣。过洋务局一谈，小瑾、鹤孙在座。晚复过鹤孙处谈。半阴晴，晚风甚凉。

十八日(1月23日) 咳嗽稍见好,仍未大愈。午后,湘梅来,因款项凑不齐,难往到任,遂找化臣来,据云,前藏未能办理,是以耽延其赴任,复又找惠臣、肖臣来,令其设法,此事不应上宪为难,总应大众办理,遂辞去。将议覆三瞻文书,知照锡清弼、凤苐堂并覆苐堂信一并发去。晚鹤孙过谈。冷,半阴晴,晚风。

十九日(1月24日) 午刻封印,赴大堂,先文武参堂,遂升座,众番官武弁行礼,即用印标封,后封印下座,北向行三跪九叩礼,礼毕,复参堂行礼讫,退二堂,文武员弁番官均来叩喜,兵丁卫队亦在阶下叩喜,进内。午后,赴洋务局,鹤孙、小瑾在座,纸扎差先来四箱,看收拾打点,大约每项均在八成,不符箱中单子数目,殊可笑人。晚粮务厅约诸委员吃饭,余处亦送一席,因少韩、小瑾未去,席菜检分之。晴。

二十日(1月25日) 早鹤孙过谈公事。午后至洋务局,鹤孙、小瑾痛谈,绕外院看各门所书对联,竟别字连连,询之,乃粮厅书吏所书,真可笑。昨日张天衢送到小钟,带八音、洋点心、橘子等物,赏而收之,藏中专讲过节,久矣。晴。

二十一日(1月26日) 午后赴洋务局,少韩已大愈,竹君、小瑾在座,鹤孙亦到,惠臣后到,由番官公所回,有公事回,询其公所,均系矮坐,面前一桌,番笔墨及纸扎堆积满桌,上有帽架,一旁有酥茶罐一,亦别开生面,外屋乃黄帽子书吏办公处,见面时请安,复请安道劳,步走时即在坐垫上,又请安不迎不送,盖在公所之意也。天略暖,狐皮袄又穿不住,夜间作嗽,因热所致,早间盥面,鼻孔内有血,终日嘴唇爆皮,然手足冰冷,此何天气耶,又冷又燥。晚间看星宿,大者在下,小者在上,是有层次,北地无能清楚如此,其地势之高,不待言矣。晚找鹤孙谈,化臣亦来商酌公事。微云,晴。

廿二日(1月27日) 商上新换乃心巴,廿余岁,喇嘛洛桑仁青来叩见。前乃心巴扎布坚参辞,退后闻蓄发娶亲,自种田去矣。不但不能以世法绳之,虽佛法亦不能绳之,一笑。午后至洋务局,鹤孙、小瑾、竹君在座,鹤孙将洋务局领款当面交明竹君，内有小瑾办理局内门帘、椅披等件账目，细腻非常，与其批语数句，大家无不笑者。进内觉天气甚燥，屋内似火盆放不住。晚鹤孙过谈，因及四川(刨歌)[袍哥]，即土匪之谓。是州县无处不有，且都充官役，可持一名片号召数十州县匪徒，其次十数州县，再次数州县，皆为党羽，称作徒子徒孙，地方官无如之何。此已不可闻，乃读书士绅竟有烧香拜会，称为大成会，余在省城曾见市售团扇，画铁路已开未开图，上写孔纪几千几百几十年，以孔纪作耶稣讲，即大成会内人所为，此比袍哥尤甚也。晴。

廿三日(1月28日) 一日工夫将书桌上并抽屉内痛加收拾，今日到此整一年矣，去岁住德庆，明日到署，然此一年，无奇不有。晚饭后过鹤孙处谈，先至厨房遇小瑾立谈。七句钟祀灶神，具衣冠，外排官衔灯，灯由暖阁出，至厨房，行六叩二跪礼，奏乐放鞭炮，进内洋务局亦祀灶，鹤孙复过谈。晴。

二十四日(1月29日) 午后至洋务局，鹤孙、小瑾、少韩、竹君均在座，随后惠臣、化臣、海山同来，因攒招事往见噶勒丹池巴，铁棒喇嘛已派成，系属谨慎一路，可请放心。北路探兵前藏额外马朝阳等。已回交界处，大雪封山，达木兵、番兵均有驻扎，所来回匪哈萨克流民耳，哈拉乌苏营官，明日来禀已派兵。男女并裹番民约在一千余人，明春开冻，似大宜防范也。闻少韩云，有驻塘兵丁见阿咱倭音。海子有大人熊一，小人熊二，只好隐藏以观所为，因大熊背一小熊，欲往海子饮水，背此则彼闹，背彼则此闹，业经更番数次，似无如之何状，忽大熊抱一大石，将一小熊压之，背一小熊饮水，回时复如之，真是禽兽之智，徒供人笑而已。起大风满院飞尘，四山皆暗，大似北方，进内则尘埃已满书案。晚饭后鹤孙过谈，化臣接松粮务来函，吴祖鼐实非人类矣。闻唐大人已有到印度信，并闻有须到伦敦信。晴，大风申住，晚复起。

廿五日(1月30日) 午刻过洋务局，少韩、鹤孙、竹君、小瑾俱在座，痛谈，竹君因得马褂甬，无面子，欲借宁绸料一匹，余谓内有现成者，即可奉送，又何必借之，众人均大笑，因送之，渠亦不得不谢矣，借云乎哉。又大风，谈许久，说各处古迹，安徽乃魏武帝，如字迹，藩署为当日帅府等语，四川则诸葛武侯遗迹甚多。晚饭后鹤孙过谈。晴，大风一日，断续。

廿六日（1月31日） 饭后到洋务局，少韩、鹤孙、竹君、小瑾皆在座，痛谈，因厨房养羊甚多，适杀羊，告老左多杀两只，给少韩、小瑾各一，竹君送一活羊，盖彼教中非阿（洪）[訇]念咒杀之，必不肯食，众人皆非笑之，然彼教规矩牢不可破，无如何也，闻所念咒语，不过非我愿杀汝，乃天命该当如此等词，欺羊乎，欺天乎，真不值一笑。闻四川官场中有匪杀匪之说，盖彼匪妄杀此匪，官竟不为理，亦不相验，其来久矣，吏治亦可观矣。又大风，断续不定，灯后依然，比前两日似略小。晴，风。

廿七日（2月1日） 色拉寺来验降魔杵，其形作三面，人有膀臂，皆拖一杵，面貌如塑金刚形，系铜打，下安稜铁钻，据云系印度飞来，又云五辈达赖佛所用，相传经昂班一验，邪魔均去矣。来有卅余喇嘛，赏二两银而已。午后，过洋务局，均在座，询少韩，前办事大臣庆宝轩善。乃盛京内务府旗人，家计甚好，由州县历保候补道，为丁文诚公所赏识，奎乐翁尚书保荐，接文仲瀛任，人极明干，可惜半路故去。来路过乍丫一站，故于昂地。曾割番子头作前站，番子怕极，皆跑掉，即此君也。晚饭后，鹤孙过谈，商酌年终赏耗。晴，午后风略小，灯后尤小。

廿八日（2月2日） 来送礼者甚多，大半讨赏而已，可发一笑。昨与鹤孙谈，成、华两首县有诗两句：银钱似水流将去，磕睡如山倒下来。余谓藏中赏耗，颇似上句，其下句改为冷暖无时避不来，殊可笑也。忆去岁正到此匆匆拜客会客之时，今则消停多矣。凤大臣又行文催三瞻覆稿，真可笑，热极生疯矣。晴，午后起风，晚又风。

廿九日（2月3日） 午后放各项赏耗，另提百文，赏吉祥廿文，姿竹麻廿文，喜洛廿文，娥珠十文，莲芳十文，代娥珠给吉祥十文，下余十文赚起，可发一笑。班禅额尔德尼遣传号喇嘛来送年礼，因传见告以道谢，此处均安静，可请佛爷放心，洋人在彼，并未搅扰，彼处亦为安静。布鲁克巴头人送橘子两木匣，大者如杏，小者如栗子，极可笑，传号赏给衣料、佩刀、哈达、银牌，头人赏给银钱而已，众文武均来辞岁，挡驾大吉，将得来礼物分送委员等。晚饭后至洋务局，小瑾痛谈，各家庙神前，委余委员代行香，夜间天方委巡捕程林代行礼，鹤孙、化臣、程林并家人等均来辞岁。再恭接批折回，请与五仟已准，谢粮务改奖亦准。晴，日夜几阵风。

光绪三十一年岁次乙巳正月初一日(2月4日)　立春，卯刻赴扎什城恭谒万寿宫，万岁牌前行三跪九叩礼，坐朝后，朝房略坐，关帝庙关圣前行三跪九叩礼，城隍庙城隍神前行二跪六叩礼，回至大招，佛公噶布伦等备筵两桌，万岁牌前行三跪九叩礼，如来古佛前行一跪三叩礼，丹达庙内丹达神前行二跪六叩礼，吕祖前行二跪六叩礼，回署，家庙神位前共十四跪四十二叩礼，诸文武番僧俗官及武弁兵丁等叩喜，进内，望北祠堂二跪六叩礼，先祖父母二跪六叩礼，先父一跪三叩礼。饭后，午刻，恭谒布达拉山，堪布等备筵两桌，圣容前三跪九叩礼，磨盘山关圣前三跪九叩礼，回署。计早间连还礼共一百零八叩，若计每晨长寿、如来、观音佛前并午后，共一百卅五叩矣。早间行礼大出汗，前藏粮务备早点，乃元霄，余谓此物应十五日用，今日可名元旦矣，与圆蛋同音，众皆笑。王永福两小孩背水，一小孩名一生，盖初一日生，名甚古；莲芳带一两姨弟长寿保，均磕头，每人赏其两藏钱并橘子两枚，殊有趣。晚过鹤孙处一谈。此地番民过年，将门上用白灰手蘸点之，如汉人贴对子之意，殊可笑。晴，午后风。

初二日(2月5日)　巳刻赴布达拉山，噶勒丹池巴代达赖请观跳钺斧，到时入座，在达赖之左高座，济咙胡图克图，各喇嘛噶伦仲果尔均递哈达至佛座，以头顶礼之，到大臣座，则季仲噶伦、佛公等参见，汉官居左，大喇嘛等居右，佛公、番官等居南。有喇嘛二人东西面北皆坐，二人先念经，遂奏乐，即有跳钺斧幼童穿各色花衣靴帽，随乐跳舞，有(湾)[弯]腰时，有单腿安时，手持一小木斧极其有趣，亦童子干羽之意。复来两喇嘛，一色拉寺，一别蚌寺，皆在五十岁以外，彼此反复问难，有时击掌，有时摇头不以为然，据云经典中语，深奥难明。余观之，似京内说相声者，殊可笑，说一阵，跳一阵，三次而后罢。其中进茶进饭，系白米白糖所拌，进粥似有肉丁在内，随摆宴，达赖前甚多，其次大臣，并送氆氇等，如来佛一尊，余人亦各有赠，不过氆氇、吃食等件，达赖前宴桌油炸饽饽摆极高，且有假象龙、整牛羊，似果子糖等，或自留或送大臣，有来抢宴者，大半黄帽子多，喇嘛有持棍打者，皆不怕，闻从前因抢宴竟踩死三人，亦凶矣哉。下山，汉官送轿，佛公等站班随到大招左右，给文武番官等谢步。早吃两碗鸡丝面，回时午正余，又觉饿，又用一碗鸡丝面。今日乃番子初一日，街上有跳绳者，似皆洗脸，可笑。鹤孙来，由西院拿到酥油糍粑粑所捏小羊头一枚，不过茶杯大，五色俱备，且有飞金，乃番俗供佛之物，亦惟元旦才有，取吉羊之意，颇合古造字之义，甚细，似内地江米人之流，亦怪哉。晴，午后大风。

初三日(2月6日) 布达拉山请看飞绳，闻此次飞绳，几乎飞坏，两次两人，殊非儿戏也。因忌辰未去。午后赴洋务局，鹤孙、少韩、竹君、小瑾俱在座，进内，因番边过年，噶伦等送到宴四桌，并油炸饽饽等数竹托子，有带头羊一支，羊腔一支，带头羊颇有神气，拿进摆在院中，细看之索然，令姿竹麻拿出分吃可也。忽闻楼上作响，以为有人找何物件，又听有画声响，即令王永福、李振勋上去一看，乃猴子脱锁，由门钻入，将桌凳弄翻，书桌上砚台、印色盒俱摔碎，贴亦撕坏，砚水亦洒汗之，书套亦毁，镜子小套亦坏，墙间字画撤下满桌满地，无一不乱，拿住抱下，现收拾，从先告诉唐儿留神，漫不经心，实在可恶。晚饭后，鹤孙过谈。晴，午后大风。

初四日(2月7日) 闻番子因初三日颇不好，今日亦改初四矣，此其历书如此，未免太怪，凡遇不好日期皆如此，是以番人不讲八字。早刘化臣来，因攒招在迩，拟往各处一查，甚是。午后有铁棒喇嘛副铁棒草第巴等来见，皆噶勒丹寺所派，闻每次皆以贿成之，为可讹人，此次俱系老成人，噶勒丹池巴德政也，并回明请严饬汉人瞧热闹者莫多事，例送藏香二束，皆极细者，香味甚佳。进内复到洋务局，晤少韩、竹君、小瑾，令转告恩粮务、刘统领严饬乡约管汉民，严饬官弁管汉兵为要。晴，午后风。

初五日(2月8日) 午后过洋务局闲谈，皆在座，谈及四川跳端公真将人笑倒，其信邪不在番子以下，最可笑者，将四书句亦夹入所念辞内，不过混饭吃而已。鹤孙云如季康子问仲由疏文，烧在罐罐头，能不为之绝倒。大半因病而设，有端公未去，病人已了者，尤可发噱。晚饭时觉冷，饮烧酒则头又痛，总因外寒内热。鹤孙晚过谈，连日须十一钟方能睡着，夜仍长。晴。

初六日(2月9日) 刘化臣来，送到松介眉寄送双甬千里镜一架，前因韦礼敦送化臣双甬千里镜一架，光之远近相同，韦寄比松寄分量稍轻，遂换之。鹤孙来送覆，班禅因泡澡请入奏，因光绪八年前辈班禅曾有泡澡知照，未经入奏，此琐事，可不入告，覆之，此种公牍，内地所无，殊可笑。午后踏至外院，转后院一看，垂柳竟有发芽者，山上有泉处冰不化，水坑内冰亦未化，人尚重裘，大风不亚冬寒，树木早得地气，何理也。晚鹤孙过谈，今日攒招始。晴，午后大风。

初七日(2月10日) 鹤孙来商公事。午后过洋务局闲谈，皆在座，惟竹君未到，系请其阿(洪)[訇]念经，汉人、缠头均有，不知是何礼节，想彼教中因中土过年后应有此举耶。天气甚凉，滴水即冻，大与冬日无异，其实已交春矣。晚鹤孙过谈，攒招安静，晴，微风，午后阴。

初八日(2月11日) 拟致军机处信底改得，午后过洋务局，交少韩誊出再酌，委员等均到，痛谈。鹤孙于昨夜今晨俱泄肚，系热泄，认为寒则错矣，晚饭后来找万应锭，与之。余觉天冷，晚饮黄酒一杯，北山见雪。半阴晴，风。

初九日(2月12日) 巳刻忽布达拉山走水，用千里镜看之，背水救者人甚多。鹤孙过谈，服万应锭，病少减。化臣来，现由布达拉山回，乃雪里上写经房失火，现已扑灭，有噶伦在彼照料，此处无甚贵重之件也。午后斟酌信底，赴洋务局，诸人皆到。惠臣亦来，曾到布达拉山，火已息，乃山上小娃子房，非紧要之处。大家谈到琴，鹤孙、竹君俱会弹，蜀派也。晚饭后，至马号外院一踏，四面山皆有雪，不过厚薄之分，无怪其冷比冬日，鹤孙过谈。半阴晴，冷。

初十日（2月13日） 早起，冷极，比冬日难过，午到洋务局，竹君未到，惠臣来无事，化臣来，因噶伦对李海山云，现接瞻对番官来文，有炉厅令其让回瞻对等语，拟三两日欲上公事，并闻番兵有欲打三崖等语，此皆凤茀堂在彼浮躁，以致番人不服，只好呈来公事，再作道理。晚饭后大伤风，鹤孙过谈，因及现补绵州杨仲三，昌鼎。陕西人，由庶常散馆到川，最好闹玩，几乎夫人上吊，殊可笑。半阴晴，冷。

十一日（2月14日） 早起，因有太阳，尚不甚冷，午后天阴，复冷，边外天气不稳，早晚惟在阴晴有风无风而已。午后过洋务局，皆在座，惠臣亦来，因用印过此，谈及川省驻防，亦有以手艺挣钱者，可叹。半阴晴。

十二日（2月15日） 午后赴洋务局，均在座，痛谈，然天阴整日偶见日光，四山雾气濛濛，似下雪，看不真。晚饭后鹤孙过两次，将曜庭先生相拿来一看，落泪，乃翁垂老之年，无怪其然，幸身体尚坚壮。接家信一封，川省并家内均好，至格小相二张，看其不似女孩，虽男孩亦在蠢之列，可发一笑。周保臣来，并送给洋人礼物买货价值单，共用九百零六两零五分，并其履历。乔英甫带来舒肝丸、皮袖、皮领、茶叶、口蘑、信一件。保臣来单，纫茶筒又四筒，绍酒三坛，白大绸疋卅，元青大绸疋十，白花湖绸疋十，双泥金杭扇把十，半面泥金画山水杭扇把十，火腿只十，到时不定会坏否？俟纸扎差到来再说。微晴，大阴。

十三日（2月16日） 巳刻营内迎喜神，化臣衣冠来送喜字，今年作得喜字甚细，因去岁赏耗多，故如此，亦可怜矣。午后惠臣来回公事，略谈。游府周笃村占标。由察木多来，闻凤大臣在巴塘过年，或今年可至察木多，渠赴靖西任，大约在二月。鹤孙来商公事，化臣将至格照相拿至西院一看，外边谓其为一团和气，盖其胖无比，殊可笑。晚过鹤孙处谈。半阴晴，冷。

十四日(2月17日) 早起甚晚，寒恋重衾觉梦多故也。午后过洋务局闲谈，皆在座，忽王永福来请看骆驼，盖鹤孙卅余岁，尚未见过此物，可发一笑。遂至辕门内，同竹君、小瑾、鹤孙前往一看，乃一番人所牵两匹，其大如京内驮煤者，盖已乏矣，不值一笑。进仪门，至汉科房内一看，到二堂，复到外签押房略坐，因大风刮起，尘土迷漫，进内。少韩来商公事，黑龙江前来胡图克图，欲往后藏朝佛，拟请带来兵部勘合，仍请带往，谕以兵部勘合，并无往后藏字样，碍难又行发给。京内所来张喇嘛，昨日来见，送来舍利子等件，因在色拉寺居住大失盗，有一千余金之物，拟欲回内地，特此来见，佛地如此，能不为之胡卢。晴，大风。

十五日(2月18日) 辰刻赴磨盘山关帝庙行香，回署，各神庙行香，至丹达庙前回拜周笃村游府。午后过洋务局闲谈，皆在座，因与竹君谈外国玫瑰糖，随送两罐来，化臣来回公事。晚鹤孙过谈，因及新旧党，有一秀才，其父找同门来，望其教训，伊竟说其父老秀才不知时事。又一秀才有寡母，其祖尚在，亦找同门，因其不准供土地，乃祖气极，谓其无父，实难管得住，俟其故后，虽祖宗不要皆可，此时不能由他不供土地。又一副榜，欲毁书院魁星，看司者抱魁星对其人告之，汝中副榜，曾至此磕头，今毁之万不能，遂大闹而去。此新学之笑话，可叹。晴，有大风。

十六日(2月19日) 雨水。化臣来回事，并松粮务信拿来看，其人为群小所愚，其呆不可问矣。午无事，一阵一阵大风，一天一晚未住。晚饭后，过鹤孙处闲谈，噶伦等来请观灯，便衣青皮袄，狐皮长袖马褂并不暖。与去岁无异。到达赖所摆灯，临近一看，有油捏小人跳钺斧，大有趣。回时离署不远，有大风一阵，先时尚好，子正三刻月蚀，丑正三刻九分蚀甚，寅初二刻三分复圆，找喇嘛来大堂暖阁旁念经，向系穆隆寺八个。照去岁例也。子正即初亏，盖此处地势高之故也。大堂下行三跪九叩礼，蚀甚委夷情，复圆委统领。晴，大风。

十七日(2月20日) 晨起虽未甚迟，终日觉倦。午后过洋务局，闲谈，均在座，忽来前画人物之别蚌子找鹤孙，因将前所画未全者，令其补之。连日吃元霄，觉牙痛，火之过，今日色拉寺禀称，攒招后，念经请赏耗。茶二甑，钱廿文。晴，大风。

十八日(2月21日) 午刻将院内花台，本系土坯砌，改为石砌，缘鹤在院内时常啄之，已坏，东屋内安板子，截断一槽，将东边顺山大床折去，此物非常之笨，且不截屋内一火盆不足取暖，此地夏日不热，似不必留此通联大厦也。过洋务局闲谈，皆在座，惠臣亦来，化臣来，因格图仓等用钱，遂借其卢比三千元，盖此人时帮粮台饷银，似彼有事，不好不帮忙也。周笃村送到绸皮货礼，外青骡一匹，再三却之，万不肯牵回，只得领之。鹤孙过谈。晴，干冷。

十九日(2月22日) 巳刻开印，赴大堂，北向行三跪九叩礼，礼毕，参堂升座，众文武事即用印标封封印，众文武复参堂，番官武弁亦参堂，礼讫，退二堂。众文武官弁佛公番官兵丁等俱叩喜，进内开印，与封印礼不同，拜印分参堂先后也。午后过洋务局，俱在座，商酌公事，回至外院大门后院各一游。昨得青骡乃墨里藏针，口六岁，尚结实，不知本领如何，俟遣人压之可知矣，再者不过个子太小。东屋内东窗改槅子两个，裱糊，截断糊槅子，乃先刷浆子后铺纸，用铁锅打浆子，满屋皆臭，且胡抹地板上皆是，高处则用梯子，不意未稳，连人带纸并浆子一齐落地，可发大笑。半阴晴。

二十日(2月23日) 发家信一封，随廿四日折差寄，信内写廿三日。叙接家信，并至格照相片二张，是蒙古妞妞模样，外边叫他一团和气，皇会未去甚是，桂大人大爷闻说长大疮，大奶奶不可招之来往。高扎。两差官已到省，木箱封收到。铁路单剪毛盖子，不准缠足，换活佛得银子，皆是谣言不可听。藏中安静，给家人寄年赏八十两。等语。买得数两金子未敢带。派赴山南教读黄得恩叩辞即往。午后恭阅奏折及军机处、外务部唐星使各函，化臣接关东来信，特送一看，有桐秋于八月十九日出阁之语，仲路升总宪，冬月可到京，三省日俄之战，恐无完全之地矣。午后过洋务局一谈，均在座，因接凤大臣知照，一奏明未接余文，先令交明瞻对，然不敢猛浪从事，大奉承鹿尚书，一奏请即驻扎巴塘，半年炉城，半年巴塘，嗣后即照此办理，并云察台番子利害一片，奏拟令喇嘛大寺止准留三百，卅岁以下十二岁以上均令还俗，众人未有不笑其乱者。晚鹤孙过谈，又及凤大臣，殊可笑。半阴晴。

廿一日(2月24日) 令番木匠作一靠背，今日忽然告成，甚合式，不过略笨而已。午后到洋务局闲谈，均在座。晚饭后至外院后院一踏，化臣送到松介眉寄来寒暑表并带风雨表一枚，乃英国所造，尚精巧。半阴晴。

廿二日(2月25日) 给那琴轩写信，于后日随折差走。巳刻升大堂验放达木八旗骁骑校一缺。午后，至东院一看，四山如雾，盖欲起风，昨晚似将下雪，风一起，则无望矣。鹤孙晚间复过谈，来两次，商酌公事，番僧俗所呈为三瞻事咨省等文件，亦于后日发。半阴晴，午后大风。

廿三日(2月26日) 收拾书架，将西屋书挪至东屋。午后，范湘梅来，为催李肖臣款项，略谈，化臣来回公事，因惠臣监印约来一谈，令其应覆公事，不可耽延，转告李肖臣大局不可不要紧，不可视如无事，少韩来看折子，满汉日期。晚饭后，踏至后院，墙外水已放至满院，墙外琉璃桥，有多人聚集，乃因番官点马搭帐房，其所使丫头到帐房送酡，向来旧章皆如此。丫头须穿花衣服，戴真珠巴朱，主人须赏汉银卅两，所费不赀，云众人系看丫头服色，以为可乐，无别故也。过鹤孙处谈。半阴晴，风。

廿四日(2月27日) 收拾书籍纸张，化臣来回公事两次，鹤孙来商公事两次。午后至外院一转，山南多吉扎喇嘛寺送净水、净酒、寿果，赏之。巳刻拜发奏折，代班禅谢恩附片，班禅未能到前藏，并发军机处公函一件，外务部公函一件，那尚书信一件，周保臣、乔英甫各再启一件，家信一封，连日才忙完。锡制军、凤帮办文各一件，因合藏请示三瞻事也。半阴晴。

廿五日(2月28日) 化臣来回公事，收拾一槅，将洋酒洋罐摆之，颇似洋行，可发一笑。今乃喇嘛送祟，烧草堆并炮打牛头山，昨夜间放极大炮，番边前曾回明，请昂班莫要惊恐。午后至洋务局，均在座，询其炮声如何？据云三点钟房子皆震动，余则不知，或年衰耳聋耶，抑真醉生梦死耶，不值一笑。烧草堆比去岁闹热，且马队到署东抢进，东门施放，意在送祟之意，可谓爱人以德。晚饭后至外院一踏，闻明日系跑人跑马，因时太早，曾经请示问去否？似不必受此清风。跑马尚可观，跑人则山南并曲水苦人多，竟有跑至人即倒下不了，盖前几名可以得赏故也。并贯跤浑身满抹酥油，抱石，石上亦抹酥油，与内地不同。跑人戴羽帽围花裙，精着屁股赤着脚，由前扎洋营处跑来，而至大招前。鹤孙晚过谈。早晚晴，午后大风。

廿六日(3月1日) 铁棒正副喇嘛柴迭巴等均来销差，见之赏之，此次均属平安。此次攒招廿日，银合不足六万，连物件七万有余矣。内散银物者：仓储巴，叠盖充本，周康洒，周格溪，洛桑近巴。洛桑素巴，江龙崩只达，洛桑岭龛布，洛桑一喜登柱，格喜阿家，达赖喇嘛，当巴充冈，白忍呼图近米，周格朵仓，阿耳庆，大罕亲王。子重材批，阿朱更堆，彭错，吉当扎喜次力，里塘登尊，班禅佛，唐古忒等人，其总银兹另有单。马岱乐亦销差，为弹压千总。惠臣、化臣、海山均销差，略谈。申刻，赴洋务局，周笃村游击约，座中少韩、鹤孙、惠臣、小瑾、化臣数人而已，菜为化臣厨役作，尚可吃，笃村忽掉文，众人无不笑者，戌刻散，进内。半阴晴，一阵阵风。

廿七日(3月2日) 将屋内各图钉起，亦少有内地意思，无聊之思而已。午后，过洋务局，少韩、小瑾、竹君在座，谈及武官掉文，真正笑人，无奇不有。晚饭后，过鹤孙屋内闲谈，化臣由拉鲁佛公处回，今日系番边跑马箭枪支，约惠臣、海山等在彼看之，即在其房子前小佛公换衣，竟是汉人打扮，席面亦用汉人料理，大有趣。闻总堪布已由达赖逐去，不准再来藏，可少一坏鬼矣。半阴晴，有风。

廿八日(3月3日) 化臣、鹤孙俱商公事，鹤孙拿来虎皮，一有头，小，一无头，大，小者难用，大者又不全，皆退回，又拿来非虎非豹，作黄黑色，似在两种之间，未曾见过，番边亦未知名。午后至洋务局，皆在座，与竹君谈及伊在印度，曾见活彪，即此皮毛，原比虎小，定即此物也，暂留之，以便硝出再看，如皮板焦则不要矣。半阴晴，阵风。

廿九日(3月4日) 午后至东院一踏，四山雾气，总含风意。晚饭后，接到军机处来文并皮包等件，奉到恩赏与去岁大略相同。并接凤帮办来文，有半路已经开看，业备香案，望阙谢恩等语，且令谢折内会其衔名，似无此办法，有去岁桂香雨之案可援，俟覆之可也。然此人之毛，出乎情理之外，殊可笑也。鹤孙过谈。半阴晴，阵风。

三十日(3月5日) 将恩赏逐细恭阅，军机处开单与内廷发交数目不符，想因写错。午后至洋务局，均在座，与少韩商酌，此次仍照片桂大人成案办理，谅不至错误，似照凤大人来文不是办法，众人皆以为然。晚饭后至鹤孙处闲谈。半阴晴，阵风。

二月初一日(3月6日) 惊蛰。辰刻大招万岁牌前行礼，换染貂帽，狐腿领洋灰鼠马褂，金银服袍。回署，各庙神位前行礼。午后，过洋务局，均在座，惠臣亦到，因监印，将覆凤大臣文书信函均看妥，即照去岁桂大臣恩赏办理。晚饭后过鹤孙处谈，因及此地，曾疯过一象，比现在象大，且年分亦多，似老矣。有一小儿竟为其所劈，一小儿竟用鼻卷起，众人皆大叫，以为必死，不意轻轻放在平房上，毫无所损，小儿尚自喜笑，岂非命定有数在其中耶。阴，微晴，阵风。

初二日(3月7日) 辰刻春祭，恭赴文昌庙二跪，再跪读祝，三跪九叩礼，武侯祠一跪，再跪读祝，二跪六叩礼，昭忠祠礼同上，龙神祠礼同上。回署，王永(苐)[福]拿来小虎皮一张，不过八两三钱银，不贵，刻下京内无此便宜也。将晚赴洋务局，均在座，略谈。半阴晴，晚起风。

初三日(3 月 8 日)　辰刻恭赴萧曹庙内，文昌宫文昌帝君诞辰，率文武汉番各官行礼，礼节与昨日同，回署。僧俗二噶布伦请见，即传见，因接有番信，已由达赖知照库伦代伊邀恩，特来禀明，令其将知照钞来一看，并提三瞻之事务，祈作主等语。午后诸委员皆到粮署，李肖臣约，因与彭子周、范湘梅、周笃村饯行，作陪客而已。经书卿耀宗回洋务局，复找其进科房，特来叩谢，外有秦尔昌等三名亦叩谢，尔昌年甚少，问之已能写稿，耀宗算盘好，甚能办报销。晴，风不大，昨夜大风。

初四日(3 月 9 日)　午后惠臣、化臣来商公事，并回署，后院墙及两院拟修补破处并油饰，新盖花厅须从新拆卸，方可站得住，与李海山曾商之，番匠亦无可说也。范湘梅辞行到后藏，因串气未得见，闻明日未刻准走，傍晚至洋务局，皆在座，谈许久，借竹君鲁公三表石刻而回，颜字一贴，一样行书，更开无数法门，董文敏谓宋四家皆由《座位贴》出，洵不诬也。阴，偶微晴，晚起大风。

初五日(3 月 10 日)　写家信一封，初八日随折差走，信内写初七日。略叙前信并年赏八十两，想接收，纸扎差须三月间可到，恩赏已到，此信即随谢折，唐大人由南路来，尚未见确音，身子好，惟喘，并脚长，大招已过，惟候小招，刻下已换中大毛，柳已发芽，展叶须待三月，与内地不同。等语。屋内觉凉，各处闲踏，化臣来，因谢禹绩有信，开来唐少川随员名单一纸，令其誊下备存，系正月十二日到印度，然至今松粮务未曾来信，亦怪事也。李海山送到菜点，分吃可也。诸委员送湘梅至磨盘山下过桥，郑泉随去，蒋瑞田亦愿跟彭粮务回省，只好令其前往，在此惟有以酒度日，似非善法，交上沙狐皮、藏貂皮、獭皮并硝少半篓，暂存之。晚饭后闲踏，灯后过洋务局一谈，均在座，二炮后回。晴。

初六日(3 月 11 日)　叶汝舟回，询其兄死于非命，究竟是仇是盗，伊亦说不出，幸其去，并未上刮人台已万幸矣，殊可笑。午后，过洋务局一谈，均在座，回时周统领来，外签押房见，拟初八日走，将拜发折已恭阅，给凤大臣信亦看过。午后飘微雪，觉凉，四山头均有雪，看甚清，晚至鹤孙处谈。半阴晴，微雪。

初七日(3月12日) 送给周笃村食物，因未能约，不得不尔，亲身来谢，未见。午后至后院一踏，水已干，有小娃子在地下挖长寿果，大小多极，回时尝之甚甜，据云清补，多食则头闷，不可解。到洋务局，均在座，大谈。晚间接凤大臣文书来函，一片胡云，不值一笑，大约粗心浮气，殊失大臣之意，鹤孙过谈，因同看，只得以不理理之而已。半阴晴，微风。

初八日(3月13日) 辰刻春祭，恭谒观音阁，三叩礼，询之看庙喇嘛，有四人在此当差，即由穆隆寺拨来，寺在间壁，噶勒丹池巴现在寓此。丹达庙二跪六叩礼，吕祖前二跪六叩礼，瓦合神三叩礼，以上均无祝文。回拜周笃村统领并送行，于今日一两句钟动身赴靖西任。赛均噶布伦策丹汪曲来谢恩，二堂见，面递长寿佛、氆氇等九件，殊可笑，似九件未免欠通。午刻拜发赏福字、荷包、银钱锞、食物等谢折。至洋务局，均在座，因鹤孙、竹君买洋泡玻璃灯，看甚好，亦买一枚，藏钱十八文。田德拿一旧玉烟壶，乃极扁形，虽不白，颇古气，藏钱十八文。晚鹤孙过谈，川省新党旧党之分，真令人所不忍闻。半阴晴，午后大风。

初九日(3月14日) 化臣回公事，并遣娥珠、莲芳过西院，因给娥珠作衣服，洋务局约李肖臣来商公事，至外院一踏，山上积雪已见消化，天似稍暖矣。晚到洋务局一谈，均在座，二炮后进内，月似在头顶，如内地十月时，亦怪事也。晴。

初十日(3月15日) 早至鹤孙屋内，找来番银匠，令其将酥灯玛弥叶送来一看，打的亦甚精工，合七文半钱，作银一两，手工合三钱三分，如手工粗，尚可至一钱余，比内地不为贵，且银色强。午后外院一踏，同鹤孙至后院一踏，见数小娃挖长寿果，不过偏南一块地内有，地上皆化冻矣。晚饭后，过洋务局一谈，借竹君、刘又丹心原。篆字

《出师表》贴片一看。二炮后进内，王永福送来小石，如雀卵，前送石成小螺蛳，皆后藏所出，亦怪事。天地生物，真不可思议，曾得石燕，不为奇矣。晴。

十一日(3月16日) 化臣来送袷袄。午后过后院一看，又放水，数小儿仍挖长寿果，见余去皆望之而笑，随挖随吃，泥土所不计。老左作驴打滚，送给鹤孙食后，始问名，不觉大笑，渠谓食而不知其名，盖川省、浙省无此物也。灯后过洋务局，均在座，噶布伦应谢恩，噶勒丹池巴文书已到，盖达佛非彼坐垫后不可，是以迟迟，俗竟以坐垫误为坐殿，真可谓胡云矣。阴微晴，午后微雪风。

十二日(3月17日) 化臣来回公事，为马元领款须至省，令该故弁家属办理方妥。午后踏至后院，见水又满地，随开后门一望，沟水已旺，各菜园俱开畦浇灌，久未一看，甚觉畅亮。回来莲芳抱一小女孩才六月，见余颇笑，极有趣。计泉又病，盖善睡之过，此地午觉若睡，未有不口干头痛者，燥火之过也。晚饭后过洋务局，均在，痛谈，二炮后进内。早微雪，半阴晴，午后晴雪。

十三日(3月18日) 辰刻恭谒扎什城关帝庙配殿，即官厅，坐赞钟鼓，奏乐赞，盥洗，行三跪九叩礼，升殿行初献礼，三叩就读祝东廊下，祝毕三叩，复位升殿，行亚献礼，复位，升殿行三献礼，就福酒、福胙，西廊下三叩复位，行三跪九叩礼，礼成，至后殿观音前行三叩礼，西殿风云雷雨神，行三叩，跪读祝，又三叩礼，仍至官厅略坐，乘轿至城隍庙，与上礼同，回署。回时见布达拉山西北风从地起，似旋风非旋风，将西山遮住，风即至，并飞微雪，去时微风，不似回时风大也。彭粮务来辞行，未见，闻于十六日启程回省。晚至外院一踏，饭后至洋务局闲谈，均在，少韩云，从先朱尔默特本系极好一人，受恩知感，事理明白，僧俗亦均悦服，一日忽谓侍从曰，某日谒大招，在门限上跌一跤，汝便抽刀杀我，不然藏内必有大祸，是日果然，侍从念其素日所为，不忍下手，不意至此心与貌俱变，以至安心谋逆，是以傅、拉二公因之死节，据云一跤之后，其真性已失，乃邪魔入其内，至今佛经内尚记此事，想彼时劫数应该也。阴多晴少，风微雪。

十四日(3月19日) 午后至洋务局，均在座，因竹君欲看子母绿，拿去一看，渠拿来旧玉镯头上刻螭虎二条，“人生一乐”四字，灰浸有朱砂点，似旧玉后作，不见好，又云翠搬指一枚，所谓指头抗枷者，无谓之至。化臣来，由丁乾三处拿来左旋螺二枚，不过三寸上下，一大一小，小者竟索价汉银一百两，实不知其好处，在何处取贵。进内薙头，李粮务因与彭粮务送行，送到菜点收之。灯后，过鹤孙处闲谈，渠得藏钱二枚相送，一为乾隆宝藏，一为嘉庆宝藏，本地呼为中堂钱，盖从前始造此钱者，为傅文忠公，乃一面汉字，一面番字，目下不易得也。闻尚有五辈达赖所造者，钱极小，当时不过造二百枚，旧家有存者，不肯卖出，一文可值百文，沏水饮，可治病，恐神其说耳。半阴晴，风。

十五日(3月20日) 辰刻恭谒磨盘山关帝庙行香，给彭子周粮务送行，回署，家庙神位前行香。王永福现署外委，伊乃此地生，本陕西人，云伊十二三岁时，尚见扎什城有外委五间房，千把五间房，兵丁两间房，现已无存，守备署亦无存，游击署仅存大门院墙。办事大臣署本在小招迤北，道光廿二年移于此地，系与番边兑换，此为花园，帮办大臣系在西边菜园旁，从前尚有一匾，写“小桃园”，比“忠信笃敬”匾写得有名，不知为何人书，后为某大臣带走，现在西署与东署相联，亦后来改造，曾见钟午亭先生所记与刻下署中规模不同，无怪其然也。布达拉山下见一车，乃是雪里拉紫者，布达山下地名。车饼不甚圆，前有两辕，各拴一牛，其笨非常，并无驾辕者，闻独脊岭皆是此样。化臣回事，略谈。晚过洋务局，均在，因谈各处闹贼，大可笑，将腰带洗白，令王永福以蓝染之，甚好。昨夜雪有三寸，今日晴，晚风。

十六日(3月21日) 春分。起时已晚，天甚冷，寒暑表近日总在五十四度上下，今晨竟落五十一度，四山皆雪之过。午后稍暖，晚又冷，至外院一踏，到厨房看菊花芽尽出，且极高，俟种时似须摘去，杏花均有花苞，然开时尚早。灯后过洋务局闲谈，均到，闻竹君云，纸扎差有到拉里之信，因彼此争差，纳克书有撤站之说，未知确否？半阴晴，风冷。

十七日(3 月 22 日) 早过鹤孙屋内谈，化臣回公事。午后外院一踏，令王永福换一烟袋锅，竟需三元钱，乃现打者，可谓无物不费事，无物不费钱矣，一笑。晚到洋务局，少韩、鹤孙、小瑾在座，回时看西南山下半为云雾所遮，月色朦胧，远露房顶，近数株柳树，颇得景。半阴晴，早凉，晚起风。

十八日(3 月 23 日) 两院各有菜园，因西院无大臣驻扎，仅东园送菜，山价亦归其独领，因菜太坏，改为各五天一送，山价均分，西园送菠菜颇佳，盖其工夫大，不似东园不讲种植，地甚荒芜也。昨夜雪，天甚凉，午后尤凉，屋内复升炭盆，过洋务局闲谈，均到，询之，惟鹤孙未升炭盆，诸人皆升火。恩惠臣来，为春操，因已奏明，不便举办。晚饭后，鹤孙过谈，四山均雪，闻少韩云，对面山上雪极大，因有一海子在上，若夏日四围起云，海子无云，藏中无雨，亦一考验也。见公牍拉里山等处已大雪。半阴晴，甚凉。

十九日(3 月 24 日) 早化臣回公事，并兵丁二名谢恩。午后将借来小瑾《彭刚直公奏稿》阅讫，系石印本，乃俞曲园先生排比，厘为八卷，一生事迹于此可以征实，奏牍之谨慎，亦可略见，非后之夸诞者可望其涯涘矣，敬佩之至。借竹君鲁公三表，刘幼丹篆字，并送回三表后识一断，临颜贴须于沉著处求虚婉，董文敏公云，宋四家皆出于鲁公，与郭英又书三表，亦何独不然，开后学无数法门。灯后过洋务局，面交小瑾书竹君贴，均到，谈方言，有极堪笑者。天晴仍凉，微阴。

二十日(3 月 25 日) 早起天凉，比昨日略好，昨日滴水结冰，似深冬时，今日干冷而已。到东院一踏，见杨聚贤遣人来交款，遂到小瑾屋内一谈，鹤孙亦到，进内，化臣将接到谢禹绩信拿来一看，内叙唐少川有钦差驻英大臣之说，藏内张观察可来，未知确否？午后至鹤孙屋内一谈，坐久觉凉，外院一踏，盖屋内不升火，写字手觉拘，升火耳目觉倦不适，是何天气耶！节令已过春分矣。晚饭后到洋务局，均到，一谈。回时见北斗高悬正房东北角，此地记载中谓夏秋冬三时不见北斗，惟春时一见，果然。去岁事务纷拿，未遑留意，今始见。晴。

二十一日(3月26日) 卯刻恭赴磨盘山关帝前，行二跪六叩礼，跪读祝，又行三叩，礼毕，与各员略谈。今日攒小招始，众噶布伦未到，回署。因天凉至东院晒暖，盖屋内升火则头晕，不升火又冷，只有曝背之一法，殊可笑。遇鹤孙，同至小瑾屋内谈。饭后同鹤孙步至后院，今日挖土填地平，化臣、海山均到，议种树各处，并拟后墙头门开工日期，将仙鹤放于后院，竟趋之不回，用一兵捉住，搦其脖子送回内院，可谓雅至极处矣。派茶房姜学病故于外院，化臣来回，令其搭出，明日即可掩埋，因其当差勤苦，赏其棺木一具，可惜方十九岁，因病将药吃错，真无可说也。晚至洋务局一谈，均到。穆隆寺后住一喇嘛，呼为格喜阿加格喜，乃小招念经喇嘛，通称阿加名也，系乍丫人，年已百龄外，惟静坐，将食物摆列左右，不出门已十数年矣，大耳阔口皤腹，满面似笑，然最好骂人。姜学初病，汤约姿诸麻往问之，告曰必死，众未信之，病重时，又往问之，遂怒声告曰，此人已死，问何为，滚出去罢，今果然。前洋人到，噶伦往叩之，曰若等招来尚问我，痛申饬之，番人皆呼为长寿佛，汉人则目为真罗汉云。晴。

二十二日(3月27日) 早化臣、鹤孙回公事。午至后院一看，仍填地，四山雪已化薄，天气觉稍暖，进内，李肖臣粮务来回公事，至外院一踏，六点钟尚见太阳，天已觉长。晚饭后又至东院闲踏，到洋务局，皆到，一谈。晴。

二十三日(3月28日) 早到后院，北墙内有一大树，先未住人时，每墙外人进内偷树枝，皆藉以出入，只好伐去。番子不知使锯，惟以刀砍之，笨极，树已不小，然不成材，大半边外杨柳均如此。午前鹤孙过谈，旋饭讫，复至后院，拟欲种石决明，竟无地可栽，且天冷，交王永福，俟天暖再说，至外院一游。晚饭后过洋务局，均到，痛谈，因果真可补阳世之不足，皆有实征也。微风，晴。

二十四日(3月29日) 午后至后院两次，土内挖出有黄豆大，形如慈菇，令振勋种之，不知何物，小儿有食之者，稍甜后有辣味，恐如半夏之流,似不宜食也。娥珠至化臣处,因吉祥到彼亦跟去,如小孩,可笑。晚饭后同小瑾踏至门外,见化臣买一小黑骡,尚未上口,颇精神,惟个子太小,回至洋务局,均到,闲谈。今日卯刻遣夷情祭萧曹庙,有祝文,粮务祭三光庙,即眼光。无祝文,夷情、粮务均惠臣署,统领祭财神庙,无祝文,统领化臣署。晴。

二十五日(3月30日) 三月二十二日接琴轩、仲路来电,四弟于寅时病故。早过鹤孙屋内谈,有洋板《东亚将来大势论》一本,借来一阅,系日本法学士持地六三郎原著,中国武陵赵必振译,意虽警惕彼国,然中土人观之,亦可猛然醒矣。其论义和团,译者曰:义和国之暴举,诚为野蛮,然出于爱国之愚诚,此国民万不可缺之性质也。惜其学识不足,事败身戮,世之君子,不但怜之恕之,而且馨香而尸祝之。若夫祖匪之罪魁,则借义和团以行其私者,此罪不容诛者也。论庚子之事者,必先辨夫此,而后可以论世,而后可言知人,此注所论颇持平。午后由东院过后院一看,今日又添人作工,刨土垫路,土下石子甚多,乃悟合藏均在山半,非平地也。晚过洋务局闲谈,俱在座。晴,晚风。

二十六日(3月31日) 早化臣回公事。午后由东院转后院看,作工人甚苦,竟有吃干糌粑者,为作工耐饥,亦可怜矣。踏出后门到许家菜园一看,为后院紧西邻,闻恭勤公所买菜园圈入后墙,尚是彼家旧产。回时噶必丹送来菜点,声言皆系彼之太太所作,菜中有生莞豆,似冬菜所拌,炸排骨,酸奶子、酥油、洋芋并加以姜黄、辣子,点心皆酥油所炸,均微尝之,竟恶心半日,约鹤孙来尝之,彼竟大呕,颁于各丫头,以为美味,虽易牙复生,谅亦难明此理也,赏之而已。小瑾代买小碟一枚,系金五彩,不过龙戏珠文,只好作陈设。乃光绪官窑,因猴子所摔印盒盒座,可以不赋闲矣。晚到洋务局闲谈,均到。晴,风不甚大。

廿七日(4月1日) 早鹤孙过谈,旋化臣来,前送洋人物件,应还省中款项,或南路或东路,大约仍以南路为便,俟再商酌。午后由东院转后院看,昨日所挖之地,今日已出水,传闻此地本系海子,边外呼有水之地,统谓之海子,经某辈达赖用法术填之,小佛公住处水更浅,因漏此处,乃活佛某弟子补填之,至今未能如各处土厚,不知然否?渠房后即一片芦草,时有水牛出来混入常牛之内,然见人急入水内,砍芦柴者,须以扁担横于腰间,不然往往沉于污泥中,不可救也。晚过洋务局闲谈,均在座。晴,风。

二十八日(4月2日) 早到鹤孙屋内,一文钱买观音陀罗番经二部,倩韵秋女史一看,并不错。午后闲踏至后院,卯刻将后墙破土开工,复至后院,因化臣看作工人甚苦,买(罗)[萝]卜牛肉,令其熬面食,并给其糌粑分之,有无口袋者,竟以帽盛之,此与葛巾洒酒何异,一笑。晚过洋务局闲谈,均到,少韩言及四川有骂藏内生人者,到省吃汤圆,不知何物,一咬即落地,已觉可怪,用脚蹄之,将馅蹄出,遂惊讶以为一肚子屎,殊可笑。晴,晚四山如雾,遂起风。

二十九日(4月3日) 早将楼房拟修理日期开交化臣、鹤孙,午后过谈。因送鲁公加布,娥珠等皆往东院房上观看,余登房一望,其风大极,竟至难以久立,赶紧下来。先至后院一看,北墙已动工,下面砌石,比先较厚,上用板打,似比先亦觉结实,然人工所用不匪矣。晚到洋务局,均到。半阴,晚大风,午大风。

三十日(4月4日) 辰刻冠带赴雪里房间,曲折齐整,今日系布达拉山晾宝,辰正余,山上来请,俟看完,已子初余矣。到时粮务备帐房,路南面山,山上喇嘛多多,亦别开生面,先悬释迦佛大像,一金色,一银色,系用绫堆,法身极大,到山上不过半身,山下所遇宝物,皆有不知名者,多伞幢,亦各色俱备,喇嘛捧宝者,或本色,或带鬼脸,亦难备述,且先后难记次序,有跳钺斧,小孩如元旦状,赏之。忽来花脸套头如山精状,谓之放牛者,又来一绿脸似虾蟆精,据云先来者为男,后来者为女,后有黄帽子拉一乳牛到面前,摘牛乳一碗来敬,不过指弹而已,不能饮也,赏之。男女皆为喇嘛所扮,呈来珍珠褊杉一看,其中大者如龙眼核,不过一粒,如黄豆大,不如黄豆大者甚多,然圆者少,系红缎地。复有古乐器,如瑟弦管笛均有,并有喇嘛背大鼓,自击自跳,甚费气力,或天魔舞耶。又有扮天王像、骷髅像、众禽兽像,大头和尚随小孩六,或即佛经六贼耶,亦逐队舞之,手持铜铃或铜铃加一小波浪鼓,然每队向山舞时,其如山精者,谓之放牛的加于内,作种种可笑状,如戏中之丑,众人皆乐之。又有护法两拨喇嘛各四人,黄褊衫朝山行礼,其缓非常,殊为可笑。后随护法到时,众番官皆递哈达,受江卡后随真象一只,朝山三鸣,又有假象二只,人在内朝山,用海螺三鸣,末则八大金刚,皆有两人高,盖喇嘛在内,用杆挑之,一切扮种种执事,多半彩衣,此举比黄寺打鬼闹热多多矣。午后接家信并昌格信,至后院一游。晚饭后过洋务局闲谈,均到。晴,风不甚大。

三月初一日(4月5日) 清明。今日系散小招,此次攒招十日,合银七千余,连物万金上下,散银物者:仓奚坝,仓储坝,十一辈达赖家,十辈达赖家,五辈达赖家,九辈达赖家,其中仓储坝散的次数多,仓奚坝初终两次,总数另单。庙内街市甚乱,因刘统领回大招委恩夷情在万岁牌前行礼,家庙委江委员在各神前行礼。午后至后院一踏,并至墙外一看,奉到夹板,原系报匣改为夹板,排单已经注明夹板。元旦贺折二分,安折二分,均奉朱批,想报匣已经损坏,亦未可知。化臣、海山等因小招攒讫来(消)[销]差,昨日纸扎差周天寿先回,王顺等尚在拉里,雪大封山兼有撤站之说,明日拟仍回原站与营中番官说明,方可无虞阻滞。晚到洋务局闲谈,早起甚凉,四山见雪,东北山尤重,早午院内飞雪不大,铁棒等销差,均属安静。半阴晴,微雪。

初二日(4月6日) 早晚皆至后院一看,李都司亦到此监工,回时化臣、惠臣同来,因前次给靖西垫款,番商至炉厅,彼处不肯兑交,特给刘仁斋、松介眉致信,将信底拿来一看。并闻周天寿已走,迎纸扎差大约廿前后或可到藏,王永福打来玛弥吽银胎木把,并带木座二架,送给鹤孙一架,工不粗也。晚到洋务局闲谈,均到。四山雪未化,晴。

初三日(4月7日) 早鹤孙过谈。午后化臣回公事,并闻娥珠之母及其姑母来望看他,因遣其过西院。晚饭到外院头门外一踏,到洋务局闲谈，均到。阴微晴，午凉。

初四日(4月8日) 巳刻上房，楼上开工，已将顶上四围高，中路塌下，不能不起土重打，至后院一看，土墙已打，不过番子四个，用脚踏之，其笨可观，手且舞之，尤为可笑，复用木棍砸之，人则满头是汗。回屋内，因上面作工，难免落土，且嘈杂非常，至少韩、竹君屋内一谈。晚饭后过洋务局，均到，惠臣来，并大谈。四山又雪，天较凉，微风。半阴晴。

初五日(4月9日) 早即来工房，上落土，至落日后方散，薤头至振勋屋内，实落土可怕，猛然不得不一惊。永福送到打小佛银龛二个，乃番银匠所为，虽不如内地，亦觉精工。午后至后院看工，牙右边觉痛，总因风火。晚间将坏黄酒漫饮斤余，似牙少好，化臣来。晚饭后接(伟)[韦]礼敦来信，有付给马元恤款卢比一包，即交化臣暂存，以后再议，信存洋务局，即过局一谈，均到。半阴晴，微风。

初六日(4月10日) 化臣来请示，阅汉营操。今日已由统领阅过，余定于月之十七日辰刻，商明可以赶得及。午后过后院一看，晚间又往一看，今日多添五十人，挖池塘一尺余即见水。晚间又饮坏黄酒，强于无而已。过洋务局闲谈，均到，松介眉送来洋瓷花盆一对，尚好，并别项食物。晴，风。

初七日(4月11日) 早起因作工来甚早，作工必群起而歌，万难再睡，细听作某工有某声调，亦边外之一奇也。过后院踏，房上未免落土太甚，则避之无如何也。鹤孙借来洋石印《儿女英雄传》，此书为世伯文铁仙先生著，另作一种笔墨，不落各小说(科)[窠]臼，乃本评话无处不求新奇，有董韫卿夫子所批，作者、批者皆为头二品大员，阅历之深，学问之博，非后之学者可望尘而及，粗读一通还之。晚饭后，过洋务局闲谈，均到，后院满地多长寿果，令该兵等挖得，煮而食之，略著冰糖不难吃，似凉性。晴，晚阴。

初八日(4月12日) 赴后院看工数次，化臣亦在彼，石工似不慢，惟板打墙则不能爽利，不过两付板，每付四人，用脚跺之，不知使夯,似再加人加板方妥,此不过一日,仅打六路墙而已。姿朱麻拿来摊子所卖月白色洋瓷茶壶一把,索价十三元半,留之,复拿洋帽花,三元半一枚,均系假物,虽看之甚好,不划算也,只好留其一枚。晚过洋务局谈,均到。晴,半阴。

初九日(4 月 13 日) 鹤孙送到乾隆五十八年藏内鼓铸乾隆宝藏银钱章程一卷,系大学士大将军公部堂福康安,大学士兼礼部尚书孙士毅,四川总督部堂惠龄,总理西藏事务工部尚书都统和琳会办,先以廓尔喀银钱通使藏内,后奉旨在藏安炉鼓铸,因拟重一钱五分,在一钱者五分者正面汉字"乾隆宝藏"四字,适五十七年,背面番字亦如之,铜钱竟不能造,其所造铜佛,或由巴勒布贩来铜器销毁,或采买云南之吉当,每铜四五千斤,需价银三四千两,脚价尚不在内,彼时已滇省即有矿苗渐欠旺盛之语,其银钱所铸火耗,即出于钱内,如一钱五分者,准一两作钱六枚,一钱者九枚,五分者十八枚,皆于一两银内,有一钱之余,经部议准,刻下呼为中堂钱。后因旧钱每次梗阻,一钱五分者竟不能通使。鹤孙找来乾隆嘉庆道光三样钱,大约咸丰即无此,乃重一钱者告示尚有七分五厘一说,然无根据,未审是否奏明。过后院,今日种树,余令花厦西北长方地上种四围树,中横种三行,俟得时似坟圆形,大为可笑,东北令其散种,不必成行矣。晚饭后,洋务局闲谈,竹君未到,病矣哉,想系停食大呕吐。晴,风。

初十日(4 月 14 日) 过后院看栽树,午后又往闲踏,挖池子老少番人皆在水内背泥土,殊觉可怜,拟明日赏给糌粑,牛肉熬萝卜,锅由乃心巴已借得。化臣、海山来,噶伦琉璃桥谢恩佛匣明日或送到,攒招禀亦于明后日可同送,前议磨盘山关帝庙,拟请御书匾额,番人以神大不过佛,只得罢议。番兵看操之说,现在尚未派齐,请暂缓。接凤大臣四百里来文,因瞻对拟欲自行奏明,并粘有守备禀钞一纸,均不妥当,但求不闹事万幸矣。晚过洋务局闲谈,俱到,竹君已好,不过吃多而已。晴,晚风,阴。

十一日(4 月 15 日) 连日咳嗽,总因积热所致。早起后院一踏，午后到外院至药房与王佐谈医，该处专用热药，无论何病，多半附子、黄芪，荒谬万分，令其速改之。遇恩惠臣同至洋务局，皆到，痛谈，诸人同至后院，因挖池，番人甚苦，萝卜牛肉已熬得，并有糌粑，男女席地围坐，其味难闻之至，询之，以为极好吃。进内，王顺由省来，合家好，即赏其五品蓝翎，其沿途雪极大，实属难行，加以夫马不便，去岁九月起身，今始到。晚过鹤孙屋内闲谈，二鼓回，王永福送来新打银笔帽六枚。半阴晴。

十二日(4月16日)　咳嗽仍未愈，且多稀涎，热湿所致。过后院所栽树木，杨树多，柳树亦有，俟长齐，另有别趣矣。挖池小儿女所歌，第一二句听不出，第三句开首二平声卷舌。毋几双句，再转一句收之，音均亦可听，惜辞无人知之，盖山南曲，本地亦不通晓也。晚饭饮坏黄酒，到外院闲踏，与王永福等谈新到洋货，过洋务局，均到。早过后院觉凉，池内冰尚有半指。晴。

十三日(4月17日)　覆荣伯衡信一封，写就未封，作廿三日，以便随折差走。到后院一踏，至鹤孙屋内闲谈，因楼上筑土，即在书桌上，实震得不可解，只得走出。化臣来，送到杨聚贤所赠洋盆一个，上作得纸菊花数枝，然京内万无以此送人，殊可笑。晚至洋务局一谈，均到，惠臣亦来。晴。

十四日(4月18日)　王永福由雪里喇嘛拿来敬造护身铜佛像一百余尊，留如来佛二十五尊，长寿佛十尊，观音佛二十五尊，每尊合藏钱两枚余。化臣来，由杨聚贤处奉到皇太后照，圣容系夏景纱衣寿字边团扇，又有小张皇上照，系同康有为等五逆，非是。至后院一踏，所种树木，颇有规模，计泉买来黄玻璃碟二个，每个一元。蓝瓷洋小碟三个，三个一元。比玻璃碟有用，价亦廉。到鹤孙屋内薙头，上房仍落土。晚到洋务局，均在座。晴。

十五日(4月19日)　卯刻修头门，虽禁土，然太岁游中宫，实无法，只好偷修，然此地尚不论此，头门开工，出入不便。磨盘山委惠臣，家庙委少韩，代行香。早过后院看挖池，在树林坐觉甚暖，计泉拿皂鞋一双，未说价，不过廿上下钱，竹布一匹四十余文钱，可作四身余。午又过后院，用牛肠熬萝卜，令作工人吃之，大乐。缘今日应歇工，因头门开工不得去，故又赏其食糌粑、萝卜牛肉并茶叶，所谓重赏之下，必有勇夫，一笑。晚过洋务局，均到。晴。

十六日(4 月 20 日) 总觉痰盛且嗽，乃干燥所致。至头门看两次，拆下木料均糟朽，缘恭勤公修时，当事者不过委之于土木匠，未必作得实在，况又十数年乎。均将朽木拆卸换新，柱子一根亦须抽换，在东北角上其旁有大树亦糟朽，番子以为有神，今须用柴火烧，问可否(钜)[锯]之，余告以本应早砍之，以为有神，实难言也。今既用之，谅神必早逃跑矣，不妨用之，无害已，一笑。同小瑾看马，旋至洋务局谈，均到。晴。

十七日(4 月 21 日) 谷雨。辰初刻换纵线帽，干尖领、去灰鼠、回银鼠马褂，羊皮袍，黑袖。恭谒扎什城关帝庙行香。每看汉操必行香。至教场，统领以次及达木八旗协佐领均跪接跪送，至演武厅下舆，委员、笔帖式及噶布伦等均站班，进内略用点心，即升座，文武番官参堂毕，先演阵式，至杂技至，遂看马箭步箭到马兵止，下座用饭，复升座，看洋操阵比汉阵有用多多矣，接看战兵步箭，守兵打枪，演准头，洋操打枪演准头，看守兵二排下座，委夷情代看，剩一排复入座，并接看洋操打枪，打讫，演抬枪二人，演抬炮三人，领赏耗，自统领协领噶布伦至守兵应役汉番各差止，所费别有帐，可谓不赀云。回时酉初二刻余。早晴，在教场起风，回时风更大，有雨，山上见雪，晚凉。

十八日(4 月 22 日) 昨晚因受风寒，饭既未吃，咳嗽又作。今晨睡起，口内如隔十重皮甲，早饭亦未能吃，火极盛，牙痛，两耳如潮声，未免难过。午后至后院一踏，头门两墙已竖，作工踊(越)[跃]非常，晚间略好。饭后过鹤孙屋内谈，闻此次阅操赏耗，众人皆以为自来未有，所得裁料，均去缝穿，不知此次赏耗，竟赔至八百余金，官款不符也。晴，晚阴，一阵风。

十九日(4 月 23 日) 昨夜甚咳嗽，热之至，起后仍牙痛耳鸣，满口粘涎，询之诸人，由教场回，均是如此，浑身寒冷，鼻中干燥，且有血，四山雪仍未化。午前后似皮衣万不能穿，然不敢脱。饭后至后院一看，过鹤孙屋内商公事。晚饭后外院一踏，头门墙已砌齐，梁亦安好，明日暂停工，俟廿七日再作，盖偷修也。由马号一看，转进至洋务局，诸人皆到，谈凤茀堂由省至巴塘，其笑话不可思议。半晴阴。

二十日(4月24日)　写家信一封，归入廿三日家信内走，系廿四日折差。封入振勋信内，略叙无莲子、大珠子，且换活佛，更不可说，此地乃是丧气语，朱娃子不可令带东西，伊是荒唐鬼，此皆恩太太所云，以后万不可信，比不得朱余太太乃书香人家，可亲近。至格太胖，恐热重，总宜布衣，非惜钱，为惜福，闻省内有种天花者，宜早种，想京川所存可够吃乡下饭，于愿足矣。等语。此盖因其亲笔信，来时封入振勋信内，故此亦另答之。又写正家书一封，内叙省内因捐闹事，承马介堂军门传令，钟文叔问侯，俟致信谢，并代文叔说话。德国使臣租房后住，须严家人，朱娃子不准带信，其乱说告恩太太管之。毛袜子、片金绸缎、皮甬、金丝缎得便再带，至格种天花以早为要，王顺十一日到，见胖，纸扎须月底随物件可到。等语。并覆荣伯衡信一件，并封入家信内，遣人送到东玉龙街。早至后院一踏，天又稍凉，可穿两件小毛，闻番历今年有闰五月之说。午后登房上一看，四山有薄雪。晚饭后过洋务局，均在座，商酌公事毕，痛谈盛京及京内宗室大约相同，盛京为尤甚，其生计实可怜，必须想善法安置方妥。回时满路雨雪，道甚滑，计泉买来皂鞋一双，十七藏钱，系皮底，脚甚舒展，惟底子不稳便。晴，晚微风，雨雪。

廿一日(4月25日)　仍咳嗽，吐痰甚盛，至后院一看，南山大雪，北山微雪，天时少凉。午后亦飞微雪，早起土润，有小雨，地已青，柳树已大吐穗。院内杏花已残，一杏未结，桃花才吐蕊。程巡捕林拿来廓尔喀铺一物，四川呼为一把速，又名什样锦，有刀钜、剪错、小锥、小刀等件，附匙，又转锥、铜哨儿、钩子等，约廿件，不过四寸长，索价卅三文，因留之。其物比内地精，比外国粗，然坚实似过之，亦可作一考据之物，其心性亦可知矣，闻有同英国结亲之说。此物惟少筷子，拟配作一木匣，再刻数字，定必有趣，呼之曰廓尔喀一把速。晚至洋务局闲谈，均到。半阴晴。

廿二日(4月26日) 接琴轩、仲路来电，二月廿五日寅刻，四弟在京病故，呜呼！同胞三人，仅剩衰朽之物，寄于万里边疆，不知日后家事究竟落至何地，能不痛心哉！接余鹤孙随封家信一件，均属平安，即覆之。写廿二日随折，与前信后日发。略叙至格到朱太太家，天气甚好，殊可喜，并四弟凶耗，切不必念经惊动人。又叙甲木弟兄求亲信函并覆信，其金子拿回甚好，其中不似人话处颇多，振勋早曾回过。且此事余六太太亦知之，以后少出门。闻有罗通事说，恐有恩太太从中招摇，不可不防。等语。官文书内有巴塘番匪及僧众大乱之语，势甚危险。十一月初十日具奏折件奉批回，至后院一游。晚至洋务局，均到，刘化臣亦到，拿番边初三日巴塘发信一封，情形更不可问矣。半阴晴，午后小雨。

廿三日(4月27日) 咳嗽仍未愈，胸间发满，内热之过也。前两信已交鹤孙打总包。午后至后院遇李海山立谈多时，各处均有意思，池中已水满矣。晚饭后外院一游，由马号转至洋务局，均到，化臣亦到，送来靖西转达电信一纸，交鹤孙译出，乃清弼制军发来，因凤大臣巴塘调兵打番僧，初一日被戕，已电奏，请飞饬察台严防，谕藏番勿听谣言。收瞻未会衔，将余咨不能收瞻亦奏请示，并望禁瞻助逆等语。猝出重案，且有教堂在彼，不知如何？半阴晴，午微雪。

二十四日(4月28日) 早至洋务局，因接省电，商酌凤大人凶信，给省中由鹤孙赶加一信。巴塘离此有四千余里，著听谣传，给各家皆送一信为是。午刻拜发，先补两噶伦进佛匣谢恩一折，攒招后虽有三万余喇嘛，均属安静一片。未刻传噶伦到，腮均策丹汪曲喇嘛、洛桑称勒到，面谕紧防察台，恐马提台追兵，恐其西奔，并此事与三瞻无涉，急札彼处番官，不准多事，令其先回噶勒丹池巴，明日亟有文书知照，即到洋务局商量行文，明日便可翻出，札下。晚饭后同鹤孙至后院一游，池子有三个，俱见水，树木亦栽齐，已另有气象，回到伊屋痛谈。半阴晴，见微雨雪，四山白。

二十五日(4月29日) 早琉璃桥噶布伦彭错汪垫，因已坐垫，特来谢恩。噶勒丹池巴因四弟故，特来望看，并送念经银一包，因告以并不惊动人，一切礼物均不收，非渠礼物独不收，莫要多心。过后院一看，见其胡挖胡培，因大嚷一顿，令其明日将自雇番子均著停工。午饭后会李肖臣粮务，亦来看，痛谈凤大臣，死由自取，皆因高兴，以致丧身辱国。晚饭后至头门外一看，回至洋务局，均到。忽小瑾、化臣接到察木多粮务谢掞庭霨信，云：因凤大臣调往巴塘，至江卡，有蛮聪本云，二月卅日因开垦，番民闹到钦署，将吴都司、赵怡堂砍死。凤大臣遂搬至大营官寨，大营官即诓以番民要烧此寨，劝其或回川，或赴藏，此地万不可住，凤大臣信以为实，即奔回川之路，行至三里余路，名热水塘，番子围上，身受廿多伤死之，随员兵勇，无一得脱者，然惨不忍闻矣。并云此信是否属实，未敢信，俟再探再报。晴，四山皆白，早至后院，水内结薄冰。

廿六日(4月30日) 早至鹤孙屋内谈，同至后院一看，安置两个小桥阑干颇有趣，可点缀院内风景。今日所雇番子暂停工。午后恩惠臣来看，谈及所用朱生好造谣言，已去信申饬。此次凤大臣遇害，凡属夷情应管三十九族达木八旗，赶紧或信或文饬其严为防范，恐马军门带兵剿办，若等各处窜扰。鹤孙、化臣、海山来商酌下月初八日与四弟念经一日，不过自己佛前行礼，诸位如欲佛前行礼不拦，一切礼物均不敢领，诸位以为然。晚至马号一踏，至洋务局，均到，闻番官公所今日因奉到札饬，已行知各处，番官以札饬说得可佩服，且云凤大臣无论如何不好，不该伤他，他总是大皇帝派来钦差，真正可恶之极等语。半阴晴。

廿七日(5月1日) 早至后院一游，午后到东院一踏，晚到头门，见椽已上齐，壁间亦抹泥将完，恐五日内未必能竣工，令其缓办，以不草率为是。复同鹤孙于晚饭后至后院看工。到洋务局，均在，闻凤大臣实死于热水塘,系此处生意人所说,其起事因传谕各喇嘛还俗,练洋枪队,此两事皆为其所恶,始求委员说之不允,托番官说之不允,无法,但求其练洋枪队免还俗,谓练兵原为其保护地方,众不敢辞,虽属僧家,情愿训练,惟还俗令其作丫头,僧家太难堪,仍不允,以至众人皆急,遂有半路之事,并闻诸委员与粮务巴总均关入寺内,未知的确否?祸由自取,谅必不虚。晴。

廿八日(5月2日) 又接张游击来禀,据塘兵禀称,凤大臣系死于鹦哥嘴,此又一说。然鹦哥嘴离巴塘有卅余里,且叙有番子埋伏,恐未必,似系十八日发禀,马军门尚无消息,恐在炉厅有躭延,或行军不能速进之过,并叙金夷情到巴,在哑吧庙内暂避,离巴塘不过一二里,恐马军门兵到,番子设疑,万非善地,未必避得住,奈何。旋由省内寄箱一只,先发到,内有:清单二,蓝洋绸一匹,文具匣一个,竹筒一匣,靴掖一个,帽花二个,刷牙袋蚊刷各一个,蒲扇二把,豆蔻半斤,宿砂一斤已碎,小枕头三个不在单内。铜锤、浆刀、长签、铜勺、扁签、小竹浆刀各一件,百合干一匣,照像片四件,外振勋家像片一件。均收到。晚饭后到头门一看,板子已钉半路,略有规模,转到洋务局,皆在座。折差回,前路雪极大,过马腹。晴,晚风。

廿九日(5月3日) 早至后院一看。午后化臣来,闻多吉扎胡图土欲来拜谒,拟给其红缎一匹,刚玉洋绉一匹,芽茶一包,哈达一根,均备齐。其未坐床之先,恭勤公曾见之,甚赏识,此次相见,不得不尔。过马号,望头门,业将椽板安齐,现钉石片,并安石片,盖此处无砖瓦,且两砌房,只有布达拉山大招铜瓦殿并关帝庙瓦房,此外均平房。晚饭后复至后院并出后门一看,板墙再有数日可齐,运到椽板甚多,拟重修小花厅,如板子够使,抱厦安之,可免糊纸,亦妙事也。在东池西岸略坐,回至鹤孙屋内闲谈,天较暖。晴。

四月初一日(5月4日) 辰刻恭谒大招万岁牌前行礼,回署家庙神位前行礼。化臣、海山来,在上房引多吉扎胡土图来见,绒线帽,黑绒领棉袍,四不露羊皮马褂,其本庙在打箭炉,徒众五六千,名土颠洛桑白桑布。询年十九岁，昨与噶勒丹池巴正谈一日，噶勒丹池巴许其经典有宿根，人亦沉静非常，谓昂邦到此保护藏地，惟有(讽)[唪]经以祝福寿，并面递如来古佛一尊，丸药、绒毯、藏香等物，旋将昨日所备礼物给之，海山复来代谢。三句钟后至后院一看，遇鹤孙，先看众作工，喝粥后，至柳阴下坐谈，缘今日头门不能停工，特给熬牛肉粥一顿，其中有一阿尼，问王永福，粥乃米熬，如何吃法，盖卅余岁，平生未经吃米，此为第一次，亦可怜矣。晚饭后头门一看，已墁石片及房脊可齐，转洋务局，均到。晴。

初二日(5月5日) 至鹤孙屋内谈，早晨起，牙痛，忽上忽下，有时满口，想因胃火过重。化臣来商酌偷修西院头门。新补噶伦亦在月内择日坐垫，颇觉高兴，将达赖已置之度外矣。两次至头门一看，工已完，仅候油饰。晚间看一女人在头门，东首半活树，墙内已枯，墙外发枝叶，此树下叩头，并洒糌粑，口内祝告之，询之，乃其男人在此作工，脚腿皆肿，卜之，告以得罪此树神，故来哀求，因令配出九厘散赐之，似比求树有验也，一笑。过洋务局谈，均到。晴。

初三日(5月6日) 立夏。早晚均至后院，外墙已砌土坯，可望有成矣。惟去冬所修歪闪者歪闪，陷下者陷下，须重修方妥。化臣、海山来，新佛公欲到库伦探望达赖，请领路票，问可否告以请示到再批，似伊手足之情，不便拦阻。晚到洋务局，均在座，谈及白喇嘛，乃名白拉木，转音。竹君云：噶里噶达亦重此有会，是日虽洋人亦停买卖，大半廓尔喀喇嘛信者，与燃灯佛合印度省俱点灯，如繁星，洋人不之禁也，其哲孟雄亦奉佛教照常。半阴晴。

初四日(5月7日) 过后院看工两次，三池水均见长。接巴塘吴锡珍并金垣粮务夷情两禀，大约相同，及两营官百姓所具汉字夷禀，大约寺人曾所闹先，吴都司、义忠。秦委员宗藩。因弹压死于钦署外，凤大臣带领五十余人，内有赵潼同往，回奔至鹦哥嘴廿里光景，遇伏全殉，已将凤大臣停于昭忠祠，委员等有停于城隍庙，通禀等语。因批已悉，道路遥远应候省批。化臣、海山、鹤孙同来商酌，初八日念经之事，并拉里三寺，因百姓欲逃，即札李粮务并商上派员前往开导。晚饭后，过洋务局，均到，恩惠臣亦到。午后李粮务曾来，将派往拉里话，已先告之。晴。

初五日(5月8日) 早擦绒噶布伦汪曲结布，昨日坐垫子，今日来谢恩，见时嘱其尽心当差，人甚聪明，番文通达，可造之才也。午后后院一踏，三池水皆长，北池东边水泉出水，望西流，不过二三尺深，即可见泉，内地未能也。踏出后门至琉璃桥上一看，院内花厅仅见前檐，比从先北墙高有二尺余矣。晚至洋务局，均到。四鼓后风随雨，继雪，画晴。

初六日(5月9日) 化臣来回公事。周天寿回纸扎差已到一半，黄酒带来不过一缸零，半路缸破，已去大半，殊可笑。鹤孙来，送到带来青茶豆、蜜枣、虾子、笋干等物，似小孩所用者，伊带来靴鞋均小，先少韩曾说，到藏脚必长，果然。至后院一踏，转至洋务局，均到。小瑾带来六部处分则例，毫无用，然作闲书看，亦无不可，众皆笑之。晴。

初七日(5月10日) 将上赏藕粉送给江、马、吴三君，复将枣子煮成玫瑰枣，并莲子，众人分食之，均霑天恩雨露也。所以迟迟如今者，因令纸札差在省带到木樨，想再作各物，不知是彼忘记，亦或未告之，可发一笑。晚饭后到后院一踏，并出后门一看，柳树已放叶，对门菜圃微青，一片天凉，马蓝尚未满开花。转到洋务局一谈，均到，鹤孙送扎梅花针萧一分，甚雅，乃世六嫂所作。带来二女侄媳，朱家夫妻子女相片，刘光荣均作架成。晴。

初八日(5月11日) 巳刻赴大招，因四弟故，念经一日，托李海山代为办理，喇嘛六十众，一千酥油灯，噶勒丹池巴上座，到时偏殿坐，众文武皆到，番官亦到，送果子两桌以为言羊事，番礼也。请行礼，至正殿三叩礼，如来前三叩礼，又略坐回署，喇嘛送哈达一方，大红，江卡一个，以为吉羊事。今日灯多殿内亮，如来像颇与唐文成公主像似，前多吉扎胡土图面递如来佛一尊，像亦似称古佛云，想有所因也。午后外院厨房一踏，因楼上自一早来人打灰土，用木棒作鞋底形，有把。敲声，番女歌声，聒人非常，亦颇可笑。晚饭后到后院，因小雨后水长，水亦见清。转至洋务局闲谈，均在座。闻凤大臣曾练喇嘛洋枪，将枪即交其带回，是以骤遇此难，彼丁宁寺枪药均现成也。晴，半阴，小雨，有冰粟。

初九日(5月12日) 早均来工作排房，即起，化臣来回公事，鹤孙亦来，给四弟送赙银，所谓却之不恭，受之有愧矣。然化臣、鹤孙、少韩、竹君、小瑾、海山均属极熟人，惠臣亦在内，且系京内同乡，(正真)[真正]无如之何，赧颜而已。午后小瑾由省内带到里绸、洗面帕、棒儿香、咖啡、茶相送，周天寿交来省买香片十瓶，尚有交买菊花未到，计泉又买小大洋瓷碗十二个，藏钱八文。晚饭后过后院一踏，转至洋务局，均到。化臣亦来，接锡清弼制军由南来电信，三瞻已到，离里塘四站，道坞助逆，即拟札饬番边禁止。晴。

初十日(5月13日) 早化臣、海山来交初八日念经清帐，另有单，领一千元，剩八十六元，其中大开销，不过池巴佛经资，酥油钱，众喇嘛经钱，青稞等，其余均系小开销而已。因谈起巴塘昨电给番官带信，令其早为禀复，旋准番官禀复，前札话不甚明晰。过鹤孙屋内谈，至后院一看，竟有到此散放生鱼，并程明桢买鱼来放，恐藏河所得，此三池未必洁净，不易活也。晚饭后到头门，东西辕门偷修，并墁头门班房地平，转至洋务局，均到。午后并到二堂给惠臣一谢。晴。

十一日(5月14日) 早起，晚因醒太早，睡二觉所致。午后闻鹤孙在院内大笑，询之，所养仙鹤因后池鱼死在捞而喂之，内有稍大者吞之不下，为刺所扎，大哑后，虽小鱼必啄碎方食，以见禽鸟亦有知过必改之理。晚饭后，后院一看，并出后门一看，转至头门，复转洋务局，均到。接川督据炉厅同知刘廷恕禀，泰宁寺之乱，有藏番主使三瞻番官助逆之事，未知何所见而云然。晴，有云，颇燥热。

十二日(5月15日) 早晚至后院一踏，鹤孙来，将覆川督及军门文底来看，改讫交之，明日即可行文矣。计泉又拿白蓝洋瓷大小碗十五个，不过九元钱，鹤孙在此，送给蓝小碗二个。晚至洋务局闲谈，均到。晴。

十三日(5月16日) 刘化臣来回公事，至鹤孙屋内谈，饭后觉倦，不止一日矣。耳内作响，右耳尤甚，牙齿痛，亦系右牙为甚，总之火盛，非常大，外不多见，且干燥。天时则凉热无准，穿小棉袄、大棉袄各一件，套袷毡坎肩，棉套裤，棉袜，袷鞋。至后院一看，遇鹤孙，后门外一看，板打墙明日可竣。晚饭后头门一踏，门左小院砌一小墙，未留门，四围皆墙，拟在小墙南北砌一上下土台出入之，真正未有之奇，其笨以至如此，余不觉大笑。转至洋务局闲谈，均到。晴。

十四日(5月17日) 化臣、鹤孙早午来商公事，将川属巴塘之案，据电咨来禀，拟改奏稿一件。午后王永福回，赏作工肉粥已熬得，适薙头未能前往一看，旋同鹤孙至后院，见池水大长，颇有趣，新种杨柳树，已活十分之七，到秋日必可大观矣。晚饭后外院一踏，转至洋务局闲谈，皆到，回时月甚朗，有微云，北斗悬正北偏西，柄指巽方，或云至五月可见，六月后不见，过九月再见。晴。

十五日(5月18日) 卯刻恭谒磨盘山关帝庙行香，回署，家庙各神位前行香。鹤孙、少韩粮务至龙王塘。今日开布达拉山，往游男女甚夥，以上山后亦至龙王堂进香，后到柳子内喝酡并跳歌，晚间皆成醉番子矣。化臣来，持韦礼敦信，并照达赖像，请辨真假，似不是现在达赖。鹤孙屋内捉一蝎子，比京内较蠢笨，作黑黄色，非灰色，送给吴小瑾去看，盖常州府无此物也。晚饭后后院一游，今日放工，皆去点酥灯烧香。闻昨夜转郭拉一夜，早间噶布伦等亦须转郭拉一次，年例也，不准骑马。后院池水甚旺，对月看之，颇饶佳趣。转到洋务局闲谈，均到。闻竹君说，家乡桐城县姚姓，家有别号姚平头者，忘其名号，乃太夫人怀胎未下而亡，离茔地卅里有镇店，每见一妇人各食铺买江米粑，日久尝见纸灰，有留心者疑之，必以为此妇人所给，去即尾之，见茔地有埰子，到此乃左右绕之，俟无人看才入。因告明地方开看，乃一小儿骑其母身上，手内犹持粑而食，算其葬埋年分，已两岁矣。余与鹤孙共叹父母爱子之心，死莫能忘，实可悲痛。后知其似僵尸，然未毁，仍埋之，其子头顶棺板盖，故平，为板所压也。后读书入翰院，授江西赣州府，升本赣南道，至今仍有子孙出仕者。微风，晴。

十六日（5月19日） 过鹤孙处谈，化臣、海山来，已交谕商上，所有禀复公事，两三天可以呈上，信覆韦礼敦，达赖照相貌未能似，只有服饰陈设不差，已写就交化臣处觅寄。至后院一踏，晚饭后到洋务局，都至，今日颇燥，房上排土，其声隆隆，正闹一日，殊难过也。竹君谈起，马军门初入川境，遇某县演戏，在轿前放方桌一，将轿子抬上方桌，听完一出戏，赏其两千方走。忆余出省赴藏，行至县界亦经演戏者，打扮八仙迎接，亦觉太怪，至打箭炉日，有扮八仙迎接，且有两仙来扶轿，尤其不典，同人以八仙扶轿为一笑谈。晴。

十七日（5月20日） 早喇嘛噶布伦洛桑称勒昨日坐垫子，今日来谢恩。午后化臣、海山来，因番官公事明后日可呈上，因巴塘来禀有不便札知者，拟噶伦传署面谕，令海山告之。晚饭后至后院一游，转至洋务局，均到。今日仍房上排土，如闷雷一日，然工甚坚实。微风，晴。

十八日（5月21日） 午后因房廊排土，震动非常，踏至后院，将马扎携去，坐于柳阴下，看家凫在南北池浴水，颇有趣。复来喇嘛，鸳鸯亦来浴，不甚怕人，三池水皆满，有灰色黄色者，不知其名小鸟，亦浴于池。忽见墙外尘土高于布达拉山，似有雨，云甚浓，回至上房随有阵雨，甚微，房内天晴后仍震动，因将马扎携至房上略坐。接南路来电，系枢府发，为巴塘事，有烦圣虑，于心何忍，凤苇堂之猛浪，丧身辱国，真死有余辜矣。晚饭后头门一看，左小院一大树卧于墙上已砌得，外已发枝成小树，内于有皮处均发青芽十数处，若长成，则更觉别致矣。绕至洋务局闲谈，均在座。微雨，晴。

十九日（5月22日） 小满。早间廊上磨土，声音震耳。至后院一踏，饭时色拉寺送白牡丹数枝，分鹤孙两枝，余供瓶在书案上一阵，亦有香味。未刻，噶布伦彭错汪垫、策丹汪曲、汪曲结布谒见，洛桑称勒因有事请假，将巴塘来禀有番匪勾结藏内及各处番官等语，令李海山用番语念给一听，嘱其诸事留神，不可大意为要。工人排里外阶下土，稍觉安静。晚饭后到南门一看，桥下水已旺，有番子饮骡马，用桶抓入糌粑令饮之，以代麸子，颇新奇。至少韩屋内谈，因洋务局小瑾、振勋号电(马)[码]，故到此电码齐，洋务局给马宗继写信，交卧克纳发，即注今日亥刻。晴。

二十日(5月23日) 巳刻赴布达山山后龙王堂，策马而往，走琉璃桥望西望北再转西，即堂南面，坐皮船渡过，堂在水中央一土台，围以各种树木，树外皆水，台上三层殿，围以短墙。第一层供龙王，系佛像，不作恶像，西边白喇嘛并十二山神像，均骑各种恶兽。第二层龙王如上，系各样水神水怪绕之。第三层龙王如如来像，左护法神恶像，右为六代达赖喇嘛像。龙王坐下系九条蛇所盘，传说即是龙，九头在上，九尾在下。旁神有象鼻者，有赤鬃蓝面欢喜佛，两壁画赤身老少佛像，有记载谓之春宫，已觉可笑，或谓如来出身，亦非细看。有降龙伏虎，乃五百应真番像，竟有赤身头上出佛光者，前廓少宽。略坐，清风徐来，觉爽，边外不易得之地也。下二层楼上搭一布棚，略觉晒，在此吃饭，座中少韩、鹤孙、化臣、惠臣主人、肖臣主人，惟竹君到而单吃，自带菜，小瑾因右目痛未去，自带黄酒饮之，过年后初次可乐也。饭后下船围河一转，此即佛经所谓八功德水也，内水鸟甚多，有似鸳鸯者，水外围以柳树，卧于河内者甚多，有糟朽者，即作为寻常木筏以渡人，皮船乃于藏河特背往者，转南面下船，乘马而回，路上遇一喇嘛，驱两黄鸭，后有十数小鸭奔河内，颇有趣。晚饭后至后院，土墙已齐，转东院，杏树仍未结花，红树竟结花红，种来十几年初次也。到洋务局，均来谈。晴，晚阴。

二十一日(5月24日) 早起耳鸣口燥，大外极热，似犯痔，因服万应锭少好，自是昨日酒热天燥所致。至后院两次，将花厅前路拆卸重盖，去岁修时正冬令，不免冻住，今春开化，万难将就，柱子已塌下半尺余，见木匠，有喇嘛在内。在草坝上大打跟头，先单后打双，头人实令人笑倒，番子如小孩无老少男女不嬉戏也。接理藩院来文，凤大臣所陈巴塘喇嘛还俗，令余酌之，锡制军为收三瞻请圣裁，不论可否，断语不下也。两件皆滑而滑之至，一笑。晚饭后至洋务局，均到，少韩头痛，先去，余亦回，约鹤孙复商奏底。半阴晴。

二十二日(5月25日) 后院花厅已铺板，据云今日不可打灰土，如打之必漏，番俗所忌也，此与内地俗忌亦同，不可解。同鹤孙柳阴下将马扎取到闲谈，见黄鸭浴水及水边树头来小鸟，竟不知名，游鱼亦出，颇可赏玩，盖天阴微雨所致。化臣、海山来回，下月十三日拟扎什城仍按去岁演戏，告以祀神戏不便止，然无须调兵来唱，不比上年恭祝万寿。海山云，伊在科房，曾记陈炽调陈拟藏地开垦，读汉书，僧蓄发，经色石友奏驳。此与理藩院奏令详酌情形之案相符，俟查。晚饭后过洋务局闲谈，均到。半阴晴，雷，微雨。

二十三日(5月26日) 别蚌寺送白牡丹数枝，分给少韩、竹君、小瑾各一枝，前色拉寺所送亦系白的，想无二色，并闻色拉寺乃格外奉承，向不应酬此也。过后院数次，颇饶清气，水与树好处。化臣、海山来回公事，番缺定于廿八日，俟午刻拜折后再验放官缺，已出牌示。晚过后院，遇小瑾同踏，复同到洋务局谈，均到。东院不但花红结果，杏子亦结数枚。半阴，小雨两阵。

二十四日(5月27日) 写家信一封，内书廿七日，乃廿八日随折差走，已交鹤孙封寄。略叙本月周天寿到物件照单已收，相片均作架子，惟至格相片，不如后来照得好，朱家相好，真有福，以后物件不要，如带将木樨、玫瑰、松子、食物可，帽花再带用金线，初八日给四老爷念经，大家送份金，余身子好。后院挖池子，盖房安桥，可以闲游，东院忽结花红、杏子。前月接凤大人凶信，因令喇嘛还俗为番子所害，马提台已出关，先打太凝寺，因矿务，再打丁零寺，藏内办防决无事，不可听四川谣言。等语。早会杨子蕃，由印度回，询其一路番洋，均属安静。午后会李肖臣、恩惠臣，因兵饷实系难办，禀商，令与文案处商酌。至鹤孙房内谈。早晚过后院，黄鸭一对带十个鸭雏，池内游泳，极有趣,上岸则小鸭伏于大鸭翅下。所谓良知良能,禽兽亦然。花红结得甚多,杏亦不少,细看方知。马全骥家送芍药一盆,可种后院内,不过此处花少,藉此聊为点缀而已。到洋务局谈,均至。阴,阵雨,晚晴。

二十五日(5月28日) 早过后院,颇觉清气袭人,洋学讲多种树,并须临水,甚有道理也。午后见外委王世昌,人颇规矩,为王登云之兄,送大毛毯一张,甚好,出甘坝一带。午后复至后院看工,遇鹤孙,作两看墙,同登一看,殊得法也。晚饭后外院一踏,木作挪至廓尔喀房,颜色在仪门外,用石杵、石臼研之,未免太笨,只好听之。转至洋务局闲谈,均到,少韩送乾隆嘉庆道光三藏钞,藏中寻之须一元,一卡扛换一文,系人家所存,不易得也。半阴晴。

二十六日(5月29日) 后院过数次,晚遇鹤孙看黄鸭,雄在墙头,有人过则叫,雌则带雏在水内,小鸭不时扎水内,随又上之,极有趣,雌者上岸,小鸭随之上岸,有未上者,则鸣之,俟上,皆伏于翅下。与鹤孙谈及父母爱子于此可见矣,唏嘘久之。天甚凉,南山有雪。午后下平地下冰豆一阵,至洋务局谈,皆到。半阴晴,数阵微雨。

二十七日(5月30日) 传见公爵顿柱夺吉,为现在达赖佛之胞兄,赴库伦给达赖送什物并望看,嘱其沿途谨慎,约束僧俗大众,不准滋事,骚扰地面,本大臣业已据禀奏明,所带僧俗大众,共二百五十余人,查从前班禅佛进京带二百九十余人。过后院一看,水似落数寸,恐平池底所生之泉,未必可靠,回时洗脚又多两鸡眼,非常之痛,此脚长之明证也。晚饭后又过后院一看,花厅上已齐,惟地平方打土,谅节前总可完此院工程矣。转至洋务局,皆到。灯后雨微大并雷电。半阴晴,数阵微雨。

二十八日(5月31日) 午刻拜发巴塘近日情形并藏中现办防堵一折,并公爵顿柱夺吉到库伦给达赖送食物及望看一片。未刻升堂验放僧俗番官各缺,退堂后,化臣、海山回,拉里三六村争理,前调夫马一案,应告番官总以持平办理,汉官亦然。至后院将马扎拿去柳阴闲座，南看黄鸭浴水，北看丫头打地，中有兵丁种草花，非此地无此景也，一笑。鹤孙来商公事。晚饭后复到后院一看，画匠油门扇上色，此地以画匠为贵，铁匠为贱，盖画匠能画佛像故也。同小瑾看头门，门神画得系汉人所画，颇似内地。转至洋务局，均到谈。半阴晴，昨夜大雨。

二十九日(6月1日) 午后化臣来，带前派京堪布罗藏顿柱随佛公到库伦辞行。早过后院，王永福在东菜园移来一树，名曰海棠，叶梗皆不似，不知何物，俟开花再说，且种于花厅前东南角上，其秧成草花，俟可都活。水池内水落，或云天凉即落，俟暖则涨，未审是否？午后又过后院，画匠搭交，似京内糊棚匠，已将花厅上颜色。晚饭后外院一看，转洋务局，均到谈。晴。

三十日(6月2日) 早过后院花厅，已五颜六色矣。午后奉到正月廿四日批折并有电音，文书亦多，乍丫驻藏头人夺吉策认代乍丫卸管仓储巴呈送佛尊并银钱，拟佛尊敬留，供银钱赏还，复至后院闲游。晚饭后，又至后院，与鹤孙、小瑾游，同到洋务局，均到谈。晴。

五月初一日(6月3日) 卯刻恭谒大招万岁牌，前行礼，回署，家庙各神位前行礼。旋至洋务局，约诸委员商酌，番官面禀，哈萨克逃来男女二百余人并驼只，已到藏地，拟派汉官、番官、达木八旗官前往拦阻。恩惠臣来，达木拟就地派往，免得此处前去多费周折。至后院两次，花厅已油饰齐，尚属淡雅。晚饭后又至洋务局闲谈，均到，竹君因肝疾先散。晴，晚风。

初二日(6月4日) 化臣、海山来回公事，至鹤孙屋内闲谈，过后院两次，花厅隔扇门窗等已糊得，马福兴画隔扇心，其笑话不一而足。晚饭后至洋务局，均到，竹君已愈。半阴晴，数阵雨。

初三日(6月5日) 计泉又拿洋瓷拌小盆，前已买拌二个，共四个，甚有趣。后院去两次，摆花石台已砌成，东院送节礼盆花，俟多些，即可分摆之。晚由后院转洋务局，均到，谈各处花卉。晴。

初四日(6月6日) 芒种。早晚过后院，晚约小瑾在彼一谈，前房已彩画,喧嚷非常,盖无行不歌也。午后至廓尔喀房门外看工人喝牛肉粥,谢余赏甚乐。今日放半日工,明日放一日工,因过节,又十文钱买画匠小梨树一棵,种花厅东北,不知何梨?恐徒有其名也。晚饭后同小瑾至洋务局,诸人皆到,回时看王顺屋内供佛三尊,乃新铸,为多吉扎装藏。竹君谈噶哩噶达有本地黑洋人当喇嘛,褊衫直披后面,不似前藏围绕披也。晴。

初五日(6月7日) 家庙委江少韩恭代行礼,堂屋朝上祠堂行五跪礼,便衣放赏并私下赏,总计公赏在一千余元,私赏一百余元,委员、家人等因讨赏不了,有出而躲之,俟回时仍在门外等者,有装睡装病者,作种种丑态,不能逃去,竟无之何,真正可发一笑。汉番官拜节挡驾,午后同鹤孙到后园,遇化臣在柳下闲谈。晚饭后踏至后门外,进园在花厅前平地上与鹤孙复谈,此过节最闲暇无事也。闻李粮务应发之款皆未发,可笑之至。晴。

初六日(6月8日) 写家信一封,信内写初七日,随折初八日发,交鹤孙。略叙前信,恐巴塘阻滞,藏内均好,洋货已有来者,遣佛兄到西宁,佛有朝觐之说,此处谣言甚多,不听而已,省中只关门过日子,少来往,少说话,身子好,时至后园闲踏,此随万寿折寄。等语。昨日莲芳拿来名曰刺梅花一枝,其形与藤萝无异,色亦如之,叶亦相仿,大小不过十分之二,花极繁,然非藤本,乃木枝,究不知何名,决不能以刺梅呼之。今日色拉寺管下番民送牡丹三枝,亦白色,通事以为向未送过,不肯收,余谓不过讨赏,似不可却,收之,赏之。鹤孙来,送到郑铨禀,可笑万分,外送紫晶烟嘴,令其赶紧掷还,其人素傻,不知被何人所冤,实属可笑。油饰上房,热闹非常,至后园两次。晚饭后又至后园,适令郭什李洪太浇花,种种搪塞,责其马棒廿,此人不通医理,自己挂匾行医,前金八不过停饮停食,其方中有乳香、没药等药,询之,伊云有虫子咬心,真正胡说,当告以如再给人看病,重责之,或免草菅人命矣,一笑。众委员皆至后园,月下一谈。晴。

初七日(6月9日) 至后院两次,见兵丁拔草,收拾院落。到鹤孙屋内闲谈并商公事，天气甚热，不似去年。上房彩画，五颜六色，华丽非常，看其画金甚好，因将后藏所送佛匣令其彩画二个，以备带入内地，可以见番子手艺。晚饭后到后园，遇化臣监工，转至东院，北东墙已拆另砌，洋务局谈，均到。晴。

初八日(6月10日) 巳刻拜发万寿贺折并代噶布伦等谢恩折，及呈递佛尊，化臣、京如君来磕头，赠其尺头两卷，过鹤孙屋内谈。晚饭后至花园，化臣买盆花，放于六张石凳上，颇有趣。转至东院看打墙，至洋务局闲谈，皆到。晴，晚阴。

初九日(6月11日) 化臣、海山来回公事，化臣并道谢。上房大描金画花，正闹一日，二堂前屏风画大红日头，有书卷元宝山子等物，不伦不类，难知其所以然，可发一笑。至后院看化臣送来盆花外，又种树四种，一桃树，一月季，一核桃，一榆树，此处以榆树为贵种，不易得也。晚饭后至头门东院，复至后园，约少韩、竹君、小瑾、鹤孙在花厅闲谈，月色甚佳，日转西大风一阵，有雷声，东北云甚浓，有电光，未下雨。半阴晴。

初十日(6月12日) 早过后园花厅，与鹤孙、化臣闲谈。未刻同鹤孙、化臣、海山同至穆隆寺，乘骑而往。访噶勒丹池巴，谈及彼处江达英大员卧克纳来信，先叙问询之辞，后叙譬语一断，东方有一龙，西方有一小兔儿，为其保护，此时龙不能保护此兔儿，北方找一熊求其保护，不知南方有一象，可能保护兔儿，须知早为计方好，此隐语也，并约其前往，余告以此种信乃外国惯技，可以不理，去之一说，更难分身。此外谈及巴塘凤大臣遇害事，靖西夫马事，洋人约派人往彼学习语言文字事，皆往复问答，甚明事理。又闲谈十八罗汉何以有十六尊，据云本十六尊，伏虎尊者乃为罗汉侍从，笑面者乃施主，均有道行，究与罗汉有间也。燃灯佛为如来之师，燃灯后而去。观音佛是女身，因剃度灭五百年佛果，是以有五佛冠为之接续。无量寿佛，无量为文，寿佛为武，其实一尊，众生求寿，不知求众生之寿可求，一人之寿不可，须有善因，方能如愿。白拉木俗呼白喇嘛，与如来同时许为黄教护法，故至今奉之。先登楼谈之，下楼后看其各正殿佛像，有极大亦有小者，均极庄严，内有一辈达赖，活至一百八十岁，外露一齿，乃重生者。告别，仍乘骑而回，阴云雷声，未下雨。晚饭后至后门同鹤孙眺望，进园花厅谈，复云浓，有雷声，遂同进内，未下雨。阴多晴少，云，雷，未下雨。

十一日(6月13日) 见知照，今日奉朱批："凤全死事惨烈，深堪悯惜，著照副都统阵亡例从优议恤，陈式钰等均著从优议恤，余依议。钦此。"早微雨，独至后园闲踏，小黄鸭已如鸽子大，较前胆量亦大，想硬翎长起，则飞去矣。化臣持其母并两子照相请看，伊母七十一岁，尚精神，小孩亦好。午后李肖臣粮务来，外签押房会，因收支款项前单未符，复又递一单，即交文案处，提及赵怡堂潼因至番官公所，众人看其神气，呼为阿拉百古，译汉如山石上，并布做得小人，未免谑而虐矣，可笑。李光宇送来藏钱，字音另单附存。晚饭后至后园转东院墙外，进头门一看，遇小瑾同至洋务局，均到。早小雨，午后半阴晴。

十二日(6月14日) 王世昌外委派探哈萨克消息，禀辞，昨接金夷情来禀，已抵察木多，此人可保无虞矣。申后至园，在厅梳发，一阵浓云，见色拉山云垂有雨，天忽晴，池内方见雨点，极有趣。适化臣同丁乾三来游，约其坐谈，闻南路有白孔雀，亦新奇，未曾听过。晚饭后至外院头门，看其画门神，油饰各房间，转东院看工并花红所结，竟有一百多果，且有大者，众皆欣然，以为吉兆，可笑。至洋务局，皆到。半阴晴，两阵小雨。

十三日(6月15日) 辰刻恭谒扎什城关帝庙，率文武各员单刀会行礼，营内承办，除吴小瑾未到，均至。今日并约噶布伦，戏内又有《送加弥》，殊可笑。晚饭掌灯后回署，昨夜雨，今日较凉，午后大风，晚浓阴，雷。半阴晴。

十四日(6月16日) 早微雨，至后园，云影山光，清人眉宇，转至东院一看，至鹤孙屋内略谈。午后鹤孙来，持粗石一片，乃砌墙工人藏河边背来，石已砸碎者，外作黑黄色，内黑地白章，系一龟形，惜乎不全，此不过后右一角，有纹有脚，系合并者。又拿其一片赠余。晚间闻洋务局茶房说，伊亦得一小块，在藏河边，业已砸碎，到署即砌入墙内者，令人不可解。晚饭后又至后园，水已长，到洋务局，均至。半阴晴，微雨。

十五日(6月17日) 卯刻恭谒磨盘山关帝庙行香，毡冠，绸领，小袷袄，大袷袄，袷袍褂。早凉，袷裤，棉套裤。只洋布汗褂，单裤。晚又凉，袷袄，毡长袖。因文昌阁修工，家庙委刘文通恭代。午后少韩、鹤孙、竹君均至公布堂看男女降神，男为正神，女乃从先传□者，非夫妇。会惠臣、肖臣，因款项殊难兑，求向李海山，说找番商，当告化臣问明海山再议。鹤孙过谈，将花厅匾对书就，发刘光荣刻之。晚饭后后园一游，遇小瑾，即约少韩、鹤孙、竹君在月下清谈，山光水色，树影花阴，另有一番景象。半阴晴，晚风。

十六日(6月18日) 化臣、海山来回公事。午后二月初八日拜发折件，朱批奉到，随来文书信件甚多，阅讫。至后园一踏，得诗四首，录交鹤孙求和。晚饭后至头门外看工，转至东院看工，至洋务局，均到。忽起大风夹雨，同鹤孙赶紧奔回。半阴晴，灯后风雨。

十七日(6月19日) 至后园两次，化臣来，持谢禹绩来函，有唐全权接印度议款七条，大约磋商已有眉目，或遣人或自己于八月间可以入藏，未知确否？午后会噶勒丹池巴，据云接达赖来信，于去岁十月到库伦，已奏明，蒙恩赏给御用袍子，银五千两，并龙缎十卷等件，并遣员侍卫等往看，请奏请开复，并递哈达一件，并闻俄与英欲开仗，已备粮食驼只多多，未审能否如愿？恐与日大战元气未必能复也。至外院一看，晚饭后至园东西菜园两次，送花已有六十余盆，未免太过矣。鹤孙往谈，至二炮方回。半阴晴。

十八日(6月20日) 辰刻上房悬御赐福字五方匾，恭勤公三方，余二方，纪恩也。至后园同鹤孙一踏，到树林中，将出贼条削去。旋惠臣、少韩、小瑾、海山、化臣约抱厦下，并鹤孙与余坐一席，另给竹君作一席，令马福兴作，竹君先醉，余亦随后醉矣。回房后，即在娥珠铺上大睡，渠恐着凉，将皮斗蓬盖上，幸下半身，可发一笑。晚饭至二堂前与家人等谈。半阴晴。

十九日(6 月 21 日) 询之家人，昨日所喝不过二斤十二两酒，不觉大醉，想年岁所致，或不常喝之过，今日仍觉懒，到后园两次，在内看书而已。鹤孙代借《阴阳境》十六本，前数日阅讫，笔墨虽不高，乃因果劝善之书，加以诙谐，另立一格，川省刻本，候购携至珍五妙乡居大有用，可雅俗共赏也。晚找鹤孙谈。晴。

二十日(6 月 22 日) 夏至。早微雨，至园，北山上半浓云，池水甚清，觉凉气袭人，不可多得。午后噶布伦传见到三人，喇嘛噶伦请假，交派巴塘、瞻对，大宜留心，谣传不少，伊等代达赖求恩，告以赶紧具禀，再议。晚饭后，复至园转洋务局，均到谈。微雨，半阴晴。

二十一日(6 月 23 日) 至后园一踏，程巡捕将花厅匾拿来一看，刘光荣将大小字已刻就，图章字太小，交小瑾刻之。今日肚中凝痛，登东数次，大有痢疾之意，幸下黄色热沫，各处均未去，仅在内房而已。半阴晴。

二十二日(6 月 24 日) 早写横披一纸，交程林作花厅悬挂，鹤孙过谈，午后仍因肚腹微痛，各处未去。晚饭后至后园，约少韩诸位闲谈。午后王顺拿来石胆二枚，作圆形铁锈色，摇之似有动意，据云得之藏河，究难辨其真伪，仍令拿回。晴。

二十三日(6 月 25 日) 将去岁所书对联等字给分众人，并看程巡捕、振勋《后园诗》，令其找斌笔政书之。鹤孙来，谈及酌量赏作匾木匠，每方约卅两金，费多多矣。晚饭后，至洋务局，皆晤谈。晴，甚燥。

二十四日(6 月 26 日) 早接廷寄，又陈奏三瞻、藏内各事，为吴先培，之前韩嘉桢一鼻孔出气，皆系虚无飘渺，不着痛痒之谈，与吕镜宇尚书所陈同一传闻而已。靖西送到驻俄胡馨吾惟德，浙归安人。星使咨，送具奏、西藏彩印图八分。午后至后园，看花厅挂匾对，晚饭后复至园，约洋务局诸君闲谈。晴。

二十五日(6月27日) 早纸札差一切箱支俱到。午后至园遇惠臣谈，惠臣走后，接鹤孙谈，因衣服少，未戴帽子，觉不适。晚饭饮黄酒两小杯，似少好。复至园，化臣明日请客，借来帐房、垫子、地桌，的确番边景象，可发一笑。转洋务局，均到。晴。

二十六日(6月28日) 早化臣来，面请至后园，在西边平坝打帐房两架，小帐房一架，备跳弦子坐落，江古学在花厅，俟饭后在另小帐房坐，江古学均来见，有杨聚贤、李海山家眷均到，因肚腹不好，进内略歇。又到花园，极热，穿单衫洋布汗褂，袷纱坎肩，合式，围园一踏，至大帐房晚饭。早晚鹤孙、惠臣同席，然而搭矣。因小雨赶回，即有风雨兼雷声。晴，晚阴，雨雷。

二十七日(6月29日) 写家信，信内写廿八日，随折差廿九日走。略叙藏中热，竟穿单衣，刻池巴求雨，已见雨，想田稼不至不收成矣。南路唐大人，东路马大人，均无办理如何准信。闻川省凉。京内蓉格曾否去信？余给那、溥大人去信，四老爷过去用款想法通融还之。至格已过一生日，必有玩意。余身子好。闻路上番子颇拆信看，奈何。等语。午后至园，池水见长，昨日大雨之故，闻科房欲借此处，要为阖藏所无之地也，余可之。纸札差送来省中土物，似可不必，半路将酒坛打碎赔钱廿文洋钱，尤为可笑，俟明日掷还之。晚饭后至头门一看，已油饰得。南山已青，有牛数十头在半山放之，甚有趣。转洋务局，惟鹤孙未到。午后并会李肖臣。早雨，午后半阴晴，有云。

二十八日(6月30日) 鹤孙借来《封神榜》一部，内短一本，看讫，不知其寓意在何处，或谓道书，然与《西游记》不同，似有寓意，可耐看也。将回差周天寿、胡长春传来，所呈洋钱掷还，痛教训之，即以此钱令其分肥，谓之当差不慎，责之不为过，然小事也，罚钱则不可。午后至园，早间有雨，池水大长，山上未断云，望之有趣。晚饭后复至园，颇凉，小袷袄，软袷袄，毡长袖袷马褂，洋布汗褂，合式，与前日大不相同也。至洋务局闲谈，天黑如墨，有细雨即回，众人皆散。王永福将此处所用颜料找来数小块，白蓝红绿皆有。半阴晴，早晚雨，风。

廿九日(7 月 1 日) 巳刻拜发请开复达赖喇嘛名号一折，代班禅谢恩一折，请补后藏戴本一折。午后至外院看文昌阁工程，药房即在其下，遇王佐，在阁下一看，化臣带领捏巴木石匠及作小工乌拉等跪一院，磕头谢赏。复至园一踏，化臣、海山带仓诸巴谢赏，前后已用一千一百余两汉银，鹤孙、少韩同来商公事。晚饭后出南门一望，转洋务局，均到。半阴晴，午后细雨。

三十日(7 月 2 日) 给琴轩、仲路拟两信底，交琴轩千金以还四弟丧葬垫款。接班禅佛来信，送长寿佛一尊，红片子一件，信尚未译出。至外签押房会李肖臣粮务，到园一看，气甚清，因昨夜雨，水池大长，蓼花已有开者。晚饭后复至园，觉凉，转头门一看，到洋务局，均聚谈，并将劬莽两手卷拿去一看。半阴晴。

六月初一日(7 月 3 日) 卯刻恭谒大招万岁牌，前行礼，家庙委江委员行礼。觉头晕至园一游，北山白云数断，颇得景，将园内未活各树尽行拔去。鹤孙亦来，坐屋内谈。午后饮黄酒数杯，遂睡一觉，似晕少好，化臣回公事。晚饭后复至园内，约鹤孙、少韩、小瑾谈，竹君未到，雷电交作，回，不到二炮。王永福买到白洋布四匹，可染黄，以备印《陀罗经》。半阴晴。

初二日(7 月 4 日) 早晨给琴轩、仲路信写得，找化臣当面交给，闻杨聚贤处人须初四日走。午后至鹤孙屋内略坐，至园看贴，落在抱厦坐，忽微雨，点点池内，甚有趣，回屋内一阵大雷雨。化臣、海山来回公事，晚饭后至东院，同小瑾上看台一望，墙外小佛公新盖小土房，有喇嘛四人念经，盖道喜之意。此地有每月初二、十六喇嘛念经者，不过一文钱，即可了帐，似京内化小缘者。至洋务局，均到，回时细雨，闻四野霑足矣。阴，雷雨。

初三日(7 月 5 日) 午后至园遇微雨，化臣来，甘奠池巴拟明日来，定于明日未刻。鹤孙来，因带来赏耗香串甚多，各汉装江古学各给一串。鹤孙致惠臣信送之，伊用官衔贴来谢，大为可笑。拟初十日约噶伦来小园道乏，吃饭，并两佛公，达赖喇嘛至刻下系十四辈，班禅系七辈。布达拉山西有塔子两面，有串铃接山，俗呼摇铃接脉，盖布达拉山从先与药王山相连，经岳威信公断之，本如龙形，后虽接，风水已破矣。晚饭至头门外一看，转至洋务局，均到。又细雨，午大雨。阴，雨。

初四日(7月6日) 午后至园，化臣来，未刻噶勒丹池巴来谈，公事讫，因询其各教。据云，缘起均系红教，自宗喀佛初驻于某寺院，徒众本佛共有卅人上下，某施主施给僧帽，众人皆有，惟宗喀佛未有，即以黄包袱盘于头上，遂祝以我今日如此，或可当以黄教兴，记载多以染色兴，非也。红教自莲花祖师于教兴时，未免徒众于佛教自负静净无为之道，未免支离不讲，彼时有白教从而正之，是以源流三教，皆算正宗。后有黑教，出于莲花祖师时，尚与有亲，因其以杀生求善助恶，专讲咒人害生，当时将其全灭后，因有用其法，将其拘于卅九族，永不得再出害人。后藏亦有数庙为彼教，廓尔喀则彼教甚多，然别蚌子虽属，廓尔喀多奉黄教者，是以黑教僧不可过于原旧之人，然亦不可灭也。又云燃灯古佛上有七尊，如无量等佛，大约在中土燧人之世。当询四天王，前云系守镇四方，何以手持之物各不同？据云，此本四家王子，能镇妖魔，是以各得降魔之具，如东方以琵琶，乃其地妖魔颇畏此具，且弹之可以感化此地之人，余者不过此意，因思小说家以风调雨顺附之，无此说也。询其哼哈二将，内地庙内多塑之，何说？据云佛地无此一说，并不塑此。又询其文字经典？据云字不过记载来往所用，经则所包者广，如天之生物生字、人生生字、畜生生字同一，然人生内有畜，畜生内有人，非可拘一而论。李海山云，如今年番家闰五月，盖隔二年必一闰，乃为牧放而设，总在夏日秋初，非有别意，其大小建，系月中减去一不好日作小建，廿九日为一月，大建则满卅日，喇嘛则不然，以单月为小建，双月为大建，乃一年定准也，至日月蚀有推算家与内地不差也。鹤孙来谈，韵秋女史拿来萝卜甚好，内有青条名曲，曲乃佛爷噶伦所用，此为叶梗，叶如大麻子，每本上出穗似桑椹，带红色，其酸非常，实难领教，只好赏佛爷吃罢。晚饭后至园，约鹤孙谈，穿软袷袄、小袷袄、袷毡长袖马褂，坐不住，似中秋，复至鹤孙屋内谈。半阴晴，有小雨。

初五日(7月7日) 巳初策骑赴磨盘山下永安寺，寺额有四体字，为"藏卫永安"等，太上皇宝，无年月，自系嘉庆初年恭悬。庙宇气象庄严，登楼，在其说法处坐，主人为江少韩、余鹤孙、吴小瑾、马竹君，竹君提调，乃教门席，少坐，本寺喇嘛请升座，进炒饭、酥茶、果品、长寿佛、哈达，回赏数十藏钱为服役人，哈达赏当事喇嘛，当回明本寺济咙胡图克土，因明年受格隆大戒，不受此戒，不得穿黄披单。今已至别庙坐静，此济仲尚系恭勤兄任掣瓶。下座后到各殿一看，观音佛果系女身，胸前带告亦用松石所钳，与藏丫头无异，座上佛冠佛座，皆系珠宝钳之，然座下钳鼻烟壶三个，不可解，其余诸佛有千百尊，多系珠宝钳成，甚觉富丽。回时入座，客中恩惠臣、刘化臣，李海山羊肉菜甚好，不过太多，未免后路不得下咽，聊斋云，此餐可饱三日矣，一笑。回时已酉初三刻矣，策骑遇雨，到署又大雨矣。海山云，藏佛观音别拉木均女身，其余各佛，均系男身。早晴，午后阴，小雨复大雨。

初六日(7月8日) 小暑。早至园一游，池水业经上岸，明日可往外撤之，杨柳条叶颇盛，午后过鹤孙屋内一谈。王占路送来貂皮五十五张，艾叶豹皮五张，金钱豹皮二张，价三百余元，将近四百元。噶必丹女人送来蜜点心，赏之。晚饭后复至园，转东院遇小瑾，同上看台一望，至洋务局，均到，均谢之，昨日约也。晴。

初七日(7月9日) 早化臣来回公事，未刻升堂，验放达木八旗协领等缺，升协领嘉里，升佐领工噶策认，升骁骑校扎巴坚参，其什家户应补者，归夷情、司员补放。刘光荣买来硬红木一断，重七斤，合藏钱十二文，不过一钱三四分银一斤而已。至外院一踏，晚饭后至园登看台，见放水口尚通，院内三池水过满，不得不放矣。见前作工小孩喊阿妈冲冲，问王永福，即是喊其所生母，阿妈母也，冲冲乃其母名字也，呼父亦必带其名，不为怪也。约洋务局诸君在园闲谈，月色甚佳。晴。

初八日(7月10日) 早化臣来回公事。午后至园,水少落,水上起绿沫,用布袋打之,不能净,至外院东院一看,皮张有(销)[硝]出者,比江瑞田所制较好。晚饭后复至园,同鹤孙、小瑾谈,在厅前步月,见河鼓织女星中所谓天河,微有形,不似北方,地高之过也。晴。

初九日(7月11日) 早至园,见搭帐房,系化臣办理,以备明日约噶伦道乏,忽听西墙外铃鼓齐动,大念喇嘛经,出后门一看,许姓菜园中即从先后园业主,系汉人,门贴对联,横披为"螽斯衍庆",乃办喜事者,殊可笑人。午后又至园,赴拉差叩辞,明日走。晚饭后至外院一踏,转东院,唐儿小女甚好,因赏名椿儿,因右耳肉椿二个。至洋务局,均到,一阵雨,赶回。半阴晴,灯后雨。

初十日(7月12日) 早化臣来回公事,午刻约两佛公、四噶伦在园吃饭,余未往见,恐拘泥,令化臣、海山陪,皆大乐,以有池内活水为奇,甚爱此小花厅,盖番家以金碧辉煌相尚,无此雅洁也。且找科房跳弦子,比作生意者较好,闻终席压桌菜皆动手,其余全尽矣,汉菜不常用之过也。后至大堂来谢,亦未见,走后至园一看,搭得帐房三架,有噶夏一架,甚精工。晚饭后又至园,少韩、鹤孙、竹君过谈。晴。

十一日(7月13日) 午后至园一看,鹤孙来,金佛像业找人去画,外院见缠头拿假片金看,可备裱佛像用,皆系洋布所画,非此地裱,内地恐无此手艺也。晚饭后至头门一踏,枪架作成摆上,甚觉威武,旁院树本砌得石块颇似龙头,因种两棵草花以当角,以后必有烧香祈福者,可发一笑。转东院登看台略看,转洋务局,皆到谈,小瑾将小图章刻成,谢之,回时带来。半阴晴,晚大阴,风。

十二日(7月14日) 连日早晨写二百余字。午后至园,各皮已硝得,虎皮只有一张,毛尚厚,成作褥子一床,有五尺长,余留送人可也。晚饭后复至园,少韩、鹤孙、小瑾过谈,因询酥茶办法,用木甬一中碗,细木板一圆形中凿一孔,安木柄比甬长,四围凿四孔,将茶熬得洒于甬内,兑酥油盐捣之,如欲兑奶子,亦可同入捣之。如达赖所用,必再熬再捣,系芽茶,民间不能也。糌粑乃内地芒大麦,用麦粒炒熟碾碎，细则罗去粗皮，民间并粗皮用之，装入木碗，兑酥茶以手揉成蛋形食之。闻藏盐出于达木，极好者作粉红块，别处亦出盐，不如也。廓尔喀国王噶基食印度盐，令民间亦食之，皆不愿，仍食藏盐。味重。如茶叶，印度所产不能酥也，味不甚佳，难相强，金玉茶打箭炉即有，比芽茶虽次，亦称上品，内地所产。午后并会惠臣。半阴晴，午后雷，未雨。

十三日(7月15日) 早接家信二封，皆系三月发，省寓均好，至格已种天花，甚好，且已能叫妈妈，真光阴迅速。旋找鹤孙谈，化臣来回公事。午后写字，晚饭后至园，小瑾到，闻有雷声即去，鹤孙来，在花厅谈。下微雨，颇清气，二炮后方回，雨已住，有未湿地处。半阴晴，细雨。

十四日(7月16日) 早给鹤孙写一小对联，少韩写一折扇。午约鹤孙至园，看山对饮，山绕浮云，颇饶佳趣，回忆去岁藏中正在吃紧之际，今年则看山景把酒杯，甚矣，岁事如流，人事变迁，真不可思议。化臣、海山来园商酌兵饷，已由山上稍有头绪，过前院略睡，已入醉乡矣。晚饭后至头门转东院，同小瑾登看台一望，到洋务局，均来谈，阵雨后方回。半阴晴，灯后雨。

十五日(7月17日) 昨夜大雷雨，天明雨尚未住。磨盘山委恩委员，家庙余委员行香，闻布达拉山前已满水，须绕柳林，轿行不便也。余鹤孙上来销差，借此痛谈。午后三点余钟复大雷雨，雹子小钮子大，满地皆白，拾起食数粒，凉极。闻雹子番家请喇嘛来咒，均系红教，黄教不会也。用筛子一枚，将水放于中间，不露，咒之，则雹子下于山沟或人家内，不至伤禾稼也，甚奇。同鹤孙过园一看，路上皆水，雨已大足矣。晚饭后看书。阴微晴，雨雹。

十六日(7月18日) 昨夜又大雨，无雷声。早起觉凉，午后化臣来回公事，惠臣来回公事，并拟借园订约，余告以二十二日，盖去年洋人进藏之日也，聊复尔尔，正复无聊而已。晚饭后至园，约洋务局谈，均到，作得一对桌，灯甚亮，二炮后回，又见雨星。半阴晴。

十七日(7月19日) 午后化臣来回公事。至院外一游,看朱炳章养鸟,有朝天子黄嘴,得来五个,业经喂死一个,可发一笑。找到反舌一个,八文藏钱,亦不为贱矣,此处鹞鹰、乌鸦、喜鹊、鸽子、布谷、鹧鸪、黄鸦、红嘴鸦、胡百劳、菜子雀、麻雀、姿姿黑,不知名者山鸟水鸟甚多,养者亦颇有之。刘光荣将前买廓尔喀一把联作一小匣,甚精巧,拟配筷子,须作成两截方好,不意作得,中间须安腰结,银匠不能打,只好罢议。晚至洋务局谈,均到。半阴晴,有细雨。

十八日(7月20日) 初伏。午后至园,水已满池,外放不能,甚旺,盖墙外水亦满矣。将《说文》翻阅,拟将《心经》篆出,然不载之字甚多,须借用之,自找费事而已,一笑。鹤孙过谈,晚饭后复至园,觉潮气过重,转东院,登台一望,过洋务局,均到谈,借小瑾《六书通》查字。晴,半阴,午后小雨。

十九日(7月21日) 早起仍查《说文》,惟萨字无有,化臣来商公事。午后鹤孙送鲜桃四枚,不过小酒杯大,已藏中不易得矣。媚柳给娥珠送衣服等,在西屋坐,娥珠必要周旋,盖番礼客来须摆点心、零食等物,只有洋点心、锅巴锡、干杏儿,然三碟不成局面,只好有吃剩干莞豆凑上而已,大为可笑,想主客二人之酬酢不过如此。晚饭后至园登看台,听东边有鞭声,乃汉人今日祭观音,世传此日过海,始闻歌声,继闻斗声,盖入醉乡矣。闻此处丫头、小孩等打架,皆不要紧,惟喇嘛打架最狠,必到藏河边先约打死不抵,如果打死,即推入藏河,如未打死败下风者,以后不论何时相见,必以低头为礼,不敢再打矣。园内蚊子甚多,转东院登台一望,见印房有似缠头者,头顶白布,盖德笔政有鼓盆之戚,乃丫头家亲有来穿孝者,见余则脱下,外省规矩似可不必。至洋务局,均到。半阴晴。

二十日(7月22日) 早鹤孙过谈。午后至园,黄鸭与老黄鸭相等,已可乱飞矣,大约长成,计算总在百日,或问人生万不能如此,不知禽兽虽长得快,年命促矣,人果不劳心尽劳力,百年皆可望。化臣来回公事。晚饭后至南门外一望,桥下水甚旺,见逛柳林女人已入醉乡，沿路仍喝酡不止，其中有珍珠巴竹者，随走随跳舞，且大声歌之，本地不以为异，如至内地，大众必以疯子目之矣。转至洋务局，均到，痛谈。午后并会惠臣。晴。

二十一日(7 月 23 日) 大暑。早化臣来回公事，并拿湘梅信来看，将诗稿取去。晚饭后，至园西边平坝上，已搭帐房四架，惠臣备明日请客用，转东院登台一望，至洋务局，均到，竹君拿来假犀角一看，盖野牛角所作，询之，真犀角头上不锐，且圆形，下面长成微长凹皮，甚粗，似多竖纹乃鼻上，不似假者头顶所生也。小瑾拿来熊胆，乃真者，有验法以水碗摇放一星，必不散，见一缕缕出红丝，则非赝本矣。竹君买得烟碟，系水石的，十五藏钱，甚大，余以其闻量不大，可以让余有之矣。晴。

二十二日(7 月 24 日) 早鹤孙过谈。午饭后至园，惠臣借以请客，并有江古学皆来见，先在西帐房，挪至南帐房，因热所致，热极。随便园中一踏，将落日遂入座，座中江少韩、余鹤孙、吴小瑾、马竹君，另席刘化臣、李海山，落日后已入醉乡，将丫头叫至座前，赏酒喝，饭后令唱羊竹噶牧，完后，即赏钱而回。晴。

二十三日(7 月 25 日) 昨日鹤孙谈起四川绅士之无耻。有某绅以进士起家，因讹人成讼，发审局为王介卿大令，宫午。山东人，亦由甲班分川，正问此案，该绅非常狡展，大令始劝之，谓同是读书人，不应作无理事，不听，反以语言顶撞，大令气极，登时大加戒饬，谓汝是进士，我亦是进士，谅不至有如何办不到处，此绅因此气死，伊子乃一孝廉，后代父白冤，大令遂劾去之，至今川省传为笑谈。午后化臣来，昨日兵饷均放完，多仗噶尔丹池巴督饬番官出力也。老左因其作菜太难，令其改为帮着放马料，找来明厨子，系营兵，恐家常菜未必能好，成桌或可吃也。晚饭后东院一踏，登台转到洋务局，均到。晴。

二十四日(7 月 26 日) 少韩、化臣、海山来回公事，由噶尔丹池巴处回，为垫发兵款饷项，拟明日俟验缺后，传噶伦等面谕之。昨夜子刻后，大雷并未大雨，今日较凉。晚饭后喝烧酒两杯，登西看台，墙外作土工，水沟已挖深，将土均垫于墙脚下，盖邻近菜园引水浇菜，时常上岸，不利于墙，令其垫之。遇鹤孙同看作工，见余请安伸舌，乃讨赏而来，赏其两文钱，转东院又登看台一看。至洋务局，均到，惠臣亦到谈。半阴晴。

二十五日(7月27日) 昨有轿夫，乃凤大臣所逐者，来藏，伊云：凤大臣走至鹦哥嘴地方，见随从人等皆死，轿乃番子所抬，已将凤大臣请出，将轿抬跑，凤大臣只剩跺脚叹气，遂来枪子，打中太阳[穴]而倒。番子恨极，将其胡子拔下不留一根，尚问此轿夫，此是钦差，此是洋人，轿夫答以不知。盖恨极，怨毒之于人，甚矣哉。午后升堂验放番缺三班，到二堂，传四噶伦等，将汉兵饷令其酌商先为垫发，以后随到随还，皆应允，俟商之回话。进内，至园一踏，又得鸭子四只，有一白色，盖此地皆芦花及黑色者，白色不多见也。顺路鹤孙屋内一谈。晚饭后复至园，转东院看台一望，临墙土渣均铲平，颇觉眼亮。至洋务局，均到谈，因雷声大作，即进内。半阴晴。

二十六日(7月28日) 中伏，小袷袄，大袷袄，袷袍，棉马褂，因雨觉凉，在内须四件，纱与夏布虽单，亦难穿也。卯刻恭赴万寿宫，率文武汉番各官，恭祝万寿，闻番官廿八日齐集布达拉山，在高宗圣容前再行祝礼，此风已久，难以理喻之，可谓尧舜至今尚在。来去皆在细雨中行，山已被云遮满，惟布达拉山尚清楚，田内青稞已长成，出穗前半年旱，此时谅可无虑矣。午饭后，通事带来新换乃心巴等，增敬巴卅二岁，乃顶补新得铸佛七品仔仲洛桑格勒之缺，此人已老，谅不至如洛桑仁青前补扎巴坚参之缺，仍还俗娶亲矣，一笑。化臣来送余灰色袷袄一件，乃其京妻由印度带来毡呢，惜乎颜色太红，似难与老人相称也，哈哈。未正余会噶尔丹池巴，因南路东路至今未有确音，请示一切，告以安静处之，自有道理，遇事来商可也。至园，因蒸得鸭子一只，约鹤孙在厦间同享，饭后阵微雨，大有趣，灯后蚊虫甚多，头炮后即回。阴微晴，断续细雨。

二十七日(7月29日) 昨夜雨，早又雨，午后至园闲踏，蓼花大开，沿池均满，大可点缀秋光矣。化臣来，接到王世昌来禀，前路果是哈萨克逃人，询明头目名布克，有男女百数余，现无所归，将公事令委员等看之，交李海山转商于噶伦，应如何抚之，再听回音。晚饭后至南门外一游，桥下水甚旺，水色虽浑，游鱼可数，看西山云脚下垂，必是有雨，正伫立间，大点雨已来，赶回到洋务局，均到，恩惠臣先在辕门遇见，亦来谈，小瑾在东院拣得花红送来，业甜酸矣。阴微晴，断续细雨。

二十八日（7月30日） 中伏。昨日闻惠臣云，由巴塘逃来人说，凤大臣前本不愿就往回路走，因赵潼极力说之，凤大臣只得起身，当时有一番娃子在侧，不过十数岁，即指之告人：俟我回来，此娃亦难再活矣，必令此地鸡犬不留。旁有通汉语番子将此话一传，番众即赶去，以致随从诸人未有逃脱者，赵潼亦死在内，并非先有埋伏也。而此君已至逃走，此种话亦说之无谓，同人皆以为劫数应该，或其然与。至外院一踏，鹤孙来商公事，至园一看，因饭时喝烧酒一杯，厨子备羊肉卤，吃面，未免较多，故在园乱踏，可发一笑。晚饭后又至园，见南池上燕子飞来飞去，捉蚊虫吃，甚多，极有趣，细看尾上并非双剪，恐另是一种，家人说系雏燕，未经长尾，未知然否？旋细雨，到厅厦，见北山云起，将山遮住，池中雨点风波，又是一种景象。觉园忽狭小，盖云垂天低之故。即约鹤孙来坐谈，因凉而回，又到鹤孙屋内谈。阴，微晴，数阵小雨。

二十九日（7月31日） 午后少韩、鹤孙来商公事，拟知照马军门派员防堵，恩惠臣来，接达木八旗来禀，查北路哈萨克逃民布克等，与前王世昌所禀大略相同。三月廿四日具奏一折一片，均奉到朱批回，所失报匣一分，闻军机处奏事处回文，据云来时即夹板，甚怪，恐为内地舛错。接到家信两封，至格周岁，亲友往贺，此南礼，北方未见过，且送礼未免不安，并提及寿昌、寿蓉，因四弟故，均有信到省，且云寿昌信略，寿蓉信详，然封来只有程巡捕、振勋两信，此二信说同家信带来，并未见，想封信时漏下，可发一笑。晚饭后至园一看，因文书收到太多，灯后看之，鹤孙来谈，韵秋来已知之，大有责备之语，必惠臣僮朱生所说，有既往不咎之语，已算夫人开恩矣，哈哈。振勋信内有桂子起号芝仙并别人都起号，乃余六太太所赠也，亦可笑。半阴晴，时有小雨。

光绪卅一年岁次乙巳秋七月初一日(8月1日) 卯刻恭赴大招万岁牌前行礼，家庙委江委员，昨夜大雨，圆坝子并大招前极难走。化臣、海山来回哈萨克抚恤事，竟所见皆同，汇款事亦颇尽心，甚为如意可喜之至。晚饭后至园登台一看，蚊虫等更加厉矣。转至洋务局，拿来刘仁斋公信，真是老奸巨滑，凤大臣一面撇开矣。均到，痛谈，马竹君云，哈萨克尽属回民，尚知抚恤之恩。晴，细雨。

初二日(8月2日) 早化臣来回公事，鹤孙亦来商公事并闲谈。午后至外院一踏，觉凉，晚饭后竟毡袷袄，棉马褂，内地七月初间万无之事也。至头门内一踏，四山云起，不时细雨，山色或青或翠，风景亦颇可观。转至东院登看台，到洋务局，均来谈。回时又雨，房上已流水。半阴晴，不时雨。

初三日(8月3日) 刘化臣、李海山来回公事，借商上款恐一时未能凑齐，只好从缓办理。明日化臣请假，欲到大招、色拉寺朝佛，明日系番家六月初四日，各庙皆开，相传为佛之聚会日，不可解。鹤孙来，因色拉寺印《陀罗经》，拟赏银四十两，每大臣皆一张给一藏钱，喇嘛总觉抱歉，此次三百余张，多费无几也。午后至园，马竹君送来笔墨，晚晤谢之。晚饭后复至园，转东院登台看拿猪者，拿住并不绑上，望肩上扛起而走，难免咬之，殊可笑。转洋务局，均到谈，回时细雨。半阴晴，不时微雨。

初四日(8月4日) 午后至园，将水放出甚多，无如随放随下亦无如之何。闻昨日噶伦等至藏河看水势，业经上岸，各柳林无不存水。闻同治年间曾经大雨，藏河冲开，水至雪里人户，竟有将什物飘泊者。至外院遇化臣，据云缠头官丁乾三来接济哈萨克米粮，已由番官发票有十余驮，明日可走。晚饭后复至园看台一望，墙外有带珍珠帽子、穿花衣丫头，并淡黄衣花靴男娃，乃今日各庙皆开，此伺候白喇嘛上山者，须到彼男女对面歌舞，亦年中一次差使也。又见小儿挂红豆珠如珊瑚，回来时莲芳送来小红豆，名刺果，如温桲，内核三，亦似穿珠，所用佛头名毒，如核桃有绿珠，人吃必死。厅厦看雨，约鹤孙同坐，回时鹤孙又到余屋内谈。昨夜雨，午晴，晚又雨。

初五日(8月5日) 早晨写对联、折扇，其丑万状。午后至园，水不见大消，然雨不可再下矣。闻青稞尚无碍，草大受伤，与牛马大不便。王永福买来桃子，一文七枚，随食两枚，肚子甚痛，登厕二次方见好，可发一笑。晚饭仅喝粥，遂到洋务局，均来谈。阴多晴少，不时细雨。

初六日(8月6日) 早无事，写小金字对子送各委员，蓝纸乃程巡捕所染，似蓝布色，金乃洋来者，价甚廉，殊为可笑。晚饭后至园，遇马竹君略坐，转至洋务局，均到，惠臣亦来，微雨而回。半阴晴，时细雨。

初七日(8月7日) 不时有雨，不过写字看书。午间换化臣所送新袷袄，洗脚后换新鞋，大为可笑。晚饭后雨又大，过鹤孙屋内闲谈。半阴晴，雨。

初八日(8月8日) 立秋。写家信一封，信内写初十日，系十一日折差走带，交鹤孙。略叙接到三月十八、十一，四月廿，五月十三四信，至格已种天花，并办周岁。一切鞋脚有卖的，不必再带，惟吃食短少。前赏家人银，知已收到。余老爷银信已收到，均告明，周老爷送花、对联等已拦挡，见周太太亦可拦挡，朱太太已赴万县。四老爷事，昌格、蓉格信漏未封来，以后千万封来。已凑千金交那大人、溥六大人。闻川中天时不好，家中留神。藏内多雨，河已上岸，此时穿棉，马提台现住里塘，尚未到巴塘，金夷情已至拉里，粮员钟英、余钟麟皆在营，接联大人信，俟道路通方来，今年未必能到，周天寿帽子、宿砂等钱已还清。等语。统领禀明开操，午后至园，回时写对联等件。晚饭后至南门一游，竟满路皆水，不能出去，遥望汉河，水已上岸，闻藏河亦大溢，且番官已派五家出一人至工布挡水，恐直奔藏卫而来，从未见有今年如此大水，亦奇事也。转洋务局，均到，惠臣亦来谈，二炮进内，见月。半阴晴，早午细雨。

初九日(8月9日) 末伏。接班禅佛回信，送到长寿佛一尊，转送鹤孙。泥印，泥印最贵重，如前次萨迦佛所送糌粑佛，比铜佛已贵重，尚不如泥佛，盖铜佛可买，余买不出也。观音变像缘法身护身佛一尊，圆泥印观音护身佛一尊，圆泥印马首金刚一尊，舍利子一粒，子母丸一包，平安丸一包，净身丸一包，黑白香一包，哈达一方，蓝片子一块，江卡一个。少韩、鹤孙来商咨川文底。化臣回公事，并云伊妻头面皆肿，乃风热所至，即送其宝丹服之，并用白菜蒸熟贴之，可以见效。旋令娥珠至彼一看。少韩、鹤孙、竹君、化臣、海山等均来，因见噶伦等议筹兵饷事，多恐难办也。晚饭后至园，转西院登看台，望藏河水浩瀚一片，即出西院头门，至南门外一看，河汊水皆满，因西踏即郭拉路，在大麻密堆前，见河汊前近北岸有一泉，传闻系福文襄王至此领水，仍由四川薛涛井邮寄，剩水即倾于此地，随出泉，转郭拉者到此多有净面者，因水清，番语呼为甲朗倾遮，乃内地四川井也。回至洋务局，皆到，谈。晴，午后雷声作，闻南边有小雨。

初十日(8月10日) 少韩、鹤孙来商公事，化臣来回甘奠池巴欲回噶勒丹寺，须躭延十数日，大约商上又可凑五千款，以备八月间兵饷，甚尽心。午后无事，将书籍送楼上，似书案可稍清楚。晚饭后至园，登看台一望，到厅厦略坐，蚊子多极，万难久坐。至洋务局，均到，惠臣亦来，回时小雨，今日将《悦心集》第一卷钞讫。晴，晚雨。

十一日(8月11日) 鹤孙化臣前后来回公事。午正拜发请补后藏戴琫奏折一件。昨闻少韩云，后藏马首金刚乃是真正护身佛，如蒙古王公得此，非布施万金外不可，其佛真伪在后面有无小戳，常人不敢造也，名曰螺丝戳，象其形耳。晚饭后至南门外一踏，桥水已见消，惟见小鱼，无大鱼，水太深矣。转洋务局，皆到。晴，晚有小雨。

十二日(8月12日) 早化臣来回公事。午后无事，写对联、条幅等件。晚饭后至外院一踏，见二堂有番官给恭勤公挂一匾，系颂德政者，其文曰“更上一层”四字，不知何解？余谓此匾可悬于后楼，殊可笑人。转至东院，落微雨，见东南山白如雪，乃下雹子所积，亦奇事也。询之本地，乃常事也。至洋务局，均到。半阴晴，微雨。

十三日(8月13日) 天已稍凉，毡袄棉马褂合式，化臣来回事。午后无事，写字看书而已。晚饭后由外院转洋务局，均到，惠臣亦来，谈及四川土地对联，殊堪喷饭。鹤孙云：噫，那里放炮；哦，他们过年。盖年底作夫妇问答之辞，足征香火之冷落。少韩云：烧酒老酒不论，公鸡母鸡要肥。均堪笑倒，然渎神亦至矣。半阴晴，时有极细雨。

十四日(8月14日) 鹤孙来取公事，写字看书而已。吉祥买来罗玛四个，似合子，软底，盖不过十文钱，此物出江达之东南，工布作得尚好，不过笨极。闻工布地方每多种蛊者，种之必死，盖为役鬼看田地备使用，其行为坏极，番家恨极，如查出将其全家男女皆治死，并抄其家，至今难免有此，亦无如之何也。又云，工布南咱里方出竹子，罗玛乃彼处之野人所编，寻常尚不害人物，惟不知穿衣服，每藏中朝咱里山，将竹器带回。晚饭后至洋务局，小瑾刻极小两图章相送，谢之。一作丙午生，一作忠恕。均到，惠臣亦来，因王树、王相卿父子定日汛粮书。被人告发，造谣生事，派惠臣、少韩、鹤孙于明日在洋务局审之。半阴晴，时细雨。

十五日(8月15日) 早钞书，连日如此消遣。午后园一游，惠臣、少韩、鹤孙来回讯问粮书等，王树父子固属不安本分，其造谣生事者，乃朱文源，令其责二百板，枷号示众，将王相卿亦责掌一百板，均革去名粮，以为惩警。晚饭后又至园登台一望，转洋务局，皆到谈。早因城隍神出巡，磨盘山委恩粮务，家庙余委员行香，早饭时且到东院一看，头门委程巡捕行礼。昨夜大雨，半阴晴，时小雨。

十六日(8月16日) 吴小瑾送来黄缎所印真陀罗经四方，渠与鹤孙亲往色拉寺一看，缘此经由印度加卡飞来，至上色拉寺，因着火，将原板飞入下色拉寺，磕为两半，其倒正中间有一小雀，头形朝上即为正,是以印时皆有中间中缝一道,后有翻板反无此,不足贵也。此板飞来已七百余年,非驻藏大臣印之,众人借之相随,未必能得其真也。色拉寺并有千手观音石佛,系由土中请出,有一手为牧羊小儿所伤,亦一掌故。闻磨盘山关圣像亦系自来者。经之飞来,小地名叫多吉店,后又在上色拉寺遇火,又飞入下色拉寺。加卡即系佛祖所生之地,陀罗经另有神,已令番画匠画之,即是千手千眼观音佛,并有别位佛像。后闻噶勒丹池巴云,系如来佛化身。晚饭后至园登台一望,转东院到洋务局,均到,惠臣亦来谈。昨夜雨,半阴晴,晴时有小雨。

十七日(8月17日) 李海山送到印洋布陀罗真经九十六张,布系自买,共赏印经喇嘛银四十两,并阖署所印二百余张在内。无事写字看书,马竹君来谢,委拉里粮务,略谈。晚饭后至东院闲踏,到洋务局,均到,惠臣亦来,小瑾送一小图章,一头丙午生,一头梦琴老人,似此实不当老人之称,谢之。半阴晴,细雨。

十八日(8月18日) 恩惠臣谢署前藏粮务,因痛谈,李小臣亏甚多,其打算出人意料之外,恐未能以意为之,必如意也,自作孽,无可说也。鹤孙来商公事底,晚饭后至外院头门内一看,转至东院登看台,至洋务局,均到。晴,有云。

十九日(8月19日) 藏内尼姑呼为阿尼子,有薙发,有不薙发,满留头,则披于头上,询之为红教中阿尼子,三五成群化小缘,人家不过施给半个钱而已,彼亦有庙在上路,乃与喇嘛庙相对,均系红教,彼此配偶,生男当喇嘛,生女当阿尼子,由来久矣。春堆竹君曾在阿尼子庙住,即通过喇嘛庙,可发一笑,尼子甚应酬,送若许物件。不但不能以法律拘,亦不能以僧律拘。近日方看见此种人,若令还俗,不知再还何俗,一笑。午后至园,西菜园送到西番莲数盆,池中子午莲大开,叶如金丝荷叶,花如小酒杯,白色黄心,外有绿壳托之,花叶俱浮水面,于午时出水开之,过午并之,沉于水内。据云,子时亦然,奇事也。此花缘丁乾三来此,谈及布达拉山后水塘名庐草堂。内有,遣人移之,移后皆烂于池内,以为此南池乃新开,恐不洁未必能活,不意前数日又新漂荷叶，今竟开花，且有一丛花至十朵者，可谓胜矣。无事钞书，晚饭后至后园，莲则早不见矣。转洋务局，均到，惠臣亦来谈。半阴晴，傍晚雷，微雨。

二十日(8 月 20 日) 早至鹤孙屋内谈，竹君因接印，求其择日，回教中有每月四日向为所忌，乃尾室嘴翼云，系彼之圣人病故阵败等事，故不用，牛娄鬼元为好日子，殊不解。王永福拿来白玉四方，烟壶一个，上刻十二寿字，盖取花甲重周之意，索价四十藏钱，后落至卅，因留之，可备与人做寿，色尚不难，不过地子太软。饭后至园，子午莲又有开出水面者，李肖臣来禀知交卸，在外签押房见。晚饭过洋务局，均到，惠臣亦来，今年水大极，接禀报，嘉玉桥竟打坏，张天衢等出差，走至鹿马岭为水阻，兵丁竟有落水者，幸无恙，赶不上宿头，打野盘，桥梁大半损坏者极多，竹君已刻接印。半阴晴，不时细雨。

二十一日(8 月 21 日) 鹤孙来商公事，周统领忽送洋糖、洋点等物，收之，赏之，诸同寅皆有，大约地方安静，未免高兴，可发一笑。午后仍钞书作消遣，晚饭后至园登台，见番子大醉，似夫妇携手而歌，真堪绝倒。转洋务局，均到，惠臣亦来，因交代请委人会盘，委吴小谨并刘化臣会同办理。早雨，午后晴。

二十二日(8 月 22 日) 化臣、鹤孙早来商公事，接马军门来函，巴塘于六月廿四日肃清，番匪自将丁零寺烧毁，死者千数余人，并有沿路汉番字传单而来，所叙甚略，当拟稿将原信叙入，扎饬各番官并各粮员劝警各番民遵照。午后至园，看小孩捞北池内水苔，皆乐不可解，水之凉不管，盖皆常到藏河洗澡，此水不当事也。晚饭后过洋务局，皆到，均有喜色，因巴塘肃清也，惠臣亦到。昨夜雨，半阴晴，早晚小雨。

二十三日(8 月 23 日) 化臣来，又送给洋布汗褂一件，屡次费心，殊觉不安，无事钞书。午后至园，看小孩捞池内水苔，在厅厦略坐。晚饭后由外院转东院，登台，见小儿皆放风筝，在大招前似有七八个，皆起至狠高，计泉等亦欲糊风筝赛之，似无不可，一笑。至洋务局，均到。半阴晴，早晚雨。

二十四日(8月24日) 处暑。早鹤孙持玉件二，人求售者，其一作龙凤形，雕极细，紫檀座微有损，刻工亦佳，此必都中带出，造办处手工，或即上赏之物，索价太昂，难买也。午饭后绕东院，约小瑾同至园，山云笼罩，时时变换，园内大有秋意，至厅厦略坐，蚊子将二人头皆叮去，不便再请蚊子，遂回。闻李海山云，此地相传未定鼎之先，磨盘山关圣像即出现，本地众番即知国朝有主内地之兆，亦一奇也。晚至洋务局，惠臣等皆到谈，议札覆察木多各件，谢粮务种种笑人也。半阴晴，早雨。

廿五日(8月25日) 化臣午后接朗茹出差，王世昌绘藏北一图，颇有用，余留之以备看，今早将《悦心集》二卷钞讫。晚饭后又雨，过鹤孙屋内闲谈，闻噶尔丹池巴云，在六月初间云云，今年七月藏内雨总不断，奈何，盖有道行者可预知矣，至今日验可知。半阴晴，不时雨，晚觉更大。

二十六日(8月26日) 早闻水声，即往东院登台一看，顺南门柳行，由义河漾上皆连踪，院坝子水没膝，汉河上游来甚旺，激石有声，小桥已冲塌，闻近年无此大水，惟同治某年曾经大水，辕门外即用皮船，此次皮船亦来，因新佛公住房内进水，墙已冲塌，将船放入院内以(被)[备]放水。晚间水声方消，遂至园登台一看，北面水照常，尚不甚大，园中亦然，盖地势南面低北面高之故也。水至南面如此之旺，固由昨夜雨，然上流水亦太冲之过。午后登楼西望，已一片汪洋。晚饭后复至东院，登房一看，已消水多多矣。转洋务局，惠臣等均到，唐儿将余按金貂绒织羊毛毯拿来，甚新奇。夜小雨，有云，晴。

二十七日(8月27日) 早化臣来回公务，接湘梅信呈来看，此处由川发来文武各官，真正天良丧尽，不但为钱考成，不顾甚至性命在所不顾，真奇矣。午后至园，厅厦少坐即回，连日困倦略睡。晚饭后计泉回，风筝糊得，在元坝放，请看。至东院登台见糊一八卦，放狠高，忽风不准，尽力拆下，可发一笑。转洋务局，惠臣等均到谈。昨夜雨,不大,晴。

二十八日(8月28日) 早程巡捕送来斌笔政泰所书邪闲公单条,裱得似京内小画铺所裱,亦甚难得矣。刘光荣作一小镜盒,带胡梳,甚巧。午后无事,钞书而已。晚饭后至头门一看,小雨,转至洋务局,均到。半阴晴,晚小雨。

二十九日(8月29日) 早化臣回公事。午后至园,程巡捕与王永福打赌,将北池内青水沫限一时内捞完,乃喊成一片,并未讫事,程巡捕赏小孩钱五枚,王永福请吃切面一顿,似解和矣,可发一笑。晚饭后至外院转东院,即落微雨,到洋务局大雨如注,雨住,皆到,惠臣亦来,提及李小臣欠款,川藩亦有文恕之。夜大雨,半阴晴,晚大雨。

八月初一日(8月30日) 辰刻恭谒大昭万岁牌前行礼,家庙委江委员。午后至园,见小鱼无数,乃前次送放生者所生,大有趣。晚饭后到东院登台,计泉糊一大鱼,放之不起,盖无风,可发一笑。转洋务局,惠臣等均到,忽接江孜外委来一纸包,乃上海华美保教两本,无头无脑,令人不解,因携回一本来看,后有价,乃每部洋八角,亦未要钱,怪哉。半阴晴,不时雨。

初二日(8月31日) 早看昨来华美保教,乃是耶稣教堂所论,不知其妙处。午后至园,在厅厦闲坐,见有鸟如鸽子大,白色、红嘴、黑头,尾似鱼尾,甚灵巧,在南池盘旋而飞,将池内鱼啣一条而去,本地谓之鱼婴子,其本名不知也。晚饭后至东院看台望远,转洋务局,均到。昨夜大雨,半阴晴,不时雨。

初三日(9月1日) 卯刻恭谒文昌庙、武侯祠、昭忠祠、龙王庙,率汉番文武行秋祭礼。午后至园,对厅厦山上有喇嘛坐静之处,闻山上山下统归色拉寺经理,此处山下原有一小廓,现已改成大廓,名蒲隆喀,番家谓之擦喀胡图克图庙,汉人呼为将军喇嘛庙,盖此庙乃北口喇嘛贡克扎拉参朝佛所修,因其在回疆多立战功,故以将军呼之,又呼为罗佛爷,盖其俗姓罗,曾与恭勤兄相识,记先慈宗室太夫人大事,彼曾遣官送祭席。余请训时,蒙皇太后垂询刻下有无如贡克扎拉参之人,对以该喇嘛故后,实再难得其人矣。略坐而回,钞书消遣。晚饭后复至园登台一看,转至洋务局,惠臣等均到,回时看北斗不见,天市垣正中太微紫微皆不见矣,闻十月中丑正后,可见南斗等星,内地必有未曾见者。昨夜雨,晚大晴。

初四日(9月2日) 昨夜雨,早八点钟又雨,无事钞书。晚饭后至园看台一看,至东院登台,因巡捕放风筝,糊鲇鱼凤凰,放得甚高,小儿等来看,乐极,此处不过四块瓦,无别样,此则目所未睹也。忽见南门进来一群人,乃逛柳林喝搭而回者,细审之,系达木八旗协领、佐领等汉人一样装束。前走,中间乃家眷番家打扮。携手而歌,后跟小娃子、雪大蛮等,偬后拉骡马数匹,大为可笑,亦看风筝而乐。转至洋务局,惠臣等均到,因告惠臣、少韩所见,如内地协佐家眷,如在街上乱唱,必以为疯子矣,众大笑。晴,半阴雨,晚晴。

初五日(9月3日) 早无事钞书,到鹤孙屋内谈。午后至园一看,晚饭后踏至南门外,水已落下,惟桥塌下,仅以浮土培之,计泉用脚踏之即漏,大不妥。因告王永(苐)[福]令找人重修之,可赏给钱,以免伤人伤牲畜,不可当儿戏也。往西至四川井,复踏回。进洋务局均到,惠臣亦来。昨夜雨,日晴。

初六日(9月4日) 无事钞书。午后至园,北池、西池长满绿苔,南池竟未长,或云水底干净,即不长,此物亦可作为一证也。晚饭后又至园,登看台一望,琉璃桥噶伦家唱蛮戏,外有喝搭之男女,从而和之,殊可笑。有戴五佛冠、穿女衣而来者,即是唱戏之喇嘛,又有穿花衣裳者为男人,即穿行头而回其住处,亦新奇也。后见小佛公夫人骑白马而来,走急快,骑得颇好,即前噶伦边觉多吉女儿,曾伺恭勤兄。转至洋务局,惠臣等均到。闻雷声,未下雨即回。半阴晴。

初七日(9月5日) 早同鹤孙到东院看放风筝,糊一带巴竹小人放起,番子未有不大乐者,皆以为甚奇也。午后仍钞书,晚饭后至辕门一看,小孩放四块瓦者甚多,放起则打跟头无数,若以此为能者,颇可笑。遇惠臣、小臣至化臣处,为任姓送行,明日走,转至洋务局,惠臣等均到，谈。昨夜两点钟大雷雨，天将亮始住。半阴晴。

初八日（9 月 6 日） 辰刻恭谒观音阁、丹达庙、吕祖祠、瓦合祠，行秋祭礼。写家信一封，内写初九日，系初十日折差寄，交鹤孙。略叙藏内安静，身子都好，七月雨水大极，桥皆冲断，现饬番官修理。马提台于六月廿四日两点钟将巴塘番匪平复，现仍住巴塘。达赖佛爷据番众禀，奏请开复，尚未奉旨。每日写五六百小字，十五日拟唱蛮戏。联大人不知何时可动身。等语。午后至园，各山出云甚有趣，厅上略坐，回来钞书。王永福买来铁铃杵二分，声音甚好，不过四文钱一分，又有铜铁记念，四分铁的，并带小铃杵，略具其形而已，四分两文钱，内地不多见也。晚饭后至东院看台一望，转洋务局，均到。半阴晴，午前雨，灯后细雨。

初九日（9 月 7 日） 午后至园，因夜雨并半日雨，池塘水皆满，南山雪大，北山雪小，起东风，所谓东风解冻，此处乃东风飘雪，亦颇新奇。闲时钞书，坐静觉凉，本毡袷袄，竟须换棉花，然菊花尚未开也。晚饭后至东院看台一望，满山青草上以云雪朦盖，小孩在元坝放东风风筝，奇景也。转至洋务局，惠臣等均到，谈。半阴晴，雨。

初十日（9 月 8 日） 白露。巳刻拜发皇太后万寿贺折，化臣回公事，并云十五日蛮戏，番子等皆欲来听，告以无妨，大家均为可乐，求之所不得也。午后无事，钞书看书。买来琉璃数珠四挂，不过五文半钱，盖此珠乃印度所出，非内地烧来者，配此以铜钱记念，统出于佛地，似新款也。晚饭后至园，登台一看。转洋务局，惠臣等均到，谈及李肖臣唯利是图，形同无赖。半阴，晚晴。

十一日（9 月 9 日） 夜四点钟，觉腹内不好，起蹲马桶，虚恭热沫齐下，不知此地如此下雨，躁气总不能去，何也。无事钞书，《悦心集》三卷钞讫。午后濯足，觉涨痒非常，亦因干燥所致。晚饭后至南门外一看，小孩放风筝有断线者，极力追之，殊可笑。转至洋务局，惠臣等均到，早觉凉。午后略有云，早晚皆晴，有秋意。

十二日（9 月 10 日） 昨晚闻竹君云，养蒲草春分秋分须两剪，以用竹剪为上，铁剪长出多不齐，可垫沙不离水根，须著风，上盖沙，用激泥易活也。早钞书，午后同鹤孙至西院看账房，已搭四五架，备十五日听蛮戏，闻番世家借地欲搭帐房者尚多，何大家高兴乃尔可笑也。回至园，与鹤孙至厅内又坐谈良久而回。晚饭后至东院看台一望，转洋务局，晤少韩、鹤孙，商公事，库伦、西宁两大臣来公事，有达赖喇嘛从西路回，由库伦大臣朴寿派员偕西宁大臣延祉护送之旨，并川督咨外务部电，拨银二万两寄藏，已到炉厅，殊可感也。小瑾云，今日运气大不佳，早找鹤孙要金刚子，用小刀拉绳，将手拉一口子，因腹痛找人寻洋药，不意吃多，大呕吐，看其难支，定更后即回。晴，偶有云。

十三日(9月11日) 早钞书，见两园送花，竟有菊花，留院内，其余送入后园。午后各处纷纷送礼，赏之，马岱乐送元狼坐褥一件，平生所未见，据云得于兵丁手，猎而得之，此处亦不多睹也。今早巳刻升大堂验放番缺。晚饭后至园看花看鱼，惟蚊虫甚多，因天晴所致。到西院见帐房搭多架，内有做得极精巧，颇适用，此物盖番家常用之，反比内地得法也。转东院看台略望，至洋务局，惠臣等均到，谈。晴。

十四日(9月12日) 早放各项赏耗，内里吉羊等仍按上节。每节总在百金以外，年节尤多。午后噶尔丹池巴来会，询及佛像，正中为尊。全佛像以如来佛为过去未来，以宗喀佛黄教之祖，达赖班禅之师。为现在，如陀罗经之千手千眼佛，乃如来佛出神所化，非观音佛。傍晚至西院，蛮戏各喇嘛皆至，如内地乡间所谓亮台，即在平地，地方须大。有带鬼脸者五人，手持羽箭。用蓝毡所作，鼻眼口皆俱，且白须绕喙上如蛾子形，中出一尖，作戟形。均金画，后垂一锦披，套在头上，身穿花布衣，腰系若干绳，缀以黑牛毛，以便舞时打圆，皆红裤、花番靴，谓之天上下来之神。又有二人，如带葵花帽，加大多绒，身穿花衣，下番靴，手持竹板各一张，为引女角色者。女角五六人，头带五佛冠，左右如半开，折扇用红绿染之，身穿花衣、番靴。每歌一人起头，众和之，后面有人打(彭)[鼓]钹，随之歌讫，则群转圆圈而舞之，舞讫又歌，不过如此。有时各人单转，竟有晕倒者，为众番所笑。下面红裤皆须牢绑，不然舞歌则无处不露矣，一笑。晚饭后过鹤孙屋内一谈。晴。

十五日(9月13日) 磨盘山委粮务，仍按去岁免当面拜节，家庙委余委员，自在上房望，祠堂五跪十五叩礼。将巳初，赴西院，唱蛮戏，乃喇嘛班，颇闹热，约噶布伦，佛公，缠头官亦来。廓尔喀噶必丹，杨聚贤、丁乾三诸生意人，德格王子，院上众委员，粮务，统领，即令统领承办，用羊肉席，仓竹巴并各处家眷并不约而至者，约有三千余人。所演似在唐赞普通中国之先。戏番名《曲结洛桑》，曲结贤王之意，洛桑即王名，凡正角皆手拿竹板一根，长三尺余，其打扮则各色缎面，五佛冠巴竹，且巴竹上有圆纸花或古装凑笑，女角有公公头者。有一南海子，即藏地，有一北海子，大约达木左右。北海龙王以其地国王无道，遂搬至南海北，王找红教喇嘛至南海咒此龙王欲害其命。可巧一渔父，龙王遇之，赠一宝剑，将红教喇嘛尽行诛灭，龙王遂赠其一宝，渔父不识，找其朋友夫妇亦不识，因有一坐静高寿喇嘛见之，说此物不如换一捆仙绳，可以大富，渔父果换之。高寿喇嘛处适仙女下界沐浴，正施静水，渔父将绳捆得一仙女，欲乱之，仙女不肯，令其进与南国王，称曲结洛桑，曲结乃贤王，洛桑名也。遂作小王子妃。先宫内众女，因小王子童身且貌美，以此仙女为匹偶，众皆妒恨欲害之。适有打卦喇嘛行贿赂，令在老王子前将小王子遣至北国出征，以便害此仙女。此喇嘛乃一丑角，打卦时偷羊肉偷糌粑，且不会骑马，作种种丑态，大为可笑。始则打卦，以其国内平安，继则必要小王子出兵，老王子信之，其夫人来说不行，仙女说亦不行。遂出征，带一先锋，亦系丑角，与其丫头别，颇斗笑。小王子与仙女别，颇惨然。小王子走半路复回，乃嘱仙女要言，后复走，宫内欲害仙女，仙女遂腾空而去。小王子征北国遇一放羊的，问其本国各事，不肯说，吓之方说，遂招集彼处多人，内有半黑半白脸妇人，因爱小王子，留于营内，因将彼处情形说知小王子，因平其国，丑妇亦死，得胜班师。遂皆成仙，为仙女之父带领上天，系一绿马首之神，不可解；且柳枝上挑一观音像，朝正座，亦不可解。藏中以得胜且成仙为吉羊戏，然节奏亦有意思，其离合悲欢，亦与内地无差，人心所同，又何分尔我也。大家挂哈达赏钱，竟有在房上亦掷哈达，上缀藏钱，盖此事本地以为吉羊，众人皆乐极。盖今年因达赖未回，不敢整日演之，余则不论，向由初一日至初八日，山上及各处唱过，此不得再唱。且仓竹巴将山上所存行头皆借来，外边亦未见过，皆啧啧称羡也。回时至鹤孙屋内谈，灯后浓云密布，起风未下雨，后闻夜半有数点雨，不大。晴。

十六日(9月14日) 无事钞书。化臣夫妇并媚柳皆来谢饭。至园闲踏登房，问小瑾已略见好，乃系感冒，总因身弱之过。晚饭后至园，登台一望，闻今日尚有来听戏者，盖街市谣传因蛮戏三班，一日喇嘛班，二日丫头班，三日番子班，可发一笑。又因昨日来听，不识为谁，不准进来，仅至南门外，闻鼓钹之声，自己跳舞一阵，未免歉然，故意想当然耳。转洋务局，惠臣等均到。晴。

十七日(9月15日) 辰刻恭赴扎什城关帝庙、观音祠、风云雷雨神祠、城隍庙行秋祭礼，去时正道颇难走，雨水尚未消尽，回时绕道尚易行。麦子黄的多，然亦有青的，即青稞，内地芒大麦。已有搭帐房，割麦者无几处也，闻此处割麦，割后不得搬至家，须浪子峡会同红教各处看过方运走，且须给红教喇嘛粮食，因曾施法止雹也。闻前数日已有下霜之说。回时在外院二堂见喇嘛、噶伦等，赴北路接达赖，嘱其问候，如见西宁办事大臣延锡之大臣祉问候，系奉旨沿途照应达赖，究竟到藏否？未可知也。今见京报延调库伦，西宁为庆恕。五月初八日奏折奉到朱批，接家信均属平安，并给带来翡翠翎管一只，并不见好，上有黑块，已卅八两，川省之物，不得不算贵矣，并问及娥珠，可发一笑。晚饭后忽有风雨一阵，过鹤孙屋内谈。晴，晚风雨。

十八日(9月16日) 早钞书。午后至园，因用菊花梗叶泡酒，化臣处搬去数盆洋菊，即西番莲，殊为可笑。后令王永福找来数枝，闻两园种菊甚多，惜均高棵，无法也。晚饭后至南门外，看桥已修齐，比从前加高，谅大水不至漫溢矣。乃化臣、丁乡约商办，可大利于行人。看放风筝，皆摇摆不稳，山风究与平地差也。转至洋务局，惠臣诸人均到。昨夜雨，晴。

十九日(9月17日) 早鹤孙来商公事。午后同鹤孙至园，手团糌粑一块，据云，每日前往喂鱼，极其有趣，鱼来甚多，待至池边，屡掷糌粑，无鱼可睹，盖有风之过。余谓古有羊公不舞之鹤，今有余公不游之鱼，因大笑，围园一踏，到厅厦坐谈而回。晚饭后至南门外一踏，至洋务局，惠臣诸人均到。半阴晴，风，小雨，西北远山见雪。

二十日(9月18日) 辰刻恭谒磨盘山关帝庙，率汉番文武行秋祭礼。布达拉山西甬道此为恭勤公捐修。下皆满水，竟长浮苔，今年水可观，通永安寺水沟亦流得极旺，莞豆田已有收割，青稞田尚有未经收割者，然已一片黄色矣。午后至园一看，鱼甚多，池水因连日夜间有雨，又满矣。晚饭后过洋务局，惠臣诸人均到，树叶已有黄落者。半阴晴。

二十一日(9月19日) 早化臣来，因小佛公母、妻前次听戏未得面谢，今遣送长寿佛一尊以为道谢，此番礼也太奇，只好留之，告以多礼费心而已。午后钞书，到鹤孙屋内略谈。晚饭后过园，登台一望，柳树黄色多多矣，不意蚊子将手指咬肿，脑后亦叮去。转至洋务局，惠臣诸人到谈，竹君送灰面两袋，谢谢。惠臣拿来告两个，拟留一枚，价值尚未讲，明日再说。半阴晴。

二十二日(9月20日) 早化臣、海山销委财神庙行香差，卯刻委化臣。据云，有喇嘛胡图克土应掣瓶，俟定日再请定时，卯刻。惠臣销萧曹庙、三光庙行香差。鹤孙来商公事，化臣复来，适噶必丹在西院看卫队操，并带洋号吹之，又到后园，亦为藏中自无此讲究者。晚饭至洋务局，惠[臣]等俱到。晴。

二十三日(9月21日) 亮炮前醒，蹲马桶复睡，起颇晚，早看书。午后化臣来，送到凉水茄二个，并廓尔喀点心一盒，据云，噶必丹太太来，与其太太换贴，如干姊妹，其打(搬)[扮]似洋人而非洋人，同到西院关帝庙磕头，彼此送哈达并钱两枚，礼也。鹤孙谓以利交非以义交，一可笑也。又送金戒指，并媚柳亦有，留噶太太吃饭，另搭一帐房，带来厨子给其作饭，洋肉一块，切大方块，洋芋若干，白米若干，熬之煮之，太太钻入帐房，皆挡严密，一人独享，无论何人，例不准睄，或云彼国用饭，向不穿衣，不知太太作何举动，二可笑也。刘太太将京内带到纸花送给噶太太，乐极，将花插上满头，鹤孙谓如刘姥姥入大观园，三可笑也。噶太太未来之先，到园略坐。晚饭后至东辕门一望，转洋务局，惠臣诸人均到，谈。晴。

二十四日(9月22日)　无事钞书。午后化臣拿来黑羊皮，留十件筒，不过八两一件，京内买不出也。过鹤孙屋内略谈，晚饭后至园一踏，转洋务局，惠臣等均到，谈。晴。

二十五日(9月23日)　无事钞书。昨日清晨，即闻鹤唳，声音清越，真不枉世称仙禽，盖秋气已深之意。午后王永福拿来本地土烧小花瓶，乃供佛插花之具，并灯盏一个，相传比文成公主鞋而作，其形汉装小鞋，似附会之辞。唐元宗杨贵妃有罗袜之遗，彼时尚未有妇人缠足之说，岂唐初太宗时有缠足之理，曾记《西清古鉴》铜匜颇似之，或以匜作灯盏用，亦未可知。此处陶器有多似古铜器者，盖唐时始通中土，唐去汉晋不远，公主到此，自然携带器皿，后乃仿造之，亦未可知。川督电有八月十七日达赖由库伦启程回藏之说。晚饭后至洋务局，惠臣等均到。晴，晚风。

二十六日(9月24日)　秋分。无事钞书。午后至园，买小金刚子念珠一串，甚有趣。化臣、海山来回公事，今番家有外来十数人，不知何处来者，非汉语，非番语，非蒙语，甚怪。晚饭后至东院看放风筝，转洋务局，惠臣等俱到。晴。

二十七日(9月25日)　无事钞书。午后丁乾三女孩阿迷勒此乃回经中句，凡乳名皆由经中取，如用汉名亦可，至嫁娶日，阿(浑)[訇]所呼必经名。来，极有趣，系女孩如男孩，结实极，两歪毛极黑，脸极白，不到三岁似四岁以上，因前数日送给红鱼风筝，特来道谢，见面磕头，到屋内,因在教,无可送,给其果丹皮一块,揣入怀,荔枝一罐,抱之而去。先至鹤孙屋内谈,晚饭后至园,登台眺远,转到洋务局,惠臣等俱到。竹君有纳小星之信,拟在东花厅居住,请其大安,前托鹤孙择日,择于九月一日,开一单用封筒装之,题签乃三五在东,奇想可笑。晴。

二十八日(9月26日) 早鹤孙来白公事。午后化臣来回公事,接税司韩德森来函,前致外部电报,已由惠德垫给,复由韩税司先为付给,当即致函,并应还卢比九百余元,一并还之归款。闻唐大臣有告退之信,未知确否?早饭痛饮黄酒,已入醉乡。晚饭不过喝粥而已,至园一踏,回上房,未至各处,灯下看书,身上颇觉爽快,不过牙疼。晴。

二十九日(9月27日) 早钞书,将《悦心集》钞讫,即交鹤孙,倩印房笔政诸君,凡有错落,挖补好,再重书,然统计四卷已四万数千字矣。借鹤孙《阅薇草堂笔记》看讫。然薇作微,系石印本,或古通用。午后化臣来,明日请半日假,拉鲁小佛公约其吃饭,并内眷亦同往也。晚饭后到东辕门外看,小儿聚集放风筝,大有意思。转洋务局,惠臣等均到。晴。

三十日(9月28日) 早无事,至园,小鱼极多,皆负水晒暖,大有趣。午后西园送花,菊花只有粉色,令其有黄的拿来。晚饭后由外院至洋务局,惠臣均到。晴。

九月初一日(9月29日) 辰刻恭赴大招万岁牌前行礼。以后大招磨盘山亲往,家庙朔江委员,望余委员代行。化臣来,因拉鲁小佛公意欲请到他家耍一天,并约众委员,然怕冒昧不敢说,因倩化臣探听如何,告以必去,因其父公噶伦曾跟恭勤公当差,即定于初九日,彼处有楼,借可眺远登高。巳刻马竹君纳江古学,一片鞭声,不意古学乘马而来,马为鞭所警,不往东花厅去,径奔洋务局,或嚷嚷非洋务局乃东花厅,盖局内吴小瑾所住,闻者无不笑倒。然竹君意以正经事作,请来阿(浑)[訇]念经,到时先以一活鸡投之,不知彼教是何礼节,竹君竟衣冠候之,且有香烛。午后至园,媚柳送来倭瓜一个,彼叫他西胡卢,吉祥叫他黄瓜，殊可笑。永福拿来棉垒，多一个，尚未全，乃供佛所用。晚饭后过洋务局，惠臣等到，少韩病，竹君未到。半晴，午灯后小雨，大雨，阴。

初二日(9月30日) 午饭后至园略坐，昨日倭瓜作馅蒸汤面角，竟不难吃，遂送江、余、吴三君，以为好。竹君江古学起名平安，前来磕头，当送给玉色湖绉一匹，以为贺礼。化臣来回，杨聚贤汇赏省内家人款，其汇票亦似内地汇票，不过少粗。鹤孙来谈，赠小木碗一枚，有盖，极有趣，并铜打锁练，装洋钱包二个，甚别致，可作花囊用，不过一枚藏钱一个，价甚廉，系印度所来，本处无此手艺也。永福拿来海棠果，半文钱一小碟，比化臣前送者大，然涩亦稍减，略有甜水，似内地样，略有透亮，意颇奇。晚饭后至东院井旁一看，闻昨日夭尼小女孩掉入，幸水浅，伊母亦跳下去，将他捞上，幸其落下头仰起，两手抱之，然亦可危矣，孩子不过三岁光景，令永福找木匠赶作井栏为是。转洋务局，惠臣等均到。午后数点雨，半阴晴，晚小雨。

初三日(10月1日) 早至鹤孙屋内闲谈。午后至园一踏，无事将娥珠始末并保子留莲芳及化臣太太之来，均详写一密信，拟封入初九日家信内寄往。永福将棉垒多拿，全一铜托子，如一见楞铜碗，扣用，上有三圈，一比一小落著用，均系五色小料珠所穿，向以糌粑按层堆起，上安前日所拿铜八宝，盖供佛必用之物也。晚饭后至南门桥上一看，系化臣、丁乡约功德，收拾甚为妥协。转洋务局，惠臣等均到。至园时有太阳，飞牛毛小雨一阵。半阴晴。

初四日(10月2日) 早至鹤孙处闲谈。午后至园，晚饭后到南门外一游。转洋务局，惠臣等俱到。晴。

初五日(10月3日) 鹤孙屋内略谈。午后至园，大有秋意，树叶黄色不少，且多落下者，北池浮苔，多沉水底，游鱼在上，偏北岸者多，盖取暖也。晚饭后至东院登台一望，转至洋务局，与鹤孙谈及湘梅在省，大家借看《花月痕》，得意者为左文襄，失意者为郭意诚，其中笔墨颇佳，余日久竟忘矣。晴。

初六日(10 月 4 日)　写家信一封，随初十日折差走，信写初九日。略叙八月十七日接来信，一省都好，并翠翎管亦收到，已上帽上，以后无复带物，高玉贵如走时，可带食物，不可带别项，范太太等常到公馆甚好，范老爷已到后藏，其寄家钱恐托人未当，现大家画佛像，亦画四轴，印《陀罗经》六十余张，护神佛六十尊，现番民信服不似从前，说是大臣是胡图土佛转世，八月十五日曾唱蛮戏，男女等到者三千余人，交刘巡捕办，不过数十金，外寄永聚兴票一张，汇□平银一百四十两，不出冬月交公馆，如有人送银至公馆，即验明将此票交送银人作收兑凭据。又一纸交赵兴买《桃花扇》《儒林外史》《花月痕》三部书，又有小信一封，即初三日所写密信。等语。早接五月廿九日折，奉批回，文书甚多，并乔英甫寄舒肝丸三百粒，并无家信，鹤孙来商酌复文信底。晚饭后至园登台一望，转洋务局，惠臣等到谈。晴。

初七日(10 月 5 日)　无事，由省督寄到《湖北官报》，乃张湘帅所送，甚好，颇可破乱党之肆无忌惮。化臣来，送到加利吉打天益和记一纸，乃前寄那协揆垫款千两收条，化臣、鹤孙拿来千里镜三个，留一个，系一万一千四百四十九号，最贱的四十五卢比，合内地较贵，然亦有用之物也。晚饭后至园，登台演千里镜，贵者与贱者比，亦差不多，不过装潢少讲究耳。转洋务局，惠臣等俱到，曾闻王永福云，大招来一蛇，肚子甚大，此处原无此物，番子谓给如来送酥油的，后送入柳林之内，问其何以见得，据云前数年曾得一大鱼，放之又来，又得之，亦系大肚，剖之内有酥油，是以蛇之来，故知之，不值一笑，番子之愚，真不可思议矣。晴。

初八日(10 月 6 日)　九钟吃早饭。九钟三刻由署起身赴布达拉山，文武汉番各官均到，见噶尔丹池巴佛座东面南站在垫上，由京喇嘛捧敕书，池巴面东跪，永安寺胡图克土后跪，佛公噶伦等廊外跪，池巴接敕书后，喇嘛交印房笔政展开，一人读清文，一人读汉文，达赖及大胡图克土佛公等均有赏赉，读毕，池巴等均三跪九叩礼，大臣退。池巴送哈达，永安寺胡图克土送哈达，升座，在佛座东北高台。佛公噶伦等参见，送酥茶，前后三次，达赖、大臣用金壶，众人用银壶，送酥油炒甜饭一次，送羊肉沫熬粥一次，排筵二桌及氆氇片子，上赏此每回照例天恩均霑之意。蟒缎一匹，藏香数束，羊肉一块，此系石锅所煮，极好，乃山上有名之物也，番子僧俗各官当面即撕而食之，汉官作不到也。跳钺斧三次，照常赏之，两喇嘛对北念经，两喇嘛讲经并抢筵席，照常办理，惟筵上有一木刻八宝，后知名扎喜打结。似棉垒多，大约佛所食之物，皆以此为恭敬，故必放在食物之上，惟此次有两噶伦，手托如铜盆一个，上以酥油面捏成塔形，后询明，以面捏八宝。先行礼复站起，以手二人托之，一喇嘛面北念经。东果儿穿花衣带元宝帽，云是唐时宫女打扮，分两般头硼佛座，先如世袭后来则散众，先来者佛当以手摸其头，后来者以棍堵之而已，噶伦等均朝衣挂珠，朝顶系碧玺，大可笑，如贵妃顶戴，佛公等亦朝衣挂珠。询之，乃达赖得大皇帝恩赏，均为吉祥，合藏都平安等语。经甚长，念完后进上复交下，后随喇嘛俗人捧宝物银袋由佛座前过，噶伦等先行礼，并一切执事人头硼佛座并递哈达，此礼不甚了然，后询之噶伦等，在山上赁来三宝，以作为送达赖，盖虚而又虚之文也。此为例贡回赏之举，礼成下山。正午正一刻，穆隆寺请掣瓶，名德柱胡图克土，此为本寺大堪布请示。定于十五日午刻送观音佛一尊，哈达一方，礼也。晚饭后大吃羊肉，未免较多，乃真香可吃，由外院转洋务局，惠臣等均到，竹君未到。半阴晴，风。

初九日(10月7日) 早九钟策马出后门，由琉璃桥走布达拉山东，直走过旱河到拉鲁佛公处，沿路却易行，惟满途黄叶，颇有深秋景况。去岁英国诸人在彼住，曾叠甬道一条，尚未毁，两旁柳椿皆被唐古忒拔去，甚可惜。到时多人站班，皆其属民当差者，询其所属有二千余户，地亩所出，可交一万五六千金，以作一年用度，然所费并无余剩也。佛公接于大房外，大臣到，则盖碗、酥茶碗、酒钟、饭碗、点心碟，无一非玉非翠非水石者，乃供佛之意，极恭敬也。酥茶碗托，盖俱是真金，花极细，盖上竟镶大真珠一颗。其房四面围绕，上下皆可通，无分前后，即登楼，又上一层楼，乃其住处，正面两层楼为佛堂，向不住人，番家通例也。其东西楼，上楼乃客座，并可住于此，到其西楼，四面皆有玻璃，四围山皆入眼中，甚高敞也。众委员来见，佛公名吉美朗结。叩见，其母公太夫人来见，乃前公噶伦夫人，公噶伦名伊喜洛布汪曲。曾在恭勤公手内当差，其妻公夫人来见，乃夏扎噶伦边觉多吉之女，夏扎噶伦亦曾在恭勤公手内当差，用朝佛礼一拱手而已。化臣夫人媚柳亦来见，乃化臣新与佛公换贴，弟兄也。屋内则汉番洋什物无美不备，有照像片，醇贤亲王、丁文诚、李文忠皆真，余不可考矣。红缎绣福禄寿三星，乃一喇嘛针黹，虽粗，亦奇事也。新得赏琉璃淡绿花瓶、烟壶等，似万难，乾隆赏乃玉杯，刀工极细，四腿茶壶亦烧的极好，的系官窑。备早面，在楼下平地西北花厅，三间式样颇好，不过太华丽，无处非五色金花，竟有汉装抱小孩美人，甚可笑。饭后在花厅外对面支一帐房，略坐，极其精致，里面有纱围、绸围等，似蒙古包，惟中间一柱，总觉讨厌，略坐，至其西佛楼，院内有两池水甚清，其楼乃供各佛，并其叔十二辈达赖喇嘛像。下楼后，见西边有一泉，水极清，云是楼乃海眼，由楼内可看，此泉即由内所出，两池并流。水沟内皆有鱼，呼为神鱼，不敢动，然去岁洋人在此吃去若多，亦未见鱼有神也，一笑。去岁韦礼敦云，白拉木曾转世英国皇帝，后询荣赫鹏，彼国果有此说。今年下雹，红教咒之，雹竟下入人家及庙内或山沟，未伤禾稼，非余耳闻目睹，万难信之。今于其坐静处，佛公于一四方小亭内拿出一物，如翎扇扇把，粗细一寸余，两头破碎不整，系人骨长如来佛像一尊，绝非刻成，云某喇嘛圆寂，烧时检出，乃脚骨也，奇矣哉。复至其正面佛楼痛看，佛甚多，坐静处亦多，坐静系地垫，四围皆有木板，似罗汉椅，又似半截木箱子，不可解。又到原来所坐西楼歇息，主人大盘盛来桃儿，痛吃，然似杏儿，核亦似杏核。据云七辈达赖之奶母所种，曾许此树为达赖之供养，藏内只此一株，在其西北一小庙内，至今存之。又下楼至花厅，东首新挖一小池，水极清，底有泉，管家抱一白鹅投之，游泳其间，亦颇有趣。新挖池有阶可下，或云公爷即浴于此，盖番家于夏日多以活水洗浴，藏河中竟男女同浴不为嫌，据云凉水洗浴可不怕冷，虽达赖亦然。闻其墙外常来仙鹤，且甚多，然野兽亦间或有之，盖此处离人烟远也。遂入席，席间海山云，由哈拉乌苏往北走七八站后，则水草皆无，路上如烧茶，即挖土烧之，大焰甚旺，亦一奇也。饭罢，赏其家人银廿两谢，主人送上马，周旋之，衬月色乘马而归，四围山影，清凉无比，至署仍由后门走，已灯后七点钟矣。晴，有云。

初十日（10月8日） 巳刻拜发代廓尔喀奏明请旨准否进贡一折，家信一同发去，遣小通事至拉鲁佛公处，送桂花、薄荷、鼻烟，因昨日当面所许也。倩韵秋女史烟包写番字，桂花照写，薄荷则谓之治头痛，不写原名，恐未知也，可笑。午无事，昨日乘马，又因上下楼多次，竟觉腿微疼，似老境逼人矣。晚饭后出南门外一踏，即回。至洋务局，惠臣等均到，接京电译出，为英国藏中议款事也。灯后小雨，有雷声，半阴晴，并闻略下小雹。

十一日（10月9日） 寒露。找化臣来，告以明日传噶拉丹池巴并噶布伦等来辕，有面谕事件。午后少韩、鹤孙来商扎饬商上，昨奉外务部电咨赔款，即通商口岸两款文底。晚饭后至桥南野坝一游，看各树林已黄至七成，桥下水亦漫流，不似前之汹涌矣。至洋务局，均到。明日山上请金瓶，已派巡捕等照料。风，晴。

十二日（10月10日） 早到鹤孙屋内谈。未刻噶尔丹池巴来，与其将外务部来电并扎知，复传噶布伦，亦严饬赶紧议覆。鹤孙找来，将一切情形告之，俟噶夏禀复再作道理。将《曝书杂记》《竹汀日记》阅讫。晚饭后至园一踏，较冷，穿棉袄、毡棉长袖合式。转洋务局，均到，昨日少韩听说有一女身，正江猪佛转世，现居藏之南山，在悬崖石壁中坐静，番家信的人甚多，皆以果子供养，有时落下享用，后复腾空上之，盖此壁非人迹所能到，未审确否？风，晴。

十三日（10月11日） 无事看书，借来《镜花缘》一部看讫，笔墨不大坏，甚博雅，似与《儒林外史》相左，此笔墨惟恐人不知，彼则惟恐人知耳。午后鹤孙过谈，少韩来商公事。晚饭后由头门内转至东院看台一望，虽有深秋意，比去岁较暖，缘番家有闰月之故也。至洋务局，均到，惠臣拿来水晶一块，重十数斤，乃别蚌子之物，索价十数两，恐绵性太重,俟明日再议。晴,微风。

十四日(10 月 12 日) 早在房内看书、写字,忽觉身上发冷,左膀作痛,至马号一踏,不觉好,至鹤孙屋内谈,待用早饭,用烧酒两钟。饭后,即携马扎出署,至南柳林顺藏河往东,踏至腔子岭冈河边杨树下,闲坐,看河对面山色已苍,向阳尚有黄绿色,间有小红树,颇饶秋意,云征寺左右绿树黄树相间,可入画景。河内水极清,深处绿色已归槽,沙石滩已露数片,林中落叶皆满,即看守者一年所烧之柴也。回时仍旧路,小瑾、鹤孙来找,皆未遇,可发一笑。踏回满身是汗,膀子已愈矣。晚饭后洋务局谈,均到。水晶已卖,八十六元一分合八两多银。而已。有云,晴。

十五日(10 月 13 日) 辰刻恭赴磨盘山关帝庙行香,路间讨口子者甚多,雪里前有摆佛者,盖今日亦番家十五也。午初二刻由署至大昭,先入座,在东,噶尔丹池巴在西,念经谓之,今日掌教来去,皆未招呼。俱高座,委员东,番官西,皆矮座,两旁喇嘛念经者甚多,询之,所念系消灾经,俟笔政先书清番字,名字用墨笔。将象牙签用黄纸封固,大臣在外用朱笔书满洲封字,供于金瓶前,满语爱新奔巴,即金瓶二字,今均呼为奔巴金瓶或呼为金奔巴瓶。大臣行一跪三叩礼,派委员恩禧,本应帮转之事。将签入于瓶内,又念经,时不久,即请大臣行一跪三叩礼,站起复跪,掣一签,为呼毕勒罕,共二只。余签应宣之,以示大众,明其非私也。本当在佛前,因地狭在万岁牌前,仍按佛前行礼,掣出穆隆寺德住胡图克图呼毕勒罕,凡掣瓶未及岁者,为呼毕勒罕,俟及岁坐床,方谓之胡图克图,坐床在十一、二上下,以后经到何地位小戒,再经全则受大戒。名吐布丹坚参,又加名青饶称勒朗结,即住布达山北。年八岁,闻家计甚寒,伊母曾当人家薛大嫚,未掣出者,家内颇富云。掣签宣示后,番众击掌,似歌非歌,齐喊之,以为庆贺之意,观其大众皆面有喜色。本拟不掣,经理藩院驳之,此次仍系其人。掣出之子,原文仲瀛奏明勿掣,经理藩院奏驳,此次仍是此子,惟原文有卜卦及所叙有父无一定,母名策忍拉莫,父无一定四字,真堪绝倒。穆隆寺扎萨克送观音佛一尊,哈达、酥茶、甜饭、果筵、氆氇照旧，乃大典也。不候经完，皆散回署。午正十分，来去不足三刻耳，拉里粮务来禀，属民逃走甚多，皆云至白马棍出有莲花世界，人至彼可以不死，且食物皆由天而落，真正糊涂可笑，惟有速扎噶厦禁止为要。至园闲踏，向日葵大开，竟有一盆黄菊花，颇好，尚未开。晚饭后由头门内转洋务局，均到。晴。

十六日（10 月 14 日） 早鹤孙来，韵姑娘生一子，开八字一纸，乃乙巳丙戌乙酉丁亥，甚佳，余送小名为佛保，盖昨日汉番皆为望日，且有掣签之举，又生于此地，故有此赠也。巳刻噶必丹率领兵丁等到此，进羊头、果品、点心等物，乃其新年，并奏乐举手为礼。穆隆寺扎萨克来谢恩，递如来佛一尊，哈达氆氇，金丝缎二方，外有泥宝一个，乃其素来如此，取吉利也。至鹤孙屋内谈。晚饭后出南门空坝子一踏，转洋务局，均到谈。晴。

十七日（10 月 15 日） 鹤孙到我屋，我到鹤孙屋，因佛保洗三，所送物件太怪，乃牛脊骨一具，酥油一包，为产母贺礼，此为重礼，只好算娥珠所送，如穷家乃酡一壶，酥茶一壶，如嫌费事，送二文藏钱外，次送小孩哈达一方，搭于身，又哈达一方挂其母项上，又哈达一方应挂其父项上，鹤孙只好逃之夭夭，皆挂在一蜡灯上，实令人笑倒。更有奇者，此地相传，凡产男儿有变女儿者，或生育后在数时内，或三日内七日内，过此则不变矣，是以每生男儿，必以炭灰在小雀上圈之，鼻上抹之，可以不变，余谓此穷人家其产母生育后，即须负苦，此地又重男儿，俟其出，有育女儿者偷换之，未可定也，因相传如此。至外院一踏。晚饭后过洋务局，永福小孩八字一看，亦甚佳，或应运而生耶，均到谈。晴。

十八日（10 月 16 日） 早至后园一踏，小鱼皆在苔绵上，清水下，颇有趣。盖天已凉，均负暄矣。午后化臣来回公事，马全骥由后藏都司署任回，彼处均为安静。晚饭后至洋务局，均到。午后起风，少凉。风，晴。

十九日（10 月 17 日） 早无事，借少韩《三国志》来看。午后后藏戴琫期美策汪谢恩，询其回后藏尚迟，山上已派其接达赖喇嘛。旋至后园，各花已残，令两园背去，惟留菊花数盆，过鹤孙屋内谈，遇化臣。晚饭后东辕门外一看，转洋务局，均到。晴。

二十日(10月18日) 化臣、海山来，噶夏所递公禀，恐语言失当，乞恕之，告以凡尽理之言，无可驳饬，如其中乱说者，必应骂之，亦不能容。化臣复来，将娥珠钳子、镯子等件复包金送来，余给佛保打锁，程林将金送来，乃水银搀入，不可解。过鹤孙屋内，约少韩来，将前接唐大臣、张大臣两信令看之，所拟覆外部电底不甚妥协。晚饭后灯下重拟之，即交鹤孙明日与少韩斟酌。晴。

二十一日(10月19日) 化臣来回公事，李光宇派汉印房正稿房发给委牌谢恩，鹤孙、少韩来商公事，至园落叶有树已尽者，争出仓山，是深秋气象矣。王永福与别琫子将氆氇挑换，凡有十字花者，好坏共九十八块，均拉合十一文一块，换得极好，无花紫与黑色并次的紫黑红三色，共二十块，贵者一百三十三元五分，贱者廿六元，皆能作衣料用，找其六十三元五分，可化无用为有用，并捡存无花者八块，并存之。晚饭后复至园，转洋务局，惠臣未到，余均到。王永福说，有一喇嘛名然坚八纳群，呼为疯喇嘛，冬夏皆赤身行于市，藏中原不论此，亦听之而已，久则知其异。每睡必至剐人台，就而卧地，群狗围之。每至市自有各铺户送其酥茶糌粑，如碗静，则饮食之，此铺必兴隆，如不洁，则掷而去。有送其衣服者，亦穿着，如有僧俗穷人向其乞讨，则令其自剥不吝，仍躺于地，虽雨雪不顾。光绪廿七年第穆胡图克图圆寂后，忽对人云，吾师去，吾亦去矣，遂亦示寂，验其头骨一凹一凸，为碎骨所拼，亦一奇也。头骨现存山上，闻五辈达赖脑骨正面现如来佛一尊，金川某胡图克图脑骨后面现如来佛一尊，并有以舍利子积佛一尊，前见脚骨佛，不为异也。晴。

二十二日(10月20日) 外务部覆电于今日发。至后园，约惠臣、少韩、鹤孙、小瑾在花厅吃炮羊肉，恐有不能吃者，备席一桌，竟未用，皆爱吃，令程巡捕、王永福、李振勋、计泉、田德续吃，询厨役一整羊尽剩一脖子，不过十人，亦可谓勇矣。马全骥送来仙塔陀罗经一板，乃后藏印，与前藏无异，惟下面左右有塔二，少异。有白铜火锅、漱盂，皆可笑。外洋鸡二只，灰黑地白点，颇别致，收之，赏之。鹤孙送来后藏班禅所印泥作龙蛇剑两枝，作圆形，亦如护身佛，甚贵重也。龙蛇剑，如有病，可研碎饮之，甚效。晚饭后至南门外坝子一踏，到洋务局，均到。少韩未到。晴。

二十三日（10月21日） 昨接帮办联大臣来文，具奏仍驻藏地，不驻察台，并附片奏派随员及以后不敷再调随员，归此次奏调者三名。通判职衔许承宝，府经历职衔余陵，四川试用县丞周和荣。鹤孙来谈，午前至鹤孙屋内，少韩来商覆扎噶夏文。晚饭后至园一踏，转洋务局，均到谈。借少韩洋板《镜花缘》。买金印紫花绒并蓝地织绒。晴。

二十四日（10月22日） 写家信一封，随廿六日折差发，信内写廿五日。略叙藏内都好，达赖于年底明春可到，已遣人接，马提台闻有回去信，已到省否？联大人已奏派随员，未知动身否？余老爷见信，省内都好，颇慰。至格想已会走，此地小孩以酥油上下抹晒，可笑。等语。饭后至园，将两只洋鸡送至园内交该班兵养活，此物食生米，且满地草叶、草籽大可食，鸡时啄之，在前小院不妥也。计泉拿来洋瓷小猫、小狗等，一文钱两个，留廿个，带内地可送小孩。晚饭后至洋务局，均到，化臣将黑羊皮甬七件送来，收入楼上。晴。

二十五日（10月23日） 早清真寺将福字匾不悬者请去，缠头官名各朗马马。亦然，皆谓大皇帝御书，尊敬之至，马竹君带缠头等来，因用饭，未得见。午后至园，化臣来回公事。晚饭后至四川井，踏回至洋务局，均来，竹君未到。晴。

二十六日（10月24日） 霜降。巳刻拜发具奏德柱胡图克图呼毕勒罕掣瓶一折。午后至园略坐。洋鸡又名珍珠鸡，头上有角，雌雄皆然，闻天明并不啼，恐非鸡属，未识果何名也。化臣来销差道喜，今日霜降，例应守备汉兵、达木兵至扎什城打牌，约在二百余人。晚饭后至东院看马，转洋务局，均到，接财政处为办理金银铜各钱，天津设立总局，以后只有南北洋，广东、湖北准作分局，其余省分惟铜钱酌量准造，咨文二件，此实正办也。并接余粮务钟麟来信，省寓所交松子、玫瑰，均先为寄到，无家信。午觉不适，换毡棉袄，毡长袖。灯后少好。晴。

二十七日(10月25日) 昨日因感冒，今日仍不适，屋大之过。午后至园闲踏，略坐，凉而回。昨接余粮务信，松子写作白果，木樨写作玫瑰，可发一笑。将两种各送鹤孙少许，并至其屋商公事。晚饭后至东院登台一望，见喇嘛、番官等皆由柳林而回，盖此数日乃喇嘛要柳林请番官，前番官已请过喇嘛，询其请客总在二百余人，并主客统计也。始到吃打卤面一碗，不过一口，有能吃者，可二十余碗，少候食酥茶、糌粑，再过时则有四碗菜，不过蘑菇、干粉之流并生肉，又过时，乃食火锅，一日之间，惟有大嚼而已，无他事也，殊可笑。转洋务局，均到。晴。

二十八日(10月26日) 早写"啸云楼"三篆字，令刘光荣刻之，以备悬于正楼上。午后至园，遇小瑾同踏，柳色全黄，大有初冬景象，闻番家已有着皮衣者。忽王顺去，老左因染紫氆氇一匹偷去，将汤约交乃心巴审之，待回时一问，系娥珠闹着玩藏起，因将王顺、老左叫来，欲责之。后闻程林丢一表，令追问之再说，因大骂一顿，将氆氇存上。家人狐假虎威，无处不欺压人，甚可恶。晚饭后过洋务局，均到。晴。

二十九日(10月27日) 早无事，鹤孙借来《对山书屋墨余录》，上海毛祥麟著，所记除古事，有咸同年间发逆等事，甚可观，且国朝掌故亦多，分十六卷四本，前有朱雨苍氏四六序，甚佳，每卷有眉批，有总评，想川省必有售者，有用书也。晚饭后至园，转洋务局，均到。晴。阅《对山书屋墨余录》所载戊午科场案，主考柏葰、斩决后昭雪，原参为孟传金。朱凤标、革职。程廷桂，发军台，伊子程炳采，工部郎中，斩决后，闻阎文介公云，通关节者，系伊弟户部主事程炳文。审此案者为怡亲王载垣、郑亲王端华、后赐自尽。全庆、陈孚恩，后革职。兵部主事李鹤龄，代刑部主事罗鸿绎关节于同考官编修浦安，上三人均斩立决。托柏葰家人靳祥，死于狱。邹应麟革职永不录用。为改平龄死于狱。卷。闻此案因肃顺与柏相偶尔聚会，相必以诗词行酒令，欺肃顺不懂以取乐，顺遂恨入骨髓。迨案出，端华即其胞兄，每以其言是听，竟周内成之，因祸由自取，诸人不敢谓之冤，然大事每起于小节，可不慎哉。

光绪卅一年岁次乙巳冬十月初一日(10月28日) 辰刻赴大招恭谒万岁牌，前行礼。午后无事看书。晚饭后至洋务局一谈，均到。天气较凉，行香，换珍珠毛褂，白袖头，纵线帽，黑绒领。晴。

初二日(10月29日) 早起甚凉。由东院转至园，复至西院看洋枪队，步法颇见齐整且着实，惜人少，若能至三百人，则可大观矣。回房后仍觉凉。午后化臣来回公事，随时到廊下散步静坐，便不适，将皮马褂换上，少好，至鹤孙屋略谈。晚饭时痛饮黄酒，略见好，至洋务局，皆到，少韩因犯肝疾未到。晴，风。

初三日(10月30日) 早无事看书写字。午后化臣来回公事，鹤孙、少韩拟文书底来商，娥珠至西院，不过吃点心喝酥茶而已。晚饭后至园一踏，转洋务局，均到，竹君未来。晴。

初四日(10月31日) 接后藏粮务都司来禀，有卧克纳逼迫班禅到印度等语，是否属实，殊难尽信。少韩、鹤孙皆来商公事，即拟底知照张憩伯荫棠。星使，并知会班禅声覆，札知后藏，妥为办理。午后无事看书。晚饭后至园，因化臣生日，众委员皆往赴席，仍回上房看书，后闻吴小瑾未去。王世昌因病回禀，到见。晴。

初五日(11月1日) 化臣、鹤孙前后来商公事。午后达木来送羊二只，四方之物，共十五方，番家呼之曰腿，莲芳云，食之治腰腿痛。似冻豆腐，乃酥油面所作，上安白酥油，捏成塔形，竟有三桌，马奶酒两罐，应以哈达、银牌、藏钱赏之，循去岁旧章也。达木八旗，似在蒙古番子之间，其所送之物，可概见。王永福拿来青玉烟壶，两肩作大小螭虎二，玉虽不好，却系旧物件，因留之，不过藏钱十八文。晚饭后过洋务局，均到。晴。

初六日(11月2日) 派山南教读兵丁黄得恩，昨日送来一南瓜，今日炒酱，不甚难吃，询之尚非山南所产，今晨送羊一只，似马鹿，惟角不分叉，性极驯，院内可谓鹿鹤同春矣。因赏小条一件，小对一副，均自书也。闻从前色石友将军曾养此物，乃山中所产，的是野山羊，在马圈内，后讷子襄来，有一黑骡，羊每见之，必以角牴他，骡则不然，始而黑骡让之，继而踢之，中头而毙，迨佛家所谓夙孽耶。午后会噶勒丹池巴，谈前次噶厦所来禀，措辞多不当，祈恕之，并后藏洋人逼班禅，务祈作主。哈萨克安置，请饬噶厦觅达木番家分界水土多处，接达拉汉地住户番民须接济一切等语。班禅遣聂藏娃此理夺结递番禀，祈保护班禅等语。晚饭后过鹤孙屋内，将少韩约来告知各语，以便办稿，应行应札，作速料理。鹤孙拿来墨晶瓜型烟壶一个，制作尚不俗，且有白色一小瓜，世呼为巧，作价藏钱七十五文，尚不为昂。晴。

初七日(11月3日) 至鹤孙屋内，约少韩商公事。午后少韩来斟酌文底，鹤孙、竹君、化臣、海山来商汇款事，过园数次。令王永福家人等在彼东南处淋酒，淋出水多一半，酒少一半，可发一笑。然酒已多日泡陈皮、菊花，竟无大味，天寒之过，水则绿色，闻蛮烧酒麯子，乃五毒所造，每多喝，令人腿疾面黑，亦大怪事也。晚饭后酒方淋得，其醺非常，盖净酒也。因接公事甚多，并有炉来电，未至洋务局。晴。

初八日(11月4日) 缠头官来谢札，未见。鹤孙来买镯一对，略谈。竹君送到葡萄一盘，并自买，尝其酸无比，真可笑。至园两次，淋蛮酒与烧酒味较差，多半亦是水，给大众四文钱买牛肉炮着吃，以作犒劳，余亦大吃，可谓省矣，哈哈。晚饭后过洋务局，均到。惠臣云接京信，大利轮船烟(甬)[筒]拆伤，有千数人危极，有陆莫登舟，名言也。晴。

初九日(11月5日) 早觉凉，至园一踏，将野羊拉去，看其仍爱食青草，然牵之费事，不失为羊之本性。过鹤孙屋内，少韩、鹤孙复来，皆商酌公事，复由南路来京电，又大忙，至夜间七句钟，才将公事签押发出。午后两句钟，三噶布伦来回，为班禅赴英之事，当将办过公事告之，皆以为然，并令其回噶勒丹池巴，须派明白晓事人到后藏，务要班禅不去，且查明劝导各项人，不可为英人鼓惑，伊等已应之，必回池巴佛。晚至洋务局，少韩未到，忙公事，惠臣、小瑾在座，谈。计泉拿来倭瓜瓤烟壶一个，系坯子，外面朱红甚多，盖乃银镶碎石，其老样无疑，始与王永福认为泥作的，甚为可笑。且告番子，京内泥皆如此，尤可笑，索价廿文，以十六文买得。晴。

初十日（11月6日） 辰刻赴扎什城万寿宫，率满汉番文武叩贺皇太后万万寿，路上水已结薄冰，田内粮草尚有，支搭黑牛毛账房，收拾未了者，换染貂冠，乾尖领灰鼠袍褂，棉衬衣正合式，皇上于初十日前总换黑袖，最恶白袖，以为不祥，敬征圣孝之一端也。午后至园一踏，野羊可放入草内，并不混跑，且见人即往依之，足见万物，人果爱之，无不驯顺，临民者所当知也。晚过洋务局，均到谈。晴。

十一日（11月7日） 昨见佛公噶伦等仍系凉帽，盖其换季，按番历三月初八日换凉帽，十月廿五日换暖帽，有一定之日。如换季日，尚须在山上更换，且与达赖摆宴，此与四川换季道喜同一，令人不解。早至园闲踏，觉冷，过鹤孙屋内略谈。遂换小毛皮袄，午后较暖，晚又凉，觉比去岁热多矣。晚饭后又至园，野羊放开，径上看台，据云此物能由墙上跳下，因不妥，复拴之。月下已见雁行南飞，天已明日立冬矣。转洋务局，均到。竹君未至。晴。

十二日（11月8日） 立冬。早找化臣来，告以公事。午后至鹤孙屋内谈，找来蛮裁缝区屉。四四，将前画两轴佛像令其配片金缝之，即如内地裱工，然所画均系洋布，裱不成，必须用坚实之物缝之。化臣、海山同来商公事，旋噶尔丹池巴、三噶伦来回商公事，因班禅之赴印也。晚饭后至园，转洋务局，均到，惠臣将达木八旗始末呈一清单，并夷情事宜簿一本，拟暂留之，将事宜录之，以备查考。晴。

十三日（11月9日） 早过鹤孙屋内谈。午后会噶勒丹池巴，将奉旨摘录并利害收瞻之所以节略共一纸，面交其细为酌夺且开导，告明两三日即有公事，到商上再作公务办理。复至鹤孙屋，少韩来谈，知此事并商酌回复班禅之件。晚饭后踏至南门外桥上一看，水已结冰，伏流未断，岸上垂柳尽黄，叶有未落者，转洋务局，竹君未到。晴。

十四日(11 月 10 日) 早鹤孙来，并约少韩来商公事，接后藏番汉文卧克纳逼班禅赴印，湘梅已伴送江孜，须打京电奏明。午后至园，地下反出水如犯潮状，真怪事，然天时已冷，夜间必结冰，白日化，此处地有层土，下均石子，或传本系一片海子，经某佛法力所填，独拉鲁佛公住处未经填满，至今水更浅于别处，然耶否耶？晚至东院登望台，转洋务局，惠臣、小瑾谈，鹤孙始到继去，少韩必忙公事，竹君亦未到。晴，晚起云。

十五日(11 月 11 日) 辰刻赴磨盘山关帝庙行香，沿遥铃接脉塔外皆苇子满路，原收苇草捆载所落，不啻数十背矣。遥见山右有白房五六间，询之，乃上别蚌寺与上色拉寺，分布达拉山左右，高高在上，殊不可解。闻各庙于正月初一日、六月初四日、九月廿二日通开，任人烧香点灯。午后至园略坐，回时化臣来，将黑毛羊皮袄甬做齐，共十件，合八百藏钱，京内亲友却实有用也。晚饭后过洋务局，均到，谈川省跳端公一切不典之事，竟有讣文中奉严命称孤者，真堪喷饭，盖因承继也。晴，午后风。

十六日(11 月 12 日) 午后佛保伊母抱来，并来磕头，南礼也。小孩相甚佳，准头颇大，送给银锁一挂，镯子一对，鹤孙来，又抱来看，是非凡度。旋登楼，写“啸云楼”三篆字，刻成悬之，“慈圣天语福寿平安”图章一方，“察哈尔蒙古卓特氏”图章一方，名、号，图章各一方，未落款也。晚饭后后藏班禅遣传号喇嘛洛桑虾加传见，因卧克纳所逼，佛爷十二日起身，请派汉员随同保护到印度，告以未奉谕旨，实难派人随往，有来文不过如此，俟译出，明日再行批示，过洋务局，均到谈。晴，晚风。

十七日(11 月 13 日) 早湘梅由后藏来痛谈，彼处事，内有汉奸种种谋利，无怪班禅为其所误，惟有恭候谕旨如何。鹤孙来商公事，前数日由李光宇转交犀角碗一个，如木碗形，边黄色，含黑牛毛纹，中心纯黑色，手抚黑色极凉，黄色稍温，据云的确犀角，然未有识者，索价八十藏钱，当交鹤孙给其退回，未识真假，不便买也。午后至园一踏，早因濯足换棉袜，比此地毛袜暖多矣。化臣来回公事，晚饭后过洋务局，均到，少韩未来。晴，午后三点钟起风，旋住。

十八日(11月14日) 早来公事甚多。午后过西院回拜范湘梅，同刘化臣三人痛谈，回时噶勒丹池巴、三噶伦、罗藏娃亦来，仍为三瞻之事，欲递公呈请奏，仰恳天恩不还等语，姑令具呈再说。旋鹤孙、少韩来商奏底，斟酌改定，后藏喇嘛传号来辞，令化臣先具一信给班禅，即交传号带往，公事俟再批，整忙一日。晚饭后过洋务局，均到，惠臣未来。晴，微风。

十九日(11月15日) 昨谈四川白蜡，乃树枝结成，外蜡内虫，采后即须煎熬，不然耽延时久，则虫食蜡，伤本无算矣。关卡知其然，故意留难，贩此者惟有多费，求其早放而已，与常州鱼秧相等，是以届时必委员稽查，以免流甿从中作祟。今闻王永福云，染氆氇有一种树，生于南路，与蜡树无异，折而熬之，其色纯紫，染物后所剩脚子，即是紫胶，可盖图章用，印度甚重之，然只能纯紫一色用也。天地生物，人之用物，真不可思议。早至外院转东院闲踏，将松子、木樨作汤圆，送给诸人吃，皆称好极。午后湘梅来呈后藏情形白禀一件，留内存。鹤孙来商公事，新裱藏内诸佛全像一帧，陀罗经佛像一帧，令其看之，不过八十余文，每帧并画工合十金上下。晚饭后至洋务局，均到。马竹君云，闻拉里塘兵云，凡跑公文折报，野兽皆避之，每至落日后遍地皆是，惟马熊及各种熊皆不避，必在旁以前爪拱于胸前，土猪子尤为有趣，则爬在地叩头，若奉朱批回折，更藏避者多，是以夜行无碍也。晴。

二十日(11月16日) 写家信一封，廿二日随折差，信内写廿一日。略叙藏内平安，天凉，园池已冻，午前后仍开化。范老爷给范太太寄银，因取回未寄家信，以致舛错，余老爷亦必叙此节，久未见信。至格必大有玩意，奶宜少吃，大来怕病。余老爷闻搬甚近，朱老爷尚未见到任。等语。七月十一日，恭拜奏折奉批回，午后至园一踏，因来文甚多,直看半日。晚饭后至辕门外元坝上一看,今日多吉扎念经烧草堆,系红教,不知何故?为番历九月十九日。转洋务局,鹤孙未到,余均到。甚凉,晴,风。

二十一日(11 月 17 日) 早无事看书。午后至园一踏,化臣来送镯子一付,乃云南玉,系杨聚贤所给者,因付与娥珠,不敢要,恐摔了,告以平常不用带,如有事再带,未为不可,遂敢领之,可发一笑。晚饭后至外院,转东院登台一看,转洋务局,均到,天由昨觉凉,回时换紫羊皮袄,小毛羊皮马褂,早间已换棉鞋合式。晴。

二十二日(11 月 18 日) 午刻拜发卧克纳逼班禅赴印一折,家信随寄。午后至园一踏,池皆开冻,游鱼可数,内萍草甚多,凉时鱼皆入草内,暖时再出,池水未大消,谅明年鱼尚可养矣。湘梅来,面交张议约大臣批语一看,不过推外务部、驻藏大臣而已。晚饭后至外院,转东院至洋务局,均到谈。甚冷,晴。

二十三日(11 月 19 日) 巳刻约范湘梅、恩惠臣、江少韩、余鹤孙、马竹君、吴小瑾、刘化臣在后园花厅便饭,饮以淋酒,少韩、竹君均入醉乡,余亦可称相陪矣,力量非寻常大曲酒可比也。午后回,化臣复来回公事,闻大招东北房角探梁作成龙头形,由口内两旁出水,从须滴下,昨日有两大碗,今日略少,王永福亲往观之,上面绝无存水处。闻庚子二三月曾滴七日,北京竟有拳匪之乱,思之殊切杞忧,可奈何。晚饭后至外院略站,到鹤孙屋内闲谈。晴。

二十四日(11 月 20 日) 早接电京报,即行译,乃奉旨赏给赔款。又张大臣来电,有暗阻班禅,不可令洋人知之。实无此本领,自负不晓交涉,于此更可见,如此机心,自来无从而起,奈何。午后后园一踏,转东院而回踏,微有汗。午较少暖,化臣来回公事,过鹤孙屋一谈。晚饭后过洋务局,均到。惠臣云,今日至大招,见滴水椽头于午后未滴,询之庙中当差人,早晨水尚结冰,其味甚咸,不可解。半阴晴,微冷。

二十五日(11 月 21 日) 早无事看书,约鹤孙商酌公事。午后找刘化臣、李海山来，明日午后找噶勒丹池巴，并传三噶伦面交谕旨并有话面告。李肖臣来，因有文底删改，无暇，约明日四五钟再来。至园一走，午间冰皆化。晚饭后过洋务局，均到谈。晴。

廿六日(11月22日) 早鹤孙过谈。午后至园一踏。未刻噶勒丹池巴因有圆寂胡图克图往念经请假，传见三噶伦，恩旨面交，皆喜形于色，应示知各话亦唯唯。四钟李肖臣粮务面见，其所说之话，令人莫解。鹤孙复来告之，渠亦笑而不懂。晚饭后过洋务局，均到，惠臣谈李粮务交代，在情理之外。晴。

二十七日(11月23日) 小雪。天甚凉，西山见雪，折差回，鹿马岭一带已见大雪矣。早至后园一踏，冰已三池结满，午后化臣回公事，闻藏中僧俗各官皆欲择日来谢恩。晚至东辕门外一望，见洋务局买柴。卧若多牛，毛甚长，即牦牛也。闻王永福云，色拉寺沟内曾有人打土猪子，窝内有极大一猪子，后洞供酥灯，糌粑捏成塔，意告人如此，然此人竟捉之，剥其皮，后一家皆死，有邻居欲殡殓之，粘其尸即死，后扔于土坝上无人过问焉。闻金八听吉祥母亲云，土猪子如养子，有人薰之则窜出，对人似叫有娃子人，因其不动，反持枪击之，亦甚惨然。转洋务局，少韩未到。小瑾云，常州城外有一种稻鱼树，多生于人家坟茔，亦不多见，年分好，则叶成稻，年分淹，则叶成鱼，亦奇事也。晴。

二十八日(11月24日) 早鹤孙来商公事。午后化臣来回公事，王永福拿来杂木杂鸦碗三个，留中路八两。并小碗二两六钱。二个，大的花不均退回，此物颇不易得，盖桦树所结，又说云南来松木所结。别项树亦有如赘瘤，然白昼莫敢取，锯时易生火，必夜晚取之方不燃，纹理如瓢形，中间结一心，随一路，一路上长，作黑黄花，惟心十有九漏，长不满即成弃物。若心长正，纹再细，更不易得。此虽真心不甚正，已觅多日，不好购也，伦叙斋表弟托觅之，似可交卷矣。晚饭后过洋务局，竹君未来，余均到。程林云，外边传言，班禅病帕克里。晴。

廿九日(11月25日) 早甚凉，院中晒暖，与鹤孙谈。午后至园一游，化臣来回缺分事，闲看书，登楼给丫头、大众找茶叶，不意拿芽茶，复退回，拿金玉茶，可发一笑。晚饭后过洋务局，惠臣未来，余均到。晴。

三十日（11 月 26 日） 早无事看书，午后至园，到鹤孙屋内略坐。化臣送来小鹿一只，尚未长角，询之，乃达木放牛者，在山中牛回带来，盖失迷其母随下山，今年三月始得之，初不过如小狗，刻如小驴矣。王永福送前收拾杂木杂鸦碗两个来，又带一酒钟，六文钱。亦系杂木杂鸦，乃一木所下，据云须有眼方为贵，此三碗皆有眼，云有眼者可去毒，如眼正或多眼，则百数十金皆可卖，年年达赖收此，以备回送来藏布施蒙古王公。马友龙送来鸡鸭十数只，鸡名绒辖鸡，肉嫩有油。三四钟鸭放于园，池水皆化，因往看，颇有趣。晚饭后东院登台一看，转洋务局，均到。晴。

十一月初一日（11 月 27 日） 辰刻恭谒大招万岁牌行礼。巳刻噶布伦并合藏僧俗各官，为噶勒丹池巴率领，前奉恩旨赏给赔款银两，特来叩谢，当谕以此系格外天恩，本大臣有何力量在内，以后诸事总要听话，不可执拗乱说，噶勒丹池巴并噶布伦皆系办公事明白之人，大众亦要听其说话，感激在心里莫忘不是在嘴里等语。送来如来佛一尊，哈达、氆氇、片金、金丝缎、片子等件，外有冰糖、枣儿等数羊皮包，又有宝银、平银并一小包金沫，不可解，询之，此为驻藏大臣谢恩大礼，只好收之，赏之。午后至园二次，鹿不甚食物，因喂熟系一小喇嘛，想是盼望喂养人，亦可怜矣。晚饭后至东辕门外一踏，转洋务局，均到，谈。晴。

初二日（11 月 28 日） 早无事看书，找惠臣来，粮务事洋务局交出，令其自理，少韩、鹤孙来商公事。午后至园两次，写小屏四扇，因篆字金裱时脱落，令画匠将金兑胶从新描之，可发一笑。鹤孙复来商公事。晚饭后由外院至东院，看众人踢球，到洋务局，均到，惠臣未来。晴。

初三日（11 月 29 日） 夜间着凉，早起颇为不适。午后至院，转西院看宋筠教习洋操步伐，似更齐整，惜人太少，殊难足用。回时两钟后，少韩、鹤孙、惠臣、竹君、化臣、海山同来，晤噶布伦等，开导交还三瞻之事，仍以求恩为辞，大约此事谁亦不肯认，陈重也。只好先发给公事，再作道理。看旧卷，保案大多不真，历来如此也。晚饭后至外院，转东院又看踢球，转洋务局，均到谈。晴，午后风。

初四日(11月30日)　早改保案奏底，鹤孙过谈。午后至园，挨围墙踏之，一转六百廿步。噶勒丹池巴劝余多走，于身体有益，只好园内以后多踏。化臣来回公事，可惜守备陈其光竟病故。四川所派来者，以此人为第一，像貌才情均相称，武官中不多得也。晚饭后复至园，转东院到洋务局，均到。晴。

初五日(12月1日)　早觉冷，过鹤孙屋内谈，化臣去回公事。午后至园，化臣复来，送到议约大臣张来函，说得透彻，万非不通交涉者所能办理。晚四钟即令开饭，喝粥一碗，觉胸间作痛，想因气滞，遂由园后门东走至丹达庙前，遇一番妇，发白腰略(湾)[弯]，手持拐杖，询之，乃百岁以外，系至堆子前沽酒，闻其眼微明，耳须大声说话尚可听见，如小孩惟知吃喝而已，仍健饭。若问其岁数，则乱说不甚记忆，伊女亦五旬外，嫁于汉人。出南门过菜园墙外，由西进后门而回，两腰竟觉酸，不常走之过也。转东院至洋务局，均到。晴。

初六日(12月2日)　早起觉口干，肝热大作，吃舒肝丸两丸，稍好。此处干冬，大半春日见雪，冬日见雪亦在山上，平地不见也。找少韩、鹤孙来，将保案奏底面交。午饭后至园乱踏，似觉胸间比昨日略好。晚饭后至洋务局，皆到谈。晴。

初七日(12月3日)　早无事看书，鹤孙来略谈。午后又过鹤孙屋内谈，化臣来回公事，仍服舒肝两丸，觉胀满少好。晚饭后园内一踏，转东院看骡马，闻羊毛粗细皆贵，乃洋人南路收买也。转洋务局，均到。阴冷，晴。

初八日(12月4日)　写家信一封，初十日随折差，信内标初九日。略叙余老爷来信，知公馆平安，此处亦好，天时较凉，生日要唱影戏，又有送万民衣伞，拦之不住。达赖无信回，恐须过年。南货已通，多汉人无用之物。至格想会说话，如写信，将其近日如何写来。昌蓉格有信给我封来，蓉格要当差，二蓉、双格伊母能守不能守？如不能守，孩子须留下。令赵兴常寄禀。凤大人送帐子或绸或缎，奠敬四十两，已告乔老爷英甫办齐，令赵兴送往，须问明开吊日期。有人送小鹿、小野羊，可谓并前鹤乃鹿鹤同春，一笑。等语。早服舒肝二丸，觉两膀痛。午饭饮黄酒斤余，出后门过琉璃桥东北走，均在两墙夹道内，至东院菜园，系练永祥、练永祺看守，花树四株，海棠，花红，杏子，石榴，此株非是。即在中间坐，饮茶、吸烟颇适意。闻松寿泉尚书溎。驻藏时，常步踏到此，尚有匾刻成悬于屋内，来回不过八里地。化臣给至格等送镯子，将保案核之交鹤孙。晚饭后到洋务局，均到，谈。晴。

初九日(12月5日) 早无事看书。午后至园，转园墙一踏，到鹤孙屋内闲谈，觉倦，头亦痛，略睡方好。晚至东[院]看踢球，至洋务局，均到，惠臣未来。晴，风。

初十日(12月6日) 早王永福拿来秋海棠玉镶钳一块，八文藏钱，留之，可镶于朱砚盖上，聊以消遣而已，一笑。午刻拜发元旦贺折，并噶勒丹池巴代达赖谢例贡回赏恩典一折，并德柱胡图克图呼毕勒罕谢恩一折，皆随进佛匣各一。化臣来回公事。晚饭后至园，南池水尽化，北西两池未化者多，沿边均有凌，转东院登台一望，见东北一股浓烟，早晚此处皆然，或云雾，余恐有谓之寒瘴者，即此也，转洋务局，均到。晴。

十一日(12月7日) 早无事。午后至外院，转东院至园，吉祥之兄色拉寺喇嘛因伊轮班，应念经熬茶，送到紫香二束，黄香一束，不可解，不过讨赏，赏其藏钱十文。刘光荣因刻匾作匣子佛龛，三个，内有隔，甚细，很费手工。颇劳力，赏其四十文，合四两银。亥刻观音佛请入龛内，系班禅佛所送绿变像者。晚饭觉不适，饮烧酒二盅，过洋务局，均到。晴。

十二日(12月8日) 大雪。无事看书，晚至洋务局，均到，谈。

早惠臣来。晴。

十三日(12月9日) 闻恩惠臣云,京内有谚语,谓年岁为五年六月七日八时。盖五十后则衰败,以年计,六十后以月计,七十后以日计,八十后以时计,养亲者不可不知也,人生大概如此,百龄之人,谈何容易哉。午后至园一踏,并登楼略坐。别蚌寺喇嘛来,因蒙古王公未来,廿四日念经熬茶,请昂班布施,送来羊腔二只,胸前四腿厚肉皆挖而食之,尽有微肉,点心二匣现买者,颇可笑,收之,赏藏钱一百文,合银十两,所谓厚往薄来,藏中事大半如此也。少韩、鹤孙来商保案奏底,找化臣来,保出江达差弁兵。晚饭后东辕门外至桥上一看,转洋务局,均到,少韩未到,因公事忙。晴。

十四日(12月10日) 早过鹤孙屋,与少韩商公事。午后至园踏,略坐,因吃泡羊肉,甚作渴。永福找来甲翠两小块,另存之,即前记为虫所化,与川蜡相同。今日为白喇嘛在大招散糌粑,系番家十月十四日。晚饭后复至园,转洋务局,均到,惠臣未来。晴。

十五日(12月11日) 辰刻恭谒磨盘山关帝庙行香,遍地似霜非霜、似雪非雪,系寒气凝结所致,换本色貂帽,白风毛马褂,仍金银腿袍,尚觉凉,回署换狐脊皮袄。有送寿礼者纷纷,洋务局四君共送杂木杂雅碗二个,非此地不能以此作礼。午后至东院登看台,白喇嘛出,逐看烧草堆,乃系恶像,张嘴龇牙,前带护心镜,停于丹达庙前,护法至草堆边似砍之刀,作种种丑态,不过等人挂哈达而已。晚至洋务局,均到。晴。

十六日(12月12日) 早化臣来回公事,吴小瑾来更早,余才洗完面,询之,乃为其保举,系众人冤之,以致昨夜未睡,大为可笑。纷纷送寿礼,且有衣伞牌匾等物,殊可笑。至鹤孙屋,正梳辫,少韩来为奏保稿件,谈及小瑾,无不大笑。至外院两次,但觉红成一片,可谓劳民伤财,愚而自扰,无可说也。晚饭后由头门内转东院转洋务局,均到,看竹君差条,刘廷恕打箭炉厅已调省。晴。

十七日(12月13日) 早又纷纷送礼,或收或璧,鹤孙、化臣面行礼。午后至园一看，三钟各江古学均来，外边唱影戏，晚饭备羊肉席，内外皆然，在二堂同惠臣、湘梅、少韩、鹤孙、竹君、小瑾、化臣同吃，后挪阶下观戏，二炮，少韩与刘礼志唱《教子》而止，极乐也。晚风不大，晴。

十八日(12 月 14 日)　巳刻各文武佛公噶伦等，并汉番执事兵丁等均拜寿，即留在此吃早面，内眷亦来。午后两点钟至二堂周旋，晚同惠臣、湘梅、肖臣、少韩、聚贤、鹤孙、小瑾在东桌，拉鲁佛公、赛绸噶伦、琉璃桥噶伦、永安寺大堪布、扎萨克。姜坚佛公、李海（珊）[山]、刘化臣西桌，擦绒因病未来，先陪东桌半席，陪西桌饮酒三盅，复至东桌，丁乾三、竹君备教席在东花厅，本拟往陪，再三拦，未经过去。午刻开影戏，灯后佛公等散去，移于阶下听之，少韩先唱《摔琴》一(只)[折]，复唱《刺字》全本，未免落泪，曲文经恭勤公改本，遂进内。半阴晴。

十九日(12 月 15 日)　早湘梅、鹤孙来商公事。午刻饭后至街市给各处谢寿，佛公、噶伦等仍在公所递片，湘梅、化臣、少韩、竹君、小瑾皆面谢，鹤孙再三拦，出署先往叩谢，出其不意，无处躲避矣，可发一笑。鹤孙、少韩来商公事，晚饭后至洋务局，均到，竹君未来。晴。

二十日(12 月 16 日)　早马友龙处送来拉子塘石两麻袋，然大块不多，可留磨图书，以备一格。令王永福五文钱买七把猪鬃刷，其笨万状。作来乌拉，盖回绒靴一双，颇暖和，卅文，此京内缎靴贵。午后无事，刷石玩，大可笑。晚饭后至后园一踏，转东院登台，烟四起，云烧佛香，恐有瘴在内，至洋务局，均到。微阴，晴。

廿一日(12 月 17 日)　早无事，午后少韩、鹤孙来商公事，晚饭后至洋务局，均到。濯足换厚棉袜。晴。

二十二日(12 月 18 日)　早鹤孙来商公务。午后惠臣、少韩、鹤孙、竹君、化臣、海山同来，因哈萨克逃民布克解到，在粮署讯问，其贼滑万分，并无实话，拟再讯之。晚饭后至头门内，转东院至洋务局，均到。半阴晴，冷，晚间云更密。

廿三日(12月19日) 巳刻升堂，验放番官，甚有不会磕头者，殊可笑。午后至园一踏，少韩、鹤孙来，回致枢府信底。靖西松粮务送来水仙，恐系广东往印度者，闻其地亦未尝出此物也，用水泡土种，未审能放叶开花否？因改文底等件，觉胸间作痛。晚饭后至东院来回盘桓，至洋务局，均到。晴。

二十四日(12月20日) 化臣来，鹤孙来，皆为公事。午后看仆人装箱二只，不过衣料、寿帐并得珊瑚珠等项，随装随写，直半日才完。晚饭后至园，转东院登台一望，四山起雾，至洋务局，均到。近日色拉寺燃灯，各家亦然，闻系燃灯佛弟子某今日番十月廿四日。圆寂，明日乃燃灯佛圆寂日，明日色拉寺不燃灯，大招各庙乃燃灯，俗传燃灯佛圆寂时，遗嘱如此，两日燃牛油、羊油灯，则一年伤牛羊吃其肉，以免其罪过，故丫头信之尤神，如有人手摩其灯，或鼻息于灯前，乃怒不可解。此日皆牛油居多，非酥灯也，且过此两日，牛肉才有油卖，殊可笑人。闻竹君云，在噶哩噶达居停，陆吟秋广东人。云，黑鬼子即印度洋人。系猪八戒后人。因当竹君特问之，彼则正色说，此佛语，不可乱道，虽不直认，然亦不辞也，真可绝倒。闻牛魔王即系牛首金刚，在噶勒丹池巴座下，系肉身所成，因系从前池巴徒弟充厨役，令其为护法，在座下塑一牛首金刚，令其钻入腹中，以青稞洒之，遂圆寂于内，达赖喇嘛受格隆大戒后，必至噶勒丹寺升此座，前辈达赖因升座，鼻流血，过数日而亡，此辈升座竟无事，盖其经典比前深也。

廿五日(12月21日) 写家信一封，随廿七日差走，内标廿六日。略叙久未见家信，此处都好。现穿大毛，院内比屋内暖，番子亦讲晒暖，普鲁单寒也。已派定请纸札差，须下月走，带箱四支，一箱甚大，改三只。历叙各物，皮子未能带，恐川省爱生虫也。钟六架，令赵兴收拾以备礼。等语。早至鹤孙屋内略谈。午后看装箱只，将钟装好，作为第三号，外间已将一号、二号缝血牛皮。晚饭后至屋上一看，各庙及人家皆燃灯，大招并山上及第穆用铜灯，其余用泥烧灯，似京内正月初八日所用敬星之灯，底有小座，较精致也。到东院同小瑾登看台，闻大小人念经，各庙有音乐，亦念经，遂回。今日山上送酥茶，乃番子换季之日，系十月廿五日。半阴晴。

二十六日(12月22日) 辰刻恭谒扎什城，冬至令节万寿宫，率汉番各官行庆贺礼，四山云雾，微风雪，回时天晴，去时甚冷。此入冬以来初次见微雪，大半干冬时多，此近日冬至交节，六点钟尚黑，七点钟乃大亮，晚间五点余钟黑，六点钟上灯已大后矣。午后觉咳嗽鼻塞，乃风寒所致，无事看书，化臣来二次回公事，晚饭痛饮烧酒仍不见好。惠臣午后回公事，至洋务局，均到，惠臣未来。晚间仍阴，四山或远或近见雪，觉冷。半阴晴，微雪。

廿七日(12月23日) 巳刻拜发噶勒丹池巴番众代谢恩赏赔款一折，随哈达佛尊珊瑚朝珠各二分，巴塘防堵已撤，请将在事出力各员奖励一折，清单一件，请奖噶勒丹池巴诺们罕名号一片，并致枢府信一件，拜发进内，众文武来叩谢。湘梅来辞赴后藏，略谈，拟今日即行，因当面叩送，复遣人差送。咳嗽大作，风寒逼内所致，午后仍伤风咳嗽，未敢各处去。早晚饭喝粥，胸间因头所致作痛，且中满，内热不清。晚灯后鹤孙过谈，并来看视。半阴晴。

二十八日(12月24日) 早鹤孙过谈并看视，咳嗽见好，仍食粥，晚饭才吃饭，化臣亦来看，午后无事看书。田德拿来洋小刀数把，不过一文钱一把，有极小者半文钱一把，甚有趣。晚饭后洋务局一谈，均到。半阴晴。

二十九日(12月25日) 早起觉头闷，积热所致，刘化臣来看。午后登房上闲踏，闻外间枪声，乃雪里大塔子烧草堆，布达拉山念经，系今日太阳留住，不再往下短景矣，即内地冬至，计日期不过差三四日，并闻此地以唐历建辰，三月为岁首，必由文成公主遗留，至今不改也。晚饭后至南门外过桥，草坝子一踏，至洋务局，均到。半阴晴。

十二月初一日(12月26日) 辰刻恭谒大招万岁牌前行礼，庙外见达木豁尔等处百姓甚多，询之为作生意并朝佛而来也。午后至园，围墙转三遭，至敞厅略坐，近日总觉两腋胀痛，似气滞之过。少韩、鹤孙、化臣、海山前后来回公事，噶勒丹池巴送惠德来信，为赔款事，覆信底，晚间代酌，明日遣海山送往，详细告之。晚饭后至洋务局，均到，谈。半阴晴。

初二日(12月27日)　早起极冷，滴水结冰，屋内放炭盆，亦无热气，套大毛皮马褂，已两件大毛衣服矣。午后至园，转墙三次，池冰可走人，到厅略坐，回至鹤孙屋内闲谈，少韩、海山来回公事，收到文书、川报等件甚多，钦天监咨到吉方立成满汉时宪书。晚饭后过洋务局，均到，竹君未来。半阴晴。

初三日(12月28日)　早化臣来回公事，读《四川官报》及《日报》，新政大兴，均为改观，然办理总在得人，徒法无用也。午后至园，仍围墙踏之，拟日日如此，与身体似有功效。田德又拿小刀数把，留之，或一文一把，或一文两把，令振勋一看，系德国制造，总比东洋见好也。东洋货如川省出产，无一不有，无一见好，此桂香[雨]之断语，诚然。晚饭后踏至头门内，转洋务局，均到，大谈各处地亩，川省竟合一分利，别省无有也。晚风，晴。

初四日(12月29日)　早无事看书。午后至园一踏，觉天凉，衣服未免穿少，到敞厅坐，连打嚏喷，即大伤风，回时伤风不止，时时流清涕，身上亦发冷。晚饭后屋内添旺火盆，似少好。晴，微阴，晚大阴。

初五日(12月30日)　天气早冷，午略好。晚复冷，闻外边时令甚不见佳，大半因风得病者多，早无事。午后惠臣来亲身请，申正余过洋务局，在座为江少韩、余鹤孙、吴小谨、刘化臣、李海山并主人及余，马竹君在里屋另座，戌初余进内。微风，晴。

初六日(12月31日)　早起，天气甚冷，计泉拿来深香色灯草绒一卷，出印度，质甚厚，与吉林所出相仿，宽有二尺一方，索价藏钱七文，实不为贵，共有六方半，均留之。午后化臣来回公事，在此痛谈。晚饭后过洋务局，均到，见惠臣复谢之，谈及川省兰花，四季俱有，竟有雪兰，冬日所开。半阴晴。

1906年

(光绪三十一年十二月)初七日(1906年1月1日) 早甚冷,起晚,昨夜雪,满院皆白,四山一色,约有三寸厚,前闻鹿马岭外已大雪,此地大半干冬,今见雪,虽农田非内地可比,勿庸需此,然可去多少病,亦天恩也。午后觉稍暖,无事看书,在廊下闲踏。晚饭后至洋务局,均到,痛谈引见事,其笑话不一而足。晴。

初八日(1月2日) 早化臣来送腊八粥,用江米熬,忆克公府亦如此,年年总糊,盖盛京一带均以此米熬之,乃腊八粥旧规矩也。厨役以青稞熬之,似大麦米粥,别开生面,未免可笑。午后看书,或廊下闲踏。晚极冷,四山及院内背阴处雪竟未化,大似内地北方天气,饭后过洋务局,均到,谈。晴。

初九日(1月3日) 早过鹤孙屋内略谈。午后令王永福买来净水奔巴一个,八文。如来坐静处所生草番名杂古旭义同。并孔雀尾名马加著。合半文,草送鹤孙半束,因鹤孙早送孔雀尾三个。外有孔雀尾所绑小排子一个,并闻净水奔巴亦有插此者。乃跑人跑马所用,可插花瓶也,不过二文钱,化臣、海山来,明日甘奠池巴来,特此禀明。至园一踏,看天上飞一鸟,与大鹰无异,身翅皆白,翅稍黑色,或云吃人肉内有此鸟,名鹏。晚饭后出头门,时见七只仙鹤往南山飞去,与所养仙鹤声音相同,飞时如雁行,亦一异也。出东辕门到青稞仓前一转,均以石砌,已破败矣,住人家围仓者尚不少,闻琦侯爷曾在此住过,刻下尚未有上米者,俟上米再来一看,回至洋务局,均到。晴。

初十日(1月4日) 早无事,觉天甚冷,四山如雾,或即寒瘴。

午后噶勒丹池巴来，先补祝，送长寿佛尊、哈达、片子、氆氇等件，只好领之。因收瞻一事，其中颇有为难，请代定夺，告以开清单来再议。因谈及大招龙头吐水，曾经打卦与藏地固不见好，与内地亦恐有不安之事，曾公议凡属藏内僧俗官商，大家积资，拟点万灯以禳解，不知能否应验，并求致西宁信，询达赖行止，应其必达知，或信或文，然须番边备夫马，此非汉人官道也。王永福拿来红绿紫蓝四色灯草绒，与前买香色者，有一半厚。因各留六方，不过两文半一方，虽薄，不如吉林的，然价甚廉，共二十四方，一尺多宽一方。钱六十文。因至外院看水仙，据巡捕冯瑜云，曾见李观察玉森在印度曾买此物种之，系用木盆放石子，以半温水养之，后竟开花。因令王永福买来木盆三个，有圆有长方，系用整木所刻，其笨自来未有，真不值一笑，不过一文钱一个，娥珠要钱三文半，买一洋瓷盆，相较之下，未免太悬殊矣。晚饭因感冒喝烧酒三杯，似略好，至洋务局一谈，均到，噶勒丹池巴走后，曾至鹤孙屋内商公事，并记。晴，微阴。

十一日(1月5日) 早无事，天冷，起时甚晚，竟未觉头昏等病，足见寒气之过重也。午后至园一徘徊，由东院外院转回，水仙均移入木盆，然盆俱(烈)[裂]，此地太阳真利害，是以番男女大小均讲晒暖，盖衣单烧柴又贵，只有烧牛粪，无处取暖，亦可怜矣。姿祝麻拿来洋瓷拌小盆、小茶壶，均皆洁净，不过略有残缺，俱留之，不过十数钱。此地洋货盛行，大半内地所用，不过此等物件，在洋人已是极粗之货，番子视为至宝，然银钱外去，未尝计也。此处所出羊毛亦聚于大脊岭洋人公司，番商、汉商皆无此本钱，难以抵制，且卖羊毛者，因头头是道，无城池关卡可拦阻，随时买卖，利害所不知，谁给钱多，即可交易，初无计算也。麝香亦是大宗到印度，广商收者多，洋商不甚著意。皮货尚多，惜无底绒，与关东大差，价值比较亦贱于东货。或如猞猁、沙狐、虎豹皮，若务其名，不求实在，亦可销售，然服之、铺之不甚暖，恐深于考查者日久未必取也。询其皮中最暖为艾叶豹肷，喇嘛噶伦多病，年年非此不可，因令永福找之。据云未有现成者，须俟凑得方能买，有狼肷亦暖，不过板子硬。余谓此地手艺，再加板子硬，穿上必至不能动矣，一笑。将前得杂木杂鸦碗作套，皆纵而不合式，足见裁缝之笨，殊可笑。少韩、鹤孙来商致张憩伯信底并外务部电底。晚饭后到洋务局，惠臣、鹤孙未来，少韩谈及川省轿夫、长班，只抬老爷、老太太、太太，此外虽老太爷皆不抬，问其何以如此，老太太系母以子贵，太太系妻以夫贵，此外无论矣，可笑。晴。

十二日(1月6日) 早起无事。午后看书，至外院看水仙，不定能活与否，转东院登台一望，有风甚冷，井傍冰冻甚厚，足见天寒不在京内以下。晚饭后由外院至马号，所养猿竟狠结实，且见长，想回内地可无碍矣。到洋务局，均来谈。晴，冷。

十三日(1月7日) 早起极冷，手耳皆冻，与北方无以异。午后稍暖，因痛喝烧酒，才觉略好，闻外间亦云冷得非常，自两点余钟起风，前见噶勒丹池巴，据云冬日宜风，方与田稼有益，近十数年风少，收成总未十分也。晚饭后过洋务局，均到，谈川省盗案非由班役作主不能办理，缘会匪极多，竟一夜可出七起抢案，官之处分不得了矣。殊为可恨，如新政通行从宽办理，则更无法矣。晴，大风。

十四日(1月8日) 早起牙甚痛，盖因烧酒内热外寒所致，吃万应锭少好。午后化臣来回公事，接帮办大臣来文，已奏报十一月初十日启程，又片奏续调四川候补县丞刘星驷。振勋接京信，保府有白话报，乃併音，以国旗为凭，亦颇有趣。并有公约，因美国驱逐华工，思有以报之，约南北均不买美国货物，以作抵制，果同心，未必办不成也。晚饭后过洋务局，均到，惠臣未来。晴，大风。

十五日(1月9日) 辰刻恭谒磨盘山关帝庙行香，天甚冷，冰结满河，尚有中路未冻，然藏河惟边岸略冻，亦见地不甚冷，风利害也。午饭吃化臣送来冬瓜，作汤面角尚好，化臣来送酥油炸麻花，与京内无异，惟粗而不细。晚饭后过洋务局，均到。回时灯下看文书，来文并川报，文书看完，川报只好明日再阅。晴，午后风，晚停。

十六日(1月10日) 早无事，天觉稍暖。午后惠臣、化臣来，销放青稞差，贫民甚多，比从前人数加增，多放出钱五十余文，因青稞不足。一名不过一卡扛，六人分一文而已。鹤孙来，因其太夫人忌日并有其岳母哥嫂，南方之例也。在小招念经一日，点酥油灯五百盏，喇嘛五百众，辰刻到彼，其酥油并喇嘛一人半文钱，皆令本人看过，其实在如此。并闻一年凡念经日，皆将此日为何人念经，亦必念之。其疏文先叙文殊菩萨大皇帝，其次达赖、班禅、噶勒丹池巴等名，均为祈福，再次方叙本家眷属并施舍之物，虽一文钱亦叙入，通例也。晚饭后过洋务局，均到，鹤孙未来。晴。

十七日(1月11日) 早间奉到九月初十日奏折批回，并有文书多件。午后至穆隆寺回拜噶勒丹池巴，谢寿，在其楼上痛谈，闻文殊菩萨乃在如来之上，为各佛所应世道者，普贤菩萨即是文殊，无分别，如宗喀巴亦是文殊普贤化身。至财神乃称神，非仙佛可比，藏中有男女财神，文武财神，不同也，大半长奉者，文武财神也。回时送哈达，古观音佛一尊，并点心、果子，反搅扰之，未免不安。街市颇闹热，盖每日两三钟正市中卖买摊全摆时也。忽丁乾三二尹处送来菜八碗，每样皆双，据云开斋，回教礼也，询竹君不用周旋。晚饭后过洋务局，均到。晴。

十八日(1月12日) 早无事，午后至园，天较暖，惠臣、少韩、化臣、海山来，因传布克询之，敢具结，实未滋事，请明日奏请恩典，谅可信之。拟发千钱买米面救之，男女大小九十余口已断炊，亦可怜矣。晚饭后由外院转东院，到洋务局，均到，惠臣未来。闻竹君说，昨日丁乾三送菜，乃家内有周年事，曾请布克，因系回教，渠到彼，竟吃十六碗菜，廿四碗饭，其所带之人，亦五六碗菜，十数碗饭，大众以为罕见，喇嘛中有能吃者，不过一半也，壮哉！晴。

十九日(1月13日) 早无事，午刻升堂，封印大吉。午后看书，连日鼻中有血，盖干燥所致。午后竟觉两件大毛衣穿不住，须将马褂脱去，换中小毛合式，然大风不止，反不如阴天及四山起雾觉凉。晚饭后赴洋务局，竹君、惠臣未到。今日本惠臣约诸委员署中封印席，均未去。晴,风晚住。

二十日(1 月 14 日) 因派纸扎差马永太、叶长清于廿二日起身。写家信一封,即标本日。略叙总未见家信,想平安,问余六老爷信内有交乔老爷信二件,至今未到,以后即交余六太太随家信带来,不至误。今因纸扎差寄箱三只,本拟四只,因箱作大改,另有清单一封,到时照点。此处天时非风即雾,刻少暖,均平安。联大人已启身,打箭炉过年,到藏须明年闰月前后,因带兵百名,不能快也。等语。外箱内裁料等单一封。早鹤孙过谈,因秦介人过难,伊世兄兆奎号聚五。来信,拟帮助银廿两,大众亦有帮分,可交纸扎带往。马永太、叶长青来禀辞,因嘱其谨慎一切。午后至园一踏,见飞鹤由北往南有八九只,仍作雁行,闻其冬日飞过者甚多,天热则少见矣,盖其性耐冷怕热如此。晚饭后由外院至东院登台一望。至洋务局,均到。晴。

二十一日(1 月 15 日) 早化臣回公事,大约有信,班禅可以回藏,实在交涉令人难揣摩也,奈何。午后至园,树已有细条变青色者,池水仍冻冰。王永福拿来真熊胆二枚,一大一极小,据云小者尤好,索价四十文,全留下,真者不易得也。晚饭后至东院,登台一望。到洋务局,均来,竹君未到。晴。

二十二日(1 月 16 日) 辰刻扫上房,去岁忘未扫,尘土多极。至圆花厅自独坐,极冷,放两火盆仍不暖,盖地上湿冷,且久未人去之过。约鹤孙来吃羊肉火锅杂面,伊川省生人,不然绍兴府此种吃法不能下咽也。因凉,烧酒饮之过多,回来甚不适。鹤孙复来商公事,化臣来持洋人信,给三寺喇嘛送照片,内有托佛保佑一切平安等语,可谓贼滑万分,大可笑。晚饭后至洋务局,均到。布克已具结,系土耳其字,番字、汉字暂存案,俟入奏。谈起岑云阶制军笑话,不一而足。晴,略风。

二十三日(1 月 17 日) 早将书槅子收拾,又一年矣,可谓懒极,一笑。化臣来回,噶厦因闻班禅欲回藏,可否遣人迎接?告以可接,本大臣亦札饬靖西、后藏往迎并沿途照料,遂赶紧办扎讫。晚饭后亲身至厨房祀灶神，各处亦然，均有鞭炮声。在头炮后，然无糖，只得以芙蓉糕、炸中果等代之，殊可笑。晴。

二十四日(1月18日) 早无事，化臣来回公事，仍收拾书桌等件。饭后布克来谢恩，赏其百金，买粮米活其九十余人，其像颇好，身材极大，惟穿靴似洋人又不似洋人，看着甚笨。伊戴三品花翎帽子，然无辫子，颇可笑。传话亦甚难，汉话须成番话，番话又成蒙古话，伊方懂得。晚饭后过洋务局，均到，惠臣未来。送少韩、小谨、竹君各活羊一只，见皆道谢。半阴晴。

二十五日(1月19日) 早无事。昨日竹君拿来碧玺帽花一块，尚是旧坑，重二钱三分上下，索价二百五十藏钱，合一百余换，因留之，尚不至比京内行情太离奇也。午后至园一踏，见该班兵两小娃子在冰上玩耍，皆藏内所生，不穿裤子，冰上来往爬，头上尚有热汗，可谓结实。化臣送到洋人照藏内山水人物一大册，有十几斤重，皆系布与厚纸所成，坚实固属坚实，谓之不笨，则未敢奉承也。晚饭后过洋务局，均到，惠臣未来。竹君谈及音乐，文庙中瑟乃五十二弦，弹时须挪柱取音，所谓胶柱鼓瑟，即言其柱不挪不能成声，今始知此语之真解。与鹤孙言及学问之道，无尽也。晴。

二十六日(1月20日) 早即纷纷送年礼，竹君送藏图一张，乃布达拉山一面横披，甚有趣。王永福拿来本地烧土罐、土瓶等十件，皆按古样，据云唐文成公主在此所留样范，未知然否？索价六文，如可带到内地，亦可见古陶器之一斑。午后无事，晚饭后到洋务局，均到，惠臣未来，小瑾谈及离其住村有居姓百户余人，以烧窑为业，本处人不准其考试，云系时迁后人，恐不典，可笑。晴。

廿七日(1月21日) 早无事，将得来洋食物罐分送鹤孙、少韩、小瑾，饽饽等物分给内外家人等。鹤孙来送洋照布达山竖条壹，甚好，可悬柱，不俗。午后收拾书案等处，尘土多极，抽屉内竟至有土多厚，虽北方干燥，尚不至此。晚饭后过洋务局，均到，接那琴轩相国来信，由靖西寄到，前汇去千金，已交寿蓉，有收条。京内均安静，中日约章尚未定。藏事因唐少川进京，深知其难。荩臣言语不清，难望好。叙斋、仲路均好，仲与袁慰帅颇相得。晴，午后大风。

廿八日(1 月 22 日) 早无事看书，到鹤孙屋，因初次粮台送礼，折算计数目已满二年，至年底为满，由明年正月起支，真光阴似箭，至此已二年零数日矣。午后看书，噶伦、佛公等送佛尊贺年，并羊腔、糌粑、酥油等物，照章收之赏之而已。此地不似过年，甚觉寂寞，不过汉人达木贴年对，番子又差一月，彼过年仅止跳绳耍，亦无闹热。晚饭后过洋务局，均到，惠臣未来。晴，午后大风。

二十九日(1 月 23 日) 早至鹤孙屋内，接外部电两件，一因交赔款派商上随同办理；一因班禅张憩伯处请旨免其置议。化臣、海山午后来回公事，金夷情颇代阿苏父子说话，未免糊涂。令化臣致信以详细告之，再听如何。永安寺因昨日送年礼未知，今特补送长寿佛一尊，系古佛，与后藏所送无异，未有五佛冠，甚是也。晚饭后过洋务局，均到，闻少韩云，番经以夹噶尔为真，造佛亦为古，此处实为天竺，即如来佛所生之地。藏中乃宗噶佛创立，经已重翻一道，稍有意义，如夹噶尔真经，非熟于内典不明也。前说陀罗经飞入上色拉寺，即由夹噶尔而来。晴，风。

三十日(1 月 24 日) 早间无事。午后即放众人赏耗，约需一百卅余金，谢赏者有一头至五头，男女齐来，学生亦在其内，一人不过一文钱，内赏吉羊、姿住麻、喜洛、莲芳、娥珠，并代娥珠给吉羊，均照去岁，裁缝作衣者廿文，作木碗套者十文，若论活计，不值一赏也，一笑。化臣、海山来行礼，并回公事。晚饭后过头炮，恭谒家庙，关帝前九叩礼，药王前六叩礼，马王前六叩礼，丹达王、署神、井神、瓦合神前六叩礼，文昌帝君前九叩礼，灶神前六叩礼。进内，鹤孙来辞岁，韵姑娘等来辞岁，家人、巡捕、程、王二人而已。郭什哈均来辞岁。白天汉番文武来者，俱道乏，未见。半阴晴。

光绪三十二年岁次丙午正月初一日(1 月 25 日) 辰刻恭谒扎什城万寿宫行礼，关帝庙行礼，城隍庙朝行礼，大招万岁牌如来佛前行礼，丹达庙吕祖前行礼，家庙委员行礼。回署，朝上望祠堂行礼。众汉番文武拜年，均见。佛保来，给其红荷包一枚，装其藏钱四枚，实无别物，殊可笑。王永福、程铭珍小孩俱来，长寿保、妖尼亦来，每人赏二文，永福小孩多两个橘子而已。饭后午刻恭谒布达拉山圣容，前行礼，有新塑观音像在殿西南角，与人身相等，其左臂之上花中镶一螺壳，似珍珠，色甚难得，其余珠宝极多，颇庄严。至磨盘山关帝庙行礼，未到前即起大风，走布达拉山前，正遇象赴泉池饮水，骡马竟见之不惊，或看惯耶，或欺其小耶，不可解。化臣来回公事。晚饭后至鹤孙屋内闲谈。晴，午后大风，灯后住。

初二日(1月26日) 早看书，至后院一徘徊。午饭后至各处谢步，拜年均未见，虽鹤孙同院亦躲避，可发一笑。无事将佛桌掸扫，有挪至槅子上，座子摆不开矣。晚饭后到洋务局，彼此一安，惠臣未来，竹君备元宵，每人一碗，因想起四大天王吃元宵，大家大笑。晴，午后大风，灯后住。

初三日(1月27日) 早起甚冷，既非阴天，又未起风，令人不解。午后少韩、鹤孙来商酌札噶厦文底，并略谈。至园闲踏，杨柳皆含叶苞，且露青意，池冰有薄有厚处，分别向阳背阴，然大毛衣尚未能脱下。无事看书，觉倦甚，略睡，醒后不适，因饮烧酒两杯，少好。晚饭后过洋务局，均到谈。晴，午后风旋住。

初四日(1月28日) 早间无事看书，将《地理问答》又看一遍，书尚详备，不过耶稣教话，触目讨厌耳。午亦无事，化臣来回明日噶勒丹池巴欲来，有面议事件。晚饭后过洋务局，均到，惠臣未来。晴，微风。

初五日(1月29日) 昨日廓尔喀换班学生巫怀清、黄名杨，差弁刘光荣并兵丁等禀辞，明日走。早化臣来回公事，伊京妻明日由南路回京，遣娥珠往送之，因老左多病，令其一同回去。午后噶勒丹池巴来见，因遣赛䌹噶布伦彭措汪垫赴印度办理交初次赔款，欲请派李海山同行，告以种种不便，只有遣科房中通晓汉番文者同往，渠亦颇以为然，略谈，并送古观音佛像、哈达各件，将熏烟送给两筒二包。晚饭后过洋务局，奉到九月廿六日批折回，并兵部咨送前次损坏报匣一个，文书甚多。接到家信一封，合第安善，至格照片一片，已会走，话均会说，且能学卖东西声音。有余曜庭老哥代求资州观音签一纸，观音签第九十一签：愁眉展去笑容开，前程管取喜事来。一条路径如天阔，万般事物顺胸怀。条条大路，可向前行，失物等件，只管去寻。解曰：此卦前程显达之象，凡事亨通也。又许方伯知照发款文三件，约鹤孙面交之。微阴，晴。

初六日(1月30日)　早无事。午后布鲁克巴幔格拉国具禀将壬寅癸卯甲辰庆贺新春，派洛洽送年礼，绿布包小铜碗三个，每个装白米一撮，铜钱六个，布匹三包，内黄布绿布似冷布，尤薄，如口袋麻布两三块，白米十二包。在二堂传见，赏给褂料、佩刀、银牌、哈达，小娃子哈达、藏钱。拿送物件藏钱，遂将白米送少韩、竹君、小瑾各二包，送鹤孙铜碗一，铜钱六个，布匹一包，作玩意儿可也，实无用处。赏振勋、王顺铜钱各二枚。将覆联健侯再启底草出。晚饭后过洋务局，均到。半阴晴，阵风。

初七日(1月31日)　早化臣来，送家眷由关上回，闻路中颇有抢案，盖交界处哲孟雄、布鲁克巴、廓尔喀，番子究属何处人，查不出也，亦如内地交界处，中土通病也。午后给帮办联健侯写回信。鹤孙过屋一谈。晚饭后到洋务局，竹君、惠臣未到，将至格小像拿去，少韩、鹤孙谓其必有脾气，一笑。半阴晴。

初八日(2月1日)　早无事。午后至园一踏，闲时看书，惠臣处借来各省名胜楹联一本，蜀西云水散人选辑，不知为何如人。其中古今人皆有，挽联亦有，章法不齐，然联语实有佳者，且长联颇多，板片太坏，谅价值必廉也。晚饭后过洋务局，少韩未到。晴，微阴。

初九日(2月2日)　早化臣来回公事，派赴印度随番官办理赔款等事。译字房教习马永安、经书马正明来禀辞，十一日可以启程。午后至南门外桥上一望，河水皆干，每年须二月间才长水，见坝上有烧香者，两公公头尚揉糌粑，乌鸦竟贴近候馁之，内地万不敢也。晚饭后至洋务局，惠臣、竹君未到。闻赵季和以六路进兵香城桑披寺，因各处喇嘛皆服，惟此处不服，恐以力服人者，非心服也，并闻大营官已经逃，二营官则拘禁之，不知因何故也，俟再访之。晴，微阴。

初十日(2月3日) 午后化臣来，将西院所存账房拿来，放在楼上，渠因联大人到来，为早搬出，以便粮台收拾。晚饭后由外院转东院，登台一望。至洋务局，惠臣未到，众人谈及川省候补通判以至佐杂，竟有无告饿死者，亦可怜矣。晴，微阴，四山连日见雪。

十一日(2月4日) 早安罗藏娃来叩辞，拟十三日准可南去，随噶伦办理交款事件，嘱其诸事小心谨慎。化臣来回公事，有湘梅来信，班禅佛不日可以回后藏，并湘梅来禀叙此事，已启身往江孜，下站往接，已见班禅佛有递余信字，不知何说，交房译再说。金夷情来禀所派之案，略有头绪，可望了结。纳克书应三差番还，借口将巴雅尔三项派入。午后噶伦策丹汪曲来叩辞，嘱其一切须听张大人示谕，不可为洋人所愚，是为紧要。晚饭后过洋务局，竹君、惠臣未到，惠臣请假三日，闻系着凉，计泉亦病，亦云着凉，皆内热重外感风寒所致，闻外边时令颇不正也。半阴晴。

十二日(2月5日) 立春。早化臣来回公事，并班禅来文已到帕克里，不日到后藏，俟到后，将详细情形再行知照。午后王永福接江达外委牟占成来信，送到熊胆二枚，的系真的，价值未开，告以覆信令将价值开呈，并闻有野黄连、麝香，亦可找来，价须开明，不然不要。海山代画佛像，令蛮裁缝裱去，共两轴。伊云，凡佛像不能按画裱，盖画上长下短，佛像上短下长，此又多一闻知也。晚饭后过洋务局，惠臣请假未到。连日见月当头，人影不见，据云春日均如此，夏秋不然。晴，午后大风数阵，微阴。

十三日(2月6日) 早化臣回公事。午后莲芳拿珊瑚一小串十四枚，乃人托卖者，索价六十文，其大者比朝珠子大，不过有裂纹处，可收拾，系旧非新也。程巡捕送佛手片、天门冬糖制者一盘，佛手片尚见过，天门冬向未见入糖食也，据云广东所制，由印贩来。晚饭后至洋务局，均到，大家说鬼，姑妄听之而已。半阴晴。

十四日(2 月 7 日) 天觉干燥，内热外凉，人不适者多，真正(养)[氧]气少，洋人之论竟不差。午后至园一看，化臣来回公事，鹤孙早来。佛保亦抱来，大有趣，人若说话，竟知睄之，并爱看亮。晚饭后过洋务局，惠臣见好销假，少韩未到。昨日鹤孙谈及其业师徐子休孝廉，名炯，未中之前一年，因访友至川省城隍庙侧，甫至栅栏，见一小儿以为友人学生某，因呼之，问其先生在馆否？不答，躲入栅，后见其淘气，抚其头问之，亦不答，因揪其耳，待转其面看之，乃一白圆小脸嘴上两撇黑须，遂应手而灭，方知非人，然亦无他异，惟揪耳之手，通臂皆凉，旋亦好。晴。

十五日(2 月 8 日) 辰刻恭谒磨盘山关帝前行礼。昨夜胸间忽作痛，由积热所致，至一句钟后方睡着，早起亦不觉如何。鹤孙过屋一谈。午后无事，少韩处借来《三国志》看完，裴松之注甚多，是以看至三四月才完。少韩处送到元宵两色，馅子甚好，晚饭即食之尚有余，明早炸食可也。饭后至洋务局，惠臣未到。晴，晚间月甚朗。

十六日(2 月 9 日) 午饭时化臣来，喇嘛噶伦接达赖，本大病而去，到哈拉乌苏不能前进，于前路告假折回，离此两站，已在某招不起，现欲来藏，请示可否用轿抬回，告以因病不妨，非如寻常擅自乘轿也。天偶阴，忽凉忽热，不知如何方可无病，令人莫测。晚饭后过洋务局，均到。半阴晴。

十七日(2 月 10 日) 借少韩《镜花缘》复看之，古人谓开卷有益，其中药方颇为有用，因另录之。早为起晚，觉气下坠，总是食水之滞，冷暖皆不得宜也。午后无事看书，晚饭后洋务局一谈，少韩未到。莲芳拿来洋瓷小筒，蓝色，两个，十四文钱留之。阴多，晴少。

十八日(2 月 11 日) 巳初刻，化臣送来禧字，鞭炮齐鸣，番乐齐奏，例赏之。千把等道喜，达木亦来道喜，言为汉边事必要周旋，以别于番人也。遂登房一看，兵丁排队，禧字用亭子抬之，各官处皆送，询之，除禧字鞭炮本钱，一兵可分卅余文，亦生财之道也，一笑。午后鹤孙过谈，因在伊处看大珊瑚珠，可作佛头，特送来，捡之得三付，每付合廿一两六钱，皆系旧物，尚不难看，惟不甚匀，须改作。晚饭后过洋务局一谈，鹤孙未到，竹君云，此处珊瑚须一两五换。少韩云，此系极次者，如好的亦须八换，并不十分贱，然新者出，旧者颇觉便宜，非内地可比。半阴晴，四山雪冷。

十九日(2月12日) 辰刻升堂，开印大吉。午后过鹤孙屋内一谈。佛保竟能张大嘴笑，颇有趣。至园一踏，池水午后即开化，北西两池有气味，总因年久积污泥所致，南池竟不然，厨房(趋)[驱]鸭子往浴，浑身尽泥，以后谅可干净矣。晚饭后由外院转东院登台一望，马圈中羊(支)[只]产一小羊，颇有玩意，腿子甚高，初生羊皆如此。到洋务局，惠臣、少韩未到。晴，微风。

二十日(2月13日) 早起，连日咳嗽乃积热所致，今日较凉，似冬天，然亦不敢乱加衣服。王永福拿来两轴佛像，均裱得，经李海山手画得甚细，两轴相同，俱系如来佛上坐。又买来铜丝漏勺四把，系印度造，比前田德买来者细，价一文钱一把，田德所买一文钱三把，鹤孙过屋略谈，即送其一把，似玩意。晚饭后洋务局闲谈，惠臣未到。阴多，晴少。

二十一日(2月14日) 早至鹤孙屋内闲谈，少韩亦来商公事，在彼痛论藏事，目下无碍，以后实难设想。午后无事看书。晚饭后过洋务局一谈，均到。小谨云，家乡作小鱼，剖后用料酒、酱油泡半日，用油炸之后以糖醋一烹，即北方所谓酥鱼做法也。少韩云，松寿泉在此给属员下札子，有本大臣气壮山河等语，至今传为笑谈。晴。

二十二日(2月15日) 早鹤孙来商公事，惠臣来约廿五日在粮署晚饭，化臣来回公务。午后惠臣、鹤孙、化臣、海山来，因卫队兵丁在外打番人，且抢人物件，实属可恶，令其会同惠臣严责之，枷号示众，此种事不一而足，乃欺压番人非止一次，敢怒而不敢言，然怨毒于心，有不可问者。余谓祖宗深仁厚泽，庶民感恩戴德，毫无假借，惟中间官吏弁兵则枭鸷其行，豺虎其性，万不可改，不知自强从何而起，哀哉！踏至园内一看。晚饭后过洋务局，均到。半阴，略晴。

廿三日(2月16日) 早无事，借少韩《三国志》看完，《镜花缘》亦看完，均送回。其中所叙药方，另本存录，笔墨虽未见奇特，然可称渊博，不无可励后学，兼示劝惩。午后化臣、海山来，拉鲁佛公请见，遂在内便衣见之。因昨日兵丁闹事，总由该处所起，务祈从宽免革，恐其冻饿而毙，奉伊母命再三叩求，因许之从宽办理。走后闻其母教之，不管番边有理无理，不应同汉人口角，责其小娃子五百鞭子，已不能动。并令伊子佛公来此谢恩兼叩求，如求准自无说，不然不必回家矣，因此怕极。晚饭后过洋务局，均到。午后接仲路来信一封，并记。半阴晴。

二十四日(2月17日) 早过鹤孙处一谈。午后恭奉恩赏福字，大小荷包，银钱银锞，果品，食物等件。联健侯来函，将荷包、银钱锞、果品、食物已经按单恭领，以前均系到任后方领，与到任同谢恩，今则别开生面矣。文书随来者甚多，有锡清弼为瞻对文书信件，拟即函覆。买来梨子尚甜，似棠梨，皮作黑黄色，比橘子价昂，非北京，乃相返也。鹤孙送鸭子，系广东由南路来者，似板鸭，曾淹过，甚肥，神似团扇一柄，殊奇。晚饭后东院登台一看，转洋务局，均到。半阴晴，有风，晚更阴。

二十五日(2月18日) 早晤鹤孙送大荷包一对，银钱二个，找化臣来，面送小荷包一对，并望代交少韩小荷包一对，以承天恩赐福之意，且均有老亲，谊所当然耳。化臣拿来班禅照像一张，不著僧衣，换坎肩，戴小帽且戴眼镜，系在大镜前面，后面小帽垂一小辫，甚可笑。然彼之深意有在也。午后鹤孙、少韩来商公事。未初前同鹤孙、小瑾便衣至街市一踏，两面系货物摊，无可用，仅一文藏钱，买大锡匙一把，殊可笑。至郑脊子小洋货铺，拿来手镯、表、糖、烟锅、日晷等件，尚未定价。由二围杆、大围杆转至粮台，惠臣约晚饭，座中少韩、鹤孙、小瑾、化臣、海山，主客七人，竹君未到，找科房跳弦子，无赏耗。戌初步踏回署，灯下改札噶厦文底一件，为瞻对事，锡制军信底一件，马军门信底一件，同上。半阴晴，风。

廿六日(2月19日) 早起两眼皆红，鼻内流血，昨日所饮系鹿票洋酒，味甚苦，以为败火之物，不意为生火之物，幸连日食万应锭，不然火更胜矣。午后无事，恭奉十月廿二日批折回，并家信一封，由鹤孙交来振勋信内又一小封家信，知昌侄已得子矣，然信竟失落。晚饭后过洋务局，均到，惠臣亦来。晴，风，四山见雪，晚凉。

二十七日(2月20日) 早化臣来回明，已搬至大围杆公馆内，即从先恭勤兄因修理衙署所住之房，西院业清出，派人看守。午后色拉寺来验降魔杵，赏之。其所缠江卡撕下数条给佛保挂之，云小孩挂此，可止啼哭，是否无可考据，一笑。令王永福送还郑脊子镯子、表，买来洋烟嘴、糖，烟锅系铜的，可带入京城，有一烟嘴可灌水唏之，如水烟袋，想北京必有此物矣。洋定南针一木盒，北方曾见过。大小花洋铁碟，合钱大者一文四个，小者一文六个，不贵也。晚至洋务局，均到。闻联健侯将奏调委员某，县丞周和荣。因沿途招摇，将其交炉厅看管，甚奇。半阴晴，四山均雪。

廿八日(2月21日) 化臣、海山来，因瞻对久未禀覆，未审该噶厦是何打算，不得不申饬之。令请初六日前后禀上，亦只得暂候。鹤孙来商公事，少韩来，因噶伦禀称，在江孜为洋人所阻，即拟信致张憩伯，去函可问印督，此策丹汪曲乃接外部令交赔款之员，似不应洋官拦阻也。翠那送来橘子三匣，极小极酸，送给委员各一盘，闻香而已，例送之，例赏之。晚饭后过洋务局一谈，均到，鹤孙未去。昨夜极大风，半阴晴，大风。

二十九日(2月22日) 早鹤孙来，有公务，待签押，少韩留署内，早用饭。巳初二刻布达拉山请看步扎，便衣戴帽着靴。乘轿往，在大殿东楼上廊下设地座，颇得睄。先演兵队放火枪，据云即是古时洋队，颇斗趣，妇孺皆笑之。于地下铺一假虎皮，上以洋布另画一人，作带脚镣形在南，又一方褥在北，先有一大头和尚，始参见，继对楼而坐，旁侍两小孩作女妆，有二鬼，又有二(枯)[骷]髅鬼皆旁待，其中有各山神或龙头虎头，或牛头鹿头十数位先跳，白鬼四人鬓边有纸扇，面似女鬼，出时用白土洒人，众皆笑之，亦跳之。遂有似降神服者廿余人，称为天神。打头者，身有真珠缨络，此人甚劳，俟山神一齐复出，跳之最久，打头者将各种法器各铃杵剑米皆向画人施之，每念一断施一次法器，众人并山神皆随跳。北边则有掌鼓号等喇嘛在内念经，鼓号急徐，跳者随之，俟念完，独有一小鹿头，在画人或左右前后跳之，有时或坐以剑指之，其状甚乐。在正东烧一三腿油锅，油皆着成火，打头者用酒一碗泼之，火焰过房，将画人入锅焚化，复跳之，不审其究竟，遂回。到署申初二刻，晚饭后过鹤孙屋内闲谈，幸天气尚好，未起风，楼上看合藏内房屋，均在眼底，田内有放牛者，似羊大也，甚可观。半阴晴。

二月初一日(2月23日) 辰刻恭谒大招万岁牌前行礼，回署巳正。拉达克其公事内谓之拉达克桂森地方。缠头谒见，其礼节与廓尔喀相同，名萨朗。用手朝嘴掮之，所来头人大领衣服，帽子似红黑，帽子上尖，高有两顶，由中间折于右，满留发，或云内有小辫，靴子似踢死牛样，询其至此走多少日，实不过五十余天，沿路雇夫马竟至四个多月，所贩货五百多驮，不易行也。闻彼处有王子最信佛，日日烧香，然未到过藏地，向遣其头人来此，问其离帕米尔多远？据云一月程到藏，到帕里数则不知也。英人由南路常至彼国，俄人系在帕米尔驻扎，英人约章所指噶达克即此，俗谓拉他国亦即此也。拉达克称其为部长，布鲁克巴称为奔洛，均由大臣回赏，哈达二三，缎子二三。午后至园一踏，水微长，树木渐有青色。班禅遣人送年礼，收之赏之。班禅十五日回后藏，伊等十八日起身，无何信件，送礼照常事也。随冯瑜小通事别琫寺喇嘛，因办理布克事，传来赏之。鹤孙过屋商公事，晚饭后到洋务局，竹君未到，因昨日着凉。半阴晴，晚间大雾，稍远四山皆不见。

初二日(2月24日) 噶勒丹池巴前在惠臣处，托李海山面回，因打卦今年瘟疫过重，拟由今日起半月内禁止屠宰以禳解之，告以即照办理。辰刻，谒文昌庙、武侯祠、昭忠祠、龙神祠，春祀，回署。饭后巳正赴布达拉山，为番人元旦，跳斧钺三次，头次漫小孩持斧钺，二次漫空手抢，筵后三次急，又添出小孩，皆仰面一个压一个，并舞时小手抓扰，颇有趣，赏之。回署午正二刻。申初，便衣同少韩、鹤孙、竹君步踏至化臣处，约晚饭，沿途见有跳绳，两人扯一绳，东西相向，跳者亦东西向，随跳随走，未免可怕，跳不利则倒，此戏丫头小孩俱多。又有小孩携手围一圈，群歌之，歌后数跳，有一大者梳巴珠，手持一皮条上安玲，比跳弦子者略大，随跳步抖之，在化臣楼上亦看之许久，据云非新手，无此戏也。乃别开生面，亦有趣。预备跳弦子，在楼下晚入席，前面街上唱搭者歌之，后面弦者歌之，余谓的碻音尊，一笑。后步踏回署，戌正一刻。晴，微阴，风。

初三日（2月25日） 辰刻恭谒文昌庙，圣诞祭祀，回时给噶勒丹池巴道年喜，公所给佛公、番官等谢步，回署。过鹤孙屋内，因病未站香班，满面火气，外寒内热而已。早起右腰痛，两腰皆起小疙瘩，如粟，甚痒，总因水饮过多，湿热所致。午后山上送来羊头、羊肉、果子等物，询之，乃昨日达赖年，今日藏王年，年竟分过，甚奇。晚饭后过洋务局，均到，极大风，不能睁目，满嘴飞沙。前晤噶尔丹池巴，据云此地宜风，不然庄稼吃亏。晴，微阴，午后起风。

初四日（2月26日） 早起，晚腰仍痛，比昨日略好。午后铁棒喇嘛等来谒，嘱其好好尽心当差，去年办理极好，仍要照旧。鹤孙来略谈，化臣来送橘子番点心，媚柳并送娥珠一小盒，谈起街上大围杆，未起大风前竟至倒下，摔为三截，且砸过路五人，或云三人。皆因躲不及，幸不甚重，均腰脚上，传云此物关系达赖，主不祥之兆，未审如何？然以前多行不义，恐难逃天网也。伊两兄均故，皆曾讹人，以致不能永年，亦可畏矣。四五点钟极大风，与昨夜相等。晚饭后过鹤孙屋内闲谈。读《古文雅正·董子贤良策三》，有曰：故王者有改制之名，亡变道之实，夏上忠、殷上敬，周上文者所继之，救当用此也。晴，半阴，极大风，灯后一阵，一阵不大。

初五日（2月27日） 早无事。午后至园一踏，冰皆化，南池泉水已动，北池有黄鸭飞来，东池尚有薄冰一块，不过数分厚。地有冒水处，苍蝇亦见，天时软暖，屋内火盆皆撤去。午后大风，近山均看不见，满院黄沙，以为攒招妖精皆来听经，番子语也，可发一笑。早至东院登台一看。昨日吉祥得小孩，今日喇嘛念经且烧香，询之，乃其兄某喇嘛如此作为，想因亲谊当尽也，一笑。晚饭后过洋务局，均到。晴，大风，天地皆暗。

初六日(2月28日) 写家信一小封，内写初八日，随初九日折差走。昌格之子起名广裕，另给其写信。蓉格不必给钱，那中堂、溥六大人来信，前寄千金，已交小石桥姨太太，有蓉格收条，除用有余，可买衣服。大妞妞丫头可梳头，甚好。小妞妞可买洋字本带画，慢慢教之。洋人云，嘴内有字，即可认字，另试之。珊瑚朝珠恐买贵，不如留钱置地。溥六大人得四万，二大三。万未令当差。京内浮华恐坏，老年亦打算乡间住所。要狐皮坎肩、狼皮褥，无人可带。腊底三年任满，如回京一切物件自然均带回，此地川省皆难久居，不如珍五妙也。等语。此信封入振勋信内，刘化臣来回公事。田德夫妇抱其小儿来，起名长儿，孩子甚为结实，然生得甚丑，易养活也。晚饭后，由前院转东院登台一望，问插五色玛密旗，旗有何取意？永福云，蓝色是天，黄色是地，白色是云，红色是山，绿色是水，一年至年节一换，敬各神之意耳。转洋务局，均到，惠臣、化臣冠戴而来，攒招查街均安静。晴，微风。

初七日(3月1日) 又写信一封，内写初八日，随初九日折差走。纸扎差马永太、叶长清带箱三只，未必走的快，须三月底可到。正月初五日接家信一封，家内均好。至格照相一张，必主聪明，委员都说大了有脾气，可笑。余太爷求观音签，见余六太太道谢。翠翎管曾于九月初十日写信已收到。蓉格、昌格信，俟问明周大人再寄。曾有银款于冬月交，想已收到。藩台知照领款文三件，已照收，刘太太已有喜，由南路回京，左厨子亦随去，因多病，又正月廿六日接家信一封，余生日范、余太太送影戏，余老太爷亲到，更不安，并有邻居臧大老爷、太太亦去，不知行号，诸亲友见时，均请安道谢。知前寄一百四十两已收到，今寄永聚兴票兑银七十两，均系家人节赏，三月内可交。藏内均好，连日大风尘土，难过。联大人在炉厅，有要回去坐火轮船之说，未知能行否？唐大人已回京当差，现换张大人，荫棠。彼此说得来。又给昌侄寄一信，内初八日托鹤孙代寄。略叙接省家信，知有汝并蓉弟信，因失落复问之，近得信知汝得子，请命名，因名广裕，以广字派，取其多，裕字取裕后富贵之意，给汝夫妇道喜。此处安好，自汝四伯父过去，公事亦累心，且灰心，今年任满，看圣恩如能回京置闲散，于愿足矣。以后来信可径至藏，勿庸到川省，免周折，问合家好。等语。午后找鹤孙将信交给转寄，佛保来竟欲说笑，相甚好，颇有玩意。至园一踏，并至西院一看。晚饭后到东院看马，至洋务局，均到。晴。

初八日(3月2日)　化臣、海山来，有噶厦因瞻对拟得交出条款，先请一看，令其译出再说。午后王永福拿来洋绦子，乃丝与羽毛所成，留三板。每板十四元半。田德拿来洋缎，黑色似有羽毛在内，姑留三方，每方十一元。俟到内地比较再说。此地竟有货此者，想开通风气之一端也，哈哈。晚饭后至外院转东院，登台一看，至洋务局，均到，竹君未来。闻去年九、十月间里塘营官引营勇至香城，全军覆没，是以有打香城之说。晴。

初九日(3月3日)　辰刻恭谒观音阁、丹达庙、吕祖殿、瓦合祠，行春祭礼，回署。饭后午正拜发福字等恩赏合璧谢折，并哈萨克逃藏回民布克等请饬甘肃巡抚收回游牧折。化臣来面回，营中送牌匾，特来禀知。少韩、鹤孙来商公事，闻番人聪本即商人。来信，因里、巴塘平后，马军门、赵观察已饬知番众各安本业，不意忽然复行杀起，穷番只得逃往小路，凡聪本所贩茶叶，均行抢尽。刻下来信即为此节，恐茶叶未克即时到藏，亦阻此地商人著往东路，不知是否的确，然联健侯不能振策，拟欲乘槎，或为此也。晚饭后过鹤孙屋内闲谈，闻川省人情官不一而足。晴。

初十日(3月4日)　早无事，午后化臣来，拟看番子枪箭，即在拉鲁佛公墙外，渠再三托化臣来说，务请至彼早晚饭，因告以早去，先在帐房一看，在彼用早饭则可，晚饭千万莫预备，盖整日未免搅扰太过。至外院遇鹤孙、竹君立谈。晚饭后过洋务局，均到，鹤孙未来。惠臣、化臣因弹压市面销差，谈及有喇嘛与喇嘛相斗，竟持刀将膀臂几乎砍下，已拿着数人，尚有逃走者，已饬人缉之，闻说不敢教院得知也，只好听之。晴。

十一日(3月5日) 噶布伦等带来卧克纳送到照印藏图两本，拟信谢之，与化臣前送者相同。早鹤孙过谈。饭后，噶勒丹池巴洛布藏坚参，玉托噶布伦彭错汪垫，擦绒噶布伦汪曲结布，商上大中译等，增曲结错、珍尼玛二喇嘛，均谒见，将前具拟底交还，复将收瞻利害开诚详为说之，均应允过数日再为具禀。晚饭后至洋务局，均到。晴。

十二日(3月6日) 早间接家信一封，公馆一切平安，外有清单一件，带来若多吃食罐子，必至大糟，可发一笑。午后至园一踏，遣冯瑜至大招，因噶勒丹池巴今日攒招散钱，此本地僧家，以为极大喜事，送其大哈达三方，小哈达五方，曼达一分，系酥油所作，如手指形，不过五两蛮银，不可解。冯瑜回时，带回大哈达二方，又不可解，并有赏耗，闻其甚以为乐。晚饭后至洋务局，均到，惠臣亦来。半阴晴，午后极大风。

十三日(3月7日) 早鹤孙略谈。午后李粮务梦弼在外签押房见，谈及册报以意为之，且来禀所陈款目，均有不实不尽，遂大申饬严骂之，其无耻匪可言喻，真是不知爱好至于极处。至鹤孙屋内一谈，派往江孜回差张天衢、任鹏举禀到，边界尚称安谧，闻打香城因藏前逆喇嘛在桑披寺，令其交出，反出言不逊，是以战办之。晚饭后到洋务局，均到，惠臣、化臣亦来，将见李梦弼申饬语皆告之惠臣。半阴晴。

十四日(3月8日) 昨夜雪有二寸厚，相传冬日无雪，每番人灯节多见，过此则无，惟候雨矣。十六日为其灯节，信不诬也。借余鹤孙《古文雅正》读讫。据四库简明按语，蔡世远号闻之，谥文勤。录汉至元文二百三十六篇，有关学术治道之大旨，出于文章正宗，不费修词之工，余细维之，系主宋学，于性理湛深，文以载道是其命意。有高安朱轼谥文端。序，相山张廷玉谥文和，文端英子。序，漳浦蔡世远安溪李文贞光地之门生。自序。朱序当湖陆氏有《国策去毒》未见过，又云侯官林西仲选《析义》四集，嗜漆园为千古至人至文。不可解。早午无事，晚饭后过洋务局，均到，惠臣、化臣亦来销巡查差。闻惠臣云，有汉人抢番子钱，伊责之，失钱者反代求情，言修好不忍如此，真朴实也。半阴晴。

十五日(3月9日) 辰刻恭谒磨盘山关帝庙行香。午后至园闲踏，甚有凉风，屋内看书觉不适，痛打涕喷，因上楼晒暖，见廓拉路上人不断绝。晚饭痛饮烧酒，似略好，至南桥外坝子上一踏，转洋务局，均到。惠臣亦来。晴，微阴。

十六日(3月10日) 辰刻恭谒扎什城关帝庙、风云雷雨神祠、城隍庙，行春祀礼，来去路上喇嘛男妇老幼多极，皆侍立，看执事轿子，盖四乡人多有未见过者。午后鹤孙来持缘薄，乃刘总管、程巡捕所托，拟给城隍神出巡化座轿一乘，以前破烂不堪矣。因写二百藏钱，簿内有序一断，不通，可笑之极。园内登台一望，转小廓拉者不少，大廓拉不问可知，据云今日灯节，真佛必带真经而来，如转廓拉比寻常功德加数倍，可发一笑。今日请示观龙灯否？因前两年已去过，太乱，告以不去，闻散灯甚早。过洋务局，均到，鹤孙未来，惠臣、化臣查灯来销差。闻喇嘛噶伦因病问卜，系有冤鬼缠之，一笑。半阴晴。晚月色甚好。

十七日(3月11日) 早无事。午后化臣来，闻噶勒丹池巴于十九日欲来谒。至园一踏。晚饭后过洋务局，均到，惠臣亦来。闻竹君云，庚子后，康有为曾至湖北，将制藩等署使人埋炸药，几乎出大事。湖南北富有贵为票多极，盖取其富有四海、贵为天子之意。康有为之号长素，已无孔夫子，何有皇上，真正叛逆，可以传矣。梁启超闻在日本报馆，寓无定踪。半阴晴。

十八日(3月12日) 午后至园一踏。化臣去回公事，登房看四围树均有绿意，地下青草已发芽，天时并不见暖，想因四山雪未见化也。晚饭后至园，转东院至洋务局，均到，惠臣亦来。王永福拿来洋绒，留五十六方，宽一尺九寸价一元余，三方合元。晴，午后阴，灯后阴满。

十九日(3月13日) 辰刻恭谒磨盘山关帝庙，行春祀礼。饭后噶勒丹池巴来送礼道谢。因前次回拜年并攒招道喜，闻攒招内外施给及酥油、糌粑、茶叶、烧柴，并三大寺未来者，各项花销大小招计算，总在六十余万金。永安寺扎萨克喇嘛闻由库伦回，达赖喇嘛仍住库伦，拟明日来见。晚饭后过洋务局，小瑾、竹君到，余未到。闻化臣处因搬家挂哈达，今请去看跳弦子，惠臣、化臣查街来销差。晴，午后风。

二十日(3月14日) 早过鹤孙屋内谈。饭后，送达赖佛永安寺扎萨克喇嘛洛桑协珠由库伦回，达赖一切均好，因余在藏办理，合唐古特俱安静，俟回时面谢，并无别说，且告番边不准远迎，俟到哈拉乌苏再传之，免扰番民，此种办法颇是也。十一月初十日折奉批回，接文，联健侯欲由海道来藏，业奏明；乡城用兵，亦经清帅奏明；凤大臣请谥建祠，已恩准。晚饭后至洋务局，均到。晴，风。

廿一日(3月15日) 早至园，午后复至园，令本院乌拉男女将后池等挑挖边上积土，树木活者不过一半，因去年雨水过多之意。晚饭后至洋务局，均到，鹤孙未去。半晴阴。

廿二日(3月16日) 早恩粮务、刘统领销萧曹庙、三光庙、财神庙祭祀差。鹤孙来，前因噶勒丹池巴攒招，曾贺其二金，今送其江卡一个给佛保，并给起名罗桑顿柱，盖派其徒众名字，已收入门墙矣，有趣。早午至园两次，看挑挖池子。晚饭后头门内转东院到洋务局，均至，惠臣亦来。晴。

二十三日(3月17日) 早至园看挖池，水甚见长。午后化臣来回公务，复至园看下棚，在布达拉山前署西北，登台即可望见，东郭尔为带兵官，至大招听铁棒喇嘛教训，回时在帐棚内复教训，其下兵丁等不过弓箭枪马，必须熟习等语。然必须大世家，此举须赔钱，盖须丰于赏耗及酡饭种种，适看其由大招回。晚饭后复至园，众人将散。先达木八旗协领骑大马佩弓箭，并佐领均黄衣，其余骁骑校香色衣，马头均缠以绸布，五色俱备。后过东郭尔，亦黄衣有花，其跟随小娃子，或蓝花衣或黄衣，亦佩弓箭，马亦如前，观者数万人。后有六个丫头，名曰倒酡者，应须世家自有，如无，亦有雇者。步行而回，前后跟看闹热者成群，然必须貌美者充之。衣服头面皆非常之阔，见一拱上头大小珍珠不计其数，身上金丝缎在内，外罩以五色福儿缎翠朝珠，一身可值万金，其余五巴珠均系珊瑚松石，中处以真珠，帽顶如一圆盖，每身亦值万金，不如此，则耻笑之。今日谓之下棚。转洋务局，均到，惠臣、化臣亦来，因粮台交代，派化臣并添李海山催之。晴，微阴。

二十四日(3月18日)　早鹤孙过我闲谈，并送来小圆糌粑，佛二尊，如指盖大。系后藏所得，可作护身，并可治病服之。同鹤孙至东院看台，少韩亦到，系番人扎什城点兵，由署前东辕门南门外特绕此，皆系一对对马队，各带弓箭背鸟枪，手持一铁枪，以各色绸布缠之头上，如插翎扇一柄，系孔雀翎作，身穿盔甲，马头尾亦以各色绸布缠之，且带串铃，有黄衣者前后照应，似队长之流，略有千人后随。昨日两带兵官，询之，一为玛子噶伦之孙，一为公戴本之子，随从仍系昨日各小娃子。今日谓之扎什城点兵。午后无事，晚饭后至园一踏，因背土垫路，至后门外一望，见种萝卜，先堆土冈，复摆之，皆戳小坑，每坑种子二，笨极。转洋务局，均到，惠臣亦来。晴，风，微阴。

廿五日(3月19日)　早无事。午后微雪，极小。至东院看烧草堆，元坝上僧俗男女甚多，因四山已雪，风甚凉，赶紧回来。遂闻枪声，后闻炮声打牛头山，名曰扬兵打炮。晚饭后，外院转东院至洋务局，鹤孙、竹君未到，惠臣、化臣到，两人均接丁乡约递呈，因其儿媳再嫁李金柱已离，又欲嫁李光宇，出而拦阻，因教门不可嫁汉人，实属多事，为财也，一笑。阴多，晴少。

廿六日(3月20日)　卯正，今日明日均乘轿，便衣靴帽前往。由署至大招，进旁角门，登三层楼，临窗设座，先有喇嘛吹号往东迎佛，执事甚多。噶勒丹池巴步行擎黄伞罩之，前有仲郭尔用藏香导引，至讲经台前坐马扎上念经，旁有降神护法，假象、真象俱出，少时弥勒佛驾到，用辇载之，系有佛冠站像，前后在辇上喇嘛五人，拉辇喇嘛数十人，沿途挂哈达者甚多。俟驾过，池巴佛亦步行随后而去，在座前楼下先设白毡一块，黑石头子一个，重二百斤上下，随人抱起，绕毡三匝，为上等，其次或抱起或抱不起为下等，上等以大哈达，下等以小哈达，赏之。然抱之实不易，并无抠手，且极滑，殊可笑。随时听琉璃桥炮响，跑人跑马者来矣，马均有鞍无镫，大半有镫是仲郭尔。有骑人者或穿豹皮、鹿皮大褂，甚可笑。不骑人者在内大跑，两旁喇嘛以披草乱吓之，竟至撞人以为乐，人则赤身赤足，头上各色花帽似饿鬼。肩上有各色披肩，腰下围一布，前后飞跑，人马须到工部堂，大半人均爬而不起，路有数十里也。白毡前俟抱石后，二赤身人尽有半截裤子贯跤，乃达木八旗人，其协领等官均坐于旁，一对一对贯毕，胜者赏之，尚有蒙古风俗。后有本处番子，赤身满抹酥油，贼亮非常，太可笑，用一布前后裆遮盖而已，亦贯跤，多有不分胜负，因滑极，彼此抓不住也。今日名弥勒佛出驾，跑人跑马，立刻散招，辰正回署，铁棒喇嘛销差，见之赏之。午后化臣、海山来回公事，拉鲁佛公太夫人拿哈达来请娥珠，应其明日必往。晚饭后过园一踏，转东院至洋务局，均到，少韩未来。晴，半阴，微风，甚冷。

二十七日(3月21日) 辰正余赴拉鲁下番帐房，噶伦见礼后，递酥茶进果桌毕，按排下马，每排或廿余名，或十余名以及数名，盖分其差使大小世家新旧出人，人均盔甲，各色衬衣不等，先打靶，一火枪后射靶一，马箭、枪箭靶离甚近，枪中者多，箭中者少，每一排完，到大臣、噶伦处领赏，不过每人二条哈达而已，余并格外赏壹樍茶，廿两银，惟领队者系两箭，不打枪，领赏则一也。看至巳正余，至小佛公处早饭，复在其楼上看之，分左右翼，亦如内地，完时达木十名射马箭，仲郭尔射马箭亦领赏，末后噶伦食蛮饭，将肉片之，赐与左右，皆摘帽谢之，大有古意。散时申正余，佛公坚留晚饭，只得扰之，赏其下人二十金，回署灯后戌初矣。娥珠、媚柳均去，亦早去，灯后回，今日谓之纵校跑马箭。晴，微风。

二十八日(3月22日) 今日拉鲁纵校射远箭，噶伦等请示是否前往，闻说并无意味，复之不去。早过鹤孙屋内略谈。午后化臣、鹤孙来，为公务。晚饭后出南门外一踏，看柳树，番人会刻佛像，番子生财之道也。转在印房后井边一看，至洋务局，均到。晴。

二十九日(3月23日) 早无事。午后化臣来商酌公事，程巡捕拿来南路所出石子，大者如鸽卵，小者如雀卵，作墨白绿三色，留一大四小，价二文，的确藏内出。晚饭后觉心跳，必是脾热，万无心跳之理，过鹤孙处一谈。晴，晚阴。

三十日(3月24日) 早无事。午后看书，将《古文观止》读讫，究竟才气文章多，且左国至明文亦可看，文章递降，风气之不同。现以《唐诗别裁》消遣，要以沈归愚先生惟正宗，不过稍有沾滞处，王渔洋先生以禅论诗已差，袁子才论诗主性情，开不读书之法门，亦非是也。晚饭后至园一游，东院转洋务局，均到。晴。

三月初一日(3月25日) 辰刻恭谒大招万岁牌前行礼，见有喇嘛多人坐满廊下、院内，询之，乃别蚌寺照例唪经，上座系一小喇嘛，不过十二三岁，为某寺胡图克图，请来此日掌教，殊有趣。午后派署靖西千总张天衢，前藏千总张崇崙，饬其尽心当差，莫尽在钱上惦着，不顾公事，因二人谢扎叩见也。晚饭后至园一踏，转东院，均登台一望，至洋务局，均到，与小瑾谈，常州府无骡子，秃尾马竟认为骡子，因来此方认明，可发一笑。半阴晴。

初二日(3月26日) 早无事看书，署江达外委张福太交卸，询其路上，鹿马岭雪甚大，颇不易行，闻嘉玉桥已修妥。午后亦无事，晚饭后化臣来，因前藏交代，其本藏归外销者略有头绪，至洋务局，均到。晴。

初三日(3月27日) 早鹤孙来略谈。午后十一月廿七日具奏折件奉批回，保案单未奉回，折片奉旨：该衙门议奏单片并发。钦此。

化臣来，接高玉贵信，联大人仍须振策，不得乘槎，系二月初七日奉旨。鹤孙复来略谈，晚饭后至洋务局，均到，惠臣亦来。竹君接联大人札文信件，是由东路来。阅邸钞，倜逡斋因差使懒惰，开去副都统。晴。

初四日(3月28日) 早无事，鹤孙来略谈，午后看报而已。晚饭后至园，登台一望，转东院，院内及东院杏花已开数朵，到洋务局，均到。鹤孙谈及四川有出灯迷者，面子本不好，系弑父二字，有人猜宰我，出迷者大怒，几乎挥拳，大为可笑。报中有名向日葵，系四川拣选知县，贵州贵筑县人，号藿忱，名甚奇，亦可笑。昨夜见北斗，二月底见，闻四月又不见。晴，晚阴。

初五日(3月29日) 见《成都日报》，翰林院掌院学士孙，代奏编修许邓起枢《条陈学务折》，其议论颇有识见，殊可佩服，其名四字颇奇，许邓似非复姓，即查搢绅，的系四字，号仲期，戊戌翰林，湖南湘乡县人。早午无事看书，晚饭后至园，转东院至洋务局，均到。晴。

初六日(3月30日) 午后化臣来，交张憩伯来函，噶伦始为洋人挡住后，经知照已赴大吉岭，且遣税司韩德森沿途照料一切，并到噶里古达时，可以代找住处等语。又接南山教读等来禀，谢年赏钱文，大作四六，殊堪捧腹，有甘棠遗爱等语。至园一踏，三池泉水甚旺，北池过西池桥下，小孩用泥石搭三小桥，甚可笑。晚饭过洋务局，均到，惠臣亦来，谈及粮署供有红菩萨，如内地之土地神，此人系喇嘛，因朱尔默忒造反时，令其随入，伊以内地强胜不随，后将其剥皮，迨平定后，众以神尊之，拟挂一匾，请代酌四字，余以“流芳千古”四字告之。闻修房等事，须喇嘛打卦方修，可笑。晴。

初七日(3月31日) 早无事，午后永福拿来天马皮，细捡之，背多肷少，然价甚廉，四文半一张。鹤孙来会，貂皮一张，据云系蒙古地方所出，比之印藏貂，余买之不过三文半一张，此索价十六文，未免欺人。晚饭后至后园，闻程巡捕云，有卖蛇角者，真闻所未闻，索价甚昂，据说别蚌子已给百文，恐不可信。转洋务局，均到。前联大人有文到藏，定于今日启行。晴。

初八日(4月1日) 早无事。午后鹤孙过，略谈。连日因无事，作一花筹带酒筹，引唐人句得六十二签，实无聊之极思。晚饭后至园一踏，登台远眺，布达拉山前草坝上已青矣，然中毛皮袄、大毛马甲尚不能脱，转洋务局，均到，回时起大风。晴，灯后大风。

初九日(4月2日) 早无事。午后化臣来，接到湘梅信，有署中闹鬼之语，太觉可笑。鹤孙送橘子羹，不想边地竟尝此味，与其廊下立谈，竟觉甚冷，见东北后山皆有大雪，且有风，无怪其凉如此。晚饭后过洋务局，均到，惠臣亦来。晴，冷。

初十日(4月3日) 早无事，作花筹酒筹。午后过鹤孙屋内，倩其斟酌，大有张文达公自云顽皮不用心之意，可发一笑。晚饭后由外院转东院登台一望，东北山雪，仍未化，较冷，至洋务局，均到，惠臣亦到。半阴晴。

十一日(4月4日) 早将花酒筹交鹤孙再为斟酌，伊又添出酒筹中若许条款，大为可笑，已定妥，令人誊出，再写签子。程巡捕将大招前唐碑搨来三份，皆模糊不清，本碑已经剥落，加以风高，随搨随干，不易施墨故也。晚饭后到后院闲踏，由东院转洋务局，与少韩、小瑾谈，鹤孙、竹君未到。半阴晴。

十二日(4月5日) 写家信一封，内写十四日，系十五日折差带走。内略叙二月十二日接家信，知合家好，粮米贱，穷人可有饭吃，甚可喜。另单《桃花扇》《花月痕》《儒林外史》不在禁书，想铺内欲昂价故也，俟便再带。并铁盒食物，并振勋铁盒布包，俟到，按单收，然高玉贵扎拉匪恐一时不能到，因夫马不便也。前伊等有信已到炉厅，联大人意由海路来，曾奏明，现又扎拉里备夫马，想必奉旨不准，挨骂矣，虽未见知照，想必如此，人不可不谨慎也。前二月初八日一信，去年腊月廿日马永太、叶长清因领纸扎带去信并箱三只，给至格玩意，此处算极好的，谅两信俱收到。至格必会说会笑会要矣，实惦念。等语。午后至园一踏，因鹤病，令其至后园，看光景未必能活矣。惠臣、化臣、海山来，因丁乡约与李光宇打官司，现经调处完案，特来面回。晚饭后转外院东院登台一望，至洋务局，均到。半阴晴，早晴晚阴。

十三日(4月6日) 早至东院登台看城隍神出巡，由南来，进西辕门，出东院门，前有十二象带枷，有判官土地等皆骑马，院上郭什哈骑兵摆对，今日乃清明，七月、十月亦然，似内地厉坛。永福来，云鹤已死，命埋于北林之北，饭后往看之。午初细雪霰，南北近山亦见雪，申初雪已飘扬，虽不甚大，然节届清明，余谓清明时节雪纷纷，亦一奇也。晚饭后又至园一踏，看北山云起山头，罩雪上，颇得景，衬以青草地，内地难见也。转东院又登台一望，觉凉风甚重，至洋务局，均到，惠臣亦来。晚回，月色清朗，似初过雨之意。半晴，阴雪。

十四日(4月7日) 昨因鹤故，令王永福南门外刻石者，找青石板一小方，用朱书，亦古人书丹之意。其辞曰："有质为禽，无质为仙，丙午春暮，以纪月年，汉南朔客题瘗鹤塚。"即令拿去刻之，不知成何样范也，一笑。午后永福来，已刻成，遂竖之，可谓迅速之至。新委拉里粮务孙玉甫兆麟，行二。禀到，系陕西沔县人，卅一岁，已留须，廪贡生。前故粮务李玉辉楷，浙江山阴县人，后藏调拉里。之子李家耀，昨日禀到，送其父灵柩回川，因助其百金，各委员均有所助，闻营内亦由化臣代为吹嘘，亦有帮分，此系后藏停放多年，幸湘梅一力维持，其子肯在此守之，亦颇可取，尚有伊三个胞兄，将省中领款，早经用去，可恶之至。到园一踏，晚饭后过洋务局，均到，谈。半阴晴。

十五日(4月8日) 辰刻染貂帽，灰鼠马褂，金银肷袍，早尚凉。恭谒磨盘山关帝庙行香，回时拜玉甫孙粮务。午刻拜发班禅印度回代奏恭谢天恩，并进哈达佛匣一折，又班禅赴印度并沿途到印各情形一片。无事看书，觉甚倦。晚饭后至后园一踏，转洋务局，均到，竹君未到。晴。

十六日(4月9日) 早无事，牙忽作痛，在右边，上下皆然，浮火也。午后看书而已，早并到鹤孙屋略谈。晚饭后至园闲踏，且登台一望，转洋务局，均到。惠臣亦来闲谈，各处闹鬼，竟非飘渺之事，西署亦颇闹热，并有各处迷人之鬼，闻城隍庙秦姓之妹，竟不知去向，此藏内常事也。晴。

十七日(4月10日) 早至鹤孙屋内谈，化臣亦来回公事，孙玉甫粮务来，在外签押房见。午后无事，程巡捕拿来搨大招前唐碑四套，并国朝满汉番三体碑一套，搨工未能深得法，且天燥模糊者多。晚饭后至园又进内，因天早少歇，至洋务局，均到。闻联健侯颇好吟诗，告程巡捕将园内所挂之诗即取下，将此处画换上为是，不然似《镜花缘》考之不了也，一笑。晴，甚热。

十八日(4月11日) 早起即热，换小毛皮袄，珍珠毛坎肩，不冷，至后园一踏，池水又见长。午后无事，连日仍倦，大半天气稍暖，人多如此。晚饭后由外院转东院登台一望，四围雾气甚重，到洋务局，均到。微风，晴。

十九日(4月12日) 早无事。午后化臣来回公事，并接到洋员惠德来信，托找貂皮，鹤孙来，将信交给，同化臣商酌，赶紧代其找妥送往。鹤孙送洋小带把酒杯一个，并有托碟，花样似仿中国青花白地，晚饭时即用其喝酡一斤。至后院转西院，出南门至桥上一看，下无水，据云攒小招后方放水，忽起风一阵，至洋务局，均到。半阴晴。

二十日(4月13日) 早无事。午后鹤孙、化臣来，因惠德托购貂皮，一时恐难觅得，只好便中先函覆之。拟廿五日约孙粮务诸人，知单已画齐，将酒令业上油，作一洋铁桶，以布糊之，以备装令签，笨极。晚饭后过园闲踏，复回。前画佛交永福誊写佛名，至洋务局，均到。半阴晴。

二十一日(4月14日) 早无事。午后李海山送一品锅，四小碗，询之，乃前数日聘女，今日请客，特有此举，与鹤孙商酌，难补之周旋，只好白吃可也，一笑。程巡捕因其约往，告假半日，晚回，将花筹油得送上，晚饭后至园转东院，到洋务局，均来谈。晴，晚阴。

二十二日(4月15日) 早惠臣、化臣来，为张仲渊吞烟案，现已说合了结无事。鹤孙来为收发官款事，均无要紧。布鲁克巴、名扎喜倾卑。拉达克名司鼎足。两国头目即叩辞回国，在二堂见，赏给哈达、尺头、小刀、搬指等件，即回文札其国王，均付讫。郑脊子处买来镯表一个，镶假松石，小珠口，合钱八十文，似比在上海价廉也。程巡捕又到李海山处，今日请千把等官，闻有营中送匾者，系黑地，竟高悬之，嫁女送匾已奇，喜事送黑匾尤奇。晚饭后至园登台一望，三池鱼甚多，先必在泥内伏藏，此时天暖，是以皆出。转东院至洋务局均到。今日鹤孙曾拿珠子两三枚，系假物，闻藏内丫头颇有受冤者，系珊珠亦有，俱新来者。半阴晴。

二十三日(4月16日) 早无事。午后将《闲情偶寄》看一通，伊最恨陈眉公，论其人品，似眉公少强，然名士习气未免太深，皆非正路人，然处于末世，亦有不得不然之势也。晚饭后至园中一踏，看修树，转东院睄骡马，均皆膘肥可爱。至洋务局，均到，谈射覆。晴，半阴，午间下小雹。

二十四日(4月17日) 早看书。午后新派乃心巴洛桑格桑叩见，因前乃心巴不告假，随便下乡，令山上换之。至后园一踏，满地皆浴鸭子，颇有趣。北池来一水鸟，似鹌鹑，嘴极尖极长，不知何名，似在此已伏卵，不飞去矣。有小鸟不过麻雀大，似喜鹊，黑白分明，又有头背如之，肚腹红色，亦不知何名，常往来池边，或棲于树上。晚饭后外院转东院登台一望，至洋务局，均到，惠臣、化臣来，为小招查街，均安静。晴，午阴，复晴。

二十五日(4月18日) 巳刻约孙玉甫、恩惠臣、江少韩、余鹤孙、吴小瑾、马竹君、李海山、刘化臣在后园便饭，因新编酒令花筹，未敢喝烧酒，喝酡，不意大家高兴，内中诙谐处多，竟消至卅斤上下，复将花筹行一次，觉肚腹涨满，大难过，进内登东，令程巡捕招呼一切，旋来，告以诸君皆支持不住，声明道谢，均已逃去。本托竹君办理教门菜，晚饭浑饨，并午点心、姿粑，皆分送而食之，可发一大笑。余则大出虚恭，头亦觉疼。灯后鹤孙来谈，亦觉腹涨，酡之过也。巳正余，少飞雪花，南北山头均雪，较凉，穿灰鼠合式。阴多，晴少。

二十六日(4 月 19 日) 早午鹤孙来两次，询之，亦觉腹涨，皆酡之过，闻李海山亦然，生于此地者亦腹涨，足见此物之性，盖凉水所成，是以如此。少韩、竹筠系喝曾温开加糖晾冷，饮之并无此病，大约熟后凉水变为热水，似差多，然不可热饮，肚腹虽好，易得头痛也。晚饭后过洋务局，均到，鹤孙拿《瘗鹤》五古两纸，作甚佳。半阴晴。

廿七日(4 月 20 日) 早化臣来回公事，署后藏都司马友龙呈报文书病故出缺。午后鹤孙来，因有《瘗鹤》五古一章，令其看之，因其亦有《鹤冢》五古诗也。晚饭后过东院登台一望，四山有云，雾气甚重，寒瘴所致，远近各树有九成绿叶，廿八日系谷雨，然皮袍尚未去身，早间仍凉也。转洋务局，均到。半阴晴。

二十八日(4 月 21 日) 早廓尔喀噶必丹来求见，在二堂见之，因其国王令其在建昌买马，噶厦已发给路票，恐江达以下无票不能前进，务乞恩赏票等语，告以内地之马，不应外番采买，止有内地在外采买者，此事万不可行，遂去。喇嘛噶布伦洛桑称勒因病少痊，特来请安，看其光景，尚未大愈，告其仍须善养，惟瞻对之事，尚须极力督催等语。午后少韩、竹筠、化臣、海山同来，噶布伦二人来，因拉里金夷情办理支应之事，尚无头绪，特将噶厦所奉扎饬禀明，请各项仍须彼处支应等语。达竹即三六村，与彭边因争差务，达竹同三十九旗相近。纳克书即打柱，又达竹，豁尔总管，其总千户系二品花翎，用戳记系蝎子形，谓之最贵重，可笑。有大四寸印，似部颁夥尔鱼他百户洛布汪结钤记，一边系番字。鹤孙来，接省信，均属平安。有钞来京中新闻报一纸，有藏内拟改行省，驻藏职分小，须改将军、都统。画到文书不多，惟送来《四川官报》《成都日报》，联健侯留其一半，然是十日，仅留五日，并未按日检查，以致彼处五日，此处五日，殊为可笑。晚饭后未过洋务局，闻小瑾云，竹筠今晚请孙玉甫。半阴晴。

二十九日(4 月 22 日) 早觉热，午后阴觉凉，换袷裤、袷袜，尚不甚冷，然换棉袄、珠毛背心，牙痛牙床肿，唇上亦起泡，皆因干燥所致。午后登楼，在檐下看烧草堆，至后园北池，所来野水鸟如鹌鹑者，在水内不甚怕人，似稍觉热矣。晚饭时莲芳生一小儿，声音甚大，八字为丙午壬辰丙申丁酉。饭后踏至南门外，看桥南迤西有泉，甚旺，顺河流水，桥下水尚未到，俟攒小招后，方可放水。至洋务局，均到，进内。振勋来磕头，询其小孩，系大下巴，窄脑门，与其夫妇皆不相同，伊父母均长瘦脸也。半阴晴。

三十日(4 月 23 日) 辰初刻至后园登台看晾宝，活象笨极，上驮宝瓶，又似如意，头甚高，竟不能由琉璃桥上走，盖桥上如屋，两旁有栏，无如何由桥往西，回头往北，再归正路，后之背大鼓喇嘛沿路跳走，路有十数里，身负廿余斤，可谓坚实之至，头戴五佛冠，身穿花衣，想即天魔之流耶。闻皆曲水喇嘛承当，非本藏喇嘛。今日一切执事者，无一俗人。过鹤孙屋内略谈。振勋说小孩业已脑门加宽，不似昨日，盖昨日才生下，自然不能十分看得出，可发一笑。因赐其大名垣森，小名垣儿。晚饭后复至园登台一看，墙下有儿嬉戏，来回奔，甚有趣。转洋务局，均到，竹筠云，外委郝维珍给布克等送粮食，明日可走，今午已经面辞矣。早晴，午阴。

光绪三十二年岁次丙午四月初一日(4 月 24 日) 因今晨散招，大招行礼遣恩粮务，铁棒喇嘛来叩辞，乃攒招均皆安静。并禀明因照章赏之。午后至园闲踏，牙床肿痛，遣人找化臣寻金银花，伊有亲来并有存菊花，并告以可送来些须，皆败火物也。晚饭后至辕门柳树行一看，系裕子维所种，甚齐整，两边皆有，看树者系达木番人。牛头山西有一断白沙山，每午前沙往上行，午后沙往下走，诚奇事也。至洋务局，均到。早晴，午阴。

初二日(4 月 25 日) 早无事，闲弄笔墨而已。午后闲走至房上一望，各处云雾迷漫，楼上看有豹皮为虫所蚀，前两日娥珠在帐顶拿数个小虫，此处不生虫，不尽然也。惟早甚凉，晚间发燥，亦奇。永福又拿天马四十张，有三张不堪用，余留之。晚饭后至园一踏，登台看东菜圃斛水，均系大招流来屎尿，水作黑色，浇菜必肥，然污秽非常。至洋务局，竹筠未到。早晴，午阴。

初三日(4月26日) 早化臣来回公事,竹君来叩交谕。寅正二刻,闻竹君处火鞭响,乃孙玉甫请印,本定卯刻,不知何以寅时请印。孙粮务来,未见,鹤孙来略谈。午后闲弄笔墨,闻襄城有败仗之说,未知确否?纸扎差已到江卡,夫马往巴塘,颇不容易。前见公牍,赵观察、尔丰。钱观察锡宝。均往襄去讫,恐彼处信急。路再塞,则联大人不易行矣。晚饭后至园,转洋务局,均到。早晴,晚阴。

初四日(4月27日) 无事看书。院内与鹤孙谈,佛保痰胜极,用陈艾嚼与食之,见好,此物温散可治痰,先未知之,后复以金银花饮之,亦好。晚饭后化臣来,明日夷情教场应备赏已齐,告以明早七点钟由署准走,至后园转东院,均登台一望。至洋务局,均到。晴,午后微阴。

初五日(4月28日) 卯正三刻,执事用番兵照规也。由署至番教场,棉袍褂,棉衬衣,绒帽绒领,内小袷袄,袷裤,棉套裤,袷袜合式,午稍热。噶布伦以下皆跪迎跪送,有一辕门进出,皆升炮。有阅武厅教场等均比汉教场齐整,房间亦较大,先至后厅,噶伦等递茶递点心,即达子饽饽、槽糕、芙蓉糕之类,尚有旧俗,一切吃食,皆告竹筠备办,端来混饨一碗,尚可吃。教习、噶布伦、拉鲁佛公均给吃,升座,前来谢。辰正升座,番官递干果桌,大礼也。汉番各官参堂,先看阵势,亦有阵图,不过与汉操大略相仿,所谓土羹尘饭而已,惟布城比汉操齐,此四面汉仅一面,堆籐牌有技艺,亦难为番子,有叉有双锤,未免可笑。攻籐牌一人放枪一人上籐牌,此皆可,其中来一籐牌兵,一人持火枪放之,彼装死,两人抬下。阵完时,由南飞马来二人,跪报番官得胜,敌大败,二人者,一番通事,此人李福林妹夫,一定捧,报完后复跑回,殊可笑,末有九进联环,甚好。此汉操所未有,然洋操有之。阵完后看马箭地球,甚好,后一枪一箭,在马上忙乱,双中者少。马上完,退后厅吃饭,羊肉煮得甚好,同少韩、鹤孙、竹筠痛吃。饭后复升堂看步箭,官五兵一,因人数比汉人多,不得不求简便也。看两三排后,即委恩惠臣代看,遂起极大风,看箭后接看步枪,剩两排,又升座,枪完有杆子廿人,对刺划而已。噶布伦等赏尺头、银牌、哈达，其次递减，兵丁赏哈达及钱，小官亦如之，不过钱多。兵丁中枪箭者二文，不中者一文，哈达皆有，所需三百金上下，物件不在内。番营官：噶布伦四员，一员差。戴琫二员，未放。如琫四员，现三员。甲琫八员。定琫四十名，现箭十八名，枪十八名，例应枪箭各廿名。弓箭鸟枪番兵一千名，各项杂差大队在内，枪箭精熟者仅三百余名。回署申正三刻，噶布伦以下各官谢操谢赏，俱亲到署，均未见。回署后风顿止，或云藏内有妖，枪炮不免惊动，所以看汉操亦有风且有雨，此未敢尽信，然京操如仰山洼等处，均不得好天气，兵非吉事，此可信也。夷情亦应有赏尺头、哈达，由化臣代办。晚饭后，院内闲踏未出去。早晚晴，午后大风。

初六日（4月29日） 天微明，即蹲马桶，下若许热沫，复又略睡，起迟。至后园看汤约用牛耳大黄擦瓦盆、瓦壶等件，旋以糌粑水熬之，可不漏水。饭后至鹤孙屋，看佛保见好，化臣来两次回公事。晚饭后，复至园，并踏至西院，见马兰已有开花者，园内尚未。转洋务局，均到。晴，风不甚大。

初七日（4月30日） 早鹤孙过谈，并至其屋内借来《南巡盛典》八本，系石印字太小，觉两目发胀，晚饭后赶紧送还。遂至园登台一看，东边菜园为藏兵何联所种，闻其夫妇二人有十一子一女，仅其长子与彼有钱粮二分，若无此园，竟衣食不继。见各杨柳皆发齐，有麻柳、垂柳、杨柳，惟杨柳开花似桑椹，有香味，杨则谓之白杨。转洋务局，均到，惠臣亦来，询孙粮务颇买贵物，殊可笑。晴，微风。

初八日（5月1日） 早噶布伦等回明换季，佛保母子并娥珠至大小招拜佛，并至胖喇嘛处问平安，据云皆好未骂，给佛保江卡一个，谓此娃娃甚好，暂病无妨，起名罗桑顿（枝）［柱］。化臣来回公事，鹤孙来两次，亦为公事，并有徐松林照磨来函，联大人奏咨各委员在打箭炉皆散，只有刘星驷、张其勤，闻又调陈其昌，不知肯来否？三月十八日已启程。晚饭后至园，到洋务局，均来。接省寄《桃花扇》《花月痕》两部书，炉厅先寄。晴。

初九日(5月2日)　早晚至园两次，少韩、鹤孙商公事，鹤孙、化臣复来商公事，无事看书。化臣将官厅内一小屋收拾，以备营务处座落。晚饭后过洋务局，均到，惠臣亦来。晴。

初十日(5月3日)　无事，将省寄《桃花扇》看讫，化臣来回公事。午后鹤孙来，因公事。晚饭后至园登台一望，转洋务局，均到。晴。

十一日(5月4日)　早化臣来略谈，至鹤孙屋内看佛保，院内康尼儿男女拔草，赏之。晚饭后出南门往西踏，见耍柳林者人甚多，桥下无水，小孩在洞内耍，大有趣。至洋务局，均到。微风，晴。

十二日(5月5日)　早无事，鹤孙过，略谈。午后至园，由新佛公处砍来破叶杨树条种，此处所呼如此，细看之不知何树，皮不粗，叶似艾叶，有白霜，不可解。晚饭后复至园转东院，均登台一望，至洋务局，均到。微阴，晴。

十三日(5月6日)　无事看书。李家耀谢恩辞行，在内见。初十日，郝维珍送哈萨克口粮回，未见。午后在院与鹤孙立谈多时，晚饭后东院看台一望。至洋务局，均到。晴。

十四日(5月7日)　无事，《花月痕》看讫，事不过咸丰之乱，尚有实迹，所谓倭者，即发逆也，两相影射，诗学玉溪生艳体，中正格也。晚饭后至园转洋务局，均到，恩惠臣、孙玉甫亦到。微阴，晴。

十五日(5月8日)　辰刻恭赴磨盘山关帝庙行香，沿途各树皆绿叶成荫，药王山下有黄墙一区，朝东有门，用骡子十四头在内驮水，乃山上所用，内一井，水不如扎什城者。鹤孙过两次谈，佛保可以依枕坐之，大有趣。午后至园一踏，晚饭后至洋务局，均到。晴，灯后风。

十六日(5月9日)　巳初刻升堂，验放番缺，拉里把总周克先禀到，见。午后至园一踏，王永福请看闷炉搭成，可发一笑。并至外院看硝沙狐皮，以硝与白米兑水研之，入于筒泡之，多日晾之，即硝出。色拉寺送白牡丹六枝，花尚好，送鹤孙二枝。晚饭后至园登台一望，转洋务局,少韩因病未到。半阴晴。

十七日(5月10日) 早化臣来回公事。午至外院一踏,看北山有雪,南山雾遮满,过时化,亦有雪,天较凉。晚饭后至园登台,干土上小雨点,雾时所下也,见丫头多背兜,询之,大半雪里人,外来者,主人多不背,薛大曼背之,曾见戴珍珠巴竹者,亦如此,盖雪里不分主仆,且有不背者不能行步也,殊可笑。转洋务局,均到,惠臣、玉甫俱来。半阴晴。

十八日(5月11日) 早化臣来回公事。午后丁乡约等得恤款,叩谢,马岱乐散恤款销差,鹤孙过,略谈。晚饭后至园,四山俱见雪,转洋务局,未进屋,下雪雹一阵,旋住,均到。小瑾云,打襄城现暂停,俟运来开花炮再打,未知然否?半阴晴。

十九日(5月12日) 早起觉凉,四山微雪,踏至园,南池游鱼甚多,有趣。至鹤孙屋内,约少韩来同商公事。午正三刻十分地动,自东北而西南。化臣来回公事,少韩蒸鸭子欲送来,因与鹤孙商酌,至后园同烹,五句钟到园,鹤孙及余各备菜数样,算盘子会,大可笑。少韩先走,同鹤孙又谈,进内七句二刻,才头炮。半阴晴,晚风。

二十日(5月13日) 昨接家信,省内均为平安,至格颇能淘气,甚有趣。早鹤孙来,略谈。午后少韩、鹤孙来商公事,化臣亦来。阅京报赵次山将军片奏,调奉人员有候选知府徐承熊,似穷独山人,已出山矣。又有候选知县徐延芝,是否徐老三?如是,延应作埏,其湖南试用道张鹤龄,坐选湖北宜昌府知府存厚,似皆旧识。晚饭后至园,转洋务局,均到。惠臣、玉甫亦来。半阴晴。

二十一日(5月14日) 早王永福送来李海山代画财神番像一帧,已裱得,价在外四十七文。并前众佛像二帧,合二百八十文,余家先未有财神像,因三伯父母故后,将佛像送来,内有财神一尊,遂供之,然内地专以求财供养,番家另有财神经,乃教人无财不可乱求,有财则须撙用,是比内地所供道理颇大,是以特绘此像。午后鹤孙过我一谈,至园闲踏,乍丫总管达尔罕名阿旺坚参。接管任事,送来长寿佛一尊。晚饭后复至园登台一望，转洋务局，均到。晴，晚阴。

二十二日(5月15日) 早委代理靖西同知马委员吉符。来谈，鹤孙亦来，核对派笔贴式斌泰、戴福，加给津贴各六两。午后硕板多署千总王世昌来叩谢。晚饭后至园，转洋务局，均到。早晚晴，午后阴。

二十三日(5月16日) 夜寅初雨，虽不甚大，有声。早看院土颇润，至园池水未长，四山则大雪，各树绿叶如洗，亦别有风致。午后鹤孙屋内谈，略睡，醒后薙头，肚腹大活动，因凉之过。晚饭后出南门，桥下尚无水，转洋务局，均到，惠臣、玉甫亦来。玉甫所谈，必手之舞之，甚可笑。晴。

二十四日(5月17日) 园中竟飞蜻蜓，川省呼丁丁蚂，此黄色者多。早至园一踏。午后李福林谢署游击，刘文通卸任来见，马委员、吉符。斌笔政、泰。戴笔政福。谢札，以上均见。晚饭后复至园，转洋务局，均到。因小瑾住屋太窄，将西屋拟稍裱糊陈设。接家信，均平安。晴。

二十五日(5月18日) 早化臣、鹤孙来谈。见巴塘传牌，联健侯改四月初五日由炉厅启程。闻襄城对喇嘛丫，右靠山，左靠水，且有深林处，中惟羊肠小路，到桑披岭寺尚有五六站，用兵不易也。且闻甲木兄弟随马军门到巴塘，为赵季和观察痛加申饬，已回炉厅，向导无人，用兵之忌也。晚饭后并午后两至园，晚到洋务局，均到。晴。

二十六日(5月19日) 早至外院一踏，化臣新将官厅收拾出，木器、铺垫甚讲究，渠随进有媚柳，送给娥珠银茶盖托，乃不离番意也。午后至园，闻平安时到此吃酸奶子，喝凉水，大可笑，以为天地间至乐也，足见番边人真结实也。晚饭后复至园转洋务局，惠臣、玉甫亦来，在西屋作。晴，半阴，晚风。

二十七日(5月20日) 早少韩、鹤孙、化臣来商公事。午后无事，申正下微雨，因海山送来全席，酉初至园，约少韩、鹤孙、小瑾同享，少韩、鹤孙先走。与小瑾闲踏，遂进内询鹤孙，佛保已丢去，甚可惜，像儿极好，平日多喘且痰盛，想系内热所致。半阴晴。

二十八日(5月21日) 早鹤孙来商公事。昨晚即过来谈，痛劝之，然小孩太有玩意，未免一时难解也。午后至园，该班幼儿夜间在柳树下睡，周围以单布，不知冷，又有小女儿在柳树下搭一单布，在上脱得精光玩耍，以为乐。房上因裂处，每打土一天，如在闷雷下，殊难过也。晚饭后至南门外西踏，到紫叠巴北墙外塔子下一看，转洋务局，少韩未到，海山约鹤孙由彼处回。晴。

二十九日(5月22日) □□上索价卅文，只好如数付之，田德甚急，可发一笑。早无事。午后至园，在花厅站立看微雨，由西来山峰漫漫往东，看不见云垂，雨脚甚真，数刻地皮将湿，即住，山头皆雪矣，此景内地绝无。晚饭后复至园，惠臣找去，略谈即去，复下雨，回。田德拿来黄白玛瑙烟壶一个，将盖子丢去，彼亦买一个，以此盖换上，索价卅文，只好如数付之，田德甚急，可发一笑。半阴雨，灯后雷声。

闰四月初一日(5月23日) 辰刻恭赴大招万岁牌前行礼，早起见院中桃杏松柳树上雪压枝，皆倒，昨夜雨雪不断，现已小满后，如在内地，必以为奇矣。现将田禾种上，正盼雨，得此以为乐。化臣来，达隆胡图克图名阿旺洛桑称勒觉弥包巫。即到，在二堂见，送长寿佛等件，令其垫子面东坐，面西各委员坐，伊当面送色荣一个，江卡一个，问其京内如何？据云一切平安，惟八月稍觉不静，无大碍也。藏内无事，惟瞻对若要之，恐康巴路不静。旋委员等皆令其送江卡，合署人均来求其摸头者，给钱求江卡者，小孩亦都来磕头，其在外每日人不断，皆称活佛，伊系白教与红教，以术行，非黄教比也。旋辞去，赏其尺头、茶叶等项。午后至园，四山俱雪，池水略长，鹤孙旋来，接靖西来电，并非秘码，系张大人给松粮务之电，松之模糊，可发一笑。晚饭后复至园，转洋务局，均到。半阴晴。

初二日(5月24日) 写家信一封，信内写初三日，随初四日折差走。略叙接到信三封，至格淘气有趣，虫草不能带，珍珠鸡或可带。凤太太不收分金，真明白利害。寿昌、寿蓉如去信，赶紧寄来，彩票乃犯财迷之事，大妞妞桂子打得，大喜大喜，齐家巷失火，大宜留神火烛，年底亲友送礼，应还应不收酌办，见时道谢。纸扎差恐巴塘要躭延，至格少给吃为要，若纸扎差到后，赶寄回信。藏中米粮贵，幸四月廿九日雨雪，可望收成。联大人于四月初五日出关，奉旨不准走海道，委员皆散去，不可解，到须秋天。赵大人打襄城，运去大炮，为番子所抢并劫营，死人不少，万不如马提台用兵也。议约张大人有进藏之说。振勋得一男孩，其丑万状，真结实，竟不如其父母好看，哈哈。等语。午饭饮酒遂睡，晚饭后至园登台一望，转洋务局，均到。阴少，晴多。

初三日(5月25日) 早过鹤孙屋内谈，化臣亦到商公事。午后过园闲踏，小儿等又在树下搭布棚，茅厕漏，乌拉擂土不安静整日。孙粮务来，便衣著靴，外签押房见。晚饭后至东院转洋务局，均到。晴。

初四日(5月26日) 午刻拜发噶勒丹池巴代达赖喇嘛攒招事毕，一切平安一折，巴塘难民托言至白马贡，已咨川督饬赵尔丰阻止一片，硕板多千总王世昌叩辞。午晚均至园，珍珠鸡将雌者死去，口流涎，不知吃何物如此。到洋务局，均到。晴。

初五日(5月27日) 早化臣来略谈，屋内较凉，至西院看成做城隍神大轿，非常华丽，系众巡捕办理，费款百五十余金。过鹤孙屋内略谈，因接南路电报。晚饭后至园，登台一望，转洋务局，均到，惠臣、玉甫书亦来。晴。

初六日(5月28日) 早化臣来倒镯头一支，一两，送到。午后少韩、鹤孙、竹筠来，各有公务。《日知录》看讫，系自带，鹤孙送来洋板《日知录集释》，实老眼昏花竟不能看矣。晚饭后至园登台一望，转洋务局，均到。半阴，雷声未雨，晴。

初七日(5月29日) 早午鹤孙均来商公事。晚饭后至园，登台一望，大招前水已放下，另开路矣。午较热，毡袄马褂至洋务局，均到，惠臣亦来。晴。

初八日(5月30日) 早化臣来，午后噶尔丹池巴、噶布伦汪曲结布同来，因张憩伯到藏，沿途夫马并藏内公馆请示一切。至园闲踏，晚饭后由外院转洋务局，均到，惠臣亦来。晴。

初九日(5 月 31 日) 早鹤孙过谈。午化臣、竹筠来回公事。晚饭后过园看乌拉收拾花厅，墙已剥落，因碱大之过。转洋务局，均到，午颇热，毡袷袄，袷坎肩，屋内尚可。晴。

初十日(6 月 1 日) 午后惠臣、海山来，为张大人进藏房间并应用款项，商上应承，已有头绪，海山复同化臣来，接张大人巡捕、掌家、戈什哈派定，带来见。早晚皆至园闲踏，晚到洋务局，均至，惠臣、玉书亦来，天较热。晴。

十一日(6 月 2 日) 早竹筠来辞行，平安亦来辞行。本定午刻启程，因马未齐，候至未正方动身。午无事，晚饭后由西院转南门外，过桥一望，见有拜郭拉者磕大头，头前画一道，两步迈至道上，又一头，诚敬非常。至洋务局，均到，惠臣、玉书亦来。晴。

十二日(6 月 3 日) 午后至园二次，花厅又铺三合土，砸之，前次大雨已漏，此处工不过如此。晚饭后至辕门外一看，磕长头者仍不少。转洋务局，均到，惠臣、玉书亦来。玉书云，李二曲先生曾变野鸡飞在关中书院旗杆上，未免太不典，不敢问其所以然，可发一笑。彼处好水田可卖五十余两，旱田竟五六两。半阴晴，午后数点雨。

十三日(6 月 4 日) 昨晚忽接定日汛守备李福田插飞羽夹板给马军门，殊属荒唐糊涂，只好批骂之。范湘梅有公事，亦为此件。午后至园，少韩、鹤孙来商公事。晚饭后复至园，转洋务局，均到，化臣、惠臣、玉书亦来。半阴晴，午间微雨。

十四日(6 月 5 日) 午后至园，少韩、鹤孙商公事，二月初九日奏折奉批回，鹤孙送来玻璃粉，厨房作凉糕，吃之颇爽。晚饭后至东院登[台]一望，转洋务局，均到，惠臣、玉书亦来，小瑾代买酱瓜扁亮地套红烟壶一枚，价廿文，尚不新。半阴晴。

十五日(6 月 6 日) 辰刻恭谒磨盘山关帝庙行香，噶布伦均已昨日告假，今日早即须转郭拉，并至龙王堂，粮务、统领亦须至彼弹压。午后由西院至后园，见水已三池见长，西池北岸下有泉眼三，颇旺。晚饭后由外院转洋务局，见阵雨，均到谈。半阴晴，晚雨。

十六日(6月7日) 午晚均至园，池内生红闸草，未审仍变绿否？午后惠臣、海山来放青稞销差，闻达赖喇嘛与哲布尊丹巴颇牴牾，皆左右不得其人，达错居多。化臣来，将哲照相拿来一看，比达仍年小。晚至洋务局，均到。惠臣、玉书亦来。半阴晴，晚微雨，山见雪。

十七日(6月8日) 午后至园转西院，看城隍神大轿，均收拾齐，其华丽无比，不但京内未曾见，即外省亦未之见。化臣来回公事，接廓尔喀国王来禀，应进贡品于六月初一日起程。晚饭后复至园，转洋务局，均到。半阴晴。

十八日(6月9日) 早起觉凉，至东院一踏，午刻复至。送扎什城轿子，前有伞有香炉且有音乐，沿途竟有打问讯烧香者，真无理取闹，与少韩登台望之，实为可笑。至园闲踏，化臣来，噶必丹送到洋喇叭一对，万不肯领价，乃其弟新带来者，只好交洋队收之。晚饭后复至园外，水已入，幸清不污，转洋务局，均到，惠臣、玉书亦来。半阴晴。

十九日(6月10日) 巳刻至园，孙玉书约，座中恩惠臣、江少韩、余鹤孙、吴小瑾、李海山、刘化臣，饭后进内，因酒酣并饮，略睡。晚饭后，复至园转东院回。半阴晴，灯后微雨。

二十日(6月11日) 早无事，午后周统领送到洋酒等物，赏之，然酒之何性，不知也。马守备送到香炉、海沫等物，赏之，均在不伦不类之中，可发一大笑。晚饭后至园，转洋务局，均到，惠臣、玉书、化臣亦来。多日番家求雨总未下，闻小儿出天花者已有。半阴晴。

二十一日(6月12日) 辰正策骑至公布堂柳林，化臣约，到时略坐，柳林外设座看洋队，打牌，回坐抱厦，收拾甚好。在外下帐房听弦子，仍是绛巴、竹马等，有大书房，进抱厦用早饭，复到帐房，晚饭即在此摆，痛饮酣，已入醉乡，仍策骑而回，到署已戌初矣。座中少韩、惠臣、鹤孙、玉书、海山，无外客。微风，晴。

二十二日(6 月 13 日) 早鹤孙来谈。午后少韩、惠臣、化臣、海山先后来回公事,至园一踏。娥珠近来颇不听话,因嚷骂一阵,汤约喜洛等难免搬弄是非,均行逐去,只留张安一人,令乃心巴另换丫头当差,乃心巴进内叩见,须明日方能找得。晚饭后至洋务局,均到。晴。

二十三日(6 月 14 日) 午后迎廓尔喀差,吴鼎元守备、萧必达教习带领兵丁学生来叩见。化臣来,媚柳亦来,送到吃食,并杂木杂鸦碗一个,甚好,收之。晚饭后转东院登台一望,有风,至洋务局,均到,惠臣亦来。晴,小风。

二十四日(6 月 15 日) 早鹤孙过谈,并商酌公事,即时拟底,有应复者。午后正薙头,王永福拿来杂木杂鸦碗一个,留之,价五十文,有眼,昨得者眼不真也。晚饭后出南门一踏,桥下泉水甚旺,转洋务局,均到。惠臣、玉书亦来。半阴晴风,灯后雨。

二十五日(6 月 16 日) 早外签押房会拉里孙玉书粮务,辞行,于明日走,旋遣人差送后,闻夫马未必齐,恐不能即行。早午晚过园闲踏,因淋烧酒,酒甚好,闻著过一次,其力量可观矣。至洋务局,均到。昨夜大雨,今日半阴晴。

二十六日(6 月 17 日) 早定日汛守备周克先来谢扎。午后至园,同鹤孙出后门顺郭拉路踏,至千佛崖欲上,因路滑未敢,在小桥旁树下略歇,回时藏河边歇息,遇钓鱼者购鱼三尾,作两尾白鱼,与鹤孙分食之,其红鱼给家人食之,大有趣。晚饭后转东院登台。至洋务局,均到,惠臣亦来。昨夜又大雨,今半阴晴。

二十七日(6 月 18 日) 闻昨日孙粮务因夫马不齐未能行,今日午刻才走。午后两句钟约鹤孙、小瑾至对面柳林看,水甚旺,并钓鱼,卫队得鱼卖之,见南山大有雨意而回。约少韩、鹤孙、小瑾、化臣在洋务局食鱼,回至园内一踏。半阴晴,数点雨。

廿八日(6 月 19 日) 早化臣来,带马友龙之子来见,已能钞誊缮写,即派入大书房,可以学习。鹤孙来为公事,并略谈。午后至园,黄鸭已将其七子带入北池内游泳，大有趣。晚饭后复至园，小鸭子乃号内小娃子在藏河饮马捉来，恐大鸭子不来，难于养活也。至洋务局，均到，惠臣亦来，闻赵观察有败仗至江卡之说，未知确否？半阴晴，将至日落，有雷小雨。

二十九日(6月20日) 巳刻约惠臣、少韩、鹤孙、海山、小瑾、化臣在后园吃烧猪、烧鸭，颇为爽快。申初后同鹤孙步踏至东院菜园，吃莱菔甚佳，其西屋挂一刻匾，乃"怡性小圃"，为松留守湘。前驻藏时所书，闻每日饭后必到此闲坐也。回时酉初，先风后雨，幸未遇雨，鹤孙晚饭后过谈。半阴晴，晚雨。

三十日(6月21日) 早将所硝皮子拿来，沙狐多，狼皮三张，猴儿皮套裤亦硝得。午后鹤孙来谈，并送诗来看。晚饭后至南门外一看，桥下已见水，由藏河通过，见两小孩乃达赖侄女，像均有福。转洋务局，均到，惠臣亦来。一日雨，有微晴时。

五月初一日(6月22日) 早王永福半文钱购得《财神经》一部，据云番语中谓无财不可妄想，有财不可乱用，甚得理财要义，非内地徒犯财迷而已，一笑。午后觉困，因五钟余即起，辰刻恭赴大招万岁牌前行礼，故至园闲踏许久。回时马竹君由靖西送到王瓜一个，南瓜一个，茄子四个，茄子白色，四个不如王瓜一个大，王瓜黄色，如近日水烟，二文一斤，火纸五文一刀，此两事告内地人，必不信也，殊可笑。晚饭后至园，转洋务局，均到，惠臣亦来，惠臣云，早间站班闻李海山说。德隆沙布隆云，大招前大臣下轿处，布达拉山大臣下轿处，雪里正门前共三处，均埋有镇物，即刨之，果有包袱包经咒，乃咒达赖及合藏不安，遂焚之，现请多吉扎来念经，因是童身，德隆有妻也。系本月廿五日刨得，又记。晴。

初二日(6月23日) 写家信一封，内写初四日，发于初六日，随折差。略叙前信想收到，纸扎差未必一时可到，闻赵道台败仗，反望藏里退，不知真假。联大人截半路不能来，四川所属道不通，奈何。近日藏内见雨，粮食可减价，与余老爷至藏河卖鱼，甚好，马老爷送茄子四个，不如一个王瓜大，水烟比火纸贱，皆可笑。闻京中修马路安电灯，竟如上海，真不如乡下住。等语。晚饭后至园，转洋务局，均到，惠臣亦来。晴。

初三日(6月24日) 早化臣来拿皮子一块，可作斗蓬用，亦可怪也。午后正洗脚，有营内送来鸡蛋等物，西园送花，有粉竹节花，甚好，花盆竟有仿京样者，均赏之。晚饭后至园略坐，至洋务局，均到，惠臣亦来。半阴晴。

初四日(6月25日) 早放各项赏耗，张安、喜洛加赏各十文，娥珠十文，莲芳廿文，裁缝廿文。午后有送秦椒者，赏之。东园送花颇好，赏之。晚饭后至园闲踏，步至南门看水，见有拉马至柳林者，乃番官有聚会，其马前双踶胸系四品，单者系五品。转洋务局，均到，惠臣亦来。晴。

初五日(6月26日) 早具衣冠，望祠堂行礼，家庙委余委员，众人拜节，皆未见，惟鹤孙、化臣见。小孩叩头者赏二文，江古学来吃早饭。与鹤孙在上房吃早饭，饭后因少韩、鹤孙至腔子岭冈，闲坐看水，水稍落，山微青色，叫化子皆来要钱，有男僧挂莲花祖师，女僧挂观音，讲说一切不过劝人行善之意，赏之，俗呼讲圣训。回时约惠臣、少韩、鹤孙、小瑾、海山、化臣在洋务局晚饭，众江古学在内吃饭。饭后，因约廓尔喀噶必丹来，备羊支令其自食之，带人甚多，兼贺节，伊子并外甥皆小孩，赏其每荷包一对，香珠一串。先听其洋戏，与京内留声机器无异，惜曲文不懂，惟筒子改为簿盘，内有一笑者，其笑非常可笑，先唱后笑，竟大声哭至咳嗽。复拿来乐器，有一吹喇叭者，在门限上竟未看见。洋琴指按钢弦弦子一个，一似琵琶，把朝下以马尾拉之，两小钟两鼓，一清一浊，一人手拍，手拍亦指按，即古人挝鼓耶。浊者似昆曲，怀鼓唱者一人，有时众人和之，其声悲壮，大似长岔曲之调，惜不知其词，然不易也。后洋灯影，似京内，具体而微，所照即惠德前送之照片也，看完进内，已亥初余矣。晴。

初六日(6月27日) 巳刻拜发万寿贺折，并廓尔喀进贡派噶箕并六月初一日由阳布启程一折。早过鹤孙屋内闲谈，少韩亦来，接张憩伯弁兵任鹏举等叩辞，随噶布伦至印度，马永安回叩见。酉刻雷雨一阵，旋东南出虹一道。晚饭后至洋务局，均到，惠臣亦来。半阴晴，晚雷雨一阵。

初七日(6月28日) 午后至园闲踏，傍晚觉胸间不适，至南门外柳林下看小儿在桥下洗澡，因印房拆下木椽泡之，皆骑其上玩耍，颇有趣。化臣来回公事。晚饭后至东院登台一望，转洋务局，均到，惠臣亦来。喇嘛扎帐房，仍求雨。半阴晴。

初八日(6月29日) 四钟亮炮即起，蹲马桶，均热沫，复又睡。鹤孙早来，公事毕闲谈。午后噶勒丹池巴来拜节，兼回公事。事毕，问其经典，番经有丹经甘经，即如来所说百余卷，并弟子所说千余卷，此外如各胡图克图所说甚多，如后世文章无尽藏也。僧人者，佛祖所传某弟子至传于某师，因此所受经为真得，不然经典虽可看明，不为心得不算也，大有汉学师承之意。佛祖住系新天佑众生，行是告门弟子当作各功德，坐乃讲经，卧乃圆寂，虽圆寂如佛尚在也。晚饭后小雨两三阵，至洋务局，均到，惠臣亦来。半阴晴，晚小雨。

初九日(6月30日) 昨夜雨，午后至园一踏，化臣来，因娥珠令汤约给伊母送东西，汤约不去回，化臣来大吓之，乃有人其中播弄，殊可恶。晚饭后至洋务局，小瑾、鹤孙谈。半阴晴，灯时雷雨。

初十日(7月1日) 巳刻赴印噶布伦策丹汪曲销差，在二堂见，询其在印交付款项，一切平安，且思虑亦颇周密，彼处天时热极，竟须穿纱，番人未经过也。初七日伊已回藏，前噶尔丹池巴来云，彼辈择吉羊日不敢来见，昂班如有紧要事，必拘于此，伊已非之，番俗也，殊可笑人。午后至园，复到东院一踏，晚饭后至东院转洋务局，均到，化臣、海山亦来，因兵丁、轿夫为赌，用大烟枪打起，会鹤孙问之，狗打架而已，一笑。半阴晴，晚雷雨，淋湿。

十一日(7月2日) 早鹤孙屋内略谈。午后四点余钟踏至仔仲岭冈，河水大涨，穿刺树林到堤上略坐，觉山皆对，河甚近，盖河水满槽之过也。其房内有小招喇嘛念经，造牛首金刚，用泥印之一万尊，散于琉璃桥等处小庙。其看柳林喇嘛，似京内打扮，甚精明，询之乃山上堪布，因达赖查有丫头，皆逐之，伊告假，达赖面询问，实对生有两女，因其不欺，令住此。回时化臣来送皮斗蓬，晚饭后至洋务局，均到，惠臣亦来。柳林回雷声，四山云起。半阴晴，灯后小雨。

十二日(7月3日) 王永福云，日将出，云作五色。早化臣来回公事，鹤孙来谈。晚饭后至园，登台一望，转东院至洋务局，惠臣亦来，少韩未到。半阴晴。

十三日(7月4日) 辰刻恭谒扎什城，磨盘山关帝庙委恩粮务代祭。关圣庙行香，营内演戏，因派差人多，只有断续演之。午后同惠臣、化臣踏至万寿宫小花园一看，狭窄过甚。晚饭后回署，已戌初，少韩因病先回，小瑾未去。鹤孙至城隍庙看鸡脚神，是女像，亦奇。半阴晴，日落，阵雷雨。

十四日(7月5日) 午后吴鼎元、萧必达等叩辞，前赴接廓尔喀贡差，化臣来回哈萨克口粮，赶紧交丁乡约备齐，再派人解往。晚饭后至园登台一望，北池来红嘴水鸟一对，或云是鸳鸯，未知是否？转洋务局，惠臣亦来。南山昨晚见雹，据云可出箘子。半阴晴。

十五日(7月6日) 买黄白茶托盖廿分，合银十二两八钱，大合八钱，小合五钱，铜甚佳。辰刻恭赴磨盘山关帝庙行香，噶伦均告假，粮务、统领午后均须赴公布塘柳林弹压，有男女降护法，年例也。晚饭后到南门外眺望，遇惠臣同至洋务局，均到谈。半阴晴，落日雷雨。

十六日(7月7日) 早化臣来回公事。鹤孙来商《瓦合山神记》。晚至园登台一望，转洋务局，均到，惠臣亦来。半阴晴，稍热。

十七日(7月8日) 午后同鹤孙至财神庙一看，缘姚石甫《康辅纪行》内载藏地城隍神为蒋公作梅，鹤孙前至城隍庙，亦无记载。因踏至财神庙，有蒋公像，本朝衣冠，外有大牌坊一座，亦谓前德政，然庙内毫无考据。因调卷查其所以，然卷竟有拟《蒋念亭先生徵实事略》一篇文，令斌笔政泰书之，刻一木横悬于财神庙。回时遇小雨，在化臣房内略避。晚饭后至东院到洋务局，均到。亥刻接家信一封，均平安，至格颇淘气。半阴晴，微落雨。

十八日(7月9日) 巳刻约鹤孙，步踏出后门至练家菜园用早饭，带去酒饭烧鸭子，本园现拔葱并萝卜，实难比内地好，水土使然。饭后在彼闲谈许久，由大招前过，恩惠臣署内看红菩萨，乃此处噶布伦所成，如土地之分际，神道设教。回时灯前大雷雨。一元半钱买得番装钱包一个，甚好。半阴晴，甚热。

十九日(7月10日) 早鹤孙送到文卷，乾隆五十八年会典礼部例。敕封丹达山为昭灵助顺山神。又丹达王、驻藏大臣所叙折内。光绪八年敕加瓦合山翊化将军，本有将军封号。均由春秋二季地方官致祭。午后鹤孙来，找到前粮务蒋念亭先生作梅单条一张，拟作匣存于财神庙。傍晚又雷雨，晚饭后至洋务局，均到，惠臣亦来。半阴晴，晚又雨。

二十日(7月11日) 早在内会善宝澄笔政，佑，行一，京镶黄，满人。为卸署靖西同知松介眉世兄，人甚老成，卅余岁。午后鹤孙来，有公事略谈。晚饭后至东院，转洋务局，均到，惠臣亦来。半阴晴，灯后微雨，雷不小。

二十一日(7月12日) 早王永福又买钱包两个，并将前买者钉铜扣子，到内地可略见一斑，不过前后六文钱。午后至园，水池皆满，只得开东沟放之，子午莲已见花苞矣。晚饭后过洋务局，均到，惠臣亦来。半阴晴。

二十二日(7月13日) 鹤孙来两次商公事，送到前粮台蒋念亭明府书条幅照录一纸，明府为嘉庆年间小人所害，今兵民庙祀之。午后至园闲踏，晚饭后过洋务局，均到，惠臣亦来，回时小雨。半阴晴，灯后小雨。

二十三日(7月14日) 早《中复堂全集》读讫，共九十八卷，石甫姚廉访文章作手，然无处不闷气也。午后至园，在花厅薙头，子午莲开放二朵。晚饭后过东院同小瑾登台一望，转洋务局均到，惠臣亦到，批折回，系三月十五日拜发，英甫送《缙绅》一部。半阴晴。

二十四日(7月15日) 三点余钟起蹲马桶,天亮复蹲,八点钟起又登厕,皆下些渣滞。早饭喝粥,觉不适。化臣来回公事,乡城乃平复,系高玉贵来信。晚至园登台一望,转洋务局,小雨一阵,均到,惠臣亦来。半阴晴,小雨。

二十五日(7月16日) 午刻升堂验放,圈出扎萨克头品台吉汪青彭错朗结,广法寺堪布罗桑吐丹。系色拉寺喇嘛到班。晚饭后至园,化臣来,接迎张大臣差弁信,业已沿途备齐夫马,不致躭廷矣。转洋务局,惠臣、化臣均到。半阴晴。

二十六日(7月17日) 此地闻有算年月者,番例也,共八人。有一年老者夫妇八旬以外,以看命为生,因令其看,只用年,如丙午即为红马,必以八字推之亦可,今日李光宇译出,存之,以备一格。总讲某转世,如修好转某,不修好转某,劝人为善之意也,殊可笑。鹤孙商公事,并来谈。晚饭后至南门外闲踏,至洋务局,惠臣均到。晴,微阴。

二十七日(7月18日) 午后化臣来,因张大臣到藏,恐房间尚欠,又与噶厦商酌多备数间为是,已有规模矣。晚饭后至藏河边一看,水颇汹涌,来路雨应不小,过琉璃桥,手下人在柳林射鹄,番弓较内地后手硬且薄,头沉重与箭不称。至洋务局均到,惠臣亦来。晴,微阴。

二十八日(7月19日) 早拟得《蒋念亭先生徵实事略》文一篇,有千数字,交鹤孙誊清再议,皆欲刻木以垂永久。天时甚热,因三点钟起蹲马桶,并天亮三次,觉不适,且昨日吃秦椒炒肉,觉喉咙皆辣,此地不宜用矣。晚饭后至东院,转洋务局,惠臣诸人均到,天颇热。有云,晴。

二十九日(7月20日) 早化臣来,由噶必丹带到象皮二块,装一箱,问其价值,尚未言明,此物为配铁扇散而设。午后鹤孙过谈,前看命单,又令韵姑娘一看,与李光宇所译大略相同。晚饭后至园,转洋务局,惠臣诸人均到,晚觉凉,似在德庆一带有雨。半阴晴。

六月初一日(7 月 21 日) 辰刻恭赴大招万岁牌前行礼,刻下番民又求雨,因前数日太阳过热。午后少韩、鹤孙来商酌附片,接惠德来信,付前寄貂皮价,拟找齐,仍将原价寄还。晚饭后至园,登台一望,至洋务局,均到,酉刻东南有垂虹在山,甚有趣。晴,微阴。

初二日(7 月 22 日) 巳刻后园少韩、鹤孙约,座中惠臣、小瑾、化臣、海山,厨子为少韩所使,甚可吃。午后回,李春芳来谢恩,化臣来回公事。晚饭后上楼外闲坐。半阴晴,灯后小雨。

初三日(7 月 23 日) 化臣同鹤孙来,张憩伯公馆现已挪出,可无虑,印房收拾房子,先赏其二百金。轿夫兵丁斗殴案已了结,不过狗打架而已,一笑。永福将各处所送藏香令番子领去,加料二百文,改造大小枝,以备回内地送人,不然为废物矣。晚饭后至园,蚊子甚多,登台一望,见有尼姑六七十岁一人,侍从甚多,询之,乃琉璃桥噶布伦之母,伊父亦充过噶布伦,故后,伊母遂薙发当尼姑,仍在家,夫与子官皆至三品,仍出家,未免可笑。半阴晴。

初四日(7 月 24 日) 惠臣、鹤孙、化臣、海山来回公事,现在钱法大坏,因光板太多之过,山上欲收之,乃徒托空言,殊可恶,皆系各世家所为,贪得无厌之过也。晚饭后至南门外桥上一观,鱼鹰子甚多,极有趣。踏至柳行东路北新修一小庙,供财神莲花文殊变像,此乃原有者,不知新塑者,又何佛也,为山上所为,先作孽后修福,想佛有灵,未必保佑,一笑。转洋务局,均到。晴,微阴。

初五日(7 月 25 日) 化臣来回公事,天觉热,据云外边皆如此说,自来藏内未曾如此,小袷袄,大袷袄,洋布汗褂,如出外,不在屋内尚穿不住,小帽虽纱的亦戴不住,现仍求雨。晚饭后至东院转洋务局,惠臣、化臣均到,灯后微雨,不过才湿地皮。半阴晴,微雨。

初六日(7 月 26 日) 早看家人晾衣服并皮子,此处所硝多掉毛,大不妥,俟到川省须再硝,到北地方可保住。午后罗通事前因告假至桑鸢寺朝佛,来叩见,送小石子一小包,为莲花祖师打妖之物,又江卡一小包,为坐静喇嘛所挽,又香一碟,不知何物,味甚长。晚饭后至南门外西踏，过桥南转回，至洋务局，惠臣均到。晴。

初七日(7月27日) 早给王文佩兄写覆信，交鹤孙寄英甫转寄，另有稿。昨日马竹筠送到大笋二枚，以猪肉燉之，尚好，似京内，大片竹笋已成竹筒，自不如冬笋好。晚饭后至园，在平坝上打辫子，见北山微绿，长出作条帚细草多极，地土生物，或有或无，不可思议。至东院登台一望，印房将完工矣，转洋务局，均到。晴，二炮后起风。

初八日(7月28日) 巳刻至后园，约惠臣、少韩、鹤孙、小瑾、化臣吃烧猪，系自己养两月，尚好，饭后皆散。因鹤孙步踏出后门，顺郭拉路至药王山下小桥旁，见水甚清，对面小柳林极为清雅，努力爬上山石转过，大为可笑，在彼喝茶吃烟甚适。回时顺药王山下行有小道，道外柳树，树外即是河，河外有柳树，多水草枯树，别有意味。沿山上两三处坐静喇嘛之房，山下石中出泉，谓神泉，洗之可以愈疾。由摇铃接脉门旁转出，仍由后门而回，走得满身大汗。晚饭未用，上房略转，风起阵雨，夜间一点钟大雷雨。半阴晴。

初九日(7月29日) 早噶尔丹池巴来会，因回噶尔丹寺有佛事来告假，须月底月初回，谈及噶布伦等，其鹘突非可言传，真令人无法教导，殊可笑。晚饭后至园一踏，马竹筠送到石榴、苹果，不易得之物，闻有香蕉同来，半路已坏，旋送鹤孙各二尝之。至洋务局，均到。半阴晴。

初十日(7月30日) 早至后园，因西园送花，有两盆一丈红，内地呼为熟桔花，此地呼为棋盘花，系双层，移于地下，尚有趣。至鹤孙屋略谈。午后登楼，看东南山云起，雷声甚大，未下雨。晚饭后复至园，由东院转洋务局，惠臣均到，闻酒可以由察台寄到。半阴晴。

十一日(7月31日) 昨夜大雨，早起觉凉。午饭饮酒，踏至东南柳林藏河边，看水时觉长，盖上游有大雨，山青色，白云绕之，河中波浪甚壮，有四皮船顺水而下，因水大，行船如飞，询之，半日可抵曲水矣。踏回，由正南柳林而出，落日后见细雨，化臣来略谈。晚饭后过洋务局，小瑾、鹤孙在痛谈鬼，亦有趣。半阴晴，细雨。

十二日(8月1日) 写家信一封，内写十二日，十三日随差寄。内叙五月十七日接家信，合家均好，收成十分可喜，年赏七十两收到，甚妥。至格淘气必聪明，前纸差带玩意，差须五六月可到。王大人椝信已收，长发美履历存之，办不到。藏内旱，米贵，现已透雨。张大人七八月可到，联大人已到巴塘，来藏尚无确信。香城已打开，番子可怜，大道可通。酒由朱升带来，今由番商寄六十两午节赏，收后写回信。嘱家人少出去多事，新政可怕。等语。至楼上两次，四山看云起。晚饭后到园，在花厅打辫子，看山有云，惟午后细雨一阵。闻金八说，上山打柴往往失事，多由春天，盖石已化冻，身上陈重，踏石不稳所致，登山者似不可不知也。转洋务局，惠臣均到，鹤孙未来。半阴晴，细雨，夜见月。

十三日(8月2日) 巳刻拜发奏补扎萨克二品台吉汪青彭错朗结一折，附哈萨克口粮请边款项下开支一片。鹤孙病，午前后两次看，满面火气，浑身痛，总因内有热外冒风寒所致。晚饭后至园，转洋务局，惠臣、小瑾在。惠臣云，外国亦有俗论，如十三人不同席，因耶稣遇害日，系十二弟子同其吃饭，以为必有一人不好；逢礼拜五不出远门；如谈不吉祥事，即至厨房找盐一撮朝外洒之。如中土妈妈大全，甚可笑。又云，食面包，英国人用刀切，法国人用手分之，似成不可破之习，均可发一笑。回时先雷后雨，雨带腥气，永福云，将下大雨之兆也。晴多，阴少，晚雷雨。

十四日(8月3日) 昨夜雨断续未住，午前后看鹤孙两次，少愈。竹君送来菠萝二个，即分其一个，剥而食之，味甚酸，似不如罐子货甜也。至园一看，水大长，闻藏河业平槽。晚饭后至大堂闲踏，大雨遂来，檐溜甚冲，即进内。微晴，晚大雨。

十五日(8月4日) 磨盘山因雨水过不去，委恩粮务恭代。早至鹤孙屋略坐，已见好，头痛胸满未去，或午时茶之过，余服此物向不见妙，遂以甘露茶或可得效。午后至园一踏。晚饭后六点一刻十三分月食初亏，左偏下，八钟一刻三分食甚，九钟三刻八分复圆，右偏上。三次行礼，末一次挂手巾佩带。上手版，山上送酥油茶道喜，赏之。汉番各官道喜，穆隆寺八喇嘛念经，赏之，照章也。合藏救护，小儿敲锣鼓声喊，大者放枪驱逐，猪犬乱跑乱叫，谓天可听其声，不意鹤之后，又有声闻于天者，由初亏至食甚，声顿止，不知复圆也，大可笑。夜有云。番家相传，有一大兽在昆仑山吐毒气，其臭万分，是以日月到彼不得过，为其所污，以致光不显。此与天狗所食何异，殊可笑。半阴晴。

十六日(8月5日) 早看鹤孙似少好，气仍不舒。午后化臣来，持哈达，代噶必丹请十九日到柳林看洋影，告以必到。恩惠臣僮朱升押解省中寄来黄酒并食物等件，闻省中尚安静。晚饭后出后门至西桥经过，转南门外桥上而回，路间鼠窝有稀泥屯之，乃(哈马)[蛤蟆]所住，可以叫作鼠蛙同穴矣，一笑。至洋务局，惠臣、少韩、小瑾在谈川省宦场排场，有可笑者。微阴晴。

十七日(8月6日) 早化臣来，送到杏儿等物，皆拉鲁佛公送、转送，杏儿有大酸枣大，核与相等，此物即藏中鲜果品之类也，可发一笑。午后看鹤孙，见好，饮黄酒一大杯，即以杏儿下酒，不易得也。阅川报，凤苇堂星使予谥威愍。闻联大臣路上颇难行，驿马皆老弱，兵丁竟有背鞍步行者，狼狈可知矣。晚饭后至柳林一踏，遇番子射鹄者，略坐看之，临走均请安，送之，殊可笑。回时头门该班兵为鬼所迷，因生前出差至省欠鬼七百钱来索，据云身上极热，恐热极生风，藉说亏心事也。至洋务局，与少韩、小瑾谈。晴，有云。

十八日(8月7日) 早至鹤孙屋内闲谈，已见大愈。化臣来，又代噶必丹请之，道有水渠已探之，明日可乘轿去，令宋教习引往。晚饭后落数点雨，有雷声。到东院登台一望，转洋务局，惠臣、少韩、小瑾在，少韩谈及有辅国公不入八分。为朱尔默特之弟后人，现在承袭，如前验放二品扎萨克为颇罗鼐后人，藏中称山南王子为唐文成公主之夫赞普纳廓尔喀之女所生子后人，刻下王子非嫡派，系抱养家人之子，故僧俗各官皆不甚齿之。因本朝未受封，不入官场，如见达赖喇嘛，则服赞普衣冠，达赖应以优礼看待，不忘此处地主之意，分在各噶布伦之上也。半阴晴，微雨。

十九日(8月8日) 早起鹤孙过来略谈。八钟余至番校场南柳林，系冻果尔所住黄房，内院有活水，乃藏河引入，林木尚多，不甚热，为廓尔喀噶必丹所请，一奇事也。自来驻藏者未经过。将到，遣其弟用哈达半路接，伊在林外亲身接，进门排队吹号，下有数帐房，另有小木房，棚用金丝缎作顶，柱以金丝缎裹之，垫子地毯、缎子、氆氇为之，周围悬佛像，其恭敬华丽至矣，二奇事也。早饭至帐房用，设圆桌椅子用汉席，在木房闲坐，则有留声机器两架，缠头数人唱番曲，廓尔喀人唱其本地曲。午后且至其院外一踏，见田中大麦已出穗，所种麦豆不分垄，草不拔，豌豆已开花，颇具野景。在座者江少韩、吴小瑾、恩惠臣、李海山、刘化臣，皆可不相拘泥。不意在帐房用晚饭，忽来大风大雨，继以冰雹，帐房欲飞，大树欲折，顷刻脚下水深数寸，或用雨伞，或穿荷衫，自来吃饭无此景况，三奇事也。此外房主人递酥茶行礼，其弟并儿女皆来见，颇为尽礼，完时如此收场，真可入《儒林外史》。鹤孙因病未去，幸也，来去皆乘轿，道虽滑，缓缓行之尚可，抵署已上灯，七钟余矣。其弟亲送至署，即遣之，是乐是苦，付之一笑而已。并有诗为证："今朝形景不堪提，风雨冰雹一例齐。油伞荷衫对杯酒，难逃衣湿并靴泥。"半阴晴，晚大风，雨雹。

二十日(8月9日) 早鹤孙过谈，将昨日记令看之，因大乐。所著《瓦合山记》，已刻成，令其搨之，可与《丹达山记》并传，详则过之，措辞亦较其得体。余所作《蒋念亭事略》付之刻板。午后至园一踏，向日葵叶为雹子打破，闻上房院雹子竟铺满地，风大两柏树几乎被折，无怪昨日彼处比此处尤风雨冰雹更厉矣。晚饭后，上灯前后大雷小雨，南路云如墨，旋住。昨夜复大雨，睡去未知也。半阴晴，晚雷雨。

二十一日(8月10日) 午后至园，见有拔草希图喂牛，其链刀乃如半月形，看之甚笨，询之割禾稼即此物。牟占成给王永福来信，买得野黄连一袋，共八斤，价合一百一十一元，此物强于雅连，不易得也，因留之，即付其价。晚饭后接到锡督文，欲朝白马贡番民，已发五千银抚恤，并为前奏白马贡事奉电旨一道，交锡良查明办理。至洋务局，均到，惠臣、化臣亦来，联大人已有信，将到察台。半晴阴。

二十二日(8 月 11 日) 午后至园，坐花厅看小雨，颇有趣。鹤孙早来，不过例行公事。午后又同少韩、化臣、海山来，因昨日接卸任靖西同知松寿来禀，因与马竹君交代许多，不似人话，殊属无耻，拟严加申饬并咨川毁之，今来求情，众人即给其写信开导，再看如何？姑准之。晚饭后小雨，过洋务局，均到，复踏雨回。半阴雨。

二十三日(8 月 12 日) 昨闻鹤孙云，有四川灌县罗贡生者，以授徒为业，品学一乡钦仰之，忽来一生，布衣肩行李小捆儿，甚朴野，愿就学，以铜钱四百文为贽，罗看其年已二旬余，告以攻举子业已迟，难为教。生曰，先生人品久慕之，愿从读书，非望发迹也。罗姑纳之，令在一小屋居，旁为灶室，授以四书，且教其读，同学皆非笑，已从三月余，或窥之，见时睡时读时默坐，不知将欲何为，更为笑谈。一夜，月甚朗，正值中秋前后，门外两株桂花盛开，罗率诸学舍生共玩之，生亦在座，因谈及佛仙事，诸学舍生以为必无，生以为必有。罗曰，仙佛之事甚微，不得谓其必无，要非常理耳。罗旋就寝，众人仍聚谈，力辩仙佛之事。忽听空中如雷鸣，皆以为将雨，然月色皎然，不可解，遂匆匆各趋舍去。待二日天明，见满院落叶，细审之，皆一半在桂树，一半如剪裁飘落，众大哗。罗亦趋视，告众觅生，则已不见矣。因传罗有仙弟子，或云此剑侠近于仙，至今人能道之。早鹤孙来谈公事。午后找裁料作棉衬衣，此地衣服颇费，因油土大之过也。晚饭后至园登台一望，池内(哈蚂)[蛤蟆]甚少，为鸭子所食，东南旱地上拔草，见之甚多，乃鸭子不到处。地长野冬菜，其叶似一丈红而小，本地穷人以之熬粥，结子捣烂贴疮甚妙，其性极凉。到洋务局，惠臣诸人均至。昨通夜雨，虽不大，甚久，闻藏河长水。晴，微阴。

二十四日(8 月 13 日) 早无事，看书写字，因阴多晴少，时落小雨。晚饭后至洋务局，均到，微风甚凉，回时收文书看报，见传牌，联大人于十三日由察木多动身，计算下月底可以抵藏。报中乔茂轩传御奏，遵圣祖仁皇帝圣训，一本朱子，殊为探本穷源之论。新政应行，误国殃民则须整顿，自来讲新政者，久未见此议论矣。阴多晴少，小雨。

二十五日(8月14日) 早化臣来回公事，联健侯带随员三员：陈晓东、齐浙生、张慎安，管带王卿儒，勇有八十名。午后鹤孙约到马号看马，伊买一海骝，口尚青，不甚大，走颇稳，惟项少软，合钱四十六两，少韩买一骡，黑色粉嘴，眼口亦青，惟外后腿似有病后寒，价九十两，今岁牲口，闻到藏有二千头之多，价值比内地尚多一半，洋人在南路颇肯出价，虽多，比每年仍贵也。至少韩屋内略坐，晚饭后至园，登台一望，北山云起甚浓，南山见冰雹满白非雪，川省呼为雪弹子，盖川省非冬日不下雹，亦奇。转洋务局，惠臣均到。少韩未来。阴多晴少，小雨。

二十六日(8月15日) 卯刻恭谒扎什城万寿宫，率同汉番文武各官行礼。昨一夜雨，四山有见雪者，颇凉，棉衬衣、马褂、袷袍至小袷袄、袷裤、棉套裤，虽伏天亦不能脱，青稞一片已穗，上出荒云在青山半路及顶上，甚得景。午后竹君处送到鲜波罗、大竹笋，近于苏省毛笋，一瓶红酒为玫瑰作，似南方以花泡之，非北边白色，其甜无对，一瓶绿酒系薄荷所作，曾在洋营马正太处饮之，力量甚大，振勋看其洋票，喝此酒一时后，吃牛肉相宜，其刻消也。晚饭后至园，将草拔去，颇觉畅快。转东院看马，至洋务局，惠臣诸人均到。晴多阴少。

二十七日(8月16日) 早二堂动工，虽在中宫，且正南，似不可动，然此处无忌，只好听之，缘前数日左柁忽折，甚可怕，不收拾无会客处，亦不能十分拘泥矣。今日刨土，见上有大石块，本来是楼房，因北盖楼，故将此层折去，土亦太厚重，竟有一尺，过陈，以致柁不能擎。晚饭后至园，转东院，登台一望，到洋务局，惠臣均到，因有雷声，未二炮而回。闻鹤孙云，彼曾至峨嵋有某寺在后山，向有一猿如人长，已白色，如施主欲舍馒首，先告庙内定于何日，或一百、二百，即写一告条贴于庙外，是日白猿率猴来，用筐箩二，一装馒首，一空。每猴取一馒首，并不多取，必一把树叶掷于空箩内，细检之，叶内杂以细茶，不知何处得来，皆呼为猴茶，其味极鲜。白猿山中名袁居士，见人（辙）[辄]笑，已得道矣。阴多晴少，细雨一日。

二十八日(8月17日) 早至鹤孙屋内闲谈。午后登房一看，见二堂土盖刨去中间一尺余，土石刨后，柁反上五寸余，其从前之陈，亦可概见。由外院转至西院一看，康尼儿在彼处刷白土墙壁，并楼上裱糊一切，西院房间虽比东院小，院落比东院大，收拾外面，均有可观。出其头门，至南门外桥上，水已散漫，且浑而不清，上游雨必大，桥南偏西有一小帐房，上坡下有竖墙，番样，乃耍柳林者移于此。晚间即拆去，盖临河近，以洗澡甚便。晚饭后至园，该班郭什哈无一在花厅者，甚可恶，因责之。转洋务局，惠臣诸人皆到。阴，细雨时下。

二十九日(8月18日) 早海山找来，交以公事，化臣、鹤孙来谈公事。午后惠臣来，亦为公事。惠臣旋送鱼一条，红色者，然甚大。番子送到柁二，一极长，杨木，身多结如松木，作此短柁，未免可惜，一甚短，可适用，两者太不相称，彼亦莫知其所以然。至洋务局，惠臣均到。阴，细雨一日。

三十日(8月19日) 早化臣来，因到别蚌寺烧香，彼处有蛮戏，其乱无比，盖香会为虚，其实化布施而已，喇嘛蒙古喀尔沁人甚多。午后登房看工程，颇为爽利，明日即可架柁。晚饭后因连日左腿搐痛，步至藏河边一看，水甚汹涌，沙滩均没矣，上游水亦可观。回至洋务局，惠臣诸人均到。有云，晴。

光绪卅二年岁次丙午秋七月初一日(8月20日) 辰刻恭赴大招万岁牌前行礼。午后同鹤孙、小瑾步踏至夺罗柳林即夺罗林冈。略坐，由夺罗林冈过协铁林冈，至老罗们罕柳林又略坐，看藏河水甚旺，转出到清真寺初买林却真老罗们罕林子二名，又过摆来葱果，出到清真寺。内略坐。至朗赛领张大人公馆。同鹤孙、惠臣路遇化臣、海山，会同吃惠臣处炒鸭片、炒鸭子，小瑾已回，少韩约未到。灯后步踏回署，来往有十里路。晴，闻雷未雨。

初二日(8月21日) 早少韩、鹤孙来商公事。午后化臣来，接南路信，把总毛腾蛟，因丫头死现已得疯病，甚可笑。昨日走柳林，见雨水坑内一种虫，甚奇，头如混鱼，眼不如其大，通一细黑线到尾，尾又较粗，尾头有叉，黑线两旁有深黄毛，似多脚虫，腰尾之间生一箍，作深浅蓝，如翠上又似微白，询之汤约，名三卜三娘，又名三卜三若，洗澡遇之能咬人。晚饭后至东柳林，看藏河水甚旺。遇鹤孙略坐，回将黑，过一水沟，鹤孙一脚入内，盖其短视目力，于此时水石难分矣。回署换袜子，殊可笑。至洋务局，惠臣亦到，谢之，均在座，谈及里数，以营造尺五尺为一弓，三百六十弓为一里，以步算七百二十步为一里，合两步一弓，外国马力，乃五百斤为一马力，马之强弱，可拉五百为合中。已见月牙，回教开斋，以见新月算，高地竟有卅日甚二十九日可见。晴。

初三日(8月22日) 早至鹤孙屋内略谈。午后登房一看，柁已上得，椽已安上，碎柴摆后用石子压之，盖稀泥而止，内地未见过。晚饭后至园一转，到西院大坝上，遇化臣看乌拉拔草。二堂柁亦欲坠，乃虫蛀之过。王永福云，西院同治年间重修，东院乃道光年间所修。出南门桥上一望，柳林中出醉丫头一群，因昂班在此，不敢过，聚集半路跳锅庄，系江卡声调，另有别风。转洋务局，惠臣均到，明日噶尔丹池巴来，拟洋务局会。有云，晴。

初四日(8月23日) 早至洋务局会噶尔丹池巴，由噶勒丹寺新回，谈公事毕，询其四教原委。黄教宗喀巴佛传达赖、班禅为正宗，红教在黄教先，为莲花祖师，白教为莲花弟子等所立，与红教无异。黑教在如来时即有，专以咒人害生命为事，当时灭之未尽，常以其教戒门弟子，后经红教复灭之，仍未尽，如卅九族尚信之，留其若干人为一教，不准多剃度，并令其经典中须宣如来佛号，不准尽念其咒人等经典，是以至今留之。俗称噶尔丹、色拉、别蚌、桑鸢为四大寺，不知桑鸢为红教，一切公务不得与闻，惟三寺可与参知，故呼为三大寺。进内，少韩、鹤孙约来商公事，化臣来署，千总疯病甚重。晚间接靖西禀报，署千总毛腾蛟已病故，晚饭后过洋务局，每阴雨院中须搭板走人，由二堂房上拆卸土石甚多，令砌石子甬路一道，至东小屋、科房亦砌一道，惠臣、小瑾二人在。有云，晴。

初五日（8 月 24 日）　午后至房上看工程，木工安纸槅等项，房上须待排三合土。晚饭后由园登台一望，到西院遇化臣略谈，转东院洋务局，惠臣、小瑾在，鹤孙略坐去，因有公事，接川督电代转陕督文，因德国游历之事，鹤孙来商之。午后鹤孙送一水石茶碗，晚饭饮其四碗绍酒。有云，晴。

初六日（8 月 25 日）　早化臣找来告以公事。自早至晚二堂砸土，西院二堂柁亦朽坏，现已安妥，砸土两边歌声不断，热闹非常。晚饭后登房一看，众作工有一曲学各处人，颇可笑，又一曲学番丫头穿靴梳头，亦可笑。至洋务局，惠臣、小瑾在。晚阴，晴。

初七日（8 月 26 日）　早起两院土木之声不绝。午后化臣来回公事，李海山接差禀辞，有公事，未得见。闻联健侯初二日到拉里，计算十五前后可以抵藏。晚饭后出南门外桥上一望，水内小鱼甚多，闸草一片小白花，亦大有趣。至洋务局，惠臣、小瑾、鹤孙谈。早阴，小雨，午晴。

初八日（8 月 27 日）　午刻升堂验放僧俗番官各缺，旋至洋务局，后藏戴琫策丹朗结已坐垫，当面谢恩。由早晨东院作工，即来砸土，西院草草了事而已，因钉二堂棚架，现铁丁看铁匠用风箱，系羊皮一张，周围缝妥，下以半张羊皮作底缝之，在底安一铁管尺长，马箠粗细，一头安于火内，一头紧扎于皮上，其上如口袋嘴，安两竹板，板中作小绳套，用两指套入，开则提上，合则按下，颇适于用。商人来往贩货无宿店，多打野盘，亦用皮风箱，不用两板，更易携带，然非行家不会使也。晚饭饮黄酒斤余，至房上看作工，但觉胸中春意满，须知世上苦人多，各赏其藏钱一文，乐不可支，不过京钱一吊文。未至各处，灯下看书。有云，晴。

初九日(8月28日) 早起房上砸土，西院复砸土，因前日雨已漏，将糊棚纸皆毁，白费工夫钱，可发一笑。东院归聂藏娃管理，西院归雪叠巴管理，闻聂藏娃前日因此处作工人数目短少，噶布伦传去，大加申饬，亦可笑。午后化臣来销假，因拉鲁佛公母亲病往看，佛公甚孝，颇可取。晚饭后至房上看工，至洋务局，除少韩未到，惠臣亦来，进内。闰四月初四日拜发折片，奉到朱批文书，内有定边左副将军知照达赖有回藏之说，咨沿途多备驼马等项。半阴晴。

初十日(8月29日) 早至鹤孙屋内，同少韩斟酌报销奏底，化臣亦在，略站而去，用饭时又来，冯瑜要请其吃饭，亦欲送菜，拦之不住，听之可也。午后至房上看两次作工，女人子女甚为可怜，令买锅盔分散之，竟有揣入怀内，舍不得吃，大人则极力作工，相形之下，西院绌矣，将日落，大雨一阵。晚饭后同化臣至东院门外一望，小儿放风筝者甚多。至洋务局，鹤孙、小瑾在。半阴晴，晚阵雨。

十一日(8月30日) 早化臣来，因冯瑜送菜，约明日大众食之，少韩、鹤孙来商奏底。晚饭后因二堂工完，赏给聂藏娃三名：扇子、香珠、银牌、哈达等件，其铁匠、木匠、石匠、裱糊匠、土工、丫头等，并康尼儿，由八文至二文不等，共用廿金上下，皆甚乐。过洋务局，鹤孙未来，余皆到。晴。

十二日(8月31日) 夜间两钟前后风雨交作，将至亮炮又睡着，起时甚晚。惠臣来商公事，旋至洋务局，因冯瑜备菜，与少韩、鹤孙、惠臣、化臣同享，小瑾已早用饭，未入座，并未见面，一笑。程巡捕来回，有喇嘛监工者，赏其八文钱，出署后，为其主人据去作为已有，因痛哭流涕，看其蓝褛可怜，复又赏其四文，昔者一文钱传官民佳话，今者八文钱致主仆失和，钱之为用大矣哉！番子鹘突无知可见一(般)[斑]，真堪令人喷饭矣。晚饭后雷雨一阵，未至各处。买来火纸不著，徒费气力，点油灯一盏备之，因作歇后语，一笑。难著三昧火——纸，点上一盏油——灯，若吸吹气冒——烟，省得粗心浮——气。半阴晴，晚雷雨。

十三日(9月1日) 早鹤孙来商致乔英甫信稿，午后化臣来回公事，随联大臣押驮子外委通事兵丁来叩见，询其非常辛苦，尚称平安，联大人约廿日可抵藏。晚饭后至园，登台一望，至洋务局均到，小瑾请护照马牌已照准。昨夜今天明大雨，昨晚八钟三刻地动由北南去。晴。

十四日(9月2日) 早化臣来回公事。午后至西院一看，踏至布达拉山前藏河边，见有烧香者，其香即山南所来，然后洒糌粑倒酡，男女各持糌粑一撮各向空嘤吓洒之，礼成，询之，祭河神也。有一番子系喇嘛还俗，现当厨子，揣经向河念之，甚可笑。回时遇皮船载人，人背兜内卧之，小驴乃河南驴，亦习惯矣。晚饭后转东院登台，到洋务局，均到，闻联大人有廿一日到之说。微雨，半阴晴。

十五日(9月3日) 城隍神出巡，轿夫皆往抬轿，磨盘山委江委员代关帝庙行香，九点钟同鹤孙、少韩东院台上一望，新作神轿，颇壮观瞻。午后有接联大人差禀辞，俱未见，化臣来回公事，又送桃子一盒，旋送鹤孙一盘。晚饭后至印房一看，收拾尚坚固，工未完。出南门桥上一望，见男女醉番子由柳林回，见余黄帽子，尚知摘帽吐舌，且歌且行，太可笑。闻王永福云，科房有黄帽子喝醉，临卧尚在头前放一酡罐，以备醒时再喝，方为尽兴，不意溺壶亦放头前，少醒即溺，再醒忘之，遂把而痛饮，觉咸非常，方悟，大可笑人。进内。半阴晴。

十六日(9月4日) 写家信一封，内写十七日，随折差十八日走。略叙六月十二日寄银信谅收到，纸扎差可到省带物写回信，六月十六日察台李老爷方憨发来黄酒等物，另清单告明朱升押来。此地有无。联大人本月廿二日到任，收拾房子，随收随漏，因无砖瓦之过。张大人听说八月可进藏，如藏内规模早定妥，今年腊月任满，盼早回内地。刻雨见雪，穿毡袷袄棉马褂，合署平安。等语。午后化臣来回，马朝阳业由京内到靖西，下月可抵藏。晚饭后在外院一徘徊，到鹤孙屋内闲谈，雷大，下微雨。半阴晴，微雨。

十七日(9月5日) 化臣来拿马朝阳信来看，鹤孙来，因收汇款打到，无事看书。丹增大有趣，金八谓其为奔娄头，倭多眼，扁脑杓，四方脸，颇合辙，可笑。晚饭后至印房看工，上有少韩重修老君龛一座，从前本有，后为风雨所毁，每夜燃灯一钱，凡阴雨月晦，往往平坝迷人，自无此灯，又所不免，重修之功德也。出南门桥南略站，遇醉番男女向余摘帽、吐舌、磕头、请安皆有，可笑之至。山南王子见余下马请安，颇似汉人，问以汉话，答亦明白，赞普后也。半阴晴，晚雷。

十八日(9月6日) 巳刻拜发洋人抵藏一切用款咨部核议照销一折，在二堂传见后藏戴琫策丹朗结等，午后鹤孙来谈公事两次。晚饭后至园，登台一望，南池水苔甚多，至鹤孙屋内遇少韩闲谈，程巡捕接马竹君信，张憩伯有月之廿五日由印起程之说。晴。

十九日(9月7日) 早鹤孙来商公事。午后步踏至柳林外看水，已比先见消，沙滩亮出。马岱乐接差回，闻联大人身太弱，廿一日恐将能到菜里，须二十二日到藏恭谒圣容拜印拜庙，余谓一日未必来得及。少韩、鹤孙来谢赠款并商公事，化臣亦来，接惠臣信与马守备所说相同。晚饭后微雨，未到各处。家人谢赏。半阴晴，微雨。

二十日(9月8日) 早联健侯红谕来，二十二日午刻到任，午后少韩、鹤孙、化臣来辞，赴菜里接差，海山禀到，接差回略谈，联大人身体弱系实情，年岁将五十，须过数月，自然可壮实，随员等亦皆平稳一路。晚饭后出南门一踏，直至四川井而回。有云，晴。

二十一日(9月9日) 午后少韩、鹤孙、化臣接差回，略谈，鹤孙复来谈，联大人明日巳刻谒布达拉山，自己因单弱颇怵。笔帖式斌泰、戴福、德音、惠纶接差回，并谢。科房李光宇、叶汝舟接差回，谢赏。随联大人新班笔帖式穆雅浑、元安、二满洲人。普光、德康二蒙古人。来见。与鹤孙东院看马。晚饭后至园登台一望。微云，晴。

二十二日(9月10日) 早赴工部塘下帐房，接联大人豫，即赴布达拉山谒圣容，至署拜印，待拜庙后过东院来拜，委员拔贡知县陈晓东、启昌，山东人。捐通判府经历张慎安、其勤，河南人。县丞职衔齐浙生、东源，湖南人。巡捕衙队优廪生从九王久敬，陕西人，后询知其号乡儒。均来拜，旋赴西院回拜联建侯，众委员回时已上灯矣。直乱一日,可发一笑。晴。

二十三日(9月11日) 早吴小瑾来辞行,至鹤孙屋内略谈,因于日用内给其路费银二百两,明日即长行矣。午后化臣、鹤孙俱来。晚饭后至南门外塔子前一转,四川井水极旺,且多小鱼。回署,灯后鹤孙又来谈,西院委员打箭炉散伙,殊为可笑,并闻已上《申报》等语。晴。

二十四日(9月12日) 吴小瑾长行,差帖送之,见面相别,未免难过。午后过鹤孙屋内略谈,化臣来谢营务处交卸,并惠臣缴开导委员关防。联大臣送到袍褂料、笺纸等物,道路遥远,未免惭领。甘奠池巴由西院来过拜,因略谈。少韩来送公事,并送川椒、小蒲扇两把,将牋纸送其二匣,即联大臣所送者,成都劝工局制。晴。

二十五日(9月13日) 早鹤孙来呈手折。午后联建侯过谈,拿沿途情形折,改派随员一片,代酌数字,因痛谈。过鹤孙屋内略谈,海山、化臣回公事。晚饭后至园登台一望,至少韩屋内略谈。晴。

二十六日(9月14日) 早饭饮黄酒,遂赴柳林看水,回时至联大臣处大谈,即在其烟盘旁,其乱非常,伊旋拜到任谢恩折。晚饭后至东院,到鹤孙屋内闲谈。晴。

二十七日(9月15日) 午后惠臣来痛谈,晚饭后至东院,登台一望,到少韩屋内,鹤孙亦至。晴。

二十八日(9月16日) 早化臣来痛谈,并送代洋员惠德买貂皮五十张,连前二百张。令封固致信,将原价退还。午后鹤孙过联大臣处,问洋务局是否派员?旋联大臣过我一谈,复至鹤孙屋内。晚饭后小雨。记昨夜奇梦:"轻嫋香莲十五余,提携相笑步阶除。赵松自唤人呼小,娇态应怜白玉蕖。"晴,半阴小雨

二十九日(9月17日) 早鹤孙来看致惠德信,并皮子交冯瑜带往,惠臣找来,近闻其与联大臣借银子买氆氇,颇有挑拨是非之处,因痛训教之,问其与刘化臣换帖否?因其有充当家人之说。答曰曾换。尚有何人?曰孙玉书。联大人曾云,刘文通借我要彭子周子周面告,

恩禧、刘文通俱有使人银子之事，曾经禀明。四百银。又云，锡清弼云我一路有家人勒索两事，皆须寄信详问。然渠之一路，先带斗粘公主藏女。之婿周某，伊系从其岳父藏通事。之姓，走至打箭炉，为上州县雷登阁宝震等大半所属以为必感其私恩。禀知清弼，清弼将所禀行知，伊将周姓交炉厅看管，然系奏调之员，既未奏明，又未自请处分。奏调别员，有因至妓馆偷物，又云小人谮之。并作诗作不过讥诮之，均辞而去。随进藏之路上兵打人猪，有已革知县陈启昌，清弼所参，又有已革知县谢文藻亦调藏，亦清弼所参，不知其意何居。山东人，与李梦弼同乡同年，殊属可恶，闻给联大人拉牵李梦弼，交代可从宽。联大人吸鸦片烟，已不成样，不识满洲字，谢恩折满字，呼为这个字我不认得，太可笑。伊曾随薛福成出洋，能说数句法语，伊乃正白旗内务府汉军人王姓，忘本二字难辞矣。晚饭后至园一踏，在花厅小坐，天上浓云四山笼罩，微雨即回，半阴晴，晚雷，灯下小雨。

八月初一日(9月18日) 辰刻恭谒大招万岁牌，前行礼。午后海山、惠臣来，由联豫处代化臣说项，惠臣、海山云，新勇因换钱，与人打起，海山赔半钱了之。其浑蛋至极矣。鹤孙过谈，竹君送来洋酒等件。晚饭后到东院，登台一望，并看马，午曾至后园，向日葵大开。半阴晴。

初二日(9月19日) 早化臣来，拿彭子周信来看，联大臣系冬月报起身，彭系三月到省，可发一笑。午后鹤孙拿竹君信，张大人进藏夫马已齐。晚饭后微雨，至东院登台一看，进内看闲书。联豫云，人非出洋，不能阅历，皇太后、皇上、军机大臣，不知何时出洋。可发一笑。半阴晴，晚微雨，风。

初三日(9月20日) 午后少韩、鹤孙来，有公事相商，并携来穆笔政写满篆对一联，甚有趣，京中不常见，驻防尚讲满文也，因托其篆一“福寿平安”横披。晚饭后至园登台一望，墙上黑白花小鸟甚多，询之为水鸟，惜不知其名。昨夜雨，今半阴晴，有风。

初四日(9月21日) 早化臣来，送萧必达等信来看，曾接其来信,有噶箕照像与洋人装束一样。午后,令作窗前一挡,太阳未免太照之过。晚饭后过东院,登台一望,至少韩屋内谈,送穆笔政对联一付。晴。

初五日(9月22日) 辰刻恭谒文昌宫,秋祭,与联大臣同行礼,别庙遣员恭代,委员等均往。午后鹤孙过谈许久。晚饭后廊下闲踏,灯下看书。晴,晚风。

初六日(9月23日) 午后少韩来,惠臣亦到,略谈公事。闻联大臣将家人解地,未免刻薄寡恩,然亦不便多管。王永福拿来另造藏香,粗细均用黑色,当面告惠臣作木箱四,三只装粗香,一只装细香。晚饭后至外院,程巡捕买得一猴,不甚大,合八文钱,转东院登台,大风,下台看马,旋回,灯下看书。晴,风。

初七日(9月24日) 少韩、鹤孙来商公事,鹤孙复来,送到六月初五日发来家信一封。合家均属平安,闻联建侯逐去委员至省各处,道其行为有八字考语,谓之"刻薄寡恩见利忘义",恐为切实不移,一笑。化臣来呈交高玉贵、扎拉逊来禀,藏路不易走,拟回省航海而来,只好听之。晚饭后至园,转少韩屋内闲谈,闻其代奏满语,系芬得倭什仁。布密,其屋甚热,旋回看书。晴。

初八日(9月25日) 早给锡清弼、彭子周各写信一封,另有底。午后,惠臣来略谈。晚饭后出南门外,西去到塔子前折回,来去有二里地,柳树已纷纷落黄叶矣。半阴晴,闻雷声。

初九日(9月26日) 午后化臣来,拿法华寺和尚信来,肃王爷由口外回,竟欲蒙古开垦等事折子,系自作自缮,殊为可喜。又俄国有到藏游历之说,不知真假。晚饭后至园一踏,葵花有开极大者,转回,至鹤孙屋内闲谈。太阳少西,日下小雨,晴。

初十日(9月27日) 午后联建侯过谈,云省中伯衡胡犯热,求为开复,此话恐不尽然,并欲巡阅,又欲铸钱,皆系财迷之事,闻余不要之山价,遣乃心巴往问山上,山上与其要凭据,只得罢议,然应收不收,不应收胡想,实属无谓,至晚饭时才走。饭后至东院一踏,灯下约鹤孙来，告知一切。鹤孙压马到万寿寺，看十八罗汉画像，系番子手笔，即余前所见也，并有塑像在殿之东间，伏虎尊者系女身，闻老喇嘛云，此即施主，经中有记载。因貌极美，恐人戏侮，故以虎自卫。又一尊系此主小娃，手托螺丝甚胖，随十六应真请至家成正果，皆呼为十八罗汉，与前噶勒丹池巴所谈大略相同，惟施主系女身，未曾道及，亦新闻也。半阴晴。

十一日(9月28日) 无事看书，将卅首《乌斯竹枝词》作完，交戴笔政代誊出，再酌。闻联建侯至后园，甚赞雅趣。晚饭痛饮黄酒，在廊下约鹤孙赏月，有云极净，清高无比，纵谈甚乐也。晴。

十二日(9月29日) 又将《花月痕》略看一遍，诗笔不凡，的确玉溪生，其中有骨，非王次回专讲风月，看后无余谓也。袁子才责沈归愚不选次回诗入《别裁》，二君之心地邪正见矣，现看《唐宋诗醇》。半阴晴。

十三日(9月30日) 写家信一封，内写十四日，随折差十六日走。略叙八月初七日接信一封，合家均好，米贵由四乡收成不好，藏内米贵因洋人多，赵大人办警察声望不好，令家人少出去，马提台打番子，番子不怨，打襄城为给钱道台开复，死去数万人。联大人烟气又病，听小人话未免呕气，好撒谎，汉番不服，随员不懂公事，八十兵穷极，大家怕他偷东西作贼，再睄罢。张大人九月可到藏。天时穿毡袷袄、棉马褂，叶黄，经霜之过，均平安。等语。午后在二堂，廓尔喀噶必丹率领伊弟及兵丁等来送羊头等物，乃初十日系伊新年，特来拜年道喜，旋赏之，即过西院。晚饭后至外院立看各树，秋意到矣，鹤孙过痛谈。半阴晴，下二三阵小雨。

十四日(10月1日) 午后鹤孙过我一谈，蒋先生匾刻得，拿来一看，刻的甚佳，遂将图章打去。晚饭前因躺于书桌床上，甚觉不适，饭后至园一游。晴。

十五日(10月2日) 昨日将赏耗于午前放讫，今日放西院赏耗，早向北朝家祠行礼，少韩诸位来拜。巳刻约少韩、鹤孙后园早饭，回屋略歇，踏至西头柳林，转至沙滩看水，极清，柳林少坐，由西桥到郭拉路而回，联大人以下皆挡驾，道乏。江古(旭)[学]等留其吃早饭，小孩或一文二文给之，汤乐等各廿文，加以西院赏，竟数十两费去。晚饭后鹤孙过谈。半阴晴，夜雨。

十六日(10月3日) 巳刻约联建侯到东署公同拜发万万寿贺折，兵部议覆保案折行到，约鹤孙来看，旋化臣来告之。晚饭后至东院看台一望，东山雹子西山雪，南北两山亦有雪雹处，觉凉，换棉袄、棉马褂，至少韩屋内一谈。晴。

十七日(10月4日) 辰刻恭赴扎什城关帝庙，半路小雨，至典礼完，住晴。行秋祀礼，磨盘山系联大臣去，余祀遣粮务。午后，前藏粮务余介臣钟麟，湖北均州人。来见，看其光景，尚不至十分糊涂，曾在军营效力。鹤孙来，接其家信，纸扎差已到，所带各物俱未损坏，五月初六日具奏折件，恭奉朱批回，晚饭后灯下看书。半阴晴，小雨。

十八日(10月5日) 午后李海山来，谢奉扎填游击一班，伊有副将衔，总未肯戴，告其此时何不换上，未识肯与否也，一笑。少韩来商公事，略谈。晚饭后廊下闲步，灯下看书而已。半阴晴。

十九日(10月6日) 早至鹤孙屋内略坐，见有联大臣《新学钞本》一卷，以后均要照此行而后已，可谓下乔木入幽谷办法，亦可怜可叹矣。午后海山、惠臣、少韩分来，俱商公事。晚饭后由外院转东院而回。半阴晴。

二十日(10月7日) 粮务、统领祭祀销差，俱未见，在西廊与鹤孙立谈许久。午后海山复来，联大臣令其拿造藏钱各样子并呈来阅看，联大臣有诗一首令印房笔政录之，因记之，特默诵而成。题为《不寐》，诗曰："灯影半明灭，雨窗滴未休。茫茫今古事，潮涌上心头。"即此一斑，可窥全豹。闻有诗集，岂不坑死人哉！《蒋念亭先生徵实事略》刻成，搨纸三张存之。晚饭后外院一踏，因昨夜大雨，南山雪甚多，觉凉，小毛衣仅可穿矣。半阴晴，风。

廿一日(10月8日) 鹤孙来，又买镯头一付。午后化臣来送到

《京报》,有皇太后、皇上欠安之说,陆凤墀得赏,想必因医而起,幸报大安。少韩、鹤孙来商公事。闻联大臣处下人皆吃红米,因食白米一次大家吃的多,故永食红米,柴则三天五个,实不(符)[敷]烧,将满院草皆为汤约拔去,除大人开水,余人虽开水皆不可得。西院送菜四背尚欠,小娃子痛哭,盖菜中无肉,米又不好,多以半菜半米食之,亦可怜矣。闻系管账委员张其勤所为,然上有好者,下必有甚焉者也。晚饭后至园一踏,到鹤孙屋内略谈。晴有云,四山皆雪,较凉。

廿二日(10月9日) 午后惠臣来谢扎,又余介臣来谢扎,在二堂见,将交代事略谈,人颇明白。晚饭后至园一踏,葵花已结子,觉天凉,转至少韩屋内,鹤孙亦在,将余介臣所说告之,皆以为明白。晴。

廿三日(10月10日) 午后介臣、惠臣便衣来,在外签押房见之,痛谈交代之事,旋到鹤孙屋内谈。晚饭后东院登台一望,接竹君来禀,张憩伯大为甘波洛所窘,竟不准番子支应夫马,情殊可恶,已达印督外部,印已回信认不是,外尚无信。晴。

二十四日(10月11日) 午后少韩、鹤孙来商公事,拟派会盘委员办理前藏交代事。至园一踏,大有秋意,树半黄落,在花厅少坐,北山云中有雨,亦佳况也。晚饭后在廊下闲步,灯下看诗。晴。

廿五日(10月12日) 早鹤孙来谈,前说红灯教匪,渠在四川邛州,曾将其符咒讯出钞一底,今拿来留之,亦可作一奇闻。联大人曾在打箭炉作诗,有一联云:"家园尚有瓢儿菜,世路原多瓜子金。"余谓其同自己大开玩笑也。午后余介臣来,在外签押房见,因交代事已派笔帖式斌泰、普光联派。会算。进内,找海山来,令在山上代粮务少为通挪。晚饭后至少韩屋内一谈,鹤孙在座,西院各委员公事之可笑,不一而足。惠臣来,因番子刦云南买卖人一案,俟禀到再说。阴多晴少,风。

廿六日(10月13日) 无事看诗改诗,消磨岁月而已。晚饭后鹤孙来,公事底有商酌,谈及联建侯以耳代目,为左右小人所愚弄,真可怜矣。晴。

二十七日(10月14日) 早刘化臣拿靖西来信一看,张大臣有廿五六日起身来藏之说。午后鹤孙来,宋筠认一广东客,有东洋布各色,合十二藏钱一匹,可够一身,拟留之。晚饭后由外院至东院。晴。

二十八日(10月15日) 早鹤孙来商公事,并提图财害命案三宗,与云南案办法略有相同。午后惠臣来,因交代案至联大人处照实禀明,只好由他去罢,但求自己不为人所愚,已为万幸矣。晴。

二十九日(10月16日) 早化臣来,谈及李梦弼、陈启昌相约为两院解和,殊属放屁,不值一笑,真正小人无疑。明日约娥珠彼处念经,可去一日。鹤孙亦来商酌案子。午后无事,将《竹枝词》修饰得,交鹤孙处。晚饭后廊下闲步,灯下看苏诗讫。晴。

三十日(10月17日) 早化臣处念经,接娥珠前去。鹤孙、少韩因公事略谈。午后至园花厅梳辫子,看北山已变苍色。云南劫案派余介臣粮务钟麟、李海山游击福林、噶布伦肥均策丹汪曲、擦戎汪曲结布,会同审办。晚饭后至东院看马,娥珠在彼,晚饭后方回。鹤孙灯后过谈。王永福手找番子捏如来十八罗汉泥像。晴。

九月初一日(10月18日) 辰刻恭赴大招万岁牌前行礼,余粮务、钟麟。李游击福林。在彼随同行礼。午后踏至腔子岭岗,满地黄叶,有深秋气象,在彼麻弥堆旁小院坐,对河树林青黄相间,颇得山景,河水已露沙滩不少矣。旋令其拿来布遮篷、褥垫、桌子,约少韩、鹤孙吃烤牛羊肉,买去十五斤多,连随去汤约皆饱矣,甚可乐。因往西闲游,见数番子喝大醉,不能动,太可笑。复踏回,已落日,颇作渴。风,半阴晴。

初二日(10月19日) 早起觉两目痛,大约昨日在河边着风之过。午后至外院看上米,红白皆有,闻西院炮响,乃联大人回拜余粮务之故也。晚饭喝黄酒数杯,至鹤孙屋内闲谈,竟至八股试帖,可笑。晴。

初三日(10月20日) 午后李海山来,联大人看操已止,欲在西院盖兵房亦止,其乱无比。余介臣、恩惠臣来,因联大人传往,同李梦弼，令将惠臣余款即交梦弼填亏空，公事未管，可谓无理取闹。晚饭后至东院登台一望，至少韩屋同鹤孙略谈，说及联处为拉屎家人兵丁大打，头血皆出，其可笑不一而足，无法说矣。晴。

初四日(10月21日) 早编《莲心苦传奇》目录十回，交鹤孙看之，不觉大笑。午后由后门踏至练永福、练永祺菜园，白菜已入窖，莱菔亦将入窖，大有深秋景象，路上青稞已登场，农具未免太笨，无碾子，驱牛踩之，木叉两股，颇不适用。回时鹤孙来，《蒋念亭先生事略》已修好，拟初九日未刻倩其往悬之。晚饭后廊下闲步，灯下看《萃锦吟》。晴。

初五日(10月22日) 午后惠臣来，仍为交代事，番俸本任一年已付给，鹤孙来将《蒋先生事略》匾取去，联大人将查番俸稿已画，惟来字欲不行文，殊可笑。答以回字万无不行文之理，以免无知小人从中拨弄是非，恩赏不容含混，以耳代目，最为藏中所忌等语。晚饭后鹤孙复来闲谈。晴。

初六日(10月23日) 午酒醉后找联建侯痛谈，伊喘心跳腿软，大约皆虚所致，告以李梦弼大宜留神，声气不好，回时到鹤孙屋内略谈。晚饭后步廊后，灯下看书，《萃锦吟》大可集联用之。晴。

初七日(10月24日) 早与鹤孙在上房院立谈良久，昨接外部来文，唐少川侍郎与英钦使萨道义。立约，同原英番约无多更改。午后至园，在花厅梳辫子，看该班人等采取向日葵，有极大者，子粒亦大，亦有小者，因下霜不得不先有采者，霜于背阴处如雪，内地少见。晚饭后鹤孙过谈，闻联大人昨日传噶布伦等，惟擦绒未到，因告以十条：练兵一，走队二，筹饷三，铸钱四，通商五，立学六，开打箭炉至藏山路七，开垦八，挖矿九，喇嘛还俗十。噶布伦等唯唯，推言达赖未在，不敢作主，痛训之，以回噶勒丹池巴推之，遂去。晴。

初八日(10月25日) 早化臣来，噶布伦探听联大人交派各节是否知悉，告以未经商酌，旋鹤孙来略谈。午后至外院看王永福等用藏香沫，找一阿尼子印佛像。晚间闻有人偷噶厦邻居，竟伤一拒捕老番子，腋与膀受伤，即给其刀疮药。饭后东院登台一望，到少韩处与鹤孙闲谈，天气较凉，毡棉马褂、棉袄觉飘。晴。

初九日(10月26日) 早鹤孙过谈，因李梦弼交代，给联大人写密信一封。午后联大人过谈许久，似明似暗，皆为朦蔽所致。鹤孙衣冠来，由财神庙给蒋念亭挂匾回，又谈多时。晚饭后至外院一踏。晴。

初十日(10月27日) 早起头痛伤风，其为感冒无疑，且咳嗽，遣人找化臣寻瘟疫第二方，拿到三服，赶煎一服服之。化臣拿来李肖臣一字，系听陈(小)[晓]东说，因传化臣往谒联大臣等语，同联建侯昨日所谈相同，因作一札，令其往谒建侯，此节叙出，并告以谕化臣，不准管李、恩、余三人交代事，无事不必到署等语。鹤孙来商公事。午后化臣来，由联大人处回，面谕令其学好，并无别话。晚饭后到鹤孙屋闲谈。半阴晴，风冷。

十一日(10月28日) 早起病仍未减，服二煎瘟疫三方，晚间略减，早食白菜素面片，晚喝粥。化臣来看，少韩来看，鹤孙来看，略谈。午后惠臣来看，谈及李梦弼，虽陈启昌同乡同年，因其聊城人，呼为土豪恶霸，不似作官人，其视钱如父母，视脸如讐敌，真不堪思议矣。晚饭后廊下闲步，灯后看书，鹤孙过闲谈。晴。

十二日(10月29日) 昨日早鹤孙过谈时，乃心巴引新换汤约叩见，与鹤孙大乐，如内地和尚引女人来见，左右翼总兵谓之官事，岂不大可笑。今晨化臣、鹤孙来看，午后少韩来看，昨日印房已将老君供在楼上，番子有在影壁前行礼烧香者，真信佛诚实。李海山来看，未见，病少好，惟咳嗽多痰，乃寒热凝结所致。晚饭后廊下闲踏，灯后鹤孙过谈。晴。

十三日(10月30日) 早余介臣来，为交代案，颇为难。饭后化臣特来说，伊始去。化臣云，闻外间传说，香港大风，伤去人家铺户几千万家，真成奇灾，亦天道也。午后惠臣由联大人处来，亦为交代事，似稍明白，然满汉之意见，仍未镕化，可不必也。晚饭后至东院，登台一望。晴。

十四日(10月31日)　早至鹤孙屋内略谈。午后到园闲踏,老树已落叶,小树黄多青少矣。回房,李海山来,联大人约噶勒丹池巴,为前交派十款并瞻对之事。晚饭后至南门外一踏,至少韩屋,鹤孙亦到谈。回时月色极朗,登台看老君楼,灯光不甚亮,为月光所掩。晴。

十五日(11月1日)　早来各官俱未见,鹤孙来少谈。午后鹤孙、振勋同至箭头寺去逛。晚饭后到鹤孙屋一谈。晴。

十六日(11月2日)　午后鹤孙来,将上老君楼篆字对联墨搨送二付,写得甚好,笔政穆雅浑代笔也,将题书三张拿去。晚饭后至外院略踏,回时看书。晴。

十七日(11月3日)　早刘化臣送来靴鞋、鼻烟等件,鹤孙来略谈并尝桃杏脯等,比外省强多矣。午后噶箕等本来传谒见,因病是以未来。晚饭后至东院,登台一望。晴。

十八日(11月4日)　早将京桃杏脯泡之,约鹤孙早饭,喝黄酒,吃鸡汤白菜面,甚适口。午后因前买之黑羊皮甬,多被虫打,找皮匠改之,或马褂背心,整者仍改皮袄,此地如不作穿些日,未有不被虫打者,只好作之。晚饭后至东院,登台一望。闻马朝阳自京回,凡各处均有记载,颇肯留心。晴。

十九日(11月5日)　午后少韩来,送到德生、笔政穆雅浑满篆对一联,并商公事。李海山来,因联大人交番官改新政十条,噶勒丹池巴欲来请示一切,答以不便,嫌疑不可不防也。晚饭廊下闲步,灯下看书。晴。

二十日(11月6日)　早少韩、鹤孙来商公事。午后无事看书,晚饭后至南门外柳行闲步,灯下鹤孙过谈。晴。

廿一日(11月7日)　早化臣送梨一盒,其酸无比,此地果子万不能吃,亦地势使然也。少韩、鹤孙来商公事。午后介臣、海山来,为噶箕赏坐之事,因以礼告之,再行晓谕可也。介臣能相面,据云寿不可量且可有两子,恐奉承安慰之辞也。并知地理,谓三合为体,三元为用,颇为有识。鹤孙复来商公事,略谈。晴。

二十二日(11月8日) 早海山来,为联大人找噶勒丹池巴商问十条及瞻对事,可缓办,并池巴接江孜信,张大人令噶布伦等往江孜。午后至园闲踏,少韩、鹤孙来商公事,惠臣将晚来,奉联大人面告,欲派委员赴江孜探听一切,或可知彼处情形,当覆告,奉旨并未令驻藏大臣会办,似不便,且有查办事件字样,尤为不便。晚饭后到鹤孙屋内闲谈。晴。

二十三日(11月9日) 午后至园,树叶已脱,惟垂柳尚有未尽者,且有青叶,俟再冷,叶不黄即落,池水偏南已结薄冰,午不化,然尚未大冷。晚饭后至少韩屋同鹤孙谈,言及德隆胡图克图,其女人系阿尼孜打扮,亦奇。晴。

二十四日(11月10日) 早化臣来,拿谢禹绩并小瑾可笑条子来看。午后余粮务、李统领为噶箕赏坐,哓哓琐渎,因大申饬之。联建侯过访,在二堂痛谈,要密码、电报等,俟找出送往。有云,晴。

二十五日(11月11日) 早拜发六月十三日折片,奉到朱批。接家信一封,合宅市面均为平善,并双钩皇太后御笔福寿字奉到。午后同余鹤孙步踏至阐宗寺,乾隆御笔四体字。即第穆胡图克图庙。正殿牛首金刚,楼上中为客座,在彼吃烟喝茶,左为降护法处,有一像系肉身所成,手脚俱全,左手按剑,右手持一椀,哈达甚多,右为噶伦即噶布伦,官名。隆拔。系生前藏名。此噶伦系在乾隆年间朱尔末特时力劝其不可背叛,因疑其袒护汉人,将其全家皆斩,其头及皮并手脚俱面东悬于梁间,像并不恶,现为粮台所供,红菩萨即此位,盖汉番皆以死得屈枉,殁后以佛事之。北梁乃其妻,头散发,亦有哈达。像亦不恶,并其二子头已枯。及一薛大嫚头,亦散发,像模糊,彼夫妇眼珠牙齿俱在。噶伦尸身挂哈达甚多,其受职噶伦,冒死谏朱尔末特,以致全家非命,为本朝忠义之臣,可不愧傅、拉二公,番官中伟人也。此殿门上悬一大蛇,有海碗粗,已干,其鳞有半酒杯大,系前廿年在藏河边所得。一小狗死去,亦悬之,系前第穆所豢,已有道行,所谓狗子亦有佛性。下楼后，正殿西为一殿，供塔三座，前第穆乃银塔，闻山上不准造，然民不能忘也。同鹤孙步出庙后门，踏至署东南郭拉路旁新修小庙，名日松贡布，惟一间，中供牛首金刚像甚恶，作阴阳形，两旁八尊药王，左右槅一万尊泥印牛首金刚，再下左右二尊文殊菩萨，为大皇帝化身，二尊四手观音为达赖喇嘛化身，二尊卡夺恶像在下一层。为班禅额尔德尼化身。文殊佛，夷呼降巴白养，四手观音，夷呼皆热四，热字平声，卡多佛无汉名，三尊同供，呼日松贡布。此庙乃唐古忒新修，为与洋人打仗阵亡诸人功德。出庙，鹤孙赴粮台找惠臣，余独步而回。晚饭后廊下闲步。灯下书此，以纪半日之游。晴。

廿六日(11 月 12 日)　早少韩、鹤孙过谈并商公事。午后到西署，找联建侯，交其外部钞案八本，十六年约一本，钞电一本，并藏中钞电一本，图二幅，拿其诗四卷来看。晚饭后廊下与鹤孙立谈。风，晴。

廿七日(11 月 13 日)　早午无事，看联大人诗集，并送鹤孙去看。噶箕病痊销假。晚饭后至外院闲踏，觉凉，立冬已后矣，到鹤孙屋内一谈。晴，风。

二十八日(11 月 14 日)　早读联建侯诗集，因凑五律二首题赠之，不足以言诗也。饭后午正在二堂，廓尔喀贡使大正。噶箕、沛热拔八哈都热更扎多扎且底热。小副。噶箕噶哈新卡扎噶且底热。并噶布丹率随使兵丁等禀到，进门三萨朗将表文呈上，遂禀明比国中均好，即愿启程，不敢耽延等语。俟其去后，将表文饬科房封过封好。少韩、鹤孙来商酌公事。晚饭后闲步廊下，灯后看书。晴。

廿九日(11 月 15 日)　早诌诗两首，写就送给联建侯。午后至园一踏，池中均有薄冰，闻建侯昨日亦到园一游。今日各处赏廓尔喀之物，已备牌示，定于十月初四日午刻。晚饭后至外院闲踏，回时鹤孙屋内谈。晴。

十月初一日(11 月 16 日)　辰刻恭赴大招谒万岁牌，前行礼，回署，东西院委员均见。早午鹤孙过来数次，因廓尔喀带来珍珠、珊瑚、象牙等物发卖，索价皆昂，不便买也。最奇卖绛地缂丝蟒袍一件，极短极肥，必是矮胖人所用，甚可笑，番地无用，可带川省或有人要。晚饭后由外院转东院略踏，灯下看书。晴。

初二日（11 月 17 日） 早化臣来送虎骨雄油膏，确系沈阳之物也。午后鹤孙拿来小珊瑚二个，可做佛嘴，接达木来禀，布克业已病故，告其与少韩商酌，问营中选员前往相验。晚饭后至外院一踏。早饭后并至桥上一看，看东南山皆有雪，似不小，较凉。半阴晴，过午，院中飘微雪。

初三日（11 月 18 日） 早化臣来拿湘梅信，并上张大臣条陈来看。午后少韩、鹤孙来商公事，计泉拿来廓尔喀发卖对珠若干分，价值太大，皆未议妥。至后园，登台一望。晚饭后由外院转东院，登台一看，至少韩屋内闲谈。晴。

初四日（11 月 19 日） 早无事。午时联建侯过东院来，同升大堂，汉番各文武官参堂，教习带廓尔喀使臣等参堂，遂验贡，验讫，将夷情、司员应备各项赏物交之。两大臣站品级垫上，正副噶箕即其随差等望东北向阙行三跪九叩礼。在西帐棚赏座筵宴，开戏，戏乃《开铁弓》等两齣。复由噶厦备礼，为两大臣所赏，并给其盘川各一大宝，伊谢之，乃彼国萨朗礼，汉人呼为齐眉礼。复参堂同退，进内，送联大人回去，在二堂噶箕等呈彼国王书并送各物，另有单。晚饭后至鹤孙屋内闲谈。晴。

初五日（11 月 20 日） 早借联建侯《水浒传》来看，可谓无聊之极思。午饭后少韩找写对子等件，只得现研墨。晚饭后觉凉，到鹤孙屋内闲谈。晴。

初六日（11 月 21 日） 早无事，午后给少韩诸人写对子，旋联建侯过谈，并商酌公事。晚饭后步踏至四川井，回署至鹤孙屋内闲谈，联大人送还前带交公事。晴。

初七日（11 月 22 日） 早写对联，因昨剩有余墨之故也。午后在小签押房便衣会余介臣粮务，谈公事，进内会鹤孙，复会少韩，皆为公事而来，将《筹瞻疏稿》《三教同源》送给联建侯看。晚无事看书。晴。

初八日(11月23日) 早将《乌斯竹枝词》送给联大人阅看，并写对子，以作消遣。午后看书觉头痛不止，晚饭大喝黄酒，似少好，至外院东院一踏。晴。

初九日(11月24日) 早仍写对联等。午后鹤孙来，有别蚌子转科房拿来犀角两架，小者无用，大者似可用，与贡物相比大差，想所验系水犀色黑而亮，黑中加白纹，不似此角干如枯木，想系旱犀有不同也。并闻前犀其国王方有，外间不易得，所送象牙，亦系官中才有如此大。晚饭后至鹤孙屋谈。风，晴。

初十日(11月25日) 辰刻恭谒扎什城万寿宫，同联大臣率汉番文武各官行礼，觉凉，乃东风吹脸，回署略好。四点余至西院，联建侯约晚饭，座中惠臣、少韩、鹤孙，余者委员另一席，并唱戏，营兵川勇均有，戌正余即回。晴。

十一日(11月26日) 早惠臣、少韩、鹤孙来，前往关上接张大人差，旋去旋回。午后二堂余粮务接差回，略谈，张憩伯身体亦不见好，多喘。四钟余联建侯到后园，约其晚饭，吃甚多，盖其厨子不见佳，觉此厨田玉金甚好，看其吸完鸦片烟，复谈八钟余方散。晴。

十二日(11月27日) 巳刻至磨盘山南下账房，接张憩伯星使略谈，伊谒圣容至布达拉山，与联建侯复入账房少谈，亦回去，时走署西，回时过琉璃桥走署东，西路道化水甚滑，内地目下必无是理。因无事洗脚，觉脚甚干，真此时此地与别处不同。晚饭后找鹤孙来痛谈。晴。

十三日(11月28日) 早周岐山同知翔凤。来，在小签押房会。周岐山云，此地离海面高十万六千余尺，别处高十万四千尺，至矣。午刻会张憩伯，后至鹤孙屋内，少韩来同谈，二人去吃余粮务，乃张大人不收之剩菜也。申刻何翙高兵部寅友，藻翔。现在外务部，此次参赞也。闻李预如、增幼亭均为铁宝臣大司马参革，存菊庄已故。晚饭后至东院，登台一望。鹤孙吃饭回来痛谈,果剩菜,一笑。晴。

十四日(11月29日) 早至鹤孙屋内,遇化臣略谈。午刻回拜张憩伯,复到何翙高屋内,回。少韩、鹤孙来商公事。晚饭后又至鹤孙屋内谈。晴。

十五日(11月30日) 众文武来,皆未见,鹤孙来销家庙行香差,化臣拿范湘梅信并上张大臣条陈,能说恐不能行也。午后至园登台一望,看西池北边冰化处,鱼有六寸多长,数十条游泳其间,甚有趣。回内闻白拉木出驾,同鹤孙至东院登台望之,烧草堆后而回,未放枪,只有护法带白毛高帽子。灯后化臣复来痛谈。晴。

十六日(12月1日) 巳刻约张憩伯、联建侯吃饭,在二堂,见用菜尚好,甚乐。饭后又在小签押房痛谈,至申正余方散。旋录憩伯面交电报,遣程林交建侯处。今日并约何翙高,因脸肿未到。晚饭后至鹤孙屋内痛谈,席间多诙谐语,告之见番子九眼四儿一个,甚奇,鹤孙特借来一看,可值三四百金。伊以百余金得之蒙古喇嘛。晴。

十七日(12月2日) 午后海山、化臣来,因接差,甚不知体面,弁兵大训一阵,高玉贵、扎拉逊回,亦教训之。晚饭后至东辕门外一踏,回至鹤孙屋内,闲谈。晴。

十八日(12月3日) 早化臣来拿京信看。午后拟覆电报各款,少韩、鹤孙先后来,均商公事。晚饭后至外院,转东院闲踏,灯下看书。晴。

十九日(12月4日) 鹤孙来略谈,申刻过联建侯署,约张憩伯同饭,将拟覆枢电藏中为难情形写就一纸,面交憩伯带去,饭后又痛谈,亥初余方回。晴,风。

二十日(12月5日) 早至鹤孙屋内略谈。午后在小签押房会余介臣粮务,拿来建昌道扎文二件,为交代事派渠算清禀复,进内。李海山来,因奉张大人扎,调充随员面禀,并奉联大人谕,令其向山上再借千金,前后已三千金矣。晴。

二十一日(12月6日) 午后海山来,痛谈藏中公事,实难一时改入明白道路。闻张憩伯出告示，设立无情柜，未审告状者如何？晚饭后至东院一踏，回至鹤孙屋内谈。晴。

二十二日(12月7日) 午后至园登台一望。联建侯过谈许久。晚饭后到少韩屋内，并鹤孙闲谈。晴。

二十三日(12月8日) 早起觉伤风头晕。午后至南柳林转酡子岭冈，一喇嘛甚好，请伊佛堂喝茶，楼甚干净。旋程林往请回署，张大人处送来电信一纸。本日奉旨："有泰着来京当差，驻藏办事大臣著联豫补授，张荫棠著赏给副都统衔，作为驻藏帮办大臣。钦此。"外咨。二十。并转有、联两大臣。少韩、鹤孙同来道喜，找化臣来告知一切。晴。

二十四日(12月9日) 今日仍伤风咳嗽，早晚喝粥，会一日客，并出署拜客，整忙一天，殊可笑。晴。

二十五日(12月10日) 午后噶勒丹池巴来道喜，痛谈。恩惠臣来见，意欲同回川省，因告以前藏交代，须藏中两大臣准其回川，方能回川，非余所能主持。鹤孙拿来红花看，留十五斤，上三斤，下十二斤。以备送人。外藏豆蔻二斤，亦可备礼用。晴。

二十六日(12月11日) 鹤孙来略谈，联建侯送来五律二首。申刻，约伊后园便饭，戌正散。王永福买阿魏青果等，振勋买洋书等，付给廿余金。晴。

二十七日(12月12日) 鹤孙来，前两架犀角买妥，五百藏元多方成，此物伪者多，如贡货，外间无有也。令永福买得藏青果、红白儿茶，内地皆可送人，不易得之物。晚饭后东院，登台一望，灯下看书，大嗽一阵，觉胸间嗓下大热，想连日喝酒之过。晴。

廿八日(12月13日) 登楼看捆皮子、毡子等物，此地虫子亦复不少，每以无虫子，乃于各物懒于抖晾之措辞也。回屋写对子，午后在二堂会金宝亭夷情，垣，正红蒙人，理藩院员外。由拉里来，人甚老实，已五十二岁矣。鹤孙来商公事。晚饭后，灯下看报，各部院大更动，缺裁极多，凡无任仍照常食俸，窘事也。七月十八日拜发折，奉朱批回。晴。

廿九日(12月14日) 早书匾额一方,交鹤孙给察木多粮员寄往刻就,俟到察敬谨悬挂,缘来时在彼大病,梦恭勤兄穿行装未带冠,在文昌帝君右持如意一柄,告余曰:进藏如意。此次幸无大罪,诸事均称顺适,蒙恩来京当差,感激涕零,无可再说,因恭书帝恩显示匾一方,聊表鄙忱。晚饭后东院一踏,到鹤孙屋内闲谈。建侯过访,在小签押房痛谈,言及荣伯衡颇不满意,荣亦不能辞其责也。伊要管叩安所刻乌斯使者图章,因我无用,已面许之,并告以蒙古包一架奉送,一小松树亦奉送。晴。

三十日(12月15日) 早将蒙古包一架,松树一盆,图章一方,金斗笔二支,遣人送给联建侯。闻伊乐极,然不伦不类,殊可笑人。午后范湘梅来,在小签押房会,伊痛哭流涕,惟求回川。刻下为联、张大人作主,非可妄参末议。少韩、鹤孙来商公事,鹤孙复来,因西院访齐浙生,得晤联大人,痛谈,特告知。张憩伯送来礼一份,尽是洋食物,竟有不知名者。晴,微阴。

光绪卅二年岁次丙午冬十一月初一日(12月16日) 辰刻恭赴大招万岁牌前行礼,夷情、章京、奉藏拉里后藏靖西卸任各粮务均到,且前后任三大臣皆在此,可谓一时之盛。午后在小签押房会孙、余二粮务,旋又会齐、张二委员,均痛谈。晚饭后过鹤孙屋略谈。半阴晴。

初二日(12月17日) 早化臣来给娥珠送衣服,楼上所存各物已收拾装箱,裹牛皮。午后在小签押房会范湘梅,谈其欲辞后藏粮务,惟应联大人处递禀再说。建侯送到题《竹枝词》诗四首。王永福手所塑小像十八罗汉送来。晚饭后过鹤孙屋内谈。晴。

初三日(12月18日) 写家信一封,内写初五日随折差,初六日走。接九月廿五日、十月十九日两封家信。纸扎差已到,各物均妥收,双钩福寿字收到。张接外电,奉旨着来京当差,并联大人得办事兼帮办,张大人得帮办,仍查办。刻办行装料理公事,腊初可动身,明年三月可到川,临走恐无暇写信,先告省内不必再发家信。江、余、刘文通可同走，娥珠亦可带来，恩、范、马不能同走，吴早回江苏矣，众人闻信甚喜。在川略住，即速赴京。等语。张憩伯来，面交电旨一道，仍作为查办大臣。晚饭后鹤孙过谈，旋联建侯来谈，在小签押房见。晴。

初四日(12 月 19 日) 看装书籍等箱，忙一日。鹤孙、化臣来商酌到京贡物，闻从前佛尊、氆氇、藏香、红花四色，只有恭照办理。鹤孙复来，因察木多文昌庙悬匾给粮务李幼文方懿。写去一函，即交其办理。晴。

初五日(12 月 20 日) 早无事，收拾行装。午后海山、化臣来回公事。惠臣来说，求其丫头带至察木多，殊可笑。何翙高来，无事闲谈。少韩来商公事。晚饭后，过联建侯署内闲谈。谈及陈幼民中丞宝箴颇爱人才，孜孜不倦。晴。

初六日(12 月 21 日) 今日为丙午庚子己亥丙寅，余生八字同庚。午刻同联大臣拜发元旦贺折，谢来京、升缺联大臣。恩折各一件，旧班笔贴式德音、斌泰、戴福、惠伦例奖折一件，同建侯二堂略谈，旋赴张憩伯处道前次送洋食物谢，并谢步递贴。给何翙高谢步，回署。鹤孙、化臣来商公事。晴。

初七日(12 月 22 日) 早收拾箱只。午后余粮务来，在小签押房会，鹤孙、化臣前后来数次，均为公事及上路各事。晚间联大人头痛呕吐，想着热所致，天过燥也。晴。

初八日(12 月 23 日) 辰刻赴扎什城，同张星使、联大臣率汉番各官万寿宫行冬至贺礼。午后将佛尊捡出，除留带分给委员、家人等。未刻，便衣过西署，联建侯约看跳弦子，至齐浙生屋内少坐，张憩伯旋来，同用晚饭，回时戌初余矣。晴。

初九日(12 月 24 日) 早午装箱，化臣来回公事，湘梅来，因联大人批禀慰留，可以仍回本任矣。前塑泥佛像，令书房绎出，记于此：丹巴佛，如来。近身两侍。右漫噶布，近身左厦日布，右一燕纳俊，十八罗汉。右二燕潘巴，右三纳拉乃，右四对奄，右五夺吉洛夷，右六桑布，右七思密布，右八沃热奄思，右九降虎，左一扒归，左二扎坚挣，左三浪哲丹，左四热昂作思样，左五浪丹，左六鲁夷底，左七边吉，左八密溪巴，左九哈香。共廿一尊。晴。

初十日(12月25日) 早收拾书籍、纸张。午后过少韩屋内闲谈，闻走后，联建侯到洋务局并到东花厅找少韩、鹤孙谈，齐(哲)[浙]生、张慎安亦同往。鹤孙、化臣、海山同来商酌贡物。晚饭后过鹤孙屋内谈。晴。

十一日(12月26日) 总税司赫德申呈，亚东税司韩德森请假回国后，宜昌关二等供事张玉堂华人。派往接署，申呈大臣有。收拾信件、公事、书籍一日。午后联大人借马游山，不知所游何山，殊可笑。晚饭后，过鹤孙屋内闲谈。晴。

十二日(12月27日) 仍收拾箱只，海山、化臣、鹤孙来，为贡物，业已恭办八成余。午后二堂见新授扎萨克台吉汪青彭错朗结，今日坐垫子来磕头，询年十九岁，嘱其好好当差。惠臣来回公事。晚饭后至联建侯署内闲谈，因张憩伯出告示，甚至劝番民换洋服，殊可笑。晴。

十三日(12月28日) 收拾箱只等件，堪合放红皮匣内，并有请安折二分，海山、化臣来，进贡红花已齐，氆氇已齐，佛尊尚未到，藏香尚短十数束，齐浙生送《竹枝词》四六序一篇，外行路茶暖壶一把。晴。

十四日(12月29日) 仍收拾箱支。午后在二堂会噶拉丹池巴，特来送行，除送佛尊、哈达、氆氇、藏香外，有药三包，内有一包焚之可止雨雪，未免太奇，痛谈，惟以后可以通信，可谓患难之交矣。旋海山、化臣来，应贡佛山上只有六尊，可以赶造。鹤孙来拿套红烟壶，惜太老，恐难收拾，蓝点子壶一个，索价并不昂，倩伊商之。三人均赴余介臣约，面告假。晴。

十五日(12月30日) 早纷纷送礼，又复二堂外搭戏台，闹喊非常，联建侯兼署帮办恩折，后过谈，请内屋，令娥珠出来请安，可发一笑。旋张憩伯在公馆约与建侯晚饭，馔甚多，回署戌初余矣。晴。

十六日(12月31日) 早纷纷送礼。联建侯并送戏两日,余谓劳民大伤财,损人不利己,实可笑。惟离任在迩,只好听之而已。午后至外院数次。余粮务来见,大为牢骚,殊难设法解之。晚饭后过鹤孙屋内闲谈,渠送杂木杂雅鼻烟碟,甚新奇,并买蓝点子壶,三金。晴,风。

1907 年

(光绪三十二年十一月)十七日(1907 年 1 月 1 日) 午后约张憩伯、联建侯、各委员、粮务、笔政诸君在二堂听戏,晚饭众人甚乐,内里江古学,拉鲁佛公夫人即边觉多吉女。送大招如来佛手印一卷。据知者云,如老去人,以此悬之,可待三日,并可催生,藏中最宝重之。鹤孙来商,明日席桌须多备。晴,微风。

十八日(1 月 2 日) 早张憩伯、联建侯来祝,委员、粮务、番公各官及兵丁等俱来祝,憩伯早饭后回,均吃晚饭后方去,何翙高送礼未来,戏散已亥初矣,各赏并统赏之。晴,风。

十九日(1 月 3 日) 早赴各处谢寿,虽憩伯、建侯皆未见,在署二堂,金宝亭、垣。松介眉、寿。李肖臣、梦弼。恩惠臣、禧。范湘梅、启荣。孙玉书、兆麟。余介臣、钟麟。马竹君、吉符。李海山福林。为饯行,约早午饭,音尊同联建侯在屋内坐,院内略坐,听《送加(迷)[弥]》,大可笑,散时亥初矣。晴。

二十日(1 月 4 日) 无事,家人等收拾箱支。午后化臣、鹤孙来,或为公务,或为路中各事。湘梅来,无暇,未见。晚饭,酒用杏仁,因连日黄酒,未免不适。过鹤孙屋内闲谈。晴。

二十一日(1 月 5 日) 早湘梅来,为饷项各事,欲求办理,告以交卸在迩,只有回联大人,彼已定于廿八日午刻接印。午后鹤孙、少韩来公商各事,一切官事均有头绪矣。晚饭后由外院至东院登台一望,至少韩屋内闲谈。晴。

二十二日(1 月 6 日) 早无事。午后马竹君来痛谈靖西沿路事。李海山来[谈],张大人痛饬噶布伦等,欲令喇嘛还俗,并不准支应夫马,恐番边皆不能应,且恐惹出意外之事,大不妥。鹤孙来,联大人约其打麻雀牌,并约晚饭。晴。

二十三日(1月7日) 早王永福拿珊瑚枝,可作笔架等用,合卅藏钱一枝,留四枝,送鹤孙一枝。鹤孙拿两个牛黄,均留下,不过卅藏钱。午后正薙头,联建侯来,在二堂会,送到隶书四律,可宝之至,又钞此四律,系齐浙生代笔,因痛谈。晚饭后过鹤孙屋内闲谈。晴。

二十四日(1月8日) 午后化臣来,因唐儿撤其当轿头,换刘高陞,令其经理马匹。鹤孙来商公事,闻联大臣欲留随员,人人均不愿,似无如何也。晚间洋务局新委员饯旧委员并笔政诸人。晴,晚微阴。

二十五日(1月9日) 早惠臣来,问离营赴引用原保大臣咨文否?告以离营即由后任发文,可叙明赴引字样。午后,少韩、鹤孙来回公事,又买珊瑚五枝,合廿五藏钱一枝。噶勒丹池巴、三噶伦来,仍为达赖开复之事,已回联大臣。晚饭后过联大臣署闲谈,还其诗稿。半阴晴。

二十六日(1月10日) 写家信一封。内写廿七日随折差,廿八日走。略叙前初六日发信,谅已收到,刻下收拾行李并贡箱。联大人廿八日午刻接印,下月初七日准辰刻启程,谅三月可到,至迟四月,不过比来时箱只多些,众人皆带物送其亲友,不能不准。过宁静山东恐费事,多花脚价而已。生日联大人送戏,众粮务送行,唱三日闹热非常。等语。至鹤孙屋内略谈。午后给联大人送洋烟一瓶底,薰烟一盒。化臣来,头拨骑驮于明日走,笔政来,通事、随差等均辞行,俱随头拨前走。半阴晴。

二十七日(1月11日) 化臣、鹤孙来数次,公私事均有相商,将功牌等项已用齐,俟呈单填明赏给。鹤孙拿来九鱼套红烟壶一个,因珊瑚盖且系金托子,非十八金不卖,留之。晴。

二十八日(1月12日) 午刻委司员金垣、游击李福林,将钦差大臣关防一颗赍送联大臣接收,文案、册籍一并交收,彼即拜折。未刻，恭报交卸藏事十二月初七日启程一折，敬谨拜发。旋到西署道喜，回署后张憩伯来道喜，二堂会。拉鲁佛公同化臣来送行，在内见。鹤孙来，联大臣邀晚饭，大约又要打牌矣，一笑。晴。

二十九日(1月13日) 早鹤孙来，拿套五彩烟壶等，均系假物，不便定价。午后捆绑箱只等项。晚饭时，联大人遣余钟麟、李福林送文书一角，由张大人知照。本日奉军机处电开："奉旨，'张荫棠电奏悉，据陈藏中吏治之污，鱼肉藏民，侵蚀饷项，种种弊端，深堪痛恨。刘文通、松寿、李梦弼、恩禧、江潮、余钊、范启荣等，均著革职，归案审办，分别监追。善佑著革职，永不叙用，递解回旗，严加管束。周(廷)[占]彪、马全骥，均著勒令休致。李福林著革职留任，带罪效力，倘仍前玩愒，即行从严参办。有泰庸懦昏愦，贻误事机，并有浮冒报销情弊，著先行革职，不准回京，听候归案查办。仍著张荫棠严切彻查，据实覆奏。至噶布伦齐丁温珠、彭错旺垫误。番官荡孟，浪仔辖摊美误。均著革职究办。该衙门知道，钦此'，枢有，等因。"联大臣旋来，在小签房会，伊本饬余粮务、李游击传各员，回说刘文通已逃，善佑系往靖西，三数日可回。进内，松寿、恩禧、江潮、余钊、范启荣均来，会伊等，即至联大人处报到，马竹君来痛谈。晴。

十二月初一日(1月14日) 早鹤孙过谈。联大人来谢步，小签押房会。闻刘文通业已拿获，锁押交粮务、统领看管。晚饭后至鹤孙屋，遇余介臣粮务略谈，复与鹤孙谈。晴。

初二日(1月15日) 早鹤孙来痛谈，提及曜庭先生，未免落泪，余亦为之落泪，皆余一人之过也。午后竹筠、少韩来谈，鹤孙亦来谈，旋去。申刻至后园小花厅，联建侯约晚饭，菜甚丰盛，外风声不好，恐番子要闹等语。晴。

初三日(1月16日) 早过鹤孙屋内略谈。午后齐浙生、张慎安来谈，有公事相商，询联大人看操去矣，直至上灯时方回，复又至张大人处。晚饭后到少韩屋闲谈，鹤孙亦至，竹筠因联大人派查各案，到此略谈即去，又复坐多时，进内。晴。

初四日(1月17日) 早余介臣来谈，张大臣今午传在案人员。申刻少韩、鹤孙来，少韩已闻鹤孙传明日问，问者为何参赞藻翔。张大臣令在案人员带锁，渠前谒圣容带刀，皆可笑，俱以意为之也。闻刘文通竟以刑讯，不知所问何词？外松寿、李梦弼共四人。微风，半阴晴。

初五日(1月18日) 穆宗毅皇帝忌辰。早见微雪，气觉清凉，鹤孙来略谈。申刻鹤孙复来。张大臣传案，仍系何翙高，闻为报销事，语尚和平，并无威吓。闻联大臣遣李游击、余粮务安慰鹤孙，恐其到案惊恐，极可感也。联大人借黄马至毕拉蜂寺。闻今并有恩禧、范启荣共三人。夜马竹筠来，在鹤孙屋内长谈。微阴，晴。

初六日(1月19日) 早上房看四山皆雪，较凉。与鹤孙在院内略谈数语，盖昨余粮务令少韩、鹤孙搬至粮署，防张大人密查。午后少韩来，约其明日搬西署，即可住慎安屋内。晚鹤孙来，拿余介臣上张大臣书草底，拟藏中行新政，揣摩文章也。半阴晴。

初七日(1月20日) 早鹤孙来闲谈，午饭晚饭皆同吃，午刻收拾齐，将什物搬至后园花厅，在园闲踏，候至未刻。联大臣拜仪门拜庙，西署方搬净，遂至西署，众官员来贺，皆挡驾，联大臣彼此持贴贺。至二堂少韩东屋略谈，复至里院西屋鹤孙略谈，此署屋小，于冬日相宜，院落比东院宽阔，看南山皆雪。阴，微晴。

初八日(1月21日) 早无事看书。午后鹤孙来谈。晚饭后联大人过谈，闻弓长人可皆找其要主意，大为可笑，恐非好意，拉人浑水而已。送建侯回，至少韩屋内，遇竹筠，云：弓长处人心瓦解，均欲逃之夭夭，惟人可无法。并云：医权姓以首者，病不可治矣。二堂联大臣篆一窄联：愿红黄教日以兴，两藏皆大欢喜；盼亿万民生而智，一时同进文明。半阴晴。

初九日(1月22日) 早无事看书。午后联大人遣人送收文阅看，内户部咨川督前报销钞原奏并奉旨日期，其销册另行知照。鹤孙来，拿少韩找人钞来张大臣招告底，汉番革职人员均在内，闻系初二日所贴，至今无一呈，殊可笑。阴多晴少。

初十日(1月23日) 早少韩、鹤孙来，午后少韩来拿递联大人手折并亲供问答，系与鹤孙二人列名，灯后呈去。闻新笔政四人、旧笔政一人，于明日亦欲递禀申冤，并将招告亦声明。晚饭后至少韩屋内遇竹筠，闻张大人病甚重，何藻翔见事不易办，写禀告三次，皆为张不准，始则挑之，继则辞之，真不值一笑。阴多晴少。

十一日(1月24日) 早起，院中见雪不及寸，略有清气。鹤孙来谈，亦闻何有去意，且闻报销为洋务局非为边款，尤可笑。事机者乃洋人到江孜而言，幸有奏咨各案可查。田德回，白猿于前日故，殊可惜，可谓物随运气衰旺矣。江孜外委马宗继禀到，未见。闻解善佑来，不知革不叙用，解旗管束，又有何闻。阴多晴少。

十二日(1月25日) 夜梦祝川旧寅友，适有事，伊必欲相见，似脱帽行装来见，不是此君已不妥耶，甚奇。早鹤孙来谈，午后少韩闻弓长病甚重，已不能理公事云云。人可拟告廿日假，假满即逃，此亦奇。联大人更后来拿奏办藏中新政折底斟酌。阴多晴少。

十三日(1月26日) 昨夜联大人走后，复约少韩到内略谈。早给联大人作札，为斟酌昨日奏底事。鹤孙过谈，午后又过谈。晚饭后至西大院闲踏，到少韩屋内谈。阴多晴少。

十四日(1月27日) 早鹤孙来谈，伊连日皆在粮台宿，少韩在署，闻余粮务茶水均不备，宿者须自带，未免不尽人情，并闻联大臣昨日至张处谈许久，想为奏底也。阴多晴少。

十五日(1月28日) 早鹤孙过谈。午后少韩过谈，并将科房所存文件请示上存下存，文四件，卷一宗，尚系裕[钢]任交。即包固送联大人处。微阴晴。

十六日(1月29日) 早鹤孙来谈，昨大众在粮台作对子，李肖臣对句：四委江、余、恩、范。三台恩、李、范。六铁锁。范兼委台。范湘梅出句：五臣惠臣、肖臣、化臣，善佑号保臣，余钟麟号介臣，虽未在案，怨毒自有在也。两介介臣，松寿号介眉。二梅花。湘梅、介眉，乃借音。可谓聪敏，亦见冤枉不平之气。晚饭前与鹤孙在院中立谈，闻联大臣电欲不发，欲给锡督写信，恐缓难济急。晚饭后找少韩闲谈。晴，戌亥刻月食。

十七日(1月30日) 早鹤孙来谈。午后余介臣来，持张大人开来草单，原单存于红皮匣内。问三款，告以应用公文，俟办理回复亲供，将此回明张大人知之。晚饭后联大人过谈，闻张发一千银种树至曲水，外国规矩，不知接何贵客。又闻唐大人绍仪。有电给张。送联大人，后至少韩屋内，遇竹筠。唐电乃因款不能继，是以张有走之说。晴。

十八日(1月31日) 早鹤孙过谈。午后少韩、鹤孙来，为拟商亲供底，略为更改。灯后余介臣粮务来，因草单不成，公事拟请官文。伊询问委员系何参赞亲笔，张大人多怒，未敢说，只好听其自然。少韩来，将底誊出，倩竹筠至联大人处代酌。晴。

十九日(2月1日) 早过鹤孙屋内闲谈，并找少韩商酌亲供底，定后即缮写。午刻听东署封印大吉，余粮务送随便菜点，却之不得。晚饭后找余粮务来，酉刻面交其亲供递往，并告以凡革员向不准借用印信，此系白纸亲供，京内办法也。至少韩屋内闲谈。马竹筠送到袖珍时宪书一本。半阴晴，大雾，午后南远山不见。

二十日(2月2日) 一日无事，看书而已。晚饭后鹤孙过谈。晴。

二十一日(2月3日) 早午鹤孙来两次，闲谈。午后少韩来，将亲供拟呈粘连送联大人处备案。竹筠来，闻张处连日皆有京电，不知此案已电奏否也。晴，风。

二十二日(2月4日) 午后少韩来，将亲供粘连呈内，遣程林送东署面交联大人备案。鹤孙来拟，今日略好，仍赴粮台住宿。闻余介臣为营弁兵丁所告，不发饷。晴，风。

二十三日(2月5日) 今日立春矣，无事集唐句。午后鹤孙、少韩来，闻竹筠云，前路欲找联大人转商罚钱可了此案，不知何所见而云罚，甚奇。晚饭后祀灶神，遣程巡捕恭代。半阴晴。

二十四日(2月6日) 今日到此正三年矣,无事仍集唐句,亦消遣之一法也。午后鹤孙来,闻张大人有意开复边觉多吉,且连日至噶厦公所,不知所议何事。今日找联大人谈之许久,晚饭过后过少韩屋内谈。竹筠来,复到少韩屋内谈。阴多晴少。

二十五日(2月7日) 无事仍集唐句。午后鹤孙过谈,灯后复来。闻振勋云,色拉寺山后,夜内有一赤身妇人,似有尾,哭嚷口袋快破了,白日即不见,虽是无稽之语,究属不祥。闻降护法者,现(讽)[唪]经,须万遍可解。又云明正十四五六日,恐有大劫。半阴晴。

二十六日(2月8日) 昨闻鹤孙云,张晤联,闻竹筠说,未谈此案,张云病重,拟欲奔江孜,联则(耸)[怂]之早走。外面风声甚不好,恐攒招闹事,齐浙生亦云如此。联复电京,然东路未免迟延。午后鹤孙来,送到家信一封,省内均好,惟桂子母女婆媳因红儿似成痨病,往南边找其二伯去矣。二点余钟联建侯过谈,至五点钟方回,亦闻外面风声不好,殊切杞忧,云张有正月初五日赴江孜之说,未知已定否?晚饭后过少韩屋内,同鹤孙三人谈,回时拿齐浙生《西藏说》一册来看。晴,微阴。

二十七日(2月9日) 早鹤孙来,将浙生《西藏说》加一条子,交其寄往,并作《狂风谣》七古,交其一看,倩呈联大人。晴。

二十八日(2月10日) 早鹤孙来略谈,送来霉干菜点心甚佳,系少韩厨子作。午后竹筠、海山均送吃食,却之不得。晚饭后过少韩屋内谈,外边风声不好,戴笔贴式福。搬至二堂上。少韩云,弓长为人可所愚,川省有两句成语:"曹操背时遇蒋干,胡豆背时遇稀饭。"盖食稀饭多用胡豆瓣也,大可笑。穆笔帖式雅浑,晚送吃食,留莲子一包。晴。

二十九日(2月11日) 早鹤孙过谈,闻惠臣、肖臣、湘梅昨晚传到案,为交代事问至三更余,肖臣供尚好,余皆不见清楚。盖连日联大人催余介臣放款,故有此举,为众人所恨恨,仍系何问。闻灯后喇嘛送祟,大放枪。系山上跳步扎,联、张均去。晚联由山上回,因每次传李光宇办事，皆推张处应差，在彼处气象万千，因责其二百余军棍。晴，晚大风，旋住。

三十日(2月12日) 午后鹤孙过谈，余粮务送礼未收，开发在署当差诸人赏耗，送鹤孙、少韩菜点。晚饭乃竹筠所备，座中少韩、鹤孙、戴申五笔政、福。主人，共五人，羊肉菜甚佳。饭后望祠堂行五跪礼，家人等来行礼，媚柳来行礼，大哭，天理昭彰，自有佛天在上，敬候如何而已。晴，大风。

光绪三十三年岁次丁未春正月初一日(2月13日) 本拟向东行元旦礼，复思查办革员非理，俟林下再行礼无碍也。诸君枉顾皆挡驾，惟少韩、鹤孙、竹筠、申五未得拦住，巡捕、戈什哈、家人等亦莫可知何。各江古学、小孩均来，小孩赏之，江古学留吃早晚饭，番礼也。闲时看书写字，自来元旦，未如此闲乐。阴，申刻后，极大风。

初二日(2月14日) 早鹤孙过谈。午后联建侯都护便衣拜年，当面还之，不便往拜，因痛谈，四点余钟方走。晚饭后过少韩屋内，遇竹筠、鹤孙，相聚大谈。半阴晴，风。

初三日(2月15日) 写家信一封，交鹤孙托慎安，由家信寄往，用小信封，内写初四日寄。略叙十二月廿六日接家信，公馆平安，新政办法，京内亦然，想乡下略好。红儿婆媳母女南去甚好，伊伯伯可养活矣。保子事不大好，所借款再说，不要紧。年前本要启程，因张大人参奏，奉旨均革职。刻下无可查，急得吐血，托联大人不管，其行为似凤大人，令喇嘛还俗，教番子换洋衣服，人人皆骂。联大人日夜派人防守，恐闹事。办案人着急，在案人为可笑，恐有谣言，万不可听。在此身子好，搬西衙门同余六老爷、保子一院住，案子完待覆奏，奉旨须在正二月，彼时大雪封山不能走，怕至四月冰雪消化，不过多耽数月，信交余六老爷转托人寄，不必写回信。等语。午后，陈晓东、张慎安、齐浙生三君便衣拜年，当面还之，痛谈。与晓东谈及王莲生阁学懿荣。云，汝等旗人，国初时不知如何害我们山东人，以致如今报雠，吃钱粮者永难逃碓房，仕宦子弟逃不出山东，先生可以令其永不通，不觉大乐。少韩、鹤孙约竹筠、钟璞山都司玉声。晚饭,钟为张之巡捕,人甚豪爽可取。阴雾,微晴。

初四日(2月16日) 早至鹤孙屋内略谈,将家信当面交给。闻张处人心不一,止有何为其一党,此外贺、周、颜尚欠两月薪水,不过混饭吃,且系官饭,某要鸡则某要鸭,其乱无比,可笑。午后无事,借程巡捕《随园诗话》看。晴。

初五日(2月17日) 早晚无事。午后,鹤孙过谈,并袖《竹枝词》来,颇细腻,儿戏笔墨也。闻钟璞山至少韩处晚饭。半阴晴,风。

初六日(2月18日) 早午晚皆无事,看书而已。闻钟巡捕又来找少韩,诸人到印房打牌并还席,竟忘其为原参官当差之人矣,一笑。晴。

初七日(2月19日) 早鹤孙来谈。昨给联大人送寿礼全收,委员送四色收二色。午无事,晚至少韩屋内闲谈。半阴晴,风。

初八日(2月20日) 早振勋将维侯前修马神庙匾对钞来,此旧友与其胞弟同寅。户部。联大人遣人持贴请听戏,辞之。今日为正日,午后鹤孙过谈,委员在案者皆未去,看书消遣而已。半阴晴,申刻大风,山雪。

初九日(2月21日) 闻昨日联大人因病,俟张走后,不到二炮即住戏。今日亦未唱,并觉不高兴也。早鹤孙过谈,午后无事。晚饭后本拟过少韩屋内谈,因钟璞山在此打牌未去。半阴晴,晚大风。

初十日(2月22日) 早无事。午后联大人由后门过谈,旋借其与七弟联厚山密电本,给那相由厚山转住北京东安门内南池子。一电。至鹤孙屋内约少韩来商。晚饭后,鹤孙来定妥,托竹筠转联处代看。晴,风。

十一日(2月23日) 早少韩、鹤孙来,联大人将电[稿]大加删改,可感之至。午后作札谢之,并将密电奉还。晚忽然咳嗽,盖阴天骤凉所致。饭后过少韩屋内,竹筠在彼,旋去。电可明早走,四日可到靖西。旋齐浙生来谈,鹤孙来,电已备齐,即交竹筠,专丁寄往。

阴,微晴。

十二日(2月24日) 早起大伤风咳嗽,将瘟疫三方第二方煎服,一日未见好,浑身大发烧,早晚饭皆未用。午后将昨电改洪密,遣王永福星夜至噶里古答电发北京那相处。闻江孜、靖西张俱派有人电局看守。竹筠、少韩、鹤孙同来,竹筠、少韩复又来。阴多晴少。

十三日(2月25日) 早少韩、鹤孙过谈,将电备齐,并备假信致惠德,王永福即走。今日比昨日病似稍减,两鼻皆血,身作烧,口内如长一层皮。夜间喝茶,一日喝两碗粥,吃两橘子,并有时觉晕,腿如踩棉,皆痰火所致也。灯下墙上已见蜘蛛。金鱼胡同电昨晚即发,电底存。半阴晴。

十四日(2月26日) 今日似略见好,口内如重皮,身作冷,胸间痰非常浓,嗽颇费事,服万应锭七丸,系大粒者。早喝羊肉粥碗半,晚喝清粥一碗。早鹤孙来谈,午后少韩来谈,言张处接电,自怕,有请假之说,其乱不可闻。余介臣粮务来,因病未见。阴,大风。

十五日(2月27日) 亮炮前,梦在京与同人相聚,似作诗又似对对。余得一联云:“种树须求培荫广,买山多为看云生。”生又拟改来字,因犹疑,旁有仲路弟云:生字好,有生生不已之意。并无题,不可解。鹤孙早来略谈。午后少韩送汤圆,有芝麻,有霉干菜的,霉干菜尚未见过。病又少减,早仍肉粥,晚汤圆,惟浓痰盛。半阴晴。

十六日(2月28日) 昨灯后,马竹筠过谈,闻张处已代班禅奏请进京,并未知照联处,为番众所不服。且有竹筠挑各革员电禀都察院花衣问案等语,均系谣言一片。鹤孙来,闻有后天张自讯之说。午后少韩来谈,与鹤孙所说相同,并送电底存日记内。今日番十五日,街市摆灯,闻东署卫队号响。闻炮声知联去查灯,灯后鹤孙来,明日准传案。晴,四山雪冷。

十七日(3月1日) 午饭前鹤孙来,饭后少韩来,均到粮台候传。闻张大人策马出去矣,可笑。并闻今午至大招攒公所,乃钦差自来未到之地。旋余介臣、马竹筠来看病,各谈一回而去。闻张至联处谈许久。晚饭后到西大院一踏。少韩、鹤孙赴粮台,有晚间传审之说。二炮后,少韩、鹤孙来,均传询。张自问,每人不过四五句,均不著要,自己空议论多,并闻电京找御史参之,尤为可笑。且忽名忽号,忽大臣忽大人,其乱无比。外间刘文通、松寿、恩禧、李梦弼、范启荣,话亦无多。半阴晴。

十八日(3月2日) 病仍未见大愈,嗽甚,吐痰涎如旧,惟饮食尚未减,火极盛。联大人遣人来看,亦知其近日病,亦遣人往看。晚饭后本拟找少韩谈,闻慎安、浙生、少韩、鹤孙打牌,未去。阴风,微晴。

十九日(3月3日) 午刻东署炮响,开印大吉。少韩、鹤孙来,早间范湘梅等约其到粮台,乱说一阵,意欲谋人情,实属无知妄作,听之可也。各员道喜,俱未见,余介臣又送食物,不能却之,与少韩、鹤孙分享。晚饭后过西大院一踏,少韩屋内谈。鹤孙为粮台约,余介臣大请客,在事诸人闻刘文通花钱,亦奇事也。鹤孙回时过谈,乃余之开印例菜,极坏,非刘办也。半阴晴。

二十日(3月4日) 仍系痰嗽,一味大热,幸饮食尚未大减,然已露病形,甚见瘦。午后鹤孙来两次,少韩来一次,谈公事及联大人应领公费,给英甫写信照拨。阴多晴少。

二十一日(3月5日) 痰嗽似稍减,然热总不退。午后少韩、鹤孙来,将公费应分联大人,倒填月日办文知照矣,并谈张处公务,无事检点各处信札。灯后,鹤孙来云,余粮务明日来。半阴晴。

二十二日(3月6日) 痰嗽似略轻,又加以喘。午后余介臣来,奉老何意,仍令捐款,余告之恐人疑情虚畏罪,且与张亦不便,人疑顾情面了事,大不妥,才去。联大人来谈,张代班禅奏请进京,奉旨不准。闻班禅与英有密约,据张云云,未知确否?并奉文官员六十岁以前有吸鸦片烟者,限六个月断瘾,建侯颇为难。晚饭后,过鹤孙屋,约少韩与竹筠谈。微阴,晴。

二十三日(3月7日) 早鹤孙过谈。午后薙头,本应十四日薙,因病未能，今日痰似略淡，嗽的回数亦略减。计泉先病，王顺又病，均系头痛、恶寒、伤风等类，总因冬春无雪所致。午后极大风，略住，头炮又起。半阴晴，大风。

二十四日(3月8日) 因久未洗足，午后无事濯之，濯后觉甚喘，总因痰嗽多日所致。旋余介臣粮务言，前日所谈事前不便报劾之语，已达于何处，亦以为然。今来代何致意，案结不过有失查处分等语，鬼蜮伎俩，不值一笑。鹤孙来，闻介臣云折子已发，并闻陈晓东至张处辞行，张云接那相信，案子须平和了，并不准虚张生事，总要谨慎等语。未知真否？张为那相及门，总之小人言语，不可尽信。半阴晴，大风。

二十五日(3月9日) 早王永福由南路回，沿途大雪，其辛苦非常，赏之。少韩来谈，闻张为联大教训，联为那相姑舅舅，张为那相及门，殊可笑。午后，过少韩屋内，与鹤孙三人谈。晚饭后鹤孙来谈。午后喝黄酒一大杯，杏仁酒一小杯，似咳痰略好。半阴晴。

二十六日(3月10日) 早咳嗽痰略减，然烦闷非常，仍系寒热凝结。午饭用杏仁酒两杯，午后鹤孙过谈。晚饭后过少韩屋，内同鹤孙、竹筠四人谈。闻张覆奏昨日发，未知确否？进内，找鹤孙来，将所有钞录公事信件交其代为清出，以便存留。二匣一包。半阴晴。

二十七日(3月11日) 痰嗽略减，未能脱然。午饭喝洋竹叶酒，并熬甘露茶喝，似少好，惟有时觉晕，火仍未尽。晚饭后鹤孙过谈，闻昨日看跑人跑马，张竟渺视联如无物，噶伦等皆未见，张有钦差尚看不见，我辈又何必见之。俟噶伦走，张方走，盖耗联之烟瘾也，一笑。晴，风。

二十八日(3月12日) 痰嗽略见轻减，天未明蹲马桶，下来热沫。早晚用杏仁茶，颇可润肺。张、联校场看汉操。闻校场内踩死一小儿，扎什城砖落砸死一小儿，甚惨。未刻大风阵雪，四山皆迷，骤冷。晚饭后王永福来，因中火枪，张赏布一匹，烟壶一个，联未赏。闻笔帖式亦令过堂，张主意。半阴晴，大风，微雪。

廿九日(3 月 13 日) 天将明,痰嗽觉利害,白日似略好。午后鹤孙来少坐。晚饭后至西院一踏,到少韩屋内略谈。因午后大风,比冬日冷,似四乡皆有雪矣。阴多晴少,大风。

二月初一日(3 月 14 日) 痰嗽见轻,仍有时觉晕。午后少韩、鹤孙来谈,闻竹筠可南去。张已知联之打电由东路去,非马之过也,解铃系铃皆余粮务也。张、联番教场看操。又大风阴天,比前日似略好,然冷如故。无事将《随园诗话》看两遍,今借鹤孙《谐铎》来看。阴多晴少,大风。

初二日(3 月 15 日) 痰嗽见轻,惟眼内流泪作痒,浮火之过也。午前后鹤孙均来谈,闻张覆奏的系廿六日。马竹君来辞行,今日启程赴南路,张甚恨之,不可解。闻周岐山找少韩等来谈,亦怪事也。后知非岐山。晴,晚阴。

初三日(3 月 16 日) 眼目流泪作痒,痰嗽已好,食量午饭加增,联建侯送来韭菜包子,闻张送联洋吃食甚多,亦以包子报之,殊可笑。甚好,分赠少韩、鹤孙。晚饭后本拟找少韩闲谈,闻钟璞山在彼而回。晴,晚风,旋住。

初四日(3 月 17 日) 早无事。午后鹤孙过谈,到西院一踏,青草、蚂蚁已出,冷如冬日。晚饭后至少韩屋内闲谈。半阴晴。

初五日(3 月 18 日) 无事,午后极大风,满院尘土,四山见雪,冷。半阴晴,极大风。

初六日(3 月 19 日) 无事,眼中仍流粘泪。午后鹤孙过谈,闻张连日传公所,不知何事。又大风满院灰尘,媚柳来,早晚饭给送橘子、落花生、糖。半阴晴,极大风。

初七日(3 月 20 日) 少韩、鹤孙来数次,闻张已接电旨行联处,现派人查抄各粮台抄粮台后知传言。及刘文通处。接建侯函,奉旨改为发往军台效力赎罪,众家人来安慰。半阴晴,风,晚大晴,月朗。

初八日(3 月 21 日) 午前后,鹤孙来两次,至外院一踏。旋联大人移咨,光绪卅三年二月初七日,准查办西藏事件大臣张咨,初六日承准军机处电开："奉旨：'张荫棠电奏悉，据称查明各员亏空情形各节，黄绍勋、郭镜清、胡用霖、杨兆龙等，均著交四川总督照数监追，李梦弼、恩禧、范启荣、松寿等，均著押解回川，分别追缴。刘文通著解往四川永远监禁，并将原籍寄居财产查抄充公。有泰身为大臣，未能洁己率属，实属辜恩，所请议罚，不足蔽辜，著改为发往军台效力赎罪。嗣后驻藏大臣应如何筹给津贴之处，着张荫棠妥拟具奏，并严禁浮冒婪索，倘再有前项情弊，定行从重治罪。另电奏整顿前藏粮台各条及靖西同知等缺办法，著岑春煊妥核奏明办理。该部知道。钦此。'枢。江。等因。"少韩、鹤孙即来，旨内并未叙及二人，不可解。晚饭后至少韩屋内闲谈。四山见雪，冷。晚饭用竹叶酒，少暖，眼睛又不好。可笑。致仲路信，后叙恭阅两奉谕旨，原奏与覆奏似两案，不知两奏如何说法，令人莫测，筹给津贴一断，张对联云，此非我原奏所有，我不管，又不知如何说。覆奏奉旨添出四人，漏下二人，番官究办亦未见如何。晴。

初九日(3月22日) 午后鹤孙过谈，又起极大风，无事看书。灯后，联建侯由前门过谈，闻抄刘文通什物，内有官帽一顶，其顶戴翎只与余钟麟粮务同，因系金顶托，余将自己帽子摘下，赶将此帽换上，联并云，此真丧气，大约要仿之。不觉笑倒。联建侯谓其无耻小人，至此极矣。送客后到少韩屋内，同鹤孙三人略谈，斟酌夫马事。半阴晴，极大风。

初十日(3月23日) 早至鹤孙屋内略谈。午后鹤孙来，将廿六日交公事信件清出二匣一包，均交收。联大人又送攒馅包子，甚好。少韩、鹤孙来谈。风，晴。

十一日(3月24日) 早午鹤孙来谈。晚饭后过联大人署痛谈，将夫马事开单面交，捐款事尚未说妥。回至少韩屋内谈，闻抄刘文通寓，有金镯数付，由余送张，恐未必，系送何矣，联大人说。半阴晴，风。

十二日(3月25日) 早鹤孙来谈，将昨日与联大人所谈告之。午后，鹤孙偕李海山游击来，海山见余，拜倒大哭，余与鹤孙亦为之落泪。将夫马事速为预备，渠已应去。晚饭后踏至西院，风较凉，因去冬天暖春冷，番人谓之翻冬。二堂上笔政二位，约少韩、浙生、慎安、鹤孙吃饭。鹤孙灯后又来谈。晴，微阴，风。

十三日(3 月 26 日)　早过鹤孙屋内谈。午后余介臣粮务来痛谈，意欲拜门，大拦之，殊可笑。少韩来谈，闻余为张憩伯因诈赃已入弹章之语，又找鹤孙略谈。晚饭后至西院一踏，灯后鹤孙复过谈，藏内真不可一日居。晴，风，阴。

十四日(3 月 27 日)　午后鹤孙过谈，联大人拜发折子，遣程林回明夫马，未能过谈。晚饭后至少韩屋内谈。晴，微阴，大风。

十五日(3 月 28 日)　早过鹤孙屋内略谈，遣程林赴粮台余处斟酌款项。午后鹤孙、少韩来，闻钟璞山云，两人此次覆奏均落下，殊为可笑。现须办文札知，甚难措辞。并闻余粮务诈赃要电奏本，拟晚饭后过联大人署有话说，张在彼，半日未去。至西院一踏，到少韩屋内谈，鹤孙复来谈。晴，午后大风。

十六日(3 月 29 日)　早午鹤孙过谈，晚饭后到鹤孙屋内谈。旋至联大人署痛谈，二炮后方回。至少韩屋内告知一切，闻余粮务至彼，因诈赃事痛哭，可乐之极。晴，午后大风。

十七日(3 月 30 日)　早鹤孙过谈，将昨晚晤联大人语告之，少韩来，将联咨部查报销各节咨覆底办妥。午后约杨聚贤来酌款项事。晚饭后至西院一踏，遇鹤孙遂至其屋内，将晤杨语告之。晴，午后大风。

十八日(3 月 31 日)　早鹤孙过谈，闻张处欲给无事札文，颇(废)[费]踌躇，缘电奏漏叙二人之过也。少韩来，将覆联大人部查报销文缮齐，即遣程林面交计泉。由杨聚贤处取来账单一纸。晴，午后大风。

十九日(4 月 1 日)　晚饭后至西院一踏，到少韩屋内，与申五三人谈，闻张大人明日公事可下，始知运坏无处不累赘也。《随园诗话补遗》卷四，香亭以余年衰，劝勿远出游山，余书六言绝句与之云："看书多撷一部，游山多走几步，倘非广见博闻，总觉光阴虚度。”老辈勤学劳力，于此可见一斑。晴，微风。

二十日(4月2日) 早午鹤孙过两次，少韩过一次，皆为张处札文。晚饭后至西院一踏，柳树均发芽，青草、马蓝皆出，尚须中毛重皮。到少韩屋内，闻钟璞山来，札文于明日可有，告鹤孙勿庸着急矣。晴，微风。

二十一日(4月3日) 早鹤孙过谈，午后少韩来，闻张处札文须明日来，大有搪帐之意，可笑。藏派箕脚娃五品业尔仓箕米赛来见。箕脚娃箕米赛后改甲琫，策恶顿柱闻箕米赛与后藏戴琫策丹朗结为守旧党，同当事者龃枘甚。去年十一月初六日，与联大人会衔并自折，均奉朱批到藏。联建侯约在后园花厅晚饭，池水已开，现在补种柳树。回时约鹤孙、少韩来谈，告以张大人改为咨文行联大人处，联以咨文不足为凭，须有奏案，恐其中大有变局。晴，微风。

二十二日(4月4日) 张慎安所著《炉藏道里最新考》一卷，内有建侯附记，识数语还之。藏地成书无多，即有著作，于关外道里，仅记远近，且各说不同，甚有未经其境揣摩为之，更不足取信后人。今慎安别驾著《炉藏道里最新考》，皆亲身所历，随时笔记，其缋图开方计里尤为前人所无。又加以建侯都护附记，出以见示。拜读之余，若理旧书，欣乐奚似。至天时人事，于斯亦可概见矣。其有裨后学，又岂能以道里计哉。谨识数语，以昭心折。愚弟□□拜覆。鹤孙早午均到谈。少韩、鹤孙复来，已奉联大人札知，据张大人咨，革职应勿庸议，然未奏明也。晚饭后到西院一踏，少韩屋少坐，齐浙生来，因与有话，遂回。鹤孙旋来，闻浙生云，联大人拟留少韩在此，鹤孙可同回四川，如此办理，实为万幸。晴。

二十三日(4月5日) 早起四山大雪，院内雪不甚大，至西院略有清气，遇崔太和教新募兵步伐。午后李海山游击辞行，派赴豁尔办案，余走时不得送，临别落泪。少韩、鹤孙由联大人处谢札回，痛谈，鹤孙在必走之列，少韩似亦可回。晚饭后登房看雪，闻振勋云，红儿已于去冬南京病故。风，晴。

二十四日(4 月 6 日)　少韩、鹤孙来,俱略谈。旋即上街料理账目,自案出,将百日矣。午后,接联星桥中丞洪密电,为招回哈萨克译出。晚饭后至少韩屋内略谈,鹤孙因慎安约去,将电二纸译出一纸,并洪密本托其交联大人。晴,早微雪。

二十五日(4 月 7 日)　早至鹤孙屋内谈。午后少韩、鹤孙过谈,并持竹筠信来看。联大人留少韩心胜,而又自己不肯直说,慎安、浙生颇为难,殊可笑。晚饭后至西院一踏,鹤孙在二堂,约慎安、浙生、璞山等晚饭。晚间媚柳来痛哭拜,亦有人心,可愧无良者。晴。

二十六日(4 月 8 日)　联大人寄油布包一件,前家信一件,木匣一件,共三件,又氆氇大包一个,共四件,又给赵署督信一件,共五件。午后少韩、鹤孙均到,各有各事。闻张处又传刘文通与李文清广东生意人。对质,为诈赃事,并无所以然。晚饭后至西院一踏。灯后联建侯过谈,为少韩留此,送后至少韩屋内。晴,较热。

二十七日(4 月 9 日)　卯刻娥珠、莲芳等启程,今日住德庆,王永福送至藏河边,大家骑马,笨极,程林送至德庆,李世忠、王顺、田德皆同去,午后鹤孙来两次。晴,日落,风。

二十八日(4 月 10 日)　早至鹤孙屋内谈。午后至少韩屋内谈,杨聚贤来,将账目结清,送来清账一纸备存。鹤孙、少韩复来谈。闻刘文通已将诈赃事供明,内有余钟麟过付给何藻翔金子一百零二两,此事大不得了。因联建侯来字,晚饭后到东署与痛谈,少韩留藏,鹤孙回川,均可大定局矣。半阴晴。

二十九日(4 月 11 日)　午后少韩来,到联大人署回。在后园见大种树挖池,晚饭后过鹤孙屋内谈。今日收拾零碎物装匣,联大人送赵制军包一个拿来。外有信未送来。半阴晴。

三十日(4 月 12 日)　午后鹤孙来,上街买得小瓶洋酒并五色洋丝线,皆好,又收拾包裹、匣子。晚饭后到少韩屋内一谈,闻余粮务业经参出,未审果否?刘文通有在联处递呈,并未花钱。余所作与张处亲供两歧,可笑。半阴晴,颇热。

三月初一日(4 月 13 日) 早少韩来,必欲执弟子礼,其志甚坚,然自料不可再为人患,渠以现经革职,毫无所求,不过素承教训,且不得回川省,如现在当事,必无此举,不免太增厚颜矣。午后大落雪弹子,似雹非雹,系雪所成,余以为雨遇冷则成雹,雪遇热则成此物,弹子系汤约所呼,未知确名。如黄豆大遍地,皆白,旋大开雷声并随风。振勋云,上月廿九日已闻雷声,甚小,未曾理会。鹤孙来,竹筠借二千金,公然无利,已立券。余粮台诈赃,诈赃闻刘文通供金子一百零二两,范启荣供银子二千五百两,余钟麟不应只交出二千两作罚项,张大怒,因其交赃尚欲赚钱,可发一笑。闻联大人说,张已奏参矣。晚饭后至西院转后园,联将花厅打通,池水渐旺。灯后鹤孙来略谈。半阴晴,雪弹子。

初二日(4 月 14 日) 午后乍丫副仓巴名阿旺策珍。来叩见,送佛、哈达、皮张、皆脱毛。茶,茶乃极不好者。盖感恩也,嘱其夫马早备,米面如有备之,必按价与之,赏其银牌、哈达、荷包、香珠,通事赏银牌,小娃子赏钱。联建侯送到致赵季和署督信一封。鹤孙、少韩来,由张憩伯处回,传见并许以开复,殊可笑。少韩在二堂请客,笑声大作,有趣。半阴晴,未正余,又下雪弹子如粟。

初三日(4 月 15 日) 早过鹤孙屋内谈,少韩亦去。少韩约早饭,在东屋,座中鹤孙、申五,主客四人,痛谈。午后何翙高来会,面谢面辞,言明不便各处辞行,到川到京亦然,略谈不过饮食起居而已。晚饭后联建侯来痛谈,遣计泉告以刘文通谨慎。半阴晴,午后似微雪。

初四日(4 月 16 日) 早至鹤孙屋内略谈,鹤孙来谈。午后齐浙生来,与少韩前举无异,实难辞却,只好痛谈,乃文字交也。晚至后园,联建侯约饭痛谈。并送来活腰二支,自蒸酒一小坛。闻张处已电参余钟麟,恐有性命之忧,未知确否?晴。

初五日(4 月 17 日) 早鹤孙过谈。妖尼子等三小孩送毛袜子一双,赏之,可笑。午后赏各项番男女,赏钱回差,前已各赏卅文。范湘梅、松介眉、恩惠臣三人来会,谈之许久,言明不辞行。张憩伯来会，谈之许久，亦言明不辞行，彼来叩送，因当面叩辞。周岐山太守来，与上项同晚饭。灯后张憩伯送到鱼四盒，水果两桶，苹果两盒，糖食两瓶，似瓦楞子绿色两瓶，可谓贤者多情。李粮务来，未见。晴。

初六日(4月18日) 第一站。卯刻由西署启程，至工部塘，联星使、诺们罕帐房送行，藏河边噶伦、佛公等帐房送行。卅里至莱里，齐浙生等尖站送行，又卅里至德庆，靠南山独立上有营官寨。夷情等到彼宿站送行。余钟麟粮务先回，因被案不便躭延，少韩、鹤孙、戴穆两笔政均过谈。晴，晚风旋住。

初七日(4月19日) 第二站。卯刻即发德庆，本拟迟走，因夫马已齐，夷情、笔政皆未得送。沿山行，有刻佛像处，河水不大，见塔子甚多，有四塔右路平列，离不远有似塔倒插于地，据云唐公主遗迹。在左路平列，不可解。行卅里占堆，余粮台备点心尖站，自煮面。云四起，大雪，云有自地起者。已春耕，牛头皆绑白色并染红鸡毛，以为耕牛，有别于他牛，且取吉羊之意。又卅里拉木，据少韩云，拉木之名，因上路有大庙，名原，各佛转世，即凭此寺护法乱云后方掣瓶。宿站在民房，甚洁净，旁有柳林，内缨络柏一棵，青翠可爱，随穿破墙，过少韩公馆略谈。雪在路上稍住，抵公馆后闻雷声，又微雪。少韩复来谈。阴，微晴，雷，大雪。

初八日(4月20日) 第三站。卯刻发拉木，名哒叹拉穆寺。沿路右山左水，过高山崖数道。卅里甲马，自下帐房早尖。本拟无此举，因轿夫饿。又卅里实廿里。至墨竹工宿站，过一山脚，一喇嘛寺甚得景，宿站在番官柳林，盖一公馆，此处分马门外，竟有卖藏内什物者，皆摆地摊，珊瑚、松石均系假货，价甚昂。晚约少韩、鹤孙、申五至公馆吃薄饼，均走后，至街中一踏，比藏内窄且秽。灯后少韩复面送，明日不有此举，免彼此难过也。晴。

初九日(4月21日) 第四站。早发墨竹工，卯刻，系在拉穆。闻此处有竹子甚奇，沿途山上水旁多刺儿树，不知名，一日皆然。行廿五里吉桑，自下帐房，早尖系蛮庄，前柴水小帐房即其预备，赏之，尖后路左有蛮房一所，河外山下围以刺树，形似船屋，亦奇。又行卅五里，仁进里公馆宿站，对面有喇嘛寺，到彼一游，赏之。鹤孙、申五饭后过谈。与鹤孙、申五同踏至公馆后，看有小屋二间，一间老夫妇系番子同住，一间系水磨磨糌粑，虽看着笨，在边外已算巧矣。半阴晴，至公馆后，微雪。

初十日(4月22日) 第五站，今日公馆本系营官寨，三层，上倒塌一层，下堵一层，现住公馆中层，屋院均空，亦奇事，未有也。卯刻发仁进里公馆，甚觉凉，至山沟，日照方见暖，有石山一断，来路看似欲坠，高山皆雪，涧水见冰，乌斯江水淙淙。廿二里大石包茶尖，尖后行路一断觉喘，沿路平坝多，有山坡，刺树仍不少，间刺松惜不过一尺，盖未容长，已砍作柴。石块多圆，作白色，似汉白玉，两边山非童山，中路地非硗地，弃之殊可惜也。又行廿三里乌斯江宿站。饭后找鹤孙、申五一谈，同踏至乌斯江边一看。报启程夹板，奉旨留中，钦此。鹤孙给少韩写信，告明回建帅知之。阴多晴少。

十一日(4月23日) 第六站。卯刻发乌斯江，平坝路尚多，路右沿江而行，不过涧水，不远即须过之，天早均结冰凌，将至尖站，左有热水塘一区，乃温泉，程林至彼找天生磺，公然有，送余四五块，虽非上等，比内地假货强多。行卅里弱如陀桥尖站，自下帐房，饭后看如陀桥，一半在平地，一半在山岸，颇古气，下即乌斯江，水甚清，微作绿色，因过桥登山甚喘，乘舆在江左行。又四十里前记卅里不止。至堆达塘关帝庙左厢宿站，此处仅塘书塘兵住房，人户未有也。往南即达赖所朝之南海子，望之一片雪山，此站左山上亦有一海子，不甚大，多有财神罐子，银铜瓦皆备。晚饭前鹤孙过谈。晚间轿夫老杨在此病故，伊子长寿保来谢赏，磕头痛哭，问年七岁，幸伊母亦同来，沿途各塘，均有汉人坟，尚便。半阴晴，风。

十二日(4月24日) 第七站。早卯初。发堆达塘，行廿里播伦朵，自下帐房早尖，甚冷，不过远山有雪，山沟中行，道不难走。又行五十里，自下帐房大茶尖，茶尖。除平坝山沟内实属难行，两边山中路河皆乱石挡脚，直头无路。过鹿马岭时，遇联大人所调尽先游击张鸿升，号雁宾，行二，安徽颍州府人，下舆在雪中立谈数语。来时雪，回时又雪，幸皆未遇风，实感天恩。又二十里至鹿马岭塘宿站，到时过一危木桥，来时所住公馆已坏，现住番房，此沿途多松树，茶花已放叶。半阴晴，多雪。

十三日(4月25日) 第八站。卯刻发鹿马岭塘，行六十里，大河坝早尖，外委番官接见，番官带两只花翎如貂尾，然无不笑之。路上仅稍停舆，六十里不差，沿途水声如雷，隔岸山松树极多，且有开垦处，见有小人儿在山半平坝云雾处，似仙境。在三巴塘山上有数人家处，忽大风雪。尖后所行之路，左松山右桦木山，迤逦至宿站，不过道多石，且涧水不少，过数桥均新搭者，四十里过鹦哥嘴，至顺达塘宿站，房乃新收拾者，甚好。早接联大人信，为洪电本，因覆之。二月廿四日曾倩鹤孙同星桥中丞电一并交之，伊随手放于签押桌中间抽屉内，谅不致失。晚饭约鹤孙、申五，因孙粮务送菜，饭后至门外同一踏。阴，风雪。

十四日(4月26日) 第九站。卯刻发顺达塘，冒大雪而行，来时系走河北，因中路喇嘛寺桥冲去，故走河南高山路一大断，乱石路多处，太难行，且危险，四十五里强至仲尖站。仲字一字为地名甚奇，细问乃卓梦二字切音。自下帐房喝茶用点心，煮来鸡蛋食之。房子有人字形者，非如藏内平房，细审之，乃平房，另作木人字盖之。又廿五里至江达，陈乡约房内作公馆，四面皆有楼。孙玉书粮务来痛谈，拉里把总李春芳来见，为夫马事嘱其赶紧催之，山上遣传号乃心巴赏之，令其回去。阴，大雪。

十五日(4月27日) 早写家信一封，略叙案革职军台，余、江革职，江留办文案，余随来。初六日启程，十四[日]到江达，等夫马就行，山上派人送已遣回，现随箕脚娃甚好，娥珠已临月身子，虽骑马，颇结实，跟随丫头甚多，派王顺跟走照应一切。此托余老爷寄，不必写回信。等语。午后孙玉书无事来闲谈。半阴晴。

十六日(4月28日) 昨夜三点钟后大冰雹，屋上木棚皆震，加以雷声隆隆，早起山头屋上尚有雪。午饭后至西南关帝庙瞻谒前殿财神，后殿观音圣帝前敬掣一签，系第廿九，因娥珠分娩，有丑日亥月语。王永福掣得一签：有心不诚，罚油钱半元。大可笑。到娥珠住房一看，遂至鹤孙住处痛谈，回时至一红教莲花佛庙一看，新修桥一看，尚未落成。有前粮务王仙九德政坊，并碑记。木刻。半阴晴。

十七日(4月29日)　午后孙玉书过来谈，走后濯足。鹤孙过谈，将致乔英甫信送看，玉书送到豆花饭，甚佳，并有酥油饼，食后至桥及河边一踏。阴多晴少。

十八日(4月30日)　过午薙头后鹤孙来谈。晚饭后有两小孩念书，询之，乃算盘本，早乃用木版蒙以锅烟，复以砂袋铺之，打粉线，用竹作笔，蘸水学书。阴多晴少。

十九日(5月1日)　午后娥珠来要眼镜盒而去。无事至粮署玉书一谈，伊后院有桃树一棵，极大，开花甚盛，惜不结实。回时见桌上放一花，如核桃大，花瓣红色，托一黄薄瓣，叶深绿如夹竹桃，叶阴白色如回绒，名茶花。计泉得来，即沿路山涧所长，非真茶花。晴。

二十日(5月2日)　昨夜梦与王姬人同坐二套车，似欲赴张家口。路遇恩达泉策白马前行，在一家大门道有大板凳两条，立谈，渠议论时事颇得要领，奇哉！见有番妇拓蛤蚂菜一篓，用米换之，热水抄后拌食，传云如来佛曾食此物，并不难吃也。午后看大桥已搭齐，至鹤孙处一谈。因张憩伯送物有杏子一玻璃瓶，食尽，将瓶洗净，在粮署寻得桃花数枝，插之，殊有别趣，一笑。晴，风。

二十一日(5月3日)　早鹤孙、玉书过谈，因接李把总春芳信，夫马尚未齐，祇好定准起身日期，告其先发传牌，定廿五日。午后鹤孙复来，旋娥珠来。将晚玉书带同伊弟武生孙又书兆琪，行三。来见，因痛谈，拟令又书先去催夫马，妙极。晚饭前王永寿至河捉鱼两尾，即作食之，甚好，留明早再用，赏花，饮酒，食鱼，雅事也，一笑。晴，风。

二十二日(5月4日)　午后鹤孙、申五来，因应差番人共四处，有一处逃跑，廿五日不能前进，须宽限两日方妥。先是番官求王永福代回，未允，今复由粮务说之，不便力驳，只好如此，廿七日可成行矣。王永禄、王永寿又捉鱼大小四尾送来。闻孙君颇吝，伊弟每劝之于仓中收粮，大有垄断之意。余此次带面，亦由仓中买出，一笑。晴，风，微雨。

二十三日(5月5日) 相传前日晚间藏内番边有调各处番兵，防内乱也，调兵是实，究竟防何内乱，又不得而知。午饭后至东河绕至西北土坡一望，看西河河外山茶盛开，夹于松树内颇有趣。到鹤孙处，伊屋门即对此山，且有桃花一株在眼底。晴，风。

二十四日(5月6日) 午后鹤孙、申五过谈，鹤孙似痢疾，寻金银花、菊花而去，到此病者甚多。近日河中有雪水化下，与人不利也。娥珠来，送到黄豆芽甚佳，可作汤吃。晚饭后至桥上一望，回至莲花佛庙一看。晴，风。

廿五日(5月7日) 午后鹤孙来，闻孙玉书云，得藏内信，张憩伯将所带戴瑧某革去，不知何故？此与噶尔丹池巴系属有亲，噶伦等现与为雠，其中究竟虽不得知。前有调兵之说，恐不为无因，将有内閧，汉官难免吃亏，然不在其位，亦无法也。鹤孙走后，步至东西河一看，河水大涨，上流雪水不小。数日熬茶，茶碗有白霜一层，水不洁之过。西河靠山，松树中山茶盛极，红粉相间，不似边外气象，见对河三番人驱马四十余匹过渡，各色具备，大为有趣。半阴晴，风。

二十六日(5月8日) 午饭后孙玉书大令来，谈之许久，问其豆花饭作法，颇省事，然清淡可吃，养人之物也。外委霍维芬亦来叩送，令其明日勿庸远送，鹤孙来倩其对孙玉书说，与下站致信，均不得远迎送，公事为重，旋持其信来看，颇明晰妥当，骑马驮马均分齐，将一切应差汉番官役领赏之银物，赏之，均欣然而去。娥珠及众丫头今日早晨走，不过差一站，房间可匀开，免致拥挤，且相离不远，照应应易，仍派李世忠、王顺随去，田德留随后拨。早落数点雨，晴，风。

廿七日(5月9日) 第十站。昨闻李鸿太接藏内信，有洋兵到江孜一千余名，丹达、萧曹、眼光三庙，居人均已逐去，大约要改学堂之故。老单与马福兴均病故，余轿夫老李亦故。卯刻发江达塘，过新修大桥，后转山脚路左，孙玉书粮务设帐房相送，下舆略谈数语而行。外委霍维芬，江达箕脚娃兵丁均跪送。右山左水，高路平路石路窄路皆有，一日均如之，两面山松柏甚旺，间以粉红大红山茶，颇得景。奈涧水多次，有有桥者，有直涉水者，行卅里王坝冲尖站。所行路虽有平坝，然临河其声如吼，雪水已消，石更露出。将至宿站，有喇嘛寺，远望之，甚雄壮，遂上山坡，松树多而且大，近看此庙，亦觉无甚趣味。又行四十里，凝多塘宿站。晚饭因孙玉书备办，约鹤孙、申五来吃，饭后各处一踏。因来时曾在房后山根看喇嘛熬茶，在双松一石下，今左右皆成青稞田，不能座落，遂至房右一松一石，坐着饮茶吸烟，闻烟亦别有风味也。连日林上有拉布寨，汉语天棚。以各色缎成长方形，用各色绸走水，中镶色拉寺所印《陀罗经》两方，中线冲内外及各色印花布印佛像，布作围子，活佛体制，恭敬之意也。微雪雹，半晴，阴，风。

廿八日(5月10日) 第十一站。早发凝多塘，先行草坝，后沿河山腰路、河边路及穿树林而过，与昨日相同。行卅里洞古坝早尖，即下大雪，然已廿五日立夏，在内地应以为奇矣。其山上喇嘛寺，山非独立，乃与群山相连，中间似断非断，尖后多行石路，加以涧水，有有桥，有无桥，实在难走。风景石包松树，并各色树甚多，且山上有大小石洞，离宿站十数里，山上有石蜡处，蜡红色，拓以石色，大石比蜡略大，甚奇。对石蜡牛场一块，王永福云，有石蛋二，各重二百斤上下，有过往番人驮之而去，离三四站掷之而过，数日即不见，于原处寻之已回，然不定在左在右，因停舆饮茶吸烟，公然寻着一枚，舆夫杨麻子竟抱不起，盖形圆无扣手故也，其一形稍扁，未寻着。又卅里常多塘宿站，归番民管，铺垫围子均草，草外有河水绕之，天甚冷，重裘不敌也。塘书有小孩十三岁，像儿极佳，名李文志，乳名源森，询之有志读书，无人教，殊可笑。鹤孙来略谈。阴，数次雪。

廿九日(5月11日) 第十二站。卯刻发常多塘，天明皆无鸡声，盖荒野十数人家，竟无能养者，出公馆即上瓦子山路，均系大石块，实在难行，此后俱石水路，高矮不等。廿里山根子早尖，尖后即上山，牛拉牵始则大石包，如无路，且有水，三山后下陡极，雪路坡用人抬杆尚不能站脚，复上碎石山亦如之，真正难行，比冬天来，大相悬殊。下山三里余即公馆，又行五十里山湾塘宿站，未到站前，巡捕李世忠、家人王顺等迎轿道喜，乃娥姬生一子，系寅正刻，母子均结实，系在公馆对河蛮房子内，拟派名寿鸿，乳名山格，不忘所生山湾之地也。众差官跟役轿夫等均来道喜，赏之。鹤孙、申五亦来道喜，以后再请，此处肉菜俱无，殊可乐人。昨晚饭后至鹤孙、申五屋内一谈。晴少阴多，时常飘雪，灯后雷雪。

四月初一日(5 月 12 日) 查时宪书寿鸿八字为丁未乙巳庚申戊寅，生于山湾塘，并其名五行俱备矣，一笑。早鹤孙过谈，此处奶子甚佳，水不好，饮之作喘，因雷雪交作，竟如深冬，重裘尚不觉暖，询之，惟六月略好，七月即见雪。给联建侯致信一封，告以山湾塘番名郭列瓦子山，名郭达拉。蛮姬产一子，乳名山格，交鹤孙即时发。复到鹤孙、申五屋内一谈。晚饭后门外一踏，生寿鸿处为对河蛮三家，坐西向东。公馆系汉三家，坐东向西。可谓三家村矣。蛮家山后因水道作双鱼并头形，对面山在公馆后作蝙蝠形，中为一带河，此河出于瓦子山以上，山中无名流入阿咱海子。围向蛮家，其汉家乃成背弓水，以蛮家论，水向左行，正北而去。阴，晴，雷，雪。

初二日(5 月 13 日) 午饭后同鹤孙过河，番房在南间，看寿鸿，面作黑红色，眼鼻口无一不大，且哭声甚大，不似三朝小儿，据云眼光极足，昨日睁目即看灯，不避也，想是神足可放心，伊母亟欲上路，似少迟为妥。房主人为三六村民，颇尽情理，赏其茶叶，四子并其母俱赏银钱。回时看土坝上小土窟甚多，乃鸟鼠同穴所居。鸟如麻雀，黄白脖黄白蓝脯，均有鼠，未见，公馆墙院，鸟时飞之。今晨将灰面赏给明粮牵夫等，看其作疙瘩汤，秽不可解，并有作土巴者，与面糊无异也。到鹤孙、申五屋内谈。晴，阴，雷，雪。

初三日(5 月 14 日) 第十三站。卯刻发山湾塘，大雪，路多石包。行卅五里，扎登坝下帐房早尖，天甚冷，又行土石包，路甚难，沿倭咱海子，路少平，海子冰已有化者，水作蓝色，积雪风吹至海边，海子对面有一石洞，作长方形，如门，彼岸平地，闻离海子甚宽，风景极佳，可惜无人户，浙省西湖作鸭蛋色，此海廿里作蓝色，恐西湖不得专美矣，一笑。两岸均有黑帐房放牛者。又行半山路四十五里倭咱塘宿站，公馆在半山，有喇嘛寺，起风亦冷，买牛腿一只，遣塘上小娃送山湾塘蛮姬食用，殊可笑。晚饭后至喇嘛寺，殿二层。止上一层，腿作痛，系黄教，同甘奠寺近。半阴晴，雪，风。

初四日(5月15日) 第十四站。卯刻发倭咱塘，始入偏坡山沟，继过大山，尚易行，又翻雪山，将至山顶，牛驮马匹挡道，因停舆雪地，始见太阳，仍冷无比，在舆饮茶吸烟而已。等至许久，牛马过尽，方迤逦上顶，到时又停舆，一面铺毛毯，一面凿冰，众人抬杆，或扶牵于冰雪，直坡以下，其险不可思议。平坝又行雪路，方入山沟，有路径行四十里，俗呼大茶尖，早尖，若以时而论，说七十里不止，把总李春芳、通译等在此迎接。又行乱石路、偏沙坡路，廿里抵拉里宿站，房间极大，即公署，把总、外委、吴玉恩、通译等及孙又书均来见，并道得子之喜。马朝阳奉张、联大人派差，昨日宿站，今早亦帮轿，甚出力，牛则滚山六七只，人则跌跤数十个，其困乏非常，闲时略睡，醒后找鹤孙、申五谈。临到宿站前，平坝上三六村番头目跪接。晴，风。

初五日(5月16日) 写家信一封，内略叙山湾塘娥珠产一子，乳名山格，大名寿鸿，母子均好，余同余六老爷往看，无一不大，眼光第二日即不避灯，现在拉里，候过七天即来，番人不论满月，托余老爷寄此函道喜，不必写回信。等语。午后鹤孙过谈，王永寿来，娥珠等在彼不愿久住，祗得写信令其到此。箕脚娃带领前次将牛只驮面落水，头人及其赶牛人拿来卢比赔价，仅留其五文以示罚，以后警其留心，余有十数文掷还，颇感激。得来道喜猪羊，并买牛肉赏各兵役。晴。

初六日(5月17日) 早至行馆外一踏，馆东有关帝庙，晋谒行礼，以报平安。后观音殿及南房尚未修齐，此处房间较大，作平房，微砌住户数十家，柴米贵，出产艰难。午后找鹤孙、申五一谈。晴。

初七日(5 月 18 日) 早在公馆约孙又书、戴申五、余鹤孙便饭，本拟猪羊牛肉，因有翅子等菜用，反未吃肉，可发一笑。由程林、王永福陪把总、外委、什家户、箕脚娃等，均为道喜之故也。晴，微阴。

初八日(5 月 19 日) 午前娥姬带同山格到拉里，闻翻拉里山无风，且当路雪多融化，前日过倭咱海子亦无风，实蒙天恩庇佑。饭后同鹤孙往其蛮房一看，母子均好，山格虽瘦，眼如点漆，想必结实。闻王顺说，听番语后问之，山格生时，有皮一层包之，剥开始见哭声，论月分，看发际甚长，计算已在十一月外矣。复同至河边一踏，水大长，谅上游雪化之故也。弁兵接藏内来信，不知为谁所发，乃俚歌一纸，大骂张憩伯，钞存以作笑话观可也。后又接藏友信，此歌遍处皆有，张又奉旨不准离藏，当如之何？晴，微阴。

初九日(5 月 20 日) 午后到河边一望，水与昨日同，有微风。至鹤孙、申五处，正值其早饭，痛谈，闻藏内来信，张有初十日往江孜之说，并奉电旨，有不得意之处，不知何事。联为驮只有责杨聚贤四十之说。回时众丫头递哈达敬酡道喜，番例也。闻王永福云，山格皮包落生实有此事，藏内凡遇此，以为吉祥，须供糌粑一盘，以箭破之，因彼时无此物，用手撕之，故不敢说，恐以为不好，生气。京内包生亦有，未闻以箭破之，所虑不值一笑。阴多晴少，微风。

初十日(5 月 21 日) 早大雪，四山皆白，幸不甚冷，随太阳全化，惟山头尚积亦薄。饭后去看山格，精神极足，眼光四射，谅辛苦无碍也。回时鹤孙、申五在行馆相候，因痛谈，巡捕等接马朝阳来信。鲁工山前半路尚易行，后半路雪甚深，有三四尺。宜早走。到河边一看，山有金矿，河内有试金石，且石多黑质白章，想必有形象者。公馆堂屋悬“寿山”二字，一大匾，乃河南人冯石缘会所书，闻此君由甲榜知县赴川，全家均殁于江内，因出家，后有劝其复登仕版，重整之，已得二子，丁卯在此充粮务。晴。

十一日(5 月 22 日) 第十五站。卯刻发拉里，把总等不令其远送，即在塘外叩送。路尚平，过浮桥数道，将至尖站，气死坡上乱石路、偏坡路均有。行卅里，自帐房早尖，尖后大雪石包路，又过浮桥后大乱石路一断，下坡后右边有红石一片，据云温泉。程林、振勋去找天生黄回，云冷水堂儿至山半找之，果一温泉，所得者如红土泥，均为可笑。寿鸿同在公馆住，三间破房而已，余乃牛毛帐房。余房家人、丫头住。雪后皆化，至河边一踏。遍地鸟鼠同穴，鼠声如鸟音，大者色浅黄，小者色黑，穴似通。尖后行四十里，擦竹卡行馆宿站，娥姬觉不适，天凉且辛苦，只有听命而已。半阴晴，大雪。

十二日(5月23日) 第十六站。早卯刻发擦竹卡，极大雪，四山皆白，天地一色，虽欲不发不可得，此地水草俱无，道中石包涧水甚多，实属难行。四十里干海子尖站，尖后即翻鲁工拉山，幸有驮牛先走，有路，然偏坡险路不可问。相传此山多经伤人，且有恶风，若受之性命不保，今过之，仅下坡有微风，下山后，不知名处，在舆内吸烟喝茶，复行石包及极险土路，然终日未离雪。又五十里多洞塘宿站，公馆三间，寿鸿亦在此，余仍牛毛帐房。鹤孙同住，过来略谈，到时太晚，已灯初，蒙天佛保佑，均平安。阴雪，微晴，小风。

十三日(5月24日) 早鹤孙、申五来见，行李已发，赶至甲贡相等，此处水草费事，房间亦少，寿鸿并各丫头俱令其前去。余因昨日过山，雪中见太阳极热，轿夫、随差、牵夫多有两目为雪光所照，不能睁开，不得已少延一日，无如之何也。今日又一日雪，四句钟后略见太阳，地下随生热气，忽似雷声，乃山中雪坍下，询之塘书，虽六月先下雨后即变雪，仅热天种菜，不过四五寸，青稞不能生也。大雪一日，略晴微风。

十四日(5月25日) 第十七站。卯刻发多洞塘，令轿夫抬空轿而行，自乘马一日，始行山坡路，继入山沟，沿河涉水数次，右边半山崖开一活沙石路，宽不盈咫，临河数丈，马不能行，幸有牵马，拉里汛通事杨福基前涉水，于水中扶持，此刻将余背下，人甚朴诚结实，到宿站赏之，彼时惜无照像留此丑态也，一笑。行卅里仁多坝，自下帐房尖站，尖后顺河在左高山路上下，两腿酸痛，竟后路不能使劲，殊危险。尖前下马行一次，尖后歇两次，中有牛厂一平坝，前后万松，大山围绕，景甚佳。折得刺树一枝，粉红花如扁豆花，不知何名。昨日又见有黄色者，形亦如之。又四十里甲贡塘宿站，看寿鸿母子俱好，鹤孙、申五旋过谈。过鲁工拉山失去账目匣一只，旋由通役由雪内找回，赏之。阴微晴，宿站小雨。

十五日(5月26日) 第十八站。寅刻发甲贡塘，先有平坝一断，过桥迤逦行山腰路，有极高处，不过一尺，路下临深涧，旁有松柏，大可合抱。行四十里阿兰卡早尖，又名破寨子，中有一石山，尚存石砌破墙多堵，近临河岸，隔河瀑布一道，相传为岳威信公屯兵处，风景殊佳。尖后沿河复上山，仍顺山腰路穿松渡石渡水。行至鹦哥嘴，三倒拐数处，均下舆并歇息两处，藏内一日之险，应无出其右者。又行五十里阿兰多宿站，蛮房仍系前五年所占，主人以鸡子、蛮酒来献出，其前次接肉吃女儿，像颇佳，前怀抱小儿，女已十五岁，儿则五岁。过鹤孙屋内略谈，并看山格，不意出房下阶倒下，昨日骑马腿酸之过。今日沿河声如雷吼，瀑布数处，野花，粉红山茶，小绿叶小粉红花如刺梅，小黄花如钮大，不知名，野芍药，白花单瓣草本茶花如春海棠，酒杯大名闷头花，未敢留。半阴晴。

十六日(5月27日) 第十九站。卯刻发阿兰多，昨过两木桥，今过两木桥，均极坚固，比来时桥梁道路尤好，联建侯来时，桥大活动，亦可危矣。行活沙路、偏坡路甚多，间有平坝。廿五里大同茶尖，此处松树极多，有蛮房田地亦不少，对河两大土坡，松树石块平地，均有极好山景可入画。尖后上极高山腰路，下看田畴交错，甚有趣。下山即顺田行，因天旱，有播种有未播种者，尚求雨，过一左手山，下以河绕，上盖喇嘛庙。又行卅五里弱，大窝塘宿站，前以河绕，四围皆山，看山格两次，至鹤孙、申五处一谈，因夫马未齐，且人都乏，明日拟休息一日。晴，晚间月色极清。

十七日(5月28日) 昨晚院中闲坐，看山月上升，觉清朗无比，盖无尘埃之故也。今午饭时鹤孙过谈，默写《东归》七律一首，甚佳，余遂和之。觉两腿见好，精神亦健。早晚看山格两次。半阴晴，夜雨不大。

十八日(5月29日) 第二十站。卯刻发大窝塘，先走平坝，遂上山，询之，名乾海子山，山内田地甚多，已种青稞，不远即有一二家房屋，天时较热，太阳出觉烤人，有山花粉红色开遍，可供盆玩，真边外乐土也。行廿五里噶于自帐房茶尖，尖后山边路多，甚吃力，有极高山翻数架。又行廿五里浪迹踪宿站，大平坝上公馆尚宽敞，此处可以打猎为生，种田其次，有獐鹿，时闻枪声，土猪子遍山皆是。饭后至鹤孙、申五处闲谈，在蛮房楼上，晚饭后到平坝散步。半阴晴，至宿站时飞小雪。

十九日(5月30日) 第二十一站。寅刻发浪吉宗，天微明，下土坡过桥，即入山沟上悬崖，水声如雷鸣，十分聒耳，山洞内冰积如屋大，小者如柱，出山沟即乱石水路。行四十里擦拉松尖站，飞小雪，尖后上山，下山河边乱石路，雪即大，到丹达山根，雪住，遂上山，有积雪用牛拉纤，牛又不走，大费事，铁门限抬杆，众纤夫颇用力，赏之，山根子茶尖，尖后即上阎王扁，有积雪，颇难行，然比来时胜万万矣。以上二十里，从此较易行，大半下坡土路，惟偏坡土路亦可厌。又行六十里丹达塘宿站，未到公馆，先赴丹达神庙叩谒，尚有从前鞍佩靴子遗迹。晚饭后鹤孙、申五来略谈，遂踏过桥。此水系山内出。蛮房内看山格，一日登顿甚觉乏，且头晕。半阴晴，雪，晚有小雨。

二十日(5月31日) 第二十二站。卯刻发丹达塘，过山根桥，顺左山路行，有云，上有喇嘛庙，甚大，沿窄沙路不盈尺而行，幸不高，过桥，沿右山路而行，虽土道，上大山偏坡路，下临深涧数十丈，觉危险，过此则平坝，亦有山腰路，下有种田。行廿里拉土房内早尖，有汤要将爨子卤泼于灶内即时逃去，可笑。尖后平坝多，间有乱石及涧水，路高偏坡，过高涧大桥至山右。名二道桥。又行四十里边坝塘宿站，鹤孙过谈，山格同住。闻金八云，今日过蛮村有十数家，行路者须穿村而走，离此一里多路，满道行人，听有小孩声喊，乃所放之羊，为豹子下山叼一只，连日山中野兽极多，三数人不敢冒然行路也。半阴晴，早微雨，午小雹。

二十一日(6月1日) 因夫马乏者多，路上竟有背鞍子者，在此歇一日，令王永福找番官说之。午后过鹤孙、申五处谈，送给鹤孙步韵诗。申五由此处喇嘛庙回，庙宇洪阔，其胡图土乃红教，穿汉人衣，满留头，甚奇。王顺前谒，求其挽江卡二个给山格，伊送石块三，给山格一块，云可避邪。王顺到彼叩头，伊竟令坐，闻其最重汉人，且汉人过路有谒之者，多先知之。晴，微阴。

二十二日(6月2日) 第二十三站。卯刻发边坝塘，先走平坝，入山沟，顺山右崖路而行，如翻丹达山，先入山沟，路相仿，更多乱石，出山沟走平坝。廿五里大石包尖站，尖后即上拉子山，实难行，乱石碍桥，其来路如在沙石处开一路，下山过河，不过费一浮桥，可省乱石路七成，下山不难，先平坝复乱石。又行平坝两断，即宿站。行卅里拉孜塘，宿公馆，紧面山涧，水声活活，山极高处有屋一间，为喇嘛坐静之所，似无路可登，甚怪。鹤孙来，送到马竹君信函，并换帖子，与少韩、浙生相等。然革成之人有何效法，令多惭儒而已。外有洋火腿、洋杏仁酒收之，赏其来差四金，酒、腿可备端节之用，一笑。半阴晴。

二十三日(6月3日) 第二十四站。寅刻发拉孜塘，即入山沟，幸路宽，两山壁立，有瓮声，中夹一河，傍河而行，一日如此，其柏树之多，不止万万株，皆作柴烧。将到尖站，淡红、深红、紫色沙石山甚多，迤逦至宿站，其上深绿松柏、浅绿草坝，实在别开生面。行四十里索马拉山根子早尖，忽大风觉冷，尖后即过朔马拉山，甚长，翻九山头，方算下山，中间山顶雪积颇深，殊难行，此道走错，至山顶望见麻密堆，即左转，有新开路甚平整，走至双麻密堆，即归正路，九山头均越过。略比正路远十数里。鹤孙、申五俱由此路而来，余则为塘兵、轿夫所误，可发一笑。又行五十里八里郎宿站，公馆楼上凭栏，便望对山，亦有趣。鹤孙来谈，山格同住。晴，大风。

二十四日(6月4日) 第二十五站。寅刻发八里郎，过门外当面小桥，旋上山，皆松柏乱石路，又行平路，沿山边极长，过山头偏坡路，复入松柏路，其中栋梁之材，不可枚举。行山沟内见开垦之地甚多，大半以松木作栏围之，左手一山满有刺树，均开黄花，如扁豆花形，亦有趣。地名追沟，其实中衣转音。房间两处不多，南通波密，内住即其人。行五十里波密喇嘛庙早尖，四山松柏极多。时北山雷声大作，幸未雨，即在庙后山外。计泉看马鸡一只，白色，比寻常者大，竟不避人。尖后又过一山头，俱系下坡路，松柏尤多，将至宿站，田内大道，用树枝挡之，另开山半活沙路，仅容一脚，伞夫引之，殊可恶。询之，系喇嘛所种，其跋扈可知，众人之畏惧亦可知，令其行田内，伞夫责其四十马棒。又行四十里硕般多，四转房，中为三层楼，作公馆，东山西向，北为营官住。房间宽阔，在楼上系公馆，令营官居之，后为喇嘛庙，系黄教，山格同住。有谓由藏启程，先过富八站，再过穷八站，又过不富不穷八站，俟由察木多启程，下为贼八站，盖乍丫一路，无处不偷东西，可发一笑。半阴晴，风。

二十五日(6月5日) 起时已辰初，觉乏亦渐热。午前后即闻雷声，旋大雨，晚有细雨，此处正求请，想可下慰农望矣。晚饭后过鹤孙处谈诗谈鬼，大有趣。闻张大人有初十日启程赴江孜，行李已发，初九日奉廷寄不准走，又将行李追回，可发一笑。然藏事率尔陈奏，恐前后有所不符矣。阴，大雨。

二十六日(6月6日) 午后申五来略谈，鹤孙来，伊即去，与鹤孙复谈，拿去五排诗一首。阴，时有细雨。

二十七日(6月7日) 昨夜雨，早或雨或雹，山上松根皆有雪。接联建侯信并《柳园记》，少韩、浙生同信，另有少韩信，浙生、慎安、穆笔政道喜帖，多因山格之喜，兼叙别事也。每日看山格两三次，三层楼上有红嘴鸦一窝，每见大鸦啣食来，啣粪去，亦颇爱其子，况人乎。鹤孙接少韩信，有不平之语，本系莫须有，无怪也，且看后日如何耳。晚饭后放赏，夫马已换齐，并踏至门外一看。早雨雹，晚晴。

二十八日(6月8日) 第二十六站。卯刻发硕板多，出塘，即顺山沟水半山路而行，地系平土尚易行，沿路白花似木香，有有刺有无刺者，又紫花似丁香，朵叶皆非，询之无名。将至尖站，路左名传心锁，上有土房及楼。梨树数株，挨路右其下平畴青稞苗才二寸余，房左右绿树绕之，洵乐土也。行卅里穿心站，自帐房茶尖，彼此平坝多矣，且河两岸均种麦田，山多土，松树亦多。又行卅里弱廿余里。至紫陀喇嘛寺宿站，此寺及田地均为第穆胡图克图有，自达赖抄其庙后，据为己有，一年出息不少。早饭后踏至鹤孙、申五处一谈，伊住公馆外，亦寺内房，三层楼上。下微雨一阵。半阴晴，微雨。

二十九日(6月9日) 第二十七站。卯刻发紫陀寺，先平路，涧水甚多，大似川北，俗呼七十二道脚不干，昨尖后今通日均如此，轿夫大难过，上山坡即入云雾中，似飞细雨，乃湿云所致，咫尺人马不辨。行廿五里至铁瓦塘茶尖，即在破屋内，未下帐房。塘兵送韭菜葱蒜等，赏之，不易得也。遂登铁瓦山，可惜群峰麦田，迷不得见，将至山顶，忽日光露出，回望眼底，古谓云海不诬也。又卅里下山，在山根子早尖，自帐房沿途尚有蛮房田地，不枯寂也，见有五色沙堆山，又有一山土成，上生竖石十数块，均奇。又廿五里与前廿五里均不到，通日不过七十里。洛隆宗宿站，公馆尚宽敞，对山有喇嘛寺极大，左为营官寨亦不小。昨夜雨，早浓云未雨，旋晴。

三十日(6月10日) 早起蹲马桶，觉后重不适，凉热不匀所致。午饭后蛮房找鹤孙、申五一谈。牛驮已发，马亦换齐。晴有云，微风。

五月初一日(6月11日) 第二十八站。寅正三发洛隆宗，均走沟路，有平路有乱石路，偏沙路极多，路间遇鹤孙在路左下坡歇息，询之，有石洞，见有前驻藏大臣保泰镌崖诗，钞之，系山下水边路，极难走处。面山临河，因题壁某年月某到此，想边外仅见。行四十里峡龙沟尖站，尖后即乘马上毕奔山，先顺水山崖石路，此为新开者，来时旧路肩舆由此而行，比新路近数里。复行山半，容一马一人而已，廿里不过十五里。山顶松树下等舆到，乘之而行，路虽下仍是山腰，其窄非常，且多乱石拦路，待下山时其陡更难言喻。廿里有廿五里，说有卅里。嘉玉桥宿站，相传嘉玉桥臭虫甚多，鹤孙忘却，待睡醒，觉满身起泡，后变红点，以为误食何物，叠铺盖方知竟有十数枚，既作痒且疼，虽背兜亦有。闻居民每夏日躲于桥上，刻下桥上皆有，真无处可躲也，一笑。在山上行，俯视嘉玉桥，下水系浊流，塘书云，冬十月则变清，春夏秋浊。出山上游与入山下游，中低两边高，似下游可高至丈余，倒流由西往东沿波密。波密外即野人，西江达东洛隆宗，皆联境，甚奇。问塘书，番名甲马温，确无汉名。沿路野花盛开，有野丁香味亦相同，花叶俱小，又有粉红白色者，似丁香花五出，有木本叶如藿香，均不知名，药味沿山甚重，其浓香恐瘴气不可闻。鹤孙过谈，联大人奉部文派王永福为押解官，有札，山格同住。晴，风。

初二日（6月12日） 第二十九站。寅正发嘉玉桥，桥修甚坚固，向有番官在此抽攒招经费，每朝佛人出入哈达一根，藏钱一文，可成巨款，桥上有木房，晚即锁上，除公文开往可开，防偷漏也。过桥后顺河行，北岸小野花甚多，遂上山，颇费力，牛拉牵，在右山泉一道，极旺，平地亦有出泉处，上麻密山，如一大石屏，盘旋凿道而行，甚险阻，极高，过山顺窄道活沙路而下，亦险。行四十里麻密寨早尖，在账房遇鹤孙等分马略谈，伊先走。此处红沙山最多。尖后遂上马达山，虽陡险，比早差强，活沙路如故，此山松柏树极多，有大者。行四十里过瓦合寨，即来时住处。鹤孙诸人住此，瓦合塘房无多。顺河而行，复翻疙瘩山，松柏亦有，行二十里瓦合塘宿站，即在翊化将军庙本朝衣冠，匾对甚多。先行礼，在东房住，山格亦在此，鹤孙有木刻记一横额已悬挂，民户才有十七人。晴甚热，晚小雨，略爽。

初三日（6月13日） 第三十站。寅初二即发瓦合塘，天微明行二刻，天大明翻瓦合山，无雪无风，神佛庇佑，过山数架，统名瓦合，无别名。路左山上有石如帐房，三角形中空，甚奇，似此者不少，亦有圆扁形，亦中空，皆可作石室用。惜近处数十里无人烟，四山望之，均有积雪，大道则无。惟过一小河，冰尚厚，有雪可踏而过。行六十里牛粪沟早尖，尖后即上山，沿路五色子孙石，黑色白粗细纹石，如大理成花者甚多，均可作盆玩，且有石含朱沙色者，惜无人能载之者。下山复上山，名锡玛拉，红石多，四山五色斑斓，然多不生草木，下此山甚陡，多活沙，颇险，一日之间，活沙偏坡路极长，人有戒心，入山沟有积冰雪处。行四十里恩达塘茶尖，兵与烧水者赏之，出山沟行大平坝，两边山均有松柏，山茶花甚多，夹于其内，沟中亦然，临河沙偏坡路，直至恩达寨宿站。到蛮房看山格，类巫齐喇嘛送如来二尊，财神一尊，赏之，余皮张退还，游击送羊退还，收面，赏其兵丁，外委送青菜收之，旧日之戈什哈胡永吉，番汉俱见。晴，微风，午后热。

初四日(6 月 14 日) 起甚晚，连日程途不近，上下人口皆乏，休息一日，算至察木多在端节后二日，免许多酬应，主客皆便。午后鹤孙过谈，在瓦合山涧水内捡得石子数枚，大有趣，余留其二枚，落日前带徐联升、田(得)[德]赴右边坡下河旁，亦捡石十数枚。晚饭后发赏，类巫齐头人戴顶，不知为贵贱，且穿黄褂，可笑。今日始换小袷袄、袷裤、棉套裤，昨日过瓦合山，尚重裘不暖，明日宿站，方换大棉袄。晴。

初五日(6 月 15 日) 第卅一站。卯刻发恩达寨，下坡过桥走山边路，旋上山走山腰路，乱石甚多，松柏野花各树皆碍路，有白花五瓣似梅，有绿叶少差，草本黄花似草决明，下山平坝，耕种山田者甚多，山作红色。行卅里，娑罗坝子蛮房内早尖，换夫马颇为驯顺，俟换齐即行，路左半山有喇嘛寺，房不少，乃类巫齐所修。又行平坝，过一大木桥，顺山左而行，名渠萨巴，乃新桥二字，桥于去路有门，修甚坚固，沿路田地甚多，蛮庄有挨大路，有不挨大路者亦不少。行廿里弱，纳贡公馆宿站，差弁、家人、舆夫来叩节喜。晚饭后鹤孙、申五来拜节，声明不能前往，祈恕之。头作痛，系受热所致，服万应锭。甚热，晴。

初六日(6 月 16 日) 第卅二站。寅刻发纳贡，先行平坝，望郭角山石作淡灰色，加以淡黄土色，凡山络处均长松树，直且高，真一幅著色极好山景，遂上之，路多乱石，坡亦直，牛拉纤费力，下山偏窄路多，觉陡险。卅五里或云四十。各央又名烟东却。茶尖，自下帐房，因舆夫向系自备粥饼食之，不得不暂停，对面松山有雀声甚大，细看松根下有数只鹁鸽，大毛如鹌鹑，名松鸡，可食，内地未见也。复行偏窄路十五里或云廿。郭角塘尖站，在屋内记来时即尖此喝奶子，尖后路有宽者，有近田处麦苗比上路略长，山花亦遍开，是以天热。又行廿里浪荡沟宿站，一日之中过木桥多座，尚结实。公馆乃新盖，仍旧地旧样，窗可支，放床有隔扇，自由藏启程，此为第一处，山格同住。因李幼文粮务方懃。送席一桌，约鹤孙、申五同享，申五先走，鹤孙又谈。晴，午后风。

初七日(6月17日) 第卅三站。寅刻发浪荡沟，或顺山边、河边、田边大半窄路而行，且有浇麦水沟溢出山水多处，天旱之过也。翻小石山数道，颇难行。四十里卧洛桥早尖，桥甚坚固，似嘉玉桥略小，下乃浊水，大半边外清水平、浊水狂。自下帐房，一伙番男女看吃饭，殊可笑。山格亦在此，众皆看之。尖后仍行窄路，亦有平坝，顺河有红石小山，名通噶顶，甚不好走，路左石上爬一喇嘛，询之，乃阿角娃，乍丫人，因朝佛而回，竟故于此。记来时走瓦合路死一阿尼子，因风咽此，于察木多路死一喇嘛，番人之信佛，真性命不顾也。又十里小恩达副仓储巴下帐房跪迎，下轿茶尖，与来时备办一样，略坐，帐房甚热，遂又行。廿里察木多宿站，仍在公馆。粮员李方懃、游击陈大顺皆有差而去，千把来见，山上送礼物、马料、干牛羊肉，收之，俟重赏之，粮员送菜，却之，均自备，山格同住。公馆悬对联一，其文："喜莺舌嫩随他骂，爱柳腰柔听尔狂。"话似郑板桥，字则非也。晴，觉热。

初八日(6月18日) 早起觉凉。巳刻即热，山格头上皆见汗，换袷衣者多。午后鹤孙、申五来略谈，找得薄棉袷单衣，俟启程，只有早走，过午恐无益。晚饭后在院坐，见月被云朦，或可雨，屋内热气似北方。晴。

初九日(6月19日) 早鹤孙过谈，将回差舆夫等各赏银二两，家人老黄、添财等亦二两。午初二刻，余敬赴文昌宫，因来时梦先兄在帝君旁行装未冠，示以如意一柄，到藏均为平安，洋人竟未毁庙宇人户，是以敬悬匾一方，文曰"帝恩显示"，匾甚大，木匠等赏之。山格亦于午刻薙胎头，薙后方知顶后项上有红记两块，先为发盖看不出，并其十指甚长。未刻后细雨一阵，热稍减，出西门至蛮楼找鹤孙一谈，所居可看山兼看云南河，比公馆强多。半阴，细雨。

初十日(6 月 20 日) 午后鹤孙来，适假寐而去，连日甚燥。晚饭后至观音阁瞻仰，见有三处灯杆，土城内外竖之。为仓储巴所立，不可解。回时下雨。阴雨。

十一日(6 月 21 日) 昨夜微雨，将明大雨。午后鹤孙来谈，拉来青马一匹，甚好，劝其留用，不过卅九金。晚饭后出门一踏，回时大雨。微晴，阴雨。

十二日(6 月 22 日) 早起天较热，午后找鹤孙小楼一谈，交给致联大人信一封，写初十日，有底。给少韩、浙生同信一封，写初九日，有底，签写少韩一人，给浙生、慎安覆帖一封，德生穆笔政覆贴一封，均交少韩，在彼坐时下小雨一阵。晚饭后至四川河岸一踏，捡绿小石子数块。半阴晴，小雨。

十三日(6 月 23 日) 关帝庙唱戏，昨日千总孙光远等具手本来请，因回差戏在此曾经领教过，万难再听，未去。闻系扎拉荪、李文陞闅起，无人去听也，可发一笑。午间鹤孙过谈。晚饭后出西门至云南桥岸上一踏，捡石子，得一绿地白菊花带流水小石，颇好，太极图绛色小石一，略似。半阴晴，落数点雨。

十四日(6 月 24 日) 天微明，蹲马桶。写一日信底，颇热，询之，此地向不如此热，皆因少雨之过。晚饭后找鹤孙一谈，将菊花石请其看，以为甚奇。晚看月光如一层黄晕，内淡外浓，外有雾光甚大，东南一星极亮有芒，不可解。半阴晴，落数点雨。

十五日(6 月 25 日) 早千把等道望日喜，未见。前藏粮务乔少林大令迁彩，甘肃人，由川赴任，便衣会之，人颇明白，谈川省街市大更改，服洋服者已有三成，想京城亦必大改。天甚热，写信底觉眼昏。晚饭后鹤孙来谈，即便衣回拜乔少林。晴，热。

十六日(6 月 26 日) 写信一日，午少热，晚觉少凉，云满起尚薄，落数点雨。晚饭前鹤孙来谈，伊至山上庙内一看，有释迦佛心、佛牙，有千手观音一尊，不知系某世所留，无可考。半阴晴。

十七日(6月27日) 发家信一封，略叙四月初五日寄信，想收到。今已到察木多，十八日起身东去，已走卅三站，山格系皮包生，马上抱惯，结实，哭声大，托余六老爷带此信，不必写回信。等语。又给仲路六弟写正信，再启密启各一封，有存底，俱交鹤孙。家信封入其府报，仲路信交乔英甫寄京。晚饭后分驮只，分马，分名粮，灯后发赏耗。早晚凉，午热晴，风不大。

十八日(6月28日) 第卅四站。卯初刻发察木多，乔少林送上轿，回走过大木桥，顺走阎王编八里，副仓储巴在当臧痛帐房茶尖叩送。又行廿二里柳林子蛮房楼上茶尖，来时在此。系千总备，遂用牛马纤翻猛卜又作普。山，上则盘道多，下则陡坡活沙，甚险，山中野花颇多，不知名，未翻山，青稞已有穗，翻山后无穗。天时冷暖可知，昨两袷尚热，用扇，今日两袷两棉。又卅里猛普塘宿站，食午饭后步访鹤孙痛谈，伊在东南蛮楼上，住公馆正西，离其有二里余，山格同住。半阴晴。

十九日(6月29日) 第卅五站。卯正二刻发猛普塘，昨夜大雨，起身时大雾，对面山不远皆看不出，行十里余方见山，田地房间俱有，又一风景也。翻数山皆谓之土坡，半路觉凉，又添紧身三棉两袷一单，遍路野花，有似梅花，绿叶红豆黄白花相间，大似金银花，有浅藕色花似藤罗而小，亦有黄的似藿香，木本无花者甚多，又有如丁香紫红色极小，草本中有攒生十数茎，头上一花如红绣球，俱不知名。行卅里日木统茶尖，有金八认识丫头，送奶茶，赏之，可发一笑。此日多行山内右河左山腰路，路乃石沙都有，将到宿站，上极陡土山，亦谓之坡。又卅里包墩塘宿站。午饭后至蛮房看山格，回公馆，鹤孙、申五过谈。连日右山多大小路，系通云南省路途。早阴，雾，晚晴。

二十日(6月30日) 第卅六站。寅正发包墩，顺麦田而行不远，山路虽乱石多，幸路宽，土山在右多，遍山野花有如十姊妹，长枝结红豆，惟一色白，一山皆满，大有趣。对面山石乃黑白相间，水沟则乱石，紫色似端砚，黑白石似大理，先看灰色山，转大沙坡，平陡，左下相连，即窟窿山，有松柏者，有各色花，黄蓝野菊，加以红色极艳，如牵牛花，随地黄，木本花如铃铛，均不知名，窟窿山为天下未有之奇。余谓道之险无过阿阑多，至甲贡，景至奇无过巴贡。至包墩行卅里，窟窿山根子茶尖，细看石包上一层绿苔，上长无数各色小花，五出者多，似洋玻璃内烧成者，亦一奇。塘兵备，赏之，天极冷，两袷两棉一珍珠毛不暖，可谓五月披裘，不知严濑如何，一笑。石山过乃土山，多松树，翻过又谓之坡。廿五里大河沟早尖，当下雨一阵，翻巴贡山，道尚平宽，流沙多，下山陡，幸不远顺河边山腰路。又廿五里巴贡塘宿站，新公馆无窗，开天窗，山格同住。鹤孙过谈，又小雨，至河边捡石子数小块，无成形者。半阴晴，雨。

二十一日(7 月 1 日) 第卅七站。卯刻发巴贡塘，昨夜雨，天将明尤大，起身后，路中细雨，沿山半田边而行，或上或下多窄路，并两石夹路，田中而行，此边外即呼为平路，石脚少也。行十五里塘下帐房归巴贡。茶尖，舆夫应有粥饼，不意塘兵跑去，可发一笑。此地名章巴寺，过大桥右岸行。又廿里过大桥左岸行吉利寺，归王卡塘，塘兵备，自下帐房茶尖，闻回差云，安仁山成至吉利寺桥，轿甫过桥，为山水打去，竟丧人不少。尖后上土坡。又十五里先过上王卡至王卡塘宿站，沿途无景可记，到站，乍丫仓储巴遣头人送观音佛一尊，余皮张、马料等退回，伊长跪不起，总以保住黄教感恩为词，万不容辞，只得重赏之，此物定均。红顶金漆帽，已六十一岁矣。买雪猴子四十对，洋二文。雪茶三桶，洋三文。可送礼，不值一笑。半阴晴，细雨。

二十二日(7 月 2 日) 第卅八站。卯刻发王卡，行田中乱石路，过桥又乱石路，上半山行廿里弱，至老龙沟茶尖，翻王卡山，仍行来时旧路，下山活沙路极陡。见纤夫寻大黄食之，余亦略尝，其酸无比，食后满口作大黄气，殊可笑。又行卅里强，至噶噶蛮楼上早尖，等分夫马。又行十五里，山边、水边、田边皆在窄路，至昂地宿站，来时蛮佛楼住。似山势迤逦低矣。过鹤孙处蛮楼上。谈。伊拣一石作葫芦形，白色条围中上有圆台。微雨，山格同住。今日鹤孙所乘驿马，乃夹坝之物，上山下山，皆不顺正路，由旁飞奔，遇山沟即想入去，将手勒紫，痛快非常，伊谓骑夹坝马，上独木梯，可以作贼矣，可发一笑。半阴，微雨。

二十三日(7月3日) 第卅九站。寅刻发昂地，沿山半平坝行，甚凉，涧水尚有冰积雪者。行廿里弱，至大水沟茶尖，塘兵备，赏之。遂翻昂地山，道上石路少，土路、沙路多，上山下山，路皆不短，笨喇嘛金川人，诸事不了了，可笑。得雪莲一把，葵色甚艳。又卅里强，雨散，自下帐房尖站，分夫马，行田边、山边，河内乾石、中石，乃各色俱有。又廿里弱乍丫宿站，在守备署，李柱臣玉亭。系前任，舒荣廷殿元。系现任，皆往迎接。鹤孙、申五过谈。山格同住此。晚饭后约舒荣廷来，痛谈。阴，有雨不大。

二十四日(7月4日) 第四十站。寅刻发乍丫，顺田中石路而行，过桥上山，半路下山，山脚右临河窄路走，昨日水甚佳。询之，昂地山泉，今日水亦好。行卅里大桥茶尖，旁有柳林，来路山半人家飞来柳絮入轿，内地三月杨花，此处竟至五月底。过大桥，顺山边田边，或河滩内，今年雨水，河未长水，不然一片汪洋。又行卅里洛加宗宿站，换夫马。早饭后带徐联升至下坡河套拣石子，无细的，粗者多。鹤孙来痛谈。山格同住此。半阴晴。

二十五日(7月5日) 第四十一站。卯刻发洛家宗，在河套田边尚易行，翻贡角山，土道不高险。行卅五里夹坝沟，自下帐房早尖，甚凉，三棉不暖，换珍珠毛马褂，饮烧酒少暖，遂翻肯达山，亦系土路，不高险，下山即过肯达河，水到马膝，如过小河。闻此河藏内有名者，夏日水极狂，延大臣、茂。安大臣成。皆用牛堵上游，肩舆方过，水尚及胸间，马立足不住，竟有人马同打去者，危险如此。今夏日实蒙天佛显佑，敬感实深，过河前行多土坝。又行卅里塘备茶尖，名头道坪，过二道坪，又十里至阿足泛公馆宿站。至蛮房看山格，鹤孙过谈，今日路甚平，放炮三次，古语失事反在坦途，不虚也，一笑。半阴晴。

二十六日(7月6日) 第四十二站。寅刻发阿足汛塘，大平坝行入山沟，翻两山对立，中有凹涧一大断，右山半土堆上刻番字石，乃乍丫、江卡分界处，在边外仅见。路多石尚宽，亦不高，见有黑牛毛帐房，羊以千计，牛马数百计，乃乍丫娃头戴红箍者逐水草牧放，各样奶皆挤，可作酥油，以此为生。行四十里驴驴坪尖站，复行石脚路多，一日如此。又行廿里弱，似十五里不到。石板沟宿站，对山临河公馆，为裕子维都护所修，山格同住，过蛮楼，鹤孙、申五谈，上独木梯。沿路野花甚多，有深藕色铃铛花，不知名，明日又见葵色者，前记粉红草本如绣球者，今见有黄色者。有粉色红色相似，均草本，有木本作小铃铛花，黄花似水桂，半山青苔喇嘛铲出番经字，亦有趣。阴，小雨，山风。

二十七日(7月7日) 第四十三站。卯刻发石板沟，走昨日来路一里余，入山沟窄路上下行，过马鞍山，甚小，复行山上平坝一大断，翻汤那山、热长山，似相连，中有草坝皆不算难行，即有丫头送酡、糌粑、酸奶子，乃施舍大众修好之意，舆夫以汉语閧之，番子以藏语閧之，彼皆不知，彼所知者，麻盖语也。由打箭炉至藏六七种蛮语，惟麻盖大差，然沿途番民多通藏语，似官话然。行卅五里至纳耳塘，有小帐房，询李永胜，据云红教喇嘛求雨过，不远，后面知之乃此处番民所备，意在讨赏，又无头人告明，因下舆步行，至小帐房略坐，赏之，殊可笑。又行十五里高涧槽早尖，住户不少，男女老幼皆来看吃饭，翻由拉山，道多土，河套有石难行。又卅里梨树塘宿站，公馆已歪，在上坡蛮房三层楼上住，开窗对山，甚得景。将到宿站七八里，遇雨一阵，山格同住，主人送核桃、干杏等，拟重酬之。昨夜大雨，公馆房大漏，今日又打雷下雨。麦田数日内有出穗有未出者，播种有早晚之故，然皆旱。半阴晴，雨。

二十八日(7月8日) 第四十四站。卯刻发梨树塘，沿田边行，翻梨树山，连剪子湾，虽走山腰路，尚宽，仅多石，似可作砚材。行五十五里，大坝子早尖，天极凉，皮衣仍冷，此处竟有尖站行台，屋已(陈)[沉]下，极矮，盖年久无人修理也。又十五里蛮卡子，自下帐房茶尖，左山外即三崖野番，每年夏日防其出巢，多在此地，尖后多行平坝，数处水草颇美，牧放牛羊黑帐房不少，山上松树下可耕田，惜近三崖住户无多。又卅里弱江卡宿站，形势甚佳，公馆外人户不少，山上有小喇嘛寺，一日极大风且冷。宿站更著名多风，盖平坝四围皆山之过，今日小暑比冬日尚强。山格同住，晚饭后过鹤孙处略谈。半阴晴，风。

二十九日(7月9日) 因天气冷暖不时，道路平险无定，人困马乏，拟在此休息两日。午后鹤孙过谈，驻防江卡马洪乔守戎，绍麟。炉城人，自书自撰一联，贴于抱厦前柱，云："宠辱不惊，始见丈夫度量；进退有节，方成豪杰胸襟。"意在相赠，未免对之有愧。然生长边地，且膺武弁，能如此盖不多睹，系在提标下为马介堂军门识拔，与军门同历西域教，年已六旬，字虽不高，尚不俗，如书房中学人所书，亦奇，或寿征耶。早至昭忠祠一看，内供德政牌、兵丁牌，且有先兄灵牌，尤可笑。旁为武圣宫，敬谒行礼，后大杨树。晴，风。

六月初一日(7月10日) 早起觉凉，昨晚亦然，午后热，早赴鹤孙处谈，因在彼同吃早饭。马虹桥送来双款对联一付，亦送鹤孙双款对联一付，夫马驮只分齐，约马虹桥来谈，发赏耗后用晚饭，上数站多用，晚饭后发赏耗。晴，微风。

初二日(7月11日) 第四十五站。卯刻发江卡汛，走平坝数断，麻密堆甚多。行廿五里布东塘，自下帐房茶尖。四山均有松柏树，下多刺树，又名油柞子，沿路虽有，不如此处之高大，无一株成材者，皆作弯曲形，均堪入画。平坡一片粉红绣球花，一道小河，顺路多山，涧水归之，颇成点缀。又廿五里普拉塘宿站，公馆三间，屋往后闪，可危之至，山格同住，此处房屋无多，众人或远或近而住，鹤孙在高坡住，特过痛谈。买三七一斤，有红色者，一文半洋钱。早极凉，晴，风。

初三日(7月12日) 第四十六站。卯刻发普拉塘，先走田边，遂上普拉山，道尚宽，松柏极多，杂树亦有，穿之而行，路左涧下麦田多方，涧水绕之在山中间，看其后众山乱叠，均有树木，殊觉幽雅。其可开垦盖房处颇多，此山甚长，临下山有石燕如龙洞，然不甚真，多模糊，又有石小蛤蜊，均有趣。行卌里古树塘尖站，即在普拉山下，有公馆，前有大杨树，小河围绕，尖后山畔田边行，遂上古树山，觉微陡，不甚长。与普拉山无异，树木亦多，由山间看远山，竟有积雪，是以珠毛皮袄、小毛马褂不热。下山多行田边间地，野花甚多，五色俱备。又卅里弱，南墩塘公馆宿站，房间虽破，比昨日歪闪者强多。鹤孙送石燕，留其两枚，计泉、穆滨、徐联升已送到十八枚，计泉送小蛤蜊，自拣。鹤孙大谈。至街上一踏，谒关帝庙行礼，至石佛喇嘛庙瞻仰，山格同住。晴，风。

初四日(7 月 13 日) 第四十七站。卯刻发南墩塘，山边田旁皆有路行，迤逦上宁静山，下坡甚陡，山根下巴木塘茶尖，塘兵叩谒。看山势不枯，田畴颇佳，南通云南，北德盖，东川省，西藏地应设雄镇方是，界碑竟未见，与麻密堆相混，殊非是，以上卅里。又十五里莽岭，蛮楼上尖站，分夫马颇等时候，与鹤孙谈两次，似诸人皆走，伻剩驮只，留王永福、程林料理。遂行，先平坝后入杂树山沟，甚窄，涧水雷鸣，路宽处亦有高低不一，石如大理，有桌子大者，四面圆方形。又卅五里空子顶宿站，田多山不枯，风景亦佳，仍住来时蛮楼上，询其房主，因作人未满众意，呼为汉奸，将其斩之，巴塘之故也，全家已无人，女儿皆发去，只有一瞎妇人，现在山沟内。山格同住。半阴晴，风。

初五日(7 月 14 日) 第四十八站。卯刻发空子岭，翻土坡，入山沟，涧水作雷鸣，山底窄路行，过涧水数次，野花怪石甚多，出山平道荆棘多，过达噶山，核桃满树，亦有杏树，过达噶山后，即闻蝉声，与内地不同，形象亦差，甚小，不怕人，可以落人身上，藏内生未知内地者，皆以为奇，藏中无此物也。青稞已收割，将种谷子，与空子顶大相径庭，彼处麦田尚未秀穗。行卅五里或云四十。贡拉尖站，自下帐房，未尖前走极险山腰路，鹦哥嘴步行。即见金沙江，尖后沿金沙江而行，有山腰极窄路，乱石路、刺树路甚难行，尖站等名粮许久，适午间穿四袷甚热。又行卅五里或云四十。竹巴笼宿站，过塔门，木船渡金沙江右岸，江甚宽，有石处波涛甚壮，作雷鸣，与来时大不同，前坐沙滩已没于水，道路与前走江边今走山上远多，山格同住。自江达即见苍蝇不少，此地尤多。闲至金沙江畔捡石子，鹤孙亦来同捡之。伊得天马行空石，余得似不全字石。晴，风。

初六日(7月15日) 第四十九站。卯刻发竹巴笼，仍沿江而行，山脚路、山腰路均有，比昨日道宽，系大道，有刺树碍之，将至尖站，冬日所行之路全没于江，须上山让麦田，近日开垦处颇多。行五十里牛古渡，旧日蛮楼上尖站，复走山腰路，翻茶树山，路甚长，下视金沙江，至山顶视之不见，即下坡甚陡。至茶园上路，停舆小溪旁名浪洛曲喜。饮茶，遂行田旁人家，庙宇打毁者多，路尚易行，麦子有未割者，一片黄云在青山白水外，颇得景，过桃园遇阵雨，所谓茶园桃园并无茶桃，徒有其名耳，看丁零寺已剩墙垣而已。行四十里巴塘宿站，在马军门、赵护院素住公馆内，颇洁净，山格同住。会客许久，甚热。路中又得汤汤青。回差呼还魂草。半阴晴，阵雨。

初七日(7月16日) 在此拟休息数日，粮食亦不继，且闻里塘驮只尚未前进。早雨较凉爽，午后戴申五过谈，闻鹤孙昨早赴江边拣石，腿为风吹，觉酸软，晚间遣人去看。吴聘斋来痛谈，伊为涞水人，居乡，离易州卅里，同为易州属，可谓近同乡矣。晚复雨。闻此处菜、面无一不贵，洋元三钱五折四嘴，比藏中尤难，房钱每人三分一日，不论间数。半阴晴，雨。

初八日(7月17日) 午后余鹤孙来谈，询其腿已好，乃江风所致。忆余幼时在川江为风所吹，亦害腿疼数年，江风殊可畏也。此处麦已熟，在房上用连(架)[枷]打之，男女歌声相和，别有风趣。不过满街飏麦糠，无场院。早曾至清真寺一看，马介堂军门所修，余曾捐款，已高高悬匾，甚可笑。晴，热。

初九日(7月18日) 午后过鹤孙蛮楼上一谈，遇申五在座，鹤孙已与前粮务晤吴聘斋，大赞其精明强干，张少堂种种笑话，非楮墨所能尽述，与申五乐得肚肠痛，真是天地大而怪物多。里塘粮台熊君来电，前拨驮只于廿六日已前行，约可至炉厅，问此拨驮只用若干？

已由鹤孙开明数目电覆，大约此处夫马尚须候数日。院内有一大棵梨树，已结实。阴，朝至晚雨，夕住。

初十日(7月19日) 无事闲坐，得诗数首。早阴雨大小不等，直下一日，午后吴聘斋、王德斋均过谈，夫马之事多仗聘斋在彼与其头人交派，张粮务不甚了了也，吴、王二君先走，鹤孙复谈。阴，大雨。

十一日(7月20日) 此处雅州桃片一洋钱两包，如云片糕，贵极，甚甜，番子必爱吃也。午后至关帝庙叩谒，仍与来时无异，新悬匾数块，有马介堂军门、吴聘斋直刺。旁院葡萄架挨种一橘子树，均结实累累，南北方俱少见也。然两物皆酸。吴直刺云：酸葡萄可煮黏黍埋根下，数年可变甜。街道活水沟甚多，回寓张少堂来痛谈。晚饭后吴聘斋来痛谈，并给山格帽兜鞋袜，不容辞。晴。

十二日(7月21日) 早鹤孙处送来王瓜数条，乃山南所种，此处尚未有，食之觉香美异常，盖五年未见，藏中偶一年有之，老而无味，不似王瓜，亦怪也。午后鹤孙来，谢之，谈及此处友朋情谊颇厚，不以成败待人，连日竟有约饭者，杯酒之间均相得，或离内地近，局面开展耶，一笑。晴，小雨一阵。

十三日(7月22日) 午后至街前一踏，南有河，水势较大，必是上游有雨。惟街道污秽非常，若不填以石，路竟无下脚处。现有杂货铺数处，足征渐进丰盛。转至鹤孙处，登楼一谈，遇申五，段云逵孝廉鹏瑞。亦来谈，因早间送扇子一柄令书，许以带往炉城，必交卷。南街外有柳枹槐，亦为一景。灯后雷雨，晴。

十四日(7月23日) 此处天时忽凉忽热，午后山格抱来，已知笑，热时闹，凉时睡，亦似有知识。正薙头时，闻雷声未见雨，似别方有雨，远山云甚浓。晚饭后鹤孙过谈，伊则连日赴约，颇不适。半阴晴。

十五日(7月24日) 早诸君来道望日喜，俱挡驾。昨日夜雨，今日早雨，明日不能成行矣。晚饭前鹤孙过谈，又送王瓜数条，吴聘斋来谈，送菜三筐，乃自园所种，谢之。早雨，晚晴。

十六日(7月25日) 午后分驮只，将毛牛进院，箱笼绑去，然一片声喧，殊聒耳。能办事者，必不叫嚷，此番子本来面目也，一笑。晚饭后聘斋、德斋便衣来话别。灯后本欲发赏耗，因分马并名粮未齐。云逵、少堂亦来话别。半阴晴。

十七日(7月26日) 第五十站。辰刻发巴塘，因分马及名粮并发赏耗，是以稍迟出来，先走石墁路，吴、张二粮务面送，勇队谢赏，众塘兵谢赏。行不远，即入山沟，水声如雷，对谈须大嚷，方可听真。五里有"为国损躯"石刻，乃聚葬巴塘殉难兵勇处，不远至鹦哥嘴山石刻"凤都护殉节处"，为马介堂军门所书，两处皆看之，惨然，真天命当如此，汉番皆丧生不少。又廿五里至小坝冲早尖，去时冬日，可在山下涧边走，此时须走山腰路，较远十里，路中折得杏子数枚，山中野生者，其苦涩酸，异乎寻常，尖后上高山，半路水声较远，沿途大木倒下，须下舆方得过。路中汉番皆不经理，竟无人过问，反不如藏属各地，番人办理也。路中遇大雨一阵，山路颇滑，幸不甚窄，将到宿站，水声又大响，盖路与水近之故。又卅里多，云四十里不到，多则卅五里。奔察木宿站新修公馆住，门窗户壁皆未有，甚冷，又阵雨，屋已先漏，但盼莫再下，一笑。阴雨，微晴。

十八日(7月27日) 第五十一站。卯刻发奔察木，昨夜雨，帐箸皆湿，满地均水，山格卧处，竟未漏，可谓运气好，一笑。闻此处已雨七八日，大琐塘现令喇嘛求晴。家人等半夜未睡，早发幸阴而未雨，出门即走松柏杂树林内，横木石块皆有，且当路便是山水沟，涧下水声如雷，将出林，左有大石块，此处曾开仗。刻"雄关"二字，马介堂军门所书。遂行乱石碎石中，无树木，即翻大琐山，下坡甚陡，幸不远得平坝，有牛厂，行四十五里停舆饮茶，无处可作尖站，左右路均有积水大坑，谓之乾海子，尖后，三袷一棉一中毛皮尚凉，远望对面山有积雪，并出冻云。又行乱石水路入山沟，水声又如雷鸣，杂树极多，然山花如锦，甚可爱，惜不知名。行廿五里大琐塘宿站，在来时民房内，公馆修而未齐，此处灰黄山大似窟窿山，不及其雄秀耳。看山格两次，未同住，过鹤孙处遇申五痛谈。鹤孙处有一红教喇嘛，在彼焚香念经求晴，夜间大雨，添财问其求晴何以有雨？伊云夜间睡着未念经，是以有雨。然说此未免强词，自己亦笑，非添财小孩不好责之，其窘万状，鹤孙谈此，因大笑。半阴晴，风，细雨一阵。

十九日(7月28日) 第五十二站。辰刻发大琐塘，昨夜雨，帐内滴水，蛮房亦漏，早仍雨，待辰刻方住。行草坝中，四围皆松柏山，过大小桥数道，直至尖站，如行图画中，甚为娱目，惟天较凉，种田殊不易，花木满路，似相宜者种之，亦未必不生也。行卅五里松林口尖站，沿途临水，此处尤觉山水得宜，颇幽静可爱，适鹤孙经过，约其至帐房看山景，吃馒头闲谈，非边外无此乐也。遂入松林乱石路，甚长，翻三坝山，不高，路右水旁有积冰处，下山行平坝，不如前半路四围枯山多矣，然比拉萨尚强，有草及矮树，远看四时不化，雪山高入云表，三日皆绕此山行。又四十里弱不过卅五里。三坝塘宿站，新修公馆内门窗已安，未糊纸甚凉，对山有蓝花数片，不知名，惜房无多，住帐房在外。路遇雨，晚又大雨，山格同住。一日忽阴忽晴，雨有大小。

二十日(7月29日) 第五十三站。卯刻发三坝塘，过小桥复过一大桥，桥路上下皆水，河无名，番语亦不一。抬杆而过，水及马腹，据番子云，前数日尚及人胸，此已略退，沿河而行，穿林走窄路，河至下游，左右大小涧水均归之，其声如雷，波涛汹涌，竟将水溢于岸上，复抬杆两次，有山腰极窄，乱石处步行两次，上大土坡，乱石路下，后走乱水路。行六十里二郎湾，自下帐房早尖，有营盘二处，为马军门所筑，尖后走平坝，大黄甚多，叶如美人蕉，昨见中干开花，如葵色，紫黄白野菊极多，花比内地大。翻山一座，路甚长，虽不高险，询之无名，过山后有极窄路一断，至平坝麻密堆新旧皆有，令人数之，总在二百余，言人人殊，闻其向来如此，亦怪事也。复走乱石路，过桥翻山一座，略小亦无名，下时窄处多，下水沟，踏水过处亦不少。又行六十里喇嘛垭宿站，仍前蛮楼，上独木梯，山格同住。到时将点灯，颇觉困顿，里塘熊仲卿粮务廷旌，云南人。遣役迎。一日忽雨忽晴，雨大小不一。

二十一日(7月30日) 早鹤孙过谈,不知余不走,若走则以后行李更难保矣。渠铺盖已发,只得住头塘,明日托其到里塘,拟借守备署暂住。练军哨长任百胜,安徽凤阳府人,来两次,因昨日下山沟时已黑,下雨,将酒箱割去一只,令其访查,公然在山石下得着,伊问讯为赶驮者所窃,请即正法,余不准,恐有不实不尽,盖别有所闻,令责之,警其不小心,拿来箱只,练勇、番头目均赏之,将高玉贵找来申饬,令其嘱咐各押驮者,不可大意。半阴晴,阵雨。

二十二日(7月31日) 第五十四站。卯刻发喇嘛垭,先路在河左,任哨长率勇送,赏之。过桥行山右沟内,闻鹤孙云,此沟名虎皮沟,桥右马多没水,离桥数丈,俗名海眼,曾有人误涉,人马皆无,行路者不可不知。松柏杂树甚多,野花亦遍山,忽渡河左,又复河右,桥有无不定,竟有在水内行时,乱石亦多。出山廿五里拉尔塘尖站,自下帐房,挨塘房已盖公馆,轿夫煮熟饭并锅落在河内,顺水而去,饭碗皆无,或笑或怒,无法可施,只得挨饿当差而已。尖后遂上山,树木亦有极大者,旁临深涧或水冲道,此山不知名,翻过即翻乾海子山,行乾海子,此处树木少乱石多,且有大石如屋,路右一石以两石架之,其险万状,闻此地夹坝甚多,大石后可隐五六人,行路者戒之。闻裕子维出藏,见乱伤死人三,即前日商人为夹坝所害。行四十里乾海子边,在舆茶尖,复上山,平坝无多,又行乱石内。下山行卅五里,头塘宿站,仅剩破屋三间,本来房无多,左右皆塌,与山格同住一屋,以布围截之,殊可笑。房上落黑灰,满桌皆是。忽阴晴,落大小雨数阵,后落冷雨,凉。

二十三日(8月1日) 第五十五站。卯刻发头塘,大雾。与昨后半日所行之路相等,乱石水沟甚多,山坡翻过即大平坝,下坡易行。卅里至大桥,自下帐房茶尖,甚冷如初冬,来时蛮房外茶尖,房已倒塌,仅有墙垣数堵,尖后过桥,其危险与来时等,复走平坝,皆易行,入山沟乱石虽有,大者少。过热水塘,有蛮房可往洗浴,或云硫磺气过重,有喇嘛寺遣喇嘛来迎,过河翻数土梁,行大平坝,上微坡,里塘守备署宿站,此又卅里强。张孝侯观察,俊生。安徽人,熊种青粮务闻鹤孙云，熊种青当巴塘乱时，此处备办马牛颇难，上游责成甚重，伊供马牛神两牌，一为五花使者，一为一元天尊，盖皆有所指(已)[矣]，可笑。复作一联云："将军空画汝，老子要骑他。"横为"呼之欲出"，乃取呼牛亦可，呼马亦可之意，尤可笑。下帐房迎接，旋孝侯观察来会，痛谈，种青大令亦来会，现补富顺县。饭后鹤孙过谈，刘亚崛耀坤观察其号日本所赠，曾至日本游历。来会，四川人，现办开垦矿务各事，孝侯观察系统领川边新军，里塘喇嘛来叩谒。晚因种青送席，在川省曾识，不能辞，约鹤孙同享。半阴晴，阵小雨。

二十四日(8月2日) 夫马未齐，只得候之，熊仲卿又送食物，却之。午饭后约来一谈，人甚稳练，议论时事，深得要领。半阴晴，晚雨。

二十五日(8月3日) 早至关帝庙瞻仰，旁为城隍神，顺廊塑鬼像约人高，其状甚丑，系由内地人所塑。午后刘亚崛观察便衣过访，痛谈于树艺，颇讲求人有血性。鹤孙来略谈，闻粮台约吃饭。半阴晴，小雨。

二十六日(8月4日) 数日来左腿作痛，因湿寒所致。早赴街外一踏，会新任巴塘粮务董海观大令，涛。陕西人，将家眷乘轿而来，想所费不资矣。午后便衣乘骑找刘亚崛观察闲谈，住喇嘛寺旁蛮楼上。鹤孙来略谈。晴，闻雷声。

二十七日(8月5日) 早因腿痛赴街外一踏，此亦左右水环土阜，喇嘛寺及衙署住户皆围绕土阜边，亦有廓拉路，进街至申五处闲谈，复至鹤孙屋闲谈，将早饭拿去，在彼同用。将晚仲卿粮务来，驮马等已齐，旋去照料分夫马。晴。

二十八日(8月6日) 本拟今日启程，适分夫马竣已至巳正，放赏。用饭后已交午初，恐前途水大，六十余里路程再无火把，殊不便。会刘观察来谈，为省城南门外簇桥人。饭后鹤孙来痛谈。微阴晴。

二十九日(8月7日) 第五十六站。卯刻发里塘，熊仲卿路送，刘亚崛路送，路旁铺一毛毯，就坐略谈。翻两土梁，内一平坝，土梁乱石不大，平坝水沟甚多，行山腰路皆平坦，五色野花极繁。行卅里蛮塘子茶尖，此地先归崇喜土司管，后归毛丫土司管，刻归汉官，每月钱粮无着矣，真不值一笑。尖后左河右山，或窄路或宽路，尚易行，过大桥一，到左路，此大桥夏日每被水冲，与里塘大桥，今皆未毁，行人万幸，复过小桥一行。卅里强火竹卡巴总署宿站，已破烂不堪，现已修公馆，山格同住，鹤孙过谈。一日所见，山皆青色，无树，到宿站方有树。早来一札，系新军委员县丞袁崇煦所递，乃说张孝侯统领闲话，并有诗一首，可笑。新军早送赏之，孝侯因病未到。阴，灯后大雨。

三十日(8月8日) 第五十七站。卯刻发火竹卡，沿河顺山而行，河内出羌活鱼，形如壁虎，黑色，入药治风气，夜上岸食羌活，昼入水。沿岸药物甚多，惜无人识之。野花极多，有一种似秋海棠之艳，梅花形草木似蓼花，浅米色棵甚大，大叶如倭瓜叶，开碎黄花，皆不知名。翻土山数架，走山腰路多处，并不险，询之，皆无名。行六十里咱吗拉洞蛮楼上尖站，适大小雨未住较冷，以上所过之青山树不多，至尖站松柏杂树甚多，翻俄洛山大似大琐山，其体而微，行大平坝复入树石山。又行四十里因雨难行，其实卅里。至西俄洛蛮房宿站，屋甚黑，只有一天窗，遂点灯，不过四句钟，山格同住。麦田将黄，尚有青者，天时冷也。阴雨一日。

七月初一日(8月9日) 第五十八站。卯刻发西俄洛，昨夜大小雨不止，帐上围顶皆漏，带雨而行，踏水多次，始翻波浪工山，乱石并窄路泥淖路极多，穿松柏杂树而行，到顶后即见有雪。行廿里波浪工汛，外委署茶尖，破屋数椽，聊可棲止耳。遂行平坝，则大雪不止，竟如十月天气，一珠毛皮袄棉紧身马褂，竟不敌其寒。今日立秋，内地无是理也。又卅里下山复上山，在山半剪子湾塘尖站，破屋中上漏下湿，聊作此举。行山左路，右路亦有道，隔一涧。下乱石路入松柏林路，又下雨。山花盛开，树上多茑萝，似别处少见。又四十里弱麻盖宗蛮房内宿站，山格同住，鹤孙过谈，尖站宿站均已备木修公馆，未齐。阴，雪雨。

初二日(8 月 10 日) 第五十九站。卯刻发麻盖宗，本在山沟内住，即顺山沟行，上高山，下临河水如吼，或左或右，过桥数次，路虽不窄，除正河水道甚多，有十数道瀑布，小者莫计。宽处亦有种田处，大小麦俱有，松柏杂木极多，有松鼠在松树上，大有趣。野花多种，有似木芙蓉，朵有小酒盏钱大，群呼为打碗花，又谓之野棉花。不知其准名，将出山口，始见包谷，藏中无此物也。复行山腰乱石路，直至雅龙江岸，两水汇流，一清一浊，大有趣，不似去时冬日形景，水颇狂，据云已落多少，前曾长至岸上。行四十里河口中渡汛，外委署作公馆宿站，山格同住，外委李明治，转运委员云南知县王晓湘大令，治安。四川人，均接至河干。甲木参敬亭、云亭带其少少其实女儿。竟迎至此，深可嘉许。甲氏弟兄欲过谈，因感冒服寸金丹，并腿疼拟贴膏药，约其明日再来。鹤孙、申五过谈，巴总杨凯来见，并送小菜、点心，收之，赏之。鹤孙送来羌活鱼两尾，收之，以作一考据。早微雨，晚晴。

初三日(8 月 11 日) 因分夫马太晚，恐到宿站天黑，是以留住一日。午后，甲氏兄弟带少少便衣过谈。鹤孙亦来谈，并持缘簿，为修此处龙王庙。据首事人云，此处人民皆欲神灵昭著，凡有官宦客商经过，以河水长落为占验，遇长则吉，遇落则凶。如安仁山成。至此，河水长，均为平安，庆宝轩善到此河水落，半途病故。凤茀堂全到此，河中均结冰块，破之俱碎，冰弹所结，土著者皆以为不祥，呼为枪子，果于巴塘殉难。马介堂维祺。过此带兵平番，河水大长，果得胜而回。余到此早半日，河水未长，中有一石呼定江石，尚见，到时忽长，石皆不见，应护灵佑回京，谅可平安。灯后放赏。半阴晴。

初四日(8 月 12 日) 第六十站。卯刻发中渡汛，顺河边行，昨顺浊水，今顺清水，离住处不远，即有一瀑布极大，在道右过桥入山沟，如昨日瀑布，大小皆有，不如其多，乱石窄路均有，河声亦吼，来往过桥数道。将至尖站，过桥上大陡坡即望见八角楼，乃石砌成，必是瞭望整台之流，传铭谓藏妖精处，午后便出，殊可笑。行卅五里，仍在旧日蛮房内尖站，天较热，尖后不远，路右有土千户房一所，甚佳，闻甲氏弟兄今日住此。遂行田边高坡，或走田中路，松柏杂树极多，风景不坏，昨今皆遇来往人，并有川省打扮者，可谓重睹汉官威仪矣，一笑。路中见红豆生于小叶，如刺梅树上，呼为刺果，可食，因折得数枝尝之，甜味不香。又行四十里弱，共七十余里至卧龙石，原来蛮房宿站，山格同住，鹤孙过谈。灯后忽闻房上大声，乃随来乌拉在上烧火泥，下仅挨木板，险极，人跑、掷石各声俱作，令人查之，皆抱头鼠窜而逃，询之房主，不敢惹也，坏人无处不有，不值一笑。半阴，微晴，细雨。

初五日(8月13日) 第六十一站。卯刻发卧龙石，昨夜雨并河声如吼，枕上闻之，所住山沟内，即顺山沟行，乱石涧水极多，青树各色花不少，有木本多株，叶似天竹，红花苞如豆，亦有深黄色者，均不知名。翻高日寺，山上下皆陡，行山腰路、松柏扁坡路，下山石路。行四十里强，山根子自下帐房尖站，来时房已塌，新修房未齐。尖后有水石路难行，过后地多平坦，右有一山坡，满开狗尾花，不过形似，五色具备，太奇，惜不知名。左有一楼，亦八角，均瞭望楼无疑，尖前行两夹路，必有一山拦路，转过复如之，有趣，尖后山多青色树木少。又行廿里东俄洛，来时房内宿站，山格同住。甲氏兄弟带少少来请安，送到海棠果，罗通事送到桃子、花红，皆藏内所无。阴，细雨。

初六日(8月14日) 第六十二站。卯刻发东俄洛，即由平坝而行，虽有水路、高坡石路，均不难行，一日均如此，边外只有此站，不多睹也。离宿站出门四五里，一片平坝，极大极长，四围青山，间亦有树，其风景直似内地，道旁各色野花外，即系麦田，河水、桥梁、蛮屋、水磨屋皆成点缀，且有极高杨树，令人爱而忘疲。行廿里营官寨，在轿内茶尖，等抽换夫马，俟齐，仍顺平坝而行，田畴不少，山势较矮，且前后均土多石少山，蛮房不远，即见别开生面矣。然自河口东来，竟有对面行人，以前少见。又行廿里安良坝，原住土百户楼上宿站，前住第二层楼，今住第三层楼，经堂内房已经破烂。与山格另房同住，鹤孙亦同住，下雨过谈。甲氏兄弟带少少来。纸扎差外委叶长青来见并递禀，与马永太已成讼，殊可笑。晴，阵雨。

初七日(8月15日) 第六十三站，未发前鹤孙来略谈。卯刻发安良坝，顺河而行，蛮房田地较多，路虽宽，乱石水路极多，山作青色，树木甚少。行廿五里提茹塘尖站，仍在旧日塘房内，忆去时到此，天已将黑，方食早饭，外边下雪，一日颇觉劳苦，今则安适多多矣。尖后顺河乱石路，遂翻折多山，虽不甚陡，路颇长。四十里弱，山根子自下帐房茶尖，复顺河乱石路山腰路行，有似月季花，单片开满树，群呼刺梅，非是。又廿五里强，似卅余里至折多塘新修公馆内宿站，公然糊窗摆桌椅，皆新作。山格同住，鹤孙来谈，武西崑司马，文源，行三。山东德州人，来迎，晤谈，人精明稳练。晚备数桌，不能却，作甚佳。今日之路，为关外乱石路第一难行，其长无对。半阴晴。

初八日(8月16日) 第六十四站。卯刻发折多塘，即上山腰路而行，比昨日乱石差强，山下多田，有种麦，有种粉红花者，一片如锦，询之，名甜荞麦，开白花者，谓之苦荞麦，红花者北方未曾见，过玉林宫及甲氏家庙。行四十里进打箭炉南门，永安门。至来时公馆宿站，山格同住，来时遇雪塌房，思之凛然，今皆焕然一新矣。同城官均来拜，早饭午间始用，已不饿矣。今共六十四站，边外之路走完，可谓重睹汉官威仪，皆纬帽长袍褂。生入玉门矣。灯后鹤孙过谈。晴，风。

初九日(8月17日) 连日咳嗽，左腿仍酸痛，大半积热所致，便衣会武西崑、甲敬亭、戴申五。灯后张吉士均闲谈。晴，风。

初十日(8月18日) 写家信一封，即写本日，托鹤孙寄。略叙初八日到打箭炉，惟咳嗽左腿酸痛，闻大相岭有路水冲，须听回信前进，溥六老爷有回信不必寄来，可存公馆，至格想更精明，山格母子结实，山格已过百日，又黑又丑。今托余六老爷寄此函，不必写回信，到川省拟不躭延。等语。早廓尔喀大噶箕来看，便衣传见，伊服色与洋人无异。午后鹤孙略谈，晚送来梨膏。晴，风。

十一日(8月19日) 早廓尔喀二噶箕来看，服色金丝缎袄裤，帽子亦金丝缎，本国打扮。便衣传见，闻其人甚安分，当面奖之。前晤张孝侯观察，据云彼处将余照相呈观察看，乃坐相，不知何时所照。后找来原本，乃站像，即与马正太同照之像。正洗脚，武西崑太守来，旋请之，痛谈。教场今日有会，鞭炮之声不绝，大有庚子西(十)[什]库声音。半阴晴，闻雷声，风。

十二日(8月20日)　此处公馆，又为泸源书院黄云鹄书。篆联："诵其诗，读其书，孝弟而已矣，忠恕而已矣；立于礼，成于乐，玉帛云乎哉，钟鼓云乎哉。沈宝昌书，号和吾。"午后徐松龄过谈，给松龄、西崑、甲氏弟兄送土宜。鹤孙过谈，英国主教牧司徐丽生、曾见过。杜明理来会，痛谈藏路。晴，风。

十三日(8月21日)　早遣人给茶关周阳春大令昌隆，安徽寿州人，昨送酒席。送土仪。午后甲静亭带少少来道谢，痛谈，并送膏药贴腿痛及同仁堂梨膏。鹤孙又送羌活鱼八尾羌活鱼研碎用黄酒冲服，可治心口疼痛，百药不效者，此物即效。并绍酒一坛，不知何处得来。晴，风，晚小雨。

十四日(8月22日)　午后鹤孙过谈，将烟壶送去装薰烟，此物路中甚费，已闻四壶矣。连日茶关送食物，明正送奶子，鹤孙送酒，牙大痛，一笑。微阴，晴，风。

十五日(8月23日)　闻鞭炮声，祭城隍神，客来道望日喜，俱挡驾。晚饭后鹤孙、申五来谈，余钟麟为丰折欠款来文批回等件，并移武西崑文领，均交鹤孙转致西崑。今日咳嗽腿痛略好，惟牙疼不减，火重之过也。晴，风。

十六日(8月24日)　午后武西崑过访，痛谈。晚饭后罗通事将小石刻得，并填颜色，因见路中麻密堆，堆多刻唵嘛呢吧咪吽，六字真言，番音欧母吗尼摆吗吗又音密，平声。吽。石甚大，在金沙江畔捡得小白石，作腰圆形刻之，或云刻手极佳，酬以卢比二枚。晴，风。

十七日(8月25日)　午后传胡世鋆，问其枪支子码有无短少损坏，据云皆已收领到手。高玉贵、扎拉逊亦传来，大为教训，一事未办成，开销实属不少，问其二人何以对外人，以后联大人如有何说，不能不再行问询。晚饭后鹤孙来谈,求西崑写小屏四,交其转托。晴,风,夜雨。

十八日(8月26日) 早二噶箕便衣来见,诉大噶箕多少不是,意在非敢惹事,恐为连累,因劝之,总以本分,如有事必不累及,证以所闻,实如此。西崑送菜点,敬亭送糖包,鹤孙送元宵,惜牙疼未能大嚼,一笑。半阴晴,风,夜雨。

十九日(8月27日) 午后敬亭来谈,颇明事理,总以忠孝为本,此处习汉语者甚多,抱出山格见之,伊回去送来一眼四儿一枚,藏中未曾见过,给山格带之,可避风。接联建侯来函,鹤孙过谈,将邱占荣丫头伺候娥姬,山格初穿衣裤,晚间大哭,盖天凉之过,换旧裹氆氇片不哭,竟知冷暖,太奇。半阴晴,风,夜雨。

二十日(8月28日) 腿疼少见轻减,膏药已去,牙疼仍未好,用石膏簿荷冰沏水,连日嗽之,将晚余鹤孙过谈。山格于灯后大哭,想系肚腹痛,用酥油抹之,以手盖之过热气,略好。半阴晴,风。

二十一日(8月29日) 昨夜小雨,今早仍雨。午后会武西崑,谈及此处天气八月即可见雪,今年尚称暖和。雨,风,半阴晴。

二十二日(8月30日) 午后会办理巴塘垦务刘亚崛观察耀坤。派来文案,蒋慎斋巡检廷锡。持信来,观察现被赵护院参奏,自云抱屈,实不知原委,可付一笑。鹤孙来谈丰折零尾已收到,并找来张憩伯原参奏底阅之,真是莫须有,想当然,哈哈。程林拿来佛手一枚,五年未见。半阴晴,甚凉,小雨大风。

二十三日(8月31日) 午后会解饷委员刘松乔大令,含章。汉军人,由刑部外任,将张憩伯奏底并写小对交鹤孙。山格多哭,乃包裹太紧之过,松之即不闹矣。徐松龄赏山格鞋帽衣袜,据云物虽微,系其老夫妇打点,今皆七十余矣,可感。阴,甚凉,风雨。

二十四日(9月1日) 夜间起蹲马桶,天凉之过。午后甲敬亭给山格送针凿首饰,鞋帽皆其大姑娘所作。颇似汉人酬应,究离内地近矣,通事军功重赏之。鹤孙来,将武西崑写得小屏拿来,并其炉库前存五千两银兑交，即写收到，亲笔条均交鹤孙拿去，外汇票一纸四千两，亦交鹤孙，拟付藏内一千两，尚未交来印收。整日雨房间皆漏，竟穿两袷一棉一皮，复加棉紧身，并不为暖，闻去岁此地七月底穿至猞猁，并闻今年省内极热，省至炉可差两月天气。阴雨，微风，甚冷。

二十五日（9月2日） 昨夜雨，蹲马桶两次，闻此处夜间颇不安静，警察尚未办理。午后武西崑来，将汇票由鹤孙处取去，因汇水要得无理之过，以后或由此处寄往，或由省拨兑，不令号中挟制，未免太费心，听之而已。鹤孙复来痛谈，留鹤孙晚饭，痛饮黄酒，伊赠佛手一枚，数之整十指，大有趣。阴，雨。

二十六日（9月3日） 今日天气稍觉和暖，午后敬亭携少少来，伊亦穿棉衣来，换皮衣非十月内不准，与藏内相同，不知何故如此，痛谈时事，甚明白，于锅庄延师教《汉书》，颇有道理。晚饭后至辕门外闲踏，见有卖脆枣，据云不甜，未买，有仙桃，买尝之，内多子，不似来时所买，味则不差，皮上细刺扎人甚痛，恐有毒也。梨亦好，尚甜，惜少水。晴，风。

二十七日（9月4日） 连日肚腹大不好，夜间起蹲马桶，想湿寒之过。给联建侯写信一日，信底附存。早鹤孙来，多事相商，遂同用早饭，复来将武西崑藏内捐学堂一千两印收拿来，写廿五日。即函覆建侯察收，以便派人支取。阴，风，小雨。

二十八日（9月5日） 整日雨，觉冷，珠毛两件未敌，然田中尚有荞子等，不知如何收法，门外水渠皆满，庭前杏子一株结实尚在，邻家尚有花红满树，据云八月即见雪，临边天时莫测。阴，雨。

二十九日（9月6日） 午刻后武西崑来会，将红单一纸面交到省，汇款四千两，自行由素识汇号经理，实为可感。鹤孙、申五来，因得席一桌，挑来同享，万无可辞，即将西崑来字即交鹤孙收存，俟到省再说。晴，风，雨。

三十日（9月7日） 又微雨，忽住忽下一日。午后鹤孙处来家人，给甜饽饽等，外佛手酒一瓶，系家内带来。灯后鹤孙过谈，闻家人来仅穿单布衫，此处须穿重棉，皮衣已有上身者。闻道路泥淖难行，新津已封渡数日，省城大雨，水深过尺，先极热，不知刻下如何。阴，雨，晚更大。

八月初一日(9月8日) 未刻便衣乘轿，适小雨，至西崑署拜会，一切多承费心。拜徐松龄，道乏道谢。至鹤孙、申五处拜会。到甲敬亭署，约晚饭，座中西崑、鹤孙主人而已，燕菜烧烤颇学汉派，不过上菜少乱耳。书房院龙睛鱼鸽子，旁院孔雀獐鹿狗熊甚热闹，回时将酉正，大雨。拿来干佛手笋二枚，甚奇。阴，雨。

初二日(9月9日) 午后会赴藏师范学堂毕业员王治安，佐。人甚明白，与赵樾村廉访有亲，系云南昭通府人，现寄居川省，住东玉沙街公馆对门廖大令宅内，亦有亲。甲敬亭给差官家人饭吃，因其得子，庶出，已五阅月，备洋绉、首饰送之，即令振勋送往。半阴晴，风，微雨。

初三日(9月10日) 阴雨，但觉湿潮特甚，闻路中水大难行，前闻新津封渡，近闻雅河亦有封渡之说。省城大水，城北竟有冲去木行、油行柴薪及房屋之说，满城亦有冲倒房间并浮厝灵柩，盖玉河水不小也。且有黄城内起蛟之说，必谣言耳，城墙乃有塌处。午后西崑过谈，王治安过谈，并送手巾、枣子、龙眼等物，晚又送日本著《简明生理学》一本，拟明日以酒席答之。阴，风，雨。

初四日(9月11日) 接少韩来信，藏中无事，将原参奏底钞来，张已去靖西，拟到京，怕到帮办任。浙生亦来函，学堂有起色，报章难售，已到第七期矣。午后茶关委员周阳春便衣来会，云省城已成水灾，东门竟有冲倒房间并伤人口之事。半阴晴，风。

初五日(9月12日) 遣人给王治安送菜，敬亭送杏子、花红，鹤孙送枣、梨，皆藏内不易得之物，梨或偶有，亦不佳，买得玉米数枚食之，四川呼包谷，藏内亦无。晚饭后踏至城隍庙一看，两廓塑鬼卒，口内皆抹鸦片烟，乃还愿者所为，殊可笑。晴，风。

初六日(9月13日) 午后副戎马少云过访，痛谈，伊为西域教人，生于云南，时务尚留心，身体弱，似吸鸦片烟者。鹤孙来，略谈即去。申刻赴粮署，武西崑约，座中周阳春、余鹤孙、徐松龄、主人而已，烧鸭子极好，酒亦不难。回公馆已近亥初矣。晴，小风，晚细雨。

初七日(9月14日) 昨日闻武西崑云，五月间雨大不住，将北门闭上并向空放数炮，雨即止，今见雨不止，又仿办，果然又止，亦甚怪。罗通事来，因请娥姬带儿到彼署，告以衣履不齐，不便出去，前次武大人请，并未去，辞之，又请玉林宫，告以俟过数日再说。外边买来卓达噶，其形青皮包之，内一核，开有白色，果如小榛子，其味亦相似，又呼为野榛子，比拟之名，恐非是。闻金八云，彼回家必过黄土，有人到黄土茶馆饮茶，见屋檐墙头麻雀其多，忽问村中有某姓否？曰有之。伊种谷一亩余有否？曰有之。此大群麻雀欲往食之，后数日果验，此通鸟语者。惜未闻其姓名，《论语》谓公冶子通鸟语，想不诬也。晴，飘数点雨，微阴。

初八日(9月15日) 午后鹤孙、申五来，斌泰等三笔政辞行。初十日先走，粮署派驼子认保结，即交程林、王永福，令与鹤孙商之。夜雨不小，晴，半阴，晚雨，恐闭门不验。

初九日(9月16日) 早写联条，墨与笔均将就，甚可笑。王治安来，未见，伊与程林认识，新学中学生，闻其十数岁即教书，甚聪明。午后武西崑过谈，驮子一切已找夫头等，当面谢之，痛谈时事，能不为俗言所惑，此处英法均有教堂，美国尽有医生，小有交涉也。晴，微风。

初十日(9月17日) 午后鹤孙送来百合，莲芳送来石榴，有黄婆一碟，其形如钵，黄粒若小珠，味似桑椹而淡，亦有子，据云生刺树上，不知何物，甚奇。鹤孙、申五来痛谈，闻徐松龄老哥多喘症，每日以燕窝作点心吃，越吃越喘，恐其虚火上延，闻燕窝吃法，须用冰糖，燕[窝]不过二三钱，晚间炖得，睡醒一觉后食之，再睡，盖功效全在第二睡之力。又闻以鸡子九个，用微火煮七天，每早吃一个，卯续一个，可以延年，然皆系闲时捣鬼，恐上寿不在此也。闻张文达公之万有问其何以八旬仍强健若此，答云有五字真言，“玩疲不用心”，此真可长寿矣，一笑。晴，晚雨。

十一日(9月18日) 无事又看《随园诗话》，只有此部书，无可看也。午饭后戏作六言山居诗四首，聊以解闷而已。半阴晴，晚细雨。

十二日(9月19日) 整日微雨，住时或有，东山、南山有云出没，东南少远山竟见微雪，天时并不十分冷。午后鹤孙来谈，闻夫头以人夫须至雅州雇觅，恐不能十数日内启程，亦无法事也。并告余梦中得句云："江南成事业，裙屐大/重声名。"大、重二字未定，不可解。微阴，雨。

十三日(9月20日) 昨夜梦穿白服带，苇凉帽，前钉一大珠，意往吊钟叔佩，珂。下阶时，迎面凤梧冈，山。恭敬请安，甚可笑。不知主何吉祥，一笑了哉。特记以较鹤孙之梦。今午将箱支过秤，并号码子，备交夫头寄省，喊叫连天，甚觉可笑。午前给山格薙头，将前留胎毛薙去，并眉毛又薙一次。晴。

十四日(9月21日) 早王永福送一羊并杂碎，拟明日吃烤牛肉，得一羊则更妙矣。午后鹤孙来谈，明日晚饭拟申五同来，作过节，不好却之，因谈及徽省恩中丞①被害之事，候补道②由藩臬问之，供竟不讳，因挟仇枪击中丞，尚有二人幸逃，问之即藩臬冯梦华，为人知，其学问人品均可佩服，不知何以得罪，已见报，此人为革命党，并闻京中旗汉界限，不但不能消泯反加厉，真切杞忧。半阴晴。

十五日(9月22日) 早众官员兵丁叩节，均未见。发背夫箱包等件，谓之西字号，乃川省四大路均系会匪，有一五旬外背夫，非一百三十斤外不背，盖以斤数计，少则不合算，此人已留底胡，勇哉！询其寻常皆在一百七八十斤，此次派高玉贵、李世忠押往，二人不准其多背，恐行路迟也。早用炮牛羊肉，给看公馆并差门，群呼为李老头，能

---

① 恩中丞指恩铭。

② 此处候补道指徐锡麟。

吃五六斤，烧酒一斤外，年已七十三矣。晚鹤孙、申五来，备席桌痛饮，客居太费心矣。阴，大雨。

十六日(9月23日) 昨夜大雨，今早放晴。巳初刻出南门，过大小桥大校场，至折多山路，路左义道行河岸右，过大木桥至河岸左，过山坡多道至玉林墳。武西崑约，便衣，午饭，座中周阳春、余鹤孙、甲敬亭，主客五人，饭后步踏至水东西平坝各处闲游，甲少少带十二三岁小孩各骑一羊来回驰骋，大有趣。询敬亭，边外世家幼男女皆先练骑羊，到少长乘马，胆量腰腿皆熟矣。在小草坝石上闲坐，看少少等骑羊甚快，少歇，武西崑骑之，不能走，伊身大腿长，众人大笑，余谓俟得曾孙留底胡再骑，令曾孙拉之方称，盖西崑已五十九岁，孙已娶妇故也，鹤孙亦骑之，伊身矮腿短，竟能骑之而行，此种羊非本地生，可驮百斤上下，西崑谓小孩洋洋得意，余谓二君乃洋洋乎大观，侍从无不大笑。回时大厅用晚饭，菜酒皆佳，与阳春、西崑拇战，酒消不少，一日之间，甚可笑。见其大厅挂一单条，作美人舞剑在云雾中，题字甚小，读之乃《随园诗话补遗》卷五第十九页，西崑以余眼力尚佳，特记奇丽。川方伯题《卢湘艖美人宝剑图》：美人如玉剑如虹，平等相看理亦同。笔上眉痕刀上血，用来不错是英雄。诗甚佳。晴，晚雨，夜复大雨。

十七日(9月24日) 昨住甲云亭屋，甚洁。午饭系敬亭约，饭后至其温泉屋内汤腿，觉痒，盖风湿所致。到敬亭屋内谈，伊云此处有番民遇豹子迎面，将头顶咬住，伊将豹子抱紧，竟将其挤死，其力可观，众大乐。遂至其温泉发源处，乃朱沙所成，因捡数小块，实是真不易得，上即其祖茔，林木多极，对面岸山松树多极，中间夹似细竹，如凤尾，不准樵采，大门外河边去年曾打死一熊，野兽甚多。武西崑饭后即进城。在屋内仁尊巴敦过谈，已病年余，甚疲，现住玉林墳楼上。问其京内平安否？据云：洋人万不至有事，现有七八十岁人引一卌多岁四十岁人，头有角，如道家之有挽发，恐其起事，搅扰数年。然已在左右，上甚畏之，不可解。晚饭未痛饮，只有阳春二人而已。阴，雨忽住忽下，夜大雨。

十八日(9 月 25 日) 昨夜床顶上有暗楼，耗子大闹乱跑，有拉纸声，至鸡鸣略睡。早起敬亭即来，点心有奶子卧鸡子一碗，不难吃，务请吃早饭，辞不获已，只得领之。饭后即走，回时比去时快，盖下坡之路多，到公馆略歇，下雨。阴，雨。

十九日(9 月 26 日) 午后武西崑来，询之，前日由玉林须回，亦未遇雨，因下坡路较去时快也，颇与余回时相同。鹤孙来同谈，武西崑先走，鹤孙又谈挑夫、轿夫甚费事，已接前路电，须雇齐来迎，无多人也。令永福至粮署，倩其覆电赶催之，有夫来再定日期。昨夜大雨，屋甚漏。阴，细雨。

二十日(9 月 27 日) 无事给敬亭、云亭写对联单条各一，并步先兄原韵诗一首，写横披给其昆仲，此处有扁梨，似(鸦)[鸭]梨，尚嫩，敬亭云此地石榴甚好，买尝，其酸无对，好的或有，未敢谬赞，一笑。阴，晚又大雨。

二十一日(9 月 28 日) 微雨忽住忽下，无事找来洋酒，价甚昂，多者二两，少亦四钱三钱，乃法国所卖，送酒人系四川，其慌万状，走至半路，竟砸一瓶，大众无不笑之，若如此办法，未有不赔大本者，想讹人太过耶。阴，小雨，晚大。

二十二日(9 月 29 日) 有风有雨，似近重阳矣。无事拈笔墨，天觉凉，在京皮衣多未上身，较藏尤冷。午后永福云，夫头来云，人夫已到卅余名，可以定日启程，令其找鹤孙商酌一切，回云明日早鹤孙来商。半阴，风，微雨。

二十三日(9 月 30 日) 早给段云逵写折扇一柄，字小觉目力甚差。鹤孙来，拟定家人、丫头及回差无用之人廿七日先走，余同鹤孙、山格初二日走，路上店口等皆可从容，不至拥挤。午后甲敬亭来，少少亦来，少少送我老玉林须热水泉铜钱两枚，盖放于泉内，钱不过一二年即长白锈如瓷，并有小石块、小棍均挂锈，亦如白瓷，甚怪。因昨放马，番民用石块打之，将黑马左眼打伤，伊将放马人痛责之，大以为对不起，余痛劝之，宣圣伤人乎不问马，岂能因马伤人乎，一笑。半阴晴，风。

二十四日（10月1日） 午后武西崑来痛谈学堂，遣藏之王佐给其写字，欲卖马，文理不通，且多别字，似此充教习万难，师不通可教出通学生来，真不值一笑。尚有三教习未来，俟一齐到藏，联大臣自有头痛之日。刻下夫已齐，马亦不难，初二日可成行矣。半阴晴，细雨。

二十五日（10月2日） 昨夜雨，今早细雨，午后半阴，敬亭送到大锅盔，混糖酥油烙，甚佳。武西崑送来四轿一乘，系人寄存者，给针黹一匣，内有一物不认识，看其样似搬指套，想系极老之物，赏山格帽鞋等件，殊觉不安之至，系同乡，以后酬应之不迟也。半阴晴，早细雨。

二十六日（10月3日） 早无事，午后至外院闲踏，大有秋意，似雨可停，颇有凉风。将晚鹤孙、申五来谈，留其吃晚饭，将各酒品之，以玫瑰为上，其次佛手，若葡萄洋酒又次也。晴，风。

二十七日（10月4日） 早会泸定桥巡检李姓。宝献廷，琛，正白汉内旗人，继连溪族侄。生于川省，未到过京，人明白，通医道。丹珍等皆今日走。申刻回拜马少云副戎。至军粮府西崑约，座中阳春、鹤孙、松龄、献廷、主人，共六人，菜极好，有鹿尾、熊掌、鹿筋、猴头，鹿尾、熊掌未得法，干鹿尾切片清汤穿，熊掌红燉尚可，鹿筋平常作法，猴头据云生时真似猴头，有金黄毛生树上。初次吃，不过木耳、蘑菇之流，好汤熬之，另有别味，烧鸭子极肥且多，谅非一只，回来已戌正余矣。晴，午后大风，早晚小。

二十八日（10月5日） 早将匣子收拾妥，装箱，甲敬亭、马少云约，明日饭均辞之，办理各项行装，实无工夫奉扰。将晚敬亭送到贡砚，贡砚后询知为本坪所产，乃明正司旧居之地，向充上贡。并有少少送山格砚石合，小杂木杂雅酒盅，边外竟有青石作砚，护身佛返魂丹不知真假，外皮张等件烟薰，海骝小马一匹，总因番民打伤坐马之故，未免太圆通，不好却之，重赏其来使。鹤孙送大梨，甚佳，不知何处得来。

晴，风。

廿九日(10月6日) 早无事，收拾行箧。午后鹤孙来送到照像片二张，一野景，一官冕，申五送到骑马像片一张，均收之。甲敬亭送到席酒，无法辞却，收之而已，屡次酬应，未免不安。晴，风。

九月初一日(10月7日) 午后武西崑来痛谈，以后子孙学问竟不敢妄参末议，实情可笑，抱出山格见之。徐松龄来谈，亦令山格见之，本要照片，告以鹤孙所存，可以奉送。马少云来谈，其天方教土国能由西藏至克什米尔转通之，颇为大妙。都司马佩璋为介堂军门堂侄，亦略谈，守备外委亦见，均令不必远送。甲敬亭必欲远送至泸定桥，再三拦之，似不肯，并云近接番禀，前叛游勇奔云南，现聚二三千人裹一处，番民系唐古忒所属，欲犯察木多，情形甚危，闻藏中已派粮员、游击防剿，然无兵无饷，不知如何办理。又张大臣行至印度南小地名，为洋人所短，不知何故，以上确否未可知。早雨，午晴，风凉。

初二日(10月8日) 第六十五站。辰刻由炉城启程东关，内马少云协戎、徐松龄照厅、都司马佩璋送行，出城后，千总胡国华，把总曾国麟、陈尚品送行至半路，教习王治平佐。步赶送行，甚可感。沿途秋景，野花甚繁，比去时少闰月，故花草又一气象，行山腰，河边窄路，关外看惯，亦不觉大险。廿里小神堂轿内茶尖，又十里柳阳尖站，武西崑送至此，并备早面，面谢及叩辞。沿路十里五里均有住户店房，背茶者络绎而来，亦有背米及杂货，有底须并小儿均负苦力，川南人均属强壮，途中有一节被水冲，挨山用破板凳架之而过，非川轿夫不敢行，其路或土平或石砌，尚易行。卅里瓦司沟宿站，以关外计，似有八十里。晚饭仍西崑遣人来备，山格同住，甲木参敬亭带少少来，必欲明日送至泸定桥，真诚朴之至，此瓦司沟比炉城热。路闻蝉声，屋多蝇子。晴，风。

初三日(10月9日) 第六十六站。卯刻发瓦司沟，出门即上山路，山不高多石脚，顺鱼通河走山半窄路，即大愁山，多仙人掌并马缨花，下山过冷竹关，复上窄山路。二十五里到大烹坝早尖，等山格轿到，复行河边路山腰路，至山冈坪轿内茶尖，系十五里，复行山中路，山腰路有热险处。临河廿里至泸定桥宿站，在巡检署，桥断锁三条，更觉难行，幸宝献廷遣专走桥夫往迎，一切妥善，献廷大为预备，拦之不行，送山格物只收鞋袜，会鹤孙、申五、敬亭。饭后会献廷，西藏教习吴嘉谟、陈广居均系学生，吴嘉谟系户部主事、巴塘教习，均询藏内及沿途情形，山格同住。晴。

初四日（10 月 10 日） 早即催马匹，未来应，冷积土司办理，新为廓尔喀差所备，马匹为沈边拉去不还，彼此负气，竟正差不顾，且此次用马十数匹，并发私价，不用官，如讷大臣用至三百余匹，彼亦无法也。甲老三带少少来看。午后申五、鹤孙来找献廷谈两次，灯后马已齐，明日可行。半阴晴。

初五日（10 月 11 日） 第六十七站。辰刻发泸定桥，走山水沟路，少宽处，甲敬亭衣冠带少少路旁送，遂顺河边窄路，旋上山，半窄路行十五里，至大垆周姓保正店房，备茶尖，中一桌一椅甚难看，下舆略坐，赏之。复行山半路，见有柿子已黄，结成满树，未免有易州乡景之思。且对河岸上无数田地，房间亦甚多，背山有两三处瀑布，可入画稿，惜汉夷杂处，居之者未必知其乐也。下山平处即冷积，田畴交错，有引水种稻者，凡山上有土处皆开垦，农工不惰。行卅里，原来李保正名如桂，号子丹，世代耕读。店房宿站，伊先往迎，并送土宜花椒，回给其佛尊、藏香、片子、氆氇。冷边应袭土子周朝相、十二岁，极精明。沈村土司余应玺小时来见甚好，此时似甚呆气。均来见，送梨及落花生，赏之。宝献廷来见，特送至此，早在伊署内曾拦之，必不肯，论世交，称余为太世叔不差也。鹤孙过谈，曾买门外资粑，食之甚好。今日赶场之日也，山格同住。半阴晴。

初六日（10 月 12 日） 第六十八站。辰刻发冷积，别宝献廷出镇，李如桂跪送，上山窄路上，土子周朝相叩送。过大山路，即至佛耳岩，又名刮耳崖。路极窄险，去时用两人扶持，道不过一尺余，下临大渡河，颇凛凛，仍落活石不止，今则道有四五尺，竟未落沙石，献廷之功也。下山行石包平路一断，忽有蟒袍补褂三品，顶翎朝珠策马而来，手提马棒有酒杯粗，镶以白铜，大似鸦片烟枪，大可笑，询之，乃土司余应玺，行一小河独木桥，遂下马，用其土民背之，回差等人无不大笑，余亦不能不暗笑，盖衣冠楚楚，未见如此办法也，拦之不肯回，送至隆坝铺叩头而去。此处离冷积十里，是其交界，复上山行山半窄路，上坡多，颇费力，下山沟，过涧水，去时险路已修平，不意振勋过隆坝铺后渡水，马倒，衣帽皆湿，且喝水两口，危极，因令其晚饭饮烧酒。复上山行廿五里桦林坪宿站，见都司魏建侯，廷举。四川人，今在店房，其署已要坍塌，山格同住，鹤孙、申五过谈。闲踏至街，到金花庙，称金花世王，系明代贤臣，能用阴兵，有崇将军、实。骆总督秉章。悬额，待考。早微雨，略晴。

初七日(10月13日) 第六十九站。卯刻发化林坪，即走山腰，魏都司等皆相送。土司汪国珍江西人，三品顶。昨日迎，今日亦送行。山中路离飞越岭相近，满道青树野草，山上红色青色杂树，大有秋意，登盘道曲折甚多，近以石砌宽五六尺，比去时强多矣，为千总萧联陞监工所修。行廿里至顶，下轿关帝庙略歇，上甚冷，板房三间内奉关帝及诸葛子牌位，无人住，屋内甚湿，盖湿云所致，路中石块亦然，竟未能在庙行礼。下山石路少陡，遂行土路半山路，均多野树野草，穿云而下。又行廿里三道桥，舆内茶尖。又五里林口下舆，店中会调藏教习同知幹尊惠，能。郫县人，略谈。又五里三角坪尖站，复行山半窄路，不似前半之高，统过大小桥甚多。廿里或云廿五。泥头宿站，仍来时店房，山格同住。会青溪存惺斋大令、荆州正白满人，钮钴鲁氏。典史陈思泉、腿仍不利。任辑五秀才。玉瑞，已留须，忽变窄袖衣服，已入学堂。晚饭后接李子丹保正给田德信，失去眼镜在伊店房，特遣人送还，赏之。半阴晴。

初八日(10月14日) 第七十站。卯刻发泥头，下山后走石板路，甚平，沿途田地极多，房间亦不少，一日如此，上山腰路，十五里山溪口，轿内茶尖，换衣服觉甚热。又卅里过一碗水，上为牛粪沟，多出花椒。又五里富庄尖站，店房内有一联，大可笑："请君居戊己，赐我以庚辛。"盖隐土金二字。复行山腰路，尚不觉险，售梨者多，此处所产极好，价廉，因天热之过，在富庄即换袷衣，身无棉，尚须用扇。行山上田间路，大有秋意，涧水沿右，不甚旺。廿里冷饭沟，轿内茶尖，上山遇梁后，下坡二三里即转山湾，下视青溪县城，田地交错，宛然内地风景，下窄山路，即起西风，名不虚传。又十里上山进青溪县南门李家店宿站，乃新修者，山格同住。会存惺斋，署都司杨逢春，千总、警察、教习、队长等，任辑五。晚饭时鹤孙过谈，任辑五复来，欲同晋省，辞之。晴，风。

初九日(10月15日) 第七十一站，振勋半路落骑，将糖糕吃两块，以为上山登高之意，甚可笑。卯刻发青溪县，城内即上山，出城都司、兵丁、警察送行，兵丁等皆谢赏，上下山数次至大相岭廿四盘，过三大湾，道已乱石垫妥，非复去时气象。十五里草鞋坪，相岭驿馆茶尖，拜别存惺斋大令，即行云雾中，湿云路洒湿。又十里长老寨陈云菴尖站，前殿供诸葛子，后殿供武圣，左释迦，右达摩，对后殿供日月二星。复行石砌路，所谓九折坂已加宽易走，沿路瀑布甚多，木桥皆坚固，有路新修，与去时不同，过小铁锁桥二，过大关山、小关山，沿路卖木梳者甚多，名曰黄杨，其实杂木，即有小雨，随下岭，道已微存水。又行卅五里黄泥堡宿站，山格同住，仍去时店内。外委张承麟来，彭子周文瀚。竟接到此，现补荥经县，此地为青溪县管，荥经借此办差。晚间复约子周来谈，灯后大雨。阴，大小雨。

初十日(10月16日) 第七十二站。卯刻发黄泥堡，石板路多尚易行，不过昨夜雨较滑，不远过大穿廓，似房，一面写"忠臣叱驭"，一面"孝子回车"，字不甚雅，然比叱驭之九折坂，恐非此处，待考。右边河声甚大，在山半路或田边路，均以石子砌成，俗呼为鏊子路，路左有钟文叔并恒大令《重修大相岭碑记》。离荥经相近，河水在左，有渡船，对岸竹木甚多，竹子沿途有粗者，房间田地对岸亦不少，大有趣。过颛顼故里，不知有本否？行四十里至荥经县城内店房宿站，彭子周见两次，余巡检奉差来此，名宗森，号少崖，为鹤孙共祖兄。纪敬斋钜湘。典史亦均来见。晚饭后鹤孙来略谈，赴藏陆军教练官谭明祥等十人来见。半阴，少晴。

十一日(10月17日) 第七十三站。卯刻发荥经县，因昨夜雨，道多泥泞，且窄路铺以圆石，俗呼为鏊子路，亦有窄土路，两旁皆稻田甚难行。三四里至梓潼宫，新叉小河，渡船不远，即渡船正河。又六七里妙冈崖渡，船过河三处，均有缏，以竹打成，甚便，去时过两河，今添出新叉河一道，过河即上山，半路窄且滑。又行十里至施家桥尖站，彭大令、纪典史皆送此而别，复行山半路，或上或下，均绕山而行，竹子看有高大者，有野白花似水仙，不知名。又十五里过飞龙关，下坡路多。又十里至观音堡宿站，在店房内寿鸿同住，会雅安县陈季黼大令，扆，湖北人，甲榜到省。人甚精练。晚饭后鹤孙、申五过谈，今日所行乃是来时旧路，又开一新路，路有冲断者，不便行。阴，灯后小雨。

十二日(10月18日) 第七十四站。卯刻发观音堡，路中石板、鏊子、土路皆有，然多稀泥，甚至存水处，上浮青苔，其多日雨可见，过长廊桥数道，稻田尚未收割，并有新种油菜田，不知尚能结子否？山间树木草均有，不枯，风景尚好，无可记载。将进城，武侯祠文□湖观察、纬。武仙航太守、瀛。陈季黼大令扆。及合城文武在此相候，下舆在内相见略谈。行四十里即雅州府，进城店房作公馆宿站，寿鸿同住，武太守、陈大令皆来会，人均有作为。晚饭后鹤孙来谈。阴极小雨，到馆忽见太阳，此不易也。

十三日(10月19日) 因发轿夫抬夫马价，小住一日。此处有高笋，闻省城亦多，即是北方茭白，鱼虾皆有，惜作法不如省，更不如京。整日雨或小或大，未住，真不愧雅雨之名，人觉闷气难过。城内太平缸颇甚多，店院亦有，所以蚊子极大。晚饭后鹤孙、申五过谈。阴，雨。

十四日(10月20日) 第七十五站。卯刻发雅州府，出城古景贤堂官厅，武仙航太守及各文武在此送行，下坡即渡船，过雅河对岸，过青衣水长廊桥，行石板路、墼子路，皆有泥水难行。十五里姚桥，陈季黼大令在此送行，下舆略谈，仍系石板墼子路及土路，泥淖行十八里，中过金鸡关，此名金鸡桥，或谓龙显桥。名山李效堂大令士则，甘省甲班。来接，下舆略谈，为旧户部寅友任士言门生，人老成。又七里名山县书院，现改警察局，作公馆宿站，山格同住，去时住此，四面虫声，大有秋意。晚饭后效堂便衣过谈，旋送名山顶上茶八十皮，名为正仙茶。赵兴由省来，家内均好。早晴，晚阴。

十五日(10月21日) 第七十六站。卯刻发名山县，昨夜雨，道甚泥淖，石板路少，墼子路多，均行田埂上，两旁系稻地，满水稻已收割，每见有树林，即有村落，外或有旱田，蜡树不少，似榆叶，乃初见，昨日离山较远，今日更远，山亦见矮，山上下皆成水旱田，农功尚勤。行四十里百丈宿站，山格同住，仍是去时店房，主人黄姓，七十七岁，甚结实，养花木极多，已不如去时茂盛，房屋亦破。巡防右军都司马致和来见，云南人，尚知恭勤公兄，外委刘光荣叩见。李效堂赶至此相送，未免不安，县中公务甚多，力劝其回，谈正仙茶乃汉朝仙人所种，已二千余年，正树一株，旁荫数株，每株不过数十叶，进贡三百叶，一叶为泡茶一次，其贵如此，围以石墙，平日不开，惟本县祭神后开门采茶一次，墙外蒙山茶甚多，均非正仙，考据惟此茶叶上细筋对出，别树不能也。旁有仙井，用石板盖之，开则本县必有凶事，并有庙宇，住两三僧，时闻墙内有虎啸，系石洞居之，采茶后不闻声矣，俗传“扬子江心水，蒙山顶上茶”即此。山在县城西南，比别山高。闻藏内余钟麟(吐)[吞]烟毙命，亦可怜矣。晚饭后鹤孙约来，将致首府，拦诸官出迎，信底交其删改。半阴晴，灯后大雨。

十六日(10月22日) 第七十七站。辰刻发百丈，昨夜雨未住，早仍不止，只有冒雨而行，此处待晴，一年中无几日也。道石板间墼子路行田埂上，离山更远矣。行十五里至黑竹关店房尖站，内外上下，鹤孙、申五续到，所食白米饭，咸豆煮秦椒，蒸小碗鸡蛋糕，统共用钱三百余文，大为可笑。又行破石路，后行土路，更难走，一日之间，干路无几，皆在泥水中，土路尤为难行，焦泥中带水坑，舆夫大为吃力。然风景不恶，马尾松竟可成林，一片绿阴，忽见红叶如胭脂，乃似枫树，又有结茶果树。行廿五里大塘堡，外署浦江县姚科甫大令协襄，江西附贡。来接，下舆略谈，遂进堡公馆宿站，寿鸿同住，此处已收拾，比去时齐整多矣。晚饭后鹤孙来，将致首府高少农陕西人。太守增爵。信写得交来。早雨，午时阴，晴。

十七日(10月23日) 第七十八站。卯刻发大塘堡，幸未雨，道路泥水甚多，离两旁水田近尤甚，山更远，田地多。过石桥，中凸形者不少，节孝牌坊亦多，皆以石刻工极细，有对联不敢谬赞，小观音石龛及土地石龛亦多。行廿里或云廿二。卧龙场，自入店房早尖，酪糟虽不如名山县，亦可吃矣。一日所行，泥滑路多，觉劳顿。又行廿里或云十八。邛州南河大石桥，署直隶州周伯言炎，陕西褒城县人，与王文佩兄有亲。来接，略谈。将致高太守信面交，求速递。遂过桥，去时桥为水断，架以木板甚危，进城店房宿站，山格同住，竟有活虾吃，价比省廉，找竹枝六枝，的系邛产，买烘笼三个，亦此处制。娥姬买大梨一个，似饭碗，黄皮恐不好吃。阴。

十八日(10月24日) 第七十九站。卯初刻即发邛州，已有干路，别周伯言在文昌宫，沿途德政碑并德政石坊颇多。虽两旁多水田，中路较宽，且有著脚处，与去时大相径庭。行六十里杨场店房尖站，又呼羊肠。复行数里晤新津县名廿里界牌。赵幼渔大令，怡，贵州甲榜，顶本色。复行田埂路，焦泥中间有沙土，较易走，过斜江尚有船，已搭木桥，颇好走，非如去时渡船。共复行卅里，新津城内店房宿站，山格同住。会杨子赓，仪成。现开缺知府，办盐务委员，萧惠畲大令，培芬。均江西人，陈管带明雍。游府，内江人，地面尚觉安静，教谕欧培槐、典史方文翰、外委等。陈金山来接，令回禀军门勿庸出接。阴，灯后小雨。

十九日(10月25日) 第八十站。卯刻发新津，因夜雨，道多泥水，幸焦土少沙土多，只不能快而已。过三木浮桥，头道百步余，二道将及百步，三道不过八十步，以木为之，工却不小。河下有船，顺河行，载货物等，船上活蓆棚有两三丈。行十五里或云十里。花桥子，别赵幼渔大令，自备尖站在店房内。又廿里或云十五里。黄水河，郑泽南大令毓岷，广东兴会人。来接，下舆见，即行，复来拜会，谈，人精明。又十五里双流县宿站，山格同住。廖文安大令振声，湖南人。住玉沙街。吴崇光来，未见，张祥和、刘荣魁均来见，军门将军督护均遣巡捕戈什哈来接，均见，五协领差迎。晚饭后鹤孙、申五过谈，鹤孙令侄老二来见。阴。

二十日(10月26日) 第八十一站。卯刻发双流县，面别郑泽南大令，行廿里簉桥，钟文叔大令备早饭，同曹爵申太守铭。同食。又行廿里，先到武侯祠，将军、护院等均来接，下舆略谈，即进城。玉沙街公馆住，骨肉幸得团聚，山格续到，遂有客来，未见，不意至格过去，于去年五月十四日，甚可惜。闻凤威愍公入祠后，夫人季云赴荷花池尽节，后见讣闻，送礼吊之，见《成都日报》，夫人刻砖赴池怀之，后捞得。诗云："嫁凤功成了，琵琶永不弹。乘鲸从此去，冷落菊花园。"夫人老姓李佳，满州人。早晴，晚阴。

二十一日(10月27日) 众客来，俱未见，遣人各处道谢道乏，所备綵绸、厨役、听差、军督提巡捕戈什，或撤或遣，赏之而去。会鹤孙、晋芍航、余曜庭、戴申五，江少韩两世兄来。阴。

二十二日(10月28日) 早起即觉不适，山格母子亦然，盖因边外来，受此湿热之气所致。来客未见，鹤孙略谈而去。半阴晴。

二十三日(10月29日) 早起仍觉不适，山格咳嗽大作，熬杏仁茶饮之。鹤孙过午来谈，令其品洋烟，箱只等移来在西房存，新租房可无用矣，余客未见，得闲看《儒林外史》。晴。

二十四日(10月30日) 无事觉乏，天时与藏内大不同，藏内干燥，此地潮湿，山格咳嗽未见大好。水仙卖剪枝，味尚香，可插瓶。午后会钟文叔、宝启东，闻溥倬云因痰症而亡，溥小峰已革职，未奉上谕，因在左翼监督洋人税务之故。晴。

二十五日(10 月 31 日) 总觉不适,困倦非常。早晚凉午热,山格咳嗽仍然,由藏回者大半难过,饮食均不得宜,连日送食物者多,更觉油腻难消。赵季和处,联建侯托寄信物,昨遣永福送往,取有回片。建侯家信什物,今日鹤孙送往。晴。

二十六日(11 月 1 日) 会乔英甫,仍似从前风度,较胖,乃大发财之过也,一笑。谈生意汇号尚好,别项生意皆差,系银根短少,大为可虑,伊欲到京招呼号事,下月走。半阴晴。

二十七日(11 月 2 日) 介堂遣马巡捕德昌。来见,大谈,承介堂深为惦念。鹤孙来,以乔英甫欲约便饭,务望定日,拟定廿九日早饭,能找避静处才好,实不愿酬应蝟集也。半阴晴,数点雨。

二十八日(11 月 3 日) 鹤孙送来郫筒酒,似老酒,并烧鸭大嚼。本由昨夜腹泄,一日更腹泄,因吃梨膏之过也。英甫来知单,定卅日巳刻在西玉龙街龚家花园,特记。半阴晴,细雨。

二十九日(11 月 4 日) 午后荣伯衡方伯来谈,须已全白,询其牙齿尚好,眼略花,耳不聋,五十五岁,为癸丑生人,精神亦旺,令山格见之。晚鹤孙来将宝丰折帐来,有许方伯谕一件,为联建侯提款事,前墨飞至今未到。早雾,旋晴。

三十日(11 月 5 日) 巳刻赴玉龙街龚家花园乔英甫约,座中荣伯衡、余鹤孙、本号陈海门,主客五人,钟文叔因有运动会,应在较场伺候,各宪未到,此处亭阁楼台甚多,均堪坐落,不过稍觉堆砌,花木亦旺,有高矮水池,竹子颇粗,北地无有也。英甫带一分留声机,二簧梆子都有,系圆盘,乃近日所兴,简子无有也,回公馆酉正矣。半阴晴,灯后细雨。

十月初一日(11 月 6 日) 或有朔日来贺,皆未见。鹤孙持新泰厚四千,即交宝丰处,零尾八十两暂存,收拾礼物送人,亦不得已之举。王姬人糊涂种种,晚饭后大闹,搬书房住,运气从此太坏,不悔,国事已不堪问,尚论家事乎。晴。

初二日(11 月 7 日) 前在对门裱画铺,有陈玉方小屏四,写董,乃东坡先生谪居儋耳一节，颇与谪宦相称，令其重为装裱，价银二两五，今日送来。会何心源协令，甚见瘦，因病所致，然精神不减，询之五十余矣。秦世兄兆奎。来见，伊父介人忠骸已到，伊母亦故，其本生胞弟亦故，家运使然也。备礼送荣伯衡、乔英甫、钟文叔，均全收。晴。

初三日(11 月 8 日) 午后至余耀庭处，合家皆见。至晋芍航处，痛谈，言京中尚安静，闻甘肃联星桥亦为人所刺，幸未大伤，岑云阶特参一人，上始恍悟，现已在左右，谅无碍，回想仁尊巴敦之言验矣。芍航并云，前安徽巡抚恩新甫铭被戕，道员徐锡麟供，革(民)[命]党各处皆有，人甚多。至隆书村、荣伯衡处，未遇。到联建侯处，太太、姑娘、少爷均见，师爷姓张，坐省委员王永平留片，管家刘晋亦见。回家上灯后矣，荣仲文、何心源均送食物来。晴。

初四日(11 月 9 日) 会马介堂军门，痛谈，联世兄克武来见，小孩甚好，乔英甫欲进京来辞，均令山格见。英甫当送七珍丹，托其给仲路带信，赶写就存底。同乡世笔政林。来，未见，持贴约初六日旗奉宜东会馆音尊，具贴为绰将军，赵护院，苏都统，许涵度方伯，荣麟、丁昌燕、张守诚三观察，丁德，徽世，林继文，李中敷，刘思鸿，滕含英，司马县令等，均系同乡，特记之，饭已辞。晴。

初五日(11 月 10 日) 早至乔英甫公馆，将致仲路信交给。到宝丰号拜陈海门，并拜荣仲文，俱未遇。午后会臧益民大令，衡亮。西间壁住人，四十余如二十余，现在法文学堂学员，街上教两瞎子唱道情，颇可笑。灯后钟文叔来谢礼物，闻外州县甚乱，革命党极多，恐肇乱之机也。连日早雾，晴。

初六日(11 月 11 日) 晚鹤孙来痛谈，伊亦闻京中之乱，川省之乱，实难言喻，留其用晚饭，饮黄酒。旋接马竹君函，藏中之乱，不亚京中川省，且有极可笑处，奈何。晴。

初七日(11 月 12 日) 午后会熊仲卿大令，廷旌。将束装赴任。署彭县。黄允叔大令绪炳。陕西候补，住隔壁，与鹤孙有亲，系同乡。

耀庭十哥来，便衣著履痛谈，闻外间会匪大不好，恐终起事。晴。

初八日（11 月 13 日） 无事将《儒林外史》看一遍，惜乎石印添出三两回，不知此书乃乾、嘉实事，皆有所指，此真无知妄作，且笔墨甚俗，反不如油印本与原书同。午后会宝丰号陈海门，锦麟。乔英甫号事皆交与彼，人老成。早大雾，旋晴。

初九日（11 月 14 日） 鹤孙午前来，其船只等事，均晤钟文叔商之，俟再酌。午后给耀廷十哥作札，送去团扇二柄，求在彭祖会诸老人书之，请落单款，恐尊称也。早大雾，阴，晴。

初十日（11 月 15 日） 早望上行礼，步踏至街制衣革厂分售处买手提包，劝工分局买提篮、竹丝、花瓶、笺纸等，其各物尚未全，然仿洋制各物，甚廉。晴。

十一日（11 月 16 日） 午后鹤孙来，将闷壳表交其擦油泥，竟有一金壳套，乃绍石莽观察所送，于今六七年，仍照旧并未损坏，不易得也。午后会周保臣太守。祖佑。半阴晴。

十二日（11 月 17 日） 早无事看书，午后步踏前巷官报书局，捡各书廿余种，洋七元余，盖单本多，可发一笑，竟有岳氏五经史书，亦全，然新书多。阴，细雨。

十三日（11 月 18 日） 午后找来一老头子，耍傀儡子在桌子上，大可笑。适鹤孙来，不能不大乐，即与同踏会府街买得洋烟、秋叶小花瓶等，足踏有十里多路，回时掌灯，留鹤孙同晚飧。闻世面甚乱，盖革命党到处皆有也。半阴晴。

十四日（11 月 19 日） 无事看书，与山格戏，王姬人为鹤孙夫人约去，晚饭后方回。晴。

十五日（11 月 20 日） 无事看书，程林将劝工局漆器、竹丝器拿来一看，因留用各种，以便京中送人。并给蓉格写信一封，问小石桥房子可否能住，并山格报旗，鹤孙同往找住处。等语。即交邮政局寄往，恐回信须在腊初。半阴晴，晚饭细雨。

十六日（11 月 21 日） 鹤孙夫人、湘梅夫人、陈少奶奶皆来，不约而同,大可剩饭,不然三顿矣,可发一笑,均见。饭后鹤孙亦来,因约其至街上闲踏,诸物未买成,穿小毛皮袄紧身,大出汗,据云每年亦不如此,时令不正也。陈少爷送来自画扇子,屏帐沿双款,只得收之。马军门赏给山格鞋帽衣服等件,亦收,陈家亦如此,未免不安,程巡捕拿来劝工局花瓶、笔洗、镜奁等,留之。晴。

十七日(11月22日) 无事,看收拾箱支,给臧太太、陈少奶奶送礼,作为内眷送往。鹤孙来谈,接余信暂将行途等事,俟和允修廉访到时,再作商议,闻廉访业已今日到省。晴。

十八日(11月23日) 令银匠打一烟漏子,竟自合式,可谓已近文明矣,一笑。周保臣太夫人下葬,送去席桌、纸、锞等件,回时谢帖外另一粉红纸封上蓝洋绫一块,据云川省土风如此,如平行则送白布一块,应收之。江少韩夫人来,给山格送来衣帽等,留此晚饭,酒量颇大,仍是旗人本色,毫不拘泥。晴,晚微风。

十九日(11月24日) 给耀庭兄弟送寿幛、桃、面等件,因系七十正庆。鹤孙来谢,将晚和允修廉访来会,系新到任,痛谈京内大改观,竟有双马车赴颐和园,路中皆安警察兵,行路不准乱走,匿名帖时递诸大老处,骂之,诸君只好以不理理之而已。晴。

二十日(11月25日) 无事看书,令振勋买药并铜锁等物,伊买得天然墨一盒,系玻璃盒所盛,不过三钱银,闻湖北所造,不知何物作成,总疑其中有油,却不难用。半阴晴。

二十一日(11月26日) 无事看书,收拾箱支。晚灯后给鹤孙写信,渠夫人到马边省亲。阴,早细雨。

二十二日(11月27日) 早鹤孙过谈,略延即去,饭后收拾行装。申刻马军门约本署便饭,座中晋芍航、荣伯衡并其老夫子、马将官,主客六人而已,菜虽教门,极佳,且酒甚多样,有自造葡萄酒,极好。阴,晚细雨。

二十三日(11月28日) 买绢扇、蒲扇,带川椒边者皆由鹤孙处荐来,给荣仲文观察、周保臣送礼。早间沈端臣太守继贤。来,未得见。阴。

二十四日(11月29日) 无事看书,程巡捕买来《字类标韵》,此书多年不见矣。午后鹤孙来闲谈,将劝工局所刻黄杨木各物,似有服者应用,告以切不可送人。阴。

二十五日(11月30日) 早余耀庭兄送绍酒一坛,乃多年所存,家乡之物也。午后亲身来谈,天甚凉,因细雨寒气所致,山格伤风似感冒,与藏地大相反。阴,细雨。

二十六日(12月1日) 鹤孙来略谈而去。钟文叔来,因奉和廉访之命本拟回京,由水道而达,曾电询仲路,复云可,前署赵廉访以为与官事不便,今和廉访查成案亦以不便,特告之,只得仍自行旱路。天甚凉,文叔云,向不然也。阴。

二十七日(12月2日) 由藏送番学生陈兴贵、李洪太带领学生头目来见,可分机器局、劝工局等处学习,然语言不通,尚须添兵丁传话,不易事也。署顺庆府文蔚庭太守照来辞行,初次见,人系老当差事样,与广化寺灵山相熟。鹤孙来略谈而去。阴。

二十八日(12月3日) 午后无事赴官书局一踏,并至其印书处在局后一看,缘印书处有程林之弟在彼当学生,复至局买书数种,内有傅青主《大方女科》及仁庙《格致编》,极好板,此外书三种亦可看,价不足五元。回时方知马介堂军门、荣伯衡方伯皆来,未遇。会兵部贡士杨世堃,闻京内科房全裁,吏部尤其胡闹,大招摇,并闻张家口有红胡子抢地面之事。鹤孙来略谈。半阴晴。

廿九日(12月4日) 无事看书,开众回差赏耗单,周葆臣处前存长襟衣服一箱,遣人送来,赏之。将晚荣仲文来痛谈,将山格抱出见之,已知认生矣。晴。

十一月初一日(12月5日) 早无事检书消遣。午后会戴申五闲谈,申刻至仲文观察处一看,即至伯衡住宅,周葆臣借其书房约客,座中马介堂,荣伯衡仲文昆仲,余鹤孙,洪大令,安徽人。主人,七人而已,酒为伯衡备,大佳,然大醉不可支,回公馆已亥初矣。早阴,午晴。

初二日(12月6日) 无事看书，鹤孙来斟酌赏耗单，并商雇船只等事。去后在会府街拿来字画看，有成哲亲王屏《圣主得贤臣颂》，楷字系赝本，索价百余金，郑板桥条不真，惟四屏为杨龙友书，无对证，难定真假。半阴晴。

初三日(12月7日) 早来花翎同知衔补用知县徐鸿基，不知为何如人，后询鹤孙乃其同乡，号宾儒，提署委员，酒量甚大，松龄本家。未得见。俟再询听众回差，皆来领赏叩谢，惟高玉贵不肯领，此人本马军门所荐，非同众回差可比，只得罢议。程林拟晋京。灯后会沈端臣太守痛谈，在营中带兵几年，大见阅历，现派督销，即日走。晴。

初四日(12月8日) 陈金山来，未得见。鹤孙来谈，会蒋吟松先生，衡。为中江人，现处馆在汉州，年已六十九，身颇强健，先生写作俱佳，工铁笔，老名下也。阴，雾。

初五日(12月9日) 无事看书，因朱越卿送酒二大坛，已贮五年，恐其变味，开一坛尝之，甚佳，花雕不易得也，剩一坛可带回，然连日多醉亦因此，可发一笑。早雾，阴。

初六日(12月10日) 巳刻出西门，由满城内过，至草堂寺，马介堂军门约便饭，座中伯衡，钱老夫子，名允言，号泩伯。王兄，为兵部侍郎王楚堂孙，现署成都县王寅伯梅之父，徐宾儒，主客六人，饭后至工部祠一游，回时诸君打麻雀牌，与王兄闲谈，复食晚饭，痛饮，军门遣人留门晋南门，已灯后多时方到寓。阴。

初七日(12月11日) 昨在草堂寺藏经楼宴饮，见有王阳明搨本单条及黄山谷屏搨本，过杜公祠见马介堂军门楷书《秋兴》八首，石刻甚佳。今日看打点衣箱，鹤孙来送到耀庭兄《述怀咏月》诗刻。晴，晚月色甚朗。

初八日(12月12日) 巳初刻便衣赴双孝祠，出南门，回时亦进南门，为余耀庭兄约，先早面至青羊宫，有两铜羊，大殿左右陈之，一汉宫内，一本朝内塑天尊老子等像，极大庙，到其客堂少歇。复至二仙菴，塑吕纯阳、韩湘子等像，庙比青羊宫小，庙前相对有石壁一，为张三丰道人仙笔，远望之略辨字形，近视之则无，亦古迹也，甚奇。两庙楠木树甚多，作槐叶形略大，粗细树本俱有。复回双孝祠，此为马孝廉长卿。因儿女所建，主人题词无不可喷饭，然题诗文联语极多，且有画其事者，真绝倒，然房间点缀可观，不易得。遂用午饭，座中蒋吟松先生，衡。徐宾儒大令，鸿基。主客五人，鹤孙亦侍座在内，菜极佳，酒为余所送，与宾儒痛饮，吃亦甚饱，回寓已灯后矣。晴。

初九日(12月13日) 昨席中有蔗饭一碗，乃川省资州所出，系甘蔗所成，如木耳之流，乃甜菜。戴申五送来川冬菜，颇佳。无事看收拾箱只。阴。

初十日(12月14日) 无事看装箱。由振勋买石刻赘叟两方，甚佳。现闻各处因革命党查军械颇严，拟交王永福将枪支变卖。象牙价亦昂，尚不知何以故。晴，甚热。

十一日(12月15日) 鹤孙来，因与耀庭兄照像未真，拟择日再照。周葆臣来闲看，与谈许久，始闻革命党风潮甚大，现由护院平和处之，已见安静，然发之亦由护院猛，闻以告成都也。用三角钱买来增辑《宪法精理》书一册，为湘乡周逵在日本著，以孔子降生二千四百五十年丙午纪年，甚奇。晴。

十二日(12月16日) 会钟文叔，谈及革命党拿去诸人直言不讳，现在遍地皆是，只得永远监禁，万不可重惩，恐大事出矣。鹤孙来谈，倩其找徐宾儒先看船只为要。来即用知县彭敬甫立栻，未得见，为解官。半阴晴。

十三日(12月17日) 无事将各官事信件及家内前存各字据等件收拾装匣，记账交内存，余由陆路不便多带。接联星使信一件，随墨搨《柳园记》二分，又一件系问公费，藏中之事颇为棘手，然亦无如何也。阴，微雨。

十四日(12月18日) 收拾信件本子及旧日官文，其皮箱有装皮子者亦收拾。鹤孙来，给其联大人信一看，刻下诸事皆棘手，渠不觉为之大笑。早间曾晤王子章大令，永平。谈及健侯在藏，八九月间因番间反对，诸事不成，因著急大病，回忆健侯初到，何等气焰，今至如此，亦不能不绝倒。晴。

十五日(12月19日) 早约耀庭、鹤孙、乔梓便饭，因前在双孝祠所照之像不真，今重照之，合家亦照一张，因回川合家团圆之意，以志喜。饭后耀庭踏去，看装皮子箱，皆由藏内所买，究竟可用否？俟到京再看。晴。

十六日(12月20日) 找人将棕毯包裹箱只，上夹板，直忙一日。晚间鹤孙来商酌船只，托其向葆臣处将长发美押房租银退回，倒字交其带往，王顺来辞，因此处该账不能进京，只得听之而已。半阴晴。

十七日(12月21日) 在家，凡拜寿皆未见，昨日马军门来，皆未敢请。鹤孙来商酌走路之事，徐宾儒来会，多承其代定船只，三窗一，四窗一，足可敷用，实为可感。少奶奶欲叫街上胡琴戏，阻之，不意后街坊大上其留声，可当戏。晴。

十八日(12月22日) 令回差戈什哈等在此吃早面，众丫头亦来吃早面，不意将田德丫头灌醉，众皆学跳弦子，大为可笑，留其晚饭而去，颇觉合家欢乐。晴。

十九日(12月23日) 无事收拾字画书籍一箱，将晚鹤孙来送到与耀庭兄同照像片，甚好，不似合家所照，不甚似。又团扇三柄，锦城诸老人书。旋会宝丰陈海门，送到致宜昌等两信，交鹤孙，又汇款银票各一，暂存，留鹤孙晚饭。半阴晴。

二十日(12月24日) 伯衡方伯遣人来问，拟约晚饭，即定于廿三日午后，鹤孙来，船已定妥，将昨来银票交给，两船到宜昌，总在六百金上下，钟文叔遣人问何时就道，告以腊月初四日，盖先定廿六七，因四窗太大水浅，须至彭山或嘉定始能换，须候其老板折回，方能发箱支。晴。

二十一日(12月25日) 早起觉不适，浑身作痛，胸间发堵，因服寸金丹四十粒，早饭未用。午后陈海门来，因号电京中未得可否。询以两数，加于千株，或可不至荆棘，所种全活矣。晚鹤孙来告之船银已经由徐宾儒兑交，明日渠先行到马边候，半路搭船，内存宝丰号票，并取票一千八百六十余两，交暂存俟用。半阴晴。

廿二日(12 月 26 日) 无事看收拾行装，仍觉咳嗽头闷，吃温疫三方第二方，晚间嗽不止，觉热。将众人赏，标下分之。晴。

二十三日(12 月 27 日) 申刻前回拜徐宾儒未遇，到马军门署道乏道谢，痛谈。至伯衡处，昆仲相约，座中晋芍航、钟文叔、陈海门，主客六人，系北方厨役，甚佳。闻刻下督抚有绅民不愿要者，奉旨即去之，顺舆情也，系备宪政之一端。晴。

廿四日(12 月 28 日) 会余耀庭、陈海门、钟文叔皆来闲看，和允修、陈海门、秦介人世兄兆奎。均送食物，内里江少韩太太来送什物，皆不能却，无如之何，王姬人为马介堂夫人所约，本署晚饭，颇觉一日忙，可笑。租房萧长兴将身下房押租送来三百十数两。晴。

廿五日(12 月 29 日) 早会彭敬甫大令立栻，甘肃甲班人，甚老成，此次借差赴引。午后会马介堂军门，承送金珀太少狮图章一方，因余两目时落泪，著风尤甚，用以拭之，可见功效，伊曾试之，亦从前有此病也。各处纷纷送菜点，大嚼已不下矣，一笑。王姬人送相片、镯子、表与马军门夫人，回字系姓张氏，特记。阴。

廿六日(12 月 30 日) 早饭为少韩夫人预备，与王姬人均喝大醉，殊可笑，晚亦其所备，人甚爽直。给少韩写信，竹筠、浙生函附入，托王子章大令处寄藏。丹珍等搬来，将其租房交清款目，取到五百两作盘川用，又卖银牌一百廿两零二分。阴，极小雨。

廿七日(12 月 31 日) 马介堂军门派炮船送家眷，管带昨日来，未得见。今日无事，仍看书作消遣。阴，觉冷。

1908 年

(光绪三十三年十一月)廿八日(1908 年 1 月 1 日) 收拾行装,会吴聘斋,锡珍。现已被参革职,拟明春北上,盖销款尚未清也。余耀庭送茶叶、豆瓣等,马介堂兄送茶叶、墨搨等,均收之,然又须添一箱支。阴,冷。

廿九日(1 月 2 日) 收拾陆路箱支,妙在无多,易于打点,再明日一日可竣事矣。午后会晋芍航都护,面送茶叶三包并托寄徐莲士茶、绸子、木匣等九件什物,收箱上船,信入行箧,并交其令弟蔼人将军为旗人生计一折二片,已看讫,明日作扎送还,又谈梁星海鼎芬。为有识者,颇不谬也。半阴晴。

三十日(1 月 3 日) 会彭敬甫大令,其公事尚未领下,令其到首府催之,拟初四日启行。荣伯衡昆仲、高玉贵皆送礼,不能辞。文叔送竹荪、冬菜等收之,外百金璧谢。收拾行李,水陆路俱已齐,陆路雇驮,约二百四十斤为一驮,可雇三个半。阴。

光绪三十三年岁次丁未冬十二月初一日(1 月 4 日) 早晤徐宾儒,将应发船上箱支均已发齐,大小及各人行李统一百号,外随身之物,明日再上。午后会余耀庭兄、荣伯衡弟,痛谈,闻伯衡已由赵季和护院请释回,尚未奉旨,非同芍航、书村有永不释回字样。阴。

初二日(1 月 5 日) 早辰将行李运至船上齐全,申刻王姬人、二姑娘、唐姬人、少奶奶、山格、菊花、橙子、桂花、兰花、关关、莲芳、银女子、丹珍曲结、带带,本系王姬人养女,是日交郑嫂托湘梅夫人转交其家,或另找人家养之,衣服等给之,外结洋廿元。外家人赵兴、李振勋、金八、老李一同出东门，上三窗船一只，本备行李船十只，并坐人才用四只，后装轿子不过五支。会介堂军门，文叔、宾儒两大令，张游击。祥和。晚荣仲文观察、吴聘斋来，留用饭，痛谈。阴。

初三日（1月6日） 早见邱占荣来谢赏，因其女人沿路招呼山格，赏银十两，并其卖马银十数两此本不要。拴在床腿上。忽来一人穿洋绉皮袄、皮马褂，姓部，岷江县人，有行李，跟少爷，年卅八岁，系洋学生，护院拟派巴塘当总学生，将其银全行偷去，始不应，当面在袖内搜出，后控明警察到总局，分量件数，均说不(兑)[对]。始讯明，将银追回，邱占荣尚称其为老爷少爷，余不觉大笑。不但大人不可称，称贼娃子可也，从此并老爷亦不可称，哈哈。会余耀庭兄、周葆臣兄，均送行，余客未见，灯后陈千总金山。来痛谈。午见陈兴贵，谈及藏事，番子颇信张憩伯，赏顶翎皆戴，联建侯赏之不戴，盖因张憩伯曾在圣容前起誓之故也，可发一笑。王永福旋，提众学生拟人人欲发三百金子之财，亦可大笑。半阴晴。

初四日（1月7日） 第八十二站。辰刻发成都公馆，看门头人赏其两元，因其年迈，杨顺王顺衡顺。令看公馆家具，内有支应局之物，不必远送。出北门接官厅下舆，钟文叔相送，彭敬甫亦在此相候，略谈即行，回差数人送出数里外。行二十里天回镇店房下舆，张游府祥和。茶尖略谈。又廿三里新都县宿站，德音、斌泰两笔政，刘荣魁、高玉贵、王永福送此，戴笔政福亦送此，回差亦有送者，住大公馆，彭敬甫过谈。阴。

初五日（1月8日） 第八十三站。辰刻发新都县，出北门行十七里唐家寺店房茶尖，店名大有，颇奇。又行卅三里到汉州，进西门至北门内，店房作公馆宿站，娄黎然州牧号蕃菴，浙江人，旧为鹿相幕，人精明。昨日新都延仲廉大令继。京口驻防，蒙古杭阿坦氏，太翁名国璋，蜀省知县，循吏也，询之，与寿益卿勋。处非同谱，其三代以上无考。陈金山赶到此相送，本州人彭敬甫过谈，余客未见。本州甚闹热，假银鼠极多出于此，皮去卖肉者将其薰烤作紫红色状，甚丑，或云肉性极寒，属阴之过也。早雨，整日阴。

初六日(1月9日) 昨夜将寝，娄蔷菴送到《蔷菴东游日记》一册。八十四站。辰初刻发汉州，出北门行十里过和顺桥，桥如秀绮，作高陡形，此外平桥多，大半汉州首富张姓修，陈金山送此，昨曾至公馆闲谈，送落花生、橘子，本乡所产。又十里至小汉镇，自在店房早尖，吃葱花砌面，甚佳。渡石亭水，不用船，惟沙滩。过大汉镇共卅里，至德阳县南门大公馆宿站，仍来时所住，甚宽阔洁净。高云程明府来见，略谈，为高搏九云鹏顺天府尹令弟，名士鹏，陕西拔贡。后闻高明府在此二年余，官声甚好。晚饭后，彭敬甫过谈，同在公馆，住公馆外为店房，内有铁路收发公所。阴。

初七日(1月10日) 第八十五站。辰刻出德阳县北门，行廿里，黄水镇店房内自早尖，尖后即行山路，路皆以石板铺之，左右均系高矮田畴，树木房间于远近见之，同一山路，边外之荒凉，真有天壤之别。又廿里至庞靖侯庙，下舆一瞻，此地名白马关，即古鹿头关，俗为落凤坡，前殿供武侯、靖侯，后殿独靖侯，再后一院为靖侯墓。又行十里至罗江县，进西门店房宿站，王大令名用绶，号墨卿。直隶定州人，赴梓潼会审未遇，彭敬甫过谈。早阴，午晴。

初八日(1月11日) 第八十六站。卯刻出罗江县北门，大雾，顺石路虽有高低，均平坦，开雾后见田畴交错，树木掩映，河水奔流，风景可爱。入绵州界，右靠矮山，下住多家，小溪缭绕，溪外为田，田外大河来往行船，真乐土也。曾过路右女儿坟，无考。行卅里金山铺尖站，罗江界内。又卅里皂角铺茶尖，店房甚新。又卅里进绵州西门，仍来时公馆宿站，彭敬甫同住，彼此找谈，本州杨福亭金铠，云南庚寅榜下。灯后来晤，因下乡相验，故迟迟。阴，微晴。

初九日(1月12日) 八十七站。辰刻发绵州，出北门，来时渡涪江用船，此时有极长木桥，大雾，四野不能远望，彭敬甫谓之瘴气，果时时有臭味，或不诬。行四十八里沈香铺，自备尖站，用路菜，自带挂面，本处火烧，甚佳。雾少霁看山景，行于石板路上，觉上下登顿，不为苦。又行廿三里，前后六十五里，或云仅六十里。魏城驿宿站，驿丞外委来，未见。仍属绵州管。闻绵州等处以麦冬为大宗，各省销售也。晚敬甫过谈，同住三元站。雾，阴。

初十日(1月13日) 第八十八站。辰刻自魏城驿发，闻廓尔喀差过，有匪人随来，将驿丞衙署打坏，将印抢去，幸拿住十数人，审实六人，必当严惩，方足以儆将来。行卅里至石牛铺早尖，梓潼管沿路萱化铺，水已小，罗汉桥大松已见。早于半路七里铺，遇罗江县王墨卿大令，下舆略谈。又卅里梓潼县，进南门公馆宿站，杨伯琇大令棨，行八，湖南人。来见。晚过小公馆找敬甫一谈。阴。

十一日(1月14日) 八十九站。辰刻发梓潼县，出北门，伯琇大令相送，下舆话别，过七曲山、九曲水文昌圣境，风景依然。行四十里上亭铺早尖，仍梓潼县管，纤夫尖后未用。又卅里瓦子垭，下舆同敬甫坐松树下饮茶。又十里武连驿，自找店房宿站，驿丞刘子桢崇龄，湖南人。从先旧雨，却其一切，管理人精明。晚间买火烧，吃甚饱，彭敬甫过谈。早阴，午后晴，风。

十二日(1月15日) 第九十站。辰刻发武连驿，即上高坡，路两旁均属田地，且有整山层叠开垦者，并有水塘，或近道或远望，沿路大松极多，早尖后更甚。行四十里三十余里。柳池沟自早尖。又廿里凉山铺茶尖，未下舆，茶尖前重叠沟渠可爱。又廿里剑州西门自找店房宿站，吃黄豆芽汤并炒黄豆芽，姜醋鸡蛋糕皆佳，走堂呼为么师。灯后郭直牧，名长年，号耆卿，江苏镇江乙榜。备办均辞之，晤面痛谈，彭敬甫来谈。晴。

十三日(1月16日) 第九十一站。辰刻发剑州，郭耆卿城外相送，下舆略谈，即上山，出店即如此，上下坡甚多，路右有虾蟆石甚大，沿路柏树极大，有州县木牌钉树上，彭敬甫云，土人呼为皇树，不可解。行四十里汉阳镇自早尖，复行柏树路间，以黄连树亦有钉牌者，过天然桥石牌坊。又行共廿五里剑门关，自找店房宿站，是日赶场颇闹热，彭敬甫过谈。晴。

十四日(1月17日) 第九十二站。卯刻发剑门，出关前左手有四石碣题“云鬟耸翠”，不知为何人书？魄力极大，出关后四山围绕，仅有入关一线，真雄镇也。行四十里上下登顿，幸有石板，至大木树自早尖。又廿五里天雄关，在山之绝顶，茶尖，有一僧名常林，此一腿而行，大有山鬼彳亍之意，左手庙内供圣帝、观音，川主旁小屋略停，有石刻，有匾对。下山后下坡路多，见两河夹一山分流，各有行船，名白河，即广源河也。又十五里昭化县，进北门出东门，东关店房作公馆宿站，本县吴华峰大令光耀，湖北江夏人，行一。来痛谈，人理路颇正，与秦介人三哥至交，从刘幼丹廉访来川作幕，极难昭化，民贫财尽实情也。要恭勤公奏牍，许以日后寄省，彭敬甫来略谈。半阴晴。

十五日(1月18日) 第九十三站。辰刻发昭化县，出东门上不远，即至洛阳河，又名白水河，吴华峰大令送此，昨晚并送白木耳、菌子各一匣，辞不获已，面谢之，与岳柱臣都护樑系换帖弟兄，代问候。渡船即过河，上山左有石碣《吉柏渡记》，又玉女泉一小石碣在旁。顺山坡临河路行卅里皂角铺，自在回回小铺早尖，同彭敬甫吃面吃馒首而已，并吃柿饼，甚佳。又行廿三里广元县西门外公馆宿站，本县端午君大令秀，正白蒙京旗，行六，能画。因病差迎，系感冒误服热药，年六十五，为直隶昌黎县富子周赍胞叔，会典史守备马正泰，号履安，成都人，能画。晴。

十六日(1月19日) 第九十四站。卯刻发广元县，绕城外而走，隄外即嘉陵江，顺江边过千佛崖，下舆步行，见石刻字迹，元明尚有存本，由唐时开辟，笔墨无有，惟国朝甚多，大半武夫。有藏佛洞，前有石阑，内供乃莲花佛，系红教祖师。行四十里过飞仙关，又行卅里望云驿，同敬甫各早尖。又十里均上盘道石路，至朝天关下舆，同敬甫一看，内供神佛，庙极小，关上有张公祠，前广元县。又十三里均下坡路，至底朝天镇，店房作公馆宿站，敬甫过谈。早阴，午后晴，大风。

十七日(1月20日) 第九十五站。辰刻发朝天镇，出门不远即上坡，后沿山腰路行，过龙洞竟不知觉，来时此路颇险，树枝挂轿围，且雾雨草路甚滑，此时觉平坦非常，因冬令也。行四十二里或云卅里，似不止。神宣驿，同敬甫各早尖，又行廿里中子铺自茶尖，又廿里过木寨山至教场坝，店房作公馆宿站，以上连日尖站宿站，均属广元县。敬甫同住，先找谈，灯后复来谈。阴，晚雪。

十八日(1月21日) 未行。昨夜大雨加雪，天明雨小，雪亦小，轿夫等以前路难行，请歇一日，只好准之。将广元县家人赏之，令其回县禀明端大令路上均好，自备饭食，吃甚饱。午后彭敬甫来谈，旋送朱卷一本，一义两论一策，前不多见也，系光绪癸卯补行辛丑壬寅恩正并科，在河南闱场规极乱，至甲辰一科止。阴，雨雪。

十九日(1月22日) 第九十六站。卯刻发校场坝，即上山路，出七盘关，下至六盘，有广元县界碑，复上山腰路入石峡关，沿山腰下临深涧，道尚不窄，路不如蜀道整，七盘关有小心移步石碣，其实可竖于此地，呵呵。行廿里至黄坝驿，自找小店尖站，临街而食，白米饭甚佳，泡菜、辣酱、豆腐亦好，先过牢固关。又廿里回水河自茶尖，行窄路，因雨后难走，似关外数处。又卅里自找店房，在宁羌州北关外宿站，此处米不如尖站，多稻壳，且系红花。会陈文荪州牧，名芑芬，湖北黄州府附贡，一切却之，隐者也，面青白。阴，冷。

二十日(1月23日) 第九十七站。卯刻发宁羌州，不入城，望北而行，山远水近，稻田不少，半山多居人，风景极好。行廿里至五里坡，自找小店同敬甫吃油饼，喝白米粥就酸荠，甚佳。又十里至滴水铺，州备尖站，因已饱谢之，经滴水处，在左手顺漾水而行，俗名七十二道脚不干，或在山腰，或在水崖，进峡经五丁峡，如石门，有“洞云溪月”四字石刻，中有洞供神佛。共卅里至宽川铺，自下店房吃拉条面，程巡捕自作臊子，别有风味，吃两大盘。又廿里过烈金坝，此处一山圈房如北地，形势好。有坟，前列狮子，据云张将军之父所葬，原系讨饭吃，为风雨土石压毙于此，其子张某称将军，想即张勇耶，在康熙年间，后其家有进士拔贡。又十里至大安驿店房，作公馆宿站，赴甘肃在上路分。属宁羌州，敬甫同住过谈，余到时已灯后，道难行。阴，小雨。

廿一日(1月24日)　第九十八站。卯刻发大安驿，行十五里十合铺轿内茶尖，过宁羌沔县界牌，复过青羊驿，正赶场。共行卅里至蔡坝塘，自找店房早尖。又四十五里至沔县，穿城，城已无门，荒凉殊甚，东关外店房作公馆宿站，本县王肇农大令声扬，湖南长沙人。来见，挡驾。晚饭后敬甫同住过谈，今日所行总河道水田极多，山套山圈开路，颇饶风景。冷，阴。

廿二日(1月25日)　第九十九站。卯刻发沔县，过武侯祠马纛乡侯墓，因昨夜大雨，早小雨，云雾迷漫，定军山看不清。过菜园子塘，铺户人户之多胜于沔县矣，有楼门题"昭烈旧都"，即旧州堡，系先主受汉中王于此。行四十里黄沙驿，自找店房尖站。过褒城县界牌，又卅里至老道寺茶尖，在一小庙内所供佛杂乱无比，道傍有碑，系赵老夫子兄弟德教碑，为王文佩所题，不可解。又廿里褒城县，进南门自找店房宿站，敬甫同住过谈，县官钮茀田福嘉，介休人，送物皆却之，未来。今日所行俱平坦路，田畴交错，北山远，南山近，下即沔水，可行舟，房间有正有两廂，北景也。早雨，午阴，晚微晴。

二十三日(1月26日)　第一百站。卯刻发褒城县，城内即上坡走，过白石土地庙，沿道石碣林立，有刻大清白石土地老爷者，不可解。复过鸡头关武圣庙，下山过天心桥，刻四川总督徐修，想是恭勤公捐修，系在涧水以上。行卅五里，先过褒姒故里小牌坊，至褒姒堡，自找店房尖站，旁有褒姒庙，甚奇，褒似堡俗呼为包子铺，大为可笑。顺黑水而行，有石处水声颇壮，然比来时静多，两山对峙，大山沟内顺左岸行，泉水极多，对山亦有泉，曾过一山，隔河因水不大，未走铁锁桥。又十里吴家堡茶尖，复行顺河山路，过一小铁锁桥，共卅里廿里铺宿站，敬甫过谈，未同住。阴。

二十四日(1月27日)　第一百零一站。辰刻发廿里铺，顺河而行，廿里至马道驿尖站，自找店房，甚秽，且无吃食。又廿里武曲铺茶尖，茶尖后离铁佛殿十二三里路，路左山下现石成自在观音像一座，现已修庙像，系手搭问询趺座露足，皆生成，佛法不可思议矣。纷纷沿路挑猪肉者甚多，如昨日闻鞭声，大有临年景况。又廿里铁佛殿宿站，店房油饰甚新，屋内亦干净，卖白米饭，秦蜀大半如此，秦更有面，每住店，每人六七十钱，老爷加倍，轿夫五六十钱，饭即在内。余笑谓老爷饭量小反多，轿夫饭量大反少，亦欠公道。先找敬甫谈，伊又过谈，未同住。今尖站又过小铁锁桥一。早阴阵雪，午后微晴。

廿五日（1 月 28 日） 第一百零二站。卯刻发铁佛殿，出门即用纤夫，俗谓大小廿四砾即在此路，然亦不能指出，某砾有名，某砾无名。行五十里留坝厅东关，自找店房尖站，闻办差者因陕安道从此过，亦欲办差，力辞之，赶紧逃去，前轿夫老杜叩送，进西门出东门，沿途不过上下劳顿，尚不险。又行廿里乱石铺茶尖，甚冷，过桃源铺，风景尚佳，又是山套山，一圈山有一圈山风景。又廿里枣木兰，自找店房宿站，少觉感冒，大饮烧酒，彭敬甫同住过谈。阴，雪，偶住未大。

二十六日（1 月 29 日） 第一百零三站。辰正余始发枣木栏，因夜间大雪，骡夫要走，轿夫不要走，彼此牴牾，为钱而已，后说之，仍依骡夫。行廿里柴关，在舆内吸烟，等轿夫吃饭，道实难行。又廿五里榆林铺尖站，路均平，奈雪水化泥泞。又廿里南星大公馆宿站，此处无差，即为宿店，甚宽敞，敬甫同住过谈。阴，雪，少晴数刻。

二十七日（1 月 30 日） 第一百零四站。卯刻发南星，高矮路尚平，有在沙滩内行，时比夏日少，多处登顿。行廿里过留凤关，内有凤留亭，不可解，下山过一廊桥，旁一碑刻"楚项羽封章邯"，过三义驿。又卅里新红铺，自尖站。又十里至凤岭，俗谓之南天门，左手石刻，张诗舲对联，下岭五里烟洞沟茶尖，均系下坡，因雪溶化，甚难行。又十五里穿凤县城东关，店房作公馆宿站，本县牧之大令来会，名果齐思浑，花翎同知衔，为前驻藏铁夷情之子，镶白满荆州，费莫哈喇与善星垣舅为本家，侄辈，年四十余，行一，人老练。敬甫同住过谈。因骡夫行至三义驿与人口角，被人将骡子扣留，托牧之赶紧遣人去取，等子正尚无信息，借县铺盖一用，可大笑。阴，略晴。

二十八日（1 月 31 日） 仍住凤县，骡夫将驮只午后方赶来，一切物件，均未失落，实属万幸。午前找敬甫谈，傍晚渠又过谈，闻骡夫相打者，系凤县三义驿一霸，路人称赵先生。为众人所恨，恐县内亦传不到。阴。

二十九日（2月1日） 早无事，午后过敬甫屋内一谈，申刻赴城内，果牧之大令署内约晚饭，座中老夫子，老夫子令弟，其令坦，令坦之弟，两姨外甥，敬甫及余并主人，共八人，甚闹热，闻鞭声乃其内宴取吉祥之意，陕例也，一笑。晴。店院中栽半松枝，后以蓆围，前供诸神牌位，香炉北向陕省，天地桌形式也。

光绪三十四年岁在戊申正月初一日（2月2日） 游府、大令拜年，皆未见，敬甫来，赶即至其屋内，彼此行礼而已，程品成并家人道新喜，昨日辞岁，轿夫、骡夫均拜年讨赏。此年颇觉清净，鞭炮声亦少。阴，雪。

初二日（2月3日） 无事，午后敬甫过谈，至店门看迎春，各省大略仪仗同，因明日忌辰，后日午正初刻四分陕省立春，与顺天早前一刻。阴，微雪。

初三日（2月4日） 第一百零五站。辰刻发凤县，走河滩路山沟路，河水见冰不厚。行四十里至白家店，廿五里曾过石门关，同敬甫尖站，程品成包来角子甚好。马后拴一匣子，颇可笑。又卅里草凉驿茶尖，又十五里红花铺宿站，敬甫未同住，以上均自备。天气颇冷，大有北方之意。由上站即见窑房，与晋省立土无异也。今日路多平坦，虽山腰路不少，不为险。晴，风，微阴。

初四日（2月5日） 第一百零六站。辰刻发红花铺，出门即石脚路、山腰路，下临河水，适不大，有河内沙滩行时。廿五里黄牛铺公馆，约敬甫尖站，系宝鸡境内。又卅里至东河桥茶尖，尖后即行高山路。路旁见野鸡二只，不畏人，过一草长桥，上山。五里至煎茶坪，右手钟仍露架山峰上，闻有大风雪雨，撞之可避，凡喇嘛不敢宿观音堂，亦避此钟也，可笑。又十五里行下坡路，加以雪凌，路甚难行，路间已点火把。至观音堂公馆宿站，敬甫未同住，晚过谈。宝鸡县杨晋三大令恩锡，云南大挑，行一。差帖来接。煎茶坪关圣庙已修齐，在路左，忆来时供像募化曾行礼。晴，风。

初五日(2月6日) 第一百零七站。辰刻发观音堂，因雪乱石路难行，上曲折高山过大散关，路右石刻“陕南天险”四字，为叶伯英题，从此下路多出栈道矣。行卅五里又有四十余里益门阵，约敬甫吃面，有本地黄酒似良乡，自备早尖，天甚冷，当面浮桥可至底店，近十五里，可惜塌坏，只得到宝鸡县。又行十五里，足廿余里，见水碾磨甚多，河中搭草桥二三，有极长者。进宝鸡县南门旁东门公馆宿站，本县杨晋三大令来晤，去时伊在沔县，旧识也。敬甫同住，因找谈，公馆乃去时所住，今悬九老图，阎文介对洋墒屏，不俗。阴，微雪。

初六日(2月7日) 第一百零八站。辰刻发宝鸡，出东门，路多平坦，已见车路，郊外多牛骡篷车，大有乡风，南望大山多雪，即太白，北近岐山，一路多土窑，岩下一片平田，甚可爱，外绕渭河，奇观也。行卅里不止，有四十里，同敬甫寓店公馆尖站，天甚冷。又行四十二里不到，有卅余里，八旗疃轿内饮茶。又八里进凤翔府，南门转东门内公馆宿站，县彭钱孙名毓嵩，行二。大令、府尹仲锡太守名昌龄，行四，茂轩门生。均四川人，来会。晚敬甫过谈，未同住。阴。

初七日(2月8日) 第一百零九站。辰刻发凤翔县，因昨日秽店中睡土炕，窗外添火，告以不要热炕，令其去火，谁意夜间其热非常，早起将炕蓆，伊红氈铺盖卷褥子皆引着，烧一大洞，赶紧泼水，幸未大燃，办差者为家人等，大申饬之，可发一大笑。回忆在凤县对门店房失慎，幸登时扑灭，在观音堂因温酒著起，将桌围引燃，亦登时即灭，何火之多故也。今日找裁缝补铺盖等件，故住此，不然可至扶风矣。路中颇平坦，不过有山沟或高路。行卅里红水河小饭店，约敬甫同尖站，有豆腐葱花包子，葱花辣子面，皆佳，并喝酪糟一碗，亦佳。又廿里进岐山县西门，出东门，东关自找店房宿站，本县边子福大令遣差来迎，并备公馆，未去。大令名祖祥，行五，河南封邱人。敬甫同住过谈。晴。

初八日(2月9日) 第一百十站。辰刻发岐山县，出东关，大令在凤翔府因病在彼未回，行平坦路。卅里益店镇，三义庙作公馆尖站，过古五丈原，路右石碣砚瓦沟两小村制砚者多，曾购之，如磨刀石，万不可用。又卅里进扶风县西门，出东门，找一鸦片烟馆外，轿内饮茶，过班固墓、马援墓，路右有醋三杰妻伏氏旌节碑，姓伏或有，姓醋者少见，今日多行山沟间，有高路即三畤原。又卅里杏林镇宿站，东街有社火，至西街复回，多扮戏文，乃乡中幼童为之，西街亦复如之，群呼为社火，沿途有纸炮，幼童有乘马，有坐抬杆者，大有古风。晚饭后敬甫过谈，未同住。晴，风。

初九日(2月10日) 第一百十一站。辰刻发杏林镇，沿途平坦。行卅里武功县西门外找小饭店尖站，因下雪甚冷，武功曾鉴斋士刚本在西安旧识，遣差迎，并备尖站，未扰。由城外绕道行廿里小韩店，又名贞元镇，有关帝庙进内瞻仰，第一层殿供关圣，倒座供送子观音，第二层殿供三世佛，配殿不知何神，有缠足坐像，颇奇，有碑有钟，乾隆年间碑尚在，惜未有人住，已破烂矣。又廿五里右扶风，俗呼东扶风，又呼扶风镇，自找破店宿站，办差者仍来让之不已，公馆已备，婉言以辞，令持回片道谢。灯后，敬甫过谈，未同住。阴，早大雪，尖后住复小雪。

初十日(2月11日) 第一百十二站。卯刻发扶风镇，路平坦，四野均平田，不过偶有土坡。行十五里到杨贵妃墓一看，内有住户，天极冷。又卅里至兴平县，进西门，自找小店房尖站，本县派差备公馆，辞之。出东门不远，路右有土阜，前刻石碣秦五女墓。行廿五里至马跑泉茶尖，路左高处娘娘庙，前有分水碑，叙唐太宗因猎得泉，并有石上蹄迹碑，前砖砌一泉，水不净，路右一泉亦用砖砌。起水泡，且溢出泉外，有一石在旁有蹄迹，此颇清，即行人所饮者。下舆进一小店内，见一西洋妇人据案吃热汤面，亦似行路者，不可解。又廿五里至咸阳县，进西门公馆宿站，本县杨和甫大令名调元，贵筑人，甲班，行二，已廿余年。来会，人老成，县城甚大，且闹热，元宵铺不少。敬甫同住过谈。阴，风，极冷。

十一日(2月12日) 第一百十三站。辰刻发咸阳县,出南门,过渭河,有船与木草桥可行车,道均平坦。行卅里三桥镇小饭店内茶尖,外有耍狗熊者,可发一笑。又廿里或云廿七里。进西安府西关西门,属长安县,自找店房宿站,路南较冷未茶尖,间壁小饭馆用饭尚暖,拔丝山药尚好,余不佳,一笑。先曾过丰桥、渭桥。廓尔喀教习萧必达及学生来见,均住一条街内。达赖喇嘛由甘省奏明朝五台,奉旨允准,住北门外,带有二三百人,支应甚繁,咸、长两县,谅必出汗也,一笑。晤长安周紫缙大令,丕绅。再三应酬,请搬公馆,辞之,咸宁胡永康大令启虞。来,未见。敬甫过谈,未同住。阴,冷。

十二日(2月13日) 早会恩益堂世叔,寿。现任陕西巡抚,精神甚好,询年六十,已留底须,锡闰生亲家桐。现任陕西臬台,六十六岁,比余大,称之为二哥,携来五妞并女婿及其三弟大妇,同照像一张,甚可羡慕,后续女婿,三爷非所生。此地乃其夫人两幼子,张弼臣观察嘉猷。现任盐道,兵部旧同寅,均痛谈。光显堂太守照。来,未见。行一,正红旗人。一日未歇,敬甫来商酌可走河南道,车已将定。阴,雪。

十三日(2月14日) 益堂中丞处遣人来告,晚间备席,至店房来谈,申刻来,备大餐一桌,乃新开馆子,菜亦可吃,中丞并送点心、菜蔬十包,以为路用,面谢之,所喝黄酒甚好,已五斤,又喝烧酒半斤,因谈著高兴,不觉大醉,半夜呕之。阴。

十四日(2月15日) 益堂中丞遣人来,约到碑林,张弼臣观察送到菜点六包,收之。申刻至南门内碑林一看,近日颇重景教流行碑,于去岁始搬入碑林,内有圣人吴道子笔。观音刻像,十三经,各御笔家庙碑,多宝塔,玄秘塔,坐位帖,和尚碑,圣教(叙)[序],岣嵝碑,唐玄宗孝经等,陆清献对联,左文襄、张朗斋对联,萨湘林先生秦文伯帖上跋语,真正闹热非凡。并约同乡胡诗林太守,徽元。其世兄、侄世兄同看。将晚至臬署会闰生亲家,询其姓赵,佳,正黄汉人,其实乃明朝宗室,姓朱,因避难国初至盛京,其始祖因怕查考,从外祖家姓赵，后不能改。见老六老八两儿均好，夫人出见，人极明白，乃觉罗三捷亭本家，叙出亲戚甚多，忽长忽平，甚可笑。闰生与绍越千联襟，名成善。姻伯为丁未甲榜，其大女儿即许徐云士二世兄，�芝。过门后故去。在彼晚饭，回店路上亦有灯，不多，各宪尚须查街，例也，一笑。晴。

十五日(2 月 16 日) 早会余子厚提学，堃，行一，四川巴州人，翰林。与陈京兆钟信。是亲，乔茂轩认识，人有学力。恩中丞来送行，又谈许久。张弼臣送常少渔纸一包托寄。饭后敬甫来略谈，昨日碑林来卖搨本者，留其关帝像等，三张五文，应酬而已。闰生廉访来痛谈，大有牢骚之意，将乘来四轿一顶送给，从此可离此物矣，一笑。所住店房谓之宝胜楼，大挂灯。阴，灯后雪。

十六日(2 月 17 日) 第一百十四站。辰末巳初间发西安府，二套车一辆自坐，三套车一辆拉行李，众官送行，未见，城外府县亲送行，亦辞之。因靴帽亦经收讫，西安城内关内俱石路难行，尚有一二里亦如之，因六年未乘车之过也。过浐桥、灞桥廿五里下车，河市口小店内吃包子，甚好，敬甫亦来。又廿五里进临潼县西门，城内小店宿站，敬甫同住，本县送酒席，璧之，僮等去洗澡，其实无谓，相传洗后长虱子，曾试验。田德日后来说，真长虱子，不虚。闻达赖喇嘛昨日方由此启程，前途须打听，恐所住处无店口。晴，风。

十七日(2 月 18 日) 第一百十五站。卯刻发临潼县，出北门路均平，前半日石子碍路，后半日差强。行廿里新丰镇，有古鸿门坂镶于门楼上，有小城围之，因冷，与敬甫同踏，见路左一碑刻汉高祖与西楚霸王宴鸿门于此。又廿里至灵口小店内尖站，仅有片儿汤，食甚饱。又四十里至渭南县，进西门出东门，在城内借一杂货铺，外煎茶吃。又廿里或十八里。东赤水铺店房宿站，极冷无火，吃面糟极，一笑。敬甫在间壁，晚过谈。晴，风。

十八日(2 月 19 日) 第一百十六站。辰初刻发东赤水铺，行廿五里，又云廿八里。过华州穿城行，州城并不丰盛，西关较强。又卅里至敷水铺尖站，尖后步行一二里，至一观音小庙略歇。朝邑王氏修，有记。在店见达赖乘马，白风毛黄马褂，前黄伞引行，此时见其帐房行李红黄绸布裹之，骆驼驮，从人甚多，并有文武官兵丁护送。又廿里至雪桥土店内宿站，天甚早，因达赖住华阴庙，其店房吃食不便。此乃用无底破筐，上盖案板书，一大笑。敬甫过谈，未同住。晴。

十九日(2月20日) 第一百十七站。卯刻发雪桥，五里至华阴县，穿城过。又五里过华岳庙，达赖尚未动身，闻昨日有怨者，因青马被其手下喇嘛拉去，鬃尾均剪之，主人欲喊冤，众欲殴之，只得忍气。且汉兵遇看之乡间人，令其跪接，尤为无理。卅五里至潼关城，进西门店房不大便，送差接差委员均占满，找一车店，待车夫换轴，在斜对门小饭铺与敬甫聊具一餐，即行出北东门，不由过河路东门走，下石路入土夹沟。过金陡关，东面为"第一关"三字。出关路左有河南关乡县西界碑，松寿立，乃西巡后之举动也。复行夹沟内，浮尘极大，沟上多柿树，出沟复见黄河，穿柿林，似内夹梨树。又行廿里加四，算廿八里，文地镇店房宿站，觉比连日清净多矣。到店见有华陀庙，对面戏台演戏，因往听之，一折《刘秀走国》，一折《老少换妻》，后询敬甫，云名迷糊子，甘省亦有之，文场不过弦子一，胡壶一。买得落花生、梨儿、石榴，因小饮可作音尊自娱，哈哈。共行七十三里。晴，微风。

二十日(2月21日) 第一百十八站。卯刻发文地镇，出镇即入土沟，曾记先兄言，河南土沟甚难过，两车竟有无开处，指此也。廿里至古盘豆镇，下车用点心、酪糟等。又廿里阌乡县西关小店尖站，不过莱菔面而已。绕县城过土沟，少平地，黄沙多，甚难行，见黄河一大断，尘土扑面，骡粪大臭，已六年未经矣。又廿里达子营破店内宿站，始见油炸桧并炸团粉，似小贯肠。敬甫来谈，未同住。共行加四，路八十四里。半阴晴。

二十一日(2月22日) 第一百十九站。卯刻发达子营，夜间大风，天明仍然甚冷，尘土更不堪问。行四十里过函谷关，即土沟尽处，忽有此砖砌之关，不过二里，进灵宝县店房尖站，同敬甫在一小饭铺吃熬饼。又行廿五里桥头沟店房宿站，店房住土窑，沿路窑房不少，一日风土，垂帘而坐，一切均未看见。河南里数，实未有准，问店家，店家一说，问车夫，车夫一说，并铺墙，皆不可信。此为陕州管，铺墙所写，先离州卅二，后又走写离州四十，不知其意何居。本拟前进州城，离此十五里，因已掌灯，程林虽令前去，不能顾矣。此为回店，仅白水煮面，就咸菜食之。半阴晴，大风。

二十二日(2月23日) 第一百二十站。卯刻发桥头沟，仍沿土沟而行，十五里陕州略停车，城外行，程林在此空等一夜，殊可笑。又廿五里又云卅里。磁钟镇尖站，不过卖面，竟有鸡子，不易得也。临站前过一关，上镶“函重”二字，不可解。又过磺涧镇属，沿水道多处车可过，又廿五里过张茅镇，又十五里妙沟店房宿站，敬甫同住，晚找谈。今日天清气爽，可惜所过村镇，不知名者多，无处问询，将到宿站，高山平田深沟甚多，景致却佳，有谓似察木多，然树木有，土石较润，察台不如也。晴。

二十三日(2月24日) 第一百廿壹站。卯刻发妙沟，上山路多，山顶极冷。行十七里家居岭，下车吃包子喝粥，忽见铺中迎门一春联:买又卖，卖又买，买卖茂盛;出了入，入了出，出入亨通。诸人看者无不绝倒，余车夫王小秃皆云，此是凑笑儿，回看铺掌柜则蠢然一物，必是有人与其顽笑，询其何以名“家居岭”?据云妙沟刘娘娘曾移家于此，故名，不知刘娘娘为何如人?可发一笑。适过夹石岭或转音耶。又十三里观音堂尖站，闻回銮曾驻跸，因十六日后大雪，道甚难行，下车步踏三二里。又廿八里槐树洼小店内喝粥，仅有半老妇人并一小妞五岁，姓姚，看表时皆注目直视，未见过，以为奇，足征古朴。又十八里或云十二里。渑池县，进西门出东门，东关内宿站。田德云，离县西五里上下，路左有秦赵会盟处大石碑。阴，甚冷。

二十四日(2月25日) 第一百廿二站。卯刻发渑池县，沿途尚易行，连日见车用铁铸小轮，一辕在中用两牛驾之，分左右，所谓并驾齐驱，装盐粮者多。行四十里过义昌驿，无店可尖，田德云见有叩马处，不知尚有别项字迹否？想系夷齐叩马而谏，此处有三老郡，乃石刻，镶过路门上，又有董公倡议处碑。又廿里铁门尖站，店房前后窗甚朗，多日未见此等房。又卅里过河，见山田甚多，平坝少，新安县西关店房宿站，店房亦大，且店中即卖吃食，近来无米多面。灯后敬甫过谈，未同住。微风，晴。

二十五日(2月26日) 第一百二十三站。卯刻发新安县，行卅里磁涧镇尖站，沿路多平坦。又行卅里七里河，下车饮茶，有柿子、莞豆黄，不难吃，遇一老者，须发皆白，自负老人，询之六十整，小余三岁，告之无不笑者。据云七水绕河南府，所谓七里河，乃指古洛城而言，今之洛又往东徙矣。又十里河南府洛阳县南关宿站，进关路右铺前有琴砖一块，店房似少整，有卖薰鸡、薰蛋，甚佳，可以下酒。本县孙小秋大令寿彭，行二，浙江人。送席铺垫，均辞之。敬甫同住，过谈。风，阴。

二十六日(2月27日) 第一百廿四站。卯初刻发洛阳县，过南关转东关，不进城，石子路甚多，大颠簸可厌，后行土路少平。行七十里偃师县西关尖站，尖后穿城，过城内尚丰盛，铺户不少，闻过伯夷、叔齐墓，前有碑，昨日宋太祖产生处并二程庙，均未得见。又行卅里，下车用船摆渡，沿路已修铁轮土道堆甚高，先见洛阳河，可行船，摆渡处呼为洛河，此向东流，洛阳向西流，似略分，不知是一是二。过渡后，对岸有卖元宵者，带藕粉令冲之，加黑糖实难称赞，余云幸未卖面茶，众皆笑之。又十里廿里铺宿站，系土窑，挖极深，可以放车，并拴骡马，两旁各有土窑土炕，即客居柜房在灶上，堆草亦有土窑，皆在一大窑内，走一大门，严紧非常，冬暖夏凉，询之不虚。闻此窑有七八十岁老人云，听其老辈说，算至今已四百余年矣。连日见琴砖，索价不过五百文一张。阴，时有细雨。

廿七日(2月28日) 第一百二十五站。卯刻发廿里铺，沿途土夹沟多，有铁路运石，大小车路上开车颇耽延，铁路已达汜水县境，来往亦为运石，石红色，不知何处得来。行廿里至巩县西关，绕城走过东堰镇。又六十里至汜水县，绕城到东关尖站。过虎牢关巩关，唐张许殉节处。昨日误听敬甫半天烂语，以致八十里方尖站，头皆疼浑身亦痛，牙由昨日大痛。随来大车轿车夫四人，姓张王李赵，甚奇。又十里乘马到十里铺外等车喝茶，买蓝白线手巾一方，四十文，即其家所织，不亚洋帕。又十里廿里铺宿站，喝粥而已，觉不适，至街一踏，见洪山仙祠，管骡马，甚灵验，系此处南山得道者，乃一作苦工成仙，本铺祀之，安姓先祠，此处姓安者多，敬甫等差费，乃住汜水东关，一笑。阴，昨夜今晚雨，雨不甚大。

廿八日(2月29日) 第一百廿六站。卯刻发廿里铺，仍多土路，夹沟行廿里过荥阳县，绕城而走。又四十里须水店房尖站，甚窄，小镇外颇多稻田，店内并无米饭，不过馒首饼，聊具一餐。又卅里郑州城外人和昌栈宿站，每人二百余文，住房菜饭在内，菜系三荤三素，颇可吃。主人刘姓，湖北人，格外送香肠、苹果，极力酬应，乃新开，房间不少，院落大，敬甫同住，过谈。晚饭因气滞买香宾酒，喝小瓶，一块一瓶，尚好。阴，时有小雨。

廿九日(3月1日) 仍住郑州人和昌栈，早薙头，即本店所住。饭后同敬甫至街一踏，铺住户虽无多，房间多半洋式，亦如上海分某某里，中有一坟，系明布政使，有石象，生姓王，此君忽见此世界，必大为诧异，一笑。回时在敬甫房内坐，本州叶作舟直牧济，行一，浙江丙子孝廉。遣人送席桌，辞之。找细藏香二束送刘掌柜，晚约其过谈。早瓦上见雪，一日阴。

三十日(3月2日) 第一百廿七站。早巳正用早饭，即下雪，午初离人和昌栈，又承刘商送绿色酒，出湖北，并送面筋，乃其内老板所作，系霉出，炒芹菜下面皆可用。踏雪至车栈，等许久，忽来车，即上之，系往汉口去者，不觉大笑，又等方有北车至，上之，自坐一房间，盖头等买者少，屋甚暖，有热气透过，茶房送茶送果子瓜子点心等类，程巡捕等皆坐三等车，四马六人行李，除应带打一担，不过百洋元，余到保定府，各持己票，先打有圆眼验票，又打方眼，路经一黑山洞，是独不见出洞，即至黄河桥，工甚坚，开桥用六百余万两。两头皆栏干，中间无恐力陈，停车七八次，里数如何，过县若干，均不知，昏而已至彰德府。城外聚丰栈宿站，晚饭甚坏，乃直隶顺德人所开，比郑州差多矣。阴，一日大雪。

二月初一日(3月3日)　第一百二十八站，匆匆写此，因坐火车心胜，一笑。寅正余即上火车，茶房尚未起，幸带有洋蜡头，待辰初始发车，车已老，玻璃等皆坏，想新政须大为改良。沿路在河南，土尚少，入直境，土甚多。无雪，仅西山遮云，大可喜，已远望吾家矣。忽停，上水上煤，上下客有十余次，仍分别不出某为某地，路间仅买烧饼、油炸桧充饥。至保定府，申正泰安客栈宿站，离车路尚不远。饭后至街闲踏，春元栈遇赵兴、老李，喜出望外，家眷于廿九日到此，仅隔卅一日，亦可谓巧之极矣。询鹤孙于今日进京，明日可回，找蓉格去矣，其夫人并乃侄皆见，同住一栈，山格结实，父子相别两月，均不认识矣，呵呵。晴，略阴。

初二日(3月4日)　早鹤孙由京回，来店相见，蓉格亦来。饭后由泰安栈移至春元栈，晚间约鹤孙并其二令侄，蓉格找一小饭馆，所作菜无一可吃，不觉大笑。即写信一封，托仲路询问进门行李开单，奉恳代询，并应遣犯官如何到部，解员如何办理，均请询陆军部交蓉格。明日进城，田德跟去。晴。

初三日(3月5日)　午后蓉格与田德同进京，老李当面辞去，刻同住为存菊庄弟河南侯补道衍善家眷。与鹤孙步踏进城，无甚可看，到洋货铺一游而已。彭敬甫过谈，仍住泰安栈。晚饭后内眷买洋花等件。晴。

初四日(3月6日)　早无事，鹤孙来谈，持徐锡麟一本来看，振勋由汉口带来像片，内有秋(锦)[瑾]一张，乃天下之怪物也，特留之。将晚，衍观察善。为存菊庄共祖弟，系三房，来见痛谈，人精明，年岁将及卅。彭敬甫来，适用饭，未得见，闻明日进城。阴，晚雪。

初五日(3月7日)　早敬甫来辞，略谈，即上火车，寓宣武门外轿子胡同甘肃会馆，俟到京再见。午后鹤孙过谈，持倭瓜瓤烟壶，似是旧物，因谈徐锡麟其刺恩新甫中丞，铭。谥忠愍，党羽有宗汉子马子畦，光复子陈伯平，闻逆党革命排满者甚多，真防不胜防矣。晴。

初六日(3月8日) 早无事。午后洗脚，已两阅月矣，路中竟无暇，旋仲路处大侄来，已当差，在民政部，询问蓉侄掣签，大约均系旧部，新部不配签，留其此处住，明日拟赶早车进城，告以初九日拟进城。晴。

初七日(3月9日) 午后仲路遣刘元儿来接，城内均托妥，蓉格本说今日晚车来，未见到，料明日可前来。晚饭后鹤孙过谈，毓大侄今日早车走，刘元拟明日早车走。阴，晚风。

初八日(3月10日) 早无事。午后蓉格由城内来，刘元早辰回去，明日准可进城，店钱、车脚均与本栈陈掌柜算清，曾接其同行伪信一封，殊可笑。不过告其火车某为一元一，某为七角，本信即交陈商持去。晚鹤孙来谈，尚欲等其令兄仁山覆电，方能进城，明日并其家眷不能同去，上房与内眷蓉格痛谈藏中琐事。晴。

初九日(3月11日) 第一百二十九站。巳刻在春元栈即用早饭，内眷坐车，与鹤孙、蓉格步行至火车边，等至许久上火车，两妾一女一子，蓉格夫妇同关关坐二等车，其余三等，停车数次，三句钟至前门。毓氏表侄等均接至此，即乘所备之车，伦叙斋、铁宝臣均遣人招呼，四钟到小石桥，溥仲路、钟乂斋、阿实亭来看，铁宝臣送一品锅等，后送者多未记，信怀民遣人探听，即住上西房。晴。

初十日(3月12日) 信怀民中丞来会，痛谈，霖鹤孙昆仲、世老大昆仲均来看，阿实亭儿媳孙女来看，干面胡同长侄来看，午饭至未初方用。晴。

十一日(3月13日) 今日陆军部遣军乘司司长达博生，春。为印怀亭老哥保。之子，来会。会彭敬甫立栻。在小书房，必欲换帖子，再三相拦，决意不肯，执见等皆璧回。会朴侄并寿益卿，晚会大卍侄、伦叙斋，均痛谈。霖鹤孙夫人来，询之已六十矣。晴。

十二日(3 月 14 日) 鹤孙叔侄来,将箱支拉去,齐笛舟来,为浙生胞兄,并带有信件,仲路来痛谈,豹侄、世老七在蓉格屋内见,连日会客,头晕而已。晴。

十三日(3 月 15 日) 午后琴轩相国来,在小书房见,痛谈。延采泉夫人来,勒山夫人来,在后罩房见,询年已五十三岁,余岳家平辈,只有此弟夫人矣,然有子尚称完全。晴。

十四日(3 月 16 日) 在家无事,仲路夫人招侄媳来,景宅姨太太、姑娘来。唐儿由保定府启旱到家,两骡两马均回,无处喂养,暂借肇世兄鸿。处养之。晴。

十五日(3 月 17 日) 会鹤孙、实亭,大谈时事,城内城外其说不一,总之大家乱閧而已,殊可危。晴。

十六日(3 月 18 日) 会彭敬甫,今日已至陆军部投文,明日方得领回批。待走后,即赴甜水井伦叙斋约饭,座中惟仲路,未饭之先,见西南烟火,城外来信,乃第一楼失慎。饭后溥仲路赶紧去看,闻陈列所甚近,已焚前面,复与叙斋谈,且看其所存金石等物,回寓子正矣。半阴晴。

十七日(3 月 19 日) 阿甥处大爷来,恩五老太太来,在蓉侄屋内见。铁宝臣尚书来,痛谈,时局真不可思议,奈何。彭敬甫由陆军部来,彼处多有难办之事,乃庆贵二位司员,即赶紧致达博生信,明早听回信。晚信立民侯爷来谈。晴。

十八日(3 月 20 日) 鹤孙来早饭,同振勋至东黄寺,敬甫由陆军部来,代请假五日。耆寿民世兄龄。来,已二品顶戴,左丞,略谈。长季超来痛谈,已留底须,询表姐已七十七矣。晴。

十九日(3 月 21 日) 早出宣武门至南半截胡同找余鹤孙,同至木厂胡同宝丰隆,晤张深之,名逢源。将川藩库领款立折写廿日。复至三里河拜温寿臣,未遇,同至煤市街致美楼,请鹤孙便饭,回家已酉刻矣。三姑爷如君齐笛舟来,均未遇。晴。

二十日(3 月 22 日) 早阿实亭来谈,午后至梓潼庙见世老大和尚善果叔侄，痛谈到申正。陆军部司员差弁冯姓，敬甫来商晤面，公事皆清。回家，长季超携菜点而来，在小书房痛饮痛谈。五姑爷来，未见。晴。

二十一日(3月23日) 会福五老弟。文。齐笛舟来，现在陆军部效力，托欲留部。余世嫂来，在此早饭。温受臣来，已见苍老，询年六十四岁矣。奎少甫都统顺。来，挡驾。酉初刻至干面胡同，溥仲路约饭，夫人、女儿、儿子、媳妇六人，孙子一人，均见，回忆幼时嬉戏，今竟如此福命，可喜也。看莀臣已不能动转，惟哭而已，余亦为之落泪，如夫人、招格夫妇、三孙女均见，伦叙斋在座相陪，因有局先走。与仲路复谈，并看其所藏字画。回家已子初，沿路灯光照耀，车须点灯而走，新章也。晴。

廿二日(3月24日) 早无事，连日牙痛，总因酒之过。午后裕小彭来，在小书房谈，痛说时事，真无可如何，即其民政部当差观察中，竟敢卖密事电报与俄，已拿四人交法部。伊欲西山置房地，新同徐连士结亲。晴。

二十三日(3月25日) 余鹤孙来，并黄裕昆偕来，因江船同至道谢。彭敬甫辞行，拟廿六日回川。王姬人今昨两日至各亲友处。晴，风。

二十四日(3月26日) 早给马介堂军门、许紫纯方伯、和允修廉访、钟文叔直牧写信，另有稿，书廿四日，明日遣振勋送交彭敬甫大令寄川。午后寿益卿侍郎来，荣华卿相国来，在小书房痛谈，现在尚书、相国、丞参均有坐马车者，时尚也。令家人找礼物送人。冯差弁来请示，十日假满，能否北去？告以再议。蓉格给四弟上坟，作三周年，二蓉等并去，细思光阴迅速，未免黯然。晴，热。

廿五日(3月27日) 早无事，叫跑旱船，可发一笑。观音寺三奶奶来见，徐朗秋来，小书房见，三嫂已故，二嫂搬入城十一条胡同，住山中惟莲士一支。晴，风。

廿六日(3月28日) 早无事，令家人收拾礼物，程巡捕写单子，田德带银女子曲结等回家。午后长季超来，长菊岩来，均在小书房会，痛谈。晴。

二十七日(3 月 29 日) 无事遣人送各处礼物，惟越千处未全收，因其与鹿滋轩相国赴山西查办事件，余者全收。闻连日各城失慎，不知主何吉凶，可警戒。晴，风。

廿八日(3 月 30 日) 将联建侯两篇藏文交福兄，文转交联七先生。仍令家人各处送礼，或回片，或回信，闹个不了。各庙给香赀，梓潼庙善果号苇杭，亦有赏钱，颇怪。午后齐笛舟来，谈到世路真不可问，前卖密电本于俄国高观察发新疆，永不释回，钟姓圈禁十年，并云各处著火，乃盛京红胡子所放，未知确否？晚振勋由天津先回。半阴晴。

廿九日(3 月 31 日) 余鹤孙由天津回来，晤温受臣，遣人张子文将月利算清拿回，即交鹤孙将银票城外兑现银，并广源折子一并拿去。会阿实亭，同早东侯来小书房略谈。仲路来，痛谈。晴，风。

三月初一日(4 月 1 日) 午后葵公爷来约到府晚饭，实在无暇，辞之。溥仲路送到《诒晋斋集》，董字自书扇对，旧佩玉等件，耆寿民送到茶叶、饽饽，均领之，谢之。鹤孙来，将票换现拿来，留在小书房晚饭。晴，风，早雨。

初二日(4 月 2 日) 齐笛舟来会，送山格帽子等件，即将藏香等物送之。荃翊宸、徐莲士来，留吃晚饭，痛谈。晴。

初三日(4 月 3 日) 早谒黄寺、满井、鹰房、六道口四处先茔，在六道口白二格屋内用芝麻酱面甚饱。回时会温受臣，略谈，溥仲路痛谈，并交诚果泉都统、额容龛副都统、麟又峰粮员信三封，寄察哈尔锡闰生处。三侄来，未得见，荩臣处大侄，仲路处大侄、三侄来送，均见。伦叙斋遣护卫送，拦之。鹤孙晚间来。晴。

初四日(4 月 4 日) 午初刻，由小石桥同鹤孙、带添财。程巴总、林。计泉、计文、唐儿二套车三驮子，雇九合標局贯□李家。三出德胜门。行廿里清河镇，姜六儿率其二子送至此，并呈篓酱及咸菜。又卅里沙河镇宿站，里数以绕道计，正路皆水。住回回店房。饭后同鹤孙至街一踏。晴，风。

初五日（4月5日） 卯刻发沙河镇，到尖站碎石路甚多，先河滩，后离山近。行四十五里南口店房尖站，同鹤孙将欲用饭，仲路弟因上坟特意到此，并将饭钱付店，辞不获已，只得奉扰。入关即行关沟内，石子路极多，过居庸关，极雄壮，三层门中间刻石佛，盖防北边之意。又过关，方至岔口店房宿站，又四十五里，前后九十里不虚。打箭炉外似十里，不过七里。四川陕西省轿路十里，不过八里。车路与此同。晴，大风。

初六日（4月6日） 寅刻发岔口，沿途大石子路、小石子路甚多，偶有平路，左右山或远或近，田地树木近城处多，其石子黄沙处，寸草不生，更无论树木。行五十里怀来县城，进东门出西门，西关内尖站，来往车极多，店房大忙。又行七十里新保安宿站，只有此店极大，沿路见堡子，其形或高土墙，或上安砖垛口，宿站系镇，离此不远，有城，武官住扎，或云都司，旧保安州城离此南四十里。风，晴。

初七日（4月7日） 卯刻发新保安，路较平，然石子仍不免。行廿里鸡鸣驿，买油酥火烧，甚佳。过河滩，越后岭，直拉车上山，幸路平，远望五台后山，积雪满白，昨早今早无怪甚凉。又行卅里响水铺尖站，店房有瑞景苏题壁，殊不成话。又行卅里宣化府城东关宿站，店房洁净，似新收拾者，沿站皆回回店，今日始非饼面，用白米饭。晴。

初八日（4月8日） 卯刻发东关，进宣化府东门，出西门，城内街道甚宽，有四牌楼等，中楼工极讲究，似黄鹤楼小而不整，修之恐不易也，门皆有重城，忆明朝原有巡抚住扎，故规模较别处府城不同。行廿里过石豁子，道陡尚平。又十里毛榆林尖站，本可不用尖站，因大风且觉饿，与鹤孙各吃三碗卤面。又卅里将至口，外委增荣仲路旧部，盛京汉军旗人。往接，寻过下埠至上埠店房宿站，增外委送菜点，额容龛都护勒洋。送菜点，不容不受，都司遣官人来，应由彼处报到。晴，大风。

初九日(4月9日) 早无事,午后增外委同鹤孙、计泉至下埠看新居,内有楼,房间小,尚堪用。麟又峰岱。理藩院员外,人颇精明,来此痛谈,并送鱼翅席,只得拜领,问其哈拉,系乌梁罕,与喀柱沁王为本家,亦蒙古大族,口外情形颇熟,大为有用之才。早小雨,半阴晴。

初十日(4月10日) 午后至诚果帅处见,额容翁处见,麟又峰、行二。耀受之益,行七,驿传道。处均见,麟祥祉军台。笔政、三协领、都司等过门拜,回店名中和。会洋务局提调张大令、绍曾。陈瀚如布衣、运海。锦泉涌老板王仁轩,必毅。与鹤孙同见,痛谈。将耆寿民给果帅托带匣点心二,篓果子一,遣人送去。阴。

十一日(4月11日) 早会乌澍堂左翼协领,雅泰。午饭同鹤孙共车由花儿巷中和店移寓阁儿东住房,乃本地人所盖,廿余间非常华丽坚固,似山西房屋,果帅遣人送菜点,收之。驿传道书吏送来报到,作初十日到口,请站台报道转都。呈子一纸,错写六十二岁。书押交其呈递。晴。

十二日(4月12日) 早会额容龛都护,富叙堂协领,伦。蒙古人,颇明白,不俗。午后会麟又峰员外、诚果泉将军,因痛谈。鹤孙同大美玉石海峰掌柜峻屿。来谈。晴。

十三日(4月13日) 早发家信一封,内叙沿路尖宿站,溥六老爷会饭帐,张诚诸官来,并回拜,已报到,搬至新房,大美玉对门,拟再找房,余六老爷家人计泉、唐儿拟回京,余六太太搬小石桥,如来时前十天给信,必要驮轿,路难走,皮单袷衣皆得带。等语。即交邮政局寄京,取有收条。鹤孙出门到上埠,又峰处送来小椅四张,价合二两一张,真贵。晴。

十四日(4月14日) 会锦泉永①王仁轩掌柜,略谈。旋至对门大美玉晤石海峰,谢步,借其车赴万全县。县丞阮子元二尹志复,安徽

① 前为锦泉涌。

人。处谢步。到监督文锦堂十弟绶。处奉访，痛谈，均便衣。晴。

十五日(4月15日) 遣计泉、唐儿进京。写家信一封，内叙十三日发信，想收到，三匹牲口骑回，小马赏唐儿，黑马、黑骡送仲路，广源折交余六太太，如不能，交少奶奶转交，银票十六两、钱票二十千带回，毓美买薰烟。等语。信交计泉手，午后会文锦堂、麟又峰、耀受之三同乡，大约住房可找得，果帅送奶饼一包。半阴晴，细雨。

十六日(4月16日) 午后同鹤孙步踏出东门至下埠大街一游，洋货店极多，亦有略大者，另有卖恰克图茶壶者，价甚昂。书摊、老铺亦有，多卖闲书，正经书少，进南门回寓，有一小书铺略陈正经书。在南门外会军台笔政麟祥祉，全，行三，镶蓝蒙。与又峰本家弟兄。晴。

十七日(4月17日) 早额容龛都护遣戈什啥来询问房子是否挪移？告以此处不好长住。会洋务局总办额兄，勒光泰，号静庵。痛谈，伊通英文英语。富察氏延子澄兄清。因口外祭差暂住，过访，送书籍、茶叶、点心等。晴。

十八日(4月18日) 午后同鹤孙到上埠锦泉涌，在电报局对门。回拜王仁轩，看其片子、回绒、潮脑，皆俄国制，甚佳。给子澄送菜点。办矿务彭观察致孙，芍亭之子。来，未得见。晴。

十九日(4月19日) 无事给仲路写信，旋接家书，眷属于廿四日可以启程，并接齐笛舟、戴申五两信。晴，晚风。

二十日(4月20日) 午后便衣回拜洋务局额总办、张委员，将报纸送还，未晤。矿务局晤总办彭观察，行一。痛谈，回拜延子澄星使，晤谈，并看其夹杆车。令带给鹤孙书籍两种。夜雨，小风，晴。

二十一日(4月21日) 早余鹤孙同用饭，伊即上车，带添财坐二套车一，价五金，五日可到京。午后步踏访文镜堂榷使。晚至大美玉石海峰约，座中彭蘧斋观察、蔡观察、号皋门，湖南岳州人。富协领、麟左司，生意人二，并主人八，有鹤孙，因进京辞。诚统制处送贡，余奶饼四匣，赐儿山熏肉二块。晴，微风。

廿二日(4月22日) 无事，将子澄学士所赠《蝶仙小史汇编》等书阅之。晴，晚风。

廿三日(4月23日) 无事看书，昨夜雨。午后较凉，与京内异。半阴晴。

廿四日(4月24日) 早起甚凉，午后更凉，因有风，院内竟冻冰，与边内大相径庭，无事看书。

二十五日(4月25日) 今日风微住，凉亦稍减。午后过大美玉石海峰一谈，此地口平比京市平大四四五，金银钱洋价皆听京内行市，金由俄来，京价卅六七换，系足色。将晚彭蘧斋观察致孙。过访，痛谈，上灯始去。早饭因感冒始喝甘蘸酒，甜似黄白之间。晴，风。

二十六日(4月26日) 早无事看书，午后延子澄学士来辞，明日走，言明不去往送。额容龛都护来，仍为房间调换事，恐未行。接锦泉涌送到有人致余鹤孙信一件，俟便寄回。晴，风。

二十七日(4月27日) 午后同程林出小北门，此门与东西相仿，在门内重砌一门，向北刻"小北门"三字，相传此门大开主水灾，不过容人低头而过，亦有门扇甚奇，并传此门即张家口，未知确否？至北门看路南房一所，西房柱沉下，且正房无炕，院内不分内外，须截断，应向房东再议，回时进东门，均不甚远。会垦务局德子钰委办，克登额，行一，盛京汉军人，姓胡。人系老成一路。接彭蘧斋信，送自书墨楹联一付，语颇佳。晴。

廿八日(4月28日) 早无事，姜六儿忽来，家眷昨住宣化府，今日不打尖即到，午刻到寓，山格略有咳嗽，晚见好，合家驮轿二乘，二套车四辆，驼十八只，可谓十八骆驼驮衣裳，一笑。一路均为平安，至市曾见鹤孙，广源折已交余世嫂，骡马各一送仲路处矣，今来者王姬人、唐古忒姬人母子、二妞妞、小二妞妞、菊花、橙子、桂花、莲芳、关关、丹珍、计泉、唐儿、魏国明、李振勋、姜六儿，家眷登楼给大仙行礼，大仙画像老少各夫妇共四位，本朝衣冠，或云本处仙家均如此，不可解。星命书是日交运，王姬人生日，山格明日周岁，甚奇。闻蓉格已掣签分理藩部，此部久未有本族当差者。晴。

二十九日(4月29日) 早晨,令山格抓周,先抓鼻烟壶,再抓算盘,又抓小刀子,可发一笑,不知何所取意。午饭计泉买来黄花鱼送上,已六年未知此味矣,连日食香椿亦然。今日早晨将左上尽末齿落一个,并右齿落二矣。晴,晚风。

光绪卅四年岁次戊申夏四月初一日(4月30日) 增外委来,又代觅房一所,此处觅房颇难,不知此所又如何。彭蘧斋观察约初四日饭,敬谢。额容龛都护因家眷来,送菜点,领之。宝丰隆京号老板王深之,名逢源。晴,微风。

初二日(5月1日) 无事看书、戏儿而已。将箱只打开找礼物送,周旋诸君子。文锦堂榷使送来杏仁粉,熬咯哒甚佳。借程林《挑灯新录》,近于因果书,尚好。晴,风凉。

初三日(5月2日) 早王仁轩过访,托其极力找房,命计泉将各处礼送往,增外委亲来道谢,未见。带振勋步踏至东门外街上一游,买得东洋花玻璃盒印色一合,西庙洋板石印一小套,洋烟小纸匣一分,非常贵。

初四日(5月3日) 早文锦堂榷使送到果席,系送内眷,领之。午后驿传道耀受之郎中下牌饬都宪清丈,点派十一台效力,限十日内束装启程,不准在口逗遛,何日抵台呈报,本衙门转详等语。牌存,即同来役赴各处报,起程出大青门。

初五日(5月4日) 早大美玉送到烧猪、蒸饼,猪乃此处有名者,大啖。午后麟又峰来,便衣痛谈。额静庵来谢,给什物,并将贻霭人被参经查办奉上谕交法部追款治罪,原参副都统文哲浑交部严加议处,看过即送还。风,晴。

初六日(5月5日) 无事看书,诚将军来信,定于初九日晚饭。驿传道书吏来,将初四日赴台、十四日到台并未携有家眷子侄等切结备齐,请书押,赏其承办吏役纸笔车费银四两,都司衙门钱两吊。此处有烧羊肉,羊好,味稍差京内。晴。

初七日(5月6日) 午后会文锦堂,无事,看天较热,换小袷袄棉毡袄，尚觉有汗。晴。

初八日（5 月 7 日） 借大美玉报看，贻霭人参文哲浑原奏及文参原奏查办原奏均见。诚果泉送到一只锅点心等给内眷，领之。命程林去上堡看房，未知能成与否？实累赘也。晴。

初九日（5 月 8 日） 无事看书，申刻到上堡回拜垦务局德总办。至诚果泉将军署，约便饭，座中惟文锦堂主客三人，菜极佳，天较热。晴，灯后微雨。

初十日（5 月 9 日） 随来魏国明、唐儿辞，回京，赏之，早辰即行。无事看书，且连日饭后必困，无事之过也。夜雨，早仍未住，午晴。

十一日（5 月 10 日） 无事看书，因昨日雨天较凉，此处如莞豆已见，询系京之物，亦有由天津来如柑子，极好，甚甜。此外京内所有，大半不阙，不过货次。晴。

十二日（5 月 11 日） 今日天气较凉，盖口外有风雨即如是，非内地比也。无事看书，颇觉心静，一行作吏无此闲逸，实感天恩。借大美玉洋报看，京中火灾不止，殊切杞忧，现已月余，无日不烧，甚怪。晴，微雨。

十三日（5 月 12 日） 早会王仁轩，为上堡找房，拟明日到伊铺，前往一看。早饭用油面窝窝，用清汁子拌食，如蛋卷形，系炒后磨面以热水沍成，再上笼蒸，亦不难吃。曾记在马兰峪出差，阎文介公谈及呼为燕仄声。麦，余以为应作燕平声。麦，系北方有之，以地名，文介公深以为然。晴。

十四日（5 月 13 日） 无事看书，午后步踏至上堡访麟又峰，甚热，袷毡二件，大出汗。未遇。到锦泉涌找王仁轩，同至副帅署西，看房一所，尚整齐堪住，复至锦泉涌吃晚饭，用车送回到寓，已掌灯。同席一宁波人，道胜洋庄老板，一绍兴人，一四川人，一山西人。闻贻霭人有自尽一说，又闻云南有土匪起事，已陷蒙自河内县，法国调兵自卫。晴。

十五日(5月14日) 午后大美玉石海峰掌柜来，闲谈。灯后刘雅区观察耀坤。因发遣到此，特来枉顾，见其身似素服，发已剪，尚未长齐，询之，通日本语言文字，现拟学蒙古语，不知将何所用。晴。

十六日(5月15日) 昨日由京寄到《政治官报》，经鹤孙手，刻下看此报者甚多。前闻果泉将军云，系宝二先生宾。所设，今日无事看报而已。午后大雨，始闻雷声。晚饭买得大头鱼，清炖，上下食之，可发一笑。阴，雨。

十七日(5月16日) 午后刘雅区便衣来谈，将晚王仁轩带伊铺伙来看皮张，并议新房办法，约余廿一日可到上堡面谈一切。半阴晴。

十八日(5月17日) 今日上堡开会，年例也。程把总往看，不过人多闹热而已，无大滋味。将官报看完，此种尚在可取之列，不载琐事，反有更正别报谣言。晴。

十九日(5月18日) 早饭用香椿并韭菜合子，甚佳，六季不知此味矣。午后带振勋出南门，在一笔铺内买《五方元音》一函，《海子评》一函，《封神演义》一函，均系洋板，实无书可买，聊以娱目而已。晴，微风。

二十日(5月19日) 无事，程林至下堡看房，糟烂不堪棲止，只得罢议。晚饭后至大美玉，找石海峰闲谈，询其房间，比从前应贵一半，且不好找。晴。

二十一日(5月20日) 会锦泉涌管帐先生，所带到皮张甬子，约人一看，明日再行定价。接余鹤孙来函，取事须五月再议，并京利汇到度支部，应销款已全准，致锦泉涌函一件，明日带交。晴。

二十二日(5月21日) 午后至上堡，步踏，会内一看，席棚甚□，大半卖洋货者多，有内地货，亦下等之物，回时给山格买搬不倒等物，仍守旧也，一笑。至锦泉涌，遇又峰诸君打麻雀牌。旋至新房，恐收拾不易，东家不管一切，均须自行修理，去来均雇车，十一个铜子一辆。晴，风。

廿三日(5月22日) 无事看书,将晚锦泉涌遣伙计来,为王姓房子来,种种纤毫,颇难定规,恐无成局。晴。

二十四日(5月23日) 刘雅区观察来,未得见。给鹤孙写信,交邮政局寄往,取有收票,备存锦泉涌。又遣伙计来,因王姓愿收拾墙院,拟先要半年租银,告以俟过五月至六月再议。晴。

廿五日(5月24日) 无事,看《封神演义》,可发一笑。午后程林、计泉找来皮货店,颇出价,凡不用者均售之。晴。

廿六日(5月25日) 早无事,午至大美玉,将大丰厚张境号介山,行三,山西人。所留皮货银交其上折。晚石海峰亲身来约,复至大美玉晚饭,座中电报局老总赵叔泽、麟又峰、富协领、房东李全太,吃薄饼,甚佳。晴。

二十七日(5月26日) 无事看书,天气较热,小袷袄不能穿。明日下埠起会,年例也。今日已有摆摊者,小儿要货多。昨日京寄报又到。晴。

二十八日(5月27日) 午后带振勋、计文、丹珍至后街看会,人甚多,男女乱挤,货摊多上堡之物,不过给山格买玩意两件,见有娘娘庙一座,皆去烧香,俟回时必带粽子,取其种子同音,乡间俗论也。丹珍半路竟睡着,令振勋先抱其回寓,一笑。晴。

二十九日(5月28日) 早遇石海峰,据云会场早尚清净,因带振勋前往,似比午后略强,然无物可买,仅得东洋小折一柄,洋蜡灯二枚,殊可笑。晴。

三十日(5月29日) 无事看书,戏山格,稍有知识,惟颜色青白。午后同程林、计泉步踏后街看房,□分向外院,亦系生意房门,旁有铺面,回时见阵雨。半阴晴,雨。

五月初一日(5月30日) 无事,将振勋所带《海国奇谈》四小本一看,虽笑话皆寓言,尚不失为正经书。见报,仲路赐寿,景苏发军台。晴。

初二日(5月31日) 午后会刘雅区,现已搬至上堡花儿巷,屡欲谢步，未果，劳其枉顾多次，不安也。此地王瓜、豌豆皆由关内来，樱桃已见，乃山豆子，非甜者，白菜尚有内地，刻下已无矣。晴。

初三日(6月1日) 午后至会场一踏，买得《客窗闲话》一小函，《东周列国》一中函，无事得买闲书，可以不用心看之，甚适，一乐也。接石海峰来字，前托卖首饰，今□欲一二日来看者，覆之答之可以。并令振勋将所余家人赏耗分之，至此截止矣。晴。

初四日(6月2日) 午后刘雅爵观察同罗丽堂大令春城，四川射洪人。来，因之痛谈，大令甚精明。旋至大美玉，石海峰约金行人看首饰。遇李全太，略谈，始食樱桃。晴。

初五日(6月3日) 早起敬望祠堂行礼。午饭沽此地黄酒，实不敢谬赞。无事至后街一踏，遇文锦堂榷使亦在此闲游，出城到洋货店，询其价，比堡内会场廉多。晚饭后大美玉先生将金饰取去，以便定价并分重。今日矿局总办彭、洋局总办额、提调张万全、县二尹阮，均拜节，即差谢步回拜。此地不京不外，亦有趣。半阴晴，雷，风，数点雨。

初六日(6月4日) 早会石海峰，将首饰原金定准，晚饭后大美玉杨先生将合银条送来。晴。

初七日(6月5日) 无事看闲书，其无比数十年未有如此不用心之事。晚饭时闻斜对门有开饭庄者，令其送凉菜两盘，难吃万分，今日仅有贺喜者数桌，并无外卖，恐不能长也，一笑。晴。

初八日(6月6日) 早饭内眷烧猪一口，以为补过节之意，吃甚饱。午后带程林、振勋步踏出南门，至赐儿山云泉寺一游，离寓约有十里，走热，胸口大痛，又汗出如洗，下山亦然，雇车而回。寺在山半，工程不小，供有真武、观音、圣帝，不僧不道。各殿阁扁中如赐录：麟儿永保子孙等语。似难指某仙佛神圣，为专掌赐儿者。现有两僧主持殿阁，皆傍山，层层修盖，最奇者一院两洞，皆有泉，左洞谓之水洞，离门二三步即清水一泓，闻深冬不冻，右洞谓之冰洞，离门二三步凝冰一块，围径有两丈余，结冰一块，刻下尚有尺余厚，冬日更厚，永不消化，或云六月至九月无冰，然甚凉，十月复结冰，因在崖下，两洞所去不过一丈远近。在冰洞右隔一门，内一洞，所去有三丈远近，则离门更近，滴水作声，颇清越，题为“源泉”，冬月亦云不冻，甚凉，泡茶极好，不准出山。冰洞右有碑碣，系明朝嘉靖重修云泉寺记，溯自(宏)[洪]武，其来远矣。在山上又有一洞，题为“麟趾”，内甚凉，无水，庙外隔涧有房一区，乃薰猪之处，备进贡，成作在此。口外枯山多，惟此有小树青草，似水旺，顶上有亭有殿，登者少，道甚险。回家将落日矣，因不适未用晚饭。闻十二日后即有开饭馆子，前往游人或早定、或随意约人聚饭皆可，大半挟妓者多，不避人也。晴。

初九日(6月7日) 昨日奔驰一日，今犹腰痛，可发一大笑。石海峰约至大美玉，将首饰售去，开清单交收。午后增差官来，仲路家均好。闻唱戏，荩臣尚往观之，或可不至意外之虞。罗丽堂大令来信，所找之房大约有成。晴。

初十日(6月8日) 午后至上堡，回拜罗丽堂大令、刘雅爵观察，得遇罗剑农司狱，成右司，痛谈。回至大街一过，不如下堡闹热，街较宽，蒙古营房子或可有成。在彼遇微雨，天旱正求雨之时也。半阴晴，阵雨。

十一日(6月9日) 无事看书。昨接京信亦较旱，近多时疫，此地亦旱，现在求雨尚未应，闻口外麦田大受伤，幸油麦无碍，如雨可有秋。晴，少阴，多落数点雨。

十二日(6月10日) 天气渐热，早晚须袷，午竟换单，数年未见单衣，竟觉轻爽非常。无事看书、戏儿，自可适意，刻下藏中如何，真难思议。半阴晴。

十三日(6月11日) 昨夜忽又胸口疼，总因湿热所致，被亦较厚，一日甚觉困倦，因雨略凉。无事将座表找出上之，并吃厨子作得凉糕、山查、芝麻、澄沙，皆佳。阴多，晴少，雨不甚大。

十四日(6月12日) 接子澄学士来信，已由口外回，拟十六日南去，本欲往看并问其腰痛牙痛如何，因雨未果。今日颇凉，竟穿至毡袷棉马褂,足征口外天时与内地大异。雷大振,阴,略晴,数阵雨,有雹。

十五日(6月13日) 早接瑞老丹洵。来函,已出刑狱发军台,托找住处,不知余尚未有准居止,何暇代人寻觅。午后步踏边路街东绅店,访延子澄兄,已差竣进口,送其佛尊、《陀罗经》、藏香、氆氇、红花、青果,渠均收,痛谈口外蒙古之苦,非可言喻,现拟改行省,不知何处招许多百姓,恐徒托空言,奈何。阴,数阵小雨。

十六日(6月14日) 巳刻赴上堡,罗丽堂、刘雅爵约早饭,座中潘少翁中丞、左右司、石海峰、聚五骁骑,主客八人,痛饮黄酒,似竹叶青,尚好,菜亦佳。未入席前大雨,有雹,席间复大雨,颇爽。饭后至锦泉涌换钱取钱,麟又峰遣人欲留谈,看天时不好而回。阴,微晴,大雨。

十七日(6月15日) 无事看书。午后步踏,找文锦堂闲谈,并托其询问果泉将军、富协领房,矿务局所订之房有无在内,因痛谈,度支部闻改十司,大非旧观矣。将《官场现形记》一函借其阅之。石海[峰]送青丝烟十包。晴。

十八日(6月16日) 无事看书、戏儿,内眷买《儿女英雄传》,有正读,正则文铁仙世伯所著,批则董醖卿世伯夫子所为也,续则不知何人秉笔。晴。

十九日(6月17日) 将晚会文锦堂,为房子事须见石海峰再为详询。彭蘧斋于廿一日亲赴上海,来辞,行为机器事,并要藏青果一包而去。晴。

二十日(6月18日) 无事,晚饭后找石海峰,商量明日至蒙古包看房,见其院中摆马缕、宝相、月委、石榴等花,梧桐、无花果等树,皆以盆种,足证张垣地寒。晴。

二十一日(6月19日) 午后会罗丽堂、刘雅爵,闲谈,雅爵蒙都统派充东文教习,甚觉得意。旋会同石海峰至蒙古营看房,到富叙堂尊府商酌,俟回明果帅再定可否。至上堡访麟又峰,给彭蘧斋送行,均未遇。锦泉涌王仁轩约晚饭，座中章观察、姚观察、倪银行、阮县佐、麟又峰、赵大令、秦老板，主客九人。晴。

廿二日(6月20日) 午后会章西园，邦宜。系农工商部派查直晋口外各厅商务，先为江苏同寅，西园官邮州，不见已十余年矣，询之已五十三岁。晴，风。

二十三日(6月21日) 无事读《东周列国》，其中游说之风胜行，其中非至道自无论矣，有名各君已非正路，所招各客九成九篾片，真不值一笑。晴。

二十四日(6月22日) 午饭前会前观察刘雅爵，耀坤。候选大令罗丽堂，春成。骁骑校奎聚五，祥同。旗前主簿曹蜀生，本煌。均便衣，因富叙堂房子事拟向大美玉商酌，可定局。热，晴。

廿五日(6月23日) 接鹤孙来函，前路二竿八已收存，所余再议，尚书处仍无消息，拟再函催之，附乔英甫一函，现已回川，前欠双柏之数已付清。京中先旱，现已见雨，天恩深，前农望可慰。晚饭后带振勋、丹珍街东闲踏，见井屋辘轳绳一围半，询之，井深十二丈，下堡如此，上堡不然也。晴，晚阴。

二十六日(6月24日) 昨夜雨，今日小雨，忽住忽下，于田地大有益。无事给余鹤孙覆函、伦叙斋贝子写信，天较凉，穿两袷一单合式。阴，雨。

二十七日(6月25日) 天凉，与前数日总似差两节气。午后大雨，雷一阵，早晚皆小雨，写一日信，封固，明日发递，又有程品成致余信，并封入。阴，雨。

二十八日 （缺）

二十九日(6月27日) （上缺）阴，雨不多，堡外水声大振。午后会石海峰，言富叙堂房子可有成，只好听之再议，并云金价大落，珠子太谷贩者多，闻外国人已不要，价虽极贵，积者无处售卖，大吃亏也，奈何。阴，雨。

三十日(6月28日) 早往上堡，回拜曹蜀生，陆军学堂。奎聚

五、蒙古营。刘雅爵、罗丽堂、花儿巷。章西园，邦宜，行一，道班农工商部委员，安徽人。洋务局对门。见面略谈，即回。饭后，富叙堂、石海峰过访，蒙古营房间谈妥，已回明将军矿务局不占矣。晚石海峰约饭，座中富叙堂，生意人三，饭后又痛谈。阴，申后雷雨。

六月初一日(6月29日)　无事登楼眺远，山间无多青，草枯处多茄子、西葫芦、青辣子，已吃，西瓜已有，价昂，尚不好吃，闻此地即有铺沙瓜。阴，微雷雨。

初二日(6月30日)　无事看书、戏儿，晚饭后由西转后街，由东而回，此地首饰楼并不陈首饰，蜡铺带杂兼卖甜饽饽。半阴晴，午后大雨一阵。

初三日(7月1日)　无事戏儿、看书。午后会恩承圃，禄，行一，正黄蒙人。右司员外郎，由理藩部到此，人爽朗，象甚厚，痛谈。晚在院戏儿，颇热，丹珍竟能将山格背起，两人正差一季，二年零两月余，孩儿力不为小矣。房子说准，将立字矣。晴。

初四日(7月2日)　早至大美玉晤石海峰，因房租价太廉，据云每年八十金已不少，勿庸议加，而不至落闲话，以后收拾一切即不用房东费心，可自己办理矣。拟修房间正房。东西。截断两槽，东屋前檐炕一铺，西屋照前，或顺山炕，东厢房不动，西厢房截断一槽，北屋前檐炕一铺，南屋顺山炕一铺，外院会客屋，里屋不动，外屋大炕不用，一切土木表糊房东不必管。晚饭后带丹珍绕一湾。半阴晴，晚微雨。

初五日(7月3日)　闻明日大镜门外有何闹热，此地祀神戏最多，随便街市搭台演唱，风气使然也。照大美玉来底，给富叙堂写房帖，亦此地规矩，四标应正四七十，正改腊，因多于年前用款，写房帖，即交石海峰手。立房帖人有梦琴，今凭中赁到富叙翁上蒙古营住房一所，计十四间，言明每年房租钱平银八十两正，按四季标期交纳，决不短欠迟误，恐后无凭，立房帖为证。光绪三十四年六月十六日立。中保人石海峰、奎聚五。立房帖人有梦琴。押章。寻薙头，竟半日找不到，只剩二人一铺，可笑。昨夜雨，半阴晴。

初六日(7月4日) 石海峰来信,罗丽堂约请代约巴冈一游,辞之未去。午后有阵雨带雹,幸而免。晚带丹珍至后街户部银行而回,遇海峰。薙头来,此日放工,惟二府来教薙头。阴,晴,雹雨。

初七日(7月5日) 无事登接祥楼,丹珍竟敢独自上去,真胆量不小,此楼名接祥,对楼南屋悬一匾"源藏若灵"四字,其俗可想。半阴晴,晚雨一阵。

初八日(7月6日) 无事看书、戏儿,偶至街门,路上如京城黑泥水,且有气味。半阴晴,晚雷,小雨。

初九日(7月7日) 将晚会麟又峰,谈及冬日煤甚贵,种类亦多,蓝旗地面出城,乌珠穆沁王地出盐,皆大宗生意,盐池不准汉人干预睄看。并闻贻霭人所保各员,奉旨均撤销前案,补缺亦均开缺,陆军部武职则不然,两样办法也。洋蜡一箱,四两。半阴晴,微雨。

初十日(7月8日) 夜并天明大雨。午后上营子,回拜承圃恩院外,未遇。东绅店拜瑞景苏,洵。痛谈,并见其二世兄,询景苏,年五十矣。买西瓜一个,系南来,尚可吃。半阴晴。

十一日(7月9日) 午后会前武清县台员项镜山,寿堃,行一,阳湖县人。人精明,(常)[长]于笔墨。晚饭后至堡外一踏,接老井函,送到《新党发财记》《钱塘狱》各一本,借看。晴。

十二日(7月10日) 无事,看《新党升官发财记》,似《官场现形记》,所指之人,大概可知,颇可笑可叹。申初二刻前后大雷雨雹,街门前水往东如小河,阁儿西北大约均汇于此,闻边路街水已大放溜矣。半阴晴,雷雨雹。

十三日(7月11日) 接到溥仲路信一封,京内照常,惟因天旱麦秋无望,只有大秋可望。早午在堡内外一踏,买得洋气鑪一架,五两五钱。可用作水,代火锅、洋蜡灯、小铜勺,本系吸烟者用之,可以打面糊,甚便。午饭用薄饼,此处有盒子可以改丝,桃子已见,香瓜亦有,与京内略次。晴,微阴,晚雷未雨。

十四日(7月12日) 天较热,桃子酸者多些,南成之货,不知再边时日如何？晚饭后大美玉闲谈，此处百灵甚多，四五百文一个，大小铺户皆养活。晴。

十五日(7月13日) 无事戏儿、看书，倭笋已有，撇拉反无，刻下本地将出，南货反不成矣。灯下闻水声甚大，想系口外有大雨。半阴晴，风。

十六日(7月14日) 连日右槽牙甚痛，上因火，下已活动将欲落矣。午后会前江苏候补知县谢岳松，名钧，行二，长沙县人。商务局文案，人老成。前甘肃候补同知余介彝，鼎铭，行六，陕西安康人。前江南抚标守备朱梅泉，光显，松江府人。均系台员。遣振勋在武诚街信局定《爱国报》。半阴晴，有阵雨。

十七日(7月15日) 早大雨数阵，午后又一阵，晴微阴，至上堡回拜谢岳松大令、余介彝司马、项镜山大令。到玉珍园，罗丽堂、奎聚五约晚饭，客有两桌，大喝酒，有量大者，因牙痛未喝，回寓亥正余矣。大雨，半阴晴。

十八日(7月16日) 早至大美玉，同罗丽堂、万绵庄、阮子元、石海峰同用饭。到潘少泉中丞处，约至通桥东，是日社会庙戏，四乡妇女等席棚厂车来听戏者并游人甚夥，顺柳荫至李全泰永年。葡萄园，内有洋式房，极洁净，围以葡萄架，颇凉爽，可引河水进园，种各菜蔬花木，张垣可称极好处。在彼略用水饺子作点心，旋步踏到潘中丞菜圃，在西葫芦架下乘凉饮茶，其小姐六岁，找去同进堡。复至中丞宅晚饭，绍酒甚好，其同座为万绵庄、额静安、罗丽堂、院子元、刘雅爵。中丞与余下象、围棋各一枰，余皆输，孙世兄宝宝与刘雅爵下象棋两枰，雅爵皆输，询之、年八岁，众人大笑。步踏回寓将掌灯矣，遣兴一日，大有趣。

十九日(7月17日) 无事，现看《大公报》，其中多鼓惑人心之事，出自日本，因该呼之“不公报”，一笑。已定半月看完，仍拟看《爱国报》。午后至大美玉听梆子腔，皆系张垣各生意人唱，甚好。因瑞老丹来函，须即时覆，回寓，晚间又约，未去。晴。

二十日(7月18日) 早会潘少泉中丞,效苏,行六,湖南湘乡县人。在乡间住,家种稻田皆有鱼池养鱼,闻南稻午时开花,北稻相反,如北麦午时开花,南麦相反。饭后至通桥东李全泰葡萄园,石海峰并主人同约,酒菜极佳,不亚京城,客有大醉者,尚谓之未尽兴,惜终日大小雨不住,未得一踏。然院内规模口上仅有矣,回时将上灯。阴,雨。

廿一日(7月19日) 早微雨,似住非住一日。赵叔泽直判宗诒。送到治牙痛药方一纸,考其立意,店主风热似是而非,未敢尝。晚饭痛饮烧酒,竟不见加励。在二妞妞上房中坐,菊花使女头晕胸结不食发懒,看数人,脉皆肺经有病,不可解,或时令使然。在彼梳辫,未续速子,与桂花小辫所长无多,可笑。阴,雨。

廿二日(7月20日) 无事自研墨,此地天燥,墨甚费。午后会前广西县丞曾署知县方桂山,振元,安徽相城县人。痛谈,伊家人口同姓有三千上下,直隶总督鋧承方制军此支已无人,想富贵与儿孙总有碍。晚饭后闲踏至后街,遇倪老板,镇江丹徒人。到户部银行略坐。早,微雨,晚闪晴。

廿三日(7月21日) 无事戏儿、看书,报中有顽固者不信新政,种种可笑,乃编之,取乐而已。山格等至李全泰家,目迷五色,令人绝倒。阴,大雷,细雨。

廿四日(7月22日) 唐古忒姬人腹痛,忽作忽止,两关脉均有力,右关尤甚,用香砂二陈汤,加楂、芽、厚朴,治之略见好。天时忽冷忽热,实难调理,余牙痛,大便结,亦不适。家内上下人口皆称不甚爽,时令使然也。新任抚民府长兄庆亲到,留此。半阴晴,雷声,雨细。

廿五日(7月23日) 此处茄子如南省,长形,用作茄子卤,味尚厚,堪吃。午后至堡外杂货铺找酒一缸,四千文。糖鲥鱼一小罏,二千二百文。鱼尚好,酒未可定,名为料半,其实一料,亦有卅斤者,恐不能喝得,务其名而已。半阴晴,申刻雷雨,不大。

二十六日(7月24日) 早饭将昨得黄酒饮之,竟与竹叶青相似，喜出望外，且买得真腐乳，四十文。假腐乳十二文。亦可吃。晚间文锦堂覆送来鲜蘑一碟，肉甚厚。万绵庄送《忏情记》外国小说两本。晴。

廿七日（7月25日） 将《忏情记》看讫，乃关人命之重案，其中委曲，深知中外一理，颇费心思。晚过大美玉，因开数朵马缨花以为奇，特有趣。又昨日并送《玉雪留痕》小说。晴。

二十八日（7月26日） 《玉雪留痕》看讫，其中情节颇奇，以人作字，且作遗嘱。老米之为人，"刻薄成家，理无久享，伦常乖舛，立见消亡"十六字可以移赠，一笑。晴，酉刻雨。

二十九日（7月27日） 又借万绵庄《鲁滨孙漂流记》并《续记》，共四册，亦外国一奇人，甚可看。今日买西瓜三个，每个八十文，乍见一百九十文，然均南来者。半阴晴，酉刻雨。

七月初一日（7月28日） 阅《鲁滨孙》，此书为英国达孚原著，闽县畏庐林纾，长乐幼固曾宗巩同译。此人备历艰辛，竟在海中创建一岛，不但中土少闻，亦外国罕见，探险之好老而弥笃，诚奇人也。连时大雨，间以小雨，竟早至晚未住，恐雨水过多，于边外农田有碍也。阴，雨。

初二日（7月29日） 又借《降妖记》《圆宝案》二小说，万绵庄所藏外国小说甚多，且外国小说亦列入正书，盖为浅学者兴其善善恶恶之意，并于法家案情有益也。午后薙头，闻待诏云，蒙地有极大蘑菇如半炕大，必有双头蹦子守之，此乃蛇类，系项上两头，人见射影人多死，得此蘑菇非快马急取之不可，亦异事也。晴。

初三日（7月30日） 早至大美玉，将账目结清，又立一折。山格忽然大哭出汗，以七珍丹服之，方见好。晚大美玉约，同富叙堂吃饭，闲谈时遇警察局德总办。吉林人。晴。

初四日（7月31日） 昨夜雷雨大作，时不甚大，今晨罗丽堂来闲谈，旋去。阅《降妖记》，侦探福尔摩斯真不愧好学深思，求之中土不易之才，《圆宝案》侦探格莱史俱从阅历有得，亦思虑学问不可及，格莱史为美国福尔摩斯，为英国皆专门之学也。见《大公报》，驻藏帮办大臣为温宗尧，不知何许人。后闻为广东人，与赵季和等素识。晴，颇热。

初五日(8月1日) 早赴武城街大药房，因山格日见消瘦，面色青白，疑有虫，买补血除虫药并补丸，及玻璃药匙一个。闲看借来《美人妆》，为西班牙故典，男作女妆报一伯爵之阴险，颇近情理，说部中之新闻也。晚大美玉约吃烧猪，因天热不适辞之。晴，颇热。

初六日(8月2日) 新居闻已挪净，当即遣人往看，可搭炕要截断矣。阮世兄处送来莲蓬藕，藏中来者，皆未见过，余未见亦六年矣。借《□□奇冤》，法国说部，叙此甚佳，乃害一伯爵未成，皆侦探之力也。申阵雨，甚热。晴。

初七日(8月3日) 早至大美玉换钱，回时会万绵庄捕厅祖芑，行八，阮子元二尹，均安徽人，痛谈，并道及新出说部，千奇百怪。晴，甚热。

初八日(8月4日) 早至县丞署，回拜阮子元、万绵庄，步踏而去，路遇卖时宪书者，大小购两本，不过九个子，售此者何其早也。晚不适，未敢用饭。有云，闻雷，未雨。晴，极热。

初九日(8月5日) 早会商务局兼办蒙盐加价局江苏候补道姚俶辞观察，名肇椿，行二，湖南长沙人。借得小说部阅之。《孽海花》乃光绪年近事，内叙洪文卿、赛金花事，大可笑。其余诸大老皆作隐错其名，亦多少可笑事。杨翠喜乃真书，为振大爷事，不讳。《粉阁奇谈》乃英国事，一大人命案，其曲折非常，几冤旁人，其实皆一私家侦探白鲁勿忘为。江吉轩所为《双指印》，亦英国案，其中侦探有未能得实覆，不免误勘，亦足见办案之难也。高明决非贼滑，沈潜不是鹘突。忆阎文介公语集得。晴，雷，云，未雨，晚略凉爽。

初十日(8月6日) 连日极热，不亚京城，据本地人云从先亦未如此，今年为极热，终日闭门看书，似静少好。麟又峰送到蘑菇一碟，收之。并前文锦堂所送谓之鲜口蘑，未经见之物也。晚觉稍凉，晴，午后阴，略闻雷声。

十一日(8月7日) 早起,大有秋意,风甚凉,连日大热,不亚京内,此地闻每年热不过十日,晚亦较凉,午前后仍热。用鲜口蘑作烧麦,另有风味,会肉片似不如内地鲜蘑。昨夜山格夜内大哭,今日睡甚早。晴,午热,早晚少凉。

十二日(8月8日) 辰刻立秋,尽日较热,接到余鹤孙信一封,即京中亦热,幸有果品可解渴,此乃由藏而来,内地无处不觉热,亦当然之理也。此处大热应不在京城以下。晴。

十三日(8月9日) 早起即闷热,甚难过,至申刻始见大雷雨,晚稍凉,闻河水声甚壮,系由口外来。走通桥,给仲路、鹤孙写覆信,挥汗如雨,觉头疼。晚饭未敢用,喝莎菜粥,六年未见,觉新奇。半阴晴,大雨。

十四日(8月10日) 早写信,午后会堃紫岩将军,岫,新授乌里雅苏台。由此经过,据云京内照常,惟圣躬虽欠安,御容尚不见十分病象,皇太后圣容见黑见瘦,想圣寿已高,似颐养最须得宜。晚闻水声,想边外必有大雨。早午热,晚凉,半阴晴。

十五日(8月11日) 给溥仲路、余鹤孙各写信一封,写十三日交振勋手,后日伊晋京考银行学生,顺便带往。竟口凉,因昨夜雨,今乃大小雨。阴,雨。

十六日(8月12日) 无事,天觉凉爽,午至大美玉取钱。闻昨日通桥放烟火,烧大鬼头,乃作一鬼头,其中起火爆竹襄阳城皆有,本地人户皆去,因昨日雨改于今日。晴。

十七日(8月13日) 将《儿女英雄传》看讫,内铁仙世伯之笔墨,醖卿世伯夫子之批语,启后学作文之法则,当浓当淡皆宜,闲书干净应为第一。午后会石海峰、罗剑农经历,浙江府,名人铸,川省什邡县人。为罗丽堂本家,不同府。海峰约永丰堡闲游,辞之。振勋今日南去。晴。

十八日(8月14日) 午饭前会罗丽堂,由大美玉来约,同至永丰堡,因天热辞之。山儿身发懒,面色黄白且拉绿屎,亦有黄沫,因查

《笔花医镜》，用五味异功散，加肉桂油少许，治之，然昏睡时多，似神短也。晴。

十九日(8月15日) 无事看书，天闷热，晚间头甚疼，用万应锭，以烧酒西瓜大食大饮。烧酒西瓜解暑，乃松文清公法。灯后至大美玉找石海峰，痛谈。阴，灯后阵雨。

二十日(8月16日) 午后坐车赴下蒙古营，回拜姚俶辞观察，上蒙古营看新居，东绅店拜堃紫岩将军、瑞景苏，均晤谈，后街拜长司马、闻宜子望令侄，实任抚民府。文锦堂榷使，晤谈一日，奔驰甚热。新得骁骑校宝石来拜，号柱卿，容龛之子。阴。

二十一日(8月17日) 无事觉天时闷热，不意此处秋后反热。山儿连日闹病，在院内铺毡令其玩要，丹珍亦然。接景苏来函，随诗一首，因灯下步其原韵。晴。

廿二日(8月18日) 雇车二辆，令计文将箱支等搬往新居，即令其在彼住宿看守，盘五次讫。将和老丹诗送往。晚在院内坐，风有秋意。晴。

廿三日(8月19日) 额容龛都护遣人问何日移寓，告以尚未定准日期。接老丹来函并贺诗，实因收拾一切无暇作覆。晚饭后顺堡墙往西一踏，回时阁儿西路北有官宅一处，上悬竖匾“将军第”，询之，乃定静存故宅，尚有佐领花翎等门封。早小雨，晴。

二十四日(8月20日) 会石海峰，因下堡房租每月卅金，以五个月计算，即由彼处拨给李全泰。晚间将厨房一切挪至新居，明日早即将随手之物及木器可运往。晴。

二十五日(8月21日) 辰巳间全家移寓上蒙古营路北，此处蒙古一营分上下，乃两东门，北上南下，满洲分两营，乃东四西四。余外舅鹤汀先生当台员时，在下营中一佐领公署，此处协佐有房者多，公署多，租于人。午后会项镜山，寿堃，新署对联皆其书，学何子贞。方桂山来，未得见，出门向西闲踏。关帝庙右有一小门，出门即看庄稼，大有趣。闻镜山云，昨夜有一大星如九寸盘由西北落东南，小二妞、菊花、关关皆见其赤色兼蓝光芒，甚大，不知何故，不可解，以新论未可迷信也，哈哈。营中起更头炮梆子响。关帝庙打钟，慢八紧七，慢八紧七，慢八紧七，末三击。贺新居：万绵庄，烧鸭点心；阮子元，烧猪点心；罗丽堂，活填鸭二；项镜山，一品锅菜点；麟又峰，果席猪酒；增外委，猪点二色；富叙堂，烧猪一只；额容龛，两海八碟八碗；奎聚五，菜四点二。阴多晴少。

廿六日(8 月 22 日)　早西厢房大妞、二妞、菊花、关关在内住，开门时业经一时多未能开，其急非常，厨役说此处门多小消息，俗名吊死鬼，慢找方得，已急得不了，大为可笑。会罗丽堂、王仁轩、石海峰，略谈，堃将军、麟又峰来，皆未见。至上埠大街一游，与下埠两样，大半蒙古交易多。半阴晴，早凉。

二十七日(8 月 23 日)　早会额容龛都护、刘雅爵、李鉴波。致良，天津人，陆军学堂监督。午后给堃将军送行。廿九日走看瑞景苏。大美玉李全太谢搅扰。阮子元、万绵庄、方桂山道谢。晚复至石海峰处，同富叙堂吃其馅儿饼。问石海峰，云廿四夜落大星前，时容龛都护幕友黄老夫子正在大境门外沟内看夜戏，见三大星在紫微星下来往交弛，忽并一大星由西北至东南，尾甚长，星红而蓝，尾白如气，经时方散，多有见之者。三星交弛，门内未睹。半阴晴。

廿八日(8 月 24 日)　会富叙堂，道移居喜，无事收拾书籍。内眷收拾什物，铺垫有绒毡，可挂里，安新(倚)[椅]兀者，交外办理。半阴晴，较热，落日复雷雨。

廿九日(8 月 25 日)　早瑞景苏便衣来访，留其吃早饭，痛谈。旋德子钰都护来，走后复同景苏谈，将画找出，各屋略为点缀。晴。

卅日(8 月 26 日)　连日写京内信，山格总觉脾弱，颜色不好看且爱哭，不似丹珍足壮。此处天时一早，竟能穿软袯袄棉紧身。晴。

八月初一日(8 月 27 日)　无事仍写信寄京。陈厨子将其辞去，今日即归自己作，似可省很多，米面柴煤皆可自买，如须请客，有现成馆子可叫，前约鸭子二支换为四碗菜二碟点心，可不杀生，亦好事也。晴。

初二日(8月28日) 给溥仲路、寿益卿、长季超、温受臣、余鹤孙各致一函，写得封完，俟计泉晋京带往，伊拟于初四日走，并给莨臣、仲路各寄氆氇一卷，乃前送土宜所漏之物，甚可笑。晴。

初三日(8月29日) 书帖、字画、纸张找出，均未收拾，堆积满屋，无处下手，殊可笑。找来木匠一个，姓施，可吃大绿碗四碗面，询之十九岁，人极朴实。老井处送来松禅石印手札一本。晴。

初四日(8月30日) 无事收拾书籍，觉累，腰腿酸极，老境成了。早会阮子元，午会潘少泉，皆略谈。计泉、关关于巳刻南去，内眷赏关关。来一胡厨子，不过二把刀，老王可令其打杂。晴。

初五日(8月31日) 借得《迦音小传》，此为英国一情真情痴情正情智一女子，令人佩服无已，想合地球无如此女，一生之厄运之可怜者，嘻嘻。无事收拾书籍，仍未清楚，想需时急不得也。会李石翁方伯，前镇迪道。阴，微阵雨。

初六日(9月1日) 早仍收拾书籍。午后至上堡，给额都护诸君道乏道谢。到武城街外义顺居，瑞景苏约饭，座中潘少翁中丞、李石翁方伯，主人定菜甚多，既不能吃饭，又无粥可喝，末有蛋羹一碗，主人云每人喝蛋羹一匙而散席，似乎太不是样，因一笑而罢。潘七十，李七十一，余六十三，瑞五十岁，因左右竟有女妓笙歌，皆窃窥之，尤为可笑。晴，夜小雨，今晴。

初七日(9月2日) 收拾书，略有头绪，字画纸张尚须时日。整日雨，院内土地多泥泞非常，然颇静，且无甚累心事，即可乐也。阴，雨。

初八日(9月3日) 无事收拾字画，振勋来禀，内接齐笛舟、浙生昆仲函，寿蓉禀有要朝珠语，不知理藩部主事何用，不可解。藏内事浙云颇棘手，无如之何也。昨夜雨。阴，雨，晚晴。

初九日(9月4日) 收拾字画，颇费事，须写签，不然找寻甚累赘，刻下满屋破纸，并有文玩，无隙地矣，殊可笑。然不乱不能治，如松鹤龄云不苦不能乐也。半阴晴，午后细雨。

初十日(9月5日)　收拾字画，午后接振勋来禀，余鹤孙告渠以后汇款拟交大美玉，未知能否作得到，并有托人寄黄酒，及振勋应买各物尚未来。晴。

十一日(9月6日)　借《鬼山狼侠传》，阅讫。其野蛮之性，杀人不止一百兆，皆查革一人为之，其弟领革亦以杀人为手段，后以洛巴革莲花娘结之，均系黑种，后为白种灭之事，甚奇。仍收拾字画，然连日亦较累，杂乱亦无法也。惜乎安静后，又与挪动近矣，奈何。晴。

十二日(9月7日)　借《海外轩渠录》，阅讫，内叙小人国、大人国，竟如实有其事者。盖类子书，害有八九，深叹英国政治不振也。自称英国狂生斯威佛特著，为闽县林畏庐舒译，□□字画。山格夜内大咳嗽，颜亦黄白，大瘦，伊亦黑瘦，奈何。阴，雨，晚晴。

十三日(9月8日)　借《美洲童子万里寻亲记》，出美国，增米自记其险苦艰难，不意出一十一龄童子。乱党每谓外国不讲人伦，真狗彘之语也。又《洪罕女郎传》，名亚达，后嫁大佐。笔墨亦佳，颇可为无运无时、被小人揶揄者吐气，不意多世窖金，仍为子孙所有，乃英国哈噶德所著，据林畏庐云，此君已著书廿六种，笔真奇矫，必传之作也。无事收拾字画。连日山格咳嗽，伊母亦病，因请一张医诊之，俟吃药，明日再看。丹珍玩要螃蟹一只，蛮地人见之大害怕，谅不敢公然食之，一笑。询房院所见，两山，东为东平安山，西为西平安山，东山南连为鱼儿山。晴，晚风。

十四日(9月9日)　早起觉凉，闻此地谓之“早晚皮衣午穿纱”，山风甚利害。午后至锦泉涌，将账目算清，往返步踏，毡袷袄，绸软袷袄，洋布汗褂，绸紧身，竟出汗，会石海峰。晴，晚阴。

十五日(9月10日)　连日山格母子病，大众亦不适，余亦牙痛，觉晕，总因天时水性所致。午后潘少泉约东寓，辞之。此处亦知供月，鞭爆声不绝，可笑。锦泉涌送来倭瓜四个，甚佳。半阴晴，晚雨。

十六日(9月11日)　借《秘密海屿》，阅讫，大有鲁滨孙穷困之状，不过人多开创较易，惟暗中又有一李梦周旋其间，著者为法国典士威奴，甚博庶物，似《镜花缘》。将晚，果泉将军来，便衣，痛谈。半阴晴，晚雨。

十七日(9月12日)　觉不适，盖寒热不时所致，申刻大雨雹，小孩等拾之竟有白果大者，极多。前阅《爱国报》，京内北城有雹，如鸡卵大，未知真否？半阴晴，大雷，雨雹。

十八日(9月13日)　借《少年侦探》阅，为法国事，惜乎仅有上下卷，中卷失之不全。将字画仍收拾。申初步踏至都统署，与果帅痛谈。果泉姓伊尔根，觉罗氏，与荣伯衡同族。并见其小姑娘，甚秀，已读书。回时见署西盖房多间，询之，为奎聚五产业，备火车通后可渔利，蒙古人亦能如此，其阔也。晴。

十九日(9月14日)　至东路一踏，菜园甚夥，撇拉极大，有山药不结豆。到北庙内，正殿供真武，东殿供关帝，西殿供观音，尚有两旁殿未瞻仰，为东营八蒙人所看。回寓早饭，吃油麦面。午后踏至上堡，买糕干给山儿吃，盖日见其瘦，似乳皱。晴。

二十日(9月15日)　收拾字画并书房一切，无聊将番子所送一切均为检点。早出北小门，在野地一望，故墓藏多，看永丰堡大道砂石甚多，北庙西竟有发卖油炸桧作(房)[坊]。晴，阵雨。

廿一日(9月16日)　略将书案收拾，稍觉清楚，然各物杂乱，非一时所能料理，急不得也。振勋所买各件今日始收到，邮政非必强如信局。晴。

二十二日(9月17日)　早出小西门至庄田地一望，甚清楚，回时收拾书案，略见规模。申刻赴六合居，约麟又峰、富叙堂、刘雅爵、罗丽堂、石海峰、万绵庄、阮子元、宝柱卿，晚饭酒尚佳，菜亦可吃，惟大雷雨一阵，道甚难走，回寓已亥正矣。彭蘧斋由上海回，送来礼八色，领安息香四包，俄造茶壶一把，肉松二合，桥糕两匣。半阴晴，阵雷雨。

二十三日(9月18日)　无事收拾纸张，数年来竟无暇及此，其乱非常。忽晴日打雷，大似伏天，振勋给程林来信，母市不能过，并沙河一片汪洋，水灾甚广，奈何。今日又有雹子，不甚大。阴雨，雷雹，偶见日。

二十四日(9月19日) 无事收拾纸张，通归洋箱内，略见清楚。彭蘧斋来，适薙头，未能会。山格亦薙头，业经日子不少，因其病，似虚弱，昨买下堡一回回膏药，贴之，闻其人甚能治小儿，惜药不知名。晴，风。

廿五日(9月20日) 午后找裁缝将皮袄等换面子，闹得两时辰才完，天已较凉。晴，风。

廿六日(9月21日) 早会大美玉先生，将鹤孙汇到口钱平七百四十九两四钱九分送来，付给收条。午后步踏至彭蘧斋处，晤谈。旋至锦泉涌，见王仁轩，其模糊如旧，遇石海峰略谈。回时到帽铺，给家内买各帽，竟不合式，须另作。回时家中买长形红葡萄，内地未常有。因饮黄酒，又峰送。不觉大醉，亦人生之一乐也。微风，晴。

廿七日(9月22日) 将衣料等检点出，以备售卖，毡子、氆氇已有虫吃者，北方之照例，若藏内则不然。六合居取前次欠账，闻有螃蟹新到者，匀其四斤，晚饭时大嚼，六年馋啄一旦顿释，乐何如之。山格之母不但不敢吃，且不敢看，真佛地生人也，一笑。晴，微风。

二十八日(9月23日) 早起觉凉，重棉不暖，口外与内地悬殊。午后便衣赴兔儿沟，访瑞景苏，晤谈。所居无市井气，乡景寂寞，且东北有小楼可眺远，乃西四宅，与其命宫合宜。进堡至潘少泉中丞、李蘅石方伯处，均未遇，回时给彭蘧斋写信，约三君并观察九月初二日申刻在六合居便饭。景苏书房柁上大生蘑菇六七只，不知主何吉凶。询景苏生日，系八月初九日，因忌辰改十五日。晴。

廿九日(9月24日) 午后至大美玉换钱，约小兴园听梆子腔，主人必请点戏，只得点一《铁弓缘》，大为可笑。赏钱两千，先垫后还之，万不肯收，只得罢议。复至大美玉吃晚饭，痛饮黄酒，戏园极热。晴。

九月初一日(9月25日) 命老王至西头庙内烧香，拟了了如此。午后将藏佛请出供奉,交程林给阮子元送佛尊、青果、雪茶、红花等,明日约饭,潘少泉遣人来辞,大约因余前未到故也,可发一笑。晴。

初二日(9月26日) 午后会李蘅石,申刻赴六合居,约李蘅石、彭蘧斋、瑞景苏便饭,菜均可吃,诸客颇赞美之,不过价昂,鸡鱼虾蟹均有,不易逢也。潘少泉未到,询之,因吃街上包子大病,可发一笑,回寓亥初余。晴。

初三日(9月27日) 连日晚间甚热,且有小臭虫,眼又看不见,甚为可笑。将卖剩皮甬找出,竟有掉毛者,只能做成衣服,招人气,尚不至全毁,藏内皮子本不好,又加以销不甚在行之过,幸不甚多,不过十数件。晴。

初四日(9月28日) 无事看书,午后步踏至东菜园,撇拉甚大,昨由锦泉涌代买山药,尚好,今见叶子已拔,想均发卖,惜不结豆,与关南少异。到河边一看,水下石多,所以水声大壮,河面宽,想大雨时行必汹涌非常,闻夏日不敢近岸,不知何时发水。回时山格大哭,似著凉,停食,晚见好。晴。

初五日(9月29日) 无事看书,买白长葡萄,甚好,栗子不大,炒亦不得法,枣子不脆,紫圆葡萄不如紫长者,山里红已见,不大,北果均见著,所差无多,不过比京略次而已。晴。

初六日(9月30日) 早晚至街步踏,询问学生习字纸张,止有毛太纸,未免过费,足见读书少,向不讲求。今日始换棉裤,因早凉腿冷,此地虽穷苦人也必早换,地风易伤人也。山格又吐奶,总因天寒食多之过。见南边路西开工艺局一处,系察哈尔。晴,风。

初七日(10月1日) 早会张理厅长绵久,庆。为葆效先亲家旧寅友宜子望观察之侄,其太翁称呼崇,讳某,人精明,见时以姑丈呼我,未免㧑谦过甚。午后赴富叙堂协领处,因前送祭肉,特道喜,询其每年八月一祭,用黑头羊,与敝旗一样,有黄米粥,旧俗也。送其藏佛长寿一尊,藏香,藏枣,青果,黄连,红花等数事,在彼遇独石口分府。晴。

初八日(10月2日) 午后至营外街南一踏，在路西破摊上十个铜子买《子史辑要题解续解》，共八卷四本，且有破布套，上元胡愚溪本渊编辑，卢文绍序，盖本《子史精华》，于初学甚有益，摆摊不识字，故便宜也。回时路东顺水沟左而行，颇危险，然秋色满路。晴。

初九日(10月3日) 午后出小西门，步步高，可谓登高矣。走至河神庙，遇演戏，折回顺大街至上堡，又遇戏，台不碍路，今日何戏之多也。到前买糕干，铺北间壁乃一大药房，掌柜姓秦，宁波人，其中西药华药均有，且卖纸张笔研等，兼有外国眼镜、洋烟嘴嘴，一切果菜罐头，询其生意，不见兴盛。晴。

初十日(10月4日) 无事看书，昨日走路远，觉两腿不适。午后接仲路信，带有物件，余世嫂信给内眷，带有物件，由东光裕带黄酒二罐，系余世兄送，已收到。晴。

十一日(10月5日) 无事写致京信。将《子史辑要》看讫，选择并不甚精，正续且多重复，似无大用，此地读书人少，正经书概未多见，前看有《广事类赋》《类腋》等，皆不全，书摊内闲杂书多，开化殊不容易。阴，小雨，晚阵雨，晴，见月。

十二日(10月6日) 接余鹤孙来信，内叙赵季和有至巴塘为番人拦阻之说，并恨恨于凤威愍公，此亦实情，惜政府何曾知之，张憩伯脱离苦海逍遥于事外，乃运动之力也，深可笑。买得鸦儿广数枚，其味尚酸。阴雨，晚晴。

十三日(10月7日) 女儿生日，已别六年，特买两碗馆子菜，吃卤面。饭后即到上堡一踏，帽铺永顺成南牌楼，花儿巷南路东。给女儿等买帽子，自己买山底皂鞋，上堡天兴斋，水盆口南路西。从未穿过，甚合脚。至大药房买一金丝三成。眼镜，蓝药水，玻璃的。价合九千，阔哉。穿小袷袄、毡大袷袄、毡长袖袷、马褂，回时甚热。晴。

十四日(10月8日) 早会大美玉赵掌柜，将京汇口钱平七十四两七钱四分款开条面交，当付给收条。午后往小西门外玉带桥，回时走东边水坝外，遇刘雅爵，略谈数句。晴。

十五日(10月9日) 早写京信，午后步踏至锦泉涌，出大境门，税局有鹤汀先生书匾，门内外铺户不少，且有大者，到大药房还帐，回时买茶壶，洋瓷的，蓝色，锡咂酒壶，各一把。仍穿袷毡衣，不凉，在寓须棉衣。晴。

十六日(10月10日) 午会麟又峰，谈及瑞景苏管家与铁路夫子打架，殊不知安本分，颇令地方诸人为难。赵叔泽管家前往景苏处要人，反被其大骂，尤为无理，幸已将惹事人逐去。闻瑞家此二僮曾交洋务局惩办，局因碍于面子放去，反至铁路公司处痛骂，是胆大之极。将晚至街南一踏。晴。

十七日(10月11日) 四钟余至街南一踏，遇老王在一家马台石卖历刻针凿，公然有人要，且烟落包尚有人使，多半旗人，仍是旧俗，不似京内男女竟食洋烟。回时走河套，进小西门，甚热。晴。

十八日(10月12日) 早写京信。午后步踏上堡，至花儿巷万元首饰店，询问粗首饰，须四分工平，以口钱平。复至帽店取定作，缎面、红布里夹、毡子带、珠儿线结帽，合钱一吊文，到京饽饽铺，买小炸食一斤。二百四十文。晴。

十九日(10月13日) 早写京信。午后踏至边路街，见蒙古人来得不少，马群亦不少，且有驼车，并看见铁路插旗。到一洋式房洋货店(卖)[买]小槟榔包一个，三百五十文钱，少一百五十文，只好留其处，再拿钱去取。阴，先风，晚小雨。

二十日(10月14日) 写信一日，给余鹤孙，内附徐莲士、齐笛舟各一函，托其代交，老王送邮政局，因为分量拿回，钱多之过也。可笑厨子作栗子糕太甜，不甚好。半阴晴，早微雨。

二十一日(10月15日) 辰刻收拾炉灶，安两汤罐，人多一个，不敷用。菜钞包给，一日五百文，煤米在外，除两小儿，上下合十三人，此地什物昂贵，比关内或半之或倍之。午后步踏至南街一游，买东洋小绸包取回，群马甚多，又见骆驼车，蒙古人皆陆续进关。果泉送到贡余奶皮、奶饼，有松仁沙糖的，极好，大小匣薰肉等件。晴。

二十二日(10月16日) 午后富叙堂来，因假寐未得见。旋至上堡闲踏，蒙古男女来者不少，中路甚泥淖，两旁拴马极多，颇碍路。至一钟表铺，掌柜未在，未得看到。大药房给山格买奶子，此为英国上等之物，系飞鹰牌，外国以妇女七情不免不如牛奶，由一月即吃起，兑水各有分量，以次加增，越大水越少，令好消化之意，并买紫石带嘴砚一方，极古雅。圆似茶壶，扁形。晴。

二十三日(10月17日) 无事，清闲看书，午后薙头。晴。

廿四日(10月18日) 德子钰约垦务局便饭，因胸间涨满，作字辞之。复遣人来约，仍辞。所约皆官场中人，忽加一台员不便也。午后会宣张土税卡通判王别驾，绎堂。广西柳州府，系戒烟柯逊菴大臣所派，人精明，年岁不大。染来寿对青色，甚好。令裁缝作紧身，以染就里绸作里，似可多穿几年，一笑。晴，灯后阴，雨，风。

二十五日(10月19日) 午饭后漱口，右上槽牙落一枚，并此三个连日觉牙痛，乃将落之兆，然别牙亦不适，或系同气相关，或群小立党，非败一个不甘心，知警也，一笑。大美玉遣伙计送煤千四百余斤，合十二文一斤，不为贱矣，且捡出黑石块不少，然刻下颇不容易拉卸，闻四项捐局立后，恐仍要大长。晴。

二十六日(10月20日) 无事修理家乘，拟归于一卷，先理草底。接长季超来函，所叙殊为可笑，皆由看闲书解闷，肆口骂人。近借万绵庄《文明小史》，其中所骂者实有其人，笔下非常可爱，颇似《儒林外史》，比《官场现形记》含蓄，比《新党升官发财记》尤高，不知何人著笔。晴。

二十七日(10月21日) 修家乘，午后数日觉倦，醒后至街南一游，尘土甚大，因车马多之过也。莲芳拿程品成。接振勋信，伊在天津所谋之事，须仰仗于人，久之或可有益。叙达赖喇嘛有参余之说，问此地见信否？不知所参云何。盖因余曾参之，报复之意也，不足奇，自有圣明主持。惟程之衣物尚未带到，恐为蓉格拘去，伊颇急也。

近日较热，不似九月关内，亦不如此暖，天时不正。晴，晚阴。

廿八日(10 月 22 日)　修家乘，从前未经萃，末一卷颇费事。今日阴雨一日，由昨夜下起。山格连夜哭，昨夜风雨打窗，已知害怕，白天亦闹，日见黄瘦，究未审其病之所在也。询问程林，彼之四项捐局于廿六日开局，让三日不捐。闻各项煤炭已长价，且连日不前，以后此等有无把握，实难说定，筹款之不易如此。看《爱国报》张少玉已故，又达赖喇嘛觐见日，由黄寺来回，皆有小雨一阵，看闹热者甚多。阴，雨。

二十九日(10 月 23 日)　修家乘，写楷书竟手发颤，老境逼人有如此者，且时一久，眼亦发迷。幸蒙恩放弃，不然出丑万状。回忆英国韦礼敦语彼国五十五岁不放外差，到年老准退位，有以也。自力量来不及，未免听之左右，其中贻误大局于无形，良可慨，尚论其有无私心乎。山格夜内又大哭，白天尚好，且有时笑，殊难测也。阴雨一日。

三十日(10 月 24 日)　仍修家乘，今日霜降，天较凉，棉绵袄，葛布米单衫，棉毡卧龙袋，尚觉微冷，洋绒里小袷袄，洋绒汗褂，晚餐后方合式，街上泥淖，未能闲踏。厨子熬萝卜甚好，可蘸辣子吃。闻桥东有打四项捐分局之说，未知确否？半阴晴。

十月初一日(10 月 25 日)　于三月初四日由京起程，初八日到口，四月初四日驿传道下牌，十四日到台，至今半年余矣。驿传道乃管理张家路驿务关防。午后本拟步踏至锦泉涌，行过牌楼，石路上满泥水，且有人溅一身者。在一杂货铺外略站，来一喇嘛一蒙妇，将余衣拉起痛看，盖穿一黑珠毛洋绉袄，不知何物，其朴诚如此，可喜。回时因大街难走路，进西小胡同，由小门回，遇刘雅爵，让至寓内，略谈。晴。

初二日(10 月 26 日)　修家乘，写字觉手冷。午后至街南一踏，甚凉，下小冰弹。旋回上房添火，厢房两妞处亦添火，煤甚贵，炉用煤油甬作木架，此处洋炉无人能使，不敢试也。余则两件黑珠毛尚凉，乍寒之过也。阴，小冰弹。

初三日(10月27日) 昨夜间盖一新作毡子棉被,其厚非常,至两肩不能掩,始则热极,嗓子皆疼,继睡着两肩著凉,大不适。五句钟即起,在书房略坐,甚呕气,一日不爽,觉头闷,晚饭亦未用。午前温寿臣来信,京内商多怨言,乃捐项层见叠出也,噫。晴,甚冷。

初四日(10月28日) 接余鹤孙来函,由仲路尚书处荐商部工艺局文案处书记,月薪八两,管理为耆寿民阁学,龄。现察哈尔统帅诚果泉将军之长子。午后至南街一踏,中毛皮袄,珠毛半袖小袄袷,的不热,棉鞋已换,尚合式,惟面上风吹甚凉,即回。看东南角水井,询之,深十二丈,轱辘绕绳两层,此地井浅者亦在八九丈。此营内井水尚好。晴,风。

初五日(10月29日) 昨来一帖,系女戏,在大兴园,奉请明日,此乃文明之兆,腐败者不便领教也,一笑。四钟余步踏东门外边街东菜园,遇果泉将军,带小姐,因养水仙到河沿拣石子,来往闲谈,闻袁大军机、庆亲王皆有人参奏,其用私人、纳贿尚系小焉者也,竟有说袁以后恐欲行霍光之志。圣人大怒,袁免冠求去,未准。复同慈圣笑军机大毛。升吉甫亦有折,慈圣谕知,慈谕有,又不可信又可气,军机甚不得主意,一笑。未将原折给看,袁因之请假续假,并将家眷由海甸送晋城内,一笑。晴。

初六日(10月30日) 将川省带来《格致须知》十六卷看完,有明白有不明白者,想新学非可半路出家,应自幼学之也,算学尤难。无事修家乘,出小西门往西北行,一带荒冢,至永丰堡大道回,傍山居者尚有趣。晴,风小。

初七日(10月31日) 申刻雇车到锦泉涌,将前账一概结清,彼此不欠。看其屋内竟有黄菊花,乃自已养活。到矿务局,彭蘧斋约,座中文锦堂、麟又峰、荣君,一丹徒人,一上海人,均其同乡,听锦堂拉胡琴,久不闻此调矣,丹徒陈少翁少年能唱二簧、西皮、四平调,俱好,荣君、蘧斋亦唱,然小巫见大巫矣,不敢奉承。见悬挂有文宗赐文敬公四大字,并沈相桂芬。磁青纸花卉,系其六房分藏,有俞曲园对联、戴文节山水，皆好。矿图横披小条，则其局中应有者，谈甚畅，酒菜均极讲究，痛饮，并不作恶。闻场中人地方官拟万寿宫唱戏，在旧园，统帅拟在万寿宫前，蘧斋云在旧园不通，似请万寿牌移尊就教之意，众人哄堂，且佩其语谑而理足，回寓亥初余矣。晴。

初八日(11 月 1 日) 午饭，家中于昨日买得螃蟹，蒸吃甚佳，比昨席内新鲜。此处鱼虾仅有其质，毫无鲜味，盖南来已死，且四日矣。午后出东门，围营闲踏一遭，仍进东门，万寿宫外已搭戏台、看台，用席，在墙西南方，公所亦插龙旗。阴，晚风，略晴。

初九日(11 月 2 日) 修家乘。午后至上堡中华药房，闲谈。道胜银行俄国开，会同中国。秦老板来，询之与此处老板系本家，均宁波府慈溪县人，尚未出五服，人均精明，因祝万寿宫唱戏捐钱，每铺六两。大不满阮子元。晴。

初十日(11 月 3 日) 修家乘，不能多写字。闲看借来《悬崖马》洋小说，乃英国麦去麦脱原著，吴郡卢达译，乃害人未成，后则兄妹夫妇团圆。马、美二人皆为一念所误，马误之而能速改之，卒保安全；美误之而竟甘蹈之，终归失败。似亦有因果存其中。闲至营门外，见戏台下人甚夥，且车甚多，旁有看台。阴，微晴，大风，土。

十一日(11 月 4 日) 昨夜雨，天不较凉，地气暖之故，不然早降雪矣。午后果泉统帅遣人约，因万寿署中演戏，系皆认识人。申刻便衣著靴往，座中文锦堂榷使，彭、蔡两观察，左右司，满蒙两协领，张理厅，幕客二位，果无外人，戏合旧园、大兴园、小兴园，凡名角此地赫赫者皆到，且有新到老生、青衣、旦，均小孩，甚佳，外有唱二簧两女角，一青衫，一花净衫，唱《祭江》《探窑》，净因嗓哑未唱。本地俱是梆子，此则别开生面，锦堂文场甚热，胡琴尤好，深以二簧文场为劣，代为著急，甚有趣。仍步踏回，已子初余矣。早小雨，灯后见月。

十二日(11 月 5 日) 因昨日饭时甚热，棚内到十钟余，觉凉，回时胸间作痛，冷热气所致也。今日在寓，看借来《塚中人》洋小说，英国密罗著，晋安黄序，泽乃一极有情男，女几为人折，女之婚，杀男之命，后得白，侦探之功也。万寿宫前今日仍有戏。半阴晴。

十三日（11月6日） 无事修家乘。午后会石海峰，刻下诸物长价，皆赖四项捐局，其实各行借辞。晴，风。

十四日（11月7日） 无事修家乘。天甚冷，厨子拿来蔚炭一块烧入手炉内，颇耐久，此物出蔚州，并无烟，似煤块，一奇。营中有归入马队，今日点名，均用包头，穿青号褂青裤青靴，俱齐整。半阴晴，灯后大风。

十五日（11月8日） 修家乘。天甚冷，将厚棉裤穿上，腿略暖，身上较凉，手亦冷。午后至外院会客，屋内找来钟表匠刘姓上堡路西。收拾，四表有两枚弦已断，须配，询其拨快慢，内拨为慢外拨为快。半阴晴，晚风，晴多。

十六日（11月9日） 早修家乘。午后步踏至上堡，定便帽、棉袷各一项。到中华胜记给山格买鹰鸟牌奶子，前食此物颇好，外买牛肉炙蛤利肉各一盒。新到《官商快览》，购其一本。又遇道胜银行奎先生，略谈，闻行中本钱李相文忠百万，慈圣百万，官款三百万。回时至达子饽饽铺买点心，遇老同乡诸人，其馋啄有实可笑者。晴。

十七日（11月10日） 早无事。午后果泉将军来，接到家信，圣躬十分欠安，多喝凉水、山里红汤，用四监扶掖，慈躬亦欠安，想高年，未免烦闷，阅之不胜焦灼，不禁泪下，此时继位尚虚，真可虑也。送客后即踏南街，走至四项局外，正看告示，遇麟又峰，约在内坐，罗丽堂、宝柱卿、程品成均见，彼留晚饭，辞。回家上灯。晴。

十八日（11月11日） 昨夜胸间两膀皆作痛，起坐许久方好，盖串气所致，一脉湿热。早修家乘，本拟到下堡，恐钟表匠来，竟未知闲时看书。晴，风不大。

十九日（11月12日） 无事修家乘。午后天气甚好，本想至下堡，因身困倦，假寐片时，醒后濯足，且作得山里红汤喝之，觉甚好，总因无事可以自由，不觉懒之至也，一笑。接余仁山一函，分陕，托给锡亲家写信，俟再议。晴。

二十日(11月13日) 午后雇车至下堡,回拜王兄,绎堂。长绵久公出未回,李蘅石皆未遇。到文锦堂署内,痛谈。至大美玉,石海峰在号,畅谈,铺中旧规大不似,刻下一味虚假,真可叹,将账目算清即回。由大美玉汇钞平纹银七十四两六钱四分,收讫。晴,午间甚热。

二十一日(11月14日) 饭后果泉将军处送一秘函,仅一纸,顷接京电上病危,慈圣稍好。奉旨醇摄政伊子入宫,伏闻之下不知当如何。十七日晚曾卜周易得否卦,深觉危险,真莫识天命如何,不免为之泣下。廿二日早电廿一日酉刻上崩,慈躬安尚未宣布,密。日落大美玉掌柜来,将汇款收条取去,条内写昨日收。晴。

二十二日(11月15日) 借上海南京路同乐里第六七八号广智书局所印新小说三本,看此书发于广东,称康有为南海,已可略见一斑。早闻此天惊之事,觉不适。午后会口北道成宪章世兄,和,行三。因公来此,亦在将军处,闻此凶耗盈盈欲泪,明日即回宣化府,当即差拜,来时轿马,已换二品顶戴。成观察为金将军、顺。连都统顺。侄,闻太翁称呼荣金忠介公,与恭勤公换帖。又闻其太翁名双顺,与连九爷同生。阴,微晴。

二十三日(11月16日) 无事修家乘,牙甚疼,将欲落矣。傍晚瑞景苏来,留其晚饭,吃羊肉火锅而已,渠亦为大事而来,今日始闻成宪章说,彼此大难过,现尚未见明文,彼处闻送报云,今日有电报来,不知何事,未审即此事否?人心惶惶,不知京内如何,小人则谋差之不暇矣,可叹。晴,风似下土。

二十四日。(缺)

二十五日(11月18日) (上缺)境所逼。午后出东门,见万寿宫已搭席棚,统帅诸人齐集成服,惨凄之色,不堪目睹。用卅文在北道买铁铃一个,石球二个,小荷叶烟碟一个。回时竟不知作何用,仍觉头闷不止。似晴非晴。

廿六日(11月19日) 昨夜串气,大痛,两胁胀,两臂痛,左尤甚。早起用舒肝丸两粒，午后似少可，偶眩晕，若有痰。接老叔信，竟由炕上落地，将后脑碰肿，亦是恍惚之过，覆函慰之。并送到甜浆粥、马蹄烧饼、油炸桧，知余不甚吃东西，晚饭用之颇香。晴，风。

廿七日(11月20日)　找薙头匠，颇不易，未刻到，即薙头，须本拟百日后，可留底须，即留之，以为痛心之纪念，可也。薙头此处亦长价，酬其二百文，免争之。侍二女菊花。鼻血大流不止，询其曾有此症，在川省经人医治总未见效，即令其到下堡医家处一看，服药仍不好。至上灯时，竟至昏过，其势甚险，呼唤过仍迷惑不明，此症余未见过，各方试之皆无效，俟明日再找医家(彦)[验]之。晴，风。

廿八日(11月21日)　昨日菊花病，来之甚猛，到底小儿，今日已见好，似无大碍。午后看《爱国报》，廿一二哀诰，哀诰均已恭读，竟觉昏迷，不知如何，则可将一切上谕敬谨摘录日记眉上，无可奈何，似看不清楚，略以恭记。《爱国报》恭录，廿一日奉哀诏，历叙秉慈训勤政备宪，嗣皇帝为嗣，廿七日除服。又奉慈旨派办丧礼，又奉慈旨以摄政王之子承继穆宗为嗣，兼承大行皇帝之祧。又奉慈旨摄政王监(下缺)。旧书下一字敬缺一撇作仪字。又奉上谕，将军督抚等均不必叩谒梓宫。又奉上谕，钦奉太皇太后懿旨，现予病势危笃，恐将不起，军国政事摄政王裁定，重大事请皇太后懿旨施行。又奉太皇太后哀诰，历叙五十年忧患。丧服廿七日除。又奉上谕，大行太皇太后廿二日未时仙驭升遐，穿孝百日廿，七月除服，并戊申、癸亥、己卯、辛未派肃亲王等敬谨管理一切应行事宜。廿三日奉上谕，添派恭亲王溥伟、尚书溥颋恭办大行太皇太后丧礼。又奉上谕，将军等不必奏请叩谒梓宫。又谕旨，大行太皇太后母家亲属百日孝。均钦此。谨摘录泣记。另将《爱国报》以双圈记之，备再阅。申刻右下槽牙落一个，共落四个，此牙痛之日久，今始去，非常爽快，老境逼人，如斯而已。半阴晴，风，觉冷。

二十九日(11月22日)　老叔又来函，惦念国事，问有所闻否？即答之毫无所闻。买叉鱼二尾，用汤穿，不见佳妙，死多日矣，此处虾或可吃，然死，有力者不能得也。闻四项局颇讲饮食，一笑。晴，风。

三十日(11月23日)　连日食物总不消，且大外亦滞。午后出小西门，往北步踏至中华胜小坐，本拟在圈内一看，竟走叉路，往南来仍进小西门，总见街市凄惨，其来往人并不少。晚看《爱国报》，廿五日内阁奉到交旨，本日军机大臣奉圈出建元年号，用宣统二字，钦此。恭读懿旨似十四日。《爱国报》恭纪，当今万岁年三岁，生于光绪卅二年正月十八日，奉旨命名。廿七日奉上谕："遵大行太皇太后懿旨，主持国政，黜陟赏罚，悉听监国摄政王施行。自朕以下恪遵遗命，王公百官有变更典章，淆乱国是，治以国法，不能优容姑息。等因。钦此。"晴。

十一月初一日（11月24日） 早会彭蘧斋观［察］，谈及刻下伤心事，不觉落泪，目下矿务虽有，奈款项不足，不能开手办理，大为其难，如晤果帅倩代答，已许之，痛怨蔡观察世昌。甚不通情理。早闻此君为洪秀全外孙，家极富，银号有多少，群呼为小长毛，不知真否？恐钱多不如人意，故毁之，亦未可定。无事发闷而已。蘧斋面送自书屏见赠，可宝。晴。

初二日（11月25日） 午后罗丽堂大令来，谈之许久，于时事颇有见地，目下四项局亦略有规模，闻蒙盐亦拟变通办理，总为财政起见。前两日将换钱票收入书房内，以备家用，忽失去伍拾千，急察之，经计文、老胡在厨房将老王匣内检查找出，伊无词，不可对人，因打其数下，有花去十千，令其找还，不然交官看押，实属无耻之极。接鹤孙信一封，京内尚称安静。半阴晴，微雪。

初三日（11月26日） 天气晚风，觉甚冷，滴水皆成冰，边外应如是也。王茀海即老王。将偷去钱追回，逐去，闻其每有饱饭吃处即犯此偷窃之病，众皆不耻，总不悟，亦命中使然耶。找一梁姓，为薙头老五所荐，取名梁才，暂试之可也。二蓉娘来信，多作鼓儿词语，不免合家大乐之。晴，风。

初四日（11月27日） 早起极凉，换狐皮袄，书房养石燕小盆竟冻冰彻底，墨盒尚未冻，或云此系初冷，尚未到极处。午后似有稍暖，步出小西门至野地徘徊，行至高处，觉凉风飕脸，即回。晴，晚风。

初五日（11月28日） 早接纸包一个，邮政寄，乃余鹤孙所赠

《官商快览》一本，故人情重，可感。午间计泉来，将京内所存桌椅、火盆、窗竹帘及亲友送给食物用件均带到，共用脚价酒资钱平银九两五钱，其实亲友所赠无价人情，真正余物不值一成也，一笑。罗丽堂大令遣人送煤末子，俟再算，外赠四川泡菜并干芥，领之来使，赏之。今日始穿皮裤，有生以来未曾领教，曾带至藏内未穿，因此地较冷故用之。耳朵从来不知冷，今年竟冻，应比藏中冷多。晴，晚间风。

初六日(11月29日) 将计泉送来酱羊肉、酱豆腐送给罗丽堂一盘一罐，以报泡菜之赠，哈哈。询其京中事，廿二日宫内大乱，无人过问，皮硝李将督总管改派香王，诸王贝勒等皆年小者，多随便骂人，虽包衣按班亦在所难免，真不值一笑。灯后大风。晴。

初七日(11月30日) 午后本拟访罗丽堂，适仲路管家刘元来，与其痛谈，刻下京内尚安谧。闻廿二日慈圣由海进宫，吉祥桥前仅小太监数人，手奉藏香后随，内务府人二名，仲路只得后随，盖皆传新君去矣，不觉为之惨然。并闻恭邸与军机处、内务府大怄气，钱铺几乎闹事，被人所抢，幸度支部发给官铜元及银廿万，方安静，令三月内归还，如过期出利。旋到南街买蓝纸数张，回。晴。

初八日(12月1日) 早约曹蜀生东煌。到寓，给唐古忒姬人诊视，病系多日未见月经，且盗汗自汗，用阿胶、红花及各药治之。菊花鼻血仍不止，乃系肺热所致，用黄芩、生熟地等药治之。午后果泉将军来，痛谈。庆王此次大事极力主持，颇为得体。摄政王亲在上书房坐落，军机事务面商，颇谦，谨守臣节，俟礼部议上再改尊崇之礼。恭亲王作为大有不满人意之处，烦言啧啧，似要出笑话，奈何。摄政王福晋为荣文忠公之庶出女，行八，母生后一月即病故。寿民阁学、叙斋贝子两夫人一行四，一行五。乃荫三爷所生，成四爷长子系直隶候补道良说，次子承嗣文忠公，似名良揆。张垣于一切大礼均未知，即衣冠颇有笑话，旧案查出似是而非，捣乱而已。仲路大著其急，盖农工商部承工部之后案卷不齐，所派总办亦未经过，且当时咨送案件丧礼又不便直言取之，刻下张惶无措，亦事之必然也。闻果泉将军云，令祖爱清恪公仁。在上书房当请达廿余年。闻圣祖冲龄授读《大学》,某请读子程子曰,上笑而不读,某甚急,改某授读大学之道,上欣然读之,盖以圣经起首,不应先读后儒也,所谓大圣人天授,非人所能测也。并闻慈圣宾天,玉柱双垂,果泉曾见,其太水系经侯之母,乃气所成,擦不落。晴。

初九日(12月2日) 无事拟写信,忽然罗丽堂约闲谈,即家常服穿毡踏拉赴四项局,遇麟又峰、奎聚五,痛谈,彼处坚留吃饭,只得扰之,回寓亥初矣。彼处洋炉极热,回时大汗,胸间痛。今日奉谕,午初初刻登极,颁诏。晴。

初十日(12月3日) 无事写信一日,由昨日天气较暖,然人觉痰胜,似亦不便,闻京中亦然,恐冬春瘟大,似在意中。晴。

十一日(12月4日) 午后将致余鹤孙信一封,仲路信一封即封余信内,交邮政局寄往,取有回票。未刻前后忽大风,晚间见黑云起于西北,旋散。晴,大风一时多。

十二日(12月5日) 遣人到果泉将军处,送往火腿、鹿筋、莲子、建曲,皆由京内寄来者,外女儿送给彼之小姐七巧盒一个,内装洋饽饽,殊可笑。程林来,将连日送到京报,取回,内有吏部黄郎中、元中。庞中丞鸿书。两疏,甚得体,不过为新党所恶耳。皇太后懿旨,皇帝万寿每年正月十三日受贺。微阴,晴。

十三日(12月6日) 连日天气忽冷忽热,余与山格伤风兼咳嗽,不适。唐姬人病,服药,亦不见好。拟吃神方,应强于此处众医家也。菊花仍流鼻血不止,王姬人拟将菊花定于计文,因告明计泉、计文,可一言为定矣。程林来送烧猪一口,存之。晴,风时有矣。

十四日(12月7日) 无事看书,山格似略好,余亦稍好,总有食火,在内冷而燥之过。唐古忒姬人求孚佑帝君仙方,看药味颇对症,惟腹痛不止,盖多日恐血经活动,亦未可知。此处胡莱菔尚好,青的,亦有冻豆腐,由厨子自作,可吃,惜牙碜,奈何。晴。

十五日(12月8日) 程品成来,请到慈圣照象圣容一张,系御龙袍掛珠，乃王姬人所托。午刻恭悬如来佛、长寿佛、观音佛之上，敬思此举不为屑渎，人户未有不供家堂，佛者闻此处请者甚多，照象馆竟登时不能就有，足见仁圣之深恩，官民无不涕泣感戴也。品成拿吴观察永来函，与伊亲戚，又系世交，约伊至任帮忙，似难推却，此地四项文案本非长局也。晴。

十六日(12月9日) 麟又峰遣人送两捧盒，一为口外奶皮，作半月形，中有尺余，此物甚好，京内不易得，须在内外馆寻找，前在本处买尝，未到冬令，尚非极好之物。一为大八样饽饽，颇新鲜，盖口外多尝者。因蓉侄女脚冻，在中华胜买来治冻疮红药水一瓶，上之见效。晴，晚浓阴。

十七日(12月10日) 今日又逢贱辰矣，家人尚为喜悦，余则怨从中来，不可断绝，自思人心不古，虽家园不甚同，然阴险之心，人人所具，望好必无是理。晚饮黄酒大醉，题此以为日后若辈之验，噫！半阴晴。

十八日(12月11日) 给余鹤孙写信一封，并带去奶饼一匣，薰肉二方交计泉，明日晋京，蓉格于午后来，自坐驼轿，并不带人，系到此给余拜寿，现在国制内，岂有拜寿之理，实属糊涂。晴。

十九日(12月12日) 王阿燕姬人实属可恶，其居心巧诈，难以言语形容，因大骂之，万不能遂其所欲，唐古忒姬人太老实，肆意欺之，无非一片妒心，可怜山格无识无知，只有拼此老命以尽其所当尽，为其所应为，一切世俗之谓面子声望，现作穌拉旗人可不顾也。半阴晴。

二十日(12月13日) 早潘少泉中丞来，会问台员，遇恩诏应如何赦回，实未知。俟晤在官者询明，再覆。阅报，敬悉大行皇帝由内阁等会同议，上尊谥曰景皇帝，庙号曰德宗，已奉上谕。程品成约寿蓉至外便饭，并非宴会，因令其前往，闻京中亦未见雪。晴。

廿一日(12月14日) 连日与王姬人呕气，伊拟给二女买使女以备菊花嫁人，特告计文急不可待，余晓计文万不行，在国制内若以买丫头，此处人乱说，则大不是矣。晚饭后，在余住屋内与大二蓉痛谈家世亲戚先茔位次。晴，偶风。

廿二日(12 月 15 日) 阅报，宣统年号满语格洪额约援。巳初余寿蓉即乘驼轿回京，嘱其不准随便出来，虽在旗，例不应出外，四十里已不深究，然当官总以谨慎为是，并告其竭力当差。晴，微阴，甚冷。

二十三日(12 月 16 日) 程品成来，接振勋，已由天津回到京城，运去机器，信一封，因机器在门颇费唇舌，以至请税司验看，妙在亦不认得全分半分，真不值不笑。拟运来张，听之可也。刘元来辞，因无信可带，令其一切问好，伊于廿六日由张南去。阴，甚冷。

二十四日(12 月 17 日) 天甚冷，书案上笔与墨盒冻坚实，屋内有火，竟终日不化，住屋内手巾皆冻，穿大皮袄、大毛马褂、棉小袄、绒汗褂，手尚冰冷，皮裤、皮套裤、棉袜子、毡踏拉，腿脚尚凉，关内似不至此。老叔来函，为恩赦代少泉谋，兼以自谋，谅统宪处自有一定办法，恐急不来，亦谋不来也。半阴晴，风。

廿五日(12 月 18 日) 午后会果泉将军，痛谈。闻摄政王大有道理，德宗景皇帝庙谥皆恭拟，未用第一字。京内有广东人梁鼎芬穿大领孝衣麻褂，欲叩谒梓宫，为张南皮痛申饬而去，盖曾任二品大员，其服色不应如此不伦不类。刻下有人条奏欲改朝仪，不行跪拜礼，仿外国，不知准否？少泉所托事面询之，闻成案难查，俟喜诏到后，自具呈转行部中，照准后再行奏明。晴，甚冷。

廿六日(12 月 19 日) 早程品成来，将欠四项局煤钱付给，于明日伊晋京找其亲戚吴渔川观察，永。因补山东兖沂道，约其管账房，当帮其车钱四金，伊竟换帖子，名耀明，人之患在好为人师，岂不愧哉。午后瑞景苏来，略谈，系为潘少泉事，告以见中峰已达其意，旋去。阅报，恭悉上谕，内阁等衙门拟上太皇太后尊谥，徽号十六字，敬谨全留，称曰：孝钦慈禧端佑康颐昭豫庄诚寿恭钦献崇熙配天兴圣显皇后。等因。钦此。又要闻，监国摄政王礼部铸造金质监国摄政王章，以便钤用。甚冷，晴。

廿七日(12月20日) 前昨两日晚饭后，胸间作痛，今午后服宝丹少许。至街南一踏，回时在门外遇卖泥炉子，两个全留之，索价三百五十文，因系本营老者，付给四百文，君子国也，一笑。胸中觉作热，吃柿子一个，盖煤火之过。晴，

廿八日(12月21日) 午后乘车至下堡看石海峰，闻景苏云，便红症颇利害，遇罗丽堂，即其看病者，现已见好。回拜潘少堂中丞，将其遇恩赦以七十欲递呈时可递告之。到老叔处略谈，看其字画，真伪相间。回时又串气，大痛，沿路干土对面不见人，太难过。晴。

二十九日(12月22日) 未刻冬至，故较前半月冷多。老叔送来玉泉山冻豆腐，颇佳。阅报，内阁等议监国摄政王礼节，廿三日。议上孝钦显皇后尊谥折，廿四日。恭拟极为得体，王夔石相国于廿二日未刻病故。王三来，竟买得冬笋、青韭，此关外难得也，吃梨、荸荠，肚腹少通。晴。

十二月初一日(12月23日) 昨夜串气，大痛，坐之许久方睡，此症颇累人。早饭饮黄酒，晚饭未用，又动肝气，无如之何，总因郁结所致，国事家事未有可畅意处。晴，晚阴。

初二日(12月24日) 早振勋由京来，带到织汗褂、裤子等，机器一分未知果合用否？待试之。麟又峰送到黄羊子一只，黄油一包，均本地风味也。来价赏之。余鹤孙令振勋带来黑釉小瓦壶一个，乃云南焙普洱茶之具，并四川竹图书匣一个，振勋带蜜供蜜饯各物，卤虾小菜，皆口上无有之物。闻寿蓉前次来对家内说，上西陵有差，且到鹤孙处借衣服，真不知其用意何在？实属荒唐。晴。

初三日(12月25日) 午后与王姬人又呕气，固因余肝火过旺，现服药，然其一味私心，诲之不改，恐干神怒则无如何也。在上房，后半日未到书房，夜内咳嗽，山格连日夜内哭。晴。

初四日(12月26日) 早买一带抽屉小炕桌，红油，甚坚固，以备吃饭用。咳嗽不止，且有湿痰，似肝热蒸肺外感风寒所致，买雅梨

大嚼，觉少好，灯时串气又动。晴。

初五日(12月27日) 早辰见好，因吃舒肝逍遥丸。昨夜山儿大哭，盖性子急之过，似非病，然不得不耽心也。午后会李蘅石方伯，据云有应发遣者，因恩诏业经不来，未知确否？灯时串气又作。半阴晴。

初六日(12月28日) 早晚仍服舒肝之剂，犯时总在日落前后，左胁大痛，连背并两臂，过子时见好，盖血经之病也。遣振勋至大美玉，询十一月汇款，查账于十八日已到，未送信，是以不知，俟再取。半阴晴，风。

初七日(12月29日) 早晚服舒肝之剂，总觉气不畅，且天气干冷，火炉不设不行，必须两个屋，方有暖意，然燥气非常。无事，日来看闲书，解闷而已。半阴晴，风。

初八日(12月30日) 早晚服舒肝之剂，似疼气少减。无事看闲书解闷。送报处外有福寿全账单一纸，内有知之者，大半有钱处恐后该账如经倒闭，所有欠主不能不还，不然经官讨取，大不好看也。此处用荆条编一薰小孩衣物薰笼，给多少钱，对曰不会苦，极香，可笑。半阴晴，冷。

初九日(12月31日) 二九一日，天冷。早果泉将军送黄羊一只，汤羊一只，黄油半肚，将汤羊烤吃一盘，甚佳。天极冷，有风，闻下雪更寒。阅报已奉旨求雪，想京内亦较旱。屡欲上街闲踏，出屋觉冷风飕面，总未敢去，但觉食物不化，奈何。半阴晴，风冷。

1909 年

（光绪三十四年十二月）初十日（1909 年 1 月 1 日） 早晚服舒肝之剂，串气似减，惟觉头晕头痛，似肝火上炎，午后尤重，且大外亦不通快。无事看书，晚间不到书房，上房看闲书。晴。

十一日（1 月 2 日） 早晚服舒肝之剂，早接老叔诗筒并道及京信，释戍之文曾于同治十一年确有查办加恩之事，系由兵部办理，谅不久行文矣。不知先生何所见而云此，听之。程品成来信，已在椿树胡同成寿寺得晤其亲戚吴渔川观察，旋赴四项公局。恩承圃、麟又峰、奎聚五、阮子元、罗丽堂约吃便饭，座中保升总兵、陈韵山协戎、名永禄，喇嘛庙协。河南人，年六十三岁，同庚，渠为正月生人。石海峰及余三客。请罗丽堂诊视，云肾寒血亏，立方一，遂回。灯后会石海峰、赵掌柜二人，海峰云，额云龛都护云已接到陆军部来文，有查办台员开单具奏请旨释戍等语，并闻梁材在门外遇将军来访，因未在寓而回。晴。

十二日（1 月 3 日） 早仍服舒肝之剂，午后拟赴军帅府，走至半路，胸间串气大作，万不能支，即回寓，将丽堂所开附子等药煎服，晚饭喝粥吃馒首，临卧，又将煎服之，半阴晴。

十三日（1 月 4 日） 昨服之药惟恐唇干口渴，竟不然，卧后大出虚恭，甚热。早饭后陈韵山大哥、罗丽堂兄过访，痛谈，丽堂令照原方再服，待明日诊视。额容龛都护送到陆军部查办军台废员文底，钞交一纸，足征关切。申刻赴下堡，至大美玉回拜陈韵山，即在彼号住，到柜上将收到条交给，前开来条内并无，另有七十余两即在百两内，将收条勾去，注明错开，可发一笑。至李蘅石寓，约晚饭，座中统署周兰生老夫子，为宜兴人，小堂京兆弟兄辈，潘少泉，彭蘧斋，瑞景苏，主客六人，菜为湖南家乡厨役，甚佳。第一样先上肉丝炒韭菜，后随翅子、鸭子等，大奇，或湖南有此办法。老叔呼蘅石为韭公，甚谑哉。将容龛送来钞文底给看，少泉带去借钞，回寓二更矣。阴。

十四日（1月5日） 早罗丽堂来诊视，开换新方，有附子、熟地等药。潘少泉中丞将昨日携钞文用封送来，闻景苏云，此君为换帖儿不能写信，谁谓汉人必讲笔墨，一笑。刘元来，将办理蒙盐集股，受丽堂托询其主人能否入股。又陆军部已行文到口，查办废员，谅可年内覆部。昨闻袁世凯因足疾旨令回籍养疴，那相入军机。晴。

十五日（1月6日） 早将丽堂所开附子、熟地等药方服之，口内唾沫照常，食物亦照常。早饭喝酒，将果品温热食之，乃丽堂所告法也。本拟上街闲踏，因皮裤（斯）[撕]破，腿上甚凉。书房未承去，在上房盘膝一日，呵呵。晚风，晴。

十六日（1月7日） 早仍服昨日三煎药，丽堂处遣人挡驾。阅报，袁世凯奉旨回籍，仅叙其才，概可知矣。侍御江春霖召见，或即所参奏耶。伦贝子、陈尚书到京，德宗万年福地敬采西陵，报云如此，未见明文。天气干冷，觉不适。半阴晴，风不大。

十七日（1月8日） 早接鹤孙来函，前寄所得贡余已收到，弓长之运动，扬言为袖有粉笔者，为山靠随园先生，有人参十款，是以借疾而去，旁及多人，后有下文，此正否泰交乘之际，天意有在，翘首望之。周岐山竟在藏得疯疾，事非其人，殊可叹惋。午后便衣至督署，晤果泉将军，痛谈。袁慰庭近为江春霖所参。乃一毛人，其少爷则深沉一路。朝政大有翻新之意，摄政王多有经济，庆邸告假，甚著忙为袁之意多，殊不明白也。送出时看其养黑马甚多，在小摊买帽盒一个，标戳有字一个，甚奇。老叔来函，因驿传道牌饬要年岁藉毋参案到台日期，渠十九日约饭，俟再谈。晴。

十八日（1月9日） 三九第一日，比昨日冷。仍服前剂，觉串气似稍减。午后会刘雅爵，为释成接传牌，将少泉、蘅石所具呈邸拿来，已照钞，恐有未妥处，俟再议。晚接老叔来函，十九日所订六和居之局彼处已封灶，特来辞客，殊可笑。旋接石海峰信，订廿日在本号午饭，座惟老叔三人而已，想必老叔使然，只得届时奉扰，冤哉海峰，反客为主，哈哈。晴，风，凉。

十九日(1月10日) 早无事，胸间仍作痛，将冬笋按常州作法，蘑菇酱油煮出，不见甚好，盖酱油既差，蘑菇甚贵且不好，反不如京内，所谓出处不如聚处。午后便衣赴四项局晤罗丽堂，约其明日看病，承圃大睡醒后晤，六笑，足征政灭刑清。又峰得晤，旋找刘雅爵门，云已到下埠矣。此地元宵六十文十个，甚佳。富叙堂送汤羊、黄羊各一只。冷气甚重，晴。

二十日(1月11日) 早罗礼堂来诊视，改换新方，重用桔梗，仍有附子、熟地等药，桔梗为降肺气。旋赴下堡大美玉，石海峰、巩子健新换老板。约，午饭候瑞景苏，两句钟三刻方到，菜甚佳，与景苏痛谈，应递驿传道覆呈，大略相同，或以台费能否减免应祈部示，此节均不愿如此叙法，恐徒说无益也。散后回寓，已掌灯。海峰送奶子一大冰陀，买石鸡子四个。李蘅石来，失雇。晴。

二十一日(1月12日) 昨夜见微雪，略盖地皮，因驿传道牌饬要各废员年籍等款，在书房写呈一纸覆之，冷极，写成后，仍在上房盘膝看书。午后驿传道李姓书吏取昨交潘、李二君呈子，即交其带署交呈耀七先生，并赠其车钱一千，伊不肯受，再三说之，始谢。刘雅爵遣人来，询问一切，以各了已事，不必关合覆之。阅报，敬悉德宗景皇帝山陵附近西陵金龙峪，迤东地方壬山丙侧。谨定为崇陵，承修为载洵、溥伦、载泽、鹿传霖，会同办理为庆亲王奕劻。半阴晴，风，冷。

二十二日(1月13日) 早给鹤孙写信。礼堂云来，竟未来。午后遣计文给老叔送信，并送其黄羊子一只，给李蘅石送信，呈覆驿传道，因案情不同家计各异，不必关合也。鹤孙信即交邮政局，未挂号。计文回已掌灯后，盖老叔非三钟后不食早饭。阅报，京师已见雪，二寸余。半阴晴，风甚冷。

二十三日(1月14日) 早接容格来信，并带来麻仁滋脾、麻仁滋脾丸用口钱平二钱，系廿二丸，大约廿丸合京平，为京药铺所用。二母宁嗽两匣。仲路来函，外送银鱼、紫蟹、冬笋、年糕、火腿、糟蟹等件，惜此处无物答报，只有皮货，又无资买来送人，殊可笑。闲看《二奇合传》，此书出在川省，以《拍案惊奇》《今古奇观》两种定删，名奇实不奇，盖寓劝善戒恶之意，有关世道人心，系内眷所买，可存也。晚间祀灶，国服未百日，难二礼，供献乃糖瓜、麻糖、饼糖，板有半尺长四寸宽，内地无。晴，冷。

二十四日(1月15日) 早服麻仁滋脾丸，觉气痛，因拟八珍汤加肉桂、泽泻，试服之。午后给果泉将军处送银鱼、紫蟹各一盘，又峰左司、叙堂协领处送金腿各一只，糟蟹各一罐，罗礼堂送紫蟹一盘，礼堂因看病，彼三处因送黄羊、汤羊、黄油等，聊以报之，一笑。晴，多阴，少冷。

二十五日(1月16日) 早罗礼堂过访，请其诊视，据云命门火衰，气血并差，须用温补之剂，可熬膏服之。罗拟药方：陈土炒贡术一两五钱，云苓二两五钱，陈土炒淮药二两，姜汁炒砂仁五钱，广皮一两，山萸二两，青皮五钱，熟地一两五钱，去皮肉桂一两，蜜炙远志一两，盐水炒泽泻一两五钱，白蜜二两，鹿茸一两五钱。研细末。将群药煎三次拧渣，用锅收膏，待滴冷水内成珠，即得。先对蜜同熬得，后将鹿茸面洒入，用罐贮之，早晚随意服。旋送来肘子一个，西口鱼一尾，未免太讲酬应，因昨日送紫蟹之过也，一笑。给蓉格写信，即交去由邮政局带，内叙合家好，差使既忙，须勤俭不可，撒谎无益也。此处极冷，接溥六叔信，朝政日见整顿，祠堂故地照常。等语。阴，晚下雪。

廿六日(1月17日) 昨夜雪，早看有寸余，屋瓦皆白，众以可去瘟灾，信然。早将昨方药用薄铜锅熬之，三煎，后至上灯四煎，方换渣，俟明日再收膏，平生未用热药，今试之，似无大碍，此地水寒土寒，谅凉药亦非所宜。买得上埠黄酒一罐，不知如何，连日有雪，并不十分寒。阴，晚下雪。

二十七日(1月18日) 四九第一日，因雪后风，较寒。昨夜雪，待夜半起风，早看约五六分，天气大冷，屋内竟用三个火炉。将药收膏，由早十钟至午后四钟余，收两青花缸又一小花缸，外少半白洋瓷碗。此处谓雪后寒，果然，出院则须上即结冰。令振勋至大美玉标账算齐，除付房租余银换钱，年下无账已大便宜，惟冬日煤炭乃一大宗。山格能略走数步不用人扶，若脱棉衣，则更便利矣。半阴晴，风。

廿八日(1月19日) 昨膏子药竟未熬好，万般总用行家者，即此亦然，一笑，幸有洋瓷碗可每用再熬之。额云龛都护处送来黄羊一只，大美玉送来鱼二尾，薰鸡二只，大鸭一只，饽饽一盘。阅报，明年九月廿七日孝钦显皇后梓宫奉移，十月初四日永远奉安。命计文至中华胜买鹰牌牛奶一搭，十二罐六吊文少四铜子，比零买少三钱银，并闻牛奶不宜放热处，易黄。晴，风。冷。

廿九日(1月20日) 午后遣计文给容龛都护送去鸡、鱼、点心，聊以报昨日云赠，大美玉竟无物答之矣，只好目为羊毛矣，一笑。今买得白蜜，拟再充药，年下吃食已备全，诸物不贱，数十千去矣。驿传道书吏来，今日各呈已详统署，仅有月分未填日期，谓余所呈如此，书吏寻红花一包而去，未要钱也。连日门外有溜牲口者，来回高声而唱，其冷可知，屋内三火尚冻手。半阴晴。

三十日(1月21日) 忆去岁余在旱路，眷属走水路，皆在边途，又早一年矣，光阴迅速，人事变迁，今则谪居，骨肉团聚，天恩高厚也。此年肃静非常，无鞭炮声之故，穆宗大事亦如此，记余当差四十年两遭大事，今不幸又遇之，思之黯然。无事在寓，与蓉侄女煮山李红，一百六十文买得，倒买四百文糖方收，秀才风味略去，大为可笑。晴，极冷。

宣统元年岁次己酉春正月初一日(1月22日) 安闲无事，竟不似元旦景象，既遵国制，复在谪居惟两食而已。午后携山儿、丹珍一看，至门外旋回，忽来小儿十数个，欲进院演唱，告以百日未满，若此求食似不可挥之去，然此项善人不一而足，过百日应所不禁，亦养穷民之一道。鞭炮应禁，见小儿有拿匣炮空中者，乃儿戏之具，系京内来者。晴，风。

初二日(1月23日) 昨日未经服药，俗论也，迷信也，殊可笑。今日掌灯前后又觉胸间作痛，虽累，服药终未治好肝疾，亦深可哂。灯后较热，早起极冷，午后于卧处见小蜘蛛上墙。穿衣时偶啐痰在旁小桌上，屋内已搬入火炉，俟下炕时桌上已结冰，此与边内院中睡卧何异，山儿裤子因尿湿在火炉上烘烤，裤子烤干，所钉带子已结冰冻直，内地似此未多见也。偶踏营外，见生意人头顶红缨帽或皮棉袄，外罩极亮洋缎，大褂下蹬毛耳窝，据石海峰云彼学徒时尚多白面羊皮袄，青布单褂，此时已浮华多多矣。巩子健云，先时铺中酬应一年不过八百余千，此时竟至六千余千，生意所赚较比大差。晴。

初三日(1月24日) 昨日亦未服药，今晨服之，午反泄气，似下降，然串气仍如故也。早晚饮食，复照常，不觉增，亦不见减也。带山儿至门外一看，遇小孩如跑旱船者，有抹花脸者，有擦粉者，求点其曲，告以服青未薙发不应听曲，给其一铜子即去。闻此辈每年在玉带桥演唱，颇获利，今则奇窘，无如之何也。每日清晨，闻女戏子喊嗓，始以狗叫，后询之乃知其然，可发一笑。昨日老胡找一王姓者，询知此地，今年因雪在三九故冷，去岁早降雪反不如此，去此出关则比此处冷多，即见白旋风相去，未过百里，关外东沟望北五十余里远，则七十里山间即有树木，然果木树仍不生，今晚又暖。晴。

初四日(1月25日) 尽日未服药，早因肝气大骂丫头等，其胆大非常，不知数年如何教训来，实为可气。无事看《御选唐宋诗醇》，李诗不离乐府，天分大高，学力又足以济之，非后人可以妄学。前读《诒晋斋集》，诗笔似之。余幼年多读杜诗，且甚爱之，老而弥笃，亦性之所近，不能强也。与老王谈，系正西万金县人，此处种春麦无秋麦，麦收后止能种荞，口外种燕麦亦有早晚两收，别项玉米、高粱、谷有六十天即收者，所谓口味不中吃也。晚较暖。晴。

初五日(1月26日) 尽日未服药,亦未见如何。午后刘雅爵观察来会,谈及前递驿传道呈文,伊亦未经声明减免台费,闻李蘅石方伯始则叙之,继以不要,又复更改,实不值一喙。景苏谓其为行尸走肉,老不歇心,诚然。晚门外看月,见一黑马由西往东而驰,小孩等欲截之,真有蒙古本来面目,且爱马者小儿甚多。闻营中通蒙语者颇多,妇女亦然。晴,晚冷。

初六日(1月27日) 五九第一日,近与三九内,似冷少减。午后会阮子元,昨日象馆持当今照御容并摄政王照相两片来售,云系彼处遣来,因无处恭藏辞之,盖不能比孝钦显皇后圣容可供家堂佛一处,伊云并无此说,想象馆无因而至,特藉词也。会石海峰,并令山儿见之,伊云比去年秋间见结实,伊在廿间拟回家,以后随来随去不拘,生意成柳,彼尚无子,不愿久在外也。询及蒙盐集股事,据云陈韵山协台与彼相交廿年,知其为人颇称直爽,惟火性太重,盖戎行多年有武夫气习不能除,前闻其自云,亦仲路表弟门下士,何仲门之多材,一笑。晴,风。

初七日(1月28日) 连日天气稍暖,早晚虽寒,不似三九内烈害,起时于卧处小桌上有剩茶半碗,尚结冰不化,水烟袋竟未冻。午后到门外闲望,遇一卖柿子等杂货挑,与其闲谈,忽营外来一车,不意为彭蘧斋观察,让其书房坐,询之,乃特来枉顾。因谈及翼仲为其堂兄,行二,曾交法部,现发往新疆,因得罪瞿子玖相国,因相夫人打警察,特上报叙其所以,是以怀恨,借事交部,伊有亲供,部内径算无有,徐菊人之德政奉承政府,因之发遣。真睹无天日也,系奏案,能不笑人。晴。

初八日(1月29日) 连日未服药,亦不见如何,惟胸间胀,总未愈,仍为肝经病无疑,恐非热药所能见效。昨日蘧斋观察因嗽并呛,拟请假进京医治,谓此地实无医也,诚然。午后院内尚暖,蓉侄女及山儿、丫头等玩耍,山儿竟不用人扶,可走七八步,惟胆小不能远行,幼孩大半皆如此,俟胆量大,自能多走矣。将晚至营外南路一踏,大道尘土飞扬，盖车马来往无时歇息之过，觉冷，两耳尤甚，旋回。晴。

初九日(1 月 30 日) 早买榛栗等下酒，甚适意。午后文锦堂榷使送来京蜂糕点心、酱肘子、大淹白菜，故人情重之至感，领而也。增外委来，略谈。罗剑农府经人铸。过访，因痛谈诗，伊于除夕吟诗一首，背诵之，颇得意，余亦将除夕有诗，为证请教，均系五律，不约而同，虽《儒林外史》诸斗方名士不得专美于前矣。并谈恩赦，渠无台费，文官至州县以上，武官至都司以上，均须呈缴台费。其数目，头台至十台每月四十三两，十一台以次每月卅三两，未知所云的确否？旋去找四项局罗礼堂，乃其不同县之本族也。晴。

初十日(1 月 31 日) 早无事看书，闲拈笔墨而已。麦糕切食，的系京内风味，闲在门外站，有老妪夹荆柴一束，不过六斤余，询之七个子，乃七十文，比口内烧煤还贵，此地居家大不易，寒户烧马粪者多，如藏地烧牛粪者同，不到边地能知其苦耶。带振勋、丹珍，父子出小西门望南行，丹珍乱走摔在地，伏而哭，拉起买一枝糖葫芦吃，转忧为喜，甚可乐。由河套南转东至大街，进南东门，令其先走，则门认错，盖与北东门大概相仿也。山格在院内，有时不愿人拉，自逞其能，食物但可一口则全吞，真有胡人莽戆之意。午甚暵。晴。

十一日(2 月 1 日) 无事看《诗醇》。午后至营外，遇一挑卖琉璃货者，均是果木，因买葡萄、杏子各一枝，不过六个子，可以挂起给小孩睄著玩耍，询其来路，由关南到此，亦在老古董之列矣。门外见营中养马者，或溜或骑，无一好者。现有旨派崑都护办理马政，前闻果帅云，蒙古马匹亏空甚多，须一项巨款方可整理，不知筹款易否？且在边外适中之地令其驻扎，究能采择恰好区处否？刻下蒙古已垦荒，不知垦荒与牧畜背道而驰，地之肥硗必有相争之处，恐大费调停，非骤可成功，惟在善于经理多细心筹画也。近闻用外国字母拼音中国字，不知能行否？有音无义于文理能通顺，特恐甚难。连日夜月，甚佳。晴，晚风。

十二日(2 月 2 日) 仍看书消遣，今日《爱国报》送来，外有中西合历一张并未送到，询之，始以下期送到，此诚中国人作事之一斑，无怪出此者，乃送报人不尽识字者，报中已载明，伊不知之，可朦即朦也。近日广东人大得意，为公则法部修理监狱，广东人大捐款；为私则有钱何事不可为，令人浩叹。惟召见侍御开言路之先声，大好消息，亦看人之品行，不敢尽信。庆亲王等赏宝星，亦奇。闻听此处下堡有买鸡者，所谓九斤黄，必要询如养活可买，如杀食者即不卖，大半皆告以豢养，可谓掩耳盗铃，甚可笑人。半阴晴，较冷。

十三日(2月3日)　阅报，新出浙江杭辛斋所著《农工杂志》一书，因令振勋至邮政局送给爱国报馆信一封，大洋三元，定全年十二册，定价系二元五角，其寄来邮费五角不知符用与否？取有信收一件，汇票报单一件。初次由局寄款，颇为省事，其回帖另有加费，款少可不用也。午后出门外，与肩挑提篮卖杂货者谈，言天津、北京南城外凡遇小买卖者皆有买票捐钱之举，大约俱至各处谋食，不知此种办法外国亦然否？殊浩叹。晴多阴少，风。

十四日(2月4日)　酉正一刻八分立春。《爱国报》月分牌取到，内有清真教礼拜日，与中国星期、外国礼拜不同，今日报内初八日荩臣表兄递遗折，奉上谕照侍郎例恤典。然得病在庚子年，今已十稔，始则步履维艰，继则坐卧不动，虽今病故，其罪总算脱离，计之已六十六岁矣，人生有命，岂不信然。带丹珍出北东门进南东门，路上住户、铺户皆认识者多，招呼玩耍，俗谓有人缘者是也。山儿亦带其门外徘徊，性颇爱马，看见拉之不愿离开，大有趣。今日较冷，夜内即有寒风吹头，虽不至如三九，早起茶盂又冻冰矣。去年冬月廿九日，冬至头九头；腊月初八日，头九尾，初九日，二九头，十七日，二九尾，十八日，三九头，廿六日，三九尾，廿七日，四九头；今年正月初五日，四九尾，初六日，五九头，十四日，五九尾，十五日，六九头，廿三日，六九尾，廿四日七九头；二月初三日，七九尾，初四日，八九头，十二日，八九尾，十三日，九九头，廿一日，九九尾。晴，风。

十五日(2月5日)　六九第一日仍冷，比三九强。早间二蓉侄女与菊花大闹，为胰子弄湿，可发一大笑。令王姬人用马鞭子将菊花大打，令其磕头陪不是，伊等本住西厢房，因令搬至上房西间，余搬至西厢房，带橙子住。午后罗剑农过访，携来此处前两年灯节诗数首赐教，因题词一首：诗人此病太奇哉，腹内㴔滂谷道开。不是诗人开谷道，如何大屁肯出来。万不可令其睄见，必挥拳而后已，哈哈。老叔处送来桂花年糕两块，甚佳，作札一通，多吉语，可感也。今日至书房，两火不见暖，墨盒冻坚，仍去年之冰，呵呵。晴，风。

十六日(2 月 6 日)　昨日搬至东厢房，夜间觉有风吹头，地内有透风处，今以泥泥之，究竟厢房不如正房，东屋坐久两腿冰冷，不承在彼，即过西房内方暖。边俗谓有钱不盖东南房，冬不暖夏不凉，诚然。余山居正房为住处，西房为读书处，又有西院客座处为正房，谅比此地安适多多矣。惟盼火车一通，可遣人先往收拾，俟赐还有日，可以不到京城，住山安顿后，祠堂、先茔可按时而往，不亦乐乎。早茶盂仍冻，似春冷。晴，风。

十七日(2 月 7 日)　无事在西厢房看书，东厢书房未承去，春冷之过。王三来，买得鳜鱼两尾，橙子，橘子，柑子等。午后德子钰名克登额，名片后有子钰，行一，拜谒不二，甚奇。过访，痛谈，彼在盛京，即在荩臣处当差，到此在仲路处当差。问其贻蔼人事如何？并未听有消息，已在法部半年矣。带山儿至门外看有卖碗坨者，乃猪血荞面所定，浇醋蒜凉食，大小人买者用竹棍拨而食之，不知其味如何，谅非美品也。遇奎聚五，下马见礼，似便衣军署应差。晴，风。

十八日(2 月 8 日)　早起有风，较冷，昨夜茶盂竟未冻，上房茶盂反冻。无事，令振勋将《爱国报》内“暮鼓晨钟”按月各订一本，以后即可按月订之，由去岁七月看起，竟有失去者，只得听之而已。晴。

十九日(2 月 9 日)　今晨稍和暖，茶盂等未冻，究未能如口内，冷风飕面，照常午后闲踏。至校场看音乐队、马队、步队操演，略具规模，尚未能齐整，均系八旗兵，其尚武精神不见特色，且衣帽亦未一律，教习声音似天津府口吻，大约总由北洋调来。内眷用黄油烙饼炸麻花，甚佳，实口外风味。无事看书，将“暮鼓晨钟”订后重看，较联毋多录，竹园议论颇有见识，非徒肆谩骂而已，甚可取。晴。

二十日(2月10日) 今日因风甚凉，令计文到下堡问杏仁茶料，无有，只有杏仁粉，如藕粉，未买，买得杏仁半斤，俟借磨研出，米即用家食白米，后在饭馆内买杏仁茶料一包，此处比口内大不便。见天上有风筝，询之，乃画儿铺所卖，亦新闻也。阅“暮鼓晨钟”十一月第十八册，有《边事感言》一则，为竹园报，真令人浩叹，以大臣性命作媚外之具，皆外部、政府之所为，真不怪各报痛骂，实乃一班禽兽不若，尚忝颜人世乎！其中挟私仇保禄位广东诸人为尤甚。今日阅报有袁世凯因足疾去位，因骂其足，骂其头，骂其面目，骂其腹心，尤可大笑。晴，风。

二十一日(2月11日) 今日又大风，是以甚冷，或云此地多春冷且甚长，不知为何？无事看《东周列国》，此等书若有人得暇将《三传》《史记》等见于史传者醒明，可以不误后学，如《东西汉演义》《三国演义》皆可照此办法。雍正年间有奏牍用挥泪斩马谡，见《竹叶亭杂记》，上以其引用演义痛责之，渔洋先生《落凤坡吊庞士元》诗，为终身之玷，皆后学所应知也。如《精忠传》载岳武穆事，先竹珊兄曾读《金史》，云与《宋史》不甚离奇，余仅读《三国志》知马谡死于狱，托其子于武侯，非同演义云云。令计文买得铁杵臼一分，以备捣物用。晴，风。

二十二日(2月12日) 无事看书消遣，接齐遂舟来函，误将其差使开去，复查明无辜，殊可笑。近日内外公事之乱非可言喻，奈何。阅报，见陈玉苍尚书被人参奏款目甚多，竟有仲路处某表侄与其子互相委调之语，并绍越千与其互照亲戚等事，奉旨严加议处，闻吏部议以私罪革职。众侍御因摄政王召见故，大开言路，从此稍加警惕，亦未非诸大老之福。国家之本自新政开通，于用人理财漫无限制，诸人为所欲为，凡老成皆去而远之，外国看此，能不极力要求作外国奸细者，能不极力毁坏，噫，自取也。又冷，早茶盂冰。晴，风。

二十三日(2月13日) 无事看《本草求真》，其中脉理似罗(理)

[礼]堂所本,恐真未必能真,其食物所论或不离奇。晚小腹右抽痛,大约串气所致,然无大碍,只好听之,不药是中医不我欺也。午间踏至营外,总不免风吹,较冷,且发甚长,带帽觉闷,去帽,项发已无,觉凉,竟不愿踏街远去。山儿则炕上地上乱走,颇有趣,似记性不坏,虽不能说话,至某处要物玩耍,诓之使去,再来则仍记不忘,惟食物未免太恨,有麦食可全填入嘴内,以致不能倒嚼,以便再要其余者,殊可笑,在屋内亦非所愿也。半阴晴,晚风。

二十四日(2月14日) 七九第一日,屋内有一火炉,觉暖。无事看书,屋内早尚寒,午晚较热。昨买得鲤鱼已死者,作鱼丁尚可吃。蓉侄女等捣杏仁茶面,甚佳,比买得现成者强多。晚间接莲士太守来函,山中均为安静,苹果、木瓜已告赵艺园先生觅种,惟院外东房有须收拾者,亦告渠办理。太守儿媳病故,去年冬令彼处瘟疫盛行之故。来信面题易北山庄缄,并道及回信可寄易州西关内路北通源钱店转交,不误。寄徐莲士太守信,交易州西关内路北通源钱店转致。阅报,见陈玉苍尚书原参孙、那两相覆奏,不必论,广东人乱用,福建人乱引,其薪水之多,从未曾有。有一月开支一千三四百银者。即其临清宫住房,除本房圈进卅余家,有住房有花园,作工者每日一千余人,自来汉官住宅应算第一,可比王公府第矣。晴。

廿五日(2月15日) 早间即觉胸口痛,午饭喝水黄酒,乃本地造,合四十四个小钱一斤,价太廉,系仿平遥黄酒,与良乡无异,须温极热喝,亦能醉人,盖烧酒底所成,比干蘸尤淡。午后给莲士太守写回信,晚间灯前时胸间又复作痛,旋泄气即好,由于气滞所成无疑也。墨盒因冻,现虽化开,皆不适用。将古式带嘴砚试之,尚下墨,亦不粗,系在此处上堡中华胜购得。闻彼铺云,天然墨到此皆干不能销售,乃地势高燥气所致也。今日较凉。晴,大风。

廿六日(2月16日) 早起觉凉,外屋水壶仍冻,屋内水壶未冻,玻璃哈气甚厚。连日早喝杏仁茶多半碗,甚佳,盖寒重不食物较冷,非内地可比也。将致莲士信写就,封送邮局单挂号,不过十铜子,尚找回二文，有回条。前寄鹤孙信未挂号，至今未见回信，不知何故？俟写信问之。遣计文去。并有面铺退回假票一千文，至大美玉换来看，其票不旧且印板甚细，似大费工夫，到处皆有作假票者，不得不留神。带山格、丹珍门外耍，遇卖柿饼者买而分之，丹珍早吃完，将山格所持者又分其半，山格见分去，即往回跑，大众无不乐之，一个二年零十月，一个一年零十月，于食物皆知护之，良知良能真不虚也，哈哈。晴。

二十七日(2月17日) 无事闲拈笔墨，昨日报应来竟未来，不知何故？午后门外一踏，觉太阳甚热，且濯足时满身是汗，或将春暖矣。又买山李红，比前较强。报中有初一日薙头之说，刻下民人居乡者已有薙者，山高皇帝远，不比口内也。今见风筝甚多，山儿竟知仰而望之，乃南风，故暖。晴。

廿八日(2月18日) 今日报来，得悉洵贝勒等前往金龙峪崇陵向地势，大约开工在即，并恭送梁格庄德宗暂安，由旱路，沿路□殿照旧例办理，隆裕皇太后乘西路火车至梁格庄日期无多，免地方受累矣。袁、陈两人议者颇多，袁尤甚，陈之参覆折已完，办理甚得礼，不知谁人手笔。有一总督被御史所参，系翰林出身，曾内尚外督，似徐菊人，折留中。晴。

二十九日(2月19日) 今早又觉冷，午后起北风，院内又大差。街上有太平鼓，小儿以手持摇环打鼓，与京无异，不过以极厚纸糊之，少差。王三来，买得小红罗葡豌豆秧儿，问王瓜等是否要之，告以不用。有鲜货皆南来者，此地旗人多，好吃嘴者不少，俟火车通，应更浮华矣。晴，风。

宣统元年岁次己酉春二月初一日(1902年2月20日) 忆自去岁三月初四日由京起程，初八日到口，四月初四日驿传道下牌，十四日到台，无闰月，下月仍整一年。不意年将终，竟逢国恤，悠忽已过正月，不知如何过来，往事不堪回首矣。午后罗礼堂来，已薙头，大谈蒙盐公司事，闻陈韵山因买马事大为蒙人所轻，此次不令其办理，未知其详如何，并闻项镜山已病故，官场中有帮其料理身后事者，台员中亦有人家眷在此扶柩，甚难，亦真可叹矣。晴，风，极冷。

初二日(2 月 21 日) 昨夜甚冷，早起卧旁小桌上茶杯结冰，水烟袋亦冻，地下茶水壶反未冻，外屋菜蔬无不结冰，前日雨水，口内不至如此。午后始将薙头觅来，令其薙发，将底胡留下，已苍白多矣。令给山儿薙头，将头右边留一小桃，颇可笑，父子留此须发，聊以志痛而已。程品成来信，并送到照相楼御容一张，摄政王御容，王世子一张，达赖相一张。阅报，去岁年底学部奏编辑《国民必读》课本、《简易识字》课本两种。见正月廿五日报。天气仍冷。晴，风。

初三日(2 月 22 日) 早起，比昨日冷略好，茶杯竟未冻，午后阴又冷，无事闲拈笔墨，给程品成覆信，内叙相片，收白纸联，俟天暖书寄，外寄容龛，书对联一付，令振勋送往邮政局挂号带取回收。晚间冷，饭时饮烧酒一杯，大作烧，不可解。晴，风，灯后浓阴。

初四日(2 月 23 日) 八九第一日，所谓雁来无闻。天明后飞雪，并不甚冷，茶盂等未冻。山格昨夜前夜皆哭闹，且吐泄，给七珍丹、回春丹吃，晚间见好，所吐有痰，总因外寒内热所致。余于申酉间胸间大作痛，盖连日烧酒并鱼太多之过，喉下觉热气上蒸，并有稀涎。早微雪，旋晴。

初五日(2 月 24 日) 昨夜又见微雪，因热过重，一日未曾饮酒。午后给鹤孙写信，许久未见来函，不知何故？信于明日交邮政局寄，写得后觉头痛，天有风较冷，想风热所致。家内各人无不畏此地之冷，虽小孩亦然，山格不会说话，丹珍去冬竟有时冻哭。晴，风。

初六日(2 月 25 日) 昨夜三更余胸间大痛，痛极出汗，因点灯起坐，至四更后方见好，复睡，乃肝热所致，一日未承饮酒，晚间似稍好。因将诗稿修其字句，亦消遣之一法也。晴。

初七日(2 月 26 日) 早间并不见冷，午后未晴觉冷，身上甚寒，头亦非痛，似有感冒之意。晚饭，内非鳜鱼，沽来水黄酒十五斤，合铜子六十六个，比沽黄酒不过一成余，殊为可笑。因就鱼痛饮之，余酒瘾应不在大烟瘾以下也，一笑。阴多，晴少。

初八日(2月27日) 昨夜一点余钟即起，点灯蹲马桶，未几又蹲，凡三次，皆稀粪，天明后五点余钟，又复蹲马桶，至一点钟稍止，共六次，皆水泄，其热非常，流于肛门两旁，如烧作痛，继乃作痒，余以为腹内热毒所致，且打咯多，食馨气前后共九次，人觉惫矣，肚腹仍作隐痛，恐(潭)[痰]滞未尽之故，马齿已六十四岁，不如从前。早晚用白米粥各一碗，午用杏仁□一碗，灯前复蹲桶三次，比午前后稍干，腹内仍隐痛，灯后又蹲三次，□□十五。午后颇热，屋内不能放炉火，随时天阴起风，觉一火不暗。半阴晴，风。

初九日(2月28日) 昨日灯后接余鹤孙来函，正二月汇款已到，夜间泄竟止，早起略见出虚恭，其热，似未尽。午后石海峰遣人来辞，已回家，询问汇项，来者不知。一日觉身懒，盖昨日大泄之过也。午后小解色黄，何火之胜也。令振勋买洋瓷饭碗、粗筷子，已将碗砸筷折，真是一班孩子行为。晴。

初十日(3月1日) 今日精神略好，连天未饮酒，午晚饭照常，午后吃葡萄觉涨懑，少好。恩承圃过访，痛谈游牧司员之苦况，并各旗养马须五月方能放青，至冬月雪将草埋，牲畜只能食雪中草根，谓之连吃带喝，其实挨饿而已，是以马瘦。官如冬日养马，须豫令内地前往割草者，论垛出买，合一文钞一斤，如用料，有油麦尚可，须至喇嘛庙，即多伦诺尔去买。并劝余煎吃热药，伊五十四岁仍以凉药为主，并代项静山画知单，灵柩难搬回，因书廿千文，其知单外书逢人说项，实常州取笑口吻也。晚老叔送到《宪之魂》小说一本，太可笑，借鬼骂人，道尽时事，真可喷饭。晴，晚灯后大风。

十一日(3月2日) 早起胸间作痛，午饭饮水黄酒，仍不好，令振勋买大药房治肝胃痛药。王姬人亦大病，胸胁作痛，或时令使然耶，不可解。晚间竟不能脱衣而卧，竟醒一夜。晴。

十二日(3月3日) 昨夜或坐或卧或走，胸间胁下痛不可止，天明痛略好，请刘大夫来看，皆止痛舒肝之剂，两姬人亦令其看，方子无甚紧要,平安而已。每人脉钱三百,车钱三百,亦别开生面也。午后果泉将军来痛谈,四点余钟方回。有办盐同知贯市回教李某,其俗万难称仲路为溥六大爷,盖堂先生为恩八大爷,因西逃将封其引路侯,庆亲王因玉玺丢去,是以未得受封,所说实堪喷饭,现将军奏明,将其盐务总办撤去,真不值一笑。晴。

十三日(3月4日) 九九第一日,屋内勿庸两火,身上大毛衣服尚未脱。昨夜径睡整夜,早起痰过胜,且极浓,服药尚未见好,亦未见有损,惟胸前左胁上时常跳动,似因热所致。书不能长看,多在院中门外闲踏,屋内午后较热,不放炉子,灯后甚阴,忽大风,窗纸竟有刮破者。晴,夜阴,起极大风。

十四日(3月5日) 早起即冷,四面寒风,所遮东西太平山过午皆不看见,屋内灰尘竟不堪闻。午间恩承圃派管家将前书项静山帮分廿千文取去,大美玉赵掌柜来,因麟又峰办理蒙盐公司,现拟赴喇嘛庙问集款如何?将军惜阴书屋四万金,麟又峰五千金,富叙堂一千金,此外有数千金,罗礼堂数百金,余以清卓堂附股二千金,即由大美玉存款内拨用,已告其向柜上说明,俟得暇再将存折到号登明,正二月京汇款尚无信,因托查。阴,大风。

十五日 (全日记终。)

《中国近现代稀见史料丛刊》已出书目

第一辑

莫友芝日记
汪荣宝日记
翁曾翰日记
邓华熙日记
贺葆真日记
徐兆玮杂著七种
白雨斋诗话
俞樾函札辑证
清民两代金石书画史
扶桑十旬记(外三种)

第二辑

翁斌孙日记
张佩纶日记
吴兔床日记
赵元成日记(外一种)
1934—1935中缅边界调查日记
十八国游历日记
潘德舆家书与日记
翁同爵家书系年考
张祥河奏折
爱日精庐文稿
沈信卿先生文集
联语粹编
近代珍稀集句诗文集

第三辑

孟宪彝日记
潘道根日记
蟫庐日记(外五种)
王癸避难日志　辛卯年日记
嘉业堂藏书日记抄
吴大澂书信四种
赵尊岳集
贺培新集
珠泉草庐师友录　珠泉草庐文录
校辑民权素诗话廿一种

第四辑

江瀚日记
英轺日记两种
胡嗣瑗日记
王振声日记
黄秉义日记
粟奉之日记
王承传日记
唐烜日记
王锺霖日记(外一种)
翁同龢家书
甲午战争汉诗选
达亭老人遗稿